Glaubenszugänge
Lehrbuch der katholischen Dogmatik
Band 2

Glaubenszugänge

Lehrbuch der katholischen Dogmatik
in drei Bänden
Herausgegeben von Wolfgang Beinert

Band 2

1995

Ferdinand Schöningh
Paderborn · München · Wien · Zürich

Glaubenszugänge

Lehrbuch der Katholischen Dogmatik

Herausgegeben von

Wolfgang Beinert

Band 2

Gerhard Ludwig Müller:
Christologie – Die Lehre von Jesus dem Christus

Franz Courth SAC:
Mariologie – Maria, die Mutter des Christus

Peter Neuner:
Ekklesiologie – Die Lehre von der Kirche

1995

Ferdinand Schöningh
Paderborn · München · Wien · Zürich

Die deutsche Bibliothek – CIP-Einheitsaufnahme

Glaubenszugänge: Lehrbuch der katholischen Dogmatik; [in drei Bänden] / hrsg. von Wolfgang Beinert. – Paderborn; München; Wien; Zürich: Schöningh.
NE: Beinert, Wolfgang [Hrsg.]

Bd. 2. Christologie – die Lehre von Jesus dem Christus [u.a.] / Gerhard Ludwig Müller. – 1995
ISBN 3-506-70806-6 kart.
ISBN 3-506-70802-3 Gb.
NE Müller, Gerhard Ludwig

Umschlag- und Einbandgestaltung: Elmar Lixenfeld, Frankfurt a. M.

Gedruckt auf umweltfreundlichem, chlorfrei gebleichtem und alterungsbeständigem Papier ∞

© 1995 Ferdinand Schöningh, Paderborn
(Verlag Ferdinand Schöningh GmbH, Jühenplatz 1, D-33098 Paderborn)

Alle Rechte vorbehalten. Dieses Werk sowie einzelne Teile desselben sind urheberrechtlich geschützt. Jede Verwertung in anderen als den gesetzlich zugelassenen Fällen ist ohne vorherige schriftliche Zustimmung des Verlages nicht zulässig.

Printed in Germany. Herstellung: Ferdinand Schöningh, Paderborn

ISBN 3-506-70802-3 (gebunden)
ISBN 3-506-70806-6 (kartoniert)

Vorwort

Über die Zielsetzung dieses Lehrbuchs und den Weg, den es dieserhalb einschlägt, informiert das Vorwort zu Band 1.

Der vorliegende mittlere Band eröffnet die Zugänge zum Zentrum des christlichen Glaubens aus der Sicht der katholischen Dogmatik. Von den Reflexionen, die hier vorgelegt werden, erschließen sich alle anderen Regionen: Sie führen zu ihnen oder sie legen sie aus.

Das gilt in besonderer Weise für die *Christologie*. Nach dem ältesten Evangelium sagen die Zeitgenossen Jesu: „Was ist das für ein Mensch, daß ihm sogar der Wind und der See gehorchen?" (Mk 4,40) Diese Frage hat dann nach Ostern niemanden mehr losgelassen, der sich auf das dadurch ausgelöste Geschehen eingelassen hatte: Ein *Mensch,* ganz sicher, mußte man antworten; aber einer, der zugleich das Menschsein *um ein Unendliches* übersteigt, war sofort hinzuzufügen. Wie aber sind die hier sich auftuenden Spannungen zu ertragen, zu lösen, die nichts weniger fordern als Gott *und* Mensch in Einheit zu denken? Ein langes, manchmal quälendes, höchste Anforderungen an das Denken stellendes Ringen beginnt, um das Mysterium der Mysterien modellhaft anschaulich und damit erst der Vernunft annehmbar zu machen. Die Darstellung des Münchener Dogmatikers *Gerhard Ludwig Müller* zeichnet Geschichte und Inhalt des christlichen Christus-Glaubens nach.

In ihm geht es aber um mehr als um ein vernunftentsprechendes Modell. Die Christologie eröffnet vor allem den Weg zum Verständnis aller anderen Inhalte des Glaubens. Die Struktur des christlichen Dogmas als Ausdruck des Lobpreises Gottes gründet ihrer Wurzel nach in der Erkenntnis, daß Gott „in dieser Endzeit zu uns gesprochen hat durch den Sohn" und daß dadurch die Erlösung von unseren Sünden ermöglicht wurde (Hebr 1, 2 f.). Auf diese Weise Gott zugänglich geworden als der Vater Jesu Christi und mit ihm als Prinzip des Heiligen Geistes. Durch Christus ist die Welt erschaffen worden (Hebr 1, 2), er ist als der vollkommene Mensch in der Wesenseinheit mit dem Vater zugleich Gottes Ebenbild und Urbild des Christenmenschen (2 Kor 3, 18; 4,4). An Maria, seiner jungfräulichen Mutter, läßt sich ersehen, wie ein durch und durch christusförmiger Mensch gestaltet ist. Er ist „das Haupt des Leibes, der Leib aber ist die Kirche" (Kol 1, 18). Der Auferstandene sendet den Geist (Joh 20, 22). Die Gnade, in der durch sein Wirken die Welt erneuert wird, ist Christi Gnade (vgl. Tit 2, 11), die uns in den Sakramenten zuteil wird, deren eigentlicher Spender er selber ist (SC 7; vgl. Mt 18, 20). So können die Christusgläubigen in ihrem eigenen Tod und in der Vollendung der Welt auf „die selige Erfüllung unserer Hoffnung warten: auf das Erscheinen der Herrlichkeit unseres großen Gottes und Retters Jesus Christus" (Tit 2, 13). Christliche Dogmatik zeigt sich als christozentrisch.

Der Glaube an Christus als wahren Gott und wahren Menschen ist auch das Distinctivum der christlichen Religion gegenüber allen anderen Religionen auf dieser Erde. So ist die Christologie der Boden, auf dem bzw. von dem aus die Christen das Gespräch mit den anderen Religionen suchen und führen müssen, das in der gegenwärtigen geschichtlichen Stunde mit besonderer Intensität gefordert ist. Dazu bedarf es allerdings des eigenen Bemühens, das die Grenzen einer Schuldogmatik sprengen würde. Sie muß die Sache aber wenigstens nennen.

Die *Mariologie* schließt sich der Christologie in diesem Werk unmittelbar an. In ihr macht die katholische Dogmatik deutlich, daß das Christentum seinem tiefsten Wesen nach weder eine Religion des Buches noch ein Lehrsystem ausgeklügelter Sätze ist, sondern die personale Zuwendung zur Person Jesu, der als der Christus Gottes bekannt wird. Im Zeugnis des Neuen Testamentes über Maria, die Mutter des Mannes aus Nazaret, sieht sie den Menschen, der in seiner Zeit, in seinen Lebensumständen, durch die Gestaltung seiner Existenz in vorbildlicher Weise jene Jüngerschaft zu ihm verwirklicht hat, die als Nachfolge Christi Weg zum Vater ist (vgl. Joh 14,6 – 10). Damit ist sie zum Urbild der Kirche geworden, die die Gemeinschaft all derer ist, die diesen Weg ebenfalls gehen wollen. *Franz Courth,* Lehrer der Dogmatik in Vallendar und ausgewiesener Mariologe, legt die Wurzeln der Marienkunde und ihre reiche Entfaltung dar.

Der dritte dogmatische Traktat dieses Bandes ist entsprechend der Logik des geschilderten Ansatzes die Lehre von der Kirche, die *Ekklesiologie,* die *Peter Neuner,* Lehrstuhlinhaber für Dogmatik an der Universität München, entwickelt. Von Maria, dem *typus ecclesiae* richtet sich der Blick auf diese selbst als die Gemeinde derer, die an Jesus als den Christus glauben und in diesem Glauben die Nachfolge Christi zu leben suchen. Ekklesiologie wird damit zum gewissermaßen konkretesten Traktat der gesamten Dogmatik: Hier treten alle Konsequenzen unerbittlich zutage, die an anderen Stellen abgeschattet bleiben können – das trifft nicht nur für die Inhalte des Glaubens zu, sondern vor allem auch für deren Umsetzung in die Gestalten und Gestaltungen der Geschichte. Da zeigt sich unverhüllt, daß die Erlösung zwar geschehen, daß sie aber noch lange nicht vollendet ist: Die durch Christi Gnade geheiligte Kirche bleibt immer noch die Kirche der Sünder, die beide, die Gemeinschaft wie die einzelnen, „immerfort den Weg der Buße und Erneuerung" zu beschreiten haben (LG 8).

Das bringt es angesichts der real existierenden Kirche Christi als einer in vielen Konfessionen sich darbietenden Wirklichkeit mit sich, daß die Ekklesiologie zusammen mit der Mariologie der Ort ist, wo das unterscheidend Katholische so sichtbar wie sonst nirgendwo in der Dogmatik wird. Die beiden Lehrgebiete sind daher der faktische Startpunkt des ökumenischen Gesprächs. Die heute bestehenden dogmatischen Streitpunkte – auch was deren einheitsverhindernde Wertigkeit anlangt – betreffen fast alle die Materie, die hier verhandelt wird. Auch das kann nicht in der nötigen Detailliertheit ausgearbeitet werden, doch wird es hinreichend deutlich gemacht.

Der Dank des Herausgebers an die Autoren dieses Bandes verbindet sich mit der Bitte an die Leser, sich von ihnen zur Mitte des Glaubens leiten zu lassen.

Wolfgang Beinert

Inhaltsverzeichnis

Gerhard Ludwig Müller
CHRISTOLOGIE – DIE LEHRE VON JESUS DEM CHRISTUS

0.	*Einleitung: Horizonte und Perspektiven der Christologie*	3
0.1	Ursprung und Bedeutung der christologischen Frage	3
0.1.1	Der Ort der Christologie in der Frage des Menschen nach Gott	3
0.1.2	Aufgabe, Ziel und Methode der wissenschaftlichen Christologie	13
0.2	Die christologische Ursynthese: Der gekreuzigte Jesus ist der auferweckte Christus	18
0.3	Die dogmatische Christologie als Strukturprinzip christlicher Theologie	27
0.4	Die Christologie der Neuzeit in der Spannung von Dogma und Geschichte	29
0.4.1	Der Typus einer „Christologie von oben" (Deszendenz-Christologie)	30
0.4.2	Die Suche nach einer „Christologie von unten" (Aszendenz-Christologie)	33
0.5	Der geschichtlich-transzendentale Ansatz der dogmatischen Christologie	49
1.	*Die Hoffnung auf endgültiges Heil und die Suche nach dem absoluten Heilsmittler (Transzendentale Christologie und Soteriologie)*	57
1.1	Die soteriologische Dimension jeder Anthropologie	57
1.2	Der Mensch – das Wesen der Suche nach Heil	59
1.2.1	Die Heilsfrage in Anthropologie und Religion	59
1.2.2	Die Antwort der philosophischen Theologie: Die Unsterblichkeit der Seele	63
1.3	Die Suche nach dem Heilsmittler	64
1.4	Die Offenbarung Gottes als Dynamik zur fortschreitenden Identifikation von Heil und Heilsmittler: Das Alte Testament	68
1.4.1	Jahwe – der Gott des Heils	68
1.4.2	Einheit und Differenz von Gottes Heil und den Heilsmittlern	76
2.	*Person und Geschichte Jesu von Nazaret: Die eschatologische Selbstmitteilung Gottes als Heil aller Menschen (Kategoriale Christologie I)*	84
2.1	Methodologische Vorbemerkungen zur Erhebung des neutestamentlichen Zeugnisses	84
2.2	Jesu Persongeheimnis im Spiegel seiner historischen Wirksamkeit	86
2.2.1	Die historische Existenz Jesu von Nazaret	86
2.2.2	Jesu Botschaft und Praxis der eschatologischen Gottesherrschaft	91
2.2.2.1	Das Herz der Verkündigung Jesu: Gottes Herrschaft als Gegenwart und Zukunft	91
2.2.2.2	Jesu Gleichnisreden von der Gottesherrschaft	100
2.2.2.3	Die Lehre Jesu von der Gottesherrschaft	101
2.2.2.4	Jüngerschaft – Nachfolge – Kirche	103

2.2.3	Jesu Vollmacht und Sendungsautorität	104
2.2.4	Jesu *Dasein für* andere als Gegenwartsgestalt der Gottesherrschaft	109
2.2.5	Die Erfüllung der Pro-Existenz Jesu im Kreuzestod	112
2.3	Die Offenbarung des Persongeheimnisses Jesu als Sohn Gottes in der Auferweckungstat des Vaters	123
2.3.1	Die Osterbotschaft	123
2.3.2	Die theologische Metaphorik des Osterglaubens	125
2.3.3	Die Auferstehung Jesu von den Toten	126
2.3.3.1	Die Realität der Auferstehung	127
2.3.3.2	Die Erfahrung der Identität des irdischen Jesus mittels seiner pneumatischen Leiblichkeit	130
2.3.3.3	Der Auferstehungsleib Jesu	131
2.3.4	Die Erhöhung Jesu zur „Rechten des Vaters"	134
2.3.5	Die Solidarität des gekreuzigten Jesus mit den Toten (Jesu Abstieg ins Totenreich)	135
2.3.6	Die Sendung des Heiligen Geistes	138
2.3.7	Die Aktualpräsenz des erhöhten Herrn in seiner Kirche	141
2.3.8	Die Wiederkunft Jesu als Retter aller Menschen beim Endgericht	142
2.4	Der Ursprung des Persongeheimnisses Jesu: die Relation des ewigen Sohnes zum Vater	144
2.4.1	Die Offenbarungseinheit Gottes mit Jesus und ihr Grund in der Seinseinheit von Vater und Sohn	144
2.4.2	Die personale Identität Jesu in seinem Verhältnis zu Gott, seinem Vater: Die Abba-Relation	147
2.4.3	Die Präexistenz des ewigen Sohnes beim Vater	150
2.4.4	Die Fleischwerdung des ewigen Wortes	154
2.4.5	Die Entstehung Jesu seiner Menschheit nach durch Gottes Kraft und Geist	155
2.5	Die johanneische Zusammenfassung des biblischen Christus-Bekenntnisses: Jesus von Nazaret ist Gottes ewige Selbstaussage in der Zeit	161
3.	*Christologische Bekenntnisentwicklung und theologische Konzeptionen bis zur Gegenwart (Kategoriale Christologie II)*	164
3.1	Übersicht über Probleme und Stationen der Entwicklung des christologischen Dogmas	164
3.1.1	Die drei systematischen Fragen der Christologie	165
3.1.2	Das Christusbekenntnis in der Zeit der Kirchenväter	166
3.2	Die Ausbildung des christologischen Dogmas bis zum 3. Konstantinopolitanum (680/681)	169
3.2.1	Die Entwicklung bis zum Konzil von Nikaia (325)	169
3.2.1.1	Judenchristliche Typen der christologischen Reflexion	169
3.2.1.2	Erste häretische Gefährdungen des Mysteriums Christi durch Adoptianismus, Doketismus und gnostische Christus-Spekulationen	170
3.2.1.3	Die vornizänische Logos-Christologie und ihre Mängel	177
3.2.1.4	Die Anfänge des Arianismus	179
3.2.2	Der Streit um die Gottheit des Sohnes	182
3.2.2.1	Das Konzil von Nikaia (325)	182
3.2.2.2	Die Selbstbehauptung des nizänischen Katholizismus gegen den Arianismus	184

3.2.2.3	Die Auseinandersetzung mit dem Apollinarismus um die Vollständigkeit der menschlichen Natur	187
3.2.3	Der Streit um die Subjekteinheit des Gott-Menschen Jesus Christus	189
3.2.3.1	Wegmarken zum Höhepunkt der christologischen Frage	189
3.2.3.2	Die Theologenschule der Antiochener (Trennungschristologie)	190
3.2.3.3	Die Schule von Alexandrien (Einigungschristologie)	194
3.2.3.4	Der Konflikt zwischen Nestorius und Kyrill von Alexandrien	195
3.2.3.5	Das Konzil von Ephesus (431)	199
3.2.3.6	Die Unionsformel des Jahres 433	201
3.2.3.7	Die Entstehung des Monophysitismus	201
3.2.3.8	Das Konzil von Chalkedon (451)	202
3.2.3.9	Die chalkedonische Christologie als Ausprägung der Katholizität des Christentums	204
3.2.3.10	Der Neuchalkedonismus und das 2. Konzil von Konstantinopel (553)	209
3.2.4	Der Abschluß der christologischen Dogmenbildung	213
3.2.4.1	Das Problem des Monotheletismus	213
3.2.4.2	Die Lateransynode 649 und das 3. Konzil von Konstantinopel (680/81)	216
3.3	Die Christologie im lateinischen Mittelalter	216
3.3.1	Die Glaubensgrundlagen des lateinisch-germanischen Mittelalters	216
3.3.2	Die Verurteilung des Adoptianismus	217
3.3.3	Die neuplatonische Prägung der Christologie bei Johannes Scotus Eriugena	218
3.3.4	Widerstreitende Theorien über die hypostatische Union im 12. Jahrhundert	219
3.3.5	Die Christologie in der Hochscholastik	221
3.3.5.1	Grundlinien der thomanischen Christologie	222
3.3.5.2	Die Lehre des Johannes Duns Scotus von der hypostatischen Union	225
3.3.5.3	Die Kontroverse um das Motiv der Inkarnation	227
3.3.3	Christologie im Spätmittelalter	228
3.3.3.1	Wilhelm von Ockham	228
3.3.3.2	Nikolaus von Kues	229
3.3.4	Christologische Fragen in der Reformation	230
3.4	Die Wende zur neuzeitlichen Bewußtseins-Christologie	234
3.4.1	Die Zurückdrängung der ontologischen Fragestellung zugunsten einer Christus-Psychologie	234
3.4.2	Die Frage nach der Seinseinheit Jesu im Schulthomismus und im Schulskotismus	235
3.4.3	Christologie als Christus-Psychologie	236
3.4.4	Christologische Ansätze in der Gegenwart	238
4.	*Jesus – Der Weg zum Vater (Kategoriale Soteriologie)*	243
4.1	Perspektiven der Soteriologie	243
4.1.1	Die Aufgabenstellung der Soteriologie	243
4.1.2	Die Person des Mittlers	244
4.1.3	Das Heil als Weggenossenschaft mit Jesus Christus	247
4.1.4	Die Transzendenz des Heiles	249
4.1.5	Die Immanenz des Heils oder Heil als Lebensgemeinschaft	251
4.2	Das Erlösungsthema in der neuzeitlichen Kritik der christlichen Tradition	252
4.2.1	Gott als Garant oder Konkurrent der Befreiung?	252

4.2.2	Der Mensch im Dilemma von Hoffnung und Resignation	254
4.2.3	Heil im Jenseits oder Glück im Diesseits?	255
4.2.4	Gott in der Leidens- und Hoffnungsgeschichte der Menschheit	256
4.3	Ursprung und Entwicklung der Erlösungslehre	261
4.3.1	Das Bekenntnis zu Jesus als endzeitlichem Heilsmittler	261
4.3.2	Soteriologische Konzeptionen	267
4.3.2.1	Aussagen des kirchlichen Lehramtes	267
4.3.2.2	Vergöttlichung durch die göttliche Paideia	268
4.3.2.3	Die stellvertretende Genugtuung	270
4.3.2.4	Die Emanzipation des Subjekts im Kontext neuzeitlicher Freiheitsgeschichte	273
4.3.2.5	Jesus Christus – Träger eines integralen Befreiungsprozesses	274

Literaturverzeichnis 283

Franz Courth:

MARIOLOGIE – MARIA, DIE MUTTER DES CHRISTUS

1.	*Einführung*	301
1.1	Aktualität des Traktates	301
1.2	Eigenes Lehrstück?	304
1.2.1	Dem Christusbekenntnis eingeordnet	304
1.2.2	Spezieller Traktakt	307
1.2.3	Neuorientierung durch das Zweite Vatikanische Konzil	310
1.3	Methodische Leitlinien	312
1.3.1	Biblischer Ansatz	312
1.3.2	Geschichtlich orientiert	313
1.3.3	Theo- und Christozentrik	316
1.3.4	Ökumenisch gestimmt	316
1.3.5	Sprachlich sensibel	318
1.3.6	Spirituell offen	319
1.4	Marianische Frömmigkeit als treibende Kraft	320
1.4.1	Inkarnationsfrömmigkeit	320
1.4.2	Auferstehungsglaube	322
1.4.3	Sehnsucht des Herzens	323
2.	*Gottesmutterschaft als Grundaussage*	327
2.1	Biblisches Bild der Mutter Jesu	327
2.1.1	Vorbemerkungen	327
2.1.2	Frühe Zeugnisse (Paulus und Markus)	329
2.1.3	Jungfräuliche Mutter nach Matthäus	330
2.1.4	Marienbild des Lukas	331
2.1.5	Die Mutter Jesu nach Johannes	332
2.2	Altkirchliche Stimmen	334
2.3	Zum Theotokos-Titel	335
2.4	Im Dienst des Christus-Dogmas	338
2.5	Mutter im vielfachen Sinne	341

3.	*Jungfräuliche Mutterschaft*	345
3.1	Fragepunkt	345
3.2	Wege zum biblischen Zeugnis	346
3.3	Glaubenssinn	349
3.4	Immer-Jungfrau	351
3.5	Gewandelte Wertvorstellungen	354
4.	*Im Ursprung geheiligt*	357
4.1	Das „neue Dogma"	357
4.2	Biblische Wurzeln	358
4.3	Entwicklungsmotive	359
4.3.1	Im Strahlungsfeld der Inkarnation	359
4.3.2	Eva – Maria- Parallele	362
4.3.3	Kräfte der Frömmigkeit	363
4.4	Weg der Lehrverkündung	365
4.5	Erwählt und begnadet	366
4.6	Ökumenische Konvergenzen	368
4.6.1	Orthodoxie	368
4.6.2	Reformationskirchen	368
5.	*In Gottes Herrlichkeit vollendet*	373
5.1	Kritik und Zustimmung	373
5.2	Biblischer Ansatz	375
5.3	Geschichtliche Entfaltung	376
5.3.1	Altertum	376
5.3.2	Mittelalter	377
5.3.3	Scholastik	379
5.4	Verbindliches Glaubensgut	380
5.5	Theologische Entfaltung	380
5.5.1	Form und Inhalt	380
5.5.2	Alleinige Auszeichnung Marias?	382
5.6	Ökumenische Probleme	384
5.6.1	Perspektiven für eine Annäherung	384
5.6.2	Verbindende Positionen	386
6.	*Marienverehrung*	389
6.1	Theologische Eigenart	389
6.2	Christologisch-liturgische Ausrichtung	390
6.2.1	Lehramtliche Weisungen	390
6.2.2	Marienpredigt	391
6.3	Ökumenische Praxis	392
6.4	Marienlob als Lebensraum	393
7.	*Ausklang*	396
Literaturverzeichnis		397

Peter Neuner
EKKLESIOLOGIE – DIE LEHRE VON DER KIRCHE

1.	*Ort und Kontext heutiger Ekklesiologie*	401
1.1	Die Stellung der Ekklesiologie innerhalb der Dogmatik	401
1.2	Die Kirche als Thema und Bedingung aller Theologie	402
1.3	Fundamentaltheologische und dogmatische Ekklesiologie	403
1.4	Kirchenerfahrung heute	406
1.4.1	Der historische Hintergrund	407
1.4.2	Das Zweite Vatikanische Konzil als Wendepunkt	407
1.4.3	Nachkonziliare Entwicklung	408
2.	*Das Problem der Kirchenstiftung*	411
2.1	Die Auferstehung Jesu und das Entstehen der Kirche	412
2.1.1	Die Sammlung der Gemeinde	412
2.1.2	Auferstehung und Sendung	414
2.2	Die Kirche als Werk des Heiligen Geistes	415
2.2.1	Kirche als Geistgeschöpf	415
2.2.2	Theologiegeschichtliche Reminiszenen	416
2.2.3	Sichtbare und unsichtbare Kirche	418
2.2.4	Aspekte einer Geist-Ekklesiologie	420
2.2.4.1	Der Geist als Kraft neuen Lebens	420
2.2.4.2	Amt und Charisma	420
2.2.4.3	Das Sprachenwunder	421
2.2.4.4	Die Mission	421
2.2.4.5	Die Früchte des Geistes	422
2.3	Die Verkündung Jesu von Gottes Herrschaft und Reich	423
2.3.1	Alttestamentliche Grundlinien	423
2.3.2	Die Aufnahme des Begriffs im Neuen Testament	424
2.3.2.1	Das Gottesreich als religiöse und universale Größe	424
2.3.2.2	Das Gottesreich als freie Tat Gottes	425
2.3.2.3	Das Reich Gottes als endzeitliches und als gegenwärtiges Gut	425
2.3.3	Metamorphosen der Gottesreichhoffnung	427
2.3.3.1	Apokalyptische Strömungen	427
2.3.3.2	Die politische Deutung des Gottesreiches	428
2.3.3.3	Die universalistische Deutung	429
2.3.3.4	Das individualistische Verständnis	430
2.3.3.5	Die kirchliche Deutung des Gottesreiches	431
2.3.3.6	Thesen zum Verhältnis von Reich Gottes und Kirche	432
2.4	„Kirchenstiftende" Akte Jesu	434
2.4.1	Jesus der Messias	434
2.4.2	Die Berufung der Jünger	435
2.4.3	Die Bestellung der Zwölf	435
2.4.4	Die Berufung der Apostel	436
2.4.5	Die Berufung des Simon Petrus	438
2.4.5.1	Die Stellung des Simon Petrus innerhalb der Zwölf	438
2.4.5.2	Der Name	439
2.4.5.3	Die Interpretation petrinischer Texte	439
2.4.5.4	Petrus in der Spannung zwischen Glaube und Unglaube	441
2.4.6	Das Abendmahl Jesu und die Kirche	443

2.4.6.1	Der Kontext	444
2.4.6.2	Abendmahl und Neuer Bund	444
2.5	Die Kirche im göttlichen Heilsplan	446
2.5.1	Kirche als eschatologische Heilszusage	446
2.5.2	Die Aufgaben der Kirche	447
2.5.2.1	Zeugnis und Verkündigung	447
2.5.2.2	Sakrament und Gottesdienst	448
2.5.2.3	Der Dienst der Nächstenliebe	449
2.5.3	Die Heilsnotwendigkeit der Kirche	449
3.	*Realisierungsformen von Kirche*	453
3.1	Neutestamentliche Ekklesiologien	453
3.1.1	Die synoptischen Evangelien	453
3.1.1.1	Das Markus-Evangelium	453
3.1.1.2	Das Matthäus-Evangelium	454
3.1.1.3	Das Doppelwerk des Lukas	455
3.1.2	Das Johannes-Evangelium	457
3.1.3	Die paulinischen Schriften	458
3.1.3.1	Das Wesen der Kirche	458
3.1.3.1.1	Die Kirche als Volk Gottes	458
3.1.3.1.2	Kirche als Leib Christi	459
3.1.3.1.3	Die Kirche als Tempel des Heiligen Geistes	460
3.1.3.2	Die Gestalt der Kirche	461
3.1.3.2.1	Die Kirche als Koinonia (Gemeinschaft)	461
3.1.3.2.2	Die Erbauung der Kirche	462
3.1.3.2.3	Die Glieder der Kirche	463
3.1.4	Die Kirche in den Pastoralbriefen	464
3.2	Strukturen der Kirche in neutestamentlicher Zeit	466
3.2.1	Die These von der Geistkirche des Anfangs	466
3.2.2	Die Gemeinde zu Jerusalem	467
3.2.3	Die paulinischen Gemeinden	468
3.2.4	Die Ausgestaltung des Ursprungs	469
3.2.4.1	Das Problem der Pseudepigraphie	469
3.2.4.2	Das Zeugnis der Pastoralbriefe	471
3.3	Das Kirchenbild der Alten Kirche	473
3.3.1	Die Kirche als Mysterium	474
3.3.1.1	Die Weiterführung biblischer Aussagen	475
3.3.1.2	Symbolische Ausgestaltungen	477
3.3.2	Strukturen der Kirche in nachbiblischen Zeugnissen	478
3.3.2.1	Der erste Clemens-Brief	479
3.3.2.2	Die Briefe des Ignatius von Antiochien	480
3.3.2.3	Das Problem von Tradition und Sukzession	483
3.3.3	Die Notae Ecclesiae	484
3.3.3.1	Die Einheit der Kirche	484
3.3.3.2	Die Heiligkeit der Kirche	490
3.3.3.3	Die Katholizität der Kirche	494
3.3.3.4	Die Apostolizität der Kirche	498
3.3.4	Identität im Wandel	501
3.4	Schwerpunkte der geschichtlichen Entwicklung	503
3.4.1	Kirche als Imperium	503

3.4.2	Die Kirche in Konfessionen	505
3.4.3	Kirche als societas	508
3.4.4	Der Neuaufbruch im 20. Jahrhundert	510
3.5	Kirche im Zweiten Vatikanischen Konzil	512
3.5.1	Die Kirche als Mysterium	512
3.5.1.1	Der Hintergrund	512
3.5.1.2	Die Konzilsaussagen	513
3.5.1.3	Inhaltliche Aspekte	515
3.5.2	Die Kirche als Volk Gottes	518
3.5.2.1	Die Kirche in der Geschichte	519
3.5.2.2	Volk Israel und Kirche	520
3.5.2.3	Die Gleichheit aller Glieder der Kirche	520
3.5.3	Die Kirche als Koinonia (Communio)	521
3.5.3.1	Grundlegung	521
3.5.3.2	Ortskirche und Weltkirche	522
3.5.3.3	Lehramt und Theologie	524
3.5.3.4	Priester und Laien	524
3.5.3.5	Ökumenische Relevanz des Communio-Modells	524
3.5.3.6	Gemeinschaft mit den Armen	525
3.5.3.7	Die Gemeinschaft zwischen Frauen und Männern	525
3.5.4	Die Kirche und ihre Glieder	526
3.5.4.1	Verwirklichungsformen von Kirche	526
3.5.4.2	Die Frage der Kirchengliedschaft	528
3.5.4.3	„Kirchen und kirchliche Gemeinschaften"	529
3.5.5	Die beiden Ekklesiologien des Konzils	531
4.	*Ämter und Stände in der Kirche*	532
4.1	Der „Laie" in der Kirche	532
4.1.1	Eine biblische Besinnung	532
4.1.2	Die geschichtliche Entwicklung des „Laien"-Standes	533
4.1.3	Das Zweite Vatikanische Konzil	535
4.1.4	Vom Laien zum Gottesvolk	537
4.1.5	Kirche und Demokratie	538
4.2	Das Bischofsamt	540
4.2.1	Die theologische Fundierung	540
4.2.2	Historische Entwicklungen	541
4.2.3	Das Bischofsamt im Zweiten Vatikanischen Konzil	542
4.2.3.1	Die Sakramentalität des Bischofsamtes	542
4.2.3.2	Das Bischofsamt als Amt göttlichen Rechts	543
4.2.3.3	Die Kollegialität der Bischöfe	544
4.2.4	Die ökumenische Relevanz	545
4.3	Der Priester	547
4.3.1	Zur Terminologie	547
4.3.2	Theologische Deutung in ökumenischer Verantwortung	548
4.3.2.1	Die Priesterweihe als Sakrament	549
4.3.2.2	Der unverlierbare sakramentale Charakter	550
4.3.2.3	Das Verhältnis von gemeinsamem und besonderem Priestertum	550
4.3.2.4	Die Aufgaben des Priesters	552
4.3.3	Das Verhältnis von Priester und Bischof	554
4.4	Das Amt des Diakons	556

4.5	Der Pastoralreferent/die Pastoralreferentin	557
4.5.1	Ein neues „Amt" und seine Deutung	557
4.5.2	Die theologische Diskussion	559
4.6	Das Papsttum	560
4.6.1	„Die Einsetzung des apostolischen Vorranges des hl. Petrus"	561
4.6.2	„Die beständige Fortdauer des Vorrangs des hl. Petrus in den römischen Päpsten"	562
4.6.3	„Inhalt und Wesen des Vorrags des römischen Bischofs"	565
4.6.4	„Das unfehlbare Lehramt des römischen Papstes"	567
4.6.4.1	Hintergrund	567
4.6.4.2	Der Definitionstext	568
4.6.4.3	Analyse	568
4.6.4.4	Gesamtbewertung	570
4.6.4.5	Die Unfehlbarkeit auf dem Zweiten Vatikanischen Konzil	570
4.6.5	Papsttum und Ökumene	571
4.6.5.1	Die Kritik der Reformatoren am Papsttum	571
4.6.5.2	Einige Thesen zum Thema: Ein ökumenisches Papsttum	572

Literaturverzeichnis ... 574

VERZEICHNIS DER TABELLEN UND SCHAUBILDER

Christologie

Übersicht über die klassische Christologie	33
Übersicht über die neuzeitliche Christologie	49
Die Biographie Jesu von Nazaret	86
Andere Begriffe für *Basileia*	98
Christologische Terminologie	167
Der stellvertretende Sühnetod Christi (Modelle)	245
Vorstellungen von den künftigen Erlösungsgütern	246

Mariologie

Die marianischen Dogmen	305
Übersicht über die bedeutendsten Mariologen der Theologiegeschichte	314
Marienverehrung – Entfaltungsprinzipien	326
Maria im Neuen Testament	328
Gottesmutterschaft als marianisches Grunddogma	344
Immerwährende Jungfrauschaft Marias	356

Ekklesiologie

Wichtige petrinische Texte im Neuen Testament	442
Dominierende Kirchenbilder in neutestamentlichen Büchern	465
Strukturen und Ämter in der Urkirche	473
Die Geschichte der Ökumenischen Bewegung	489
Der Aufbau des Kirchenschemas vom I. Vatikanum bis zur Dogmatischen Konstitution „Lumen Gentium"	511

Personenregister ... 579

Sachregister ... 586

Gerhard Ludwig Müller

Christologie –
Die Lehre von Jesus
dem Christus

Einleitung:
Horizonte und Perspektiven der Christologie

0.1 Ursprung und Bedeutung der christologischen Frage

0.1.1 Der Ort der Christologie in der Frage des Menschen nach Gott

Die anthropologische Basis aller christlichen Theologie ist die Einsicht in das Personsein des Menschen.

Die Identität des Menschen als Person ereignet sich in der transzendentalen Relationalität zu dem absoluten Geheimnis von Sein und Sinn, das als Person, Subjekt und Souverän seines Wesens und Seins *Gott* genannt wird.

Da die menschliche Person in der Welt situiert ist, kann sie ihre personale Identität mit Gott als ihrem absoluten Bezugspol nur in der geschichtlichen Auslegung ihres Wesens in Raum und Zeit einholen. Gerade die Existenz des Menschen als eines Wesens des Geistes und der Freiheit im Medium seiner Leiblichkeit begründet eine unbegrenzte Offenheit des Menschen auf die Welt hin mit allen ihren Erscheinungen, Prozessen und Strukturen, besonders aber mit der interpersonalen Kommunikation, die den Erfahrungsraum von Sprache und Kultur eröffnet, sowie der Vermittlung mit den materiellen Bedingungen des Lebens.

Was ist der Mensch?

Indem der Mensch sein Personsein in den Grundvollzügen von Geist und Freiheit erfaßt, muß er eine Definition des Menschen als inadäquat zurückweisen, die ihn reduziert auf ein intelligentes Anpassungsprogramm eines biophysischen Systems an die Umweltbedingungen. Denn dadurch wird die in der Selbsterfahrung gegebene Evidenz der Wirklichkeit des Person-Seins in Geist und Freiheit ausgeblendet. Der Mensch unterscheidet sich von anderen Lebewesen nicht durch eine quantitativ gesteigerte Anpassungsleistung seiner Intelligenz, die dann am Ende als akzidentelle Zusatzbestimmung auch noch das Selbstbewußtsein aufweise, ohne daß dieses zu einer gegenüber den anderen Lebewesen qualitativ verschiedenen Wesensbestimmung führen müßte. Bei der Frage nach dem Unterschied von Tier und Mensch ist außerdem zu bedenken, daß allein der Mensch in der Lage ist, überhaupt Wesensbestimmungen vorzunehmen. Sein Wesen läßt sich nicht auf die Summe von biologischen Prozessen und physiologisch nachweisbaren Funktionen reduzieren. Vielmehr zeigt sich in der Selbsterfahrung die Wirklichkeit des personalen Geistes. Der Mensch ist seinem Wesen nach also nicht ein hochorganisiertes Tier mit exponentiell gesteigerten Leistungsoptimierungen.

Seinem Wesen nach ist er geistige und freie *Person,* die sich im Medium ihrer Leiblichkeit mit der Welt vermittelt und in Raum und Zeit geschichtlich auslegt.

Als organisches Lebewesen ist der Mensch bestimmt durch eine einzigartige Ich-Konzentration, Selbstreferenz, Objektintentionalität und Wirklichkeitstranszendenz.

Selbsterfahrung und Welterfahrung

Wegen seiner geistigen Existenzform wird dem Menschen die Welt grundsätzlich zur Frage. Er fragt aber nicht nur quantifizierend nach diesen oder jenen Einzelgegenständen. Ursprünglicher fragt er nach sich selbst. Denn jede sinnliche Erkenntnis setzt als Bedingung ihrer Möglichkeit eine transzendental-apriorische Form der Vernunft voraus, durch die sich der Mensch als Wesen transzendentaler Vernunft ergreift. Auch jede technische oder naturwissenschaftliche Frage nach der Wirkungsweise und Struktur der Materie impliziert noch die Frage des Menschen nach sich selbst. Diese unausweichliche Selbstproblematisierung bildet die Voraussetzung und das ständig begleitende Moment seiner Welterfahrung sowohl in der Gestalt der mitmenschlichen Kontakte als auch der wissenschaftlichen Analyse der sehr verschiedenen Gegenstandsbereiche. Die aus der Geistnatur des Menschen resultierende Frage nach sich selbst (Anthropologie) erschöpft sich darum nicht in der Objektivierung der mentalen, psychischen und sozialen Konditionen und der Mechanismen des bio-chemischen Substrats seiner Leiblichkeit (empirische und kategoriale Anthropologien in den Einzelwissenschaften). Die Frage nach sich selbst muß eigens thematisiert werden als Reflexion auf den ungegenständlichen personalen Träger und das Subjekt der geistigen und freien Akte, die den empirischen Phänomenen des Verhaltens vorausgehen und die sich in der leiblichen und geschichtlichen Existenz des Menschen realisieren und manifestieren (transzendentale Anthropologien der Theologie und der Philosophie).

Existentiale Grunderfahrungen

In der unmittelbaren Gegebenheit seines Selbstbewußtseins und der in der Gegenstandserfahrung implizierten Vermittlung mit der Wirklichkeit überhaupt als eröffnender Grund des Geistseins des Menschen und seiner Welterfahrung, aber auch in der unmittelbaren Erfahrung der freien Selbstverfügung in der Verantwortung für sich selbst, die Mitmenschen, die vorpersonalen Lebewesen und die gegenständliche Dingwelt, weiß sich der Mensch in eine bestürzende Dramatik seines Daseins hineingerissen. Freude und Trauer, Hoffnung und Verzweiflung, Liebe und Tod lassen sich nie restlos auf psychische Reflexe oder auf biologische Vorgänge reduzieren. Diese dramatischen Grunderfahrungen sind der Selbsterfahrung des Menschen als Geist und Freiheit unmittelbar mitgegeben und entstehen aus dem Spannungsfeld von geistig-freier Selbsthabe der Person und ihrem Verhältnis zur Wirklichkeit als solcher und ganzer, in das der Mensch unausweichlich hineingestellt ist. Als der geistigen Natur des Menschen mitgegebene Wesensbestimmungen sind diese bedrohlichen oder beglückenden Erfahrungen des Selbstseins in der Welt die Existentialien des Menschen, die das Person-Sein strukturieren und dynamisieren. Erst in der reflexiven Erfassung seines Wesens und seiner geschichtlichen Situation ergibt sich die Möglichkeit, daß der Mensch seine

Identität in der Form eines ausdrücklichen Selbstverständnisses und seiner Selbstverantwortung entwickelt.

Die spannungsreichen Wechselwirkungen seiner Grundexistentialien in den Feldern von Geschichte und Kultur, Rechtsordnung und Politik, Wissenschaft und Technik, belehren den Menschen, daß er seine personale Identität nur im Modus der Angefochtenheit besitzt und sie nur gewinnen kann im Widerstreit von Bestätigung oder Bedrohung, Abwertung oder Steigerung. Die individuelle und kollektive Geschichte des Menschen bewegt sich zwischen den Polen einerseits der Leidensgeschichte aufgrund von Egoismus und Unglück, Lüge und Verbrechen und andererseits der Geschichte von Hoffnung und Lebenslust, selbstvergessener Liebe und zärtlicher Zuneigung.

Zwischen Leben und Tod

Zur geistig-personalen Existenz des Menschen in seiner Welt, in Zeit und Geschichte gehört die Erfahrung eines unausgleichbaren Widerspruches, in den er hineingestellt ist: *die Erfahrung von Leben und Tod,* Vergänglichkeit und Hoffnung, Knechtschaft und Freiheit (vgl. Röm 8,18-27). Trotz aller Anstrengungen, das Leben durch Sinnerfahrung und Liebe zu steigern und zu sichern, verrätselt sich am Ende jedes Menschenschicksal im ureigenen Tod. Kein Mensch vermag seinen Tod durch eine desinteressierte Versachlichung zu neutralisieren, indem er ihn als das bloße Erlöschen der biologischen Funktionen des Leibes interpretiert. Der Tod am Ende des Lebens und in seiner beständigen Gegenwart in Gestalt der Endlichkeitserfahrungen des Menschen wird zur tiefsten Existenznot. Er wird bedrohlich empfunden als Absturz des geistigen Personseins in das nichtigende Nichts, die absolute Sinnleere und die Negation des unendlichen Verlangens nach Glück und Liebe. Weil der Tod seinem Wesen nach eine existentiale Grundbestimmung der menschlichen Geistnatur in ihrer Selbstgegebenheit, Weltorientierung und Transzendenzverwiesenheit ist, kann der *menschliche* Tod niemals auf den Zusammenbruch der wesentlichen Funktionen eines Organismus reduziert werden. Wie unter allen Organismen nur der Mensch *sein* Leben lebt, so stirbt auch allein der Mensch *seinen* Tod. In der Erfahrung des Lebens als Abschiedlichkeit, Endlichkeit, Todverfallenheit und Verlassenheit wird offenkundig, daß die endgültige (eschatologische) Identität des Menschen weder im Rückgang zu sich selbst noch mittels der Welt und ihrer Güter zu gewinnen ist. Die eschatologische personale Identität des Menschen kann angesichts des Todes nur im Horizont seiner transzendentalen Verwiesenheit auf das abgründige Geheimnis des Lebens, des Sinnes und der Liebe, das wir Gott nennen, definitiv gewonnen oder verloren werden. Hier zeigt sich die nicht mehr zu unterschlagende theologische Dimension des Todes.

„Tod" ist nur eine andere Bezeichnung für den Verlust der relationalen Identität der menschlichen Person in der Gemeinschaft mit Gott, während der Terminus „Leben" nichts anderes meint als die endgültig gewonnene Identität der Person in der Gemeinschaft mit Gott in der Geschichtszeit und in der ewigen Vollendung: „Denn der Lohn der Sünde ist der Tod, die Gabe Gottes aber ist das ewige Leben in Christus Jesus unserem Herrn." (Röm 6,23)

Die Verwirklichung der Herrschaft Gottes in Welt und Geschichte kann also in der existentiellen Dramatik des menschlichen Daseins zwischen Leben und Tod nur die definitive Entscheidung „des unbegreiflichen Zweikampfes zwischen Tod und Leben" (Sequenz vom Ostersonntag) zugunsten des Lebens sein: Wenn Jesus Christus, der Verkündiger des Gottesreiches, seine Herrschaft Gott, dem Vater, übergibt, dann ist der Tod als der letzte und ärgste Feind des Menschen für immer entmachtet worden (vgl. 1 Kor 15,26).

Das theologische Wesen des Menschen

Der Mensch als leibhaftiges Wesen in der Welt, als das Wesen in den existentialen Grundspannungen von Wirklichkeit und Geist, Liebe und Leiden, Leben und Tod kann also anthropologisch schon nicht ausreichend erfaßt werden, wenn nicht auch seine theologische Dimension ausdrücklich thematisiert wird. Die Einsicht in die *transzendentale Verwiesenheit* (und die Verwirklichung der eschatologischen Identität) der Person auf Gott wird aber nur dann über den bloßen Formalismus eines leeren Existentials, eines ethischen Imperativs oder eines Regulativs religiöser Gefühle hinausgelangen, wenn Gott als das transzendente Geheimnis sich selbst als die inhaltliche Erfüllung der mit der geistigen und freien Existenz des Menschen gegebenen Selbsttranszendenz der Person anbietet. Um des Menschen willen, der Gott als dem absoluten Bezugspol seines Person-Seins immer nur im Medium von menschlicher Gemeinschaft und Geschichte begegnet, ereignet sich das freie Selbstangebot Gottes, seine souveräne Selbstmitteilung in menschlicher, interpersonaler Kommunikation (Wort und Sprache) und in der personalen Interaktion einer konkreten Gemeinschaft (Israel, Kirche).

Der Verfassung des Menschen als eines Wesens in der Einheit von transzendentaler Offenheit und kategorialer Gegebenheit in Leiblichkeit und Geschichte entspricht die Gewährung der Unmittelbarkeit zur *Transzendenz Gottes* in der von Gott selbst getragenen Vermittlung im Medium menschlicher Gemeinschaft und Geschichte, also in der *Immanenz der Welt*.

Offenbarung in und als Geschichte

Offenbarung als das Kommen des transzendenten Gottes zum Menschen im Medium der Immanenz von Geschichte hat darum konsequenterweise selbst eine Geschichte.

Nur im Horizont des biblischen Offenbarungsbegriffs konnte überhaupt die Geschichte zu einem eigenständigen Thema abendländischer Philosophie werden. Gottes kommunikative Selbstmitteilung in seinem ewigen Wort und in seinem lebensspendenden Geist (Gnade) spiegelt sich in der Geschichte der religiösen Überzeugungen und der religiösen Praxis der Menschheit, d.h. in der Geschichte der Religionen.

Vom Standpunkt des Christentums aus gesehen gibt es immer und überall eine Suche und Sehnsucht der Menschen nach dem „unbekannten Gott" (Apg 17,23). Dieser Gott ist „keinem von uns fern, denn in ihm leben wir, bewegen wir uns und sind wir" (Apg 17,27 f.). Dem von Gott dem Menschen ins Herz gelegten Suchen nach ihm und der Möglichkeit, ihn zu finden, entspricht von Gott her eine

Selbstbezeugung und Offenbarung durch die Werke seiner Schöpfung (Weish 13,1-9, Sir 17,8; Röm 1,20) oder durch die Forderung des Gewissens, die Gott allen Menschen ins Herz geschrieben hat (vgl. Röm 2,15). So besteht nach christlicher Auffassung seit Beginn der Schöpfung mit dem Auftreten des Menschen eine Korrespondenz zwischen dem Willen des Menschen, Gott zu suchen, zu finden und als Gott zu verehren, und der Präsenz der Offenbarung des Schöpfers in „seiner ewigen Macht und Gottheit" (Röm 1,20). Da die Offenbarung Gottes sich also im menschlichen Suchen und Finden widerspiegelt, ist die menschliche Religionsgeschichte (im Zusammenhang mit der Geistesgeschichte) gleichsam die Wachstafel, in die sich die Offenbarung Gottes je tiefer einschreibt und im Fortgang der Geschichte dem Menschen immer eindeutiger lesbar und verständlich wird.

Dabei stehen die historischen Religionen in ihrer Vielfalt nicht in einem völlig beziehungslosen Pluralismus nebeneinander. Sie lassen sich aber auch nicht durch einen vom Menschen selbstmächtig entworfenen apriorischen Religionsbegriff unter Absehung der Tatsache der geschichtlich sich realisierenden Selbstoffenbarung des einen Gottes in eine Wertstufung über- und untereinander ordnen, je nachdem sie in ihrer Praxis einem rational konstruierten abstrakten Idealbegriff von Religion nahe kommen. Auch stehen die geschichtlichen Religionen mit ihren unterschiedlichen Überzeugungen und Praktiken nicht in reiner Entsprechung zu dem geschichtlichen Weg des Kommens Gottes in die Welt. Gottes Offenbarung und die religiöse Suche der Menschheit laufen nicht in einer vorprogrammierten Zielrichtung direkt aufeinander zu wie die von entgegengesetzten Enden vorgetriebenen Stollen eines Tunnels. In Mythos, Kult und Ethos der historischen Religionen zeigen sich auch Perversionen und Widerstände gegen das Göttliche, das sich im Medium des religiösen Suchens des Menschen manifestieren will. Die tatsächliche Offenbarung ist darum immer auch ein Gericht über die Religionen in ihrer historischen Gestalt (vgl. Karl Barths frühe Dialektische Theologie). Die eschatologische Identifikation Gottes mit dem Kreuz Jesu, also die *revelatio sub contrario*, führte die entscheidende Krisis der historischen Religionen herauf, insofern das Wort vom Kreuz den Juden ein Ärgernis und den Heiden eine Torheit war (vgl. 1 Kor 1,23).

Nach der biblischen Überzeugung repräsentiert darum der tatsächliche Gang der Geschichte nicht einfachhin den linearen und organischen Fortgang der Offenbarung des transzendenten Gottes im Medium der Geschichte. Die tatsächliche Geschichte ist ja der komplexe Zusammenhang und das Resultat der Wechselwirkung von Gottes offenbarendem Selbstangebot und der freien und personalen Antwort des Menschen. Offenbarungsgeschichte wird mit Religionsgeschichte darum erst dort deckungsgleich, wo das Subjekt des Offenbarungswortes und das Subjekt der freien Antwort des Menschen identisch geworden sind: in der Person *Jesus von Nazaret*.

Jesus aber kann nur als die Vollendungsgestalt der Offenbarungs- und der Religionsgeschichte der Menschheit verstanden werden, wenn sein Auftreten und sein Schicksal im Horizont der Glaubensgeschichte Israels begriffen wird, das sich in einzigartiger und unvergleichlicher Weise als Bundespartner Gottes und als geschichtliches Zeichen und Werkzeug des Offenbarungswillens Jahwes verstanden hat.

Offenbarung Gottes in der Berufung Israels

Mit einer von den Menschen her nicht erzwingbaren und nicht ableitbaren eigenen Initiative beruft der Schöpfer des Himmels und der Erde (Gen 1,1) aus dem Kreis der Menschen, die er auf sein Bild und Gleichnis hin geschaffen hat (Gen 1,27), Abraham, damit er zum Stammvater Israels werde und in ihm alle Geschlechter der Erde Segen erlangten (Gen 12,1-3).

Im Gang dieser einzigartigen Offenbarungsgeschichte im Spiegel der Glaubensgeschichte des erwählten Volkes Gottes kristallisiert sich immer deutlicher ein Gottesverständnis heraus, demzufolge Gott seinem innersten Wesen und Wollen nach der ist, der sein *Für-Sein* in seinem rettenden, erlösenden, befreienden, neuschaffenden und vollendenden Handeln kundgibt (vgl. Ex 3,14).

Am Ende dieser Geschichte läßt Gott sich in Geist und Wahrheit anbeten (Joh 4,24). Er offenbart sich in der Dahingabe seines einzigen Sohnes als das ewige Leben für jeden Menschen (Joh 3,16), gibt sich als die Koinonia der Liebe von Vater, Sohn und Geist kund (1 Joh 4,8.16) und lädt ein zur Partizipation an der Lebensfülle und zum Mitvollzug der Lebensbewegung des ewigen Sohnes im Heiligen Geist zum Vater (Röm 8,15.29; Gal 4,4-7; 2 Thess 2,13; Eph 1,4; 1 Petr 1,2; Jud 20 f.).

Die Geschichte Israels als erwähltes Bundesvolk darf jedoch nicht mit einer elitären Sondergeschichte verwechselt werden. Gerade in seiner Aussonderung und Abgrenzung von den Heiden begreift sich Israel immer deutlicher als das Zeichen für alle Völker und das geschichtliche Werkzeug für den universalen Heilswillen Gottes, der der Vater und Schöpfer aller Menschen ist (Jes 2,3: „Viele Völker machen sich auf den Weg; sie sagen: Kommt, wir ziehen hinauf zum Berg des Herrn und zum Haus des Gottes Jakobs"; vgl. Jes 56,6-8; 60,11-14; Sach 8,20 f.; 14,16).

In der Geschichte des Bundes Gottes mit Israel vereindeutigt sich die Selbstverheißung des transzendenten Gottes in der Konkretion einer immanent faßbaren individuellen Gestalt, die in letzter Einheit mit Gott selbst sowohl der Träger seines Heilshandelns wie zugleich auch der Repräsentant des endzeitlichen Bundesvolkes ist.

Offenbarung Gottes in Jesus von Nazaret

Das Christentum ist aus dem alttestamentlichen Judentum heraus aufgrund der Überzeugung entstanden, daß diese messianische Gestalt und der eschatologische Heilsbringer (Jes 9-11; Am 9; Mi 5; Sach 9,9-17) mit Jesus von Nazaret identisch ist und daß darum in Jesus von Nazaret die Offenbarungsgeschichte in der Glaubensgeschichte Israels zum eschatologisch definitiven Höhepunkt mit universaler Ausrichtung gekommen ist.

In Jesus von Nazaret ist die Gegenwart des transzendenten Gottes in der Immanenz der Geschichte erfüllt. Das Ereignis des Auftretens, der Verkündigung und des Geschickes Jesu bedeutet die „Fülle der Zeit" (Mk 1,15; Eph 1,10; Gal 4,4; Hebr 1,2). Nach christlicher Überzeugung hat Gott in dem individuellen Menschen Jesus von Nazaret die geschichtliche Koinzidenz von göttlichem Offenbarungshandeln und menschlicher Selbstüberantwortung an Gott im Glaubensgehorsam definitiv und irreversibel zum *Ereignis* werden lassen. Das Kreuz, an das

Unglauben und Widerstand gegen Gott Jesus, den eschatologischen Mittler der Gottesherrschaft, gebracht haben, ist sowohl Gericht über den Unglauben des Gottesvolkes (vgl. Apg 5,30-32) als auch unabtrennbar davon die Erfüllung aller Verheißungen Gottes an Israel (2 Kor 1,20), weil Jesus als Angehöriger dieses Volkes (Röm 9,5) der einzig legitime Repräsentant Israels und der Urheber des erneuerten und ewigen Bundes Gottes mit den Menschen aus den Völkern der Juden und der Heiden geworden ist (vgl. Apg 13,23.47 f.).

Seit der Zeit der Verkündigung der nahen Gottesherrschaft durch Jesus, der Verurteilung Jesu zum Tod am Kreuz und der Auferweckungstat des Vaters an seinem Sohn weiß sich das neue Bundesvolk oder die Heilsgemeinschaft „im Leibe Christi" als „die Kirche aus Juden und Heiden" (Gal 3,28; Eph 2,14). Für sie ist Christus das eschatologische Zeichen und Werkzeug für die universale Vergegenwärtigung der Gottesherrschaft. So verkündet die Kirche die eschatologische Bedeutung Jesu für das Gottesverhältnis jedes Menschen. Sie verkündet Jesus als den einzigen Mittler der Menschen hin zu dem einzigen Gott und der Menschen in der einig-einzigen Heilsgemeinschaft untereinander (1 Tim 2,5).

Jesus, der eschatologische Mittler des göttlichen Lebens

Jesus gilt den Christen nicht als einer der vielen Stifter oder Reformer partikulärer historischer Religionen, sondern als der gerade in seiner historischen Singularität geoffenbarte geschichtlich-endzeitliche Mittler des Heils von Gott her und zugleich als der Vermittler und Träger der Hoffnung für alle (vgl. 1 Tim 1,1), der Hoffnung, daß uns in dieser Welt und Geschichte der transzendente Gott selbst als Heil, ewiges Leben und Liebe begegnet (vgl. Röm 4,25; Phil 2,6-11; 1 Tim 2,5 u.ö.). „Darum auch übertrifft die Erkenntnis Christi Jesu alles" (Phil 3,8), was denkbar und erstrebbar ist. Im Lichte des Christus-Ereignisses kommt der Mensch nicht nur zu einer neuen Interpretation seines Daseins in der Welt. Hier geht es um Tod und Leben. In Jesus ereignet sich, weil er der einzige Mittler ist, die reale Überwindung des Todes, d.h. des Verlustes der personalen Identität, und der reale Zugang zu Gott, der lebt und Leben spendet (Joh 5,24-26). Angesichts der vom Menschen her nicht mehr auflösbaren Dialektik von Tod und Leben erweist sich das innere Wesen und Verhalten Gottes gerade darin, daß er sich offenbart als der „Gott, der die Toten lebendig macht und das, was nicht ist, ins Dasein ruft" (Röm 4,17; vgl. Mk 12,27; 1 Kor 6,14; 2 Kor 1,9; Phil 3,21; Apg 26,8), und der sein ewiges Wort, in dem das Leben ist (Joh 1,4), Fleisch werden läßt (Joh 1,14) und in der Gestalt des Fleisches Gesetz, Sünde und Tod überwindet (Röm 8,3). So ist Jesus nicht der neue Interpret eines in seiner Immanenz verschlossenen Daseins, das ohne jede Hoffnung auf eine reale Veränderung durch Gott bliebe. Jesus ist vielmehr in seiner Person und in seiner Geschichte ein für allemal – *ephapax* (Hebr 9,12) – die reale Überwindung des Todes, die reale Vermittlung des Lebens: „Denn wie die Sünde herrschte und zum Tod führte, so soll auch die Gnade herrschen und durch Gerechtigkeit zum ewigen Leben führen durch Jesus Christus, unseren Herrn." (Röm 5,21; vgl. Phil 3,10 f.)

Es hat daher mit religiöser Intoleranz oder einer Selbstverabsolutierung der eigenen partikularen religiösen Tradition nichts zu tun, wenn die Apostel Petrus und Johannes als Urzeugen des Christus-Ereignisses vor dem Hohen Rat bekennen, daß Jesus zum „Eckstein" des Tempels, des gemeinsamen Hauses von Gott und allen Menschen geworden ist. Grund dieser Überzeugung ist für sie nicht ihre eigene Schlußfolgerung aus den vorangegangenen Ereignissen, sondern das Wirken und Wollen Gottes, des Gottes Abrahams, Isaaks und Jakobs, der seinen Knecht verherrlicht und kraft der Auferweckung von den Toten als „Urheber des Lebens" (Apg 3,15) geoffenbart hat. Weil Jesus der Eckstein des neuen Tempels oder, anders gesagt, der reale eschatologische Heilsmittler zwischen Gott und den Menschen ist, darum müssen die Urzeugen angesichts der Identität des gekreuzigten und auferstandenen Herrn Jesus bekennen: „Und in keinem anderen ist das Heil zu finden. Denn es ist uns Menschen kein anderer *Name* unter dem Himmel gegeben, durch den wir gerettet werden sollen." (Apg 4,12; vgl. die Offenbarung des *Namens* Gottes Ex 3,14) Und es hat auch nichts mit einer Selbstverabsolutierung eines Religionsstifters zu tun, wenn der johanneische Christus die Jünger zum Glauben an Gott und an sich selbst auffordert und dabei sich selbst als den Vermittler der Lebensgemeinschaft von Vater und Sohn und als den Inhalt der Gemeinschaft mit Gott zu erkennen gibt: „Ich bin der Weg und die Wahrheit und das Leben; niemand kommt zum Vater außer durch mich" (Joh 14,6).

Für das definitive Verhältnis der Menschen zu ihrem Gott und Schöpfer und die Partizipation an der Heilsgemeinschaft des „neuen Bundes im Blute Christi" (1 Kor 11,25) kommt darum alles darauf an, „in Christus zu sein, den Gott für uns zur Weisheit, Gerechtigkeit, Heiligung und Erlösung gemacht hat" (1 Kor 1,30).

Eben dieser und kein anderer „Mensch Christus Jesus ist der einzige Mittler zwischen Gott und den Menschen" (1 Tim 2,5). Er ist „in die Welt gekommen, um die Sünder zu retten" (1 Tim 1,15). Er ist der Hohepriester und Mittler des Neuen Bundes (Hebr 8,6.13) und der künftigen Güter (Hebr 9,11), „der ein für allemal in das Heiligtum eingetreten ist und mit seinem *eigenen* Blut eine ewige Erlösung bewirkt hat" (Hebr 9,12; vgl. Röm 3,25). Jeder, der an ihn glaubt, empfängt die Vergebung der Sünden und wird gerecht gemacht vor Gott durch den Glauben (Röm 1,16 f.; Apg 13,39).

Jesu einzigartige Einheit mit Gott als Grund seines Heilsmittleramtes

Aufgrund seiner einzigartigen Nähe zu Gott, seinem Vater, ist der Sohn „Gottes Ebenbild". Durch den göttlichen Glanz auf dem Antlitz Christi kommen wir zur Erkenntnis der Gottheit des Sohnes (2 Kor 4,4-6). So erstreckt sich die Mittlerschaft des Sohnes Gottes nicht nur auf die geschichtliche Erlösung. Er ist auch der Mittler der ganzen Schöpfung, ihres Hervorgangs aus Gott und ihrer endzeitlichen Vollendung in Gott (vgl. 1 Kor 8,6; Kol 1,16; Eph 1,10; Hebr 1,2; Joh 1,3). In der Einheit von Schöpfungs- und Erlösungsmittlerschaft erweist er sich als der Mittler der ganzen Schöpfung am Ende der Geschichte, wenn er als Richter und Retter, als Herr und König (Offb 17,14) wiederkommen wird und Christus alles und in allen sein wird (vgl. Kol 3,11), um seine Herrschaft Gott, dem Vater, zu übergeben, damit Gott alles in allem ist (1 Kor 15,28).

Diese universale Reichweite des eschatologischen Heilswillens Gottes (vgl. 1 Tim 2,4) in der geschichtlichen Bindung an Jesus von Nazaret (*universale concretum*) läßt sich nur plausibel und akzeptabel machen, wenn die einzigartige und unvergleichliche Einheit von Gott, dem Vater, und Jesus, dem Sohn, geklärt wird (*Christologie* im engeren Sinn).

Dies ist die christologische Grundfrage: *Wer ist dieser Jesus von Nazaret?* Das Interrogativpronomen „wer" fragt nach der Person, d.h. nach der Eigenart der relationalen Identität des Menschen Jesus in seinem Verhältnis zu Gott.

Ist dieser konkrete und wirkliche Mensch, unbeschadet der Integrität seiner vollständigen menschlichen Natur, ihrer Grundvollzüge von Geist und Freiheit im Medium eines individuellen menschlichen Leibes, in der Wurzel seiner menschlichen Existenz und in seinem Innersten so von Gott getragen, verwirklicht und bewegt, daß Gottes transzendente Unmittelbarkeit durch Jesu menschliches Sein und Wirken in die Immanenz von Welt und Geschichte eschatologisch und soteriologisch vermittelt werden kann? Ist der existenzgebende Akt, der die menschliche Wirklichkeit Jesu trägt, so in Gott selbst begründet, daß er, als Selbstaussage Gottes im ewigen Wort zum relationalen Wesen Gottes gehörend, die Existenz des individuellen und kontingenten Menschen Jesus aktuiert?

Die Zeugen des irdischen Wirkens Jesu und der Auferweckung des Gekreuzigten von den Toten kraft der Machttat des Vaters (vgl. Röm 6,4) waren davon überzeugt, daß das ganze Gewicht der soteriologischen Identifikation des ewigen Heils mit diesem konkreten Menschen Jesus von Nazaret nur getragen werden kann von der Tatsache, daß „Gott in seiner ganzen Fülle in ihm wohnt, um durch ihn alles zu versöhnen, alles im Himmel und auf Erden" (Kol 1,19 f.).

Die *Soteriologie* (= die Lehre von der eschatologischen Heilsbedeutung Jesu für unser Gottesverhältnis) ist also in der *Christologie* (= der Lehre von der Identität der Person Jesu mit dem ewigen Sohn und Wort des Vaters) verankert. Und umgekehrt dokumentiert sich der innere Gehalt der Christologie in der Soteriologie.

Es handelt sich also bei der Soteriologie und Christologie nicht um zwei unterschiedliche Traktate, die man (wie seit dem Mittelalter immer wieder geschehen) getrennt voneinander durchführen könnte, sondern um die beiden Aspekte des einen Christus-Mysteriums, die in einem wechselseitigen Begründungs- und Erhellungsverhältnis zu sehen sind. Aufgrund dieser inneren Durchdringung von Christologie und Soteriologie erweisen sich angesichts des biblischen Befundes die Versuche, den einen Aspekt zur konstanten und den anderen zur variablen Funktion zu machen, als unsachgemäß.

Jesus hat nur dann eine Heilsbedeutung (funktionale Christologie, Soteriologie), wenn er (ontologisch) auch tatsächlich der Christus ist. Er ist das ewige Wort Gottes (Joh 1,1), das Fleisch geworden ist, um Leben, Gnade, Wahrheit und Herrlichkeit des einzigen Sohnes vom Vater zu offenbaren und mitzuteilen (Joh 1,14-18). Als Ebenbild und Abbild des Wesens Gottes (2 Kor 4,4-6; Hebr 1,1-3), als des Vaters einziger Sohn (Röm 8,3; Gal 4,4-6) ist er als Mensch in die Welt gekommen und vom Vater gesandt worden, damit wir an seinem Sohnesverhalten zum Vater kraft des in unsere Herzen gesendeten Geistes (Röm 5,5) teilnehmen, Gott als Vater ansprechen (Röm 8,15) und mit dem Vater und dem Sohn, dem „Wort des Lebens", in ewiger Lebensgemeinschaft stehen können (1 Joh 1,1-3).

Denn wir wissen:

Der Sohn Gottes ist gekommen, und er hat uns Einsicht geschenkt, damit wir Gott, den Wahren, erkennen. Und wir sind in diesem Wahren, in seinem Sohn Jesus Christus. Er ist der wahre Gott und das ewige Leben.
(1 Joh 5,20)

Christologie im Kontext der neuzeitlichen Anthropologie

Unter dem Eindruck der anthropologischen Wende der gesamten neuzeitlichen Philosophie und auch Theologie hat das Zweite Vatikanische Konzil aus der Perspektive der Anthropologie heraus die Christologie als wechselseitige Vermittlung von Anthropologie und Theologie thematisiert. Im Spiegel des Menschseins Jesu wird dem Menschen klar, was er im Hinblick auf Gott ist. Und Gott selbst vermittelt sich in seinem inneren Wesen und Wollen nur durch die Menschheit und Menschlichkeit Jesu von Nazaret.

Das Konzil formuliert die Fragen des Menschen nach sich: „Was ist der Mensch? Was ist der Sinn des Schmerzes, des Bösen, des Todes?" (GS 10), um dann im Verweis auf die Menschheit Jesu zu antworten:

Tatsächlich klärt sich nur im Geheimnis des fleischgewordenen Wortes das Geheimnis des Menschen wahrhaft auf. Denn Adam, der erste Mensch, war das Vorausbild des zukünftigen, nämlich Christi des Herrn. Christus, der neue Adam, macht eben in der Offenbarung des Geheimnisses des Vaters und seiner Liebe dem Menschen den Menschen selbst voll kund und erschließt ihm seine höchste Berufung ... Der ‚das Bild des unsichtbaren Gottes' (Kol 1,15) ist, er ist zugleich der vollkommene Mensch, der den Söhnen Adams die Gottebenbildlichkeit wiedergab, die von der ersten Sünde her verunstaltet war. Da in ihm die menschliche Natur angenommen wurde, ohne dabei verschlungen zu werden, ist sie dadurch auch schon in uns zu einer erhabenen Würde erhöht worden. Denn er, der Sohn Gottes, hat sich in seiner Menschwerdung gewissermaßen mit jedem Menschen vereinigt. Mit Menschenhänden hat er gearbeitet, mit menschlichem Geist gedacht, mit einem menschlichen Willen hat er gehandelt, mit einem menschlichen Herzen geliebt ... Durch sein Leiden für uns hat er uns nicht nur das Beispiel gegeben, daß wir seinen Spuren folgen, sondern er hat uns auch den Weg gebahnt, dem wir folgen müssen, damit Leben und Tod geheiligt werden und neue Bedeutung erhalten ...

Dies gilt nicht nur für die Christgläubigen, sondern für alle Menschen guten Willens, in deren Herzen die Gnade unsichtbar wirkt. Da nämlich Christus für alle gestorben ist und da es in Wahrheit nur eine letzte Berufung des Menschen gibt, die göttliche, müssen wir festhalten, daß der Heilige Geist allen die Möglichkeit anbietet, diesem österlichen Geheimnis in einer Gott bekannten Weise verbunden zu sein.

Solcher Art und so groß ist das Geheimnis des Menschen, das durch die christliche Offenbarung den Glaubenden aufleuchtet. Durch Christus und in Christus also wird das Rätsel von Schmerz und Tod hell, das außerhalb seines Evangeliums uns überwältigt. Christus ist auferstanden, hat durch seinen Tod den Tod vernichtet und uns das Leben geschenkt, auf daß wir, Söhne im Sohn, im Geist rufen: Abba, Vater!

(GS 22)

0.1.2 Aufgabe, Ziel und Methode der wissenschaftlichen Christologie

Wenn es überhaupt erforderlich ist, „jedem Rede und Antwort zu stehen, der nach der Hoffnung fragt, die die Glaubenden erfüllt" (1 Petr 3,15) und „vernunftgemäß" vom Glauben zu reden (1 Kor 14,15), dann ist es auch berechtigt, die innere Logik und Struktur der im Glaubensakt bejahten und angezielten Wirklichkeit der Selbstoffenbarung Gottes in wissenschaftlicher Methodik und Systematik zu analysieren.

Rationalität des Glaubens

Der Anspruch des christlichen Glaubens, daß das Schicksal des Menschen letztgültig von seiner personalen Gemeinschaft mit Jesus abhängig ist, schließt eine kritische und rationale Reflexion des Christus-Ereignisses (= das Ganze von Person, Geschichte und Bedeutung Jesu als des eschatologischen messianischen Heilsmittlers) nicht aus, sondern fordert Verstand, Wille und Gefühl des glaubenden Menschen ein. Die theoretische Durchdringung der Grundlagen des Christusereignisses zusammen mit seiner geschichtlichen Vermittlung im Christus-Zeugnis der Jünger Jesu und dem Christusbekenntnis der Kirche mit dem Ziel seiner intellektuellen Aneignung nennt man die Christologie.

Primat der Glaubenspraxis

Die wissenschaftliche Christologie hat aber nicht das Ziel, den personalen Akt des Glaubens an Jesus zu erzwingen oder den Glauben als personale Beziehung des Vertrauens und der Hingabe auf die Ebene der Vergegenständlichung des Person-Anspruchs Jesu abzusenken, d.h. im schlechten Sinne zu rationalisieren. Vielmehr geht die personale Gemeinschaft mit Jesus, die in der unmittelbaren Begegnung mit seiner Person aus der Spontaneität des menschlichen Vertrauens hervorgeht, das ihn als den absoluten Mittler des Heils von Gott her anerkennt, als ein ganzheitliches Verhältnis des Glaubens zu seinem personalen Gegenüber der wissenschaftlichen Christologie voraus. Darin ist allerdings als Teilmoment die theoretische Reflexion und intellektuelle Aneignung der Strukturzusammenhänge der im Glaubensakt erkannten und anerkannten Wirklichkeit eingeschlossen. Eine Umkehrung der Ursprungsrelation von Glaube und Wissen ist jedoch unmöglich. Die Tatsache, daß in einer wissenschaftlichen Christologie die Subjektivität des Glaubens nicht ausgeschaltet werden kann und soll, gefährdet aber die Wissenschaftlichkeit der theologischen Methode keineswegs. Wo der Gegenstandsbereich der Wissenschaften sich auf untergeistige und vorpersonale „Gegenstände" richtet, ist eine größtmögliche Objektivierung durch eine weitgehende Ausschaltung oder zumindest kritische Reflexion aller das Subjekt der Erkenntnis intern mitbestimmenden Faktoren zu erreichen. Ist dagegen das zu betrachtende Phänomen selbst geistig-personaler Art, dann vermag erst die Einschaltung der personalen Bestimmtheit des vernunftbegabten Subjekts die Voraussetzung für eine angemessene Erkenntnis und einen höchstmöglichen Grad von Objektivität zu erreichen.

Person wird adäquat nur durch Person erkannt. Person offenbart sich durch das Wort der Selbstkundgabe und vergegenwärtigt sich in der von ihrer Freiheit gesetzten Tat. Und im Ereignis dieser Selbstmitteilung eröffnet sie den Raum einer personalen Beziehung und der Spontaneität der Antwort, die immer die Momente der Hingabe und der Kommunikation in sich trägt.

Die Christologie, die es methodisch-wissenschaftlich aufzubauen gilt, ist darum von vornherein nicht als ein Lehrsystem zu betrachten, als ein spekulativer Begriff oder eine ethische Konzeption. Sonst wäre die Christologie nur rein sachlich auf ihre innere Stimmigkeit zu untersuchen und innerhalb einer neutralen Wirklichkeitssicht, in der die personale Dimension ausgeschaltet ist, zu überprüfen. Als Mitte und Fundament aller Aspekte der Christologie, die Gegenstand erkenntnistheoretischer, ontologischer, philosophischer, religionsvergleichender, psychologischer und soziologischer Forschung (eben objektivierender Art) sein können, zeigt sich die Person Jesu. Als konkreter individueller historischer Mensch entzieht er sich der Versachlichungstendenz der wissenschaftlichen Vernunft. Eine Person in ihrem Anspruch und Zuspruch kann adäquat nur im Akt der Anerkenntnis oder der Ablehnung gewürdigt werden. Eine Versachlichung und interesselose Objektivierung würde gerade das Jesus-Phänomen verfehlen, statt es zu erreichen. Die Frage: „Was ist Jesus?" kann nur innerhalb der übergreifenden Frage: „Wer ist Er?" erhoben werden. Die intellektuelle Frage nach dem Was-Sein Jesu muß sich immer von der Frage nach dem „Wer ist er?", also der Frage nach der Person integrieren lassen. Nur im Ereignis des Je-persönlich-Angesprochenwerdens von der Person Jesu erreicht die Christologie ihre ureigene Weise der Wahrheit und der Sachgerechtheit. Christologie kommt vom Christus-Glauben her. Und im Vollzug des theologisch wissenschaftlichen Diskurses liegt umgekehrt immer die Tendenz, sich in den Glaubensakt und somit in die personale Gemeinschaft mit Jesus Christus zu transzendieren.

Christologie kann ihrem eigenen Anspruch gemäß deshalb nur dann richtig ansetzen, wenn sie als Reflex und Reflexion auf eine vorgängige personale Begegnung mit Jesus selbst aufgefaßt wird. Das bedeutet jedoch nicht eine Ableitung des Phänomens aus irrationalen und affektiven Stimmungen des Ichs, bzw. aus formal-logischen Vernunftstrukturen des Subjekts. Es ist gerade die Erfahrung von der Unverfügbarkeit der anderen Person, die die Höchstform des Engagements eines Ich in dieser Begegnung ermöglicht und herausfordert. Gerade so wird in der Theologie Wissenschaftlichkeit erreicht, weil ihr Gegenstand nicht ein Sachverhalt ist, sondern ein anforderndes und herausforderndes personales Verhältnis.

Personale Christusbegegnung im Zeugnis der Jüngergemeinschaft (= Kirche)

Wo und wie begegnet mir Jesus als Person? Jesus tritt nicht durch sein individuelles empirisches Dasein als historischer Mensch, der in Palästina von 6/4 v. Chr. bis 30 n. Chr. gemäß unserer Zeitrechnung gelebt hat, unmittelbar in meinen Erfahrungshorizont. Er ist gegenwärtig durch das Zeugnis derer, die an ihn glauben. Die Kirche als die im Christus-Glauben wurzelnde Gemeinschaft bewahrt aber nicht nur eine historische Erinnerung an Jesus auf, so daß Jesus nur in den von ihm ausgegangenen Wirkungen geschichtlich präsent wäre. *Die Kirche bezeugt ihn als Lebenden.* Und die Begegnung mit ihm als einem lebenden und in seinem individuellen Personsein für immer bei Gott existierenden Menschen hat erst die Verkündigung und das Zeugnis seiner Jünger begründet.

Die Ostererfahrung ist die „Initialzündung" des Glaubens an Jesus als den eschatologischen Christus. Somit ist der auferstandene Jesus in der Überlieferung des Zeugnisses seiner Urbegegnung mit den Jüngern im Osterereignis nicht nur passiv Gegenstand und Inhalt des Kerygmas. Gerade weil er in einem absoluten Sinne bei Gott als Person lebt (und nicht bloß Erinnerungsbild einer historischen Person ist, das von den Bewußtseinsakten der sich Erinnernden abhängig bliebe), erweist sich Jesus als der in Verkündigung und im Bekenntnis selbst handelnde, personal uns ansprechende und beanspruchende Herr (vgl. Röm 6,9 f.: „Wir wissen, daß Jesus von den Toten auferweckt, nicht mehr stirbt ..., sein Leben lebt für Gott.").

So ist nicht seit Ostern aus dem verkündigenden Jesus ein verkündigter Christus, aus dem Subjekt des Verkündigens das Objekt der verkündigenden Gemeinde geworden. Weil Jesus durch seine Ostererscheinungen der Ursprung des Osterglaubens der Jünger war, bleibt er selbst auch der Träger der Verkündigung im Medium des kirchlichen Zeugnisses und Bekenntnisses. Die Kirche ist gleichsam der Leib seiner Gegenwart, in dem Jesus als das Haupt und Subjekt ihrer Vollzüge in Martyria, Leiturgia und Diakonia handelt. Wenn dem Menschen das Zeugnis der Kirche von Jesus als dem vom Vater bestätigten eschatologischen Heilsmittler glaubwürdig wird, tritt er in eine personale Beziehung zu dem, der ihn im Medium der kirchlichen Verkündigung unmittelbar anspricht.

Das Verhältnis der Kirche zu Jesus kann darum nicht verglichen werden mit dem einer Religionsgemeinschaft zu ihrem in historische Ferne gerückten Stifter. Die Kirche weiß, daß ihr Existenzgrund gerade nicht in ihr selbst liegt, etwa im Entschluß, die „Sache Jesu" weiterzuführen oder ihre eigene Lebenswirklichkeit dem hohen Ideal ihres Stifters asymptotisch anzunähern. Dieser Person Jesus, die sich als der Träger des kerygmatischen, sakramentalen und pastoralen Handelns der Kirche im irdischen Erfahrungsraum des Menschen in Sprache und Interaktion gegenwärtig macht, vermag der Mensch zu antworten im Dia-logos des Betens und im Akt der personalen Kommunikation im Glauben und in der Liebe. So kann er Jesus begegnen als dem endgültigen Wort Gottes über seine personale Existenz überhaupt und ihre absolute Zukunft in der Ewigkeit Gottes.

Glauben an Jesus

Dieses einzigartige Verhältnis zu diesem historischen Menschen nennt man: „an Jesus glauben" (Gal 2,16 u.ö.), oder auch die Akzeptanz des „Evangeliums von Jesus, dem Christus" (vgl. Mk 1,1; Apg 5,42; Röm 1,4).

Christologie zu betreiben, heißt daher keineswegs von einer personalen Beziehung auf eine neutral sachliche Ebene abzugleiten. Es geht vielmehr um eine verstehende und partizipierende Auslegung, eine Darstellung und Entfaltung all der realen Voraussetzungen anthropologischer und theologischer Art, die im Vollzug der Wirklichkeit stiftenden Personalrelation zu Jesus, dem Christus, im Glauben, Zeugnis und Bekenntnis der Christen und der Kirche eingeschlossen sind.

Definition und Aufgabenstellung der Christologie

So kann man die *wissenschaftliche Christologie*[1] definieren als die methodisch reflektierte und systematisch argumentierende Begründung, innere Entfaltung und Vermittlung des Christusereignisses, insofern Jesus als der Christus Gottes in seiner Person, seiner geschichtlichen Sendung und in seinem irdischen Geschick die absolute Erfüllung der Selbsttranszendenz jeder geistigen Kreatur ist, die in Gott zu ihrem Ziel kommt.

Im einzelnen ergibt sich:

a.) Konkrete *Inhalte* der Christologie sind:
- die Reich-Gottes-Proklamation Jesu,
- die Relation Jesu zu Gott, seinem Vater (Abba-Relation),
- die Salbung (Christus = der Gesalbte, der Messias) mit Heiligem Geist,
- seine Lehre und sein Handeln,
- das Kreuz,
- die Auferstehung, Erhöhung und Geistsendung,
- seine Präsenz in der Kirche und
- seine Wiederkunft am Ende der Zeit.

b.) Die Christologie hat sich zu befassen mit dem Ursprung und der Struktur des Christusbekenntnisses und den Formen seiner geschichtlichen Überlieferung, also der *christologischen Dogmengeschichte*.

c.) Jede moderne Christologie hat folgenden Desideraten gerecht zu werden:

1.) Sie muß von *anthropologischen Fragestellungen* ausgehen. Die großen geschichtlichen Religionen, Philosophien und Weltanschauungen machen deutlich, daß die Suche nach einem glückenden Leben, nach unverlierbarem Sinn und Heil wesentlich zur Orientierung des Menschen in der Welt gehören. Dabei zeigt sich auch die Sehnsucht nach einem absoluten Heilsmittler. Eine solche Hoffnung muß auf Gott als den transzendenten Grund der Wirklichkeit bezogen sein, jedoch auch zu tun haben mit der vom Menschen in Geschichte, Gesellschaft und Materie erfahrbaren Weltwirklichkeit. Von der Reflexion solcher existentialer Grunderfahrungen her, besonders auch der alttestamentlichen Heilsgeschichte, kann Jesus von Nazaret als das eschatologische Heilswort Gottes in menschlich-geschichtlicher Gestalt plausibel und akzeptabel gemacht werden.

2.) Christologie muß *biblisch* ansetzen, d.h. bei der Urerfahrung der Jünger an Ostern, daß Jesus von Nazaret der verheißene Messias und Christus Gottes und als der eschatologische Vermittler der Herrschaft Gottes auch der Herr der Kirche und der Welt ist. Die transzendente Macht, die an Jesus handelt, wird als der Gott Israels identifiziert, den der vorösterliche Jesus in einmaliger Weise als „mein

---

[1] Als theologischer terminus technicus wird der Begriff „Christologie" wohl erstmals genannt bei B. Meissner, Christologica sacra, Wittenberg 1624.
Der Sache nach wurde natürlich schon in der Alten Kirche Christologie betrieben mit zwei fundamentalen Perspektiven:
- einmal der *theologia* (= die Verbindung des Logos mit dem Vater im ewigen innertrinitarischen Hervorgang und die Inkarnation aufgrund der zeitlichen Geburt aus Maria)
- und zum anderen der *oikonomia* (= Heilswirken des dreieinen Gottes in Person, Sendung und Geschichte Jesu von Nazaret).

Vater" ansprach. Das neutestamentliche Christuszeugnis, das den vorösterlich-historischen Jesus und den auferstandenen Christus (implizite und explizite Christologie) miteinander in Beziehung setzt, ist das Fundament jeder christologischen Reflexion.

3.) Moderne Christologie wird die christologischen *Dogmen der Kirche kreativ rezipieren.* Wie das Christus-Bekenntnis der ersten Konzilien (Nikaia, Ephesus, Chalkedon, Konstantinopel I-III) das biblische Grundzeugnis nicht hinter sich gelassen, sondern in neue Horizonte integriert hat, so müssen auch deren dogmatische Grundentscheidungen heute Anstoß sein für die je tiefere Erkenntnis des Mysteriums Gottes in Jesus Christus.

4.) Christologie muß im Rahmen einer seinsgeschichtlich universalhistorischen Konzeption der Wirklichkeit als das dynamische Zentrum der *Beziehungswirklichkeit von Gott und Menschen und damit auch als die Zielerfüllung aller menschlichen Geschichte* entworfen werden. Eine Christologie im Rahmen einer funktionalen Religionsbegründung ist unzulänglich. Vielmehr müssen über individual- und sozialethische Dimensionen hinaus auch ontologische und personale Kategorien eingebracht werden. Der hermeneutisch zu vermittelnde Horizont von Wirklichkeit kann dabei nicht der einer Wesensmetaphysik sein, die aus logischen Begriffen oder affektiven Gestimmtheiten die Realität deduziert, sondern nur der einer Seins- und Aktmetaphysik. Nur so kann der innere Zusammenhang von Sein und Geschichte, von Dogma und Historie, Transzendenz und Geschichtlichkeit Jesu Christi deutlich gemacht werden. Das geschichtlich kontingente Ereignis ist das von Gott selbst zu eigen genommene Medium, in dem er sich in seinem ewigen Wesensvollzug dem Menschen als einem endlichen, aber auf eine unendliche Erfüllung hin angelegten Geschöpf mitteilt, erschließt und kommunizierbar macht. So kann die Wesensdynamik der menschlichen Person als Mitvollzug der trinitarischen Relationen Gottes durch Christus im Heiligen Geist zum Vater hin aufgefaßt werden.

Gott selbst ver-wirklicht oder er-eignet aus seinem ewigen Sein heraus durch die Freiheit seines Handelns die Wahrheit, durch welche er in der geschichtlichen Gestalt seiner Wahrheit erkannt wird: in der Person und in dem Schicksal Jesu und der Vollendung des Reich-Gottes-Mittlers in Kreuz und Auferstehung.

5.) In *soteriologischer Perspektive* ist in der Christologie aufzuweisen, daß die personale Gemeinschaft mit Jesus dem Christus in Glaube und Nachfolge die Sehnsucht des Menschen nach endgültigem Besitz des Heils und nach der Erfüllung des Menschen in der Liebe enthält. In seinem Leben und Sterben ist Jesus der einzige Weg zum Vater, da der Christ in der Nachfolge Jesu in seinem Leben und Sterben die Dialektik von Leben und Tod zugunsten des Lebens für alle Ewigkeit überwindet. So ist alles Heil in der Welt, in welcher Gestalt auch immer es anzutreffen ist, als Gnade Christi, des Sohnes vom Vater in der Gemeinschaft des Heiligen Geistes zu begreifen. Jesus bleibt darum auch für diejenigen Menschen heilsbedeutsam, die ihn noch nicht ausdrücklich als den eschatologischen Heilsmittler erkennen und anerkennen.

Die Christologie ist zweifellos der zentrale Traktat innerhalb der christlichen Dogmatik. Aber gerade wegen seiner Vermittlungsfunktion zwischen Theologie und Anthropologie ist er nicht statische Mitte, sondern ein dynamischer Impuls, der die wechselseitige Erhellung des Geheimnisses von Gott und Mensch ermöglicht. Die Christologie ist im Hinblick auf die trinitarische Wirklichkeit Gottes zu lesen und zugleich auf ihren anthropologischen Ort hin zu befragen.

0.2 Die christologische Ursynthese: Der gekreuzigte Jesus ist der auferweckte Christus

Osterereignis und Osterzeugnis

Die gesamte Christologie beruht auf der Unableitbarkeit eines kontingenten geschichtlichen Ereignisses.

Es ist die Selbstoffenbarung Jesu als eines bei Gott Existierenden. Im Lichte der Ostererfahrung können die Jünger den auferweckten Herrn identifizieren mit dem Jesus, der als der eschatologische Mittler des Gottesreiches aufgetreten war, der aus der einzigartigen Relation zu Gott als seinem „Abba" („lieber Vater") heraus sich in seiner Sendungsautorität legitimierte und der, von den Menschen zum Tod am Kreuz verurteilt, auch von Gott verlassen und als von Gott Verfluchter in seinem Sendungsanspruch diskreditiert erschien (Dtn 21,23; Gal 3,13).

Die Christologie muß bei dieser ursprünglichen Urteilssynthese des Jüngerglaubens ansetzen. Sie gewinnt dadurch einen Zugang zu dem darin bezeugten transzendenten Ereignis der Identifikation Gottes mit Jesus und damit der Offenbarung Jesu als des zum Wesensvollzug Gottes gehörenden Sohnes des ewigen Vaters (Gal 1,16; Phil 2,6-11; Joh 1,1-18) und umgekehrt der Offenbarung Gottes als des Vaters Jesu Christi (Röm 1,1-4). Nur das Oster*ereignis* begründet den Oster*glauben.* Und aus dem Ostergrauben heraus ergibt sich die Oster*botschaft:* das Bekenntnis zu Jesus als dem auferstandenen Herrn. Aus dem Osterzeugnis und der Osterverkündigung folgt die Notwendigkeit, den theologischen, christologischen und soteriologischen Zusammenhang des geschichtlichen Wirkens Jesu zu explizieren.

Da alle Christologie in der Ursprungserfahrung der Identität des Jesus der Geschichte mit dem Christus des Osterglaubens ihre Basis hat, scheiden zwei verschiedene Methoden der Christologie aus, die hinter diese Ursynthese zurückgehen und sie nicht aus dem Zeugnis der Jünger als ein unableitbares Ereignis entgegennehmen wollen, sondern die versuchen, eine Christologie rein theoretisch-gedanklich zu konstruieren.

1.) Die Christologie kann nicht einfach am Kerygma der Jünger ansetzen unter Absehung von der Tatsache, daß die Osterbotschaft der Urkirche gerade die Bezugnahme auf den geschichtlichen Jesus impliziert.

2.) Umgekehrt kann man sich aber auch nicht auf eine bloß geschichtliche Rekonstruktion beschränken unter Absehung vom historisch gesicherten Tatbestand, daß Jesus sich selbst in einem transzendentalen und theozentrischen Horizont verstanden hat und daß die Jünger nur im Lichte der Auferweckungstat Gottes die Tiefendimension des historischen Jesus ausleuchten, also die Frage, wer er seiner Person nach in absoluter Hinsicht auf Gott ist, beantworten konnten.

Das eine Osterbekenntnis in der Vielfalt des biblischen Zeugnisses

So unterschiedlich sich die einzelnen christologischen Kompositionen im Neuen Testament auch darbieten, so eindeutig ist doch auch der gemeinsame Bezugspunkt auf das Osterereignis und das Ur-Bekenntnis der Osterzeugen, daß Jesus, der eschatologische Bote des Gottesreiches, der als Gotteslästerer zum Kreuzestod verurteilt wurde, von Gott, seinem Abba, als die eschatologische Gegenwart des Heiles („der Sohn") bestätigt wurde, und daß darin Gott sich als Abba-Vater geoffenbart hat in der Sendung des Sohnes in der menschlichen Wirklichkeit Jesu von Nazaret und inmitten der endzeitlichen Sendung des Heiligen Geistes (Gal 4,4-6). In den neutestamentlichen Schriften lassen sich in etwa drei unterschiedliche Perspektiven des christologischen Grundbekenntnisses ausmachen.

1.) Die *paulinische Christologie* kreist um das zentrale Ereignis von Kreuz und Auferstehung. Paulus nimmt nur knapp auf den historischen Jesus Bezug. Er setzt die Historizität Jesu als Basis der Christologie voraus, ist aber mehr am Mysterium der Person Jesu interessiert, insofern die Heilsrelevanz Jesu in seiner Gemeinschaft mit Gott und in seiner Relation als Sohn zum Vater gründet.

2.) Die *synoptischen Evangelien* bieten unter Verwendung ältesten Erzählstoffes von der irdischen Wirksamkeit Jesu und seiner Passion eine eher narrative Christologie mit starker Betonung der Menschheit und Menschlichkeit Jesu, ohne aber ihren Hörern und Lesern das Person-Geheimnis Jesu zu verschweigen. Strukturprinzip der synoptischen Evangelien sind die Bekenntnisaussagen über Jesu Relation zu Gott als seinem Abba, das Bekenntnis zu Jesus als dem Sohn Gottes, dem Kyrios der Gemeinde, dem eschatologischen Propheten, dem Knecht Gottes, dem König der Juden (Israels) und schließlich dem Christus-Messias.

3.) Eine eigene Stellung nimmt das *Johannes-Evangelium* ein, das man vielleicht als eine Kombination von narrativer und homologetischer (= bekenntnishafter) Christologie ansehen kann. Die Erzählung der irdischen Geschichte Jesu ist überdeutlich in die Offenbarung des Persongeheimnisses Jesu integriert. Der tiefste Grund der Offenbarungsidentität Gottes und Jesu besteht in der Wesens-, Willens- und Lebenseinheit des ewigen Wortes, das bei Gott war und das Gott ist, das sich in der das Menschsein Jesu begründenden Sohnesrelation offenbar macht.

Dogmatischer Zugang zum Christus-Glauben

Dieser erste Blick auf das apostolische Urkerygma und damit auf den Kern des gesamten neutestamentlichen Zeugnisses bestätigt die Überzeugung, daß es zur personalen Identität Jesu als der Quelle seines geschichtlichen Wirkens und Schicksals nur einen dogmatischen, d.h. vom Glauben ausgehenden Zugang gibt. Das geschichtlich greifbare Zeugnis der Jünger beruht auf einer Ursynthese von Transzendenz und Geschichte Jesu. Sowohl in den ältesten Bekenntnisformeln der neutestamentlichen Briefliteratur als auch in der Osterbotschaft der Evangelien wird behauptet, daß es einen adäquaten Zugang zur Personidentität Jesu nur gibt aufgrund der Selbstbezeugung Jesu als des durch Gott geretteten und bei Gott als lebend erwiesenen eschatologischen Mittlers der Heilsherrschaft Gottes.

Diese christologische Ursynthese läßt sich bei aller Verschiedenartigkeit der Formulierung im einzelnen auf den einen Grundinhalt zurückführen:

Der gekreuzigte Jesus ist der von Gott zum ewigen Leben auferweckte Herr, der bestätigte eschatologische Heilsmittler, der Christus-Messias.[2]

Damit offenbart sich in Jesus auch das Wesen Gottes. Die Personidentität Jesu, die in Gottes Wesen selbst gründet und die sich in der Geschichte des Menschen Jesus zeigt, findet ihren sprachlichen Ausdruck in verschiedenen Formeln:
Er ist
– der einzige Sohn Gottes, seines ewigen Vaters (vgl. Röm 1,3f.9; 5,10; 8,3.29.32; Phil 2,6-11; Mt 2,15; 28,19; Joh 1,18; 1 Joh 1,2 f.; 2,23; 2 Joh 7; 1 Tim 3,16);
– die Weisheit Gottes (1 Kor 1,24-30; Mk 6,2; Lk 2,40.52; Offb 5,12; 7,12);
– das Ebenbild Gottes, „der göttliche Glanz auf dem Antlitz Christi" (2 Kor 4,4-6; Kol 1,15);
– der „Abglanz seiner Herrlichkeit und das Abbild seines Wesens" (Hebr 1,3);
– das „Wort, das bei Gott war und das Gott ist" (Joh 1,1; 1 Joh 1,1-3).

Diese in der Wesenseinheit Gottes begründete personale Identität des göttlichen Sohnes geht in der Sendung ins Fleisch (Röm 8,3), der Fleischwerdung des Wortes (Joh 1,14; 1 Joh 4,2; 1 Tim 3,16), in der Entäußerung Christi Jesu, der Gott gleich war und den Menschen gleich wurde und das Leben eines Menschen führte (Phil 2,7), nicht verloren. Die personale Identität des Sohnes mit Gott, seinem Vater, ist die (nicht nur formale, sondern mehr noch inhaltliche) Voraussetzung dafür, daß er als Mensch der Heilsmittler der Gottesherrschaft sein kann, der einzige Mittler zwischen Gott und den Menschen (1 Tim 2,5), der Mittler und Hohepriester des Neuen Bundes (Hebr 8,6; 9,11 f.), der eine ewige Erlösung bewirkt hat (Hebr 9,12), der „Gerechtigkeit, Heiligung und Erlösung" ist (1 Kor 1,30) und in dem Gott die Versöhnung mit der Welt bewirkt hat (2 Kor 5,18).

Die Einheit Jesu mit Gott verbürgt die Tatsache, daß in ihm die Liebe Gottes, die das Wesen Gottes ist (Röm 8,39; Joh 3,16; 1 Joh 4,15 f.), geoffenbart wurde als die Gabe des ewigen Lebens, das mit Gott identisch ist (Röm 6,23; Joh 17,3; 1 Joh 5,12.20), daß wir durch ihn Lebensgemeinschaft haben mit Gott, dem Vater, dem Sohn und dem Geist (2 Kor 13,13; 1 Joh 1,3; Jud 21; Mt 28,19; Gal 4,4-6; Röm 8,15.29).

Die Seinseinheit des Sohnes mit dem Vater begründet die Offenbarungseinheit Jesu mit Gott im Heiligen Geist (vgl. Lk 10,21 f.), während umgekehrt die Offenbarungseinheit Jesu mit Gott (ökonomische Trinität) die geschichtliche Gestalt der Selbstauslegung und Selbstmitteilung Gottes ist (immanente Trinität).

Geschichte statt Mythos

Diese christologische Ursynthese entgeht nur dann dem Vorwurf, lediglich eine Projektion frommer Deutungsmuster (alttestamentlicher Hoffnungsbilder, mythischer Vorstellungen, spekulativer Begriffskonstruktionen der hellenistischen Philosophie, weltbildabhängiger oder zwangsneurotischer Denkmuster, subjektiver Visionen oder Halluzinationen) auf die historische Gestalt Jesu zu sein, wenn das Christusbekenntnis eine Grundlage im Christusereignis selbst hat, d.h. in der historischen Realität und in der Selbstoffenbarung des erhöhten Herrn. Das setzt ein *Osterereignis* und eben nicht nur eine Osterinterpretation voraus.

---

[2] Das literarisch älteste Zeugnis in 1 Kor 15,3–5; vgl. 1 Thess 1,10; 4,14; Röm 10,9; 2 Tim 2,8; 1 Petr 3,18; 1 Tim 3,16; Mk 16,6; Mt 28,5f; Lk 24, 5–7; Joh 20,8f u. ö.

Man darf dabei aber Geschichte und Transzendenz Jesu weder auf die Zeit vor und nach Ostern aufteilen noch sachlich dem Auftreten des vorösterlichen Jesus bzw. dem österlichen Glauben der Jünger an ihn ausschließlich zuordnen. Sonst bleibt die Christologie immer dem Mythologie- und damit Projektionsverdacht ausgesetzt. An dem Tatbestand, daß durch eine mythologische Deutung dem Christusbekenntnis die Basis im geschichtlichen Ereignis und damit in der Wirklichkeit überhaupt entzogen wäre, ändert auch nichts die These, daß neben dem rationalen Zugang zur Welt eine mythisch-märchenhafte Erschließung der Selbsterfahrung des Menschen als anthropologisch relevant angenommen werden müsse. Denn die Frage ist ja nicht, ob überhaupt und warum es zu mythenbildenden Vorstellungen und märchenhaften Traumgebilden im menschlichen Bewußtsein kommt und welche soziale und psychologische Funktion ihnen für die Kontingenzbewältigung zukommen mag. Die entscheidende Frage ist vielmehr, ob und wie unsere rationalen oder affektiven Bewußtseinsinhalte die Wirklichkeit an sich, also die Grundlage unseres Seins, Handelns und Hoffens, erreichen. Denn weder ein rationaler Christusbegriff noch ein affektiv besetztes Christusbild können uns erlösen, sondern nur ein geschichtlicher Christus, der die Wirklichkeit des Menschlichen zwischen Leben und Tod, Hoffnung und Verzweiflung nicht nur anders interpretiert, sondern sie durch Handeln verändert.

Bei der Frage, ob der Glaube der Jünger die geschichtliche und transzendente Wirklichkeit Jesu erreicht, ist von der Tatsache auszugehen, daß die Jünger überzeugt sind: Jesus ist von Gott gesendet, und Gott hat am gekreuzigten und toten Jesus gehandelt.

Der Verstehenshorizont der Jünger ist dabei bestimmt durch Gott, den sie im Sinne des biblisch-israelitischen Glaubens als den Schöpfer der Welt und als den in der Bundesgeschichte heilschaffenden personalen Ansprechpartner des Menschen wissen. In der von der geschichtlichen Begegnung der Jünger mit Jesus ausgelösten und getragenen Transzendentalität ihres Bewußtseins, die sich in glaubender Zustimmung und Anerkenntnis Jesu als des von Gott gesandten eschatologischen Heilsmittlers äußert, spiegelt sich die Einheit von Transzendenz und Geschichte Jesu wider. Sie erweist sich umgekehrt als der Grund des in den beiden Polen von Geschichtlichkeit und Transzendentalität sich vollziehenden Glaubensaktes. In der Begegnung mit dem vorösterlichen Jesus und seinem eschatologischen Ruf zur endgültigen Entscheidung angesichts der hereinbrechenden Gottesherrschaft vollzog sich die Selbsttranszendenz ihres Bewußtseins auf ihn hin. Das geschah in der Überzeugung, daß dieser geschichtlich faßbare Mensch Jesus der Vermittler in die Transzendenz Gottes ist und daß seine Sendung und Vollmacht nicht anders begriffen werden können denn als das Ereignis der Selbstvermittlung Gottes in Welt und Geschichte. In dieser geschichtlichen Begegnung der Jünger mit Jesus ist die christologische Ursynthese grundgelegt, die Erkenntnis der Einheit von Geschichte und Transzendenz Jesu. Darum glaubten die Jünger an ihn und folgten ihm nach. Der vorösterliche Jesus machte sich zwar nicht zum Gegenstand und unmittelbaren Inhalt seiner Botschaft. Aber indem er aufgrund seiner Vollmacht der Mittler der Gottesherrschaft ist, gibt es an ihm vorbei keine Gemeinschaft mit Gott. Jesus ist also nicht nur Verkünder, sondern auch und gerade Inhalt des Evangeliums, weil die geschichtliche Verwirklichung der Gottesherrschaft nicht von dem zu trennen ist, der sie konstitutiv vermittelt und der als der erhöhte Herr bleibend ihr Vermittler ist.

Gottbegegnung in der Begegnung mit Jesus

In Jesu Verkündigung und Handeln vermögen die Jünger Gottes Wirken selbst zu erkennen. Durch Jesus, den Mittler der Gottesherrschaft, haben sie teil an seinem Verhältnis zu Gott, dem „Vater, Herr und Schöpfer des Himmels und der Erde" (vgl. Mt 11,25; Lk 10,21), dem Gott der Berufung zum Heil, dem Gott Abrahams, Isaaks und Jakobs, dem Gott der Lebenden (vgl. Mt 22,32), dem Gott des Bundes und der Heilsgeschichte, dem Gott von Mose und allen Propheten (vgl. Lk 24,37). Sie haben teil an dem einzigartigen Verhältnis Jesu zu Gott als „seinem Vater", zu dem die Jünger nach der Lehre Jesu „unser Vater im Himmel" (Mt 6,9) sagen dürfen, denn Jesus offenbart ihn als „ meinen Vater und euren Vater, meinen Gott und euren Gott" (Joh 20,27).

Weder stellte sich Jesus seinen Zeitgenossen als ein mystisch bewegter Gottsucher noch als der Künder einer kompromißlosen Moral dar. Jesus trat vielmehr als der vollmächtige Mittler der nahen Gottesherrschaft auf (Mk 1,15). Die Zeitgenossen begriffen wegen seiner neuen Lehre in göttlicher Vollmacht und wegen seines vollmächtigen Handelns (Sündenvergebung, Zeichen der Krankenheilungen, Dämonenaustreibung) durchaus den Unterschied zur Predigt der Schriftgelehrten und zum Handeln der Propheten (Mk 1,22). Das vollmächtige Handeln Jesu und damit auch sein Selbstverständnis haben ihren Ursprung in der einzigartigen, nur ihm allein zukommenden Beziehung zu Gott, den er im Gebet als „mein Vater, Abba" (vgl. Mk 14,36) anspricht und der ihn in einer unvergleichbaren Sohnschaft als „meinen geliebten Sohn" (Mk 1,11) offenbart, auf den die Jünger hören sollen (Mk 9,7) und der damit als der Offenbarungsträger des eschatologischen Heilswortes und Heilshandelns Gottes ausgewiesen ist, der auch am Kreuz als der „Sohn Gottes" (Mk 15,39) erkannt wird.

Jesus wußte sich vom Vater gesendet, die heilschaffende Liebe Gottes und sein Mitleid mit der Not der Menschen in seiner eigenen Pro-Existenz (im Gehorsam) zu verkörpern. Er wußte, daß die Verkündigung der nahen Gottesherrschaft nicht nur Überwindung der Sünde war. Er spürte zugleich auch den todbringenden Widerstand der Sünder, den er durch seine Verkündigung provozierte. Da Jesus nicht der bloße Informant über den von ihm verschiedenen und unabhängigen Inhalt der kommenden Gottesherrschaft war, sondern weil das Geschick des Gottesreiches in der Geschichte ihres Mittlers sich ereignete, setzte sich gerade auch im gewaltsam erlittenen Todes die Herrschaft Gottes durch und vernichtete die Herrschaft der Sünde. Alles geschah zur Ehre Gottes, des Vaters (Phil 2,8-11). Die freie Selbsthingabe Jesu, sein Lebensopfer am Kreuz „kraft ewigen Geistes" (Hebr 9,14), der ihn mit dem Vater verbindet, ist das geschichtlich faßbare Zeichen, in dem Gott die Überwindung der Sünde als Widerstand gegen die Gottesherrschaft und des Todes, dem „letzten Feind des Menschen" (1 Kor 15,26) verwirklicht und Jesus als den eschatologischen Mittler des Neuen Bundes (Hebr 9,15), als Mittler der universalen Herrschaft Gottes (1 Kor 15,28) und als Gott des Lebens und der Lebenden offenbart (vgl. Röm 4,17; 1 Tim 6,13; Mk 12,27).

Die Auferstehung Jesu als Höhepunkt der Selbstoffenbarung Gottes

Die Auferweckung Jesu von den Toten bedeutet nicht eine von außen kommende supranaturale Zusatzbestimmung an der historischen Gestalt Jesu. Im Auferweckungshandeln Gottes an dem geschichtlichen Mittler der Gottesherrschaft ereignet sich die Vollendung der im Leben Jesu schon sichtbar gewordenen Einheit mit Gott, seinem Vater (vgl. Hebr 7,28).

Die Auferstehung Jesu ist damit die Vollendung der Offenbarung Gottes in dem Mittler und geschichtlichen Repräsentanten der eschatologischen Gottesherrschaft und damit auch die Vollendung der Offenbarung des Vaters in Person und Geschichte Jesu Christi, die in Kreuz und Auferstehung zu ihrer endgültigen Gestalt kommt. Nicht nur ist Jesus der Offenbarer des Vaters, sondern es offenbart sich auch der Vater selbst – als Vater des Sohnes (2 Joh 3). In der Auferweckung des Menschen Jesus identifiziert sich Gott in einem eschatologisch heilschaffenden Sinn mit Jesus und er offenbart ihn damit als

seinen Sohn, der in der Fülle der Zeit als Mensch aus einer Frau geboren, dem Gesetz unterstellt ist, damit er die freikaufe, die unter dem Gesetz der Sünde und des Todes stehen und damit wir in Christus die Sohnschaft erlangen und als Söhne Gottes in der Kraft des Geistes seines Sohnes aus der Mitte unseres Herzens heraus zu Gott Abba, Vater, rufen können.
(vgl. Gal 4,4-6; Röm 8,15.29)

Die Auferweckung Jesu von den Toten kann vom Sinnzusammenhang der Geschichte Jesu her also keineswegs als eine weltbildlich bedingte mythologische Metapher (oder die Anwendung des apokalyptischen Bildes der „Auferweckung der Toten") aufgefaßt werden, in der eine fromm bestimmte Subjektivität ihrer Überzeugung Ausdruck gibt, daß die „Sache Jesu" (des „Märtyrerpropheten" oder „leidenden Gerechten") irgendwie weitergeht. Der Glaube, daß Jesus zwar nicht mehr in den Raum des irdischen Lebens zurückgekehrt ist, aber dennoch in einem absoluten, d.h. auf Gott bezüglichen Sinn lebt und existiert, bezieht sich nicht auf eine „Sache", ein religiöses oder moralisches Programm, sondern auf die Identität einer Person. Dies besagt, daß eben der, der sich in der Ostererscheinung als bei Gott Lebender und als Träger der Gottesherrschaft geoffenbart hat, identisch ist mit der geschichtlichen Gestalt Jesus von Nazaret, dessen personale Identität als vom Vater gesendeter eschatologischer Heilsmittler auch vorösterlich schon durch die Relation zu Gott bestimmt war. Diese Person wird durch die Auferweckungstat Gottes eschatologisch bestätigt.

Die endgültige Bestätigung der Einheit von Transzendenz und Geschichte Jesu kraft der Auferweckungstat Gottes an ihm wird nun auch zum Ursprung der endgültigen, unbedingten geistgewirkten Urteilssynthese des Glaubensaktes, in dem Jesus sich als Lebender den Jüngern offenbart in der personalen Begegnung der „Ostererscheinungen". Dieses geschichtliche Ereignis der personalen Begegnung der Erscheinungen wird von sich selbst her zur Vermittlung der geschichtlichen und erfahrungsmäßigen Grundlage der Urteilssynthese: daß dieser auferstandene Christus der gekreuzigte Jesus ist und daß er seine Einheit mit dem Vater, d.h. seine Transzendenz, im Gang seiner Lebensgeschichte bis hin zum Kreuz nun in der Auferstehung offenbart.

Unableitbarkeit des Osterglaubens

Gewiß war der Glaube der Jünger an die Identifikation Gottes mit Jesus und damit auch an die Transzendenz Christi angesichts des Kreuzes Christi irregeworden und „gestorben". Wohl war ihnen die prinzipielle Möglichkeit einer Identifikation Jahwes mit dem messianischen Heilsmittler (vgl. Jes 9,5) von den Hoffnungen Israels her nicht unzugänglich.

Aber daß Gott sich mit dem am Kreuz scheinbar Gescheiterten und Verfluchten (vgl. Dtn 21,23; Gal 3,13; Apg 5,30 f.) oder mit dem stellvertretend leidenden Gottesknecht und Messias (vgl. Lk 24,26.46) identifiziert und somit auch gerade aufgrund seines Kreuzes den eschatologischen Mittler der Gottesherrschaft offenbart hat, das konnte den Jüngern nicht durch eine im eigenen theologischen Denken bereitliegende Kombinationsmöglichkeit, sondern nur durch ein besonderes, unableitbares, kontingentes Offenbarungshandeln Gottes zugänglich gemacht werden. Eben darum ist Juden wie Heiden das Wort vom Kreuz Ärgernis und Torheit, weil dem „irdischen" Denken eine Selbstoffenbarung Gottes in der Identifikation mit dem Gekreuzigten absolut unmöglich ist (vgl. 1 Kor 1,23). Christus als Gottes Kraft und ewige Weisheit ist nur durch die Gabe des Geistes Gottes zugänglich, durch den Gott Jesus von den Toten auferweckt und den gestorbenen Glauben der Jünger an Jesus lebendig macht (vgl. 1 Kor 2,13 f.).

Auch die Leidensweissagungen Jesu können nicht als Ansatz für die These in Anspruch genommen werden, daß die Jünger – auch ohne ein Osterereignis – aus vorweggegebenen Interpretationsmöglichkeiten heraus im Nachhinein dem Leben und dem Sterben Jesu eine bleibende Bedeutsamkeit für unser Gottesverhältnis zugeschrieben haben könnten und dies in der Metapher „Auferstehung" verobjektiviert hätten. Demnach wäre nur der Osterglaube das Ereignis von Ostern und nicht ein dem Glauben vorangehendes, von Gott selbst her getragenes *Ereignis,* das überhaupt erst den Osterglauben ermöglicht.

Nach dem Zeugnis der Jünger war die Auferstehung Jesu ein unableitbares, geschichtlich kontingentes Ereignis, nämlich die Selbstoffenbarung Jesu von Gott her als des geretteten und endgültig eingesetzten eschatologischen Mittlers der Gottesherrschaft, durch den ihr Glaubensurteil bzw. die transzendentale Einheit ihres Glaubensbewußtseins getragen ist. Es spricht sich in dem Bekenntnissatz aus:

Der Jesus der Geschichte, der wahre Mensch Jesus von Nazaret, der in einer einzigartigen Relation zu Gott, seinem Vater, stand und aus ihr heraus als der Mittler des Gottesreiches vollmächtig handelte, ist identisch mit dem, der in den Auferstehungserscheinungen sich als der Sohn des Vaters, als ewiges Heil und als die göttliche Gabe des ewigen Lebens ausweist.

Die transzendente, d.h. in Gottes Wirklichkeit hineinreichende Dimension der geschichtlich-realen Begegnung der Jünger mit Jesus als dem „Sohn Gottes in der Gestalt des Fleisches einer menschlichen Existenz" (vgl. Röm 8,3; Joh 1,14; 1 Joh 4,2; 2 Joh 7; 1 Tim 3,16), eben in seiner Gottheit und Menschheit, seiner Transzendenz und Geschichte, kann von den Jüngern freilich nicht im Rahmen einer natürlichen, auf die sinnlich vermittelte materielle Welt eingeschränkte Wirklichkeitssicht erkannt werden, wenn nicht Gott den transzendentalen, aber in sich unbestimmten Erkenntnishorizont der Jünger inhaltlich bestimmt und auf das Offenbarungsereignis hin öffnet. Deshalb können die Jünger den auferstandenen Herrn nicht einfach von sich her erkennen, sondern nur wenn er sich ihnen im Sinne einer aktiven und von ihm selbst getragenen Offenbarung zu erkennen gibt von Gott her und im „Geiste der Heiligkeit" Gottes, in dem er mit dem Vater verbunden ist und durch den er vom Vater her auferweckt wurde (Röm 1,3 f.; 6,9; 1 Petr 3,18). Darum ist die christologische Ursynthese nicht von einer eigenmächtigen Interpretation der Jünger her erreichbar, sondern nur durch den im Ereignis der Auferstehungserscheinung Jesu sich selbst bezeugenden eschatologischen Heilsmittler von Gott her: „Niemand kann sagen: Jesus ist der Herr!, außer im Heiligen Geist" (1 Kor 12,3; vgl. 1 Joh 4,2; Mt 16,16). Nur der Geist Gottes erkennt Gott und der, dem Gott seinen Geist mitteilt (vgl. 1 Kor 2,11-13).

Versprachlichung des Ereignisses

Der Auferstehungsglaube geht der reflektierten Christologie und der sprachlichen und gedanklichen Fassung im Christusbekenntnis voraus. Die Variation in der sprachlichen Fassung des Ereignisses etwa als *Auferstehung, Verherrlichung, Erhöhung, Vollendung Jesu* oder *Offenbarung des Sohnes* (vgl. Gal 1,15 f.) darf nicht zu einer Umkehrung des Verhältnisses von Ereignis und Interpretation führen. Dies widerspräche dem gesamten biblischen Zeugnis. Die Behauptung eines Primates der Deutung vor dem Ereignis ist im übrigen auch nur möglich im Horizont eines begriffsmetaphysischen Wirklichkeitsverständnisses. Danach ist das Unableitbare und Kontingente der Geschichte letztlich nur ein akzidentelles Moment an einem zuvor entwickelten Begriff [Idee].

Die im Ereignis des Selbsterweises Jesu als des bei Gott Lebenden begründete Bekenntnisaussage des Glaubens mag gewiß durch unterschiedliche Metaphern und Begriffe unseres an die anschauliche Vorstellung gebundenen Denkens und Sprechens zum Ausdruck gebracht werden. Aber der Unterschied zwischen Leben und Tod ist keine Metapher, sondern die Aussage über Nicht-Sein oder Sein einer Person im absoluten Horizont unserer Wirklichkeitsaussage vor Gott. Und im Ereignis der Selbstbezeugung des Auferstandenen als eines in und bei und als Gott Lebenden wurde die Erfahrung der Jünger mit Jesus zur unbedingten Glaubensgewißheit, daß er wirklich in Gottes Leben existiert und eben nicht in der Scheinexistenz eines Toten in der historischen Erinnerung oder einer mystisch-religiösen Beziehung auf eine mythische Gestalt, „als ob" sie lebe.

Der Auferstehungsglaube besagt indes nicht nur, daß der getötete Jesus bei Gott lebt (dies kann auch von den Patriarchen, Propheten, Gerechten und Märtyrern, denen die Auferweckung verheißen ist, gesagt werden). Das Osterkerygma enthält vielmehr darüber hinaus die Offenbarung der Identifikation Gottes mit dem irdischen Jesus und seinem Anspruch, der eschatologische Heilsmittler zu sein. Weil dem Glauben die Realität des ewigen Seins Jesu bei Gott in der Vermittlung des Ereignisses der Selbstoffenbarung Jesu evident, plausibel und akzeptabel geworden ist, darum kann auch der Glaubende sich in der weltgebundenen Sprache ausdrücken, aber so, daß die analoge Aussage des Glaubensinhaltes in unterschiedlichen Begriffen, Metaphern und Bildern in der in ihnen ausgesagten Wirklichkeit wurzeln, also eine umgreifende Analogie des Seins (auch in der Freiheitsgeschichte von Personen) die Analogie der Glaubenssprache trägt und ermöglicht. Die Glaubenssprache kann dabei nicht in völlig willkürlicher Beliebigkeit variiert werden. Sie ist an die transzendente Wirklichkeit des Glaubens gebunden und muß sich in der Kirche (*sensus fidei et fidelium*) entwickeln.

Eine nähere Untersuchung des Ursprungs und der Grundvermittlung der christologischen Grundlage des Christentums zeigt also, daß die neuzeitliche Diastase des *Jesus der Geschichte und des Christus des Glaubens*, von Menschheit und Gottheit, von Geschichte und Transzendenz Christi ebenso unangemessen ist wie die im Hintergrund stehende dualistische Erkenntnistheorie, die die menschliche Erkenntnis auf zwei unvermittelbare Quellen aufteilt und damit die Wirklichkeit empirisch-statistisch und das Denken rein als formale Logik interpretiert und bei der die Geschichte, die Grundvermittlung des Menschen mit der Wirklichkeit, auseinandergerissen wird in objektive Fakten und subjektive Deutung. Demgegenüber ergibt sich aus der grundlegend und unausweichlich geschichtlichen Vermittlung der transzendentalen Erkenntnis des Menschen ein neuer Zugang zum christologischen Grundbekenntnis. Das Ereignis der Begegnung mit dem geschichtlichen Menschen Jesus und seiner vorösterlichen Verkündigung und in der österlichen Selbstbezeugung als ewig Lebender bei Gott und bestätigter eschatologischer Heilsmittler findet seine Widerspiegelung in der Ursynthese des Glaubensaktes, daß in der Geschichte Jesu eschatologisch die Vermittlung in die Transzendenz Gottes und die Gegenwart der Selbstmitteilung Gottes in der Geschichte und Person Jesu gegeben ist.

Christologie ist also in ihrer geschichtlichen und transzendentalen Struktur die *Vermittlung von Theologie und Anthropologie*. Christologie ist der konkrete, gnadenhaft ermöglichte Vollzug der Transzendentalität der menschlichen Geistes- und Freiheitsgeschichte in personal-dialogischer Begegnung und Welt. Die Christologie reflektiert die fundamentale Bedeutung Christi für unser Gottesverhältnis und damit auch für das Selbstverhältnis des Menschen zu sich und für seine Vollendung als ein geschichtliches und auf die Transzendenz Gottes verwiesenes Wesen. Die neue Grundlegung der Christologie zeigt, warum die anthropologische Wende der christlichen Philosophie in der Neuzeit nicht zu einem prinzipiellen Zweifel an der objektiven Realität der Offenbarung Gottes in Christus oder auch nur ihrer Erkennbarkeit zwingt, sondern zur Ausformung einer adäquateren Denkform ermutigt, die gerade bei voller Einsicht in die immer subjektiv bedingte und mitkonstituierte Erkenntnis von Wirklichkeit zu ihrer vollen Aneignung und Präsenz in der geschichtlichen Situiertheit des menschlichen Bewußtseins und der Freiheit führen kann. Die in der Subjektivität des Glaubens vermittelte Einsicht in die Transzendenz Christi, des gekreuzigten Mittlers der Gottesherrschaft und des auferstandenen Herrn, ist das Medium, durch das Gott sich selbst als Ursprung und Inhalt der Vollendung des Menschen in Wahrheit und Liebe mitteilt.

0.3 Die dogmatische Christologie als Strukturprinzip christlicher Theologie

Die Begegnung der Jünger mit dem auferstandenen Herrn bleibt der Erkenntniszugang zum Persongeheimnis Jesu. Im Lichte der Identifikation Gottes mit Jesus und damit der Selbstoffenbarung Gottes als Vater, Sohn und Geist können darum die Linien ausgezogen werden bis hinein in die absolute Herkunft Jesu aus Gott (*Wesenseinheit des Sohnes mit dem Vater, Präexistenz*) sowie nach vorne, insofern Jesus der *Christus praesens* in seiner Kirche ist und als der kommende Richter aller Welt die universale Gottesherrschaft, die sein Lebensinhalt war, vollenden wird. Behält man das Ursprungsereignis der Christologie im Auge, dann ist auch klar, daß in der biblischen und in der nachbiblischen Entfaltung des Christusglaubens in der Christologie nicht etwa das Interesse leitend war, irgendeinen religiös bedeutenden Menschen nachträglich mit mythologischen Bildern oder der Begrifflichkeit einer philosophischen Spekulation zu vergotten (Heros, Halbgott, Emanation eines transzendenten Gottprinzips usw.). Es war gerade die Erfahrung der Identifikation des Heiles Gottes mit eben diesem realen Menschen Jesus, die die Frage nach dem tiefsten Zusammenhang Jesu mit Gott notwendig machte.

Wie muß die personalen Relation des Menschen Jesus von Nazaret zu Gott beschaffen sein, damit der transzendente Gott sich eschatologisch definitiv in der Geschichte dieses Menschen mitteilen kann? Hier zeigt sich der Ursprungsort der Glaubensüberzeugung in der frühen Kirche von der Präexistenz des Personseins Jesu, und zwar als ewiges Wort Gottes und als Sohn des Vaters noch vor dem Ereignis seiner Sendung in der Gestalt des Fleisches menschlicher Existenz. Hier ist auch der hermeneutische Ort, wo das Geheimnis der geistgewirkten Empfängnis und Geburt Jesu aus der Jungfrau Maria christologisch ausgelegt werden kann. Auch die Aussagen über die Schöpfungsmittlerschaft Christi und sein verborgenes Wirken in der Heilsgeschichte Israels im Alten Testament gehören hierher. Dabei handelt es sich allerdings nicht um bloße Reflexions-Christologie, die sich nur einer phantasiereichen Spekulationskombinatorik bediente. Die biblischen Schriftsteller waren davon überzeugt, daß diese Interpretamente im Christusereignis verankert sind und daß es sich bei dieser Interpretation um die sprachliche und gedankliche Repräsentation der Wirklichkeit Gottes selbst handelt, die sich im heilsgeschichtlichen Ereignis auslegt, mitteilt und erkennbar macht.

Innerhalb des konsequenten Monotheismus Israels und der Kirche war die eschatologische Einheit des Heilsmittlers Jesus mit Gott und seine Relation als Sohn zum Vater nur verstehbar als Aussage über Gott selbst. Die Christologie steht damit im Raum der Trinitätstheologie. In der wechselseitigen Erhellung von Christologie und Gotteslehre, von heilsgeschichtlicher Selbsterschließung Gottes als Vater im Sohn (mit der Sendung des Geistes) und von Gottes innerem Wesen, erweist sich der trinitarische Glaube dem unitarischen Gottesverständnis überlegen. Trinitätsglaube ist konsequenter Monotheismus, der sich noetisch nur durch heilsgeschichtliche Selbstmitteilung Gottes vermittelt.

Diese Sicht eröffnet den Zugang zum soteriologischen Aspekt der Christologie. Das eschatologische Heil (das ewige Leben, das Gott selbst ist) hat in Jesus von Nazaret ein menschliches Dasein und eine menschliche Geschichte angenommen, um sich in ihm für immer als der umfassende Richtungssinn dem menschlichen Dasein und der Menschheitsgeschichte einzustiften. Daher ist in Jesus die Gottesherrschaft in die Mitte der Weltgeschichte und in die Sinnmitte jeder geistigen Kreatur eingetreten. Wenn auch die Geschichte nach dem historischen Auftreten Jesu noch weitergeht, so ist sie dennoch qualifiziert durch die inkarnatorische Präsenz Gottes, des Vaters Jesu Christi.

Als der erhöhte Herr bleibt der Jesus der Geschichte im Heiligen Geist Gottes gegenwärtig (*pneumatologische* Vermittlung der Christologie).

Der erhöhte Herr wirkt in der Kirche und durch sie. Sein Heiliger Geist trägt und belebt die Grundvollzüge der Kirche in Martyria, Leiturgia, Diakonia. Zu dieser *ekklesiologischen* Dimension der Christologie tritt die christologische Interpretation der *Eschatologie.* Weil Gott in der Auferstehung das ewige Leben als Hoffnungshorizont für alle Menschen geoffenbart hat, darum ist auch Christus als der erhöhte Herr der Zielpunkt aller Geschichte. Die Hoffnung auf die Wiederkunft (Parusie) Jesu Christi als Retter, Richter und Vollender der Welt ist nichts anderes als die Explikation der soteriologischen Momente der Christologie in ihre Endgültigkeit, die Antizipation der ewigen Vollendung des Menschen in Gott, seiner absoluten Zukunft.

Es ist gerade die zentrale Stellung der Christologie, die sie in den weiteren Zusammenhang der trinitarisch-theologischen Gotteslehre und auf die *theologische Anthropologie* hin bezieht. Jesus Christus als der Gott-Mensch ist in seiner Person die wechselseitige Vermittlung von Gott und Mensch. Diese christozentrische Wirklichkeitssicht setzt aber eine umfassende Theozentrik des Menschen voraus. Von Seiten Gottes ist vorausgesetzt, daß er überhaupt in eine Beziehung zu einer endlichen Wirklichkeit treten kann, ohne sich dabei als Gott erst zu gewinnen oder gar sich zu vermindern. Deshalb ist das Formalobjekt der christlichen Theologie auch nicht einfach Jesus Christus, sondern Gott als Ursprung und Ziel des Menschen. Wo nicht auf irgendeine Weise an Existenz und Wirken des transzendenten Gottes geglaubt wird, fehlt der Horizont, in dem Jesus als die Explikation des Selbstmitteilungswillens Gottes und damit die Vollendung des Menschen durch Gott aufgehen kann. Ohne eine irgendwie geartete faktische Religiosität bzw. ohne die Reflexionen einer philosophischen Theologie wäre die Christologie überlastet, wollte man von ihr unvermittelt die Lösung der mit der Natur des Menschen gegebenen Gottesfrage erwarten.

Die Skepsis gegenüber einer „christologischen Engführung", bei der die Gottesfrage nur als eine Implikation der Christologie erscheint, als ein Problem, das sich in der Begegnung mit Jesus Christus von selber löse, ist insofern berechtigt. Die Identifikation Gottes mit dem historischen Jesus konnte ja nur darum im Glaubensurteil angenommen werden, weil Jesus überhaupt im Lichte der biblischen Offenbarungsgeschichte als der geschichtliche Kulminationspunkt der Selbstmitteilung *Gottes* geoffenbart wurde. Der, den Jesus seinen Vater nannte, war kein anderer als der Gott Abrahams, Isaaks, Jakobs, Moses, Davids, Jesajas und Johannes des Täufers. Analog dazu setzte die urchristliche Verkündigung formal auch beim Gottesglauben der Heiden und ihrer Hoffnung auf eine transzendente Macht ein, nicht um den alttestamentlichen Horizont zu ersetzen, in dem allein die Identifikation Gottes mit Jesus nachvollzogen werden kann, sondern um den Christusglauben in den umfassenden Glauben an den Gott der Verheißung, des Bundes und des ewigen Lebens einzuordnen (vgl. Röm 1,1.19 f.; Apg 14,15 f.; 17,22-31).

Bei aller christologischen Konzentration bleibt Gott als der Vater Jesu Christi das Subjekt der Heilsgeschichte und folglich auch das Orientierungsprinzip in aller Theologie. Dementsprechend sind in den Symbola – sie sind nichts anderes als eine Erweiterung der urkirchlichen Homologese – die christologischen, pneumatologischen und soteriologischen Aussagen hingeordnet auf Gott, den Schöpfer, Erlöser und Lebensspender. In der Einheit von *theologia* und *oikonomia* bekennt sich der Glaubende zu Gott, dem Vater, dem Sohn und dem Heiligen Geist als terminus a quo und als terminus ad quem von Schöpfung und Bund, Gnade und ewigem Leben.

0.4 Die Christologie der Neuzeit in der Spannung von Dogma und Geschichte

Der Aufbau der Christologie und die Folgerichtigkeit in der Entwicklung ihrer Themen hängen vom methodischen und systematischen Ansatz der Fragestellung ab. Man kann nicht naiv und unmittelbar mit der Analyse des biblischen Befundes beginnen, die Dogmengeschichte durchschreiten und am Ende ein einigermaßen kohärentes Gesamtbild entwickeln, ohne sich zuvor Rechenschaft zu geben, unter welchen erkenntnistheoretischen Bedingungen und Voraussetzungen eine historische und systematische Christologie betrieben werden kann. Jede Perspektive auf einen historischen Befund ist immer abhängig von hermeneutischen Interessen und Vorprägungen des forschenden Subjektes. Niemand vermag den zu erkennenden „Gegenstand" unter Absehung der die Erkenntnis mitkonstituierenden Subjektivität in seinem reinen An-Sich zu erfassen. Wer in der Neuzeit Christologie betreibt, muß sich über den Ursprung und die Tragweite des Dilemmas der Christologie zwischen Dogma und Geschichte klar werden, wie es seit der Aufklärung im 17. und 18. Jahrhundert vor dem entsprechenden erkenntnistheoretischen Hintergrund der Subjektphilosophie und der quantifizierenden und objektivierenden Methode der Naturwissenschaften das europäische Denken prägt.

Kann man einfach von der Vorgegebenheit des Wortes Gottes in seiner Überlieferung im Glaubensbekenntnis der Kirche ausgehen, Gottes Dasein und Wirken in dieser Welt als unbezweifelbar gegeben annehmen und aus dieser realen Prämisse das Christusgeschehen sozusagen axiomatisch „von oben" deduzieren? Oder muß man nicht vielmehr unter Absehung dieser zunehmend in Zweifel gezogenen Voraussetzungen von einer Analyse der anthropologischen Bedingungen menschlichen Daseins ausgehen und in diesen Rahmen die Bedeutung der Geschichte Jesu von Nazaret für eine glückende menschliche Existenz einzeichnen im Hinblick auf einen asymptotisch annäherbaren Horizont, der in der Sprache der Philosophie das Unbedingte der transzendentalen Hoffnung oder des sittlichen Anspruchs oder, traditionell, in der Sprache der Religion „Gott" genannt wird? Gilt es also nicht hier gleichsam *„von unten"* anzusetzen und die Textzeugnisse mit historischen Methoden auf ihren Aussagewert hin zu befragen?

0.4.1 Der Typus einer „Christologie von oben" (Deszendenz-Christologie)

Skizze der klassischen Christologie

Geht man vom Kerygma, vom Glaubensbekenntnis und vom christologischen Dogma aus, dann erhält die Christologie folgende Struktur: Gott als der dreieinige ist der Schöpfer der Welt. Er erschafft den Menschen auf sein Bild und Gleichnis hin. Er konstituiert ihn so, daß seinem Selbstvollzug die Tendenz auf eine die Person des Menschen erfüllende Gemeinschaft der Gnade und Liebe, die Gott selbst ist, inhäriert. Durch den Mißbrauch seiner Freiheit und den Widerstand gegenüber dem Gnadenangebot Gottes hat der Mensch die Möglichkeit verloren, sein Ziel in Gott zu erreichen. Diesen Zustand der vom Menschen nicht zu überwindenden Gottesferne und damit der eigenen Heillosigkeit (Erbsünde) überwindet Gott durch die im Alten Testament bezeugte Geschichte seiner Heilszusage, die sich in der Menschwerdung Gottes vollendet.

In der zweiten Person der Trinität nimmt Gott selbst eine menschliche Natur an. Die menschliche Natur Jesu von Nazaret ist in die Person des ewigen Logos, des ewigen Sohnes des ewigen Vaters, aufgenommen und wird durch sie im Dasein gehalten. Kraft der Annahme der menschlichen Natur und des antwortenden Gehorsams des Menschen Jesus (in seinem kreatürlichen Bewußtsein und in seiner kreatürlichen Freiheit) hat Gottes Heil die Gestalt menschlicher Gegenwart. Aufgrund der von der Person oder Hypostase des Logos getragenen Einheit von göttlicher und menschlicher Natur (der hypostatischen Union) ist Jesus Christus der Gott-Mensch, der durch seinen stellvertretenden Tod zur Sühne unserer Sünden am Kreuz objektiv die Versöhnung, Erlösung und Befreiung für alle Menschen erwirkt und uns Menschen in ein neues Bundes-Verhältnis zu Gott und in eine erneuerte und nicht mehr zu verlierende Gemeinschaft mit dem dreifaltigen Gott hineinführt. Durch seine Auferstehung hat der Gott-Mensch den Tod überwunden, insofern der „Tod" der schärfste Ausdruck der lebenszerstörenden Gottesferne ist. Er hat das Tor zum ewigen Leben, das Gott in der Gemeinschaft von Vater, Sohn und Heiligem Geist ist, für immer geöffnet. Das ewige Leben besteht nicht in einer unendlichen zeitlichen Verlängerung des irdischen Daseins, sondern in einer letzten Angleichung des Menschen an Gott, der in sich selbst ewiges Leben und ewige Liebe ist, indem wir in Jesus Christus an Sohnes Statt angenommen werden, an Wesen und Gestalt des Sohnes, und kraft der Liebe des Heiligen Geistes, die uns ins Herz gegeben ist, an der Koinonia der dreifaltigen Liebe Gottes teilhaben.

Irenäus von Lyon und mit ihm eine Reihe von Kirchenvätern bis hin auch zu den großen Vertretern der scholastischen Theologie haben von dem trinitätstheologischen Hintergrund her das Heilswerk Gottes (*oikonomia*, Soteriologie) in einer Kurzformel so zusammengefaßt: *„Gott ist Mensch geworden, damit der Mensch vergöttlicht werde."*³

Diese reale und objektive Erlösung wird durch das Wirken der Kirche im Auftrag Jesu in der Kraft des Heiligen Geistes präsent in der Wortverkündigung, der Spendung der Sakramente, der Nachfolge Jesu und im Gemeinschaftsleben der Kirche. Subjektiv eignet sich der Mensch dieses geschichtliche Geschehen im inneren Gnadenleben an. Am individuellen Tod des Menschen und bei dem allgemeinen Ende der Geschichte vollendet Gott sein Heilswerk (individuelles Gericht, Wiederkunft Christi und Weltgericht), wenn er das ewige Leben der Seligkeit bei sich gewährt bzw. den definitiven Widerspruch gegen die Gnade in der „ewigen Verdammnis" ratifiziert.

Mit diesem Ansatzpunkt bei der unbezweifelten transzendenten Realität Gottes in seinem geschichtlichen Wirken gewinnt die Christologie einen Aufbau, wie er bis in die lutherische Orthodoxie (17. und 18. Jahrh.) und bis in die katholische Neuscholastik (19. Jahrh., 1. Hälfte des 20. Jahrh.) und in den Dogmatiken der östlich-orthodoxen Kirchen bis heute weitgehend Geltung hatte.

Begriffliche Fassung: Eine göttliche Person – zwei Naturen, eine göttliche und eine menschliche

Entsprechend den alten christologischen Konzilien, besonders dem Konzil von Chalkedon mit der Lehre von der *hypostatischen Union und der zwei Naturen in Christus*, war in der Christologie im engeren Sinne Jesus Christus in einer dreifachen Hinsicht zu betrachten:
1. die wahre Gottheit Jesu,
2. seine wahre und integrale menschliche Natur und
3. die hypostatische Union (die personale Einheit der beiden Naturen in der ewigen Person des göttlichen Logos).

Hier gewinnt die Lehre von der Inkarnation eine erhebliche Bedeutung. Die Inkarnation enthält schon das ganze Heilsgeschehen. In der Christologie geht es primär um die Konstitution des göttlichen Erlösers. Erst dann folgt die Soteriologie mit der Lehre vom Heilswerk des Gott-Menschen in seinem Opfertod am Kreuz. Die östliche Christologie betont stärker die Heilsbedeutsamkeit der Inkarnation, während in der lateinisch-westlichen Theologie der soteriologische Schwerpunkt im Kreuzestod Jesu gesehen wird.

Die Auferstehung Jesu wird vor allem in apologetischem Interesse gegenüber der Bestreitung der Gottheit Jesu in der Neuzeit als eine Bestätigung Jesu von Gott her betrachtet, als das Wunder aller Wunder, wodurch Jesus beweise, daß er in Wahrheit der göttliche Bote *(legatus divinus)* ist, als der er sich in seinem Er-

---
³ Vgl. Irenäus von Lyon, haer. III,18,1.7. Dieser Satz drückt aus, daß der Mensch in seinem Selbstvollzug an den personalen Relationen, die Gottes Wesen bilden, teilhat. Damit ist aber nicht gemeint, daß der Mensch seiner Natur nach vergottet oder der Wesensunterschied zwischen Gott und Geschöpf aufgehoben wird.

denleben ausgegeben hat. Neben apologetischen Interessen und einer positiven Begründung des Dogmas aus der Heiligen Schrift war die Methode einer solchen Christologie vorwiegend spekulativ.

Für die am biblischen Zeugnis orientierte klassische Theologie bedeutet Spekulation aber nicht Deduktion aus einem überzeitlichen Vernunftbegriff, sondern meint den Versuch einer widerspruchsfreien Darstellung der Wirklichkeit der Offenbarung Gottes in der Geschichte Jesu und ihrer Urbezeugung in der Gestalt der Heiligen Schrift, der apostolischen Überlieferung und des in die Urkirche zurückreichenden apostolischen Bekenntnisses des Christusglaubens. So galt es, in Treue zur kirchlichen Tradition, das Glaubensgeheimnis mit Hilfe der Grundbegriffe „Natur", „Wesen", „Substanz", „Person", „Subsistenz" und „Subjekt" zu formulieren und in seiner sachlogischen Stimmigkeit zu behaupten.

Christologische Häresien

Zu diesem Bemühen gehört auch die Abgrenzung gegenüber den *christologischen Irrlehren*. Diese sind nicht subjektive theologische Konzeptionen, die das Pech hatten, sich aus (kirchenpolitischen) Gründen nicht durchsetzen zu können, sondern Wahrheitsgeltung beanspruchende Aussagen, die dem im Glaubensbekenntnis formulierten Inhalt des Dogmas widersprechen.

Entsprechend den drei Grundintentionen der altkirchlichen Christologie lassen sich die christologischen Irrlehren in etwa so klassifizieren:

1.) Leugnung, Verstümmelung oder Abschwächung der menschlichen Natur Jesu (Doketismus, Gnosis, Apollinarismus, Monophysitismus).

2.) Leugnung der göttlichen Natur Jesu (Ebionitismus, häretisches Juden-Christentum, das auch auf das Jesusbild des Koran Einfluß nahm, Arianismus, aufklärerischer Rationalismus, Empirismus und Positivismus in der Moderne).

3.) Auflösung der hypostatischen Union: Dabei wird die Einheit entweder nur in einer äußerlichen Annahme Jesu an Sohnes Statt (Adoptianismus) oder mehr in der Verbindung moralischer Art („Nestorianismus") gesehen bzw. in der Neuzeit nur in einer bloßen Verbindung des menschlichen Bewußtseins Jesu mit Gott aufgrund der Kräftigkeit seines Gottesbewußtseins (F.D.E. Schleiermacher) bzw. aufgrund einer Bewährung des Gehorsams (A. Ritschl) gedacht. Hierher gehören auch einige Theorien des Mittelalters wie die sog. „Habitustheorie", wonach der Logos nicht eine menschliche Natur in ihrer Ganzheit, sondern nur ihre unverbundenen Teilprinzipien von Leib und Seele angenommen haben soll, und zum anderen verschiedene „Homo-Assumptus-Theorien", die davon ausgehen, daß der Logos einen personal in sich subsistierenden Menschen, nicht aber eine menschliche Natur angenommen habe.

Übersicht über die klassische Christologie

Typus: Christologie „von oben" (Deszendenzchristologie)
Schwerpunkt: Inkarnation

Themen	Bestreitung	häretische Bewegungen
Jesus wahrer Mensch	durch Leugnung oder Abschwächung des Menschseins Jesu	Doketismus, Gnosis, Apollinarismus, Monophysitismus
Jesus wahrer Gott	Leugnung des Gotteseins Jesu	Ebionitismus, best. Formen d. Judenchristentums → Koran Arianismus. Neuzeit: Rationalismus, Empirismus, Positivismus
Jesus ist *eine* göttliche Person in *zwei* Naturen (menschlicher u. göttlicher Natur): *Hypostatische Union*	Auflösung der hypostatischen Einheit – in eine nur moral. Verbindung – in eine nur äußerliche Sohnschaft Jesu zu Gott – in eine bloße Einheit → des Bewußtseins → des Gehorsams Unkorrekte Definition der hypostatischen Einheit → als Annahme von unverbundenen Teilen d. menschl. Natur → als Annahme einer menschl. Person	Nestorianismus Adoptianismus Schleiermacher A. Ritschl Habitustheorie (Mittelalter) Homo-Assumptus-Theorien

0.4.2 Die Suche nach einer „Christologie von unten" (Aszendenz-Christologie)

Die Problemstellung der Christologie in der Neuzeit unterscheidet sich erheblich von der der klassischen Christologie der Bibel, der Patristik und der mittelalterlichen Scholastik, auch noch der katholischen Barockscholastik und der reformatorischen Schultheologie (bis weit ins 18. Jahrhundert hinein).

Die anthropologische Wende

Die Glaubenssituation ist in der Neuzeit von einem fundamentalen philosophischen Paradigmenwechsel gekennzeichnet. Man spricht hier von der anthropologischen oder anthropozentrischen Wende: Der Mensch selbst rückt in das Zentrum des Interesses. Zwar hatte die christliche Theologie schon immer eine starke anthropologische Ausrichtung, denn es ist ja der Mensch, der Zielpunkt des göttlichen Handelns in Schöpfung, Erlösung und Vollendung ist. Die Neuzeit geht aber über eine bloß inhaltliche Thematisierung des Menschseins hinaus. Der Mensch in seinem Denken und Handeln wird auch formal zum Ausgangspunkt, zur Grenze und zum Kriterium des Verständnisses von Wirklichkeit überhaupt. Der Mensch ist in seinem Denken und in seiner Wahrnehmung der Wirklichkeit nicht seiner und des Seins überhaupt vorweg versichert. Er kann nicht mehr von der objektiven Geltung der von ihm unabhängigen Wahrheit der ontologischen und erkenntnistheoretischen Prinzipien ausgehen. Für die Theologie bedeutet dies, daß man nicht mehr einfachhin von einer vom Menschen unabhängigen Wahrheit des göttlichen Wortes und des Dogmas der Kirche ausgehen darf. Die Begründung der Theologie in Ontologie und Metaphysik wird fragwürdig. Der Theologe muß sich erst über die Bedingungen und Voraussetzungen einer möglichen Ankunft des Wortes Gottes bei ihm und über die Mitkonstitution des objektiven Inhalts der Offenbarung durch die subjektiven Erkenntnisbedingungen des Theologie treibenden Subjekts Rechenschaft geben (transzendentalphilosophische Begründung der Theologie). Der Mensch muß sich zunächst Gewißheit über Gottes Dasein und über sein Handeln in der Geschichte erringen, indem er von dem, was ihm unzweifelbar gewiß ist, nämlich der konkreten, anschaulichen und berechenbaren Erfahrungswelt, aufsteigt zu den in ihr verborgenen unsichtbaren Wahrheiten. Man muß beim Menschen und bei seiner Geschichte ansetzen und dann erst den Weg zum Dogma aufzeigen, anstatt daß man umgekehrt vom Wort Gottes und vom Dogma ausgeht und darin die Geschichte erkennt und den Ort des Menschen bestimmt. Wie also kommt man von der empirischen Welt und der Geschichte zur Transzendenz Gottes?

Der „Jesus der Geschichte" und der „Christus des Glaubens"

Für die Christologie ergibt sich nun die entscheidende Frage, ob man vom „Jesus der Geschichte", dessen Bild durch historisch-kritische Forschung zu rekonstruieren ist, unter Absehung der Glaubensaussagen über ihn zum „Christus des Glaubens" gelangen kann, wie ihn die dogmatische Überlieferung präsentiert. Es könnte ja sein, daß die empirisch und historisch nicht ohne weiteres verifizierbaren Prädikationen Jesu (menschgewordener Gottessohn, von Gott gesandter Erlöser usw.) nicht in einem objektiv faßbaren Offenbarungshandeln Gottes begründet sind, sondern sich als vom Menschen ausgehende Projektionen oder als ein ideologischer Überbau über die historische Jesusgestalt erweisen, indem kulturgeschichtlich bedingte Prägungen der erkennenden Subjektivität des Menschen (Mythos, philosophische Spekulation, ethische und soziale Verhaltensmuster, sozial-psychologische Dispositionen) „unbewußt" auf die historische Jesusgestalt projiziert werden. Das Dogma hätte dabei seine Basis nicht in einer von Gott geoffenbarten Realität, sondern ergäbe sich durch die kreative Projektion der individuellen und sozialen Erkenntnisbedingungen des glaubenswilligen Subjekts auf das prinzipiell unerkennbare „Ding an sich", nämlich die wirkliche Verbindung Jesu mit Gott, so daß als Gegenstand der Forschung nur der mit empirischen Mitteln faßbare historische Jesus übrigbliebe, unter Absehung seiner Transzendenz, d.h. seiner realen Verbindung mit dem transzendenten Gott aufgrund der objektiven Wirklichkeit der Sendung des Sohnes von Gott her und der wirklichen Inkarnation des ewigen Wortes in der menschlichen Natur Jesu.

Dies ist das Dilemma zwischen dem „Jesus der Geschichte" und dem „Christus des Glaubens", wie es sich im 18. Jahrhundert ankündigte und im 19. Jahrhundert voll zum Durchbruch kam. Hier treten radikal die historische und die dogmatische, d.h. glaubensrelevante Methode in der Theologie auseinander (Diastase von Exegese und Dogmatik). Davon ist bis heute die Frage nach dem adäquaten methodischen Ansatzpunkt der Christologie bestimmt.

Das Problem läßt sich auf diese Grundfrage zurückführen: Hat die früheste Gemeinde aufgrund ihrer zeitbedingten (religionsgeschichtlich erklärbaren) Vorstellungen den einfachen, schlichten, religiös bewegten Menschen Jesus, der in einer exemplarischen Beziehung zu einem gnädigen und väterlichen Gott lebte und starb, in wachsender religiöser Leidenschaft zu einem göttlichen Menschen erhoben und zu einem gottgleichen Göttersohn gemacht (*A. v. Harnack*)? Oder hat die Gemeinde Jesus im Sinne des gnostischen Erlösermythos zu einem präexistenten Gottwesen erhoben, das vom Himmel herabkommt, leidet, stirbt, aufersteht und wieder in den Himmel hinauffährt (*R. Bultmann*)? Oder hat sie ihn entsprechend dem Mythos vom „göttlichen Menschen" in einer Apotheose zu einem Wesen hinaufgesteigert, das halb Gott und halb Mensch ist? Oder hat sie mit dem Einströmen des Gedankengutes der hellenistischen Philosophie (Plato, Aristoteles, Plotin, Stoa) den Menschen Jesus in einem physischen Sinne zum wesenhaften Sohn Gottes hinaufspekuliert? Dies ist die berühmte *These von der Hellenisierung des Christentums* durch die griechische Metaphysik, wie sie in unterschiedlichen Varianten seit dem 18. Jahrhundert vorgetragen wird. Bekannt ist die Formulierung A. v. Harnacks: „Das Dogma ist in seiner Conception und in seinem Ausbau ein Werk des griechischen Geistes auf dem Boden des Evangeliums."[4]

Das Problem der theologischen Methode

Es ist für ein genaues Begreifen dieses christologischen Dilemmas in der Neuzeit zu beachten, daß es sich um das Ergebnis einer epochalen Bewußtseinsverschiebung handelt. Das Entscheidende dieser Wende liegt nicht in einer quantitativen Anreicherung und Verbesserung der Quellenlage oder in der literarischen und philologischen Methode der Geschichtswissenschaften. Ausschlaggebend ist vielmehr der neue hermeneutische Horizont oder der Standpunkt, von dem aus die Phänomene der Geschichte und der Natur beurteilt werden. Unter den Voraussetzungen der ausgebildeten Transzendental- oder Subjektphilosophie hat zu Beginn des 20. Jahrhunderts *E. Troeltsch* im Jahre 1913 in seinem Aufsatz „Über historische und dogmatische Methoden in der Theologie"[5] die Prinzipien der neuen Universalhermeneutik, des Historismus, so beschrieben, daß es darauf ankomme, die ganze Geschichtsbetrachtung aus der Perspektive der „prinzipiellen Analogie, Gleichartigkeit, Wiederholbarkeit und Korrelation aller Ereignisse untereinander"[6] zu betrachten.

---

[4] A. v. Harnack, Lehrbuch der Dogmengeschichte I. Die Entstehung des kirchlichen Dogmas, 1885, Darmstadt 1980, 20.
[5] E. Troeltsch, Gesammelte Schriften II, Ahlen 1962, 729–753.
[6] Ebd. 731.

Dabei ist aber gerade das Wesen der Geschichte, nämlich Ort des Einmaligen und Unwiederholbaren eines Geschehens zu sein sowie die Unableitbarkeit geschichtlichen Geschehens und seine Irreduzibilität auf Bekanntes und Berechenbares preisgegeben. Für den Ansatz einer Offenbarungstheologie hat dies zur Folge, daß die kontingenten Ereignisse der Geschichte nicht Medien der Selbstvermittlung eines transzendenten und personalen Gottes sein können, weil von einem den (durch naturale gleichmäßige Gesetze geprägten) Geschichtsablauf transzendierenden „Eingreifen" Gottes apriori nicht gesprochen werden kann. Das Christentum verliert den Charakter seiner Singularität und Unbedingtheit. Es wird zu einem Phänomen der allgemeinen Geistes- und Kulturentwicklung der antiken Welt. Es reduziert sich auf die transzendentale Subjektivität seiner ersten Anhänger, die ihre religiösen Empfindungen im Medium der religiösen, philosophischen und ethischen Anschauungen sowie sozialen und politischen Lebenskonditionen der antiken Welt objektiviert haben. Die christliche Religion kann dann nur noch begründet werden in einer mit der Subjektivität des Menschen psychisch, ethisch oder spekulativ apriori mitgegebenen Ur-Intuition, die sich in Jesus von Nazaret einen größtmöglichen Ausdruck verschafft habe, so daß Jesus den Kulminationspunkt der universalen Entwicklung der religiösen Subjektivität der Menschheit darstelle.

Am Beginn der neuzeitlichen Entwicklung der Subjektphilosophie sind zwei unterschiedliche Reaktionsmuster der klassischen christlichen Theologie festzustellen.

1.) Wo die Gewißheit der theologischen Vernunft nicht mehr in der Wahrheit des Seins und in ihrer Vermittlung in der Geschichte Halt findet, muß sich das Denken seiner Wahrheit unmittelbar durch die Autorität des offenbarenden Gottes versichern. Im Typus der altprotestantisch-orthodoxen Dogmatik stützt sich die Vernunft in einem Akt grundlosen reinen Vertrauens auf die Autorität des Wortes Gottes, das die Evidenz im glaubenden Subjekt unmittelbar bewirkt. Das Problem der Vermittlung des ewigen Wortes Gottes im menschlichen Wort und in menschlicher Geschichte wird durch eine (fast monophysitisch anmutende Weise) durch die Identifikation des Wortes Gottes mit dem (menschlichen) Wort der Heiligen Schrift erreicht. Insofern ist die altprotestantische Lehre von der Verbalinspiration Ausdruck einer Reaktion auf die neuzeitliche Erkenntnissituation.

2.) Die katholische Theologie neigte in ihrer nachtridentinisch apologetischen, antiaufklärerischen Gestalt dazu, das Problem des Glaubensaktes in seiner Identifikation der geschichtlichen Gestalt Jesu mit dem ewigen Wort Gottes und, abgeleitet davon, das Problem der die Vermittlung der Offenbarung durch die menschliche Gemeinschaft der Kirche zu verschieben auf die göttlich verbürgte Autorität des kirchlichen Lehramtes. Der Glaubende muß sich also zuerst der göttlichen Legitimation des Lehramtes versichern, um im Rahmen dieser autoritätsvermittelten Gewißheit den Glaubensakt an die Identität der Offenbarung Gottes und ihrer geschichtlichen Erscheinung nachvollziehen zu können.

Die neuzeitliche Entwicklung im Spannungsfeld von metaphysischer Vernunftwahrheit und historisch bedingten Fakten, von Dogma und Geschichte verläuft durchaus nicht geradlinig. Es ist ein Schwanken festzustellen, bei dem sich die

Waage einmal zu den apriorisch rational vorgegebenen ewigen Wahrheiten der Idee oder des Bewußtseins hinneigt und ein anderes Mal auf die Seite der Reduktion unserer Wahrheitserkenntnis auf die historisch und empirisch nachweisbaren Fakten.

Philosophische Hintergründe

Am Beginn der neuzeitlichen Philosophie fragt *R. Descartes* (1596-1650), ob der Glaube an die Existenz Gottes nicht in gewisser Weise auch für den immanenten Vollzug der Vernunft (ohne sich auf die unsichere und trügerische Sinneserkenntnis stützen zu müssen) gewiß zu machen sei. Im Selbstbewußtsein des Menschen fand er das unerschütterliche Fundament gegenüber allen Zweifeln an der Möglichkeit einer wahren und gewissen Erkenntnis. Die sinnliche Welt wird getrennt von der subjektiven Welt des Ichbewußtseins. Damit durch die Erkenntnis des Selbst im Denken eine absolut sichere Basis für die Wirklichkeitserkenntnis erreicht ist, müssen auch alle mit dem Ichbewußtsein gegebenen, es begründenden oder auslegenden Ideen, vor allem das Bewußtsein der Existenz Gottes, objektiv gewiß sein und real existieren. Die äußere sinnliche Welt (*res extensa*) trägt zur Vergewisserung der idealen Gehalte des Bewußtseins nichts bei. Die äußere Welt ist nach den Vorstellungen der Mechanik ein quantifizierbarer Komplex von Materie (unendliches Massekontinuum), der – physikalisch bestimmbar – der Mechanik unterliegt und mittels formallogischer Regeln in ein universales mathematisches Konzept (*mathesis universalis*) eingebracht werden kann. Die Welt in ihrem physischen Bestand ist dann allerdings ein Hinweis auf eine sie konstruierende überlegene göttliche Intelligenz.

Ein anderer Ansatz in Richtung auf die Physikotheologie ergibt sich aus der Zuordnung der Körper in Raum und Zeit durch die Gravitation bei *I. Newton* (1643-1727). Dadurch kann die Welt als *sensorium Dei* begriffen und zum Ort der Gotteserfahrung werden.

Eine eigentliche Gottesgewißheit aber muß letztlich von der Selbstreflexion des Bewußtseins her entwickelt werden. Hier trifft das Ich auf eingeborene Ideen, auch auf die Idee der Wahrheit an sich und auf die Idee von Gott. Ihnen entspricht eine Realität, insofern sie als Bedingungen der Möglichkeit der Selbsterkenntnis, die ja unzweifelbar feststeht, erfaßt werden. Die idealen Gehalte der Vernunft sind also nicht durch die sinnliche Erfahrung der Außenwelt (Natur und Geschichte) vermittelt. Sie sind darum auch nicht abhängig von der immer bezweifelbaren Gewißheit der kontingenten Ereignisse in der Geschichte. Philosophischer und theologischer Rationalismus folgen aus der Voraussetzung, daß die konkreten dogmatischen Aussagen des christlichen Glaubensbekenntnisses mit der Vernunftallgemeinheit der menschlichen Natur mitgegeben sein müssen. Das Programm heißt dann aber: Das konkrete, geschichtliche Christentum muß vernunftgemäß sein. Die englischen Deisten des 17. und 18. Jahrhunderts (*Herbert von Cherbury, Lord Bolingbroke, J. Smith, R. Cudworth, H. More, J. Toland, A. Collins, M. Tindal* u.a.) haben daraus die Folgerung gezogen, daß die ärgerlichen und scheinbar so vernunftwidrigen historischen Inhalte des christlichen Dogmas, wie die Menschwerdung Gottes, die Geburt Jesu aus einer Jungfrau, die Auferstehung eines Toten, nur die zeitbedingten Hüllen einer ewigen Vernunftwahrheit sein können.

In einem entgegengesetzten Sinn hat *D. Hume* (1711-1756) in seiner Schrift „The natural history of religion" (1755) die konkreten historischen Inhalte des christlichen Glaubens als Produkt einer noch nicht kritisch über sich selbst aufgeklärten Vernunft interpretiert.

Christologien im rationalistischen Kontext

Die die gesamte englische, französische und deutsche Aufklärungsphilosophie und -theologie durchziehende Absicht, das Christentum in eine allgemeine Vernunftreligion oder natürliche Religion einzuordnen, hat zu einer Distanzierung von den konkreten dogmatischen Inhalten geführt, insofern in ihnen eine metaphysisch und transzendent begründete Tatsache des göttlichen Handelns in der Geschichte behauptet wird. Diesem Grundansatz korrespondiert eine sich bis in das 20. Jahrhundert hinein durchziehende Serie von Erklärungsversuchen, die die psychologischen, historischen und soziologischen Ursachen für das Zustandekommen dieser Anschauungen in einem rationalen oder sentimental geprägten religiösen Bewußtsein plausibel machen wollen.

Alles Zufällige, zeitgeschichtlich Bedingte, vom vorwissenschaftlichen Weltbild Beeinflußte des Glaubensbekenntnisses müsse man hinter sich lassen und im Hinblick auf die Normvorstellung der vernünftigen und natürlichen Religion als eine bloße Akkommodation an die begrenzte Auffassungsgabe der alten Völker interpretieren (so *J. S. Semler*). Die Reibungspunkte des frühen neuzeitlichen Rationalismus am historischen Christentum sind folgende: die Inkarnation, die Geburt Jesu aus einer Jungfrau, die Weissagungen und Zukunftsvoraussagen, die Durchbrechung der Naturgesetze durch Wunder, der stellvertretende Sühnetod Jesu zur Versöhnung eines (angeblich) zornigen Gottes (vgl. später dann die Kritik S. Freuds an einem Gott, der zu seiner Versöhnung der Inszenierung eines sadistischen Tötungsrituals bedürfe).

Diese für die Christologie hochbrisanten Thesen waren schon in der zweiten Hälfte des 16. Jahrhunderts vom sogen. *Sozinianismus* formuliert worden. Sie hatten einen großen Einfluß auf die entstehende Aufklärung und den späteren Versuch einer rationalistischen Reduktion des Christentums auf eine natürliche Religion (*I. Newton, H. Grotius, J. Milton, B. de Spinoza, J. Locke*). Einer der Begründer des Sozinianismus, *F. Sozzini* (1537/39-1604), formulierte in seiner Schrift „De Jesu Christo servatore" und „De statu primi hominis ante lapsum" (1575/78) und in dem von ihm entworfenen Rakower Katechismus (1605) die Lehre, daß die allein in der Heiligen Schrift grundgelegte Offenbarung nur nach dem Maß und der Grenze der Vernunft auszulegen sei.

Hinsichtlich der Christologie ist die Ablehnung der Trinität als einer vernunftwidrigen Ansicht von einem dreipersonalen Wesen (Unitarismus) wichtig. Christus sei seiner Natur nach ein bloßer Mensch. Er überrage die übrigen Menschen durch besondere Heiligkeit und die ihm von Gott übertragene Regierung der Welt. Er sei nicht der menschgewordene ewige Gottessohn, sondern als Mensch der Stellvertreter und Platzhalter Gottes. Sein Tod sei kein Sühneopfer. Gott habe ihn nach seinem Tod wieder lebendig gemacht und ihm Unsterblichkeit geschenkt. Er gilt als Lehrer und Vorbild seiner Gläubigen. Da es keine Erbsünde gebe, sei auch eine Erlösung nicht notwendig. Das ewige Leben erlange der Christ durch den Glauben an die Funktion Jesu als Lehrer und die Nachahmung seines Beispiels. Der Lohn eines sittlich geprägten Lebens bestehe im Weiterleben nach dem Tod.

Mit dieser Theorie ist das Band zwischen dem historischen Jesus und dem Christus des Dogmas vollständig zerrissen.

Das Auseinanderfallen von natürlicher Vernunftreligion und der Kontingenz des historisch-bedingten Dogmas hat *G. E. Lessing* (1729-1781) auf die bekannte Formel gebracht: „Zufällige Geschichtswahrheiten können der Beweis von notwendigen Vernunftwahrheiten nie werden."[7]

Lessing leugnet nicht die historische Zuverlässigkeit all der biblischen Nachrichten über Jesus. Aber da sie nur historisch sind und deshalb niemals restlos verifizierbar und jedem Zweifel enthoben, können sie nicht die Basis unseres Gottesverhältnisses sein. Historische Wahrheiten sind eben nicht von metaphysischer und allgemeingültiger Art: „*Das, das ist der garstige breite Graben, über den ich nicht kommen kann ...*", ruft Lessing fast beschwörend das Grundproblem der Christologie in die Welt hinaus. Apriorische Vernunftbegriffe können nicht durch aposteriorische Wahrheitszeugnisse in Frage gestellt werden.[8]

Gegenüber dieser radikalen, in der neuzeitlichen Erkenntnissituation begründeten Fragestellung vermochte die damalige kirchliche Theologie die Identität des geschichtlichen Jesus und des Christus des Glaubens nicht argumentativ und vernünftig aufzuweisen. Sie wich zu schnell in eine supranaturalistische Position aus, indem der Einsatzpunkt der Theologie in ein reines „Daß" der Offenbarung verlegt wurde, das es im bloßen Glauben einfach anzunehmen gilt.

Um dem doktrinären Druck des Supranaturalismus der alten lutherischen Orthodoxie und ihrem gleichsam auf eine Werkgerechtigkeit der dogmatischen Formeln reduziertes Gottesverhältnis auszuweichen und wieder ein lebendiges Verhältnis zu Jesus als einer historischen menschlichen Gestalt (und eben nicht einer Glaubensformel) zu gewinnen, setzte der *Pietismus* (als Gegenbewegung zur

---

[7] G. E. Lessing, Über den Beweis des Geistes und Kraft 1777: Lessings Werke III. Hg. v. K. Wölfel, Frankfurt a. M. 1967, 305 – 312, 309; s. auch Texte zur Theologie. Hg. v. W. Beinert, Dogmatik 4: Christologie II, bearb. v. K.-H. Ohlig, Graz u. a. 1989, Nr. 213, S. 107 f. Eindringlich hat *J. G. Fichte* (1762 – 1814) das Problem des auf Geschichtstatsachen aufbauenden dogmatischen Christentums im Unterschied zu einer natürlichen Vernunftreligion formuliert: *Nur das Metaphysische, keineswegs aber das Historische, macht selig, das letztere macht nur verständig. Ist nur jemand wirklich mit Gott vereinigt und in ihm eingekehrt, so ist es ganz gleichgültig, auf welchem Wege er dazu gekommen; und es wäre eine sehr unnütze und verkehrte Beschäftigung, anstatt in der Sache zu leben, nur immer das Andenken des Weges sich zu wiederholen* (Die Anweisung zum seligen Leben oder auch die Religionslehre, 1806,² 1826: Fichtes Werke V. Hg. v. J. H. Fichte, Berlin 1972, 485).

[8] G. E. Lessing, a. a. O., 311: *Aber nun mit jener historischen Wahrheit in eine ganz andre Klasse von Wahrheiten herüberspringen und von mir verlangen, daß ich all meine metaphysischen und moralischen Begriffe danach umbilden soll, mir zumuten, weil ich der Auferstehung Christi kein glaubwürdiges Zeugnis entgegensetzen kann, alle meine Grundideen von dem Wesen der Gottheit danach abzuändern; wenn das nicht eine metabasis eis allo genos {Übergang in einen anderen Begriffsbereich} ist, so weiß ich nicht, was Aristoteles sonst unter dieser Benennung verstanden.* Vgl. auch tzt D4/II, Nr. 213, S. 108.

Orthodoxie der Schultheologie) nicht bei einer Auseinandersetzung um die rechte Lehre von Christus an, sondern bei einem inneren Erlebnis, in dem eine herzliche, warme Nähe zu Jesus gefühlt wird. Aus dieser Herzensgemeinschaft mit dem lebendigen Jesus der Geschichte gilt es, ein praktisches Christentum der Tat und der Nächstenliebe zu leben. Nicht mehr die Orthodoxie, sondern die Orthopraxis ist das Kriterium des rechten Christentums. Freilich wird hier ungewollt der späteren religionskritischen These Vorschub geleistet, die Religion sei Sache nur des Gefühls.

Am Ende des 18. Jahrhunderts ist also unter dem Eindruck der Spannungen von Rationalismus und Empirismus, philosophischer Begriffsmetaphysik und empirisch-exakter geschichtswissenschaftlicher und naturwissenschaftlicher Forschung das klassische Christusdogma in zwei Bestandteile auseinander gebrochen: eine übergeschichtliche Wahrheit einerseits und ein kontingentes Geschichtsereignis andererseits.

Begründung der Christologie in der Moralphilosophie

Wenn trotzdem der Christus als Inhalt einer allgemeinen Vernunftidee der natürlichen Religion und der faktische historische Jesus irgendwie aufeinander bezogen werden sollen, so kann das nur so geschehen, daß der historische Jesus der geschichtliche Förderer und Anreger, der Katalysator, das schöpferische Beispiel ist, durch das die Idee oder der vernünftige Begriff der Religion (als Erkenntnis unserer Pflichten als göttlicher Gebote) zu sich selbst gebracht wird. Die dogmatische Offenbarungslehre bzw. der Kirchenglaube ist nur ein „bloßes, aber höchst schätzbares Mittel, um der ersteren [der natürlichen Religion, d.V.] Faßlichkeit, selbst für die Unwissenden, Ausbreitung und Beharrlichkeit zu geben ..."[9]

Nach Kant ist die Idee des „Sohnes Gottes" (also die überzeitliche Wahrheit des christologischen Dogmas) nichts anderes als die mit dem ewigen Ratschluß Gottes zur Schöpfung mitgegebene Menschheit als das vernünftige Weltwesen überhaupt in ihrer moralischen Vollkommenheit, aus der die Glückseligkeit hervorgeht. Wir können diese Menschheit, eben den „Sohn Gottes" nicht anders denken

als unter der Idee eines Menschen, der nicht allein alle Menschenpflicht selber auszuüben, zugleich auch durch Lehre und Beispiel das Gute in größtmöglichem Umfange um sich auszubreiten, sondern auch, obgleich durch die größten Anlockungen versucht, dennoch alle Leiden bis zum schändlichsten Tode um des Weltbesten willen, und selbst für seine Feinde, zu übernehmen bereitwillig wäre.[10]

Der historische Jesus als einzelner Mensch ist so nur die exemplarische Erscheinung des in der Vernunft liegenden ewigen Urbildes der moralischen Einheit der Menschheit als „Sohn Gottes". Er ist keineswegs das hypostatisch existierende Urbild selbst. Die Beziehung der moralischen Vernunft auf Jesus im Willen durch moralische Entsprechung zum Gesetz, Gott wohlgefällig zu werden, ist damit letztlich von nur pädagogischem Zweck und von vorübergehendem Interesse.

---
[9] Ebd. 835.
[10] Ebd. 714.

Christologie in der Gefühlstheologie

D. F. E. Schleiermacher (1768-1834) begriff im Gegensatz zu Kant, daß Jesus selbst das Urbild sein muß, um konstitutiv für unser Gottesverhältnis zu sein, und zwar als unser Erlöser und nicht nur als pädagogisches Exempel. Es bedarf eines echten Urhebers für das Leben der neuen Menschheit, in welchem die Sündigkeit und Endlichkeit aufgehoben werden, damit sich ein reines Gottesbewußtsein entfalte. Dieser Urheber kann nicht aus dem sündigen Lebenskreis entnommen sein, in dem alle stehen, aber er ist in den ganzen menschlichen geschichtlichen Lebenskreis eingehend zu denken, um sein Werk erfüllen zu können:

Sein eigentümlicher geistiger Gehalt nämlich kann nicht aus dem Gehalt des menschlichen Lebenskreises, dem er angehörte, erklärt werden, sondern nur aus der allgemeinen Quelle des geistigen Lebens durch einen schöpferischen göttlichen Akt, in welchem sich als einem absolut größten der Begriff des Menschen als Subjekt des Gottesbewußtseins vollendet.[11]

Schleiermacher gewinnt hier die notwendige Beziehung zwischen historischem Jesus und Christusglauben zurück. Er reduziert die geschichtliche Realität Jesu jedoch auf die Funktion für seinen apriorischen Ansatz. Ob die Beziehung Jesu zu Gott nur auf eine von Gott gewirkte Kräftigkeit des Gottesbewußtseins Jesu zu beschränken ist, bleibt eine ernste Anfrage an Schleiermacher. Die Frage ist ja nicht nur, wie Jesus sich auf Gott bezieht, sondern welche Grundlage die Bewegung Jesu zu Gott im Offenbarungswillen Gottes selbst hat und wie sie in der Vermittlung des Verhaltens Jesu und seines Selbstverständnisses zugänglich wird.

Christologie in der idealistischen Spekulation

Das vom Rationalismus, der Aufklärung und auch von Schleiermacher letztlich nicht befriedigend gelöste Problem der Diastase zwischen der überzeitlichen Christusidee und dem so ärgerlich konkreten, partikulären Jesus-Ereignis suchte *G. W. F. Hegel* (1770-1831) durch die spekulative Idee der Einheit von göttlicher und menschlicher Natur zu überwinden. Den Gegensatz von ewiger Vernunftwahrheit und den Ereignissen der Geschichte überbrückt er durch die Bestimmung der Geschichte als des Feldes, durch das der alles umgreifende absolute Geist sich zu sich selber erkennend und handelnd, also als Wahrheit und Wirklichkeit, vermittelt und konstituiert. Nur indem der Mensch erkennt, daß er selbst in diesem Prozeß steht, und im Maß, wie er sich in diesen Prozeß hineinnehmen läßt, vermittelt er sich zum Bewußtsein von der göttlichen Idee, die er in sich trägt. Damit aber dem Menschen das Bewußtsein dieser gegenseitig sich fördernden Einheit der Natur gewiß werde, „mußte Gott im Fleische auf der Welt erscheinen".[12] Nur durch die Fleischwerdung, die Erscheinung im Sinnlichen, kann die Wahrheit von der Einheit der beiden Naturen zur Gewißheit werden. Sie ist darum notwendig. Zum anderen muß sie aber in einem einzelnen Menschen geschehen, denn es ist der einzelne Mensch in seiner Partikularität not-

---

[11] D. F. E. Schleiermacher, Der christliche Glaube. Nach den Grundsätzen der evangelischen Kirche im Zusammenhang dargestellt II, § 97. Hg. v. M. Redeker, Berlin⁷ 1960, 38.
[12] G. W. F. Hegel, Vorlesungen über die Philosophie der Religion, Teil 3: Die vollendete Religion: Vorlesungen. Ausgewählte Nachschriften und Manuskripte, Bd. 5. Hg. von W. Jaeschke, Hamburg 1984, 238.

wendig, damit diese Einheit angeschaut werde. So kommt die Allgemeinheit der Idee nur durch die Vermittlung des Partikularen, geschichtlich Begrenzten, des historisch Zufälligen zur Erscheinung und zum Bewußtsein. Diese Einheit ist Christus als der Gottmensch. Dem Anderssein der menschlichen Natur in Endlichkeit, Schwäche, Leiden und Tod tut diese Einheit sowenig Abbruch wie der göttlichen Natur, bei der die Andersheit der ewigen Idee ihrer Identität nicht entgegensteht.

Hegel mußte sich von seinen Kritikern jedoch die Frage gefallen lassen, ob die Idee der Einheit von Gottheit und Menschheit nur in einem einzigen Individuum verwirklicht sei und ob dazu nicht die ganze Menschheit in der Vielfalt ihrer Entwicklung vonnöten sei (*D. F. Strauß*). Für *L. Feuerbach* waren (in der Umkehrung des Hegelschen Ansatzes) die dogmatischen Inhalte, wie Trinität, hypostatische Union usw., nichts weiter als projizierte und hypostasierte Ideen, in denen die Menschheit den Schritt zur Selbstvermittlung, zum Bewußtsein ihrer selbst als Gott vollzieht, der Liebe ist, und der auf dem Weg zur Menschwerdung sich bewegt.

Destruktionen der Christologie

Nach dem Ende der großen Systemphilosophien des Idealismus mit ihren Versuchen, die Kluft zwischen Dogma und Geschichte, Vernunft und Empirie zu überbrücken, schwang in der Zeit nach Hegel das Pendel ganz hinüber auf die Seite der historisch verifizierbaren Forschung. Man war nicht mehr an einer metaphysischen Begründung des Dogmas interessiert. Man suchte die Gewißheit und die Verläßlichkeit der Erkenntnis auf die greifbare äußere Welt der Tatsachen und der aus den Quellen nachweisbaren Fakten zu gründen. Was darüber hinaus geht, erscheint als subjektiv beliebige und nicht mehr überprüfbare Behauptung. Von nun an sollte der wahre Jesus, wie er lebte und leibte, vom Goldgrund des Dogmas, dem ideologischen Überbau der Kirchenlehre, befreit werden.

Den spektakulären Auftakt dieser Richtung hatte *H. S. Reimarus* (1694-1768) gemacht mit seinem Manuskript: „Vom Zwecke Jesu und seiner Jünger". Lessing hatte es in Braunschweig 1778 als *Fragment des Wolfenbüttelschen Ungenannten* herausgebracht und damit einen gewaltigen Skandal verursacht. Reimarus deckte alle möglichen und vermeintlichen Widersprüche in den unterschiedlichen Überlieferungen der Evangelien auf und zeigte, daß es sich deswegen nicht um getreue und verläßliche Quellen handeln könne. Sie seien darum der Beleg einer Fälschung. Jesus habe sich demnach offenbar selbst als einen irdisch-politischen Messias verstanden. Für seine Zeit noch habe er das Reich Gottes erwartet und versprochen. Als aber über ihn das Verhängnis kam, starb er mit dem Eingeständnis, von Gott verlassen zu sein. Die Jünger mochten aber nicht zu ihrer alten Arbeit zurückkehren. Sie wollten lieber das einträgliche Leben von Wanderpredigern führen, die sich von frommen Frauen verköstigen lassen. Nach dem ersten Schock über das Scheitern ihres Messias hätten sie die Rede vom Sühnetod Christi erfunden, von seiner Wiederkunft und vor allem von seiner Auferstehung. Als aber die Parusie nicht eintraf, flog die ganze Naherwartungshoffnung als Schwindel auf. Die Jünger mochten dies aber nicht zugeben und erfanden immer neue Ausflüchte.

Dieser Art von Forschung als Entlarvung schloß sich *D. F. Strauß* (1808 – 1874) an, wenn er auch die Entstehung des Jesusglaubens in einer ganz anderen Richtung interpretierte. In seinem Hauptwerk „Das Leben Jesu, kritisch betrachtet"[13] sieht er die Differenz zwischen der Religion Jesu selbst und der späteren Religion der Christen nicht als das Ergebnis eines bewußten Schwindels oder vordergründigen Irrtums. Der christliche Glaube an Christi übernatürliche Geburt, seine Wunder, seine Auferstehung und Himmelfahrt, erweise sich vielmehr als das Resultat der *absichtslos dichtenden Sage.* Die Erzählungen der Evangelien von Jesus seien darum nichts anderes *„als geschichtsartige Einkleidungen urchristlicher Ideen, gebildet in der absichtslos dichtenden Sage"*[14]. Jesu Wirken habe wohl einen historischen Kern. Aber in der uns jetzt zugänglichen Überlieferung sei es durch den Christusmythos überhöht und verdeckt. In ihm spiegelten sich die spekulativen und religiösen Ideen zur Zeit der frühen Kirche. Es gelte allerdings nicht, einen historischen Kern herauszukristallisieren, um den Mythos zu eliminieren. Strauß geht es um die ewigen Wahrheiten, die sich im Mythos verbergen und die sich in gewisser Zufälligkeit an der historischen Figur Jesus von Nazaret festgemacht haben. So ist Strauß letztlich nicht an historischer Jesusforschung interessiert, sondern an einer Christologie als einem Auslegungsprogramm der Anthropologie. So sagt er: „Die Menschheit ist die Vereinigung der beiden Naturen, der menschgewordene Gott."[15]

In einem späteren Werk (Das Leben Jesu, für das deutsche Volk bearbeitet, 1863) streift Strauß allerdings alle idealistischen Überhöhungen Christi ab und läßt ihn nur noch als Vertreter einer Humanitätsreligion gelten.

Die Leben-Jesu-Forschung

Nachdem der historische Jesus von dem Christus des Dogmas vollständig getrennt war, galt es in der weiteren Forschung, die Beziehungen zu Jesus unter Absehung der kirchlichen Tradition durch eine rein historische Rekonstruktion seiner Biographie aufzubauen. In der Bibel mußten also die als historisch zuverlässig erwiesenen Angaben über Jesus von den dogmatischen, d.h. mythischen Zutaten des Gemeindeglaubens getrennt werden.

A. Schweitzer (1875-1965) hat in seinem Werk „Geschichte der Leben-Jesu-Forschung"[16], das 1906 zuerst unter dem Titel „Von Reimarus zu Wrede" erschienen war, der großen Reihe von imponierenden Versuchen, ein historisches Leben Jesu zu konstruieren, ein Denkmal gesetzt und zugleich dieser Forschungsrichtung das Scheitern bescheinigt.

Genau besehen war es jeweils das Idealbild des Verfassers und seiner Zeit, das in Jesus hineinprojiziert wurde, angefangen vom moralischen Menschen über den idealen Erzieher zum romantischen Naturträumer und gescheiterten Revolutionär, zum ersten Sozialisten und Liberalen, zum Nonkonformisten, religiösen Guru, zum Psychotherapeuten und Wunderheiler, zum „ersten neuen" Mann, der

---

[13] D. F. Strauß, 2 Bde, Tübingen 1835/36; Nachdr. 1984; tzt D4/II, Nr. 219.
[14] Ebd. I, 75.
[15] Ebd. II, 735; vgl. tzt D4/II, Nr. 219, S. 120.
[16] GTB 77/78, Gütersloh³ 1977.

alle Rollen und Schemata sprengt. Am Ende seiner Darstellung all dieser Versuche konstatiert Schweitzer jedoch:

Es ist der Leben-Jesu-Forschung merkwürdig ergangen. Sie zog aus, um den historischen Jesus zu finden, und meinte, sie könnte ihn dann, wie er ist, als Lehrer und Heiland in unsere Zeit hineinstellen. Sie löste die Bande, mit denen er seit Jahrhunderten an den Felsen der Kirchenlehre gefesselt war, und freute sich, als wieder Leben und Bewegung in die Gestalt kam und sie den historischen Menschen Jesus auf sich zukommen sah. Aber er blieb nicht stehen, sondern ging an unserer Zeit vorüber und kehrte in die seinige zurück.[17]

Wende zur Kerygma-Christologie

Nach dem Scheitern eines rein historischen Zugangs zu Jesus wurde die Fehlerquelle all dieser Unternehmungen deutlich. Denn die Evangelien wollen ihrer Absicht nach nicht historisch-protokollarische Wiedergabe des äußeren Lebenslaufes Jesu sein. Sie sind *Zeugnisse des Glaubens* der nachösterlichen Jüngergemeinde. Sie wollen die geschichtliche Wirklichkeit Jesu wiedergeben, wie sie allerdings nur in einem theologisch-theozentrischen Wirklichkeitsverständnis vollständig und korrekt zugänglich gemacht werden kann. Die Evangelisten schreiben nicht innerhalb eines positivistisch verkürzten Wirklichkeitshorizontes. So wäre es schon im Ansatz methodisch falsch, die Glaubensaussagen über Jesus nur den Jüngern zuzuweisen, während durch Abstraktion der Glaubensüberzeugungen der frühen Gemeinde die Evangelien die Gestalt der nackten Historie freigäben. Nur vermittels des Glaubens und des Zeugnisses der frühen Kirche haben wir einen Zugang zur Gestalt Jesu in ihrer historischen Realität, die als historische Wirklichkeit zugleich in dem von Jesus selbst beanspruchten und nur theologisch aufzuhellenden realen Gottesbezug steht. Jesus ist also gegenwärtig durch das Kerygma und das Bekenntnis der Gemeinde seiner Jünger, die Zeugen seines Lebens, seines Sterbens und seiner Auferstehung waren. Es ist aber wichtig zu sagen, daß uns nicht nur das Kerygma der Gemeinde zugänglich ist, sondern Jesus selbst im Kerygma der Ur-Kirche. Der in der Liturgie, in der Verkündigung und im Leben der Gemeinde anzutreffende Christus praesens ist die einzig auszumachende geschichtliche Wirkung, die unmittelbar auf Jesus zurückgeht. Das andere erweist sich als ein Kunstprodukt der historischen Forschung, die sich über ihre erkenntnistheoretischen Voraussetzungen nicht klar ist. Nicht die historische Rekonstruktion kann das Christentum begründen. Das Christentum war von Anfang an nicht von ihren Ergebnissen abhängig, sondern ursprünglich im Glauben der Jünger begründet, die dem geschichtlichen Jesus begegnet waren, der sich ihnen in seiner Auferstehung als der von Gott bestätigte eschatologische Heilsmittler in der Geschichte zu erkennen gegeben hat.

M. Kähler (1835-1912) hat der neuen Forschungslage in seinem Buch „Der sogenannte historische Jesus und der geschichtliche, biblische Christus" 1891[18] Rechnung getragen. Der Leben-Jesu-Forschung stellte er den Satz entgegen: *„Der wirkliche Christus ist der gepredigte Christus."*[19]

---

[17] Ebd. 620.
[18] Hg. v. E. Wolf, München⁴ 1969.
[19] Ebd. 44.

Kähler steht damit am Ausgangspunkt der modernen Kerygma-Christologie. Diese setzt nicht mehr, wie die klassische Christologie, beim Glaubensbekenntnis der Kirche, beim Dogma – das heißt mit einer theozentrischen Wirklichkeitssicht – an. Aber sie weiß, daß uns die Bedeutung Jesu nur vermittels des Kerygmas der neutestamentlichen Gemeinde und ihrer im Neuen Testament gesammelten Schriften zugänglich ist.

Entmythologisierung und existentiale Interpretation

Eine prägnante Gestalt gewann die Kerygma-Christologie in der Weiterführung durch *R. Bultmann* (1884-1976). Bultmann griff dabei auf die Gedanken von *J. Weiß* zurück, der 1892 mit seinem epochemachenden Buch „Die Predigt Jesu vom Reiche Gottes" die Vorstellungen der liberal-kulturprotestantischen Theologie vom Reich Gottes widerlegt hatte. Demnach habe Jesus nicht die Gottesherrschaft verkündet als eine innerweltliche Gemeinschaft von Menschen, die sich dem Willen Gottes unterstellen und so eine geistig-ethische Einheit bilden, die in der Welt im Einklang mit dem allgemeinen Kulturfortschritt der Menschheit wächst und heranreift (so *A. Ritschl*). Jesus habe vielmehr genauso wie auch die Urgemeinde das Reich Gottes erwartet als ein von außen in die Welt einbrechendes kosmisches Drama mit dem Menschensohn auf den Wolken des Himmels, der Totenerweckung, dem ewigen Lohn für die Guten im Himmel und der ewigen Verdammnis der Bösen und der höllischen Pein. Allerdings sei dieses in baldiger Nähe erwartete Ereignis durch den Verlauf der Geschichte widerlegt worden. Genaugenommen erweise sich diese Vorstellung von der Gottesherrschaft und ihrer Nähe in einem zeitlichen und räumlichen Rahmen als ein Reflex des mythologischen und vorwissenschaftlichen Weltbildes. Dieses sei von der Vorstellung übernatürlicher Ursachen beherrscht, die in den physischen Lauf der Welt einbrechen und dann noch Einfluß nehmen auf das Seelenleben des Menschen. Bultmann stellt hingegen lapidar fest: Im Gegensatz zum mythologischen Weltbild glaubt die Wissenschaft nicht, „daß der Lauf der Natur von übernatürlichen Kräften durchbrochen oder sozusagen durchlöchert werden kann."[20]

Bultmann fragt nun, ob wir die eschatologische Predigt Jesu eliminieren sollen oder ob wir nicht in der Gestalt ihrer mythologischen Einfassung einen tieferen Wahrheitsanspruch erblicken können. Dies ist das Ziel seiner Methode der „Entmythologisierung". Der Mythos wird nicht mehr – wie noch in der liberalen Theologie – als weltbildlich bedingte Überfremdung des ethischen Kerns des Christentums eliminiert. Der Mythos wird ausgelegt auf das Selbstverständnis des modernen Menschen hin. Es gilt, die tiefere Wahrheit des Mythos aufgrund einer „existentialen Interpretation" zu erfassen. Schon im Neuen Testament selbst ließen sich Anfänge der Entmythologisierung erkennen. Paulus verlege den Wendepunkt zur neuen Welt schon in das Gekommensein Gottes in der Fülle der Zeit in seinem Sohn (vgl. Gal 4,4), wenn er freilich auch noch auf die Wiederkunft vorausblicke. Für Johannes seien Jesu Auferstehung, Erhöhung, Geistsendung und Parusie schon ein einziges Ereignis, und die Glaubenden hätten im Sinne einer präsentischen Eschatologie schon jetzt das ewige Leben.

---

[20] R. Bultmann, *Jesus Christus und die Mythologie. Das Neue Testament im Lichte der Bibelkritik* (Stundenbuch 47), Hamburg 1964, 12.

Der Glaubende stütze sich nicht auf objektive Heilstatsachen, die auch außerhalb des Glaubens, mit Hilfe der Naturwissenschaft oder der Geschichtswissenschaften, als solche aufgewiesen werden könnten. Als in Christus Handelnder sei Gott nur im Wort, das je jetzt in meine Existenz hineingesprochen wird, die Wahrheit und Wirklichkeit meines Daseins. Es widerspreche sogar dem Glauben als ein je und je In-die-Wahrheit-Gestelltwerden meines Daseins, außerhalb seiner „Pro-me"-Struktur noch einmal einen rein profanen Grund geltend machen zu wollen. Der Glaube als Akt des Vertrauens müsse sich so in den Vorgang einer Bemächtigung Gottes pervertieren. Dem „Was" des Glaubens entspreche die Einkleidung in das mythologische Weltbild der Bibel, die mich zu seinem reinen „Daß" hinführt, in den Ruf zur Eigentlichkeit und zur Entscheidung. Jesu Auferstehung begründe nicht als historische Tatsache meinen Glauben. Jesus sei vielmehr in das Kerygma der Jünger hinein auferstanden. Im Kerygma rufe er je mich zur Entschiedenheit und zum Glauben.

Bultmann wollte den Widerspruch von historischer Forschung mit ihren Voraussetzungen im neuzeitlichen wissenschaftlichen Wirklichkeitsverständnis und dem Christus des Glaubens überwinden. Dabei aber reduziert er den Glauben so sehr auf die Ausdehnungslosigkeit eines mathematischen Punktes der Betroffenheit und Entschiedenheit des je eigenen Selbstverständnisses, daß ein solcher Glaube nicht mehr von der wissenschaftlichen Verifikation von behaupteten Heilstatsachen abhängig ist. Hier verliert der Glaube seinen Haftpunkt in der realen Geschichte und droht selbst zum Mythos der Existenzbetroffenheit zu werden. Die Unanfechtbarkeit des Glaubens durch historische Einsprüche wird erkauft um den Preis eines Doketismus, in dem die menschliche Geschichte Jesu verblaßt.

Hier erhebt sich erneut die Frage nach der geschichtlichen Struktur der Offenbarung. Läßt sich die Offenbarung durch die Preisgabe ihrer Inhalte, ihrer geschichtlichen Tatsachen gegen die historischen Fragen immunisieren? Muß nicht hier grundsätzlicher das Verhältnis von Geschichte und Offenbarung thematisiert werden? Es bleibt ja doch das neuzeitliche Problem, wie Offenbarung in der Vermittlung von Geschichte überhaupt gedacht werden kann. Wie kommen wir zur Kontingenz, Geschichtlichkeit und Innerweltlichkeit der Offenbarung, ohne in einem supranaturalistischen Sinn von einem Einbruch Gottes in den natürlichen und kausalen Beziehungszusammenhang der Welt zu sprechen? Wie kann die Offenbarung zu einem existentiell berührenden Vorgang werden, ohne daß der Mensch das Wort Gottes zum immanenten Bewußtseinsmoment in der moralischen, psychologischen, politischen Vermittlung zu sich selbst macht, wobei Jesus und die Jesus-Geschichte zu einem äußeren Anregungsmittel degradiert würden?

Die neue Frage nach dem historischen Jesus

Den Anstoß für einen Neueinsatz hat der evangelische Exeget *E. Käsemann* in einem Vortrag vor Bultmannschülern und dem Meister selbst im Jahre 1953 gegeben: „Das Problem des historischen Jesus".[21] Käsemann zieht nicht in Zweifel,

---

[21] E. Käsemann, Exegetische Versuche und Besinnungen I, Göttingen 1970, 187 – 214.

daß der Zugang zu Jesus nur durch das Kerygma der Gemeinde möglich ist. Aber es falle ohne weiteres auf, daß die Evangelien selbst am geschichtlichen Jesus interessiert sind. In ihrem Erzählstoff fänden sich viele Elemente, die mit Hilfe der formgeschichtlichen Methode als authentische Worte, Taten und Verhaltensweisen Jesu aufgewiesen werden könnten. *Theologisch bedeutsam sei gerade, daß sie auf den Jesus der Geschichte zurückgingen.* Der Ansatz allein beim Christus praesens im Kerygma und in der Liturgie der Gemeinde oder umgekehrt allein bei einem vom glaubenden Bekenntnis isolierten irdischen Jesus erreiche nicht das Anliegen der Evangelisten: nämlich die Identität des irdischen Jesus und des erhöhten Herrn und Christus zu bezeugen. Die wechselseitige Interpretation und Entsprechung von irdischem Jesus und geglaubtem Christus sei die einzige Möglichkeit des Neuen Testamentes gewesen, zu bezeugen, daß dieser Mensch Jesus von Nazaret in der Endlichkeit seines Daseins und Schicksals die eschatologische Offenbarung Gottes und die Verwirklichung der uns befreienden Herrschaft Gottes ist. Wegen der Selbstoffenbarung Gottes in der Geschichte erweise sich der stete Rückbezug auf den Jesus der Geschichte als notwendig und fruchtbar.

Diese Erkenntnis muß sich nun auch im theologischen Ansatz niederschlagen. Es geht um die Bedeutsamkeit der Geschichte, und dies in zweifacher Hinsicht: Zum einen kann sie zur Sprache und Grammatik werden, durch die sich Gott selbst mitteilt; zum anderen ist sie der konkrete Ort der Transzendentalität des Geistes (der transzendentalen Verwiesenheit des Menschen auf das Sein und den Grund der Wirklichkeit in Gott), der, indem er das Einzelphänomen überschreitet auf das Ganze der Wirklichkeit hin, so das Angesprochenwerden von Gott selbst vernehmen kann und damit zugleich die tiefere Bedeutung der von Gott gesetzten Wirklichkeit aufzufassen vermag.

Dogmatische Neuinterpretation des Chalkedonense

Auch in der systematischen Theologie hat sich eine wesentliche Strukturverschiebung gegenüber der klassischen Methode der Christologie ergeben. Besonders ist hier hinzuweisen auf eine Zäsur in der Entwicklung der dogmatischen Christologie, die mit der 1500-Jahr-Feier des Konzils von Chalkedon zusammenhängt. Greifbar wird dies in dem von *A. Grillmeier* und *H. Bacht* herausgegebenen Sammelband „Das Konzil von Chalcedon" (3 Bände, Würzburg 1954,⁵ 1979). Besonders *K. Rahner* hat in seinem Beitrag darauf hingewiesen, daß der durch die Neuzeit geprägte moderne Mensch die impliziten metaphysischen und theologischen Voraussetzungen der altkirchlichen Christologie nicht mehr ohne weiteres verstehen und mitvollziehen könne. Darum scheint dem in den Kategorien von objektiven naturwissenschaftlichen und historischen Fakten und subjektiven Deutungen denkenden modernen Menschen die Rede von einer Menschwerdung Gottes und einer hypostatischen Union des göttlichen Logos mit einer menschlichen Natur eher ein religiöser Mythos oder der Satz einer philosophischen Spekulation zu sein, als eine der historischen Kritik und den weltbildlichen Voraussetzungen des heutigen Menschen zugängliche Aussage über die konstitutive Funktion Jesu für unsere Gottesbeziehung.

Transzendental-theologische Neubegründung

Eine „Christologie von oben", die bei der Tatsache der Menschwerdung Gottes oder beim historisch gegebenen Faktum der Auferstehung Jesu Christi einsetzt, muß ergänzt und ersetzt werden durch eine „Christologie von unten", die bei der konkreten Menschheit und geschichtlichen Situation ansetzt, um durch die Analyse der geschichtlich-kategorialen Struktur des Verhaltens und Selbstverständnisses Jesu die transzendenten Voraussetzungen im Wirken Gottes und die transzendentalen Bedingungen unserer Erkenntnis des Transzendenten zu erschließen, die einen Zugang zur konkreten Phänomenalität Jesu und seines Anspruchs, der eschatologische Heilsmittler zu sein, eröffnen können. Rahner verknüpft hier typisch neuzeitlich die anthropologische Frage des Menschen nach sich selbst und nach den Bedingungen seiner Wirklichkeitserkenntnis mit der unausweichlichen transzendentalen Verwiesenheit auf Gott, der sich als die reale Bedingung, der Grund und das Ziel der menschlichen Suche nach Erfüllung in der absoluten Wahrheit und in der absoluten Liebe erweist. Rahner, wie auch eine ganze Reihe anderer neuerer theologischer Autoren (*E. Schillebeeckx, P. Schoonenberg, W. Kasper*), die einen transzendental-anthropologischen Ansatz zur Begründung der Christologie suchen, wollen zeigen, daß die dogmatischen Aussagen des christlichen Glaubens nicht einfach eine zu behauptende und auf eine bloße Autorität hin zu glaubende Zusatzwirklichkeit sind neben der gegenständlich-greifbaren Welterfahrung und der psychisch greifbaren Welterfahrung des Menschen, sondern daß gerade ein radikalisiertes anthropologisches und transzendentales Denken eine Vermittlung zwischen der Transzendenz Gottes und der menschlichen Heilsfrage leisten kann.

Vermittlung von Geschichte und Transzendenz

Um dieses Ziel zu erreichen, bedarf es einer inneren Vermittlung von Geschichte und Transzendenz Christi, von Geschichtlichkeit und Transzendentalität des menschlichen Geist- und Freiheitsvollzuges. Nur so entgeht die Christologie den beiden sich wechselseitig ausschließenden Extremen: einmal eines objektivistischen, autoritär begründeten Offenbarungsverständnisses (Offenbarungspositivismus, fundamentalistische Exegese) und zum anderen eines formal-transzendentalistischen Subjektivismus, der letztlich willkürlich die historische Gestalt Jesu moralisch, mystisch, poetisch und mythisch auflädt und damit den neuzeitlichen Erkenntnisdualismus gerade fixiert, indem er das Christusereignis und das Christusbekenntnis (Dogma) auseinanderreißt.

Der hier zu gehende Weg darf nicht von der transzendentalphilosophischen Fragestellung zurückführen zur Begriffsmetaphysik des neuzeitlichen Rationalismus. Er muß nach vorne führen zu einer von Wirklichkeit und Geschichte inhaltlich bestimmten Transzendentalphilosophie, die über den leeren Formalismus der transzendentalen Subjektivität hinaus zu einer realgeschichtlich konstituierten transzendentalen Vernunft kommt. Nur eine transzendental-geschichtliche Reflexion vermag die neuzeitliche Subjekt-Objektspaltung und damit auch den Widerspruch von Geschichte und Dogma, von Geschichtlichkeit und Transzendenz Jesu Christi zu überwinden.

Einleitung: Horizonte und Perspektiven der Christologie 49

Übersicht über die neuzeitliche Christologie

Typus: Christologie „von unten" (Aszendenzchristologie)
Schwerpunkt: Der historische Jesus
Problem: Wie kommt man vom historischen Jesus zum Christus des Glaubens?

Lösungsversuche	Repräsententen
• Verbalinspiration sichert die Wahrheit der Schrift	Altprotestantische Dogmatik
• Das kirchl. Lehramt sichert die Wahrheit der Schrift	Katholische Theologie bis 20. Jh.
• Die Allgemeingültigkeit der Vernunft sichert die dogmatischen Aussagen auf dem Hintergrund einer natürlichen (= vernünftigen) Religion	Deismus, Sozinianismus, Kant
• Die Herzensgemeinschaft mit Jesus folgt aus dem praktischen Christentum	Pietismus, Schleiermacher
• Das christliche Dogma ergibt sich aus der in Jesus verwirklichten Idee der Einheit von Gott und Mensch	Hegel
• Die Gestalt Jesu als des Christus wird aus den Fakten der Geschichte bestimmt	Leben-Jesu-Forschung (A. Schweitzer)
• Jesus wird als der Christus erkannt aus der apostolisch-urkirchlichen Predigt	Kerygma-Christologie (M. Kähler, R. Bultmann)
• Die Geschichte ist der Ort der Selbstmitteilung Gottes in Jesus	Neue Frage nach dem historischen Jesus (E. Käsemann)
• Der Zugang zu Jesus als dem Christus wird gewonnen durch radikalisiertes anthropologisches und transzendentales Denken	Neue kath. Dogmatik (K. Rahner, P. Schoonenberg, E. Schillebeeckx, W. Kasper)

0.5 Der geschichtlich-transzendentale Ansatz der dogmatischen Christologie

Um über die aporetische Ausgangssituation der neuzeitlichen Christologie hinwegzukommen, bedarf es vor jeder inhaltlich-dogmatischen Aussage einer vorangehenden erkenntnistheoretischen Grundvermittlung der geschichtlich-empirischen und transzendental-systematischen Zugangsweise. Nur wenn der Glaubensakt in der Einheit seines Vollzuges in den beiden wechselseitig sich bedingenden Momenten der Transzendentalität und Geschichtlichkeit ausgewiesen werden kann, vermag der Glaubende auch die untrennbare Einheit von Geschichte und Transzendenz Jesu Christi anzunehmen, so daß die Geschichte Jesu den Zugang zu seiner Transzendenz vermittelt und umgekehrt die Transzendenz Christi durch die Vermittlung seiner Geschichte zugänglich wird.

Unzureichende Vermittlungen

Der breite Graben zwischen zufälligen Geschichtswahrheiten und abstrakt-formalen ewigen Vernunftwahrheiten läßt sich weder durch eine von der moralisch religiösen Bestimmtheit des Subjekts abhängige Deutung von an sich heilsneutralen historischen Fakten erreichen (Kant, Schleiermacher) noch durch eine Definition der Geschichte als eines mit dem Begriff des absoluten Geistes notwendig mitgegebenen Prozesses seiner Selbstdifferenzierung in der Vielfalt seiner geschichtlichen Erscheinungen (Hegel).

Im ersten Fall kann ein naives positivistisches Geschichtsverständnis zum Zuge kommen, das meint, die geschichtlichen Phänomene nach Art der Naturdinge objektivistisch zugänglich machen zu können („so wie die Geschichte sich tatsächlich ereignet hat", ohne Rücksicht auf die Mitkonstitution unserer Erkenntnis durch unsere Vorentscheidungen). Die Transzendenz des geschichtlichen Ereignisses auf Gott hin würde dabei nicht durch die Geschichte und die Person Jesu Christi selbst vermittelt, sondern allein durch den frommen Affekt des gläubigen Subjekts, das in der Jesusgeschichte nur den akzidentellen Auslöser der Selbstkategorialisierung des frommen Bewußtseins in seinen objektivierten Inhalten (den einzelnen Aussagen des klassischen Dogmas) akzeptieren kann. Ein rein positivistisches Geschichtsverständnis muß zwangsläufig zu einer „Okkasionalisierung" Christi für unser Gottesverhältnis führen. Gegenüber einer prinzipiell positivistischen und damit gegenüber der Transzendenz apriori agnostischen Position wird ein zwischen Historie und Dogma hin- und herpendelnder dualistischer Ansatz in der Theologie sich nie dem Verdacht entziehen können, daß das rein historisch gesammelte Material doch letztlich willkürlich einer subjektivistischen Deutung unterworfen wird, und daß Theologie die von ihr behauptete Transzendenz nicht erreichen könne und somit nichts weiter als Ideologie sei. Nicht entkräften ließe sich so der Vorwurf, die theologische Deutung des rein positivistisch gewonnenen Geschichtsmaterials sei lediglich eine Produktion mythischer Weltdeutung aus dem Interesse der Kontingenzbewältigung und somit nichts anderes als eine Projektion religiöser Bedürfnisse auf ein hypothetisches höheres Wesen, bzw. die Theologie sei ein gedankliches Konstrukt im Interesse des Machterhalts ihrer Vertreter.

Im zweiten Fall, nämlich des Verständnisses der Geschichte als Entwicklung und Manifestation der absoluten Idee, wird die Geschichte zwar aus ihrer lediglich akzidentellen Rolle einer Materialsammlung für den sich an ihr formierenden Geist herausgenommen. Aber Transzendenz und Geschichte werden im Grunde sozusagen „übervermittelt", so daß ein wesentliches Konstitutivum der Geschichte ausfällt, eben die Kontingenz und Unableitbarkeit der Ereignisse. Die kontingente Geschichte eines einzelnen Menschen, nämlich Jesu von Nazaret, kann aber nur dann die Offenbarung des ewigen Gottes sein, wenn sie sich gerade in der personalen Glaubens- und Gehorsamsgeschichte Jesu vermittelt, wenn also die Selbstoffenbarung Gottes im freien Akt der Selbstidentifikation mit dem menschlichen Offenbarungsträger ein geschichtlich zugängliches Ereignis wird, ohne daß das Menschsein Jesu zu einem passiven Offenbarungsmedium herabgewürdigt wird. Das Medium der Offenbarung ist vielmehr der freie Akt des Gehorsams Jesu und somit seine totale Identifikation mit dem Vater, aufgrund der Selbstidentifikation des Vaters mit ihm, dem Sohn. Die Selbstidentifikation des Menschen Jesus mit Gott in Treue zu seiner Sendung bis hin zum Tod am Kreuz (vgl. Phil 2,6-11) ist die eschatologische Offenbarung der Selbstmitteilung Gottes an den Menschen als sich hingebende Liebe in der Proexistenz Jesu: „Obwohl er der Sohn war, hat er durch Leiden den Gehorsam gelernt; zur Vollendung gelangt, ist er für alle, die ihm gehorchen, der Urheber des ewigen Heiles geworden." (Hebr 5,8 f.).

Vermittlung von Transzendentalphilosophie und Ontologie in einer Philosophie der Geschichte

Die im neuzeitlichen Dualismus von Erfahrungswissenschaften und transzendentaler Wissenschaft, von Erfahrung und Denken begründete Entgegensetzung eines Jesus der Geschichte und eines Christus des Glaubens kann also nur durch eine Vertiefung der Transzendentalphilosophie überwunden werden. Das Problem besteht nicht darin, daß überhaupt die Bedingungen menschlicher Erkenntnis reflektiert werden. Die Aporie in der Transzendentalphilosophie Kants liegt vielmehr in der unverbundenen Nebeneinanderstellung zweier völlig verschiedener Quellen oder Stammbäume der Erkenntnis, nämlich der Sinnlichkeit und des Verstandes, der empirischen und der transzendentalen Erkenntnis. Die Einheit des Bewußtseins gründet hier apriorisch im formalen Akt des „Ich denke", so daß der durch die Erfahrung von Natur, Geschichte und personaler Mitwelt gewonnene Anschauungsinhalt wohl Gegenstand des Denkens ist und vom transzendentalen Bewußtsein zur Einheit geformt wird und so auch das Denken in seiner leeren Formalität inhaltlich auffüllt. Aber keineswegs ist Begegnung mit Natur, Geschichte und personaler Mitwelt konstitutiv für die transzendental-formale Einheit des Ich.

Die Reflexion auf die Erkenntnisbedingungen kann jedoch nicht bei einer Separation der beiden Momente des Erkenntnisvollzugs, nämlich der Bezogenheit des Denkens auf die Wirklichkeit und der Ankunft der Wirklichkeit beim erkennenden Subjekt ansetzen.

Eine kritische Untersuchung der Bedingungen und Möglichkeiten des Denkens muß vielmehr davon ausgehen, daß das Erkannte und der Erkenntnisvollzug immer schon in einer konkreten Synthese von Wirklichkeit und Denken gegeben sind. Die transzendentale Subjektivität konstituiert nicht einfach die Wirklichkeit zur Erscheinung, sondern sie erweist sich bis in die Formalität ihres Vollzugs hinein immer schon als durch die Wirklichkeit der Dinge bestimmt, die sich durch ihre Wesens-Erscheinung (Symbol) der Erkenntnis vermitteln. Die Inhalte des Denkens bleiben darum dem Denken nicht äußerlich. Sie bauen auch die Subjektivität des Bewußtseins auf und leisten die wechselseitige Vermittlung von Wirklichkeit und Denken. Die Geschichte ist dann mehr als ein vom Verstand an die Vielfalt der historischen Erscheinungen herangetragenes Ordnungsschema im bloßen Nacheinander der Zeit. Geschichte ist vielmehr Ort und Medium der Begegnung personaler Freiheiten. Geschichte als vorweggegebenen Zeitrahmen, in dem einzelne Vorkommnisse lokalisiert werden können, gibt es im eigentlichen Sinn gar nicht ohne frei handelnde, geistige und im Wechselspiel der Begegnung sich konstituierende Subjekte. Die empirisch feststellbare Gesamtgeschichte ist das Ergebnis sich begegnender menschlicher Freiheiten im Kontext der naturalen (materiellen, leiblichen, sozialen, kulturellen, politischen) Bedingungen ihres

Vollzuges. Das Wesen von Geschichte läßt sich vom Standpunkt eines bloßen Beobachters der historischen Erscheinungen und von einem von außen an sie herangetragenen Ordnungsschema niemals enträtseln. Geschichte ist der Mensch selber im Vollzug seiner Freiheit (im Handeln und Leiden), die in der dialogischen Begegnung mit anderer Freiheit als *relationale Identität* konstituiert wird. Durch die dialogische Begegnung und die wechselseitige Selbstmitteilung im Wort und Tun wird eine menschliche Subjektivität erst zum Vollzug des Personseins ermächtigt (Selbstreferenz, Objektintentionalität, Transzendenz auf die Wirklichkeit als solche und ganze sowie auf ihren transzendenten Ursprung). Wenn die Geschichte als Medium der Begegnung personaler Freiheiten verstanden wird, dann kann sie gegenüber der Personalität des Menschen nicht nur äußerlich und akzidentell sein. Geschichte ist die vom Personsein getragene Vermittlung in die Unmittelbarkeit zu sich selbst, zur anderen Person und zur Wirklichkeit überhaupt. Die personale Begegnung ist der ursprüngliche Ort von Wirklichkeitserfahrung. Und von seiner personalen Wirklichkeitshabe her holt der Mensch auch die sinnliche Vermittlung mit der Welt in sein Selbstverständnis und Wirklichkeitsverhältnis ein. In der Geschichte als dem Feld interpersonaler Begegnungen und wechselseitiger Konstitution des menschlichen Personseins vollzieht sich schon die Transzendenz zur Wirklichkeit und zur Transzendentalität des Denkens. Geschichte ist das Medium der Vermittlung zur Transzendenz der Wirklichkeit. Und die Wirklichkeit vermittelt sich der menschlichen Erkenntnis durch die Geschichte.

Transzendenz bezeichnet also nicht eine bestimmte Anzahl von idealen Wesenheiten, jenseitigen Gegenständen und Lebewesen hinter der empirischen Welt. Transzendenz meint vielmehr die Tatsache der personalen Struktur und Bedingung aller menschlichen Selbst- und Welterfahrung. Person ist notwendig geistige und freie Transzendentalität und damit schon immer gegebene Konstitution durch die Transzendenz der Wirklichkeit, wie sie sich in der interpersonalen Vermittlung von Geschichte ausspricht und ereignet. Transzendentale Verwiesenheit oder die Selbsttranszendenz des Menschen auf die personale und geschichtliche Vermittlung zur Wirklichkeit überhaupt ist nichts anderes als die prinzipielle Anerkenntnis und Zueigennahme des Konstituiertseins als Person durch das Angesprochenwerden durch andere Personen im Wort. Gotteserkenntnis ergibt sich nicht durch extrapolierende Anwendung unserer formalen apriorischen Erkenntnisformen auf ein hypothetisch gedachtes höchstes Wesen über die Reichweite unserer sinnlichen Erfahrungswelt hinaus. Gotteserkenntnis ist vielmehr die Explikation der mit der Selbsterfahrung mitgegebenen Erkenntnis des absoluten Verdanktseins der eigenen Person, die zwar durch die geschichtlich-interpersonale Begegnung anderer, endlicher Mitmenschen erkannt und vermittelt, aber nicht in ihrer Unbedingtheit konstituiert werden kann. Gotteserkenntnis geschieht als Zustimmung und Einsicht in die mit dem Personsein des Menschen gegebene Selbsttranszendenz auf die Wirklichkeit und den Grund menschlicher, geschichtlicher, interpersonaler, wirklichkeitsbezogener Existenz des Menschen im Hinblick auf *die* Person-Wirklichkeit, die im absoluten Sinne Ursprung, Sinn und Ziel von Wirklichkeit überhaupt ist und die in der Gestalt einer interpersonalen und geschichtlichen Vermittlung sich selbst offenbaren kann.

Personale Gottbegegnung im Medium von Geschichte

Theologisch muß man von Gott als Schöpfer sprechen. Der Mensch trifft darum bei der theoretischen Explikation der mit seinem Personsein gegebenen Verwiesenheit auf Gott als personalem Dasein nicht zuerst auf einen Baumeister des physischen Universums, sondern auf die sein Personsein absolut konstituierende, korrelierende „Person". Das Personsein Gottes als Bedingung der Erfahrung des Verdanktseins und der letztgültigen Identität des Menschen in Relation zu Gott ist aber, wie gesagt, nur durch die Vermittlung von Mitgeschöpfen in der zwischenmenschlich-dialogischen Begegnung möglich. So gibt es einen Zugang zu Gott nur durch die Vermittlung der geschaffenen personalen Mitwelt, ohne daß Gott nun gegenständlich wie ein Naturding habbar wird oder einfach selbst als Geschöpf auftritt; das wäre ja das bekannte Mißverständnis der Inkarnation als eine Art zeitweilige Verwandlung des Schöpfers in ein Geschöpf, so wie sich im Märchen der Riese in eine Maus verwandelt oder im Mythos Götter in Menschengestalt auf der Erde erscheinen.[22] Die Reduktion der Geschichte auf die Dingwelt allerdings führt zwangsläufig dazu, Inkarnation nur noch als Verdinglichung Gottes interpretieren zu können. Und um unter diesen Voraussetzungen die Gottheit Gottes zu retten, legt sie als Ausweg ein deistisches Gottesverständnis nahe und die Deutung des Glaubens als psychische und moralische Intentionalität auf eine unerreichbare Transzendenz. Die Vermittlung durch die historische Realität individueller Menschen darf nicht zugunsten einer personalen Unmittelbarkeit instrumentalisiert werden wie eine bloße Zwischenstufe oder ein Sprungbrett auf eine andere Ebene, so daß die Vermittlung letztlich nach ihrem Vollzug funktionslos würde.

Gottes Transzendenz erfahrbar in der Immanenz des Menschen Jesus

Wenn Gott sich frei entschließt, über die ursprüngliche Vermittlung seiner Heilsgegenwart in der Wirklichkeitserfahrung menschlicher Interpersonalität (als Schöpfer) hinaus seinen Geschöpfen gegenwärtig zu sein als der unmittelbare Inhalt ihres realen Selbstvollzuges auf das Ziel des Personseins hin, nämlich die Koinonia in der Liebe, dann kann nur *ein Mensch* in seiner geschichtlichen Bestimmtheit und Kontingenz der Vermittler sein, in dem sich der Schöpfer als Vollender und Erlöser eschatologisch offenbart. Die personale Selbstmitteilung Gottes in seinem ewigen Wort tritt somit nicht mirakelhaft, gegenständlich anschaubar in die Geschichte wie in einen vorgefertigten Bezugsrahmen hinein, in dem Gott sich zu einer Zusatzbestimmung an der geschöpflichen Welt oder gar zu einer kategorial greifbaren Zweitursache im Kausalkreislauf der Natur macht. Gottes Wort wird nur Geschichte, indem ein individueller Mensch, Jesus von Nazaret, seine von Gottes Selbstzusage dialogisch-relational konstituierte personale Identität in Freiheit zur Offenbarungsgeschichte des ewigen Wortes Gottes macht. Indem Jesus sein ganzes menschliches Dasein (in Sein, Denken und Han-

---

[22] Vgl. Apg 14,11, wo die Heiden in Lystra Barnabas und Paulus für Götter halten, die in Menschengestalt auf die Erde herabgekommen sind; vergleichbar auch die Verkörperungen der Götter im Hinduismus, die mit einer Menschwerdung Gottes nichts gemein haben außer dem unspezifischen Begriff „Inkarnation".

deln) restlos dem Sendungsanruf Gottes verdankt weiß und er sich in seinem Selbst-Sein nur aus der absoluten Identifikation Gottes mit ihm verstehen kann, wird er im Vollzug seiner Freiheitsgeschichte im Gehorsam zum Vater die Geschichte der Offenbarung des Wortes und Sohnes Gottes. Er ist gerade darum nicht ein sachliches Mittel oder ein bloßer Mittelsmann des Heilswillens Gottes, sondern in dieser personal-dialogischen Identität mit Gott und der Unterscheidung von ihm als Mensch erweist er sich personal als der *Mittler* des Heiles, das Gott selbst für die Menschen ist.

Die geschichtliche Existenz des Menschen Jesus von Nazaret kann nicht als bloß historisch-akzidentell bedingte Vermittlungsform des transzendentalen und weltlosen frommen Subjektes zu einer weltlosen Begegnung mit dem (letztendlich deistisch gedachten) Gott jenseits von Welt und Geschichte reduziert werden. Jesus als der Mittler der Heilsherrschaft Gottes ist mehr als nur Vorbild und Auslöser für eine sich selbst sozial, moralisch und mystisch bestimmende Religiosität, die Gott immer nur jenseits aller Geschichte in transzendentaler Innerlichkeit begegnet und niemals im Feld interpersonal bestimmter geschichtlicher Wirklichkeit. Jesu Geschichte als Mensch bleibt also der Offenbarung des transzendenten Gottes nicht äußerlich.

Jesus als geschichtlich begegnender Mensch mit der Vermittlung des Anspruchs Gottes im Wort seiner Verkündigung der Gottesherrschaft, sein Weg des Gehorsams gegenüber Gott, seinem Vater, ist darum nichts anderes als die geschichtliche Gegenwartsgestalt der Offenbarung. Die Begegnung mit Jesus als dem Mittler ist die einzige Weise der Vermittlung des Menschen in die Unmittelbarkeit des transzendenten Gottes. Geschichte und Transzendenz Christi in seiner Menschheit und Gottheit sind untrennbar. Man kann Gott nicht haben außerhalb der Begegnung mit dem Menschen Jesus, und die Begegnung mit Jesus, der Glaube an das Wort seiner Verkündigung und die Gemeinschaft mit seinem Lebensweg (Nachfolge) ist zugleich auch immer Begegnung mit Gott selbst.[23]

Die Identität von Transzendenz und Geschichte Jesu, von seiner Gottheit und Menschheit ist also nicht in einer naturhaften Verwandlung eines präexistenten Gottwesens in ein Menschenwesen begründet, sondern durch den ursprunggebenden freien Willensakt Gottes, sich selbst in seinem ewigen Wort durch eine menschliche Freiheitsgeschichte zum absoluten Bezugspunkt und Inhalt des menschlichen Selbstvollzuges und damit zur Vollendung jeder menschlichen Person zu machen.

Da das Menschsein nicht auf eine naturhafte Physis reduzierbar ist oder ein statisch vorgegebener Wesensbesitz sein kann, sondern sich in seiner konkreten Individualität nur durch die Kontingenz der Personbegegnungen als eine relationale Identität vollziehen kann, ist auch Jesu Personalität (in ihrem Sichverdanktwissen als leibliches, geistiges, willentliches Wesen) schon vom Ursprung der Existenz des Menschen Jesus her durch die freie Entscheidung Gottes be-

---

[23] Vgl. Joh 14, 6 f: „Niemand kommt zum Vater außer durch mich. Wenn ihr mich erkannt habt, werdet ihr auch meinen Vater erkennen"; Joh 8, 42: „Wenn Gott euer Vater wäre, würdet ihr mich lieben; denn von Gott bin ich ausgegangen und gekommen".

stimmt, daß Jesus der Mittler des Reiches Gottes sein soll und daß dadurch die menschliche Individualität durch die Gegenwart des Wortes Gottes sich in einer relationalen Identität mit dem ewigen Wort Gottes weiß.

Und eben diese relationale Identitätserfahrung Jesu ist der Ausgangspunkt seiner Freiheitsgeschichte, die sich in der Geschichte Jesu auslegt. Sie legt sich so aus, daß Jesus die äußeren Konditionen seines Lebensweges immer in Gehorsam zu seiner Sendung gestaltet und in die ihn konstituierende Abba-Relation integriert. Er bedurfte hierfür in seinem menschlichen Bewußtsein nicht eines gegenständlichen Vorauswissens seiner Geschichte, sondern nur der Freiheit, sich selbst in seiner Geschichte in der Treue zu seiner Sendung selbst zu bestimmen. Das Kreuz Jesu hat nicht etwa darum Heilsbedeutsamkeit, weil Jesus (als Gottes ewiger Logos) es gemäß einer schon im Himmel theoretisch präformierten Heilsstrategie auf sich genommen hat, sondern weil er als Mensch im Gehorsam zu seiner Sendung als Heilsmittler auch noch gegenüber dem todbringenden Widerstand der Sünder in Freiheit seiner von Gott allein bestimmten Identität treu blieb. Im ewigen Heilsratschluß war nur das Heil aller Menschen beschlossen und daß es durch die kontingente Geschichte des Heilsmittlers verwirklicht werden sollte.

Jesu personale Identität in seiner Relation zu Gott im Gang seiner Lebensgeschichte

Zu Recht hat die konziliare Tradition der Kirche darum nicht von einer menschlichen Hypostase Jesu gesprochen. Dies nimmt aber der integren menschlichen Natur Christi, die wie jede menschliche Natur im Selbstbewußtsein und in der Freiheit das Zentrum ihrer Selbsterfahrung hat, nichts weg bzw. verleiht ihr kein an sich wesensfremdes Zusatzelement. Die Hypostase ist vielmehr das, was eine geistige und freie Natur in ihrer individuellen, unverwechselbaren und nicht austauschbaren Besonderheit bezeichnet. Hypostase kann also schon per definitionem keine allgemeine Eigenschaft der menschlichen Natur sein, außer daß sie konkret durch eine Hypostase verwirklicht sein muß. Aber eben in der konkreten Realisierung der menschlichen Natur zu einem individuellen Menschen ist die Hypostase nicht mehr allgemein, daher irreduzibel, nicht deduzierbar und nicht austauschbar. Die Hypostase als „Person" ist bei Jesus eben die in seiner menschlichen Geschichte sich als absoluter Ursprung seiner Identität zeigende Relation zu Gott, *seinem* Vater, der sich in seinem Wort durch ihn als „seinem eigenen Sohn und einzigen vielgeliebten Sohn" in der Geschichte Jesu von Nazaret zu erkennen gibt. Gerade wegen dieser *relationalen Identität* und der in der Hypostase des Logos gründenden Freiheitsgeschichte des Menschen Jesus von Nazaret lassen sich Transzendenz und Geschichte Jesu, seine Gottheit und Menschheit, das geschichtliche Zeugnis von Jesus als dem Christus und der Glaube an ihn als den auferstandenen Herrn prinzipiell nicht voneinander trennen. Die geschichtliche Erfahrbarkeit der Offenbarungseinheit von Gott und Jesus in der Verschiedenheit von Gott als Schöpfer und dem Menschen Jesus als Geschöpf hat ihren Ursprung in Gottes innerem Leben, in der zu Gottes Wirklichkeit gehörenden Seinseinheit von Vater und Sohn und der Unterscheidung in der Beziehung auf einander; vgl. Lk 10,21:

In dieser Stunde rief Jesus, vom Heiligen Geist erfüllt, voll Freude aus: Ich preise dich, Vater, Herr des Himmels und der Erde, weil du all das den Weisen und Klugen verborgen, den Unmündigen aber offenbart hast. Ja, Vater, so hat es dir gefallen. Mir ist von meinem Vater alles übergeben worden; niemand weiß, wer der Sohn ist, nur der Vater, und niemand weiß, wer der Vater ist, nur der Sohn und der, dem es der Sohn offenbaren will.

Der Glaube an Jesus als Christus (das christologische Dogma) ist darum nicht einfach die Zustimmung zu einem von Gott autorisierten Informanten transzendenter Sachverhalte oder zu einem genialen Organisator religiöser Erfahrung und moralischen Verhaltens. Dabei würde Jesus für die Begegnung des Menschen mit Gott letztlich äußerlich bleiben. Seine Geschichte wäre für unser Gottesverhältnis von akzidenteller und rein instrumentaler Bedeutung. Christlicher Glaube ereignet sich vielmehr als ein Mitvollzug des Ereignisses der Einheit von Transzendenz und Geschichte Jesu. Glauben wird zur Erfahrung der Begegnung mit Gott gerade in der Vermittlung durch die interpersonale Begegnung mit dem individuellen Menschen Jesus (und nicht etwa einem mythischen Phantasiewesen aus einer höheren Welt). Und dieses Ereignis, das der Glaubensakt erkennend mitvollzieht, drückt sich in dem Bekenntnis (Kerygma, Dogma) aus, daß Jesus der eschatologische Mittler des ewigen Heiles ist, weil er sich in seinem Sein, seiner Sendung, seinem Handeln und Leiden als Mensch der Konstitution durch den Selbstmitteilungswillen Gottes in seinem ewigen Wort verdankt, in dem Gott sich als das Heil des Menschen in der Geschichte offenbart und in der Freiheitsgeschichte Jesu von der Gottesreichproklamation bis hin zu Kreuz und Auferstehung und zu seiner Erhöhung als Herr (Röm 10,9) auch in der Tat verwirklicht hat.

Diese Vorüberlegungen zum inneren Zusammenhang von Transzendenz und Geschichte Jesu, der die Geschichtlichkeit und die Transzendentalität des Glaubens als Akt und Bekenntnis entspricht, waren notwendig, um den falschen Alternativen im Ansatz der Christologie zu entgehen (Christologie von oben *oder* unten, Ansatz beim vorösterlichen Jesus *oder* beim österlichen Christus des Glaubens, bei einer historischen *oder* spekulativen Methodologie usw.).

Christologie kann nur gelingen, wenn der erkenntnistheoretische Dualismus von empirischer Tatsachenfeststellung und rein formallogischer Analyse der Verstandestätigkeit überwunden wird, wenn die Transzendentalphilosophie in ihrer klassischen, durch einen leeren Vernunftformalismus geprägten Gestalt durch personale Kategorien vertieft wird, so daß die Geschichte und die interpersonale Begegnung eine reale Vermittlung zwischen Wirklichkeit und Denken sein können und wenn das Denken nicht nur über die Sinnlichkeit affiziert wird, sondern das *Ich* durch die Erfahrung der personalen Struktur der Wirklichkeit in seiner Selbsthabe, seiner Welterkenntnis und in seinem Transzendenzvollzug wesentlich mitkonstituiert wird. Die Grundauffassung der menschlichen Erkenntnis als geschichtlich vermittelter Verwiesenheit auf die Transzendenz der Wirklichkeit muß sich nun auch in der Begründung jeder Christologie in ihrer geschichtlich-transzendentalen Ursynthese belegen lassen. Diese drückt sich in dem apostolischen Urkerygma aus, das den gekreuzigten Jesus mit dem von den Toten auferweckten und zur Teilhabe an der Gottes-Herr-schaft auf den Thron Gottes, seines Vaters, erhobenen Herrn der Gemeinde und Christus Gottes identifiziert.

1. Die Hoffnung auf endgültiges Heil und die Suche nach dem absoluten Heilsmittler (Transzendentale Christologie und Soteriologie)

1.1 Die soteriologische Dimension jeder Anthropologie

An der Schlüsselstelle gibt das von allen Kirchen und christlichen Konfessionen anerkannte Nicäno-Konstantinopolitanum das Motiv des Kommens Gottes in die Welt an:

Wegen uns Menschen und wegen unseres Heiles ist er (Jesus Christus, der ewige Sohn des ewigen Vaters) vom Himmel herabgestiegen.
(DH 150 = NR 250)

Hier wird der Mensch als Ziel, Adressat und Partner der Selbstmitteilung Gottes genannt; es zeigt sich damit klar die anthropologische Zuspitzung des Heilsgeschehens von Gott her. Jesus Christus, der menschgewordene ewige Sohn Gottes, wird unter zwei Gesichtspunkten als der Heilsmittler aufgefaßt: Er ist der absolute Heilbringer, der von Gott her kommt, und er ist zugleich auch der Mittler des Heiles auf die Menschen hin, indem er kraft der Inkarnation in seinem Leiden, Kreuz, Begräbnis und in der Auferweckung die reale menschliche Situation teilt und somit zum Repräsentanten ihrer Hoffnung auf Gott hin ist.

So ist es legitim und notwendig, die anthropologischen Voraussetzungen für die Ausrichtung des Menschen auf das Heil und den Empfang des Heils von Gott her zu bedenken. Die konkrete Struktur der Heilsvermittlung macht es unerläßlich, in der Christologie auch den Menschen als den Heilsempfänger in den Blick zu nehmen. Aber der sich hier zeigende innere Zusammenhang von Theologie und Anthropologie ist auch noch tiefer zu reflektieren im Hinblick auf die Konstitution und die Geschichte des Heilsmittlers selbst. Von ihm heißt es ja, daß er das Heil nicht nur von oben in die Welt hineingebracht hat, sondern daß er es verwirklichte, indem er „Fleisch angenommen hat und für uns gekreuzigt wurde". Wie kann eine Einheit von Gott und Mensch im absoluten Heilbringer überhaupt zustande kommen? Wie kann ein Mensch unmittelbar von Gott so zu eigen genommen sein, daß er als Vermittler die personale Unmittelbarkeit des Menschen zu Gott nicht verstellt, sondern gerade kraft seiner personalen Konstitution als Erlöser das Geschöpf in die Unmittelbarkeit zu Gott hineinvermittelt?

Hier muß es eine Möglichkeit in der menschlichen Natur geben, die geeignet ist, daß Gott sich als Wort durch sie aussagen kann und sich gerade darin modo humano (in dem individuellen Geist- und Freiheitszentrum einer menschlichen Natur) vergegenwärtigt.

Es gilt hier, die formalen Voraussetzungen von Realität und Vollzugsweise des Heils und des Heilbringers herauszuarbeiten. Dabei muß man sich methodisch bewußt bleiben, daß dies nur von der Erfahrung des konkreten Christusereignisses her adäquat möglich ist. Denn in der realen geschichtlichen Welt sind die Wege zu Jesus als dem Christus sehr oft verstellt, sei es durch individuelle und kollektive Schuld, sei es einfach durch epochal bedingte kulturelle und religiöse Vorprägungen. Wo aus dem Gesamtfeld der Religionsgeschichte und auch der philosophischen Theologie eine universale Dynamik und Tendenz auf das Christusereignis herausgelesen wird, muß man sich der Grenzen der menschlichen Wahrnehmung bewußt bleiben. Der transzendentale Standpunkt des Glaubens kann nur bedingt empirisch verifiziert werden. Konkret läßt sich darum der Gesamtbestand der Religionsgeschichte nur selektiv heranziehen. Was die religiöse Natur des Menschen ist, die sich in den verschiedenen historischen Religionen auf die mannigfachste Weise manifestiert, entzieht sich letztlich einer allgemeingültigen Definition.

Da aber das Christusereignis einen universalen Anspruch in sich enthält, müssen die transzendentalen und anthropologischen Bedingungen der Möglichkeit seiner Annahme im Glauben und der Reichweite in seiner Geltung für die individuelle und soziale Lebensgestalt herausgearbeitet werden. Hier kann nicht mit einem einfachen Korrespondenzschema von menschlicher Frage und göttlicher Antwort gerechnet werden. Gottes reale Antwort transzendiert die menschliche Fragestellung, korrigiert und konkretisiert sie zugleich. Der Anruf der Gnade in der Selbstmitteilung Gottes zielt nicht zuerst auf die theoretische Lösung menschlicher Fragen, sondern auf die personale Selbstüberantwortung des Menschen in Geist und Freiheit, in Glaube und Liebe. Erst im Horizont dieser gottmenschlichen Communio ergibt sich auch ein Selbstverständnis des Menschen im Glauben. Die theologische Frage nach Wirken und Wesen Gottes in seiner Offenbarung impliziert darum auch eine theologische Anthropologie.

In der christlichen Verkündigung geht es genau genommen nicht darum, die Theologie und Christologie auf die unterschiedlichen Erwartungshorizonte, wie wir sie aus der Religionsgeschichte kennen, zu funktionalisieren. Der christliche Glaubensbote ist als menschlicher Vermittler des gott-menschlichen Dialogs in Gnade und Glauben sozusagen auch für die Verchristlichung der in den Religionen und Philosophien sich manifestierenden Anthropologie verantwortlich. Er macht deutlich, wie der Mensch überhaupt so auf den personalen Gott Abrahams, Isaaks und Jakobs, den Vater Jesu Christi, den Gott der Schöpfung und des Bundes bezogen ist, daß er von ihm her das entscheidende Wort über das Dasein des Menschen in Leben und Sterben zu erwarten hat. Im Glaubenszeugnis geht es nicht um die bloße Übermittlung eines in sich geschlossenen Bekenntnisgutes. Der christliche Glaubenszeuge muß dem Menschen sein Selbstverständnis so interpretieren, daß ihm in Christus die Antwort gegeben wird auf die Frage, die er sich im tiefsten Grunde selber ist. Dies gilt umgekehrt aber auch für den Hörer der Botschaft, der sich das Evangelium in der ihm eigenen Weise aneignen muß und der damit zugleich seinen ursprünglichen Verstehenshorizont transformiert und transzendiert.

1.2 Der Mensch – das Wesen der Suche nach Heil

Ohne jeden Zweifel sind alle bekannten Religionen, Philosophien und Weltanschauungen – unbeschadet ihrer unterschiedlichen und widersprüchlichen Daseinsinterpretationen – ein einziges Zeugnis für das Streben aller Menschen nach Glück, Identität, Ganzheit, Wohl, der Erfüllung des Wunsches, geliebt zu werden und zu lieben, oder kurz gesagt nach *Heil.*

1.2.1 Die Heilsfrage in Anthropologie und Religion

Die Bedeutung der Heilssuche für das Menschsein läßt sich ursprünglicher erkennen in dem Komplex von Überzeugungen und Verhaltensweisen, den man Religion nennt.

Religion ist eine Konstante des Menschseins. Der Unterschied zu den postmodernen Formen von Ersatzreligion und Religionsersatz besteht darin, daß in den Religionen der Mensch im Horizont einer, wie auch immer im einzelnen interpretierten, transzendenten Wirklichkeit in Herkunft, Schicksal und Bestimmung verstanden wird. Als anthropologische Konstante ist das Phänomen Religion selbst schon ein Beweis für die Fraglichkeit menschlicher Existenz und damit ein Beleg für die Tatsache, daß der Mensch unausweichlich vor der Aufgabe steht, sich ein Wirklichkeitsverständnis und ein Weltverhältnis aneignen zu müssen. Er erfährt die Welt als ein Gegenüber und sich selbst in einer unmittelbaren Sichselbst-Gegebenheit (Selbsthabe, Selbstreferenz, Bezug zu den Einzeldingen in einem geistigen Horizont von Welt und Wirklichkeit, Bezug zur Immanenz und damit Transzendenz von Wirklichkeit überhaupt). Er erkennt sich in der Differenz von Selbst und Welt als einer, der sich in seinem Tun und Handeln zur eigenen Verantwortung aufgegeben ist. Einfach biologisch vorhanden ist er nicht. Er verobjektiviert sich die Wirklichkeit als seine Welt im geistigen Medium der Sprache, in Bild und Technik, in der gestaltenden Ordnung des Sozial- und Kulturlebens, vertieft und gesteigert in Literatur, Kunst, Politik, Ethik, Philosophie und Religion. Insofern der Mensch sich als geistiges und freies Aktzentrum selbst aufgegeben ist, versubjekiviert er zugleich auch sein Ich in Erkenntnis und Handeln. Er bewegt sich als Geist in einem Orientierungsrahmen von religiösen Anschauungen und sittlichen Maßstäben.

Im Gegensatz zu den Thesen der sog. „evolutionären Erkenntnistheorie" (R. Riedl, F. Wuketits u.a.) ist der Mensch also nicht eine organische Substanz mit einer neurophysiologisch ausgestatteten Computerintelligenz zum Zwecke der besseren Anpassung an die Lebensbedingungen. Gerade wenn der heutige Mensch von seiner die Welt als Welt erfassenden Geistigkeit her die evolutiven Prozesse bis zur Ausbildung des organischen Substrats der Gattung „Mensch" überblickt, kann eben der Ansatzpunkt zu einer Wesensbestimmung nicht das Ensemble seiner empirischen Möglichkeitsbedingungen sein, sondern das gegenwärtige Aktzentrum seines Geistes, in dem der Mensch sich in seiner Existenzaktualität und im Medium ihres physiologischen Vollzugs erfaßt. Die apriorische Bedingung der Erfassung des gehirnorganischen Substrates seiner Geistigkeit kann nicht selbst noch einmal materiell sein. Zur Geistaktualität des Menschen gehören unabweisbar die Dimensionen des Seins, in dessen Licht die Vernunft die Dinge in ihrem Dasein und Sosein erfaßt und auch die transzendentale Verwiesenheit des Menschen auf ein sich ihm möglicherweise zusagendes Geheimnis der Vollendung seiner Freiheit und Liebe, das er als Ursprung von Materie, Entwicklung und Geist real postulieren kann.

Aufgrund der ältesten Zeugnisse der Religionsgeschichte läßt sich die Vermutung äußern, daß der religiöse und sittliche Orientierungsrahmen zunächst bildhaft und symbolisch in Mythen und religiösen Ritualen vermittelt war.

Im ersten Jahrtausend v. Chr. ist aber auch ein Nachlassen der Überzeugungskraft der Mythen festzustellen. In den hochreligiösen Systemen des Hinduismus und Buddhismus kommt es zu Transformationen des Mythos und zu ersten existentiallogischen Interpretationen des menschlichen Daseins in der Welt. Im Raum der griechischen Kultur beginnt mit den Vorsokratikern der große Weg der abendländischen und schließlich heute der gesamten Menschheit zu einer rationalen Welterklärung und technischen Weltbewältigung.

Gegenüber der Zersetzung der vernunftgemäßen Ergründung von Selbst, Welt und Gott bei den Sophisten zeigen *Platon* (428/427-348/347) und *Aristoteles* (384/383-322/321) die Möglichkeit einer vernunftgemäßen Rede von Wirklichkeit und Transzendenz auf, d.h. von Metaphysik und philosophischer Theologie. Es war gerade die Begründung der Gottesbeziehung in der vernunftgemäßen Erfassung der Wirklichkeit im Unterschied zu einem Ansatz in der Beliebigkeit subjektiver Affektion, die später die jüdische Theologie (Weisheitsliteratur, *Philo von Alexandrien*) und die christliche Theologie (trotz ganz anderer Ausgangspunkte) in der Philosophie ihren anthropologischen Gesprächspartner hat finden lassen – und nicht in der heidnischen Volksreligion.

Die mit dem Menschsein konstitutiv gegebene Erfahrung des Gegenüber zur Welt als Möglichkeitsbedingungen des Selbst-Seins ist freilich nicht eine Erfahrung, die nur zufällig gemacht und vielen Menschen grundsätzlich auch verborgen bleiben kann. Sie ist der vorweggegebene Grund, der den einzelnen Menschen als geistige Natur konstituiert und ihn zu seinem Subjektsein vermittelt, aus dem er sich nicht herausnehmen kann, selbst wenn er es wollte.[24]

Mit dem Gegenüber zur Welt ist aber auch klar, daß der Mensch nicht in einer fraglosen Einheit mit der Wirklichkeit lebt. Er kann durch die Welt bedroht werden. Die kosmischen Vorgänge, die gesellschaftlichen und politischen Verhältnisse, die Eingebundenheit des Lebens in psychosomatische Strukturen, stehen oft

---

[24] Vgl. Aristoteles, metaph. XII, 7 (PhB 308), Hamburg 1980, 257: Die Vernunft ist das aufnehmende Vermögen für das Intelligible und das Wesen. Sie ist in wirklicher Tätigkeit, indem sie das Intelligible hat. Also ist jenes (das Intelligible) noch in vollerem Sinn göttlich als das, was die Vernunft Göttliches zu haben scheint, und die Betrachtung (theoretische Tätigkeit) ist das Angenehmste und Beste. Wenn sich nun so gut, wie wir zuweilen, der Gott immer verhält, so ist er bewundernswert, wenn aber noch besser, dann noch bewundernswerter. So verhält er sich aber. Und Leben wohnt in ihm; denn der Vernunft Wirklichkeit (wirkliche Tätigkeit) ist Leben, jener aber ist die Wirklichkeit (Tätigkeit), seine Wirklichkeit (Tätigkeit) an sich ist bestes und ewiges Leben. Der Gott, sagen wir, ist das ewige, beste Lebewesen, so daß dem Gott beständige Ewigkeit zukommt; denn dies ist der Gott.

in einem gefährlichen Widerspruch zu den Absichten und Tendenzen des Selbst. Der Mensch ist so das Wesen, das betroffen werden kann von den Erfahrungen des Hungers, der Krankheit des körperlichen Zerfalls, der Erniedrigung, Versklavung und Vernichtung, der Erfahrung von Einsamkeit und Verlassenheit, der Endlichkeit, dem Schmerz der Vergänglichkeit und des Abschieds von allem Geliebten und schließlich vom Abgrund des Todes. Der Mensch lebt also immer in einer Spannung zur intendierten Ganzheit, Integrität und Identität.

Mit der Aufgabe der Verwirklichung des Heilseins verknüpft sich die Frage nach *Ursprung und Herkunft des Unheils*. Unheil und Unglück mögen verursacht sein von den Verhältnissen, in denen der Mensch steht, seiner unausweichlichen Endlichkeit. Verantwortlich sein könnten das Fatum, der Neid der Götter, ein Fluch, der über den Menschen seit der Vorzeit lastet. Eine partielle Überwindung der Unheilssituationen kann man sich erhoffen von einer kulturellen Gestaltung der Naturgewalten (bessere Geräte und Techniken in Jagd und Ackerbau, durch Städtegründungen, Sicherung des gesellschaftlichen Lebens, durch Rechtsordnung, Polizeibehörden und Armeen). Eine definitive und universale (eschatologische) Überwindung des Unheils scheint aber nur durch eine Aussöhnung mit den höheren Mächten der transzendenten Welt möglich: in Ritual, Opfer, Askese und Moral. Vorausgesetzt werden Macht und Interesse der Gottheit am Heil des Menschen.

Als eine wesentliche Grundfrage in allen Religionen läßt sich also die Suche nach dem Heil, seine Realisierung und Stabilisierung in der Welt ausmachen. Diese religiöse Ausrichtung koexistiert mit dem Sein des Menschen in der Welt. Eine spezifische Gestaltung gewinnt die religiöse Heilsfrage in den asiatischen Religionen Indiens, Chinas und Japans. Hier ist das Heil nur über einen langen Pilgerweg in der Meditation zu erreichen. Der ursprüngliche, stark monistisch-pantheistisch orientierte *Hinduismus* sieht die Ursache des Leidens in der Differenz von Selbst und All. Die Überwindung geschieht, indem man zur mystischen Erfahrung der Einheit von Selbst und All gelangt. Die „Upanisahden", ein Teil der Veden, d.h. der Heiligen Schriften des Hinduismus, lehren den Weg der meditativen Versenkung. In diesem Weg kommt das ungeborene, unzerstörbare und todlose Selbst (Atman) zum Vorschein, das im Unfaßbaren, alles Durchdringenden, ungegenständlich-apersonalen Seins-Ursprung (Brahman) liegt. „Die Erkenntnis ‚Das Selbst ist das brahman' führt zur Erlösung".[25] Die Identität jenseits aller Unterscheidung ist das Heil. Die Überwindung des Ich-Wahns bringt erst die unterschiedslose Einheit des verborgensten Selbst mit dem Wesen des Kosmos:

In Opposition gegenüber diesem strengen Monismus kommt es später aber (unter Ramanja, um 1050-1137) zu einer modifizierten Vorstellung von Heil. Die empirische Welt und die Seelen der einzelnen Menschen sind Attribute des eher als persönlicher Gott aufgefaßten Absoluten. In der endgültigen Erlösung löst sich die Individualität der Seele nicht in die kosmische All-Einheit auf. Sie steht in einem gewissen personhaften Gegenüber zu Gott in der ewigen Gemeinschaft mit ihm. Der Zusammenhang des Glaubens an eine persönliche Unsterblichkeit mit

---

[25] W. Strolz, Heilswege der Weltreligionen II, Freiburg-Basel-Wien 1986, 20.

der Begründung einer Ethik ist hier wie auch später (Plato, Kant) offensichtlich.

Der indische Prinz *Siddharta* aus der Familie der Gautama (560-480 v. Chr.) begründet den Weg des *„Buddha"*, d.h. den Weg der Erleuchtung. Seine Heilslehre steht ganz unter der bedrängenden Frage nach dem Leiden. Für ihn ist Leben gleichbedeutend mit Leiden. Es gilt die Ursache des Leidens festzustellen, um es durch die Selbst-ent-werdung zu überwinden. Das Leiden entsteht am Da-sein selbst. Dieses schafft einen vorgegebenen Weltbezug und löst die Begierde aus, im Bewußtsein und in der Sinnlichkeit. So entstehen der Lebensdrang und das Werden im Kreislauf von Geburt zum Tod hin und damit die Leiden. In der meditativen Versenkung können das Werden, die Begierde, das Da-sein in ihrem Schein erkannt und überwunden werden in eine Einheit jenseits aller Zweiheit, in eine erlösende Ursprungseinheit jenseits der Gegensätze von Sein und Nichts, von Leben und Tod, von Welt und Dasein. So wird die Erlösung des Nirwana erreicht. So sagt Buddha selbst:

Und ich erkannte voll und ganz das Leiden, den Ursprung des Leidens, das Aufheben des Leidens und den Weg, der zur Aufhebung des Leidens führt. Als ich dies sah und erkannte, wurde mein Geist befreit von dem Übel des sinnlichen Begehrens, vom Übel fortdauernder Daseinsformen, vom Übel der Unwissenheit; und also befreit kam in dem Befreiten die Erkenntnis auf – für mich ist der Lauf der Wiedergeburten beendet, ich habe das höchste Ziel erreicht, meine Aufgabe ist getan, nicht wieder werde ich zur Welt zurückkehren.[26]

Im Taoismus, wie er in den Weisheitssprüchen des Lao-Tse (geb. 571 v. Chr.) anzutreffen ist, findet sich in vergleichbarer Weise die Suche nach Heil im Sinne einer Ureinheit der Wirklichkeit jenseits der Gegensätze von Sein und Nichts, Gott und Welt, Sprache und Schweigen. Das Beständige und Bleibende in dem unaufhörlich Untergehenden und Dahinschwindenden zu erkennen, das ist die Erleuchtung. Im Stillesein klärt sich die Stellung des Menschen, wenn er sich nicht auf die Vergänglichkeit dieser Welt begründen will.

Anders, nämlich mehr auf das individuelle Glück der Menschen bezogen, zeigt sich die Erlösungssehnsucht im *griechisch-römisch orientalischen Synkretismus*, wie er sich seit Alexander dem Großen in der mediterranen Welt herausgebildet hat und das Umfeld der biblischen Religion darstellt. Heil und Erlösung kann ganz irdisch, familiär und politisch begriffen werden, oder sich in den *Mysterienkulten* auf das Heil im Jenseits oder im Inneren des Menschen konzentrieren (individuelle Unsterblichkeit der Seele, Seelenwanderung, Aufenthalt der Seelen in dem lichtvollen Jenseits der oberen Welt oder düstere Schattenexistenz in der Unterwelt).

Im *manichäischen Dualismus* erscheint die Materie als Quelle allen Leidens. Das Heil besteht in der Loslösung der Seele vom Leib und im Freiwerden des Menschen von der Welt.

---

[26] Majjhima-Nikaya IV: M. Eliade, Geschichte der religiösen Ideen. Quellentexte, Freiburg-Basel-Wien 1981, 396 f.

1.2.2 Die Antwort der philosophischen Theologie: Die Unsterblichkeit der Seele

In der philosophischen Theologie wird versucht, die Unsterblichkeit der Seele gegenüber dem Spott der Sophisten zu retten und der verbreiteten Meinung, mit der Trennung der Seele vom Leib gehe auch die Seele unter und sterbe mit dem ganzen Menschen, entgegenzutreten (vgl. Platon, Phaidon 70a-c). Dagegen sagt Platon (Phaidon 72 d-e):

Es gibt in der Tat ein Wiederaufleben und ein Werden der Lebenden aus den Toten und ein Sein der Seelen der Gestorbenen, und zwar für die Guten ein besseres Sein, für die Schlechten aber ein schlechteres.

Auch *Aristoteles* kennt eine Unsterblichkeit der Seele. Ob er damit aber eine individuelle Unsterblichkeit des Menschen meint, ist umstritten (*Averroes, P. Pomponazzi*). Bei der Zusammensetzung des Menschen aus Materie und Geist, bei der Organisation der Seele im Zusammenwirken von tätigem und leidendem Verstand scheint nach dem Tod nur der überindividuelle allgemeine tätige Verstand übrigzubleiben:

Auch dieser Geist ist abgetrennt, leidensunfähig und unvermischt, da er dem Wesen nach Betätigung ist – denn immer ist das Wirkende ehrwürdiger als das Leidende und der Urgrund als die Materie. Aber nicht denkt er bald, bald nicht; getrennt nur ist er das, was er ist, und dieses allein ist unsterblich und ewig. Wir behalten keine Erinnerung, weil dieses zwar leidensunfähig ist, aber der leidende Geist sterblich ist und es ohne diesen nichts denkt.[27]

Aristoteles definiert Heil, Seligkeit, Lust und Glück so:

Wenn das Glück ein Tätig-sein im Sinne der Trefflichkeit ist, so darf darunter mit gutem Grund die höchste Trefflichkeit verstanden werden: das aber kann nur die der obersten Kraft in uns sein. Mag nun der Geist oder etwas anderes diese Kraft sein, die man sich gewiß als wesenhaft herrschend, führend, auf edle und göttliche Gegenstände gerichtet vorstellt – mag diese Kraft selbst auch göttlich oder von dem, was in uns ist, das göttlichste Element sein – das Wirken dieser Kraft gemäß der ihr eigentümlichen Trefflichkeit ist das vollendete Glück. Daß dieses Wirken aber ein geistiges Schauen ist, haben wir bereits festgestellt. Das ist in Übereinstimmung, so dürfen wir behaupten, mit den früheren Erkenntnissen und mit der Wahrheit. Denn einmal ist das die oberste Form menschlichen Wirkens: es hat ja auch der Geist von dem, was in uns ist, den obersten Rang, und obersten Rang unter den Erkenntnisobjekten haben die des Geistes. Sodann aber hat dieses Wirken auch die größte Stetigkeit, denn in stetiger geistiger Schau können wir leichter verharren als in irgendeiner Tätigkeit (nach außen). Wie wir ferner annehmen, muß Glück mit Lust vermischt sein. Am lustvollsten aber unter den Formen hochwertiger Tätigkeit ist zugestandenermaßen das lebendige Wirken des philosophischen Geistes ... Auch das, was man ‚sich selbst genügende Unabhängigkeit' (Autarkie) nennt, ist vor allem bei der Verwirklichung der geistigen Schau zu finden ... und wenn das Selbstgenügsame, das Ruhevolle und innerhalb der menschlichen Grenzen, das Unermüdbare und alles, was sonst noch dem Menschen auf der Höhe des Glücks zugeschrieben wird, an diesem Tätig-sein in Erscheinung tritt, so folgt, daß dieses Tätig-sein das vollendete Menschenglück darstellt, falls es ein Vollmaß des Lebens dauert – denn kein Teilaspekt des Glücks darf unvollkommen sein ... Ist also, mit dem Menschen verglichen, der Geist etwas Göttliches, so ist auch Leben im Geistigen, verglichen mit dem menschlichen Leben, etwas Göttliches. Wir sollen aber nicht den Dichtern folgen, die uns mahnen, als Menschen uns mit menschlichen und als Sterbliche mit sterblichen Gedanken zu bescheiden, sondern, soweit wir können, uns zur

---

[27] An. 430 a: Aristoteles Werke in dt. Übers. 13. Hg. v. H. Flashar, Berlin 1986, 59.

Unsterblichkeit erheben und alles tun, um unser Leben nach dem einzurichten, was in uns das Höchste ist. Denn obgleich von bescheidener Ausdehnung, ragt es doch an Wirkungsmacht und Werthaftigkeit bei weitem über alles hinaus. Man darf aber geradezu sagen, daß dieses Höchste unser wahres Selbst ist, nachdem es den entscheidenden und besseren Teil unseres Wesens darstellt ... Für den Menschen ist dies also das Leben des Geistes, nach dem dieser vor allem das wahre Selbst des Menschen darstellt und dieses Leben ist denn also auch das glücklichste.[28]

Aufgrund der unterschiedlichsten Formen der Suche nach Heil und Identität des Menschen in seinem Dasein in der Welt und in der Gesellschaft im Hinblick auf die transzendente Verwiesenheit seiner Existenz legt sich die Schlußfolgerung nahe, daß die Heilsfrage zum Wesen des Menschen gehört bzw. aus seiner Situiertheit als geistige Realität in der Welt je neu aus ihm hervorbricht. Wenn aber das Heil nicht in vorhandener Gegenständlichkeit greifbar ist, sondern nur durch Vermittlung in menschlicher Anstrengung oder in gnädigem Zuspruch von seiten der transzendenten Macht her zugänglich wird, erhebt sich auch die Frage nach einem möglichen Vermittler des Heilsgeschehens vom Menschen her auf die Gottheit hin oder von der transzendenten Macht Gottes auf die Menschen zu.

1.3 Die Suche nach dem Heilsmittler

Die Erfahrung der Differenz von Welt und Selbst, die Spannung zwischen der Verfallenheit an kosmische Mächte und die Suche nach der Einheit mit der ursprünglichen Sinnbestimmung des Menschen, das Problem des Widerstreits von Gutem und Bösem, von Liebe und Tod begründet die Ausschau nach einem Vermittler des Heiles und nach einem Stifter der Einheit der Menschen mit der Gottheit. Mitten in der Erfahrung der Ohnmacht gegenüber den kosmischen Mächten erhebt sich die Hoffnung auf das Kommen einer der Gestalten der oberen Welt der Götter oder solcher Menschen, die mit ihnen in nächster Beziehung stehen und von ihnen mit helfender Kraft ausgestattet werden.

Mythische Heilsmittler

In vielen mythologischen Dichtungen manifestiert sich die Macht und Fürsorge von Heilsmittlern (z.B. Asklepios) bei vielen irdischen Nöten (Liebeskummer, Krankheit, Schiffbruch, Krieg usw.). Symptomatisch sind hier auch die allen Gefahren trotzenden Heroen und Halbgötter (z.B. Herakles) oder politische Gestalten, wie Alexander der Große, Cäsar u.a., deren Verbindung mit der Götterwelt durch mythologische Zeugungs- und Geburtsgeschichten im Rückblick verklärt werden kann. Gelegentlich treten Heilsmittlergestalten auch als Freunde der Menschen und Widersacher der Götter auf (Prometheus-Mythos). Heilsmittler können

---
[28] EN 1177a-1178a: Aristoteles Werke in dt. Übers. 6. Hg. v. H. Flashar, Berlin 1983, 230 ff.

auch die Ahnen sein oder die Stammväter aus der sagenumwobenen Urzeit. Auch den großen Religionsstiftern und Städtegründern, den Gesetzgebern und Weisheitslehrern wird heilsmittlerische Funktion zugeschrieben, wobei sich hier oft hinter einer mythologischen Einkleidung der historische Kern einer wirklichen Existenz ausmachen läßt.

In der römischen Kaiserzeit treten vielbeachtete Wundertäter auf, die als Mittler des Heils und der Heilung anerkannt werden (Apollonius von Tyana, Peregrinus Proteus, Alexander von Abonuteichos). Heilsvermittelnde Funktion kommt selbstverständlich auch den Priesterinnen und Priestern im Orakel-, Mysterien- und Opferwesen der mythischen Religionen zu.

Bemerkenswert ist allerdings, daß die asiatischen Religionen in ihrer Urform eigentlich keinen Heilsmittler kennen. In der Erlösung vom Selbst in das unterschiedslose All-Eine hinein hat er keinen Platz, es sei denn, daß man die Lehrer dieses Weges zur Lostrennung vom Selbst mit Hilfe von Askese und Meditation als vermittelnd tätige Pädagogen und Gurus begreifen will. In der Volksreligion werden allerdings Buddha und andere religiös signifikante Vertreter als Mittler verstanden.

Politisch-religiöse Mittlergestalten

Im Hellenismus tritt profiliert der König als herrscherliche Erlöserfigur, als Soter, hervor. Er gilt als Vertreter der Götter oder als Inbegriff der göttlichen Autorität des Staates (Alexander der Große, die Diadochen; König Antiochus IV. läßt sich „Epiphanes" nennen, d.h. „der sichtbar Hilfe bringende Gott", „deus praesens"; vgl. 2 Makk 6-7). Der römische Kaiserkult besteht in Verehrung und Anbetung der Göttin Roma und ist somit Inbegriff der Vergöttlichung der römischen Weltherrschaft). Der Gott-König bringt als Heilsmittler seinen Völkern Frieden, Glück, Recht und Wohlfahrt. Die Aufwertung des Königs zur göttlichen Gestalt und zum Heilsmittler hat sicher ihre Wurzeln in der Gott-Königs-Ideologie der altorientalischen Religionen in Babylon, Assur und Ägypten.

Bekannt ist die Verheißung eines goldenen Zeitalters, eines allgemeinen Friedens nach den furchtbaren Bürgerkriegen im römischen Reich. Dieses Friedenszeitalter sollte durch die Geburt eines Sohnes aus der Ehe von Antonius und Octavia, der Schwester seines Kontrahenten, besiegelt werden. Allerdings erfüllte sich die politische Prophetie Vergils nicht, da ein Mädchen geboren wurde. Antonius verließ Octavia wegen Kleopatra und der Bürgerkrieg brach erneut aus. Nach dem Sieg Octavians schien aber diese Prophetie in anderer Weise Wirklichkeit zu werden in der Pax Romana Augusta, die den Menschen für zwei Generationen Heil und Wohlfahrt sowie inneren und auch weitgehend äußeren Frieden gebracht hat. Die von Vergil der Sibylle von Cumae in der IV. Ekloge zugeschriebene Weissagung mochte dann in christlicher Zeit als Ausdruck der messianischen Hoffnung der Menschen neu interpretiert werden: „Komm doch, o Knäblein, komm und grüß mit Lächeln die Mutter!"

---

[29] Die von der religionsgeschichtlichen Schule versuchte Parallelisierung der Geburt Jesu aus der Jungfrau Maria mit einer allgemeinen Erwartung der Herkunft von Erlöserkindern aus jungfräulich-keuschen Müttern hat allerdings keine Grundlage im Text und ist völlig unsachgemäß.

Universalisierung des Heilsgedankens

Bemerkenswert am *römischen Kaiserkult* ist nicht nur die Projektion der Heilshoffnungen auf den göttlichen Erlöser und Heiland auf dem Thron, sondern mehr noch die Entgrenzung des Heilsverständnisses aus der Fixierung auf die Wohlfahrt des einzelnen Menschen, des Stammes oder des Volkes. Die Heilshoffnung bekommt im übernationalen Reich der Römer eine ökumenische und universale Ausrichtung.

Bei den in die griechisch-römische Kulturwelt nach dem 2. Jahrhundert eindringenden *Mysterienreligionen* richtet sich die Heilshoffnung stärker auf die Unsterblichkeit im Jenseits. Sie treffen auf das pessimistische Grundgefühl einer untergehenden Kultur. Was das individuelle Los des Einzelmenschen nach dem Tod angeht, sind sie durchaus lichtvoller als die düsteren Vorstellungen von einem Weilen der Seele im Schattendasein der Unterwelt, wie es der altgriechische Mythos (Orphik, Mythologie von Hesiod und Homer) beschreibt. Aber im Grunde sind die Mysterienreligionen immer noch bestimmt vom Grundmuster der Vegetationsriten, in denen die Unzerstörbarkeit des Naturrhythmus im Entstehen und Vergehen von Flora und Fauna und auch des Menschen gefeiert wird. Unsterblich ist das Leben, vergänglich und wandelbar sind die Individuen. Der sterbende und wiederauferstehende Gott ist die Personifikation des Wechsels von Sterben und Wiederaufblühen in der Natur. Darum schöpft auch der in die Mysterien eingeweihte Myste (im Gegensatz zu dem Nicht-Eingeweihten) die Hoffnung auf ein überindividuelles Leben nach seinem individuellen Tod (vgl. den griechischen Dionysos-Kult oder den ägyptischen Isis- und Osiris-Mythos in all seinen Varianten, Transformationen und Anreicherungen mit phrygischen, syrischen, ägyptischen und iranischen Elementen).

Eine andere Erlösungsvorstellung hat der *Mithras-Kult*. Mithras tötet den kosmischen Ur-Stier, den Inbegriff der kosmischen Lebensmacht. Das über die Kultteilnehmer vergossene Stierblut bewirkt, daß die kosmische Lebenskraft auf die Mysten übergeht und in ihnen Fruchtbarkeit und Lebenskraft erweckt (im 3. Jahrhundert kommt es teilweise zu einer Verschmelzung von Mithras mit Sol zum Reichsgott).

Ambivalenz des Heilsmittlergedankens

Aufs Ganze gesehen läßt sich durchaus sagen, daß zur Erlösungssehnsucht die Figur eines Heilsmittlers treten kann, der als Religionsstifter, religiöser Reformer, Priester, Gottesmann, religiöser Dichter oder politisch-religiöser Repräsentant des Gemeinwesens u.a. erwartet wird.

Meist wirkt sich aber die inhaltliche Vorstellung von Heil als Kriterium für die Akzeptanz des Heilsmittlers aus. Die Sehnsucht nach der Erlösung und die Suche nach einer Erlösergestalt war nicht die zeitbedingte Eigenheit der Umwelt Jesu. Die Tatsache, daß bestimmte sprachliche Muster und gedankliche Prädispositionen aus der religiösen und kulturellen Umwelt auch zur Beschreibung der christlichen Vorstellung von Erlösung und Erlöser dienen, bestätigt nur die Verwurzelung der Suche nach einem Heilsmittler in der menschlichen Grundsituation überhaupt. Selbst die nachchristlichen, rein immanent orientierten

Heilsideologien bringen ideell und real Mittlergestalten hervor, die heroenhafte Züge tragen und wie antike Halbgötter unterwürfig verehrt werden (so der eigenartige Geniekult des liberalen Bürgertums oder der Führerkult in den menschenverachtenden Diktaturen des 20. Jahrhunderts). Im allgemeinen steht die Gestalt des Heilbringers im Zwielicht zwischen der übermenschlichen Sphäre Gottes und dem konkreten diesseitigen Lebensraum der Menschen.

Identifikation Gottes mit Jesus, dem wahren Heilsmittler

Eine eindeutige Konvergenz der Erlösungs- und der Erlöserhoffnungen ist kaum auszumachen. Dennoch besteht die Möglichkeit, daß sich die diffusen Hoffnungen und Gefährdungen im Lichte der überbietenden Erfüllung aller Hoffnungen auf einen Heilsmittler von Gott her aufhellen und zu sich selber kommen. Wo sich Gott selbst als der eine und einzige Gott und Inhalt des Heils offenbart, fällt auch Licht auf den einen und einzigen Mittler des Heils (vgl. 1 Tim 2,5).

Die urchristliche Verkündigung setzte bei einer mit der Natur des Menschen gegebenen Grundkenntnis der transzendenten Heilsverwiesenheit und der Ausrichtung des Menschen auf Gott hin ein. Mit dem Licht der Vernunft, so sagt der Apostel Paulus, vermögen die Menschen die unsichtbare Wirklichkeit Gottes und seine ewige Macht und Gottheit aus den Wirkungen seiner Schöpfungstat wahrzunehmen (vgl. Röm 1,19 f.). Auch das Gewissen ist ein Zeugnis, daß die Gebote Gottes jedem Menschen ins Herz eingeschrieben sind (vgl. Röm 2,15). So hat Gott, der Schöpfer aller Menschen, sich nicht unbezeugt gelassen durch seine Vorsehung und das Gute, das er den Menschen erwies (Apg 14,17). Die jedem Menschen aufgegebene Wahrheitssuche führt ihn in der äußeren Erfahrung der Welt und in der inneren Erfahrung des Gewissens zu „dem unbekannten Gott" (Apg 17,23). Das Bild Gottes ist allerdings durch Unwissenheit und Sünde verstellt. Darum gehört zur Verkündigung des Christusgeschehens auch das Gericht über die konkreten Religionen und die Katharsis der allgemeinen Heilssuche („Gottes Zorn" gegen Heiden und Juden; vgl. Röm 1,18-4,26).

Um aber diesen Jesus von Nazaret als den von Gott selbst eingesetzten Christus und eschatologischen Heilsmittler identifizieren zu können, durch den Gott selbst den Erdkreis in Gerechtigkeit richtet, mußte ihn Gott in einer eigenen Offenbarungstat durch die Auferweckung von den Toten als den einen und einzigen Vermittler der Gottesherrschaft ausweisen (vgl. Apg 17,31). Und um diesen an Jesus handelnden Gott in seiner Eigenart hervortreten zu lassen, mußte die Christusverkündigung auf die Schöpfungstat als erste universale Selbstoffenbarung Gottes zurückgehen, auf die Geschichte Israels als erwähltes Bundesvolk und geschichtlicher Träger des Offenbarungsgeschehens.

Dieser Gott Israels und der Vater Jesu Christi erweist sich als radikal transzendent. Er ist von allem Kreatürlichen verschieden und darum kein von den Menschen gemachter und erdachter Götze. Dieser Gott ist zugleich ebenso radikal immanent in der Welt, als er sich liebend und sorgend auf den Menschen bezieht. Die Offenbarung der Einheit und Einzigkeit des transzendenten, personalen, geschichtsmächtig und menschenfreundlich handelnden Gottes kommt in der Offenbarung Jesu Christi, seines einzigen Sohnes, als des einen und einzigen Mittlers der eschatologischen Herrschaft Gottes (vgl. 1 Tim 2,5) und der Epiphanie der Menschenliebe Gottes, unseres Retters, zum Vorschein „durch Jesus Christus, unseren Retter, damit wir durch seine Gnade gerecht gemacht werden und das ewige Leben erben, das wir erhoffen." (Tit 3,6 f.)

Um den Konnex zwischen der Einzigkeit des Gottes Israels als Heil aller Menschen und der Einzigkeit Jesu Christi als des geschichtlichen und eschatologischen Heilsmittlers zu erkennen, muß die theologische Besinnung in den Geist und in die spezifische Geschichte Israels eintreten.

Nur in der Dynamik der im Alten Testament bezeugten Selbstmitteilung Gottes läßt sich auch die Bewegung hin auf die Kulmination des Selbstangebotes Gottes als Heil in Jesus Christus, dem absoluten Heilsmittler, mitvollziehen.

1.4 Die Offenbarung Gottes als Dynamik zur fortschreitenden Identifikation von Heil und Heilsmittler: Das Alte Testament

1.4.1 Jahwe – der Gott des Heils

Der geschichtliche Ort der Christologie läßt sich nur im umfassenden Horizont des biblischen Gottesverständnisses interpretieren. Methodisch und sachlich verfehlt wäre es daher, die alttestamentlichen Vorbereitungen der Christologie nur von einzelnen Stellen messianischer Verheißung her zu entwickeln.

Die Singularität des Gottesglaubens in Israel

Religionsgeschichtlich unvergleichbar und absolut singulär ist der Gottesglaube Israels. Bei aller Verschiedenheit der sich entwickelnden Glaubensanschauungen, angefangen von den Patriarchenerzählungen über die prophetische Theologie bis zur Weisheitsliteratur, ist der Glaube an Jahwe und sein Wirken in Schöpfung und Bundesangebot das eine und einzige Gravitationszentrum des Alten Testamentes. Von Anfang an ist Gott das eine Subjekt der Selbstverheißung als Heil und seiner Realisierung in der Geschichte.

In der Einzigartigkeit des Gottesverständnisses Israels zeigt sich eine deutliche Diskontinuität zur allgemeinen Religionsgeschichte. Eine Kontinuität mit der Religionsgeschichte besteht zwar in der Suche des Menschen nach Heil und in der Hoffnung auf ein erlösendes und befreiendes Eingreifen der transzendenten Macht. Hauptthemen des Alten Testamentes sind Schöpfung und Bund, Heil und Heilsvermittlung. Der grundlegende Unterschied jedoch zu den Weltreligionen manifestiert sich in der Umkehrung des Verhältnisses von Anthropologie und Theologie. Der Gottesglaube Israels beginnt nicht mit einer religiösen, moralischen oder philosophischen Initiative der Menschen, so daß letztlich die Theologie sich als Variable der Anthropologie erwiese. Die Grunderfahrung Israels besteht in einem freien und unableitbaren Angesprochenwerden durch Jahwe. Das Selbstangebot Gottes ist früher da als die menschliche Suche und die Bereitschaft zur Antwort. Das ursprungsetzende Wort der Selbstoffenbarung Gottes und sein wirkmächtiges Heilshandeln in der Geschichte bei der Berufung Abrahams (als Prototyp Israels), die Befreiung aus der Sklaverei Ägyptens und der Bundesschluß am Sinai beherrschen das anthropologische Selbstverständnis (das nie isoliert a-theologisch thematisiert wird). Die Initiative Gottes ist der absolute Anfang und der konstante Bezugspunkt des Glaubens, der Nachfolge, des Kultes und der Ethik Israels, ja des Seins dieser Stämme als Gottesvolk überhaupt. Aus ihr erwächst die Auffassung der eigenen kontingenten Geschichte als von Gottes Heilsplan gelenktem Geschehen und schließlich des Ziels dieser Geschichte als eines eschatologischen Kommens Gottes zu den Menschen.

Die Pro-Existenz Jahwes

Eine Schlüsselerfahrung und gleichsam die Grundhermeneutik des biblischen Gottesverständnisses bildet die Offenbarung Jahwes gegenüber Mose, dem Mittler seines Heilswillens und dem Fürsprecher seines Volkes am Gottesberg Horeb. Der Name Gottes, unter dem er sich zu erkennen gibt als Ursprung und Ziel aller Hoffnung auf Heil, Erlösung und Befreiung heißt: „Ich bin der Ich – bin – da" (Ex 3,14). Gott selbst wirkt geschichtlich in der Welt von seinem weltüberlegenen und transzendenten Sein her. Er ist selbst das Heil, das sich als Resultat des Heilswirkens herausstellen wird, wenn die von Gott ausgehende und Gottes Wesen fortschreitend enthüllende Geschichte Israels zu ihrem eschatologisch-definitiven Ende kommt.

So kann der Prophet Jeremia inmitten des Elends der Reichsteilung Israels und der Zerstörung des Nordreiches den Willen Gottes zur Wiederherstellung seines Volkes am Ende der Tage (Jer 30,24) verkünden. Von daher ergibt sich der Ausblick auf die Erneuerung und die Vollendung des Bundesangebotes Gottes:

Seht, es werden Tage kommen – Spruch des Herrn –, in denen ich mit dem Haus Israel und dem Haus Juda einen neuen Bund schließen werde, nicht wie der Bund war, den ich mit ihren Vätern geschlossen habe, als ich sie bei der Hand nahm, um sie aus Ägypten herauszuführen. Diesen meinen Bund haben sie gebrochen, obwohl ich ihr Gebieter war – Spruch des Herrn. Denn das wird der Bund sein, den ich nach diesen Tagen mit dem Haus Israel schließe – Spruch des Herrn: Ich lege mein Gesetz in sie hinein und schreibe es auf ihr Herz. Ich werde ihr Gott sein, und sie werden mein Volk sein. Keiner wird mehr den anderen belehren, man wird nicht zueinander sagen: Erkennt den Herrn!, sondern sie alle, klein und groß, werden mich erkennen – Spruch des Herrn. Denn ich verzeihe ihnen die Schuld, an ihre Sünde denke ich nicht mehr.
(Jer 31,31 – 34; vgl. Bar 2,35; Ez 11,14-21)

Ähnlich kann später der Prophet Ezechiel einen ewig gültigen Bund Gottes mit seinem Volk verkünden.[30]

---

[30] Vgl. Ez 37,26-28: „Ich schließe mit ihnen einen Friedensbund; es soll ein ewiger Bund sein. Ich werde sie zahlreich machen. Ich werde mitten unter ihnen für immer mein Heiligtum errichten, und bei ihnen wird meine Wohnung sein. Ich werde ihr Gott sein, und sie werden mein Volk sein. Wenn mein Heiligtum für alle Zeit in ihrer Mitte ist, dann werden die Völker erkennen, daß ich der Herr bin, der Israel heiligt".

Die Selbstoffenbarung Gottes in seinem geschichtlichen Engagement, in seinem Dasein für sein Volk und in der Realisierung seines geschichtlichen Handelns zugunsten seines Volkes im Bund, kulminiert im inkarnatorischen Kommen Gottes, wenn Person und Funktion Jesu in seinem Namen geoffenbart werden: „Immanuel – der Gott mit uns" (Mt 1,23; vgl. Jes 7,14). In seinem proexistenten Handeln bis zur Hingabe seines Lebens offenbart Gott, sein Vater, seine Selbstverheißung als der „Ich bin der Ich – bin – *für* – euch – da". Und er realisiert in der Selbsthingabe des Lebens Jesu den neuen und ewigen Bund in dem vergossenen Blut seines Sohnes (vgl. 1 Kor 11,24 f.; Lk 22,19 f.; Mk 14,22-24; Mt 26,26-28; Joh 6,53-56; Hebr 8,13; 9,11-15; 13,20).

Der *Gott der Schöpfung und des Bundes* offenbart sich durch sein *rettendes Handeln* beim Auszug aus Ägypten, beim Zug Israels durch die Wüste, bei der kriegerischen Selbstbehauptung gegenüber den umliegenden Völkern, bei vielerlei Gefahren bis zum Einzug in das verheißene Land, er erweist sein rettendes Handeln in der Zeit der Richter und Könige, bei der Heimführung aus dem babylonischen Exil, bei der Aufbauzeit unter Esra und Nehemia und schließlich in den Befreiungskriegen der Makkabäer. Der Gott Israels erweist sich als geschichtsmächtiger Retter in vielen persönlichen Nöten und Gefahren. Jahwe rettet aus den Unheilsbereichen von Krankheit und Unglück sowie aus der Herrschaft der Gottlosen. Jahwe vergibt Sünde und Schuld, ja Gott allein kann auch noch aus dem Totenreich erretten. Selbst in der Unterwelt hört er noch das Schreien seiner Frommen. Daß der Gott Israels den Tod als den absoluten Widerspruch zum Heil und als den letzten Feind des Menschen entmachten kann (vgl. 1 Kor 15,26; Offb 20,14; 21,4;), ist der Beweis der Güte und der Heilsmacht Gottes in seinem „Dasein für die Menschen". Der „Ich – bin – da" ist der Gott der Liebe (vgl. Jer 31,3: „Mit ewiger Liebe habe ich dich geliebt"; vgl. 1 Joh 4,8.16: „Gott ist Liebe") und der Gott des Lebens: „Denn bei dir ist die Quelle des Lebens, in deinem Licht schauen wir das Licht" (Ps 36,10; vgl. Ps 16,11; 46,5; Jer 2,13). Die sich in der Offenbarung des Gottesnamens manifestierende Selbstbestimmung Gottes durch sein Heilshandeln zugunsten des Lebens hat durchaus ein Äquivalent in der paulinischen Rede von Gott als dem, „der die Toten lebendig macht und das, was nicht ist, ins Dasein ruft" (Röm 4,17).

Jesus als endzeitliche Offenbarung der Pro-Existenz Jahwes

Im positiven Sinn *ist Jahwe selbst das Heil*. Er vermittelt es durch seinen Segen. Er schenkt den Sieg im Kampf über die Feinde seines Volkes. Er verleiht langes Leben und zahlreiche Nachkommen denen, die auf seinem Weg wandeln. Er führt in fruchtbares Land. Er schenkt Gesundheit und Lebensglück. So ist Gott selbst durch die Gaben seines Segens „da" beim Menschen. Weil Gott sein geschichtliches Dasein in Jesus eschatologisch manifest gemacht hat, kann Simeon im Tempel auch sagen: „Meine Augen haben dein Heil geschaut." (Lk 2,30) Und weil nach der Überzeugung der Urkirche in Jesu Tod und Auferstehung Gottes Heil siegreich in der Gegenwart zur Wirksamkeit gekommen, d.h. „da" ist, muß es von Jesus heißen, daß in keinem anderen Namen mehr das Heil zu finden ist (vgl. Apg 4,12). In Jesus ist die in der Geschichte Israels wirksame geschichtliche

Heilsgegenwart Gottes unüberbietbar in die eschatologische Herrschaft Gottes, des ewigen Vaters, und seines Sohnes eingemündet (vgl. 1 Kor 15,28; Lk 1,33; Offb 1,8; 21,22). Die definitive Selbstidentifikation Gottes mit der geschichtlichen Daseinsgestalt seines Heilswillens und seiner Lebensgabe in Person, Schicksal und Werk Jesu Christi bedeutet die Offenbarung des fleischgewordenen Sohnes Gottes als das „Wort des Lebens" (1 Joh 1,1) als „das ewige Leben, das beim Vater war". Diese Selbstidentifikation Gottes mit der geschichtlichen Vermittlergestalt seines eschatologischen Daseins in der Welt als Liebe und Leben, wie sie in der Selbstverheißung als der „Ich bin, der ich für euch da bin" angekündigt ist, hat nach christlicher Überzeugung in Jesus von Nazaret seine volle Einlösung gefunden: „Der Sohn Gottes ist gekommen, und er hat uns Einsicht geschenkt, damit wir Gott, den Wahren, erkennen, und wir sind in diesem Wahren, in seinem Sohn Jesus Christus. Er ist der wahre Gott und das ewige Leben." (1 Joh 5,20).

Da die von Gott verheißenen Heilsgaben oft irdischer Natur sind, hat man gelegentlich gemeint, von einem materialistischen Heilsverständnis im Alten Testament sprechen zu sollen. Dagegen ist aber zu beachten, daß es anachronistisch wäre, das Heilsverständnis des Alten Testamentes mit dem griechisch-platonischen oder dem neuzeitlich-idealistischen Begriffspaar Materialismus und Spiritualismus auszulegen. In der Tat sind die Gaben der Huld Jahwes nicht im Sinne bürgerlich-kulturchristlicher Innerlichkeit Seelentrost für diese Zeit mit der Aussicht auf ein „Weiterleben nach dem Tod", weil man sich nicht vorstellen kann, daß „einmal alles aus ist". Damit ist aber umgekehrt noch keine materialistische Interpretation legitimiert, die meint, man müsse es sich um jeden Preis gutgehen lassen, da wir ja morgen doch alle tot sind (vgl. 1 Kor 15,32).

Im Gegensatz zu dieser dualistischen Aufteilung der Heilsgaben auf ein Diesseits und ein Jenseits, begreift das Alte Testament das von Gott kommende Heil in der inneren Einheit und dynamischen Bezogenheit seiner irdisch-weltlichen Erscheinung und seines Wesens als Vermittlung der Huld Jahwes, durch die er bei dem Glaubenden „da" ist in ihrem konkreten Lebensweg und in der erhofften ewigen Lebensgemeinschaft bei Gott. So konnte auch die Erfahrung des Exils theologisch in der Überzeugung verarbeitet werden, daß die Huld Jahwes dem Frommen nicht nur durch den irdischen Erfolg vermittelt wird, sondern auch noch im Leiden und im Unglück nahe bleibt, „denn deine Huld ist besser als das Leben" (Ps 63,4).

Grundeinsichten des biblischen Monotheismus

Die religionsgeschichtlich beispiellose Einheit von Gott und Heil mit ihrer dynamischen Hinbewegung auf ihre geschichtliche Vollgestalt vermittelt erst den Gesamthorizont, in dem die Selbstidentifikation Gottes mit dem geschichtlichen Heilsmittler und die Selbstoffenbarung seines Für-Seins im Für-Sein Jesu verstanden werden kann.

Die Theologie setzt hier ganz neue Maßstäbe für eine theologische Anthropologie. Dies ist auch die Voraussetzung dafür, daß in Jesus Christus, dem Gottmenschen in einzigartiger Weise Theologie und Anthropologie miteinander verbunden werden und daß Gott sich selbst in seinem ewigen Wort und Wesen definitiv durch Geschichte und Gestalt eines Menschen auslegt (vgl. Gal 4,4-6; Joh 1,14-18).

Drei wichtige Grundeinsichten sind hier zu nennen:

1.) Theozentrisches Wirklichkeitsverständnis

Der *alttestamentliche Monotheismus* ist religionsgeschichtlich singulär. Im Kern handelt es sich nicht um eine numerische Reduktion der Vielheit der Götter auf einen einzelnen Gott, wobei der hermeneutische Rahmen des polytheistischen Weltbildes nicht wirklich durchbrochen wäre. Die Einzigkeit Jahwes besteht nicht darin, daß er als einziges Exemplar einer übergreifenden Gattungsnatur übrig bleibt. Das Gottsein Jahwes bedeutet hier nicht die nähere Bestimmung eines Subjekts durch ein allgemeines Prädikat, sondern die Identität mit seiner nur ihm allein eignenden Wirklichkeit und Wirksamkeit. Jahwe allein füllt die Wirklichkeit des absoluten Geheimnisses aus, von dem Mensch und Welt herkommen und auf das sie bezogen sind. Verschiedene Vorformen des Glaubens an die Einzigkeit Gottes in der Alten Welt vermochten die absolute qualitative Grenze nie zu überschreiten. Auch der Monotheismus des ägyptischen Pharao Echn-Aton (um 1350 v. Chr.), der den Sonnengott Aton als einzigen Gott bekennt, außer dem es keinen anderen gibt, bleibt letztlich weltimmanent.[31]

Auch dem theoretischen Monotheismus der philosophischen Theologie (Plato, Aristoteles) mangelt eine letzte Eindeutigkeit. Gott steht hier nicht in der Souveränität seines Personseins der Welt als selbständig Handelnder gegenüber. Trotz der Personifikation des Göttlichen in der Mythologie bleibt „Gott" in der Volksreligion und der hellenistischen Philosophie nur der Inbegriff für eine apersonale Es-Struktur der Welt (Idee des Guten; der unbewegte Beweger). Es fehlt eine Vermittlung von Gott und Welt durch die Taten der Schöpfung und der geschichtlichen Zuwendung im Bund.

Im biblischen Verständnis jedoch geschieht die grundlegende Vermittlung Gottes zur Welt in der Schöpfung. Sie ist ein reiner, transzendenter Akt freier Hervorbringung von „Himmel und Erde" ohne demiurgischen Rückgriff auf schon vorhandenes Seiendes, das sich nicht dem Schöpferwillen Gottes verdanken würde. Gott schafft durch sein allmächtiges Wort, das die reine Ausdrucksgestalt seines Willens ist und kein magisch wirksames Wort. Es geht um die theologische Aussage, daß Gott als Subjekt über allem und vor allem in uneingeschränkter Seinsmächtigkeit existiert und durch nichts anderes als durch seine eigene Gottheit bestimmt ist. Aus der Fülle seiner Macht und in uneingeschränkter personaler Freiheit bringt er die Welt ins Dasein und setzt die Strukturen und Wirkprinzipien der Schöpfungsordnung. Aus dem mitgeteilten Sein vermag sich die Welt zu komplexeren Strukturen und Ordnungseinheiten und schließlich zu Lebewesen

---

[31] Der unitarische Monotheismus des Islam baut auf dem jüdischen Monotheismus auf; während der trinitarische Monotheismus des Christentums die Radikalität der Identifikation Gottes mit der Vermittlungsgestalt seiner Offenbarung im Sohn und im Geist ernst nimmt.

zu organisieren. Die innere Vereinbarkeit von theologischer Sicht der Gott-Welt-Relation und der empirisch beschreibbaren evolutiven Weltanschauung sollte heute nicht mehr bestritten werden. Durch den von ihm getragenen Seinsakt ist der Kosmos eine Ganzheit und eine Einheit. Raum und Zeit sind schöpfungsimmanente Dimensionen der Ausdehnung der Welt im Nacheinander und im Nebeneinander der Materie. Insofern Gott die Schöpfung umgreift, ist er immer auch der transzendente Anfang und das transzendente Ende der Welt, auch in ihrer Erstreckung in Raum und Zeit.

2.) Anthropozentrik der Geschichte und Bund mit Jahwe

Die Herkunft der Schöpfung aus dem mit Gottes Wesen und Willen identischen Wort (Weisheit, Geist) zeigt, daß der Schöpfergott in einem vollkommenen Bei-sich-Sein existiert. Dies bedeutet, daß Gott als personale Wirklichkeit anzuerkennen ist. Wenn „Person" auch in der biblischen Terminologie noch nicht vorkommt, so ist das, was damit gemeint ist, in der Heiligen Schrift eindeutig bezeugt. Der so bezeugte Inhalt war auch maßgeblich für die Begriffsentwicklung von „Person" als einem spezifisch theologischen Terminus in der Trinitätstheologie, der Christologie und der theologischen Anthropologie. Person ist Gott, weil er über sein Bewußtsein und sein Handeln absolut und frei selbst verfügen kann. Person wird er aber nicht erst durch eine frei gesetzte Relation auf die geschaffene Welt, sondern durch sich selbst in seinem Bezogensein auf seine eigene Gottheit. Aber gerade durch diese relationale Identität mit seiner eigenen Gottheit kann Jahwe sich auch in der frei gesetzten Relation auf die Menschen hin offenbaren. Er gibt sich zu erkennen als der Gott Abrahams, Isaaks, Jakobs, als Gott, der zu den Vätern gesprochen und ihnen seinen Bund verheißen hat. Das Grundgesetz der alttestamentlichen Offenbarung, nämlich die Selbstkundgabe Gottes und sein relationales Verhalten bewährt sich auch im Neuen Bund. Indem Gott sich in seinem ewigen Vatersein durch die Offenbarungsrelation zu Jesus geschichtlich und eschatologisch identifiziert, offenbart er auch das zu seinem Wesen gehörende ewige Sohnsein seines Wortes, das eine menschliche Natur angenommen hat und so die menschlich greifbare Gestalt des Daseins Gottes in der Welt ist. Die christliche Einsicht in die trinitarische Lebensfülle Gottes vermittels der Inkarnation liegt also durchaus in der Linie des alttestamentlichen Gottes- und Offenbarungsverständnisses, sofern die immer gegebene geschichtliche Vermittlungsgestalt des Heilshandelns Gottes auf eine definitive Manifestation hindrängt.

Wenn der Schöpfungsgedanke theologisch ernstgenommen wird, dann zeigt sich, daß Schöpfung nicht um ihrer selbst willen geschieht, sondern um des personalen Adressaten und Partners des Heilswillens Gottes. Der Sinn der Schöpfung besteht in ihrer Konzentration im geschaffenen Personsein. Insofern ist der Mensch auf das Bild Gottes hin geschaffen. Er ist im analogen Sinne Person (Selbst, Subjekt). Er ist zu sich selbst vermittelt in seinem Beisichsein und in freier Selbstverfügung, damit er sowohl in der geschöpflichen Interpersonalität als auch in der Selbstübereignung an Gott sein Dasein realisieren kann. Da Schöpfung nicht mit der Hervorbringung einer beliebigen Reihe von endlich Seienden verwechselt werden kann, ist geschaffene Personalität nicht ein „Meisterwerk Gottes" nach einer Reihe mißglückter Versuche, sondern inneres Schöpfungsziel in einem organisch gegliederten Gesamtzusammenhang der Welt. Diese aus der Singularität und Originalität des israelitischen Gottesbildes resultierenden Konsequenzen mußten in diesem Zusammenhang eigens hervorgehoben werden – wenn zum Teil auch in einer vom Alten Testament abweichenden neueren theologischen Terminologie -, um den theo-logischen Horizont der anthropologischen Ausrichtung des Christusereignisses zu bestimmen.

3.) Gnade und Sünde als transzendentale Relationen zu Gott

Die Welt ist die Schöpfung des einen personalen Gottes. Sie existiert in den Grenzen ihres Geschaffenseins (ist also ontologisch, nicht unbedingt aber temporal endlich). Es gibt eine reale Geschichte, die von einem Anfang her ansetzt (Protologie) und die auf ein Ziel hin von Gottes Freiheit zubewegt wird (Eschatologie). Da alle Menschen aus dem einen Willen Gottes hervorgehen, um den personal-responsorischen Charakter der Schöpfung zu repräsentieren, gibt es auch ein gemeinsames Geschick der Menschheit in ihrer Beziehung zur Geschichte des Selbstangebotes Gottes als Heil (Ursprungsgnade). Diese Einheit des Menschengeschlechtes in der einen Welt und in der einen Freiheitsgeschichte bezüglich ihrer Heils- oder Unheilssituation ist ein originell biblischer Gedanke und kann nur konsequent von dem heilsgeschichtlich-monotheistisch gedachten Schöpfergott her begründet werden. Die biblische Überzeugung von der Abstammung aller Menschen von Adam als dem ersten geschaffenen Menschen ist weniger eine Notiz zur Anthropogenese in der Paläontologie als eine theo-logische Aussage darüber, daß alle Menschen in ihrer gemeinsamen transzendenten Herkunft von Gott und in ihrer gemeinsamen Geschichte vor Gott eine geschichtliche und soziale Einheit und Ganzheit bezüglich ihrer Heils- oder Unheilssituation darstellen.

So konnte der Apostel Paulus auch durch seine Adam-Christus-Typologie die protologische und die eschatologische Grundbestimmung des Menschseins christologisch vermitteln: „Ist durch die Übertretung des einen der Tod zur Herrschaft gekommen, durch diesen einen, so werden erst recht alle, denen die Gnade und die Gabe der Gerechtigkeit reichlich zuteil wurde, leben und herrschen durch den einen, Jesus Christus." (Röm 5,17)

In diese radikale Personalisierung der Welt auf den Menschen hin und in die Transzendentalisierung des Menschen auf Gott hin muß nun auch die Bedeutung der Grunderfahrungen von Unheil, Leiden, Krankheit, Sünde und Tod einbezogen werden.

Der Ursprung des Negativen kann nur in der gestörten transzendentalen Relation des Menschen zu Gott liegen, wenn dem Menschen durch eigenes Verfehlen Jahwe nicht mehr als Grund und Heil zugänglich ist. Der Unterschied zur Deutung des Negativen in den mythischen Religionen liegt auf der Hand. Als Quelle des Unheils und des Leidens wird dort die Tragik der Daseinsverhältnisse und das Verhängnis der Endlichkeit angegeben. Dem galt es entgegenzusteuern durch den Unterwerfungsgestus in Kult und Opfer, um die Schicksalsmächte zu besänftigen, durch Techniken, mittels der man die Naturgewalten bändigen und verfügbar machen konnte, oder auch durch die Gründung völkerumspannender Imperien, die den Frieden garantierten oder auch durch eine meditative Ent-Werdung aus den Fesseln des Daseins oder durch die philosophisch-stoische Grundhaltung des Indifferentismus.

Der biblische Gottesglaube schließt solche Interpretationen kategorisch aus. Heil und Unheil lassen sich nur in der theologischen Bestimmung des Menschen lokalisieren. Schuld ist kein tragisches Verhängnis, sondern das Ergebnis frei verfehlter Beziehung zum Selbstangebot Gottes als Heil. Aus der Schuld erfließen die negativen Folgen, die Sündenstrafen. Trotz vielfach bildhafter Redeweise im Alten Testament sind diese Sündenstrafen im Prinzip nicht psychologisch als Reaktionen wutentbrannter und zorniger Gottheiten oder auch nur pädagogisch als eine Art Beugestrafen aufzufassen. In den Unheilserfahrungen manifestiert sich die Unzugänglichkeit Gottes als Quelle des Heiles. Dies muß nicht immer Folge eines individuellen Versagens, sondern kann auch Ausdruck der Verflochtenheit des einzelnen Menschen in eine geschichtlich vorgegebene kollektive Schuldsituation sein.

Die personale Relation zu Gott ist nicht ein Lebensbereich des Menschen neben vielen anderen, sondern das Zentrum, das auch den menschlichen Selbstvollzug im Kontext seiner personalen Mitwelt und seiner sachhaften Umwelt (Gnade, Heil und Heilung) prägt. Umgekehrt bietet die Welt im Zeichen des Gottesverlustes eine negative Prädisposition für die menschliche Freiheit, so daß der Mensch sich nicht mehr ohne Hilfe und Vergebung auf Gott hin verfügen kann (Ursprungssünde; Erbschuld). In diesem Sinn verliert er Gott als das Leben.

Von diesem Zentrum her wirkt sich die gestörte Grundrelation zu Gott gemäß der Schilderung der Genesis aus in einer fortschreitenden Zersetzung der sozialen Verhältnisse zwischen Mann und Frau, der brüderlichen Gemeinschaft (Kains Mord an Abel), der Völkergemeinschaft (Turmbau zu Babel) sowie eine Störung des Zueinanders von geistigen und leiblichen Akten (Schmerzen bei der Geburt, Erlebnis der Arbeit als Last und Fron). Die Sündenstrafen mit Krankheit, Unfrieden, Unfreiheit und Tod sind in diesem theologischen Deutungszusammenhang also nicht physische oder moralische Mängel, die bei etwas gutem Willen vom Menschen selbst zu überwinden wären, sondern Manifestationen eines tieferen Ausfalls, der die Totalität des menschlichen Daseins in Welt, Gesellschaft und Geschichte betrifft, und der im Verlust der zugesagten Liebesgemeinschaft und Heilsnähe Gottes seine letzte Ursache hat.

Universale Heilsverheißung

Das geschichtliche Auftreten Jesu Christi ist deshalb Selbstvermittlung Gottes als Vergebung, neue Gerechtigkeit und neuer Bund, weil er das Reich Gottes, die Heilsherrschaft Jahwes, das Evangelium von der Liebe des Vaters und somit die neue Identität von Gott und Heil verkündet. Dies manifestiert sich in der Überwindung der Sündenfolgen in der Heilung der Kranken, der Berufung der Armen, Ausgestoßenen und Verlassenen in Gottes Reich, der Stiftung des Friedens, der Eindämmung der lebensbedrohlichen Naturgewalten und schließlich der Auferweckung von den Toten.

Wenn wir die Auferstehung Jesu nicht als die willkürlich auftrumpfende Demonstration der Allmacht Gottes, sondern, in der Linie der fortschreitenden Selbstoffenbarung Gottes, als *das* Heil des Menschen verstehen, dann muß die Auferstehung Jesu als der geschichtliche Höhepunkt der Reich-Gottes-Proklamation Jesu aufscheinen. Mit der geschichtlichen Durchsetzung der Identität von Gott und Heil wird aber auch klar, warum Jesus den Tod als die äußerste Entfremdung des Menschen von Gott und seinem Heil auf sich genommen und in dieser freiwilligen Identifikation mit der absoluten Entfernung des Menschen von Gott die Identität von Gott und Heil eschatologisch durchgesetzt hat: „Wegen unserer Verfehlungen wurde er hingegeben, wegen unserer Gerechtmachung wurde er auferweckt." (Röm 4,25)

Indem Jesus als das menschgewordene „Da-sein" der Liebe Gottes in der Geschichte in Freiheit den Tod der Gottferne auf sich genommen hat, hat er die *Tödlichkeit des Todes* und die Heillosigkeit der Gottentfremdung überwunden und den Strafcharakter des Todes aufgehoben: „Der Lohn der Sünde ist der Tod, die Gabe Gottes aber ist das ewige Leben in Christus Jesus, unserem Herrn." (Röm 6,23)

Die aus dem Alten Testament heraus mögliche Perspektive auf das Christusereignis kann man nur von dem höchsten theologischen Ausgangspunkt bedenken: der Selbstoffenbarung Gottes als Heil seines Bundesvolkes in der Geschichte.

Die Stiftung und Verheißung eines ewigen Bundes mit Abraham und seinen Nachkommen enthält in sich schon eine universale Ausrichtung auf die Menge der Völker, denen Abraham zum Stammvater wurde: „Durch dich sollen alle Völker Segen erlangen" (Gen 12,3).

Die Bundesverheißung an Abraham, den Vater aller Glaubenden, der Angehörigen des alten Bundesvolkes und der Heiden (vgl. Röm 4,12; Lk 1,55) ist kurz und schlüssig zusammengefaßt: „Dir und deinen Nachkommen werde ich Gott sein." (Gen 17,7) In der Überzeugung des Apostels Paulus ist Jesus, der „Sohn Gottes" (Gal 2,20), der von Gott gesandte Mittler des von Gott allen Menschen verheißenen Segens, in dem die Einzigkeit des einen Gottes unmittelbar gegenwärtig wird (vgl. Gal 3,20): „Jesus Christus hat uns freigekauft, damit den Heiden durch ihn der Segen Abrahams zuteil wird und wir so aufgrund des Glaubens den verheißenen Geist empfangen." (Gal 3,14).

Der Verweis auf die theozentrische Grundhermeneutik des Alten Testamentes und die Unmittelbarkeit Gottes selbst als Heil seines Volkes war notwendig, um nun im folgenden Sinn und Funktion der biblischen Heilsmittlergestalten präzisieren zu können. Das Grundproblem der Christologie ist die Identität der Unmittelbarkeit Gottes in seiner Selbstmitteilung mit der geschichtlichen Person des eschatologischen Heilsmittlers.

1.4.2 Einheit und Differenz von Gottes Heil und den Heilsmittlern

Zunächst scheinen sich die alttestamentliche Theozentrik und die Erwartung eines Heilsmittlers zu widersprechen.

Gott allein ist Heil und Mittler

Es finden sich im Alten Testament unübersehbar Tendenzen, die eine Kritik an der Figur der Heilsmittler ausdrücken. Jahwe *allein* ist König und Erlöser (Jes 33,22), Israels Lehrer (Jes 30,20 f.; vgl. Jer 31,20; Jes 63,16; Hos 11,1-9). Gott selbst will in der Mitte seines Volkes wohnen und er wird im Neuen Bund ihr Gott sein (Jer 31,31). Gott selbst ist der Erretter und der Erlöser seines Volkes. Mit der Kritik an den säumigen Hirten Israels übernimmt Gott unmittelbar die Sorge um sein Volk: „Jetzt will ich meine Schafe selber suchen und mich selber um sie kümmern." (Ez 34,11)

In diesem Zusammenhang stellt sich nun aber das Problem der Spannung zwischen der Unmittelbarkeit Gottes einerseits und der Weise und den Trägern der Vermittlung andererseits:

Ich setze für sie einen einzigen Hirten ein, der sie auf die Weide führt, meinen Knecht David. Er wird sie weiden, und er wird ihr Hirt sein. Ich selbst, der Herr, werde ihr Gott sein und mein Knecht David wird in ihrer Mitte der Fürst sein.
(Ez 34,23 f.)

Formen und Medien der Selbstoffenbarung Jahwes

Gerade wenn das Gottesbild des Alten Testamentes die absolute Transzendenz und Überweltlichkeit Jahwes betont, ist ein direktes Auftreten der Gottheit wie im Mythos, wo die Götter verkleidet in den Gestalten von Menschen oder anderen Lebewesen auftreten, schlechterdings ausgeschlossen. Auf welche Weise kann aber dann der transzendente Gott sich in einer immanenten Wirkung manifestieren oder sich von einem Menschen repräsentieren lassen? Genannt werden können hier nur kurz die besonderen Weisen, in denen Gott sich vergegenwärtigt in der Theophanie, in Wort und Gesetz, im Kult, in seinem Wirken, in der Schöpfung und in der Geschichte. Jahwe ist im Tempel gegenwärtig, nicht in der Weise räumlicher Umschlossenheit, sondern durch die Vermittlung seiner Lichtherrlichkeit (*kabod*; rabbinisch: *schekinah*). Er ist wirkmächtig präsent durch seinen Namen JHWH (später, aus Scheu, den Gottesnamen auszusprechen, ersetzt durch Adonai = Herr). Unter dem Namen Kyrios (LXX) ist später auch Jesus als der erhöhte Christus und Herr angerufen und als Gott mit dem Vater verehrt worden. Bedeutsam wurde auch die Selbstvermittlung des Wirkens Gottes unter dem Titel „Gottes Weisheit" (vgl. Spr 8-9; Sir 24). Die *chokmah* (griech.: *sophia*) wird im aramäisch sprechenden Judentum mit der Thora gleichgesetzt. Insofern ergeben sich hier Verbindungen von Weisheit und Messias-Theologie. Gott ist vor allem wirkmächtig gegenwärtig durch sein Wort (*dabar; rhema, logos: LXX*). Durch die Identifikation des Wortes, das mit Gott selbst identisch ist (Joh 1,14; 1 Joh 1,1; Lk 1,2), mit dem Heilsmittler Jesus von Nazaret hat sich später die große Linie der Logos-Christologie ergeben.

Von Bedeutung ist auch die Rede vom Geist Gottes (*ruah*), der Gottes dynamisches und inspirierendes Wirken darstellt. Gelegentlich kommt es im hellenistischen Judentum zu einer Verbindung der Rede von Geist und Weisheit Gottes. Die genannten Offenbarungsweisen sind Medien, in denen sich Gottes Heilshandeln verwirklicht. Durch ihre Immanenz in der Welt haben sie Vermittlungsfunktion zur Transzendenz Gottes. Aber insofern sie Gott vergegenwärtigen, sind sie auf ihn hin betrachtet mit Gott identisch. Zwar ergibt sich die Notwendigkeit, daß Menschen Adressaten Gottes in seinem Offenbarungsmedium sind und gegenüber dem Gottesvolk als menschliche Mittler der Offenbarung kraft einer Sendung, Berufung und Erwählung von Gott auftreten können. Zu fragen bleibt, welche Art von Einheit und Differenz zwischen dem Offenbarungsmedium und den Mittlergestalten der Offenbarung besteht.

Heilsmittlergestalten

Die Mittlergestalten (Propheten, Priester, Könige, Gottesboten) stehen in großer Nähe zu Gott. Zum anderen können sie aber nicht mit Gott und dem Offenbarungsmedium identisch sein, weil sie als Geschöpfe vom Schöpfergott absolut verschieden sind und weil sie zugleich auch auf der menschlichen Seite stehen müssen, um das Bundesvolk Gott gegenüber repräsentieren zu können.

Für die Ausbildung der neutestamentlichen Christologie haben verschiedene alttestamentliche Heilsmittlerfiguren eine bedeutsame Rolle gespielt. Schon hier ist zu sagen, daß es nicht einfach um eine Identifikation Jesu mit einer Heilsmittlergestalt geht, sondern um die Identifikation eines mit Gottes Wesen identischen Offenbarungsmediums (Wort, Weisheit, Name) mit einer menschlichen Heilsmittlergestalt.

Es lassen sich zwei Typenreihen erkennen: himmlische und irdische Heilsmittlergestalten.

Himmlische Heilsmittlergestalten

Zu den himmlischen Heilsmittlern zu rechnen sind: 1. der Engel Jahwes (der Engel des Herrn); 2. die personifiziert gedachte Weisheit als Mittlerin von Gottes Wirken in der Schöpfung und 3. der bei Daniel 7,13 genannte „Menschensohn". An diese Vorstellungsreihen knüpfen christologische Versuche im 2. Jahrhundert an: Engel-, Sophia-, Pneuma-, Menschensohn-Christologien.

1.) Der Jahwe-Engel

Der Jahwe-Engel verkörpert sozusagen die auf den Menschen ausgerichtete Wirkung Gottes. Diese Figur oszilliert zwischen der Identität mit Gott und einer gewissen personalen Unterscheidung. Sie hat revelatorische, soteriologische und für den Menschen sogar fürbittende Aufgaben. In der nachexilisch breit ansetzenden Eschatologie und Apokalyptik avanciert der Engel auch zum Träger der Heilserwartung am kommenden Gerichtstag des Herrn: „Seht, ich sende meinen Boten. Er soll den Weg für mich bahnen. Dann kommt plötzlich zu seinem Tempel der Herr, den ihr sucht und der Bote des Bundes, den ihr herbeiwünscht" (Mal 3,1).

2.) Die Weisheit

Nicht messianisch gedacht ist die Weisheit (Weish 8-9; Spr 8). Sie wird an dieser Stelle freilich nicht im Sinne der späteren Trinitätslehre als reale Hypostase gedacht. In ihr aber sind die wesentlichen Mittlervorstellungen des Alten Testamentes zusammengefaßt. Alles irdische Mittlertum hat in einer kosmisch-schöpfungsbezogenen präexistenten Mittlerschaft ihren Ursprung.

3.) Der Menschensohn

Ganz im apokalyptischen Sinn ist die Gestalt des „Menschensohnes" zu verstehen. Er ist der kollektiv-individuelle Repräsentant des Triumphes des kommenden Gottesreiches über alle irdisch-politischen Imperien, die das Gottesvolk unterdrücken:

Da kam mit den Wolken des Himmels einer wie ein Menschensohn. Er gelangte bis zu dem Hochbetagten (Gott) und wurde vor ihn geführt. Ihm wurden Herrschaft, Würde und Königtum gegeben. Alle Völker, Nationen und Sprachen müssen ihm dienen. Seine Herrschaft ist eine ewige, unvergängliche Herrschaft. Sein Reich geht niemals unter.
(Dan 7,13; vgl. 4 Esr 13,3; aeth Hen 48,2 f.)

Für die Christologie ist der Menschensohn-Titel sehr wichtig, weil er im Neuen Testament oft, wenn auch in unterschiedlicher Bedeutung, mit Jesus in Verbindung gebracht wird. Obwohl in der zwischentestamentlichen Literatur der Menschensohn individuellere Züge annimmt und als Figur mit dem davidischen Messias-Priesterkönig kombiniert werden kann, lag dem Judentum die dem Neuen Testament geläufige Verbindung des zum Gericht kommenden Menschensohnes (Mk 14,62) und dem Gottesknecht, der sein Leben als Lösegeld hingibt (Mk 10,45), noch völlig fern.

Menschliche Heilsmittler in der Endzeit

Im Unterschied zu diesen von Gott herkommenden Mittlergestalten kennt das Alte Testament aber auch menschlich-kreatürliche Heilsmittler, die sowohl den Willen Gottes dem Volk gegenüber repräsentieren als auch gegenüber Gott die Repräsentanten seines Bundesvolkes sind. Entscheidend sind die Gestalten des *Königs, Priesters, Propheten* und des *Gottesknechtes*. Alle vier spielen für die erwartete messianische Endzeit eine große Rolle. Vor allem seit der Exilszeit verdichtet sich immer mehr die Hoffnung auf ein endzeitliches Eingreifen Gottes. Die Bilder und Vorstellungshorizonte sind vielfältig. Sie haben in Gott, der das Heil selber ist, ihren eindeutigen Konvergenzpunkt. Erwartet wird der Neue Bund (Jer 31,31), eine ewige hochzeitliche Einheit Jahwes mit seinem Volk in einem allumfassenden, Menschen und auch Tiere einbeziehenden Frieden in einem Reich der Gerechtigkeit: „Ich traue dich mir an auf ewig; ich traue dich mir an um den Brautpreis von Gerechtigkeit und Recht, von Liebe und Erbarmen, ich traue dich mir an um den Brautpreis meiner Treue: Dann wirst du den Herrn erkennen" (Hos 2,21 f.). In der Endzeit bedarf das Gottesvolk keiner steinernen Gebotstafel mehr. Gottes Thora ist den Menschen ins Herz geschrieben (Jer 31,33). Gott wird über alles Fleisch seinen Geist ausgießen (Joël 3,1 f.) und seinen Geist in das Innere des Menschen legen (Ez 36,26 f.; vgl. Röm 5,5). Die Geschichte läuft zu auf den „Tag Jahwes". Er bedeutet sowohl das Gericht über alle gottfeindlichen Mächte und den Durchbruch in die endgültige Heilsgemeinschaft derer, die Jahwe treu geblieben sind (Joël 3-4; Sach 14; vgl. die späte Jesaja-Apokalypse Jes 24-27). Die Erwartung der endzeitlichen Durchsetzung des Heilswillens Gottes in der Geschichte umfaßt auch die Überwindung des Todes: „Vernichten wird Gott den Tod auf ewig" (Jes 25,8). Die Auferstehung der Toten tritt in die Mitte der endzeitlichen Heilsereignisse (vgl. Dan 12; Ez 37,1-14). Wenn das Gottesvolk am Ende wieder versammelt ist, dann wird die Verheißung vom Land der Lebendigen wahr, und zu erhoffen ist die Herstellung eines „neuen Himmels und einer neuen Erde" (Jes 65,17; 66,22; vgl. Offb 21,1). In diesem Rahmen der eschatologischen Heilserwartung konzentriert sich die Hoffnung Israels auf die Heilsmittlergestalten von König, Priester und Prophet. Im einzelnen können ihre Aufgaben ineinander übergehen und zu einer Gesamtgestalt kombiniert werden.

1.) König, „Sohn Davids", Messias (= Sohn Gottes)

Die Gestalt des königlichen Heilsmittlers ist mit der Erinnerung an die großartige Zeit des Königtums Davids verbunden. Der König schafft im Namen Jahwes Recht für die Armen. Er bringt Heil, indem er das Volk von seinen Feinden befreit. Einen messianischen Duktus bekommt das Königtum Davids durch die Verheißung Gottes, daß er, David, ein ewiges Königtum errichten wird:

„Und ich werde seinem Königsthron ewigen Bestand verleihen. Ich will für ihn Vater sein, und er wird für mich Sohn sein."
(2 Sam 7,13 f.)

Eine messianische Färbung nehmen auch, im Lichte der Erfüllung in Christus, ursprünglich nicht direkt messianisch konzipierte Texte an.[32]

In der Relecture bekommt insbesondere die berühmte Stelle Jes 7,14 ein messianisches Gefälle: „Seht, die Jungfrau wird ein Kind empfangen, sie wird einen Sohn gebären, und sie wird ihm den Namen Immanuel (Gott mit uns) geben." Dies gilt insbesondere, wenn man diese Aussagen in Verbindung mit eindeutig messianischen Verheißungsworten liest:

Denn uns ist ein Kind geboren, ein Sohn ist uns geschenkt. Die Herrschaft liegt auf seiner Schulter; man nennt ihn: Wunderbarer Ratgeber, Starker Gott, Vater in Ewigkeit, Fürst des Friedens. Seine Herrschaft ist groß, und der Friede hat kein Ende. Auf dem Thron Davids herrscht er über sein Reich; er festigt und stützt es durch Recht und Gerechtigkeit, jetzt und für alle Zeiten. Der leidenschaftliche Eifer des Herrn der Heere wird das vollbringen.
(Jes 9,5 f.)

Dies gilt auch für die Verheißung eines Nachkommens Davids:

Doch aus dem Baumstumpf Isais wächst ein Reis hervor ... der Geist des Herrn läßt sich auf ihm nieder ... An jenem Tag wird es der Sproß aus der Wurzel Isais sein, der dasteht als Zeichen für die Nationen; die Völker suchen ihn auf; sein Wohnsitz ist prächtig ... Er stellt für die Völker ein Zeichen auf ..., um die Versprengten Israels wieder zu sammeln ... von den vier Enden der Erde.
(Jes 11,1-12; vgl. Jer 23,5; Mi 5,1 f.; Ez 34,11 f.)

Einen Höhepunkt der messianischen Hoffnung auf einen königlichen Heilsmittler bietet der Prophet Sacharja 9,9 f.:

---

[32] Etwa Gen 49,10: „Nie weicht von Juda das Zepter" und Num 24,17: „Ein Stern geht in Jakob auf, ein Zepter erhebt sich in Israel".

Juble laut, Tochter Zion! Jauchze, Tochter Jerusalem! Siehe, dein König kommt zu dir. Er ist gerecht und hilft; er ist demütig und reitet auf einem Esel, auf einem Fohlen, dem Jungen einer Eselin ... Er verkündet für die Völker den Frieden; seine Herrschaft reicht von Meer zu Meer und vom Euphrat bis an die Enden der Erde.

Für die Christologie werden auch von großer Bedeutung die messianisch gedeuteten *Königspsalmen*. Der Messias gilt als der kommende David (Ps 2; 110) oder der neue Salomo (Ps 45; 72). Der König ist der Gesalbte des Herrn (Messias/Christus). Bei seiner Einsetzung in das Herrscheramt erhält er den funktional zu deutenden Titel „Sohn Gottes" (Ps 2,7; 89,27 f.; vgl. Apg 13,33; Hebr 1,5; 5,5). „Sohn Gottes" bedeutet nicht, wie in den orientalischen Mythen, die physisch-biologische Abstammung des menschlichen Königs von Gott, sondern bezeichnet die besondere Nähe des Königs zu Jahwe durch Erwählung, Berufung und Segnung. Der König repräsentiert das Sohnesverhältnis Israels zu Jahwe, dem Vater Israels und Stifter des Bundes (vgl. Röm 9, 5). Im Psalm 110 läßt sich eine Verbindung der priesterlichen und königlichen Funktionen des erwarteten Messias und Davidsohnes erkennen: „So spricht der Herr zu meinem Herrn: Setze dich mir zur Rechten, und ich lege dir deine Feinde als Schemel unter die Füße ... Der Herr hat geschworen, und nie wird's ihn reuen: ‚Du bist Priester auf ewig nach der Ordnung Melchisedeks.'" (Ps 110,1.4; vgl. Gen 14,18; Hebr 5,6)

Die Verheißungen des königlichen Messias als „Sohn Davids" konnte aber die Funktion des königlichen Heilsmittlers auch in das Zwielicht einer bloß politischen Auffassung des kommenden Gottesreiches bringen.

2.) Priester

Daneben ist ferner auch die Heilsvermittlung durch das Amt des Priesters zu bedenken. Das levitisch-kultische Priestertum vermittelt Segen und bringt Opfer dar zur Sühne für die Sünden und verbindet die Menschen mit Gottes Leben und Versöhnungswillen. Darin erneuert sich das Bundesverhältnis Israels zu Gott. Hierzu wichtig wird die Christologie des Hebräerbriefes.

3.) Prophet

Hohe Aufmerksamkeit verdient auch die Gestalt des prophetischen Heilsmittlers. Mose selbst ist als Prophet schlechthin der ursprüngliche Mittler des Bundes. Er vermittelt Gottes Wort und Willen nicht nur *informativ*, sondern auch *effektiv* (vgl. Ex 24; Dtn 5). Mose steht aber auch als Fürbitter (Interzessor) vor Gott (vgl. Ex 32; Dtn 9). Mose ist solidarisch mit seinem Volk und kann sogar sein Leben stellvertretend Gott als Sühne anbieten (vgl. die Bezeichnungen Jesu als Mittler und Fürbitter bei Gott: 1 Joh 2,1; 1 Tim 2,5; Hebr 4,14-16). Anläßlich der Einsetzung des Königtums, des levitischen Priestertums und des Prophetentums ergeht die Verheißung:

Einen Propheten wie mich {d.h. Mose} wird dir der Herr, dein Gott, aus deiner Mitte, unter deinen Brüdern erstehen lassen. Auf ihn sollt ihr hören ... Ich will ihm meine Worte in den Mund legen, und er wird ihnen alles sagen, was ich ihm auftrage.
(Dtn 18,15.18)

Aufgrund dieser Stelle faßt die endzeitliche Heilserwartung im Frühjudentum die Hoffnung auf einen Messias als neuen Mose (vgl. Joh 1,17: „Denn das Gesetz wurde durch Mose gegeben, die Gnade und die Wahrheit kamen durch Jesus Christus"); Johannes der Täufer beansprucht nicht, der verheißene Prophet zu sein (vgl. Joh 1,21; Mt 16,14).

4.) Der Gottesknecht

Wie weit die Gottesknechtslieder bei Deuterojesaja (Jes 42,1-9; 49,1-9c; 50,4-9; 52,13-53,12) im näheren Sinn zu den messianischen Texten zu rechnen sind, soll hier dahingestellt bleiben. Auf jeden Fall kommt dem Gottesknecht eine dienende und mittlerische Funktion in der Heilsverwirklichung zu. Durch sein Leiden sühnt er die Schuld der Vielen. Darum findet der Herr Gefallen an ihm. Er gibt ihm Leben und Nachkommen. „Durch ihn wird der Plan des Herrn gelingen." (Jes 53,10)

Die Gestalt des Gottesknechtes kann kollektiv gedeutet werden auf die Rolle Israels im Gesamtzusammenhang der Heidenvölker (Israel als Diener Gottes, seines Herrn). Israel ist in seiner Berufung, aber auch in dem Leiden, das ihm deswegen widerfährt, das Werkzeug und Zeichen, durch das Gott seinen endzeitlichen Heilswillen gegenüber der Vielheit der Völker durchsetzen will. Der „Gottesknecht" ist das wirksame Zeichen des Bundes, gewissermaßen die sakramentale Präsenz der endzeitlichen Heilsgegenwart Gottes bei den Menschen:

Ich, der Herr, habe dich aus Gerechtigkeit gerufen, ich fasse dich an der Hand. Ich habe dich geschaffen und dazu bestimmt, der Bund für mein Volk und das Licht für die Völker zu sein.
(Jes 42,6; vgl. 49,6)

In der christlichen Relecture der Gottesknechtslieder kam nur eine individuelle Interpretation auf die Person Jesu als Mittler der Gottesherrschaft und als Repräsentant des neuen Gottesvolkes in Betracht.

Der offene Ausgang der alttestamentlichen Offenbarung

Hier wird die Tendenz einer Identifikation des Jahwe-Heils mit der Heilsmittlergestalt schon erkennbar. Diese Identifikation wird im Alten Testament freilich nie vollzogen. So blieben die apokalyptisch-eschatologischen Messiashoffnungen bis in die Zeit Jesu hinein diffus.

Die *Gemeinde von Qumran* erwartete als Heilsmittlergestalten „den Propheten und die Gesalbten Arons und Israels"[33] sowie einen königlichen und einen priesterlichen Messias.[34] Dabei war die Reich-Gottes-Erwartung nicht einfach nur vordergründig politisch verstanden worden. Daß im Reich Gottes seine endgültige Heilsherrschaft zu erwarten ist und daß ihr eine in der Persontiefe angeeignete Lebensform des Thoragehorsams und der Heiligkeit entspricht, war nicht umstritten.

Aber daß Gott seine Herrschaft, seine Basileia in dem kreatürlichen Ich seines Propheten, in dessen Geschick, Verkündigung und in seinem stellvertretend-

---

[33] 1 QS IX,11.
[34] 1 CD 12,23; 14,19; 20,1.

solidarischen Leiden verwirklicht, daß also sein göttliches Ich unmittelbar in der Vermittlung des menschlichen Ich Jesu sein eschatologisches Da-Sein in der Welt gewinnt, das konnte von den Voraussetzungen des Alten Testamentes her nicht postuliert werden.

Obwohl es in der Offenbarung des Jahwe-Namens angelegt war, konnte vom Menschen her die Identifikation des göttlichen Heilsmediums mit dem von Gott wesensmäßig verschiedenen menschlichen Heilsmittler nicht gelingen.

Die heilsmittlerischen Funktionen waren im Königtum zerbrochen und im konkret anschaubaren Priestertum und Prophetentum im Grunde korrumpiert durch die Kollaboration mit den heidnischen Mächten sowie durch eine Fixierung auf den Buchstaben der Thora. Vielen war mehr an Ritualismus denn an echter Frömmigkeit, an Legalismus mehr denn an der Erfüllung des im Gesetz sich zeigenden Willens Gottes gelegen.

Die Identifikation des göttlichen Heilsmediums mit dem kreatürlichen Mittler konnte darum nur durch den freien Entschluß Gottes gesetzt und in der Kontingenz des Christus-Ereignisses ansichtig werden. Diese Begründung der ganzen Christologie im geschichtlichen Jesus zeigt, daß das christologische Bekenntnis alles andere ist als eine Ideenmontage aus alttestamentlichen Traditionen.

So konnte sich unableitbar und unberechenbar aus der Geschichte des Gottesvolkes und doch als überbietende Erfüllung der in ihr gelegenen Verheißung die Identifikation von Gottes Heilszusage mit ihrer kreatürlichen Selbstvermittlung im Menschen Jesus von Nazaret als absolutes Novum ereignen. Gott als das freie Subjekt seines geschichtlichen Handelns offenbart sich in Person, Geschichte und Geschick Jesu von Nazaret als das eschatologische Heil für alle Menschen. Die Alleinzigkeit Jahwes hat in der Einzigkeit des eschatologischen Heilsmittlers ihre geschichtliche Entsprechung, Repräsentanz und Vollendung gefunden:

Gott will, daß alle Menschen gerettet werden und zur Erkenntnis der Wahrheit gelangen. Denn: Einer ist Gott, Einer auch Mittler zwischen Gott und den Menschen: der Mensch Christus Jesus, der sich als Lösegeld hingegeben hat für alle, ein Zeugnis zur vorherbestimmten Zeit.
(1 Tim 2,4-6)

Zu zeigen, wie sich diese Einheit der göttlichen Selbstmitteilung mit ihrer geschichtlichen Realisierung in Sein und Leben Jesu ereignet hat, ist die Aufgabe einer neutestamentlichen Grundlegung der Christologie.

2. Person und Geschichte Jesu von Nazaret: Die eschatologische Selbstmitteilung Gottes als Heil aller Menschen (Kategoriale Christologie I)

2.1 Methodologische Vorbemerkungen zur Erhebung des neutestamentlichen Zeugnisses

Unter methodischen Gesichtspunkten kann man den neutestamentlichen Befund in dreifacher Weise erheben:

1.) Man kann hinter die Evangelien in ihrer jetzt vorliegenden Gestalt zurückgehen und in einem formgeschichtlichen und redaktionsgeschichtlichen Verfahren die historisch belegbaren Daten der vorösterlichen Geschichte Jesu eruieren. Dazu gehört auch der allerdings sehr hypothesenreiche Versuch, die Genese der christologischen Anschauungen zu rekonstruieren, indem man die einzelnen Schichten der urchristlichen Überlieferung voneinander abhebt[35].

2.) Die neutestamentliche Aussage zum Christusgeheimnis kann man auch erheben unter Absehung dieser genetischen Rekonstruktion der biblischen Hauptzeugnisse im Kontext ihrer gemeindetheologischen Überlieferungen, indem man die Christologien der Synoptiker, des Apostels Paulus und der Deuteropaulinen, des Evangelisten Johannes, des Hebräerbriefes und der Offenbarung des Johannes jeweils für sich erschließt, miteinander in Beziehung setzt und schließlich zu einer „Christologie des Neuen Testamentes" synthetisiert.

3.) Im Sinne einer systematischen Fragestellung kann schließlich auch der *Weg einer sachlogischen Analyse des Christus-Ereignisses* und der theologischen Implikate seiner Aussagen über Jesu Gottesverhältnis und seine definitive Bedeutung für die Heilsrelation des Menschen gewählt werden. Eine solche bibeltheologische Grundlegung der dogmatischen Christologie muß jedoch die Probleme und Erkenntnisse der exegetisch-historischen Forschung als bekannt voraussetzen und einbeziehen.

Der dritte Weg ist möglich wegen der besonderen Ursprungssituation und der Überlieferungsstruktur des christologischen Bekenntnisses. Zur Anerkennung des Anspruchs Jesu, der eschatologische Mittler der Heilsherrschaft Gottes zu sein, kommt man nicht aufgrund einer Schlußfolgerung aus den Ergebnissen profan-

---

[35] Man unterscheidet palästinensisches und hellenistisches Juden-Christentum, Heidenchristentum, die Theologie der Logienquelle und der Gleichnissammlungen, Wundererzählungen, Passionsberichte, die weiter ausgreifenden theologischen Darstellungen in der stärker narrativen Christologie der Synoptiker oder der stärker homologetisch aufgebauten Christologien bei Paulus und in weiteren Schriften des Neuen Testamentes wie der Johannes-Apokalypse, dem Hebräerbrief, dem Ersten Petrusbrief usw.

historischer Forschung. Mit den Evangelien ist vielmehr von der Erfahrung der Identität des erhöhten Herrn und geglaubten Jesus Christus mit der geschichtlichen Gestalt Jesus von Nazaret auszugehen. Diese im Glaubensakt zugängliche Identität ist durch das Ereignis der Selbstbezeugung Jesu als des auferweckten und vom Vater bestätigten Boten der Gottesherrschaft begründet. Im Lichte des Osterereignisses hat die urkirchliche Überlieferung den Weg des irdischen Jesus im Horizont der von ihm beanspruchten und von Gott bestätigten Offenbarungseinheit mit dem Gott Israels erschlossen.

Diese theologische Erschließung des Persongeheimnisses Jesu will nicht eine interpretative Umkleidung der irdischen Jesusgestalt sein. Die Perspektive des Glaubens enthält den Anspruch, die adäquate Beleuchtung der historischen Szenerie zu sein, in der Jesus aufgetreten ist, besonders auch des unleugbaren historischen Tatbestandes der einzigartigen Relation Jesu zu Gott als seinem Abba, seiner Sendungsautorität, seines Vollmachtsanspruchs und seiner Entschlossenheit, im Dienst der Basileia sein ganzes Sein, Wirken und Leben einzusetzen. Indem die Ur-Kirche den theologischen Standpunkt als die adäquate Interpretationsebene der historischen Jesus-Gestalt beansprucht, erschließt sie ihren Glauben an den gegenwärtigen und erhöhten Herrn in dem geschichtlichen Resonanzraum der Selbstmitteilung Gottes als Heil aller Menschen in der konkreten Geschichte Jesu in seinem Wirken und in seinem Schicksal.

Die christologische Ursprungserfahrung von der *Identität des irdischen Jesus mit dem eschatologischen Heilsmittler Gottes* ist umfassender, als daß sie je gedanklich reflex und sprachlich-formuliert eingeholt werden könnte. Die unterschiedlichen Formulierungen des christologischen Bekenntnisses konvergieren alle in dem einen Christus-Ereignis, dem sie sich gemeinsam verdanken und das sie im Glaubenszeugnis tradieren wollen.

Die einzelnen Stufen der Entstehung und die Stationen der Entwicklung der neutestamentlichen Christologien bilden einen zusammenhängenden Entwicklungsprozeß, in dem sich das Christusereignis in der Gestalt eines christologischen Bekenntnisglaubens vermittelt. Die urchristliche Bekenntnisbildung ist das Zeugnis einer fortschreitenden Versprachlichung und reflex vermittelten Bezeugung des „Jesus-Phänomens".

Im Rückblick kann immer wieder die schnelle und innerlich konsequente Bekenntnisbildung erstaunen einschließlich der Aussagen über die Präexistenz Jesu als Sohn und Wort des ewigen Vaters, seine Sendung, die wahre menschliche Existenzweise, seinen stellvertretenden Sühnetod zur Stiftung des Neuen Bundes, die Auferweckung durch den Vater und die Erwartung seiner Wiederkunft am Ende der Zeit[36].

Angesichts der ungeheuren Diskrepanz zwischen dem schändlichen Tod Jesu als römischer Staatsverbrecher oder jüdischer Religionsfrevler und der wenige Jahre nach seinem Tod aufgestellten Behauptung, daß er „göttlichen Wesens war und den Menschen gleichgeworden ist" (vgl. Phil 2,6-8), läßt sich zu Recht sagen,

---

[36] Dies alles ist schon in vorpaulinischen Hymnen und Bekenntnisformeln der 30er u. 40er Jahre enthalten: Röm 1,3 f; Phil 2,6-11; 1 Kor 15,3-5; 11,23-26; Röm 8,3; Gal 4,4; 1 Thess 4,14-18; 5,9 u.ö.

... daß sich in jenem Zeitraum von nicht einmal zwei Jahrzehnten christologisch mehr ereignet hat als in den ganzen folgenden sieben Jahrhunderten bis zur Vollendung des altkirchlichen Dogmas[37].

Bezüglich der mehr narrativen Christologie der Synoptiker ist zu beachten, daß sie nicht eine theologiefreie historische Biographie des Lebens Jesu darbieten wollen, sondern daß sie vom theologischen Standpunkt her den christologischen Gehalt des Evangeliums Jesu Christi im Spiegel seiner irdischen Wirksamkeit entfalten. Markus etwa hat sein Evangelium an den Schlüsselstellen mit christologischen Bekenntnisaussagen strukturiert. In der Überschrift bezeichnet er Jesus als den Christus und somit als messianischen Sohn Gottes (Mk 1,1). Bei der Taufe Jesu offenbart die Stimme Gottes des Vaters und sein Heiliger Geist Jesus als den „geliebten Sohn" (Mk 1,11). Das gleiche geschieht bei der Verklärung Jesu auf dem Berg (Mk 9,7). Als Repräsentant der Jüngergemeinde bekennt Simon Petrus: „Du bist der Messias" (Mk 8,29). Anläßlich des Todes Jesu am Kreuz legt der Evangelist dem heidnischen Hauptmann das Bekenntniswort in den Mund: „Wahrhaftig, dieser Mensch war Gottes Sohn" (Mk 15,39).

Die *entscheidende Aufgabe* einer Grundlegung der Christologie im neutestamentlichen Zeugnis besteht in dem *Nachweis, daß die wesentlichen Elemente des Christus-Bekenntnisses eine Explikation der Realität des in seiner Auferweckung endgültig geoffenbarten Person-Geheimnis Jesu darstellen.*

Würde sich herausstellen, daß etwa die Inkarnation des Logos oder die Präexistenz des Sohnes des ewigen Vaters nur von außen herangetragene mythologische Interpretamente sind im Sinne einer Aufwertung Christi zu einem Heroen und Halbgott im olympischen Götterhimmel, dann wäre der Christus-Glaube, der ja von seiner sachgerechten Überlieferung nicht zu trennen ist, seiner Substanz nach zerstört.

2.2 Jesu Persongeheimnis im Spiegel seiner historischen Wirksamkeit

2.2.1 Die historische Existenz Jesu von Nazaret

Biographische Daten Jesu von Nazaret

Datum	Politische Herrscher	Ereignisse
7–4 v. Chr.	Herodes I (37–4 v. Chr.) Augustus (27 v. Chr. – 14. n. Chr.)	Geburt in Bethlehem (Judäa)
27–28 n. Chr.	Antipas, Tetrarch von Galiläa und Peräa (4 v. Chr. – 39 n. Chr.) Tiberius (14–37)	Taufe im Jordan, Beginn des öffentlichen Wirkens
07. 04. 30 (?) um 33 33/35	Pontius Pilatus (26–36)	Kreuzigung Ostererfahrung der Jünger Tod des Stephanus Bekehrung des Paulus

---

[37] M. Hengel, Der Sohn Gottes. Die Entstehung der Christologie und die jüdisch-hellenistische Religionsgeschichte, Tübingen ²1977, 11.

Jesus von Nazaret war ein historischer Mensch. In seiner realen Existenz gehört er der Historie und nicht dem religiösen Mythos oder der frommen Legende an. Neben dem urchristlichen Schrifttum liegen hierfür auch außerchristlich-heidnische Zeugnisse vor[38].

Jesus – eine historische Gestalt

Da Jesus den größten Teil seines Lebens bis zu seinem 30. Lebensjahr in Nazaret, seiner Vaterstadt, verbracht hat (Mk 1,9), wird Jesus als eine wirkliche Gestalt der Geschichte mit dem Namen „Jesus von Nazaret" gekennzeichnet (Mk 1,24; 10,47; 14,67; 16,6; Mt 21,11; 26,71; Lk 4,34; 18,37; 24,19; Apg 2,22; 3,6; 4,10; 6,14; 10,38, 22,8; 26,9; Joh 18,5; 19,19).

Obwohl die Evangelisten keine historisch-psychologische Biographie Jesu (im Sinne der Leben-Jesu-Forschung) schreiben wollten, waren sie doch an einer *historischen* Situierung seines theologisch aufzuhellenden Person-Geheimnisses interessiert. Jesus ist der „Sohn der Maria" (Mk 6,3; er ist so nach Gal 4,4 als wirklicher Mensch ausgewiesen). Im Johannes-Evangelium identifiziert Philippus gegenüber Nathanael Jesus als Messias durch die Bezeichnung seiner Herkunft „Jesus aus Nazaret, der Sohn Josefs" (Joh 1,45). Die beiden Verzeichnisse des Stammbaums Jesu bei Matthäus und Lukas wollen Jesus, den Christus, in einem theologischen Sinn als „Sohn Davids und Sohn Abrahams" (Mt 1,1) vorstellen bzw. im Kontrast zu seiner Herkunft letztlich von Adam, dem ersten aus Gott stammenden Menschen, als den unmittelbar von Gott herkommenden neuen Menschen ausweisen (Lk 3,38). Aufgrund der Adoption durch Josef, „dem Mann Marias", von der „Jesus der Christus und Messias geboren wurde" (Mt 1,16) und den man bei seinem ersten öffentlichen Auftreten für den „Sohn Josefs hielt" (Lk 3,23), ist Jesus in die Verheißungslinie der Berufung des königlichen Messias aus der Nachkommenschaft Davids eingefügt[39].

Jesus wurde in Palästina um das Jahr 7–4 vor der nach ihm benannten neuen Zeitrechnung geboren[40], unter der Herrschaft des jüdischen Königs Herodes des Großen (37–4 v. Chr.) und während der Regierungszeit des römischen Kaisers Augustus (27 v. Chr. – 14 n. Chr.).

Nach dem Ausweis der Evangelisten Matthäus und Lukas wurde „Jesus zur Zeit des Königs Herodes in Bethlehem in Judäa geboren" (Mt 2,1). Die Maßnahmen des Kaisers Augustus zur statistischen Erfassung der Reichsbevölkerung, die durch Quirinius, den Generalbevollmächtigten im Osten und späteren Statthal-

---

[38] Sueton, Vita Claudii 25; Tacitus, ann. XV, 44; Plinius d.J., ep. X, 96 an Kaiser Trajan.
[39] Vgl. Röm 1,3: „.... Das Evangelium Gottes,... das Evangelium von seinem Sohn, der dem Fleisch nach geboren ist als Nachkomme Davids, der dem Geist der Heiligkeit nach eingesetzt ist als Sohn Gottes in Macht seit der Auferstehung von den Toten, das Evangelium von Jesus Christus, unserem Herrn"; Lk 1,32: „Er wird groß sein und Sohn des Höchsten genannt werden. Gott, der Herr, wird ihm den Thron seines Vaters David geben. Er wird über das Haus Jakob in Ewigkeit herrschen, und seine Herrschaft wird kein Ende haben."
[40] Daß Jesus ,vor Christus' geboren wurde, hängt mit einem Fehler bei der Begründung der christlichen Zeitrechnung im 6. Jh. zusammen; vgl. J. Gnilka, Jesus von Nazaret. Botschaft und Geschichte (HThK. S 3), Freiburg–Basel–Wien 1990, 78 f.

ter der Provinz Syrien, durchgeführt wurden, führten die Eltern Jesu zu seiner Geburtszeit nach Bethlehem (Lk 2,1-7).

Bis zu Beginn seines öffentlichen Wirkens hat Jesus in seiner „Heimatstadt" (Mk 6,1), „wo er aufgewachsen war" (Lk 4,16), mit seinen Eltern gelebt und gilt als „Zimmermann" (Mk 6,3) oder als „Sohn des Zimmermanns" (Mt 13,55; vgl. Lk 3,23; Joh 6,42). Da außerhalb der Geburtsgeschichten und der Benennung Jesu als Josefssohn in den Evangelien nichts mehr von Josef berichtet wird, kann man damit rechnen, daß er zu diesem Zeitpunkt nicht mehr gelebt hat, während von Maria, seiner Mutter, des öfteren die Rede ist.

Jesus war ein palästinensischer Jude und hat sich von seinen Volks- und Zeitgenossen in Aussehen, Kleidung und Lebensweise sicher nicht wesentlich unterschieden. Seine Muttersprache war aramäisch. Aber er konnte wohl auch die hebräische Bibel lesen und verstehen, wie sich aus einigen Zitaten zeigen läßt. Aufgrund der Ansiedlung griechisch sprechender Bevölkerungsteile in der Nähe von Nazaret und vielleicht auch im Kontakt mit den lateinisch sprechenden römischen Besatzern war ihm sicher auch die griechische und lateinische Sprache nicht völlig unbekannt.

Die Feststellung der jüdischen Herkunft Jesu ist allerdings weniger von ethnischem als von theologischem Interesse (Röm 1,3; 9,5). Im Mittelpunkt der religiösen Überzeugungen Jesu stand Jahwe, der Gott Israels, der Gott der Errettung aus Ägypten, der Gott des Bundes und der Verheißungen, der „Herr und Retter" (Lk 1,46 f.), der Gott des Erbarmens, „das er unseren Vätern verheißen hat, Abraham und seinen Nachkommen auf ewig." (Lk 1,55) In seiner Reich-Gottes-Botschaft geht es ihm daher nicht um die Stiftung einer neuen Religion, sondern um die radikale Erfüllung der tiefsten Intentionen des jüdischen Glaubens, indem er freilich deren zeitbegrenzte Ausgestaltung sprengt und überschreitet.

Den Beginn des öffentlichen Lebens setzt man mit seiner Taufe durch Johannes im Jordan an. „Jesus war etwa 30 Jahre alt, als er zum ersten Mal öffentlich auftrat." (Lk 3,23) Man hielt ihn für einen Mittdreißiger (vgl. Joh 8,57). Der Inhalt seiner Botschaft und seines Handelns war das Reich Gottes, dessen unmittelbare Nähe er proklamierte. Nach ein- bis dreijähriger Tätigkeit (Sept./Okt. 27/28 – April 30 n. Chr.)[41] vor allem in Galiläa, Judäa und Jerusalem (teilweise auch in der Dekapolis und Ituräa und der Trachonitis und dem Gebiet jenseits des Jordan) erfüllte sich in Jerusalem, dem Zentrum der biblischen Religion, sein Schicksal.

Wahrscheinlich am 7. April (14./15. Nisan) des Jahres 30 n.Chr., sicher an einem Freitag, erleidet er durch den Urteilsspruch des römischen Statthalters von Judäa, Pontius Pilatus (26-36 n.Chr.), in der Regierungszeit des Kaisers Tiberius

---

[41] Eine exakte zeitliche Bestimmung der öffentlichen Tätigkeit Jesu ist kaum möglich. Geht man von den Synoptikern aus, lassen sich Gründe für eine etwa einjährige Wirksamkeit finden. Da das Johannesevangelium von drei Paschafesten berichtet, scheint man von einem dreijährigen Wirken ausgehen zu können. Problematisch ist jedoch das Pascha Joh 2,13, weil es sich um das des Tempelprotests handelt. Dieses Paschafest – blickt man auf die Synoptiker – kann von der Passion Jesu, vom letzten Pascha, nicht abgelöst werden, womit die Dreizahl der Paschafeste nicht mehr zu halten wäre. Vgl. dazu J. Gnilka, Jesus von Nazaret, 316 f.

(14-36 n.Chr.) und während der Hohenpriesterschaft des Kajaphas (18-36 n.Chr.) den Kreuzestod als römischer Staatsverbrecher und jüdischer Religionsfrevler. Er wird hingerichtet als Gotteslästerer, falscher Messias und, nach der Meinung der Römer, als politischer Aufrührer.

Historisch sicher ist der Schuldtitel der Kreuzesaufschrift „König der Juden" (Mk 15,26). Dieser Titel hat zweifellos messianische Bedeutung. Er spiegelt die Auseinandersetzung Jesu mit seinen Gegnern wider (vgl. Mt 2,2; 27,11; Mk 15,2; Lk 23,3; Joh 18,37; 19,14 f.). Indem die Hohenpriester und Schriftgelehrten Jesus am Kreuz als den „Messias und König von Israel" (Mk 15,32) verhöhnen und provozieren, ist klar, daß Jesus wegen der Identifikation der Gottesherrschaft mit seiner Person als falscher „Messiasprätendent" hingerichtet worden ist.

Nach der Auffassung seiner Feinde war der Tod Jesu nicht nur das Ende eines individuellen Lebens, sondern auch der Beweis für die Haltlosigkeit seines Anspruches, der eschatologische Mittler der Gottesherrschaft zu sein: „.... denn ein Gehängter ist ein von Gott Verfluchter" (Dtn 21,23; Gal 3,13). Auch für die Jünger gilt, daß angesichts dieser Katastrophe ihr anfänglicher Glaube an Jesus restlos zusammengebrochen war. Die elf Jünger, die mit Jesus in engster Gemeinschaft standen, zerstreuten sich und flohen in ihre Heimat Galiläa.

Der fortwirkende Jesus Christus

Die Geschichte Jesu von Nazaret ist mit seinem Tod nicht vorbei. In jedem anderen Fall bedeutet Tod Abbruch der individuellen Freiheitsgeschichte, das absolute Ende der personalen Kommunikation mit denen, die im Leben zurückbleiben. Allenfalls ergibt sich noch eine Wirkungsgeschichte einer Person durch ihre Ideen oder die Resultate ihrer Handlungen. Von Jesus hingegen behauptet die Gemeinschaft der an ihn Glaubenden nicht nur eine Wirkungsgeschichte seines Anliegens, seiner Impulse oder seines Eindrucks auf die Zeitgenossen. Sie behauptet vielmehr, daß sie selbst das Ergebnis der Geschichte eines Lebenden, eines aktuell wirkenden Subjektes ist.

Die Jünger bekennen mit einem Mal ihre Überzeugung, daß der Gott der Väter Israels sich zu dem ans Holz gehängten und ermordeten Jesus bekannt habe, ihn vom Tode auferweckt und ihn als Herrscher und Retter an seine rechte Seite erhoben habe, damit allen die Gabe der Umkehr und der Vergebung der Sünden zuteil werde (vgl. Apg 2,30-36; Gal 3,13 f.). Sie begründen ihren Glauben mit dem von Gott gewirkten Ereignis, in dem sich Gott mit Jesus identifiziert und ihn als eschatologischen Heilsmittler proklamiert hat. Dieser Glaube vergegenwärtigt sich in der Welt in der Gestalt des Zeugnisses der Jünger.

Seinen sprachlichen Ausdruck fand er im christologischen Urbekenntnis. In seiner einfachen, ursprünglichen Form heißt es:

Gott hat ihn von den Toten auferweckt.
(Röm 10,9; 4,24; Apg 2,32; Mt 28,7)

Diese erste sprachliche Fassung der Erfahrung des Handelns Gottes an dem gekreuzigten und getöteten Jesus findet bald ihre Erweiterung in mehrgliedrigen Bekenntnisformeln. In ihnen wird besonders auch die Heilsbedeutung des Todes,

des Begräbnisses und der Auferstehung Jesu hervorgehoben. Das älteste Zeugnis dieser Art, das in seiner sprachlichen Fixierung schon zwei bis drei Jahre nach der Ostererfahrung vorgelegen haben dürfte, lautet:

Christus ist für unsere Sünden gestorben, gemäß der Schrift.
Und ist begraben worden.
Er ist am dritten Tag auferweckt worden, gemäß der Schrift,
und erschien dem Kephas, dann den Zwölf.
(1 Kor 15,3-5)

Für Paulus ist dies das Evangelium, das Fundament, auf dem der Glaube der Christen ruht (1 Kor 15,1).

Für die Jünger war die Auferweckungstat Gottes an Jesus und dessen Erhöhung zur Ausübung der Gottesherrschaft weder ein biologisches Kuriosum noch die bloße Demonstration der Allmacht Gottes. Indem Gott den Anspruch Jesu, die Gottesherrschaft in der Welt zu realisieren, bestätigt hat, hat er sich selbst in dieser Welt auch eschatologisch durch die Person, die Verkündigung, die Praxis, das Schicksal Jesu in Kreuz und Auferweckung als Gott, und als Vater Jesu Christi, seines Sohnes definiert. Der Gott der Verheißungen an Abraham und der Gott des Bundes mit Israel, „der Gott, der die Toten lebendig macht und das, was nicht ist, ins Dasein ruft" (Röm 4,17), kann von nun an nur noch als der Gott erkannt und geglaubt werden, „der Jesus, unseren Herrn, von den Toten auferweckt hat." (Röm 4,24)

Von Gott kann man von nun an weder in einer philosophisch abstrakten Weise reden noch in der Begrenzung auf das Handeln Gottes an den Patriarchen und Propheten des Alten Bundes, sondern ausschließlich aufgrund seiner Selbsterschließung in der Relation zu Jesus als „seinem Sohn" (Röm 1,3; 1 Kor 1,9 u.ö.). Von Gott läßt sich nur noch sprechen als dem Gott und Vater Jesu Christi. Und von Jesus kann man nur reden als „Sohn des Vaters" (2 Joh 3).

Wenn im Alten Testament die Bezeichnungen „Wort", „Weisheit" und „Name" die Wesensoffenbarung Gottes in seinem geschichtlichen Heilshandeln bezeichnen, dann ist der Name „Jesus von Nazaret" nichts anderes als die Identifikation der Selbstoffenbarung des transzendenten Gottes („im Himmel") mit dem irdischen Träger und Mittler der Heilsherrschaft Gottes. Der Name Jesus umschreibt die Selbstoffenbarung Gottes als Vater in der Menschheit seines Sohnes (vgl. Röm 8,3; Gal 4,4-6; Joh 1,14-18; Apg 4,12).

Man kann sich darum gar nicht anders auf die historische Gestalt Jesu von Nazaret und den von ihr ausgehenden Anspruch, die definitive Heilsvermittlung des Menschen zu Gott zu sein, beziehen, als durch die Vermittlung der Zeugen des Osterereignisses. In ihm hat Gott seine reale Identität mit Jesus geoffenbart und uns im Glauben die Möglichkeit eröffnet, an der Einheit von Vater und Sohn im Heiligen Geist teilzuhaben. So gilt: „Niemand kann sagen, Jesus ist der Herr, außer im Heiligen Geist." (1 Kor 12,3)

In der Perspektive dieses Glaubens sind auch die neutestamentlichen Schriften, besonders die Evangelien entstanden. Da die einzelnen Erzählstücke der Evangelien nicht nur die Worte und Handlungen Jesu wiedergeben („Sitz im Leben Jesu"), sondern im einzelnen auch durch die katechetischen, homologetischen, missionarischen Bedingungen der Überlieferung („Sitz im Leben der Gemeinde") und die spezifischen Strukturen des Denkens einzelner Autoren (Paulus, Johannes) geprägt sind, ist, wie gesagt, eine historisch-psychologische Biographie Jesu nicht möglich. Sie würde schon methodologisch in die Irre führen. Adäquat ist dagegen eine historisch-theologische Erhellung von Sendung, Wirken, Schicksal und Person Jesu von Nazaret.

Innerhalb der christologischen Ursynthese (Jesus = der Christus) soll nun der Weg vom geschichtlichen Auftreten Jesu bis zum Osterglauben der Jünger nachgegangen werden.

2.2.2 Jesu Botschaft und Praxis der eschatologischen Gottesherrschaft

2.2.2.1 Das Herz der Verkündigung Jesu: Gottes Herrschaft als Gegenwart und Zukunft

Der organische Mittelpunkt des öffentlichen Wirkens Jesu und seines Selbstverständnisses ist die Proklamation der nahegekommenen und zukunfteröffnenden Herrschaft Gottes, seines Vaters und des Vaters Israels.

Als Summe des Gesamteindrucks von Jesu Wirken geben die Synoptiker das Wort Jesu wieder:

Erfüllt ist die Zeit {Kairos}, und angekommen ist die Königsherrschaft Gottes {Basileia}, kehrt um und glaubt an das Evangelium.
(Mk 1,15; Mt 4,17; Lk 4,14 f.)[42]

In Abhebung von den Anschauungen zeitgenössischer jüdischer Religionsparteien (Zeloten, Essener, Pharisäer, Sadduzäer) kann Jesu Rede von der Gottesherrschaft nur in einem radikal *theozentrischen Verstehenshorizont* verstanden werden. Die Basileia beschränkt sich nicht auf einen politisch abgegrenzten Herrschaftsbereich innerhalb einer Reihe anderer Reiche. Es handelt sich aber auch nicht, im Sinne der Apokalyptik, um ein rein überirdisches und nachgeschichtliches Reich. Dieses Reich kann weder in politischen noch in weltflüchtigen und spiritualistisch innerlichen Kategorien begriffen werden.

Theozentrik der Basileia

Das Reich Gottes ist *Gott selber in seinem geschichtswirksamen Handeln*. Es ist Gott, der sein Herr-Sein in der Liebe zum Menschen und in der Schaffung eines Freiheitsraumes erweist. Wie schon in der alttestamentlichen Offenbarung deutlich wurde, meint biblisch gesprochen die Transzendenz Gottes nicht eine räumliche und erlebnismäßige Ferne von Gott, sondern personale Nähe und Selbstzuspruch Gottes. So wird der transzendente Gott gerade durch die Immanenz seines Handelns gegenwärtig, ohne daß er in die geschöpfliche Begrenztheit der Welt-

---

[42] Außerhalb der Evangelientradition tritt der Begriff „Basileia" zurück (vgl. aber Apg 1,3; 8,12; 14,22; 19,8; 28,23.31; Joh 3,3.5; Röm 14,17; 1 Kor 4,20; 15,24; Kol 4,11f; 2 Thess 1,5). Die häufige Ersetzung des Terminus „Gottesreich" durch „Reich der Himmel" im Matthäus-Evangelium ist sekundär. Jesus selbst hat vom Reich Gottes gesprochen.

dinge eingeschlossen wird. Gott kommt nicht von außerhalb in die Weltzeit und Geschichte hinein, wie in einer physikalisch beschreibbaren Bewegung ein Gegenstand in einen begrenzten Raum eintritt. Gott als personale Wirklichkeit bringt sich der zeitlichen, räumlichen und geschichtlichen Existenzform des Menschen nahe als personale Erfüllung. Der Mensch tritt in dieser Gottesbegegnung auch nicht aus Geschichte und Welt heraus in ein räumlich gedachtes Jenseits oder in die weltlose Innerlichkeit der Seele. In seinem Kommen qualifiziert Gott die Zeit als *Heilszeit*. Obwohl die Zeit durch Gottes Nähe erfüllt wird, eröffnet sich so Geschichte als wesentliche lebensgeschichtliche Dimension des Gottbezugs.

Das Reich der Freiheit

Das Reich Gottes kommt nicht mit äußerem Gepränge (vgl. Lk 17,20): „Das Reich Gottes ist schon mitten unter euch." (Lk 17,21) Jesus hat den Begriff der Gottesherrschaft nie selbst definiert. Aber es ist klar, daß es um die souveräne Herrschaft Gottes im Medium seines geschichtlichen Heilshandelns geht. Nur Gott kann Herrschaft so verwirklichen, daß sie nicht begrenzt und unterdrückt, sondern freigibt und Leben schafft.

Aus den wenigen Stellen, an denen der Apostel Paulus den Terminus Gottesreich aufgreift, geht hervor, daß die Herrschaft Gottes in der Gabe seines Geistes besteht, der Freiheit und ein neues Leben der Liebe schafft (Gal 5,22). Da im Heilshandeln Gottes die Mitte der Gottesherrschaft zu sehen ist, muß das innere Wesen Gottes, die Liebe, auch das Prinzip seiner Basileia sein. Dem entspricht die personale Antwort des Menschen: „Die Liebe ist die Erfüllung des ganzen Gesetzes" (Röm 13,10).

Der Ankunft des Reiches Gottes und der Verkündigung der Heilsbotschaft entsprechen personale Akte des Menschen, nämlich die Umkehr des Herzens, die Hingabe des Glaubens, die konkrete Nachfolge Jesu mit seiner Zuwendung zu den Hilfsbedürftigen, die Bereitschaft, sein Kreuz zu tragen (Mk 8,34) und die neue Ethik der Liebe als „Energie des Glaubens" (Gal 5,6). Die Erfüllung des „Willens meines Vaters im Himmel" (Mt 7,21) erweist sich in der Wahrnehmung der Einheit von Gottes- und Nächstenliebe (Mt 22,34-40). Darum ist beim Jüngsten Gericht die Hilfsbereitschaft für die notleidenden Schwestern und Brüder Christi das Kriterium echter Gottesliebe (vgl. Mt 25,31-46).

Johannes der Täufer hatte das kommende Reich noch ganz im Zeichen des drohenden Zorngerichtes Gottes angekündigt (vgl. Mt 3,7-12). Im Unterschied dazu steht in der Verkündigung Jesu die Heilsansage und die Erfüllung der Heilsverheißung für die Armen, Gefangenen, Blinden und Zerschlagenen, denen jetzt das Gnadenjahr des Herrn verkündet wird, im Vordergrund (vgl. Lk 4,18-20; Mt 11,5; vgl. Jes 35,5; 61.1 f.). Denn es gilt: „Heil den Augen, die sehen, was ihr seht" (Lk 10,23). Die Frage, die Johannes der Täufer aus dem Gefängnis heraus an ihn richten läßt, ob er der Erwartete sei, findet ihre Antwort in den Heilsereignissen, in denen die Verheißung wahr wird: „Blinde sehen wieder, Lahme gehen und Aussätzige werden rein, Taube hören, Tote stehen auf, und den Armen wird die Heilsbotschaft verkündet. Selig, wer an mir keinen Anstoß nimmt" (Lk 7,22).

Die Adressaten

In einer besonderen „Option für die Armen" zeigt Jesus seine Nähe zu den Ausgestoßenen und Deklassierten sowie auch zu den Menschen, die nicht recht ernst genommen werden wie z.B. die Kinder. Jesus begrenzt aber seine universale Sendung nicht, indem er sich im Kampf der Interessengruppen gegeneinander für eine Seite zuungunsten der anderen stark macht. Die Basileia stiftet vielmehr den Frieden und den Ausgleich der Menschen untereinander. So gilt auch den Reichen und den ausbeuterischen Zöllnern sein Ruf zur Umkehr und die Forderung, sich einem neuen Leben im Geist des Evangeliums zu öffnen. Den Pharisäern, die daran Anstoß nehmen, daß er mit Zöllnern und Sündern ißt, antwortet er: „Nicht die Gesunden brauchen den Arzt, sondern die Kranken. Ich bin gekommen, um die Sünder zu rufen, nicht die Gerechten." (Mk 2,17; Arzt als soteriologischer Begriff vgl. auch Ex 15, 26: „Ich bin der Herr, dein Arzt.") Dem reichen Mann, der Jesus danach fragt, was zu tun sei, um das ewige Leben zu gewinnen, rät Jesus, alle seine Schätze zu verkaufen, damit er einen bleibenden Schatz im Himmel habe und in seine Nachfolge eintreten könne (vgl. Mk 10,21). Obwohl es schwer möglich erscheint, daß ein Mensch der Gefangenschaft des trügerischen Reichtums entrinnt, ist ein Weg in das Reich Gottes doch möglich: „Für Menschen ist das unmöglich, aber nicht für Gott. Denn für Gott ist alles möglich." (Mk 10,27) So gilt allen Menschen seine freiheitschenkende Nähe.

Gott wird als Vater offenbart

Die Heilswirkung der Gottesherrschaft hat ihre Mitte darin, daß Gott dem Menschen als Vater nahekommt. Jesus als der geschichtliche Mittler der endzeitlichen Gottesherrschaft läßt seine Jünger teilhaben an seinem einzigartigen Verhältnis zu Gott als seinem Abba, Vater (Röm 8,15-17,29; Gal 4,4-7; Joh 17,5). War der Gott des Bundes im Alten Testament schon als Vater, Hirt, König, Freund, Brautgemahl und in seinem mütterlich sorgenden Verhalten den Menschen nahe, so dürfen sie jetzt in einem Verhältnis personaler Unmittelbarkeit Gott selbst als „unser Vater" ansprechen (Mt 6,9; Lk 11,2). Jesus überträgt sein persönlich-kindliches Vertrauensverhältnis zu seinem Abba (Mk 14,36) auf seine Jünger, ohne jedoch seine besondere Abba-Relation auf eine Stufe mit dem Abba-Verhältnis der Jünger zu stellen (vgl. z.B. Joh 20, 17). Das persönliche Verhältnis zu Gott als Abba darf nicht als ein sentimentales Gefühl mißverstanden werden. Gemeint ist das grenzenlose Vertrauen in die heilschaffende Liebe Gottes: „Wer das Reich Gottes nicht aufnimmt, wie ein Kind, wird nicht hineinkommen." (Mk 10,15) Eindringlich wird die befreiende, barmherzige und neuschaffende Liebe im Gleichnis vom barmherzigen Vater und dem verlorenen Sohn beschrieben (Lk 15,11-32). Gott ist ein dem Menschen zugewandter Gott. Wie das Gebet des „Vaterunser" zeigt, erfleht der Mensch nicht nur die Heiligung des Gottesnamens, die Ankunft des Reiches und die Erfüllung seines Heilswillens. Er betet auch in seinen alltäglichen Sorgen, um die Nahrung und Kleidung, um das tägliche Brot sowie in den Gefahren der Versuchung, d.h. der Bedrohung des Glaubens durch Krankheit, Armut und Not.

Irdische und transzendierende Dimension

Jesus erweist sich in seinem ganzen Verhalten nicht als Revolutionär im Sinne des Propagandisten einer Weltveränderungsstrategie (als der erste Liberale, Sozialist, Humanist oder religiöses Genie, wie die Leben-Jesu-Forschung es wollte). Jesus kuriert nicht an den Symptomen herum. Er verwandelt den Menschen in seinem konkreten Verhältnis zu sich selbst, zu den Mitmenschen und zur Umwelt aus dem Horizont eines letzten theozentrischen Wirklichkeitsbezugs.

Er war auch weder ein weltflüchtiger moralischer Rigorist noch ein sich selbst kasteiender religiöser Fanatiker. Dies zeigt sich in seiner natürlichen Dankbarkeit für die Gaben der Schöpfung, weshalb ihn seine Gegner als „Fresser und Säufer, Freund der Zöllner und Sünder" (Mt 11,19) denunzierten. Daß Jesus aber auch bereit war, sich dem ihn ganz beanspruchenden Dienst am Gottesreich zu stellen und in seinem Lebensstil dadurch auch für die Frommen herausfordernd zu wirken, zeigt sich in dem Schimpfnamen „Eunuch" (vgl. Mt 19,12), mit dem man ihn belegte, weil er wegen seiner Sendung als Diener des Gottesreiches freiwillig auf die Ehe verzichtet hat (Mt 19,12) und diese Lebensform auch von denen erwartete, die ihm in besonderer Weise nachfolgten.

Jesu Heilswirken in Vollmacht

Die notwendig theozentrische Interpretation der Gottesherrschaft muß die Aufmerksamkeit auf die darin enthaltene reale Heilsdimension lenken:

Er zog in ganz Galiläa umher, lehrte in den Synagogen, verkündete das Evangelium von der Basileia und heilte im Volk alle Krankheiten und Leiden. Und sein Ruf verbreitete sich in ganz Syrien. Man brachte Kranke mit den verschiedensten Gebrechen und Leiden zu ihm, Besessene und Mondsüchtige und Gelähmte, und er heilte sie alle. Scharen von Menschen aus Galiläa, der Dekapolis, aus Jerusalem und Judäa und aus dem Gebiet jenseits des Jordans folgten ihm.
(Mt 4,23-25)

Jesus besiegt die „Dämonen", d.h. die dem heiligen und heilenden Geist Gottes widerstreitenden Kräfte, Mächte und Gewalten, deren schlimmste Gestalt der Tod ist, „der letzte Feind des Menschen" (1 Kor 15,26). Es sind die Mächte, die die Seele des Menschen knechten und die sich in den Strukturen des menschlichen Gemeinschaftslebens festsetzen und die Menschen von der Gemeinschaft mit Gott und untereinander in der Liebe fernhalten. Jesus bedarf keiner Beschwörungsformel und keines magischen Zaubers. Seine Verkündigung der Gottesherrschaft bereitet dem zerstörerischen Wirken ihrer Herrschaft ein Ende. Hier geschieht Heil in der erfahrbaren Welt: *„Wenn ich aber die Dämonen durch den Finger Gottes (Geist) austreibe, dann ist die Basileia schon zu euch gekommen."* (Lk 11,20; vgl. Mt 12,28)

In der Überwindung der dämonischen Mächte, die die Menschen durch geistige, leibliche und seelische Krankheiten unterjochen, manifestiert sich die heilschaffende Liebe Gottes und die Erfüllung des menschlichen Geistes und Leibes mit Gottes heiligem Geist (vgl. die Heilung des Besessenen von Gerasa und des besessenen Jungen; Mk 5,1-20, 9,14-27).

Diese Machttaten Jesu dienen nicht in erster Linie, apologetisch, seiner Legitimation. Sie zeigen, daß Gott alle Ohnmacht des Menschen angesichts der

Unheilsmächte überwindet und mit seinem Kommen das Heil auch bis in die leibliche und soziale Existenz des Menschen hinein verwirklicht. Seine Sendung vom Vater und die bleibende Einheit mit ihm im Gebet sind die Wurzeln seines Heilshandelns.

Jesu Wundertaten und Machtzeichen gehören ganz in seine Botschaft von Gottes Herrschaft und Reich hinein. Sie sind die praktische Dimension seiner Verkündigung. Seine Heilungswunder sind Reich-Gottes-Praxis und der Beweis, daß Gott es mit seinem Heilswillen gegenüber den Menschen ernst meint. Jesus kann also nicht als ein charismatischer Wunderheiler verstanden werden etwa in Analogie zu Apollonius von Tyana, einem dem Neupythagoreismus verbundenen Wanderprediger im ersten Jahrhundert († 97 n.Chr.). Jesu Wundertätigkeit ist eine Dimension seiner Reich-Gottes-Verkündigung. Sie ist in seiner Vollmacht als Mittler des endzeitlichen Gottesreiches begründet.

Die Wunder Jesu

Die Rede von den Wundern Jesu muß im Zusammenhang seines Selbstverständnisses interpretiert werden. Dem neutestamentlichen Wunderbegriff liegt nicht die neuzeitliche Definition von Wunder als „Durchbrechung der Naturgesetze" zugrunde. Diese Sicht von Wunder steht nämlich im hermeneutischen Kontext des deistischen Gottesverständnisses und des mechanistischen Weltbildes. Der Uhrmacher-Gott steht hier seinem Werk völlig äußerlich gegenüber und greift gleichsam von außen hie und da in die Weltmaschine ein, wenn ihr Mechanismus nicht mehr recht funktioniert. Vom Standpunkt einer empirischen Wissenschaft aus hat ein so verstandenes Wunder immer etwas Mirakulöses, wenn nicht Okkultistisches an sich und bedeutet zugleich auch eine Minderung des Begriffs von Gott – so, als hätte er es bei der ursprünglichen Konstruktion des Weltmechanismus an überlegener Intelligenz mangeln lassen.

Das biblische und theologische Wunderverständnis setzt anders an. Die Eigenständigkeit des Kreatürlichen steht keineswegs im Gegensatz zu einer personalen Relation des Menschen zu Gott, die sich im offenen Feld der geschichtlichen Realisierung von Freiheit manifestiert.

So kann Gott sich selbst als Heil vergegenwärtigen durch das Ganze der geschaffenen Welt und der inneren Sinnrichtung der geschaffenen Dinge. Gott schaltet hier die Eigenursächlichkeit der geschaffenen Welt nicht aus, sondern er verleiht ihr als ganzer eine Richtung auf ihren Adressaten hin. Darum wird man Gottes Wirken niemals quantifizieren können. Daß das unvorhergesehene, unberechenbare, außerordentliche und Verwunderung erregende Geschehen gerade auf die Ersturursache in Gott zurückgeführt werden kann, wird uns im Neuen Testament erst durch das erschließende Wort Jesu deutlich. Im glaubenden Sich-Übereignen an dieses Wort, das den Empfänger umwandelt und auf Gott hin öffnet, erschließt sich dieses Geschehen als Gottes Tat zu dem je spezifischen Heil des individuellen Menschen. Obwohl die Ursache des Wundergeschehens in Gott selbst liegt, ereignet sie sich konkret und mitkonstitutiv in der Personmitte des Menschen. Darum steht die Wirksamkeit des heilenden Tuns Jesu – wie alle Wundergeschichten bezeugen – im Raum der personalen Glaubensantwort des

Menschen: „Dein Glaube hat dich gesund gemacht." (Mk 5,34; Mt 9,22 u.ö.) In seiner Heimatstadt Nazaret konnte Jesus kein Wunder tun wegen des Unglaubens der Bewohner (Mk 6,6a). Der Grund hierfür war nicht sein Unvermögen, sondern ihr Unglaube, der die Ankunft des Heils zurückweist. Die Heilungswunder Jesu sind also Machttaten und Zeichen der „Größe Gottes" (Lk 9,43a) und der Vollmacht Jesu als des endzeitlichen Predigers und Mittlers des Gottesreiches. Das Wunder der Brotvermehrung ist begründet im Mitleid Jesu mit den hungernden Menschen. Weil durch seine Gaben alle essen können und satt werden, wird er als der messianische Hirte des Gottesvolkes offenbar (vgl. Mk 6,30-44).

Historisch gesehen besteht kein Zweifel daran, daß Jesus in der dynamis des Geistes Gottes (Lk 5,17) tatsächlich wunderbare Heiltaten gewirkt hat: Die Heilung der Schwiegermutter des Simon Petrus (Mk 1,29-31); die Heilung eines Aussätzigen (Mk 1,40-45) und eines Gelähmten (Mk 2,1-12); die Heilung der Tochter der Syrophönizierin (Mk 7,24-30); die Heilung eines Taubstummen (Mk 7,31-37); die Heilung des Blinden von Jericho (Mk 10,46-52). Neben vielen weiteren einzelnen Berichten von Krankenheilungen und Dämonenaustreibungen sind auch die summarischen Bemerkungen zu berücksichtigen (vgl. Mk 1,32-34; 6,53-56). Auch die Widersacher Jesu bestreiten seine Wundertaten nicht. Sie führen sie jedoch auf die Macht des Teufels zurück: „Nur mit Hilfe von Beelzebul, dem Anführer der Dämonen, treibt er die Dämonen aus." (Mt 12,24)

Ein synoptischer Vergleich zeigt jedoch die von der katechetischen und kerygmatischen Situation der frühchristlichen Gemeinden bedingte Tendenz zu einer gewissen Steigerung der Wunder oder, bei den Wunderberichten, zu einer Erhöhung der Zahl der Geheilten. Die sog. Naturwunder, z.B. die Stillung des Sturmes auf dem See (Mk 4,35-41) und der Wandel Jesu über das Wasser (Mk 6,45-52) sowie auch die Erzählungen der Totenauferweckungen der Tochter des Jairus (Mk 5,21-43), des Jünglings von Nain (Lk 7,11-17) und des johanneischen Berichts von der Erweckung des Lazarus von Bethanien (Joh 11,1-44) sind von den Evangelisten sehr deutlich aus der Perspektive der Auferweckung Jesu durch den Vater gestaltet. Sie zeigen Jesus als den Herrn auch über die Gewalten der Natur und als den Vermittler des ewigen Lebens für die Toten. Die nachösterliche Gemeinde bekennt sich ja zu Jesus als dem „Urheber des Lebens" (Apg 3,15). Das ewige Leben besteht in der Erkenntnis des einzigen und wahren Gottes und seines Gesandten: Jesus Christus (Joh 17,3). Inwieweit diesen evangelischen Berichten ein historischer Kern im irdischen Leben Jesu zugrunde liegt, ist in der exegetischen Forschung umstritten und kann in diesem Zusammenhang offen bleiben. Auf jeden Fall ist der Bericht über Naturwunder immer mit der Frage nach dem Persongeheimnis Jesu verbunden: „Was ist das für ein Mensch, daß ihm sogar der Wind und der See gehorchen?" (Mk 4,41); „Ein großer Prophet ist unter uns aufgetreten: Gott hat sich seines Volkes angenommen." (Lk 7,16)

Im Johannes-Evangelium dienen alle Zeichen Jesu der Offenbarung seiner Herrlichkeit (Joh 2,11), der „Herrlichkeit des einzigen Sohnes vom Vater" (Joh 1,14). Diese Zeichen sind die Verwandlung des Wassers in Wein bei der Hochzeit zu Kana (Joh 2,1-12), die Heilung des sterbenden Sohnes eines königlichen Beamten (Joh 4,46-54), die Heilung des Lahmen am Teich von Betesda (Joh 5,1-18), die Heilung des Blindgeborenen (Joh 9,1-41) sowie die Auferweckung des Lazarus (Joh 11,1-44). Sie zeigen den umfassenden Heilswillen Gottes: „Er hat alles gutgemacht." (Mk 7,37) Alle, die mit ihm aus einer Haltung des Glaubens heraus in Berührung kommen wollen, werden gesund (Mk 6,56).

Verborgenheit und Krisis der Basileia

Im Handeln Jesu trifft man auf eine eigentümliche Spannung. Die Gottesherrschaft ist zwar in seinem Wirken definitiv angekommen, aber ihre Vollendung steht noch aus. Jesu Machttaten erscheinen wie eine Antizipation des „neuen Himmels und der neuen Erde" am Ende der Zeit. Sie verdeutlichen exemplarisch die Vollgestalt der Heilshoffnung. Sie bleiben umstritten wie Jesus selbst. Die Wunder Jesu zwingen nicht. Sie befreien zwar zum Weg des Glaubens und der Nachfolge, beseitigen aber nicht jedes mögliche Ärgernis. Zur eschatologischen Nähe der Gottesherrschaft gehört darum auch die Möglichkeit des Verkanntwerdens und des Mißverständnisses. Ja, die stärker andrängende Gottesherrschaft provoziert einen sich mehr und mehr verhärtenden Widerstand. Der Grund dafür liegt darin, daß die Gegner Jesu in eine legalistische und kasuistische Auslegung des Willens Gottes verstrickt sind, die sie unfähig macht, die Erfüllung der Thora in der Verkündigung der Liebe im Glauben zu erkennen und anzunehmen. Da das Reich Gottes nicht mit äußerer Macht und zwingender Gewalt kommt, sondern sich an die Freiheit des Glaubens wendet, ist gegenüber seiner verborgenen Gestalt auch der Unglaube möglich. Er äußert sich in der Verfolgung und der Vernichtung des Mittlers der Gottesherrschaft. So liegt in der Sendung Jesu und den ihm abgenötigten Weg zu Leiden, Kreuz und Tod ein mögliches Geschick der Reich-Gottes-Proklamation beschlossen.

Zugleich kommt es hier zur dramatischen Frage, ob die in Jesus erschienene Nähe der Liebe Gottes stärker ist als der Widerstand des Unglaubens. Das Erscheinen der Liebe Gottes in der Niedrigkeit und Verborgenheit der Basileia und in der Verletzlichkeit ihres menschlichen Mittlers impliziert die kontingente geschichtliche Konstellation, daß sich die Identifikation Gottes mit Jesus gegenüber tödlicher Feindschaft bewähren muß und daß im Falle des je größeren Gehorsams Christi gegenüber seinem Vater die Basileia im Kreuzestod Jesu ihre definitive geschichtliche Durchsetzung erreicht, die in der Auferweckung des Gekreuzigten geoffenbart ist. Der Heilswille Gottes bleibt dann nicht transzendent. Er hat seine konkrete Realität in Kreuz und Auferstehung Jesu, durch die er sich bleibend zeichenhaft und real vergegenwärtigt. Die bedingungslose Liebe des Vaters, die Jesus verkündet hat, hat sich in der Unbedingtheit der Treue des Vaters zum Sohn und des Sohnes zum Vater im Ereignis des Kreuzes und im Geschehen der Auferweckung als siegreich erwiesen.

Offenbarwerden der Basileia

Wenn nun oft von der Nähe des Reiches Gottes die Rede war, so konnte dies eigentlich nur so viel wie „wirksame Gegenwart" bedeuten. Ausgeschlossen ist hier die bloße Vorabinformation über ein Ereignis, das an einem späteren Punkt einer Zeitlinie einmal eintreffen wird. Unter der Ankunft des Reiches Gottes kann man ja auch nicht, primitiv gesprochen, das Hereinbrechen einer Wirklichkeit aus dem oberen Teil der Welt in einen unteren Teil der Welt verstehen. Denn trotz der weltbildlichen Gebundenheit der religiösen Vorstellungen haben die Zeitgenossen Jesu das Kommen Gottes nicht wie einen Ortswechsel von dem oberen Raum des Himmels auf die untere Theaterbühne, der Erde, verstanden, sondern als ein Sichzusagen Gottes und die Annahme seines Heilshandelns im Glauben. So hat Jesus die Gottesherrschaft als gegenwärtig wirksam verkündet und auch ihre definitive Ankunft in seinem eigenen Schicksal und seinem menschlichen Gehorsam bis zum Tod am Kreuz (vgl. Phil 2,6-11) realisiert. Da der Mensch aber in seiner irdischen Existenz im offenen Radius einer zeitlichen Zukunft steht, erweist sich der in Jesus Christus gekommene Gott als die absolute Zukunft des Menschen auch in der zeitlichen Dimension seiner Lebensgeschichte. Die Jünger sollen darum beten: „Dein Reich komme!" (Lk 11,2). Der äußerste Horizont der vollendeten Offenbarung des Reiches Gottes ist sicher die allgemeine Auferweckung der Toten am Ende der Zeit, wenn der Gott Abrahams, Isaaks und Jakobs sich als ein Gott nicht von Toten, sondern von Lebenden erweist (Mk 12,26f.) und wenn beim Letzten Gericht die Berufenen „von Osten und Westen und von Norden und Süden kommen und im Reich Gottes zu Tisch sitzen" (Lk 13,29).

So hat Jesus wohl selbst mit einem baldigen Offenbarwerden des Reiches Gottes in Herrlichkeit gerechnet: „Wahrhaftig, das sage ich euch: Von denen, die hier stehen, werden einige den Tod nicht erleiden, bis sie das Reich Gottes gesehen haben" (Lk 9,27).

Unter zeitlichem Aspekt ist der Jüngste Tag als die letzte Offenbarung der Gottesherrschaft aber nicht eigentlicher Inhalt des Offenbarungsauftrags des Sohnes: „Jenen Tag und jene Stunde kennt niemand, auch nicht die Engel im Himmel, nicht einmal der Sohn, sondern nur der Vater" (Mk 13,32).

Hier ist die Wachsamkeit der Jünger und ihre Bereitschaft dazu gefordert, die Zeichen der Zeit zu erkennen. Gefragt ist hier aber auch ihr Vertrauen auf die Zusage Jesu, daß, wenn auch Himmel und Erde vergehen, „seine Worte nicht vergehen" (Mk 13,31).

Diese futurische Ausrichtung auf die endzeitliche Vollendung steht der eschatologischen Präsenz der Gottesherrschaft als volle Durchsetzung der Liebe bei dem Kreuzestod Jesu Christi nicht entgegen, sondern eröffnet sich von hier als ein wesentlicher Aspekt an der nachösterlichen Gemeinschaft mit dem eschatologischen Mittler der Gottesherrschaft. Die Verwirklichung der Gottesherrschaft im Kreuzestod Jesu und die daraus sich ableitende Offenheit auf ihre geschichtliche Zukunft zeigt sich in dem Wort Jesu, das im Zusammenhang des Letzten Abendmahls überliefert ist, bei dem Jesus in den Zeichen von Brot und Wein seinen Tod als Hingabe und Verwirklichung des Neuen Bundes deutet: „Amen, ich sage euch: Ich werde nicht mehr von der Frucht des Weinstocks trinken bis zu dem Tag, an dem ich von neuem davon trinke in der Basileia Gottes." (Mk 14,25)

Andere Begriffe für Basileia
Es ist schließlich noch auf die vielfältigen biblischen Begriffe aufmerksam zu machen, in denen die Realisierung der Basileia durch die Verkündigung Jesu dargeboten und jeweils sprachlich variiert wird:

- Neuer Bund
    (Mk 14,24; Lk 22,20; 1 Kor 11,25; Hebr 8,6-13; 9,15.20; 12,24; 13,20 u.ö.),

- Versöhnung
    (Röm 5,10; 2 Kor 5,18-20; Eph 2,16; Kol 1,20; Hebr 2,17; Joh 2,2; 4,10),

- Rechtfertigung des Sünders
    (Röm 3,21-26; 4,25; Gal 3,24; Tit 3,7),

- Befreiung und Freiheit
    (Röm 6,18; 8,2; Gal 4,31; 5,1),

- Rettung
    (Mk 3,4; Apg 2,21; Röm 5,9.16; 11,26; 2 Kor 1,10; Kol 1,13; Eph 5,23; 1 Tim 1,1; 4,10; Tit 1,3; Jud 5),

- Heiligung
    (Röm 6,22; 1 Kor 1,30, 1 Thess 4,3.7; Hebr 12,10.14),

- Erlösung
    (Lk 1,68; 4,19; 21,28; Röm 3,24; 8,23; 1 Kor 1,30; Eph 1,7; 4,30; Hebr 9,12.15 u.ö.),

- Sündenvergebung
    (Mk 1,4; Mt 26,28; Lk 1,77; 24,47; Apg 2,38; 5,31; 10,43; 13,38; 26,18; Röm 3,25; Eph 1,7; Hebr 9,22),

- Gemeinschaft mit dem Sohn und dem Vater in der Liebe
    (1 Kor 1,9; Phil 3,10; 1 Joh 1,3-7; 4,7-18),

- ewiges Leben
    (Mk 10,17; Mt 25,46; Joh 3,36; 17,3, 1 Joh 1,2; 2,25; 5,20; Röm 6,23 u.ö.),

- Friede
    (Joh 14,27; 16,33; Apg 10,36; Röm 8,6; 14,17; 1 Kor 14,33; Gal 5,22; Eph 2,14 f.),

- Mitvollzug des Sohnesverhaltens zum Vater im Heiligen Geist
    (Röm 8,15; Gal 4,4-6; Joh 14,23-26),

- Anteil an „Wesen und Gestalt seines Sohnes"
    (Röm 8,29),

- Teilhabe am Leben der göttlichen Natur
    (2 Petr 1,4),

- Wiedergeburt zum neuen Leben im Heiligen Geist
    (Joh 3,5; 1 Petr 1,3.23, Tit 3,5),

- neue Geschöpflichkeit in Christus und im Geist
    (Gal 6,15; 2 Kor 5,17),

- Hochzeitsmahl des Lammes
    (Offb 19,7-9),

- Wiederherstellung des neuen Himmels und der neuen Erde
    (Röm 8,19-23; 2 Petr 3,13; Offb 21,1).

2.2.2.2 Jesu Gleichnisreden von der Gottesherrschaft

Die Gleichnisreden Jesu sind ein markanter Bestandteil seiner Verkündigung. Wenn sie auch in ihrer uns vorliegenden literarischen Gestaltung durch die Evangelisten Umprägungen aus katechetischen und homiletischen Interessen der frühen Gemeinde aufweisen, so ermöglichen sie doch immer noch einen guten Zugang zur ursprünglichen Intention der Reich-Gottes-Verkündigung Jesu. In ihrer plastischen Bildsprache und ihrer Einbindung in das alltägliche Arbeitsleben der Handwerker, Bauern und Fischer, aber auch mit ihrer Bezugnahme auf die religiösen und ethischen Überzeugungen und die gottesdienstliche Praxis des jüdischen Volkes sind sie die Verkörperung einer durch Welt vermittelten Theozentrik.

Eine allegorisierende Auslegung ist hier fehl am Platz, weil sie der ursprünglichen Aussageabsicht nicht entspricht. Es geht immer darum, aus einer ganz konkreten menschlichen Lebenssituation das entscheidende Kriterium des religiösen Verhaltens und ethischen Tuns in Bezug zur andrängenden Nähe der Gottesherrschaft zu setzen. Der Sinn aller Gleichnisreden besteht in der Offenbarung des Geheimnisses des Gottesreiches (Mk 4,11). Wer im Glauben sich dem Verkündigungswort Jesu öffnet, dem wird in den Gleichnissen die Wirklichkeit und Wirksamkeit des Gottesreiches sichtbar, hörbar und verstehbar, damit er umkehre, die Vergebung seiner Sünden erlange und Teilhaber am Reich Gottes werde:

Selig eure Augen, weil sie sehen, und eure Ohren, weil sie hören. Denn wahrlich, ich sage euch: viele Propheten und Gerechte verlangten zu sehen, was ihr seht, und haben es nicht gesehen, und zu hören, was ihr hört, und haben es nicht gehört.
(Mt 13,16 f.; Lk 10,23 f.)

In unterschiedlicher Akzentuierung kommen die verschiedenen Facetten des Gottesreiches zur Sprache: Die Nähe, der Ruf zur Entscheidung, sein Vorrang vor allen anderen Werten, die Erfahrung der grenzenlosen Liebe und Vergebungsbereitschaft Gottes, die Einladung, selbst gegenüber dem Nächsten ein vergebender Mensch zu werden.

In diesem Zusammenhang können die wichtigsten Gleichnisse von der Gottesherrschaft nur erwähnt werden, ohne sie in ihrer theologischen und christologischen Bedeutung auszuschöpfen: das Gleichnis vom Sämann (Mk 4,1-9); von der selbstwachsenden Saat (Mk 4,26-29); vom Unkraut unter dem Weizen (Mt 13,24-30); vom Senfkorn (Mk 4,30-32); vom Sauerteig (Mt 13,33); die Gleichnisse vom Schatz im Acker und der kostbaren Perle (Mt 13,44-46); das Gleichnis vom Fischnetz (Mt 13,47-50); vom begnadigten Schuldner als einem unbarmherzigen Gläubiger (Mt 18,23-35); das Gleichnis vom barmherzigen Samariter, das in wunderbarer Tiefe den Sinn der Nächstenliebe verdeutlicht (Lk 10,25-37); das Gleichnis vom erhörenden Freund (Lk 11,5-8); vom törichten Reichen (Lk 12,13-21); vom Sauerteig (Lk 13,20 f.); vom verlorenen Schaf (Lk 15,1-7); von der verlorenen Drachme (Lk 15,8-10); vom verlorenen Sohn (Lk 15,11-32); vom ungerechten Verwalter (Lk 16,1-13); vom reichen Mann und vom armen Lazarus (Lk 16,19-31); vom Knecht (Lk 17,7-10); das Gleichnis vom Richter und der Witwe (Lk 18,1-8); vom Pharisäer und Zöllner (Lk 18,9-14); vom gleichen Lohn für ungleiche Arbeit (Mt 20,1-16); von den Talenten oder Minen

(Mt 25,14-30; Lk 19,11-27); von den klugen und törichten Jungfrauen (Mt 25,1-13); das Gleichnis von den ungleichen Söhnen (Mt 21,28-32).

Eine besondere Zuspitzung auf die Frage nach der Vollmacht Jesu (Mk 11,27-33) und damit die Legitimität Jesu als eschatologischer Mittler der Gottesherrschaft zeigt sich in den beiden jeweils andersgearteten Gleichnissen von den bösen Winzern (Mk 12,1-12) und vom königlichen Hochzeitsmahl (Mt 22,1-14; Lk 14,15-24). Das Gleichnis von den bösen Winzern enthält einen unmittelbaren Bezug auf die Entscheidungsfrage der Christologie. Der Sohn, den der Besitzer des Weinbergs schließlich sendet, nachdem die Winzer seine Knechte vertrieben hatten, ist niemand anderes als „sein geliebter Sohn" (Mk 12,6). Die sprachliche Übereinstimmung mit der Offenbarung Jesu als des „geliebten Sohnes Gottes", auf den die Menschen hören sollen (Mk 1,11; 9,7), ist offenkundig.

2.2.2.3 Die Lehre Jesu von der Gottesherrschaft

Im Zusammenhang mit der Proklamation der Gottesherrschaft ist auch Jesu Lehrtätigkeit zu sehen. Seine Lehre kann jedoch nicht als Darbietung eines Systems intellektueller Ergründung der Welt und ihrer Ursachen verstanden werden. Jesus tritt vielmehr als vollmächtiger Verkünder des Heilswillens Gottes auf. Als erste Resonanz der öffentlichen Verkündigung Jesu konstatiert das Markus-Evangelium den staunenden Ausruf der Menge: „Hier wird mit Vollmacht eine ganz neue Lehre verkündet." (Mk 1,27)

Jesus teilt die religiösen Grundauffassungen seines Volkes. Er bekennt sich zu Gott, dem Schöpfer und Herrn des Himmels und der Erde (Mt 11,25; Lk 10,21). Der Gott, den er in unvergleichlicher Weise als seinen Abba anspricht, ist kein anderer als der Gott Abrahams, Isaaks und Jakobs (Mk 12,26), der Gott der Propheten, der sich in seiner Geschichte Israels als der Gott der Rettung und der Gott des Bundes ausgewiesen hat. Von ihm her erwartet Jesus auch das Eintreffen des Gottesreiches in seiner geschichtlichen Präsenz und endgültigen Vollendung.

Jesus glaubt an die endzeitliche Auferstehung der Toten. Dazu ist es wichtig, sich einen „bleibenden Schatz im Himmel" zu verschaffen (Mk 10,21). Wer um seinetwillen und um des Evangeliums willen alles verläßt und ihm nachfolgt, wird das Hundertfache dafür empfangen, „wenn auch unter Verfolgungen, und in der kommenden Welt das ewige Leben." (Mk 10,30) Es gilt: „Selig, wer im Reich Gottes am Mahl teilnehmen darf." (Lk 14,15) „Die aber, die Gott für würdig hält, an jener Welt und an der Auferstehung von den Toten teilzuhaben, ... werden durch die Auferstehung zu Söhnen Gottes." (vgl. Lk 20,35 f.)

Die Jünger, die in allen Prüfungen Jesu ausharren, empfangen die Basileia so, wie der Vater sie Jesus vermacht hat: „Ihr sollt in meiner Basileia mit mir an meinem Tisch essen und trinken, und ihr sollt auf Thronen sitzen und die zwölf Stämme Israels richten." (Lk 22,30)

Als Kern der Lehre Jesu kann seine Aufforderung gelten: „Sucht zuerst das Reich Gottes und seine Gerechtigkeit, dann wird euch alles andere dazugegeben." (Mt 6,33)

Hier können natürlich nicht alle Aspekte und Einzelheiten der Lehrtätigkeit Jesu, wie sie in seinen vielen Gleichnisreden, in den einzelnen Logien und signifikanten Handlungen überliefert sind, dargestellt werden. Eine Grundeinsicht vermittelt jedenfalls die Zusammenstellung der vollmächtigen und betroffen machenden Lehre Jesu (Mt 7,28 f.), wie sie Matthäus in der Bergpredigt (Mt 5-7) und Lukas in der Feldpredigt (Lk 6,20-49) zusammengestellt haben.

Indem Jesus von einem Berg herab seine Jünger und das versammelte Volk lehrt, erscheint er als der *neue Mose* und der *neue Gesetzgeber* in der nahegekommenen Basileia.

Die Gottesherrschaft gehört den Armen im Geist, den Trauernden und Friedfertigen, denen, die nach der Gerechtigkeit Gottes hungern und dürsten, den Barmherzigen, denen, die ein reines Herz haben und Frieden stiften, denen, die um der Gerechtigkeit willen verfolgt werden.

Jesus ist nicht gekommen, um Gesetz und Propheten aufzuheben, sondern um sie zu erfüllen (Mt 5,17). Aber in der Erfüllung des Gesetzes sprengt er die legalistische und kasuistische Bändigung des Wortes und Geistes Gottes in den begrenzten menschlichen Auslegungstraditionen. Er transzendiert die herkömmliche Gesetzesfrömmigkeit, indem er die Thora auf ihren ursprünglichen Geist hin auslegt. Jesus schafft nicht den Buchstaben, d.h. die weltliche Konkretion der biblischen Ethik, ab, um zu einem freischwebenden, unverbindlichen Geist zu gelangen, sondern er macht den Blick frei für den Geist im Buchstaben. Er führt zu einer Reinheit des Herzens, das zur wirklichen Nächstenliebe fähig ist. Er radikalisiert die großen ethischen Themen vom Töten und der Versöhnung, von Ehebruch und Ehescheidung, vom Schwören, von der Vergeltung, von der Feindesliebe, vom Almosengeben, dem wahren Beten und Fasten im Verborgenen und vom Richten über die Mitmenschen. So kann der Mensch wahre Schätze im Himmel sammeln, die nicht verderben. „Denn wo dein Schatz ist, da ist auch dein Herz." (Mt 6,21)

Es kann daher nicht mehr überraschen, daß das Gebot der Liebe der Kern und Stern der Verkündigung einer neuen Gerechtigkeit im nahegekommenen Gottesreich ist. Die Gottes- und Nächstenliebe führen über eine äußere Gebotsethik hinaus in eine personale Ethik der Freiheit (vgl. Gal 5,1; 5,6) und der hilfsbereiten Liebe in Gemeinschaft der Jünger mit der Communio der Liebe von Vater, Sohn und Geist (1 Joh 1,1-3; 4,7-5,4).

In diesem Sinne führte Jesus alle Gebote auf ihre Mitte zurück. Die Menschen finden das ihnen angebotene Gottesreich, indem sie in der Metanoia, im Glauben und in der Liebe antworten. Das ganze Gesetz samt den Propheten hängt also an den beiden Geboten:

Du sollst den Herrn deinen Gott lieben mit ganzem Herzen, mit ganzer Seele und mit allen deinen Gedanken. Das ist das wichtigste und erste Gebot. Ebenso wichtig ist das zweite: Du sollst deinen Nächsten lieben wie dich selbst.
(Mt 22,37-40; Mk 12,28-31; Lk 10,25-28; Joh 13,34 f.; Röm 13,8-10; Gal 5,14; Dtn 6,5; Lev 19,18)

Die Basileia des Vaters Jesu, die seit der Erschaffung der Welt für die Geretteten bestimmt ist (Mt 25,34), wird denen zuteil, die in den Hungernden und Dürstenden, den Fremden und Obdachlosen, den Gefangenen und Verfolgten Jesus selbst begegnet sind und ihm ihre Liebe erwiesen haben.

2.2.2.4 Jüngerschaft – Nachfolge – Kirche

Von A. Loisy (1857-1940) stammt das Wort: „Jesus verkündete das Reich Gottes, und gekommen ist die Kirche."[43] Im Gegensatz zur Intention des Autors, der hier eine innere Kontinuität zwischen beiden Größen betonen wollte, wurde dieses Diktum immer wieder als Beleg für den ungeheuren Kontrast zwischen einer großartigen Vision und ihrer erbärmlichen Realisierung zitiert.

Dem tatsächlichen Gang der Geschehnisse würde aber eher eine andere Formulierung entsprechen: *Jesus hat die Basileia verkündet, und sie ist Wirklichkeit geworden in ihm selbst, in seinem Kreuz und seiner Auferstehung. Darin hat die Kirche als das neue Bundesvolk ihren Ursprung.*

Jesus war kein Stifter, der eine neue Religionsgesellschaft gründen wollte. Zu seiner Mission als Bote und Mittler des nahegekommenen Gottesreiches gehörte aber sehr wohl die Sammlung des zerstreuten und in viele Sekten aufgespaltenen Gottesvolkes.

Bezeichnend dafür ist die Berufung der zwölf Jünger. Diese sind die Repräsentanten der zwölf Stämme Israels und damit der Ganzheit des Bundesvolkes. Sie werden von Jesus bevollmächtigt, an seiner Verkündigung und Basileia-Praxis teilzuhaben (vgl. Mk 3,13-17; Mt 10,1-4; Lk 6,12-16).

Das zeigt zum einen Jesu Anspruch auf Israel. Es macht darüber hinaus auch deutlich, daß er mit der Wiederherstellung des Bundesvolkes und der Aufrichtung der Basileia nicht einen apokalyptisch-dramatischen Einbruch Gottes von außen in die Welt gemeint hat. Im Gegenteil, ihm war an einer wirklichen Präsenz Gottes in dieser Welt gelegen.

Durch seinen Aufruf zur Buße und zum Glauben an das Evangelium sammelt Jesus aber auch das ganze Volk. Er schart die Glaubenden als seine Jünger um sich und beruft sie auf den Weg der Nachfolge. Die Jüngerschaft Jesu umschließt auch noch die Bereitschaft, um der Basileia willen und um Jesu willen Verfolgung (Mt 5,12; Mk 13,9-13), ja sogar die Entzweiung der eigenen Verwandtschaft auf sich zu nehmen (vgl. Mt 10,35). Als authentisches, vorösterliches Jesuswort gilt:

Wer mein Jünger sein will, der verleugne sich selbst, nehme sein Kreuz auf sich und folge mir nach. Denn wer sein Leben retten will, wird es verlieren; wer aber sein Leben um meinetwillen und um des Evangeliums willen verliert, wird es retten. Was nützt es einem Menschen, wenn er die ganze Welt gewinnt, dabei aber sein Leben einbüßt? Um welchen Preis könnte ein Mensch sein Leben zurückkaufen? Denn wer sich vor dieser treulosen und sündigen Generation meiner Worte schämt, dessen wird sich auch der Menschensohn schämen, wenn er mit den heiligen Engeln in der Hoheit seines Vaters kommt.

(Mk 8,34-38)

Insofern sich das Schicksal der Basileia in Kreuz und Auferstehung Jesu erfüllt, transformiert sich die vorösterliche Jüngerschaft durch Umkehr, Glaube und Nachfolge Jesu zur nachösterlichen Gemeinschaft mit Jesus aufgrund von Glaube, Taufe und einem christlichen Leben.

Der vorösterliche Kreis der Jünger und Jüngerinnen Jesu (vgl. Lk 8,1-3) wird, vor allem mit den zwölf Jüngern als den bevollmächtigten Auferstehungszeugen,

---

[43] A. Loisy, L'Évangile et l'Église, Paris ⁴1908, 153.

transformiert in das endzeitliche Volk des Neuen Bundes, den Jesus durch sein Kreuz und seine Auferstehung als die Endgestalt der Basileia konstituiert hat. Zu diesem Neuen Bundesvolk haben nun aber auch die Heiden Zutritt kraft des Glaubens.

Daß die berufene Versammlung (= Kirche) des Bundesvolkes in ihrer endgültigen Gestalt ein Ergebnis der Durchsetzung der Basileia in Kreuz und Auferstehung Jesu ist, zeigt sich sehr deutlich an einem entscheidenden Akt, der zur Kirche führt: Auf das österliche Bekenntnis der Jünger zu Jesus als dem „Sohn des lebendigen Gottes" folgt die Fundierung der Kirche auf den ersten Zeugen des Auferstandenen (vgl. 1 Kor 15,5; Lk 24,34): „Du bist Petrus, und auf diesen Felsen werde ich meine Kirche bauen." (Mt 16,18) So ist Jesus in der Tat als der endzeitliche Mittler der Gottesherrschaft der Urheber und Ursprung des Neuen Bundesvolkes (vgl. Eph 5,25), das er durch die Ostererscheinungen auf das Fundament des Bekenntnisses und Glaubenszeugnisses der „Apostel und Propheten aufgebaut hat; der Schlußstein ist Christus Jesus selbst." (vgl. Eph 2,20)

2.2.3 Jesu Vollmacht und Sendungsautorität

Jesus hat mit seiner Reichgottes-Proklamation einen ungeheuren Eindruck hervorgerufen. Dies spiegelt sich noch in dem Überlieferungsstoff, den die Synoptiker im Sinne ihrer homologetischen und narrativen Christologie verwendet haben.

Messianische Legitimation

Das Selbstverständnis Jesu tritt nicht in betonten Aussagen über sich selbst oder gar in einer Selbstprädikation im Sinne des späteren christologischen Bekenntnisses (Messias, Sohn Gottes) hervor. Inhalt und Mitte seines Wirkens ist allein die Gottesherrschaft. Aber die Gottesherrschaft schickt sich ihm so unbedingt zu, daß er sich gar nicht mehr anders als in seiner Aufgabe der Verkündigung und Vermittlung der Basileia verstehen kann.

Das Neue Testament kennt *keine Berufungsvision* Jesu. Die schon sehr stark von der Ostererfahrung her gestaltete *Taufszene* im Jordan kann nicht mit den bekannten Prophetenberufungen parallelisiert werden. Es handelt sich nicht um die Weihe, sondern um die Proklamation des Messias als des (königlichen) „Sohnes Gottes".

In einer heilsgeschichtlich-dynamischen Sicht ist hier die einheitliche Wurzel aller messianischen Tätigkeit Jesu bezeichnet, wie sie in der Sendungs- und Offenbarungseinheit mit Gott gegeben ist. Gott erfüllt Jesus mit seinem Geist und weist ihn als seinen geliebten Sohn und den messianischen Gottesknecht aus (vgl. Jes 42-53). Es handelt sich um einen Akt der Offenbarung Jesu als des Messias, seine Einsetzung in das Amt des „Sohnes Gottes" und damit seiner Offenbarung als der Heilbringer in der messianischen Endzeit (vgl. Lk 1,9-11)[44].

---

[44] Falsch wäre es, den Messiastitel „Sohn Gottes" (vgl. Ps 2,7; Ps 110; Jes 42,1) aus dieser heilsgeschichtlich-dynamischen Sicht herauszunehmen und dann, innerhalb einer essentialen Christologie, von einem sog. Adoptianismus zu reden.

Während die Rabbinen zu seiner Zeit lediglich als Gesetzesinterpreten auftreten, lehrt Jesus in hoheitlicher Autorität „wie einer, der göttliche Vollmacht hat, nicht wie die Schriftgelehrten." (Mk 1,22)

Eben darum sind die Menschen von seiner ganz neuen Lehre betroffen, sie sind außer sich. Im Judentum ruhte das Lehrer-Schüler-Verhältnis auf der freien Wahl des Schülers. Es galt nur für eine begrenzte Zeit. Von Jesus, der kein berufsmäßiger und gelernter Rabbi war, heißt es jedoch, daß er auf einen Berg stieg und in eigener Wahl seine Jünger berief und als Zeichen seiner eschatologischen Sendung die Zwölf einsetzte als Repräsentanten des Gottesvolkes, das er für die Gottesherrschaft sammeln wollte (vgl. Mk 3,13-19). Gott ist allein der Vater, während Christus Jesus allein der Lehrer seiner Jünger genannt werden darf (vgl. Mt 23,10). Jesus gibt der Basileia einen solchen Vorrang, daß er von einigen seiner Jünger, jedoch nicht von allen, den Verzicht auf Besitz und Reichtum und sogar auf die Heirat erwartet, damit sie sich ganz dem Dienst der Basileia weihen (vgl. Mt 19,12-20). Er greift über die Autorität des Mose zurück auf den ursprünglichen Gotteswillen: „Den Alten ist gesagt worden ..., ich aber sage euch ..." (Mt 5-7). Jesus selbst erfüllt in seinem Leben das Gesetz durch seine hingebende Liebe bis zum Einsatz seines Lebens. So zeigt er die Liebe als Wesensbestimmung des Verhältnisses zu Gott und dem Nächsten.

Jesus weiß um seine Autorität aus unmittelbarer Gottesnähe. Er ist legitimiert als der maßgebende Interpret und Repräsentant des Gotteswillens. Und darum kann Jesus auch Sünden vergeben. Jesus bittet nicht etwa seinen Vater, daß er den Sündern vergeben möge. Er spricht die Sündenvergebung vollmächtig zu: „Mein Sohn, deine Sünden sind dir vergeben" (Mk 2,5; vgl. Lk 7,36-56: die Begegnung Jesu mit der Sünderin). Seine Vollmacht und Autorität wurzeln in der Sendung durch seinen Vater, die Basileia anzukündigen und in seinem eigenen Lebensschicksal zu realisieren. Sein Verhalten fällt derart aus dem Rahmen des Gewöhnlichen heraus, daß das Volk sagt: „So etwas haben wir noch nie gesehen" (Mk 2,12). Die gegnerischen Schriftgelehrten müssen aus ihrer Sicht heraus konsequent fragen: „Wie kann dieser Mensch so reden? Er lästert Gott. Wer kann Sünden vergeben außer dem einen Gott?" (Mk 2,7).

Gerade auch die Mahlgemeinschaften Jesu mit den Sündern und den Ausgestoßenen rufen das Entsetzen der „frommen" Kreise hervor (vgl. Mk 2,16). Gegenüber dem veräußerlichten Legalismus und Rigorismus der Pharisäer stellt Jesus den Sabbat als ursprüngliche Wohltat für den Menschen wieder her. Seine eigene Autorität begründet er damit, daß der Menschensohn „Herr auch über den Sabbat ist" (Mk 2,28). Selbst den Angehörigen Jesu entgeht das Außerordentliche seines Auftretens nicht. Sie glauben, er sei „außer sich" (Mk 3,21). Jesu Verbindung mit Gott, den er stets als „mein Vater" anspricht (Mk 14,36; Mt 11,25-27; 26,39.42; Lk 23,46; indirekte Rede: Mt 27,21; 8,32 f.; 16,17; 18,19.35), erweist sich als derart exklusiv, daß die natürlichen Bande der Verwandtschaft nicht mehr gelten, sondern allein die theozentrisch begründete Gemeinschaft. Nur wer den Willen Gottes, seines Vaters, erfüllt, ist für Jesus Bruder, Schwester und Mutter (vgl. Mk 3,35). Jesus war Jude in dem Sinn, daß er radikal den Willen Jahwes erfüllte, nicht aber dadurch, daß er sich in den Rahmen einer festgefügten religiösen Tradition einbinden ließ.

Wer ist doch dieser?

Bei allen diesen auffälligen Redeformen und Verhaltensweisen muß die Frage laut werden: *„Wer ist doch dieser?"*, oder abwehrend: *„Für wen gibst du dich aus?"*

Im Zusammenhang mit dem sich zuspitzenden Konflikt mit den jüdischen Autoritäten anläßlich der sog. „Tempelreinigung" (Mk 11,15-19) fragen die Schriftgelehrten und Ältesten Jesus: „Mit welchem Recht tust du das alles? Wer hat dir die Vollmacht gegeben, das zu tun?" (Mk 11,28) Es geht hier um das Problem, ob Jesus oder die Thora die höchste Autorität für das Gottesverhältnis Israels haben. Wer Jesus ist, entscheidet sich nicht an der Selbstprädikation Jesu durch messianische Titel, sondern an dem in seinem Verhalten gelegenen realen Anspruch, der eschatologische Heilsmittler zu sein, der die Real-Implikate der messianischen Heilbringergestalten (Gottesknecht, Messias, Menschensohn, „Sohn Gottes") erfüllt.

Am Verhalten Jesu zeigt sich, daß hier „mehr ist als Jona" (Mt 12,41), „mehr als Salomo" (Mt 12,42). Jesus erweist sich als der Messias, der über David steht, der ihn seinen Herrn nennt (Mk 12,37a; Ps 110,1). Der „Sohn Abrahams" (Mt 1,1) steht sogar über der Autorität Abrahams (vgl. Joh 10,58). Ja, Jesus ist größer als die Thora und sogar der Tempel, der den Inbegriff der sakrosankten Autorität der jüdischen Religion darstellt (vgl. Mk 11,15-19). An einer Schlüsselstelle des ältesten Evangeliums gibt Petrus in seinem Messias-Bekenntnis die Antwort, für wen die Leute Jesus bzw. den Menschensohn halten (Mk 8,27-29; vgl. Mt 16,13-20; Lk 9,18-22). Einige halten ihn für Johannes den Täufer, andere für Elija (vgl. Mal 3,23), andere für sonst einen der Propheten (vgl. Dtn 18,15.18). Die Jünger aber bekennen: *„Du bist der Messias"* („der Sohn des lebendigen Gottes": Mt 16,16).[45]

Das Messiasgeheimnis

Hat Jesus sich als Messias explizit dargestellt oder eindeutig gesagt „Ich bin der Messias" oder „Ich bin der Menschensohn"?
Diese Frage wird seit *W. Wrede* als „das Messiasgeheimnis" in den Evangelien kontrovers diskutiert[46].

Wrede ging von der Beobachtung aus, daß Jesus bei Markus eindeutig als der Messias gekennzeichnet und beglaubigt sei durch seine Vollmacht in der Lehre, durch Krankenheilungen und Dämonenaustreibungen, die Brotvermehrungswunder, seinen messianischen Einzug in Jerusalem, die Reinigung des Tempels, dann auch durch seine göttlichen Epiphanien beim Wunder auf dem See und bei der Verklärung auf dem Berg. Dennoch gebietet er Schweigen über seine Mes-

---

[45] Gewiß ist dieses Bekenntnis im Sinne einer titularen Christologie schon aus der Perspektive der Ostererfahrung literarisch geformt. Dennoch darf die deutliche Spur in der vorösterlichen Bekenntnisbildung des Jüngerkreises nicht übersehen werden. Nach dem Bruch des Karfreitagsgeschehens konnte die erste Einsicht in Herkunft und Bedeutung Jesu im Lichte der Auferstehung neu aufgenommen und zu einem vertieften Messiasglauben weiterentwickelt werden. Vgl. R. Pesch, Das Messiasbekenntnis des Petrus (Mk 8,27-30). Neuverhandlung einer alten Frage: BZ 17 (1973) 178-195; 18 (1974) 20-31.

[46] W. Wrede, Das Messiasgeheimnis in den Evangelien. Zugleich ein Beitrag zum Verständnis des Markusevangeliums, 1901, Göttingen ³1963.

sianität. Selbst die Jünger können Jesus nicht voll verstehen. Auch ihnen bleibt letztlich der tiefere Sinn der Reich-Gottes-Gleichnisse verborgen. So trifft Jesus das Schicksal, bis zum Ende unverstanden zu sein. Nach der Auffassung von Wrede löst sich dieser Widerspruch durch die Annahme, daß Jesus ein gänzlich unmessianisches Leben geführt hat und erst der Osterglaube den Anlaß gab, messianische Motive auf das historische Leben Jesu zurückzuprojizieren. Die auffälligen Schweigegebote sollen in der markinischen Darstellung diesen Widerspruch zwischen dem Verhalten des historischen Jesus und der massiven messianischen nachösterlichen Deutung überbrücken. So stellt sich die Frage, ob Markus zugunsten des nachösterlichen Gemeindeglaubens einfach die historische Wahrheit verfälscht habe.

Gegen diese Vermutung spricht das direkte Selbstbekenntnis Jesu zu seiner Messianität vor dem Hohen Rat. Auf die Frage: „Bist du der Messias, der Sohn des Hochgelobten?", antwortet Jesus: „Ich bin es. Und ihr werdet den Menschensohn zur Rechten der Macht sitzen und mit den Wolken des Himmels kommen sehen" (Mk 14,61 f.). Gerade dies versteht der Hohepriester als Gotteslästerung. Gewiß läßt sich diese Szene nicht einfach als ein ipsissimum verbum eindeutig verifizieren. Bedenkt man aber, daß Jesus als Messiasprätendent, der seine Sendungsautorität über den Tempel und die Thora gestellt hat, hingerichtet wurde (Mk 15,26), dann muß bei der Gerichtsverhandlung auch die Messiasthematik zur Sprache gekommen sein.

Das hoheitliche und autoritative Auftreten Jesu war von Anfang an die Ursache des Widerspruchs (Mk 2,7) und schließlich des todbringenden Hasses der religiösen Autoritäten. Aber auch aus dem einfachen Volk begegnet ihm Widerstand: Die Bewohner seiner Heimatstadt Nazaret verweigern ihm den Glauben (Mk 6,1-6). Ein Grund für den verbissenen Vernichtungswillen war sicher die Diskrepanz zwischen der verbreiteten Erwartungshaltung gegenüber dem kommenden Messias und der ganz anders gearteten Beziehung zwischen der von Jesus verkündeten Gottesherrschaft und der messianischen Gestalt ihres Vermittlers und Repräsentanten.

Bezeichnend ist dafür, daß in den synoptischen Evangelien das Messiasbekenntnis mit den Leidensankündigungen verbunden wird: „Dann begann er, sie darüber zu belehren, der Menschensohn müsse vieles erleiden und von den Ältesten, den Hohenpriestern und den Schriftgelehrten verworfen werden; er werde getötet, aber nach drei Tagen werde er auferstehen." (Mk 8,31; 9,9 f.; 9,30-32; 10,32-34)

Selbst Petrus, der ihn gerade im Namen aller Jünger als Messias bekannt hat, muß sich die harte Zurechtweisung als „Widersacher/Satan" gefallen lassen, weil er Jesus aus einem Konflikt heraushalten möchte, der Jesus in das Leiden und in den Tod hineinführen muß.

Das Paradox: Messianität und Leiden Jesu

In der Darstellung der Evangelisten wird der Weg des Messias zur Passion aus einer zweifachen Perspektive beleuchtet. Einmal lassen sich ganz handfeste Gründe namhaft machen, die Jesus ans Kreuz gebracht haben: Opportunismus, politisches Ränkespiel, religiöser Unglaube.

Zum anderen zeigt sich aber von der Ebene des universalen Heilswillens Gottes her ein heilsgeschichtliches „Muß", durch das am Ende Gottes Heilsplan trotz aller Widerstände geschichtlich zum Ziel kommt. In Jesus muß auch gegen den Widerstand der Sünde die unüberwindliche Macht der Liebe Gottes bis in die Endgültigkeit des Todes hinein zeichenhaft und wirksam werden. Vom übergreifenden Gesichtspunkt des „Evangeliums von Jesus Christus, dem Sohn Gottes" (Mk 1,1) hat Markus den Weg Jesu als gehorsame Erfüllung der heilsgeschichtlichen Verfügung des Vaters bis in die gehorsame Einfügung des Willens des Sohnes in der Dramatik der Ölbergnacht nachgezeichnet. Gott, seinem Vater, gibt Jesus sich in seiner kreatürlichen Angst in einem letzten Akt des Gehorsams hin. Er will den Willen des Vaters zur geschichtlichen Durchsetzung der Basileia im Gehorsam des Mittlers der Gottesherrschaft erfüllen: *„Abba, Vater, alles ist dir möglich. Nimm diesen Kelch von mir! Aber nicht, was ich will, sondern was du willst, soll geschehen."* (Mk 14,36)

Die Beziehung der Messiasgestalt zum konkreten Leiden erweist sich also als die spezifisch christliche Gestalt der Messias-Hoffnung: „Mußte nicht der Messias all das erleiden, um so in seine Herrlichkeit zu gelangen?" (Lk 24,26) Auch in den frühesten Bekenntnisformeln finden sich Aussagen, daß Christus durch Gottes Willen „für unsere Sünden gelitten hat" (1 Kor 15,4).

Der Vollmachtsanspruch und die Sendungsautorität Jesu kommen heilsgeschichtlich in Kreuz und Auferstehung zum Durchbruch. Seine Vollmacht war nicht eine äußerliche Legitimation, sondern die Verfügung seiner ganzen Person hinein in die dramatische Geschichte der Annahme und Ablehnung der Gottesherrschaft durch die Menschen. Der heidnische Hauptmann kann darum angesichts des Kreuzestodes in das christologische Bekenntnis der Urkirche einstimmen: „Dieser Mensch war Gottes Sohn", nämlich der eschatologische Heilbringer von Gott her (Mk 15,39).

Der messianische Auftrag Jesu, seine Bestimmung als „Sohn Gottes" ist am Kreuz durch seinen restlosen Gehorsam zur vollen geschichtlichen Erscheinung gekommen. Das Geschick der Basileia läßt sich nicht unter Abstraktion der konkreten Geschichte ihrer Realisierung und ihres Vermittlers denken.

Unter diesen Aspekten ist zu fragen, ob Markus mit dem Zitat aus dem Vertrauenspsalm vom Leiden und der Hoffnung des Gerechten: „Mein Gott, warum hast du mich verlassen?" (Ps 22,2) andeuten wollte, daß Jesus von Gott selbst verlassen starb, d.h. in dem Sinne, daß Gott sich von ihm definitiv abgewandt hätte.

Wenn Jesus in Freiheit sich in den Heilswillen des Vaters hineinverfügte, dann ist davon auszugehen, daß er auch sein Sterben als Ausdruck seines Vertrauens bestanden hat. Der letzte laute Schrei, mit dem Jesus am Kreuz seinen Geist aushauchte (Mk 15,37), muß dann keineswegs als ein Schrei gottloser Verzweiflung verstanden werden. Da alle Leidensankündigungen Jesu nach der Darstellung der Evangelien immer auch mit der Aussicht auf seine Auferweckung verbunden sind, darf man begründet annehmen, daß sein letzter Seufzer die Entäußerung seines Gehorsams war, in der sich seine heilsgeschichtliche Sendung erfüllen sollte. Hier vollendet sich Jesu Gottessohnschaft, die ihn als den messianischen Repräsentanten des eschatologischen Heilsgeschehens ausweist.

2.2.4 Jesu Dasein für andere als Gegenwartsgestalt der Gottesherrschaft

Jesu Menschheit – Realsymbol der Basileia

Für Jesus ist die Predigt der Basileia nicht ein von außen kommender Auftrag, sondern der Grund seiner Existenz und Sendung. Der geschichtlichen Dynamik der Basileia ist er wesentlich verpflichtet. Er ist das *Realsymbol der Gottesherrschaft.* Gottes Heilsherrschaft zielt aber auf das Heil des Menschen. Gott offenbart in der Basileia und in ihrem Mittler seinen Namen „Ich bin, der ich für euch da bin" (Ex 3,14). So bestimmt die Basileia Jesu personale Existenz als ein Für-Sein. Jesu Gehorsam, seine Hingabe, seine Haltung und Dienstbereitschaft sind sein Wesen. Dieses Für-Sein hält sich bis in die letzte Phase seines Geschicks durch, wenn „die Stunde" herbeigekommen ist.[47]

Jesu Lebenshingabe „für" (Proexistenz)

Nach den Abendmahlsberichten gibt Jesus eine Vorausdeutung seines Kreuzestodes. In den *hyper*-Formeln konzentriert sich die totale Inanspruchnahme des Lebens Jesu für die Basileia: „Das ist mein Leib *für* euch; das ist mein Blut, das Blut des Bundes, das *für* euch vergossen wird" (Mk 14,22-24; Mt 26,26-28; Lk 22,19 f.; 1 Kor 11,23-25).[48]

Auch in den frühesten nachösterlichen Bekenntnisformeln findet sich der Hinweis auf den Hingabecharakter des Todes Jesu. Er ist nicht einfach nur gestorben oder hingerichtet worden. Er ließ sein Leben vielmehr „für unsere Sünde, gemäß der Schrift" (1 Kor 15,3). In deutlichem Bezug zum Gottesknecht (*Ebed Jahwe*, vgl. Jes 53,4.12) deutet Paulus den Tod Jesu als die eschatologische Offenbarung seines Für-Seins für uns. Dadurch wird die Basileia und die Gerechtigkeit Gottes, also die Selbstzuwendung Gottes als Heil des Menschen offenbar. *„Wegen unserer Verfehlungen wurde er dahingegeben, wegen unserer Gerechtmachung wurde er auferweckt."* (Röm 4,25; vgl. Joh 3,16: „Denn Gott hat die Welt so sehr geliebt, daß er seinen einzigen Sohn dahingab, damit jeder, der an ihn glaubt, nicht zugrunde geht, sondern das ewige Leben hat." Vgl. auch Gal 2,20; 1 Tim 2,5)

Gewiß stehen diese Aussagen schon im Lichte des Osterglaubens. Sie beanspruchen jedoch, einen Anhaltspunkt im irdischen Leben Jesu zu haben. Denn die bloße Tatsache der Auferweckung eines Toten muß an sich nicht in Verbindung stehen mit einer Deutung des Lebens und Sterbens Jesu als eines stellvertretenden Leidens und als eschatologischer Durchsetzung der Basileia. Der „leidende Gerechte" oder auch der Prophet-Märtyrer werden zwar durch Gott gerettet, aber deswegen nicht als Kyrios und Gottessohn auf den Thron Gottes erhoben und mit der Ausübung der eschatologischen Gottesherrschaft betraut.

Die Auferweckungstat des Vaters wirft nur dann ein erhellendes Licht auf die Selbstoffenbarung des Für-Seins Gottes im Für-Sein Jesu, wenn dieser Zusammenhang schon im Dienst des historischen Jesus für die Basileia sichtbar wird.

---

[47] Vgl. Mk 14,41; Mt 26,45; Joh 2,4; 7,30; 8,20; 12,23.27; 17,1; 13,1: „Jesus wußte, daß seine Stunde gekommen sei".

[48] „Leib und Blut" bedeuten hier soviel wie die Person Jesu in ihrer leibhaftigen Verfassung und in ihrem geschichtlichen Schicksal bis hin zum Tod.

Eine Auferweckungstat kann diesen Zusammenhang nicht positivistisch (auch nicht rückwirkend) verfügen. Noch weniger kann eine theologische Reflexion eine solche Verbindung theoretisch konstruieren.

Jesu Leben als Dienst

Jesus wird schon in seinem irdischen Leben von den synoptischen Evangelisten als der Gottesknecht vorgestellt, als der geliebte und einzige Sohn des Vaters, in dem das eschatologische Heilswirken Gottes in Verkündigung und Tat seinen Anfang nimmt. Bereits seine Geburt ist Offenbarung seiner Pro-existenz: „Heute ist (für) euch in der Stadt Davids geboren: der Retter, der Gesalbte, der Herr (Soter, Christos, Kyrios)" (Lk 2,11). Es gibt eine ganze Reihe von Menschensohn-Worten, in denen Jesus in Bezug gesetzt wird zu dem beim Endgericht wiederkommenden Menschensohn. Hier ist nicht gesagt, daß Jesus den Menschensohn als eine von sich verschiedene Person aufgefaßt hat. Denkbar ist auch eine Identifikation der historischen Person Jesu mit der idealen Gestalt des Menschensohns[49]. Neben den eschatologisch-apokalyptischen Menschensohnaussagen findet sich auch eine Gruppe von Texten, in denen der Menschensohn mit dem Passionsgeschehen verbunden wird. Hier greifen Messias-Aussagen, Menschensohn-Aussagen und Aussagen über den leidenden Gottesknecht ineinander. Dabei geht es vor allem um den Bezug zu Dienst, Leiden und Stellvertretung. Jesus ist unter den Jüngern „wie einer, der dient" (Lk 22,27). Sein Auftrag besteht nicht darin, irdische Herrschaft an sich zu reißen oder zu einem weltlichen Rang aufzusteigen. Denn, wer der Erste sein will, soll der Sklave aller sein (Mt 20,27).

Diesen Bezug stellt auch das Johannes-Evangelium her. Jesus, der mit dem Mensch gewordenen Logos identifiziert wird und dessen göttliche Herrlichkeit in seiner Geschichte hervortritt, ist zugleich der demütige Diener seiner Jünger, wie die Fußwaschung deutlich macht (vgl. Joh 13,1-30). Sie steht nicht zufällig an der Stelle der synoptischen Abendmahlsberichte. Sie gibt den Kern des Selbstverständnisses Jesu als „Für-Sein" wieder.

Eine Schlüsselstelle im Markus-Evangelium präzisiert es im Hinblick auf den leidenden Gottesknecht (Jes 53,10-12). Jesu Passion ist nicht ein heterogenes Element in einer ansonsten vom Erfolg gekrönten Geschichte der Reich-Gottes-Proklamation. In Jesu Passion manifestiert sich die siegreiche Liebe des Vaters in der Treue und im Gehorsam des Sohnes angesichts des Unglaubens und der Feindschaft derer, denen die Verkündigung der bedingungslosen Liebe Gottes galt: „Denn der Menschensohn ist nicht gekommen, um sich dienen zu lassen, sondern um zu dienen, und sein Leben als Lösegeld hinzugeben für die Vielen." (Mk 10,45; vgl. Röm 3,21-26)

Jesus – die „Autobasileia"

Jesus selbst ist die Offenbarung des Geheimnisses der Gottesherrschaft. Daß die Offenbarungseinheit von Vater und Sohn im Heiligen Geist der Schlüssel zum Ver-

---

[49] Vgl. Lk 12,8: „Ich sage euch: Wer sich vor den Menschen zu mir bekennt, zu dem wird sich auch der Menschensohn vor den Engeln Gottes bekennen".

ständnis von Inhalt und Schicksal der Basileia-Botschaft ist, zeigt klar der Jubelruf Jesu, der der Logienquelle entnommen ist:

In dieser Stunde rief Jesus vom Heiligen Geist erfüllt, voll Freude aus: Ich preise dich, Vater, Herr des Himmels und der Erde, weil du all das den Weisen und Klugen verborgen, den Unmündigen aber geoffenbart hast. Ja, Vater, so hat es dir gefallen: Mir ist von meinem Vater alles übergeben worden; niemand weiß, wer der Sohn ist, nur der Vater, und niemand weiß, wer der Vater ist, nur der Sohn und der, dem es der Sohn offenbaren will.
(Lk 10,21 f.; vgl. Mt 11,25-27)

Dieses so johanneisch klingende, wahrscheinlich bis in die älteste Überlieferung der Q-Quelle zurückreichende Logion zeigt die unvergleichliche Einheit zwischen Jesus als Sohn und Gott als seinem Vater im Himmel. Jesus erscheint hier nicht einfach als bloßer Botschafter und Überbringer einer von seiner Existenz verschiedenen Sache. *Er ist in seiner Person und in seiner ganzen geschichtlichen Existenz* die unmittelbare Einheit von Gehalt und Vermittlung der Basileia.

Im 3. Jahrhundert hat *Origenes* diesen Zusammenhang prägnant formuliert, indem er Jesus als die „Auto-Basileia" bezeichnete[50], also das „Reich Gottes in Person". Wenn Gott, der Vater, und der Offenbarungsmittler sich dem Personsein nach unterscheiden, so besitzen sie doch miteinander eine einzige – relational vermittelte – Offenbarungsidentität. Jesus ist die geschichtlich sich vollziehende konkret anschauliche Selbstauslegung Gottes als das Heil des Menschen.

Die relationale Identität Jesu mit Gott, *seinem* Vater

Diese Zusammenhänge sind schon beim vorösterlichen Jesus deutlich. Sein einzigartiges Verhältnis zu Gott, den er *Abba* nennt, und die Bindung der Basileia an seine eigene Person legen dies nahe. Die Auferweckungstat des Vaters bestätigt mit letzter Gültigkeit die Sendung Jesu und seine Offenbarung als „der Sohn des Vaters". Nur von dieser Warte her kann Jesus im Johannes-Evangelium sagen: „Ich und der Vater sind eins" (Joh 10,30) – nicht jedoch „einer".

Da Gottes eigenes Dasein Leben und Heil des Menschen ist, kann Jesu proexistentes Verhalten nur begriffen werden als die geschichtliche Gestaltwerdung und freie Realisierung der Liebe Gottes zu uns. Die Geschichte Jesu ist das Ereignis der Offenbarung des Wesens Gottes, das sich selbst in der Einheit und Verschiedenheit von Vater, Sohn und Geist ewig als Liebe ereignet. Jesus von Nazaret ist niemand anderes als das zum Wesen Gottes gehörende Wort des Vaters, das sich in einem von Gott in Liebe zu eigen genommenen Menschenschicksal auf die Menschen hin restlos mitteilt und endgültig definiert.

Jesus verstand sich als der vollmächtige Interpret Gottes und der „jetzt und heute" sich ereignenden Basileia, in die einzutreten die Sinnerfüllung des Menschen bedeutet.

Das Letzte (Eschaton) der Liebe Gottes kann geschichtlich präsent werden nur in dem letzten dramatischen Akt des menschlichen Mittlers der Basileia: im Tod.

Das Eschaton des an den Menschen Jesus gebundenen Heilswillens des Vaters offenbart sich im Eschaton des Menschen Jesus von Nazaret: In der Entäußerung

---

[50] Origenes, comm in Mt 14,7: vgl. auch Tertullian, adv. Marc. IV, 33,8.

dessen, der in der Gottesgestalt war und das Leben eines Menschen angenommen hat, der sich erniedrigte und gehorsam war „bis zum Tod, bis zum Tod am Kreuz." (Phil 2,8)

Nur dies bewirkt den geschichtlichen Durchbruch der Basileia und die Einsetzung Jesu Christi als Kyrios und damit als geschichtlich-eschatologischer Träger der Gottesherrschaft, „zur Ehre Gottes, des Vaters" (Phil 2,11).

2.25 Die Erfüllung der Pro-Existenz Jesu im Kreuzestod

Alle neutestamentlichen Zeugen bestätigen den Kreuzestod Jesu als historisches Faktum. Als unschuldig Verurteilter erleidet er die allerschändlichste Todesart, „mors turpissima crucis", die römische Hinrichtungsart für Staatsverbrecher und für rechtlose Sklaven.

Deutung des Kreuzes im Licht des Heilsplanes Gottes

Im Lichte des Osterereignisses sahen die Jünger im Kreuzestod Jesu nicht das Ergebnis einer Verkettung tragischer Zusammenhänge, die zuletzt zu dieser Katastrophe geführt haben. Und auch in der Auferweckungstat des Vaters am gekreuzigten Jesus erkennen sie nicht ein willkürliches Eingreifen Gottes, der zugunsten der Opfer und gegen die Täter Partei ergreift und mit seiner Allmacht auftrumpft. Vom Tod Jesu am Kreuz sprechen sie ausschließlich unter dem Gesichtspunkt der Heilsbedeutsamkeit. Den Zugang gewinnen sie über den Zusammenhang zwischen der Verkündigung der Basileia und ihrem Repräsentanten, der schon im vorösterlichen Leben Jesu deutlich geworden war. Die Identifikation des Vaters mit dem Sohn, die Selbstbezeugung Jesu als des geretteten Heilsmittlers führt die Jünger zu einer spontanen Zusammenschau der einzelnen Linien im Leben Jesu, deren „notwendige" Verknüpfung ihnen bislang nicht in allem deutlich geworden war.

Nach Gottes übergreifendem Heilsplan ist „Christus *für {hyper}* unsere Sünden gestorben" (1 Kor 15,3). So sagt es Paulus schon in der urkirchlichen Bekenntnisformel. Jesus wurde vom Vater dahingegeben wegen unserer Verfehlungen (Röm 4,25). Aber Jesus war nicht Objekt des göttlichen Handelns. Da er gar nicht anders zu verstehen ist als in der Handlungseinheit mit dem Vater, muß das Hingabegeschehen, d.h. die Offenbarung Gottes im Für-Sein des Sohnes, auch die freie und spontane Selbstüberantwortung des Sohnes Gottes zum Ausdruck bringen, „der mich geliebt und sich für mich dahingegeben hat" (Gal 2,20; vgl. 1 Tim 2,5) „als Gabe und Opfer, das Gott gefällt" (Eph 5,2.25). Beim Letzten Abendmahl reichte Jesus den Kelch seines Blutes, das für die Vielen vergossen wird „zur Vergebung der Sünden" (1 Kor 11,23; Mt 26,27).

Das Lied vom leidenden Gottesknecht

All das geschieht „gemäß der Schrift" (1 Kor 15,3 f.). Gemeint ist die geschichtliche Erfüllung der in der Gesamtanlage der Heiligen Schrift bezeugten Ankunft Gottes als des Heils aller Menschen (nicht lediglich die Verifikation einzelner

Bibelstellen, die eine Weissagung enthalten). Eben darum bietet sich auch das 4. Lied vom *Ebed Jahwe* als Verstehenskontext der Heilsbedeutsamkeit des Leidens und Sterbens Jesu an. Der Grund dafür liegt in der Verknüpfung des stellvertretenden Leidens des einen Mittlers mit der Entsündigung der Vielen, d.h. der Gesamtheit des Gottesvolkes (Jes 52,13-53,12). Daß das stellvertretende Leiden Jesu die Versöhnung im Verhältnis der Sünder zu Gott bedeutet, zeigt u.a. der 1. Petrusbrief:

Er wurde geschmäht, schmähte aber nicht; er litt, drohte aber nicht, sondern überließ seine Sache dem gerechten Richter. Er hat unsere Sünden mit seinem Leib auf das Holz des Kreuzes getragen, damit wir tot seien für die Sünden und für die Gerechtigkeit leben. Durch seine Wunden seid ihr geheilt. Denn ihr hattet euch verirrt wie Schafe, jetzt aber seid ihr heimgekehrt zum Hirten und Bischof eurer Seelen.
(1 Petr 2,23-25)

Stellvertretender Sühnetod

Das Neue Testament versteht den Kreuzestod als eine stellvertretende „Sühne", durch die das Bundesvolk wieder instandgesetzt wird, dem Heilsangebot des Bundes Gottes „gerecht" zu werden. Seit dem Kreuzestod Christi wird das Bundesvolk aber über den Kreis der Juden hinaus auf alle Menschen ausgedehnt. Der Wirkungsradius der stellvertretenden Sühne ist identisch mit dem universalen Heilswillen Gottes:

Gott unser Retter will, daß alle Menschen gerettet werden und zur Erkenntnis der Wahrheit gelangen. Denn: Einer ist Gott, Einer auch Mittler zwischen Gott und den Menschen: Der Mensch Christus Jesus, der sich als Lösegeld hingegeben hat für alle, ein Zeugnis zur vorherbestimmten Zeit.
(1 Tim 2,4-6; vgl. Tit 2,11)
Alle haben gesündigt und die Herrlichkeit Gottes verloren. Ohne es verdient zu haben, werden sie gerecht, dank seiner Gnade durch die Erlösung in Christus Jesus. Ihn hat Gott dazu bestimmt, Sühne zu leisten mit seinem Blut, Sühne wirksam durch den Glauben.
(Röm 3,23 f.)

Jesus ist nicht nur der Mittler des Gottesreiches von Gott her, sondern er stellt sich *freiwillig* auch als Stellvertreter der Menschheit an den Ort der verlorenen Bundespartnerschaft, d.h. den Ort der Sünde, um *für alle* wieder den Ort der Gnade, d.h. den Ort der Bundespartnerschaft und der neuen Gerechtigkeit, zugänglich zu machen. „Stellvertretung" darf hier nicht als eine Art Ersatzhandlung mißverstanden werden. Die Grundbegriffe „Stellvertretung", „Opfer" und „Sühne" sind im Rahmen der beiden aufeinander bezogenen Pole von Gottes Heilswillen und menschlicher Antwort im Bundesverhältnis zu interpretieren.

Die Menschen haben die ursprünglich angebotene Lebensgemeinschaft mit Gott verloren. Sie sind dem Bund nicht mehr gerecht geworden. Sie sind unfähig, Gottes Lebensgabe und Gnade zu empfangen (= gott-los, ungerecht, verdammt; vgl. Röm 1,18) und als Folge davon der Zerrissenheit, dem Unfrieden, dem Leiden und dem Tod überantwortet: „Durch einen einzigen Menschen kam die Sünde in die Welt und durch die Sünde der Tod, und auf diese Weise gelangte der Tod zu allen Menschen, weil alle sündigten." (Röm 5,12) Sünde meint hier also nicht menschliche Schwäche, sondern ist der willentliche Gegensatz zu Gott und seinem Heilswillen, wodurch sich der Sünder von Gottes Leben trennt.

Eine Überwindung dieses Zustandes hängt nicht von einem positivistisch erlassenen Willensdekret Gottes ab, sein Bundesangebot zu erneuern, sondern vielmehr von der Bereitschaft Gottes, dem Menschen bis in das Äußerste seiner Gottverlorenheit, d.h. seiner Existenzweise in „Adam" nachzugehen und durch die Annahme des Menschseins den Menschen die Annahme des Heilswillens Gottes neu zu ermöglichen.

In Jesus Christus hat Gott allerdings nicht die Sünde in dem Sinne angenommen, daß Jesus durch eine Tatsünde selber zum Sünder geworden wäre. Das müßte als Widerspruch in sich selbst gelten: Die Folge davon wäre der Bruch zwischen Gott als Heil und Gott als Heilsmittler. Er würde Jesus radikal von seinem Vater trennen und sein Amt als Mittler Gottes und Mittler der Menschen zerstören.

Darum betonen die biblischen Schriftsteller, daß Jesus in allem uns gleich wurde „außer der Sünde" (2 Kor 5,21; Hebr 4,15; 1 Petr 2,22; 1 Joh 3,5). Gedacht ist hier nicht an ein moralisches Übermenschentum jenseits der menschlichen Schwäche, sondern an die tatsächliche Treue Jesu zu seiner Sendung. Diese Treue war ihm möglich durch die unmittelbare Erfahrung der Gegenwart Gottes, seines Abba.

Jesus hat als einzelner Mensch sich dem heilsfeindlichen Willen der Menschen ausgesetzt. Seine Treue zur göttlichen Sendung und seine Liebe zu den Menschen haben ihn zur Solidarität mit den Menschen auch noch in ihrer Gottverlassenheit und Gottesfeindschaft geführt, deren innere Konsequenz die Heillosigkeit und – als letzter Feind des Menschen – der Tod ist. An seinem Tod stirbt stellvertretend der Tod als eine knechtende Macht des Menschen. Sein Tod bedeutet den Tod der Gottesfeindschaft und der Heillosigkeit des Menschen.

Im Ruf zur Nachfolge und in der Taufe ist dem Glaubenden die Möglichkeit eröffnet, daß der alte Mensch der Todverfallenheit und Gottlosigkeit stirbt, der neue Mensch mit Jesus als zum ewigen Leben bestimmter Freund Gottes aufersteht. Als neues Geschöpf in Jesus Christus teilt der Glaubende Jesu Dasein für andere. Paulus zeigt den Zusammenhang konsistent auf:

Einer ist für {hyper} alle gestorben, also sind alle gestorben. Er ist aber für alle gestorben, damit die Lebenden nicht mehr für sich leben, sondern für den, der für sie starb und auferweckt wurde ... Wenn also jemand in Christus ist, dann ist er eine neue Schöpfung. Aber alles kommt von Gott, der uns durch Christus mit sich versöhnt hat ... Er hat den, der keine Sünde kannte, für uns zur Sünde gemacht, damit wir in ihm Gerechtigkeit Gottes würden.
(2 Kor 5,14-21)

Interpretationskategorie: Bund Gottes mit seinem Volk

Im Hinblick auf die spätere soteriologische Konzeption von der stellvertretenden Genugtuung in der sog. Satisfaktionstheorie *Anselms von Canterbury* (1033/34-1109) muß hier vor einem naheliegenden Mißverständnis der Grundbegriffe gewarnt werden.

Das stellvertretende Sühneleiden des Gottesknechtes und die Auffassung des Kreuzestodes Jesu als Opfer haben nichts mit der Befriedigung des Rachedurstes einer zornigen Gottheit zu tun. Auch eine tiefenpsychologische Auslotung der

Versöhnung des Sohnes mit seinem Vater durch einen grausigen Tod findet im Text und in der Gedankenwelt des Neuen Testaments keinen Anhalt[51]. Der Verstehensrahmen der Geschichte Jesu, angefangen von der Reich-Gottes-Verkündigung bis zu seiner Verurteilung zum Tod, ist der *biblische Bundesgedanke.*

Im biblischen Bundesverständnis bedeutet Sühne nicht eine Beeinflussung der Gottheit. Sühne kann immer nur unter der Voraussetzung der schon zugesagten Heilsverheißung, die Gott selbst ist, geleistet werden. Die Sühne, die Jesus in seinem eigenen Leben vollbrachte, ist nichts anderes als der Gehorsam gegenüber seiner Sendung, der Heilsmittler zu sein, und die Annahme dieser Sendung in seiner kreatürlichen Freiheit. Diese Korrelation von Gottes Handeln und menschlicher Antwort in der Geschichte und im Geschick Jesu ist für uns Versöhnung, Heiligung und Rechtfertigung. Gott ist nicht das Objekt eines autonomen menschlichen Tuns: Nicht der Vater wird versöhnt, sondern er ist das *Subjekt* des Bundeshandelns und in seinem Sohn Jesus Christus auch die Ermöglichung der menschlichen Antwort, wenn die Menschen sich im Glauben der Gehorsamstat Jesu anschließen. Gott versöhnt uns also mit sich durch Jesus Christus kraft der Menschheit Jesu, in der er als der neue Mensch und Erstgeborene aller Schöpfung das Haupt der neuen Menschheit wird (1 Tim 2,5; 1 Kor 15,20; Kol 1,15-20).

Das „Leiden" hat Jesus nicht auf sich genommen, um einer Gottheit zu imponieren oder sich für die Lösung ihrer dialektischen Spannung von Wohlwollen und Zorn instrumentalisieren zu lassen: Jesus nahm frei das Leiden auf sich, weil sich die Bundesferne der Menschen in der Heillosigkeit von Leiden und Tod manifestiert. Also nicht um Gottes willen, sondern wegen der Menschen hat der Mittler der Gottesherrschaft die äußerste Ausweglosigkeit der menschlichen Situation in der Welt auf sich genommen. Was Jesus als Nächstenliebe von seinen Jüngern einfordert, kann er selbst ihnen nicht vorenthalten haben: „Das ist mein Gebot: Liebt einander, so wie ich euch geliebt habe. Es gibt keine größere Liebe, als wenn einer sein Leben *für* seine Freunde hingibt." (Joh 15,12 f.)

Jesu Tod am Kreuz als Opfer

Jesu stellvertretendes Eintreten für die Menschen bis hin zum Tod ist auch nicht das Ergebnis einer religiösen Ekstase oder der Versuch, durch moralische Höchstleistungen eine Wende zu erzwingen. Sein Amt als Stellvertreter resultiert aus seiner Willens- und Offenbarungseinheit mit Gott, seinem Vater, der sich durch seinen Sohn offenbart und mit der Menschheit seines Sohnes auch alle Menschen annimmt, die kraft des Glaubens, der Nachfolge und der Taufe zu Jesus gehören und mit ihm einen „Leib" bilden. So ist Gott selbst die Einheit von seiner Selbstmitteilung und ihrer kreatürlichen Annahme, wie sie einmalig im Sein Jesu mit seiner doppelten Relation (des Ursprungs von Gott her und der Sendung zum Menschen hin) grundgelegt ist. Das allein von Gott ausgehende Heilswirken des souveränen Stifters des Neuen Bundes vollendet sich singulär und irreversibel in der menschlichen Annahme Jesu im Gehorsam (und abgeleitet davon im Glau-

---

[51] So die „tiefenpsychologische" Deutung Drewermanns nach S. Freud, der in der biblischen Rede vom Sohnesverhältnis Jesu zu Gott eine Projektion des Vater-Sohn-Konflikts sah, dabei aber nur seine Theorie vom Ödipuskomplex sachfremd in das NT hineinprojizierte.

ben der Menschen an Jesus und an Gott). Darum bedeutet sein Kreuzestod als die unüberbietbare Selbsthingabe Jesu in Leib und Leben für immer die kreatürlich-sakramentale Gestalt der Gegenwart des Bundes- und Heilswillens Gottes. Auch der auferstandene Christus gibt sich nur durch seine Wundmale zu erkennen (vgl. Joh 20,19-29). Die Heilsbedeutung des zum Vater erhöhten Herrn und Mittlers der ganzen Schöpfung zu Gott hin bleibt von der historischen Gestalt seiner Vermittlung, die im Kreuz kulminiert, unablösbar.

In anderer Begrifflichkeit kann der Stellvertretungsgedanke mit dem alten Terminus „Opfer" ausgelegt werden. Schon im Alten Testament hat der religionsgeschichtlich bedeutsame Opferbegriff eine tiefreichende Transformation erfahren. Im Opfer soll nicht eine jenseitige Gottheit durch menschliches Tun, durch eine dingliche Gabe oder eine ethische Verhaltensweise des Menschen beeinflußt werden. Opfer in den einzelnen Aspekten von Dank, Lob, Anbetung, Bitte und Sühne bedeutet das existentiale und glaubende Eintreten in das Bundesangebot Jahwes. Die mit dem Opfer verbundenen dinglichen Elemente (Früchte, Tiere und andere Elemente) sollen Ausdrucksformen der inneren Hingabe sein. In der Konsequenz der prophetischen Kritik an einer Veräußerlichung des Opferwesens wird neutestamentlich die Liebe zu Gott und zum Nächsten als das definierende Moment des christlichen Opferverständnisses herausgestellt (vgl. Mk 12,33).

So wird der Tod Jesu nicht deshalb ein Opfer, weil er etwa von Menschen (seinen Richtern und seinen Henkern) Gott geopfert würde. Auch ist nicht daran zu denken, daß Gott mit einer geheimen Willensbeeinflussung sich das Tun dieser „Opferpriester" zu seinen eigenen Gunsten herbeimanipuliert hätte.

Jesu Opfer als Gehorsam seiner Liebe

Christologisch gesprochen ist der Kreuzestod Jesu ein Opfer, weil Jesus in seinem Gehorsam gegenüber dem Heilswillen des Vaters und in seiner Liebe zu den Menschen, seinen Nächsten, sich völlig dem Willen Gottes zur Wiederherstellung des Heilsbundes mit den Menschen geöffnet hat. Der Hebräerbrief drückt es so aus:

Darum spricht Christus bei seinem Eintritt in die Welt: Schlacht- und Speiseopfer hast du nicht gefordert, doch einen Leib hast du mir geschaffen. An Brand- und Sündopfern hast du keinen Gefallen. Da sagte ich: Ja, ich komme ... um deinen Willen, oh Gott, zu erfüllen ... Aufgrund dieses Willens sind wir durch die Opfergabe des Leibes Jesu Christi ein für allemal geheiligt.
(Hebr 10,5 f. 10)

Diese Willenshingabe erweist sich als die formgebende Kraft in allem äußeren Geschehen auf Golgotha. In dem Opfer am Kreuz ist Jesus das Subjekt des Opfers. Seine Richter und Henker sind nur die Repräsentanten des Widerstandes gegen Gott und der Verlorenheit aller Menschen, für die Jesus in der Treue bis zum Tod den Heilswillen Gottes manifest gemacht hat.

Diese Treue bis zum Tod macht ihn als den Sohn des Vaters und eschatologischen Heilsmittler der Gottesherrschaft offenbar. Gott stellt ihn an die Spitze der neuen Menschheit. Das Ebenbild des unsichtbaren Gottes, der Erstgeborene der ganzen Schöpfung ist auch „das Haupt des Leibes, der Ursprung, der Erstgeborene der Toten, der in allem den Vorrang hat." (Kol 1,15-18) Er ist der neue Mensch (Röm 5,12-21). Er, der eschatologische Adam, ist lebendigmachender

Geist (vgl. 1 Kor 15,45). Er ist der Sohn, durch den Gott in der Endzeit zu uns gesprochen hat (Hebr 1,1), der auf ewig vollendete Sohn (Hebr 7,28), der zum Urheber des ewigen Heiles (Hebr 5,9; Apg 3,15) und damit zum „Urheber und Vollender des Glaubens" (Hebr 12,2) eingesetzt worden ist. Seine Stellvertretung ermöglicht unsere Nähe zu ihm und darin vermittelt sie den Zugang zu Gott, dem Vater von uns allen. Der Hebräerbrief umschreibt das soteriologische Thema:

Wir haben ja nicht einen Hohepriester, der nicht mitfühlen könnte mit unserer Schwäche, sondern einen, der in allem wie wir in Versuchung geführt wurde, aber nicht gesündigt hat. Laßt uns also voll Zuversicht zum Thron der Gnade hintreten, damit wir Erbarmen und Gnade finden und so Hilfe erlangen zur rechten Zeit.
(Hebr 4,15 f.)

Die biblische Konzentration auf Jesus als den eschatologischen Mittler des Neuen Bundes gründet also auf der vollständigen Einheit der Selbstvermittlung Gottes im Menschen Jesus und der vollkommenen Selbsthingabe des Menschen Jesus an Gott. Der zum Vater erhöhte Kyrios nimmt darum exklusiv das interzessorische Amt des absoluten Heilsbringers wahr („Wenn aber einer sündigt, haben wir einen Beistand beim Vater: Jesus Christus, den Gerechten. Er ist die Sühne für unsere Sünden, aber nicht nur für unsere Sünden, auch für die der ganzen Welt." (1 Joh 2,1 f.; vgl. Röm 3,25; 8,34; Hebr 7,25; 8,6; Joh 14,16)

In den vorangegangenen Darlegungen sind einige Hauptzüge der soteriologischen Interpretation des historischen Kreuzestodes im Neuen Testament herausgearbeitet worden. Es erweist sich als eine Eigenheit der christlichen Auffassung, daß die messianischen Verheißungen der kommenden Basileia und ihres Mittlers mit der Figur des stellvertretend leidenden und sühnenden Gottesknechtes verbunden werden.

Wie hat der vorösterliche Jesus seinen Tod verstanden?

Es stellt sich jetzt aber die Frage, ob der irdische Jesus selbst seinem Tod eine soteriologische Bedeutung zugemessen hat. Es könnte ja sein, daß eventuell erst die nachösterliche Gemeinde in einer kreativen Interpretation die religiöse Bedeutung Jesu mit Hilfe einer theologischen Konstruktion fixiert hat[52].

---

[52] *W. Wrede* hat – wie oben schon gezeigt – die Meinung von einem unmessianischen Lebensverlauf Jesu in die neuere Exegese eingebracht.
R. Bultmann (Das Verhältnis der urchristlichen Christusbotschaft zum historischen Jesus: ders., Exegetica. Aufsätze zur Erforschung des Neuen Testaments. Hg. v. E. Dinkler, Tübingen 1967, 545-469) zog daraus die Folgerung, daß es uns letztlich ein Rätsel bleiben muß, wie Jesus seinen Tod verstanden hat. Es sei womöglich damit zu rechnen, daß Jesus seinen Tod als ein völliges Scheitern hingenommen hat.
W. Marxsen (Erwägungen zum Problem des verkündigten Kreuzes: ders., Der Exeget als Theologe. Vorträge zum Neuen Testament, Gütersloh 1968,160-170) weiß sogar mit Sicherheit, daß Jesus seinen Tod nicht als Heilsgeschehen aufgefaßt haben kann.
Unter anderen Voraussetzungen haben auch katholische Theologen wie *A. Vögtle* (Jesus von Nazaret: Ökumenische Kirchengeschichte I. Hg. v. R. Kottje, B. Moeller, Mainz–München 1970, 3-24) und *H. Kessler* (Die theologische Bedeutung des Todes Jesu. Eine traditionsgeschichtliche Untersuchung, Düsseldorf 1970) diese These weitgehend übernommen. Demnach ist Jesus entweder von seinem Tod völlig überrascht worden oder er ist heroisch treu zu seiner Überzeugung untergegangen. Erst im Licht des Osterglaubens hätten die Jünger eine Erlösungsdimension in den Tod hineininterpretiert.

1.) Christologischer Aspekt

Welche historisch begründete Annäherung an das Selbstverständnis des vorösterlichen Jesus ist möglich? Zu erinnern ist an die hermeneutische Grundproblematik der Christologie. Ein unmittelbarer Zugang zur Person und zum Selbstverständnis des vorösterlichen Jesus ist unmöglich. Auch die historisch sicher aufweisbaren *ipsissima verba et facta* stehen im Zusammenhang mit der urchristlichen Überlieferungsgeschichte. Selbst wenn sie treffend die vorösterliche Situation wiedergeben sollten, sind sie durch die Subjektivität der Jünger vermittelt. Eine adäquate Unterscheidung von *traditum* und *traditio* erscheint prinzipiell ausgeschlossen.

Das Selbstverständnis keines Menschen ist unmittelbar zugänglich. Es ist immer vermittelt durch die Handlung und die Selbstdarstellung der betroffenen Person. Einen Zugang zur Einheit von innerem Selbstverständnis und seiner Manifestation in den äußeren Akten gibt es nur über das persönliche Vertrauen derer, die als historische Zeugen einer Person auftreten. Die Frage nach dem Selbstverständnis des vorösterlichen Jesus kann somit aus prinzipiellen erkenntnistheoretischen und überlieferungsstrukturellen Gründen nicht außerhalb des Kontextes der christologischen Ursynthese entwickelt werden. Eine Antwort auf die Frage, ob Jesus historisch nachweisbar seinem Tod eine soteriologische Funktion zugemessen hat, sollte sich daher vor allzu übereilten Hypothesen hüten.

Wenn man in der Soteriologie jedoch die Erlösungsrelevanz des Kreuzes Jesu nicht offenbarungspositivistisch auf eine Information des Auferstandenen zurückführen will, bzw. sie als das Produkt einer reinen Glaubensreflexion versteht, dann muß nach dem Selbstverständnis Jesu vor Ostern gefragt werden. Hätte die Heilsbedeutung des Kreuzes nicht einen Anhalt in der Person und Geschichte Jesu und wäre sein Heilscharakter nur nachträglich von Gott dekretiert worden, dann wäre das gesamte Geschehen doch nur ein bösartig-paradoxes Spiel Gottes mit dem Leben eines Menschen. Gott hätte dann im Sinne seines übergreifenden Heilsplanes einen Menschen vernichten lassen müssen, um ihm hinterher kundzutun, daß er ihm als Werkzeug seines Willens von Nutzen gewesen sei. Vom alttestamentlichen Gottesbild her ist eine solche Instrumentalisierung von Leben und Tod eines Menschen ausgeschlossen. Er würde einen absoluten Widerspruch zu Gottes eigenen Intentionen darstellen, des Gottes, der *für andere da sein* will (vgl. Ex 3,14).

Ein Ansatz zum Verständnis ergibt sich aus der inneren Einheit von Basileia und ihrem geschichtlichen Mittler. Die Basileia besteht in der Bundeseinheit von Gott und Mensch, in dem korrelativen Ereignis von Liebe. Das Wesen der Liebe und ihres partnerschaftlichen Vollzuges aber ist die Freiheit. Darum kann Jesu Tod prinzipiell nur dann die Erscheinung der sich durchsetzenden Liebe Gottes sein, wenn Jesus nicht Mittel zum Zweck, sondern Subjekt seiner Liebe ist, die auch das Äußerste der Bereitschaft zur Lebenshingabe noch umschließt. Hier kommt es darauf an, daß der freie Akt der liebenden und vertrauenden Hingabe die äußeren Umstände seines Todes bestimmt. Das Wort von der Nähe der Basileia würde mißverstanden, wenn man sie als einen in zeitlicher und räumlicher

Nähe schwebenden Zustand über der Erfahrungswelt versteht, der supranaturalistisch von außen her in das Weltgehäuse einbricht.

Bei einem solchen Verstehensschema kann dann leicht die Vermutung aufkommen, Jesus habe sich eben verrechnet und dann trotzig nach Jerusalem begeben, um die Entscheidung herbeizuzwingen. Die Nähe des Reiches darf aber nicht zu dinglich und zeitlich-linear aufgefaßt werden. Es geht vielmehr um den realen Vollzug des Herr-Seins Gottes und der korrespondierenden Annahme dieser Heilsnähe Gottes in einem neuen Leben der Liebe zu Gott und der Gerechtigkeit gegenüber dem Nächsten. Dies gilt sowohl für die noch offene individuelle Lebenszeit und allgemeine Geschichtszeit sowie für die „kommende Welt" des ewigen und unverlierbaren Lebens in Gemeinschaft mit Gott. Die Verknüpfung der Ankunft der Gottesherrschaft mit der Person ihres geschichtlichen Mittlers bedeutet darum die personale Selbstvergegenwärtigung Gottes als Heil aller Menschen in der äußeren und in der inneren Lebensgeschichte Jesu. Weil Jesus ein geschichtlicher Mensch ist, ereignet sich die Ankunft der Basileia auch im gesamten Rahmen der Geschichtlichkeit seines irdischen Daseins. So ist im Heilswirken Jesu zwar die Basileia schon definitiv angekommen. Aber sie enthält noch eine zukünftig-offene Dimension als Ereignismoment. Darum lehrt Jesus auch die Jünger beten: „Deine Basileia komme. Dein Wille geschehe wie im Himmel so auf Erden."

Das Schicksal der Basileia entscheidet sich am Schicksal Jesu im Gesamtkreis seines Wirkens einschließlich der Tatsache, daß er auch noch den todbringenden Widerstand gegen die Basileia in der Treue zu seinem Vater auf sich zu nehmen bereit ist. Jesu in Freiheit übernommener Tod kann darum aus seiner Basileia-Proklamation nicht ausgeklammert werden. Jesu Tod war weder ein Mißgeschick im Vollzug des Heilsplans Gottes noch eine willkürlich gesetzte Bedingung, unter der sich Gott zur Versöhnung bereitfindet. Gottes ewiger Heilsplan verwirklicht sich nicht in einem quasi-automatischen Ablauf, der die Freiheit des Menschen ausschaltet und die Geschöpfe wie Schachfiguren auf dem Brett zur gewünschten Endkonstellation zusammenrückt. Gerade wenn man die Geschichtlichkeit der Ankunft des Gottesreiches ernst nimmt, ereignet sich die Durchsetzung der Basileia in der kontingenten Freiheitsgeschichte ihres Mittlers. Die kontingenten Akte der Geschichte Jesu, in denen er die Treue zu seiner Sendung in den konkreten Herausforderungssituationen bewährt, sind darum nicht akzidentelle Aspekte an der Soteriologie, sondern die Symbole, in denen sich die Realität des ewigen Heilswillens Gottes manifestiert.

2.) Was heißt anthropologisch: „seinen Tod verstehen"?

Der Tod als ein eminentes anthropologisches Problem darf in einem theologischen Verständnis überhaupt nicht als bloßer Endpunkt einer linearen Lebensgeschichte verstanden werden, der mit der Person und ihrer geschichtlichen Existenz im Grunde nicht viel mehr zu tun hätte als die bloße Aufhebung ihres Vorhandenseins. Für den Menschen ist der Tod ein integrales Moment des Selbst-Seins. In ihm bietet sich die äußerste Möglichkeit der Selbstverfügung in die Endgültigkeit der eigenen Entscheidung im Verhältnis zu Gott. So kann der Tod als biologisches Ereignis die letzte Tat einer geistigen Kreatur sein, in der sich die personalen Grundakte der Liebe, der Hoffnung, des Vertrauens und Glaubens ein- und ausprägen. Darin gewinnt der Mensch seine Endgültigkeit.

Wie bei jedem anderen Menschen war auch bei Jesus nicht von vornherein festgelegt, in welcher Form ihn der Tod ereilen würde (natürliche Altersgrenze, Unfall, Gewalt). In jedem Fall aber wäre die Hingabe Jesu an den Vater, aus dessen Selbstmitteilung er ja als der Mensch-für-andere existiert, die Erscheinungsform und die Selbstvergegenwärtigung Gottes als Heil aller Menschen gewesen.

Hypothetisch gesprochen ist also der Tod am Kreuz nicht apriori als die einzig mögliche Todesform Jesu zu bestimmen, die Erlösung und Versöhnung bewirkt. Als Ergebnis einer historisch entstandenen Konfliktsituation und der Entschlossenheit seiner Gegner trägt das Kreuz als die historische Todesursache Jesu kontingente Züge.

Aber die kontingenten Ereignisse und Wechselfälle einer Lebensgeschichte gehören in die Wesensdefinition des Menschen als geistige Kreatur hinein. Was der Mensch ist, zeigt sich nicht in einem von der Geschichte unberührbaren Wesenskern. Die Lebensgeschichte mit all den Situationen, auf die die Person frei reagiert, wird sozusagen eins mit ihr.

Unter der Voraussetzung der wesenhaften Geschichtlichkeit des Menschen erscheint es geradezu als widervernünftig, bei Jesus ein gegenständlich-anschauliches Vorauswissen seiner Zukunft zu postulieren. Er wußte nicht die konkreten Umstände seiner zukünftigen Geschichte voraus, die ja weder real noch ideal präexistieren. Indessen wußte er, daß Gott, sein Vater, seine ganze Zukunft ist, und daß der Vater in der Freiheitsgeschichte der Treue Jesu zu seiner Sendung die Basileia verwirklichen würde. Vor Jesu geistigem Auge war nicht gleichsam das gesamte Szenario präsent, wie wir es von seinem Ende her überblicken können[53].

Es gibt – gerade auch von der eigenen Zukunft – nicht ein Wissen um sich selbst in der Art gegenständlicher Bewußtseinsinhalte. Die anschaulichen und gegenständlichen Bewußtseinsinhalte können die Zukunft immer nur vage umreißen.

Tiefer als ein gegenständlich orientiertes Selbstbewußtsein greift *das relationale Selbstverständnis*. Hier ist die Person in ihrem Selbstverständnis und in ihrer Freiheitsgeschichte durch die Bezogenheit auf andere Personen, also als Relation konstituiert. Das relationale Verständnis ist der menschlichen Person ureigen und allein adäquat. So ruht gerade Jesu Selbstsein nicht in einer apriorisch geschlossenen Wesensdefinition monadisch in sich selbst. Jesus gewinnt sich in seinem Personsein gerade durch sein Weggegebensein an Gott. Und Gott hat nicht neben sei-

---

[53] Auf die theologische und psychologische Absurdität von hypothetischen Konstruktionen, „wie man sich denn als inkarnierter Logos fühle", oder „welche Erleichterung es bedeute, angesichts seines Todes zu wissen, daß man in drei Tagen schon wieder auferstehe", braucht hier nicht eingegangen zu werden. Dabei wird im Widerspruch zur klassischen Christologie eine substantielle Vergottung der menschlichen Natur und des Bewußtseins Jesu vorausgesetzt. In Wirklichkeit besteht und vollzieht sich das Bewußtsein Jesu als kreatürliches Wissen und Wollen in Relation zum Wort des Vaters, das sich dem menschlichen Bewußtsein Jesu zuspricht und es trägt, aber nicht ausschaltet oder ersetzt.

ner personalen Selbsthabe auch noch etwas für Jesus übrig. Gott vollzieht sein eigenes Wesen inmitten der geschichtlichen Selbstoffenbarung in der Gestalt des Heilsmittlers. Umgekehrt inexistiert Jesu Menschsein (und damit auch seine Zukunft) in der das Wesen Gottes in Jesus offenbarenden Vater-Sohn-Relation. Die in der Zukunft sich ereignende geschichtliche Vollendung der Relation zwischen Vater und Sohn kommt darum nicht überfallartig auf Jesus zu. Im tödlichen Konflikt, in den der Mittler der Basileia hineingestoßen wird, bewährt und verwirklicht sich endgültig die vertrauende Weggegebenheit Jesu an Gott. In der Beziehung zum Vater gestaltet Jesus selbst seine Zukunft im Gehorsam zum Vater, der zentrierenden Mitte aller kontingent-zukünftigen Geschehnisse.

Deshalb liegt nach ältester Tradition der eigentliche Heilscharakter des Todes Jesu nicht in seinem Umgebrachtwerden, sondern in seinem freien Gehorsam zum Heilswillen Gottes. In diesem Sinn kann man davon sprechen, daß Jesus seine eigene Zukunft dergestalt vorauswußte, daß der Vater ihn nicht nur privat und persönlich aus dem Abgrund retten würde. Jesus starb in der Hoffnung, daß die Rettung des Gekreuzigten die eschatologische Offenbarung der mit dem Tod endgültig gewordenen Einheit von Selbstgabe Gottes als Heil und Annahme des Heils im menschlichen Gehorsam sein wird. Das hoffende Wissen Jesu um den Heilscharakter seines Todes erweist sich als ein Element an seiner geschichtlich erfüllten relationalen Identität mit dem eschatologischen Heilswillen seines Vaters.

Im Schema der vorpaulinischen Erniedrigungs- und Erhöhungschristologie heißt es folgerichtig: „Er war gehorsam bis zum Tod, bis zum Tod am Kreuz, *darum* hat Gott ihn über alle erhöht ... und jeder Mund bekennt: Jesus Christus ist der Herr – zur Ehre Gottes, des Vaters" (Phil 2,8.11)[54].

3.) Historisch-psychologische Erwägungen

Über diese anthropologischen Aspekte hinaus legt sich auch aus psychologischen Erwägungen heraus die Schlußfolgerung von einem möglichen Wissen Jesu um seinen gewaltsamen Tod nahe. Er hatte besonders den blutigen Tod Johannes des Täufers vor Augen (Mk 6,14-19; 9,13). Im Hinblick auf ihn sagt er, daß dem Himmelreich bis heute Gewalt angetan wird (vgl. Mt 11,12). Die Basileia erscheint in unscheinbarer Form und in der Schwäche eines Weizenkorns, das in die Erde fällt und sterben muß (Joh 12,24). Sie beginnt klein und unbeachtet wie ein Senfkorn (Mk 4,30-32). Zu ihrer eschatologischen Ankunft gehören darum Leiden und Bedrängnisse. Deshalb gilt es zu beten und sich der Führung des Vaters anzuvertrauen, damit wir nicht in Versuchung geraten (Mt 6,13; Mk 14,38).

Jesus konnte schließlich der Vernichtungswille der Pharisäer und Schriftgelehrten kaum verborgen bleiben. Sie hatten ihn der Gotteslästerung, des Teufels-

---

[54] Für die exegetische Einzeldiskussion, die im Gegenüber zu den o.g. Thesen vom Nichtwissen Jesu um die Heilsbedeutsamkeit seines Todes zu einem wesentlich differenzierteren Befund gelangt ist, sei verwiesen auf H. Schürmann, Gottes Reich – Jesu Geschick. Jesu ureigener Tod im Licht seiner Basileia-Verkündigung, Freiburg–Basel–Wien 1983 u. K. Kertelge (Hg.), Der Tod Jesu. Deutungen im Neuen Testament (QD 74), Freiburg–Basel–Wien ²1982; H. Schürmann, Jesus – Gestalt und Geheimnis. Gesammelte Beiträge. Hg. v. K. Scholtissek, Paderborn 1994, 157-240.

bündnisses und des Religionsfrevels bezichtigt. Wie ernst die Lage werden könnte, zeigte sich am Schicksal des Täufers. In einem wohl authentischen Wort deutet Jesus sein eigenes Schicksal:

Geht hin und meldet diesem Fuchs: Ich treibe Dämonen aus, vollbringe heute und morgen Heilungen und werde am dritten Tag ein Ende nehmen, doch muß ich heute, morgen und am folgenden Tag wandern, und es ist unmöglich, daß ein Prophet außerhalb Jerusalems umkomme.
(Lk 12,32 f.)

Jesus wurde also nicht von dem gegen ihn ausgesprochenen Todesurteil überrascht. Verbindet er aber mit seinem Tod eine Heilsbedeutung? Indem Jesus diesem tödlichen Widerspruch nicht auswich und seine Sendung nicht verriet, wollte er das Heilsangebot der Basileia und damit die heilschaffende Liebe Gottes auch noch gegenüber Sünde und Unglauben siegreich behaupten. Weil Jesus aus Liebe seiner Sendung treu blieb, überwand er zugleich auch den Widerspruch der Menschen gegen Gott. Hier eröffnet sich der Horizont einer universalen Versöhnung aller Menschen. Zum Gottesvolk gehört man nicht mehr aufgrund von Geburtsrechten, sondern durch Glauben und Nachfolge, die Gott allen Menschen in Jesus Christus anbietet.

Daß Jesus nicht in heroischem Trotz oder mit wehenden Fahnen in den Untergang ging, sondern bewußt den Heilscharakter seines Sterbens „stiftete", daß er auch noch im letzten Moment seines Lebens auf die Treue des Vaters zu ihm setzte, wird besonders an einem Logion sichtbar, das mit Sicherheit auf den historischen Jesus zurückgeht.

Als Jesus in den Zeichen von Brot und Wein seinen am Kreuz dahingegebenen Leib und sein Blut als die Gabe des Neuen Bundes stiftet, fügt er hinzu: *„Amen, ich sage euch: Ich werde von der Frucht des Weinstocks nicht mehr trinken bis zu dem Tag, an dem ich von neuem davon trinke in der Basileia Gottes."* (Mk 14,25)[55]

So besteht kein Zweifel, daß Jesus in der Konsequenz seiner Sendung zur Verwirklichung der Basileia in seiner Person den heilshaften Horizont seines Todes verstanden und aktiv ergriffen hat. Der Gehorsam Jesu bis zum Tod ist die ewige Offenbarung der siegreichen Liebe des Vaters.

Sein Sterben wird sozusagen zum Sakrament der Liebe Gottes zu uns. Als innere Dimension gehört dazu, daß Jesus in das Leben des Vaters „hineinstirbt", daß er in seiner letzten Verohnmächtigung durch das Opfer seiner Selbsthingabe der Empfangsgrund im Menschen wird, in den hinein sich die ganze Mitteilung des göttlichen Lebens der Vergebung der Sünden und der erfüllenden Gemeinschaft verschenkt. Jesus stirbt nicht in ein Nichts hinein. Er gibt sein Leben in die Hände seines Vaters. Zu ihm hat er sich bekannt als dem Gott der Lebenden (Mk 12,27) und der Quelle des Lebens (Ps 36,10; vgl. Joh 4,14).

Seit dem Ostertag bezeugen die Jünger Jesu die Rettungstat des Vaters: die Auferweckung des Gekreuzigten von den Toten. Sie sprechen von der Erhöhung Jesu zur Rechten des Vaters, von der Verherrlichung des erniedrigten und gedemütigten Christus in der Ewigkeit Gottes.

---

[55] Vgl. Mk 9,1: „Amen, ich sage euch: Von denen, die hier stehen, werden einige den Tod nicht erleiden, bis daß die Basileia Gottes in Macht gekommen ist." Daß dieses Logion nicht in die liturgisch geprägte Abendmahlsüberlieferung eingegangen ist, gilt als ein Hinweis auf seine vorösterliche, wenig redaktionell bearbeitete Herkunft.

2.3 Die Offenbarung des Persongeheimnisses Jesu als Sohn Gottes in der Auferweckungstat des Vaters

2.3.1 Die Osterbotschaft

Ein größerer Widerspruch als zwischen dem Tod Jesu am Karfreitag und dem österlichen Glauben an seine Auferstehung von den Toten, bzw. zwischen dem Zusammenbruch des Glaubens der Jünger an Jesus als eschatologischen Heilsmittler und dem Zeugnis von seiner Auferstehung, Erhöhung und Verherrlichung durch den Vater, ist kaum denkbar.

Es war keine überschüssige Dynamik aus der Begegnung mit dem vorösterlichen Jesus übriggeblieben, die etwa mit Hilfe des Rückgriffs auf alttestamentliche Interpretamente der allgemeinen Auferstehungshoffnung (vgl. Dan 12,2; 2 Makk 7,9.14; 12,43; Weish 3,1.4) die Katastrophe des Karfreitag hätte neutralisieren können. Daß Gott die Tötung Jesu zugelassen hatte, mußte den Jüngern als die Widerlegung seines Anspruches erscheinen, der Mittler der Basileia zu sein. Denn auch ihnen war der Satz gegenwärtig: „Verflucht ist jeder, der am Pfahl hängt" (Dt 21,23; vgl. Gal 3,13; Apg 5,30).

Die Überwindung des Karsamstag-Grabens konnte nur durch eine souveräne Machttat Gottes gelingen. Psychodynamische Kräfte der Jünger und theoretische Reflexionen erweisen sich angesichts der Fakten des Todes Jesu und seines offensichtlichen Scheiterns als zu schwach.

Darum ist allein schon die Tatsache des Glaubens der Jünger an das Leben Jesu in Gottes Herrlichkeit und an seine Bestätigung als Heilsmittler ein Hinweis auf eine souveräne Initiative und Praxis Jahwes, der sich in seinem heilsgeschichtlichen Handeln an seinem Volk Israel als der Gott des Lebens ausgewiesen hat.

Jetzt offenbart Gott seine Schöpfermacht und seine Bundestreue an dem Boten seiner Basileia. Gott offenbart sich als der, „der Jesus von den Toten auferweckt hat" (Gal 1,1; Röm 4,24; 8,11; 2 Kor 4,14; Eph 1,20; Kol 2,12). Indem er sich in seinem Auferweckungshandeln an Jesus als der Gott, der lebendig macht (Röm 4,17), erweist, offenbart er sich zugleich auch als „Gott und Vater unseres Herrn Jesus Christus" (2 Kor 1,3; 11,31; Eph 1,3; Kol 1,3; 1 Petr 1,3 u.ö.). Und damit offenbart er Jesus von Nazaret, den Mittler der Gottesherrschaft, als den zu seinem Wesen und zu seiner Präsenz in der Geschichte gehörenden Sohn, der in der Gestalt des Fleisches in der Welt als Mensch gelebt hat (Röm 1,3; 8,3; Gal 1,16; 4,4; Phil 2,6 f.; Apg 13,33). Gott offenbart diesen seinen Sohn als den „Sohn Gottes in Macht seit der Auferstehung von Toten" (Röm 1,4), als den Messias und Kyrios und damit als den endzeitlichen Träger der Gottesherrschaft (Phil 2,9.11; 1 Kor 15,28; Apg 2,32.36; 5,30 f. u.ö.).

Da Gottes Machttat an einem Toten sich dem natürlichen Erfahrungsraum und der empirischen Verifikation entzieht, kann nur der Selbsterweis Jesu als des lebenden und von Gott geretteten Heilsmittlers der Basileia das auslösende Moment des Osterkerygmas und des Osterbekenntnisses sein. Das Osterereignis macht sich vermittels der Ostererscheinungen (Christophanien) durch das Bekenntnis der Zeugen in der Welt greifbar.

Die Osterbotschaft dieser Zeugen drückt sich in mehreren Formen aus:

1.) Eingliedrige Bekenntnisformeln:
Sie sind sehr früh und halten lediglich die Tatsache der Auferweckung fest: „Gott hat Jesus von den Toten auferweckt." „Er ist der Gott, der Jesus von den Toten auferweckt hat." (1 Thess 1,10; Gal 1,1; 1 Kor 15,15; Röm 4,25; 10,9; Apg 2,32; Eph 1,20; Kol 2,12) „Er ist auferstanden" (1 Thess 4,14). Er ist „lebendig geworden" (Röm 14,9). Er wurde „lebendig gemacht" (1 Petr 3,18). Er wurde „zur Rechten des Vaters erhöht" (Phil 2,9; Apg 2,33; 5,31).

2.) Mehrgliedrige Bekenntnisformeln:
Auch sie weisen ein hohes Alter auf. Dazu gehören 1 Kor 15,3-5; Lk 24,34; Röm 4,25; 6,3; 8,34. Hier werden sowohl die Auferstehungszeugen genannt (Simon Petrus als Erstzeuge, die Zwölf; alle Apostel, Jakobus, Paulus) als auch die Heilsbedeutsamkeit von Tod und Auferstehung Jesu und die Sendung der Jünger zum Zeugnis und zur Bildung der kirchlichen Glaubensgemeinschaft formuliert.

3.) Erscheinungsberichte:
Jesus zeigt sich den Seinen. Diese Tradition hat in Galiläa ihren Ursprung: Mk 15,7; Mt 28,7.10.16f.; dorthin waren die Jünger nach der Verhaftung und dem Tod Jesu geflohen: Mk 14,50; Mt 26,56.

4.) Erzählungen vom leeren Grab:
Mk 16,5f.; Mt 28,6; Lk 24,3ff.12.23f. (Joh 20)

5.) Johannes
bietet eine eigene Ostertheologie: Nach ihm ereignet sich bereits im Tod Jesu seine Erhöhung und Verherrlichung (Joh 3,14; 8,28; 12,32; 17,1.5.13; 19,28.30 u.ö.)

Die Endgestalt des Neuen Testaments bietet folgenden Ablauf der Ereignisse dar:
– Tod und Grablegung Jesu
– Gang der Frauen zum Grab
– Osterbotschaft des / der Engel(s)
– Erscheinungen des Auferstandenen vor den Jüngerinnen und Jüngern
– Bekenntnis des Osterglaubens
– Zeugnis und Mission der Apostel
– Konstituierung der ersten christlichen Gemeinden.

Eine geschichtliche Begründung und theologische Analyse des Ostergeschehens muß bei den Ostererscheinungen ansetzen als den Impulsen des Osterglaubens.

Erst in einem zweiten Schritt ist die Bedeutung des „leeren Grabes" zu berücksichtigen. Damit verbindet sich das Problem einer genaueren Aussage über die Realität der Auferstehung und die Leiblichkeit des Auferstandenen.

In den einzelnen Traditionsstufen und redaktionellen Bearbeitungen der Ostergeschichte bei Markus und den auf ihn aufbauenden Evangelien des Matthäus und Lukas und schließlich – in einem anderen Kontext – bei Johannes läßt sich ein zunehmendes Interesse an der realen Leiblichkeit des auferstandenen Herrn erkennen. Das impliziert eine deutliche Absetzung von jedem Doketismus bzw. einer existentialistischen Ausdünnung des Osterglaubens.

2.3.2 Die theologische Metaphorik des Osterglaubens

Die Auferweckungstat des Vaters an dem toten Jesus von Nazaret ist ein Ereignis ganz unvergleichlicher Art.

Im natürlichen Erfahrungsspektrum des Menschen bietet sich dafür keine Analogie. Daraus ergibt sich als grundlegende Schwierigkeit, die kategorialen und anschaulichen sprachlichen und begrifflichen Mittel so einzusetzen, daß das Auferweckungsereignis weder verdinglicht noch existentialistisch aufgelöst wird. Grundsätzlich gilt, daß alle theologischen Begriffe, nicht anders als die menschliche Sprache überhaupt, aus der sinnlichen Welterfahrung entwickelt werden.

Die Möglichkeit für eine Übertragung der Begriffsinhalte auf nicht materiell festlegbare Sachverhalte und Beziehungen ist mit der Abstraktionsfähigkeit des menschlichen Verstandes gegeben. Begriffe sind in übertragener, d.h. metaphorischer Weise anwendbar.

Im Kontext einer solchen Hermeneutik des Ostergeschehens muß der Vorgang verstanden werden, daß die Jünger die Diskontinuität von tatsächlichem Tod Jesu und der Erfahrung, daß er bei Gott lebt, mit der Metapher *Auferstehung* und *Erhöhung* beschreiben. Das reglose Daliegen des Menschen im Schlaf dient seit alters her als Sinnbild für die Ohnmacht des toten Menschen und damit für das Faktum des Totseins.

Umgekehrt kann das Aufwecken, das Aufstehen eines Schlafenden und sein anschließendes Umhergehen die subjektive Freiheit, die Selbstverfügung des lebenden Menschen darstellen und damit das unwidersprechliche Anzeichen von Leben.

Das Aufwecken bezeichnet die Tat eines wachen an einem schlafenden Menschen. In einem analogen Sinne bietet sich diese Metapher an, um Gottes Handeln an den Toten zu bezeichnen, in welchem er allein den Zustand des Totseins in den Zustand des Lebens und der freien Selbstverfügung überführen kann.

Gleiches gilt selbstverständlich für die anderen Begriffspaare „Erniedrigung – Erhöhung", „Verborgenheit und Offenbarung der Herrlichkeit Jesu".

Die analoge und metaphorische Verwendung auch solcher Begriffe wie „Sehen, Hören und Betasten" des Auferstandenen in seiner verherrlichten Leiblichkeit *(soma pneumatikon)* ist zu berücksichtigen. Auf den zentralen Begriff der „Erscheinung" ist schon aufmerksam gemacht worden. Festzuhalten ist aber, daß die Rede von der „Auferstehung" nicht subjektives Interpretament einer inneren Erfahrung, sondern das Begreifen eines außerseelischen Ereignisses und realen Handelns Gottes ist.

Diese Vorüberlegungen sind unumgänglich, um den eigentlich theologischen, christologischen, pneumatologischen, eschatologischen und soteriologischen Gehalt der Auferstehungsbotschaft hermeneutisch richtig zu situieren.

2.3.3 Die Auferstehung Jesu von den Toten

Der Kontext der Rede von der Auferweckung Christi ist die Erfahrung Israels mit Gott, der sich für das Heil des Menschen engagiert und der mit dem Kommen seiner Basileia die allgemeine Auferweckung der Toten vollbringt. In Jesu Tod steht also die Gottesherrschaft und ihre soteriologische und anthropologische Auswirkung auf dem Spiel. Die Auferweckungstat des Vaters verbürgt die Identität des vorösterlichen Jesus und des österlichen Christus.

Dies läßt sich leicht erkennen an den frühen Bekenntnisformeln der Gemeinde. Besonders ist hier zu verweisen auf das älteste literarisch fixierte Bekenntnis, das Paulus im ersten Korintherbrief (ca. 50-51) seiner Gemeinde verkündet. Paulus hat es nach seinen eigenen Angaben kurz nach seiner Bekehrung von den urchristlichen Gemeinden übernommen. Drei Jahre nach seiner Bekehrung hielt er sich in Jerusalem auf, „um Kephas kennenzulernen" und Jakobus, dem Bruder des Herrn, zu begegnen (Gal 1,18 f.).

Mit der Kurzformel des apostolischen Ur-Credo in der überlieferten Form kommt man also bis etwa drei, vier Jahre an das von Kephas und den anderen Aposteln bezeugte Osterereignis heran:

Christus ist für unsere Sünden gestorben, gemäß den Schriften
und ist begraben worden.
Er ist am dritten Tag auferweckt worden, gemäß den Schriften,
und erschien dem Kephas, dann den Zwölf.
(1 Kor 15,3-5; vgl. Lk 24,34)

Es folgen bei Paulus noch weitere Zeugen der Ostererscheinungen: die 500 Brüder zugleich; Jakobus und alle Apostel und zuletzt auch Paulus selbst (vgl. 1 Kor 15,6-9).

Auch die Predigten des Apostels Petrus in der Apostelgeschichte (Apg 2, 14-36; 3,11-26; 4,8-12; 5,30-33; 10,37-43) bestätigen den Befund, daß die Osterbotschaft nur adäquat auszulegen ist in bezug auf die Messiasverheißung, den Vollmachtsanspruch und die Sendungsautorität Jesu, die Verwerfung des Repräsentanten der Basileia durch das Volk und seine schließliche Bestätigung durch Gott, seine Erhöhung zur Rechten des Vaters und seine Wiederkunft als Richter der Welt.

Im Lukas-Evangelium deutet der auferstandene Herr die Einheit des leidenden Messias mit seiner Bestätigung in der Herrlichkeit Gottes: „Begreift Ihr denn nicht? Wie schwer fällt es euch, alles zu glauben, was die Propheten gesagt haben. Mußte nicht der Messias all das erleiden, um so in seine Herrlichkeit einzutreten?" (Lk 24,25 f.)

Betrachtet man nun die fortschreitende literarische Anreicherung des Osterkerygmas mit theologischen, christologischen und soteriologischen Verweisen und nimmt man die Auseinandersetzung um die Gültigkeit der Osterbotschaft in den Ostergeschichten zur Kenntnis, dann ergeben sich drei Fragekreise.

Zum ersten die Erkenntnis der Realität des Auferstehungsereignisses durch die Erscheinungen Jesu vor seinen Jüngern; zum zweiten die Frage nach der Identität des geschichtlichen und erhöhten Herrn, wie sie besonders in der Problematik der

Leiblichkeit Jesu und der Historizität des „leeren Grabes" deutlich wird; und schließlich zum dritten die Behauptung der realen, jedoch pneumatischen Leiblichkeit des Auferstandenen und seine endgültige Existenzweise beim Vater.

2.3.3.1 Die Realität der Auferstehung

Auferstehung darf nicht mit der (medizinisch unmöglichen) Reanimation eines toten Leibes verwechselt werden. Es geht auch nicht um ein bloßes Weiterleben der Seele in einem postmortalen Paradies. Mit Auferstehung ist auch nicht ein Ereignis in einem oberirdischen Stockwerk des Kosmos gemeint, in einer metaphysischen „Hinterwelt" (Nietzsche), über das die Zurückgebliebenen durch einen Himmelsboten informiert werden.

In einer theozentrischen Wirklichkeitssicht gilt es, an der Einheit der Schöpfung festzuhalten. Ein Geschöpf bestimmt seine Beziehung zu Gott nicht durch einen räumlichen Aufenthalt in der Unterwelt, auf der Erde oder im Himmel oder durch die Existenz in einem Zeitabschnitt vor und nach dem Tod. In seinem geschichtlichen Leben ist der Mensch durch den Weg, den Inhalt und das Ziel der sich mitteilenden Heilsgegenwart Gottes bestimmt. Das Auferweckungshandeln des Vaters bedeutet, daß er dem toten Menschen Jesus sein eigenes göttliches Leben als Quelle und Raum seines definitiven Existenzmodus eröffnet hat. Jesus lebt als Mensch nun in einem vollendeten Leben bei Gott. Gott teilt sich ihm lebensspendend und erfüllend mit. Als Voraussetzung dieser Lebensgemeinschaft trägt er auch die menschlich-kreatürliche Existenz Jesu. In seiner Auferstehung und Himmelfahrt zieht Jesus also nicht in einen jenseitigen Aufenthaltsort der Verstorbenen ein, wo er dann auch noch irgendwie auf Gott träfe. Auferstehung bedeutet vielmehr die reale Vollendung des Menschseins Jesu. Es ist das Personsein Jesu, das sich in seinem irdischen Leben in einer relationalen Identität dynamisch in der Gemeinschaft mit dem Vater vollzog, im Tod bewährte und in der Auferweckung in seine Endgestalt übergegangen ist. Dazu gehört die Offenbarung der eschatologischen und soteriologischen Bedeutung Jesu. Impliziert ist auch der Erhalt der konstitutionellen Daseinsbedingungen Jesu als menschliches Geschöpf mit den geistigen und materiellen Aufbauprinzipien. Dies schließt einen transzendentalen Bezug des erhöhten Herrn zur ganzen Schöpfung, besonders auch zu dem auf seine Zukunft sich hin entwickelnden geschichtlichen Daseinsraum der Menschen ein. Aber er entzieht sich dem Zugriff des natürlichen Sehens und Erkennens.

Jesus muß sich selbst in souveräner Freiheit zu erkennen geben. Im Akt seiner Selbstoffenbarung ermöglicht er den Jüngern, ihn im Glauben als den zu identifizieren, mit dem sie während seiner Verkündigung und Praxis der Basileia zusammen waren. Da Jesus sich in seiner vollendeten Existenzweise beim Vater dem Zugriff sinnlicher Verifikation entzieht, kann der Glaube an den Auferstandenen auch nicht das Produkt einer kreativen Phantasie sein. Aus der Gestalt der Osterzeugnisse geht klar hervor, daß die Jünger sich nicht als das Opfer von Halluzinationen betrachtet haben. Sie verstanden die Ostererscheinungen auch nicht als eine von ihnen projizierte mentale oder psychische Konstellation, etwa um Gründe für ihre Vermutung an der Hand zu haben, daß Gott die mit Jesus gekommene, wenn auch vorläufig gescheiterte Dynamik seines Kommens in die Welt weitergehen lassen wolle.

Wie die Jünger ihre Begegnungen mit dem Auferstandenen selbst verstanden haben, zeigt sich in aller Eindeutigkeit in der Verwendung der Offenbarungsformel. Für eine genaue Bestimmung der Ostererscheinungen ist darum eine Analyse der Theophanieformel „ophthe" von größter Wichtigkeit (1 Kor 15,5; Lk 24,34). Diese Formel erscheint als terminus technicus für die Offenbarung Gottes (vgl. Ex 3,2), Jesu Christi, des Heiligen Geistes und im abgeleiteten Sinn auch des Mose und des Elija bei der Verklärung Christi und der Zeichen der endzeitlichen Heilsereignisse (vgl. Mk 9,4; Mt 17,3; Lk 9,31; Lk 1,11; 2,3; 7,2. 26.30.35; 9,17; 13,31; 16,9; 26,16; 1 Tim 3,16; Hebr 9,28; Offb 11,19; 12,1 u.ö.)[56].

Die grammatikalische Form (Aorist Passiv) weist einen bestimmten Richtungssinn auf: Hier ist Jesus Christus das Subjekt des Sehens, in dem Sinn, daß *er sich zu sehen gibt.* Er steht nicht einfach wie die Gegenstände der natürlichen Erfahrung dem Zugriff des Sehens offen. Er muß sich selbst der Erkenntnis seiner Jünger erschließen. Sie konnten nicht ihre Jesus-Erfahrungen und Jesus-Reflexionen bündeln und in das Phantombild eines auferstandenen Jesus hineinprojizieren. Da Jesus als das Subjekt des gesamten Geschehens beschrieben wird, muß von den Auferstehungserscheinungen im Sinn einer interpersonalen Begegnung gesprochen werden. Hier bringt sich Jesus aus der Wirklichkeit Gottes heraus in den transzendentalen Erkenntnishorizont seiner Jünger ein, und diese Grunderfahrung der Lebendigkeit Jesu beim Vater löst erst die Initiative einer fortschreitenden Versprachlichung und Reflexion dieser Urerfahrung aus.

So hebt auch die biblische Erzählung klar hervor, daß das unmittelbare äußere Berühren oder bloße Anschauen des Auferstandenen noch nicht zum Glauben an seine eschatologische Wirklichkeit (vgl. Emmausgeschichte) führt. Dazu bedarf es einer vom Auferstandenen (bzw. Gott) initiierten, ihn offenbarenden Vermittlung in den transzendentalen Erfahrungs- und Erkenntnishorizont der Jünger, also in den Horizont, in dem generell die sinnlichen Phänomene in ihrem Grund erfaßt werden.

Jesus muß sich zu sehen geben. Deshalb ist auch die Frage gegenstandslos, ob man den Auferstandenen in seiner eschatologischen Realität hätte photographieren oder filmen können.

Die Rede von einem dumpfen Widerfahrnis[57], dem die Jünger ihrerseits erst ein auflichtendes Interpretament hätten aufsetzen müssen, wird dem Selbstzeugnis der Jünger ebensowenig gerecht. Auch greift die Erklärung der Ostererscheinungen als ideal-hypothetischer Voraussetzung einer Legitimität der Sendung des Simon Petrus oder der anderen Apostel zu kurz. Dahinter steht wohl die Meinung, Petrus habe als erster die Initiative zur Sammlung der verstreuten Jünger ergriffen und zur Verifikation der Behauptung, daß Jesus lebe, die Idee einer Erschei-

---

[56] Zur Verdeutlichung ist darauf hinzuweisen, daß zwar auch die Heiligen, die beim Kreuzestod Jesu auferstehen und in die heilige Stadt kommen, vielen „erscheinen" (Mt 27,53); hier aber ist „erscheinen" im Sinne von „gesehen werden" gebraucht und nicht im Sinne einer aktiven Selbstoffenbarung. Bewußt ist hier die *ophthe*-Formel vermieden.

[57] W. Marxsen, Die Auferstehung Jesu von Nazaret, Gütersloh 1968, 109.

nung entwickelt (Osterbekenntnis als Legitimationsformel). Die Ostererscheinung wäre demnach nichts anderes als das Resultat einer sich verdichtenden Reflexion über die ganzen Ereignisse und die Überzeugung, daß Gott sich vom gekreuzigten Jesus nicht abgewandt, sondern uns noch im Kreuz die Botschaft seiner umfassenden Liebe entschlüsselt habe[58].

Eine solche Sicht scheitert an der sachlogischen Unmöglichkeit, eine Wirkung ihrer Ursache vorangehen zu lassen. Nach dem Zeugnis der Jünger ist der Auferstandene selbst der in den Erscheinungen aktiv Handelnde. Er muß Furcht und Schrecken, Verwirrung, Zweifel und Unglauben der Jünger überwinden. Erst aufgrund der Erscheinungen kommen sie zur Gewißheit des Wirkens Gottes. Erst vom auferstandenen Herrn her ergeht die Sendung zum Zeugnis von ihm als dem vom Vater bestätigten endzeitlichen Heilsmittler.

Die Realität des Glaubens an die Auferstehung Jesu beruht also ursächlich auf einer Christophanie vor Petrus, den Jüngerinnen und Jüngern sowie den anderen Anhängern Jesu. Der Glaube aller späteren Jünger baut auf der Realität ihres Zeugnisses auf. Sie begegnen Jesus ebenfalls personal, aber nicht in Gestalt einer Theophanie, sondern im Zeugnis des Evangeliums in Wort und Sakrament und in der Gemeinschaft der Kirche. So ergibt sich eine unumkehrbare Reihenfolge:

Wie sollen sie an den glauben, von dem sie nichts gehört haben? Wie sollen sie hören, wenn niemand verkündigt; wie aber soll jemand verkündigen, wenn er nicht gesandt wird? ... So gründet der Glaube in der Botschaft, die Botschaft im Wort Christi.
(Röm 10,14-17)

Die Jünger sehen Jesus nicht im Horizont der natürlichen Welterfahrung. Sie dürfen ihn „sehen", indem er selbst im Geist Gottes ihre Wahrnehmungsfähigkeit erhebt. Er macht sie aufnahmefähig für eine Realität, die nur im Horizont der Schöpfungstat und der Bundestreue Gottes in den Blick kommen kann: „Niemand kann sagen: Jesus ist der Herr außer im Heiligen Geist." (1 Kor 12,3)

Freilich erkennen die Jünger den Auferstandenen durch das Erkenntnisbild ihrer subjektiven Vernunft. Dieses Bild ist jedoch nicht von der Vernunft selbstmächtig produziert, sondern hervorgerufen von der Phänomenebene der Selbstoffenbarung des erhöhten Herrn in seiner Erscheinungsgestalt.

Diese Glaubenserfahrung entläßt aus sich die personale Zeugenschaft der Jünger sowie, davon abhängig, auch die der Kirche in ihren besonderen Vollzugsformen (Glaubensbekenntnis, Verkündigung des Evangeliums, Taufe, Herrenmahl, das Leben der Gemeinde in Hoffnung und Liebe).

Diese Grundvollzugsformen der Kirche sind die besonderen Modi, in denen die Wirklichkeit der Auferstehung unter den irdischen Erfahrungsbedingungen repräsentiert wird. Dies gilt solange, bis wir im Durchgang durch unseren Tod so verwandelt und vollendet sein werden, daß wir die geschaffene Welt in Gott selbst, ihrem Ursprung und Ziel voll erkennen. Wenn auch den Jüngern in den Ostererscheinungen die Realität des Auferweckungshandelns des Vaters an Jesus evident wurde, so verblieben sie dennoch Zeit ihres Lebens in der Situation des

---

[58] Im übrigen ist gerade die Rede von der Auferstehung der Person Jesu ein Beweis, daß vorösterlich „die Sache Jesu" nicht von seiner Person ablösbar war. Eine Sachaussage bedarf zu ihrer Geltung nicht des Interpretaments einer Auferstehung ihres zufälligen Überbringers.

Glaubens. Auch für sie war der Glaube und nicht das Schauen die adäquate Form der personalen Begegnung mit Gott vor der Vollendung im Tode.

2.3.3.2 Die Erfahrung der Identität des irdischen Jesus mittels seiner pneumatischen Leiblichkeit

Die ganze Christologie beruht auf der Identifikation des geschichtlichen und gekreuzigten Jesus mit dem erhöhten und verherrlichten Herrn. Die von Gottes Geist und Leben erfüllte leibliche Wirklichkeit Jesu ist das Medium der Glaubenserfahrung der Jünger und ihrer Identifikation des ihnen erscheinenden Christus mit dem irdischen Jesus. Damit verbindet sich theologisch die Frage nach dem „leeren Grab".

In den ältesten Überlieferungen des Osterkerygmas bildet das leere Grab kein eigenständiges Thema[25].

Neben der schwierigen theologischen und anthropologischen Frage nach der inneren Kontinuität des Daseins Jesu zwischen Karfreitag und Ostern und seiner personalen Identität gerade auch in seiner geretteten Leiblichkeit erhebt sich die historische Frage nach dem „leeren Grab".

In den synoptischen Osterevangelien und auch im Johannes-Evangelium dagegen geht den Ostererscheinungen die Entdeckung des leeren Grabes durch die Jüngerinnen Jesu voraus. Hat sich die Reihenfolge der Ereignisse so abgespielt, wie sie in den Osterevangelien berichtet wird? Äußerst differenziert und unübersichtlich bleibt die weit ausladende Diskussion dieses Themas in der historisch-kritischen Exegese. Aus dem heutigen Zustand der Osterevangelien läßt sich noch sehr klar die unterschiedliche Herkunft der beiden Traditionen, nämlich der Jerusalemer Grabauffindungstradition und der Galiläischen Erscheinungsberichte erkennen. Sachlich konvergieren sie im Osterkerygma. Literarisch werden sie miteinander verbunden durch die Aufforderung an die Jüngerinnen, den Aposteln die Nachricht zu übermitteln, daß Jesus sich ihnen in Galiläa zeigen werde. Nach den ältesten Zeugnissen wird, wie oben schon gesagt wurde, der Osterglaube durch die Erscheinungen vor den Jüngern begründet. Der Entdeckung des leeren Grabes kommt daher die Bedeutung eines bestätigenden Zeichens zu. Die Tatsache des leeren Grabes kann für sich genommen unterschiedlich gedeutet werden (Betrugshypothese; Diebstahlhypothese; vgl. Mt 28,11-15; die Hypothese vom Scheintod Jesu, der sich von allen unbemerkt aus dem Grab „in ein anderes Land" davongemacht habe).

---

[25] Man kann es allenfalls implizit erschließen, etwa aus der vorpaulinischen Bekenntnisformel (1 Kor 15,3-5). Hier heißt es von dem einen Subjekt Christus, daß er gestorben ist, begraben wurde und am dritten Tag auferweckt wurde. Die Metaphorik der Auferweckung weist hier auf eine Aufrichtung des Leichnams und eine Errettung aus dem Grab, insofern „Grab" das Siegel auf den Tod Jesu bedeutet. Die Redeweise von der Auferweckung der Toten enthält also in sich die kontrastierende Bezugnahme des ewigen Lebens Jesu beim Vater zu seinem zurückgebliebenen Leichnam im Grab. In der Osterpredigt des Apostels Petrus wird ein Bezug hergestellt zwischen dem Auferstehungshandeln Gottes an Christus und der leiblich-geschichtlichen Existenz Jesu, einschließlich seines Leichnams: „Der Prophet sagt vorausschauend über die Auferstehung des Christus: ‚Er gibt ihn nicht der Unterwelt preis, und sein Leib schaut die Verwesung nicht'". (Apg 2,31; vgl. Ps 16,10: „Denn du gibst mich nicht der Unterwelt preis; du läßt deinen Frommen das Grab nicht schauen").

Ob der Gang der Frauen zum Grab in der Frühe des Ostermorgens und die Entdeckung, daß der Leichnam Jesu nicht mehr da ist, ein historischer Vorgang war, muß hier nicht entschieden werden. In der Grabauffindungstradition der Jerusalemer Gemeinde könnte sich auch eine sonntägliche oder alljährliche Verehrung des Grabes Jesu widerspiegeln. Diese Tradition hätte sich dann erst auf der Basis der Ostererscheinungen und des Osterglaubens gebildet. Dieser impliziert aber die Machttat Gottes am toten Jesus und damit auch an seinem toten Leib. Die Feststellung, daß der Leichnam Jesu noch im Grab liegt, hätte als ein kaum überbrückbarer Widerspruch zum Osterglauben empfunden werden müssen. Es ist hier hermeneutisch streng auf den biblischen Wahrnehmungshorizont zu achten. „Auferstehung" hat nichts mit einem allgemeinen Gerettetsein der Gerechten bei Gott zu tun und ihrer Bewahrung in der Unterwelt (Seelenschlaf, Schattendasein der Seele etc.). „Auferstehung" steht im Kontext der endzeitlichen Hoffnung einer Rettung des ganzen Menschen (in Seele und Leib). Insofern sprechen die Jünger von Jesu Auferweckung als Antizipation der eschatologischen Auferweckung (vgl. 2 Makk 7,9; Dan 12,2; „Von denen, die im Land des Staubes schlafen, werden viele erwachen, die einen zum ewigen Leben ..."). Eine Auffindung des Leichnams Jesu wäre also der stringente Gegenbeweis zur Behauptung der eschatologischen Heilstat Gottes am toten Jesus.

2.3.3.3 Der Auferstehungsleib Jesu

Bei dem Versuch einer näheren Beschreibung der Leiblichkeit des auferstandenen Herrn zeigt sich die Grenze theologischer Aussagemöglichkeiten. Der Glaube kann zwar die Tatsache der Offenbarungsidentifikation des Vaters mit dem toten und gekreuzigten Jesus annehmen. Der Glaubensinhalt läßt sich jedoch nicht adäquat in ein raum-zeitliches Anschauungs-Kontinuum übersetzen. Darum ist der Versuch einer anschaulichen Beschreibung der Rettung der Leiblichkeit Jesu im Tode ebenso zurückzuweisen wie die weltanschauliche Voreingenommenheit, daß dies aus naturwissenschaftlichen Gründen unmöglich sei (aufgrund welcher Naturwissenschaft oder besser Naturphilosophie?). Denn der Glaube geht ja in der Tat davon aus, daß die Auferweckung Jesu und auch die Auferweckung der Toten am Ende der Zeit die immanenten Möglichkeiten der kreatürlichen Welt prinzipiell überschreitet. Die Biologie und die Physik können aber nicht die Grenzen des Schöpferhandelns Gottes beschreiben oder gar festlegen.

Weiterführen kann die Überlegung, was anthropologisch mit *Leib* überhaupt gemeint sein kann. Das Leibsein des Menschen beschränkt sich nicht nur auf die meßbare, mit physiologischen und biologischen Kriterien beschreibbare Körperlichkeit. Der Leib ist als Medium der endlichen Person der Möglichkeitsgrund, durch den sie sich in ihrem geschichtlichen Werden und Handeln einholt und in ihrer personalen Identität durch kategorial-intersubjektive Vermittlung und im transzendentalen Bezug auf Gott gewinnt. Die Geistseele ist sowohl *forma substantialis* des Leibes als Einheitsprinzip des leib-seelischen Kompositums. In diesem Sinn ist die Lebensgeschichte eines Menschen die fortschreitende Verleiblichung des personalen Geistes und die wachsende Vergeistigung des Leibprinzips. Im Tod wird nicht die Naht zwischen zwei heterogen bleibenden Substanzen aufgetrennt, sondern der Mensch in der innersten Mitte seines Personseins vernichtend getroffen. Dies umfaßt sowohl seine Geistigkeit und Freiheit wie auch den Werdehorizont in der interpersonalen Kommunikation im Medium der Leiblichkeit. Bei einem Verstorbenen haben die Menschen, die ihn im Zusammenhang mit einer empirisch gebundenen Welterfahrung betrachten, keineswegs noch ihn selbst in seinem Leib zum Gegenüber. Sie treffen nur auf seinen Leichnam. Der Leichnam ist der untrügliche Beweis, daß der Verstorbene im interpersonalen Kommunikationszusammenhang nicht mehr als freies Subjekt handeln und man ihm auch nicht mehr personal begegnen kann. Die Leiche, die geronnene Geschichte eines Menschen, bietet nur noch die Möglichkeit, mit der Vergangenheit eines Menschen in Kontakt zu kommen, ohne jede Aussicht auf eine Zukunft. Über den Leichnam sind die Zurückbleibenden nur mittelbar (kraft subjektiver Erinnerung) auf die Person, die sie in der Vergangenheit kannten, verwiesen.

Wenn die Auferweckungstat des Vaters an dem verstorbenen Jesus aber die Eröffnung einer absoluten Zukunft bei Gott und Vollendung der die gesamte Lebensgeschichte umfassenden Identität ist, dann ist Jesus in seiner ganzen Leiblichkeit vollendet im Leben Gottes angekommen. Seine Seele wird nicht von Gott mit einem eigens geschaffenen Leib umgeben, der so nur eine Art Gehäuse bilden würde. Es ist der eine und selbe Christus in seiner geistigen Seele und in seiner materiellen Leiblichkeit, der von dem lebenspendenden Hauch des göttlichen Geistes zum ewigen Leben geschaffen und von der Doxa Gottes durchformt wird. Paulus kann den Korinthern auf die Frage, wie das alles möglich sein soll und wie man es sich vorzustellen habe, nur antworten, daß ein verweslicher Leib sterbe und ein unverweslicher Leib auferweckt werde. Das Lebensprinzip des Menschen in seinem irdischen Leben wird von Gott, dem Schöpfer, durch sein heiliges Pneuma vertieft. Dadurch erhält der Mensch in einer pneumatischen Vollendung seiner Leiblichkeit, seiner Geschichte und seiner ganzen Existenzform ewiges Leben: „Gesät wird ein *soma psychikon,* auferweckt ein *soma pneumatikon.*" (1 Kor 15,44) Adam, der erste Mensch, wurde ein Lebewesen kraft des ihm von Gott verliehenen begrenzten Lebensprinzips. Der eschatologische Mensch, nämlich Christus, existiert durch den ewigen Geist Gottes, der ewiges Leben gibt, und das Christus allen vermittelt, die zu ihm gehören (vgl. 1 Kor 15,45).

Durch seinen verherrlichten Leib ist Jesus selbst seiner Kirche gegenwärtig. Als Person vergegenwärtigt er im Heiligen Geist sein geschichtliches Heilswirken bis zum Ende der Zeit (vgl. Mt 28,19). Mit der pneumatischen und verklärten Leiblichkeit Jesu ist darum nicht irgendeine himmlische Materie gemeint, mit der die im Himmel ankommenden Seelen überkleidet würden. Die pneumatische Leiblichkeit ist die Dimension der einen geschaffenen Wirklichkeit, die schon definitiv bei Gott, dem ewigen Heil und dem ewigen Leben des Menschen, angekommen ist. Ohne seine Leiblichkeit könnte der Mensch in seiner personalen Identität vor Gott nicht existieren. Deshalb ist aus theologischen Gründen apriori eine völlig leiblos existierende Seele nicht denkbar. Seine von Gottes Herrlichkeit erfüllte Leiblichkeit kommt dem Menschen aus der vom Christusereignis her antizipierten vollendeten Materie des „neuen Himmels und der neuen Erde" zu.

Diese allgemeinen Überlegungen aus der theologischen Anthropologie sind in der Anwendung auf das Christusereignis noch zu erweitern. Denn die Auferstehung Jesu Christi ist nicht lediglich der erste Fall einer allgemeinen Auferweckung der Toten. Die Machttat des Vaters bedeutet auch die eschatologische Offenbarung Jesu als des menschgewordenen ewigen Sohnes des Vaters. Deswegen steht Jesus auch in seiner Leiblichkeit in einer anderen Beziehung zu Gott als jedes andere Geschöpf. Sein Leib partizipiert durch die Vermittlung seiner menschlichen Seele an der Einheit der Person Jesu (des Logos) mit Gott. Seine vollendete Leiblichkeit ist in Ewigkeit das Zeichen und das Medium der kommunikativen Einheit der Menschen mit dem dreifaltigen Gott.

Schon vom Anfang des Menschseins Jesu an, seit der Inkarnation erweisen sich seine Leiblichkeit und seine geistige Seele (seine Menschheit) so mit Gottes Heilswillen verbunden, daß Jesus in ihrer geschichtlichen Verwirklichung im Leben, im Kreuzestod und in der Auferstehung zum Realsymbol der neuen Welt in der eschatologischen Basileia wird. Durch die hypostatische Union des göttlichen Offenbarungswortes mit der Geschichte und der Gestalt Jesu von Nazaret ist auch der tote Leib des gekreuzigten Jesus in die pneumatische Leiblichkeit des auferstandenen Herrn hineingerettet. Sie ist ein Zeichen für die Identität des gekreuzigten und auferstandenen Mittlers der Basileia.

Wie schon angedeutet, hat dies mit einem Wunder im (neuzeitlichen) Sinn einer empirisch verifizierbaren Durchbrechung von (mechanistisch interpretierten) Naturgesetzen nichts zu tun. Verifikationskriterien unserer naturalen Welterfahrung greifen hier nicht. Erkenntnistheoretisch ist allerdings die Position, die sinnliche Erfahrung erfasse die Wirklichkeit an sich – bei Ausschaltung der apriorischen und transzendentalen Bedingungen möglicher Sinneserkenntnis – äußerst fraglich. Bei der Frage nach der historischen Beweisbarkeit der Ostererscheinungen und auch der Identität Jesu in seiner irdischen und verklärten Leiblichkeit kann auch nicht ein solches Verständnis leitend sein, das die Geschichtswissenschaft als eine „Fortsetzung der Naturwissenschaft mit anderen Mitteln" versteht. Eine geschichtswissenschaftliche Fragestellung gehört viel eher zur Anthropologie. Und die Anthropologie enthält in sich immer schon die transzendentale Verwiesenheit des Menschen auf das absolute Geheimnis des Seins und des Ursprungs allen personalen Lebens.

Mit dem Glauben an die leibhaftige Auferstehung Jesu tritt ein Grundgesetz des christlichen Glaubens an den Tag. Jede doketistische Erlösungslehre und jeder spiritualistische Existentialismus, der den Glauben in bloße Bedeutsamkeiten und Metaphern auflöst und am Realismus des Glaubensbekenntnisses Anstoß nimmt, wird abgewehrt:

Wenn aber Christus nicht auferweckt worden ist, dann ist euer Glaube nutzlos, und ihr seid immer noch in euren Sünden; und auch die in Christus Entschlafenen sind dann verloren. Wenn wir unsere Hoffnungen nur in diesem Leben auf Christus gesetzt haben, sind wir erbärmlicher daran als alle anderen Menschen. Nun aber ist Christus von den Toten auferweckt worden als der Erste der Entschlafenen. Da nämlich durch einen Menschen der Tod gekommen ist, kommt durch einen Menschen auch die Auferstehung der Toten. Denn wie in Adam alle sterben, so werden in Christus alle lebendig gemacht werden.
(1 Kor 15,17-22)

So bleibt die Geschichtlichkeit der Offenbarung und die Leiblichkeit des Heils der Stein der Herausforderung, an dem sich die Geister scheiden: *caro cardo salutis* – das Fleisch ist der Angelpunkt des Heils[60].

Bei der Besprechung der Auferstehung Christi sind nun zwei weitere Aspekte zu bedenken, die auch ins spätere Glaubensbekenntnis Eingang gefunden haben: die Himmelfahrt (Ascensus) und der Abstieg ins Totenreich (Descensus).

2.3.4 Die Erhöhung Jesu zur „Rechten des Vaters"

Der irdische Jesus hat den Anspruch erhoben, der messianische Heilbringer der endzeitlichen Basileia zu sein. Die Auferweckungstat des Vaters am leidenden und getöteten Messias enthält die Bestätigung des Anspruchs Jesu und die Einsetzung in seine Herrschaftsrechte. Biblisch findet sich dafür der Gedanke der Throngemeinschaft des Messias mit Gott. Im messianischen Psalm 110 ist vom Priestertum des königlichen Messias die Rede:

So spricht der Herr zu meinem Herrn: Setze dich zu meiner Rechten, und ich lege dir meine Feinde als Schemel unter die Füße ... Dein ist die Herrschaft am Tage deiner Macht, wenn du erscheinst in heiligem Schmuck; ich habe dich gezeugt vor dem Morgenstern, wie den Tau in der Frühe. Der Herr hat geschworen, und nie wird's ihn reuen: ‚Du bist Priester auf ewig nach der Ordnung Melchisedeks.' (Ps 110,1-4)

Gewiß ist dann die johanneische Christologie über die anthropomorphen Vorstellungsgrenzen dieses Bildes der Throngemeinschaft hinausgewachsen. Sachlich sagt Johannes aber dasselbe. Für Johannes wie für die synoptische Christologie, aber auch für die paulinische Theologie, geht es um die soteriologische Aktionseinheit des Vaters und des Sohnes.

Der Gang Jesu zum Vater in seiner Auferstehung führt ihn in den „Himmel", d.h. in die Lebensgemeinschaft mit dem Vater zur gemeinsamen Ausübung der Gottesherrschaft. In der lukanischen Christologie wird diese Dimension durch das Vorstellungsmoment des Ascensus oder der Himmelfahrt veranschaulicht. Nur bei ihm findet sich der Gedanke einer vierzigtägigen Zwischenzeit zwischen dem Ostersonntag und dem endgültigen Gang Jesu in die himmlische Welt Gottes. Es ist der Zeitraum, in dem Jesus seinen Jüngern sich als der vom Tod auferweckte Herr erwiesen hat. Es heißt hier, daß er sie bei seiner letzten Begegnung gesegnet hat, sie verließ und zum Himmel emporgehoben wurde (Lk 24,51; Apg 1,4-11). Im kanonischen Markus-Schluß (Mk 16,19) wird durch ein Zitat aus 2 Kön 2,11 auf die Entrückung des Propheten Elija angespielt wie auch auf Psalm 110,1; während es in diesem Psalm heißt: „Setze dich zu meiner Rechten!", ist es bei Markus Jesus selbst, der sich in eigener Macht zur Rechten Gottes setzt.

Vor diesen alttestamentlichen Hintergrund in Sprache und Darstellungsmittel schildert Lukas die Himmelfahrt (Apg 1,9-11). Hier wird Jesus vor den Augen der Jünger erhoben. Die „Wolke" (d.h. der Schatten, der die verborgene Lichtherrlichkeit, nämlich Gott, auf der Erde manifestiert) entzieht ihn ihren Blicken. Den Jüngern, die emporschauen, deuten – wie auch bei den Auferstehungsevangelien –

---

[60] Tertullian, resurr. 8,2.

von Gott autorisierte Boten (Engel) das Geschehen. Daß Lukas die Himmelfahrt nicht als eine physikalisch beschreibbare Ortsbewegung im Rahmen eines dreistöckigen Weltbildes verstanden hat, zeigt sich etwa daran, daß er bewußt den Terminus „Wolke" als Stilmittel einsetzt. Es ist nicht einfach das meteorologische Phänomen „Wolke" gemeint. Sie symbolisiert, der Sprache des Alten Testamentes entsprechend, die Grenze der natürlichen Welterfahrung und die transzendentale Erfahrung der Machtsphäre und Offenbarungsgegenwart Gottes (vgl. Ex 13,21).

Weitere neutestamentliche Andeutungen dieses Ganges Jesu zum Vater seien genannt: „... der in den Himmel gegangen ist, dort ist er zur Rechten Gottes, und Engel und Gewalten und Mächte sind ihm unterworfen." (1 Petr 3,22; vgl. 1 Tim 3,16) Weiter heißt es: „Gott hat ... Christus von den Toten auferweckt und im Himmel auf den Platz zu seiner Rechten erhoben ... und ihm alles zu Füßen gelegt." (Kol 1,16) Vorausgesetzt ist die „Himmelfahrt" des Auferstandenen bei Paulus, der Gottes eigenen Sohn „vom Himmel her erwartet, Jesus, den er von den Toten auferweckt hat und der uns dem kommenden Gericht Gottes entreißt." (1 Thess 1,9)

In der ursprünglichen Rede von der Auferweckung Jesu wird sehr oft der Erhöhungsgedanke ausdrücklich angesprochen oder wenigstens impliziert. Auch Lukas will im Grunde die Himmelfahrt nicht als eigenen, von der Auferweckung und Erhöhung verschiedenen Akt darstellen, wenn er auch durch die Verwendung des zeitlichen und räumlichen Vorstellungsschemas dieser Sicht Vorschub geleistet hat. Bezeichnenderweise bringt er seinen Bericht innerhalb der Geschichte der letzten Ostererscheinung unter. So möchte auch er den Ascensus als einen inneren Aspekt der Erhöhung verstanden wissen.

Er streicht aber eigens die kirchengründenden Akte des österlichen Herrn heraus; die Erhebung Jesu zur Teilhabe an der universalen Basileia Gottes öffnet die christologische Reflexion auch für das Thema der himmlischen Heilsmittlerschaft Christi. Die Zahl der 40 Tage hat eher symbolischen Wert und meint eine bestimmte Heilsperiode in einer gewissen Analogie zu den 40 Jahren der Wüstenwanderung, zu den 40 Tagen des Fastens Jesu in der Wüste u.ä. Der Auferstandene zieht nicht in den Himmel wie in einen vorbereiteten Raum ein, und er erklimmt auch nicht in steilem Aufstieg den Olymp eines mythischen Götterhimmels. Vielmehr besagt der biblische Terminus „Himmel" die geschichtlich vollendete Relation Jesu zu Gott, seinem Vater. In Jesus Christus ist die Menschheit mit ihrer Geschichte bezogen auf die Basileia von Vater und Sohn. In Jesu Menschheit bleibt Gott für immer „da für" die Menschen. Die Himmelfahrt rückt Jesus nicht in eine räumliche Ferne. Sie bringt die glaubenden Jünger in seiner Nachfolge in die Nähe zu Gott und bezieht sie ein in die Gegenwart der Basileia.

2.3.5 Die Solidarität des gekreuzigten Jesus mit den Toten (Jesu Abstieg ins Totenreich)

Die Rede vom *descensus ad inferos* mag wegen der sprachlich-bildhaften, fast mythologischen Einkleidung fremd erscheinen. Worum geht es, wenn gesagt wird, daß Jesus nach seinem Tod in die Unterwelt (Scheol, Hades) zu den Toten hinabstieg, um ihnen die Erlösung zu predigen?

Die Rede in den ältesten Bekenntnisformeln, daß Jesus begraben und „am dritten Tag" oder „nach drei Tagen" auferweckt wurde, legt die Frage nach der Heilsbedeutung des Karsamstags nahe. Gewiß soll der Hinweis auf die drei Tage nicht einfach eine Terminangabe sein. Es ist ein Hinweis auf die Heilsbedeutsamkeit des Todes Jesu. Das *Triduum mortis* hat u.a. in Hosea 6,2 einen biblischen Bezugspunkt: „*Nach zwei Tagen wird er uns neu beleben, am dritten Tag wird er uns aufrichten, daß wir leben vor ihm.*" Zur Zeit Jesu galt der dritte Tag – gemäß der Schrift – als Tag der Heilswende für den in Not geratenen Gerechten oder für die bedrängten Israeliten.

Die neutestamentliche Rede vom Abstieg Jesu in die Unterwelt[61] ist geprägt von seiner messianischen Heilstätigkeit. Jesu Sühnetod und seine Auferweckung als Ursprung der Gottesgemeinschaft für alle Menschen bestimmen seine Beziehung zum Tod und den Toten der Vorzeit. Er hat in der Tat den Tod in seiner ganzen Abgründigkeit erlitten: „Er ist begraben worden" (1 Kor 15,4; Apg 2,29). Mit Bezug auf Psalm 16,10 zeigt Petrus, daß Jesus im Hades war und daraus als ein „Frommer Gottes gerettet wurde" (vgl. Apg 2,24.27.31). Niemand braucht also mehr den messianischen Heilsbringer vom Himmel herabzurufen oder ihn aus dem Abyssus heraufzuholen. Dies ist schon geschehen (Röm 10,7; Eph 4,8 f.).

Zum messianischen Schicksal gehört darum der Hingang Jesu in den Tod und sein Aufenthalt im Bereich des Todes, so wie sich Jonas im Bauch des Seeungeheuers – ein Sinnbild für die Abgründe des Leidens und der Todesangst – aufgehalten hat (vgl. auch Mt 12,38ff.).

Von einer aktiven Wirksamkeit Jesu im Tod wird gesprochen, weil er der Bezwinger der höllischen Mächte ist (Offb 1,18). Er ist der Herr über Lebende und Tote (Röm 14,9). Bei seinem Tod öffneten sich die Gräber „und die Leiber vieler Heiligen, die entschlafen waren, wurden auferweckt." (Mt 27,52 f.) An einer Schlüsselstelle der neutestamentlichen Descensusaussagen heißt es, daß Christus aufgrund seines einmaligen Todes wegen unserer Sünden, durch den er uns lebendig gemacht hat, auch zu den Geistern „im Gefängnis" gegangen ist, um ihnen das Heil zu verkündigen (vgl. 1 Petr 3,19 f.): „*Denn auch Toten ist das Evangelium verkündet worden, daß sie wie Menschen gerichtet werden im Fleisch, aber wie Gott das Leben haben im Geist.*" (1 Petr 4,6; vgl. äth Hen 12-16)

Im Neuen Testament findet sich also der Gedanke an einen Hadesaufenthalt Jesu „zwischen" Tod und Auferstehung. Dazu gehört die Hadespredigt. In ihr geht es um eine Proklamation und Demonstration der Gottesherrschaft durch die Überwindung der Feinde des Menschen: Sünde, Gottferne und Tod.

In der späteren theologischen Entwicklung ist dieser Glaubensartikel soteriologisch und christologisch belangvoll geworden. Gegenüber der gnostischen Leugnung wird der Descensus von den Vätern als eine Glaubenslehre betont[62]. Jesus hat die Gerechten der Vorzeit mit Hilfe seiner Predigt zum Heil geführt. Gelegentlich heißt es auch, die Apostel oder Christus selbst hätten diese getauft.

---

[61] Im Credo stand früher „Hölle". Damit ist nicht wie später der Status der Verdammten gemeint, sondern der Ort der Toten, die fern von Jahwes lebenschaffender Gnade leben.

[62] Ignatius von Antiochien, Magn. 9,2; Irenäus von Lyon, haer. V, 31; Tertullian, an. 55,5; Kyrill von Jerusalem, catech. 4,11; Hieronymus, in Eph. 2,4,10; Leo der Große, serm. 71,2; Fulgentius von Ruspe, fid.11; Augustinus, ep. 104,2,3.

Vor allem in den Apokryphen erscheint das Motiv, daß er die feindlichen Mächte der Unterwelt (Leviathan) bekämpft und besiegt habe. Hier treten allerdings mythologische Schemata und allzu krasse Bilder bedenklich hervor, wenn anschaulich dramatisch berichtet wird von der Fesselung des Satans, dem Loskauf der Gerechten durch das Blut Christi, das dem Teufel als Lösegeld entrichtet wird, oder von einer Überlistung des Satans, weil dieser ja der Machthaber des Todes ist (Hebr 2,14). Die starke Bildersprache muß heute auf ihre Sachaussage hin übersetzt werden. Christologisch stellt sich die Frage, in welchem Sinn Christus in die Unterwelt eingetreten ist.

Entsprechend der alttestamentlichen Anthropologie ist noch nicht klar zwischen Seele und Leib unterschieden. Die Apollinaristen ließen nur den Logos hinabsteigen, der im Tod den vernunftlosen Leib abgelegt hätte. Die orthodoxe Christologie jedoch sprach den Descensus der mit dem Logos geeinten Seele zu. Die Wirkung bezieht sich nur auf die Scheol *(limbus patrum),* nicht jedoch auf ihren untersten Ort, die Gehenna. Im Reich der Verdammten kann Christus seinen Sieg nur anzeigen. So ist sachlich zu unterscheiden zwischen dem Reich der Toten und der Hölle als „dem Ort der Verdammten"[63].

Clemens von Alexandrien und *Origenes* rechneten entsprechend ihrer Auffassung von der Erlösung als Erziehungsprozeß mit einer großen Anzahl von Bekehrungen beim Descensus. In der katholischen Kontroverstheologie ist gegenüber der Reformation eine Nähe des Descensus zum Purgatorium entdeckt worden.

Mit der Leugnung der Ewigkeit der Höllenstrafe bot sich der christlichen Aufklärungstheologie im 18. und 19. Jahrhundert die Chance, an eine jenseitige zweite Bekehrungsmöglichkeit oder an eine unbegrenzte sittliche Selbstentfaltung zu denken. Heute geht es um die theologische Auslotung der Tiefe des Todes Jesu und die universale Reichweite seiner Heilswirkung.

Große Beachtung verdient in diesem Zusammenhang die Theologie des Karsamstags, wie sie *H. U. v. Balthasar* entwickelt hat. Auf dem Hintergrund trinitätstheologischer Überlegungen klärt sie, was es heißt, daß der Unsterbliche den Gesetzen des Todes untertan sein wollte[64]. Gott geht im inkarnierten Sohn den Weg in die äußerste Erniedrigung und Selbstentfremdung. Er steigt in die Tiefe des Todes hinab, in die Gottverlassenheit. Er macht die Erfahrung der absoluten Ferne von Liebe. Gerade im Totsein erweist er sich aber als der Herr des Lebens. In der Machttat am gekreuzigten und begrabenen Jesus hebt Gott das Gesetz des Negativen, des Teufels, der Sünde, deren Sold der Tod ist, auf (vgl. Röm 5,12; Joh 1,15; Offb 6,8). Jesus Christus ist durch seine Auferstehung nicht nur für seine Person den Todesmächten entronnen. Er hat sie überwunden. Im Durchgang durch die äußerste Entfremdung des Menschen von Gott hat er allen Menschen die Chance eröffnet, in den ewigen Dialog der Liebe mit dem Vater im Heiligen Geist eingefügt zu werden. Jesus vermag dies zu vollbringen als „Urheber des Lebens" (Apg 3,15), weil sein ewiges Personsein, in dem seine menschliche Natur gründet, ursprünglich und unverlierbar relational-dialogisch vom Vater her existiert.

---

[63] Vgl. Thomas von Aquin, S.th. III q. 52 a. 2; Cat. Rom. I,6,1-6.
[64] Vgl. Leo der Große, Brief an Flavian, den Patriarchen von Konstantinopel, DH 294; NR 176.

Die Nachfolge des gekreuzigten Jesus führt in die Gemeinschaft mit seinem Tod und mit seinem Begrabensein. Aber dies ist eben der Tod des Todes, das Ende der Herrschaft des Unheils und der Anfang der Basileia. In der Gemeinschaft mit dem Descensus Jesu in die Abgründe des menschlichen Lebens und Sterbens ereignet sich die Teilhabe an der Basileia, die er in seinem Kreuz und in seiner Auferstehung für alle zugänglich gemacht hat.

Nichts anderes sagt Paulus: „Christus will ich erkennen und die Macht seiner Auferstehung und die Gemeinschaft mit seinem Leiden; sein Tod soll mich prägen. So hoffe ich, auch zur Auferstehung von den Toten zu gelangen." (Phil 3,10 f.)

2.3.6 Die Sendung des Heiligen Geistes

Die Auferstehung Jesu kann, so hat sich gezeigt, nicht als ein mirakulöses Einzelereignis aufgefaßt werden. Nur im Zusammenhang der in Jesus kulminierenden Offenbarungsgeschichte erweist sie sich als die Vollendung der Offenbarung der Liebe Gottes im Dasein Jesu für andere. Ostern kann darum auch nicht lediglich verstanden werden als bloße Bewährung des Glaubens der Jünger an den irdischen Jesus als den eschatologischen Propheten, der leiden und das Kreuz auf sich nehmen muß[65].

Ursprüngliche Geisterfahrung

Gewiß hat es auch vor Ostern schon einen anfänglichen Messiasglauben und eine hochgesteckte Erwartung der Jünger an Jesus gegeben. Lukas läßt die Emmaus-Jünger die vorösterliche Erwartung so ausdrücken:

... Jesus von Nazaret, ein Prophet mächtig in Wort und Tat vor Gott und dem ganzen Volk. Doch unsere Hohenpriester und Führer haben ihn zum Tode verurteilen und ans Kreuz schlagen lassen. Wir aber hatten gehofft, daß er es sei, der Israel erlösen werde.
(Lk 24, 19-21)

Aber dieser Glaube war völlig zusammengebrochen. Ein neuer Glaube an Jesus als den endzeitlichen Heilbringer konnte nur durch eine „Initialzündung" entstehen, die zum Grund des Osterglaubens wird. Die Ostererfahrung in der Begegnung der Jünger mit dem Auferstandenen und die Erfüllung ihres Bewußtseins mit Gottes Heiligem Geist erweist sich als der konzentrierende Neuansatz ihres ganzen Glaubens an Gott, den Vater, den Sohn und den Heiligen Geist.

Wenn man Ostern als den Höhepunkt der Selbstoffenbarung Gottes versteht, dann zeigen sich noch weitere christologische Aspekte: die Grundlegung der Kirche im Osterglauben der Apostel, die Geistsendung zur Gründung der Kirche, die Verheißung der (pneumatisch vermittelten) Aktualpräsenz Jesu als Herr und Haupt der Kirche, schließlich die Verheißung der Wiederkunft des Herrn am Ende der Zeit zur Vollendung der Basileia.

---

[65] Anders: R. Pesch, Zur Entstehung des Glaubens an die Auferstehung Jesu: FZPhTh 30 (1983) 73-93; A. Vögtle, R. Pesch, Wie kam es zum Osterglauben?, Düsseldorf 1975.

Ein originäres Moment an der Auferstehung Jesu ist die Sendung des Heiligen Geistes. Wie sich vorösterlich schon die Einheit von Vater und Sohn erwies und der Sohn nur in der Fülle des Heiligen Geistes seine messianische Tätigkeit ausüben konnte, so ist auch das Osterereignis eine Wirkung des lebendigmachenden Geistes des Vaters (vgl. Joh 6,64; 2 Kor 15,6; Röm 1,3 f.; Röm 8,11). Wie der Vater den Sohn durch seinen Geist zum Leben erweckte und als endzeitlichen Messias bestätigte, so konnten auch die Jünger diese Identifikation des Vaters mit dem Sohn im Heiligen Geist nur kraft des Heiligen Geistes nachvollziehen. Durch das Wirken des gemeinsamen Geistes von Vater und Sohn können sie den irdischen Jesus mit dem auferstandenen Herrn identifizieren: „Niemand kann sagen ‚Jesus ist der Herr', außer im Heiligen Geist" (1 Kor 12,3).

Die endzeitliche Geistausgießung

Geistsendung bedeutet nach den neutestamentlichen Zeugnissen die Offenbarung der inneren Tiefe der Auferstehung als der Heilsgabe, die Gott als Vater und als Sohn selbst ist. Das heilige Pneuma wirkt als die schöpferische, lebenspendende und erlösende Gegenwart Gottes (Gen 1,2; Ez 37,5; Joh 6,64; 2 Kor 15,6), als die inspirierende Nähe Gottes in den Propheten (2 Petr 1,21) sowie bei der Schriftwerdung seines Wortes (2 Tim 3,16). Die Ausgießung des Heiligen Geistes steht in engem Zusammenhang mit der messianischen Verheißung des Neuen Bundes (vgl. Jes 11,1-9). Der Geist ist der Beweis, daß die messianische Endzeit eingetroffen ist (Joel 3,1-5). Ostern wird dadurch als endzeitliches Heilsereignis ausgewiesen.

Wer den Geist empfängt, tritt in die Lebensgemeinschaft mit dem auferstandenen Herrn ein. In der Taufe wird er wiedergeboren aus Wasser und Heiligem Geist (Joh 3,5; Tit 3,5), und als neues Geschöpf (2 Kor 5,17; Gal 6,15) „erntet er vom Geist ewiges Leben." (Gal 6,8). Er ist zu seiner eschatologischen Existenzform gelangt. Von Gesetz, Sünde und Tod befreit, nehmen die Jünger als Kinder Gottes am Sohnesverhalten des auferstandenen Jesus zum Vater teil. Sie partizipieren an der Gemeinschaft der Liebe von Vater und Sohn: „Weil ihr Söhne seid, sandte Gott den Geist seines Sohnes in unsere Herzen, den Geist, der ruft: Abba, Vater!" (Gal 4,6; Röm 8,15)

Das Johannes-Evangelium kennt bereits eine ausgebildete Theologie vom Heiligen Geist, dem anderen Parakleten nach Jesus. Es ist dort der auferstandene Herr, der bei der Ostererscheinung die Jünger seinen Heiligen Geist empfangen läßt. Durch die Gabe des Heiligen Geistes sind die Jünger befähigt zur Teilhabe an seiner Sendung vom Vater. Sie sollen die endzeitliche Heilsgabe der Sündenvergebung und damit das ganze Heilsgeschehen vermitteln (vgl. Joh 20,21 f.).

Die Selbstmitteilung Gottes als Heiliger Geist

Aufs Ganze gesehen muß man die Geistsendung begreifen als die letzte Offenbarung der theologischen Tiefe des Christusereignisses in Kreuz und Auferstehung. Allerdings darf sie nicht als letzte Phase der Offenbarung verstanden werden, die das Christusereignis nur auf die Stufe einer vorletzten Etappe der Heilsgeschichte reduziert. Es gibt nur die eine Selbstoffenbarung Gottes, des

Vaters, des Sohnes und des Geistes in der Person und Geschichte Jesu von Nazaret. Der Geist des Vaters und des Sohnes bewirkt aber in den Glaubenden eine *Verinnerlichung des Heilsgeschehens.* Denn der Geist der Wahrheit bezeugt, daß Jesus der Sohn Gottes ist, der in seiner geschichtlichen Existenz (in „Wasser und Blut") als Heil von Gott her gekommen ist (vgl. 1 Joh 5,6). Er bewirkt auch die eschatologische *Universalisierung des österlichen Heilsgeschehens,* weil Gott will, daß „alle Menschen gerettet werden und zur Erkenntnis der Wahrheit gelangen" (1 Tim 2,4). Der zur Rechten Gottes erhöhte Herr hat vom Vater den verheißenen Heiligen Geist empfangen und ihn jetzt, in der Endzeit, über alle Menschen ausgegossen, damit das ganze Haus Israel, das Bundesvolk, erkenne: „Gott hat ihn zum Herrn und Messias gemacht, diesen Jesus, den ihr gekreuzigt habt." (Apg 2,36)

Diese mit dem Osterereignis unmittelbar verbundene Offenbarung des Heiligen Geistes, sowohl in der Identifikation des Vaters mit dem Sohn und der Ermöglichung der Identifizierung des Gekreuzigten mit dem auferstandenen Herrn im Glauben, hat in der lukanischen Theologie eine dramatisierende Ausgestaltung erfahren. Durch die Einschaltung eines Zeitraums von 50 Tagen zwischen Ostern und Pfingsten könnte man allerdings an zwei zeitlich hintereinander gestaffelte Einzelereignisse denken, ohne ihren wesentlichen inneren Zusammenhang deutlich zu erkennen.

Doch kann die dramatisierende Ausgestaltung der Geistsendung im Pfingstbericht des Lukas (Apg 2,1-13) eine historische Erfahrung der Ur-Kirche aufbewahren. Am ersten Pfingstfest ist die Kirche in besonderer Weise unter dem Antrieb und der Leitung des Geistes des auferstandenen Herrn predigend, zeugnisgebend, taufend, geistvermittelnd in der Öffentlichkeit Jerusalems hervorgetreten. Deutlich wird, daß das neutestamentliche Bundesvolk eine Kirche aus allen Völkern und Sprachen ist. Die Verheißung der Völkerwallfahrt nach Jerusalem am Ende der Tage ist Wirklichkeit geworden:

Am Ende der Tage wird es geschehen ... Viele Nationen machen sich auf den Weg; sie sagen: Kommt, kommt. Wir ziehen hinauf zum Berg des Herrn und zum Haus des Gottes Jakobs. Denn von Zion kommt die Weisung des Herrn, aus Jerusalem sein Wort ... Man zieht nicht mehr das Schwert, Volk gegen Volk, und übt nicht mehr für den Krieg. Ihr vom Haus Jakob kommt, wir wollen unsere Wege gehen im Lichte des Herrn.
(Jes 2,2-5; Mi 4,1-3)

Das gleiche bringt der Apostel Paulus zum Ausdruck, wenn er die neue Existenz in Christus als Frucht des Geistes bezeichnet, die in Liebe, Freude, Frieden, Freundlichkeit, Langmut, Güte, Treue, Sanftmut und Selbstbeherrschung besteht (Gal 4,22 f.).

Im Laufe der Kirchengeschichte entstand immer wieder die Versuchung zum Spiritualismus und zum Schwärmertum. Die außerordentlichen Gaben der Zungenrede, der Wunderheilungen und der prophetischen Rede vermochten leicht die Notwendigkeit der mühevollen Nachfolge im Alltag zu überdecken. Die Faszination einer ekstatischen Überhöhung gegenüber dem Weg der mühevollen Kreuzesnachfolge der täglichen Erneuerung und ethischen Gestaltung des Lebens aus dem Geist Christi verführte zu verschiedenen Theorien, die das Reich Christi nur als eine vorläufige Etappe auf dem Weg zum letztendlichen Durchbruch des Reiches des Geistes relativierten (Montanismus, Joachim v. Fiore, Franziskaner-Spiritualen, Nachwirkungen in der Geistphilosophie Hegels). Das Neue Testament aber läßt keinen Zweifel an der schon realisierten eschatologischen Gegenwart Gottes, des Vaters, des Sohnes und des Heiligen Geistes in der historischen Gestalt des Menschen Jesus von Nazaret. Diese reale Teilhabe an der Auferstehungsgestalt Christi stellt die Glaubenden in die Spannungseinheit der schon gekommenen Basileia und ihres noch ausstehenden endgültigen Offenbarwerdens in Herrlichkeit.

Ostern und Pfingsten als Ursprung des trinitarischen Gottesglaubens

Da das Osterereignis den Höhepunkt der Selbstoffenbarung Gottes bildet, ist hier auch der konzentrierende Punkt für die Erfahrung der Trinität Gottes zu suchen. Die Offenbarung Gottes unter dem Namen „Vater, Sohn, Heiliger Geist" bedeutet die Wesenserschließung Gottes in seiner wesenhaften Einheit und personalen Verschiedenheit (Röm 8,15; Gal 4,4-6; 2 Kor 13,13; Eph 1,1-14; Mt 28,19; Joh 14-17; 1 Joh 1-3; Jud 20). Im Wirken während der Lebenszeit Jesu und bei seiner Erhöhung zeigt sich, daß es außer Vater und Sohn eine eigene Subjektivität und Personalität in Gott gibt, die der Heilige Geist genannt wird. Der Name Gottes ist Geist und Liebe (Joh 4,24; 1 Joh 4,8.16). Der Heilige Geist ist aber nicht der Vater und ist auch nicht der Sohn. Es besteht eine Unterschiedenheit in den Sendungsbeziehungen, die aber die Einheit in der einen Heilsgabe nicht auflöst, sondern gerade verwirklicht und offenbart.

2.3.7 Die Aktualpräsenz des erhöhten Herrn in seiner Kirche

Es gibt keinen einzigen neutestamentlichen Osterbericht, in dem nur das factum brutum der Auferstehung mitgeteilt wird. Auch will die Botschaft der Auferstehung Jesu keine Geheiminformation für esoterische Zirkel sein.

Der Glaube der Apostel ist immer Zeugnis für die Machttat des Vaters an Jesus, dem gekreuzigten Herrn zugunsten des Heils aller Menschen. Der auferstandene Herr bezeugt sich in seiner Christophanie immer zugleich als der, der seine Jünger mit der universalen Heilsverkündigung beauftragt (Mt 28,16-20; Apg 1,8; Joh 20,21; 1 Kor 15,11). Die Kirche übernimmt jedoch nicht sozusagen wie in einem Stafettenlauf den Stab von Jesus. Die Sendung, die die Kirche von Jesus empfängt, ist die Sendung, die Jesus selbst von seinem Vater empfangen hat. Er übt sein Amt und seine Sendung durch die Kirche (als Instrument) und in der Kirche (als Raum) aus. In ihren Grundvollzügen wird die universale Heilssendung Christi aktuell und präsent: in Verkündigung, Lehre, Zeugnis, Feier von Taufe und Herrenmahl, Gebet und Nachfolge.

Hier ist auch der systematische Ort für das eschatologische Geistwirken Gottes in den kirchlichen Grundvollzügen, im Glaubensbekenntnis, im Dogma und im Sakrament (Indefektibilität der Kirche, Infallibilität des Glaubenszeugnisses, Wirksamkeit der Sakramente *ex opere operato*, das *ius divinum* der Kirchenverfassung). So ist Kirche die sakramentale Präsenz des eschatologischen Heils Gottes im auferstandenen Herrn. Wenn sie verstanden wird als Volk Gottes, königliche Priesterschaft, Tempel des Heiligen Geistes und Leib Christi, dann ist der sakramentale Zusammenhang des Wirkens Christi und seiner Kirche gemeint. Denn die Behauptung, daß die Gemeinschaft der Jünger der Leib Christi sei, bedeutet die wirkmächtige Gegenwart Jesu Christi, ist der Leib doch etwas, wodurch jemand in seiner Gegenwart erfahren wird (vgl. Mt 18,20).

Dennoch darf die Kirche nicht in platter Identifikation mit Christus in eins gesetzt werden. Die deuteropaulinische Literatur unterscheidet Christus als Leib, der die Kirche ist, von Jesus Christus als dem Haupt des Leibes und damit dem bleibenden Ursprung und Lebensprinzip der dynamischen Einheit von Christus und Kirche (Eph 1,22 f.; Kol 1,18).

2.3.8 Die Wiederkunft Jesu als Retter aller Menschen beim Endgericht

Das Bekenntnis zur Erhöhung des Messias enthält auch die Hoffnung auf seine Wiederkunft *(Parusie)* am Ende der Zeit. Damit ist das Offenbarwerden der Basileia verknüpft.

In einem Gebetsruf wendet sich schon die (älteste palästinensisch-judenchristliche) Gemeinde an Jesus, ihren Herrn: „Marána tha – Unser Herr, komm!" (1 Kor 16,22; Offb 22,20; Röm 13,12; Phil 4,5; Jak 5,8; 1 Petr 4,7).

Im Lichte des Osterereignisses und der Pfingsterfahrung identifizieren die Jünger Jesus als den gekommenen Messias und als die endzeitliche Heilsbringergestalt, die das Reich Gottes am Ende der Geschichte voll herstellt. Vor allem die Figur des Menschensohns (Dan 7,13; äth Hen 46,1; 53,6; 4 Esr 13,3 f. 32) veranschaulicht die Erwartung der zweiten Ankunft Jesu als Retter und kommender Richter vom Himmel her, wo er zur Rechten des Vaters thront (Apg 3,20 f.; Phil 3,20; Kol 3,1; 2 Thess 1,7).

In seiner frühesten theologischen Schrift umreißt Paulus als Inbegriff der Bekehrung zum christlichen Glauben,

dem lebendigen und wahren Gott zu dienen und seinen Sohn vom Himmel her zu erwarten, Jesus, den er von den Toten auferweckt hat und der uns dem kommenden Gericht Gottes entreißt.
(1 Thess 1,9 f.)

Der „Tag des Herrn", der Tag des Zornes und des Endgerichtes, aber auch der Tag des Heiles (Jes 13,6; 49,8; Ez 30,2 f.; Hos 6,3; Joël 2,1-11; Weish 1,14; Mal 3,2.17) koinzidiert mit dem letzten Tag der Weltgeschichte, dem Tag des Herrn, dem Tag Christi (1 Kor 4,5; 11,26; 16,22; Phil 4,5). An ihm ist das Schicksal der Welt endgültig offenbar. Im einzelnen wird dies von den neutestamentlichen Schriftstellern in der Bildertypik der alttestamentlichen Apokalyptik veranschaulicht (Mk 13; Offb).

Neben den Gedanken des allgemeinen Endgerichtes tritt die *allgemeine Auferstehungshoffnung,* die auch die Leiblichkeit des Menschen einbezieht (2 Makk 7,9.14; 12,43). Sie hat schon seit der Makkabäerzeit um die Mitte des 2. Jahrhunderts vor Christus Eingang in den jüdischen Glauben gefunden und war zu einem seiner festen Bestandteile geworden. Die Auseinandersetzung mit der Partei der Sadduzäer, die die Auferstehung leugneten, belegt, daß Jesus selbst den Glauben an die Auferstehung als einen wesentlichen Bestandteil des Gottesglaubens verstanden hat (Mk 12,26).

Das Entscheidende geschieht in der Annahme Jesu im Glauben. Wer „in Christus" (2 Kor 5,17; Gal 6,15) eine neue Kreatur geworden ist, darf sich in seinem irdischen Leben, in seinem individuellen Tod und auch vor der allgemeinen Totenauferweckung am Ende der Zeit schon jetzt „mit und bei Christus wissen" (1 Thess 4,14.17; 5,10; Phil 1,23): „Wir wissen: Wenn unser irdisches Zelt abgebrochen wird, dann haben wir eine Wohnung von Gott, ein nicht von Menschenhand errichtetes ewiges Haus im Himmel." (2 Kor 5,1)

Genauere Vorstellungen dieser „Zwischenzeit" finden sich im NT nicht, wohl schon deswegen, weil mit einem baldigen Offenbarwerden Christi noch in der ersten christlichen Generation gerechnet wurde (vgl. Mt 10,23; 16,28; Mk 9,1; Mk 13,30; 1 Thess 4,15-17; 1 Kor 7,29-31; 15,51 f.; Röm 13,11)[66].

Die präsentische Wirkung des Kommens Christi in der „Fülle der Zeiten" (Mk 1,15; Gal 4,4; Kol 1,20; Eph 1,10; Hebr 1,1-3) dominiert gegenüber der endgültigen Enthüllung in einer zeitlich nahen Zukunft. Darum konnte das frühe Christentum nach einigen Mißverständnissen und Erschütterungen mit der Parusieverzögerung fertig werden. Das Phänomen der urchristlichen Naherwartung ist eher der Erwartung der Wiederkunft Christi am Ende der Zeit zuzurechnen. Denn aufgrund des Osterereignisses hatte die Verkündigung des vorösterlichen Jesus, bei der die dynamische und unmittelbare Ankunft des Gottesreiches im Vordergrund stand, eine mächtige Bestätigung erhalten.

Die futurische und finale Dimension der eschatologischen Gegenwart der Basileia braucht aber nicht vernachlässigt zu werden. Dies war die Gefahr einer reinen Existentialisierung der Auferstehungsbotschaft in frühen Formen der christlichen Gnosis. Hier wurde der Realitätsgehalt der Totenerweckung entweder ganz geleugnet (1 Kor 15,12) oder die Auferstehung wurde als schon geschehen (im existentialistisch-mythischen Sinn) ausgegeben (vgl. 2 Tim 2,18). Die Auferstehung Jesu bedeutet aber mehr als eine existentialistische Metapher.

Die Realität des Handelns Gottes am gekreuzigten Jesus und seine leibliche Auferstehung begründet die Hoffnung auf unsere *leibliche* Auferstehung nach unserem Tod (vgl. 1 Kor 15,12 f.). Bei seiner Wiederkunft realisiert Jesus die Vollendung seines Amtes als Heilsmittler der Basileia Gottes. Dann wird der Triumph Gottes über „Sünde und Tod", die Feinde des Menschen, allgemein erkannt, wenn der Sohn, in dem als dem neuen Adam die neue Menschheit zusammengefaßt ist, sich dem Vater unterwirft, „damit Gott herrscht über alles und in allem" (1 Kor 15,28).

Christus, der Erlöser, der Retter, der Messias, der Herr (Lk 1,11), wird auch der Richter beim Endgericht sein. Er ist der „Richter der Lebenden und der Toten" (Apg 10,42).

---

[66] Andererseits werden aber auch zeitliche Mutmaßungen zurückgewiesen (Apg 1,7; Mk 13,32).

2.4 Der Ursprung des Persongeheimnisses Jesu: die Relation des ewigen Sohnes zum Vater

2.4.1 Die Offenbarungseinheit Gottes mit Jesus und ihr Grund in der Seinseinheit von Vater und Sohn

Das gesamte neutestamentliche Zeugnis ist durch den Glauben bestimmt, daß Jesus von Nazaret der Repräsentant und Vermittler der eschatologischen Gottesherrschaft ist. In seiner Verkündigung und Praxis der Basileia ist Gott selbst als Heil in der Welt präsent. Durch die Auferweckung Jesu hat Gott dessen Einsetzung und Berufung zum Heilsmittler, endzeitlichen Propheten, Messias (Christus), zum messianischen Davidssohn und königlichen „Sohn Gottes" (Ps 2,7) vor den vorherbestimmten Zeugen bestätigt.

Aus der Selbstvergegenwärtigung Gottes im Schicksal Jesu ergibt sich eine ganz einzigartige Verbindung Jesu mit Gottes Sein, Leben und Wesen sowie seiner Vergegenwärtigung in der Heilsgeschichte. In seiner Person ist Jesus der „Name" Gottes in der Geschichte und damit die eschatologische Selbstmitteilung Gottes als des Heils aller Menschen. Uns ist kein anderer „Name" gegeben, in dem das Heil Gottes und damit seine Herrschaft gegenwärtig ist (vgl. Apg 4,12). Christus ist der „Urheber des Heils" (Hebr 5,9). Er in seiner Person ist der „wahre Gott und das ewige Leben" (1 Joh 5,20). Er überragt und ersetzt die Heilsbedeutung der Thora, des Tempels und des Mose, des alttestamentlichen Bundesmittlers. In seiner Person und Geschichte hat sich Jahwe endgültig und unüberbietbar in der Welt vergegenwärtigt.

Das Wesen Jesu: Der Sohn des Vaters

Aufgrund dieses einzigartigen Verhältnisses zwischen Gott und seinem Heilsmittler stellt sich die Frage, wie das Heil und noch mehr der geschichtliche Mittler der eschatologischen Basileia im Geheimnis Gottes selbst verankert ist.

Die *Frage nach dem Persongeheimnis Jesu* ist das Zentralproblem der Christologie. Die Frage, was *er für uns tut* (als Mittler, Messias, Herr) wurzelt in der Frage: *Wer ist er?*

In den *synoptischen Evangelien* läuft die Auseinandersetzung um die Verkündigung und Praxis der Gottesherrschaft auf die Wer-Frage hinaus: „Für wen haltet ihr mich?" Simon Petrus antwortete: *„Du bist der Messias"* (Mk 8,29). Jesus ist der „Messias Gottes" (Lk 9,20) oder „der Christus, der Sohn des lebendigen Gottes" (Mt 16,16).

Das *Johannes-Evangelium* bietet eine einzige Folge von Erschließungssituationen des Persongeheimnisses Jesu: *„Er ist der einziggeborene Sohn Gottes, des ewigen Vaters; er ist das ewige Wort Gottes, das als Mensch in diese Welt gekommen ist."* (vgl. Joh 1,1.14.18; 3,16.18; 1 Joh 4,9).

Durch die Bestimmung der personalen Identität des Menschen Jesus im Wesen Gottes und in seiner geschichtlichen Selbsterschließung im ewigen Wort erhebt sich das Problem der Transzendenz Jesu, bzw. seiner Gottheit oder metaphysischen Gottessohnschaft.

Als wichtigster terminus technicus zur Erfassung dieser einzigartigen Relation zwischen Jesus und Gott, seinem Vater, hat sich der Begriff „*der Sohn*" herauskristallisiert.

Das Unvergleichliche, Einzigartige und Unwiederholbare der Relation zwischen Gott und Jesus zeigt sich in der gewählten Begrifflichkeit:

– „mein geliebter Sohn"[67];
– „Gott hat seinen Sohn verherrlicht/gesandt"[68];
– er ist der „Sohn seiner Liebe"[69];
– „Der Vater spricht und offenbart sich in seinem Sohn"[70];
– „Sein Sohn ist das ewige Leben"[71];
– er ist der „einziggeborene Sohn des Vaters"[72];
– er ist „der Sohn des Vaters"[73].

Zwischen „dem Vater" und „dem Sohn" (Mk 13,32) besteht eine innere relationale Erkenntnisidentität und als Folge davon eine sich nach außen kundgebende Offenbarungseinheit. (Lk 10,22 f.; Mt 11,25-27).

Die Rede von „dem Sohn" im absoluten Sinn steht in Verbindung mit der Redeweise von Jesus als dem „*Sohn Gottes*". Dieser Titel bezeichnet alttestamentlich zunächst die Gestalt des königlichen Messias auf dem Thron Davids (vgl. Ps 2,7; 110). In der Anwendung als christologischer Hoheitstitel steht die Bezeichnung des Messias-Amtes Jesu im Vordergrund, der bei der Taufe als der messianische „Sohn Gottes" proklamiert wird und in seiner Macht eingesetzt wird kraft seiner Auferweckung von den Toten (Röm 1,3 f.). Mit Bezug auf Psalm 110 wird die Auferweckungstat des Vaters an Jesus auch durch die Erwählungsformel des messianischen Königs und Davidsohns formuliert: „Du bist mein Sohn, heute habe ich dich gezeugt" (Apg 13,33). Mit „Zeugung" ist hier die Einsetzung des Messias (= Sohn Davids = Sohn Gottes) in Macht gemeint[74].

An vielen Stellen des Neuen Testamentes greifen die beiden Titel allerdings ineinander. Das messianische Amt des „Sohnes Gottes" mit der definitiven Vergegenwärtigung der Basileia in der Geschichte kann eben nur von dem ausgeführt werden, dessen personale Identität durch die einzigartige Relation zum Vater bestimmt ist.

Das Bekenntnis zur metaphysischen Gottessohnschaft – Fehlentwicklung oder folgerichtige Auslegung?

Das biblische Bekenntnis zur messianischen, aber auch zur transzendenten Gottessohnschaft Jesu ist umstritten, obwohl hier die Substanz des christlichen Glau-

---

[67] Mk 1,11; 9,6; Lk 3,22; 9,35; Mt 2,15; 3,17; 2 Petr 1,17.
[68] Röm 1,3.9; 5.10; 8,3.29.39; 1 Kor 1,9; 15,28; Gal 1,16; 4,4.6; 1 Thess 1,10; Apg 3,13.26; 4,27; 13,33.
[69] Kol 1,13; Eph 1,6.
[70] Joh 1,14.18; Hebr 1,2.8.; 3,6; 7,28.
[71] 1 Joh 1,3.7; 2,22.24; 3,23; 4,9.14; 5,9.11.12.20; 2 Joh 9.
[72] 1 Joh 1,14.18; 3,16.18; 1 Joh 4,9.
[73] 2 Joh 3.
[74] Ein Bezug zum innergöttlichen Hervorgang des Sohnes aus dem Vater ist an dieser Stelle nicht gegeben. Das mag eher für Hebr 1,5; 5,5 gelten. Eine Verbindungslinie dieser Begrifflichkeit zur geistgewirkten Lebensentstehung des Menschen Jesus ist nirgends zu erkennen.

bens auf dem Spiel steht. Dies trifft umso mehr zu auf die Bewertung der Geschichte des christologischen Dogmas in den ersten sieben Jahrhunderten der Kirchengeschichte. Die traditionelle Kritik nährt sich aus dem Verdacht, religiöser Überschwang und eine verwegene theologische Spekulation habe aus einem schlichten jüdischen Rabbi entgegen seinen eigenen Intentionen einen Gott im Sinne der griechischen Mythologie oder der hellenistischen Philosophie gemacht. Sie gründet auf zwei falschen Voraussetzungen: Weder war Jesus ein schlichter jüdischer Religionslehrer noch hat ihn die frühe Kirche zu einem Gott hochgesteigert.

In Jesu Verkündigung und Praxis der Gottesherrschaft ist implizit sein Anspruch greifbar, der eschatologische Mittler des Reiches seines Vaters zu sein. Die kirchliche Überlieferung hat aus dem Menschen Jesus nicht einen Gott gemacht, sondern im Bekenntnis zu seiner Gottessohnschaft die in Gottes Wesen gründende relationale Identität der Person Jesu festgehalten.

Schon in der Logienquelle Q finden sich Hinweise auf die Transzendenz Christi (Jesus als Christus, Herr, Weisheit, messianischer Sohn Gottes, Menschensohn). Die urkirchliche Überlieferung wird nicht zugänglich, wenn man die unterschiedlichen christologischen Ansätze (Pascha-Christologie, Pneuma-Christologie, Sohn-Gottes-Christologie; Logos-Christologie u.a.) völlig verschiedenen, hermetisch gegeneinander abgegrenzten Gemeinden zuordnet. Am Anfang standen nicht christologische Theorien, die zu ihrer Begründung fingierte Ereignisse produziert hätten. Der Ausgangspunkt aller Christologie, gerade auch in der Vielstimmigkeit der Überlieferung und Ausgestaltung war das Ereignis der Erfahrung der Identität des geschichtlichen Jesus und des auferstandenen und zur Rechten des Vaters erhöhten Herrn.

M. Hengel stellt als Ergebnis einer sorgfältigen Untersuchung der Entwicklung der Sohn-Gottes-Christologie in den 20 Jahren vom gemeindegründenden Urgeschehen Jesu bis zu den Anfängen der Verschriftlichung der urkirchlichen Tradition (50 bis ca. 100 n.Chr.) treffend fest:

Grundsätzlich ist dabei zu bedenken, daß es sich hier nicht einfach um die simple Reproduktion älterer jüdischer Hypostasen- und Mittlerspekulationen handeln kann, sondern daß die früheste Christologie ein durchaus originäres Gepräge trägt und letztlich in dem kontingenten Ereignis der Wirksamkeit Jesu, seines Todes und der Auferstehungserscheinungen wurzelt: Der religionsgeschichtliche Vergleich kann nur die Herkunft einzelner Motive, Traditionen, Sprachelemente und Funktionen, nicht dagegen das Phänomen der Entstehung der Christologie als Ganzes erklären. Hier ist zugleich die Möglichkeit von ‚analogieloser' Innovation in Betracht zu ziehen. Auch heute sind wir im Grunde über das – bei einem so hervorragenden Kenner der hellenistischen Religionsgeschichte, wie A. Deißmann, besonders bedeutsame – Urteil kaum hinausgekommen: ‚Die Entstehung des Christuskultes (und d.h. zugleich der Christologie!) ist das mütterliche Geheimnis der palästinensischen Urgemeinde. An diesem Punkte haben unsere Überlegungen anzusetzen'[75]

---

[75] M. Hengel, Der Sohn Gottes, 92 f.

*2.4.2 Die personale Identität Jesu in seinem Verhältnis zu Gott, seinem Vater:
Die Abba-Relation*

Die Auferstehungstat Gottes hat die Erkenntnis bestätigt, daß Jesus wirklich Sohn Gottes ist. So wurde Ostern zum Organisationsprinzip der Christologie. Die Ostererfahrung konnte aber nur das ins rechte Licht setzen, was als die offene Frage der Bedeutung Jesu nach der Katastrophe der Vernichtung seines messianischen Anspruchs durch den Kreuzestod übriggeblieben war. Somit zeigt sich, daß die Sohnes-Prädikation nicht das Ergebnis einer nachösterlichen christologischen Spekulation ist.

Die Abba-Anrede Jesu und die indirekte Selbstdarstellung als „der Sohn"

Zum ausweisbaren Bestand der *ipsissima verba* gehören die in der Logienquelle überlieferten Worte Jesu „Hier ist mehr als Jona" (Mt 12,41; Lk 11,32), „hier ist mehr als Salomon" (Mt 12,42; Lk 11,31), „hier ist mehr als der Tempel" (Mt 12,6). Zur authentischen Erfahrung der Reich-Gottes-Praxis Jesu gehört ebenso, daß er in „göttlicher Vollmacht" (Mk 1,22) gelehrt hat und den Heilswillen Gottes gegenüber den Ausgestoßenen, Armen, Notleidenden und Kranken ausgeübt hat. Daß Jesus ein Prophet war „mächtig in Wort und Tat vor Gott und dem ganzen Volk" (Lk 24,19) und daß er zugleich als Mittler der Basileia die Kategorie des Prophetischen überboten hat, war die Erfahrung der Jünger mit dem vorösterlichen Jesus. Die Emmaus-Jünger drücken es so aus: „Wir aber hatten gehofft, daß er der sei, der Israel erlösen werde" (Lk 24,21). Gerade auch die Verspottung Jesu als „Prophet" beim Prozeß und bei seiner Kreuzigung (vgl. Mk 14,65; 15,32) läßt den Eindruck erahnen, den Jesus selbst noch auf seine Gegner gemacht hat. Auch sie spürten seinen Anspruch, den Willen Gottes definitiv zu verkünden und auszulegen. Sie wollten ihn gerade deshalb töten, weil er sich als der „Sohn des Hochgelobten" (Mk 14,61) und als „Messias und König von Israel" (Mk 15,32.2.9.12.18) präsentiert hat.

Für die Jünger beruhte die anfängliche und noch tastende Anerkennung der Vollmacht und Autorität Jesu vor Ostern und schließlich ihre definitive Bejahung im Glauben seit Ostern auf der intimen Einheit und Gemeinschaft Jesu mit Gott, den er in einem exklusiven Sinn als *„mein Vater"* angesprochen hat[76].

Diese außergewöhnliche und unerhörte Gottesanrede hat sich der Überlieferung durch die Erinnerung an das Wort *„Abba"*, also seiner muttersprachlichen Verwendung durch Jesus, tief eingeprägt. In der Nacht vor seinem Leiden und Tod, als das Schicksal der Gottesherrschaft und ihres Mittlers auf dem Spiel steht, ruft Jesus: „Abba, Vater, alles ist dir möglich, nimm diesen Kelch von mir! Aber nicht, was ich will, sondern was du willst, soll geschehen." (Mk 14,36).

Die aramäische Form hat sich bis in die Theologie des Paulus hinein erhalten. Hier zeigt sich, daß das Wesen des Christseins im Empfang des Heiligen Geistes besteht, in der Teilnahme am Sohnesverhältnis zu Gott, den die Glaubenden ihrer-

---

[76] Vgl. Mk 14,36; Mt 7,21; 11,25-27; 12,50; 15,13; 16,17.27; 18,10.19.35; 25,34; 26,29.39.53; Lk 2,49; 22,29; 23,34.46.49; in indirekter Bezeichnung vgl. Mk 8,38; Lk 9,26; Mt 16,27; zu beachten ist auch das gesamte Johannesevangelium.

seits als Abba, Vater, anreden dürfen (Gal 4,6; Röm 8,15). Die Einheit Jesu mit dem geschichtlich sich durchsetzenden Heilswillen Gottes sowie seine Offenbarungs- und Erkenntniseinheit mit „seinem Vater" sind der Wurzelgrund seiner Verkündigung und Praxis der Gottesherrschaft.

Die Abba-Relation gehört somit nicht zur privaten Frömmigkeit Jesu. Die Erfahrung der Heiligkeit, Herrlichkeit und Transzendenz Jahwes verwehrten es dem alttestamentlichen Beter, in persönlich-intimer Weise Jahwe als „meinen Vater" anzureden. Dies schloß nicht aus, daß das Bundesverhältnis in der relationalen Begrifflichkeit eines „Vater-Sohn-Verhältnisses" ausgedrückt werden konnte. Das Bundesverhältnis Jahwes zu Israel ist sogar der ursprüngliche Ort der Rede von Jahwe als Vater (Ex 4,22; Dtn 32,6; Jer 3,19; 31,9; Röm 9,4). Eine geschichtliche Konkretisierung erhielt die Rede vom Vatersein Gottes durch die messianische Verheißung einer endzeitlichen Vollendung des Bundes in der Gottesherrschaft. Als Hintergrund der Vateranrede Jesu läßt sich die Verheißung des messianischen Sohnes Davids, des erwählten Repräsentanten der Gottesherrschaft, ausmachen. Das Neue Testament greift ausdrücklich die Nathan-Verheißung auf: *„Ich will für ihn Vater sein, und er wird für mich Sohn sein."* (2 Sam 7,14; Hebr 1,5). Dieses davidische Königtum soll auf ewig Bestand haben. Als Repräsentant des endzeitlichen Bundesvolkes wird der messianische Heilskönig rufen: „Mein Vater bist du, mein Gott, der Fels meines Heiles", und Jahwe antwortet ihm:

Ich mache ihn zum erstgeborenen Sohn, zum Höchsten unter den Herrschern der Erde. Auf ewig werde ich ihm meine Huld bewahren, mein Bund mit ihm bleibt allezeit bestehen. Sein Geschlecht lasse ich dauern für immer und seinen Thron, solange der Himmel währt.
(Ps 89,27-30; vgl. 20,17; Kol 1,15-18; Offb 1,5)

Offenkundig hat Jesus das „Sohnsein" nicht selbst an sich gerissen. Er prädizierte sich auch nicht direkt selbst als Sohn in der Form: „Ich bin der Sohn". Er sprach von sich indirekt als „dem Sohn" (Mk 13,32; 12,6). Diese Sohnesfunktion ist identisch mit seinem Amt, der Mittler der eschatologischen und universalen Herrschaft Gottes, seines Vaters, zu sein.

Die explizite Sohnes-Prädikation Jesu durch die Ur-Kirche

Die spätere Prädikation Jesu als Sohn des Vaters ist ein Reflex der in der Vateranrede Jesu sich manifestierenden Bedeutung von Person und Amt Jesu als „des Sohnes des Vaters." Jesus hat also nicht in einem kühnen ekstatischen Ausgriff Gott als seinen Vater usurpiert. Er vermochte, wie jedes andere Geschöpf auch, nicht von unten her die Grenze der Transzendenz Gottes zu durchbrechen. Jesus machte vielmehr die Erfahrung, daß sich ihm die Basileia definitiv und exklusiv zuschickte und ihm kein anderes Selbstverständnis übrigblieb als das des eschatologischen Mittlers der Gottesherrschaft. Hier ist der Ursprung und die Quelle seines Verhältnisses zu Gott. In dieser Relation zu ihm als „seinem Vater" weiß er sich in seiner ganzen Existenz, in seiner Sendung und seinem Geschick dem Selbstmitteilungswillen Gottes verdankt. In der Abba-Erfahrung und der ihr korrespondierenden Sohnesrelation Jesu lassen sich alle vorösterlichen und nachösterlichen Erfahrungen der Jünger mit Jesus und ihre prädikativen Präzisierungen zusammenfassen (Messias, Sohn Davids, Ebed Jahwe, der Prophet, der Gerechte, der Herr, die Weisheit Gottes, der Name Gottes, der Sohn Gottes, und der von Jesus selbst verwendete Titel Menschensohn).

In dieser Grundrelation Jesu zu Gott, die sein ganzes Sein, Handeln und Schicksal ausschließlich bestimmt, zeigt sich auch der Zusammenhang und der überbietende Abschluß des alttestamentlichen Offenbarungsverständnisses. Schon im Alten Testament ist der prophetische Offenbarungsmittler mit seiner eigenen Existenz in das Offenbarungsgeschehen involviert. Aber es kam nirgends zu einer absoluten Koinzidenz des Offenbarungsinhaltes mit dem Offenbarungsmittler. Das Neue an Jesus ist dies: Der Offenbarungsmittler steht zu Gott nicht nur in einem Sendungsverhältnis. Er ist darüber hinaus in seiner Person der Ort der sich fortschreitend manifestierenden Identität des zu Gottes Wesen gehörenden Offenbarungswortes mit seiner Erscheinung in der Offenbarungsgeschichte. Darum besteht eine Identität zwischen dem Amt des messianischen Gottessohnes und der Wesenseinheit des Wortes oder Sohnes mit dem Vater.

Was konnten die Jünger also an der Abba-Relation des vorösterlichen Jesus und der Bestätigung des Vater-Sohn-Verhältnisses durch die Auferweckungstat ablesen?

Eine bis zur Deckungsgleichheit gehende Aktionseinheit Jesu mit Jahwe. Um diese Erfahrung in der nachösterlichen Reflexion sprachlich zu artikulieren, stellte sich das Sohnesprädikat allmählich wie von selbst ein. Denn die ‚Deckungsgleichheit' zwischen Jesus und Jahwe impliziert nicht bloß totale Aktionseinheit in Handeln, Sprechen und Denken, sondern (als Grund für sie) eine vorgegebene Einheit auch im Sein.[77]

Ein bedeutungsvolles Logion der Q-Quelle erschließt den tiefsten Sinn der Abba-Relation Jesu:

Erfüllt vom Heiligen Geist ruft Jesus aus: Mir ist von meinem Vater alles übergeben worden; niemand weiß, wer der Sohn ist, nur der Vater, und niemand weiß, wer der Vater ist, nur der Sohn und der, dem es der Sohn offenbaren will.
(Lk 10,22; vgl. Mt 11,25-27)

Seinem Wortlaut nach ist dieser Text wohl aus der Perspektive der österlichen Erfahrung formuliert. Er hat aber sein Fundament in der authentischen Vateranrede des vorösterlichen Jesus und seiner Selbstpräsentation als der eschatologische Mittler der Basileia in Vollmacht und Sendungsautorität und somit als „der Sohn", in dem sich die Zuwendung des Vaters zu seinem Bundesvolk stellvertretend realisiert und manifestiert.

Insofern steht dieses Logion an der Schnittstelle der christologischen Ursynthese von der Identität des gekreuzigten und auferstandenen Jesus und damit der Ursprungserfahrung der Christologie, daß Gott sich als Vater mit Jesus als seinem Sohn identifiziert hat.

Hier ist eine Dichte der wechselseitigen Inexistenz von Vater und Sohn im Sich-Erkennen und im Sich-Offenbaren erreicht, die die Deutung des Namens Gottes im Sinne eines philosophischen Abstraktums oder eines monopersonalen absoluten Subjektes verbietet. Die Vaterschaft Gottes gegenüber seinem Sohn tritt

---

[77] F. Mußner, Ursprünge und Entfaltung der neutestamentlichen Sohneschristologie. Versuch einer Rekonstruktion (QD 72). Hg. v. L. Scheffczyk, Freiburg–Basel–Wien ²1978, 97.

nicht erst zeitlich und akzidentell zur Gottheit des Vaters hinzu, so daß er „außerhalb" und „vor" seiner Offenbarung der unitarisch gedachte Gott des Deismus wäre. Es ist vielmehr Gottes Wesen, immer väterlich sich verschenkendes und sohnschaftlich sich empfangendes Leben und im Heiligen Geist sich vermittelnde Liebe zu sein. Die Offenbarung des Namens Gottes als „Vater und Sohn und Heiliger Geist" (Mt 28,19) ist die Offenbarung der mit Gottes Wesen und Namen identischen Relationen von Vater und Sohn und Heiligem Geist.

Da Jesus von Nazaret ohne jeden Zweifel ein wahrer und ganzer Mensch ist und nicht als ein in Menschengestalt verkleidetes Götterwesen aufgefaßt wurde, stellt sich die Frage, wie er bei Wahrung seiner vollen menschlichen Natur und Menschlichkeit mit dem zu Gottes Wesen gehörenden Sohn verbunden sein kann.

Die Grundfrage der Christologie: Die Einheit von Gottheit und Menschheit Jesu im ewigen Wort Gottes

Damit ist das Problem der späteren Christologie formuliert, die nach der menschlichen und göttlichen Natur Christi und deren Einheit fragt. Die Antwort lautet in Übereinstimmung mit dem neutestamentlichen Zeugnis, daß nicht an eine Verwischung der Grenzen zwischen Geschöpf und Gott gedacht werden darf. Die Einheit der Naturen in Jesus Christus ist durch die Person des ewigen Sohnes oder Wortes des Vaters, die die menschliche Wirklichkeit Jesu in ihrer kreatürlichen Freiheit annimmt, konstituiert. Die Offenbarung Gottes in der Pro-Existenz des Menschen Jesus setzt also eine innere Relationalität Gottes als ihren Wirklichkeitsgrund voraus, d.h. die innere Selbstaussprache Gottes in seinem Wort, im dialogischen Gegenüber von Vater und Sohn. Die eschatologische Identifikation Gottes mit dem Heilsmittler ist der Grund, warum theologisch nach der Präexistenz der personbildenden Identität Jesu im ewigen Sohn des Vaters gefragt werden muß.

2.4.3 Die Präexistenz des ewigen Sohnes beim Vater

Was bedeutet die Präexistenz Jesu?

Die Rede von der Präexistenz Jesu weist auf das absolute Subjekt hin, das die Menschheit Jesu trägt. Es existiert mit dem Vater und trägt und ermöglicht die reale Beziehung des Menschen Jesus mit Gott.

Präexistenz meint also nicht:
– eine himmlische Seinsweise des Menschen Jesus bzw. seiner Seele (im Sinne Platons);
– eine Existenz des Menschen Jesus in den ewigen Ideen Gottes (ideale Präexistenz);
– eine vorirdische Seinsweise des Menschen Jesus.

Präexistenz der Weisheit

Dem alttestamentlichen Gottes- und Offenbarungsverständnis ist eine mit dem Sein Gottes verbundene Nähe der Heilsvermittlungsgestalten *(Weisheit, Wort,*

Geist, Name) zu den Heilsvermittlergestalten *(Propheten, dem himmlischen Menschensohn, den messianischen Heilsträgern)* nicht völlig fremd. *Weisheit, Wort* und *Geist* können auch ein gewisses Selbstverhältnis Gottes zu sich ausdrücken, indem sie in seinem Heilshandeln sein Wesen offenbaren. In der Christologie der Logienquelle und der Synoptiker finden sich Andeutungen einer Identifikation Jesu mit der Weisheit Gottes (Mk 6,2; Mt 11,19; 12,42; 13,54; Lk 2,40; 11,17; 7,35; 11,31.49). Auch bei Paulus gibt es Spuren einer Interpretation der Einheit Jesu mit Gott im Sinne einer Identität der Weisheit Gottes mit Jesus (1 Kor 1,24: „Wir predigen Christus als Gottes Weisheit"; V. 30: „der uns von Gott zur Weisheit geworden ist"). Es gilt, „das göttliche Geheimnis zu erkennen, das Christus ist. In ihm sind alle Schätze der Weisheit und Erkenntnis verborgen" (Kol 2,3; vgl. Offb 5,12). Schon in der alttestamentlichen Weisheitsliteratur finden sich Andeutungen einer Art Inkarnation der mit Gott identischen Weisheit (Spr 8,31; Weish 9,10; Bar 3,36-38: „Das ist unser Gott; kein anderer gilt neben ihm. Er hat den Weg der Weisheit ganz erkundet und hat sie Jakob, seinem Diener, verliehen, Israel, seinem Liebling. Dann erschien sie auf der Erde und wohnte unter den Menschen."). Über diese Andeutungen hinaus läßt sich im Neuen Testament kaum eine eigenständige Formulierung des Präexistenzgedankens mit Hilfe einer „Sophia-Christologie" erkennen.

Die Präexistenz nach Johannes

Der vierte Evangelist ersetzt den alttestamentlichen Begriff „Weisheit" durch *„Logos"* (Wort). Er denkt dabei kaum an die griechische Vorstellung, die damit die göttliche Vernunft meinte, welche den Kosmos durchwaltet. Im Hintergrund steht vielmehr der aus der Schöpfungstheologie uns erinnerliche hebräische Begriff *dabar*. Er bringt das schöpferische Handeln und die Selbsterschließung Gottes im Wort zum Ausdruck. Die Sohnschaft Christi gründet in dieser Vorstellung also in der Gottheit des Logos.

Die Präexistenz nach Paulus

Paulus kennt verschiedene Vorstellungsschemata.

1.) Oft bringt er (auch die Deuteropaulinen) die Einheit Christi mit Gott *possessiv* zum Ausdruck, wenn er von Christus als „seinem Sohn" (Röm 1,3.9;5,10; 8,3.29.32; 1 Kor 1,9; 15,28; Gal 1,16; 4,4.6; 1 Thess 1,10), „seinem geliebten Sohn" (Eph 1,6; 2 Petr 1,17) bzw. dem „Sohn seiner Liebe" (Kol 1,13) oder „seinem eigenen Sohn" (Röm 8,32) spricht. Vater und Sohn sind vom Wesen her aufeinander bezogen. Ein besonders dichter Text ist Gal 4,4-6:

Als aber die Zeit erfüllt war, sandte Gott seinen Sohn, geboren von einer Frau und dem Gesetz unterstellt, damit er die freikaufe, die unter dem Gesetz stehen, und damit wir die Sohnschaft erlangen. Weil ihr aber Söhne seid, sandte Gott den Geist seines Sohnes in unser Herz, den Geist, der ruft: Abba, Vater.

2.) Die Einheit des Wesens und Handelns von Vater und Sohn drückt sich auch in der Formel *„Jesus Ebenbild Gottes"* aus (2 Kor 4,4).

3.) Im (vorpaulinischen) Hymnus Phil 2,6-11 heißt es, daß der Sohn „in der *Gleichgestalt"* mit seinem Vater war und sich in der Menschwerdung „entäußert" hat.

4.) Der Präexistenzgedanke erscheint auch in der Rede von Christus als Schöpfungsmittler, „durch den alles ist" (1 Kor 8,6), der „vor aller Schöpfung" ist (Kol 1,17; vgl. den ganzen Hymnus 1,15-20 sowie Eph 1,3-21) und der als „lebenspendender Felsen" bereits bei der Wüstenwanderung Israels gegenwärtig war (1 Kor 10,4).

Präexistenz im Hebräerbrief

Eine Schlüsselstelle ist der Beginn des Hebräerbriefes (Hebr 1,1-4). Nachdem Gott einst in vielerlei Weise zu den Vätern durch die Propheten gesprochen hat in der alttestamentlichen Heilsgeschichte, hat er zuletzt in dieser Zeit zu den Menschen gesprochen „durch den Sohn" (1,2). Er ist am Anfang und am Ziel der Schöpfung der Mittler. In Beziehung auf Gott ist sein Wesen zu bestimmen als „Abglanz" *(apaugasma)* seiner göttlichen Doxa und als „Abdruck" *(charakter)* seines inneren Wesens *(hypostasis)*. Diese Wesenseinheit ist die Voraussetzung für die Erlösung der Menschen von den Sünden.

In seiner Sohnschaft steht der Sohn mit Gott, seinem Vater, auf der einen Ebene der Gottheit. Nur in der Einheit von Vater und Sohn realisiert sich die Einzigkeit Gottes. In diesem Vollbesitz des göttlichen Wesens in Einheit und Verschiedenheit vom Vater „trägt er auch das All durch sein machtvolles Wort." (Hebr 1,3). Um aber in der Geschichte die Erlösung der Menschen von ihren Sünden zu bewirken und der „Urheber ihres Heiles" (Hebr 2,10) zu werden, muß der ewige Sohn zum Bruder der Menschen werden, und zwar durch die Annahme einer menschlichen Existenz und der Bedingungen des menschlichen Lebens unter der Gewalt der Sünde in Leiden, Krankheit und Tod:

Da nun die Kinder Menschen von Fleisch und Blut sind, hat auch er {der Sohn} in gleicher Weise die Existenz des Menschen in Fleisch und Blut geteilt {hat Fleisch und Blut angenommen}, um durch seinen Tod den zu entmachten, der die Gewalt über den Tod hat, nämlich den Teufel, und um die zu befreien, die durch die Furcht vor dem Tod ihr Leben lang der Knechtschaft verfallen waren. Denn er nimmt sich keineswegs der Engel an, sondern der Nachkommen Abrahams nimmt er sich an. Darum mußte er in allem seinen Brüdern gleich sein, um ein barmherziger und treuer Hoherpriester vor Gott zu sein und die Sünden des Volkes zu sühnen. Denn da er selbst in Versuchung geführt wurde und gelitten hat, kann er denen helfen, die in Versuchung geführt werden.
(Hebr 2,14-18; vgl. Mt 4,1; Röm 3,25: 1 Kor 10,13; 1 Joh 2,2; 4,10)

Die personale Identität des Menschen Jesus mit dem ewigen göttlichen Wort

Zusammenfassend ist festzuhalten: Bei der Präexistenz des Sohnes geht es um die Klärung der innergöttlichen Wirklichkeit von Vater, Sohn (und Heiligem Geist) in ihrer Einheit und Verschiedenheit. Unter den Voraussetzungen des biblischen Monotheismus ist jede Vergottung, Vergötzung und Vergötterung Jesu seiner Menschheit nach absolut ausgeschlossen. Da „Jesus" den individuellen Menschen aus Nazaret bezeichnet, wie ihm seine Jünger begegnet sind, kann er im Neuen Testament auch nie schlichtweg Gott genannt werden. Neutestamentlich bezeichnet theos vielmehr die Person des Vaters. Die Gottheit des Sohnes wird daher nicht durch den Titel *theos*, was eine Unterscheidung zwischen Vater und Sohn erschweren würde, sondern durch den Titel „Sohn", als die Beziehung zum Vater, zum Ausdruck gebracht. Als dieser Sohn vollzieht Jesus seine personale Identität dynamisch in konstitutiver Relation zu Gott. Die personale Identität Jesu ist durch die absolute Identifikation des zum Wesensvollzug Gottes, des Vaters, gehörenden ewigen Wortes (Weisheit, Ebenbild, Charakter) mit dem geschichtlichen Heilsmittlerauftrag des Menschen Jesus bestimmt.

Wegen dieser Begründung des Seins, Handelns und Schicksals Jesu im Sohnesverhältnis des Wortes, der Weisheit zu Gott, dem Vater des Sohnes, kann der Name „Jesus Christus" das Personsein des Sohnes bezeichnen. So spricht der Apostel Paulus von Christus, der dem Fleisch nach dem Volk der Israeliten entstammt, die die Sohnschaft, die Herrlichkeit und die Bundesordnung besitzen, und der zugleich „über allem als Gott steht, der gepriesen sei in Ewigkeit" (Röm 9,5).

Im Titus-Brief ist die Rede von der Erfüllung unserer Hoffnungen bei der Wiederkunft Christi: dem „Erscheinen der Herrlichkeit unseres großen Gottes und Retters Christus Jesus" (Tit 2,13; vgl. 2 Petr 1,1). Im Johannes-Evangelium kann der Apostel Thomas den auferstandenen Herrn Jesus ansprechen: „Mein Herr und mein Gott!" (Joh 20,28). Der Sohn Gottes ist in die Daseinsweise des Menschen in der Welt gekommen, damit wir den wahren Gott erkennen und in seinem Sohn Jesus Christus leben: „Er ist der wahre Gott und das ewige Leben." (1 Joh 25).

Wie gesagt, es wird sonst im Neuen Testament immer nur der Vater „ho theós" genannt. Das ist aber nicht so aufzufassen, als ob zunächst die göttliche Natur für die erste Person in Gott gesichert sei und in einem schwierigen Beweisverfahren die Gottnatur des Sohnes und des Geistes bewiesen werden müßte. Die relationale Wesensaussage Gottes als Vater impliziert die wesenhafte Selbstverwirklichung Gottes in der Einheit und Unterschiedenheit von Vater, Sohn und Geist. Gott ist nicht monopersonale Identität, der gegenüber Differenz nur Abminderung bedeutete. Identität und Differenz sind gleichursprünglich das Wesen des einen Gottes in den Trägern dieses Wesens: Vater, Wort, Geist. Durch die Erkenntnis des Wesens Gottes in der personalen Relationalität von Vater, Sohn und Geist wird die Einheit Gottes nicht gefährdet. Aber sie vollzieht sich nicht als eine monadische Einheit eines monopersonalen Subjektes, sondern im Sinne relational personal verschiedener, ineinander sich bewegender Träger des einen göttlichen Lebens als Gemeinschaft, als Kommunikation von Liebe. Im Licht des trinitarischen Monotheismus zeigt sich der innere Widerspruch eines Gottglaubens, der den Unitarismus nicht zu überwinden vermag.

M. Hengel sieht die Einführung des Präexistenzgedankens mit den Aspekten der Sendung des Sohnes ins Fleisch und seiner Schöpfungsmittlerschaft in der Notwendigkeit begründet, die „Unüberbietbarkeit und Endgültigkeit der Offenbarung Gottes in Jesus von Nazaret in letzter, abschließender Weise zum Ausdruck" zu bringen:

Das Problem der ‚Präexistenz' erwuchs so notwendigerweise aus der Verbindung von jüdischem Geschichts-, Zeit- und Schöpfungsdenken mit der Gewißheit der völligen Selbsterschließung Gottes in seinem Messias Jesus von Nazaret. Damit wurde nicht das ‚schlichte Evangelium Jesu' an den paganen Mythos ausgeliefert, sondern umgekehrt die drohende Mythisierung durch die trinitarische Radikalität des Offenbarungsgedankens überwunden.[78]

---

[78] M. Hengel, Der Sohn Gottes, 113.

Zweifellos stellt die Logos-Christologie des Prologs im Johannes-Evangelium wenige Jahrzehnte nach der Formulierung der paulinischen Christologie nur den „Schlußpunkt jener Verschmelzung des präexistenten Gottessohnes mit der traditionellen Weisheit" (ebd. 114) dar. Dabei wird allerdings der mythologieverdächtige Begriff „sophia" durch den klareren Begriff „logos" oder „Wort Gottes" ersetzt. „Logos" ist ursprünglich das Evangelium Christi, das sich in dem Schicksal Jesu erfüllt. So ist das Wort Jesus selbst (vgl. Lk 1,1-4). „Logos" ist mehr als „sophia" Ausdruck für das aktive Sichselbstaussagen Gottes im Wort sowie auch für das Ereignishafte seiner Selbstoffenbarung.

Der Prolog ist daher auch ganz gewiß nicht aus gnostischen Quellen abzuleiten, sondern steht in einem festgefügten innerchristlich-jüdischen Traditionszusammenhang. Die christologischen Spitzenaussagen des vierten Evangeliums, wie Joh 1,1: ‚... und das Wort war bei Gott, und Gott war das Wort' oder 10,30: ‚Ich und der Vater sind eins', markieren das Ziel und die Vollendung der neutestamentlichen Christologie.[79]

2.4.4 Die Fleischwerdung des ewigen Wortes

Die Präexistenz des Sohnes des Vaters ist Voraussetzung der Menschwerdung Gottes in Jesus. Sonst könnte Gott als Träger göttlichen Lebens allenfalls einen Menschen erwählt haben und in einem Menschen wie in einem Werkzeug tätig werden, aber nicht selbst in seinem Offenbarungswort in Jesus gegenwärtig sein.

Schon Paulus hatte von einem Kommen des eigenen Sohnes Gottes in der Gestalt des Fleisches gesprochen (Röm 8,3). Im ersten Timotheusbrief wird als „Geheimnis unseres Glaubens" angegeben: Christus Jesus „wurde offenbart im Fleisch, gerechtfertigt durch den Geist", d.h. durch die Auferweckung von den Toten (1 Tim 3,16). Unter Verwendung des Epiphanie-Motivs wird das Kommen Jesu Christi in die Welt als das „Erscheinen unseres Retters Christus Jesus" aufgefaßt (2 Tim 1,10; Tit 2,13):

Als aber die Güte und Menschenliebe Gottes, unseres Retters, erschien, hat er uns gerettet ... durch das Bad der Wiedergeburt und der Erneuerung im Heiligen Geist. Ihn hat er in reichem Maß über uns ausgegossen durch Jesus Christus, unseren Retter, damit wir durch seine Gnade gerechtgemacht werden und das ewige Leben erben, das wir erhoffen.
(Tit 3,4-7)

Diese sprachliche Fassung des Kommens des ewigen Sohnes in eine geschichtliche Existenz mit der Terminologie der „Inkarnation" klingt auch im Hebräerbrief an, insofern der Sohn, um den Menschen von Fleisch und Blut *gleich zu werden*, selbst in gleicher Weise *Fleisch und Blut der Menschen angenommen* hat (Hebr 2,14).

Einen Höhepunkt in der Durcharbeitung der Christologie im Hinblick auf die Inkarnation bietet der Prolog des Johannes-Evangeliums: *„Im Anfang war der Logos und der Logos war bei Gott und Gott war der Logos."* (Joh 1,1).

Im Zuge der geschichtlichen Verwirklichung des Heilswillens Gottes ist der *logos sarx* geworden. Er (das Wort, die Weisheit Gottes) lebt als Mensch unter

---

[79] Ebd. 114 f.

Menschen, ohne sein Gottsein aufgegeben zu haben (vgl. Spr. 8,31; Weish 9,10; Bar 3,38).

Das biblische Christusbekenntnis ist in dem Satz zusammengefaßt:

Und das Wort ist Fleisch geworden und hat unter uns gewohnt, und wir haben seine Herrlichkeit gesehen, die Herrlichkeit des einzigen Sohnes vom Vater voll Gnade und Wahrheit ... Denn das Gesetz wurde durch Mose gegeben, die Gnade und die Wahrheit kam durch Jesus Christus. Niemand hat Gott je gesehen. Der Einzige, der Gott ist, und am Herzen des Vaters ruht, er hat Kunde gebracht. (Joh 1,14-18)

Die Leugnung der Ankunft des Sohnes Gottes im Fleisch ist darum das verräterische Zeichen eines antichristlichen, gottentfremdeten Geistes (vgl. 1 Joh 4,2 f.; 2 Joh 7).

Den Anstoß zur Fassung des Vorgangs gibt Irenäus von Lyon mit dem Substantivum *„sarkosis"*[80]. Die „Fleischwerdung des Wortes Gottes" ist seither ein terminus technicus der Christologie. „Fleisch" meint im Hebräischen gewöhnlich den ganzen Menschen in seiner geschöpflichen und vergänglichen Daseinsverfassung. Es kann anderwärts auch die Verfallenheit des Menschen an die widergöttlichen Mächte der Sünde und des Todes gemeint sein. Ein Mißverständnis drohte diesem Begriff im Hellenismus, wonach der Mensch aus den Einzelsubstanzen von Geist, Seele und Materie (= Fleisch) zusammengesetzt sei. Seit dem 4. Jahrhundert spricht man darum auch statt von einer Fleischwerdung eher von der Menschwerdung Gottes, um festzuhalten, daß der Logos die ganze menschliche Existenz angenommen hat.

2.4.5 Die Entstehung Jesu seiner Menschheit nach durch Gottes Kraft und Geist

Eine biblische Christologie von unten?

Im Unterschied zum paulinischen, deuteropaulinischen und johanneischen Schrifttum und auch zum Hebräerbrief mußte die synoptische „Christologie von unten" auf eine ganz andere Weise die Herkunft Jesu deutlich machen und sein Persongeheimnis im Willen Gottes zu seiner Selbsterschließung als Heil der Menschen begründen.

Matthäus und Lukas gehen über ihre Vorlage im Markus-Evangelium hinaus und sehen die Einheit von Gott und Jesus in der geistgewirkten Entstehung des Menschseins Jesu begründet. Die Besonderheit Jesu gründet nicht in seiner Geburt aus der Jungfrau, sondern in der Initiative (transzendentalen Einwirkung) Jahwes, der durch seine schöpferische Kraft und sein Pneuma die Entstehung des Menschen Jesus bewirkt. Die „Jungfrauengeburt" ist Zeichen und Auswirkung der Tat Gottes, nicht aber ihre Ursache. Urheber und Grund der Inkarnation ist Gott allein[81].

---

[80] Irenäus von Lyon, haer. III,19,1.
[81] Vgl. in dieser Werkreihe: Mariologie.

Das biblische Zeugnis

Das Neue Testament kennt verschiedene Ansätze, mit denen die Menschwerdung interpretiert wird. Am bekanntesten wie auch am umstrittensten ist die Deutung bei Matthäus und Lukas, die von einer geistgewirkten Empfängnis in der Jungfrau Maria berichten (Mt 1,18-25; Lk 1,26-38). Sie ist aber nicht von jeder Christologie her notwendig im Blick.

Das zeigt sich etwa bei Paulus. Für ihn ist die Einheit des Subjekts bei Jesus in der konstitutiven Vater-Sohn-Beziehung begründet. Die Verbindung zwischen der Präexistenzform des Sohnes und dem Menschsein wird durch den Gedanken der Entäußerung (Phil 2,6-11) hergestellt. Dieser kann aber ohne Rückgriff auf die Frage nach der konkreten Entstehung des Menschen Jesus entwickelt werden.

Ähnlich steht es mit der johanneischen Christologie. Sie legt den Gedanken der Inkarnation aus und ist damit ebenfalls stärker an der Identität zwischen Gott und Jesus als an der Frage nach Zeugung und Geburt interessiert.

Wenn also in beiden Theologien die geistgewirkte Lebensentstehung des Menschen Jesus aus der Jungfrau Maria nicht auftaucht, dann kann aus diesem Umstand nicht notwendig auf die Unkenntnis oder Ignoranz des Traditionsgutes geschlossen werden. Paulus und Johannes gehen den Weg „von oben": Präexistenz – Menschwerdung – Schicksal des menschgewordenen Gottessohnes.

Matthäus und Lukas beschreiten hingegen, geleitet von ihrer Vorlage, dem Markusevangelium, einen anderen Weg: Jesus zeigt sich als der vom Geist Gottes Gesalbte, als der Messias. Das offenbart sich bereits von seinen ersten Anfängen an (nicht nur zeitlich, sondern ontologisch). In dieser Perspektive „von unten" ist der gottgewirkte Ursprung des Menschen Jesus von maßgebender Bedeutung. Die konstitutive Verbindung zwischen dem ewigen Heilswillen Gottes und seiner geschichtlichen Verwirklichung im Menschen-Messias Jesus kommt durch den ewigen Geist Gottes, also durch den schöpferisch-erlösenden Gott selber, zustande. Jesus wird durch „Gottes Geist und Kraft" (Lk 1,35) in Ursprung, Vollzug und Vollendung seines Lebens getragen. Deswegen kann er die Repräsentation Gottes als Sohn des ewigen Vaters sein (vgl. Mt 11,25-27; Lk 10,21 f.).

Die Glaubensbekenntnisse haben später die messianologisch-funktionale Betrachtungsweise der beiden Evangelisten mit der relational-personalen Theologie des Paulus und Johannes verknüpft: Der eingeborene Sohn des Vaters ist seiner menschlichen Natur nach „empfangen durch den Heiligen Geist, geboren von der Jungfrau Maria"[82].

Die christologische Aussage

Die Evangelisten gingen nicht von messianisch gedeuteten alttestamentlichen Bibelstellen aus und konstruierten sich dazu das Ereignis ihrer Erfüllung. Ihr Weg ging umgekehrt von der Erfahrung der Identität des gekreuzigten Jesus und des

---

[82] Die mit der geistgewirkten Empfängnis Jesu verbundenen Probleme und Einwände werden im Traktat der Mariologie eingehend behandelt. Vgl. auch G.L. Müller, Was heißt: Geboren von der Jungfrau Maria? Eine theologische Deutung (QD 119), Freiburg–Basel–Wien ²1991.

auferstandenen Herrn aus. Im Licht von Ostern erschloß sich ihnen in einer geistlichen Relecture der tiefere Sinn der Heilsgeschichte im Alten Testament. Speziell in Jes 7,14 haben erst Matthäus und Lukas den messianischen Tiefensinn entdeckt. Die Evangelisten waren der Überzeugung, daß Gott seinen überall in der Bundesgeschichte zum Ausdruck kommenden Heils- und Bundeswillen hier und heute wahrgemacht hat. Darum liegt das Hauptgewicht der Aussage eigentlich nicht auf der Geburt Jesu aus der *Jungfrau.* Denn die Geburt ist nicht das Heilsereignis selbst, sondern nur dessen Zeichen. Das Zeichen bleibt dem Ereignis allerdings nicht äußerlich, sondern ist die Erscheinung des Geschehens im Erfahrungsraum menschlicher Erkenntnis. Das wunderbare Ereignis liegt vielmehr in der Konstitution des Menschen Jesus in Gottes endzeitlicher Selbsterschließung als Heil. Der Kernpunkt des Bezugs von Mt 1,23 zu Jes 7,14 ist somit die Verheißung des Immanuel. Die christologische Aussage lautet, daß Jesus in seiner menschlichen und leibhaftigen Wirklichkeit die Gegenwartsgestalt des Heilswillens Gottes ist. Der „Sohn des Höchsten" ist in seiner Person und Geschichte der „Gott-mit-uns". Er nimmt Platz auf dem Thron Davids, und seiner Basileia, als deren eschatologischer Verkündiger er auftritt, wird kein Ende sein (Lk 1,33). Er wird sein Volk von seinen Sünden erlösen (Mt 1,21). In ihm hat „der Herr, der Gott Israels, sein Volk besucht und ihm Erlösung geschaffen" und ihm „einen starken Retter erweckt im Hause seines Knechtes David" (Lk 1,68). Er ist der Retter, der Messias, der Herr (Lk 1,11). Sein Name ist Jesus, d.h. „Jahwe rettet" (Mt 1,21; Ps 130,8). Er ist das Heil der Völker und das Licht der Heiden, Herrlichkeit *(doxa)* für Jahwes Volk Israel (Lk 2,29-32).

Dem alttestamentlichen Judentum war der Gedanke an ein pneumatisches Wirken Gottes beim Auftreten prophetischer Gestalten nicht fremd. Von einem schöpferischen und pneumatischen Wirken Gottes ist bei der Empfängnis Isaaks im Schoß Saras oder Johannes des Täufers im Schoß Elisabeths die Rede, d.h. bei Frauen, die unfruchtbar waren und wegen ihres hohen Alters keine Möglichkeit mehr besaßen, auf natürliche Weise Mutter zu werden. Hier überwindet Gott die Grenzen kreatürlicher Möglichkeiten, indem er eine natürlich-geschlechtliche Empfängnis der genannten Frauen von ihren Männern Wirklichkeit werden läßt. Denn seinem schöpferischen und erwählenden Wort ist nichts unmöglich (vgl. Gen 18,14; Iob 42,2; Jer 32,27; Lk 1,38; 18,27; Mk 10,27; Mt 10,27). Daß hier nicht Unkenntnis der natürlichen Bedingungen menschlicher Zeugung der Grund war, Gott als Erklärungshypothese einzuführen, zeigt sich schon an der allgemeinen Grundüberzeugung des Alten Testamentes von der schöpfungsgemäßen menschlichen Fortpflanzung im geschlechtlichen Zusammenwirken von Mann und Frau (Weish 7,1 f.; vgl. Gen 1,27 f.).

Darum muß die Jungfrau Maria angesichts der Verheißung der Geburt des Messiaskindes aus ihrem Leib notwendigerweise die Frage stellen: „Wie soll das geschehen, da ich mit keinem Mann verkehre?" (Lk 1,34).

Die Antwort bringt keine biologische Erklärung. Ihre Berufung, die Mutter des Herrn zu werden, kann sie nur im Glauben und in ihrer freien Bereitschaft aus dem Offenbarungswort des Gottesboten entgegennehmen. Gottes *pneuma* und *dynamis,* die sie überschatten werden, sind nicht geschöpflich-kategoriale Ursachen, die sich empirisch verifizieren ließen. Mit diesen Begriffen wird die lebenstiftende und heilswirksame Präsenz des Schöpfer- und Bundeswillens Jahwes umschrieben. Es ist klar, daß mit dem Terminus „überschatten" kein sexueller Anklang verbunden ist und auch keine sublime Modifikation eines eventuell ursprünglich theogam gemeinten Verhältnisses von Jahwe und Maria. Der „Schatten Jahwes" ist mit seiner Theophanie gegeben, wenn seine Lichtherrlichkeit durch die „Wolke" (als Bildwort) ebenso verhüllt wie auch (durch ihren Schatten) offenbart wird[83].

Auch der Heilige Geist ist nicht in einem biologisch-physiologischen Sinn Vater Jesu. Gott läßt in seiner souveränen Schöpferkraft die menschliche Natur Jesu im glaubenden Ja-Wort Marias und in der fraulichen Disposition ihrer Leiblichkeit entstehen. Dies begründet eine transzendentale Relation des Menschseins Jesu zu Gott. Sie stellt eine besondere Modalität des allgemeinen Schöpfer-Geschöpf-Verhältnisses dar. Wegen der singulären Form der Erschaffung des Menschseins Jesu ist ein singuläres transzendentales Verhältnis des Menschen Jesus zu Gott mitgegeben. Daraus ergibt sich auch sein exklusives Verhältnis zu Gott, seinem Vater, d.h. dem Urheber seines Menschsein und seiner Messianität (Lk 2,49).

Von Gott her gesehen entsteht das Menschsein Jesu durch einen schöpferischen Akt seines Bundeswillens, Jesus in seiner Menschheit als den eschatologischen Mittler des Heiles existieren zu lassen. Diesem Willen Gottes entspricht (kategorial) auf der geschöpflichen Seite die persönliche und vollständige Annahme des Menschen Maria. Die Mitwirkung Marias ist das Zeichen des Ereignisses. So ereignet sich die Menschwerdung des Messias im Rahmen eines heilsgeschichtlichen Gott-Geschöpf-Dialoges und in der Korrelation des Bundesverhältnisses Jahwes zu Israel, nämlich in der Grundform „Offenbarungswort und menschliche Glaubensantwort".

Pneumatologische Begründung der Einheit von Gottheit und Menschheit Jesu

In der Entwicklung der neutestamentlichen Christologie steht das matthäische und lukanische Zeugnis von der Entstehung des Mensch-Seins des Messias nicht so isoliert da, wie es zunächst scheint. Die vorpaulinische Zwei-Stufen-Messianologie (Röm 1,3; 9,3) spricht von der Vollendung des Messias in der Auferweckungstat des Vaters durch den „Geist der Heiligkeit". Wenn der Messias seiner Menschheit nach durch den Heiligen Geist vollendet wird in der Auferstehung, dann legt sich der Gedanke einer Entstehung des Menschseins Jesu durch die Kraft des Heiligen Geistes nahe. So knüpfen die beiden Evangelisten nicht an der paulinischen Präexistenz-Christologie mit ihrer vorinkarnatorischen Zugehörigkeit des Sohnes zum Vater an, sondern an den frühesten Formen einer Pneuma-Messianologie. Denn sie thematisieren nicht die Frage, wie der Sohn des

---

[83] Dies läßt sich sehr deutlich bei der Gotteserscheinung des Mose auf dem Berg Sinai beim Bundesschluß zeigen: *„Die Herrlichkeit des Herrn ließ sich auf dem Sinai herab, und die Wolke bedeckte den Berg sechs Tage lang. Am siebten Tag rief der Herr mitten aus der Wolke Mose herbei. Die Erscheinung der Herrlichkeit des Herrn auf dem Gipfel des Berges zeigte sich vor den Augen der Israeliten wie verzehrendes Feuer. Mose ging mitten in die Wolke hinein und stieg auf den Berg hinauf. Vierzig Tage und vierzig Nächte blieb Mose auf dem Berg"* (Ex 24,12-18).

ewigen Vaters Mensch wird, sondern wie der Mensch Jesus vom Ursprung und Anfang seines Menschseins her durch die Macht des göttlichen Pneuma der Messias sein kann. Auch die synoptischen Taufgeschichten zeigen die Fundierung der Messianität Jesu in seinem Erfülltsein vom Heiligen Geist und in seiner Proklamation als „geliebter Sohn des Vaters".

Alle diese christologischen Aussagen lassen sich von der Grundüberzeugung leiten: Die Messianität Jesu ist mit seinem Menschsein identisch. Sie gründet ihrem Sein, ihrer Sendung und ihren Wirkmöglichkeiten nach im heiligen Pneuma Gottes, des Vaters. In diesem Sinn heißt Jesus seiner messianisch bestimmten Menschheit nach „der Sohn Gottes". Er steht in einem singulären Verhältnis zu Gott, dem Schöpfer der Menschen und dem Vater Israels, seines Bundesvolkes. Was hier gemeint ist, hat in der paulinischen Christologie am ehesten eine Parallele in der Rede vom „neuen Adam", dem Urtypos des neuen Menschen, der neuen Geschöpflichkeit und dem neuen Sohnesverhältnis des Menschen zu Gott (1 Kor 15,47; Gal 6,2; Röm 8,29; Lk 3,22.38; 4,1-13).

Verbindung von Präexistenz- und Pneuma-Christologie

Eine Verbindung zur Präexistenz- und Inkarnationschristologie ergibt sich durch die wechselseitige Interpretation des Sohnseins Christi vor der Menschwerdung und der Sohnschaft seines messianischen Amtes. Er, der schon immer in der Gleichgestalt Gottes war, ist auch der Erstgeborene der ganzen Schöpfung, um alles in sich zu versöhnen und in seiner göttlichen und menschlichen Seinsweise (*kata sarka* und *kata pneuma,* in seinem irdischen Wirken und in der Vollendung des Menschen Jesus in der Auferstehung) das Haupt des Alls zu sein (vgl. 1 Kor 8,6; Kol 1,15; Eph 1,10). Vergleicht man die Präexistenz-Christologie und die pneumatologische Messianologie, dann kann man nicht sagen, daß im ersten Fall Christus schon immer der Sohn Gottes sei, und er es im zweiten Fall erst durch die Geburt als Mensch aus der Jungfrau Maria werde. Daß das Personsein Jesu mit dem Subjekt identisch ist, das innergöttlich ewig der Sohn oder das Wort des Vaters ist, kann nicht von seiner Geburt als Mensch aus der Jungfrau Maria abhängen. Darum hat die Gottheit des Sohnes nichts mit seiner Geburt aus der Jungfrau Maria zu tun. Vielmehr ist die göttliche Person des Sohnes, die Maria gebiert, das Subjekt der Inkarnation und nicht ihr Produkt. Aber die angenommene menschliche Natur ist das Ergebnis der Menschwerdung des Logos.

Wenn man die Inkarnationschristologie bei Paulus und Johannes mit der pneumatologisch begründeten Messianologie der Synoptiker verbinden will, dann ist dies folgendermaßen auszudrücken: Das ewige Wort des Vaters hat ein volles und ganzes Menschendasein sich zu eigen genommen. Er nimmt es so an, daß es in seine personale Relationalität zum Vater integriert ist, daran partizipiert und in ihm und durch es wirklich ist. Wegen der Subjekteinheit sind in Christus nicht zwei Söhne anzunehmen, einer der Gottheit und einer der Menschheit nach (denn „Sohn" bezeichnet eine Relation zwischen zwei Existierenden, nicht jedoch eine Wesenseigenschaft). Er ist der eine und derselbe Sohn Gottes, der sein Verhältnis zum Vater in seiner göttlichen Seinsweise ewig und in seinem menschlichen Dasein in zeitlicher und geschichtlicher Weise vollzieht.

Im Sinne der späteren Christologie kann man die christologischen Grundaussagen so verstehen, daß die Menschheit Jesu, die durch Gottes Willen besteht, dem ewigen Sohn des Vaters zu eigen wurde. Sie ist durch die Gnade der Annahme geheiligt *(gratia unionis)* und durch den Geist des Vaters „gesalbt", d.h. zum Messias, zum Christus, zum Gesalbten des Herrn geworden. Aber gerade die wahre menschliche Natur dient nicht als ein Kleid der Gottheit. Ihr kommt kreatürliche Eigenständigkeit zu. Das Menschsein des Logos ist durch die Grunderfahrungen der transzendentalen Verwiesenheit der geistigen Selbsthabe und der freien Selbstverfügung zentriert. Hier liegt der Grund für die nie zu unterschätzende Bedeutung des wahren Menschseins Christi für unser Gottesverhältnis. *Gerade als Mensch ist er der eine Mittler des einen Gottes und Vaters* (1 Tim 2,5).

Versteht man aber den Ansatz der pneumatologischen Messianologie der Synoptiker und ihre Christologie von der Menschheit Jesu her, dann läßt sich auch leicht einsehen, warum die Darstellung der geistgewirkten Empfängnis des Messias-Gottessohnes innerhalb ihrer Konzeption zu einer ausführlichen Darlegung gleichsam nötigte. Möglicherweise findet sich im Markus-Evangelium schon eine Andeutung durch die singuläre Wendung „Jesus, dem Sohn der Maria" (Mk 6,3). Es ist im jüdischen Raum eine ganz ungewöhnliche Prädikation eines Kindes nach dem Namen seiner Mutter.

Die Geistempfängnis im kirchlichen Bekenntnis

Die Kirche hat ihr Glaubensbekenntnis schon sehr früh durch die Aussage über die geistgewirkte Empfängnis Jesu aus der Jungfrau Maria bereichert. Sie gehört seitdem zu den unveräußerlichen Elementen der apostolischen Verkündigung und Überlieferung[84]. Das kirchliche Lehramt hat wiederholt und konstant seit dem 2. Jahrhundert eine spiritualistisch ausgedünnte, nur symbolisch-metaphorische Deutung der geistgewirkten Empfängnis und Geburt aus der Jungfrau Maria abgelehnt. Es hält an einem heilsgeschichtlich realsymbolischen Sinn der Aussage fest, wenn es sagt: *„Empfangen durch den Heiligen Geist aus der Jungfrau Maria ohne männlichen Samen."* [85]

Im Zusammenhang mit der späteren Theologie der Inkarnation ist dies so zu verstehen: Das Menschsein Jesu existiert nicht zweitursächlich, vermittelt durch das männliche Zeugungsprinzip *(semen virile)*, sonst wäre der Akt der Einheit von göttlicher und menschlicher Natur in der Person des Logos durch eine geschöpfliche Ursache mitbedingt. In der natürlichen Ordnung ist das männliche in Verbindung mit dem weiblichen Zeugungsprinzip die (geschaffene) Zweitursache der kreatürlichen personalen Identität des Menschen. Im Falle der Menschheit Jesu ist es unmittelbar das ewige Wort, durch das die schöpferische Macht des dreifaltigen Gottes die menschliche Natur Jesu in der Weise der Annahme aus der mütterlichen Potentialität Marias und der Freiheit ihres Glaubens ins Dasein überführt und durch die unmittelbare Relation zum ewigen Sohn des Vaters in-

---

[84] DH 1-76; NR 911-940; vgl. J.N.D. Kelly, Altchristliche Glaubensbekenntnisse. Geschichte und Theologie, Göttingen ³1972.
[85] Vgl. DH 44, 62, 189, 368, 503, 533, 547, 619, 1337.

dividualisiert und personalisiert. So kann Jesu Menschsein dem Logos unmittelbar zu eigen werden[86]. Nur so kann man sagen, daß Gott in der Person des Logos, der die Menschheit annahm, aus Maria geboren wurde. Es ist die Person des göttlichen Sohnes, die der angenommenen Menschheit nach von Maria geboren wurde *(Deus natus)*, die auch in ihrer Menschheit am Kreuz gelitten hat *(Deus passus)*. Deswegen kann das *Konzil von Ephesus* die Subjekteinheit Jesu beschreiben, indem sie Maria im wahren Sinn die Mutter Gottes, des Sohnes, nennt, der aus ihr als Mensch geboren wird.

Zu Beginn der Neuzeit wendet sich das kirchliche Lehramt gegen die Meinung der *Sozinianer,* daß Maria Jesus durch den Samen Josefs empfangen habe. Gegen sie richtet sich die Konstitution „Cum quorundam hominum" Papst Pauls IV. (1555). Den katholischen Glauben verläßt derjenige, der behauptet,

daß unser Herr nicht als wahrer Gott in allem derselben Substanz sei mit dem Vater und dem Heiligen Geist; oder daß derselbe dem Fleische nach im Schoß der seligsten und immerwährenden Jungfrau Maria nicht vom Heiligen Geist, sondern wie die übrigen Menschen aus dem Samen Josefs empfangen worden sei.
(DH 1880)

2.5 Die johanneische Zusammenfassung des biblischen Christus-Bekenntnisses: Jesus von Nazaret ist Gottes ewige Selbstaussage in der Zeit

In der Gesamtentwicklung der urkirchlichen Christus-Überlieferung bilden die johanneischen Schriften im zeitlichen Sinne den Abschluß und im sachlichen Sinne den Höhepunkt der christologischen Reflexion. Natürlich können sie zum Persongeheimnis Jesu und zu seiner heilsmittlerischen Tätigkeit keine anderen Aussagen machen als die übrige biblische Überlieferung. Sie beziehen sich auf die gleiche Grunderfahrung der Bestätigung des messianischen Heilsmittlers in der Auferweckungstat und seiner Offenbarung als der ewige Sohn des ewigen Vaters. Das Johannes-Evangelium erschließt aber die ganze Lebensgeschichte Jesu noch viel entschiedener innerhalb der Vater-Sohn-Relation und der Offenbarung des Geistes von Vater und Sohn.

Die Menschheitsfrage nach dem Weg zu Gott und nach dem Ort der Begegnung mit ihm kann Jesus nur im Hinweis auf sich selbst als das *verbum incarnatum* beantworten: „Ich bin der Weg, die Wahrheit und das Leben. Niemand kommt zum Vater außer durch mich." (Joh 14,6).

Der Weg des inkarnierten Wortes gleicht aber nicht einem triumphalen Siegeszug. Im Leben Jesu, in seiner Niedrigkeit, in seinem Leiden und in seiner Aufer-

---

[86] Vgl. Epiphanius von Salamis, anc. 119.

stehung manifestiert sich seine Herrlichkeit und Göttlichkeit, die er in der Liebeseinheit mit dem Vater empfing noch vor Erschaffung der Welt (Joh 17,24).

In Jesus ereignet sich die wechselseitige Offenbarung des Vaters und des Sohnes. Der Vater ist der Offenbarer der Herrlichkeit des Sohnes. Der Sohn offenbart die Herrlichkeit Gottes, des Vaters des einzigen Sohnes, im Heiligen Geist der Wahrheit und der Liebe (Joh 15,26; 16,13; 20,22; 1 Joh 3,23 f.; 4,7-18). Das Geschenk der Teilhabe am ewigen Leben Gottes wird offenbar in der Hingabe des Sohnes (2 Joh 3):

Denn Gott hat die Welt so sehr geliebt, daß er seinen einzigen Sohn dahingab, damit jeder, der an ihn glaubt, nicht zugrunde geht, sondern das ewige Leben hat.
(Joh 3,16)

Dem entspricht die Selbsthingabe des Sohnes in der Liebe des Vaters: „Daran haben wir die Liebe erkannt, daß Er sein Leben für *(hyper)* uns hingegeben hat." (1 Joh 3,16). Der menschgewordene Gottessohn nimmt seine soteriologische Aufgabe an. Er ist „das Lamm Gottes, das die Sünde der Welt hinwegträgt" (Joh 1,29; vgl. Jes 53,7.12). Das Brot, das er als die Speise für das ewige Leben reicht, ist sein Fleisch, d.h. seine ganze irdische und menschliche Existenz, die er für *(hyper)* das Leben der Welt hingibt (Joh 6,51). Er ist der gute Hirt Israels (vgl. Ez 34,1), der sein Leben *für* die Schafe, d.h. das Bundesvolk, dahingibt (Joh 10,11.15). In der Selbsthingabe realisiert Jesus das Liebesgebot, das er seinen Jüngern aufgetragen hat. Die Liebe bedeutet aber mehr als einen bloß moralischen Appell. Im Tun der Liebe vollzieht sich die Gemeinschaft mit dem Vater und dem Sohn und dem Geist: „Es gibt keine größere Liebe, als wenn einer sein Leben *für* seine Freunde dahingibt." (Joh 15,13).

Wer ist also Jesus und was bedeutet er für uns? Johannes gibt darauf die Antwort in einem komprimierten Bekenntniswort. Im Anfang war das ewige Wort Gottes beim Vater. Und es ist Gott selbst (Joh 1,1 f.). Es wurde Fleisch und hat unter uns „gezeltet" (Joh 1,14). Wir haben die Herrlichkeit Jesu als die Herrlichkeit des einzigen Sohnes vom Vater voll der Gnade und Wahrheit gesehen. Dieses *verbum incarnatum,* der Logos in der Einheit seines Gottseins und seines zum Eigentum gemachten Menschseins bringt nicht nur wie Mose die Thora.

Das fleischgewordene Wort ist Jesus von Nazaret, der Christus, durch den *die Gnade* und *die Wahrheit* und *das ewige Leben* endgültig in die Welt gekommen sind. Jesus ist *der menschgewordene Logos des Lebens und der Koinonia mit dem Vater, dem Sohn und dem Geist* (1 Joh 1,1-3).

Wer also ist Gott, der Vater und der Sohn und der Geist?

Die Antwort der Kirche im Neuen Testament lautet: „Niemand hat Gott je gesehen. Der Einziggeborene, der Gott ist und am Herzen des Vaters ruht, er ist die definitive Selbstauslegung Gottes." (Joh 1,18; 6,46; 1 Joh 4,9).

Das Geheimnis der Sohnschaft Jesu Christi zum Vater hin besteht in der Identität seiner Sohnesrelation mit dem Wesenswort Gottes. Wer Gott als den Vater Jesu Christi erkennt, in Jesus den Sohn Gottes glaubt, der hat Gott immer als Vater und als Sohn (1 Joh 2,22).

Und wer Vater und Sohn hat, der bleibt in ihrer Koinonia durch den Geist, den sie gegeben haben (Joh 14,21-23; 1 Joh 3,24).

Jesus von Nazaret ist also in seiner Person die Exegese Gottes oder die ewige Selbstauslegung des Vaters im menschgewordenen Wort. Er ist der ewige Sohn des Vaters in der Zeit.

Im Menschen Jesus, dem Christus, erkennen wir den Sohn des ewigen Vaters (2 Joh 3), der die Liebe selbst ist (1 Joh 4,8.12). Er ist im Fleisch gekommen (Röm 8,3; Hebr 2,14; 1 Joh 4,2; 2 Joh 7), damit wir das ewige Leben haben (Joh 17,3).

3. Christologische Bekenntnisentwicklung und theologische Konzeptionen bis zur Gegenwart (Kategoriale Christologie II)

3.1 Übersicht über Probleme und Stationen der Entwicklung des christologischen Dogmas

Mit der Darstellung des biblischen Befundes ist die Christologie nicht abgeschlossen.

Der christliche Glaube richtet sich nicht auf ein literarisches Dokument zum Zwecke einer historischen Rekonstruktion, sondern auf den lebendigen Jesus Christus, der als Herr seiner Kirche im Heiligen Geist, im Wort, im Sakrament und in der Versammlung der Gläubigen gegenwärtig ist *(Christus praesens).* Im Zentrum der Kirchengeschichte steht darum die Geschichte der glaubenden Begegnung mit Jesus Christus.

Seit der Mitte des 2. Jahrhunderts *(Justin der Märtyrer)* läßt sich eine christologische Argumentation erkennen, die auf einen Kanon apostolisch-neutestamentlicher Schriften zurückgreift, wenn auch der genaue Umfang des Kanons noch lange umstritten blieb. Das Alte und das Neue Testament wird also mit Beginn der christlichen Theologie im 2. Jahrhundert zur Quelle und zum Fundament des Christus-Bekenntnisses. Die Theologie bezieht sich aber zugleich auch auf andere Objektivationen des christlichen Glaubensbewußtseins wie Bekenntnisformeln, Hymnen, Gebete, Kirchenordnungen, Predigten und Katechesen.

Dabei ist es die Kirche als ganze, die die geistige Auseinandersetzung mit der heidnischen Philosophie, der heidnischen Mythologie, den rabbinisch-jüdischen und den häretischen Bestreitungen des Wirklichkeits- und Wahrheitsanspruches des christlichen Glaubensbekenntnisses trägt. Die Theologie der Kirchenväter kommt diesbezüglich eine besondere Rolle zu. Die Auseinandersetzungen laufen jeweils auf die großen Konzilien zu, sie bündeln sich in ihnen und finden dort eine für die gesamte Kirche verbindliche Klärung.

Es verrät ein zynisches Verhältnis zur Wahrheit, wenn man die Orthodoxie von den häretischen Auffassungen nur dadurch unterscheidet, daß sie eben diejenige subjektive theologische Meinung gewesen sei, die mit Hilfe politischer und disziplinärer äußerer Macht sich habe durchsetzen können. Dieser Beurteilung liegt eine pluralistische Erkenntnistheorie zugrunde, die immer am eigenen Widerspruch scheitern muß, da sie ihr Axiom einer prinzipiell unerkennbaren Wahrheit apriori verabsolutiert und gegenüber einer positiven Wahrheitstheorie mit ziemlich totalitärem Anspruch auftritt. Wer mit dem biblischen Zeugnis der Offenbarung von einer grundlegenden Erkennbarkeit der geschichtlichen Selbstmitteilung Gottes überzeugt ist, der kann auch eine Identität des ursprünglichen Zeugnisses im Gestaltwandel seiner begrifflichen Artikulation durch die Glaubensgemeinschaft nicht ausschließen.

Es gibt durchaus genug Beispiele für die Koalition von äußerer Macht und heidnischer oder häretischer Bestreitung der Grundlagen des Christentums, wie etwa der politisch-ideologische Kampf des heidnischen römischen Staates gegen das Christentum oder die schweren Unterdrückungsmaßnahmen des Kaisers Konstantius II. (337-361) gegen die Anhänger des Konzils von Nikaia zugunsten der Semiarianer.

Daß die „offizielle" Kirche immer im Einklang stand mit der orthodoxen Christologie, ist nicht das zufällige Ergebnis eines unübersichtlichen Ränkespiels. Das erstaunliche Phänomen der Kongruenz von richtiger Lehrüberlieferung und ihren Trägern (der *communio ecclesiarum* und ihrer Exponenten, der Bischöfe) ergibt sich aus der Stimmigkeit der theologischen Hermeneutik, wie sie Irenäus von Lyon mit seinem Schrift-, Traditions- und Sukzessionsprinzip formuliert hat[87].

3.1.1 Die drei systematischen Fragen der Christologie

Gegenüber der grundsätzlichen Bestreitung der Möglichkeit einer geschichtlichen Offenbarung Gottes in seinem ewigen Wort und damit der Bestreitung der Menschwerdung Gottes wie auch gegenüber innerkirchlichen Versuchungen zu einer Mythologisierung des Glaubens und schließlich gegenüber den häretischen Verschiebungen im Glaubensgefüge ergaben sich für die altkirchliche Christologie drei Hauptfragen. In diesen drei Fragestellungen spiegelt sich der auf den ersten Blick so komplizierte Weg der Entfaltung des trinitarischen und christologischen Dogmas.

Erstens geht es dabei um die Feststellung der wahren Gottheit Jesu Christi (vor allem gegenüber dem Arianismus).

Zweitens geht es um die Behauptung der vollen, wahren und integren menschlichen Natur Jesu Christi, zu der ein menschlicher Leib und eine vernünftige und mit einem menschlichen Willensvermögen ausgestattete Seele gehören (vor allem gegenüber dem Doketismus, dem Apollinarismus und den verschiedenen Schattierungen des Monophysitismus und Monotheletismus).

Drittens geht es um die schwierigste Frage nach der Einheit der beiden Naturen in der Person oder Hypostase des Logos und ewigen Sohnes des ewigen Vaters. Hier kommt es darauf an zu zeigen, daß Christus seiner göttlichen Natur nach dem Vater (*homoousios, consubstantialis*) und seiner menschlichen Natur nach uns Menschen wesensgleich ist. Diese Einigung und Einheit kommt aber nicht durch eine äußere Addition zusammen. Sie geschieht nicht durch eine bloße Adoption von seiten Gottes her und vollzieht sich nicht nur in einer moralischen, bewußtseinsmäßigen oder affektiven Angleichung des Menschen Jesus an das ewige Wort Gottes. Es handelt sich auch nicht um eine substantiale Einheit wie bei der Einheit von Leib und Seele im Menschen. Es ist vielmehr die (gegenüber aller

---

[87] Vgl. Irenäus von Lyon, haer. III,3,1-3.

menschlichen Erfahrung analogielose) Einigung von zwei Naturen in der Person und Hypostase des Logos, der im Akt der Annahme die menschliche Natur Jesu schaffend hervorbringt und sie sich zu eigen nimmt, um zugleich in, mit und durch ihre kreatürliche und freie Eigenwirklichkeit und Eigentätigkeit sich im Feld von Welt und Geschichte den Menschen als Heil mitzuteilen. In der Auseinandersetzung zwischen der alexandrinischen Einigungschristologie und der antiochenischen Unterscheidungs- bzw. Trennungschristologie wurde diese Frage der hypostatischen Union und der Bewahrung der Integrität der menschlichen Natur diskutiert (Nestorianismus, Monophysitismus).

3.1.2 Das Christusbekenntnis in der Zeit der Kirchenväter

Die Auseinandersetzungen der frühen Kirche drehen sich also um eine Theologie der Menschwerdung. Diese darf nicht im Gegensatz zu einer Theologie des Kreuzes oder der Auferstehung aufgefaßt werden. Hier steht das Mysterium des Seins Jesu Christi zur Debatte, das die Voraussetzung bildet für die heilschaffende Begegnung mit Gott selbst in der Geschichte des Menschen Jesus von Nazaret mit seiner Verkündigung des Reiches Gottes und seinem Schicksal in Kreuz und Auferstehung. Die Christen waren herausgefordert, mit allen Kräften ihres Herzens und ihres Verstandes zu zeigen, daß die Menschwerdung Gottes zum Heil aller Menschen eine Tatsache ist und als Wahrheit ausgewiesen werden kann. Das soteriologische und damit anthropologische Interesse der Frage nach Jesus Christus, seiner Einheit mit Gott, dem Vater, und nach Sinn und Bedeutung der Menschwerdung hat *Athanasius* (295-373) in seiner Schrift „Über die Menschwerdung des Logos" (entstanden um 318) gegenüber den Arianern so formuliert:

So möge auch der, welcher Christum mit seinem Geiste nicht sieht, ihn wenigstens aus den Werken des Leibes erkennen und prüfen, ob es Menschen- oder Gotteswerke sind. Sind es Menschenwerke, dann mag er spotten; sind es aber nicht Menschen-, sondern Gotteswerke, dann soll er zur Einsicht kommen und nicht spotten über das, was keinen Spott verdient. Nein, er soll sich vielmehr wundern, daß uns das Göttliche durch eine so geringfügige Sache offenbar geworden ist, durch den Tod allen die Unsterblichkeit zuteil wurde und in der Menschwerdung des Logos die allwaltende Vorsehung und ihr Urheber und Schöpfer, der Logos Gottes, erkennbar wurde. Denn er wurde Mensch, damit wir vergöttlicht würden.[88]

Nach den Auseinandersetzungen zeigte sich, daß wenige Begriffe (genaugenommen nur zwei) genügen, um die gott-menschliche Einheit Jesu Christi zur Sprache zu bringen:

Jede konkrete Realität einer geistigen Natur, d.h. des Menschen, ist durch die Einheit von zwei Bestimmungen festgelegt, nämlich durch die Tatsache des individuellen Existierens kraft eines aktualisierenden und somit personbildenden Wirkens des Schöpfergottes und das Ensemble der Bedingungen, unter denen eine individuelle Existenz sich verwirklicht (Form und Materie; Seele und Leib). Im Fall des Menschseins Jesu ist das aktualisierende Prinzip seiner menschlichen Exi-

---

[88] Athanasius, De incarn. 54. Den weiteren Text vgl. tzt D4/I, Nr. 98.

stenz und Natur nicht ein allgemeiner schöpferischer Akt Gottes, sondern das Sein des ewigen Logos selbst, des Logos, in dem Gott sich in seinem inneren Leben selbst offenbar ist.

So ergibt sich folgende Übersicht über die verwendete *christologische Terminologie*:

griechisch	ousia/physis	hypostasis/prosopon
lateinisch	essentia/substantia secunda	substantia prima/subsistentia
deutsch	Wesensheit/Natur	individuierender Seinsakt/Person

Hinzu kommen die Beziehungsbegriffe, die das Verhältnis der göttlichen Personen in der Verwirklichung des einen Wesens Gottes bezeichnen *(Hypostasen, subsistente Relationen)*. Ihre realen Relationen sind nach der Ordnung ihrer Hervorgänge *(ordo relationis)* spezifiziert. Gemeint ist der innergöttliche Hervorgang *(processio)* des Sohnes aus dem Vater durch Zeugung und des Heiligen Geistes aus dem Vater durch den Sohn aus dem Vater gemäß einer Hauchung. Die innergöttlichen Hervorgänge werden offenbar und somit uns erkennbar in der Selbstmitteilung Gottes, nämlich der Sendung *(missio)* des Sohnes in der Inkarnation und in der Sendung des Heiligen Geistes, in dem Gott sich in seinem innersten Wesen als Liebe und Leben verschenkt. Da Gottes inneres trinitarisches Wesen und seine geschichtliche Selbstoffenbarung sich entsprechen, kann man im Hinblick auf Christus von einer zweifachen Geburt sprechen: Einmal im innergöttlichen Hervorgang des ewigen Wortes aus dem Vater, seine ewige Geburt als ewiger Sohn des ewigen Vaters, und sein zeitlicher Hervorgang in der angenommenen menschlichen Natur aus Maria, der „Mutter des Herrn" (Lk 1,43).

Nach Gott kann in zweifacher Weise gefragt werden: Einmal nach seinem innergöttlichen Sein und Leben und zum anderen nach seiner Wesensoffenbarung in der geschichtlichen Selbstmitteilung im Schöpfungsakt und in der Heilsgeschichte. Daraus ergibt sich eine doppelte Perspektive: die *theologia* und die *oikonomia (dispensatio)*. Es geht um die Frage nach dem *Deus a se* (Aseität) und dem *Deus pro nobis* (Soteriologie). So stehen die Fragen an nach der Transzendenz Gottes, der Gottheit Christi (Transzendenz Christi), der Gottheit, Personalität und dem Wirken des Heiligen Geistes sowie die Frage nach der heilsgeschichtlichen, ökonomischen Selbsterschließung des dreifaltigen Gottes durch die Inkarnation des Sohnes des Vaters und die Ausgießung des Heiligen Geistes in seinem geschichtlich-immanenten Handeln.

Vom heutigen Standpunkt her stellt sich die Entwicklung ziemlich übersichtlich dar. In Wirklichkeit aber waren es komplexe Vorgänge und hochdifferenzierte Auseinandersetzungen, durch die die begriffliche Ausformulierung des Glaubensbekenntnisses vorbereitet wurde, und zwar in der Form, wie es sich jetzt darstellt mit den Aussagen von der Einheit des göttlichen Wesens in den drei Personen *(una substantia – tres personae: mia ousia – treis hypostaseis)* sowie der hypostatischen Union der göttlichen und der menschlichen Natur im ewigen Sohn des ewigen Vaters *(una persona – duae naturae/substantiae)*.

Denn lange Zeit wurden die Begriffe wie „*hypostasis*" und „*ousia*" nicht klar voneinander abgehoben und oft noch im gleichen Sinne zur Bezeichnung der Naturindividualität herangezogen. Erst aufgrund der theologischen Arbeit der großen Kappadozier zeichnete sich ab 360 n.Chr. eine differenzierte Verwendung der Begriffe im heutigen Sinne ab.

Bei einem Gesamtüberblick über die Entwicklung der Christologie in 2000 Jahren Kirchengeschichte lassen sich deutlich drei verschiedene Perioden voneinander abheben.

1. Die Entstehung des Christologischen Dogmas.
In den ersten sieben Jahrhunderten kommt es zur endgültigen Herausbildung des christologischen Dogmas. Die Zäsur bildet etwa das dritte Konzil von Konstantinopel (680/81).

2. Christologie im lateinischen Mittelalter
Das lateinische und das byzantinische Mittelalter sind gekennzeichnet durch Rezeption und Präzisierung des altkirchlichen Christus-Dogmas. Besonders in der Scholastik des 12. und 13. Jahrhunderts erfolgt eine produktive und kreative Aneignung der Tradition. Diese bezieht sich vor allem auf eine vertiefte spekulative Fassung der hypostatischen Union. Im Hochmittelalter, besonders bei *Bonaventura* und *Thomas von Aquin* steht deutlich noch das soteriologische Thema im Mittelpunkt.

Erst im Spätmittelalter rücken die spekulativen Überlegungen zur hypostatischen Union und die soteriologischen Überlegungen auseinander.

Die *Reformatoren* betonen dagegen erneut die soteriologische Sinnspitze aller Christologie. Dies ist durch ihre Konzentration auf die Rechtfertigungsproblematik bedingt. Bei grundsätzlicher Wahrung der Aussagen des altkirchlichen Dogmas geben sie ihrer Skepsis gegenüber einer rein spekulativen Christologie unüberhörbar Ausdruck.

3. Christologie in der Neuzeit
In der Neuzeit verstärkt sich der Trend zur Entgegensetzung einer ontologischen Christologie und einem Zugang zur christologischen Frage von der Anthropologie her. Für ein deistisches Gottesverständnis wird die Realität eines geschichtlichen Handelns Gottes und damit der Realität der Inkarnation zunehmend fragwürdiger. Aber auch von seiten des Menschen her wird die hypostatische Union problematisiert. Aus der Verschiebung von der Ontologie zur Psychologie der Persönlichkeit Jesu ergibt sich die Frage, wie das empirische, menschliche Selbstbewußtsein Jesu von der Erfahrung bestimmt sein kann, daß er der inkarnierte Logos des ewigen Vaters sei. Der neuzeitliche Erkenntnisdualismus von zeitloser Idee und zufälligen geschichtlichen Ereignissen bedingt auch den Gegensatz von historischer, psychologischer Christologie und dogmatischer, ontologischer Reflexion über Sein und Sendung Jesu Christi.

Aus diesen Spannungserfahrungen ergab sich auch die Rückprojektion in die altkirchliche Christologie. Dies findet seinen Ausdruck in der berühmten, jedoch falschen These A. v. Harnacks, von einer substantiellen Hellenisierung des christlichen Glaubens. Er meinte damit die Umformung eines ursprünglichen, schlichten, moralischen und affektiven Verhältnisses zur historischen Gestalt Jesu in eine ontologische, metaphysische und idealistische Spekulation.

3.2 Die Ausbildung des christologischen Dogmas bis zum 3. Konstantinopolitanum (680/681)

3.2.1 Die Entwicklung bis zum Konzil von Nikaia (325)

Unter vier Gesichtspunkten läßt sich die christologische Entwicklung des zweiten und dritten Jahrhunderts zusammenfassen.

3.2.1.1 Judenchristliche Typen der christologischen Reflexion

Darunter fassen wir Versuche zusammen, die Gottheit Christi aus der alttestamentlichen Gedankenwelt zu begründen. Ihnen sind im 1. Jahrhundert zuzurechnen der *1. Clemensbrief* und die *Didache,* im 2. Jahrhundert mehrere christlich bearbeitete alt- und neutestamentliche Apokryphen wie die *Oden Salomos,* der *Barnabas-Brief* und der *Hirt des Hermas*[89]. Zwar wird in dieser Literatur die Besonderheit Jesu klar herausgehoben, doch hält sie streng am exklusiven Monotheismus des AT fest. Die Gottheit Jesu wird aus seiner spezifischen Beziehung zu Gott, dem Vater, abgeleitet. Sie ist heilsgeschichtlich-funktional, so freilich, daß diese transzendentale Beziehung im Sein Gottes selbst ihren Grund hat.

Jesus, der „Name" Gottes
Jesus Christus ist seiner Person und seiner Geschichte nach der gegenwärtige „Name" Gottes (vgl. Ex 3,14; Jes 7,14; Mt 1, 23; Apg 4,12; Joh 17,5; Mt 28,19). Der Name Jesu bedeutet so die Wesenserschließung Gottes in der Geschichte. Eine solche Namenschristologie läßt sich durchaus mit der synoptischen Christologie verbinden.

Jesus, der Knecht Gottes
Ganz im biblischen Sinn wird Jesus erkannt als Sohn Davids und Knecht Gottes. Er ist der Bund, der Anfang, das göttliche Gesetz mitten in der Wirklichkeit der Welt.

Jesus, der „Engel" Gottes
In Anlehnung an die alttestamentliche Auffassung der Offenbarung Gottes in der Theophanie des „Engels Jahwes" wird Jesus auch als der Engel Jahwes schlechthin verstanden. Das Menschsein Jesu gründet also in der Selbstmanifestation Gottes, wie sie in dieser Figur des Jahwe-Engels biblisch greifbar ist.

Jesus, das fleischgewordene Pneuma
Über diese Angelos-Christologie hinaus findet sich der Gedanke, daß Jesus das fleischgewordene *pneuma* sei. Dabei steht *„pneuma"* für Gott und *„sarx"* für Mensch. Wie im Alten Testament pneuma und sophia für die Erscheinungs- und Wirkweise Gottes selbst stehen, so ist der Mensch Jesus die fleischgewordene Gegenwartsweise des göttlichen Offenbarungs- und Heilswillens. Mit *„pneuma"* ist nicht die Person des Heiligen Geistes gemeint, sondern Gott selbst in seiner geschichtlichen Selbstvermittlung in Geist, Weisheit und Wort.

---

[89] Textbeispiele findet man in tzt D4/I, Nr. 42-51.

Ungeklärt bleibt die Frage, ob Jesus als Mensch dem Vater untergeordnet ist *(secundum officium)* oder ob er als der präexistente ewige Sohn dem Vater dem Wesen nach untergeordnet ist *(secundum naturam)*. Im letzteren Falle wäre Jesus „einer" aus der Kategorie der geschaffenen Geistwesen (Engel), die in der Welt als Mittler auftreten, aber nicht eine Selbstvermittlung Gottes sein können. In der Beziehung auf den Vater wäre darum der (geschaffene) Sohn den geschöpflichen Mittlern nur durch die Gnade (Adoption) gradmäßig überlegen, aber seine Mittlerschaft gründete nicht in einer seinem Menschsein gegenüber vorgängigen Seinseinheit mit Gott.

Das Schwanken zwischen einem heilsgeschichtlich richtigen und einem falschen ontologischen Subordinatianismus läßt schon etwas von der späteren Problematik des Arianismus ahnen.

3.2.1.2 Erste häretische Gefährdungen des Mysteriums Christi durch Adoptianismus, Doketismus und gnostische Christus-Spekulationen

Die Grenze aller dieser Ansätze wird deutlich, wenn genauer nach der Wirklichkeit der Einheit von Gott und Mensch in Christus gefragt wird, insofern diese Einheit ja die ontologische Voraussetzung für das soteriologische Wirken Jesu und die Selbstmitteilung Gottes in Person, Geschichte und Sendung Jesu von Nazaret ist. Versteht man Jesus richtig, wenn man ihn nach dem Muster alttestamentlicher Theophanien nur für eine Erscheinungsweise Gottes hält, wenn auch in besonders dichter Form? Oder ist mit Menschwerdung Gottes nicht doch mehr gesagt? Ist Gott nur irgendwie (atmosphärisch, moralisch, informierend usw.) in einem einzelnen Menschen präsent oder – alle menschlichen Vorstellungen sprengend – als Mensch unter Menschen?

Die Leugnung der Gottheit Jesu Christi

Schon seit den Anfängen der christologischen Reflexion läßt sich ein entsetztes Zurückschrecken vor einer wirklichen Inkarnation feststellen. In judenchristlichen Kreisen des zweiten Jahrhunderts entsteht der sog. *Ebionitismus (Cerinth, Karpokrates)*.

Man bewahrt sich eine hohe Vorstellung von Jesus als einem großen Erwählten und Propheten Gottes. Auf ihn komme bei der Taufe im Jordan der Geist Gottes herab. So könne Gott sich durch ihn offenbaren. Jesus ist darum aber nur ein äußerliches Offenbarungsinstrument Gottes. Die Relation zwischen Gott und ihm, die die Basis jeder Selbst-Offenbarung und soteriologischen Funktion Jesu bildet, wird von den Ebioniten mit der Kategorie der „Adoption" zu fassen versucht. Sie glaubten, daß nur so der Monotheismus zu wahren sei.

Sicherlich ist dieses Gedankengut später auch in die Vorstellungen Mohammeds eingegangen und hat das Jesus-Bild des Korans geprägt. Eng verwandt mit einer Adoptionschristologie ist auch die *gnostisierende Entgegensetzung eines historischen Menschen und einer übergeschichtlichen Christusidee*. Bei der Taufe Jesu sei die Christusidee auf den historischen Jesus herabgekommen. Diese tangentiale Berührung werde mit dem Tode Jesu wieder aufgehoben. Die gnostische Vorstellung muß von ihren dualistischen Voraussetzungen her jede Berührung der geistig-göttlichen Sphäre mit der materiell niederen Sphäre vermeiden.

Im 3. Jahrhundert finden sich vergleichbare Ideen bei *Theodot dem Gerber von Byzanz,* und dann bei dem Bischof *Paul von Samosata,* der auf einer Synode in Antiochien (268) als Häretiker verurteilt wurde. Seiner Meinung nach ist Christus ein gewöhnlicher Mensch *(purus homo),* in dem das ewige Wort nur Wohnung genommen habe.

Weil es um die Einheit und Einzigkeit Gottes im Ursprung seines göttlichen Seins geht, d.h. um die Mon-archie des Vaters, nennt man dieses System, wonach Gott in Jesus nur der Kraft *(dynamis)* nach gegenwärtig ist, auch den *dynamistischen Monarchianismus.*

Im Zusammenhang der arianischen Streitigkeiten lehrte *Photinus von Sirmium* (gest. 376) einen radikalen Adoptianismus, wonach Christus ein bloßer Mensch ist, der aufgrund seiner Verdienste oder der Bewährung seines Gehorsams mit dem Logos nur äußerlich verbunden worden sei. Die Photinianer (oder Homuntionisten) sind mehrfach von Bischöfen, Päpsten und Synoden als Häretiker verurteilt worden.

Die Reaktion auf diese heterodoxe Lehre war eine große Zurückhaltung gegenüber einer an sich legitimen Christologie von Jesus als dem eschatologischen Propheten. Auch die messianologische Bedeutung der Taufe Jesu im Jordan trat angesichts des adoptionschristologischen Mißbrauchs stark zurück.

Die Leugnung der Menschheit Christi (Doketismus und Gnosis)

1.) Der Doketismus

Bedeutet der Adoptianismus eine Gefahr für die ontologische Beziehungseinheit von Gott und Jesus, so zielt der Doketismus auf eine Abschwächung oder gar strikte Leugnung der wahren Menschheit Christi.

Der Doketismus geht nicht aus einem fest umschriebenen Lehrsystem hervor, sondern bezeichnet ein Bündel von Tendenzen, die volle Realität der vom Logos angenommenen menschlichen Natur einzuschränken. Auch bei grundsätzlich rechtgläubigen Theologen konnte der philosophisch-platonische Ausgangspunkt zu gewissen Einschränkungen der als „niedrig" empfundenen Körperfunktionen führen. Vor allem gilt dies für die Demütigung des wirklichen Leidens des Menschen[90].

Im johanneischen Schrifttum finden sich bereits Auseinandersetzungen mit frühen gnostisch-doketischen Vorstellungen, daß Christus nicht „wirklich im Fleisch erschienen ist" (vgl. 1 Joh 4,2 f.; 2 Joh 7; vgl. Hebr 2,14). Man konnte und wollte nicht wahrhaben, daß Gott selbst im angenommenen Fleisch des Logos wirklich gelitten hat und mit der geschaffenen Welt in Berührung gekommen ist. Demgegenüber betont ganz im Geiste johanneischer Theologie der Bischof

---

[90] Vgl. Clemens von Alexandrien, Origenes und im 6. Jahrhundert Julianus von Halikarnassos, der den Aphthartodoketismus vertrat. Gemäß dieser radikalen monophysitischen Lehre war der Leib Christi auch schon vor der Auferstehung leidensunfähig, unvergänglich und unsterblich.

Ignatius von Antiochien (gest. um 110) die Wirklichkeit der Inkarnation, des Leidens Gottes in der Menschheit Jesu und die wirkliche Auferweckung Jesu von den Toten.

Daraus folgt: *Die historische Realität der Heilsereignisse ist der Felsen des Christus-Dogmas.* Ohne das geschichtliche Fundament löst sich das Christentum in eine überzeitliche und weltlose Äonenspekulation und Ideenmontage auf. So heißt es bei Ignatius:

Ich preise Jesus Christus, den Gott, der euch so weise gemacht hat; gewahrte ich euch doch vollendet im unverrückbaren Glauben, gleichsam mit Fleisch und Blut angenagelt am Kreuze des Herrn Jesus Christus ..., der wirklich aus dem Geschlecht Davids stammt nach dem Fleische, Sohn Gottes nach Gottes Willen und Macht, wirklich geboren aus einer Jungfrau ... wirklich unter Pontius Pilatus ... angenagelt für uns im Fleische ... Denn dies alles litt er unseretwegen, damit wir gerettet würden; und wirklich litt er, wie er sich auch wirklich auferweckte, nicht wie einige Ungläubige sagen, er habe zum Schein gelitten ... [91]

2.) Die Hellenisierung des Christentums in der Gnosis

Weitaus gefährlicher erwies sich aber die christlich eingefärbte Gnosis vor allem in den großen Systemen des *Valentinus* und *Basilides*. Der historische Realgehalt der christlichen Mysterien wird grundsätzlich preisgegeben. Die sinnliche und materielle Welt und damit auch die historische Realität des Menschen Jesus und die Konkretion der kirchlichen Heilsvermittlung in den Sakramenten können für den Gnostiker niemals zu Trägern und Medien der Verbindung der Geschöpfe mit Gott werden.

Jesus als Erlöser ist nur die zeitbedingte Verkörperung einer allgemeinen und überzeitlichen Erlöserfigur. Er wird aufgeteilt in einen transzendenten, leidenslosen Christus und in einen sichtbaren leidensfähigen Jesus. Der historische Jesus ist die äußere Hülle der spekulativen Christusidee. Im Augenblick seines Todes legt der Christus die Hülle und Attrappe des Leibes und der historischen Existenz des Menschen Jesus wieder ab. In einer anderen gnostischen Variante ist Jesus nur die Umkleidung des Christus mit einer geistigen Materie. Durch die natürliche Materie ist der ewige Christus unberührt hindurchgegangen. Basilides meint etwa, daß der Christus und Logos am Kreuz nur zum Schein gelitten habe. An seiner Stelle (Basilides weiß dies auch ohne historischen Beweis) hat Simon von Cyrene am Kreuz gehangen.

Einen radikalen Dualismus vertrat auch *Markion* (85-169), der als der wichtigste Irrlehrer des 2. Jahrhunderts gilt.

Er stellt dem Gott des Alten Testamentes, dem schöpferischen Demiurgen, der bösen Materie, den guten Gott der Liebe im Neuen Testament gegenüber. Letzterer sei in Christus in einem Scheinleib erschienen. Dieser Christus habe in Kreuz und Auferstehung die Menschen aus der Macht des Rachegottes befreit. Die Gläubigen könnten durch die Taufe und eine weltfeindliche Askese der Materie einer mißglückten Schöpfung entkommen.

---

[91] Ignatius von Antiochien, Smyrn. 1,1 f; tzt D4/I, Nr. 205 f.

3.) Das Insistieren der Kirchenväter auf der Geschichtlichkeit und Einheit Jesu Christi

Durch die Gnosis wird das Christentum seines geschichtlichen Fundamentes beraubt. Die Tatsache und der Sinn einer wirklichen Menschwerdung Gottes zur Erlösung des Menschen gerade auch in seinem materiellen und leiblichen Dasein ist ad absurdum geführt.

Gegenüber Gnosis und Doketismus halten die Theologen und Kirchenväter des 2. und 3. Jahrhunderts unbedingt daran fest, daß der Logos wirklich zu seinem Gottsein hinzu die wahre Menschheit angenommen, daß er aus der Jungfrau Maria einen wahren und natürlichen Leib angenommen hat, eben die menschliche Natur, die Gott durch die Schöpfung dem ersten Menschen verlieh und aus der jeder einzelne Mensch in einem leiblichen Entstehungszusammenhang steht.

4.) Hellenistisch-philosophische Kritik an der Inkarnationschristologie

Wegen der Phantastik des heidnischen Mythos und seiner Spekulationen über die jenseitige Götterwelt war der hellenistischen Kultur eine wirkliche Begegnung von Gott und Welt inmitten der Schöpfung und der Geschichte zutiefst fremd. In einer scharfen Auseinandersetzung mit dem Christentum macht der *heidnische Philosoph Kelsos* die Unveränderlichkeit Gottes gegenüber jeder Rede von einer wirklichen Menschwerdung geltend. In seiner Schrift „Contra Celsum" referiert Origenes die Position der heidnischen Kritik an einer Theologie der Menschwerdung: Entweder verwandle sich Gott wirklich, wie die Christen meinen, in einen sterblichen Leib, das ist aber, wie schon gesagt, unmöglich (IV,5), oder er selbst verwandle sich nicht, bewirkt aber, daß die Zuschauer glauben, er habe sich verwandelt, und führt sie in die Irre und lügt (IV,18).

5.) Die Subjekteinheit Christi

Das Christentum behauptet aber, daß der seiner Natur nach leidensunfähige göttliche Logos sich durch die Annahme einer menschlichen Natur leidensfähig machen kann. Die Voraussetzung dafür ist die Subjekteinheit des Gottseins und des Menschseins Jesu Christi. Jesus und Christus sind nicht zwei verschiedene Subjekte, sondern „ein und derselbe" *(unus et idem)*. Von diesem *einen* Herrn (vgl. 1 Kor 12,5) und dem *einen Mittler* (vgl. 1 Tim 2,5) und dem *einen und einzigen* Sohn des Vaters (Röm 1,3 u.ö.), der die irdische menschliche Existenz in Erniedrigung und Erhöhung sich zu eigen gemacht hat, berichtet die Schrift in einem zweifachen Zeugnis. Sie spricht von ihm hinsichtlich seines Menschseins *(secundum id quod est homo)* und hinsichtlich seines Gottseins *(secundum id quod est Deus)*. Die Voraussetzung der Selbstoffenbarung des Vaters im Sohn beruht darauf, daß „der Sohn gleich ewig mit dem Vater ist."[92]

Gegen die gnostische Lehre von einem irdischen Jesus und einem himmlischen Christus bezeugt Irenäus von Lyon die Subjekteinheit des ewigen Sohnes in der wahren Gottheit und Menschheit Jesu Christi:

---

[92] Irenäus von Lyon, haer. II,30,9.

Es war also kein anderer, der sich den Menschen zeigte und kein anderer, der da sagt: ‚Niemand erkennt den Vater', sondern es war ein und derselbe. Ihm hatte der Vater alles unterworfen, und von allen empfing er das Zeugnis, daß er wahrer Mensch und wahrer Gott ist, vom Vater, von dem Geiste, von den Engeln, von dem Schöpfer selbst, von den Menschen ... So wirkt der Sohn von Anfang bis zum Ende für den Vater, und ohne ihn kann niemand Gott erkennen. Die Kenntnis des Vaters ist der Sohn, und der Sohn wird erkannt im Vater und durch den Sohn offenbart ... denn von Anfang an steht der Sohn seinem Geschöpfe bei, offenbart den Vater allen, denen er will, und der Vater offenbart, wann er will und wie er will, und deswegen ist in allem und bei allen ein Gott Vater, ein Wort der Sohn, und ein Geist und ein Heil für alle, die an ihn glauben.[93]

Schon zuvor hatte *Ignatius von Antiochien* versucht, die Subjekteinheit Christi in der Zweiheit seiner göttlichen und menschlichen Seinsweise auszudrücken. Er bezeichnete Jesus als Gottessohn und als Menschensohn (= Sohn Marias). Hier hatte allerdings der biblische Titel „Menschensohn" schon seine eigentliche Bedeutung als Messiastitel verloren und wird wie auch bei anderen Kirchenvätern meist als Bezeichnung für die Menschennatur Jesu verwendet.

Mit einer vorsichtigen Aufnahme philosophischer Termini zur Bezeichnung der unterschiedlichen Seinsweisen und Wirkweisen des einen Subjektes des Logos ist schon der Weg der künftigen Christologie vorgezeichnet. An seinen bischöflichen Mitbruder Polykarp schreibt Ignatius: „Harre auf den, der über der Zeit ist, den Zeitlosen, den Unsichtbaren, der unseretwegen sichtbar wurde, den Unbegreifbaren, den Leidensunfähigen, der unseretwegen leidensfähig wurde, der auf jede Weise unseretwegen geduldet hat!" (3,2).

Noch deutlicher ist die Subjekteinheit Christi ausgedrückt im Brief an die Epheser (7,2):

Einer ist Arzt,
aus Fleisch zugleich und aus Geist,
gezeugt und ungezeugt,
im Fleisch erschienener Gott, im Tode wahrhaftiges Leben
aus Maria sowohl wie aus Gott,
zuerst leidensfähig und dann leidensunfähig,
Jesus Christus, unser Herr.

Im antignostischen und antidoketischen Sinne formuliert auch Melito, der Bischof von Sardes in Lydien, die gott-menschliche Einheit Jesu Christi in dem einen Subjekt der Person des Sohnes. In seiner Osterhomilie (um 170) sagt er von Jesus, dem Christus: „Begraben als Mensch, stand er von den Toten auf als Gott. Denn er war wirklich Gott und Mensch."[94]

Die Leugnung des Ursprungs der Inkarnation im trinitarischen Wesen Gottes

1.) Der Modalismus

Einen weiteren häretischen Grundtypus der Christologie stellt der Modalismus (modalistischer Monarchianismus) dar. Mit diesem seit dem 19. Jahrhundert geläufigen Begriff bezeichnet man Theorien, die im 2. und 3. Jahrhundert vor

---
[93] Irenäus von Lyon, haer. IV,6,7; vgl. auch Tertullian, adv. Prax. 2,1-4; Origenes, princ. I praef. 4.
[94] Peri Pascha 8.

allem von *Praxeas, Noet von Smyrna* und *Sabellius* (Sabellianismus), vertreten wurden. Sie wollten den Monotheismus retten. Die personale Einheit Gottes (die *monas,* Monarchie) vermochten sie nur aufrecht zu erhalten, wenn die Trias von Vater, Sohn und Geist nur die dreifache Erscheinungsweise *(modus)* darstellt, durch die der monopersonale und unitarisch gedachte Gott heilsgeschichtlich sichtbar wird. Ihrer Überzeugung nach gibt es in Gottes innerem Wesen keine drei voneinander verschiedenen und aufeinander bezogenen Träger des einen göttlichen Wesens. Dies würde ihrer Meinung nach in Gott drei Ursprünge hineintragen und sein Wesen auf drei Gottsubjekte verteilen. Die Menschwerdung des Wortes und die Sendung des Geistes sind also Äußerungsformen des einpersonalen Gottes, des Vaters. Der Vater ist somit numerisch mit der Person des Sohnes identisch. Der Vater ist Mensch geworden.

Dann aber folgt, daß der Vater gelitten hat und von den Toten auferstanden ist. Eine solche Auffassung nennt man *Patripassianismus.* Er stellt eine extreme Form des Theopaschismus dar, der Lehre, daß der Vater im gewissen Sinn Subjekt des Leidens des Sohnes ist. Diese Lehre kann freilich auch einen orthodoxen Sinn haben, insofern der ewige Sohn in der angenommenen menschlichen Natur das Subjekt der Menschwerdung, des Kreuzestodes und der Auferstehung Jesu Christi ist.

2.) Die Auseinandersetzung mit dem Modalismus

Bischof *Dionysius von Alexandrien* (gest. 264/65) hatte im Gegenzug derart stark die Unterschiedenheit von Vater, Sohn und Heiligem Geist betont, daß die Einheit (Monarchie) zugunsten eines Drei-Gott-Glaubens (Tritheismus) sich aufzulösen schien[95]. Der Bischof *Dionysius von Rom* rückte in einem Brief an seinen alexandrinischen Mitbruder den Zusammenhang von Einheit und Dreiheit in Gott zurecht und leistete somit einen wichtigen Beitrag zur Begründung der Inkarnationstheologie in der Trinitätslehre[96].

Daß die Einheit des Wesens und die Dreiheit der Personen jeweils auf einer anderen Ebene anzusetzen sind, war in der lateinischen Theologie schon mit der Formel Tertullians „*una substantia – tres personae*" (Adv. Prax. 2; 12) insinuiert worden[97].

Auch hinsichtlich der personalen und subjekthaften Einheit Christi in der doppelten Existenzweise der Gottheit und der Menschheit hat *Tertullian* terminologisch und sachlich einen Übergang von der frühen biblischen Zweistufenchristologie und der Rede von den beiden Ständen *(status)* Christi zur späteren Lehre von der Einheit der beiden Naturen in der Person des ewigen Wortes vorbereitet[98].

---

[95] Vgl. tzt D4/I, Nr. 84.
[96] Vgl. tzt D4/I, Nr. 73; DH 112; NR 248 f.
[97] Vgl. später Basilius von Cäsarea, ep. 214,3 f, wo von der einen *ousia* und den drei *hypostaseis* die Rede ist.
[98] Vgl. die antimodalistische Schrift gegen Praxeas: „*Wir sehen einen doppelten Seinsstand, unvermischt, aber verbunden, in einer Person {una persona}, den Gott und den Menschen Jesus ... und sosehr wird die Eigenschaft einer jeden Substanz gewahrt, daß sowohl der Geist seine Dinge in ihm vollführt, d.h. die Machterweise und Zeichen als auch das Fleisch sein Erleiden gewirkt hat, hungernd vor dem Teufel, dürstend vor der Samariterin, weinend über den Lazarus, in Angst bis zum Tode und endlich selber tot*". Tertullian, adv. Prax. 27,11.

Im Osten verzögerte sich die Klärung der Sprechweise, weil noch lange *„ousia"* und *„hypostasis"* im gleichen Sinne der individuellen Substanz verwendet wurden[99].

3.) Der christologische Kontext der Auseinandersetzung mit dem Modalismus und Binitarismus

In den Auseinandersetzungen ging es darum, das Verhältnis der Gottheit zur Menschheit Jesu genauer zu bestimmen. So bildeten sich verschiedene Modelle heraus.

Eines heißt „Pneuma-Sarx"-Typus. „Pneuma" steht hier einfach für das Wesen und Wirken Gottes (vgl. Joh 4,24: Gott ist Geist). Sein Erscheinen im Fleisch ist dann sozusagen nur ein anderer Aggregatzustand, eine gewisse materielle Kontraktion des göttlichen Pneuma.

Gewiß hat die Redeweise vom Sein Christi *kata pneuma* und *kata sarka* einen biblischen Hintergrund (vgl. Röm 1,3 f.). Aber dort geht es nicht um die Gottheit und Menschheit Christi, sondern um die beiden Stufen seines Menschseins in der Erniedrigung und Erhöhung, der natürlichen irdischen und geisterfüllten Seinsweise. Das göttliche Pneuma wird biblisch also nicht mit der Gottheit des Logos in Verbindung gebracht, sondern mit dem Amt des Messias, der vom Heiligen Geist erfüllt ist und mit der Erhöhung (Auferweckung) des Menschen Jesus. In diesem Sinn kann auch der Herr der Geist genannt werden (vgl. 2 Kor 3,17). Von einer Identifikation der Hypostasen des Logos und der dritten Person in Gott ist nicht die Rede. Jedenfalls erkannte man im Kampf mit dem Sabellianismus bald den Mangel dieses Modells. Denn wo das heilsgeschichtliche *„kata pneuma – kata sarka"* mit der ontologischen Fragestellung nach der Beziehung von Gottheit und Menschheit in der Person Jesu Christi verwechselt wird, entsteht die Möglichkeit eines Binitarismus. So identifiziert Laktantius in seiner Schrift „Divinae institutiones" (304/13) den Sohn Gottes mit der Person des Heiligen Geistes. Gott habe neben dem Sohn wohl noch einen dritten gezeugt. Aber dieser sei auf den Sohn neidisch geworden und in Sünde gefallen und sei mit dem Teufel identisch (2,8).

---

[99] Darum stand das Erkennungszeichen der nizänischen Orthodoxie, das Stichwort „Homoousie" lange noch im modalistischen Zwielicht. Zur Homoousie des Konzils von Nikaia s.o. unter 3.22.1. Verschiedene Homoiousianer des 4. Jahrhunderts behaupteten sogar, er sei auf der zweiten Synode von Antiochia (268) verworfen worden. Der Terminus „Homoousie" ist in ganz anderem Sachzusammenhang zuerst in gnostischen Emanationslehren nachweisbar, wo er die Gleichheit verschiedener Dinge dem Stoffe nach bezeichnet. Als theologischer terminus technicus soll er ganz anders die Gleichheit von Vater und Logos dem Wesen nach bezeichnen bei der Verschiedenheit der personalen Verwirklichung des gemeinsamen göttlichen Wesens. Wenn die Behauptung von einer Verurteilung dieses Begriffs durch die genannte Synode historisch zutreffen sollte, dann muß die Zurückweisung dieses Terminus nur einen antisabellianischen Sinn gehabt haben. Wo *„ousia"* und *„hypostasis"* noch gleichgesetzt werden, kann die Rede von einer Gleichwesentlichkeit mit einer hypostatischen Identität von Vater und Sohn verwechselt werden. Dionysius von Alexandrien wollte im Kampf gegen den Sabellianismus das genannte Stichwort vermeiden, weil es nicht biblisch sei, obgleich es sachlich zutreffe (vgl. Athanasius, Sent. Dion. 18). Dieses Kennwort des nizänischen Christusbekenntnisses findet sich schon bei den großen Lehrern der alexandrinischen Schule: Clemens von Alexandrien, strom. II,16,74 und Origenes, comm. in Jo. 13,25.

Wegen seiner Mißverständlichkeit wurde das Pneuma-Sarx-Schema im Laufe des 3. Jahrhunderts durch das bibelgemäßeren Logos-Sarx-Schemas abgelöst.

Man kann nicht mehr undifferenziert sagen, Gott sei seinem Wesen nach (in *pneuma* oder *sophia*) Mensch geworden. Es ist vielmehr die Person des ewigen Wortes (= der Logos), der Fleisch (= sarx) geworden ist (Joh 1,14.18).

Doch auch hier traten Probleme auf. Im semitischen Verständnis ist „Fleisch" der ganze geschöpfliche Mensch, in der griechischen Anthropologie dagegen nur das materielle Teilprinzip neben der „Seele" und (in einigen System) dem „Geist". So konnte der Eindruck entstehen, daß sich Jesu Menschsein auf den materiellen Leib reduziere.

Daher wird im 4. Jahrhundert ein drittes Modell konzipiert, das sogenannte *Logos-Anthropos-Schema*. Demnach einigt sich die Gottheit mit einem Menschen. Diese Vorstellung warf die Frage auf, ob mit „Mensch" eine individuelle menschliche Person *(homo)* oder die allgemeine menschliche Natur *(humanitas)*, die noch einer eigenen Aktualisierung oder Individualisierung bedarf, gemeint sei.

Nach diesen allgemeinen Beobachtungen zur Begrifflichkeit müssen wir die besonders zukunftsträchtige Entwicklung der Christusreflexion bei Theologen des 2. und 3. Jahrhunderts, die *Logos-Christologie,* eigens erörtern. Daran anschließend soll ein Einblick in die weiteren christologischen Auseinandersetzungen bis zum Konzil von Nikaia (325) gegeben werden.

3.2.1.3 Die vornizänische Logos-Christologie und ihre Mängel

Philo von Alexandrien

Die Theologen, die den Terminus „Logos" in ihrer Christologie verwenden, greifen ein Wort mit reicher Tradition auf. Wir hatten bereits auf die Weisheitsspekulationen des AT hingewiesen (vgl. S. 150 f.): Der jüdische Philosoph *Philo von Alexandrien* (um 13 v.Chr. – 45/50) verband sie mit dem Begriff des Logos. Auch im Hellenismus spielt das Wort eine Rolle als universales kosmologisches Prinzip, das zwischen der Welt und dem unerreichbaren Gott vermittelt. Vor allem aber ist „Logos" ein wichtiger Begriff in der Theologie des Johannes, durch den die Identifikation mit dem ewigen Sohn vollzogen wird (S. o. 2.4.3 und 2.5).

Justin der Märtyrer

In der nachneutestamentlichen Christologie greift erstmals *Justin* (+ um 165) die vorliegenden Traditionen auf, um den universalen Heilsanspruch des Christentums zu formulieren. Der göttliche Logos war, so lehrt er, schon vor dem Auftreten Jesu in der Geschichte am Werk. Immer schon hat er die Keime des Heiles *(logoi spermatikoi)* in der Welt verstreut. Das historische Christentum stellt nun die vollkommene Verwirklichung der Heilsgegenwart Gottes in der Welt dar. Aber auch schon vor ihm gab es Menschen wie Sokrates oder Heraklit, die logosgemäß lebten und damit gewissermaßen schon Christen waren[100].

Offen bleibt aber, ob der Logos wesenseins mit Gott ist *(logos endiathetos,* in Gott liegendes Wort) oder nur ein Moment an ihm, das bei der Schöpfung aus ihm her-

---
[100] Vgl. Iustin, 1 apol. 46; 2,10: tzt D4/I, Nr. 56.

vorgegangen ist *(logos prophorikos,* aus Gott entlassenes Wort). Es wäre dann weder ganz Gott noch ganz Geschöpf, sondern ein Mittelwesen. In dieser Frühzeit spekuliert man noch nicht über die genaue Beziehung; im Blick auf die Heilsgeschichte nimmt Justin eine funktionale (nicht wesensmäßige) Unterordnung des Logos unter den Vater an[101].

Origenes

In der Folgezeit arbeitet *Origenes* den bedeutendsten Entwurf einer Logos-Christologie aus. Er ist gebildeter (neuplatonischer) Philosoph, der eine erste wissenschaftliche Durchdringung des Inkarnationsgeheimnisses versucht. Allerdings geht es auch ihm nicht um abstrakte Begriffsspekulationen, sondern um die soteriologische Grundlegung des christlichen Wirklichkeits- und Wahrheitsanspruchs. Für Origenes ist es keine Frage: Wenn das Heil die Einigung Gottes mit den Menschen ist, dann muß Christus Mensch und Gott zugleich sein. Menschwerdung ist darum die Konstituierung des *theandros,* des Gott-Menschen. Der Logos ist wesensmäßig und von Natur aus ewiger Sohn des Vaters, wenngleich heilsökonomisch eine Abstufung der Ordnung *(taxis)* festzustellen ist (De princ. I,3,5). Sollte das Gottesheil aber alle Menschen erreichen, weil schon „alle vernünftigen Wesen des göttlichen Logos teilhaftig sind und dadurch gleichsam Samenkörner der Weisheit und Gerechtigkeit in sich tragen, welche ist Christus" (a.a.O. I,3,6), dann mußte der Logos wirklich Mensch werden.

Unter dem Einfluß des neuplatonischen Schemas von Ausgang und Rückkehr zu Gott *(Exitus-Reditus-Schema)* spricht der Alexandriner davon, daß Gott zu den Menschen komme, um ihnen die Heimkehr zu Gott zu ermöglichen. Der Logos muß den Menschen in Leib und Seele begegnen, damit es zur Vergöttlichung des Menschen *(theiosis)* komme. Das geschieht so, heißt es in einem berühmt gewordenen Vergleich, daß der Logos Menschenleib und Menschenseele durchdringe wie das Feuer ein Stück Eisen. Am Ende steht nur eine einzige Realität, der Gott-Mensch (a.a.O. II,6,6,). Sicher denkt Origenes an die konkrete Seins- und Handlungseinheit der Person, doch das Bild legt eine Versuchung nahe, der der Monophysitismus dann erliegt: Zugunsten der Einheit wird die menschliche Natur geradezu von der göttlichen aufgesogen.

Zunächst aber steht eine andere Frage auf der Tagesordnung. Daß sich Gott mit der Menschheit einen könne, ist nicht problematisch. Aber wie kann sich die menschliche Natur an die Gottheit binden? Das Bindeglied ist die Seele, sagt Origenes (a.a.O. II,6,3). Später wird man sagen: *„Mediante anima"* geschehe die hypostatische Union[102].

Der alexandrinische Theologe gelangt klar zur Aussage der Gleichwesentlichkeit des Logos mit dem Vater wie auch zu dessen vollkommener Menschwerdung. Damit war zugleich das soteriologische Anliegen gewahrt: „Der Mensch wäre nicht ganz erlöst worden, wenn [Christus] nicht den ganzen Menschen angenommen hätte. Man unterschlägt das Heil des menschlichen Leibes, wenn man den Körper des Erlösers für einen rein geistigen Leib erklärt." (Disp. c. Heracl. 6).

---

[101] Vgl. 2 apol. 6; tzt D4/I, Nr. 54.
[102] Thomas von Aquin, S.th. III q. 3 a. 6 ad 1 f.

Das Unglück wollte es, daß die Synthese des Origenes ein Jahrhundert lang vergessen wurde. Erst dadurch wurde Häresien wie Arianismus, Apollinarismus und Monophysitismus das Tor geöffnet. Aber warum dieses Vergessen? Origenes war als Platoniker überzeugt, daß es eine Präexistenz der menschlichen Seele gibt, mithin auch der Menschenseele, die der Logos bekommt. Sie „hängt ihm seit Anfang der Schöpfung an" und „geht in seinem Licht und Glanz auf" (De princ. VII,6,3). Dann aber ist die Inkarnation eigentlich nicht mehr eine echte Mensch-Werdung, sondern nur noch die Zufügung eines Menschenleibes zum Logos-Seele-Konglomerat.

Noch eine weitere Fessel band den Platoniker Origenes: der Dualismus von Geist und Materie. Wenn das „Eigentliche" des Menschen die Seele und die Annahme der Materie ein Abstieg der Seele ist, dann steht genau jene leibliche Dimension des Heils zur Disposition, die er doch selber gegen Gnosis und Doketismus verteidigte[103].

Andere Theologen wehrten sich gegen diese Beifügungen. So passierte es, daß die Bedeutung der Seele für die Logos-Christologie in den Hintergrund trat. Dazu kam die Macht des Logos-Sarx-Schemas. Hier hatte die Seele keine richtige Funktion.

Eine Lösung konnte es nur unter zwei Voraussetzungen geben:
– der Geist-Materie-Dualismus mußte überwunden werden (anthropologisches Problem);
– der abstrakt-essentialistische Monotheismus mußte trinitarisch erschlossen werden (theologisches Problem).

Die vornizänische Christologie hat das Verdienst, auf diese notwendigen Vertiefungen des Glaubens aufmerksam gemacht zu haben. Eine wirkliche Lösung bot sie noch nicht, da ihr das spekulative Werkzeug fehlte.

3.2.1.4 Die Anfänge des Arianismus

Durch die arianische Bewegung im vierten Jahrhundert kommt das Christusbekenntnis der Kirche in seine größte Krise. Krise ist hier im zweifachen Sinne gemeint: als radikale Infragestellung wie auch klärende Bewährung.

Die Lehre des Arius

Arius (256-336) war Presbyter in Alexandrien. Angesichts der Unsicherheiten der zeitgenössischen Christologie in Ausdruck und spekulativer Durchdringung bot er seine Überlegungen als Lösung an, bediente sich dabei allerdings der Begriffswelt der Gnosis, des Mittel- und Neuplatonismus.

Seine Lehre betrifft einmal die ewige Gottessohnschaft des Logos, dessen wesenhafte Göttlichkeit er bestreitet, dem er aber gleichwohl in einem abgeleiteten Sinne den Titel Sohn Gottes beläßt.

Zum anderen leugnet er aber auch die menschliche Seele Christi. Für ihn hat der Logos, der das oberste und vornehmste Geschöpf Gottes ist, lediglich einen

---

[103] Bezeichnend ist, daß Origenes die Verbannung der Seelen in die Materie als Strafe für die Ursprungssünde deutet.

menschlichen Leib angenommen. Diese zweite Frage nach der menschlichen Seele Jesu sollte aber erst eine Generation später in der Auseinandersetzung mit dem Apollinarismus in ihrer Bedeutung voll erkannt werden. Der Streit mit Arius selbst bezog sich auf die göttliche Natur des Logos.

Arius steht in der Tradition einer im antiochenischen Gebiet verbreiteten Tendenz, die in der Lehre des Paul von Samosata auf der Synode von Antiochien im Jahre 268 schon verurteilt worden war. Sie war durch Lukian von Antiochien wieder aufgegriffen worden. Mit ihm soll Arius in Verbindung gestanden haben. Zwar wurde Lukian exkommuniziert, da er jedoch als Märtyrer starb, genoß er weiterhin großes Ansehen. Die große Zahl seiner Bewunderer und Schüler – die *Syllukianisten* – bildeten einen verschworenen Kreis, in dem jeder auf die Unterstützung der Gefährten unbedingt zählen konnte. Dies erklärt auch, warum Arius trotz seiner Verurteilung auf der Synode von Alexandrien (320/321) und auf dem Konzil von Nikaia (325) dennoch in weiten Teilen des römischen Reiches auf die Hilfe zahlreicher Freunde, auch solcher auf Bischofsstühlen, rechnen konnte, wie etwa Eusebius von Nikomedien oder Eusebius von Cäsaräa.

Dem arianischen System liegt wie bei vielen anderen Ansätzen des 2. und 3. Jahrhunderts das Bestreben zugrunde, den Monotheismus zu wahren und doch den Logos-Christus Mittler zwischen Gott und Welt sein zu lassen. Von den Gnostikern her lag die Vorstellung einer ganzen Hierarchie von Mittlern zwischen Gott und der materiellen Welt nahe. Die Materie als Quelle des Übels mußte ja so weit wie möglich von Gott weggerückt werden. Darum war für den Menschen als materiell gebundenem Wesen eine Vermittlung durch Zwischenträger notwendig.

Unter anderen Voraussetzungen findet sich im Neuplatonismus (Plotin, Porphyrius) die Vorstellung von emanativen Ausgängen aus dem Ur-Einen und ihren Ausfaltungen in die Vielfalt der Dinge. Das ungezeugt Ur-Eine ist das absolute Eine als Urprinzip von allem. Als solches ist es eine absolute Identität, die für uns im Denken völlig unerreichbar bleibt, weil sie noch über unseren Kategorien des Einen und Vielen steht. Aus ihm geht zuerst der Logos, die Vernunft, hervor. Der Logos ist das Formalprinzip (stoisch aufgefaßt auch: die Allseele) des Vielen. Auf das *hen,* den *nous* oder *logos* folgt als Drittes die *psyche,* die Seele. Sie ist der unmittelbare Grund der konkreten Dinge. Der Logos steht ganz im Lichtstrahl des ungezeugten Urprinzips und ist so in gewisser Weise selbst göttlich. Aber als gezeugtes Prinzip kann der Logos nicht wesenhaft eins sein mit dem göttlichen Ureinen. Diese philosophische Konzeption eines Emanatismus mit den drei Prinzipien des Einen, der Vernunft und der Seele konnte man nun leicht als Vorstellungsmodell der Selbstentäußerung des einen Gottes in den untergeordneten Hypostasen von Logos und Geist heranziehen. Die Überzeugung von einer Gleichwesentlichkeit zwischen Vater und Sohn muß dieser Konzeption zufolge zu einer Verdoppelung des ungezeugten Urprinzips führen und damit zu einem Zwei-Gott-Glauben bzw. einem Drei-Gott-Glauben (Tritheismus).

Der kirchlichen Zurückweisung des Arianismus liegt die Einsicht zugrunde, daß sich der Wahrheits- und Wirklichkeitsanspruch des christlichen Glaubens nicht mit Hilfe eines geschlossenen philosophischen Systems, in diesem Falle des Mittelplatonismus, behaupten läßt. Philosophische Begriffe sind zwar unverzichtbar, um die im Glauben angezielte Wirklichkeit Gottes überhaupt zu denken. Sie dürfen jedoch nicht zu einer Reduktion des Offenbarungsgeheimnisses auf die Vorstellungsmöglichkeiten der natürlichen Vernunft mißbraucht werden. Die theologische Vernunft muß sich in der Auseinandersetzung mit der Philosophie selber erst das begriffliche Instrumentarium aneignen, das der analogen und transzendentalen Struktur der Aussage des göttlichen Wortes im menschlichen Wort adäquat ist.

Bei Arius wird das Verhältnis des Vaters zum Logos so sehr in die Perspektive der Schöpfungsmittlerschaft und Heilsökonomie hineingezogen, daß der Sohn erst mit der Schöpfung oder auf sie hin konzipiert ist. Im letzten steht er auf der Seite der Schöpfung und gehört nicht in einem ganz radikalen Sinn auf die Seite Gottes bzw. in den Selbstvollzug Gottes hinein. Er bleibt *Geschöpf*, das von Gott aus dem Nichts geschaffen wurde. Der Logos geht nicht aus dem Wesen Gottes hervor durch eine gleichwesentliche Zeugung. Er wird erst durch einen von Gottes Wesen verschiedenen Willensakt zum Sohn gemacht. Der so geschaffene Sohn Gottes ist dem Wandel und der Veränderlichkeit (Leiden) der Welt unterworfen. Wenn er auch zum Zweck der Weltschöpfung aus Gott hervorgeht und die Funktion eines demiurgischen Schöpfungsmittlers wahrnimmt, so haben die Menschen im Logos und im menschgewordenen Sohn Jesus Christus nicht mit Gott selbst zu tun, sondern mit ihresgleichen, mit einem Geschöpf. Arius zerschneidet also das Band zwischen der immanenten und der ökonomischen Trinität.

Er leugnet keineswegs die Inkarnation dieses geschaffenen Logos. Aber der Logos erscheint nur in einer fleischlichen Menschengestalt, ohne daß er zugleich auch eine wahre menschliche Seele annimmt. Im Grunde ist der menschliche Leib Jesu nur eine Attrappe und eine Einkleidung des Logos zum Zwecke seiner Tätigkeiten in der sichtbaren Welt.

Arius folgert aus dem Ungezeugtsein und der Unveränderlichkeit Gottes, daß das aus ihm gewordene Wort zeitlich später sein müsse und Gott nicht wesensgleich sein kann. Das Vatersein Gottes gehört ebensowenig zum Wesen Gottes wie die Gottessohnschaft des Wortes. Gott wird erst Vater im Augenblick der Erschaffung des Sohnes. In diesen Auseinandersetzungen werden die Termini „*genetos*" (von *gignomai* = werden) und „*gennetos*" (von *gennao* = zeugen) oft nicht scharf voneinander geschieden.

Schlüsselaussagen des Arius über den Logos heißen: „Es gab einmal eine Zeit, da er nicht war", bzw.: „Bevor er geboren wurde, war er nicht" und „Er ist aus nichts geworden".[104]

Arius begründet das Gottsein allein in der *monas*, während Wort und Heiliger Geist nur in einem abgeleiteten Sinne zu Gott gehören, gleichsam durch Anteilnahme, aber eben nicht wesenhaft. Er konnte sich den Vorgang einer wesenhaften Zeugung des Logos nur als eine quantitative Teilung der Substanz Gottes vorstellen. Um der ungeteilten Gottheit Gottes und seiner Unveränderlichkeit willen lehnte er eine Wesensgleichheit des Sohnes mit dem Vater ab. Denn wenn der Vater sein göttliches Wesen ganz dem Sohne mitteilen würde, müßte er einen Teil

---

[104] Texte aus den Schriften des Arius vgl. tzt D4/I, Nr. 90-92; vgl. vor allem die von Athanasius gegebene Zusammenfassung in Nr. 91.

seiner Gottheit aufgeben, die Einheit *(monas)* Gottes auflösen und im Grunde das Wesen Gottes in zwei oder drei Hypostasen verdoppeln oder verdreifachen.

Für diese unitarisch-monotheistische Spekulation suchte er nach Beweisen aus der Heiligen Schrift. Überall wo der Begriff „machen" auftaucht, sieht Arius einen Beleg für die Geschaffenheit des Logos (vgl. Kol 1,15; Hebr 3,2; 1 Petr 3,15). Besonders gern beruft er sich auf das Alte Testament, wo es im Buch der Sprichwörter (8,22) heißt: „Der Herr erschuf mich (d.h. die Weisheit) am Anfang seiner Werke."

Die Destruktion des Christus-Glaubens durch Arius

Aufs Ganze gesehen strahlt das System des Arius eine verführerische Einfachheit aus. Er läßt sich von den zeitgenössischen Tiefenströmungen des religiösen Hellenismus tragen. Daneben verschanzt er sich hinter der Position eines unbelehrbaren Traditionalismus. Aus dem heilsgeschichtlichen Subordinatianismus vieler vornicänischer Väter macht er einen essentialen Subordinatianismus, der die Wirklichkeit des dreifaltigen Gottes auflöst und das christliche Gottesverständnis zu einem vorbiblischen monopersonalen höchsten Wesen zurücklenkt. Da Arius das Band zwischen theologia und oikonomia zerschneidet, ist eine wirkliche Selbstmitteilung Gottes unmöglich. Das geschöpfliche Vermittlungsgeschehen im fleischgewordenen Wort bleibt, da das Wort als Subjekt der Heilsgeschichte nur ein Geschöpf ist, Gott selbst gegenüber äußerlich.

Der Fehler des Arius liegt darin, daß er seinen Begriff von der Einheit Gottes an der Einheit materieller Dinge ausrichtet. Verschiedenheit kann dann nur durch Teilung oder Vervielfachung entstehen. Ihm ist nicht klar geworden, daß die göttlichen Personen aufgrund ihrer relationalen Zuordnung die Einheit des Wesens nicht auflösen, sondern nur seine (eben nicht materiell zu denkende) Unterschiedenheit manifestieren. So mündet sein Denken in einem platten Rationalismus, wenn er meint, der Sohn könne aus Gott nur wie ein Geschöpf hervorgehen, weil andernfalls der Monotheismus nicht gewahrt bleibe.

Demgegenüber macht Athanasius deutlich: Gerade das Bekenntnis zur wahren Gottheit des Logos in der Wesenseinheit mit dem Vater, ohne jede Verdoppelung oder Aufspaltung des göttlichen Wesens, ist die Voraussetzung für die christliche Erlösungslehre. Unsere Erlösung hätte uns nicht zuteil werden können, wäre nicht Gott selbst Mensch geworden und nicht der mit der menschlichen Natur Christi vereinigte Logos seiner Natur nach des ewigen Vaters ewiges Wort[105].

3.2.2 Der Streit um die Gottheit des Sohnes

3.2.2.1 Das Konzil von Nikaia (325)

Als Kaiser Konstantin nach dem Sieg über seinen Rivalen Licinius 324 nach Osten kam, fand er die Kirche in dieser Frage in einem gewaltigen Zerwürfnis vor. Er rief die Bischöfe der Reichskirche zu einem großen Konzil nach Nikaia in Bithy-

---

[105] Eine knappe Zusammenfassung der athanasischen Theologie gibt die Erste Rede gegen die Arianer, I, 38: tzt D4/I, Nr. 99.

nien zusammen, wo sich im Jahre 325 circa 300 Bischöfe versammelten. Dieses erste in der Reihe der nach heutiger Erzählung 21 ökumenischen Konzilien oder allgemeinen Kirchenversammlungen hat sich dem Gedächtnis und der Nachwelt als das „heilige Konzil von Nikaia" eingeprägt. Es gilt als Urtypus aller Konzilien der katholischen Kirche. Für die dogmatische Fragestellung ist das vom Konzil vorgelegte Glaubensbekenntnis von größter Wichtigkeit.

Es wurde auf der Synode von Konstantinopel (381) durch ausführliche Aussagen über die göttliche Natur und die göttliche Hypostase des Heiligen Geistes ergänzt. Dem Symbolum Nicaenum liegt das Glaubensbekenntnis der Kirche von Cäsarea zugrunde. Man hat also nicht ein neues Bekenntnis konstruiert. Die Zusatzformulierungen dienen der theologischen Präzisierung, die es den Häretikern unmöglich machen soll, das Glaubensbekenntnis mitzusprechen, ihm aber inhaltlich einen von dem Verständnis der Kirche abweichenden Sinn beizulegen. Drei christologische Spitzenaussagen sollen hervorgehoben werden:

1. Der Sohn ist kein Geschöpf.

Diejenigen aber, die da sagen, es habe eine Zeit gegeben, da der Sohn Gottes nicht war, und er sei nicht gewesen, bevor er gezeugt wurde, und er sei aus nichts geworden und aus einer anderen Substanz oder Wesenheit oder der Sohn Gottes sei wandelbar oder veränderlich, diese schließt die apostolische und katholische Kirche aus.[106]

2. Der ewige Sohn Gottes geht aus dem Vater durch „Zeugung" hervor.

Der Terminus „Zeugung" ist analog gemeint und soll eine eigene Weise des Hervorganges des Sohnes aus dem Vater anzeigen, die sich fundamental von dem Hervorgang der endlichen Wesen aus Gott durch „Schöpfung" unterscheidet. Wenn der Vater das Wesen Gottes in der Weise der „Ungezeugtheit" besitzt und der Logos das Wesen Gottes in der Weise des „Gezeugtseins", dann ist auf der Ebene der Terminologie schon das relationale Verhältnis von Vater und Sohn angezielt.

Das Ungezeugtsein ist also nicht eine Aussage über den Vater als Gott schlechthin „vor" seiner relationalen Verwirklichung seines Gottseins im Hinblick auf den Sohn, sondern bezeichnet die ihm eigene Verwirklichung seines Gottseins als ewiger Vater des ewigen Sohnes. Es sind die Eigentümlichkeiten der Personen in Gott, die in der Relation zueinander sie selber sind und darin das konkrete Wesen der einen Gottheit realisieren. Vater kann Gott immer nur sein im Hinblick auf den Sohn und umgekehrt.

3. Relationale Unterschiedenheit und Wesensidentität

Es gibt bei der relationalen Unterscheidung von Vater und Sohn und Heiligem Geist eine Wesenseinheit der numerisch einen Seinswirklichkeit Gottes. Sie liegt auf der Ebene des göttlichen Wesens, das Vater, Sohn und Heiliger Geist in personspezifischer Weise gerade als *ein* Wesen (in numerischer Einzigkeit) verwirklichen.

---

[106] DH 126; NR 156.

Darum ist der Sohn auch aus der Substanz *(ousia)* des Vaters. Er ist Gott von Gott. Er ist *homoousios to patri:* des einen und gleichen Wesens wie der Vater. Zurückgewiesen wird damit die arianische Vorstellung von der Wesensverschiedenheit des Sohnes, also die Meinung, daß er zu einer geschöpflichen und nicht zur gotteigenen Wirklichkeit gehöre.

Die Gleichheit im Wesen sprengt jedoch nicht Gottes Einzigkeit, so wie etwa die Gleichheit der einzelnen Menschen in der menschlichen Natur eine zahlenmäßig verschiedene individuelle Wirklichkeit zuläßt. Es gibt nur die Einzigkeit des göttlichen Wesens, das in der Ursprungsbezogenheit, in den relationalen Hypostasen subsistiert. Ihre personale Unterschiedenheit ist der Grund der Einheit des göttlichen Wesens.

In der Definitionsformel von Nikaia findet sich noch keine präzise begriffliche Unterscheidung von Wesenheit (ousia) und den personalen Trägern des göttlichen Lebens *(hypostaseis,* Personen).

So wurde das nizänische Credo zum Gegenstand scharfer theologischer Kontroversen und kirchenpolitischer Auseinandersetzungen, durch die hindurch erst die reale Aussage dieses Bekenntnisses in ihren verschiedenen Aspekten eingeholt werden konnte:

Wir glauben an den einen Gott, den allmächtigen Vater ...
den einen Herrn Jesus Christus, den Sohn Gottes, als einzig geborener, gezeugt vom Vater, d.h. aus der Wesenheit des Vaters, Gott von Gott, Licht vom Lichte, wahrer Gott vom wahren Gott, gezeugt, nicht geschaffen, wesenseins mit dem Vater, durch den alles geworden ist ...
und an den Heiligen Geist.[107]

3.2.2.2 Die Selbstbehauptung des nizänischen Katholizismus gegen den Arianismus

Mit ihrer Verurteilung gaben sich die Arianer nicht geschlagen. Einflußreiche Bischöfe (Eusebius von Nikomedien, Eusebius von Cäsarea) drängten Kaiser Konstantin zu einer Rehabilitierung des Arius. Nachdem die arianische Synode von Tyrus/Jerusalem (335) ihn für rechtgläubig erklärt hatte, wäre beinahe seine Wiederaufnahme in die kirchliche Gemeinschaft erzwungen worden. Doch am Vorabend der Rekonziliation ist Arius plötzlich gestorben. Die politische Agitation seiner Anhänger drängte auf eine Absetzung und Verbannung katholischer Bischöfe, wie Athanasius von Alexandrien und Eusthatius von Antiochien. Die arianische Partei konnte sich auf den brutalen politischen Druck des Kaisers Konstantius II. (337-361) und des ebenso arianisch gesinnten Kaisers Valens (364-378) stützen. Zeitweise sah es so aus, als ob die Mehrheit der Bischöfe den Gewaltmaßnahmen des arianischen Kaisers Konstantius II. erliegen oder sich wenigstens zweideutige Kompromißformeln abringen lassen würden. So gerieten sogar eindeutige Verteidiger des nizänischen *homoousios,* Ossius von Cordoba und selbst Papst Liberius, in das Zwielicht des Arianismus (vgl. DH 138-143)

Nach der arianisch dominierten Synode von Nike (Nicenum, statt Nicaenum) in Trakien (359) schien der Sieg des Arianismus über Nikaia besiegelt. Dies war

---
[107] DH 155; NR 125.

der Anlaß für das berühmte Wort des hl. Hieronymus in seinem Dialog gegen die Luziferaner (19): „Der Erdkreis seufzte auf und erkannte mit Erschrecken, daß er arianisch geworden war."

Im einzelnen kann hier kein Überblick geboten werden über den lange hin- und herwogenden Kampf, in dem sich zum Teil die Grenzlinien verwischen.[108]

Nachdem der arianische Kaiser Valens in der Schlacht von Hadrianopel (378) umgekommen war, verfiel der Arianismus – seiner politischen Protektion beraubt – zusehends. Die eindeutig katholischen Synoden von Antiochien (379) und Konstantinopel (381) – später vom Konzil von Chalkedon als zweite ökumenische Synode anerkannt – und Rom (382) besiegelten sein Ende in der Reichskirche. Nur bei den germanischen Stämmen der Vandalen, Ostgoten und Westgoten (Bischof Wulfila) spielte er noch für zwei Jahrhunderte eine Rolle.

Die arianisch dominierte Synode von Sirmium (351) hatte schon Risse in die geschlossene arianische Opposition gegen das Konzil von Nikaia gebracht (vgl. DH 139 f.).

Es kristallisierte sich ein radikaler Arianismus heraus; seine Anhänger heißen gemäß ihrer Vorstellung von der völligen Ungleichheit und Unähnlichkeit *(anomoios)* des Logos mit Gott die Anhomöer (Eunomius von Kyzikos, Aetius von Antiochien, Eudoxus).

Die gemäßigtere Gruppierung nennt man die *Semiarianer*. Die Semiarianer zerfallen in zwei Richtungen. Die *Homöer* (Akazius von Cäsarea) halten den Sohn Gott gegenüber nur für ähnlich *(homoios)*.

Die *Homoiousianer* halten den Sohn dem Vater gegenüber für wesensähnlich *(homoiousios)*.

Diese letzte Gruppierung stand dem Nicaenum inhaltlich sehr nahe und konnte im allgemeinen später für die Orthodoxie zurückgewonnen werden. Sie mißverstanden das nizänische *homoousios* im Sinne des schon verurteilten Modalismus. Da man *ousia* und *hypostasis* noch weitgehend synonym verwendete zur Bezeichnung der individuellen Existenz der Person, konnte das homoousios mit der Auffassung einer Personengleichheit von Vater und Sohn verwechselt werden. Viele störten sich auch an dem nichtbiblischen Terminus „homoousios". Selbst Athanasius mußte die Schwäche der Terminologie einräumen[109].

Erst die strenge begriffliche Unterscheidung von *ousia* als Bezeichnung für die eine göttliche Wesenheit und von *hypostasis* als Bezeichnung für die Besonderheit der göttlichen Personen von Vater, Sohn und Geist konnte einen Durchbruch ermöglichen. Maßgeblich sind dafür vor allem die sog. Jung-Nizäner (die Kappadozier Gregor von Nazianz, Gregor von Nyssa und vor allem Basilius von Cäsarea).

---

[108] Es gibt eindeutig arianische Synoden: Tyrus/Jerusalem (335), Konstantinopel (336), Mailand (355), Arles (353), Konstantinopel (360) und mehrere Synoden in Sirmium (351, 357, 358, 378). Daneben finden sich semiarianische Synoden: Antiochien (330), Ankyra (339, 358) und solche Synoden, die zwischen dem Semiarianismus und möglichen Kompromißformeln schillern. Es geht dabei vor allem um die Bewahrung des Inhaltes der nizänischen Aussagen ohne die Verwendung des Kampfbegriffes (homoousios): Kirchweihsynode von Antiochien (341), Rimini-Seleucia (359). Ihnen allen stehen eindeutig katholische Synoden gegenüber: Alexandrien (338), Rom (340), Sardika (343), Mailand (345) mit der Verurteilung des Markell von Ankyra und des Photinus wegen Sabellianismus, Paris (360) und Alexandrien (362).

[109] Vgl. Athanasius, Ar. I,30.

In der wichtigen Synode von Alexandrien (362) wird unter der Leitung von Athanasius die Orthodoxie der jung-nizänischen Rede von der „einen Wesenheit in drei Hypostasen" herausgestellt; anerkannt wurde aber auch die Orthodoxie der älteren Sprechweise, in der wegen der ursprünglichen Gleichsinnigkeit der Begriffe die Rede von drei Hypostasen noch vermieden worden war.

An diesem Beispiel zeigt sich, daß die Rechtgläubigkeit nicht einfach von der Verwendung der entsprechenden Formel abhängt, sondern von dem, was mit ihr intendiert ist. Die theologische Arbeit der Konzilien umfaßt also auch die begriffliche Präzisierung der theologischen Fachtermini und eine Sprachregelung der kirchlichen Bekenntnisaussagen.

So heißt es in dem Synodalschreiben von Alexandrien zur jung-nizänischen Terminologie:

Was jene anbetrifft, die von verschiedenen Seiten beschuldigt worden sind, sie sprächen von drei Hypostasen, wo doch dieser Ausdruck nicht in der Schrift enthalten und daher verdächtig ist, so haben wir es für gut erachtet, nicht mehr von ihnen zu verlangen als das Bekenntnis von Nicäa. Zur Klärung der Meinungsverschiedenheit haben wir uns zu informieren gesucht, was die Betreffenden mit ihrem Reden von den {drei Hypostasen} meinten: Ob sie ihre Ausdrucksweise im Sinne der Ariomaniten auffaßten, so also, als wären die Hypostasen einander fremd, verschieden und ungleich und als wäre jede einzelne Hypostase in sich selbst von den anderen getrennt, wie es der Fall ist bei den Geschöpfen oder bei den vom Menschen Geborenen oder wie es bei verschiedenen Substanzen ist, etwa Gold oder Silber oder Bronze; oder ob sie wie andere Häretiker mit der Redeweise von den drei Hypostasen drei Prinzipien oder drei Götter einführen wollten. Sie haben uns daraufhin versichert, so hätten sie niemals gesprochen oder gedacht, als wir sie dann weiter fragten: ‚Was versteht ihr denn darunter und weshalb verwendet ihr diese Ausdrucksweise?', haben sie uns geantwortet: weil sie an eine heilige Trinität glaubten, und zwar nicht an eine nur nominelle Trinität, sondern an eine wirklich existierende und subsistierende Trinität; und sie bekannten ‚einen wahrhaft existierenden und in sich subsistierenden Vater, einen wahrhaft Wesen und Bestand habenden Sohn und einen Heiligen Geist, der gleichfalls Bestand und eine reale Existenz besitzt'. Niemals haben sie behauptet, daß es drei Götter gebe oder drei Prinzipien, und sie wollten es absolut nicht dulden, wenn jemand derartige Dinge glaubte oder sagte; sie wußten vielmehr völlig klar, daß es eine heilige Dreifaltigkeit gibt und eine Gottheit und ein Prinzip; daß der Sohn dem Vater wesensgleich ist wie die Väter gesagt haben, und daß der Heilige Geist weder ein Geschöpf ist noch sonst etwas Fremdartiges, sondern durchaus dem Wesen des Vaters und des Sohnes gleich und nicht davon zu trennen.[110]

Zur Position der Alt-Nizäner heißt es:

Nachdem wir die Auffassung dieser Leute akzeptiert hatten, ebenso wie die Verteidigung ihrer Ausdrucksweise, haben wir jene anderen geprüft, die von ihnen beschuldigt wurden, nur von einer Hypostase zu sprechen; denn wir wollten wissen, ob sie diesen Ausdruck im Sinne des Sabellius verstanden, also den Sohn und den Heiligen Geist leugneten bzw. den Sohn als nicht substantiell und den Heiligen Geist nicht als subsistent betrachteten. Doch auch sie beteuerten, daß sie so etwas niemals gesagt oder gedacht hätten. ‚Wir sagen' ‚Hypostase' in der Annahme, daß es das gleiche ist, ob wir von ‚Hypostase' sprechen oder von ‚Wesen'; doch wir vertreten den Standpunkt, daß es nur eine Hypostase gibt, weil der Sohn gleichen Wesens mit dem Vater ist und weil es bei beiden nur eine einzige, gleiche Natur gibt, denn wir glauben, daß es eine Gottheit gibt und daß diese eine Natur hat, nicht daß es eine Natur des Vaters gibt, von der die des Sohnes und die des Heiligen Geistes verschieden ist.' Nun waren die, denen zum Vorwurf gemacht worden war, sie sprächen von drei Hypostasen, auch mit den

---

[110] Athanasius, tom.; PG 26,796-803; zit. I. Ortiz de Urbina, Nizäa und Konstantinopel (GÖK I) Mainz 1964, 300.

anderen einer Meinung, während diejenigen, die von einer Wesenheit gesprochen hatten, gleichfalls die Lehre der Erstgenannten bekannten, sowie diese sie interpretierten. Von beiden Gruppen wurde Arius verurteilt als Gegner Christi, Sabellius und Paulus von Samosata als gottlos, Valentin und Basilides als außerhalb der Wahrheit stehend und Mani als Unheilsstifter. Aber alle waren, nachdem sie ihren Sprachgebrauch erläutert hatten, wie wir berichtet haben, mit der Gnade Gottes darüber einig, daß der Glaube, der von den heiligen Vätern in Nicäa dargelegt worden ist, besser und klarer formuliert sei und daß man daher besser daran täte, sich mit dem Sprachgebrauch dieses Glaubensbekenntnisses zufriedenzugeben.[111]

Fehlentwicklungen: Markell von Ankyra und Photinus von Sirmium

Markell von Ankyra galt ursprünglich als Vorkämpfer der nizänischen Orthodoxie. Sein Gottesbild ist jedoch unitarisch-monopersonal: Gott ist eine in sich geschlossene absolute Einheit. Erst durch die Heilswerke der Schöpfung, der Menschwerdung und der Geistsendung kommen Vater, Sohn und Geist zu einer Subsistenz. Es gibt also keine immanente Trinität, sondern nur eine dreifache Selbstpersonalisierung Gottes in der ökonomischen Trinität. Folglich gibt es nach der Vollendung der *oikonomia* und der Rückkehr des Sohnes und des Geistes zum Vater auch kein Reich Christi oder des Heiligen Geistes mehr, weil Vater, Sohn und Geist ihre ökonomisch bedingte Hypostasie zugunsten einer allgöttlichen Einheit wieder aufgegeben haben.

Der radikale Schüler des Markell von Ankyra, *Photinus von Sirmium* († 376), leugnete konsequenterweise die wirkliche Menschwerdung Gottes und hielt Christus für einen bloßen Menschen, in dem der Logos gleichsam zu einer Scheinsubsistenz gekommen sei. In mehreren Synoden wurden die Markellianer und die Photinianer (Homuntionisten) als Häretiker verurteilt[112].

Das Symbolum des Konzils von Konstantinopel (381) fügt darum den Satz ein: „seines Reiches wird kein Ende sein" (vgl. Lk 1,33; Dan 7,14; Jes 9,6). Die hypostatische Union des Logos mit der menschlichen Natur Christi wird niemals mehr zu Ende gehen (DH 150). Sie besteht von jetzt an bis in alle Ewigkeit.

3.2.2.3 Die Auseinandersetzung mit dem Apollinarismus um die Vollständigkeit der menschlichen Natur

Apollinaris (seit 360 Bischof von Laodizea) war ein strenger Anhänger des Konzils von Nikaia. Er meinte, daß die Gottheit des Logos nur dann erlösen kann, wenn sie unmittelbar mit dem Fleisch Jesu zu einer einzigen Natur *(mia physis)* zusammengefügt sei.

In der Inkarnation hat sich demnach also nicht der Logos mit einer vollständigen menschlichen Natur aus Leib und Geistseele vereinigt, sondern er hat sich mit dem menschlichen Fleisch zu einer einzigen Natur vereinigt, die mit der Einheit von Leib und Seele bei den übrigen Menschen verglichen werden kann.

Apollinaris verbindet scharfsinnig das traditionelle Logos-Sarx-Schema mit der hellenistischen dichotomischen oder trichotomischen Anthropologie, wonach der Mensch aus Leib, Seele und Geist *(nous)* bzw. Leib und Geistseele besteht. Apol-

---

[111] Ebd. 300 f.
[112] Antiochien 344, Mailand 345 und 347, Sirmium 348 und 351, Rom 375, Aquileia 381.

linaris meint nun, daß der göttliche Logos die Stelle der menschlichen Seele oder des nous einnimmt und damit unvermittelt seine Kräfte und Energien in eine menschliche Fleischesgestalt einströmen lasse, sie bewege und damit zum Werkzeug des soteriologischen Handelns mache. Damit entsteht eine einzige fleischgewordene Natur des „Gott-Logos". Man kann also folgern, daß zum Zwecke der Einigung auf seiten der menschlichen Natur die Geistseele Jesu wegfällt.

Gegen Apollinaris muß aber gesagt werden, daß der göttliche Logos, wenn er nur den Torso einer menschlichen Natur annimmt, nicht eine wirkliche Menschwerdung vollzogen hat.

Dieser Verminderung der menschlichen Natur Jesu und damit der Gefährdung des vollen Humanum in Jesus stellt sich schon die Synode von Alexandrien (362) entgegen:

Sie {die Gegner des Apollinarismus} bekennen ferner, der Herr habe keinen Leib ohne Seele, ohne Sinnesfähigkeit oder Vernunft gehabt, denn es ist unmöglich, daß der Leib des Herrn, als er für uns Mensch geworden war, ohne Vernunft gewesen sei. Das Heil, das im Worte selbst gewirkt worden sei, sei ja kein Heil des Leibes allein, sondern auch ein Heil der Seele gewesen[113].

In verschiedenen Briefen des römischen Bischofs Damasus I. an Bischöfe des Ostens in den siebziger Jahren des vierten Jahrhunderts wird die Lehre des Apollinaris und seiner Schüler Vitalis und Timotheus von Berytus als häretisch zurückgewiesen (vgl. DH 144-149).

In der Auseinandersetzung mit dem Apollinarismus zeigte sich die Schwäche des traditionellen Logos-Sarx-Schemas. Hier galt es, wieder an Origenes anzuknüpfen. Das taten die Kappadozier, indem sie deutlich machten, daß der Logos einen Menschen mit Leib und geistbegabter Seele, also die ganze menschliche Natur angenommen hat.

Der Durchbruch zum sachgemäßeren Logos-Anthropos-Schema gelingt aber erst den Theologen der antiochenischen Richtung (Eusthatius von Antiochien, Theodor von Tarsus, Theodor von Mopsuestia). Denn ihnen war vor allem an einer ungeschmälerten menschlichen Natur Christi gelegen.

Hier ergab sich allerdings fünfzig Jahre später im Nestorianismus die Gefahr einer Verselbständigung der Menschheit Christi gegenüber dem Logos, insofern der eine Christus in ein göttliches und in ein leidensfähiges menschliches Subjekt, in eine göttliche und in eine menschliche Person (Lehre von den zwei Söhnen) auseinanderzutreten drohte. Gegenüber der scharfen Betonung der Einheit Christi in der Hypostase des Logos (Logoshegemonie) in der alexandrinischen Schule, besonders bei Kyrill von Alexandrien, blieben die Antiochener skeptisch. Sie fürchteten ein Wiederaufleben des Apollinarismus. Die Befürchtung schien bestätigt durch die äußerst mißverständliche Formel von der „einen Natur des fleischgewordenen Wortes", die auf Apollinaris zurückgeht, jedoch aufgrund einer Fälschung dem Athanasius von Alexandrien zugeschrieben worden war[114].

---

[113] Zit. I. Ortiz de Urbina, Nicäa und Konstantinopel, 301.
[114] Aus dem Arianismus ergibt sich folgerichtig auch die Leugnung der Gottheit des Hl. Geistes. Dieses Problem wird jedoch erst gegen Ende des 4. Jahrhunderts virulent. Vgl. in diesem Werk Bd. 3: Pneumatologie.

3.2.3 Der Streit um die Subjekteinheit des Gott-Menschen Jesus Christus

3.2.3.1 Wegmarken zum Höhepunkt der christologischen Frage

In der Entwicklung der altkirchlichen Christologie war mit der Überwindung des Arianismus und Apollinarismus der Entscheidungskampf um das Wesen des Christentums bestanden. Die weiteren Auseinandersetzungen stehen den arianischen Kontroversen vielleicht nicht an Schärfe nach, aber in jedem Fall in der Bedeutung für die Grundlage des christlichen Glaubens.

Das Problem bestand darin, die gottmenschliche Einheit Christi genauer zu begründen und die richtigen Konsequenzen daraus zu ziehen. Da der Streit sich oft auf die begriffliche Präzision und die Exaktheit des gemeinsam intendierten Glaubensgutes bezog, wird man bei vielen aus dem Nestorianismus und dem Monophysitismus hervorgegangenen sog. vorchalkedonischen Kirchen eher von einem Nominalnestorianismus bzw. Nominalmonophysitismus (d.h. also nicht in der Sache selbst begründeten „Häresien") reden müssen.

Die Auseinandersetzung vollzog sich etwa vom Ende des 1. Konzils von Konstantinopel (381) über drei Jahrhunderte hinweg bis zum 3. Konzil von Konstantinopel (680/81) gleichsam in einem Wechselspiel zwischen zwei Polen, nämlich einmal der sog. Unterscheidungs- und Trennungschristologie der Antiochener und zum anderen der Einigungschristologie der Alexandriner. Beide haben je ihren Anteil am glücklichen Abschluß der Dogmenentwicklung.

Der antiochenischen Schulrichtung war an der Zweiheit der Naturen und vor allem an der Vollständigkeit der menschlichen Natur gelegen. Die Gefahr bestand darin, in einen extremen Dyophysitismus zu geraten, das Einheitsband der beiden Naturen zu lockern und auf eine moralische Einheit zu reduzieren (Bewährungschristologie).

Die alexandrinischen Theologen stellten hingegen scharf die Einheit der beiden Naturen in dem einzigen Subjekt des Logos heraus. Die Gefahr bestand aber jetzt darin, daß die beiden Naturen miteinander verschmolzen werden – letztlich zu Lasten der menschlichen Natur Christi, die verkürzt zu werden drohte (Monophysitismus und Monotheletismus).

In diesem Zeitraum gab es vier große ökumenische Konzilien. Sie bilden in ihrer Abfolge jeweils einen gewissen Kontrapunkt zum jeweils vorangehenden Konzil. Erst von ihrem Ende her wird eine ausgewogene Konzeption deutlich, die sowohl die hypostatische Union der beiden Naturen und ihre ungeschmälerte Vollständigkeit (besonders auch der menschlichen Natur Christi) hervorhebt.

Das *Konzil von Ephesus* (431) betont scharf die Subjekteinheit gegen die nestorianische These von einer nur moralischen Verbindung.

Das *Konzil von Chalkedon* (451) korrigiert eine Fehlinterpretation des Ephesinums in Richtung auf eine monophysitische Verkürzung durch die Feststellung der Subjekteinheit Christi *in* beiden vollständigen Naturen.

Das *2. Konzil von Konstantinopel* (553) bewegt das Pendel wieder stärker in die Richtung einer alexandrinischen Einigungschristologie, während das *3. Konzil von Konstantinopel* (680/81) wieder eher dem antiochenischem Anliegen der beiden vollständigen Naturen entspricht und gegenüber dem Monenergismus und dem

Monotheletismus die Ausstattung der menschlichen Natur Christi mit einer wirklichen menschlichen Tätigkeit und einem natureigenen Willen des Menschen Jesus betont.

Nicht übersehen werden darf der Beitrag der abendländischen Christologie (Hilarius von Poitiers, Augustinus), die besonders durch bedeutende Päpste (Cölestin I., Leo der Große, Martin I.) geholfen hat, das von der Sache her notwendige Gleichgewicht in den christologischen Aussagen zu erreichen.

Betrachten wir nun den Ablauf der Dinge im einzelnen.

3.2.3.2 Die Theologenschule der Antiochener (Trennungschristologie)

Am Anfang steht *Lukian von Antiochien* (um 250-312). Ein bedeutender Vertreter im 4. Jahrhundert war der Bischof *Diodor von Tarsus* (+ 394). Seine bedeutendsten Schüler sind *Theodor von Mopsuestia* und *Johannes Chrysostomos*. Zu nennen ist auch *Theodoret von Kyros,* der in der Auseinandersetzung des Kyrill von Alexandrien mit Nestorius, dem Patriarchen von Konstantinopel, auf der Seite des letzteren stand, später aber, nach dem Konzil von Chalkedon, den Nestorianismus zurückwies und die Lehre von der hypostatischen Union in den beiden ungeschmälerten Naturen Christi anerkannte.

Diodor ging es in der Bibelauslegung um eine möglichst große Treue zum Text. Weil es in ihm aber augenscheinlich Widersprüche gibt, unterscheidet er in seiner Christologie Stellen, die von Jesu Menschheit sprechen, von solchen, die das mit der Menschheit vereinigte ewige Wort Gottes betreffen.

In Jesus Christus hat sich der göttliche Logos mit einem Menschen vereinigt. Es war dem Diodor besonders wichtig zu betonen, daß dieser Mensch dadurch weder in seiner Natur verändert wurde noch daß der Logos sich in einen Menschen verwandelt hat. Denn dies war das Problem des Apollinarismus, daß die Vereinigung des Logos mit einer menschlichen Natur nur um den Preis einer Verminderung der menschlichen Natur erkauft werden konnte. Unter der unbezweifelbaren Voraussetzung der gott-menschlichen Einheit in Jesus Christus versucht Theodor dann das Verhältnis von Gottheit und Menschheit so auszudrücken, daß der Logos in den Menschen Jesus eingegangen sei und in ihm gewohnt habe, es jedoch nicht zu einer Vermischung mit seiner menschlichen Natur gekommen sei.

Für die *Vereinigung* ergibt sich eine zweifache Erklärung: Einmal geht der Logos so in die Person des Menschen Jesus ein wie z.B. der *Geist über die Propheten* kam, aber in einer quantitativen und qualitativen Steigerung, die der Einzigartigkeit Christi entspricht, d.h. aber er vereinigt sich mit dem Menschen aus Gnade und Liebe. Zum anderen ist zu sagen, daß der *Logos in dem Menschen Jesus* wohnt, so daß es nach der Vereinigung nur eine Person gibt, der die göttlichen und menschlichen Eigenschaften – bei klarer Unterscheidung der Naturen – zugeschrieben werden. Die Frage ist hier, ob das *Prosopon* Christi nur Resultat der Einigung ist oder ob die Hypostase des Logos der Träger der Einigung der menschlichen mit der göttlichen Natur ist.

Der Lehre des Diodor von Tarsus wurde Zeit seines Lebens kaum widersprochen. Viele Jahre nach seinem Tod bezichtigte man ihn aber der geistigen Urheberschaft des Nestorianismus.

Die Christologie des Diodor und seiner Schüler darf jedoch nicht von der späteren begrifflichen und gedanklichen Präzisierung von Ephesus und Chalkedon her beurteilt werden.

Der Streit mit den Alexandrinern ging nicht um die Tatsache der gottmenschlichen Einheit, sondern um deren Weise: Wie kann sie gedacht werden? Es kam zu Mißverständnissen, weil die Begriffe *physis, ousia, hypostasis* und *prosopon* gewöhnlich synonym verwendet wurden.

Eigenartigerweise kam lange Zeit niemand auf die Idee, die hinsichtlich der Trinitätslehre erreichte präzise Definition von *ousia* und *hypostasis* auch auf die christologischen Probleme anzuwenden.

Richtig verstehen kann man die Antiochener nur von ihrer Absicht her: Sie lehnten strikt den Apollinarismus ab. Dieser konnte sich eine Einigung zweier vollständiger Naturen nicht vorstellen. So spricht er der menschlichen Natur Christi die Seele ab und damit den freien Willen einschließlich seiner Ausübung (Bewährung, sagen die Antiochener). Für Diodor dagegen vereinigt der Logos beide Naturen, indem er sich mit der menschlichen Seele Christi verbindet. „Bewährung" ist jetzt die freie Zustimmung des menschlichen Willens Jesu zum Wirken des Logos. Man wirft dieser Theologie also zu Unrecht vor, sie kenne nur eine Art Adoption der menschlichen Natur durch den Logos.

Als Schüler Diodors unterscheidet auch *Johannes Chrysostomos* (344/54 – 407) klar zwischen einer menschlichen und göttlichen Natur Christi. Er lehnt aber die Frage nach dem Wie der Vereinigung als unentscheidbar ab. Dies wisse nur Christus selbst. Deutlich bezog er Stellung gegenüber dem Apollinarismus mit seiner Behauptung von der „einen Natur des fleischgewordenen Logos" *(mia physis)*. Im Sinne des Apollinarismus bedeutete diese Formel eine Art Umhüllung des göttlichen Logos mit der Fleischesgestalt eines Menschen, so daß der Logos mit einem menschlichen Fleisch eine Art substantiale Einheit bildet, so wie in einem konkreten Menschen Seele und Leib zu einer Seinseinheit verbunden sind. Nach Johannes Chrysostomos ergibt sich daraus die unhaltbare Konsequenz, daß Leiden und Tod unmittelbar dem leidensunfähigen Gott zugeschrieben werden. Denn, so sagt er zu Recht, Christus ist ein leidensunfähiger Gott-Logos und zugleich ein leidensfähiger Mensch. Daher sind die Eigentümlichkeiten der beiden Naturen so zu unterscheiden, daß der göttlichen Natur die Unveränderlichkeit und Leidensunfähigkeit zugesprochen und allein die menschliche Natur als dem Tod und dem Leiden unterworfen erkannt wird.

Wie streng er die begriffliche Trennung der beiden Naturen hinsichtlich ihrer Eigentümlichkeiten *(idiomata)* vorantrieb, zeigt sich bei seiner Deutung der Taufe Christi: „Christus, der getauft wurde, empfing den Geist und gab den Geist. Es empfing den Geist die menschliche, sichtbare Natur und die göttliche, verborgene gab ihn."[115] Aufgrund der Einigung *(henosis)* und der Verbindung *(synapheia)* bilden der göttliche Logos und der Fleischesleib eine Einheit unter Vermeidung jeder Vermischung der beiden Naturen oder gar einer Austilgung der Wesensgrundlagen besonders der menschlichen Natur. Chrysostomos weist gewiß zu Recht die apollinaristische These von einer Einigung aufgrund einer Vermischung

---

[115] Hom. in Jo. 11,1; MG 59, 80.

der zuvor verstümmelten Naturen zurück. Aber seine positive Formulierung der Einheit bleibt vage.

Einen bedeutenden Fortschritt erzielte der zweite berühmte Schüler Diodors, *Theodor von Mopsuestia* (350/55 – 428). Er ist der bedeutendste Exeget der antiochenischen Schule und als Theologe der typischste ihrer Vertreter. Er kommentierte fast die gesamte Bibel. Doch der größte Teil seiner Schriften ist nach seiner Verurteilung als Urheber des Nestorianismus im Dreikapitelstreit (zusammen mit Theodoret von Kyros und Ibas von Edessa auf dem 2. Konzil von Konstantinopel 553) verlorengegangen (DS 435). Seine eigentlichen Lehrintentionen sind darum streckenweise nur über die Beurteilung seiner Gegner zugänglich.[116]

Seiner geistigen Herkunft nach neigte Theodor zur Trennungschristologie. Er bemühte sich jedoch nachhaltig, die notwendige Verbindung der beiden Naturen herauszustellen. In seinem Hauptwerk „Über die Menschwerdung" wendet er sich zunächst energisch gegen Apollinaris. Eine Erlösung des Menschen wäre unmöglich, wenn der Logos in der Menschwerdung nicht auch eine menschliche Seele angenommen hätte.

Einer der bedeutendsten Beiträge Theodors für die Christologie liegt in der endgültigen *Überwindung des klassischen Logos-Sarx-Schemas zugunsten des Schemas Logos-Anthropos.* Dies ist um so bemerkenswerter, da es gerade im semitisch-palästinensischen Kulturraum geschieht, wo ursprünglich das hebräische Wort für „Fleisch" mit dem griechischen Begriff „sarx" übersetzt wurde.

Die Frage erhebt sich jedoch, ob es sich bei dem angenommenen Menschsein um eine menschliche Natur *(natura humana)* handelt oder um einen zumindest logisch vor der Inkarnation individuell existierenden Menschen *(homo assumptus)*. Wenn die menschliche Natur Christi prinzipiell unabhängig vom Inkarnationsakt durch eine natureigene Aktualität individuiert wäre, so wäre die Einheit nicht natürlicher Art. Der Logos wäre im Akt der Einigung auch nicht der einheitsstiftende Träger des einen Subjekts in den beiden wesensmäßig verschiedenen Naturen. Die Einheit könnte darum nur eine „moralische" sein.

Um den Apollinarismus endgültig zu widerlegen, betonte Theodor mit besonderem Nachdruck die Freiheit des menschlichen Willens Jesu. Apollinaris hatte gemeint, die (prinzipielle) Unfähigkeit Jesu zur Sünde *(impeccabilitas)* und die faktische Sündlosigkeit Jesu als Freiheit von der Erbsünde und aktuellen Sünden *(impeccantia)* nur dadurch festhalten zu können, daß er der fleischlichen Natur Jesu den menschlichen Willen abstritt. Theodor hingegen behauptete, daß Jesus nicht deshalb nicht gesündigt habe, weil er keinen menschlichen Willen besaß, sondern gerade weil er einen menschlichen Willen besaß, der sich in seiner Freiheit aufgrund der gnadenhaften Verbindung mit dem Willen des göttlichen Logos angesichts seiner geschichtlichen Herausforderung bewährte.

Aufgrund der göttlichen Einwohnung des Logos im Menschen Jesus und der Begegnung der beiden Naturen in einem göttlichen Wohlgefallen und der menschlichen Bewährung kann Theodor durchaus von einer realen Einheit der göttlichen und der menschlichen Natur Christi in einer einzigen Person sprechen.

---

[116] Wichtige Zeugnisse seiner Christologie: tzt D4/I, Nr. 117-121.

Jedoch scheint bei ihm das eine *Prosopon* Christi eher das Ergebnis aus der Vereinigung der beiden genauestens unterschiedenen Naturen und ihrer Bewährung in ihrer geschichtlichen Handlungseinheit zu sein, als schlechthin identisch mit der Person des einziggeborenen Sohnes Gottes, die ontologisch die Einheit der beiden Naturen trägt.

Insofern Theodor die Menschwerdung grundsätzlich abhebt von einer Vermischung von Schöpfer und Geschöpf, bereitet er dem Dogma von Chalkedon den Weg. Er kann das Ziel aber selber nicht erreichen, weil er keinen klaren Personbegriff entwickelt. Bald verwendet er *prosopon* und *physis, ousia* und *hypostasis* mehr oder weniger synonym, bald unterscheidet er. Dann versteht er unter *prosopon* den Menschen im Erscheinungsbild seiner konkret umrissenen individuellen Leiblichkeit (Persönlichkeit, würden wir heute sagen).

Dazu ist anzumerken: Eine so verstandene Identität von menschlicher Natur und persönlich-einmaligem Erscheinungsbild wird man Jesus selbstverständlich auch nach Chalkedon nicht abstreiten können, zumal das 3. Konzil von Konstantinopel den individuellen Willen und die individuelle Geistigkeit zur Naturausstattung der menschlichen Seele rechnet. *Prosopon* bedeutet dann die metaphysische Realität, die in der Aktualität (*principium quod agitur*) einer Naturallgemeinheit (*principium quo agitur*) besteht. Gewiß fallen zwar bei allen wirklich existierenden Menschen die metaphysische Aktualität und die empirisch greifbare individuelle Realität zusammen. Daraus folgt jedoch nicht, daß in der einzigartigen Situation der inkarnatorischen Selbstmitteilung Gottes die Aktualisierung einer menschlichen Natur nur durch den göttlichen Willen geschehen kann, indem er sich eine *geschaffene* Person gegenüberstellt. Nicht ausgeschlossen ist ebenfalls, daß sich Gott selber als Person durch eine individuelle menschliche Natur mitteilt, indem er die Existenz dieser Natur unmittelbar durch seinen Mitteilungs- und Einigungswillen aktuiert – so im Falle Jesu. Daraus erklärt sich die in der Abba-Relation greifbare transzendentale Verwiesenheit Jesu auf den Vater.

Zu diesen differenzierten Einsichten ist Theodor von Mopsuestia noch nicht gelangt, was man ihm jedoch nicht anlasten kann. Auf jeden Fall ist der Vorwurf aus späterer Sicht, hier sei nur eine äußerliche Einheit der beiden Naturen ins Auge gefaßt, unberechtigt. Denn Theodor geht nicht von zwei vollständigen Naturen aus, um dann zur Synthese einer äußerlichen Einheit zu kommen. In Wirklichkeit setzt er immer schon die Einheit voraus und gelangt analytisch zur Behauptung der beiden vollständigen Naturen. Dies zeigt sich auch daran, daß er nicht wie Diodor von Tarsus von „zwei Söhnen" spricht, nämlich dem Sohn Gottes der göttlichen Natur nach und dem Sohn Mariens der menschlichen Natur nach. Denn die Einheit der Person schadet nicht der Verschiedenheit der Naturen, was auch umgekehrt gilt. Aber die Unsicherheit bezüglich des genauen Charakters der Einigung zeigt sich wieder bei den Titeln für Maria als Mutter Gottes. Zwar wehrt er sich nicht grundsätzlich gegen den Titel „Theotokos", weil die Geburt des Menschen Jesus nicht losgelöst vom ewigen Wort betrachtet werden kann. Er möchte aber lieber im eigentlichen Sinne von Maria als der Mutter Jesu seiner Menschheit nach und im uneigentlichen und übertragenen Sinne von Maria als der Mutter des Logos sprechen.

Die Verwendung des Theotokos-Titel im eigentlichen Sinn sollte aber zum Brennpunkt der Auseinandersetzungen um die Subjekteinheit Christi zwischen den beiden Schulen von Antiochien und Alexandrien werden.

3.2.3.3 Die Schule von Alexandrien (Einigungschristologie)

In Alexandrien setzt man nicht die Einheit Christi voraus, um sich dann in der theologischen Reflexion jeweils getrennt den beiden Naturen zuzuwenden. Vielmehr ist die Personeinheit Christi selbst das eigentliche Thema. Man geht von der einzigen Hypostase des ewigen Wortes aus, das sich nicht nur mit einem Menschen verbindet, sondern das tatsächlich Mensch wird, indem es sich eine menschliche Natur zu eigen nimmt und durch seine eigene göttliche Subsistenz existieren läßt. Dies muß keinesfalls zum Apollinarismus führen. Auch wenn später Kyrill von Alexandrien die apollinaristische Formel von der „einen Natur des fleischgewordenen Gottes" benutzt in der Meinung, sie stamme von Athanasius, so ist damit doch nicht eine apollinaristische Verstümmelung der menschlichen Natur und eine monophysitische Aufhebung der menschlichen in die göttliche Natur gemeint. Gedacht ist eher an eine Umschreibung der konkreten Seins- und Handlungseinheit des Gott-Menschen, die in der Person des Logos ihr ontologisches Zentrum hat.

Diese die Einheit betonende Christologie gehört unbestritten zur ältesten christlichen Tradition. Sie kann sich auf das Johannes-Evangelium berufen. Hier ist es der mit Gott wesenseine Logos, der Fleisch wird. Das fleischgewordene Wort begegnet uns in Jesus Christus. Die Einheit Christi hatte besonders schon Irenäus von Lyon in Auseinandersetzung mit den Gnostikern betont. Er vertritt die Tradition der kleinasiatischen Kirchen, die über Polykarp von Smyrna in die Tradition der johanneischen Gemeinden zurückreicht. So wendet sich Irenäus von Lyon in seiner Schrift „Gegen die Häresien" scharf gegen die gnostische Aufteilung in einen leidensfähigen Menschen Jesus und in einen leidensunfähigen göttlichen Demiurgen Christus. Die Erlösung des Menschen von der Sünde und die Vergöttlichung in der Gnade hängen davon ab, daß wir es in der Geburt, im Leiden und im Sterben Jesu mit Gott selbst zu tun haben, der in der menschlichen Wirklichkeit Jesu das Schicksal des Menschengeschlechtes auf sich genommen hat[117].

In der alexandrinischen Einigungschristologie hat sich diese Frontstellung gegen die Gnosis erhalten. Aus soteriologischem Interesse steht die Subjekteinheit Christi im Mittelpunkt, um so die heilschaffende Präsenz Gottes in der irdischen Wirklichkeit des Menschen zu sichern. Während die Antiochener bei den Alexandrinern eine apollinaristische Vermischung von Gott und Mensch vermuten, befürchten die Alexandriner in der antiochenischen Christologie eine Aufteilung Christi in zwei Söhne, einen innergöttlichen Sohn des Vaters und einen menschlichen Adoptivsohn Gottes, was eben Erinnerungen an die gnostische Aufspaltung des Gott-Menschen Jesus Christus einerseits in den Menschen Jesus und andererseits die quasi-göttliche Christusidee heraufbeschwören kann. Von besonderer Wichtigkeit wird die Christologie des *Athanasius*.

---

[117] Vgl. Irenäus von Lyon, haer. III,6; tzt D4/I, Nr. 62.

Für ihn ist klar, daß nur der göttliche Logos allein der Erlöser sein kann. Wenn die Menschen durch ihre Sünde die Gottebenbildlichkeit verloren haben, kann nur der, der vom Wesen her das wahre Bild Gottes ist, die Gottebenbildlichkeit des Menschen erneuern, indem er zu diesem Zwecke das wirkliche menschliche Sein in einem menschlichen Leib und in einer menschlichen Seele annimmt.

Athanasius folgert aus der wirklichen Menschwerdung Gottes, daß der göttliche Logos das Trägersubjekt des menschlichen Geborenwerdens, des Leidens und des Todes Jesu ist. Es bleibt gewiß der Unterschied zwischen der göttlichen und der menschlichen Natur gewahrt. Die Eigentümlichkeiten der leidensunfähigen göttlichen Natur und der leidensfähigen menschlichen Natur können nicht wechselseitig übertragen werden, aber die jeweiligen Eigentümlichkeiten (*idiomata*) sind von dem gemeinsamen Trägersubjekt auszusagen und kommen damit in der Person des Logos überein:

Wenn also die Gottesgelehrten behaupten, daß er aß, trank, geboren ward, so wisse, daß zwar der Leib als Leib geboren und mit den entsprechenden Speisen genährt wurde, daß aber Gott der Logos selbst, der mit dem Leibe zusammen war, dadurch, daß er alles anordnete und durch die Werke, die er im Leibe vollbrachte, sich nicht als Mensch, sondern als Gott-Logos offenbarte. Wohl sagt man diese Zuständlichkeit von ihm aus, weil eben auch der Leib, der aß, geboren wurde und litt, nicht einem anderen, sondern dem Herrn gehörte, und weil man nach seiner Menschwerdung dieses von ihm wie von einem Menschen mit Fug und Recht sagte, damit er in Wirklichkeit und nicht in der Einbildung mit einem Leibe erscheine. Doch wie man hieraus auf seine leibliche Gegenwart schloß, so gab er sich durch die Werke, die er durch seinen Leib vollbrachte, als Gottes Sohn zu erkennen.[118]

Athanasius setzt sich jedoch von Apollinaris ab, indem er bekennt, daß Christus „keinen Leib ohne Seele, ohne Sinnesfähigkeit oder Vernunft gehabt habe", weil das im Logos gewirkte Heil nicht nur ein Heil des Leibes, sondern auch ein Heil der Seele gewesen sei[119].

Offen bleibt die Frage, ob die Seele Christi nur Instrument und Zielpunkt des Heilswirkens des Logos gewesen ist oder ob der freien Selbstbestimmung des Menschen Jesus nicht auch eine aktive Rolle in der Heilstätigkeit zufällt. Bei Athanasius ist Christus der Gott-Logos im Fleisch, während für die Antiochener Jesus zunächst als ein Mensch erscheint, der aufgrund des Selbstmitteilungswillens Gottes und der entsprechenden freien menschlichen Hingabe in einer einzigartigen wesenhaften Relation zu Gott steht.

3.2.3.4 Der Konflikt zwischen Nestorius und Kyrill von Alexandrien

Die längst schon sichtbar gewordenen Spannungen im Gefüge der kirchlichen Christologie kamen zum Ausbruch im Konflikt zwischen Nestorius (um 381 – 451), dem Patriarchen von Konstantinopel, und Kyrill (+ 444), dem Patriarchen von Alexandrien.

Als „Schüler" Theodors von Mopsuestia war Nestorius der Exponent der Antiochener, Kyrill dagegen der Vertreter der alexandrinischen Tradition. Angeheizt wurde der Gegensatz noch durch die kirchenpolitische Rivalität zwischen dem al-

---

[118] Athanasius, incarn. 18.
[119] Schreiben der alexandrinischen Synode an die Antiochener: PG 26,796-809; zit. I. Ortitz de Urbina, Nicäa und Konstantinopel, 301.

ten apostolischen Bischofssitz in Alexandrien und dem nach mehr kirchenpolitischem Einfluß strebenden Ortsbischof der jungen Reichshauptstadt am Bosporus. Irreführend wäre jedoch die Meinung, es sei gar nicht um wesentliche Glaubensfragen gegangen und die Theologie habe nur als ideologische Rechtfertigung eines Machtkampfes herhalten müssen.

Anlaß des Streites war das marianische Prädikat *„Theotokos"* (Gottesgebärerin). In diesem Begriff sammeln sich wie in einem Brennspiegel bestimmte Probleme des Ansatzes und des Grundgefüges einer Christologie.

Nestorius

Einige Theologen aus der antiochenischen Schulrichtung, die mit Nestorius nach Konstantinopel gekommen waren, behaupteten, Maria dürfe nicht Theotokos genannt werden, denn sie habe nur die Menschheit Christi geboren. Sie sei nicht an dem ewigen Hervorgang des göttlichen Logos, der Geburt des ewigen Sohnes aus dem ewigen Vater beteiligt gewesen. Das bestritt aber ohnehin niemand.

Da der Titel „Gottesgebärerin" oder „Gottesmutter" aber schon seit langer Zeit Bestandteil des liturgischen Gebets geworden war und damit faktisch auch des Glaubens, baten viele verunsicherte Gläubige ihren Patriarchen Nestorius um ein klärendes Wort.

Er schlug vor, den Ausdruck „Theotokos" fallen zu lassen. Er solle gewiß nicht durch „Anthropotokos" (Menschengebärerin) ersetzt werden. Aber man könne die Bezeichnung „Christotokos" (Christusgebärerin) verwenden, da das Prädikat „Christus" die Verbindung der beiden Naturen auf den Begriff bringt. Nestorius war sich dabei allerdings nicht deutlich bewußt, daß sich im Theotokostitel eine ganze Christologie verbarg und nicht nur frommen Überschwang ausdrückte.

Eines Tages war an den Türen der Hagia Sophia eine Schmähschrift angeschlagen, in der die Lehren des Nestorius in Parallele gesetzt wurden mit den verurteilten Thesen Pauls von Samosata, der in Christus nur einen bloßen Menschen *(purus homo)* gesehen hatte. Dies war eine völlige Verfälschung der Ansichten des Nestorius. Dieser behauptete keineswegs, Christus sei *nur* ein Mensch. Mit Paulus konnte er darauf hinweisen, daß Christus Gott genannt wird (Röm 9,5). Trotzdem müsse man aber mit der Heiligen Schrift die beiden Naturen klar auseinanderhalten. Denn überall wo die Schrift die Menschwerdung des Herrn erwähne, schreibe sie Geburt, Leiden und Tod nicht seiner Gottheit, sondern seiner *Menschheit* zu. Bei exaktem Gebrauch der Worte müsse man daher Maria als „Anthropotokos" bezeichnen. Wegen der beiden Naturen dürfe man sie auch als „Christotokos" bezeichnen, jedoch nicht im eigentlichen Sinne als „Theotokos".

Nestorius blieb den Überzeugungen der antiochenischen Theologie treu, daß bei der Inkarnation jede der beiden Naturen Christi ihre spezifischen Eigentümlichkeiten und Eigenschaften behält. Darum ist für ihn ein völliges Eingehen des Logos in die menschliche Natur im Sinne einer wirklichen Mensch*werdung* oder einer Verwandlung völlig ausgeschlossen. Umgekehrt muß auch eine substantielle Vergottung des Menschen abgewiesen werden. Beide Naturen bleiben ungetrennt und unvermischt nebeneinander bestehen. Sie leben aber kraft des Einigungswillens Gottes in einer engsten Berührung miteinander. Da Gott selbst der Träger der Relation beider Naturen ist, kann der Vorwurf an Nestorius, daß er die Einheit völlig zerreiße, kaum aufrechterhalten werden.

In seinem Brief an Kyrill vom 15. Juni 430 faßt Nestorius seine Ansichten zusammen und kritisiert die vermeintlichen Fehler seines Kontrahenten[120]. Anstößig erscheint ihm die Interpretation des nizänischen Konzils in dem Sinn, daß Gott selbst Fleisch und Mensch geworden ist, gelitten hat und auferstand.

Gewiß betont Nestorius zu Recht die Unterschiedlichkeit und Unverwechselbarkeit der beiden Naturen. Er leugnet auch keineswegs ihre Einheit. Das Problem ist aber, wie in der ganzen antiochenischen Theologie, die genauere Bestimmung der Vereinigung selbst. Nestorius setzt zu unkritisch die beiden in sich geschlossen gedachten Naturen nebeneinander, um sie nachträglich in dem *prosopon* zu vereinen, in dem Christus dann gleichsam durch zwei Augen geschaut hat, die Natur seiner Menschheit und die seiner Gottheit. Die Antiochener vermochten die *physis* und die *hypostasis* nicht auseinanderzuhalten. Sie verstanden sie als Synonyme für eine konkrete subsistierende Substanz. Daher lag der Vorwurf nahe, daß sich in Christus zwei Personen begegnen, daß die ewige Sohnschaft des Logos und die Sohnschaft der Menschheit Jesu in die Lehre von zwei Söhnen auseinanderfalle und schließlich die Einheit nur durch eine Willenseinheit (moralische Einheit) zusammengehalten werde.

Ebensowenig wie allerdings auch bei den Alexandrinern wurde hier die *ousia* (*physis*, Substanz) von ihrem aktualisierenden Prinzip (*hypostasis*, Subsistenz, Person) unterschieden. Erst auf der Basis dieser Unterscheidung läßt sich eine widerspruchsfreie Theorie der hypostatischen Union entwickeln, die die Stärken der alexandrinischen Einigungschristologie und der antiochenischen Unterscheidungschristologie aufnimmt und ihre jeweiligen Schwächen vermeidet[121].

Kyrill von Alexandrien

Zum Wortführer der antinestorianischen Bewegung machte sich *Kyrill von Alexandrien*. Er geht von der einzigen Person des Wortes aus, das von Ewigkeit her in Wesenseinheit mit dem Vater existiert und das in der Fülle der Zeit Mensch geworden ist. Dabei kann er sich auf Joh 1,14 stützen: „Und das Wort ist Fleisch geworden".

Für ihn bedeutet „Fleisch" eine vollständige, mit einer Vernunftseele ausgestattete menschliche Natur. Insofern entfaltet er seine Einheits-Christologie im Logos-Anthropos-Schema. Mit allem Nachdruck lehrt er die Einzigkeit der Logosperson des *verbum incarnatum*. Der präexistente und der inkarnierte Logos sind identisch. Der Logos selbst ist das Subjekt der Personeinheit des Gottmenschen Jesus Christus. Er nimmt bei der Inkarnation einen menschlichen Leib zusammen mit der ihm wesenseigenen Vernunftseele an, d.h. eine volle menschliche Natur. Bei diesem Geschehen hat die zweite Person in Gottes Dreifal-

---

[120] Vgl. den Text tzt D4/I, Nr. 126.
[121] Wenn der Bischof Proklus von Zyzikus in einer Predigt gegen Nestorius behauptet: „Wir predigen keinen vergöttlichten Menschen, sondern einen fleischgewordenen Gott" (PG 65,680), dann trifft er genau die Schwäche des Nestorius und die Stärke des Kyrill und verfehlt ebenso die Stärke der nestorianischen Unterscheidung der Naturen wie die Kyrillische Gefahr ihrer Vermischung.

tigkeit ihren Charakter oder ihre Hypostase als Gott voll gewahrt. Daher ist die angenommene menschliche Natur ohne eigene Person. Sie wird von der Hypostase des Logos personalisiert.

Aber, wie schon gesagt, verwendet Kyrill ebenso wie Nestorius die Begriffe „*prosopon*", „*physis*" und „*hypostasis*" meist synonym im Sinne einer selbständigen Substanz. Im fleischgewordenen Wort gibt es daher nur *eine hypostasis* und nur *eine physis*. Von daher ergibt sich die Kyrillische Formel von der einen fleischgewordenen *physis* des göttlichen Wortes[122]. Im Lichte der späteren Terminologie von Konstantinopel konnte diese Formel freilich als monophysitisch mißverstanden werden.

Auch die Antiochener unterschieden nicht genau zwischen *physis* und *hypostasis*. Beide Ausdrücke bedeuten: eine konkrete subsistierende Substanz. Dies ergibt daher in Christus zwei Naturen, also auch zwei Hypostasen, die zu einem einzigen *prosopon* vereint sind.

Kyrill hatte in dieser Argumentation eine falsche Lehre von zwei Söhnen vermutet und damit eine Leugnung einer wirklichen Einigung *(henosis)* bzw. die Reduktion der Einheit auf eine bloße Verbindung *(synapheia)*. In seiner Schrift „Daß Christus einer ist" argumentiert Kyrill darum so:

Nicht zwei Söhne behaupten wir und nicht zwei Herren. Ist Gott das Wort, der eingeborene Sohn des Vaters, der Wesenheit nach Sohn, so nimmt der mit ihm verbundene und vereinte Mensch am Namen und der Ehre des Sohnes teil.
Und ist Gott das Wort der Wesenheit nach Herr, so nimmt der mit ihr verbundene Mensch an der Ehre teil, und deswegen behaupten wir nicht zwei Söhne und nicht zwei Herren. Denn da der unseres Heiles wegen angenommene Mensch, der anerkanntermaßen der Wesenheit nach Herr und Sohn ist, unzertrennlich verbunden bleibt, so wird er unter dem Namen und der Ehre des Sohnes und des Herrn mit einbegriffen.[123]

Daraus folgt, daß Christus dem Einigungsprinzip nach, also in seiner Person „einer und derselbe" ist. Die Konkretheit dieser Einigung hat auch die Seins- und Wirkeinheit des bis zu einer Wirklichkeit geeinten Kompositums von Gottheit und Menschheit in Christus zur Folge. Diese Betonung der Einheit und Einzigkeit Christi in seiner Person, als Träger der vereinigten Naturen, hat dennoch nicht eine Vermischung der Naturen zur Folge oder eine Verkürzung der menschlichen Natur, wie der sich zu Unrecht auf Kyrill berufende spätere Real-Monophysitismus es will.

Worin bestand nun nach Kyrill der Kern der Lehre des Nestorius?

Dieser leugnet seiner Meinung nach die Tatsache, daß der ewige Logos selbst das reale und einzige Subjekt auch der menschlichen Wirklichkeit in Jesus Christus ist. Das Subjekt, von dem Göttliches und Menschliches ausgesagt werden kann, sei der Christus. Aber trotz aller Bemühungen, die enge Verbindung zwischen göttlicher und menschlicher Natur herzustellen, komme Nestorius über eine bloß moralische Einheit nicht hinaus und erreiche nicht die physische bzw. ontologische Ebene. So komme keine Einheit *kat'hypostasin* zustande. Später

---

[122] Sie stammt von Apollinaris von Laodicäa, Ad Jovianum. Hg. v. H. Lietzmann, Innsbruck 1904, 251, welche man zu dieser Zeit allgemein für eine Schrift des Athanasius hielt.
[123] BKV II/XII, 132 f; vgl. auch tzt D4/I, Nr. 128.

konnte Nestorius seinen Gegnern vorhalten, daß sie selbst keine klare Konzeptionen von den zwei unvermischten Naturen vorgetragen hätten.

Aufgrund der eindeutigen Unterscheidung der beiden Naturen, wie sie Papst Leo der Große in seinem Brief an den Patriarchen Flavian von Konstantinopel auf dem Konzil von Chalkedon vortragen ließ, hat Nestorius sich später gerechtfertigt gefühlt.

3.2.3.5 Das Konzil von Ephesus (431)

Im Fortgang des Streites verurteilte Kyrill in einem Osterfestbrief an die Bischöfe Ägyptens (429) die Lehre des Nestorius und bat Papst Cölestin I. um eine Entscheidung. Doch vor ihm hatte sich schon Nestorius in einem Brief an den Papst über den neuen Irrtum und die „Fäulnis des Arius und des Apollinaris" beklagt und seine eigene Lehre über das „Christotokos" dargelegt. Papst Cölestin schloß sich auf einer römischen Synode der Auffassung Kyrills an.

Daraufhin forderte der Papst mit einer Liste von 12 Anathematismen, in denen der orthodoxe Glaube zusammengefaßt war, Nestorius zum Widerruf auf[124]. Da dieser sich dazu nicht herbeiließ und Kyrill sich auch mit mißverständlichen Formulierungen wie „physische Vereinigung" des Apollinarismus verdächtig gemacht hatte, berief Kaiser Theodosius II. zur Lösung der Frage ein Konzil nach Ephesus ein.

Das Konzil von Ephesus hat keine eigene Erklärung vorgelegt, sondern den 2. Brief Kyrills als Ausdruck des katholischen Glaubens betrachtet. Später hat das 2. Konzil von Konstantinopel (553) auch die 12 Anathematismen des Kyrill gegen Nestorius als authentischen Ausdruck der Glaubenslehre anerkannt (DH 437).

Das Ergebnis dieses Konzils kann zusammenfassend so festgehalten werden[125]: Das Konzil hebt die Subjekteinheit Christi hervor. Es ist einer und derselbe *(heis kai ho autos / unus et idem)*, der die Einheit von Gott und Mensch in Christus prägt. Es ist nicht ein Dritter, der aufgrund der Vereinigung der beiden Naturen entstanden ist. Es gibt nicht zwei Subjekte in Christus, also eine Trägerperson seiner Menschheit und eine Trägerperson seiner Gottheit *(allos kai allos / alius et alius)*. Das Subjekt der Einheit ist der Logos selbst, der das *„unum esse"*, nämlich die ungeteilte Wirklichkeit des Gott-Menschen Christus ausmacht.

Im ganzen darf man das soteriologische Motiv, das hinter diesen Formulierungen steckt, nicht übersehen. Es ist ein und derselbe Christus, der ewig beim Vater als der ewige Sohn war und der für uns im Fleisch geboren wurde, gelitten hat, gestorben und auferstanden ist. Nur so ist gewährleistet, daß Gott nicht durch irgendeinen von ihm beauftragten, wenn auch durch Gnade auf engste Weise mit ihm verbundenen Menschen die Erlösung gewirkt hat, sondern daß er selbst das Subjekt des Heilsgeschehens ist.

---

[124] Vgl. DH 252-263; tzt D4/I, Nr. 129.
[125] Vgl. DH 250-268. Dort ist der gesamte dogmatisch bedeutsame Textkomplex wiedergegeben. Vgl. auch tzt D4/I, Nr. 31.

○ Im 2. Brief des Kyrill an Nestorius vom Januar/Febr. 430, der auf dem Konzil von Ephesus vorgelesen und als authentischer Ausdruck des katholischen Glaubens anerkannt wurde, heißt es:

Das Wort hat auf eine unaussprechliche und unergründliche Weise das menschliche Fleisch, das von einer Vernunftseele belebt wurde, mit sich der Person nach {kat'hypostasin} vereinigt, ist dadurch Mensch geworden und hat den Namen Menschensohn erhalten, aber keineswegs nur nach Willen und Wünschen des Wortes oder so, als habe es eine Person {prosopon} hinzugenommen, vielmehr sind die Unterschiede der beiden zu einer wirklichen Einheit zusammengekommenen Naturen {physeis} erhalten und doch ist aus beiden ein Christus und Sohn geworden; ohne daß die Eigenarten der Naturen um der Vereinigung willen aufgehoben wären, bilden sie in der auf unaussprechliche und unsagbare Weise zur Einheit zusammengefügten Gottheit und Menschheit für uns den einen Herrn und Christus und Sohn.[126]

○ Aus dieser hypostatischen Union resultiert auch die Möglichkeit des Austausches der Prädikate und Eigentümlichkeiten der beiden Naturen im Bezug auf das eine Trägersubjekt des Gott-Menschen Jesus Christus *(communicatio idiomatum)*[127].

Damit ergibt sich, daß der Titel „Theotokos" im eigentlichen Sinne ausgesagt werden muß. Er wird darum zum Kennzeichen der Rechtgläubigkeit:

Wer nicht bekennt, daß der Immanuel in Wahrheit Gott und die heilige Jungfrau deshalb Gottesgebärerin ist, weil sie das fleischgewordene, aus Gott entstammte Wort dem Fleische nach geboren hat, der sei ausgeschlossen.[128]

Deshalb war Kyrill von Alexandrien alles an einer wirklichen, wie er sagt, physisch (gemeint: ontologisch) begründeten Vereinigung gelegen. Aus soteriologischem Interesse bekämpfte er darum jede nur moralische Verbindung von Gott und Mensch in Jesus Christus oder auch die Vorstellung, Christus sei nur ein Gott tragender, d.h. Gottes Kraft zur Auswirkung bringender Mensch. Deshalb müssen auch die traditionellen Termini, in denen die antiochenische Schule die wirkliche Einheit von Gott und Mensch in Jesus Christus betonte, zurückgewiesen werden. Es handelt sich nicht nur um eine allgemeine Verbindung im Sinne einer intensiven Einwohnung des Logos in der Menschheit Christi, sondern um eine wirkliche Menschwerdung des ewigen und einzigen Sohnes Gottes.

Mit der Verurteilung und Absetzung des Nestorius war allerdings das Ringen um einen richtigen theologischen Ausdruck des Geheimnisses der hypostatischen Union noch nicht abgeschlossen. Das berechtigte Anliegen der Antiochener, die Unterscheidung der Naturen und die Unversehrtheit der menschlichen Natur nach der Vereinigung festzuhalten, war durch die Formulierungen des Ephesinum nicht überholt. Insofern bedeutet Ephesus nur einen Zwischenschritt zu Chalkedon hin, wo es zu einem besseren Ausgleich zwischen der Einigungs- und der Unterscheidungschristologie kam. Allerdings ist auch zu sagen, daß wahrscheinlich eine absolute Vermittlung zwischen den beiden christologischen Ansätzen nicht möglich und auch nicht notwendig ist.

---

[126] Zit. P.-Th. Camelot, Ephesus und Chalcedon (GÖK II) 226; rzt D4/I, Nr. 218.
[127] Ebd. 226 f; tzt, D4/I, S. 180.
[128] 1. Anathematismus, DH 252; NR 160; tzt D4/I, Nr. 129, S. 184 (241, 1).

3.2.3.6 Die Unionsformel des Jahres 433

Das schroffe Vorgehen gegen Nestorius hatte ein zweijähriges Schisma zwischen Alexandrien und Rom einerseits und Antiochien andererseits ausgelöst. Durch das kluge Verhalten des antiochenischen Patriarchen Johannes kam unter Federführung des Theodoret von Kyros 433 eine Union zustande.

Die dafür entworfene Formel darf als unmittelbare Vorbereitung von Chalkedon gelten. Der Vollständigkeit und Unzerstörtheit der menschlichen Natur Christi wird voll Rechnung getragen. Christus ist nicht nur *homoousios to patri,* sondern auch in allem uns Menschen wesensgleich *(homoousios hemin).* Aus beiden Naturen ist unbeschadet ihrer bleibenden Eigentümlichkeiten eine Einheit zustande gekommen. Sie bleibt freilich ein Geheimnis und ist nur dem Glauben zugänglich. Jedoch ist diese Einheit derart, daß man nur von dem einen Christus, dem einen Sohn und dem einen Herrn sprechen kann[129].

Kyrill stellt in seinem Brief 39 an Johannes von Antiochien, dem berühmten Laetentur-Brief, die volle Glaubensübereinstimmung der Kirche in Alexandrien mit der Kirche von Antiochien fest. Er wendet sich auch gegen eine Entstellung seiner Lehre von der einen Natur des fleischgewordenen Wortes im Sinne einer Verwandlung und Vermischung der beiden Naturen[130].

Von da an hat auch Kyrill die äußerst mißverständliche *mia-physis*-Formel wegen ihrer apollinaristischen Tendenz aufgegeben. Die Berufung der Monophysiten auf Kyrill geschieht also formell und sachlich zu Unrecht.

Mit der Union von 433 konnte der größte Teil der Nominal-Nestorianer wieder für die Einheit der Kirche gewonnen werden. Andere gründeten in Seleucia-Ktesiphon außerhalb des römischen Reiches ein eigenes Patriarchat. Ihre Mission gelangte bis China und Indien. Auch sie dürften wohl kaum häretisch gedacht haben. Ihre vorchalkedonische Christologie kann besser als konservativ bezeichnet werden, weil sie an einem noch wenig differenzierten traditionellen Sprachgebrauch der antiochenischen Schule festhalten.

3.2.3.7 Die Entstehung des Monophysitismus

Kaum war die Union wirksam geworden, nahmen manche aus den Reihen der Alexandriner den Kampf wieder auf, indem sie die Rechtgläubigkeit der großen antiochenischen Lehrer, Theodor von Tarsus und Theodor von Mopsuestia, in Zweifel zogen.

Zunächst griff der übereifrige, aber theologisch wenig sachkundige Eutyches (geb. um 378), Archimandrit in Konstantinopel, die von Kyrill aufgegebene Formel von der „einen *physis* des fleischgewordenen Logos" nach der Vereinigung wieder auf und interpretierte sie gegen dessen klare Aussage als eine Art Vermischung der beiden Naturen oder besser als eine Art Verschwimmen der menschlichen Natur in der umfassenden Gottheit. So erklärt er streng antinestorianisch: „Ich bekenne, daß unser Herr vor der Vereinigung zwei Naturen hatte, nach der Vereinigung bekenne ich nur eine einzige Natur."[131]

---

[129] Vgl. P.-Th. Camelot, Ephesus und Chalcedon (GÖK II), 245 f; DH 272 f; tzt D4/I, Nr. 130.
[130] Vgl. P.-Th. Camelot, Ephesus und Chalcedon (GÖK II), 250.
[131] ACO II/I,1,134 f. Vgl. das Sitzungsprotokoll der endemischen Synode (448): tzt D4/I, Nr. 135.

Zwar sagt er in einem Brief an Leo den Großen, daß der Logos in Wahrheit Fleisch angenommen habe und daß auch gegen den Doketismus an der Herkunft der menschlichen Natur Jesu aus dem Leib Marias festzuhalten sei im Gegensatz zur gnostischen Lehre von der himmlischen Herkunft des Leibes Christi[132]. Er verkennt jedoch die Konsubstantialität des Leibes Christi mit der natürlichen und geschöpflichen Leiblichkeit aller anderen Menschen. In der Begegnung von Schöpfer und Geschöpf kann er nicht an eine bleibende und sich sogar steigernde konkretisierende Eigenständigkeit der menschlichen Natur in ihrer personalen Freiheit und individuellen Existenz festhalten. Nach der Darstellung des Theodoret von Kyros[133] sagt Eutyches, daß die Menschheit Christi von der Gottheit aufgesogen sei wie ein Honigtropfen im Meer.

Von *Flavian,* Patriarch von Konstantinopel (446-459), wurde Eutyches exkommuniziert. Er erhielt jedoch Unterstützung von *Dioskur,* dem Patriarchen von Alexandrien, einem Neffen Kyrills.

Auf einer nach Ephesus (449) einberufenen Synode setzte Dioskur mit Gewalt einen extrem alexandrinischen Kurs durch und ließ Flavian und Theodoret von Kyros exkommunizieren. Die Verlesung des dogmatischen Briefes des Papstes Leo des Großen an Flavian (449) wurde verhindert. Wegen der skandalösen Vorgänge bezeichnete Papst Leo diese Synode als Räubersynode *(latrocinium)* und wies ihre Beschlüsse zurück. Um die Fragen einer endgültigen Klärung zuzuführen, berief schließlich Kaiserin Pulcheria zusammen mit ihrem Gemahl Marcian eine neue Synode nach Chalkedon (8.10.-1.11.451) ein, die mit 600 Bischöfen zum größten und bedeutendsten Konzil des Altertums werden sollte.

3.2.3.8 Das Konzil von Chalkedon (451)

Die gute Aktenlage erlaubt ein genaues Bild dieses Konzils. Dioskur wurde verurteilt, die Rechtgläubigkeit der großen Antiochener Theodor von Mopsuestia, Theodoret von Kyros, Ibas von Edessa und Flavian festgestellt. Kriterien der Rechtgläubigkeit stellten die Symbola von Nikaia und Konstantinopel dar. Als deren authentische Interpretation gelten der 2. Brief Kyrills an Nestorius, das Wiedervereinigungssymbolum von 433 und der dogmatische Brief Leos des Großen an Flavian[134]. Er liegt weitgehend der dogmatischen Erklärung des Chalkedonense zugrunde. Als hilfreich erwiesen sich terminologische Klärungen des Flavian und des Proklus.

Das sorgfältig und ausgewogen formulierte Dogma von Chalkedon lautet (NR 178; DH 301 f.; tzt D4/I, Nr. 33):

> *Nachfolgend den heiligen Vätern*
> *lehren wir alle und bekennen uns einstimmig*
> *zu ein und demselben Sohn,*
> *unserem Herrn Jesus Christus;*
> *derselbe ist vollkommen in der Gottheit,*
> *derselbe ist vollkommen in der Menschheit,*

---

[132] PL 54, 717 f.
[133] Eran. 2; PG 83, 153.
[134] Vgl. den Text in Auszügen DH 290-295; tzt D4/I, Nr. 32.

> *wahrhaft Gott und wahrhaft Mensch*
> *aus vernunftbegabter Seele und Leib,*
> *dem Vater wesensgleich der Gottheit nach*
> *und auch uns wesensgleich der Menschheit nach,*
> *uns in allem ähnlich, die Sünde ausgenommen (vgl. Hebr 4,15),*
> *vor den Zeiten aus dem Vater geboren der Gottheit nach,*
> *in den letzten Tagen aber*
> *eben derselbe unseretwegen und um unseres Heiles willen*
> *geboren aus Maria, der Jungfrau, der Gottesgebärerin, der Menschheit nach*
> *ein und derselbe ist* Christus, Sohn, Herr, Eingeborener
> *in zwei Naturen*
> *unvermischt, unverwandelt/ungetrennt und ungesondert* erkennbar,
> *niemals wird wegen der Einigung der Unterschied der Naturen aufgehoben,*
> *vielmehr wird die Eigentümlichkeit jeder der beiden Naturen bewahrt,*
> *auch im Zusammenkommen zu einer Person und einer Hypostase,*
> *nicht geteilt oder getrennt in zwei Personen, sondern ein und derselbe ist der eingeborene Sohn,*
> *Gott, Logos, der Herr Jesus Christus,*
> *wie schon die Propheten von Alters her über ihn verkündet haben*
> *und Jesus Christus selbst uns gelehrt, und wie dies das Glaubenssymbol*
> *der Väter uns überliefert hat.*

Man konnte die in der Trinitätstheologie gewonnene Terminologie nun auch auf die hypostatische Union anwenden. Der Terminus „Hypostase" bezieht sich jetzt bei der Frage der Menschwerdung eindeutig auf die Person des Logos. Er ist das Subjekt, das *prosopon*, das nach der Inkarnation in zwei Naturen, Wesenheiten, Substanzen und *ousiai* existiert, nämlich in der ihm eigenen göttlichen Natur und in der angenommenen menschlichen Natur.

Somit ergibt sich die entscheidende Formel *„eine Person – zwei Naturen"*. Die eine Person des Logos verwirklicht sich ewig in der göttlichen Natur und zeitlich und geschichtlich in der angenommenen menschlichen Natur.

Auf die Frage „*Was* ist Christus?" erhalten wir die Antwort: Wahrer Gott und wahrer Mensch zugleich, aber so, daß Gottheit und Menschheit unvermischt und unverwandelt nebeneinander bestehen und in der Einheit der Person des Logos zusammengefaßt sind.

Fragen wir „*Wer* ist er?", erhalten wir die Antwort: Die eine Person des Logos, d.h. die zweite Hypostase der Trinität, die zu der göttlichen Natur die menschliche Natur angenommen hat, um durch, mit und in ihr (d.h. auch in ihrer aktiven freien Selbstbestimmung und freien Selbsttranszendenz auf Gott hin) das Heil zu realisieren, das in der gnadenhaften Vereinigung des Menschen mit Gott oder der Vergöttlichung des Menschen besteht. In Christus sind darum Gott und Mensch ungetrennt und ungeteilt vereint. Das WORT ist das Subjekt der Heilsökonomie, aber die menschliche Natur mit ihrer kreatürlichen Eigentätigkeit ist das im Wort geeinte Medium, in dem sich die Heilseinheit vollzieht. Jesus Christus ist kein götter-menschliches Zwischenwesen, auch nicht halb Gott und halb Mensch. Er ist kein platonisches Mittelwesen, sondern aufgrund seiner gottmenschlichen Einheit ein personaler Mittler. Er ist der Gott-Mensch in der Einheit des göttlichen Subjektes, das der Träger der beiden unvermischten und in sich vollständigen Naturen bleibt. So wird dem alexandrinischen Anliegen der

Subjekteinheit genauso Rechnung getragen wie dem antiochenischen Dyophitismus.

3.2.3.9 Die chalkedonische Christologie als Ausprägung der Katholizität des Christentums

Das Dogma von Chalkedon soll und will keine spekulativ-rationalistische „Erklärung" des Christusmysteriums sein. Auf dem Hintergrund der strittigen Fragen der vorangegangenen Jahrhunderte stellt es eine knappe Zusammenfassung der wesentlichen Ergebnisse dar. Mehr als ein Gerüst, als eine formale Struktur, eine *regula fidei* des Christusbekenntnisses will es nicht sein. Es steckt aber die Grenzen ab, innerhalb derer sich die Versprachlichung des Jesus-Ereignisses bewegt und in dem die Kirche sich über ihren Christusglauben verständigt. So ist die Größe des Chalkedonense zugleich auch seine Grenze. In der Formulierung des christologischen Dogmas bildet das Konzil gleichsam den Höhepunkt und den inneren Abschluß der christologischen Bekenntnisbildung.

Als grundlegende Ergebnisse des Konzils können folgende Punkte festgehalten werden:

1.) Das Konzil von Chalkedon bedeutet eine konsequente Fortsetzung der Konzilien von Nikaia und Ephesus. Die Einseitigkeiten des alexandrinischen Ansatzes, die auf die Verkürzung der Menschheit Jesu hinauslaufen können, sind überwunden. Dem antiochenischen Anliegen einer Voll- und Selbständigkeit der beiden Naturen ist Rechnung getragen.

Bei aller Symmetrie der Formel darf jedoch die Einheit der beiden Naturen in der Person des göttlichen Logos nicht übersehen werden. Eine rein dyophysitische Interpretation ist die Gefahr, der die mehr antiochenisch orientierten Christologen, die sog. Altchalkedonier, erliegen könnten. Dann wäre die Einheit allenfalls eine Zusammensetzung in einem höheren Dritten oder es gäbe nur eine moralische (gnadenhafte) Verbindung zwischen dem göttlichen und einem menschlichen Subjekt.

In der Tat könnte die Formulierung des Konzils, daß die Eigentümlichkeit einer jeden Natur bewahrt wird, indem beide in der einen Person und Hypostase zusammenkommen, so ausgelegt werden, daß die Hypostase das Produkt des Einigungsprozesses zweier subsistenter Naturen darstellt.

Dies will aber, wie der Kontext zeigt, das Konzil durchaus vermeiden. Keineswegs will es die Einheit nur als eine moralische und gnadenhafte Verbindung zwischen einem göttlichen und menschlichen Subjekt sehen. Vielmehr ist es umgekehrt das Subjekt des einen und selben Christus, der die beiden Naturen miteinander, unbeschadet der bleibenden Verschiedenheit voneinander, eint. Bei dieser Einigung geht es nicht um die Einheit zweier verschiedener Subjekte in einer ihnen gemeinsamen höheren dritten Natur, sondern um die Vereinigung von zwei Naturen in dem Subjekt des Logos, der nicht mit der menschlichen Natur vereint wird, sondern sie sich selbst zu eigen nimmt. So besteht in der Tat zwischen den beiden Naturen eine ontologisch fundierte Relation. Diese Union wird aber von der Person des Logos verwirklicht, der die menschliche Natur annimmt, realisiert, sich zu eigen macht und ihr Subsistenz in seiner eigenen Wirklichkeit verleiht.

Es handelt sich also um eine hypostatische Einheit im strengen Sinn. Daran liegt dem Konzil sehr viel, wie die mehrfache Betonung des Terminus *„heis kai ho autos"* (*unus et idem*) im Gegensatz zu dem nestorianischen Wort *allos* kai *allos* (*alius et alius*) zeigt. Wenn Gottheit und Menschheit freilich nicht je einem anderen gehören, so sind die Naturen untereinander aber doch *allo kai allo* (*aliud et aliud*).

2.) Das Konzil will das Geheimnis der personalen Einheit von Gott und Mensch in Christus nicht rationalistisch auflösen, sondern die einzigartige Wirklichkeit Christi als *mysterium fidei* bewahren. Ebenso wichtig ist aber auch der Aufweis, daß das Geheimnis vernunftgemäß ist, weil von seiten Gottes (de natura assumentis) und von seiten des Menschen (de natura assumpta) eine solche Vereinigung prinzipiell möglich ist.

Dem Konzil geht es darum, daß die Einheit der Naturen nicht auf der Ebene der Natur verwirklicht wird, indem der einen Natur etwas weggenommen wird, um von der anderen Natur ersetzt zu werden. Es geht um die Vollständigkeit gerade der *natura humana*. Die Subsistenz eines individuellen Menschen gehört nicht zur allgemeinen Bestimmung der menschlichen Natur (aristotelisch: *substantia secunda*). Subsistenz bedeutet vielmehr die von Gott bewirkte Einzigartigkeit eines einzelnen Wesens, das sich im menschlichen Wesensvollzug ereignet. Hypostase (Person) ist nicht die subsistierende Seele Christi als *forma corporis*, sondern die im Selbstmitteilungswillen Gottes ruhende und mit der Person des ewigen Wortes identische Subsistenz des Menschen Jesus im Logos. Darum gehören Selbstbewußtsein, Gegenstandsbewußtsein, freie Willenstätigkeit, Fortschritt im Wissen, die Offenheit der Weltbegegnung im Horizont von Geschichte, aber auch die Leiblichkeit des Menschen mit ihren Leidenschaften und ihrer Leidensfähigkeit, mit ihrer sinnlichen Antriebsstruktur und ihrem Ausgeliefertsein an zerstörerische Mächte wie Leiden und Tod zur Natur des Menschen (*principium quo agitur*) und nicht zur Subsistenz (*principium quod agit*). Die natura humana Christi wird nun durch die Annahme von seiten Gottes und durch die Aufnahme in die Relation des Logos zum Vater zu einem konkreten *homo,* d.h. zur individuellen Gesamtwirklichkeit Christi in seiner wesenhaften Einheit mit uns Menschen und seiner wesenhaften Relation zu Gott, seinem Vater. So entsteht das *unum esse* Christi, d.h. die durch die Vereinigung gewordene Seinseinheit Christi aufgrund der einen und einzigen Sohnesrelation zum Vater, die in seiner göttlichen Natur ewig und in seiner menschlichen Natur zeitlich subsistiert.

Trotz der klaren Unterscheidung der beiden Naturen muß die Rede von zwei Söhnen in Christus vermieden werden. Denn der Terminus „Sohn" steht für eine Personalrelation. Er bezeichnet nicht eine allgemeine Wesenseigentümlichkeit einer Natur.

Darum heißt Maria auch zu Recht Gottesmutter, weil sie nicht eine abstrakte menschliche Natur geboren hat, sondern einen konkreten Menschen, dessen personale Subsistenz der Gott-Logos selbst ist.

3.) Da die Konzilsväter das unausschöpfliche Glaubensgeheimnis bewahren wollen, wäre es falsch, die hier verwendeten Grundbegriffe (wie „Wesen", „Natur", „Person", „Subsistenz" und „Hypostase") durch eine vorweg entwickelte Definition restlos bestimmen zu wollen, um sie dann in einem univoken Sinne auf Gottes Wesen und das Ereignis der Menschwerdung anzuwenden.

Die in einem langen Ringen entstandene Terminologie kann nur in einem sensiblen Bezug zum Glaubensgeheimnis selbst in ihren Nuancen ertastet werden. Die theologische Sprache, die wie jede menschliche Sprache an der Schöpfungswirklichkeit gewonnen wird, kann nur in einem analogen Sinne auf das Geheimnis Gottes angewendet werden, der sich in den Strukturen der Schöpfung und in den Ereignissen seines geschichtlichen Handelns faßbar macht *(analogia entis, analogia fidei)*. Denn der von der Natur her uns angemessene Raum unseres Erkennens und Denkens ist die sinnenhaft vermittelte Erfahrungswelt. Gott als solchen können wir nicht adäquat erkennen, sondern immer nur vermittelt durch seine Wirkungen in der Welt, indem wir von den Seienden auf die Existenz ihres Urhebers schließen und die Welt dann als Schöpfung einer göttlichen Macht qualifizieren.

Auch in der geschichtlichen Selbstmitteilung Gottes in Offenbarung und Gnade, wie sie in der Inkarnation des Logos zur Vollendung kommt, treten wir nicht in eine unvermittelte Nähe zu Gott. Im strengsten Sinn des Wortes ist nur Gott selbst allein zu sich unmittelbar.

Das menschgewordene Wort ist gerade durch seine Menschheit, sein Leben, sein Lehren, sein Leiden und Sterben, seine Auferstehung und seine Erhöhung die umfassende Heilswirkung Gottes schlechthin, durch die er sich auf uns hin vergegenwärtigt in der Menschheit Jesu Christi. Gerade in seiner menschlichen Natur und aufgrund deren Subsistenz im Logos ist Christus so in der Tat der einzige Weg zum Vater. Und er ist der einzige Weg Gottes zu uns, in dem alle Selbstvergegenwärtigung Gottes in der Schöpfung, in der Wahrheitssuche und religiösen Hingabe der Menschen aufgenommen, integriert und zusammengefaßt wird. *Die Menschheit Jesu ist die bleibende und ewige Vermittlung in die Unmittelbarkeit zum dreifaltigen Gott.* In der Nachfolge Christi gehen die Menschen in der Gegenwart zum endgültigen Offenbarwerden des Ziels. Jesus ist so selbst in seiner Person, in Gottheit und Menschheit, Weg, Wahrheit und Leben (Joh 14,6). Damit wird die soteriologische Orientierung der altkirchlichen Christologie sehr deutlich.

4.) Durch die hypostatische Union ist eine neue Relation zwischen Gott und Welt Ereignis geworden, die über die allgemeine Schöpfer-Geschöpf-Relation hinausweist. Der Logos hat nicht nur eine menschliche Natur angenommen, um sie als Instrument seiner Erlösungstat zu verwenden. Die Annahme der menschlichen Natur ist selbst schon eine definitive Selbstzusage Gottes an alle Personen, die ihre konkrete Existenz durch die menschliche Natur verwirklichen. Somit ist die menschliche Natur objektiv durch die Christologie und die Soteriologie qualifiziert, unbeschadet der Tatsache, daß sich jeder diese Vorgabe in der personalen Glaubensentscheidung und in der persönlichen Nachfolge individuell zu eigen machen muß.

Ob man mit der Inkarnation als einer wirklichen Neubestimmung des Gott-Welt-Verhältnisses ernst macht, erweist sich an der Idiomenkommunikation.

Schon zwischen Kyrill und Nestorius war die Frage umstritten, ob man sagen könne, der Logos selbst sei geboren worden aus Maria, habe am Kreuz gelitten und sei auferstanden, oder ob man auch nach der Inkarnation radikal an der Transzendenz Gottes festhalten müsse, der als der ganz Andere in keiner Weise etwas mit der Welt zu tun hätte.¹³⁵ Gewiß ist mit den Antiochenern abzuweisen, daß Gott unabhängig von der Inkarnation in seiner eigenen inneren Natur leidensfähig sei. Diese Art von Theopaschismus ist konstant vom kirchlichen Lehramt zurückgewiesen worden (vgl. etwa DH 635).

Mit den Alexandrinern ist aber zu sagen, daß die göttliche Person des Logos in der angenommenen Menschheit tatsächlich die Konditionen geschöpflicher Existenz auf sich genommen hat, nämlich Geburt, Leid und Tod. Es ist also durchaus nicht richtig zu sagen, daß nur der Mensch Jesus gelitten hat. Wegen der Subjekteinheit ist vielmehr der Logos selbst das Subjekt der der menschlichen Natur angehörenden Taten und Leiden (der *acta et passa*). Vermeidet man das theopaschitische und monophysitische Mißverständnis, dann ist die Formel „einer aus der Dreifaltigkeit ist Mensch geworden und hat gelitten" (*unus de trinitate passus est*) durchaus rechtgläubig zu verstehen¹³⁶.

Gott ist also in seiner Freiheit fähig, sich in der Fülle seiner Liebe mitzuteilen, ohne dabei ein von sich verschiedenes Ziel zu verfolgen, indem er durch ein solches Handeln sich selbst in seinem Sein steigern würde, oder der Gefahr, sich zu verlieren, ausgesetzt wäre. Darum kann sich Gott auf seine Geschöpfe beziehen, das Leiden der Menschen annehmen, um es zu wandeln und zu überwinden. Am Kreuz Jesu macht er sich zum Subjekt des Leidens und läßt sich betreffen von den Abgründen der Gottesferne, der Trostlosigkeit und der Absurdität der Sünde. Darum ist Gott selbst das Subjekt der Befreiung von den versklavenden Mächten der gottfeindlichen Welt. Er ist es in der menschlichen Natur Christi, die sich durch das menschliche Bewußtsein Jesu und seine freie Selbstbestimmung in ihrer Geschichtlichkeit vollzieht.

5.) Daraus ergeben sich die Regeln der *Idiomenkommunikation.* Sie sind die sprachlogische Umsetzung und die Bewährung der Realität der hypostatischen Union. Die Grundregel lautet, daß abstrakte Eigentümlichkeiten der beiden Na-

---

¹³⁵ Im 20. Jahrhundert ist (abhängig von Hegel) die Frage nach dem Leiden Gottes und seinem Eingehen in die Leidensgeschichte der Menschen wieder neu aufgeworfen worden. Verschiedene Vertreter der Prozeßphilosophie (A. N. Whitehead) und Prozeßtheologie meinen, daß die Patristik und Scholastik sich hätten verleiten lassen, die Axiome der griechisch-heidnischen Philosophie von der Leidensunfähigkeit (Apathie-Axiom) und der Unveränderlichkeit Gottes unbemerkt als Fremdkörper in die christliche Theologie einzuschmuggeln. Dies ist gewiß falsch. Eine solche Position ergäbe sich aus einer ganz extremen antiochenischen Christologie, die so allerdings niemand vertreten hat. Hier werden Gedanken der philosophischen Gotteslehre, des Rationalismus, der Physikotheologie, des Deismus und der Aufklärungsdogmatik des 18. Jahrhunderts in eine völlig andersgeartete theologische Gedankenwelt der Alten Kirche hineinprojiziert. Zudem ist das Leiden nicht auf die göttliche Natur zu beziehen, sondern gegebenfalls auf die göttlichen Personen, die im Falle der Menschwerdung des Logos eine freie Relationalität zum Leiden der Welt eingehen.

¹³⁶ So betont es das 2. Konzil von Konstantinopel (553) im Kanon 10 (DH 432; vgl. 401). Die für die Christologie sehr wichtige Lateransynode (649) sagt im Kanon 2 (DH 502; NR 194): „Wer nicht mit den heiligen Vätern im eigentlichen und wahren Sinn bekennt, daß einer aus der heiligen und wesensgleichen, anbetungswürdigen Dreifaltigkeit, das göttliche Wort, vom Himmel herabgestiegen und Fleisch angenommen hat aus dem Heiligen Geist und Maria, der Jungfrau immerdar, daß er Mensch geworden, im Fleische gekreuzigt, unseretwegen freiwillig gelitten, begraben und am dritten Tag wieder auferstanden und in den Himmel aufgefahren ist, daß er sitzt zur Rechten des Vaters und wiederkommen wird in der väterlichen Herrlichkeit mit dem Fleisch, das er angenommen und mit einer Seele geistig belebt hat um zu richten die Lebenden und die Toten, der sei verworfen".

turen nicht untereinander ausgetauscht werden können, sondern immer nur über ihren Einigungspunkt, die Person des göttlichen Logos.

So ergeben sich *sechs Regeln:*

a) Konkrete göttliche und menschliche Attribute Christi sind austauschbar. So kann z.B. gesagt werden, „Gott ist Mensch geworden".

b) Göttliche und menschliche Abstrakta sind nicht austauschbar. Falsch wäre es zu sagen, die leidensunfähige Natur Gottes ist die leidensfähige Menschennatur. Auch können nicht abstrakte Aussagen mit konkreten Aussagen vertauscht werden. So darf man etwa nicht sagen, die Menschheit Jesu sei das inkarnierte Wort.

c) Falsch wäre es, der Person Jesu ein Attribut abzusprechen, das ihr kraft einer der beiden Naturen zukommt. So ist der Satz falsch, daß der göttliche Logos oder auch Gott nicht geboren worden sei aus Maria, Gott nicht gelitten habe, nicht gestorben sei.

d) Bei Aussagen über das Zustandekommen der hypostatischen Union im Akt der Inkarnation kann die Menschheit Jesu nicht das Subjekt der Satzaussage sein. Darum wäre es absurd zu sagen, der Mensch Jesus ist Gott geworden.

e) Bei Ableitungen und Zusammensetzungen der Worte „Gott" und „Mensch" muß man vorsichtig bleiben. Zu vermeiden sind Aussagen wie „Jesus ist ein Gotttragender Mensch"; „Gott wohnt im Menschen Jesus"; „der Mensch Jesus ist das Gewand Gottes"; „der Logos und das Fleisch vereinigen sich zu einer Einheit, wie sie zwischen Mann und Frau in der Ehe besteht, die ‚ein Fleisch werden'". Zu vermeiden ist neben diesem falschen Vergleich einer moralischen Einheit mit der hypostatischen Union auch eine Bezugnahme auf eine substantiale Einheit, nämlich wie sie zwischen Seele und Leib im Menschen besteht.

f) Man muß die Redeweisen der Häretiker vermeiden, selbst wenn sie in einem anderen Zusammenhang durchaus einen rechtgläubigen Sinn haben können. So ist der arianische Satz „Christus ist ein Geschöpf" zweideutig. Insofern mit Christus eindeutig die Person des Logos bezeichnet ist, ist er falsch. Insofern an die menschliche Natur Christi gedacht wird, stimmt er. Man muß dabei genauerhin von ihrer Geschöpflichkeit sprechen, die im Akt der Zueignahme durch den Logos realisiert wird.

6.) Aus dem Chalkedonense ergibt sich schließlich die typisch katholische Weltanschauung, d.h. der Theandrismus und der christliche Humanismus.

Das christologisch konzipierte Gott-Weltverhältnis setzt einen anthropologischen Optimismus frei. Gott hat die Menschen nicht von der Welt erlöst, sondern die Welt angenommen und so alles Geschöpfliche in Jesus Christus zur Vermittlungsgestalt in die Gottunmittelbarkeit des Menschen integriert. Die Dimensionen des Menschlichen, des Sozialen, des Sinnenhaften, des Dialogisch-Personalen gehören zur sakramentalen Gestalt der Heilsvergegenwärtigung (in Wort, Sakrament, Kirche).

Der Blick auf die chalkedonische Christologie zeigt auch den grundlegenden Unterschied zwischen Christentum und jeglicher Ideologie. Der Glaubende, auch dort, wo er Theologie treibt, muß sich nicht erst die Wirklichkeit theoretisch konzipieren, um sie dann in einem sekundären Schritt in die Praxis umzusetzen, so als ob die Wahrheit der Theorie erst durch die Praxis konstituiert und verwirklicht werden müßte. Dem Glaubenden ist die Wirklichkeit und der geschichtlich bestimmte Raum seines Lebensvollzugs von Gott her schon vorweg gegeben und in Gnade geschenkt worden *(verum quia donum)* und versucht daher die Wirklichkeit als „Mitarbeiters Gottes", im Dienst an der Wahrheit und der Gottesherrschaft zu gestalten (1 Kor 3,9; Kol 4,11; 3 Joh 8).

7.) Das „Ja" zur Welt im Sinne der chalkedonischen Christologie hat nichts mit einer Weltvergötzung zu tun. Die Annahme der Welt durch Gott in der Inkarnation bezieht sich nicht auf eine abstrakte Wirklichkeit, sondern auf die Kondition des Menschen „in der Gestalt des Fleisches der Sünde" (Röm 8,3). In die Selbstmitteilung Gottes in der Inkarnation ist darum auch schon Gottes Bereitschaft eingeschlossen, das Leiden, das Kreuz und die alte Welt mit ihren hermetisch abgegrenzten Plausibilitäten zu überwinden und damit wirklich der Erlöser und Befreier der Welt zu sein. Gott will den Menschen zu seiner wahren Natur erneuern, die nicht Selbstbezüglichkeit ist, sondern Selbsttranszendenz zu Gott und zur Welt in der personalen Gemeinschaft der Menschen.

In diesem Sinn muß sich die „Neuheit des Christentums" auch in einer dynamischen Einwirkung auf festgefahrene gesellschaftliche Unrechtsstrukturen auswirken. Der christologisch begründete Humanismus umfaßt so auch Gesellschaftskritik und die Bereitschaft zur Veränderung der vorgegebenen sozialen, ökonomischen und politischen Lebensbedingungen. Zum Christusglauben gehört auch die Buße als stete Rückbesinnung auf die Quellen, um sich in seiner Grundgesinnung und in seiner Lebensgestaltung an der *forma Christi* zu orientieren.

Die Christologie des Chalkedonense sagt: Es gibt in Jesus Christus in der Tat das eine Ja und Amen Gottes zur Welt (2 Kor 1,20). Das ewige Wort des ewigen Vaters kommt in die Welt – annehmend in der Menschwerdung, kritisch unterscheidend im Kreuz, befreiend in der Auferstehung und zukunftgebend in der Hoffnung auf seine Wiederkunft am Ende der Zeiten.

3.2.3.10 Der Neuchalkedonismus und das 2. Konzil von Konstantinopel (553)

Antichalkedonischer Monophysitismus

Nach Chalkedon läuft die Entwicklung auf die Präzisierung und Sicherung der hypostatischen Union hinaus. Das wird nötig gegenüber subtilen Formen des Monophysitismus, vor allem gegen Monenergismus und Monotheletismus.

Das Konzil von Chalkedon hatte an sich eine Vermittlung der widerstreitenden Ansätze von Antiochien und Alexandrien zustandegebracht. Bald jedoch erhob sich aus dem Kreis der alexandrinischen Tradition eine starke Opposition. Zu den wichtigsten Vertretern der antichalkedonischen Bewegung gehören Timotheus Aelurus (+ 477), Petrus Mongus, Petrus Fullo, Theodosius von Alexandrien, Theodor Askidas, Anthimus von Trapezunt, Timotheus I. von Konstantinopel. Besondere Bedeutung bekamen *Severus, Patriarch von Antiochien* (512-518), und *Philoxenos von Hierapolis/Mabbug* (gest. um 523).

Ihr Protest richtete sich gegen den Dyophysitismus des Konzils und des Tomus Leonis. In der Aussage von der Existenz der einen Person des Logos *in* den beiden Naturen und der daraus folgenden Konsequenz, daß jede der beiden Naturen in

Christus ihrer eigenen Wirklichkeit nach handelt *(agit utraque forma)*, vermochten sie nur schlimmsten Nestorianismus zu erkennen. Der chalkedonischen Zwei-Naturen-Lehre setzten sie die Kyrillische Formel von der „einen fleischgewordenen Natur des göttlichen Logos" entgegen. Nur so schien ihnen die Person- und Handlungseinheit des Logos gewährleistet zu sein. Ein radikaler Monophysit wie *Julian von Halikarnassos* meinte sogar, die natürliche Leidensfähigkeit des menschlichen Fleisches Jesu bestreiten zu sollen. Damit die menschliche Natur Jesu am Kreuz leiden konnte, bedürfe es eines eigenen Willensaktes des göttlichen Logos. Diese als *Aphthartodoketismus* bezeichnete Häresie wurde von den gemäßigten Monophysiten, allen voran von Severus von Antiochien, zurückgewiesen.

Im Gegensatz dazu führte *Themistius von Alexandrien* die Lehre von der natürlichen Verwesbarkeit des Leibes Jesu Christi bis zu der Konsequenz durch, daß mit der natürlichen Vergänglichkeit ein natürliches Nichtwissen Jesu wie bei allen anderen Menschen gegeben sei. Diese Häresie der *Agnoeten* wurde von den gemäßigten Monophysiten zurückgewiesen.

Überhaupt ist bei dieser antichalkedonischen Opposition zwischen einem verbalen und einem realen Monophysitismus zu unterscheiden. Die meisten seiner Vertreter und damit auch die aus der antichalkedonischen Bewegung hervorgegangenen monophysitischen Kirchen Ägyptens (die Kopten) und anderer Kirchenregionen des Nahen Ostens sind eher dem Verbalmonophysitismus zuzurechnen. Man versteifte sich auf die traditionelle Formel von der „einen Natur des fleischgewordenen göttlichen Wortes", die Kyrill nach der Union von 433 selbst als mißverständlich aufgegeben hatte. Da man immer noch *ousia* und *hypostasis* synonym verwendete, mußte die Rede von der einen Hypostase in den zwei Naturen als widersprüchlich erscheinen. Wenn *hypostasis* und *ousia* in völlig identischer Wortbedeutung die konkrete Einzelexistenz einer Substanz meinen, dann gibt es auch keine Wesensnatur ohne Person. Dann ist die menschliche Natur Christi, die auch nach der Vereinigung weiterbesteht, notwendigerweise eine Person. Daraus folgt nach der Meinung der Verbalmonophysiten, daß es in Jesus zwei Personen gebe. Die strenge Seins- und Handlungseinheit Christi, die von der Person des Logos getragen wird, ginge damit verloren.

Als Verteidiger des Konzils von Chalkedon und des Tomus Leonis traten auf der hl. Sabas, Menas von Konstantinopel (+ 552), Hypatius von Ephesus und vor allem die römischen Päpste.

Nach mehreren unglücklichen Kompromißversuchen, nämlich des Henotikon des Kaisers Zenon (482) und des Typos des Kaiser Anastasius (508/11), die das Akazianische Schisma (484-519) zwischen Rom und Konstantinopel auslösten, neigte sich die Waagschale zugunsten des Konzils von Chalkedon.

Die Lehre von der Enhypostasie

In seiner 514/518 verfaßten „Apologie des Konzils von Chalkedon" versuchte der philosophisch gut gebildete *Johannes Grammaticus* eine innere Vermittlung des Dyophysitismus und des Monophysitismus. Er räumte ein, daß die menschliche Natur Christi niemals selbständig vor der Vereinigung mit der göttlichen Natur existiert habe. Sie bestehe nicht in hypostatischer Selbständigkeit oder in einem abstrakten Vorentwurf schon vor der Vereinigung, sondern gewinne ihre konkrete individuale Wirklichkeit erst aufgrund der Vereinigung mit der göttlichen Natur. Sie existiere so in der Person des Logos. Hier legt sich erstmals der Gedanke der *Enhypostasie* der menschlichen Natur in der Person des Logos nahe.

Im Religionsgespräch von 532 hatte Hypatius von Ephesus auf die exakte Definition der verwendeten theologischen Fachtermini hingewiesen. So wie man im 3. und 4. Jahrhundert ein Schisma zwischen der Kirche des Westens und des Ostens bei Fragen der Trinitätslehre durch eine genaue Definition der Termini „Substanz" und „Subsistenz", „Wesen" und „Person" vermieden habe, so müsse man auch jetzt klar sagen, was man in der Christologie unter *hypostasis* oder *ousia* verstehe.

Daraus ergibt sich die von da an rezipierte Begriffsbestimmung: „Subsistenz" oder „Hypostase" ist der Seinsakt, wodurch etwas überhaupt existiert. „Ousia", „Wesen" oder „Substanz" ist das Was-Sein eines existierenden Einzelwesens (bei Menschen also die Seele als Form und der Leib als Materie).

Diese Begriffsbestimmung ermöglicht, die menschliche Natur Jesu Christi so zu denken, daß sie nicht verkürzt wird. Sie besteht in Vollständigkeit und Eigentätigkeit durch den Annahmewillen des Logos, der sie sich zu eigen nimmt und in dessen Hypostase sie als konkrete menschliche Wirklichkeit und Natur existiert. Diese Lehre von der Enhypostasie ist weitergeführt worden von Leontius von Byzanz und vor allem von Leontius von Jerusalem im 6. Jahrhundert.

Die Formel: *Einer aus der Trinität hat gelitten*

Eine wichtige Rolle spielte dabei das bereits erwähnte, ursprünglich monophysitisch klingende Axiom „Einer aus der Dreifaltigkeit hat im Fleische gelitten". Nach anfänglichem Widerstand hat Papst Johannes II. 534 erklärt, daß diese theopaschitische Formel, die von den skythischen Mönchen als Kompromißformel favorisiert worden war, im rechtgläubigen Sinne verstanden werde könne (DH 401). Man war also den Monophysiten weit entgegengekommen, indem man ganz nachhaltig die Einheit und Einzigkeit (negativ formuliert das Nichtzusammengesetztsein) der Person des Logos als Träger der gott-menschlichen Einheit in Christi hervorgehoben hatte.

Gewiß wird hier das Geheimnis Christi nach der Seite der Einheit der Person hin schlüssig beantwortet. Die Formulierung der Eigenständigkeit und Eigentätigkeit der beiden Naturen läßt aber noch viele Fragen offen. Diese Forcierung des Einheitsprinzips und der Göttlichkeit Christi zu Lasten seiner wahren menschlichen Natur und Tätigkeit nennt man auch den *Neuchalkedonismus*. Es handelt sich um eine Interpretation des Chalkedonense in einem exklusiv kyrillischen Sinne. Der Neuchalkedonismus ist der Versuch, den Verbalmonophysiten entgegenzukommen, indem man zugleich scharf gegen einen vermeintlichen oder wirklichen Nestorianismus zu Felde zog.

Das 2. Konzil von Konstantinopel

Der Neuchalkedonismus kam im 2. Konzil von Konstantinopel (553) zum Sieg. Wegen der Vernachlässigung der Eigentätigkeit der menschlichen Natur Christi jedoch war die spätere Korrektur im Sinne eines ausgewogeneren Dyophysitismus auf dem 3. Konzil von Konstantinopel (680/81) unausweichlich (s.u. 3.24.2). Nur so konnte man den aus dem realen Monophysitismus erwachsenen Häresien des Monenergismus und Monotheletismus begegnen.

In den Anathematismen des 2. Konzils von Konstantinopel (des 5. Ökumenischen Konzils) wird zum ersten Mal in einem lehramtlichen Text der klassische Fachbegriff für die Einigung der beiden Naturen verwendet: die *hypostatische Union* = die Einigung der beiden Naturen in der Person des göttlichen Logos).

Der entscheidende 7. Anathematismus lautet:

Wer den Ausdruck ‚in zwei Naturen' gebraucht und nicht bekennt, daß der eine Herr Jesus Christus in der Gottheit und in der Menschheit erkannt werde, so daß er durch diesen Ausdruck den Unterschied der Naturen bezeichnen will, aus denen die unaussprechliche Einigung ohne Vermischung geschehen ist, ohne daß die Natur des Logos in die des Fleisches verwandelt wurde noch die des Fleisches in die des Logos – es bleibt jedes, was es der Natur nach ist, wenn die hypostatische Einigung eingetreten ist – wer vielmehr jenen Ausdruck in Beziehung auf das Mysterium Christi im Sinne von Trennung in Teile nimmt oder die Zweizahl der Naturen in Beziehung auf den einen Herrn Jesus, den fleischgewordenen Gott Logos bekennend, den Unterschied der Naturen, aus denen er zusammengesetzt ist, und welcher Unterschied durch die Einigung nicht aufgehoben ist – denn einer ist aus beiden, und beide sind in einem – nicht bloß theoretisch nimmt, sondern der Zweizahl sich bedient, um die Naturen zu trennen und zu eigenen Hypostasen zu machen, der sei im Bann.[137]

Im 8. Anathematismus gibt das Konzil eine verbindliche Erklärung der umstrittenen Terminologien in Dyophysitismus und Monophysitismus:

Wer die Ausdrücke ‚aus zwei Naturen', der Gottheit und Menschheit, sei die Einigung geschehen, oder ‚die eine fleischgewordene Natur des Logos' nicht so nimmt, wie die hl. Väter gelehrt, daß aus der göttlichen Natur und der menschlichen durch hypostatische Einigung ein Christus entstand, (wer) vielmehr durch diese Ausdrücke nur eine Natur oder Usie der Gottheit und der Menschheit einführen will, der sei im Bann! Denn wenn wir sagen, der eingeborene Logos habe sich hypostatisch geeinigt, so behaupten wir nicht, daß eine Vermengung der Naturen untereinander geschehen sei. Vielmehr meinen wir, der Logos habe sich mit dem Fleisch geeinigt, während jede Natur blieb, was sie ist. Deswegen ist ein Christus Gott und Mensch, derselbe wesensgleich dem Vater nach der Gottheit und wesensgleich uns der Menschheit nach. Denn gleichmäßig verwirft und bannt die Kirche Gottes sowohl die, die das Geheimnis der göttlichen Heilsordnung Christi in Teile trennen und zerschneiden, als auch die, die es vermischen.[138]

Es gehört eher auf das Konto der Reichskirchenpolitik, daß Kaiser Justinian auf dem Konzil die angeblichen Häupter des Nestorianismus im sog. Dreikapitelstreit verurteilen ließ (Theodor von Mopsuestia, Theodoret von Kyros, Ibas von Edessa wegen seines Briefs an den Perser Maris).

Die Erklärung der Enhypostasie bei Johannes von Damaskus

In bestem Einklang mit der katholischen Überlieferung erläutert *Johannes von Damaskus* (um 650-754), der letzte große Kirchenvater der griechischen Tradition, in seinem dogmatischen Hauptwerk „Über den rechten Glauben" die neuchalkedonische These von der Enhypostasie. Er versteht sie als eine konsequente

---

[137] Zit. ebd. 341; DH 428.
[138] Zit. ebd. 341; DH 429.

Fortführung der alexandrinischen Einigungschristologie. Dabei stützt er sich auch auf die Überlegungen des Leontius von Jerusalem.

Freilich weiß er die Lehre von der Enhypostasie von jeder Tendenz zum Monophysitismus zu befreien. Er bringt sie in Einklang mit der Lehre vom Dyophysitismus und dem Dyotheletismus[139].

3.2.4 Der Abschluß der christologischen Dogmenbildung

3.2.4.1 Das Problem des Monotheletismus

Entstehung

Das 2. Konzil von Konstantinopel (553) hatte kirchenpolitisch nicht den erwünschten Erfolg gebracht. In seinem Bemühen, die innere Einheit des oströmischen Reiches gegen die Angriffe von Arabern und Persern zu stärken, versuchte Kaiser Heraklius (575-641) die Monophysiten in Armenien, Syrien und Ägypten für die Wiedervereinigung mit der chalkedonisch ausgerichteten Reichskirche zu gewinnen. Unter ihm und unter seinem Nachfolger Konstans II. wurden Vermittlungsformeln aufgestellt (Psephos 633; Ekthesis 638; Typos 647), die eine Einigung mit den Monophysiten ermöglichen sollten. Sie ist zeitweise auch zustande gekommen (633).

Ratgeber der Kaiser war Sergius I., Patriarch von Konstantinopel (610-638). Um den Monophysiten entgegenzukommen, sprach er von einer einzigen gottmenschlichen Energie und Willenstätigkeit Christi. Wenn auch die Existenz der menschlichen Natur nicht angetastet wird, so ist sie in dieser Lehre doch ohne eigene menschliche Energie, ohne Willensvermögen und ohne eigene Willenstätigkeit.

Aus diesen Kompromißformeln entwickelte sich der *Monenergismus* (= in Christus gibt es nur eine Tätigkeit oder Wirksamkeit) und der *Monotheletismus* (= die „Ein-Willen-Lehre"). Wichtige Verbündete des Sergius und Vertreter des Monotheletismus waren *Theodor von Pharan, Kyros von Phasis* und sein Nachfolger als Patriarch von Konstantinopel *Pyrrhos I.* († 655). Sergius gelang es, dem Papst *Honorius I.* (625-638) die Zustimmung zu seiner an sich recht unklaren Lehre von dem einen Willen in Christus abzuringen (vgl. DH 487-488). Daraus entstand auf dem I. Vatikanum die sog. Honoriusfrage, nämlich hinsichtlich der tatsächlichen Unfehlbarkeit des Papstes. Papst Johannes IV. (640-642) nahm seinen Vorgänger gegen mögliche Mißverständnisse in Schutz (vgl. DH 496-498). Papst Leo II. (682-683) bestätigte mit den Entscheidungen des 3. Konzils von Konstantinopel die Verurteilung des Monotheletismus und seiner Vertreter, darunter auch Honorius I. (DH 561-563).

Der Monotheletismus ist eine Gefahr, die sich aus einem übersteigerten Neuchalkedonismus ergibt. Die menschliche Natur Jesu wird so von dem einheitsgebenden Prinzip des Logos dominiert, daß sie nur noch ein passives Organ der Tätigkeit des Logos ist und ihr jede wesenseigene Aktivität abgeht. Eine

---

[139] Vgl. fid. orth. III, 9; tzt D4/I, Nr. 160.

konsequente Auslegung des Konzils von Chalkedon läßt aber eine solche Verminderung der Eigenwirklichkeit der menschlichen Natur Christi nicht zu. Die großen Verteidiger des Konzils konnten sich gegenüber dem Monotheletismus immer wieder auf die berühmte Stelle im Tomus Leonis berufen, wo es heißt:

Wie Gott nicht verändert wird durch sein Erbarmen, so wird auch der Mensch nicht verschlungen durch diese Würde. Denn es wirkt jede der beiden Naturen {agit utraque forma, d.h. natura} in Gemeinschaft mit der anderen, was ihr eigen ist, das Wort wirkt, was des Wortes ist, das Fleisch verrichtet, was des Fleisches ist.[140]

Als entschiedene Gegner des Monotheletismus sind zu nennen der Mönch Sophronius, der spätere Patriarch von Jerusalem (634-638), *Papst Martin I.* (649-653) und *Maximus Confessor* (um 580-662).

Maximus Confessor als Überwinder

Maximus Confessor entwickelte eine Theologie der zwei Willen Christi als notwendige Konsequenz der Zwei-Naturen-Lehre. In der berühmten Disputation mit Pyrrhus von 645 hat er gegen den Monotheletismus eine entscheidende Formel geprägt: „Derselbe war seinen beiden Naturen nach willensbegabt und handlungsfähig zu unserem Heil."(Disputatio cum Pyrrho: PG 91, 289).

Daß es sich hier nicht um eine subtile Begriffsspielerei handelt, sondern um die Sicherung der christologischen Substanz, zeigt sich in den Konsequenzen für die Soteriologie. Wenn die menschliche Natur Christi nicht ein eigenes menschliches Willensvermögen besäße, wäre sie lediglich eine Marionette des Logos. Von einer wirklichen Annahme des Menschen und einer realen Menschwerdung Gottes könnte nicht mehr die Rede sein. Eine Vergöttlichung des Menschen und eine innere Kommunikation des Menschen mit Gott und somit das Ereignis der Erlösung sind aber nur möglich, wenn die Person des Logos in einer echten menschlichen Freiheitsgeschichte gegenwärtig ist und sich in der individuellen Freiheit der menschlichen Wirklichkeit Jesu offenbart. Einer menschlichen Natur, die um Selbstbewußtsein und Selbstbestimmung gebracht ist, fiele nur die Rolle des passiven Instrumentes zu. Statt von einer Menschwerdung müßte man von einer Verkleidung Gottes in einem menschlichen Leib sprechen. Biblische Aussagen über den Gehorsam Jesu, die Freiwilligkeit seines Leidens und seines Opfers am Kreuz würden funktionslos.

Maximus Confessor verfügte über eine gute Bildung in aristotelischer Philosophie. Er verwendet seine Begriffe nicht wie viele Kirchenväter vor ihm in einem mehr „alltäglichen Gebrauch". In diesem „alltäglichen Gebrauch" werden Begriffe wie *„ousia"* und *„hypostasis"* nicht unterschieden und besagten, daß zum Wesen einer Sache alle natureigenen Anlagen, Vermögen und Tätigkeiten zu rechnen sind, die es in seine Eigentümlichkeiten vergegenwärtigen *(logos physeos)*.

Demgegenüber kann Maximus verdeutlichen, daß die Hypostase die konkrete Existenzweise oder Aktualität einer Substanz bzw. Natur *(tropos hyparxeos)* ist. Von der Natur des Menschen muß man nun sagen, daß zu ihrem Wesen Selbstbewußtsein und freier Wille im Sinne der Selbstbestimmung gehört *(autoexousion)*.

---

[140] DH 294; NR 177.

Auch anthropologisch bedeutet die Zuweisung von Bewußtsein und freiem Willen an die Natur des Menschen und nicht an die Hypostase einen ungeheuren Fortschritt. Wenn nämlich Geist und Freiheit zur Natur der Seele gehören und mit der Leiblichkeit des Menschen die substantiale Einheit des Menschen bilden, dann ist der Mensch nicht eine geistige und freie Person, die sich vorübergehend in einem menschlichen Körper aufhält, sondern eine Existenz, die in der ihr eigenen geistigen und freien Natur subsistiert und sie aktualisiert.

Entsprechend dieser Wesensbestimmung des Menschen kann die hypostatische Union nur so geschehen, daß die Hypostase des Logos in der zur Natur des Menschen gehörenden Geistigkeit und freien Selbstbestimmung subsistiert. In der Person des Logos sind darum der *natureigene* Wille des göttlichen Logos und der *natureigene* Wille der angenommenen Menschheit Jesu aufeinander bezogen. Keineswegs also ist der menschliche Wille Jesu ausgelöscht. Die beiden Willen verhalten sich in Bezug auf die Hypostase des Logos zueinander „unvermischt und ungetrennt, unverwandelt und ungesondert".

Damit stellt sich die Frage nach einer genaueren Verhältnisbestimmung der beiden Willen zueinander.

In einer extremen Interpretation des Nestorianismus könnte man von zwei entgegengesetzten und sich widerstreitenden Willen zweier Personen sprechen. Demnach könnte die Sündelosigkeit Jesu (vgl. Hebr 4,15) nur bedeuten, daß am Ende des Lebens Jesu festgestellt würde, daß er faktisch nicht gesündigt hat, obwohl er es durchaus hätte tun können. Die Lehre des Dyotheletismus (= die Lehre von zwei Willen) basiert aber nicht auf einer Art Bewährungschristologie oder der Lehre von den nur moralisch geeinten zwei Personen in Christus, sondern auf der Lehre der hypostatischen Union. Deshalb stehen sich nicht abstrakt zwei Willen gegenüber. Ihre Bezugsebene ist die wirkliche (physische) Einheit der beiden Willen in der Hypostase des Logos.

Maximus Confessor unterscheidet zwischen dem Willensvermögen als natureigener Anlage der menschlichen Natur und ihrer konkreten Aktualisierung durch die Person. Von seiten des Logos ist zu sagen, daß er die Hypostase ist, die das Willensvermögen Jesu aktualisiert und sozusagen „personalisiert". Von seiten der menschlichen Natur Jesu her gesehen bedeutet dies aber keine Einschränkung der Freiheit, sondern deren höchstmögliche Realisierung. Denn ursprünglich ist, allgemein gesagt, die menschliche Freiheit nicht bloße Wahlfreiheit, sondern eine transzendentale Willenseinheit mit dem Guten im Sinne der konkreten Realisierung des Willensvermögens, und das aufgrund einer vorgängigen personalen Gemeinschaft mit Gott in Gnade und Liebe. Das trifft nun für das mit dem Logos hypostatisch geeinte menschliche Willens- und Freiheitsvermögen im höchsten Maß zu.

Von Natur aus war der menschliche Wille Jesu wandelbar wie der Wille jedes anderen Menschen und darum nicht automatisch unsündlich; von Natur aus war Jesus ebenso in seinem menschlichen Bewußtsein nicht allwissend und darum lernfähig. Aber aufgrund der Aktualisierung durch die Person des Logos und die ursprüngliche Erfahrung der Präsenz Gottes (vgl. Abba-Relation) bewegte sich der menschliche Wille Jesu immer in einer organischen Einheit mit dem Willen der göttlichen Natur – „ungetrennt", aber eben auch „unvermischt".

So gehört der menschliche Wille Jesu unmittelbar in die Realisierung des Heilsgeschehens hinein. Der Logos realisiert seinen Heilswillen in und mit dem Willen des Menschen Jesus und der menschliche Wille akzeptiert seine hypostatische Einheit mit Gottes Willen. So realisiert er seine autonome Freiheit als Selbstbestimmung, die sich im Gehorsam zur Sendung als Heilsmittler vollendet. Damit kommt dem Menschen Jesus ein unendliches „Verdienst" zu. Darum ist er gerade als Mensch in der Einheit mit der Person des Logos der Mittler des Heils zwischen Gott und den Menschen (vgl. 1 Tim 2,5).

3.2.4.2 Die Lateransynode 649 und das 3. Konzil von Konstantinopel 680/81

Der Streit wurde durch zwei Synoden entschieden. Unter dem Einfluß der Lehre des Maximus verurteilten die Bischöfe Italiens und Spaniens zusammen mit Papst Martin I. auf der Lateransynode von 649 den Monotheletismus. In 16 Anathematismen interpretieren sie die genuine Lehre von Chalkedon (DH 500-522). Katholisch ist das Bekenntnis, daß

„zwei Willen in einem und demselben, unserem Gott Christus ... einträchtig verbunden sind, der göttliche und der menschliche, so daß er durch jede seiner beiden Naturen aus freier Entscheidung der seinshaft eine Wirker unseres Heiles ist."
(DH 510; NR 202)

In Christus sind also zwei Wirkweisen, eine göttliche und eine menschliche (DH 515; NR 207).

Den Abschluß der Christologie des christlichen Altertums bildet das 3. Konzil von Konstantinopel (680/81), die sechste Ökumenische Kirchenversammlung (DH 550-559). Seine Lehre ist entscheidend beeinflußt worden durch Papst Agatho[141]. Es verkündet unter Berufung auf die bisherige Theologie, „daß zwei natürliche Willen und zwei natürliche Tätigkeiten unvermischt, unverwandelt, ungetrennt und ungesondert in Christus" sind (NR 220; DH 556; tzt D4/I, Nr. 37).

3.3 Die Christologie im lateinischen Mittelalter

3.31 Die Glaubensgrundlagen des lateinisch-germanischen Mittelalters

Mit dem Ende der christologischen Dogmenbildung im 7. und 8. Jahrhundert kommt es zu einer getrennten theologischen Entwicklung im Osten und Westen.

Die katholischen Reiche der Westgoten in Spanien und der Franken in Gallien und im westlichen Germanien werden zu eigenständigen Trägern einer theologischen Entwicklung, die über die Wende der karolingischen Renaissance in die lateinische Scholastik einmündet.

---

[141] Vgl. seinen Brief „Consideranti mihi" von 680 (DH 542-545) u. die Römische Synode des gleichen Jahres (DH 546-548).

Die Kirchen dieser Reiche stehen selbstverständlich auf dem Boden der altkirchlichen Dogmen.

Darüber hinaus sind von Wichtigkeit die alten Symbola und besonders das aus dem 6. Jahrhundert stammende Symbolum „Quicumque", das man dem hl. Athanasius zuschrieb (Pseudo-Athanasianum: DH 75 f.). Des weiteren sind zu nennen das 1. Konzil von Braga 551 (DH 451-454); das Glaubensbekenntnis des Königs Rekkared auf der 3. Synode von Toledo 589, auf der die Westgoten offiziell dem Arianismus abschworen und sich zum katholischen Glauben bekannten; die 4. Synode von Toledo 633 (DH 485); die 6. Synode ebenda 638 (DH 490-493); das 11. Toletanum 675 (DH 525-541); das 14. Toletanum 684 (DH 564); das 15. Toletanum 688 (DH 566-567), wo Julian, Erzbischof von Toledo (680-690), die von Papst Benedikt II. beanstandete Redeweise, in Gott habe der Wille den Willen gezeugt und die Julianische Lehre von den drei Substanzen in der hypostatischen Union (Gottheit, Leib und Seele des Menschen) rechtfertigen ließ; schließlich die 16. Synode von Toledo 693 (DH 568-575).

3.3.2 Die Verurteilung des Adoptianismus

Im 8. Jahrhundert war in Spanien und im Frankenreich eine bestimme Form des Adoptianismus entstanden. Seine wichtigsten Vertreter sind *Elipandus von Toledo* (716-798)[142] und *Felix von Urgel* († 812)[143]. Gegenüber der Behauptung des Migetius, der Mensch Jesus sei einer der drei göttlichen Personen (was letztlich zu vier trinitarischen Personen führen müßte), vertraten sie eine doppelte Gottessohnschaft Jesu Christi. Seiner göttlichen Natur nach sei der Logos der physische (= natürliche oder wesenseigene) Sohn Gottes, seiner menschlichen Natur nach aber Sohn Gottes durch Adoption. Sie griffen auf eine Formel der mozarabischen Liturgie *(homo adoptivus)* und auf bestimmte Schriftstellen zurück, um zu zeigen, daß man die Menschheit Jesu nicht kurzerhand mit seiner Gottheit identifizieren dürfe. Sie gerieten dabei aber in gefährliche Nähe zur nestorianischen Lehre von den zwei Söhnen.

Dagegen vertraten Papst Hadrian I. (DH 595; 610 f.) sowie die Synoden von Regensburg (792), Frankfurt a.M. 794 (DH 612-615), Friaul 796 (DH 616-619), Rom 799 und Aachen 800 eine einzige natürliche Sohnschaft Christi: Seine menschliche Natur nimmt an der ewigen Gottessohnschaft des Logos nicht durch Gnade, Erwählung und Adoption teil, sondern kraft der Inexistenz (= Enhypostasie) der Menschheit Jesu in der Hypostase des Logos.

Alkuin (730-804)[145], der bedeutendste Theologe zur Zeit Karls des Großen, hatte bei den genannten fränkischen Synoden darauf hingewiesen, daß „Sohnschaft" die Relation einer Person zur anderen bezeichnet und nicht eine Wesenseigenschaft (= formale Bestimmung) der Natur angibt (z.B. die Geistigkeit und die freie Selbstbestimmung der Seele oder die Materialität des Leibes). Wegen der

---

[142] Vgl. tzt D4/II, Nr. 163.
[143] Vgl. tzt D4/II, Nr. 164.
[144] Vgl. tzt D4/I, Nr. 40.
[145] Vgl. tzt D4/II, Nr. 165 f.

hypostatischen Union der beiden Naturen in Christus verwirklicht so die Person des ewigen Logos seine einzige Sohnesrelation zum ewigen Vater, die ewig in der Natur des Logos und zeitlich in der angenommenen menschlichen Natur subsistiert.

Mit diesen Überlegungen bewies die neuentstandene lateinische Theologie in den Germanenreichen, daß sie an Klarheit und Scharfsicht der oströmisch-griechischen Theologie in nichts nachstand.

Prägnant formuliert die Synode von Friaul (796):

Aber die menschliche und zeitliche Geburt hat jener göttlichen und ewigen nichts genommen, sondern in einer Person ist Jesus Christus wahrer Menschensohn und wahrer Gottessohn. Nicht ist ein anderer der Menschensohn und ein anderer der Gottessohn ... Er ist nicht nur scheinbar Gottessohn, sondern in Wirklichkeit. Er ist nicht nur an Sohnes Statt angenommen, sondern wahrer Sohn. Denn niemals war er vom Vater fern wegen des Menschen, den er angenommen hatte ... Und darum bekennen wir ihn in jeder der beiden Naturen als wahren Sohn Gottes und nicht als angenommenen Sohn. Denn durch Annahme des Menschen ist ein und derselbe unvermischt und ungetrennt sowohl Gottessohn als auch Menschensohn. Der natürliche Sohn seiner Mutter der Menschheit nach, der wirkliche Sohn des Vaters aber in jeder der beiden Naturen ...

(NR 223; DH 619)

3.3.3 Die neuplatonische Prägung der Christologie bei Johannes Scotus Eriugena

Johannes Scotus Eriugena (um 810-877)[146] war der bedeutendste Theologe und Philosoph des 9. Jahrhunderts am Hofe Karls des Kahlen. Beeinflußt von Gregor von Nyssa, Dionysius Areopagita, Maximus Confessor und Augustinus vermittelte er dem Abendland einen breiten Strom griechischer Theologie und neuplatonischer Philosophie.

In seinem Hauptwerk „De divisione naturae" baut er die Christologie in eine umfassende neuplatonische Metaphysik ein. Die Grunddialektik der Wirklichkeit besteht in den beiden sich ineinander bewegenden Prinzipien von Einheit und Vielheit. Indem Gott sich in zeitloser Ewigkeit selbst schaut, ist er der schöpferische, aber ungeschaffene Urgrund aller Dinge und der idealen Seinsgründe der abgestuft existierenden geschaffenen Naturen. Gott selbst entfaltet aus sich heraus das Werden der realen Welt in der Vielfalt der zeitlosen Ideen, die er, sich selbst denkend, hervorgebracht hat.

Der Logos ist die gleichewige Uridee des Vaters, die in sich selbst den einheitlichen Ursprung des Seins und seiner Vervielfältigung in den realen Dingen enthält. Er ist darum das kosmische Prinzip der Bewegung des Einen zum Vielen hin und gleichzeitig auch wieder der Rückkehr des Vielen zum Einen. Die geschaffene Welt steht zum ungeschaffenen Gott im Schema der Bewegung von *exitus* und *reditus,* von Hervorgang und Rückkehr zur ursprünglichen Einheit mit Gott.

Da die dem Wandel unterworfene materielle Welt zugleich auch eine Folge der Sünde ist, muß der Logos-Mittler in die zeitliche, materielle und der Sünde verfallene Welt eingehen, um so als Gott-Mensch die Rückvermittlung zum Einen und damit zur Unio des Geschöpfes mit Gott zu gewährleisten.

---
[146] Vgl. tzt D4/II, Nr. 168.

Indem Jesus Christus in der Inkarnation die menschliche Natur angenommen hat, umfaßt er in seiner menschlichen Natur die Gesamtheit aller Menschen. In seiner menschlichen Natur sind virtuell alle Menschen zusammengefaßt und in die Bewegung des reditus hineingenommen[147]. Ohne Zweifel muß die menschliche Natur Christi vollkommen menschlich sein. Denn nur so kann sie die Rückkehr zur Einheit mit Gott garantieren. Eine Vermischung der göttlichen und menschlichen Natur in Jesus Christus ist damit abzulehnen[148].

Die neuplatonische Ausrichtung bringt es allerdings mit sich, daß Eriugena die Leiblichkeit Christi und der Erlösten überhaupt aus der letztendlichen Vereinigung des zu Gott zurückgekehrten Menschen ausschließt oder zumindest unterbewertet[149].

Sein Denken hat die christologische Konzeption neuplatonischer Denker, wie etwa Nikolaus von Kues, und den Deutschen Idealismus, vor allem Hegel, erheblich beeinflußt.

3.3.4 Widerstreitende Theorien über die hypostatische Union im 12. Jahrhundert

Die frühscholastische Theologie bejahte fraglos die Autorität der alten Konzilien. Es entwickelte sich jedoch eine lebhafte Diskussion um das genauere Wie der hypostatischen Einigung. Bis zur Hochscholastik hin läßt sich der erstaunliche Vorgang einer schöpferischen Aneignung und eines kreativen Nachvollzugs des altkirchlichen christologischen Dogmas mitverfolgen. Wichtige Vertreter waren *Petrus Abaelard* (1079-1142)[150], *Hugo von St. Viktor* (+ 1141)[151] und *Gilbert Porreta* (1080-1154)[152].

Petrus Lombardus (1095-1160)[153] hat im dritten seiner vier Sentenzenbücher, die zum dogmatischen Schulbuch des Mittelalters werden sollten, die geläufigen Theorien über die hypostatische Union in der Frühscholastik dargestellt. Er kennt drei *opiniones,* die er den genannten Meistern – nicht immer korrekt – zuspricht. Die erste *opinio,* die später sog. *Homo-Assumptus-Theorie,* bezieht er auf Hugo von St. Viktor. Die zweite *opinio* ordnet er dem Gilbert Porreta zu. Man nennt sie die *Subsistenz-Theorie;* sie lehnt sich stark an die Enhypostasie-Lehre des Neuchalkedonismus an. Die dritte opinio nennt man auch die *Habitus-Theorie.* Sie wird mit Abaelard in Verbindung gebracht.

---

[147] Eriugena, De div. nat. 5,25; tzt D4/II, S. 32.
[148] Ebd. 5,26. Diese Bemerkung zeigt übrigens zusammen mit der Betonung der Freiheit der Weltschöpfung den grundlegenden Unterschied zum Pantheismus eines Amalrich von Bena und David von Dinant, der im Jahre 1225 von Papst Honorius III. verurteilt worden ist und der sich letztlich zu Unrecht auf Johannes Scotus Eriugena berufen hatte.
[149] Ebd. 5,26-38.
[150] Vgl. tzt D4/II, Nr. 170 f.
[151] Vgl. tzt D4/II, Nr. 172.
[152] Vgl. tzt D4/II, Nr. 173.
[153] Vgl. tzt D4/II, Nr. 174 ff.

Nach Petrus Lombardus stehen alle katholischen Autoren einmütig zu dem Bekenntnis, daß Gott Mensch geworden und Jesus Christus als wahrer Gott und als wahrer Mensch zu glauben ist. Meinungsverschiedenheiten träten jedoch bei der genaueren Deutung des Wortes *„Deus factus est homo"* und *„Deus est homo"* hervor. Dabei zeigt sich die immense Schwierigkeit einer Theorie der Inkarnation, sofern sich hier die Frage stellt nach dem Recht der Aussage, daß Gott etwas *(aliquid)* geworden ist oder nicht[154]. Das Problem besteht darin, wie der unveränderliche Gott im Geschaffenen etwas werden kann, ohne daß es zu einer Verwandlung oder Vermischung von Göttlichem und Menschlichem kommt.

Die Homo-Assumptus-Theorie

Die *Homo-Assumptus-Theorie* antwortet, daß durch die Inkarnation ein bestimmter Mensch, bestehend aus einer rationalen Seele und menschlichem Fleisch, konstituiert worden ist. Jener Mensch begann, Gott zu sein, jedoch nicht als göttliche Natur, sondern in der Person des Logos. Umgekehrt ist zu sagen, daß in der Inkarnation Gott anfing, jener Mensch zu sein. Die Vertreter dieser Theorie räumen ein, daß jener vom Wort angenommene und mit dem Wort vereinte Mensch zugleich auch das Wort ist. Gott ist also eine Substanz geworden, die in einer vernunftbegabten Seele und im menschlichen Fleisch subsistiert. Und jene Substanz ist Gott geworden. So kann man wechselseitig sagen, Gott ist Mensch geworden, und der Mensch ist Gott geworden. Dennoch wird nicht behauptet, daß der Mensch Jesus aus einer göttlichen und menschlichen Substanz bestehe. Die Unterschiedenheit der Naturen ist aufrechtzuerhalten. Hugo von St. Viktor fügt verdeutlichend hinzu, daß die Annahme durch den Logos erst die beiden Teilsubstanzen von Seele und Leib zur individuellen menschlichen Natur Christi zusammengefügt und konstituiert habe.

Die Subsistenztheorie

Die *Subsistenz-Theorie*[156] behauptet, daß Christus vor der Inkarnation nur eine Person in der einen Gottnatur war. In der Inkarnation ist er zu einer Person geworden, die in Gottheit und Menschheit besteht. Diese ist aber nicht eine andere Person als vorher. Die göttliche Person ist in der Inkarnation auch zur Person des Menschen geworden. Daraus ergeben sich nicht zwei Personen, sondern *una et eadem persona Dei et hominis*. Die göttliche Person, die vor der Inkarnation nur in der einen göttlichen Natur existierte, subsistiert aufgrund der Inkarnation in zwei und besitzt zwei Naturen. Man kann dennoch nicht sagen, daß diese Person aufgrund der Inkarnation Person geworden ist, obgleich sie zur Person des Menschen Jesus geworden ist. Insofern diese Person in beiden Naturen subsistiert, kann man von einer Zusammensetzung sprechen *(compositum)*, insofern sie aber das Wort ist, ist sie in sich einfach *(simplex)*.

---

[154] Petrus Lombardus, Sent. III d. VI, cap. 1.
[155] Sent. III d. VI, cap. 3.

Die Habitus-Theorie

Für die Vertreter der *Habitus-Theorie*[156] kommt es vor allem darauf an, eine Zusammensetzung der Person des göttlichen Wortes aus zwei (Gottheit und Menschheit) oder drei Substanzen (Gottheit, menschliche Seele und menschlicher Leib) zu vermeiden. Um bei der Aussage „Gott ist Mensch geworden" die angenommene kreatürliche Substanz des Menschen nicht in die Definition der Gottheit mit aufnehmen zu müssen, sagen sie, daß der Logos in der Menschheit nur gegenwärtig war, wie jemand sich in ein Kleid einhüllt. Sie wollen damit sagen, daß die göttliche Natur sich nicht in eine menschliche Natur verwandelt hat. Christus ist nur wie ein Mensch angesehen worden (vgl. Phil 2,7: ... *in similitudinem hominum factus, et habitus inventus ut homo*). Das Verhältnis der Person des Logos zu seiner göttlichen Natur ist also absolut anderer Art als das Verhältnis der Hypostase des Logos zur angenommenen menschlichen Natur.

Damit entsteht freilich wieder das Problem der beiden Sohnschaften, denn die Subsistenz der Menschheit Christi ist nicht identisch mit dem subsistierenden Logos. In diesem Sinn hat man dem Petrus Abaelard einen Adoptianismus vorgeworfen. Demnach hat der Logos nicht eine menschliche Natur, sondern einen von der Subsistenz des Logos unabhängig subsistierenden einzelnen Menschen angenommen.

Lehramtliche Kritik an der Habitus-Theorie

Diese in manchem unklare Theorien haben teilweise eine kirchliche Zurückweisung erfahren. Die Synode von Sens 1140/41 verurteilte einige mißverständliche Sätze des Abaelard auch bezüglich der Christologie (DH 721; 723; 724; 731; 738).

Denn hätte, wie aus der Habitustheorie folgt, der Logos in der Menschheit nur wie in einem Kleid gewohnt, wäre die Menschheit Christi nur Schein gewesen und könnte nicht „etwas" (*aliquid*) genannt werden. Dieser sog. christologische Nihilianismus wurde von Papst Alexander III. 1170 und 1177 zurückgewiesen (DH 750).

3.3.5 Die Christologie in der Hochscholastik

Die im 12. Jahrhundert sichtbar gewordene christologische Krise wurde im 13. Jahrhundert überwunden von den großen Vertretern der Scholastik: *Bonaventura* (1217-1274), *Thomas von Aquin* (1225-1274) und *Johannes Duns Scotus* (1265/66-1308). Ihnen gelingt eine kreative Rezeption und Synthese der christologischen Diskussion der ersten sieben Jahrhunderte. Gewichtige Verschiedenheiten lassen sich vor allem bei Thomas und Duns Scotus feststellen bezüglich der genaueren gedanklichen Fassung der hypostatischen Union und bezüglich des Motivs der Inkarnation. Sie sind vor allem in einem unterschiedlichen philosophisch-metaphysischen Ansatz begründet.

---

[156] Sent. III d. VI, cap. 4.

3.3.5.1 Grundlinien der thomanischen Christologie

Im dritten Teil seiner Summa theologiae hat Thomas[157] die bis dahin umfassendste Konzeption der Christologie vorgelegt. Im Aufbau seines theologischen Hauptwerkes steht die Christologie zwar am Ende, in der systematischen Konstruktion jedoch nimmt sie die Mitte ein. Sie ermöglicht die erkenntnistheoretische und reale Vermittlung von Theologie und Anthropologie.

Im ersten Hauptteil behandelt Thomas Gottes Wesen, Dreifaltigkeit und Wirken (Schöpfung und Vorsehung) in der Welt. Im zweiten Hauptteil ist vom Menschen die Rede, insofern er von Gott ausgeht und in Gott sein Ziel findet. Die Bewegung Gottes zum Menschen und die Bewegung des Menschen zu Gott hin treffen geschichtlich real zusammen in der Person Jesu Christi, der aufgrund der Menschwerdung des ewigen Wortes als Gott-Mensch wahrer Gott und wahrer Mensch ist. Es gehört somit zur Vollendung aller theologischen Bemühungen, von der Person des Erlösers und seinen Wohltaten zu sprechen, die er dem Menschengeschlecht hat zuteil werden lassen[158].

Thomas unterteilt seine Christologie in drei Teile: 1.) die Lehre von der Person des Erlösers[159], 2.) die Lehre von den Heilsmitteln, die er seiner Kirche vermacht hat[160], und 3.) die Lehre von der Vollendung des Menschen im ewigen Leben durch die Auferstehung von den Toten. Dieser Teil ist nicht mehr zur Ausführung gekommen.

Die Christologie im engeren Sinn stellt Thomas unter eine doppelte Betrachtung. Zuerst geht es ihm um das Geheimnis der Inkarnation unter dem Gesichtspunkt, daß Gott zu unserem Heil Mensch geworden ist[161]. In der Quaestio 26 zeigt er, daß Christus aufgrund der angenommenen menschlichen Natur der Mittler zwischen Gott und den Menschen ist. Die Profilierung der wahren Menschheit Jesu kennzeichnet die thomanische Soteriologie.

Einzigartig ist daher der breite Raum, den Thomas den Mysterien des Lebens Jesu einräumt. Seine Christologie und Soteriologie erschöpfen sich nicht in einer spekulativen Durchdringung der hypostatischen Union und damit der Frage nach der Konstitution des Erlösers als Gott und Mensch. Seine Christologie gewinnt durch den direkten Bezug auf das Leben Jesu geschichtliche Konkretheit und Plastizität. Das Leben Jesu ist somit das von Gott real angeeignete menschliche und geschichtliche Medium seiner Selbstmitteilung[162]. In Nachfolge und Gemeinschaft mit dem Menschen Jesus begegnet der Mensch daher Gott.

Unter den Geheimnissen des Lebens Jesu[163] behandelt Thomas besonders die Empfängnis Jesu durch den Heiligen Geist, die Geburt aus der Jungfrau Maria, die Darstellung im Tempel, die Beschneidung (= Gesetzeserfüllung), die Jor-

---

[157] Vgl. tzt D4/II, Nr. 178-183.
[158] S.th. III prol.
[159] S.th. III q. 1-59.
[160] S.th. III q. 60 ff.
[161] S.th. III q. 1-26.
[162] Vgl. S.th. III q. 1 a. 1: „.... ad rationem summi boni pertinet quod summo modo se creaturae communicet... Unde manifestum est quod conveniens fuit Deum incarnari" ... dem höchsten Gut kommt es zu, sich auch im höchsten Maß den Geschöpfen mitzuteilen ... Daher ist offenkundig: es war angemessen, daß Gott Mensch wurde.
[163] Vgl. S.th. III 28-59.

dantaufe, die Armut und Einfachheit (= Verborgenheit) seines Lebens, die Versuchungen, die Lehre Christi, seine Wunder, die Verklärung, die Kulmination seines Erlösungshandelns in der Passion, den Tod Jesu, sein Begräbnis und seinen Gang zu den Toten, seine Auferweckung und Himmelfahrt, die Erhöhung zur Rechten des Vaters und die Wiederkunft Jesu zum Gericht (Parusie). Thomas will so das Leben Jesu, seine Verkündigung, sein Heilswirken und sein Schicksal wie ein geöffnetes Buch vorstellen, in dem man die Wortoffenbarung mitlesen und miterleben kann. Sehr deutlich kommt dabei der soteriologische Charakter des ganzen Lebens Jesu (nicht erst ab der Passion) zum Vorschein. Mit Jesus selbst soll der Christ sein eigenes Lebensschicksal identifizieren, insofern in seiner Nachfolge jeder Mensch in seinem Leben und Leiden, in seinem Tod und in seiner Hoffnung auf das ewige Leben abbildlich das Christus-Urbild mit Hilfe der Gnade und in einem Verhalten nach dem Maß der Gottes- und Nächstenliebe nachvollzieht (Christus als *sacramentum et exemplum*).

Die Lehre des Thomas von der hypostatischen Union zeugt von einer tiefen intellektuellen und spirituellen Durchdringung des Persongeheimnisses Jesu. Er hat der Subsistenztheorie endgültig zum Durchbruch verholfen[78]. In der strengen Betonung der Einheit Christi in der Hypostase des Logos (*suppositum, persona*) läßt sich unschwer der Einfluß der alexandrinischen Christologie erkennen. Thomas hat ausgiebig die Texte der alten Konzilien und auch viele Werke Kyrills von Alexandrien studiert. Über Johannes von Damaskus lernte er den Neuchalkedonismus kennen. Nicht zuletzt hat er auch mit dem 3. Konzil von Konstantinopel die Eigenständigkeit des menschlichen Willens Jesu betont. Bestätigt wird diese Beobachtung dadurch, daß er seine ganze Soteriologie auf den *acta et passa* der Menschheit Jesu aufbaut.

Weiterhin: Die menschliche Natur ist formell durch die Einheit von Leib und Seele bestimmt, wobei die Seele die seinsvermittelnde Formursache ist, durch die der Mensch als Kompositum von Leib und Seele besteht. Diese so konstituierte menschliche Natur ist zugleich auch wegen der Geistigkeit und Selbstverfügung der Seele auf das Ganze der Wirklichkeit und auf den Grund aller Wirklichkeit, nämlich Gott, prinzipiell und unabschließbar offen. Durch den Seinsakt, in dem ihr Gott Existenz verleiht, ist sie zugleich zu sich selbst hin vermittelt (Selbsthabe). Darum ist der Mensch ontologisch selbständig und Zentrum seiner geistigen und willentlichen Akte wie auch der transzendierenden geistigen und willentlichen Bewegung. So gehört die transzendierende Bezogenheit auf Gott zum Wesen des Menschen. Unter Person versteht Thomas also die individuelle Aktualität einer menschlichen Natur mit den genannten Wesensbestimmungen. Bei einer Natur, die durch ein Personsein aktualisiert wird, sind Selbstand (Substanz) und sich überschreitende Beziehung auf andere Personen (Relation) nicht Gegensätze, sondern sich in ihrem Vollzug wechselseitig steigernde Bedingungen. Je mehr eine Substanz in ihrem Vollzug durch personale Relation bedingt ist, desto mehr begründet die Relation die personale Aktualität der menschlichen Geistnatur (subsistierende Substanz). Die Union der menschlichen Natur Jesu mit der Person des Logos und die Aufnahme der menschlichen Natur in die Relation des ewigen Wortes zum

---

[164] S.th. III q. 2; tzt D4/II, Nr. 182.

ewigen Vater begründet so zugleich ein Höchstmaß menschlicher Selbständigkeit Jesu. Darum ist zu folgern, daß in Jesus das Menschsein zum Höhepunkt seiner Möglichkeiten gelangt ist, nicht trotz, sondern aufgrund seiner Aktualität in der Hypostase des Logos. Der Logos hat weder eine aktualisierte menschliche Natur, d.h. einen existierenden Menschen *(assumptus homo)* angenommen noch eine abstrakte menschliche Natur *(humana natura)*. Jesus ist wirklich ein einzelner existierender Mensch *(homo)*. Als dieser ist er ein *aliquid* oder *ens*. Aber er ist dieser einzelne Mensch gerade dadurch, daß er durch die Union mit der göttlichen Natur in der Aktualität der Person des ewigen Logos existiert und als Mensch aktualisiert ist. Zwischen den beiden Naturen besteht weder eine substantiale Einheit (wie bei dem Kompositum von Leib und Seele im Menschen) noch eine rein akzidentelle Einheit im Sinne einer lockeren moralischen, d.h. willensmäßigen Verbindung. Der christliche Glaube nimmt vielmehr eine einzigartige Einheit an, die zu ermöglichen und zu verwirklichen allein Gott imstande ist und die Thomas mit der Sprache der alten Konzilien eine *Einheit gemäß der Hypostase* nennt.

Zu der berühmten Frage, ob es in Christus nur einen einzigen Seinsakt gibt oder zwei Seinsakte, die getrennt den beiden Naturen zukommen und von einem dritten Einigungsakt zusammengefaßt werden, sagt der späte Thomas, daß nur von einem *unum esse* die Rede sein könne. Der Akt, der ein Seiendes in seiner konkreten Existenz trägt, wenn er es auch wie im *verbum incarnatum* in zwei Naturen subsistieren läßt, kann nur ein einzelner sein, gemäß dem metaphysischen Grundsatz: *omne ens est unum*. Denn die Einheit eines Seienden, z.B. des Menschen als eines leibseelischen Wesens, ist nur möglich, weil der Grund seines Seins und der Grund seiner Einheit identisch sind[165]. Freilich kann der Logos nicht unmittelbar das Formalprinzip des menschlichen Leibes Jesu sein. Die hypostatische Union des Logos mit der menschlichen Natur geschieht *mediante anima*[166].

---

[165] Vgl. S.th. I q. 76 a. 3. So sagt Thomas in der berühmten q. 17 a. 2 der Tertia pars der Summa (im Unterschied zu früheren Positionen, wo er der menschlichen Natur noch ein eigenes esse zuerkannt hat unabhängig vom Sein des Logos): „Weil in Christus zwei Naturen und eine Hypostase sind, muß das, was zur Natur in Christus gehört, ein Zweifaches sein; was dagegen zur Hypostase in Christus gehört, Eines. Das Sein aber gehört zur Hypostase und zur Natur, und zwar zur Hypostase als zu dem, was das Sein hat, zur Natur aber als zu dem, wodurch etwas das Sein hat ... Wenn es irgendeine Form oder Natur gibt, die nicht zum Person-sein der für sich selbst bestehenden Hypostase gehört, dann wird deren Sein nicht schlechthin das Sein jener Person genannt, sondern nur mit Einschränkung ... Jenes Sein jedoch, das an und für sich zur Hypostase oder zur Person gehört, kann in einer Hypostase oder in einer Person nicht mehrfach vorhanden sein. Denn unmöglich kann ein Ding mehr als ein Sein haben. Wenn daher die menschliche Natur zum Sohne Gottes nicht als zu ihrem Träger bzw. der Person hinzukäme, sondern nur akzidentell, wie einige behauptet haben, dann müßte man in Christus ein doppeltes Sein annehmen, eines, wodurch er Gott ist, und eines, wodurch er Mensch ist ... Da nun die menschliche Natur mit dem Sohne Gottes hypostatisch oder personhaft verbunden ist, aber nicht etwa akzidentell, so folgt daraus, daß Ihm mit der menschlichen Natur kein neues Personsein zuwächst, sondern nur eine neue Beziehung des Seins der bereits bestehenden Person zur menschlichen Natur; so daß man sagen kann, jene Person ist nun Träger nicht nur der göttlichen, sondern auch der menschlichen Natur".

[166] Siehe S.th. III q. 17 a. 2 ad 4: „In Christus gibt die Seele dem Leib insofern das Sein, als sie ihn zu einem wirklich beseelten macht; denn damit gibt sie ihm die Vollendung der Natur und der Art. Wenn man dagegen einen durch die Seele vollendeten Leib meint ohne die Hypostase, die beide trägt, so besagt dieses Ganze, das aus Leib und Seele zusammengesetzt ist und das man als ‚Menschennatur' bezeichnet, nicht das, was ist [quod est], sondern wodurch etwas ist [quo aliquid est]. Und so eignet das Sein selbst der subsistierenden Person insofern, als sie eine Beziehung zu einer solchen Natur hat. Die Ursache aber dieser Beziehung ist die Seele, sofern sie durch die Gestaltung des Leibes die menschliche Natur vollendet".

Die menschliche Natur Christi wird zu einem konkreten Menschen aktualisiert durch die Hypostase des Logos. So ist die Person des Logos selbst das Prinzip ihres Seins, ihrer Konkretheit, ihrer Selbständigkeit und ihres Handelns. Nur so kann auch der Logos in einem und durch einen einzelnen Menschen als Erlöser auftreten. Gott selbst ist also im Menschen Jesus Christus der Erlöser, aber durch, mit und in der angenommenen Menschheit als dem *instrumentum conjunctum divinitatis*, i.e. *verbi incarnati*. Die Einheit der göttlichen und menschlichen Natur fällt zusammen mit der Subsistenz Jesu Christi im Sein des Logos. So ist zwar der Logos der Seinsakt der Menschheit Jesu. Aber der Logos geht in dieser Funktion nicht auf. Er verfügt auch souverän über sie als Instrument des göttlichen Heilswillens. Analog kann man sagen, daß der Mensch sein Leib ist und daß er seinen Leib hat und über ihn verfügt bzw. sich selbst im Medium seines Leibes als subsistente Person gestaltet[167].

Durch seine Selbständigkeit gerade aufgrund der Subjekteinheit mit dem Logos ist der Mensch Jesus von Nazaret auch das Haupt der neuen Menschheit, das Haupt der Kirche, von dem alle Gnade auf den Leib Christi, der die Kirche ist, überströmt.

Bei aller Kompliziertheit der Darlegung ist zu beachten, daß Thomas keine Rationalisierung des Mysteriums intendiert. Seine gesamte Theologie steht innerhalb der Klammer der *analogia entis* und *analogia fidei*. In der Analogie des Seienden gründet auch die Analogie des Glaubensdenkens und der Glaubenssprache. Das Geheimnis bleibt unausschöpfbar und sperrt sich jedem rationalistischen Begreifenwollen. Aber innerhalb der Grenzen der geschaffenen Vernunft kann dem Glaubenden doch in der Partizipation an der ewigen Wahrheit die Wahrheit des sich offenbarenden Gottes aufgehen.

3.3.5.2 Die Lehre des Johannes Duns Scotus von der hypostatischen Union

Auch *Johannes Duns Scotus*[168] steht selbstverständlich auf dem Boden der altkirchlichen Christologie mit ihrer Lehre von den zwei Naturen und der hypostatischen Union. Andere Akzentuierungen gegenüber dem Thomismus ergeben sich einmal durch die spezifische franziskanische Spiritualität mit ihrem heilsgeschichtlichen Ansatz, ihrer Christozentrik und dem deutlichen Interesse an einer Eigenbedeutung der Menschheit Christi; zum anderen ist der unterschiedliche metaphysische Ansatz ausschlaggebend.

Thomas hatte sich mehr an die alexandrinische Einigungschristologie angeschlossen und die Einheit streng „von oben", also von der Person des verbum assumens her gedacht, d.h. die Person des *verbum assumens* als die eine Hypostase des Gott-Menschen Jesus Christus bestimmt (Logoshegemonie, Menschheit als, allerdings vom menschlichen Willen her gesteuertes, Instrument des Logos, ohne daß der Logos etwa die natureigene *forma* der menschlichen Natur Christi würde). Demgegenüber geht nun Duns Scotus zusammen mit der leoninisch-augustinisch geprägten Tradition eher von der Vollständigkeit der beiden Naturen aus und kommt dabei zu einer natureigenen Selbständigkeit der Mensch-

---
[167] Vgl. S.th. I q. 76 a. 3.
[168] Vgl. Wichtige Texte: tzt D4/II, Nr. 185 f.

heit Jesu *(esse existentiae)* in bezug auf den Logos und unter dem Logos (relative Autonomie).

Wenn man die alte, ursprünglich durchaus rechtgläubige Formel *„assumptus homo"* (als *quid,* nicht *quis)* wieder aufnehmen will, dann muß man sie im Sinne einer „Adoptivsohnschaft" der menschlichen Natur interpretieren, wobei die menschliche Natur freilich in der Hypostase des ewigen Sohnes Gottes subsistiert.

Auf die Frage „Wer ist dieser Mensch Jesus?" (eben als die Subjektbestimmung *hic homo*) antworten die Thomisten: Die Person des ewigen Sohnes in der angenommenen und mit ihm vereinten menschlichen Natur.

Duns Scotus würde hier antworten: Er ist als Mensch Adoptivsohn der Dreifaltigkeit, der mit der Person des ewigen Logos hypostatisch verbunden ist. Wenn wir von Jesus Christus als Subjekt sprechen, meinen wir demnach diesen Menschen in seiner menschlichen Natur mit ihrem menschlichen Aktzentrum, das im ewigen Sohn Gottes subsistiert. Somit ist das Sein Jesu als Sohn Gottes in obliquo ausgesagt.

Dieser unterschiedliche Ansatz hängt aufs engste mit dem jeweiligen Personbegriff zusammen.

Thomas geht von einer *Realdistinktion* von Wesen und Dasein aus. Somit kann er sagen, daß die menschliche Natur Jesu durch das Personsein des Logos existiert, aktualisiert und individualisiert wird.

Für Duns Skotus besteht jedoch nur eine *Formaldistinktion* zwischen Wesen und Dasein. Er versucht im Anschluß an Richard von St. Viktor einen Personbegriff zu entwickeln, der mit spezifischen Modifikationen grundsätzlich auf die Personen in der Trinität, auf die Person des Gott-Menschen und auf die Person jedes einzelnen Menschen anwendbar ist. Eine Person ist nicht nur die Aktualität eines geistbestimmten allgemeinen Wesens, sondern zugleich bestimmt durch ihre ontologische Konstitution, nämlich ihre bleibende Ursprungsrelation. Zur Persondefinition gehören also zwei Momente, die Ursprungsbeziehung, die die Nichtmitteilbarkeit der Person begründet, und das Wesen, das mitteilbar ist. Die göttlichen Personen sind nicht nur durch eine univoke Partizipation an einer gemeinsamen Natur bestimmt, sondern gerade durch ihre relational sich vollziehenden Ursprungsbeziehungen. In der Trinität sind die Personen in ihrem Selbstand negativ durch ihre Nichtmitteilbarkeit und positiv durch ihr Trägersein des Wesens bestimmt.

Hinsichtlich der menschlichen Person verhält es sich anders. Bei der Kreatur fallen die Natur und das Suppositum zusammen. Beim Geschöpf ist also eine positive Verwirklichung einer konkret existierenden Wesensnatur in mehreren relational aufeinander bezogenen Personen unmöglich. Die Selbstbejahung einer subsistierenden geschaffenen Natur ist nur möglich über die Negation gegenüber einer anderen Person. Die Selbstposition der Person in ihrer unmitteilbaren Besonderheit ist also nur über die Erfahrung der Nicht-Identität mit einer anderen Person einfach (wie beim Menschen) oder dreifach subsistierenden Natur (wie bei Gott) möglich. Dieses negative Moment der Nichtmitteilbarkeit der menschlichen Person bildet aber die metaphysische Voraussetzung für eine Union der göttlichen Hypostase mit einer menschlichen Natur. Im Akt der hypostatischen Union wird das negative Moment, das jedem konkret existierenden Menschen in der Einheit seiner Natur und seines Suppositums anhaftet, weggenommen und von der Hypostase des Logos substituiert.

Daraus folgt, daß der menschlichen Natur und ihrem Suppositum in der hypostatischen Union kein wirklich zum Menschen gehörendes Positivum entzogen wird. Die menschliche Natur Jesu ist also gerade in der kreatürlichen Selbständigkeit *(esse existentiae)* erhalten geblieben[169]. Da bei Skotus die Person nicht nur durch ihr Wesen, sondern noch mehr durch ihre Ursprungsrelation bestimmt wird, kann er der göttlichen und der menschlichen Natur Christi ihr volles Recht zukommen lassen. Zugleich wird er aber auch dem Gedanken der hypostatischen Einigung gerecht, insofern in Christus eine menschliche Natur zur größtmöglichen Verwirklichung kommt, indem sie in ihrer Ursprungsrelation durch die Hypostase des Logos existiert und geschichtlich agiert.

Wenn er in Christus zwei *esse existentiae* annimmt, die freilich in der Hypostase des Logos subsistieren, muß er auch zwei Sohnesrelationen in Christus akzeptieren. Aber diese Aussage führt nicht zwangsläufig zur nestorianischen Lehre von den zwei Söhnen, denn die beiden Sohnesrelationen subsistieren ihrerseits ja geeint in der Person des Logos.

Aus dieser Betonung der Eigenständigkeit der menschlichen Natur Jesu und ihres relativen Selbstandes ergibt sich auch eine spezifische Aussage zum Wert der Verdienste Christi, zur Gottesschau als Mensch und zu seinem eingegossenen oder erworbenen Wissen. Duns Skotus spricht hier von einer relativen Unendlichkeit des Wissens Jesu, von einer relativen Unfähigkeit des Menschen Jesus zur Sünde usf. Alle die besonderen Eigenschaften kommen naturgemäß dem Menschsein Jesus nur auf endliche Weise zu. Nur wegen der hypostatischen Union kommt der menschlichen Natur Christi eine gewisse Unendlichkeit ihrer Verdienste, eine gewisse Unfähigkeit zur Sünde usw. zu.

3.3.5.3 Die Kontroverse um das Motiv der Inkarnation

Bei dieser Diskussion zwischen Thomisten und Skotisten geht es um die Frage, warum Gott Mensch geworden ist: wegen der Sünde allein oder aus seiner grundlosen Liebe zu den Menschen? Dahinter steht eine unterschiedliche Konzeption der Heilsgeschichte.

Thomas referiert die beiden gegensätzlichen Positionen, die im 12. und 13. Jahrhundert entstanden sind[170]. Auf die Frage, ob Gott auch Mensch geworden wäre, wenn der Mensch nicht gesündigt hätte *(si homo non peccasset, Deus incarnatus fuisset?)*, gibt Thomas im Einklang mit der Heiligen Schrift und der gesamten patristischen Tradition die Antwort, daß der konvenienteste Grund für die Inkarnation die Überwindung der Sünde Adams sei[171]. Der Rückbezug auf das positive Schriftzeugnis schließt freilich nicht die Überlegung aus, ob auch ohne die Sünde die Inkarnation als möglich und sinnvoll gedacht werden könne. Hier bewegt man sich freilich schon im unsicheren Terrain einer realitätsfernen

---

[169] Duns Scotus, Ordinatio III d. 6, q. 1, n. 2.
[170] S.th. III q. 1 a. 3.
[171] Eigentlich hat die Inkarnation das Ziel der Sündenvergebung, während auf Gott hin gesehen, das Motiv seine vergebende Liebe ist.

Possibilientheologie, bei der die abstrakt ausgedachten Möglichkeiten zur Norm für die kontingente Wirklichkeit der Heilsgeschichte werden. Auf jeden Fall hält Thomas daran fest, daß der Mensch im Urstand die ausreichende Gnade erhalten hat, um Gott als sein Endziel zu erreichen.

Duns Skotus geht von einer ganz anderen Überlegung aus. Entscheidend für ihn ist seine theologische und spirituelle Christozentrik. Die von Christus als Ursprung und Ziel bestimmte Schöpfung schließt den Gedanken einer Heilsvermittlung der ganzen geschaffenen Welt nicht nur durch das verbum, sondern das *verbum incarnatum* ein. Im Blick auf Spr 8,22 f. (der Herr schuf mich, d.h. die Weisheit, am Anfang seiner Werke) und Kol 1,15-17 (Christus als der Erstgeborene aller Kreatur) kommt Skotus zu dem Schluß, daß in der Logik der Schöpfung auch die Vollendung des Menschen durch die menschgewordene Selbstmitteilung Gottes liegen müsse. Mit dem Ratschluß Gottes zur Schöpfung ist darum auch eine *absolute Prädestination des Logos zur Menschwerdung* mitgegeben[172]. Skotus meint darum, den Sündenfall nicht als conditio sine qua non der Prädestination Christi voraussetzen zu können. Andernfalls wäre die Inkarnation ein Gelegenheitshandeln Gottes, oder der Mensch würde die Bedingungen setzen, unter denen Gott sich zum Handeln genötigt sieht. Indem er aber mit seinem Entschluß zur Schöpfung die Inkarnation des Logos schon innerlich konsequent mitgewollt hat bei seiner Voraussicht des menschlichen Sündenfalls, hat Gott sich im Blick auf sein eigenes notwendiges ewiges Wesen frei und ungenötigt als Schöpfer, Erlöser und Vollender geoffenbart.

Auf die Frage, warum Gott überhaupt eine geschaffene Welt hervorbringt, antwortet Skotus, daß Gott auf eine höchstmögliche Weise von einem außerhalb Gottes existierenden Wesen geliebt werden wolle. In der Einheit von Gottheit und Menschheit Christi begegnen sich die entäußernde Liebe Gottes zu seinem Geschöpf und die antwortende und Erfüllung suchende Liebe des Geschöpfes zu Gott.

Das Motiv der Inkarnation besteht im letzten also nicht nur in der Absicht, die der Sünde verfallene Welt wieder in Ordnung zu bringen, sondern in der freien Selbstmitteilung Gottes an das Geschöpf.

3.3.3 Christologie im Spätmittelalter

3.3.3.1 Wilhelm von Ockham

Wilhelm von Ockham (um 1285-1347) ist ein typischer Vertreter der Philosophie und Theologie des Spätmittelalters[173].

Wenn er auch dem Bekenntnis nach auf dem Boden der altkirchlichen Christologie steht, so ist er doch mitverantwortlich zu machen für das Abdrängen der Christologie aus dem Zentrum der Theologie. In seinem Sentenzenkommentar behandelt er lediglich drei christologische Fragen, vorwiegend unter dem Ge-

---

[172] Reportatio Parisiensis III d. 7 q. 4; Ordinatio III d. 7 q. 3; vgl. auch den Tract. De Deo uno, q. 23, a. 1: tzt D4/I, Nr. 186.
[173] Vgl. tzt D4/II, Nr. 190.

sichtspunkt der Klärung von terminologischen Problemen. Der Verlust der Christozentrik bewirkt ein Auseinanderfallen von Gotteslehre und Anthropologie und in der Folge deren Behandlung unter mehr philosophischen Gesichtspunkten.

Da der Nominalismus den Boden der Seinsanalogie verläßt, kann er auch nicht mehr hinreichend die Wissenschaftlichkeit der Theologie begründen. Die Theologie vermag nur positivistisch nachzuzeichnen, was sie aufgrund der Autorität Gottes als Offenbarung entgegennimmt. Eine Erschließung der Vernunftgemäßheit der Offenbarung und besonders auch der Inkarnation ist nicht mehr möglich. Eine Verbindung zwischen dem konkreten Offenbarungsgeschehen und der menschlichen Vernunft ergibt sich nur kraft der *potentia Dei ordinata,* d.h. aufgrund freier Setzung der faktischen Heilsordnung. In seiner *potentia absoluta,* also seiner absoluten, durch keine Heilsordnung prinzipiell gebundenen Macht nach hätte Gott die Erlösung auf jede mögliche Weise realisieren können. Aber er hat sich aus freiem Willen an den Vollzug der Erlösung durch den Menschen Jesus gebunden *(pactum divinum).* Die Inkarnation ist damit die dezisionistische Auswahl eines Mediums. Die hypostatische Union erscheint eher als eine endgültige Akzeptanz der menschlichen Wirklichkeit Jesu mit dem Zweck, exemplarisch das Grundverhältnis von Gott und Mensch in der gnadenweisen Annahme menschlicher Verdienste durchzuführen.

Da im Nominalismus die menschliche Begriffsbildung ihre Basis in der Wirklichkeit selbst verloren hat, verliert auch die Unterscheidung von *homo* und *natura humana,* von *principium quod* und *principium in quo,* von menschlicher Natur und menschlicher Person ihren Sinn.

3.3.3.2. Nikolaus von Kues

Nikolaus von Kues (1401-1464) ist ein origineller Denker, der sich keiner einzelnen Richtung der Schultheologie zuordnen läßt.

Außer von der Hochscholastik ist er auch stark vom Neuplatonismus geprägt. Die Denkfiguren von „Einheit – Vielheit", „Ausgang – Rückkehr der Welt zu Gott" spielen eine große Rolle. Durch die Begegnung mit den sich formierenden Naturwissenschaften am Beginn der Neuzeit gewinnt sein Denken besonders auch in der Christologie eine deutlich universalgeschichtliche und kosmische Dimension.

In seiner Unendlichkeit ist Gott gegenüber dem Universum immer das absolute Maximum, das vom Universum nie ausgefüllt werden kann. Andererseits ist aber Gott auch noch in der letzten geschöpflichen Begrenztheit der Dinge präsent als absolutes Minimum. Gott läßt sich räumlich nicht umgrenzen, aber die Kreatur kann ihrerseits auch Gottes Präsenz nicht entfliehen, weil sie in ihrer Endlichkeit von der Unendlichkeit Gottes abhängt.

Jesus Christus stellt als der Gott-Mensch die dynamische Vermittlung von Schöpfer und Geschöpf, Gott und Universum, Einheit und Vielfalt, absolutem Maximum und absolutem Minimum dar. Cusanus faßt die Lehre von der hypostatischen Union wie die großen Scholastiker subsistenztheoretisch. Anders als die nominalistische Possibilientheologie mit ihren teilweise absurden Konsequenzen kann Cusanus deutlich machen, warum Gott sich gerade in einer menschlichen Natur inkarniert hat.

In einer seiner Hauptschriften, „De docta ignorantia" (1440), bietet Cusanus im III. Buch ein Gesamtkonzept der Christologie. In den ersten vier Kapiteln findet sich seine Darstellung der hypostatischen Union. Es folgen die Erläuterungen der Heilsgeheimnisse Christi mit der Empfängnis vom Heiligen Geist und der Geburt aus der Jungfrau Maria, dem Tod Christi, seiner Auferstehung und Himmelfahrt, die Wiederkunft Christi als Richter der Lebenden und der Toten und seine Präsenz in der Kirche. Im zweiten Kapitel stellt er die Frage nach dem Kontraktgrößten, d.h. dem geschöpflich Größten, das mit dem absolut Größten, d.h. dem Schöpfergott identifiziert werden kann. Die Voraussetzung der Vereinigung der Vielheit der Schöpfung mit der aktualen Unendlichkeit des Absolutum (jenseits aller Vermischung, Teilung und akzidentellen Zusammensetzung) besteht darin, daß die vernunftbegabte und sinnenhafte Natur des Menschen in sich alles wie in einem Mikrokosmos zusammenfaßt[174].

Diese konkrete Vermittlung von Gott und Universum ist in der Person des gott-menschlichen Mittlers Jesus Christus als dynamisches Prinzip Wirklichkeit geworden.

So kommt Cusanus zu folgender Umschreibung der hypostatischen Union:

Da Gott durch alles in allem ist und alles durch alles in Gott, ... darum ist, da diese Aussagen zugleich und in Verbindung miteinander so zu betrachten sind, daß Gott in allem ist, wie alles in Gott und da das göttliche Sein von höchster Gleichheit und Einfachheit ist, darum ist also Gott, insofern er in allem ist, nicht in gradweiser Verschiedenheit in allem, so als ob er sich gradweise und partiell mitteilte. Es kann aber nichts ohne gradweise Verschiedenheit sein, darum ist in Gott alles im Hinblick auf es selbst mit der Verschiedenheit seiner Seinsgrade. Da nun Gott so in allem ist, daß alles in ihm ist, so ist es demnach offensichtlich, daß Gott ohne Veränderung seiner selbst in der Gleichheit allen Seins in Einheit mit der höchsten Menschheit Jesu ist, da der höchste Mensch in ihm nicht anders als in höchster Weise sein kann. Und so haben in Jesus, der so die Gleichheit allen Seins ist, als im Sohne in der Gottheit, der die zweite Person ist, der ewige Vater und der Heilige Geist Sein und alles hat in ihm als im Wort Sein, und die ganze Schöpfung hat Sein in dieser höchsten und vollkommensten Menschheit, die alle erschaffbaren Dinge universell umfaßt, auf daß die ganze Fülle in ihm wohnt[175].

3.3.4 Christologische Fragen in der Reformation

Bleibende Einheit im trinitarisch-christologischen Bekenntnis

Unter den aus der Reformation hervorgegangenen Kirchen stehen Luthertum und Calvinismus dezidiert auf dem Boden der altkirchlichen Konzilien und Glaubensbekenntnisse.

Melanchthon hebt in der Confessio Augustana (Art. 1 und 3 = BSLK 21-30) ausdrücklich hervor, daß es im trinitarischen und christologischen Dogma keine kirchentrennenden Differenzen gibt. Auch Martin Luther betont in den

---

[174] Vgl. De doc. ign. III, 3 = PhB 264c, 21 f.
[175] Ebd., III,4 = PhB 264c, 29.

Schmalkaldischen Artikeln, die er 1537 für ein nach Mantua ausgeschriebenes Konzil entworfen hat, grundsätzlich die Einheit von Katholiken und Protestanten in der Trinitätslehre und der Christologie: „Diese Artikel sind in keinem Zank noch Streit, weil wir zu beiden Teilen dieselbigen gläuben und bekennen."[176]

Bemerkenswert ist jedoch *Philipp Melanchthons* (1497-1560) Kritik an den nominalistisch-scholastischen Begriffsspielereien. Die Christologie kann nicht nur darin bestehen, terminologisch die Problematik der hypostatischen Union zu klären. Sie muß immer in einem soteriologischen Kontext entfaltet werden. In seinen „Loci communes" von 1521 findet sich der berühmte Satz: „Christus erkennen bedeutet seine Wohltaten zu erkennen und nicht, was jene [die Schultheologen] lehren, seine Naturen und die Modi seiner Inkarnation zu bedenken."[177]

Die Reformatoren haben also weniger Interesse an einer theoretischen Erklärung der Inkarnation als am Heilswerk Christi, das freilich nur aufgrund der Einheit der beiden Naturen in der Person des ewigen Sohnes Gottes möglich ist.

M. Luther

Für *Martin Luther* (1483-1546) ist die Inkarnation identisch mit seinem Amt als Heilsmittler und seiner Sendung in die Welt, um unsere Sünde auf sich zu nehmen (vgl. 2 Kor 5,21; Gal 3,13). In einem „seligen Tausch" nimmt Christus unsere Armut auf sich, um uns von seinem göttlichen Reichtum zu schenken (vgl. 2 Kor 8,9)[178].

Im „Großen Katechismus" (1529) gibt Luther bei der Erklärung des zweiten Artikels des Glaubensbekenntnisses einen guten Einblick in seine christologisch begründete Rechtfertigungsauffassung bzw. in seine Christologie, die sich in der Rechtfertigung des Sünders aus Gnaden allein auslegt[179].

Obwohl Christus kraft seiner menschlichen Natur die Begegnung des Menschen mit Gott ermöglicht, ist es doch die Person des Sohnes, die die Erlösung vollbringt. Das stellvertretende Sühneleiden Christi ist nicht ohne weiteres als das Werk seines menschlich freien Willens anzusehen. Dies hat auch Auswirkungen auf die Lehre von der Kirche, von Opfer und Verdienst. Christus hat nicht gleichzeitig auch stellvertretend *ex persona Ecclesiae* sein Heilswerk vollbracht. So ist nicht klar, ob Christus auch das Haupt der neuen Menschheit ist, die als sein Leib mit ihm zu einer Aktionseinheit auf den Vater hin tätig wird (im Sinne einer theologisch geklärten Opfertheologie). Ansätze hierzu finden sich in Luthers Schriften 1519/20.

Für Luther steht nicht nur die altkirchliche Lehre von der hypostatischen Union und den zwei Naturen fest. Gerade für sein Rechtfertigungsverständnis spielt auch die Lehre von der Idiomenkommunikation eine wesentliche Rolle. Er geht sogar so weit zu sagen, daß die Eigenschaften der göttlichen Natur (der göttlichen Majestät) der menschlichen Natur in einem bestimmten Sinn mitgeteilt werden können. Im Status seines Erdenlebens waren sie jedoch, wie die Gottheit Christi

---

[176] BSLK 415.
[177] Melanchthons Werke II/1. Hg. v. R. Stupperich, Gütersloh 1978, 20.
[178] Vgl. wichtige Aussagen tzt D4/II, Nr. 194-204.
[179] Vgl. BSLK 651f; tzt D4/II, Nr. 194.

überhaupt, verborgen. So beruft sich Luther jedenfalls auf die Kenosis-Lehre des Apostels Paulus (vgl. Phil 2,6-11).

Diese Weiterentwicklung der Lehre von der Idiomenkommunikation hat ihm in den Stand versetzt, gegenüber Zwingli die Realpräsenz der Gottheit und Menschheit im Eucharistischen Abendmahl zu behaupten.

H. Zwingli

Huldrych Zwingli (1484-1531)[180], der von einer eher nestorianisch geprägten Trennungschristologie geprägt war (Verneinung der Gottesmutterwürde Marias) war der Meinung, daß der menschliche Leib Christi im Himmel *localiter* gegenwärtig ist. Darum kann der Leib des auferstandenen Herrn nicht in den eucharistischen Gaben zugleich auch *localiter et circumscriptive* auf dem Altar sein.

Nach Luther hingegen ist in den Abendmahlsgaben mit der Gottheit Christi auch zugleich die erhöhte Menschheit Christi mit Leib und Seele gegenwärtig. Der Grund hierfür liegt darin, daß die erhöhte und verklärte menschliche Natur Christi an der Allgegenwart der göttlichen Natur des Logos teilhat (Ubiquität) und darum mit der Gegenwart der Gottheit Christi immer auch die Gegenwart der Menschheit Christi anzunehmen ist *(genus majestaticum)*.

Diese besondere Lehre von der Idiomenkommunikation hat in der Konkordienformel (1577), die den Abschluß der Bekenntnisbildung im Luthertum darstellt und die Phase der Lutherischen Orthodoxie einleitet, eine schulmäßige Fassung gefunden. Neben diesem *genus majestaticum,* das von den Zwinglianischen und calvinistischen Theologen abgelehnt wird, gibt es noch das *genus idiomaticum,* d.h. die wechselweise Beziehung der abstrakten Eigenschaften der beiden Naturen auf die Konkretheit der Person, und schließlich das *genus apostelismaticum,* das sich auf das Amt Christi bezieht. Es bedeutet, daß die Person des Gottmenschen Christus ihr Heilsamt nicht mittels einer Natur allein, sondern immer in und mit beiden Naturen vollzieht[181].

J. Calvin

Johannes Calvin (1509-1564) steht ebenfalls auf dem Boden der altkirchlichen Christologie[182]. Seinem Ansatz einer klaren Trennung der Transzendenz Gottes und der Immanenz der Schöpfung gemäß tendiert er jedoch eher zu einer klaren Unterscheidung der beiden Naturen, ohne jedoch die hypostatische Union in irgendeiner Weise in Frage zu stellen. Im Unterschied zu Zwingli gibt es bei ihm keine Abschwächung der Idiomenkommunikation.

Calvin sieht die Einheit der beiden Naturen dynamisch im Mittleramt Christi begründet. Weil der Logos an beiden Naturen teilhat und in ihnen existiert, vermittelt er im Heiligen Geist die Menschen in die Gemeinschaft mit Gott.

Anders als Luther läßt er jedoch nicht die menschliche Natur an der Allgegenwart der Gottheit teilnehmen. Die göttliche Natur umfaßt zwar die Menschheit

---

[180] Vgl. tzt D4/II, Nr. 205.
[181] BSLK 1028 ff.
[182] Vgl. tzt D4/II, Nr. 206-209.

Christi, und sie wird für uns durch die Menschheit Jesu gegenwärtig. Dennoch ist die göttliche Natur nicht localiter an die Menschheit gebunden. Die Menschheit Jesu ist nicht sozusagen das Gefängnis für seine Gottheit. Obwohl die göttliche Natur in der Person des Logos sich mit unserer menschlichen Natur verbunden hat und in der Inkarnation vom Himmel herabgekommen ist, ist sie dennoch zugleich auch im Himmel geblieben. Diese calvinische These von der außerhalb der Welt noch verbleibenden Gottheit Christi auch nach der Inkarnation nennt man das „*Extra calvinisticum*".

Dies führt bei Calvin ähnlich wie bei Zwingli dazu, die leibliche Präsenz Christi im Abendmahl zu verneinen. Wenn der Leib Christi zur Rechten des Vaters sitzt und sich an einem bestimmten Ort des Himmels aufhält, kann er nicht zugleich sich auf dem Altar befinden. Das Wort und das materielle Element in der Eucharistie repräsentieren zwar Christus in der Einheit seiner Gottheit und Menschheit, aber es kommt keine Realpräsenz zustande, sondern nur eine Art Spiritualpräsenz, indem der Heilige Geist die Glaubenden in ihrem Herzen beim Genuß der Abendmahlsgaben eben auf geistliche Weise mit dem Gott-Menschen im Himmel in Liebe vereinigt.

Für die spätere Soteriologie ist Calvins Lehre von den drei Ämtern Christi *(triplex munus Christi)* bedeutsam geworden[183].

In seinem prophetischen Amt bringt uns Christus die Verkündigung des Wortes Gottes.

Mit seinem königlichen Amt übt er die Gottesherrschaft aus und führt die Glaubenden ins ewige Leben.

Mit seinem priesterlichen Amt verwirklicht Christus seine soteriologische Sendung (im engeren Sinn).

In einem etwas abgewandelten Sinn hat auch die katholische Dogmatik seit dem 18. Jahrhundert die Lehre von dem dreifachen Amt Christi übernommen[184]. Es handelt sich dabei freilich nicht um eine Frage des Dogmas, sondern nur um eine mehr oder weniger gelungene Kategorialisierung des vielfältigen Wirkens Jesu in der einen Heilstat der Versöhnung der Menschen mit Gott durch sein Mittleramt.

Die lutherischen Kenotiker

Mit diesem Begriff bezeichnet man Theologen, die in Umwendung der Lehre von der Idiomenkommunikation die These vertreten, der Logos habe sich bei der Menschwerdung der göttlichen Eigenschaften entledigt (kenos = leer, vgl. Phil 2,7). In der Periode der lutherischen Orthodoxie wird nur davon gesprochen, daß der Gottmensch sich dieser Eigenschaften enthalten habe. Im 19. Jahrhundert nehmen Theologen wie G. Thomasius, F.A.R. Frank, J.C.K. v. Hofmann, E.W.Ch. Sartorius, W. Geß einen realen Verzicht an, so daß Jesus nicht allmächtig, allwissend usw. gewesen sei. Sie hoffen, auf diese Weise die altkirchliche Christologie mit dem psychologischen Ansatz der Neuzeit in Verbindung bringen zu können.

---

[183] Institutio christianae fidei II,15.
[184] Vgl. auch das II. Vatikanum, LG 9-12 u.ö.

Nur wenn der Mensch Jesus nicht in einem apriorischen Besitz des Bewußtseins seiner wesenhaften Einheit mit der göttlichen Natur des Logos ist, könne es bei ihm zu einem aposteriorischen Sohnesbewußtsein kommen, das sich als das Resultat seines sich nach natürlichen psychologischen Gesetzen entwickelnden menschlichen Selbstbewußtseins entfalte. Somit kann man auch von einer Einbeziehung der anthropologischen Daten von Sünde, Zweifel, Widerstand in die geschichtlich sich vollziehende Relation Jesu zum Vater reden. Gerade darin ereigne sich Erlösung.

Ob mit dieser Konstruktion eine wirkliche Vermittlung der klassischen Inkarnationschristologie mit einer Jesus-Psychologie gelungen ist, muß ernsthaft in Frage gestellt werden. Aber hier sind die Fragen wenigstens aufgegriffen worden, die sich mit der neuzeitlichen Wende in der Christologie von der Ontologie zur Psychologie ergaben (vgl. 3.43).

3.4 Die Wende zur neuzeitlichen Bewußtseins-Christologie

3.4.1 Die Zurückdrängung der ontologischen Fragestellung zugunsten einer Christus-Psychologie

Die Christologie ist von der neuzeitlichen Geistesgeschichte wesentlich mitbetroffen. Das Denken geht nicht mehr von der erfahrbaren Realität und den sie tragenden metaphysischen Seinsprinzipien aus, sondern von der Selbsterfahrung des Subjekts im menschlichen Selbstbewußtsein.

Dies bedeutet, daß man nicht mehr von der Inkarnation und der Sendung Jesu durch den Vater ausgehen kann. Man versucht umgekehrt von der menschlich-psychologischen Selbsterfahrung Jesu und seinem Gottesbewußtsein her einen Zugang zu seiner Einheit mit Gott zu gewinnen. Die ontologischen Voraussetzungen der Christologie erscheinen wie ein ideologischer Überbau, der einer kritischen Analyse der Möglichkeiten und der Reichweite menschlicher Vernunft nicht standhält. So entwickelt sich die Christologie auf zwei unterschiedlichen Bahnen weiter, die sich kaum noch miteinander in Verbindung bringen lassen. Auf der einen Seite führt die Schultheologie die Christus-Ontologie der alten Konzilien weiter (nun auf der Basis einer rationalistisch-essentialistischen Metaphysik) und versucht sich ständig neu an theoretischen Konzeptionen der hypostatischen Union. Auf der anderen Seite entsteht eine historisch-positivistische *Jesulogie*. In immer neuen Anläufen versucht man das Leben Jesu zu rekonstruieren „wie es wirklich war" – im vermeintlichen Unterschied zu den interpretativen Zugaben der biblischen Schriftsteller und der dogmatischen Überhöhung der Gestalt Jesu in der altkirchlichen Christologie.

Unzählige Jesus-Biographien und historische Rekonstruktionsversuche entstehen in der Zeit vom 17. bis zum 20. Jahrhundert. Dabei spielt es kaum eine

Rolle, ob sie das Christus-Dogma kritisch destruieren wollen, oder ob sie jenseits der Dogmatik ein erbauliches und sentimentales Jesusbild konstruieren, das mehr der frommen Phantasie als dem biblischen Zeugnis entspricht. Gerade die „frommen" Jesus-Biographien belegen aber auch ein Defizit in der Schultheologie, der es nur noch um eine begrifflich exakte Fassung abstrakter christologischer Probleme geht und nicht mehr um eine Auslegung von Christologie und Soteriologie im Rahmen der menschlichen Heilsfrage.

3.4.2 Die Frage nach der Seinseinheit Jesu im Schulthomismus und im Schulskotismus

Johannes Capreolus († 1444) begründete den Schulthomismus. Gemäß der Unterscheidung von Essenz und Existenz identifiziert er die Existenz der menschlichen Natur mit der Hypostase des göttlichen Wortes. Die menschliche Natur Christi existiert und subsistiert im Wort. Hier ergibt sich aber ein schwer zu lösendes Problem. Da in Gott Wesen und Existenz zusammenfallen, ist nicht klar, warum die menschliche Natur nur in der Person des Logos und nicht in allen drei göttlichen Personen subsistiert. Die Lösung kann nur trinitätstheologisch gefunden werden. Wenn Gottes Wesen in den subsistierenden Relationen der drei Personen existiert, dann kann es einsichtig sein, warum die Selbstaussage des Vaters im ewigen Wort zum Träger der gott-menschlichen Einheit Christi wird und in der menschlichen Natur subsistiert[185].

Auf der anderen Seite hatte der Jesuit *Claudius Tiphanus* († 1641) die skotistische Position ausgebaut.

Skotus hatte den Personbegriff durch die Inkommunikabilität bestimmt. Die Person als eine geistige Substanz hängt von nichts anderem ab und strebt danach, ihre Selbständigkeit gegenüber anderen Wirklichkeiten zu behaupten. Aufgrund der Vereinigung der Menschheit Christi mit der göttlichen Natur verliert die Personalität der menschlichen Natur ihre Unabhängigkeit und subsistiert in der Person des Logos. Auch für Skotus realisiert die Hypostase des Logos die Einheit der menschlichen Natur Christi mit der göttlichen Natur, ohne ihre relative Selbständigkeit und Vollständigkeit als Substanz zu verlieren. Für Tiphanus steht fest, daß die Hypostase nicht einfach nur negativ auf die Inkommunikabilität reduziert werden kann. Sie beinhaltet eine innere Vollkommenheit des Selbstandes, wobei die Inkommunikabilität nur die negative Kehrseite darstellt. Im Moment der Vereinigung der beiden Naturen verliert die menschliche Natur Jesu nichts. Der Akt ihrer Verbindung mit der göttlichen Natur ist der Akt, der ihr eine konkrete Subsistenz verleiht und sie nicht mehr außerhalb der gott-menschlichen Einheit als eigene Substanz existieren läßt.

Im Grunde ist hier mit anderen Worten dasselbe gesagt wie bei Duns Skotus selbst.

Der größte Metaphysiker des Jesuitenordnes, *Franz Suárez* († 1617) hat eine eigene Theorie der hypostatischen Union vorgelegt, die sich vom Schulthomismus

---
[185] Weitere bedeutende Vertreter dieser thomistischen Richtung waren Kardinal. Billot S.J., M. de la Taille S.J.

und vom Schulskotismus unterscheidet[186]. Sein Ansatz ähnelt sehr der Erklärung des Kardinals *Cajetan* († 1534).

Mit Duns Skotus betont Suárez, daß sowohl der menschlichen als auch der göttlichen Natur Christi ein eigenes esse zukomme. Die Existenz der Menschheit Jesu fällt also nicht unmittelbar zusammen mit der Subsistenz im Logos (Enhypostasie). Suárez führt nun zwischen Essenz und Existenz eine dritte Entität ein. Damit eine Natur zur Existenz gelangt, bedarf sie eines weiteren realen Modus, der die Existenz vervollständigt, indem er der Existenz eine autonome Subsistenz verleiht, die die Inkommunikabilität der Hypostase ermöglicht. Bei der hypostatischen Union fällt dieser existenzgebende Modus, der sich real von der Natur und der Subsistenz unterscheidet, weg. Hier tritt ein Modus der Einigung ein, der die menschliche Natur Christi befähigt, in der Person des Logos zu subsistieren.

3.4.3 Christologie als Christus-Psychologie

Eine ganz neue Brisanz gewann der christologische Personbegriff mit der Wende zu einer Bewußtseins-Christologie. Der christologisch so entscheidende Begriff der Hypostase wird nicht mehr ontologisch gefaßt *(distinctum subsistens in rationali natura)*. Die empiristische Philosophie *(J. Locke)* begreift die Person eher phänomenologisch, moralisch, psychologisch, soziologisch, juridisch und existentialistisch auf und beschränkt den Personbegriff auf das Subjekt eines möglichen oder wirklichen Selbstbewußtseins und Trägers eines autonomen Selbstentwurfs in Freiheit *(causa sui)*.

Wollte man jetzt noch an der chalkedonischen Lehre von der vollständigen Menschennatur Jesu festhalten, schien sich die Rede von einer eigenen menschlichen Personalität Jesu im Unterschied zur göttlichen Person des Logos nahezulegen. Eine menschliche Natur ohne ein Personsein mußte wie ein Torso erscheinen. Denn der Mensch wurde definiert als eine Einheit von Sinnlichkeit und Bewußtsein. Natur wurde reduziert auf die Leiblichkeit des Menschen, während die Person mit seinem Bewußtsein identifiziert wurde. Nach klassischem theologischen Sprachgebrauch umfaßte der Begriff der Natur jedoch die Gesamtkonstitution des Menschen mit Sinnlichkeit, Selbstbewußtsein und freiem Willen, während Hypostase oder Person den metaphysischen Akt meint, durch den der Mensch zu einem existierenden Individuum wird.

In der neuen Sicht wird das empirische Selbstbewußtsein Jesu mehr und mehr zum Konstruktionspunkt der Christologie. Sein religiöses Gefühl wird zur Grundlage der Einheit mit Gott. Diese sog. Bewußtseins-Christologie setzt bei der religiösen und sittlichen „Persönlichkeit Jesu" an und führt weiter zu der Auffüllung seines kreatürlichen Bewußtseins mit dem Inhalt des göttlichen Selbstbewußtseins *(Anton Günther)*. Oder sie baut auf der Stetigkeit und Kräftigkeit seines Gottesbewußtseins auf *(D. F. E. Schleiermacher)*.

Andererseits entwickelte sich unter Berufung auf die Subsistenztheorie und in bewußter Anknüpfung an die antiochenisch-augustinisch-skotistische Tradition

---

[186] Vgl. tzt D4/II, Nr. 210.

eine Schulrichtung, welche bei grundsätzlicher Treue zu Chalkedon der neuzeitlichen Forderung nach einer Formulierung des vollen menschlichen Ich-Bewußtseins Jesu Rechnung tragen will[187].

Eine Sonderform ist die von ihren Gegnern (H. Diepen, P. Parente, B. Xiberta) als „Baslismus" bezeichnete Theorie des Deodat de Basly OFM. († 1937) und seines Schülers L. Seiler OFM. Sie spricht der menschlichen Natur Christi ein von der Person des *verbum assumens* verschiedenes Subjekt zu. In völliger Autonomie tritt der *assumptus homo* der Person des Sohnes Gottes entgegen. Zwar grenzt sich D. de Basly von einer bloß gnadenhaft-moralisch gefaßten Einheit zweier Naturprosopa (wie im Nestorianismus) ab. Aber der Mensch Christus sei dennoch „ein anderer" als der Sohn Gottes. Beide sind jedoch durch ein physisches und transzendentales Band miteinander vereinigt. Die Idiomenkommunikation wird hier nicht durch die Einheit des göttlichen Subjektes vermittelt. Eine Idiomenkommunikation ist wirklich und möglich, weil die göttlichen und menschlichen Eigenschaften dem gott-menschlichen Kompositum zukommen. Der zusammengesetzten Person Christi fehle zwar wegen der Aufnahme der menschlichen Natur das Suppositum als entscheidendes Moment personaler Subjektivität, jedoch nicht die natureigene individuelle Subjektivität. Das geistbegabte menschliche Individuum trägt den Titel „Jesus Christus", der dem ganzen *verbum-caro* nur per extensionem zukommt, dem *verbum* allein aber nur in attributiver Kommunikation der Idiomata.

Die Problematik der Christologie unter den Voraussetzungen der neuzeitlichen Bewußtseinsphilosophie ist hier wohl richtig gesehen, ohne daß diese Voraussetzungen selbst noch einmal kritisch befragt werden. Aber schon bei der Zurückweisung des Monotheletismus kam es zu einer Betonung der Eigenständigkeit des menschlichen Ichs Jesu und seines reflexen Selbstbewußtseins als Mitte seines menschlichen Erlebens, Erkennens, freien Tuns und Erleidens. Hier ist bereits die Gefahr einer reinen Psychologisierung des Personseins erkannt[188]. Jede psychologische Aussage über den Menschen wurzelt in einer Ontologie der Transzendentalität von menschlicher Geistigkeit und Freiheit. Somit ist es grundsätzlich denkbar, daß das menschliche Ich-Bewußtsein Jesu durch die Vermittlung der natureigenen unendlichen Selbsttranszendenz des menschlichen Geistseins im Annahmeakt Gottes begründet und daß das menschliche Ich-Bewußtsein zu seinem Vollzug gerade durch die Selbstmitteilung des ewigen Wortes in einer menschlichen Natur konstituiert ist.

Der Weg zu einer Historisierung und Psychologisierung der Christologie unter den Voraussetzungen der neuzeitlichen Bewußtseins-Philosophie ist im ersten Teil dieser Studie schon ausführlich nachgezeichnet worden. Darauf sei hier verwiesen (s. o. S. 37–46).

---

[187] Vgl. L. Vivès, † 1540; J. Wadding, † 1657; J. Ponce OFM, † 1672; J. Hardouin S.J., † 1729; J. Berruyer S.J., † 1758; B. Stattler S.J., † 1797 und die neueren Versuchen einer „Christologie von unten" im 20. Jahrhundert bei A.G. Sertillanges, P. Galtier, J. Ternus, K. Rahner, P. Schoonenberg, E. Schillebeeckx u.a.

[188] Schon auf der Ebene der Selbsterfahrung fallen das reflexe Selbstbewußtsein und die Tatsache meines Daseins, das ich einem anderen zu verdanken habe, nicht zusammen.

Für viele Philosophen und Theologen entfällt nun die metaphysische Voraussetzung des Glaubens an ein wirkliches Handeln Gottes in der Geschichte und erst recht einer realen Menschwerdung Gottes. Darum können die biblischen und dogmatischen Aussagen nicht als Aussage über das Sein Jesu gelten. Es handelt sich lediglich um Objektivierungen, Verbegrifflichungen und Veranschaulichungen des religiösen und sittlichen Selbstbewußtseins Jesu bzw. der religiösen Vorstellungen, die sich die Gemeinde von ihm gebildet hat.

In einer ganzen Reihe von Jesus-Biographien versuchte die Leben-Jesu-Forschung die psychologische, sozial und kulturell bedingte Genese des Selbstbewußtseins Jesu nachzuzeichnen. In der liberalen Theologie (A. Ritschl, A. v. Harnack und neuerdings M. Wiles, J. Hick) kann nur in einem übertragenen Sinn wird von der Göttlichkeit Jesu gesprochen, insofern er das, was in jedem Menschen an ekstatischer und sittlicher Selbstüberschreitung auf ein Absolutum hin gegeben ist, auf eine maximale Weise realisiert.

Die an der Bibel und am Glaubensbekenntnis orientierte Christologie darf sich gegenüber dieser Herausforderung nicht nur auf eine Hervorhebung der vollen Menschheit und Menschlichkeit Jesu Christi beschränken. Es muß auch gezeigt werden, wie eine hypostatische Union gedacht werden kann und unter welchen geschichtlichen Voraussetzungen sie als tatsächlich geschehen und ontologisch gegeben zu behaupten ist.

3.4.4 Christologische Ansätze in der Gegenwart

Die christologischen Konzeptionen im 20. Jahrhundert sind unterschiedlich und zum Teil gegensätzlich[189]. Ob aber mehr aus der dogmatischen oder eher aus der exegetischen Perspektive entwickelt, sind sie doch alle von der Absicht geleitet, den Christusglauben dem modernen, vom geschichtlichen und naturwissenschaftlichen Denken geprägten Menschen intellektuell nachvollziehbar zu machen. Von epochaler Bedeutung sind auch die ersten Versuche, sich den Glaubensinhalt aus den Traditionen asiatischer und afrikanischer, mit unter auch amerikanisch-präkolumbianischer Geistigkeit und Kultur zu erschließen[190]. Im Blick behalten werden muß dabei das erhebliche metaphysische Defizit im Wirklichkeitsverständnis vieler Menschen der Gegenwart. Während die biblische und kirchenlehramtliche Christologie „von oben" ansetzt mit den Präexistenzaussagen, mit der Inkarnationstheologie und dem Osterereignis, was dem heutigen Menschen sehr schnell als Mythologie oder Ausdruck der hellenistischen Wesensmetaphysik vorkommt, geht es den zeitgenössischen Theologen um einen christologischen Ansatz „von unten", um aus der Menschlichkeit und Geschichte Jesu die notwendigen transzendenten Aspekte zu gewinnen (Abba-Relation, die Erfahrung des wirkmächtigen Handelns Gottes am gekreuzigten Jesus).

---

[189] Wichtige Zeugnisse vgl. tzt D4/II, Nr. 224-248.
[190] Die Textsammlung „Christologie" (tzt D4/II) bietet eindrucksvolle Zeugnisse einer hinduistischen, buddhistischen, afrikanischen und lateinamerikanischen Christologie in den Nr. 253-265.

Alle neueren Christologien müssen sich in besonderer Weise zwei Problemkreisen stellen:

a.) Der moderne Mensch vermag die metaphysischen und ontologischen Voraussetzungen der altkirchlichen Christologie nicht mehr ohne weiteres zu verstehen. *K. Rahner* versuchte daher eine transzendental-anthropologisch ansetzende Metaphysik zu entwickeln, um Jesus Christus als die Wesenserfüllung der menschlichen Sehnsucht und Hoffnung vorzustellen im Horizont der Begegnung des Menschen mit dem absoluten Geheimnis seiner eigenen Lebensgeschichte[191]. *B. Welte* versuchte dem gleichen Anliegen zu entsprechen durch die Betonung der biblischen Kategorie von „Geschichte und Ereignis". Die wesensmetaphysischen Aussagen sollen dabei in einen seinsgeschichtlichen Horizont umgesetzt werden. Beide Theologen wollen die funktionalen, relationalen und geschichtlichen Aussagen stärker zur Geltung bringen als die essentialen Reflexionen in der Alten Kirche. Dabei stellt sich wie von selbst die Frage nach dem menschlichen Selbstbewußtsein Jesu und der Geschichte seiner Erfahrung der Gegenwart Gottes und des unvordenklichen Verdanktseins seiner Existenz als Mensch im Willen Gottes, ihn als den Vermittler der Gottesherrschaft und als den Repräsentanten der Gegenwart des ewigen Heilswortes des Vaters zu konstituieren.

b.) Eine weitere entscheidende Aufgabenstellung aller neueren Christologien ist die von E. Käsemann neu aufgeworfene Frage nach dem historischen Jesus und seinem Verhältnis zum Christus des Kerygmas und des Dogmas.

Im Hinblick auf diese Herausforderungen lassen sich exemplarisch etwa folgende Gruppen christologischer Modelle unterscheiden:

1. Glaubenschristologien

Christus ist im Kerygma existentieller Anspruch, der mich vor die Entscheidung stellt und in die Eigentlichkeit meiner Existenz ruft *(R. Bultmann)*[192]. Christus ist Mittler des Glaubens an Gott aufgrund seines Beispiels *(G. Ebeling)*. Schließlich wird Christologie zur Funktion der Anthropologie, wenn sie ihrer inhaltlichen Aussagen entkleidet wird und als konkreter Vollzug von Glauben erscheint in der je sich ereignenden Mitmenschlichkeit *(H. Braun)*. In einer entkerygmatisierten Christologie ist Jesus die Chiffre wahren Menschseins *(F. Buri)*.

2. Kosmologisch-evolutive Ansätze

Innerhalb eines evolutiven Weltbildes wird über die Kosmogenese und Anthropogenese in einer Christogenese Jesus als der innere Zielpunkt der kosmisch-geschichtlichen Entwicklung begriffen *(P. Teilhard de Chardin)*[193]. K. Rahner hat diese Sicht für seinen transzendental-anthropologischen Ansatz aufgegriffen und vertieft.

---

[191] Vgl. tzt D4/II, Nr. 238-240.
[192] Vgl. tzt D4/II, Nr. 225.
[193] Vgl. tzt D4/II, Nr. 236 f.

3. Universalgeschichtlicher Ansatz

W. Pannenberg wendet sich gegen den Offenbarungspositivismus K. Barths, der keine Korrelation von Wort Gottes und menschlicher Heilsfrage zuläßt, aber auch gegen R. Bultmann, der keine Beziehung zwischen dem Jesus der Geschichte und dem Christus des Kerygmas anerkennt und so die Realität von der existentiellen Bedeutsamkeit trennt[194]. In seinem universalgeschichtlichen Ansatz zeigt sich, daß die menschliche Sinnfrage erst mit dem Ende der Geschichte zu beantworten ist. Die partikuläre Sinnerfahrung wird erst wahr und vollendet von der Totalität der Geschichte am Ende. Sie ist damit eschatologisch ausgerichtet, wie in der spätjüdischen Apokalyptik und ihrer Vorstellung eines Selbsterweises Jahwes mit der Auferweckung der Toten deutlich wird. Jesu Auferweckung ist das vorwegereignete Ende der Geschichte. In dieser Prolepse kommt ihm ein universaler, unüberbietbarer Rang zu. In der Auferstehung offenbart sich Jesu Präexistenz, seine Gottheit und Gerichtsmacht. Jesu Personalität zeigt sich in bezug auf den Vater in der vertrauenden Hingabe. In ihr existiert er in Unterschiedenheit von ihm und zugleich in existenzgebender Relation zu ihm (vgl. Richard v. St. Viktor, Duns Skotus, F. Suárez). Dadurch sucht Pannenberg das Mißverständnis der Zweinaturenlehre als Zusammensetzung von zwei Substanzen zu vermeiden.

4. Politisch-eschatologisches Denken

Für *J. Moltmann* ist Auferstehung nicht das vorwegereignete Ende und Ganze der Geschichte, sondern die Inkraftsetzung der Hoffnung auf das, was einmal sein wird[195]. Gott offenbart sich als Gott der Hoffnung, und der Glaube erfaßt die gegenwartskritische Ausrichtung auf diese Zukunft als Ruf zur weltverändernden Tat. Er ist somit nicht nur Interpretation der Geschichte. Bei einer genauen Betrachtung zeigt sich auch, daß Jesus wegen seines Kampfes gegen politische Herrschaft über die Macht- und Rechtlosen ans Kreuz mußte. Dieses hat politische Bedeutung als Kritik aller herrschenden Machtsysteme und setzt von der Auferstehung her die Dynamik der Veränderung frei. Aber auch die trinitarische Dimension tritt hervor, insofern das Kreuz die innerste Verbindung Jesu mit seinem Vater offenbart. In Jesu Leiden ist die Leidensgeschichte zum Leiden Gottes geworden. In Jesu Tod erleidet der Vater den unendlichen Schmerz der Liebe als Identität von Leben und Tod. In Jesu Auferweckung ist die Hoffnung auf die Überwindung des Leidens gegeben. Die Leiden der Menschen sind Teilnahme am innertrinitarischen Leiden, und das Heil ist erst mit dem Ende der innertrinitarischen Gottesgeschichte in Kreuz und Auferstehung da. Die Frage nach der Unveränderlichkeit Gottes und seiner Geschichtlichkeit und Leidensfähigkeit ist hier unüberhörbar gestellt[196].

5. Anthropologische Ansätze

K. Rahner will das mythologische Mißverständnis abwehren, Jesus sei ein auf Erden wandelnder Gott. Von seinem anthropologisch-transzendentalen Verständnis

---

[194] Vgl. tzt D4/II, Nr. 231.
[195] Vgl. tzt D4/II, Nr. 232.
[196] S. dazu auch die prozeßtheologischen Ansätze bei englischen und amerikanischen Theologen.

her sucht er Jesu Gottesverhältnis als den einmalig geglückten Fall des Schöpfer-Geschöpf-Verhältnisses zu begreifen. Jede Anthropologie ist demnach defiziente Christologie. Christus lebt die transzendentale Verwiesenheit in absoluter Selbsthingabe, die aber nur die in ihrem Vollzug eröffnete Möglichkeit der Einung mit Gott ist, weil dieser sich in Jesus in absoluter Weise selbst mitgeteilt hat, was nur einmalig möglich ist. Andere Menschen haben nur ein abgeleitetes Verhältnis zu Gott in der Gnade, während die Einigung Gottes mit Jesus seinshafter Art ist. Gerade bei ihrer bleibenden Verschiedenheit vom Logos ist Jesu Menschheit vom Logos konstituiert und als von ihm verwirklicht mit ihm geeint.

P. Schoonenberg sucht die (vermeintliche) Aporie der Zweinaturenlehre dadurch zu überwinden, daß er das Konzept einer „gegenseitigen Enhypostasie" entwirft. Der Logos ist nun nicht mehr absolut und für sich Person. Er subsistiert in der menschlichen Person Jesu. Erst durch die Verbindung mit einer menschlichen Person wird der göttliche Logos zu einer vom Vater verschiedenen göttlichen Hypostase. Offenbar erreicht hier ein Mensch in der Unendlichkeit seines transzendentalen Horizontes Gott so, daß dieser mit Gottes Unendlichkeit zusammenfällt und Gott erst sein trinitarisches Wesen zuspielt. Der Logos existiert enhypostatisch in Jesu menschlichem Personsein und umgekehrt.

E. Schillebeeckx will die Besonderheit Jesu nicht von einem übernatürlichen „Zusatz" ableiten, sondern von den allgemeinen Heilserwartungen der Menschen, wie sie sich auch im neuzeitlichen Selbstverständnis ausdrücken[197]. Jesus steht in ungebrochener Gemeinsamkeit mit der kreatürlichen Verfassung aller Menschen. Er versteht sein Selbst-Sein, seine Menschlichkeit radikal als Sein-von-Gott-her, als Sohn-Gottes-Sein. Sie mindern sich in ihrem Bezug nicht, sondern steigern sich in ihrer Endlichkeit. Jesu relationales Sohnsein ist die radikalste Verwirklichung der Kreatürlichkeit.

H. Küng wendet sich gegen den vorgeblichen Hellenismus der alten Christologie, ohne freilich die gegenteiligen Ergebnisse der Forschung zu berücksichtigen (M. Hengel, A. Grillmeier)[198]. Er sucht die Einzigartigkeit der Beziehung Jesu zu Gott festzuhalten. Sie besteht allerdings nur darin, daß er der Sachwalter, Platzhalter und Repräsentant des fernen monosubjektivistischen Gottes ist. Eine tiefere Einheit, die in der ewigen Sohnschaft des Logos verankert wäre, gibt es nicht.

6. Trinitarische Ansätze

Dem heutigen Menschen schwieriger zu vermitteln, aber bibelnäher sind die Ansätze von *K. Barth*[199] und *H. U. v. Balthasar.*

Barth setzt streng beim innertrinitarischen Geschehen ein. Darin ist Jesus in seinem Menschsein durch Erwählung und Gnade in Ewigkeit mit dem Logos verbunden und für das Werk der Erlösung und Versöhnung prädestiniert. Aber erst bei der Erniedrigung in Inkarnation, Kreuz und Auferstehung wird er für uns zur Offenbarung Gottes und bewirkt die Erhöhung des Menschen. So ist die Christologie in *statu exinanitionis* in realem Sinne Christologie von oben. Da aber bei

---

[197] Vgl. tzt D4/II, Nr. 241 f.
[198] Vgl. tzt D4/II, Nr. 243 f.
[199] Vgl. tzt D4/II, Nr. 223 f.

ihm die Menschheit in Übersteigerung der Lehre von der Anhypostasie völlig passiv bleibt (ein Prädikat ohne Subjekt), ist Erlösung ein Geschehen zwischen Gott und Gott. Jesu Menschheit (in kreatürlicher Freiheit) ist nicht Träger der menschlichen Hingabe, sondern nur Offenbarungsinstrument. Dies ist eine äußerste Konsequenz der prädestinatianischen Gnadenlehre.

Auch *H. U. v. Balthasar* sieht den heilsgeschichtlichen Weg Jesu innertrinitarisch begründet. Nur weil es in Gott Armut, Selbstentäußerung, Selbstenteignetheit des Sohnes gibt, die ihn im Hl. Geist mit dem Vater in sich gegenseitig konstituierender Liebe in der Differenz der Liebenden verbindet, kann der Sohn in der Inkarnation bis zum Kreuz den Weg der Kenose gehen, wie schon die vorpaulinischen Christus-Hymnen bezeugen. In den radikalen Sohnesgehorsam des Logos ist die radikale Hingabe des Menschen Jesus personhaft einbezogen. Indem er stellvertretend die Sündenlast der Menschheit in diese wechselseitige Eröffnetheit von Vater und Sohn (in der angenommenen menschlichen Natur) in der Liebe hineinnimmt, ist Überwindung der Schuld gegeben und die neue Weise des Menschseins in der *forma Christi* eröffnet.

4. Jesus – Der Weg zum Vater
(Kategoriale Soteriologie)

4.1 Perspektiven der Soteriologie

4.1.1 Die Aufgabenstellung der Soteriologie

Soteriologie ist die Lehre von der Erlösung (griech. soteria) aller Menschen durch das Heilswirken Christi. Der Sache nach sind alle Themenkreise der christlichen Theologie von dieser Aussage mitbetroffen. Somit ist die Soteriologie mehr als ein regionaler Traktat.

Bildete im biblischen und patristischen Verständnis die Lehre von Christi Person und Werk eine unmittelbare Einheit, so traten jedoch in der Scholastik allmählich die Lehre von der Person Jesu (hypostatische Union und Zweinaturenlehre) und die Lehre vom Heilswerk des Erlösers auseinander.

Wegen des Interesses an der subjektiven, d.h. personalen, freien und menschlichen Seite der Erlösung gibt es in der lateinischen Theologie seit den gnadentheologischen Auseinandersetzungen des Augustinus (354-430) mit dem Pelagianismus eine zweifache Rede von Erlösung:

(1.) Die *objektive Erlösung* durch die Inkarnation und die Stiftung des Neuen Bundes durch das stellvertretende Sühneopfer am Kreuz. Dies wird in der Soteriologie behandelt.

(2.) Die *subjektive Zueignung* oder Aneignung des objektiven Heilswerkes Christi durch die Glaubenden in Rechtfertigung und Heiligung mittels der Grundakte von Glaube, Hoffnung und Liebe. Diese wird in der Gnadenlehre behandelt. Die Vermittlung des historischen Erlösungswerkes Christi, der kraft seiner Erhöhung zum Vater der *Christus praesens* ist, in die persönliche und soziale Glaubenssphäre hinein ist dabei Gegenstand der Pneumatologie, der Ekklesiologie und der Sakramentenlehre.

Im Westen stellt sich eher das Problem, wie das „Einst" und „Jetzt" des Heilsgeschehens in Verbindung zu bringen ist. Im Osten tritt diese horizontal-historische Sicht zugunsten einer vertikalen Sicht zurück. Im Sinne des Urbild-Abbild-Denkens erscheint das liturgische und sakramentale Geschehen als eine Vergegenwärtigung der himmlischen Liturgie des auferstandenen Herrn und ewigen Hohenpriesters der Kirche in die Erfahrung von Raum und Zeit. In sie wird der Gläubige durch die Mitfeier einbezogen.

In der gegenwärtigen Theologie müssen Christologie und Soteriologie wieder aus ihrem einheitlichen Wurzelgrund heraus als *ein* dogmatischer Traktat behandelt werden. Es geht darum in diesem vierten Hauptteil nicht um die Darstellung des Werkes oder des Amtes Christi, sondern wieder um die *Person* Jesu Christi, insofern er *Grund, Inhalt und Mittler* des Heiles, d.h. der Vollendung des Menschen in Gott, ist. Soteriologie betreiben heißt Christologie betreiben unter dem Aspekt der Pro-Existenz Jesu. Der Horizont aller Soteriologie ist die Person Jesu.

Er ist der absolute Heilbringer, der einzige Hoffnungsträger der Menschheit, in dem die transzendentale Heilssuche des Menschen zur kategorial-geschichtlichen Gegenwart in Raum und Zeit gekommen ist. Das Universale des Heilswillens Gottes, der in den vielfältigen Heilserfahrungen der Menschheitsgeschichte sich andeutete, wird in der Einmaligkeit der Person in befreiender Weise konkret (Jesus Christus als das *universale concretum*).

Die christliche Erlösungslehre bezeugt Jesus als die geschichtliche Gestalt, auf die jeder Mensch im Leben und Sterben alle seine Hoffnung setzen kann:

Darauf warte und hoffe ich, daß ich in keiner Hinsicht beschämt werde, daß vielmehr Christus in aller Öffentlichkeit durch meinen Leib verherrlicht wird, ob ich lebe oder sterbe. Denn für mich ist Christus Leben und Sterben Gewinn.
(Phil 1,21)

4.1.2 Die Person des Mittlers

„Heil" bedeutet im NT den Inbegriff der Vollendung alles menschlichen Verlangens nach Wahrheit, Freiheit und Liebe. Geschichtlich kommt es zustande durch Gottes Tat der Rettung, Erlösung und Befreiung.

Heil meint jedoch nicht einen von Gott verschiedenen Zustand menschlicher Befindlichkeit. Heil im universalen Sinn ist vielmehr radikal Gott selbst ganz und allein, d.h. seine Selbstvergegenwärtigung im Medium der menschlichen Natur des ewigen Wortes. Jesus als menschgewordener Gottessohn erfüllt die transzendentale Verwiesenheit auf ihn als Ursprung und Ziel aller Bewegung der geistig-personalen Kreatur, indem er die Tendenz der menschlichen Person auf die Gemeinschaft mit dem Absoluten (als personale Liebe) aufgreift und durch die Selbstgabe seiner Person beantwortet.

Als Folge der Ankunft Gottes beim Menschen wird aber auch – anfanghaft in dieser Weltsituation und abschließend bei der Neugrundlegung der Welt in der Parusie Christi – das kategoriale Gefüge des kreatürlichen Daseins neugeordnet und zum geschichtlich-dramatischen Schauplatz von Heilserfahrung gemacht: Die verschiedenen Ebenen des Selbstvollzuges der Person korrespondieren dann vollkommen miteinander hinsichtlich

a) der Aufbauprinzipien des Menschen in Geist, Selbstbestimmung, leiblich-sinnlicher Verfaßtheit;

b) der personalen Mitwelt in der Zeit (Geschichte);

c) der vorpersonalen natürlichen Umwelt im Raum (Welt).

Die Ankunft Gottes und seines Reiches in Jesus Christus bedeutet also die Verwirklichung seines Heilswillens, der alle Menschen in der Ganzheit ihrer Existenz für Zeit und Ewigkeit umfaßt. Zwischen dem Heilsträger, der Heilsvermittlung und dem Heilsinhalt besteht kein realer Unterschied. Darum sind die Heilsgabe

Gottes an uns, Jesus und die Tat Jesu identisch. Im Neuen Testament ist nicht nur davon die Rede, daß Jesus uns das Heil gebracht hat, sondern daß er es in seiner Person ist:
- Jesus Christus *ist* uns zur Weisheit, Gerechtigkeit, Heiligung und Erlösung gemacht worden (1 Kor 1,30);
- er *ist* der Friede und die Versöhnung (Eph 2,14);
- er *ist* Wahrheit, Weg und Leben (Joh 14,6).
- In ihm *sind* alle Schätze der Weisheit und Erkenntnis verborgen (Kol 2,3);
- Christus in uns *ist* die Hoffnung auf Herrlichkeit (Kol 1,27);
- er *ist* der wahre Gott und das ewige Leben (1 Joh 5,20).

Alles zielt auf die Gemeinschaft mit der Person des gott-menschlichen Mittlers in der Mitte des Lebens des dreifaltigen Gottes. Dieser ist die Mitte des menschlichen Herzens und der Welt (vgl. Joh 17,21-23).

Im Neuen Testament sind Person und Werk Jesu untrennbar. Er stellt das durch die Sünde zerstörte Verhältnis der Menschen zu Gott wieder her, indem er als der Sündenlose an unserer Stelle die Sünde auf sich nimmt und durch seinen Tod mit sich begräbt und in der Auferstehung das neue Leben der Gottesgemeinschaft in Liebe manifestiert (Röm 4,25; 8,3; 1 Kor 5,21; Gal 3,13; Hebr 4,15).

Er hat die Todverfallenheit in Adam überwunden, dadurch das neue Leben mit Gott erworben und uns im Heiligen Geist zu seinen Brüdern und Schwestern gemacht. Deshalb nehmen die Glaubenden am Sohnesverhältnis Christi zum Vater kraft der Gnade des Heiligen Geistes teil (Gal 4,4-6; Röm 8,29; Kol 1,18; Eph 1,5).

Die gesamte öffentliche Wirksamkeit Jesu als Träger der eschatologischen Heilshoffnung ist zusammengefaßt in der neutestamentlichen *hyper*-Formel (für uns).

Die Pro-Existenz Jesu zeigt sich in letzter Dichte beim Mahl vor seinem Tod. In Treue und Gehorsam gibt er sein Leben hin „für die Vielen" zur Vergebung der Sünden (Mt 26,28; Mk 14,24; Lk 22,20; 1 Kor 11,25; 15,3; Joh 1,29; 1 Petr 1,24; vgl. Jes 53,11 f.).

In verschiedenen, meist vom AT inspirierten Bildworten wird der stellvertretende Sühnetod Jesu verdeutlicht:

Loskauf aus der Knechtschaft der Sünde Rechtfertigung bzw. Reinigung und Erlösung durch Christi Blut	Röm 5,9; 1 Kor 6 6,20; Eph 1,7; Kol, 1,15; Hebr 9,14; 13,11f; 1 Petr 1,19; 1 Joh 1,17; Offb 5,9.
Lebenshingabe als Lösegeld für viele	Mk 10,45; Gal 1,4; 1 Tim 2,6 vgl. das Lied vom stellvertretenden Leiden des Gottesknechtes Jes 53
Selbsthingabe als Sühneopfer	Röm 3,25; Gal 2,20
Sühne für unsere Sünden	Röm 3,25-30; 8,3; Gal 1,4; 1 Petr 3,18; 1 Joh 2,2; 4,10; Hebr 2,17; 1 Tim 2,6

Die zentrale Tat Christi und ihr Ergebnis erscheinen im NT unter verschiedenen theologischen Begriffen und Kategorien:

Rechtfertigung des Sünders durch Gnade im Glauben	Röm 3,28;5,9;8,30; 1 Kor 6,11; Gal 2,16; Tit 3,7
Sündenvergebung	(zahlreiche Stellen)
Versöhnung	Röm 5,11; 11,15; 2 Kor 5,18 f.; Eph 2,16; Kol 1,20 f.; Hebr 2,17; 1 Joh 2,2; 4,10;
Befreiung und Rettung	Röm 5,9; 6,18; Apg 2,21; Kol 1,13; Tit 3,5; 4,10;
Heiligung	Röm 6,22; 1 Thess 4,3.7; Joh 17,17; 1 Kor 6,11; Hebr 2,11; 10,10; 13,12;
Erlösung	Lk 1,68); 2,38; 4,19; 21,28; Röm 3,24; 1 Kor 1,30; Eph 1,7; Kol 1,14; Hebr 9,15
Neuer Bund oder Ewiger Bund, dessen Hoherpriester und Mittler Christus ist	Lk 22,20; 1 Kor 11,25; Hebr 8,6; 9,15; 12,24; Mk 14,24; Mt 26,28
Gemeinschaft und Frieden mit Gott und den Menschen	1 Kor 1,9; 2 Kor 13,13; Röm 5,1; 14,17; Eph 1,3.20; 2,14; Joh 1,3; 16,33; Apg 10,36
Anteil an Gottes Leben und Natur	Röm 8,29; Eph 1,17 f.; 2 Petr 1,4;
Wiedergeburt zum neuen Leben Neuschöpfung	Joh 3,5; Tit 3,5; 2 Kor 5,17, Gal 6,15; Eph 4,24.

Im *Johannesevangelium* ist der Opfertod Christi Grund der Erlösung (Joh 1,29; 10,11; 12,24.33; 15,13; 19,34). Damit geschieht seine Erhöhung und die Offenbarung der Herrlichkeit des Vaters im Sohn: „Gott hat die Welt sosehr geliebt, daß er seinen einzigen Sohn in den Tod gab, damit alle, die an ihn glauben, in ihm das ewige Leben haben." (Joh 3,16; 1 Joh 4,9 f.).

Dem *Gläubigen* werden die Gaben der Erlösung schon jetzt zu eigen durch Umkehr, Glaube, Nachfolge, Taufe und Eucharistie als Geistgabe, Rechtfertigung und Gotteskindschaft (Mk 13,11; Gal 3,2 f.; 4,6 f.; Röm 8,12-17).

Auch die *zukünftigen Erlösungsgüter* sind im Ansatz schon gegeben und warten nur noch auf das Offenbarwerden bei der Parusie:

die leibliche Auferstehung	1 Kor 15,12; Joh 5,25
das ewige Leben, die Verherrlichung als Kinder Gottes	Röm 8,17; 1 Joh 3,1 f.

die Anschauung Gottes von Angesicht zu Angesicht	1 Kor 13,12; 1 Joh 3,2
die Gemeinschaft der Heiligen	Eph 1,10; Hebr 12,22-24; 1 Thess 4,14; Apg 20,32,
der neue Himmel und die neue Erde	Jes 65,17; 66,22; Offb 21,1; 2 Petr 3,13,
der endgültige Sieg über den Tod und die feindlichen Mächte und teuflischen Gewalten	1 Kor 15,25 f.; Offb 21.4

4.1.3 Das Heil als Weggenossenschaft mit Jesus Christus

Eine große Rolle spielt in der Bibel das Bild vom Weg. Das Christentum ist der „neue Weg" schlechthin (Apg 19,23; 2 Kor 1,8). So wie im Alten Testament das Volk Gottes den Weg in das verheißene Land ging (als Gottesvolk auf der Wanderschaft), so ist der Fromme der, der den Weg der Sünder meidet (Ps 1,1). Er geht den Weg des Gerechten (Ps 1,6). Gott offenbart ihm den Weg des Lebens (Ps 18,6) und lehrt ihn den Pfad der Gerechtigkeit (Ps 22,3). Gottes Wege führen den sich bekehrenden Sünder zu seinem Erbarmen in Heiligkeit und Gerechtigkeit. Die Nähe der messianischen Heilsbotschaft nötigt den Täufer zum Ruf nach der Ebnung aller Straßen, damit der Weg Gottes zu uns bereitet werde (Mt 3,3; Joh 1,23; Jes 40,3).

Diejenigen, die das Evangelium von der Gottesherrschaft annehmen, können es nur, indem sie den *Weg der Nachfolge Jesu gehen,* d.h. mit ihm den Weg Gottes in der Welt beschreiten zwischen Erniedrigung und Erhöhung, der Armut an irdischen Gütern und dem Reichtum in der Gnade, zwischen Kreuz und Auferstehung (vgl. Joh 14, 24ff.).

Auf die Menschheitsfrage nach dem richtigen Weg zu Gott erklärt Jesus sich in seiner Person als den *einzigen Weg zum Vater* (Joh 14,6).

In Jesus offenbart sich Gott also nicht nur als ein fernes Ziel im Jenseits, sondern als einziger Weg zum Ziel.

Die persönliche Gemeinschaft mit Jesus in Glaube und Nachfolge bedeutet die Weggenossenschaft Gottes mit uns. Das Ziel gibt sich uns als Weg. Die persönliche Lebensgeschichte jedes einzelnen Menschen und die Gnadengeschichte der Menschheit als ganzer enthüllt sich als ein Weg *mit* Gott (dem Sohn) *in* Gott (dem Heiligen Geist) *zu* Gott (dem Vater).

Der Mensch auf seinem irdischen Weg bewegt sich nicht von einem Status der Gottferne zu einem Status der Gottnähe (nach dem Tod oder über der Welt).

Die Lebensgeschichte ist vielmehr eine dynamische Bewegung, in der der Mensch sich durch den Vollzug seiner Freiheit die Vollgestalt der Vollendung als aktuale Liebe erringt, erleidet, erkämpft, eben der Liebe, durch die er schon personal mit dem sich erschließenden Gott der Liebe definitiv vereint ist.

Die Geschichte ist nicht eine der menschlichen personalen Freiheit vorgegebene Totalität, in der dem Menschen sekundär ein Ort zugewiesen wird, Geschichte an sich gibt es nicht. Geschichte entsteht vielmehr im Drama der sich begegnenden Freiheiten. So ist die vergangene Geschichte die bleibend-erinnerbare Manifestation von Freiheitsdramatik, während die noch offene Zukunft sich als der Raum potentieller Freiheitsdramatik öffnet.

Der Lebensweg des Christen kann nicht lediglich Material moralischer Bewährung sein, für die Gott einen von ihm selbst verschiedenen, äußerlichen Lohn bereithält (Paradies als jenseitiges Schlaraffenland bzw. im Falle der Verfehlung des Lebensziels in Gott die Hölle als jenseitige Folterkammer).

Es gibt nicht eine natürliche innerweltliche Vollendung und eine davon unabhängige übernatürliche jenseitige Vollendung des Menschen. Es gibt nur die eine Natur des Menschen, die in ihre Vollendung in der Gemeinschaft mit Gott findet, sei es im Status der noch offenen oder sei es im Status der vollendeten Geschichte des Menschen. Im Status der Vollendung fallen schließlich absolute Heilsgegenwart Gottes und absolute Heilszukunft zusammen.

Natur und Gnade, Welt und Heil, Profangeschichte und Heilsgeschichte sind auf das engste miteinander verbunden, ohne freilich zu verschmelzen. Was immer sich ereignet, kann zum Medium werden, durch das der Mensch Gott im Felde der Geschichte begegnet. So wird unser Lebensgeschick in seinem Vollzug zum Ort der sich begegnenden personalen Freiheiten, die sich durchdringen, weil Liebe Communio will.

Der von Jesus eröffnete Weg des Lebens zeigt sich als Ermöglichung einer gottmenschlichen Lebens- und Liebesgeschichte, die unterwegs ist zur vollen Ausgestaltung ihrer bereits gegebenen Wirklichkeit.

Daß der Weg des Christen zu Gott zugleich auch Vollendung und Selbstmitteilung der Liebe Gottes ist, und zwar kraft der Erkenntnis Jesu als des Sohnes des Vaters, zeigt der Verfasser des Epheserbriefes:

So sollen wir alle zur Einheit im Glauben und in der Erkenntnis des Sohnes Gottes gelangen, damit wir zum vollkommenen Menschen werden und Christus in seiner vollendeten Gestalt darstellen ... Wir wollen uns, von der Liebe geleitet, an die Wahrheit halten und in allem wachsen, bis wir ihn erreicht haben. Er, Christus, ist das Haupt. Durch ihn wird der ganze Leib zusammengefügt und gefestigt in jedem einzelnen Gelenk. Jedes trägt mit der Kraft, die ihm zugemessen ist. So wächst der Leib und wird in Liebe aufgebaut.
(Eph 4,13-16)

Gott winkt also nicht mit dem Heil als einem fernen Ziel auf einer anstrengenden Wegstrecke. Der Weg selbst ist schon Vergegenwärtigung und Vermittlung und ein Innewerden des Heils in allen Dimensionen des Aufbaus und Vollzugs unserer Persönlichkeit in Spiritualität, Geistigkeit, Leiblichkeit und Sozialität.

Durch, in und mit Jesus Christus ist der Mensch dynamisch bestimmt durch die Bewegung auf den Vater hin in der göttlichen Geistgegenwart: *homo viator.*

4.1.4 Die Transzendenz des Heiles

Das Heil kann in dieser Weltzeit jedoch nicht zum unangefochtenen Besitz werden. Es ist Gabe und Geschenk. Darum vermittelt es die Ruhe des Herzens. Aber als Gabe auf ein je größeres Ziel hin ist es auch die Ruhe der Bewegung über sich selbst hinaus.

Die Einheit mit der eschatologischen Heilsgabe vollzieht sich in der Weise des dynamischen Komparativs als ein Je-größer, Je-tiefer, Je-näher zu Gott dem Vater hin. Das Motto des hl. Ignatius von Loyola spricht dies großartig aus: *„Omnia ad Dei majorem gloriam"* – alles zur je größeren Ehre Gottes.

Die Bedeutung Jesu „für uns" kann nur deutlich werden, wenn die theologische Grundbestimmung des Menschen auf die personale Gemeinschaft mit Gott erkannt wird. Nur wenn sich die Heilsfrage als Frage nach Gott eröffnet, ergibt sich der Horizont, in dem deutlich wird, was Gott bedeuten soll für den Menschen in Jesus und was Jesus bedeutet für Sinn und Ziel des menschlichen Daseins überhaupt. Die transzendentale Verwiesenheit muß sich als *Gottverwiesenheit* aufzeigen lassen. Wenn von der Transzendenz des Heiles die Rede ist, ist nichts weniger gemeint als eine Situierung des Heils oder der Gotteserfahrung in einer räumlich vorgestellten Überwelt oder in einer zeitlich prolongierten Hinterwelt (so die Kritik Nietzsches am christlichen Gottesverständnis: Metaphysik als eine Verdoppelung der Welt). Mit Transzendentalität ist vielmehr die je über sich hinausweisende Bewegung der Person auf die unausschöpfliche Wirklichkeit des Seins und ihres Prinzips, des personalen Gottes, gemeint.

Im ursprünglichen Sinn bedeutet Transzendenz nicht einfach Erfahrungs- und Bewußtseinsjenseitigkeit (eine räumliche oder zeitliche Über- und Hinterwelt), sondern das „Jenseits" der anderen Person. Ureigene Transzendenzerfahrung entsteht in jeder personalen Begegnung. Verfehlung der Transzendenzerfahrung gegenüber der Person Gottes und gegenüber der Person der Mitmenschen heißt theologisch gesprochen „Sünde". Im Kern ist Sünde die sich verweigernde Selbsttranszendenz auf Gott hin und damit die Verfehlung der Freiheit ihrem Ziel nach, nämlich der Liebe als der Vollendung aller Personalität.

Nur unter diesem transzendentalen Horizont zeigt sich das „Wesen" der Sünde, die im kategorialen, d.h. im konkreten Handeln gegen die sittlichen Gebote zur Erscheinung kommt und dort moraltheologisch und sozialethisch bewertbar wird.

Erst auf dieser Ebene kann man von den Folgen der Sünde, von den Verstrickungen und Gefährdungen der Freiheit durch negative Prädispositionen für die Einsicht und Entscheidung reden, und zwar in den Bereichen des psychologisch, gesellschaftlich und ökonomisch erfaßbaren Lebensraumes.

Wo ich auf eine Person treffe, erfahre ich eine Realität, die ich nicht überwinden, vereinnahmen und objektivieren kann als einen handhabbaren Gegenstand oder als ein bloßes (apersonales) Moment an meinem eigenen Bewußtseins- und Freiheitsvollzug.

Durch ihr Dasein geht von der anderen Person ein sittlicher Anspruch aus, insofern ihr Selbstand und ihre Unmittelbarkeit von mir nicht aufzulösen sind. Zugleich entbirgt sich hier aber auch die Verheißung einer Begegnung. Gerade die positive In-sich-Ständigkeit ist der Grund ihrer Fähigkeit, sich mitzuteilen, sich im Dasein-für-andere zu präsentieren und so erst die Liebe als Bewegung auf die Gemeinschaft hin zu verwirklichen, insofern die Liebe der Sinn von Sein überhaupt ist.

Auch Gott begegnet uns als Person, nicht als ein vom Denken umfaßtes Absolutum oder als Grenzidee an den Rändern der empirischen Welt. Die uns als Geheimnis unzugängliche Personwirklichkeit Gottes macht sich selbst zugänglich in dem Wort der Schöpfung. Sie macht sich darüber hinaus kommunizierbar im Willen zur Fleischwerdung. So erweist sich die Begegnung mit dem Menschen Jesus als Ort radikaler Transzendenzerfahrung. Jesus ist als Mensch radikal von mir verschieden. Aber sein restloses Für-mich-Sein offenbart den Mitteilungswillen Gottes, d.h. Gottes Sein als Dasein für... (Ex 3,14); es ist der Gott des Bundes, der die menschlichen Personen über sich hinaus in seine personale Gemeinschaft einbezieht, die man das „Heil" nennt.

Gott wird also nicht gefunden an imaginären Orten jenseits des Weltraums oder bei den Lücken empirischer und rationaler Welterklärung an den psychischen Defizienzerscheinungen, sondern am Ort des personalen Für-Seins, d.h. an der Offenbarung seiner Liebe, die ihren Höhepunkt im Für-Sein Christi findet, im Letzten Abendmahl und am Kreuz.

Glauben ist die Gott als Heil aufnehmende Antwort der Liebe auf die Selbsthingabe des personalen Gottes an uns: „Gott hat die Welt so sehr geliebt, daß er seinen einzigen Sohn dahingabe, und jeder, der an ihn glaubt, nicht zugrunde geht, sondern das ewige Leben hat." (Joh 3,16).

Gegenüber einer Verobjektivierung Gottes in einem räumlich-zeitlichen Transzendenzverständnis hat Dietrich Bonhoeffer ein personales Transzendenzverständnis entwickelt, bei dem Transzendenz und Immanenz, Jenseits und Diesseits, nicht wie zwei aneinandergrenzende Räume erscheinen, sondern als Momente der Begegnung des Menschen mit Gott in der Welt des Menschen:

Wer ist Gott? Nicht zuerst ein allgemeiner Gottesglaube an Gottes Allmacht etc. Das ist keine echte Gotteserfahrung, sondern ein Stück prolongierter Welt. Begegnung mit Jesus Christus. Erfahrung, daß hier eine Umkehrung alles menschlichen Seins gegeben ist, darin, daß Jesus nur ‚für andere da ist'. Das ‚Für-andere-Dasein' Jesu ist die Transzendenzerfahrung! Aus der Freiheit von sich selbst, aus dem ‚Für-andere-Dasein' bis zum Tod entspringt erst die Allmacht, Allwissenheit, Allgegenwart. Glaube ist ein Teilnehmen an diesem Sein Jesu (Menschwerdung, Kreuz, Auferstehung). Unser Verhältnis zu Gott ist kein ‚religiöses' zu einem denkbar höchsten, mächtigsten, besten Wesen – dies ist keine echte Transzendenz –, sondern unser Verhältnis zu Gott ist ein neues Leben im ‚Dasein-für-andere', in der Teilnahme am Sein Jesu ... ‚Der Mensch für andere'!, darum der Gekreuzigte. Der aus dem Transzendenten lebende Mensch.[200]
Gott ist mitten im Leben jenseitig.[201]

---

[200] Widerstand und Ergebung. Neuausgabe (Abk.: WEN), 414; tzt D4/II, Nr. 229, S. 140.
[201] WEN, 308.

4.1.5 Die Immanenz des Heils oder Heil als Lebensgemeinschaft

Unter diesen Voraussetzungen überrascht es nicht, wenn die Heilige Schrift und die Kirchenväter das Wesen des Heils im tiefsten in der Gemeinschaft von Personen sehen. Das Schlüsselwort *„Koinonia"* (Communio) geht über die Konnotationen des deutschen Wortes „Gemeinschaft" hinaus. Es bedeutet von Gott her gesehen Teilgabe seines Lebens und darin ermöglichte wechselseitige Lebensteilhabe von Gott und Mensch und der Menschen untereinander. Gott ist in seiner Offenbarung als dreifaltige Koinonia bekanntgeworden. Darum ist Leben in seiner Fülle Teilhabe an Gottes Leben: „Das ist das ewige Leben, daß sie dich, den einzigen und wahren Gott erkennen, und den, den du gesandt hast, Christus Jesus." (Joh 17,3). Damit ergibt sich zugleich das Wesen der Jüngergemeinschaft, der Kirche als „Gemeinschaft des Heils und der Geheiligten" (Apg 20,32). Jesus selbst ist der Logos des Lebens.

Denn das Leben wurde offenbart; wir haben gesehen und bezeugen und verkünden euch das ewige Leben, das beim Vater war und uns geoffenbart wurde. Was wir gesehen und gehört haben, das verkünden wir auch euch, damit auch ihr Koinonia mit uns habt. Wir aber haben Koinonia mit dem Vater und seinem Sohn Jesus Christus.
(1 Joh 1,2 f.)

Durch die Teilgabe am Leben des dreifaltigen Gottes empfangen die Erlösten die Gleichgestalt mit dem Bild des Sohnes Gottes, der gekreuzigt wurde und auferstanden ist (Röm 8,29). So gewinnen sie sich in ihrer vollendeten Personalität und erneuerten Gottebenbildlichkeit, indem sie die Selbsttranszendenz des Sohnes zum Vater hin, die im geschichtlichen Weg Jesu geoffenbart wurde, kraft der Gabe des Heiligen Geistes mitvollziehen:

Weil ihr aber Söhne seid, sandte Gott den Geist seines Sohnes in unsere Herzen, den Geist, der ruft: Abba, Vater. Daher bist du nicht mehr Sklave, sondern Sohn; bist du aber Sohn, dann auch Erbe, Erbe durch Gott.
(Gal 4,6 f.)

Ein tieferes Verständnis entsteht, wenn man sich erinnert, daß in der Christologie nicht nur abstrakt das Verhältnis von göttlicher und menschlicher Natur in Christus bestimmt wird. Eine personale und relationale Interpretation kann ein Hinweis darauf sein, was hypostatische Union bedeutet: Aufgenommensein der kreatürlichen Selbsttranszendenz des Menschen Jesus in die innergöttliche Selbsttranszendenz des Logos zum Vater im Geist und zugleich die Anteilhabe an dem Sichverdanken des Sohnes vom Vater, wobei der Sohn im Sichverdanken vom Vater her und in der Selbsthingabe an den Vater die angenommene Menschheit zum Ausdruck seiner Heilsgegenwart im Kreatürlichen gemacht hat. In der Gemeinschaft mit Jesus Christus im Heiligen Geist nimmt aber jeder Mensch durch die Gnade Christi an der Selbstübergabe der geistigen und freien Kreatürlichkeit des Menschen Jesus an den Vater teil durch die Selbsterschließung Gottes in Offenbarung und Gnade, d.h. als Wahrheit und Leben.

4.2 Das Erlösungsthema in der neuzeitlichen Kritik der christlichen Tradition

4.2.1 Gott als Garant oder Konkurrent der Befreiung?

Das Neue Testament interpretiert die Tat Christi so oft in den Kategorien von Erlösung, Befreiung, Sündenvergebung und Versöhnung, daß das Christentum phänomenologisch zum Typus der Erlösungsreligionen gerechnet wird. Da die Erlösung sich zentral auf die Vergebung von Schuld und Sünde bezieht, also die Quelle des Un-Heils, scheint die Entwicklung des Sündenbewußtseins eine große Bedeutung für eine kerygmatische Vermittlung zu haben.

Wo Menschen sich zufrieden, sicher und stark fühlen, scheint das Evangelium keinen Ansatz mehr zu finden. Muß man also das Humanum in seinen Möglichkeiten und Leistungen begrenzen, um den Sinn für die christliche Erlösungsreligion zu wecken?

Verschiedene christliche Sekten der Neuzeit haben diese Verbindung systematisch ausgebaut und den Missionsgedanken mit einer methodischen Sünderbekehrung verknüpft. Zuerst muß dem Mensch ein abgründiges Verlorenheitsgefühl vermittelt werden, damit dann der Erlösergott wie ein Deus ex machina erscheinen kann. Das ist aber eine Vereinfachung der Gnade-Sünde-Thematik.

Im Hochmittelalter erfuhr auf die griechische Soteriologie (umfassender Prozeß der Erziehung, Vollendung und Vergöttlichung des Menschen) eine Korrektur durch die Einbeziehung in eine umfassende Konzeption des Gott-Welt-Verhältnisses im Rahmen der Schöpfungstheologie. Maßgeblich werden die großen Synthesen von Natur und Gnade, Wissenschaft und Glauben, natürlicher Weltbegegnung in Vernunft und übernatürlicher Offenbarung.

Im spätmittelalterlichen Nominalismus treten jedoch die natürliche Weltsicht und der Gottesglaube auseinander. Vernunft und Glaube sind zwei vollständig geschiedene Erkenntnisquellen. Es entsteht ein Dualismus von zwei Welten und zwei Wahrheiten. Ein Sündenpessimismus und eine eigenartige Kreuzes- und Leidensmystik bemächtigen sich der Frömmigkeit des späten Mittelalters. Die Heilserfahrung konnte keinen Anhalt mehr in der empirischen Welt finden, nur noch in seinem *Widerspruch und Gegenteil* (sub contrario) schien Heil auf im Zeichen des Kreuzes, das dem Glaubenden innerlichen Trost verheißt, während die Welt irrelevant wird für die Heilserfahrung und insgesamt als Inbegriff des Widerspruchs zur Gnade erscheint.

Im Italien der *Renaissance* entstand aber mit dem Humanismus eine Mentalität, die sich durch eine natürlich-wissenschaftliche Welterklärung die Grundlagen des sittlichen, kulturellen und politischen Lebens schafft.

Die *Reformation* griff diese neue Weltfreudigkeit vom Standpunkt eines radikalisierten Augustinismus her an. Im Zentrum stand die Erfahrung der vollkommenen Verlorenheit des Sünders, seiner Ohnmacht und Unfreiheit zum Guten. Erst darin schien der Mensch fähig, die Erlösung aus Gnade allein anzunehmen. Er kann sich nicht seiner natürlichen Fähigkeiten, seiner Weltgestaltung (Werk), seiner Pläne rühmen, sondern allein des Heilswirkens Gottes am Kreuz.

H. Blumenberg (geb. 1920) hat in seinem Versuch, das Wesen der „Neuzeit" zu deuten und die traditionelle Interpretation als bloßen Säkularisierungsprozeß christlicher Werte zurückzuweisen, davon gesprochen, daß Neuzeit entstand als humane Selbstbehauptung gegenüber diesem theologischen Absolutismus[202].

W. Dilthey (1833-1911) sah in der Neuzeit die Bewegung zur Emanzipation von supranaturalen Weltbegründungen in Offenbarungstheologie, Metaphysik und auch im spekulativen Idealismus[203]. Diese Absetzbewegung von der christlichen Tradition habe wegen der konfessionellen Zersplitterung unterschiedliche Züge angenommen. Gegenüber der lutherischen Orthodoxie wird vor allem das Dogma des *sola gratia* in Frage gestellt. Es kommt nicht zu einer aggressiven Abwendung vom Christentum, sondern zunächst zu einer Neuinterpretation der christlichen Glaubensinhalte mit den Kategorien der Moral und der Ethik bzw. der Reduktion auf sie (I. Kant, A. Ritschl).

In den katholisch geprägten Staaten hat die Aufklärungsphilosophie eine andere Stoßrichtung. Angriffspunkte sind die institutionelle Macht der Kirche und ihr übernatürlicher absoluter Wahrheitsanspruch. Kirche gilt als eine Bevormundungsinstanz, die die freie Entfaltung der Persönlichkeit hindert und dem Fortschritt der natürlichen Wissenschaft im Wege steht. Die Botschaft von der Erlösung durch die Gnade und ihre Vermittlung durch die Sakramente muß aus dieser Perspektive als Herrschaftsideologie einer Priesterkaste gebrandmarkt werden. Antiklerikalismus und Laizismus sind Kehrseiten des Emanzipationsprozesses.

In der englischen und französischen Aufklärung bricht sich die Überzeugung von einer natürlichen und angeborenen Güte des Menschen Bahn (J. Rousseau). Die christliche Lehre von Erbsünde und Gnade wird nun zum Hauptangriffspunkt. Sünden gelten als methodischer Kunstgriff der Priesterherrschaft, als Ergebnis entwicklungsgeschichtlich oder stammesgeschichtlich bedingter Defizienzerscheinungen, die von der Psychologie und Soziologie zu diagnostizieren und zu überwinden sind. Sünde ist nicht mehr der Ausdruck der verfehlten Selbstüberschreitung auf Gott hin. Die traditionelle Rede von der „Erlösung von unseren Sünden durch Gott" gerät so unter den Verdacht, das Übel erst hervorzubringen, von dem dann Erlösung verheißen wird. Die Erlösungsreligion erscheint als eine Herrschaftsideologie.

Die Religionskritik des 19. und 20. Jahrhunderts führt diesen Gedanken unter verschiedenen Aspekten aus (L. Feuerbach, K. Marx, F. Nietzsche, S. Freud).

F. Nietzsche (1844-1900) verkündet den Tod Gottes, damit der Übermensch lebe: „Wohlan! Wohlauf! Ihr höheren Menschen! Nun erst kreisst der Berg der Menschenzukunft. Gott starb: nun wollen wir, daß der Übermensch lebe."[204] Bei

---

[202] H. Blumenberg, Säkularisierung und Selbstbehauptung. Erw. u. überarb. Neuausgabe von „Die Legitimität der Neuzeit", erster und zweiter Teil, Frankfurt a.M. 1974.
[203] W. Dilthey, Weltanschauung und Analyse des Menschen seit Renaissance und Reformation: Gesammelte Schriften II, Stuttgart–Göttingen ⁸1969.
[204] Also sprach Zarathustra: Sämtliche Werke 4. Hg. v. G. Colli, M. Montinari, Berlin–München 1980.

ihm finden sich viele Äußerungen gegen die Erziehung des Menschen zu einem Sündenbewußtsein wegen der schädlichen Folgen für die Würde, das Selbstgefühl und das Freiheitsverlangen des Menschen. Die Emanzipation vom christlichen Gottesglauben wird um des Menschen willen für notwendig erklärt. Die Alternative entsteht, ob wir nicht besser *von* Gott statt *durch* Gott erlöst werden sollten.

K. *Löwith* hat bestritten, daß das Erlösungsbedürfnis überhaupt wesentlich zum Menschen gehöre. Er verweist auf viele mythische Religionen, aber auch auf den Pantheismus, die eine Gottesvorstellung auch ohne Erlösungsglauben kennen. Der Gedanke eines geschichtlichen Handelns Gottes zu unserem Heil sei ein Spezifikum der jüdischen und christlichen Auffassung von Welt und Geschichte. Müßte man nicht hinter die Geschichte zurück in das Zeitlose des Kosmos gehen, um die tragische Unerfüllbarkeit eines im jenseitigen und personalen Gott verankerten Erlösungsbedürfnisses zu überwinden? Der Mensch bedürfe nicht der Erlösung von der Sünde, sondern der Erlösung vom Erlösungsbedürfnis[205].

Dem Geschichtsverständnis der Religionskritik gegenüber, ist darauf hinzuweisen, daß die Neuzeit selbst als Ergebnis der christlichen Tradition betrachtet werden muß und die in der Neuzeit sich durchsetzende Anthropozentrik gerade die Voraussetzung ist für eine christologisch vermittelte Theozentrik.

4.2.2 Der Mensch im Dilemma von Hoffnung und Resignation

Das Christentum hat nicht das Bedürfnis nach Erlösung erzeugt. Denn auch wenn es einzelne Religionen ohne Antwort auf eine Erlösungsfrage geben sollte, bezeugt doch die Existenz von Religionen, Philosophien und Weltanschauungen grundsätzlich die Fraglichkeit menschlicher Existenz und die Unausweichlichkeit der Kontingenzbewältigung. Eine genauere Analyse könnte zeigen, daß der Ansatz der christlichen Verkündigung nicht exklusiv auf Sündenerfahrung eingegrenzt ist. Schon im Neuen Testament gibt es heilshafte Begegnungen mit Jesus, ohne daß die Sünde unmittelbar ins Spiel kommt. Auch die großen Erlösungskonzeptionen der Alten Kirche setzen umfassender an. Leiden und Tod, das Böse und die Sünde werden nicht geleugnet, aber sie sind mehr nur die Negativfolie der Gottbegegnung. Erst wenn sie überwunden werden als Hindernis der Gottesgemeinschaft, kommt das Ziel der Gottbegegnung in den Blick, nämlich das absolute Angenommensein in der personalen Liebe Gottes.

Die ursprüngliche Gotteserfahrung ist also keineswegs eingeschränkt auf menschliche Grenzerfahrungen. Der Mensch begegnet Gott nicht zuerst an den Grenzen, sondern in der Mitte und Fülle des Lebens, wo er nach der Ewigkeit seines Angenommenseins und der Unzerstörbarkeit von Liebe fragt, nach dem endgültigen Heil also, das die begrenzte Welt nicht geben kann. Transzendenzerfahrung entsteht als Hoffnung auf die dialogische Begegnung mit jenem Urgeheimnis von Leben und Liebe, das wir Gott nennen.

---

[205] K. Löwith, Von Hegel zu Nietzsche. Der revolutionäre Bruch im Denken des 19. Jahrhunderts: Sämtliche Schriften 4, Stuttgart 1988.

Demgegenüber ist der Gott der neuzeitlichen Metaphysik, dort, wo sie in Agnostizismus und Atheismus ausmündet, im Prinzip undialogisch aufgefaßt.

Die Einsicht in den inneren Zusammenhang von Schöpfung und Begnadung führt weiter. Geschöpfsein bedeutet, daß Gott eine vom ihm verschiedene Wirklichkeit sich voraussetzt, sie zu einem personalen Selbstand vermittelt, um sich ihr erfüllend mitzuteilen. So gehört zur geistigen und freien Natur des Menschen das scheinbare Paradoxon, gerade in der Bewegung über sich hinaus zu sich selbst zu kommen. Es ist theologisch wichtig, die in der Schöpfung grundgelegte Relation des Menschen zu Gott nicht durch die Sünde total zerstört sein zu lassen. Gottes Gnade ist nicht ein Zusatz zur Geschöpfnatur des Menschen, sondern Daseinsgrund der Kreatur. Umgekehrt ist Sündenvergebung mehr als die Beseitigung eines Hindernisses, um die Natur sie selbst sein zu lassen. Vergebung der Sünden bedeutet vielmehr die Vernichtung der Hindernisse, um die transzendentale und dialogische Begegnung mit Gott zu ermöglichen, in der sich die natürliche Dynamik und Tendenz des Menschen erfüllt.

4.2.3 Heil im Jenseits oder Glück im Diesseits?

Die Jenseitsorientierung des Mittelalters wird in der Neuzeit vom Interesse am Diesseits abgelöst.

Das Leben in der Welt gilt nicht mehr als flüchtiger Augenblick der Bewährung für die Ewigkeit, sondern enthält in sich selbst schon den Daseinssinn. Von der Aufklärung führt eine direkte Linie zur Religionskritik des 19. Jahrhunderts die das Diesseits verabsolutiert. Die Jenseitshoffnung möchte man geradezu als eine Wahnvorstellung entlarven, weil sie die Kräfte sinnlos verschleiße, die für diese Welt gebraucht werden, oder weil sie – schlimmer noch – zur Rechtfertigung ungerechter Zustände diene und durch eine falsche Vertröstung die Kräfte zur Selbstbefreiung lähme.[206]

Der Mentalitätswandel, der sich hier ausspricht, wird häufig auf die Alternativformel gebracht: Heil im Jenseits oder Glück im Diesseits.

Die apologetische Antwort, daß der christliche Glaube sowohl am jenseitigen Heil als auch am diesseitigen Glück interessiert sei, greift zu kurz, weil sie sich von der Logik der Antithese bestimmen läßt, statt sie aus der ursprünglichen Einsicht in das Wesen menschlicher Existenz zu hinterfragen und zu überwinden.

Im Grundansatz ist dem Christentum die Diesseits-Jenseits-Dialektik fremd. Entscheidend ist nicht eine räumlich oder zeitlich gedachte Zustandsbeschreibung, sondern die persönlich erfahrene Nähe oder Ferne zu Gott. Das Heilsverständnis richtet sich darum nicht auf ein Jenseits der Welt oder auf geistige Werte allein im Unterschied zum Diesseits und zu materiellen Gütern. Man kann Gott gar nicht anders begegnen als inmitten der Welt, die seine Schöpfung ist.

Selbst im Tod verliert der Mensch nicht seine Geschöpflichkeit, so daß die Gegenwart Gottes als Heil sich immer in den Dimensionen von Welterfahrung zeigt

---

[206] Vgl. K. Marx, Zur Kritik der Hegelschen Rechtsphilosophie: ders., Die Frühschriften. Hg. v. S. Landshut, Stuttgart 1964, 207 ff.

(Leben, Gemeinschaft der Heiligen, Auferstehung des Leibes, neuer Himmel und neue Erde).

Schon im Alten Testament kann die Nähe zu Gott sich durch irdische Gaben ausdrücken (Landnahme, zahlreiche Nachkommenschaft, Gesundheit, langes Leben). Sie stehen unter dem Zeichen des Segens, der sich aus der Nähe der Gerechten zu Gottes Weisungen ergibt.

Neutestamentlich bedeutet die Nähe der Gottesherrschaft die Vermittlung des Heiles bis in die psychischen, leiblichen, sozialen und kosmischen Dimensionen hinein (Heilung von psychisch und körperlich Kranken, Gebot der Nächstenliebe). Allerdings gibt es eine innere Zuordnung, insofern die Gottesherrschaft der umfassende Gesichtspunkt ist, auf den alle äußeren Erfahrung von Heil hingeordnet werden: „Euch muß es zuerst um das Reich Gottes gehen und um seine Gerechtigkeit; dann wird euch alles andere dazugegeben, was ihr braucht." (Mt 6,33).

Hier ist das Jenseits nicht ein Aufenthaltsort, sondern der Durchbruch zur Gemeinschaft mit dem personalen Gott, der den Menschen auch in den Konditionen seines kreatürlichen Daseins (Sozialität, Leiblichkeit) vollendet. Deswegen kann die Vorläufigkeit, die Geschichtlichkeit, die Vergänglichkeit und die Todüberantwortung des Menschen in seiner irdischen Existenz ernstgenommen werden. Es handelt sich um anthropologische Urphänomene, an denen sich die transzendentale Verwiesenheit des Menschen und die Hinordnung auf die personale Hingabe an den je größeren Gott manifestiert.

4.2.4 Gott in der Leidens- und Hoffnungsgeschichte der Menschheit

Woher kommen Übel und Leiden?

Gott ist der Schöpfer und Erlöser der Welt. Da er sich als personaler und transzendenter Partner, der Schöpfung geoffenbart hat und ihr in seinem Wort nahekommt, erreicht sein Handeln eine Tiefe, die in den letzten Grund der Kreatur hinabreicht, und sogleich eine Weite, die die Menschheit als ganze in ihrer Geschichte umfaßt. Ja mehr noch, das Sein und Leben eröffnende Gegenüber Gottes begründet erst die innere Einheit des Menschen als Person und deren Zuordnung zur Gesellschaft. Dies geschieht zuerst in der ursprünglichen Seinsverleihung im Schöpfungsakt und in der Zusage seiner Nähe und dann erneuernd und überbietend im Erlösungsgeschehen in Jesus Christus. Dabei stehen die Unvertretbarkeit des einzelnen Menschen in seinem Handeln und Leiden und die Schicksalsverflochtenheit in das Eine und Ganze der Geschichte der Menschheit in einem Wechselverhältnis, das allein Gott überschaut. Der Mensch kann darum keine absolute Geschichte schreiben. Das Ganze der Menschheitsgeschichte in der Verknüpfung der einzelnen Lebensschicksale der Motive und der Tragik entzieht sich einem totalisierenden spekulativen Zugriff. Aber der Christ glaubt, daß es im Heil wie im Unheil eine wechselseitige Bestimmtheit von freier sittlicher Tat der Person und der sozialen Auswirkung und Rückwirkung der Taten aller auf den einzelnen gibt. Der Verlust der Gottesgemeinschaft in der Sünde als Ursprung und Inbegriff der verfehlten Freiheit zieht die Entscheidung des einzelnen in ein Geflecht behinderter Freiheit des geknechteten Willens ein (Erbsünde). In seinem Erbsündendekret von 1546 beschreibt das Konzil von Trient die theologische Grundsituation des Menschen so, daß „Adam" die ihm stellvertretend für alle angebotene ursprüngliche Gabe der Gerechtigkeit und Heiligkeit für alle verloren habe und daß darum als Folge auch die leibliche, psychische und soziale Beschaffenheit des Menschen zum Schlechteren verändert wurde[207].

Im einzelnen arbeiten Schrift und Lehramt keine systematische Sicht der Menschheit unter dem Apriori der Sünde heraus. Sie stellen nur den theologalen Charakter all der Erscheinungen heraus, die aus der Sünde folgen, da diese Phänomene der Liebe Gottes widersprechen, wie sie sich ursprünglich in seinem Schöpfungswillen manifestiert hat. Diese Phänomene sind nicht von Gott herbeigeführte Konstellationen, durch die er sich am Sünder rächt (vindikative Strafen), sondern die aus der geschaffenen Natur der Dinge (das nicht durch Sünde bedingte physische Übel, wie Verfall und Sterben eingeschlossen) und ihrer Zuordnung auf den Menschen resultierenden negativen Folgen der Sünde (konnaturale Manifestationen der Unheilssituation). Angst, Daseinsnot und die vielen furchtbaren Leiden und Verbrechen, die die Menschheitsgeschichte begleiten, entspringen also nicht einem unmittelbaren Willensakt Gottes. Sie sind vielmehr Manifestationen einer Welt, die sich dem Heilswillen Gottes widersetzt. Das Leiden, das die Menschen trifft und das sie als widersprüchlich zum Lebenssinn erfahren, hat von Gott her gesehen daher keine eigene Dignität. Das Leiden zeigt die Verstrickung in eine pervertierte und gottentfremdete Welt. Wo Gott sich aus Liebe in die Unheilssituation des Menschen frei hinein begibt, will er das Leiden nicht mystifizieren und mythologisieren. Solidarität Gottes mit der Leidensgeschichte der Menschheit bedeutet, daß er seinen Heilswillen durchsetzt und Sünde und Leiden überwindet. Dies geschieht freilich nicht an der menschlichen Freiheit vorbei, sondern mit ihr.

Gottes aktive Solidarität mit den Leiden der Menschen

Das Kreuz Jesu kann darum nicht bloß ein Ausdruck des passiven Mit-Leidens sein. Es ist immer aktives Mitleiden Gottes, das Leiden und Tod real überwindet. Die Verkündigung der Gottesherrschaft impliziert „die Heilung aller Krankheiten und Leiden im Volk" (Mt 4,23). Darum muß (gegen eine naive prozeßtheologische Vermischung von Gott und Welt) betont werden, daß auch angesichts des Kreuzes Jesu keine theologische Mythisierung einer innertrinitarischen Leidensgeschichte, statthaft ist. Es gibt keine dem Wesen Gottes inhärierende Potentialität zum Leiden, die durch die Inkarnation im Raum der Schöpfung realisiert würde. Eine dialektische Vermittlung von Gott und Welt auch auf der Ebene des Leidens widerspräche dem Wesen Gottes. Der Grund hierfür liegt nicht darin, daß er in einem abstrakten Sinne leidenslos wäre (im Sinne der *apatheia* des

---

[207] Vgl. DH 1511. Wichtig zum Thema Erbschuld, Sünde, Rechtfertigung sind auch das Konzil von Karthago 418: DH 222-230, das Zweite Konzil von Orange 529: DH 371-397 und eine Sammlung päpstlicher Urteile zur Gnadentheologie im sog. „Indiculus" aus dem 5. Jahrhundert: DH 238-249.

aristotelischen unbewegten Bewegers), sondern weil der dreifaltige Gott in sich reine Positivität ist, eine selige Fülle der Liebe ohne alle Einschränkungen und Defizienzen. Auch die personbildende Selbstunterscheidung Gottes ist keine Quelle von Defizienzerfahrungen. Denn das Wesen Gottes als Einheit vollzieht sich im Gegenüber der Personen und ist mit dem Wesen Gottes identisch und darum reine Positivität ohne jede Negativität. Aber gerade eben weil Gott in sich reine Positivität und reine Fülle ist, kann er auch im Akt der Menschwerdung in der mit dem göttlichen Logos hypostatisch verbundenen menschlichen Natur Jesu das Unglück des Menschen, dessen Not und Qual, dessen Schmerz und dessen Ohnmacht an sich heranlassen, aber mit dem Willen, sich dem Menschen neu als Gott des Heiles zugänglich zu machen. So hat die ewige Selbstaussage der Liebe des Vaters, nämlich der Sohn, die letzten Dimensionen des Leidens in der Gottesferne und Gottverlassenheit (Mk 14,34) ausgeschritten, um in sie hinein seine erlösende, neuschaffende und heilsvermittelnde Liebe hineinzutragen und sie in der Auferstehung endgültig zu offenbaren.

Stellvertretung Jesu

Das Kreuz ist das Zeichen des neuen Heils als menschgewordener Gegenwart Gottes. Jesus steht stellvertretend für die Menschheit. In ihm gewinnt sich der Mensch als Einheit vor Gott, in der inneren Tiefe der persönlichen Existenz wie auch in der Weite der Menschheitsgeschichte. Von Jesus, dem neuen Menschen, geht darum nicht eine gemeinsame gott-menschliche Leidensgeschichte aus, sondern eine gemeinsame Heilsgeschichte, die am Ende alles Leiden in die reine Positivität der Liebe restlos überwindet.

Die Kirche der Väter hat die Fragen nach der Leidensfähigkeit Gottes jenseits von Mythologisierung, von monophysitischer Einigungschristologie und nestorianischer Trennung der beiden Naturen differenziert mit Hilfe der Idiomenkommunikation beantwortet:

Um unsere Schuld zu tilgen, vereinigte sich die unverletzbare Natur mit der leidensfähigen, damit, wie es unsere Rettung forderte, ‚ein' und derselbe ‚Mittler zwischen Gott und den Menschen, der Mensch Jesus Christus' (1 Tim 2,5), sowohl einerseits sterben wie andererseits nicht sterben könne ... Der Herr des Alls hat unter Verhüllung seiner unermeßlichen Herrlichkeit Knechtsgestalt angenommen. Der leidensunfähige Gott hat es nicht verschmäht, ein leidender Mensch zu sein. Der Unsterbliche wollte den Gesetzen des Todes untertan sein.[208]

Mit-Leiden mit dem Leiden Christi

Gott, der mitten unter den Menschen wohnt, „wird alle Tränen von ihren Augen wischen, der Tod wird nicht mehr sein, keine Trauer, keine Klage, keine Mühsal, denn, was früher war, ist vergangen" (Offb 21,4). Dennoch gibt es auch in der Gegenwart der Gottesherrschaft in Christus bis zum endgültigen Offenbarwerden der Herrlichkeit Gottes die „leidende gegenwärtige Zeit" (Röm 8,18). Aber sie ist relativiert auf die offenbarwerdende Herrlichkeit hin. Christus ist die Gabe der Hoffnung auf die Befreiung der Schöpfung vom Verhängnis der Sklaverei, der Ver-

---

[208] Brief Papst Leos I. an Flavian von Konstantinopel 449: NR 174.176.

gänglichkeit und Verlorenheit, damit die Freiheit und Herrlichkeit der Kinder Gottes offenbar werde (Röm 8,21). Mit der Erstlingsgabe der Erlösten, dem Geist Gottes besteht der Christ die „Geburtswehen der neuen Schöpfung". Im Geist seufzt er und wartet auf das Offenbarwerden seines Sohnseins aus Gnade in Christus bei der Erlösung des Leibes, d.h. der an den irdischen Lebensweg gebundenen Existenzweise. Den Glaubenden erfüllt die eschatologische Gewißheit: „Wir sind gerettet, doch auf Hoffnung hin" (Röm 8,24). Er ist getragen von der Gewißheit: „Ist Gott für uns, wer ist dann gegen uns?" (Röm 8,31).

Bei dieser eschatologischen Dynamisierung menschlichen Leidens kommt es zur Umkehrung der Theodizeefrage, warum Gott uns leiden läßt. Weil der Christ Glied der neuen Menschheit wurde, d.h. Miterbe Christi, fragt er, warum Gott in Christus für ihn gelitten hat und wie er in seinem Leiden Gott findet. Der Apostel Paulus gibt die Antwort: „Wir wollen *mit* ihm leiden, um mit ihm verherrlicht zu werden." (Röm 8,17). Unser Leiden ist eine „Aus-Füllung der Leiden Christi, die noch offen sind für seine Kirche" (Kol 1,24). In diese Dynamisierung der Leiden ins Für-Sein hinein sind auch die namenlosen Qualen der verhinderten Freiheitsgeschichten eingeschlossen (der geistig und psychisch Kranken, der Behinderten, der Kinder, der zu früh Gestorbenen).

Dies entzieht sich jedoch jeder Systematisierung und rationalen Bemächtigung, weil man sie nur der Grenzenlosigkeit des göttlichen Heilswillens anvertrauen kann, der die Erfüllung jedes geschaffenen personalen Geistes sein will. Dies heißt aber auch, daß in ihrem Antlitz uns Christus begegnet, der für sie starb und der unsere Liebe und Sorge für sie erbittet.

Heilserfahrung als Versöhnungsgeschichte zwischen Gott und den Menschen

Wenn die Versöhnung der Welt mit Gott im Sinne einer Überwindung aller Leiden durch die Gegenwart des Heils behauptet wird, dann stellt sich die Frage, ob und wie die im Glauben ergriffene Hoffnung schon im Jetzt und Hier erfahrbar wird.

In der Tat kann von den christlichen Voraussetzungen her die Welt sich nicht selbst überlassen bleiben zugunsten eines besseren Jenseits. Die Sorge für Arme, Notleidende, Verfolgte wird zum Ort der Wahrheit, Wirklichkeit und Bewährung der Gottesliebe. Freilich kann nicht im Sinne soziologischer Philosophien des 19. Jahrhunderts eine bestimmte gesellschaftliche Ordnung als ausschließliche Quelle aller Übel namhaft gemacht werden. Deshalb tendiert christliches Verhalten nie auf die Organisation des absolut Guten in einer gesellschaftlichen Totalität. Es kann immer nur eine Annäherung geben an die Ideale einer gerechten und humanen Welt. Sie sind Aufgabe eines nach vorn offenbleibenden Engagements in der Geschichte.

Im 19. Jahrhundert hat *G.W.F. Hegel* (1770-1831) wieder die Versöhnung als Grundkategorie des christlichen Glaubens herausgestellt. Er will die Leidensgeschichte der Welt mit Gott versöhnen. Sie wird bei ihm allerdings dialektisch vermittelt mit dem Prozeß der Selbstentäußerung Gottes. Damit werden aber die Leiden zu einem notwendigen Moment am göttlichen Leben. Letztlich wird das Leiden des realen Menschen nicht mehr ernstgenommen.

K. Marx (1818-1883) hat den Einwand erhoben, bei Hegel sei die Versöhnung nur begrifflich oder im Bewußtsein der bürgerlichen Klasse gegeben. Der Rest der Menschheit leide aber ganz real und unversöhnt weiter. Darum konstituiere sich die ausgebeutete und unterdrückte Klasse als das Subjekt der Geschichte, die ihre eigene Leidensgeschichte ist, um selber die Versöhnung nicht in der Begriffswelt bürgerlich-christlicher Philosophen, sondern in der Wirklichkeit herzustellen durch Selbstbefreiung und Selbsterlösung ohne Rückgriff auf die Gnade Gottes.

In der Tat wäre eine Versöhnung nur im philosophischen Begriff und im frommen Gefühl saturierter Nutznießer der gesellschaftlichen Ungerechtigkeit mit dem Appell an die Ergebung der Unterdrückten und die Aussicht der Hoffnung auf einen besseren Zustand nicht nur eine Karikatur von Christentum, sondern der perfekte Abschied von ihm, eine Haltung übrigens, die selbst noch einmal dem von der biblischen Botschaft verkündeten Gericht Gottes anheimfiele.

Eschatologisches Heil als Gegenwart und Zukunft

Der Christ weiß um die theologische und eschatologische Dimension des Heils, das Gott selbst ist. Aber er weiß auch, daß Gott auf allen Ebenen menschlichen Daseins Heil, Glück, Freiheit und Wahrheit sein will und daß Leid und Not nie der Wille Gottes sind, sondern Ausdruck der zu überwindenden Gott- und Heillosigkeit. Darum ist jede Überwindung oder Begrenzung von Leiden durch Hilfe, Rat und Trost ein „wahrer Gottesdienst", denn „ein reiner Dienst vor Gott, dem Vater, besteht darin, Witwen und Waisen zu helfen ..." (Jak 1,17).

Gott hat mit der Leidensgeschichte zu tun in dem Sinne, daß er sich in Christus in seiner Liebe bis zum Tod als Überwinder der Heillosigkeit geoffenbart hat. Jesu Kreuz heißt nicht Hinnahme oder Hineinnahme des Leidens in Gott, sondern bedeutet Gottes Widerspruch zum heillosen Leid und die Überwindung der Heillosigkeit des Leidens dadurch, daß er seine Liebe in die Lieblosigkeit hinein verschenkt. Aus dieser Liebe heraus kann der Christ sein eigenes Leid auf Gott hin tragen und ihm Sinn abringen, indem er es zum Ausdruck seiner hingebenden Liebe an den Nächsten macht. Liebe aber ist identisch mit Heilserfahrung.

Er kann dabei auch das Leiden des Nächsten zu seinem eigenen machen im Mitleiden, so daß Nächstenliebe selbst zum Ort universaler Heilserfahrung wird.

Darum spricht das Zweite Vatikanische Konzil von einem Heilsdienst Christi, der im Dienst der Kirche, die in Christus gleichsam das Sakrament des Heils der Welt ist, zur innigsten Vereinigung Gottes mit den Menschen und der Menschen untereinander hinführt (LG 1). Dieser Dienst umfaßt beide Aspekte: die Vermittlung in die personale Gottbegegnung im Wort und im Sakrament und die Vermittlung des Heils in die menschlichen Lebenskontexte hinein. Darum ist Heilsdienst immer auch Dienst an der Welt. Als Konsequenz hieraus formuliert die Pastoralkonstitution „Die Kirche in der Welt von heute":

Freude und Hoffnung, Trauer und Angst der Menschen von heute, besonders der Armen und Bedrängten aller Art, sind auch Freude und Hoffnung, Trauer und Angst der Jünger Christi. Und es gibt nichts wahrhaft Menschliches, das nicht in ihren Herzen seinen Widerhall fände. Ist doch ihre eigene Gemeinschaft aus Menschen gebildet, die in Christus geeint, vom Heiligen Geist auf ihrer Pilgerschaft zum Reich des Vaters geleitet werden und eine Heilsbotschaft empfangen haben, die allen auszurichten ist. Darum erfährt diese Gemeinschaft sich mit der Menschheit und ihrer Geschichte wirklich engstens verbunden.[209]

4.3 Ursprung und Entwicklung der Erlösungslehre

4.3.1 Das Bekenntnis zu Jesus als endzeitlichem Heilsmittler

Jesus, der Erlöser

Die Urgemeinde dem Tod Jesu am Kreuz eine durchgreifende Heilsrelevanz im Hinblick auf unser Gottesverhältnis zu (vgl. wieder das „Credo" 1 Kor 15, 3-5). Dies ist allerdings nicht so zu verstehen, als handle es sich um das Produkt einer hineinlesenden Interpretation. Die Einsicht in die definitive Bedeutung des Todes Jesu für die Geschichte Gottes mit den Menschen gilt vielmehr als von Gott selbst den Menschen vermittelt. Indem Jesus sich den Jüngern als der Gerettete und zum Vater erhöhte endzeitliche Bote des Gottesreiches zu erkennen gibt, erweist er sich im Ereignis dieser Offenbarung selbst als der Urheber dieses Glaubensurteils. Das Ereignis der Auferweckung und ihre Offenbarung in den Ostererscheinungen hellt die innerste, in Gottes geschichtlich sich äußernden Heilswillen hineinreichende Tiefe von Person und Schicksal Jesu auf. Im Licht der Auferstehung klären sich Jesu Herkunft von Gott, seine Verkündigung der Gottesherrschaft und schließlich auch und gerade der Sinn seines Weges zum Leiden und zum Sterben am Kreuz.

Die im ersten Teil besprochene „christologische Ur-Synthese", nämlich die Identifikation Gottes mit Jesus bzw. die Erfahrung der Identität des historischen und gekreuzigten Jesus mit dem auferstandenen und erhöhten Herrn, hat Ursprung und Wirklichkeitsgeltung in der Selbstoffenbarung Gottes in Jesus Christus als seinem Sohn und in der Gabe des Heiligen Geistes an seine Jünger. Der Heilige Geist befähigt die menschliche Vernunft, im menschlichen Sein und Wirken Jesu Gottes Zuwendung zur Welt zu erkennen. Denn nur im Heiligen Geist kann die Gemeinde sagen: „Jesus ist der Herr" (1 Kor 12,3), nämlich als der Christus Jesus, „den Gott für uns zur Weisheit gemacht hat, zur Gerechtigkeit, Heiligung und Erlösung." (1 Kor 1,30).

Der Heilscharakter des Kreuzestodes Jesu, der „den Juden als empörendes Ärgernis und den Heiden als abgründige Torheit erscheinen muß" (vgl. 1 Kor 1,23), läßt sich mit einer rein historisch-empirischen Analyse des Passionsgeschehens nicht verifizieren. Denn mit einer methodisch derart eingegrenzten Sehweise kommen allenfalls die biologischen, psychologischen, politisch und soziologisch greifbaren Aspekte in den Blick. Die Heilsdimension des Sterbens Jesu ergibt sich

---
[209] GS 1.

aber ebensowenig aus einer bloß religiös-affektiven Betroffenheit vom Schicksal dieses Menschen, indem man hier nur eine exemplarische und symbolische Verdichtung des allgemeinen Schicksals des Menschen überhaupt in der Dialektik von Tragik und Hoffnung poetisch ausgeführt sieht. Zu dieser christologischen Ur-Synthese kommt man also nicht durch eine rein historisch-empirische Betrachtung Jesu.

Nur aus der vorgängigen Synthese, in der der Glaubensakt die Offenbarung der Identifikation Gottes mit Person und Geschick Jesu annimmt und in der freien Zustimmung sogar an der Lebenseinheit von Vater, Sohn und Geist partizipiert, kann es zur wechselseitigen Erhellung von Geschichte und Transzendenz Jesu kommen. Der Heilswille des transzendenten Gottes ereignet sich in der Kontingenz der Geschichte Jesu, wie umgekehrt die Begegnung mit dem geschichtlichen Jesus die Begegnung mit Gott ermöglicht, indem der Glaubende an der geschichtlich-realen Relation Jesu zu Gott als seinem Vater in der Kraft des Heiligen Geistes teilnimmt. Die Glaubensaussage über die entscheidende Bedeutung Jesu für unser Gottesverhältnis besagt, daß wir ihn für die Schlüsselfigur der Weltgeschichte halten und als Maß und Kriterium für das Gelingen oder Scheitern jedes einzelnen menschlichen Lebens akzeptieren.

Verständnisvoraussetzungen

Dies wird aber nur unter zwei Voraussetzungen einsichtig sein können. *Einmal* ist vom Menschen her zu sagen, daß Menschsein nur gelingen kann in der radikalen Selbstüberschreitung der Person in ein letztes Geheimnis der Liebe hinein, das wir Gott nennen, womit auch gesagt wird, daß Gott nicht nur ein äußerer Garant eines gelingenden, glücklichen und sinnerfüllten Lebens ist, sondern gerade der Inhalt des Heils, das sich auch in der welthaften Existenz des Menschen und in seinem Bezug zur Umwelt und zur Mitwelt ausdrückt. Umgekehrt ist Unheil mehr als eine vordergründige Störung. Unheil besteht in einer letzten Abwesenheit Gottes bzw. der Unfähigkeit, sein Heilsangebot anzunehmen und in den eigenen Lebensvollzug hinein umzusetzen. Dies zeigt sich bis in die vielfältigen gegenständlich-innerweltlichen Unheilserfahrungen in der Entzweiung mit der Natur, der Störung der mitmenschlichen Kommunikation und der psychosomatischen Befindlichkeit hinein.

Zur *zweiten* Voraussetzung ist von seiten Gottes her zu sagen, daß er als Schöpfer der Welt eine umfassende und erste Heilsrelation zur Welt setzt und von vornherein den Menschen zur Partizipation am eigenen Leben und zum Mitvollzug an seiner inneren Lebendigkeit und Relationalität, die wir die trinitarische Liebe Gottes nennen, einlädt. Wenn dieser Gott sich nun aber konkret in die geschichtlich-welthafte Verfassung der personalen Geschöpfe einläßt, so nimmt diese Selbstmitteilung als Heil, Wahrheit und Leben selbst eine geschichtliche Gestalt an, wodurch sie erst beim Menschen ankommen kann. Gottes Freiheit und Heilswille fädeln sich gleichsam in die Geschichte menschlicher Freiheiten ein.

Der Mensch reagiert auf den geschichtlich-konkreten Anspruch und Zuspruch Gottes in seiner personalen Freiheit mit Zustimmung, Gleichgültigkeit oder Widerstand.

Der Heilswille Gottes in seinen verschiedenen Rettungstaten hat nach christlichem Verständnis in Person und Geschick Jesu und seiner freien Selbstverfügung in den Dienst an der kommenden Gottesherrschaft seine endgültige geschichtliche Verwirklichung erhalten. Mit dem Christusereignis oder mit Jesus als historischer individueller Gestalt verbindet sich darum unauflösbar die Heilsgegenwart des ewigen Gottes in der Welt. Das ist im Neuen Testament unter verschiedenen Begriffen formuliert; gemeint ist immer das Gleiche, nämlich die Heilsgabe Gottes in Christus als Gnade, Wahrheit, ewiges Leben, Gotteserkenntnis und Gottesliebe, Gerechtigkeit und Barmherzigkeit, Erlösung und Befreiung, Heil und Heilung, Rechtfertigung und Sündenvergebung, Versöhnung und Neuschöpfung, neuer Bund, Schalom und Freiheit.

Erlösung als gott-menschliche Kommunikationsgeschichte
(Theologie des *Bundes*)

Da es im Gott-Welt-Verhältnis unter je verschiedenen Voraussetzungen um eine personale Begegnung und Kommunikation geht, ist die Geschichte dieses Verhältnisses (Berufung und Erwählung Israels, Befreiung aus Ägypten, Bundesschluß, Heimführung aus der babylonischen Gefangenschaft, Messiashoffnung) nicht eine bloße Folge von Metaphern für eine statisch-überzeitliche Bezogenheit von übergeschichtlich unwandelbarem Schöpfer und dem geschichtlich bewegten Geschöpf. Die Geschichte ist vielmehr das kontingente Medium, das in die Endgültigkeit der Ankunft Gottes als Heil und der menschlichen Annahme Gottes in der Liebe konstitutiv eingeht.

Die biblische Kategorie für diese Geschichtlichkeit des Heilsgeschehens ist der *Bund*. Zum Bund aber gehört der *Mittler*. In ihm selbst ereignet und vollendet sich der Bund als gott-menschliche Kommunikation.

So bekennt sich die frühe Kirche zu Jesus als dem einzigen Mittler zwischen Gott und den Menschen (1 Tim 2,5) bzw. als dem einzigen und ewigen Hohenpriester des Neuen Bundes (Hebr 9,15). In seinem Namen allein ist das Heil (Apg 4,12). In ihm sollen alle Menschen gerettet werden und zur Erkenntnis der Wahrheit gelangen (1 Tim 2,4). Er als der Sohn Gottes ist Wahrheit und Leben und so allein der Weg, auf dem Gott zu uns kommt und wir zu Gott kommen können (Joh 14,6). Es ist der Gott, der uns an Wesen und Gestalt seines Sohnes teilhaben läßt (Röm 8,29) und uns von seinem Geist gibt, damit wir zu ihm Abba, Vater, rufen können (Röm 8,15; Gal 4,4-6). Das menschliche Geschick Jesu ist also der geschichtliche Wendepunkt, das menschliche Medium der gott-menschlichen Begegnung und Kommunikation heilstiftender Vereinigung in der Liebe im gnadenhaft vermittelten Mitvollzug der Beziehungen von Vater, Sohn und Heiligem Geist im göttlichen Leben. Innerhalb des Bundes ist der Mensch Jesus die geschichtliche Realisierung der göttlichen Barmherzigkeit, Gerechtigkeit und Vergebungsbereitschaft. Das ist die maßgebliche Gesinnung der Liebe in Jesus, der – obwohl er in der Gottesgleichgestalt war – sich entäußerte, erniedrigte und „bis in den Tod am Kreuz" hinein gehorsam war und darum von Gott erhöht wurde als Christus der Herr „zur Ehre Gottes, des Vaters" (vgl. Phil 2,5-11).

So ist die Sendung des Sohnes vom Vater her in das Fleisch der Sünde (Röm 8,3) und die Hingabe des eigenen Sohnes aus Liebe zur Welt (Joh 3,16) nichts anderes als die im Ereignis des Lebens Jesu wirksam werdende Stiftung des Neuen Bundes und damit die Vernichtung der Sünde. Sünde bedeutet, wie gezeigt, nicht bloß die moralische Verfehlung gegenüber dem Gebot Gottes, sondern die Verfehlung des Ziels in Gott als personaler Liebe und damit die Erfahrung der Abwesenheit Gottes als des endgültigen Heils sowie die Unfähigkeit, Gottes Vergebung zu entsprechen. Gerade als kommunikatives Bundesgeschehen bedarf das Heil einer definitiven Änderung auf Seiten des Menschen und einer neuen Befähigung zur Annahme Gottes. Sündenvergebung ist nicht die Deklaration einer neuen Gesinnung Gottes uns gegenüber, sondern die neue Befähigung des Geschöpfs zur Annahme der innergeschichtlichen Zuwendung Gottes.

Darum „mußte" (im Sinne der inneren Logik der Reaktion des je siegreicheren Heilswillens über den Widerspruch des Sünders) Gott Mensch werden, um an die Leerstelle der verlorenen Freiheit den Akt der neugeschaffenen Freiheit zu setzen. Insofern müssen wir sagen, daß der Sohn Gottes gerade als Mensch in der Gestalt seiner menschlichen Freiheit, in der Treue und dem Gehorsam zum Auftrag, den Heilswillen Gottes im geschichtlichen Ereignis darzubieten, der Dreh- und Angelpunkt des Bundesgeschehens ist. Der Tod des Menschen Jesus und das vergebende Wort Gottes an uns ist beides in einem: die Selbstmitteilung Gottes als Erlösung, Befreiung, Heil und Heilung sowie die antwortende Liebe, die sich in freier Treue und in der Hingabe des Lebens für seine Freunde bewährt, die nichts anderes sein will als der äußerste Ausdruck der Liebe (vgl. Joh 10,11; 15,12).

Gerade darum wird immer wieder der *Mensch* Jesus als Bundesmittler hervorgehoben (1 Tim 2,5), der sich kraft seines freien Willens als „Gabe und Gott wohlgefälliges Opfer" (Eph 5,2) in seiner Liebe bis in den Tod hinein verschwendet. So ist der in Freiheit angenommene Tod, den ihm seine Gegner als Vernichtung seiner Heilssendung und als Zurückweisung des Heilsangebotes Gottes zugedacht hatten, das Gott und Menschen vermittelnde Ereignis: das neue Bundesereignis des sich in seinem Sohn erniedrigenden Gottes und der sich in ihm als dem neuen Menschen von Gott her stellvertretend für alle bis zur Lebenshingabe behauptenden geschöpflichen Freiheitstat Jesu.

Biblische Terminologie

Es läßt sich also nur im Rahmen des biblischen Bundesgedankens klarmachen, was die Rede von der „Sühnekraft des Blutes Christi" für die Aufrichtung des Neuen Bundes, für Sündenvergebung und Erlösung meint (Mk 14,24; Mt 26,28; Röm 3,24 f.; Eph 1,7; Kol 1,13 f., Hebr 9,11-28; Offb 1,5; 5,9 u.ö.). Das gleiche gilt auch für die Rede vom Lösegeld für die vielen (Mk 10,45) oder vom Kaufpreis für die Befreiung und Rettung des Menschen, der unter den Gewalten von Sünde, Tod, Gesetz und Teufel versklavt und entfremdet war (Gal 4,4-6; 1 Tim 2,5; Apg 20,28; Hebr 7,12; 1 Petr 1,18). Das absolut Neue im Gottesverhältnis der Menschen besteht gerade darin, daß sie in Freiheit als Söhne und Töchter Gottes, als Brüder und Schwestern Christi in einem neuen Geist, nämlich dem Geist Gottes leben können: „in der herrlichen Freiheit der Kinder Gottes"

(Röm 8,17). Um alle diese Aspekte zusammenzufassen, hat man auch im Rückgriff auf die alttestamentliche Kult- und Entsündigungstheologie vom stellvertretenden Sühne- und Opfertod Jesu am Kreuz (vgl. Jes 53) gesprochen. Es ist der heilsbedeutsame Tod Jesu, in dem Gott die Welt mit sich versöhnt und zugleich die Kirche mit dem Dienst am Wort der Versöhnung betraut hat (vgl. 2 Kor 5,18-21).

Der hermeneutische Horizont: Gottes Bund mit seinem Volk

Die Termini „Stellvertretung", „Sühne" und „Opfer" sowie die dazugehörenden Begriffe wie „Rache", „Reue", „Zorn Gottes" über den Sünder und seine Verurteilung zum geistlichen Tod (der Gottesferne) lassen sich nur innerhalb eines Gott-Welt-Verhältnisses richtig auslegen, das heilsgeschichtlich ansetzt und im Bundesgedanken seine Mitte hat.

Entscheidend ist, daß es im Bundesgeschehen um personale Begegnung in Freiheit geht, um eine dialogische Kommunikation in der Liebe, um eine Begegnung des Menschen mit dem ewigen Gott gerade in der Kontingenz der Geschichte und in der konkreten Person Jesu als dem Mittler zwischen Gott und dem Menschen. Vor diesem Hintergrund erst kann die geschöpfliche Freiheitsgeschichte Jesu das Ursakrament und Realsymbol der freien Selbstmitteilung Gottes an die Menschheit genannt werden.

Ein abstraktes deistisches und theistisches Gottesverständnis jedoch mußte zu notorischen Mißverständnissen und zu affektivem Widerstand gegen die nunmehr unverstandene biblische Rede vom Heilscharakter des Todes Jesu führen. Wenn Gott und Welt so gedacht werden, daß sie sich in abstrakter Ungeschichtlichkeit gegenüberstehen, Gott wie ein absolutistisches höchstes Wesen eine winzige, unbedeutende Welt beherrscht und als autoritärer Konstrukteur der physischen und moralischen Gesetzmäßigkeiten auftritt, erscheint der Sühnetod eines Heilsmittlers wie eine erbarmungslos eingeforderte Sanktion für einen verletzten Ordnungswillen des obersten Weltregenten oder (ganz infantil ausgedrückt) als ein Versöhnlichstimmen eines gekränkten Gesetzgebers, der nur in einem brutalen Wutausbruch seinen „Zorn und seine gekränkte Eitelkeit abkühlen kann". Völlig verkannt wird ebenso, daß das trinitarische Wesen Gottes als Vater und Sohn nichts mit einer Projektion des Vater-Sohn-Konfliktes im Bereich menschlicher Generationenfolge zu tun hat. Es genügt schon eine erste Kenntnis der biblischen Botschaft, um zu sehen, daß die genannten Grundbegriffe in einem völlig anderen hermeneutischen Kontext stehen und zu interpretieren sind. Wo im Rahmen des biblischen Verständnisses Gott als schöpferische und freigebende Liebe erfahren wird, kommt es bei der Heilsgabe des Bundes gerade darauf an, daß sie in der Gestalt der frei antwortenden Liebe des Menschen geschichtlich sich ereignet und existiert. „Sünde" bedeutet darum nicht bloß moralisches Versagen, sondern auch und gerade Verlust Gottes. Dieser Verlust ist, innerhalb der Bundestheologie gesprochen, der Tod des Menschen als Gottferne und Heilsverlust.

Weil aber Heil wesentlich Liebe ist und Liebe Freiheit voraussetzt, würde Gott seine Zuwendung zum Menschen um ihr Ziel bringen, wenn er nicht selbst auf die Seite des Menschen träte und ihn nicht zu einer neuen Freiheit in der Annahme des Bundesangebotes ermächtigte. Dieser Gott, der auf die Seite des Menschen tritt und in seiner Freiheit das geschichtliche Symbol der Realität der freien Vergebung und Barmherzigkeit Gottes ist, heißt Jesus Christus. Dazu gehört auch die Bereitschaft zur Annahme der Negation Gottes in der Sünde und, als deren Folge, des Todes des Menschen, und zwar unter der konkreten Bedingung, daß die Menschen die Nachfolge Jesu und den Eintritt in das von ihm verkündete Reich Gottes verweigern.

So ist es letztlich nicht der physische Tod Jesu für sich betrachtet, der das Heil bringt, sondern die sich gegenüber allem Widerstand durchhaltende Liebe Jesu, welche sich freilich in der Lebenshingabe definitiv zeigt (vgl. Hebr 10,10).

Gottes ewiger Heilsplan und Jesu menschliche Freiheit

Der Vater hat also weder den Tod Christi gebraucht, um mit sich selbst ins reine zu kommen, noch hat er ihn als ein äußeres Mittel eingesetzt, um mit seinem Heilsplan zum Ziel zu kommen. Auch hat Jesus selber nicht den Tod gesucht. Sein Wille war vielmehr, seiner Sendung treu zu bleiben, in der er sich freilich nicht scheut, im gefährlichen Konflikt mit den Widersachern der Heilsproklamation des Reich-Gottes-Boten bis zum äußersten zu gehen. Das heilsgeschichtliche „Muß" des Todes Jesu liegt also nicht in einem innergöttlichen, ewigen, quasi-automatisch ablaufenden, die Kontingenz der Begegnung mit der menschlichen Freiheit vernichtenden Ratschluß beschlossen. Der ewige Ratschluß Gottes zielt auf das Heil des Menschen, das sich in der menschlichen Freiheitsgeschichte vollzieht. Dieses „Muß" ist darum eine Notwendigkeit im Sinne einer durch die Umstände bedingten Realisierung des unbedingten Heilswillens Gottes, die sich von Seiten des Menschen mit seiner Weigerung auftat, die Reich-Gottes-Botschaft Jesu anzunehmen. Wenn die Liebe Gottes zum Sünder auch gegenüber dessen Widerstand sich durchhalten wollte, war es in diesem Sinne „notwendig" für Jesus, auch noch den Widerstand auszuhalten und dem äußerlich ihm zugefügten Todesgeschick die Form der größeren Liebe Gottes in Gestalt seiner menschlichen Freiheit und Liebe einzuprägen. Darum ist das Kreuz Jesu das real-geschichtliche Zeichen der Erlösung.

So ist die liebende Selbsthingabe Jesu bis in den Tod für immer die geschichtliche Gestalt der Verwirklichung des Bundes zwischen Gott und den Menschen und zugleich der stets offenbleibende Raum der Ankunft Gottes beim Menschen und der möglichen Annahme Gottes als Leben für alle Menschen. Jetzt kann einleuchten, warum Jesus gerade als Mensch (1 Tim 2,5), der in einzigartiger Weise Gottes Gegenwart in der Welt ankündigt und repräsentiert, zum „Mittler und zum Urheber des ewigen Heiles" geworden ist (Hebr 5,9).

Bundesangebot und Freiheitsgeschichte

Das stellvertretende Handeln Jesu und das versöhnende Opfer, in dem er in Liebe sein Leben einsetzt, bedeutet also, daß der ewige Bundeswille Gottes in der Freiheitsgeschichte des Menschen Jesus definitiv angekommen und angenommen worden ist. Es widerspräche der gottmenschlichen Gemeinschaft als Bund, wenn Gott sich über das Unheil, das im freien Widerstand des Menschen begründet war, einfach hinwegsetzen würde. Gott nimmt die menschliche Freiheit auch noch in ihrer Pervertiertheit ernst und überwindet den Tod des Sünders, indem er ihn zu einem neuen Willen und zu einer neuen Liebe befähigt. Diese neue Existenz verwirklicht sich in der Nachfolge Jesu, die Gestalt gewinnt, wenn der Glaubende nun seiner eigenen Freiheitsgeschichte zwischen Hoffnung und Resignation, Freude und Leiden, Leben und Tod die erlösende Macht der Liebe gnadenhaft einprägt. Dies heißt, an Jesu Sterben teilzuhaben und zugleich auch an seiner Auferstehung zu partizipieren (Phil 3,10 f.). Damit ist für den Glaubenden auch nach Jesu Tod und Auferstehung die Geschichte noch offen. Vergänglichkeit, Not und Tod bleiben in einer Schöpfung, die diesen Gewalten noch unterworfen ist. Aber sie ist in Christus nun in eine Bewegung hineingenommen, die auf ein „Offenbarwerden der Söhne Gottes" (vgl. Röm 8,19) hinführt: „Auch die Schöpfung soll von der Sklaverei und Verlorenheit befreit werden zur Freiheit und Herrlichkeit der Kinder Gottes." (Röm 8,21). Dazu haben sie als Erstlingsgabe den Heiligen Geist empfangen. Es ist der Geist der Liebe und der Freiheit, der sie fähig macht, in ihrem konkreten Leben alles, was sich ereignet, durch ihre Freiheit zum Ausdruck und zur Verwirklichung ihrer liebenden Hingabe an das Bundesangebot Gottes zu machen und eben gerade darin die Heilsgegenwart Gottes in der Welt zeichenwirksam sein zu lassen. „Wir sind gerettet, doch auf Hoffnung hin." (Röm 8,24). Die Bundesgerechtigkeit Jesu kraft seines stellvertretenden Sühneleidens wird dem Glaubenden zuteil, indem der Glaubende selbst in seiner nun befreiten Freiheit der Heilsgabe als Bundesteilhaber entspricht in einer liebenden und leidenden, kämpfenden und arbeitenden Solidarität mit den Menschen. So nur kann man die fast unglaubliche Aufforderung zur Nachahmung des Handelns Gottes verstehen:

Ahmt Gott nach als seine geliebten Kinder und liebt einander, weil auch Christus uns geliebt und sich für uns hingegeben hat als Gabe und als Opfer, das Gott gefällt.
(Eph 5,1-2)

4.3.2 Soteriologische Konzeptionen

4.3.2.1 Aussagen des kirchlichen Lehramtes

Das kirchliche Lehramt legt keine eigene verbindliche Erlösungstheorie vor und favorisiert kein theologisches Modell.

Die wichtigsten Aussagen sind im Zusammenhang der großen christologischen Auseinandersetzungen der ersten Jahrhunderte getroffen worden. Die Probleme mit dem Pelagianismus und der Reformation bezogen sich mehr auf die subjektive Seite der Erlösung, also eher auf die Gnadenlehre als auf die Soteriologie.

Grundlage der objektiven Erlösungstat ist gemäß dem Konzil von Trient (DH 1529-1532) der barmherzige Heilswille Gottes. Aufgrund der hypostatischen Union ist sein Sohn in seinem priesterlichen, königlichen und prophetischen Amt der Mittler zwischen Gott und den Menschen (DH 261).

Als Sündeloser (DH 533) hat er die menschliche Natur in ihrer Schwachheit angenommen mit dem alleinigen Zweck der Erlösung des Menschen aus der Herrschaft von Sünde, Teufel und Tod (DH 292 f.). Mit der Kraft seiner göttlichen Natur überwindet er alle Schuld (DH 291 f.), indem er aber einen wahren Tod als Mensch gestorben ist (DH 539). Durch seinen Gehorsam bis zum Tod hat er ein unendliches Verdienst erworben und die Sünde Adams mit samt ihren Folgen überwunden (DH 1025; 1513).

Er hat die neue Gerechtigkeit, das ewige Leben und die Versöhnung erworben (DH 1522 f.). Das Verdienst seines Leidens ist unbegrenzt und umfaßt *alle* Menschen, insofern er allen die heiligmachende Gnade und die Rechtfertigung erwarb.

Er hat dadurch dem Vater für uns ein für allemal Genugtuung geleistet (DH 1529). Wenn Christus sich auch nur einmal auf dem Altar des Kreuzes in einem blutigen Opfertod dargebracht hat, so hält er doch seiner Kirche dieses Opfer in sakramentaler Gestalt gegenwärtig, in der er sich, als Opfergabe und Opferpriester zugleich, dem Vater darbringt zur Sühne und Bitte, zu Lob, Dank und Anbetung (DH 1739-1743, 1751-1754).

Der Erlösung werden die Menschen nur teilhaftig durch Taufe und Buße, durch Glaube, Hoffnung und Liebe (DH 1520-1583).

Sie können mit der Gnade wachsen und als Glieder am Leibe Christi durch ihre neue sittliche Tätigkeit aus dem Gnadenleben heraus Verdienste erwerben und Gott für ihre Sünden Genugtuung leisten. Dies widerspricht jedoch keineswegs dem allgenügsamen Kreuzesopfer, sondern setzt es gerade voraus.

Die objektive Erlösungstat Christi vollzieht sich in der Menschwerdung, in der Empfängnis durch den Geist aus der Jungfrau Maria, durch Geburt, Leiden und Tod Jesu, durch seinen Gang zu den Toten, die Auferstehung, die Himmelfahrt, die Sendung des Geistes und die Wiederkehr Christi am Ende der Zeit zum Gericht und zur Vollendung der Schöpfung (vgl. alle Glaubensbekenntnisse).

Im Laufe der Geschichte lassen sich etwa vier große Konzeptionen erkennen:
– die Lehre von der Vergöttlichung des Menschen,
– die Satisfaktionstheorie,
– die anthropologisch orientierte Theorie der Gnade als Konstitution menschlicher Freiheit,
– die Theologie der Befreiung.

4.3.2.2 Vergöttlichung durch die göttliche Paideia

Die *theiosis (deificatio)* ist für die Kirchenväter der Inbegriff der Erlösungstat Christi und die Wirkung der Gnade.

Diese Idee gründet auf der Erschaffung des Menschen auf Gottes Bild hin (Gen 1,26). Dem Begriff nach ist sie abzugrenzen von einer naturhaften Vergottung oder Vergötzung, die ein empörender Übergriff auf die Majestät Gottes wäre, d.h. der Wille, Gott dem Wesen nach gleich zu sein *(esse sicut Deus;* vgl. Gen 3,5.22). Auch hat die patristische Idee der Vergöttlichung nichts mit einer mythologischen Hochsteigerung von Menschen zu Heroen und Halbgöttern zu tun. Der Wesensunterschied von Schöpfer und Geschöpf bleibt gewahrt.

Gott selbst aber hat die Distanz, die durch die Sünde entstanden war, kraft des objektiven Versöhnungshandelns Christi überwunden. Durch den Glauben und die Taufe sind die Jünger real mit Christi Todes- und Auferstehungsgestalt verbunden. Die ursprüngliche Gottebenbildlichkeit ist erneuert, vertieft und erhöht in die Christusbildlichkeit. Die Jünger Jesu sind dazu bestimmt, an Wesen und Gestalt des Sohnes Gottes teilzuhaben (Röm 8,29). So ist die Vergöttlichung ein anderer Ausdruck für die gnadenhafte Teilnahme am Sohnesverhalten des Mensch gewordenen Sohnes Gottes zum Vater (Adoptivsohnschaft im Unterschied zur wesenhaften Sohnschaft des Logos zum Vater).

Im Johannes-Evangelium wird diese neue Existenzform verstanden als Koinonia, die wir mit dem Vater, dem Sohn und dem Heiligen Geist haben (vgl. Joh 7,38f.; 14,15ff.; 15,4-10; 16,13ff.; 17).

Der Verfasser des 2. Petrusbriefes spricht davon, daß wir Gemeinschaft haben mit der göttlichen Natur (2 Petr 1,4). In der Apostelgeschichte 1,29 heißt es, daß wir von Gottes Art sind.

Im Anschluß an diese biblischen Vorgaben findet sich bei fast allen Vätern im Osten und im Westen die soteriologische Schlüsselformulierung, die wir hier nach Athanasius wiedergeben:

Er wurde Mensch, damit wir vergöttlicht würden. Er offenbarte sich im Leibe, damit wir zur Erkenntnis des unsichtbaren Vaters gelangten; er ließ sich den Frevelmut seitens der Menschen gefallen, damit wir die Unsterblichkeit ererbten.[210]

Hier klingt auch das biblische Motiv vom wunderbaren Tausch an (*commercium sacrum*; vgl. 2 Kor 8,9; 5,21; Phil 2,5-9).

Dieses Geschehen ist eingeordnet in einen umfassenden Heilsplan Gottes. Gott will eine wiederherstellende Zusammenfassung aller Dinge (*recapitulatio omnium*) erreichen. Diesem Gedanken gibt *Irenäus von Lyon* gültigen Ausdruck:

Wir haben somit klar bewiesen, daß das Wort, welches im Anfang bei Gott war, und durch welches alles gemacht worden ist und das immer bei dem menschlichen Geschlechte weilte, jetzt in den letzten Zeiten gemäß der vom Vater bestimmten Zeit mit seinem Geschöpfe sich vereinte und zum leidensfähigen Menschen geworden ist. Dadurch ist die Widerrede jener zurückgewiesen, die da behaupten, daß Christus vorher nicht gewesen ist, wenn er in der Zeit geboren ist. Wir haben nämlich gezeigt, daß der Sohn Gottes, der immer bei dem Vater gewesen ist, damals nicht seinen Anfang nahm. Vielmehr faßte er die lange Entwicklung der Menschen in sich zusammen, indem er durch die Inkarnation Mensch wurde, und gab uns in dieser Zusammenfassung das Heil, damit wir unser Sein nach dem Bild und Gleichnis Gottes, das wir in Adam verloren hatten, in Christus Jesus wiedererlangen möchten.[211]

So will Gott in Christus alle und alles mit sich versöhnen (Kol 1; Eph 1). Der Mensch, der sich von Gott entfremdet hatte, wird durch einen göttlichen Erziehungsprozeß wieder an Gott herangeführt durch die Lehre und das Beispiel Christi *(Clemens von Alexandrien, Origenes)*. Die Leiden der Menschen haben darum auch einen pädagogischen Zweck, der zu einer vollen Gleichgestaltung mit der Gesinnung Christi hinführt.

Wenn der Christ in diesen Prozeß durch die Teilnahme an Gottes Geist und Leben und die Gemeinschaft mit dem Menschen Jesus eintritt, so soll dadurch nicht, wie die liberal-protestantische Dogmengeschichtsschreibung (A. v. Harnack) meinte, die Freiheit ausgeschaltet werden. Es handelt sich nicht um ein

---

[210] Athanasius, incarn. 54; tzt D4/I, Nr. 98.
[211] Haer. III,18,1.

quasi-evolutives Geschehen, sondern um Freiheitsgeschichte, in der sich Gottes Gnade und der von ihm in die Entscheidung gerufene Mensch begegnen. Die Gnade will gerade die Freiheit instand setzen, durch Nachahmung *(mimesis)* die Gottähnlichkeit in die Existenz umzusetzen. Das neue Handeln ist begründet in der Gabe des neuen Seins.

Da es sich nicht um eine Möglichkeit der Natur handelt, sondern um ihre Befähigung durch Gott, wird schon sehr früh die Unterscheidung von Natur und Gnade entwickelt.

Tertullian[212] spricht von einer natürlichen Gottebenbildlichkeit *(imago)* gemäß der Geschöpflichkeit und einer übernatürlichen Gottebenbildlichkeit *(similitudo)* gemäß der Urstands- bzw. Erlösungsgnade.

Wenn nun auch diese Perspektive heilsgeschichtlich und kosmisch ausgefaltet wird, so ist das hellenistische Kosmosdenken dennoch innerlich schon überwunden durch den Gedanken der absoluten Transzendenz und Freiheit Gottes gegenüber der Welt und zugleich durch das Bewußtsein von der Personwürde des begnadeten Menschen, der zu einer dialogischen Partnerschaft mit Gott berufen ist. Gott und Mensch begegnen sich nicht innerhalb eines sie beide übergreifenden Kosmos.

Die heilshafte und personale Begegnung wird zum Eckpfeiler der Gott-Mensch-Beziehung, während die materiellen Konditionen menschlicher Existenz zum Medium werden, worin der Mensch als leibliches, soziales und geschichtliches Wesen sich personal auf den Gott der Schöpfung und der heilsgeschichtlichen Selbsterschließung in Jesus Christus und im Heiligen Geist überschreitet.

4.3.2.3 Die stellvertretende Genugtuung

Während die östliche Patristik ihre Erlösungsvorstellung mit Hilfe platonisch-spekulativer Konzepte entwickelt (exitus-reditus, Urbild-Abbild), tritt im Westen schon früh eine andere Akzentsetzung hervor. Die lateinische Geistesart ist praktischer, welthafter und anthropologischer ausgerichtet. Sie drückt sich am liebsten in Rechtskategorien aus.

Tertullian steht am Anfang der Entwicklung. Er versteht das Werk Christi als die Wiederherstellung eines Rechtsverhältnisses zwischen Gott und den Menschen. Die Religion Christi ist eine Neubegründung des rechten *ordo* zwischen Gott und Mensch. Eine Störung durch die Sünde kann nur durch Strafe oder Genugtuung überwunden werden *(aut satisfactio aut poena)*. Das bedeutet freilich nicht, daß der Übeltäter von sich aus die Rechtsordnung wieder herstellen kann, sondern daß er durch die frei übernommene Strafe oder Genugtuungsleistung wieder in die Rechtsordnung einbezogen wird.[213]

---

[212] An. 21.
[213] Durch die Auseinandersetzung Augustins mit dem Pelagianismus ist dem Abendland endgültig die Thematik vorgegeben. Im Anschluß an die paulinische Lehre von Gottes Gerechtigkeit kreist das ganze Denken um die Dialektik von Gnade und Sünde. Durch diese Schwerpunktsetzung kam es langfristig zu einer Verselbständigung der Gnadenlehre gegenüber der Soteriologie. In der Lehre vom Werk Christi geht es dann um die grundsätzliche und einmalige Wiederherstellung des *ordo iustitiae*, während in der Gnadenlehre die persönliche Applikation thematisiert wird.

Verschiedene Tendenzen der abendländischen Soteriologie hat dann *Anselm von Canterbury* (1033/34-1109) in seinem Hauptwerk „Cur Deus homo" zusammengefaßt und systematisiert (1089)[214].

Mit zum Teil wesentlichen Abwandlungen im einzelnen ist diese sog. Satisfaktionstheorie in der westlichen Theologie vorherrschend geworden, ohne allerdings jemals lehramtliche Verbindlichkeit erlangt zu haben.

Anselm hat die Kritik der Juden und Muslime vor Augen, die eine Inkarnation lächerlich finden und den Sühnetod des Gottessohnes der Ehre Gottes für abträglich halten. In der Auseinandersetzung mit ihnen kann er nicht das Autoritätsargument bemühen und sich einfach auf die Positivität des Christusgeschehens beziehen *(sola ratione, remoto Christo)*. Er will darum zeigen, daß es aus vernünftig nachvollziehbaren Gründen so kommen mußte, wie es tatsächlich gekommen ist *(rationes necessariae)*.

Anselm läßt bestimmte Topoi der Patristik hinter sich. Gemeint sind volkstümliche Veranschaulichungen der Bedeutung des Kreuzestodes Christi, daß etwa sein vergossenes Blut dem Teufel als Lösepreis gezahlt wurde, um die Sünde aus seiner Gewalt loszukaufen oder die Überlistung des Teufels, der die Menschheit Jesu verschlingen wollte und sich an seiner Gottheit verschluckte. Auch bei den Kirchenvätern war dies freilich nicht wortwörtlich gemeint gewesen. Aber die Darstellung des Erlösungsgeschehens in diesen populären Darstellungszusammenhängen war für den Argumentationsgangs Anselms wenig geeignet, um die innere Rationalität des Glaubens aufzuweisen. Er will auf jeden Fall das Mißverständnis vermeiden, daß ein von Zorn und Beleidigung rasender Gott durch den blutig-grausamen Tod eines unschuldigen Menschen, mehr noch des eigenen Sohnes wieder beruhigt und besänftigt werden müßte.

Anselm setzt prinzipiell bei dem Verhältnis zwischen Gott und Mensch ein, das mit der Schöpfung gegeben ist. Durch das Geschaffensein ist der Mensch wesensgemäß auf Gott hin geordnet. Diese Hinordnung vollzieht sich in den von Gottes Autorität getragenen Ordnungen, in denen der Mensch lebt. Da er nicht durch sich selbst existiert, schuldet er Gott Ehre, Anbetung, Dank und Liebe. Dies manifestiert sich in seinem Verhältnis zur Welt und zu ihrer Struktur, denn in der Welt scheint die Gerichtetheit *(rectitudo)* und der *ordo iustitiae et veritatis* auf Gott hin auf. Anselm nennt dies auch die Ehre und Herrlichkeit Gottes in der Welt *(gloria Dei externa)*. Es ist also die objektive Ordnung der Welt in sich schon die Ehre Gottes. Sie ist identisch mit seiner Zuwendung zur Welt als Heil (sein offenbarendes Für-Sein). Der Mensch kann ihn also gar nicht an sich beleidigen, sondern er zerstört, indem er gegen die Ehre Gottes in der Welt handelt, das eigene Medium des Heils. Thomas von Aquin hat dies später so ausgedrückt, daß Gott nur durch das beleidigt werden kann, was der Mensch gegen sein Heil tut[215].

Daß dieses Geschehen zwischen Gott und Mensch nun ganz persönlicher Art ist, war sicher auch ein Grund dafür, daß im Abendland die Personalität, Freiheit und Subjektivität herausgestellt wurde (vgl. das Augustinische Thema: „Gott und die Seele, sonst nichts" oder Luther: „Wie kriege ich einen gnädigen Gott?"). Die Gefahr eines Individualismus konnte im Mittelalter überwunden werden durch die Einsicht, daß alle Gnade immer Gnade Christi ist, des Hauptes der Kirche (vgl. Thomas von Aquin S. th. III q. 8).

[214] Vgl. tzt D4/II, Nr. 169.
[215] S.c.gent. III, 122.

Davon muß unterschieden werden die Wesensherrlichkeit Gottes *(gloria Dei interna)*. Sie kann vom Geschöpf prinzipiell nicht tangiert werden. Darum gibt es auch keine innere Beleidigung Gottes, etwa in dem Sinn, daß psychische Strukturen und Reaktionsmuster des Menschen auf Gott übertragen werden könnten.

Der Mensch kann ihn durch die Sünde an sich nicht beleidigen, sondern nur insofern er durch die Ordnung der Schöpfung hindurch das Heil des Menschen ist. Sünde ist also die Wendung der Kreatur gegen sich selbst, gegen die von Gott gesetzte Ordnung und damit indirekt gegen Gott. Denn sie ist Perversion der auf Gott ausgerichteten menschlichen Natur, die ihren Grund und ihre Grenze im *ordo iustitiae* hat. Die Sündenstrafe besteht dem Wesen nach im Verlust Gottes als Heil, das mit der Perversion der Freiheit und damit dem Verlust der Gerechtigkeitsordnung konvertibel ist. Mythologie reinsten Wassers wäre es, wollte man Sündenstrafen als Bosheiten auffassen, die Gott zur Befriedigung seiner Rachelüste, einschließlich der sadistisch-masochistischen Übertragung der Sündenstrafe auf seinen eigenen Sohn ausgedacht hätte. Diese Interpretation S. Freuds setzt im übrigen voraus, daß die trinitarische Rede von Vater und Sohn zwei individuelle Lebewesen meint wie im menschlichen Bereich und daß der Glaube an Gott, den Vater, nur eine Verlängerung des menschlichen Vaterbildes ins Jenseits ist.

Anselm aber geht es darum, die menschliche Freiheit in der Begegnung mit Gott ernst zu nehmen. Gott kann und will um der Eigenständigkeit und Würde des Geschöpfes willen die Gerechtigkeit und seine Ehre in der Welt nicht gegen und ohne, sondern nur mit den Menschen wieder herstellen. Um der Freiheit des Menschen willen hebt Gott nicht durch einen bloßen Machtspruch die Schuld auf. Davon sieht Gott nicht deshalb ab, weil er dazu nicht in der Lage wäre, sondern weil er es um des Menschen willen, der das Ziel der Schöpfung und der Offenbarung ist, vernünftigerweise nicht wollen kann.

Der Mensch müßte vielmehr durch eine neue Tat des freien Gehorsams die Ehre Gottes in der Welt wieder herstellen, d.h. ihr genügen *(satis facere)*. Das ist aber unmöglich, weil der Mensch dann anstelle Gottes zum Repräsentanten, ja zur Ursache der Heilsordnung würde. Wie kommt man aber aus dem Dilemma heraus, daß Gott allein der Begründer des *ordo iustitiae* sein kann und daß doch nur der Mensch, der schon in diesem *ordo* steht, ihm frei entsprechen kann?

Angesichts dieser Grundkonstellation der Gott-Mensch-Beziehung erweist sich die Inkarnation als ein der Logik Gottes entsprechender Ausweg. Die Inkarnation des ewigen Wortes Gottes ist als Antwort auf der verlorenen *ordo iustitiae* nicht ein bloßes Machtwort Gottes; das würde, wie gesagt, der geschaffenen menschlichen Freiheit nicht gerecht. Aufgrund der Inkarnation ist der Sohn Gottes vielmehr die Offenbarung der neuen Schöpfung, der neuen Gerechtigkeit, der Heiligkeit und der Herrlichkeit Gottes in Zeit und Welt.

Barmherzigkeit und Gerechtigkeit stehen sich in diesem Entwurf nicht als Abstracta in Gott gegenüber, die im Sinne menschlicher Logik spekulativ ausgeglichen werden müßten. Gottes Gerechtigkeit ist vollkommen identisch mit seiner Barmherzigkeit, die in Jesus Christus erscheint. Seine Barmherzigkeit ist seine Gerechtigkeit, durch die er uns gerecht macht *(iustum facere)*.

Aber weil das Menschsein Jesu von seiner Gottheit getragen ist, ist es von Anfang an von der inneren Freiheit und Hingabe bestimmt, durch die Jesus Gott die

Ehre gibt, d.h., ihm gehorsam ist und in Freiheit den von Gott gesetzten *ordo iustitiae* annimmt. Als Glied der Menschheit und als der Schuldlose vermag er die Strafe, die (selbstverschuldet) auf den Menschen lastet, zu tragen, d.h. den Tod als Folge des Ungehorsams und Erscheinung der Gottferne und der Ungerechtigkeit auf sich nehmen. Das Kreuz Jesu wird zur stellvertretenden Sühne, nicht um Gott zur Versöhnung zu veranlassen, sondern dadurch, daß das Angebot der Versöhnung und der neuen Gerechtigkeit in den Vollzug der menschlichen Freiheit durch den Akt des Gehorsams Jesu, der für alle gestorben ist, eingefügt wird (Christus als Haupt der neuen Menschheit, als neuer Adam). Diesen Ausdruck der vollendeten Freiheit nennt Anselm als menschliche Tat darum ein vollkommenes Verdienst *(meritum)*.

Im Grunde legt Anselm seine Lehre vom stellvertretenden Sühnetod Jesu im Horizont des biblischen Bundesgedankens aus.

In dieser Konzeption fällt großes Gewicht auf die Mittlertätigkeit Jesu als freier Mensch. Jesu Menschheit bis zu Kreuz und Auferstehung erscheint nicht nur als ein passives Offenbarungsinstrument von seiten Gottes. Die Menschheit Jesu tritt (freilich insofern sie von der Person des Logos getragen ist, aber nicht verkürzt wurde), in ihrer Eigentätigkeit hervor (vgl. den Streit um die zwei Willen Christi und die Eigenständigkeit des menschlichen Willens Jesu). Das Gewicht, das auf die Freiheit bekommt, läßt das starke anthropologische Interesse erkennen, das das abendländische theologische Denken insgesamt auszeichnet.

Bei der Interpretation der Satisfaktionstheorie ist schließlich noch einmal zu bedenken, daß es sich nicht um eine vollständige Soteriologie handelt, sondern nur um den Nachweis der inneren Vernünftigkeit des Zusammenhangs von Inkarnation und Erlösung in Konfrontation mit der Bestreitung der Vernünftigkeit des christlichen Gottes- und Erlösungsglaubens.

4.3.2.4 Die Emanzipation des Subjekts im Kontext neuzeitlicher Freiheitsgeschichte

Zu dem Kennzeichen der Neuzeit gehört die Ablehnung der antik-mittelalterlichen Vorstellung, daß der Mensch in einem umfassenden Ordo lebt. Diese Vorstellung erscheint jetzt als Angriff auf die Autonomie des Subjekts. Problematisch wurde daher auch eine soteriologische Abhängigkeit von einem anderen, von einem kontingenten Ereignis der Geschichte – von einem geschichtlichen Heilbringer. „Christus" konnte nur noch als Idee wichtig werden für die Vermittlung des Menschen zu einem Selbstbewußtsein als sittliches Subjekt oder zu einer frommen Erfahrung des numinosen Absoluten. Die Person des geschichtlichen Jesus fällt zurück auf die Rolle eines angeschauten Ideals der Sittlichkeit oder des religiösen Gefühls.

Die Wurzel dieses Problems liegt in einem undialogischen Verständnis der Freiheit. Das Wesen menschlicher Freiheit verwirklicht sich jedoch in dialogisch-personaler Liebe: Der Mensch hat sich nur, ist nur bei sich, fühlt sich nur frei, indem er bei einem anderen ist, von anderen „gehabt wird". Im Sein bei anderen bezieht sich der Mensch – aufgrund seiner alles Kategoriale übergreifenden Geistigkeit und Offenheit – auf den Horizont unendlicher Liebe, auf ein Absolutes, auf Gott: Im kategorial-intersubjektiv und geschichtlich vermittelten transzendentalen Bezug auf Gott verwirklicht sich endliche Freiheit, ist der Mensch Liebender. Der Mitmensch ist aus diesem Grund auch der privilegierte Ort der Begegnung mit Gott. Durch die Geschichte eines anderen kann sich Gott endlicher Freiheit mitteilen. Die Einheit im Glauben mit Gott kommt daher nicht zustande durch eine Identifikation mit einem übergeschichtlichen Ideal. Sie entsteht vielmehr als Einigung in der Liebe mit dem Gott der Geschichte, die ihrerseits in der gott-menschlichen Geschichte Jesu den unüberbietbaren Höhepunkt findet. Sich selbst verwirklichende Freiheit kommt also nicht in einem narzißtischen Selbstgewinnen-Wollen zu sich. Es geht nicht darum, etwas für sich zu gewinnen, sondern jemanden als Freund und Vertrauten zu finden. Freiheit will geschöpfliches Abbild der „Liberalität", der sich verschenkenden Freigebigkeit sein, die das Wesen und Verhältnis Gottes ausmacht[216].

Die *Freiheit als Leitidee der neuzeitlichen Anthropologie* ist somit kein Hindernis, sondern kann eine Hilfe sein, um das Entscheidende der Christologie und der Soteriologie neu zur Sprache zu bringen.

4.3.2.5 Jesus Christus – Träger eines integralen Befreiungsprozesses

In diesem hermeneutischen Kontext stehen unterschiedliche theologische Vermittlungsansätze. Stichworte wie religiöser Sozialismus (J. Blumhardt, H. Kutter, K. Barth, P. Tillich), Theologie der Hoffnung (J. Moltmann), Politische Theologie (J.B. Metz) kennzeichnen sie. Eine besondere Gestalt ist in der „Theologie der Befreiung" entstanden.

Befreiungstheologie als kontextuelle Theologie

Die Befreiungstheologie ist zwar aus der katastrophalen sozialen und wirtschaftlichen Situation der Bevölkerungsmehrheit in der Dritten Welt entstanden, doch will sie in Methode und Durchführung Theologie sein und nicht bloß eine Variante von Gesellschaftskritik darstellen[217]. Als Theologie beschreibt sie die Weltwirklichkeit in ihrem Bezug auf Gott. Die Frage lautet also nicht: Was soll ein Christ zu den himmelschreienden Ungerechtigkeiten sagen? Die Grundfrage lautet: Wie kann man von Gott, von Christus, vom Heiligen Geist, von Kirche, Sakramenten, Gnade und ewigem Leben sprechen angesichts von Elend, Ausbeutung und Unterdrückung des Menschen in der Dritten Welt? Diese Frage erhält ihre letzte Zuspitzung vor dem Hintergrund, daß der Mensch Ebenbild Gottes und Christus für ihn gestorben ist, damit er in seinem Leben Gott als Heil und Leben erfahre.

Man muß daher bei der Beantwortung vom biblischen Gottesverständnis ausgehen.

Gott ist nicht ein abstraktes Absolutum, das uns jenseits von Welt und Zeit in der Innerlichkeit der Seele begegnet. Er ist vielmehr der Gott, der Welt und Mensch geschaffen hat und der sich in Schöpfung, Geschichte und Endvollendung

---

[216] Vgl. Thomas von Aquin, S.th. I q. 44 a. 4 ad 1.
[217] Vgl. C. Boff, Theologie und Praxis. Die erkenntnistheoretischen Grundlagen der Theologie der Befreiung, München ³1986, 127-145.

als Heil nahebringt. Das Heil bezieht sich demnach nicht auf eine jenseitig-überzeitliche, transzendent-gegenständlich gedachte Hinterwelt, die gleichsam wie ein zweites Stockwerk über dem Parterre der säkularen, profanen und geschichtlichen Welt sich erhebt. Die Vorstellung, daß die Welt für den größten Teil der Menschen schicksalhaft ein Jammertal, für eine Minderheit aber das Schlaraffenland sein müsse, widerspricht ebenso dem christlichen Heilsverständnis wie die Vorstellung, daß sich die unsterbliche Seele durch fromme Übungen und ein moralisches Wohlverhalten die Anwartschaft auf die Glückseligkeit in der jenseitigen Welt sichern könne. Sünde wäre demzufolge nur die Vernachlässigung der religiösen Praxis in Gebet und Liturgie und ein moralisches Fehlverhalten durch Übertretung einzelner Gebote, die uns Gott rein formal als Übungsfeld unseres Gehorsams entgegengestellt hätte, nicht aber der Widerspruch gegen Gott selbst, insofern er das Heil und das Leben jedes Menschen will. Dieser Dualismus von diesseitigem Wohl und jenseitigem Heil, von jetziger Verheißung und späterer Erfüllung hat im marxistischen Vorwurf, die christliche Religion sei Vertröstungsideologie und diene nur der Stabilisierung von Ungerechtigkeit und Ausbeutung in der Gesellschaft, eine geschichtsmächtige Anklage gefunden.

Für ein neues Verständnis von Theologie

Die existential-anthropologisch gewendete Theologie des 20. Jahrhunderts hatte gefragt, was Gott, Offenbarung und Gnade für den Menschen seien und was sie für sein Selbstverständnis beitrügen. Die Befreiungstheologie versteht dagegen unter Theologie die aktive, verändernde und damit praktische Teilnahme an dem von Gott eröffneten umfassenden Befreiungshandeln, durch das die Geschichte zu einem Prozeß der Freiheit wird. Diese Teilnahme geschieht im verändernden Handeln, das den Menschen befreit, indem es ihn zugleich zu einem aktiven Mitgestalter des Befreiungsprozesses macht. Eine adäquate Trennung von Theorie und Praxis, von theoretischer und praktischer Theologie ist damit ausgeschlossen. Theologie erfaßt nicht zuerst theoretisch und gedanklich die Wirklichkeit und versucht dann, in einem nächsten Schritt die Ideen des Glaubens in die konkrete materielle Wirklichkeit umzusetzen. Aber auch kein gedankenloser Aktivismus bringt gleichsam magisch und mythisch die Wahrheit der Ideen aus sich hervor. Primat der Praxis bedeutet vielmehr eine ganzheitliche Begegnung mit der Wirklichkeit und die Teilnahme am Prozeß ihrer gesellschaftlichen und historischen Realisierung.

Primat der Liebe

Dies entspricht der klassischen Verhältnisbestimmung von Glaube und Liebe. Im Glauben läßt der Mensch sich ganz auf Gottes selbstmitteilende Liebe ein, die die Energie und die Kraft seines Glaubens ist (Gal 5,6), und nimmt an Gottes tätiger und befreiender Liebe zu allen Menschen mithandelnd teil. Nur der in der Liebe tätige Glaube erfährt das Geschenk der Gnade oder, im umfassenden gesellschaftlichen und eschatologischen Zusammenhang, die Gabe des Reiches Gottes.

Liebe ist Grundlage und Vollendung des Glaubens, der Hingabe an den Nächsten und, damit untrennbar verbunden, an die anderen. Dies ist das Fundament der Praxis des Christen und seiner aktiven Präsenz in der Geschichte. Für die Bibel ist der Glaube die Ganzantwort des Menschen an Gott, der aus Liebe rettet. Unter diesem Gesichtspunkt erscheint das verstandesmäßige Durchdringen des Glaubens nicht wie ein Verstehen einer einfachen Behauptung – oder beinahe einer Wiederholung – von Wahrheiten, sondern wie eine Verpflichtung, eine ganzheitliche Haltung und eine Einstellung zum Leben.[218]

Der Theologe nimmt also verstehend und handelnd teil am Veränderungsprozeß der Geschichte, die eine Geschichte der Befreiung durch Gott ist. Daraus ergibt sich eine Option für diejenigen, die befreit werden sollen und die als im Glauben Befreite am Prozeß der Befreiung selber aktiv und bewußt teilnehmen. Und dies sind insbesondere die Unterdrückten, die Armen und die Elenden. Sie sollen in das Befreiungshandeln Gottes einbezogen werden, das auf das Subjektwerden des Menschen zielt. Der Mensch wird darum aus einem bloßen Objekt staatlicher und gesellschaftlicher Betreuung zu einem Subjekt, das aktiv den Befreiungsprozeß trägt und vorantreibt.

Auch die Kirche ist nun nicht mehr nur Kirche *für das Volk,* sondern sie ist Kirche *des Volkes.* Das Volk Gottes wird selber zum Subjekt, das die Geschichte vorantreibt auf das Ziel der vollständigen Befreiung zu. Im Sinne des II. Vatikanums ist deshalb Kirche nicht einfach ausschließlich eine Institution, die das Heil verwaltet. Kirche als Ganze (mit ihrer inneren Gliederung in Laien und Hierarchie) wird zum Zeichen und Werkzeug für die Gemeinschaft Gottes mit den Menschen und der Menschen untereinander. Kirche ist aktiv das Sakrament des Reiches Gottes oder des Heils der Welt. Dies ist auch der ursprüngliche Sinn von Basisgemeinden. Basis ist hier nicht im Gegensatz zur Hierarchie gemeint. Es geht darum, daß die Gemeinde als Ganze (mit der inneren Gliederung und Auffächerung in verschiedene Charismen, Dienste und Ämter) zum Subjekt des Handelns und Praxis der Befreiung wird.

Die Theologie als kritische Reflexion entfaltet sich in dem Dreischritt von
– sozialanalytischer Vermittlung,
– einer hermeneutisch systematischen Vermittlung und
– einer praktisch pastoralen Vermittlung und Anwendung.

1.) Sozialanalytische Vermittlung: empirische Analyse

Die Befreiungstheologie geht davon aus, daß unser Gottesverhältnis und unsere Situation in Welt und Gesellschaft zusammengehören. Da der Mensch eine in sich vermittelte geistig-materielle Einheit darstellt, ist seine Gottesrelation nicht zu trennen von den gesellschaftlichen und sozialen Bedingungen, in denen sich das Menschsein historisch realisiert. Umgekehrt zeigt sich in antagonistischen Sozialverhältnissen auch die Störung des Verhältnisses zu Gott. Offenkundig erweisen sich darum die gesellschaftlichen Unrechtsstrukturen, insbesondere in Lateinamerika, als Ausdruck und als Folge des Gottesverlustes und damit als ein Hin-

---

[218] G. Gutiérrez, Theologie der Befreiung, [10]1992, 71 f.

dernis, Gott als den Gott des Lebens zu erfahren. Was hier als Unterdrückung, Ungerechtigkeit und Elend existiert, hat selbstverständlich mit einer Sozialromantik vom einfachen und bescheidenen Leben nichts zu tun. Armut ist nichts anderes als Tod.

Die massenhafte und todbringende Armut ist ebensowenig das Ergebnis eines individuellen Mißgeschicks oder einer persönlichen Unfähigkeit, das Leben zu meistern, sondern eine strukturelle und unausweichliche Daseinsbedingung, die das Leben der meisten Menschen zerstört. Die Befreiungstheologen kommen zu dieser Einsicht nicht zuletzt durch sozialwissenschaftliche Analysen, die mitunter auch marxistische Beobachter vorgelegt haben. Diese Anleihen bleiben äußerlich. Es ist keine Frage, daß die Befreiungstheologie mit dem ideologischen Totalitarimus des Kommunismus nichts zu tun haben will. Man macht sich aber die Einsicht zu eigen, daß es menschliches Dasein außerhalb seiner historischen und gesellschaftlichen Bedingungen nicht gibt und daß auch die Wahrheitserkenntnis ohne Rücksicht auf den interessenbedingten Standpunkt des Betrachters nicht zu haben ist. Gewiß gibt es im Kommunismus einen materialistischen Ansatz. Aber er ist eigentlich der Gegensatz zum Idealismus und nicht zu einem Christentum, das in der Anthropologie von einer geistig-leiblichen Einheit des Menschen ausgeht und damit zugleich die geistige Wirklichkeit und ihre Verwirklichung unter materialen Bedingungen des Seins in der Welt ins Auge faßt.

Im Unterschied zum Marxismus begreift die Befreiungstheologie den Menschen aber nicht einfach nur als das Produkt und als das Ensemble seiner materiellen Bedingungen. Sie sieht in ihm vielmehr die von Gott geschaffene und berufene Person, die Subjekt und Träger der Wirklichkeit ist und damit auch Gestalterin der materiellen Bedingungen im ökonomischen und im sozialen Bereich. Wenn Gott den Menschen befreien und damit zum Subjekt seiner selbst machen will, dann gibt es den konkreten Vollzug von Subjektivität und Freiheit nur, wenn die Bedingungen, unter denen sich die freie Subjektivität verwirklicht, verändert werden. Deshalb muß der Mensch zum Subjekt des Veränderungsprozesses werden. Dadurch schafft er zugleich auch die Voraussetzungen zur Teilnahme am Erkenntnisprozeß im Lichte des Evangeliums.

Die Befreiungstheologie nennt die Struktur, aus der sich Unterdrückung und Ausbeutung ergeben, *Kapitalismus*. Gemeint ist damit nicht einfach ein Wirtschaftssystem, in dem freies Unternehmertum möglich ist, sondern die Kombination von Geld und materiellen Machtmitteln in den Händen einer Oligarchie oder auch der internationalen Wirtschafts- und Machtzentren.

Als Gegenbegriff verwendet sie den Begriff *Sozialismus*. Damit ist freilich nicht eine Plan- und Kommandowirtschaft gemeint, sondern eine aktive Teilnahme aller Bevölkerungsschichten am gesamten Weltwirtschaftsprozeß. Insofern die Machteliten zur Erhaltung des Reichtums und Überflusses zu Ausbeutung und Unterdrückung breiter Volksmassen gezwungen sind, spricht die Befreiungstheologie in diesem Sinn zu Recht auch von einem Klassenkampf von oben.

Die Befreiungstheologie will mit diesem ursprünglich marxistischen Begriff nicht einen plumpen Rollentausch von Unterdrückern und Unterdrückten, von Ausbeutern und Ausgebeuteten propagieren. Christlich gesehen geht es um die

Teilnahme am Kampf der Gnade (vgl. Eph 6,10-17) gegen die Sünde und konkret auch um die Inkarnation des Heils in lebensfördernden Gesellschaftsstrukturen sowie um die Überwindung der Sünde und ihrer Objektivation in ausbeuterischen Systemen. Denn Gnade und Sünde existieren nicht einfach idealistisch und spiritualistisch rein in sich, sondern auch in den menschlichen Lebensverhältnissen. In diesem Sinn spricht die Befreiungstheologie davon, daß Gnade und Sünde jeweils eine unterschiedliche „politische" (im Sinne von: gesellschaftliche) Dimension haben.

Diese Einsicht in die Sozialität von Gnade oder Sünde ist dabei durchaus traditionell. In der klassischen Gnadenlehre spricht man immer von einer ekklesialen, also auch sozialen Dimension der Gnade und ihrer Verleiblichung in den guten Werken, d.h. eben in einer aktiven Weltgestaltung.

2.) Hermeneutisch-theologische Vermittlung: die Soteriopraxis Jesu

Die Erfahrung der Ausbeutung und die Analyse ihrer historischen und sozialen Bedingungen sind im Lichte der Offenbarung zu interpretieren. Die biblischen Zeugnisse zeigen uns Gott als den Schöpfer, der die Geschichte als Ort seines befreienden Handelns erwählt. Seine Erlösungstat befreit den Menschen nicht von der Geschichte, sondern zur Geschichte als Feld der Verwirklichung.

Die Botschaft von der Schöpfung wird interpretiert im Gesamtzusammenhang des historischen Erlösungshandelns. Sie zeigt uns den Ursprung und das Ziel der Gottebenbildlichkeit des Menschen, der als eine personale Wirklichkeit sich immer material, d.h. welthaft und leibhaftig realisiert. Gottes geschichtliches Handeln gegenüber seinem Geschöpf, das in der Sünde von ihm abgefallen ist, steht immer im Zeichen der Erlösung und der Befreiung von den knechtenden Bedingungen, die ihn an der Gemeinschaft mit Gott und dem Nächsten hindern.

Dies zeigt sich biblisch in der Exoduserfahrung. Das Heil liegt nicht einfach in der Innerlichkeit der Seele, die von ägyptischen Peitschen nicht zu treffen wäre. Es wird den unterdrückten Israeliten auch nicht ein besseres, gegenständlich gedachtes Jenseits verheißen. Heil ereignet sich vielmehr im real befreienden Handeln Gottes, in der Herausführung aus der Knechtschaft. Dies ist aber alles andere als eine immanentistische oder horizontalistische Verkürzung. Gottes Befreiungshandeln, das auch die materialen Lebensbedingungen umfaßt, führt zum Bund mit Israel. Bund ist das innere Ziel der Befreiung, Befreiung ist die äußere Erscheinung des Bundes, der persönlichen und gemeinschaftlichen Liebeseinheit der Menschen mit Gott. Gegenüber der geschichtlichen Gestalt der Realisierung des Heiles gibt es also nun tatsächlich eine Transzendenz des Heiles. Aber die Transzendenz des Heiles besteht nicht in einem raum-zeitlichen Jenseits, nämlich in einer Welt hinter der Schöpfung. Es gibt nur die eine Schöpfung Gottes, zu der der Mensch in einer unterschiedlichen Weise in Bezug stehen kann. Die Transzendenz des Heiles setzt also nicht am Punkt unseres individuellen Todes oder am kollektiven Ende der Menschheitsgeschichte an. Dort ereignet sich vielmehr die Vollendung des Heils, insofern Gott zum absoluten Inhalt unserer personalen Selbsttranszendenz wird (Anschauung Gottes, ewige Liebesgemeinschaft). Zugleich ereignet sich hier aber auch die Vollendung der Immanenz des Heiles, indem nämlich die geschichtlich-sozialen und materialen Zusammenhänge unseres Daseins von Gott neu definiert werden (Auferstehung des Leibes, Gemeinschaft der Heiligen, die Schöpfung des neuen Himmels und der neuen Erde). Gott selbst ist also der absolute Inhalt des Heils sowohl in der transzendental-personalen Beziehung des Menschen zu ihm als auch in der Vollendung und Wiederherstellung der materialen Lebensbedingungen des leibhaftig in der Schöpfung existierenden Menschen, wenngleich in einer Weise, die unserer jetzigen Vorstellung verborgen ist.

Das Heil im Christentum würde mißverstanden, wenn man es spiritualisieren wollte gegenüber einer angeblich alttestamentlich diesseitigen und materialistischen Sicht des Heiles.

Die Befreiungstheologie zielt in ihrer Schriftauslegung besonders auch auf die prophetische Kritik an allem äußerlichen Kult hin, der die Liebe zu Gott und zum Nächsten aus dem Auge läßt. Sie zeigt die besondere Parteinahme Gottes für die Armen und Ausgestoßenen in der prophetischen Literatur, besonders bei Deutero-Jesaja, der die messianische Verheißung eines Evangeliums für die Armen verkündet.

Im Neuen Testament fällt ihr Blick auf die Reich-Gottes-Praxis. Jesus verkündet sein Evangelium für die Armen, die Gefangenen, die Unterdrückten, die körperlich und seelisch Leidenden und Ausgestoßenen. Er ist gekommen für die Sünder und nicht für die Gerechten. Hier zeigt sich *Jesu Option für die Armen*, der Menschen also, die durch die heillosen Verhältnisse geknechtet sind und in Gott das Heil und die Befreiung von den sie belastenden Verhältnissen suchen. In den Krankenheilungen Jesu zeigt sich exemplarisch der innere Zusammenhang von Heil (die eschatologische Ankunft Gottes im Menschen Jesus als Neuer Bund) und Heilung (als Realisierung des Heils in den leibhaftigen Daseinsbedingungen des Menschen). Die leibliche Heilung ist gleichsam Antizipation der eschatologischen Immanenz des Heils.

Jesus war gewiß alles andere als ein Sozialreformer oder ein Politagent. Er wollte nicht an den Symptomen herumkurieren. Er hat umfassend das Reich Gottes gebracht, das nun aber auch die Symptome der Sünde in ungerechten Gesellschaftsstrukturen prinzipiell überwinden will. Denn Jesus war andererseits auch nicht der Künder einer weltlosen Jenseitsmystik oder einer blutleeren Aszetik. In Jesu Verkündigung und Wirken haben wir die Einheit des transzendenten und des immanenten Aspekts von Heil. Auch sein Kreuzestod kann keineswegs für eine weltlose, die Schöpfung von der Erlösung abspaltende Religiosität geltend gemacht werden. Jesus ist vielmehr gestorben, um die weltverändernde und befreiende Liebe Gottes auch gegenüber dem Widerstand der Sünder zu beweisen. Sein Kreuzestod hat Welt und Geschichte zum Feld der sich durchsetzenden neuen Schöpfung qualifiziert. Deshalb spricht er auch von einem Neuen Bund im Fleisch und Blut Christi. Nicht wer außerhalb der Leiblichkeit und der Weltlichkeit des menschlichen Daseins Christus sucht, findet ihn, sondern wer sein Fleisch ißt, d.h, mit seiner inkarnatorischen Wirklichkeit kommuniziert, der hat auch das ewige Leben und damit die Gemeinschaft mit Gott und die Transzendenz des Heiles. Das Kreuz Jesu erweist sich darum als die eschatologische Offenbarung der Option Gottes für die Armen. Gott engagiert sich in einem umfassenden Geschichtsprozeß auf seiten der Unterdrückten, um sie zur Freiheit zu führen und ihnen die Anteilnahme an der Durchsetzung des von Gott für alle Menschen verheißenen Heils zu ermöglichen.

In diesem Sinn spricht G. Gutierrez (geb. 1928) zu Recht von der *historischen Macht der Armen*. Wenn die Armen am Heilsprozeß teilnehmen, treten sie auch in die Geschichte ein und aus ihrer Randlage und Bedeutungslosigkeit heraus. Gott engagiert sich aber genauso für die Ausbeuter und die Herrschenden, indem er sie von der Angst befreit, das Leben auf Kosten anderer an sich reißen zu müssen. Er ermöglicht ihnen darum die wahre Freiheit.

3.) Pastoralpraktische Vermittlung: die Soteriopraxis der Kirche

Die Sozialanalyse und die theologischen Reflexionen münden nun wieder in die Aktion der Kirche Christi.

Diese kann nur Kirche Gottes sein, wenn sie nicht sich selbst als Organisation und Institution zum Ziel hat. Sie kann (nach einer Formulierung D. Bonhoeffers) nur Kirche Gottes sein, wenn sie für andere da ist[219]. Sie muß sich im geschichtlichen Befreiungshandeln Gottes engagieren lassen.

Die Initiative Gottes und der Beitrag des Menschen bei der Verwirklichung des Reiches Gottes dürfen nicht alternativisch einander gegenübergestellt oder gar gegeneinander ausgespielt werden. Der Versuch, den göttlichen und menschlichen Beitrag am Gesamtergebnis zu quantifizieren, bleibt aus gnadentheologischen Gründen ausgeschlossen.

Gottes Gnade und menschliche Freiheit (Handeln) stehen in einem anderen Bezug zueinander. Gott teilt sich als Inhalt menschlicher Freiheit mit, und er schenkt sich der Freiheitsbewegung des Menschen als Ziel, auf das sich die menschliche Freiheit auch mit ihrer geschichtlichen und materialen Vollendung dynamisch hinbewegt (Transzendenz des Heils). Erst wer die Wahrheit tut, lebt in der Gegenwart des Heils, ohne daß er es erst durch sein eigenes Handeln autonom produzieren müßte. Der unfruchtbare Gegensatz von Orthodoxie und Orthopraxis, von Wahrheitserkenntnis durch Denken und Wahrheitserkenntnis durch Handeln, von Glaube und Liebe erweist sich damit als überholt. Christliches Dasein und kirchliche Sendung beinhalten notwendig die *Teilnahme am eschatologischen und historischen Befreiungsprozeß*. Dazu gehört die Feier des Befreitseins in der Eucharistie und den anderen Sakramenten und das hiervon untrennbare Bewußtwerden der sozialhistorischen Bedingungen von Unterdrückung und Versklavung, genauso wie die Bereitschaft zur Teilnahme an der soteriologischen Praxis Gottes. Das II. Vatikanische Konzil erklärt:

Zur Erfüllung dieses ihres Auftrags obliegt der Kirche allezeit die Pflicht, nach den Zeichen der Zeit zu forschen und sie im Licht des Evangeliums zu deuten ... Es gilt also die Welt, in der wir leben, ihre Erwartungen, Bestrebungen und ihren oft dramatischen Charakter zu erfassen und zu verstehen ... Heute steht die Menschheit in einer neuen Epoche ihrer Geschichte, in der tiefgehende und rasche Veränderungen Schritt um Schritt auf die ganze Welt übergreifen. Vom Menschen, seiner Vernunft und schöpferischen Gestaltungskraft gehen sie aus; sie wirken auf ihn wieder zurück, auf seine persönli-

---

[219] Vgl. WEN, 415.

chen und kollektiven Urteile und Wünsche, auf seine Art und Weise, die Dinge und die Menschen zu sehen und mit ihnen umzugehen. So kann man schon von einer wirklichen sozialen und kulturellen Umgestaltung sprechen, die sich auch auf das religiöse Leben auswirkt.
(GS 4)

Eine Theologie der Befreiung des Menschen zu seiner Würde und zur Teilnahme an Gottes Heil in Jesus Christus bringt Grundzüge, die bisher nur implizit wahrgenommen wurden, neu zur Sprache im Hinblick auf die konkrete soziale Situation in Lateinamerika, Afrika und Asien. Die Soteriologie bekommt damit eine weltumgreifende Perspektive.

5. Bekenntnis zu Jesus, dem Sohn des Vaters und Mittler des Heils

Jesus der Christus ist in einem die Selbstauslegung des Vaters zu unserem Heil und in seiner vom Logos getragenen Menschheit der universale Mittler auf Gott hin; er ist gleichsam das Haupt aller:

Gott wollte mit seiner ganzen Fülle in ihm wohnen, um alles durch ihn zu versöhnen. Alles im Himmel und auf Erden wollte er zu Christus führen, der Frieden gestiftet hat am Kreuz durch sein Blut.
(Kol 1,19 f.)
In ihm wohnt die ganze Fülle der Gottheit leibhaftig {somatikos}.
(Kol 2,9)

Durch die in Jesus fleischgewordene An-Rede offenbart sich der Vater als Ursprung und Ziel der Welt. Weil Gott im Menschen Jesus sich auf die Welt hin vermittelt, kann er die Freiheit und den Selbstand der menschlichen Person bestätigen und auf die konkrete Einheit in Jesus versammeln, so daß in keinem anderen Namen unter dem Himmel mehr Heil und Rettung zu finden ist (Apg 4,12).

In seiner Personwirklichkeit ermöglicht Jesus darum auch ein geglücktes menschliches Dasein. Der Mensch kann sich nur gewinnen in der Selbstüberschreitung auf die Person Jesu, in dem Gott gegenwärtig ist[220], in dem aber auch der Mitmensch uns nahe ist[221].

Jesus bedeutet darum die Sinn- und Zieleröffnung des *Daseins als Liebe*. Sie darf nicht auf einen bloß moralischen Appell reduziert werden, um als Mittel für ein erträglicheres Zusammenleben zu dienen.

Als Person ist er der Erlöser und Mittler und darum meiner Verfügung entzogen. Liebe meint ursprünglich *Annahme seiner selbst,* die die *Annahme des anderen einschließt,* weil sie aus einem je größeren Angenommensein entspringt durch den, der die Liebe selbst ist in sich und in seiner Äußerung auf die Welt hin. Darin zeigt sich der tiefe theologische Sinn der Erlösung als Vergöttlichung, d.h. als sinneröffnenden Mitvollzug des Daseins und Handelns am Leben Gottes. Sie geschieht durch die freie Ratifikation der geoffenbarten neuen Gerechtigkeit, durch die wir Gott entsprechen und in Liebe mit ihm kommunizieren.

Liebe in ihrer Tiefe ist die eine Wurzel, aus der Erkennen des Guten und wollendes Tun des Guten hervorgehen. Jeder Dualismus zwischen Orthodoxie und

---

[220] Joh 14,9: „Wer mich gesehen hat, hat den Vater gesehen".
[221] Mt 25,40: „Was ihr einem der geringsten der Brüder getan habt, habt ihr mir getan".

Orthopraxis ist verfehlt, weil so die Liebe als die eine und einzige Form des neuen Seins in Jesus Christus verkannt wird. Erkennen im ursprünglichen Sinn ist Vereinigung mit dem Erkannten oder Bereitschaft, sich bestimmen zu lassen vom Geliebten, d.h. seiner Person und seinem Für-mich-da-sein. Wir nennen Erkennen auch Glauben, während eine seiner abgeleiteten Funktionen Einsicht oder Theologie heißt. Aber es wäre (vgl. Gal 5,6) ein nichtiger Glaube *(informis)*, wenn er nicht durch die Liebe seine Lebendigkeit gewänne *(fides caritate formata)*. Liebe als Wollen oder handelndes Sich-bestimmen ist die Antwort des Für-Seins.

Der Kommunikation in Liebe, der eschatologisch-einzigen Sinnerfüllung des Seins überhaupt steht aber noch der gewaltige Riß entgegen, der durch die ganze Schöpfung geht: die Widerständigkeit und Blindheit der Herzen, die aufeinanderstoßenden Kräfte und Interessen, wodurch die Kommunikation der Liebe durchkreuzt wird. Die Liebe kann sich darum als heilende nur durch das Kreuz in der Welt verwirklichen. Jeder Liebende, der beim Kreuz der zerrissenen Schöpfung steht, das zu Christi Kreuz wurde, erhält Anteil am Weg der Liebe Gottes zur Erlösung und Auferstehung und fördert und übersetzt ihre ursprunghafte Einheit in die Vielfalt der geschichtlichen und gesellschaftlichen Lebensvollzüge.

Liebe hat aber kein Moment des Trotzes oder der nur getrösteten Verzweiflung an sich, die dem unerschöpflichen Meer des Leidens ein wenig Sinn abgewänne oder unverzagt die nachwachsenden Häupter der Hydra des Bösen vernichtete.

Liebe ist die innere Erkenntnis- und Handlungskraft, die uns im christologisch und soteriologisch begründeten Optimismus *das eschatologische Ja und Amen Gottes zu seinen Verheißungen in Christus annehmen* läßt (2 Kor 1,20).

Christologie und Soteriologie lassen sich in den beiden Fragen zusammenfassen: Wer ist Jesus? und: Was bedeutet er für Welt und Menschen? Die Kirche bekennt sich seit ihrem Anfang zu Jesus, dem „Sohn des Vaters" (2 Joh 3) und weiß auf beide Fragen nur die eine Antwort:

ER ist der wahre Gott
und das ewige Leben.
(1 Joh 5,20)

Literaturverzeichnis

Quellentexte

Berger, Klaus, Colpe, Carsten (Hg.): Religionsgeschichtliches Textbuch zum Neuen Testament, Göttingen 1987.
Karpp, Heinrich: Textbuch zur Altkirchlichen Christologie und Oikonomia, Neukirchen-Vluyn 1972.
Lohse, Eduard (Hg.): Die Texte aus Qumran. Hebr. u. dt. Mit masoretischer Punktation, Darmstadt ⁴1986.
Maier, Johann: Zwischen den Testamenten. Geschichte und Religion in der Zeit des zweiten Tempels, Würzburg 1990.
Niemann, Franz-Josef: Jesus der Offenbarer I/II (tzt F5), Graz-Wien-Köln 1990.
Ohlig, Karl-Heinz: Christologie I/II (tzt D4), Graz-Wien-Köln 1989.

Methodologische und systematische Fragen

Boff, Clodovis: Theologie und Praxis. Die erkenntnistheoretischen Grundlagen der Theologie der Befreiung, München ³1986.
Dalferth, Ingolf U.: Jenseits von Mythos und Logos. Die christologische Transformation der Theologie (QD 142) Freiburg-Basel-Wien 1993.
Dembowski, Hermann: Einführung in die Christologie, Darmstadt 1976.
Gerber, Uwe: Christologische Entwürfe Bd. 1. Von der Reformation bis zur Dialektischen Theologie, Zürich 1970.
Grillmeier, Alois: Moderne Hermeneutik und altkirchliche Christologie. Zur Diskussion um die chalkedonische Christologie heute: ders.: Mit ihm und in ihm. Christologische Forschungen und Perspektiven, Freiburg-Basel-Wien 1975, 489-582.
Grillmeier, Alois: Zum Christusbild der heutigen katholischen Christologie: ders.: Mit ihm und in ihm. Christologische Forschungen und Perspektiven, Freiburg-Basel-Wien 1975, 680-735.
Kasper, Walter: Die Sache Jesu. Recht und Grenzen eines Interpretationsversuches: HerKorr 26 (1972) 185-189.
Kasper, Walter: Neuansätze gegenwärtiger Theologie: Wer ist Jesus Christus? Hg. v. J. Sauer, Freiburg-Basel-Wien 1977, 121-150.
Lachenschmid, Robert: Christologie und Soteriologie: H. Vorgrimler, R. Van der Gucht (Hg.): Bilanz der Theologie im 20. Jahrhundert Bd. 3, Freiburg-Basel-Wien 1970, 82-120.
McDermott, Brian: Jesus Christus im Glauben und in der Theologie von heute: Conc (D) 18 (1982) 154-160.
Müller, Gerhard Ludwig, Ullrich, Lothar: Christologie / Soteriologie: Lexikon der katholischen Dogmatik. Hg. v. W. Beinert, Freiburg-Basel-Wien ³1991.
Rahner, Karl, Thüsing, Wilhelm: Christologie – systematisch und exegetisch (QD 55), Freiburg-Basel-Wien 1972.
Schilson, Arno, Kasper, Walter: Christologie im Präsens. Kritische Sichtung neuer Entwürfe, Freiburg-Basel-Wien 1974.

Reinhardt, Klaus: Die Einzigartigkeit der Person Jesu Christi. Neue Entwürfe: IKaZ 2 (1973) 206-224.
Reinhardt, Klaus: Neue Wege in der Christologie der Gegenwart: IKaZ 6 (1977) 5-20.
Scheffczyk, Leo (Hg.): Grundfragen der Christologie heute (QD 72), Freiburg-Basel-Wien ²1978.
Tiefenbacher, Heinz, Schilson, Arno: Die Frage nach Jesus, dem Christus. Christologische Entwürfe in der Theologie der Gegenwart: HerKorr 26 (1972) 563-570.
Weiser, Alfons: Neue Wege der Christologie: LebZeug 31 (1976) 73-85.
Wiederkehr, Dietrich: Konfrontationen und Integrationen der Christologie: ThBer 2, Einsiedeln 1973, 11-119.
Wiederkehr, Dietrich: Christologie im Kontext: ThBer 7, Zürich-Einsiedeln-Köln 1978, 11-62.
Wiederkehr, Dietrich: Weiterführende Perspektiven: MySal. Ergänzungsband. Arbeitshilfe und Weiterführungen. Hg. v. M. Löhrer, Chr. Schütz, D. Wiederkehr, Zürich-Einsiedeln-Köln 1981, 220-250 (zur neueren Christologie und Soteriologie).
Ziegenaus, Anton (Hg.): Wegmarken der Christologie, Donauwörth 1980.

Altes Testament

Cazelles, Henri: Alttestamentliche Christologie. Zur Geschichte der Messiasidee (TheRom 13), Einsiedeln 1983.
Deissler, Alfons: Die Grundbotschaft des Alten Testaments. Ein theologischer Durchblick, Freiburg-Basel-Wien ¹⁰1987.
Ehrlich, Ernst-Ludwig: Art. Jesus Christus IX. Judentum: TRE 17 (1988) 68-71.
Frankemölle, Hubert: Neutestamentliche Christologien vor dem Anspruch alttestamentlicher Theologie: BiLe 15 (1974) 258-273.
Füglister, Notker: Alttestamentliche Grundlagen der neutestamentlichen Christologie: MySal III/1, Einsiedeln-Zürich-Köln 1970, 105-225.
Gerlitz, Peter: Art. Jesus Christus X. Religionsgeschichtlich: TRE 17 (1988) 71-76.
Haag, Herbert: Der Gottesknecht bei Deuterojesaja (EdF 233), Darmstadt 1985.
Haag, Herbert: Sohn Gottes im Alten Testament: ThQ 154 (1974) 223-231.
Kraus, Hans-Joachim: Aspekte der Christologie im Kontext alttestamentlich-jüdischer Tradition: Gottes Augapfel. Beiträge zur Erneuerung des Verhältnisses von Christen und Juden. Hg. v. E. Brocke, J. Stein, Neukirchen-Vluyn 1986.
Marquardt, Friedrich-Wilhelm: Das christliche Bekenntnis zu Jesus dem Juden. Eine Christologie, 2 Bde, München 1990/91.
Ruppert, Lothar: Jesus der leidende Gerechte? Der Weg Jesu im Lichte eines alt- und zwischentestamentlichen Motivs (SBS 59), Stuttgart 1972.
Scharbert, Josef: Heilsmittler im Alten Testament und im Alten Orient (QD 23/24), Freiburg-Basel-Wien 1964.
Thoma, Clemens: Jüdische Zugänge zu Jesus Christus: ThBer 27, Zürich-Einsiedeln-Köln 1978, 149-176.

Neues Testament

Christusbekenntnis

Beilner, Wolfgang, Ernst, Michael: Unter dem Wort Gottes. Theologie aus dem Neuen Testament, Thaur-Wien-München 1983.

Berger, Klaus: Theologiegeschichte des Urchristentums. Theologie des Neuen Testaments, Tübingen-Basel 1994.
Breytenbach, Cilliers, Paulsen, Henning (Hg.): Anfänge der Christologie (FS F. Hahn z. 65. Geburtstag) Göttingen 1991.
Cullmann, Oscar: Die Christologie des Neuen Testaments, Tübingen ⁵1975.
Cullmann, Oscar: Christus und die Zeit. Die urchristliche Zeit- und Geschichts-Auffassung, Zürich ³1962.
Ernst, Josef: Anfänge der Christologie, Stuttgart 1972.
Gnilka, Joachim: Theologie des Neuen Testaments (HThK. S 5) Freiburg-Basel-Wien 1994.
Merklein, Helmut: Zur Entstehung der urchristlichen Aussage vom präexistenten Sohn Gottes: Zur Geschichte des Urchristentums (QD 87). Hg. v. G. Dautzenberg u.a., Freiburg-Basel-Wien 1979, 33-62.
Müller, Paul-Gerhard (Hg.): Bibel und Christologie. Ein Dokument der Päpstlichen Bibelkommission, Stuttgart 1987.
Mußner, Franz: Christologische Homologie und evangelische Vita Jesu: Zur Frühgeschichte der Christologie. Ihre biblischen Anfänge und die Lehrformel von Nikaia (QD 51). Hg. v. B. Welte, Freiburg-Basel-Wien 1970, 59-73.
Mußner, Franz: Ursprünge und Entfaltung der neutestamentlichen Sohneschristologie. Versuch einer Rekonstruktion: Grundfragen der Christologie heute (QD 72). Hg. v. L. Scheffczyk, Freiburg-Basel-Wien ²1978, 77-113.
Schedl, Klaus: Zur Christologie der Evangelien, Freiburg-Basel-Wien 1984.
Schlier, Heinrich: Die Anfänge des christologischen Credo: Zur Frühgeschichte der Christologie. Ihre biblischen Anfänge und die Lehrformel von Nikaia (QD 51). Hg. v. B. Welte, Freiburg-Basel-Wien 1970, 13-58.
Schnackenburg, Rudolf: Christologie des Neuen Testaments: MySal III/1, Einsiedeln-Zürich-Köln 1970, 227-388.
Schnackenburg, Rudolf, Die Person Jesu Christi im Spiegel der vier Evangelien (HThK. S 4) Freiburg-Basel-Wien 1993.
Schweizer, Eduard: Art. Jesus Christus I. Neues Testament: TRE 16 (1987) 670-726.
Thüsing, Wilhelm: Die neutestamentlichen Theologien und Jesus Christus I. Kriterien aufgrund der Rückfrage nach Jesus und den Glauben an seine Auferweckung, Düsseldorf 1981.
Zimmermann, Heinrich: Jesus Christus. Geschichte und Verkündigung, Stuttgart ²1975.

Der historische Jesus

Buchheim, Karl: Der historische Christus. Geschichtswissenschaftliche Überlegungen zum Neuen Testament, München 1974.
Bultmann, Rudolf: Jesus Christus und die Mythologie. Das neue Testament im Licht der Bibelkritik (1951) = Studienbücher 47, Hamburg 1964.
Bultmann, Rudolf: Neues Testament und Mythologie. Das Problem der Entmythologisierung (1941) = BEvTh 96, München ²1985.
Bultmann, Rudolf: Das Urchristentum im Rahmen der antiken Religionen, Zürich-München ⁵1986.
Dautzenberg, Gerhard u.a. (Hg.): Zur Geschichte des Urchristentums (QD 87), Freiburg-Basel-Wien 1979.
Geiselmann, Josef Rupert: Jesus der Christus, 1. Teil. Die Frage nach dem historischen Jesus, München 1973.

Gnilka, Joachim: Zur Frage nach dem historischen Jesus: MThZ 44 (1993) 1-12.
Gräßer, Erich: Christologie und historischer Jesus. Kritische Anmerkungen zu Herbert Brauns Christologieverständnis: ZThK 70 (1973) 404-419.
Hahn, Ferdinand: Methodologische Überlegungen zur Rückfrage nach Jesus: Rückfrage nach Jesus. Zur Methodik und Bedeutung der Frage nach dem historischen Jesus (QD 63). Hg. v. K. Kertelge, Freiburg-Basel-Wien 1974, 11-77.
Kähler, Martin: Der sogenannte historische Jesus und der geschichtliche, biblische Christus, München ⁴1969.
Kertelge, Karl (Hg.): Rückfrage nach Jesus. Zur Methodik und Bedeutung der Frage nach dem historischen Jesus (QD 63), Freiburg-Basel-Wien 1974.
Kertelge, Karl (Hg.): Metaphorik und Mythos im Neuen Testament (QD 126), Freiburg-Basel-Wien 1990.
Lehmann, Karl: Die Frage nach Jesus von Nazaret: Handbuch der Fundamentaltheologie 2. Hg. v. W. Kern u.a., Freiburg-Basel-Wien 1985, 122-144.
Müller, Paul-Gerhard: Der Traditionsprozeß im Neuen Testament. Kommunikationsanalytische Studien zur Versprachlichung des Jesusphänomens, Freiburg-Basel-Wien 1981.
Mußner, Franz: Rückfrage nach Jesus. Bericht über neue Wege und Methoden: ThBer 13. Methoden der Evangelien-Exegese. J. Pfammatter, F. Furger, (Hg.), Zürich-Einsiedeln-Köln 1985, 165-182.
Mußner, Franz: Methodologie der Frage nach dem historischen Jesus: Rückfrage nach Jesus (QD 63). Hg. v. K. Kertelge, Freiburg-Basel-Wien 1974, 118-147.
Ristow, Helmut, Matthiae, Karl (Hg.): Der historische Jesus und der kerygmatische Christus, Berlin ²1961.
Schürmann, Heinz: Zur aktuellen Situation der Leben-Jesu-Forschung: GuL 46 (1973) 300-310.
Schürmann, Heinz: Jesus – Gestalt und Geheimnis. Gesammelte Beiträge. Hg. v. K. Scholtissek, Paderborn 1994.
Schneider, Gerhard: Jesus-Bücher und Jesus-Forschung 1966-1971: ThPQ 120 (1972) 155-160.
Schweitzer, Albert: Geschichte der Leben-Jesu-Forschung, Bde. 1 und 2, Gütersloh ³1977.

Jesus-Bücher

Adam, Karl: Jesus Christus, Augsburg 1933.
Blank, Josef: Jesus von Nazareth. Geschichte und Relevanz, Freiburg-Basel-Wien ⁴1975.
Bornkamm, Günther: Jesus von Nazareth, Stuttgart-Berlin-Köln-Mainz ⁸1968.
Braun, Herbert: Jesus – der Mann aus Nazaret und seine Zeit, Stuttgart ²1984.
Bultmann, Rudolf: Jesus, München-Hamburg ⁴1970.
Feneberg, Rupert und Wolfgang: Das Leben Jesu im Evangelium (QD 88), Freiburg-Basel-Wien 1980.
Gnilka, Joachim: Jesus von Nazaret. Botschaft und Geschichte, Freiburg-Basel-Wien ²1991.
Guardini, Romano: Der Herr. Betrachtungen über die Person und das Leben Jesu Christi, Würzburg ¹²1961.
Reatz, August: Jesus Christus. Sein Leben, seine Lehre und sein Werk, Freiburg ³1925.
Schell, Hermann: Christus. Das Evangelium und seine Weltgeschichtliche Bedeutung, Mainz 1906.
Vearus, Geza: The Religion of Jesus the Jew, Minneapolis 1993.

Sendungsautorität/Abba-Relation

Internationale Theologenkommission: Jesu Selbst- und Sendungsbewußtsein: IKaZ 16 (1987) 38-49.
Jeremias, Joachim: Abba. Studien zur neutestamentlichen Theologie und Zeitgeschichte, Göttingen 1966.
Slenzka, Reinhard: Geschichtlichkeit und Personsein Jesu Christi, Göttingen 1967.
Vögtle, Anton: Exegetische Erwägungen über das Wissen und Selbstbewußtsein Jesu: Gott in Welt I (FS K. Rahner). Hg. v. J. B. Metz, Freiburg-Basel-Wien 1964, 608-667.
Zeller, Dieter: Prophetisches Wissen um die Zukunft in Synoptischen Jesusworten: ThPh 52 (1977) 258-271.

Leben und Wirken Jesu

Frankemölle, Hubert, Kertelge, Karl (Hg.): Vom Urchristentum zu Jesus (FS J. Gnilka), Freiburg-Basel-Wien 1989.
Hoffmann, Paul (Hg.): Orientierung an Jesus. Zur Theologie der Synoptiker (FS J. Schmid), Freiburg-Basel-Wien 1973.
Hoffmann, Paul: Studien zur Theologie der Logienquelle (NTA. N.F. 8), Münster ³1982.
Horstmann, Maria: Studien zur markinischen Christologie. Mk 8,27 – 9,13 als Zugang zum Christusbild des zweiten Evangeliums, Münster ²1973.
Jeremias, Joachim: Die Gleichnisse Jesu, Göttingen ⁹1977.
Kuhn, Hans-Jürgen: Christologie und Wunder. Untersuchungen zu Joh 1,35-51, Regensburg 1988.
Merklein, Helmut: Jesu Botschaft von der Gottesherrschaft. Eine Skizze (SBS 111), Stuttgart 1983.
Merklein, Helmut: Jesus, Künder des Reiches Gottes: Handbuch der Fundamentaltheologie 2. Hg. v. W. Kern u.a., Freiburg-Basel-Wien 1985, 145-174.
Mußner, Franz: Die johanneische Sehweise (QD 28), Freiburg-Basel-Wien 1965.
Pesch, Rudolf: Jesu ureigene Taten? Ein Beitrag zur Wunderfrage (QD 52), Freiburg-Basel-Wien 1970.
Reiser, Marius: Die Gerichtspredigt Jesu. Eine Untersuchung zur eschatologischen Verkündigung Jesu und ihrem frühjüdischen Hintergrund, (NTA N.F. 23), Münster 1990.
Schnackenburg, Rudolf: Die Geburt Christi ohne Mythos und Legende, Mainz ³1969.
Scholtissek, Klaus: Die Vollmacht Jesu. Traditions- und redaktionsgeschichtliche Analysen zu einem Leitmotiv markinischer Christologie (NTA. N.F. 25), Münster 1992.
Weiß, Johannes: Die Predigt Jesu vom Reiche Gottes. 3. Aufl. Hg. v. F. Hahn, Göttingen 1964.

Hoheitstitel

Berger, Klaus: Zum traditionsgeschichtlichen Hintergrund christologischer Hoheitstitel: NTS 17 (1971) 391-425.
Berger, Klaus: Zum Problem der Messianität Jesu: ZThK 71 (1974) 1-30.
Hahn, Ferdinand: Christologische Hoheitstitel. Ihre Geschichte im frühen Christentum (FLRANT 83), Göttingen ⁴1974.
Hengel, Martin: Der Sohn Gottes. Die Entstehung der Christologie und die jüdisch-hellenistische Religionsgeschichte, Tübingen ²1977.

Hengel, Martin: Christologische Hoheitstitel im Urchristentum. Der gekreuzigte Gottessohn: Der Name Gottes. Hg. v. H. v. Steetencron, Düsseldorf 1975, 90-111.
Karrer, Martin: Der Gesalbte. Die Grundlagen des Christustitels (FRLANT 151), Göttingen 1991.
Kramer, Werner: Christos. Kyrios. Gottessohn. Untersuchungen zu Gebrauch und Bedeutung der christologischen Bezeichnungen bei Paulus und den vorpaulinischen Gemeinden (AThANT 44), Zürich 1963.
Leroy, Herbert: Jesus von Nazareth – Sohn Gottes. Zur Verkündigung des Apostels Paulus und der Evangelisten: ThQ 154 (1974) 232-249.
Taylor, Vincent: The Names of Jesus, London 1959.
Tödt, Heinz Eduard: Der Menschensohn in der synoptischen Überlieferung, Gütersloh ⁵1984.

Kreuzestod und Erlösung

Blinzler, Josef: Der Prozeß Jesu, Regensburg ⁴1969.
Gubler, Marie-Luise: Die frühesten Deutungen des Todes Jesu. Eine motivgeschichtliche Darstellung aufgrund der neueren exegetischen Forschungen (OBO 15), Freiburg (CH)-Göttingen 1977.
Jeremias, Joachim: Die Abendmahlsworte Jesu, Göttingen ⁴1967.
Kern, Walter: Das Kreuz Jesu als Offenbarung Gottes: Handbuch der Fundamentaltheologie 2. Hg. v. W. Kern u.a., Freiburg-Basel-Wien 1985, 197-222.
Kertelge, Karl (Hg.): Der Tod Jesu. Deutungen im Neuen Testament (QD 74), Freiburg-Basel-Wien ²1982.
Kremer, Jacob: Das Ärgernis des Kreuzes. Eine Hinführung zum Verständnis der Leidensgeschichte nach Markus, Stuttgart 1969.
Kremer, Jacob: Das Evangelium von Jesu Tod und Auferstehung, Stuttgart 1982.
Pesch, Rudolf: Der Prozeß Jesu geht weiter, Freiburg-Basel-Wien 1988.
Schürmann, Heinz: Jesu Abschiedsrede Lk 22,21-38, Münster ²1977.
Schürmann, Heinz: Der Einsetzungsbericht Lk 22,19-20, Münster ²1970.
Schürmann, Heinz: Der Paschamahlbericht Lk 22, (7-14.)15-18, Münster 1968 (ND 1980).
Schürmann, Heinz: Jesu ureigener Tod. Exegetische Besinnungen und Ausblick, Freiburg-Basel-Wien 1975.
Schürmann, Heinz: Gottes Reich – Jesu Geschick. Jesu ureigener Tod im Licht seiner Basileia-Verkündigung, Freiburg-Basel-Wien 1983.

Auferstehung und Erhöhung

Durrwell, Francis X.: Die Auferstehung Jesu als Heilsmysterium. Eine biblisch-theologische Untersuchung, Salzburg 1958.
Hengel, Martin: Psalm 110 und die Erhöhung des Auferstandenen zur Rechten Gottes: Anfänge der Christologie (FS F. Hahn z. 65. Geburtstag). Hg. v. C. Breytenbach, H. Paulsen, Göttingen 1991, 43-73.
Kessler, Hans: Sucht den Lebenden nicht bei den Toten. Die Auferstehung Jesu Christi in biblischer, fundamentaltheologischer und systematischer Sicht, Düsseldorf ²1987.
Klappert, Bertold: Die Auferweckung des Gekreuzigten. Der Ansatz der Christologie Karl Barths im Zusammenhang der Christologie der Gegenwart, Neukirchen-Vluyn ³1981.

Kremer, Jacob: Das älteste Zeugnis von der Auferstehung Christi. Eine bibeltheologische Studie zur Aussage und Bedeutung von 1 Kor 15,1-11 (SBS 17), Stuttgart ²1967.
Kremer, Jacob: Die Osterevangelien – Geschichten um Geschichte, Stuttgart-Klosterneuburg 1977.
Kremer, Jacob: Die Auferstehung Jesu Christi: Handbuch der Fundamentaltheologie 2. Hg. v. W. Kern u.a., Freiburg-Basel-Wien 1985, 175-196.
Lehmann, Karl: Auferweckt am dritten Tag nach der Schrift. Früheste Christologie, Bekenntnisbildung und Schriftauslegung im Lichte von 1 Kor 15,3-5 (QD 38), Freiburg-Basel-Wien ²1969.
Marxen, Willi: Die Auferstehung Jesu als historisches und als theologisches Problem, Gütersloh 1964.
Merklein, Helmut: Christus und die Kirche. Die theologische Grundstruktur des Epheserbriefes nach Eph 2,11-18, Stuttgart 1973.
Mußner, Franz: Die Auferstehung Jesu, München 1969.
Oberlinner, Lorenz (Hg.): Auferstehung Jesu – Auferstehung der Christen. Deutungen des Osterglaubens (QD 105), Freiburg-Basel-Wien 1986.
O'Collins, Gerald: Jesus Risen. The Resurrection – what actually happened and what does it mean? London 1987.
Scheffczyk, Leo: Auferstehung. Prinzip christlichen Glaubens (SlgHov N.F. 9), Einsiedeln 1976.
Seidensticker, Philipp: Die Auferstehung Jesu in der Botschaft der Evangelisten. Ein traditionsgeschichtlicher Versuch zum Problem der Sicherung der Osterbotschaft in der apostolischen Zeit (SBS 26), Stuttgart 1967.
Seidensticker, Philipp: Zeitgenössische Texte zur Osterbotschaft der Evangelien, Stuttgart 1967.
Schillebeeckx, Edward: Die Auferstehung Jesu als Grund der Erlösung (QD 78), Freiburg-Basel-Wien 1979.
Thüsing, Wilhelm: Die Erhöhung und Verherrlichung Jesu im Johannesevangelium, Münster ³1979.
Vögtle, Anton, Pesch, Rudolf: Wie kam es zum Osterglauben? Düsseldorf 1975.

Alte Kirche

Abramowski, Luise: Drei christologische Untersuchungen, Berlin-New York 1981.
Atzberger, Leonhard: Die Logoslehre des hl. Athanasius. Ihre Gegner und unmittelbaren Vorläufer, München 1880.
Bieler, Ludwig: Theios Aner. Das Bild des „Göttlichen Menschen" in Spätantike und Frühchristentum, Darmstadt 1976.
Beyschlag, Karlmann: Grundriß der Dogmengeschichte II. Gott und Mensch. Teil 1. Das christologische Dogma, Darmstadt 1991.
Böhm, Thomas: Die Christologie des Arius. Dogmengeschichtliche Überlegungen unter besonderer Berücksichtigung der Hellenisierungsfrage (SThG 7), St. Ottilien 1991.
Brennecke, Hanns Christof: Studien zur Geschichte der Homöer. Der Osten bis zum Ende der homöischen Reichskirche (BHTh 73), Tübingen 1988.
Camelot, Pierre-Thomas: Ephesus und Chalcedon (GÖK II), Mainz 1963.
Diepen, Herman M.: Les trois chapitres au Concile de Chalcédonie. Une étude de la Christologie de 'anatolie ancienne, Oosthout 1953.
Dörrie, Heinrich: „Hypostasis". Wort- und Bedeutungsgeschichte (1955): ders., Platonica Minora, München 1976, 13-69.

Grillmeier, Alois, Bacht, Heinrich (Hg.): Das Konzil von Chalkedon. Geschichte und Gegenwart I-III, Würzburg ⁵1979.
Grillmeier, Alois: Jesus der Christus im Glauben der Kirche Bd. 1. Von der Apostolischen Zeit bis zum Konzil von Chalcedon (451), Freiburg-Basel-Wien ²1986.
Grillmeier, Alois: Jesus der Christus im Glauben der Kirche Bd. 2/1. Das Konzil von Chalcedon (451). Rezeption und Widerspruch (451-518), Freiburg-Basel-Wien 1986.
Grillmeier, Alois: Jesus der Christus im Glauben der Kirche Bd. 2/2. Die Kirche von Konstantinopel im 6. Jahrhundert. Unter Mitarbeit v. Th. Hainthaler, Freiburg-Basel-Wien 1989.
Grillmeier, Alois: Jesus der Christus im Glauben der Kirche Bd. 2/4. Die Kirche von Alexandrien mit Nubien und Äthiopien nach 451. Unter Mitarbeit v. Th. Hainthaler, Freiburg-Basel-Wien 1990.
Halleux, André: La définition christologique à Chalcédonie: RThL 7 (1976) 3-23; 155-170.
Kelber, Wilhelm: Die Logoslehre. Von Heraklit bis Origenes, Stuttgart 1976, Frankfurt 1986.
Liébart, Jacques: Christologie. Von der Apostolischen Zeit bis zum Konzil von Chalcedon (451). HDG III/1a, Freiburg-Basel-Wien 1965.
Mühlen, Karl-Heinz zur: Art. Jesus Christus III. Mittelalter: TRE 16 (1987) 745-772.
Murphy, Francis Xavier, Sherwood, Polycarp: Konstantinopel II u. III (GÖK III), Mainz 1990.
Ott, Ludwig: Das Konzil von Chalkedon in der Frühscholastik: Das Konzil von Chalkedon II. Hg. v. A. Grillmeier, H. Bacht, Würzburg ⁵1979, 873-922.
Orlandis, José, Ramos-Lisson, Domingo: Die Synoden auf der Iberischen Halbinsel bis zum Einbruch des Islam (KonGe.D). Hg. v. W. Brandmüller, Paderborn-München-Wien-Zürich 1981.
Ortiz de Urbina, Ignacio: Nizäa und Konstantinopel (GÖK I), Mainz 1964.
Otto, Stephan: Person und Subsistenz. Die philosophische Anthropologie des Leontius von Byzanz. Ein Beitrag zur spätantiken Geistesgeschichte, München 1968.
Ritter, Adolf Martin: Dogma und Lehre in der Alten Kirche: Handbuch der Dogmen- und Theologiegeschichte 1. Hg. v. C. Andresen u.a., Göttingen 1982, 99-283.
Smulders, Piet: Dogmengeschichtliche und lehramtliche Christologie: MySal III/1, Einsiedeln-Zürich-Köln 1970, 389-475.
Solano, Jesús: El Concilio de Calcedoniay la controversia adopcionista del siglo VIII en España: Das Konzil von Chalkedon. Geschichte und Gegenwart II. Hg. v. A. Grillmeier, H. Bacht, Würzburg ⁵1979, 841-871.
Studer, Basil: Das Christusdogma der Alten Kirche und das neutestamentliche Christusbild: MThZ 44 (1993) 13-22.
Welte, Bernhard (Hg.): Zur Frühgeschichte der Christologie. Ihre biblischen Anfänge und die Lehrformel von Nikaia (QD 51), Freiburg-Basel-Wien 1970.
Williams, Rowan: Art. Jesus Christus II. Alte Kirche: TRE 16 (1987) 726-745.

Mittelalter und Reformation

Anders, Fritz: Die Christologie des Robert von Melun. Aus den Handschriften zum ersten Male herausgegeben und literar- und dogmengeschichtlich untersucht (FChLDG 15/5), Paderborn 1927.
Backes, Ignaz: Die christologische Problematik der Hochscholastik und ihre Beziehungen zu Chalkedon: Das Konzil von Chalkedon. Geschichte und Gegenwart II. Hg. v. A. Grillmeier, H. Bacht, Würzburg ⁵1979, 923-939.

Backes, Ignaz: Die Christologie des hl. Thomas von Aquin und die griechischen Kirchenväter (FCLDG 17), Paderborn 1931.
Barth, Bernhard: Ein neues Dokument der frühscholastischen Christologie: ThQ 100 (1919) 409-424 und ThQ 101 (1920) 235-262.
Berresheim, Heinrich: Christus als Haupt der Kirche nach dem heiligen Bonaventura. Ein Beitrag zur Theologie der Kirche, Münster 1983.
Billot, Ludovico: De verbo incarnato. Commetarius in tertiam partem S. Thomae, Prati ⁵1912.
Grégoire, Joné: La relation éternelle de l'Esprit au Fils d'aprés les écrits de Jean Damas: Rev. Hist. Eccl. 64 (1969) 713-755.
Grillmeier, Alois: Vorbereitung des Mittelalters. Eine Studie über das Verhältnis von Chalkedonismus und Neu-Chalkedonismus in der lateinischen Theologie von Boethius bis zu Gregor dem Großen: Das Konzil von Chalkedon. Geschichte und Gegenwart II. Hg. v. A. Grillmeier, H. Bacht, Würzburg ⁵1979, 791-839.
Haubst, Rudolf: Die Christologie des Nikolaus von Kues, Freiburg-Basel-Wien 1956.
Iwand, Hans Joachim: Rechtfertigungslehre und Christusglaube. Eine Untersuchung zur Systematik der Rechtfertigungslehre Luthers in ihren Anfängen, München ³1966.
Kaiser, Philipp: Das Wissen Jesu Christi in der lateinischen (westlichen) Theologie, Regensburg 1981.
Landgraf, Artur Michael: Dogmengeschichte der Frühscholastik II. 1 u. 2: Die Lehre von Christus, Regensburg 1953/54.
Lienhard, Marc: Martin Luthers christologisches Zeugnis, Göttingen 1980.
Lohaus, Gerd: Die Geheimnisse des Lebens Jesu in der Summa theologiae des heiligen Thomas von Aquin (FThSt 131), Freiburg-Basel-Wien 1985.
Minges, Parthenius: Beitrag zur Lehre des Duns Scotus über die Person Jesu Christi: ThQ 89 (1907) 384-424.
Mostert, Walter: Menschwerdung. Eine historische und dogmatische Untersuchung über das Motiv der Inkarnation des Gottessohnes bei Thomas von Aquin (BHTh 57), Tübingen 1978.
Ols, Daniel O.P.: Le Cristologie contemporanee e le loro posizioni fondamentali al vaglio della dottrina di S. Tommaso (StTom 39), Città del Vaticano 1991.
Ruello, Francis: La Christologie de Thomas d'Aquin, Paris 1987.
Scheller, Emil J.: Das Priestertum Christi im Anschluß an den hl. Thomas von Aquin. Vom Mysterium des Mittlers in seinem Opfer und unserer Anteilnahme, Paderborn 1934.
Vorländer, Dorothea: Deus incarnatus. Die Zweinaturenchristologie Luthers bis 1521 (UKG 9), Witten 1974.

Neuzeit

Bérulle, Pierre de: Leben im Mysterium Jesu (CMe 22), Einsiedeln 1984.
Grillmeier, Alois: Hellenisierung – Judaisierung als Deuteprinzipien der Geschichte des kirchlichen Dogmas: ders., Mit ihm und in ihm. Christologische Forschungen und Perspektiven, Freiburg-Basel-Wien 1975, 423-488.
Junker, Maureen: Das Urbild des Gottesbewußtseins. Zur Entwicklung der Religionstheorie und Christologie Schleiermachers von der ersten zur zweiten Auflage der Glaubenslehre (SchlAr 8), Berlin-New York 1990.
Kaiser, Philipp: Die Gott-menschliche Einigung in Christus als Problem der spekulativen Theologie seit der Scholastik, München 1968.
Kasper, Walter: Krise und Neuanfang der Christologie im Denken Schellings: EvTh 33 (1973) 366-384.

Macquarrie, John: Art. Jesus Christus VI. Neuzeit (1789 bis zur Gegenwart) u. VII. Dogmatisch: TRE 17 (1988) 16-64.
Müller, Gerhard Ludwig: Jesus Christus als der wahre Mensch und die anthropologische Wende der Neuzeit: Markierungen der Humanität. Sozialethische Herausforderungen auf dem Weg in ein neues Jahrtausend (FS W. Korff z. 65. Geburtstag). Hg. v. G. Mertens u.a., Paderborn-München-Wien-Zürich 1992, 105-120.
Müller, Gotthold: Die Welt als „Sohn Gottes". Grundstrukturen der Christologie des deutschen Idealismus: NZSTh 10 (1968) 89-101.
Muschalek, Georg: Gott in Jesus. Dogmatische Überlegungen zur heutigen Fremdheit des menschgewordenen Sohnes Gottes: ZKTh 94 (1972) 145-157.
Niemann, Franz-Josef: Jesus als Glaubensgrund in der Fundamentaltheologie der Neuzeit. Zur Genealogie eines Traktats (IThSt 12), Innsbruck-Wien 1984.
Sparn, Walter: Art. Jesus Christus V. Vom Tridentinum bis zur Aufklärung: TRE 17 (1988) 1-16.
Wiles, Maurice: Myth in Theology. The Myth of the Incarnate, ed. J. Hick, 1977.
Willers, Ulrich: Friedrich Nietzsches antichristliche Christologie. Eine theologische Rekonstruktion (IThSt 23), Innsbruck-Wien 1988.
Wolff, Klaus: Das Problem der Gleichzeitigkeit des Menschen mit Jesus Christus bei Sören Kierkegaard im Blick auf die Theologie Karl Rahners (BDS 8), Würzburg 1991.

Gegenwart

Der schwarze Christus. Wege der afrikanischen Theologie (TDW 12), Freiburg 1989.
Amberg, Ernst-Heinz: Christologie und Dogmatik. Untersuchung ihres Verhältnisses in der evangelischen Theologie der Gegenwart, Göttingen 1966.
Basly, Deodot de: L'Assumptus Homo. L'emmàlement de trois conflits Pélage, Nestorius, Apollinaire: La France Franciscaine 11 (1928) 285-314.
Basly, Deodot de: Le Moi de Jésus-Christ: La France Franciscaine 12 (1929) 125-160, 325-352.
Collet, Giancarlo (Hg.): Der Christus der Armen. Das Christuszeugnis der lateinamerikanischen Befreiungstheologen, Freiburg-Basel-Wien 1988.
Dalferth, Ingo U.: Der Mythos vom inkarnierten Gott und das Thema der Christologie: ZThK 84 (1977) 320-344.
Diepen, Herman M.: L'Assumptus Homo à Chalcédonie: RevTh 51 (1951) 573-608.
Galtier, Paul: La conscience humaine du Christ à propos de quelques publications récents: Gr. 32 (1951) 525-568.
Galtier, Paul: L'unité du Christ. Etre ... Personne ... Conscience, Paris ²1939.
Gaudel, A.: La théologie de L'Assumptus Homo. Histoire et valeur doctrinale: RSR 17 (1937) und 18 (1938).
Glorieux, Palémon.: Saint Thomas, les faux apollinaristes et l'Assumptus-Homo: MélScRel 9 (1952) 38 ff.
Goulder, A. (Hg.): Incarnation and Myth. The Debate Continued, 1979.
Góźdź, Krzysztof: Jesus Christus als Sinn der Geschichte bei Wolfhart Pannenberg (EST N.F. XXV), Regensburg 1988.
Grillmeier, Alois, Schulte, Raphael: Die Mysterien des Lebens Jesu: MySal III/2, Einsiedeln-Zürich-Köln 1969, 1-131.
Hattrup, Dieter, Hoping, Helmut (Hg.): Christologie und Metaphysikkritik. Peter Hünermann z. 60. Geburtstag, Münster 1989.

Haubst, Rudolf: Probleme der jüngsten Christologie: ThR 52 (1956) 145-162.
Hick, John (Hg.): Wurde Gott Mensch? Der Mythos vom fleischgewordenen Gott, Gütersloh 1979.
Hünermann, Peter: Offenbarung Gottes in der Zeit. Prolegomena zur Christologie, Münster 1989.
Joha, Zdenko: Christologie und Anthropologie. Eine Verhältnisbestimmung unter besonderer Berücksichtigung des theologischen Denkens Walter Kaspers (FThSt 148), Freiburg-Basel-Wien 1992.
Kaiser, Alfred, Möglichkeiten und Grenzen einer Christologie „von unten". Der christologische Neuansatz „von unten" bei Piet Schoonenberg und dessen Weiterführung im Blick auf Nikolaus von Kues (BCG 11), Münster 1992.
Kereszty, R. A.: Jesus Christ. Fundamentals of Christology, New York 1991.
Kodalle, Klaus-Michael (Hg.): Gegenwart des Absoluten. Philosophisch-theologische Diskurse zur Christologie, Gütersloh 1984.
Kuschel, Karl-Josef: Geboren vor aller Zeit? Der Streit um Christi Ursprung, München-Zürich 1990.
Löser, Werner: „Universale Concretum" als Grundgesetz der oeconomia revelationis: Handbuch der Fundamentaltheologie 2. Hg. v. W. Kern u.a., Freiburg 1985, 108-121.
Madonia, Nicolï: Ermeneutica e Cristologia in Walter Kasper (Teologia II), Palermo 1990.
Müller, Gerhard Ludwig: Was heißt: Geboren von der Jungfrau Maria? Eine theologische Deutung (QD 119), Freiburg-Basel-Wien ²1991.
Parente, Pietro: L'Io di Cristo, Brescia ²1955.
Rahner, Karl: Probleme der Christologie von heute: ders., Schriften I, 169-222.
Rahner, Karl: Zur Theologie der Weihnachtsfeier: ders., Schriften III, 35-46.
Rahner, Karl: Die ewige Bedeutung der Menschheit Jesu für unser Gottesverhältnis: ders., Schriften III, 47-40.
Rahner, Karl: Zur Theologie der Menschwerdung: ders., Schriften IV, 137-172.
Rahner, Karl: Die Christologie innerhalb einer evolutiven Weltanschauung: ders., Schriften V, 183-221.
Rahner, Karl: Dogmatische Erwägungen über das Wissen und Selbstbewußtsein Christi: ders., Schriften V, 222-245.
Rahner, Karl: Kirchliche Christologie zwischen Exegese und Dogmatik: ders., Schriften IX, 197-226.
Rahner, Karl: Christologie im Rahmen des modernen Selbst- und Weltverständnisses: ders., Schriften IX, 227-241.
Rahner, Karl: Menschliche Aspekte der Geburt Christi: ders., Schriften X, 203-208.
Rahner, Karl: Auf der Suche nach Zugängen zum Verständnis des gott-menschlichen Geheimnisses Jesu: ders., Schriften X, 209-214.
Rahner, Karl: Bemerkungen zur Bedeutung der Geschichte Jesu für die katholische Dogmatik: ders., Schriften X, 215-226.
Rahner, Karl: Die zwei Grundtypen der Christologie: ders., Schriften X, 227-238.
Rahner, Karl: Der eine Christus und die Universalität des Heils: ders., Schriften XII, 251-282.
Rahner, Karl: Christologie heute?: ders., Schriften XII, 353-369.
Rahner, Karl: Jesus Christus in den nichtchristlichen Religionen: ders., Schriften XII, 370-383.
Rahner, Karl: Was heißt heute an Jesus Christus glauben?: ders., Schriften XIII, 172-187.
Rahner, Karl: Christologie heute: ders., Schriften XV, 217-224.
Rahner, Karl: Kleine Anmerkungen zur systematischen Christologie heute: ders., Schriften XV, 225-235.

Riedlinger, Helmut: Geschichtlichkeit und Vollendung des Wissens Christi (QD 32), Freiburg-Basel-Wien 1966.
Sauer, Joseph (Hg.): Wer ist Jesus Christus? Freiburg-Basel-Wien 1977.
Sayer, Josef: Christologie in Puebla: MThZ 44 (1993) 79-94.
Scheffczyk, Leo (Hg.): Die Mysterien des Lebens Jesu und die christliche Existenz, Aschaffenburg 1984.
Seiller, Léon: Quelques réflexions sur l'Assumptus-Homo et la christologie traditionelle, Rennes 1931.
Seiller, Léon: „Homo assumptus" bei den Kirchenvätern: WiWei 14 (1951) 84-85; 160-163.
Seiller, Léon: La psychologie du Christ et l'unicité de personne: FS 31 (1949) 49-76, 246-274; brosch. Paris-Rennes 1950.
Sosna, Werner: Die Selbstmitteilung Gottes in Jesus Christus. Grundlagen und dogmatische Explikation der Christologie Hermann Schells (PaThSt), 1991.
Stubhan, Matthias: Der Christus Jesus. Aufgabe des kritischen Verstandes – Ziel des glaubenden Herzens, Salzburg 1981.
Ternus, Joseph: Das Seelen- und Bewußtseinsleben Jesu. Problemgeschichtlich-systematische Untersuchung: Das Konzil von Chalkedon. Geschichte und Gegenwart III. Hg. v. A. Grillmeier, H. Bacht, Würzburg ³1979, 81-237 (Lit.).
Xiberta, Bartholomaeus: El Yo de Jesuscristo. Un conflitto entre dos cristologias, Barcelona 1954, 22-49.

Systematische Entwürfe

Adam, Karl: Der Christus des Glaubens. Vorlesungen über die kirchliche Christologie, Düsseldorf 1954.
Auer, Johann: Jesus Christus – Gottes und Mariä „Sohn" (KKD IV/1), Regensburg 1986.
Balthasar, Hans Urs v.: Mysterium Paschale: MySal III/2, Einsiedeln-Zürich-Köln 1969, 133-326.
Balthasar, Hans Urs v.: Theodramatik I-IV, Einsiedeln 1973 ff.
Bonnio, J. Miguez (Hg.): Faces of Jesus. Latin American Christologies, New York 1984.
Bordoni, Marcello: Gesù di Nazaret. Signore e Cristó, 3 Bde, 1985/86.
Bouyer, Louis: Das Wort ist der Sohn. Die Entfaltung der Christologie, Einsiedeln 1976.
Casper, Bernhard u.a.: Jesus. Ort der Erfahrung Gottes, Freiburg-Basel-Wien 1976.
Döring, Heinrich: Christologie und Erfahrung: MThZ 44 (1993) 23-48.
Dos Santos Ferreira, José Manuel, Jesus Cristo. Luz e sentido da solidao do homeno, Lisboa 1989.
Duquoc, Christian: Messianisme de Jésus et Discretion de Dieu. Essai sur la limite de la Christologie, Genéve 1984.
Forte, Bruno: Jesus von Nazaret: Geschichte Gottes. Gott der Geschichte (TTS 22), Mainz 1984.
Gertler, Thomas: Jesus Christus – Die Antwort der Kirche auf die Frage nach dem Menschsein, Leipzig 1986.
González de Cardedal, Olegario: Jésus de Nazaret. Aproximación a la cristología, Madrid 1978.
Hünermann, Peter: Jesus Christus. Gottes Wort in der Zeit. Eine systematische Christologie, Münster 1994.
Kasper, Walter: Jesus der Christus, Mainz ¹¹1992.
Kessler, Hans: Jesus Christus – Weg des Lebens: Handbuch der Dogmatik I. Hg. v. Th. Schneider, Düsseldorf 1992, 241-442.

Malmberg, Felix: Über den Gottmenschen (QD 9), Freiburg-Basel-Wien 1960.
Marquardt, Friedrich-Wilhelm: Das christliche Bekenntnis zu Jesus, dem Juden. Eine Christologie, 2 Bde, München 1990/91.
Moingt, Joseph, L'homme qui venait de Dieu, Paris 1993.
Moltmann, Jürgen: Der gekreuzigte Gott. Das Kreuz Christi als Grund und Kritik christlicher Theologie, München ²1973.
Moltmann, Jürgen: Der Weg Jesu Christi. Christologie in messianischen Dimensionen, München 1989.
Müller, Gerhard Ludwig: Das Problem des dogmatischen Ansatzpunktes in der Christologie: MThZ 44 (1993) 49-78.
Ohlig, Karl-Heinz: Fundamentalchristologie. Im Spannungsfeld von Christentum und Kultur, München 1986.
Pannenberg, Wolfhart: Systematische Theologie II, Göttingen 1991, 315-511 (Christologie und Soteriologie).
Rahner, Karl: Grundkurs des Glaubens. Einführung in den Begriff des Christentums, Freiburg-Basel-Wien 1976, 180-312 (6. Gang: Jesus Christus).
Ratschow, Carl Heinz: Jesus Christus (HST 5), Gütersloh 1982.
Serenthà, Mario: Gesù Cristo ieri, oggi e sempre. Saggio di cristologia, Torino ⁴1991.
Schell, Hermann: Christus. Das Evangelium und seine weltgeschichtliche Bedeutung, Mainz 1906.
Schierse, Franz Joseph: Christologie, Düsseldorf ⁴1984.
Schillebeeckx, Edward: Jesus. Die Geschichte von einem Lebenden, Freiburg-Basel-Wien 1975.
Schillebeeckx, Edward: Christus und die Christen. Die Geschichte einer neuen Lebenspraxis, Freiburg-Basel-Wien 1977.
Schillebeeckx, Edward: Das Evangelium erzählen, Düsseldorf 1983.
Schoonenberg, Piet: Der Geist, das Wort und der Sohn. Eine Geist-Christologie, Regensburg 1992.
Schoonenberg, Piet: Ein Gott der Menschen, Zürich-Einsiedeln-Köln 1969.
Schütz, Christian: Auf der Suche nach Jesus Christus, Düsseldorf 1982.
Sesbouâ, Bernard: Jésus-Christ dans la tradition de l'Eglise. Pour une actualisation de la christologie de Chalcédonie, Paris 1982.
Sobrino, Jon: Cristología desde América Latina, Mexico/Stadt 1976.
Wiederkehr, Dietrich: Entwurf einer systematischen Christologie: MySal III/1, Einsiedeln-Zürich-Köln 1970, 477-648.

Soteriologie

Alfaro, Juan: Die Heilsfunktionen Christi als Offenbarer, Herr und Priester: MySal III/1, Einsiedeln-Zürich-Köln 1970, 649-710.
Althaus, Heinz: Die Heilslehre des heiligen Gregor von Nazianz (MBT 34), Münster 1972.
Auer, Johann: Jesus Christus – Heiland der Welt. Maria – Christi Mutter im Heilsplan Gottes (KKD IV/2), Regensburg 1988.
Balthasar, Hans Urs v.: Theodramatik III. Die Handlung, Einsiedeln 1980.
Boff, Leonardo: Jesus Christus, der Befreier, Freiburg-Basel-Wien 1986.
Breuning, Wilhelm: Jesus Christus der Erlöser, Mainz 1968.
Breuning, Wilhelm: Aktive Proexistenz – Die Vermittlung Jesu durch Jesus selbst: TThZ 83 (1974) 193-213.

Brück, Michael von, Werbick, Jürgen (Hg.), Der einzige Weg zum Heil? Die Herausforderung des christlichen Absolutheitsanspruchs durch pluralistische Religionstheologien (QD 143), Freiburg-Basel-Wien 1993.
Congar, Yves: Jesus Christus – unser Mittler, unser Herr, Stuttgart 1967.
Gäde, Gerhard: Eine andere Barmherzigkeit. Zum Verständnis der Erlösungslehre Anselms von Canterbury (BDSt 3), Würzburg 1989.
Ganoczy, Alexandre: Aus seiner Fülle haben wir alle empfangen. Grundriß der Gnadenlehre, Düsseldorf 1989.
Gnilka, Joachim: Wie urteilte Jesus über seinen Tod?: Der Tod Jesu. Deutungen im Neuen Testament (QD 24). Hg. v. K. Kertelge, Freiburg-Basel-Wien ²1982, 13-50.
Greshake, Gisbert: Erlöst in einer unerlösten Welt? Mainz 1987.
Greshake, Gisbert: Gottes Heil – Glück des Menschen. Theologische Perspektiven, Freiburg-Basel-Wien 1983.
Greshake, Gisbert: Geschenkte Freiheit. Einführung in die Gnadenlehre, Freiburg-Basel-Wien 1992.
Gutiérrez, Gustavo: Theologie der Befreiung, 10. erw. u. neub. Aufl., Mainz 1992.
Halder, Alois u.a. (Hg.): Spuren der Erlösung. Religiöse Tiefendimension neuzeitlichen Denkens, Düsseldorf 1986.
Haubst, Rudolf: Vom Sinn der Menschwerdung „Cur Deus homo", München 1969.
Hengel, Martin: Der stellvertretende Sühnetod Jesu. Ein Beitrag zur Entstehung des urchristlichen Kerygmas: IKaZ 9 (1980) 1-25; 135-147.
Hengel, Martin: Mors turpissima crucis. Die Kreuzigung in der antiken Welt und die „Torheit" des „Wortes vom Kreuz" in der Rechtfertigung (FS E. Käsemann zum 70. Geburtstag). Hg. v. J. Friedrich u.a., Tübingen-Göttingen 1976, 125-185.
Hillenbrand, Karl: Heil in Jesus Christus. Der christologische Begründungszusammenhang im Erlösungsverständnis und die Rückfrage nach Jesus, Würzburg 1982.
Hoffmann, Norbert: Sühne. Zur Theologie der Stellvertretung, Einsiedeln 1981.
Köster, Heinrich: Urstand, Fall und Erbsünde. Von der Reformation bis zur Gegenwart (HDG II/3b/3c), Freiburg-Basel-Wien 1979/1982.
Krenski, Thomas Rudolf: Passio Caritatis. Trinitarische Passiologie im Werk Hans Urs von Balthasars (SlgHor N.F. 28), Einsiedeln 1990.
Menke, Karl-Heinz: Stellvertretung. Schlüsselbegriff christlichen Lebens und theologische Grundkategorie (SlgHor N.F. 29), Einsiedeln-Freiburg 1991.
Müller, Gerhard Ludwig: Neue Ansätze zum Verständnis der Erlösung: MThZ 43 (1992) 51-73.
Niewiadomski, Józef, Palaver, Wolfgang (Hg.), Dramatische Erlösungslehre. Ein Symposion (IThSt 38) Innsbruck-Wien 1992.
Pröpper, Thomas: Erlösungsglaube und Freiheitsgeschichte. Eine Skizze zur Soteriologie, München ²1988.
Rahner, Karl: Der eine Mittler und die Vielfalt der Vermittlungen: ders., Schriften VIII, 218-235.
Rahner, Karl: Versöhnung und Stellvertretung: ders., Schriften XV, 251-264.
Rahner, Karl: Das christliche Verständnis der Erlösung: ders., Schriften XIV, 236-250.
Ritschl, Albrecht: Die christliche Lehre von der Rechtfertigung und Versöhnung I-III, Bonn 1882/83; ND Hildesheim – New York 1978.
Scheffczyk, Leo (Hg.): Erlösung und Emanzipation (QD 61), Freiburg-Basel-Wien 1973.
Scheffczyk, Leo: Urstand, Fall und Erbsünde. Von der Schrift bis Augustinus (HDG II/3a [1. Teil]), Freiburg-Basel-Wien 1981.
Schnackenburg, Rudolf: Jesus der Erlöser. Neutestamentliche Leitlinien und Perspektiven: MThZ 43 (1992) 39-50.

Schnackenburg, Rudolf: Ist der Gedanke des Sühnetods Jesu der einzige Zugang zum Verständnis unserer Erlösung durch Jesus Christus?: Der Tod Jesu. Deutungen im Neuen Testament (QD 74), Freiburg-Basel-Wien ²1982, 205-230.
Schwager, Raymund: Jesus im Heilsdrama. Entwurf einer biblischen Erlösungslehre (IThSt 29), Innsbruck-Wien 1990.
Sesbouë, Bernard: Jésus-Christ − l'unique médiateur, 2 Bde., Paris 1991.
Studer, Basil: Gott und unsere Erlösung im Glauben der Alten Kirche, Düsseldorf 1985.
Studer, Basil, Daley, Brian: Soteriologie. In der Schrift und Patristik (HDG III/2a), Freiburg-Basel-Wien 1978.
Taléns, J. Vidal: El Mediador y de la Mediación. La Cristologia de Walter Kasper en su Génesis y Estructura, Valencia 1988.
Weier, Reinhold, Willems, Bonifatius A.: Soteriologie. Von der Reformation bis zur Gegenwart (HDG III/2c), Freiburg-Basel-Wien 1972.
Wenz, Gunther: Geschichte der Versöhnungslehre in der evangelischen Theologie der Neuzeit, 2 Bde (MMz hs Th 9 u.11), München 1984 und 1986.
Werbick, Jürgen: Soteriologie (LeTh 16), Düsseldorf 1990.
Wiederkehr, Dietrich: Glaube an Erlösung. Konzepte der Soteriologie vom Neuen Testament bis heute, Freiburg-Basel-Wien 1976.
Zöhrer, Josef: Der Glaube an die Freiheit und der historische Jesus. Eine Untersuchung der Philosophie Karl Jaspers' unter christologischem Aspekt (RStTh 35), Frankfurt a.M.-Bern-New York 1986.

Franz Courth SAC

Mariologie
Maria, die Mutter des Christus

1. Einführung

1.1 Aktualität des Traktates

Nach einer Zeit des Schweigens fällt in der theologischen Diskussion der Name Marias heute wieder häufiger. Und dies geschieht erstaunlicherweise verstärkt dort, wo mit ausgesprochen kritischen Positionen um den gegenwärtigen Erneuerungsprozeß der Kirche gerungen wird[1].

So ist beispielsweise für den amerikanischen Baptisten *H. Cox*[2] Maria „ein ungeheuer wichtiger Gegenstand der radikalen Theologie". Mag es in unseren Tagen schwer sein, über Gott zu reden, Maria dagegen ist nach Cox „lebendig und wohlauf und verdient unsere Aufmerksamkeit". Was ihn zu diesem Urteil bewegt, ist eine grundsätzliche Neubewertung der Religion des einfachen Volkes. Hier ist die Gestalt Marias ungetrübt präsent. Mit ihrem Namen seien in der Volksfrömmigkeit alte Erfahrungen vorchristlicher, ursprünglicher Religionen eingefangen. Diese unverformte Religiosität besitze noch jenes Geheimnis, „das zu wissen wir vielleicht bald alle nötig haben: wie man einfach und in Harmonie mit der Natur lebt"[3]. Weil in der Marienfrömmigkeit dieses urtümliche religiöse Wissen noch lebendig ist, könne sie helfen, das Gespür für die Natur und ihre Geheimnishaftigkeit zu wahren. Denn zu Maria gehörten mehr als zu Jahwe oder Jesus „solche zeitlosen, unterdrückten, aber entscheidenden Ingredienzien des religiösen Lebens wie Fruchtbarkeit, Sexualität, der Schoß, die Erde und der Mond"[4]. Insofern diese Urelemente religiösen Lebens im Bild Marias eingefangen und zusammengefaßt sind, spiegelt es die religiöse Seele des Volkes wieder. Der Maria erwiesene Kult ist aber auch ein Ausdruck für die Freiheitssehnsucht der Frau. Wer den mit Marias Namen verbundenen „Aufschrei" der Volksfrömmigkeit überhört, verzichtet nach Cox auf „einen lebenswichtigen Aspekt der radikalen Theologie: auf die Religion der Verlierer zu hören und von ihnen zu lernen"[5].

Es entspricht dem Cox'schen Anliegen, wenn die *Feministische Theologie* über die Konfessionen hinweg in Maria ihre Schwester erkennt und versucht, ihren Namen verstärkt zur Sprache zu bringen[6]. *D. Sölle*[7] etwa widerstrebt es, „Maria den ande-

---

[1] Vgl. F. Courth, Zur Situation der deutschsprachigen Mariologie: Mar. 43 (1981) 152-174; ders., Maria – heute neu gefragt?: TThZ 93 (1981) 40-50; C.I. González, Mariologia, 11-14; H. Stirnimann, Marjam, 3-18; B. Forte, Maria, 13-18; C. Pozo, María, 20-122.
[2] Verführung des Geistes, Stuttgart – Berlin 1974, 176.
[3] Ebd. 178.
[4] Ebd. 179.
[5] Ebd. 181.
[6] Vgl. F. Courth, La Mère de Dieu, une déesse chrétienne? Marie dans la théologie féministe de langue allemande: EtMar 45 (1989) 61-79; W. Beinert (Hg.), Frauenbefreiung und Kirche, Regensburg 1987 (Lit.); ders., Maria in der Feministischen Theologie: Cath(M) 42 (1988) 1-27; ders., Unsere Liebe Frau und die Frauen, Freiburg 1989; U. Casale, Benedetta, 100-139.
[7] Sympathie, Stuttgart 1978, 60.

ren zu überlassen". Sie sieht in ihr „eine Sympathisantin" im individuellen wie im gesellschaftlichen Befreiungskampf. Dies zeigt nach Sölle bereits ein Blick in die Geschichte. „In Liturgie, Dogmenbildung und der klerikal beeinflußten Literatur war Maria bis ins Hochmittelalter hinein nicht sonderlich beliebt. Sie gehörte den Armen, den Ungelehrten, den Bettelmönchen, dem Volk"[8]. Dies sei bis heute so geblieben. Auch wenn von der heiligen, reinen, „submissiven" (demütigen) Gestalt Marias manche Repression ausging, ist sie wegen ihrer Sympathie für Arme und Gesetzlose immer auch „subversiv"; d.h. „sie zersetzt die Macht der Herrschenden"[9]. Und darum sieht Sölle in Maria ein unverzichtbares Vorbild heutiger Befreiungsbewegungen. Die Amerikanerin *R. Radford-Ruether*[10], eine maßgebliche Vertreterin der Feministischen Theologie, hält Mariologie deswegen für wichtig, weil sie einerseits die religiös patriarchalische Repression im Kampf um die Autonomie der Frau veranschauliche; andererseits verdeutliche die Geschichte der Marienverehrung etwas von der genuin fraulichen Kraft, die in diesem Kampf niemals ganz ausgelöscht werden konnte.

In diesem emanzipatorischen Zusammenhang meldet sich auch die *Befreiungstheologie* Südamerikas zu Wort[11]. Während ihr etwa neuere deutschsprachige Arbeiten zur Mariologie als enttäuschend und gelegentlich sogar als revanchistisch gelten[12], bemüht sie sich selbst gegenwärtig um eine „meditativ-kämpferische und analytisch-utopische Marienfrömmigkeit"[13]. Dieser Ansatz wurde moderat lehramtlich rezipiert auf der *Bischofssynode von Puebla* (1979)[14]. Es ist „eine lebenswichtige und historische Erfahrung Lateinamerikas", daß die Marienverehrung zum Kern des christlichen Gottesdienstes gehört. Sie ist „häufig das unzerreißbare Band gewesen, das Gruppen, die nicht entsprechend pastoral betreut werden konnten, in der Treue zur Kirche verharren ließ"[15].

Wie die Synode von Puebla Maria in den Erneuerungsprozeß der Kirche Südamerikas hineinholt, so auch die *Instruktion* der Kongregation für die Glaubenslehre *„Über die christliche Freiheit und die Befreiung"* (22.03.1986)[16]. Hier ist von der Mutter des Herrn wie folgt die Rede: „Ganz von Gott abhängig und durch ihren Glauben ganz auf ihn hingeordnet, ist Maria an der Seite ihres Sohnes das vollkommenste Bild der Freiheit und der Befreiung der Menschheit und des Kosmos. Auf Maria muß die Kirche, deren Mutter und Vorbild sie ist, schauen, um den Sinn ihrer Sendung in ihrem vollen Umfang zu verstehen"[17]. Entsprechend posi-

---

[8] Ebd. 58.
[9] Ebd. 59.
[10] Maria – Kirche in weiblicher Gestalt, München 1980, 4.
[11] H. Goldstein, Anwältin der Befreiung: Diak. 12 (1981) 396-402; C.I. González, Mariologie, 283-290; I. Gebara, M.C. Lucchetti Bingemer, Maria Mutter Gottes und Mutter der Armen, Düsseldorf 1988.
[12] H. Goldstein, Anwältin, 401.
[13] Ebd. 396.
[14] Dokumente der 3. Generalversammlung des lateinamerikanischen Episkopats in Puebla, Nr. 283-303; dt.: Stimme der Weltkirche 8. Hg. v. Sekretariat der Deutschen Bischofskonferenz, Bonn 1979, 63-67; auch tzt D 6, Nr. 117.
[15] Ebd. Nr. 283/4.
[16] AAS 79 (1987) 554-599; dt.: Verlautbarungen des Apost. Stuhls 70. Hg. v. Sekretariat der Deutschen Bischofskonferenz, Bonn ²1986.
[17] Ebd. Nr. 97.

tiv würdigt die Instruktion auch die marianische Volksfrömmigkeit. Es sei äußerst bemerkenswert, „daß der Glaubenssinn der Armen zur selben Zeit, da er das Geheimnis des erlösenden Kreuzes klar erkennt, sie zu einer starken Liebe und zu einem unumstößlichen Vertrauen zur Mutter des Sohnes Gottes führt, die in zahlreichen Heiligtümern verehrt wird"[18]. Nach dem Vorbild Marias feiere die Kirche in all ihren Schichten mit dem Magnificat Gott als den Befreier der Menschen[19].

Was hier vom südamerikanischen Raum gesagt wird, gilt in Abwandlung auch von unserem Kulturkreis. Aller nachkonziliaren Erschütterung zum Trotz wie auch ungeachtet der vielen mariologischen Streitfragen in der heutigen Theologie behaupten sich nach wie vor die verschiedensten Formen marianischer Volksfrömmigkeit[20]. Sie zeigen, in welchem Ausmaß Maria immer wieder Herz und Sinn der Gläubigen anregt. Ist das bloße Sentimentalität? Warum ziehen Wallfahrtsstätten, besonders solche, mit denen Marienerscheinungen[21] verknüpft sind, steigende Zahlen von Pilgern an, aller Wallfahrtskritik zum Trotz?

Daß der Marienglaube zutiefst in der Seele des Menschen wurzelt, wird gerade von jenen vertreten, die sich der archetypisch-symbolischen Glaubensauslegung bedienen[22]. Ihnen gilt Maria als weibliches Symbol des Göttlichen; in ihr konkretisieren sich archetypische Sehnsüchte und Strukturen der menschlichen Seele. Der Blick auf Maria helfe, diese ureigenen Sehnsüchte und religiösen Erfahrungen zu akzeptieren und trage damit zur Selbstfindung des Menschen bei. So beinhaltet etwa für *Chr. Mulack*[23] die Rede von der Jungfräulichkeit Marias Unabhängigkeit gegenüber „einer vom Männlichkeitswahn besessenen Welt, in der Göttlichkeit, Männlichkeit und Allmacht als Synonyme angesehen werden und daher erlösungsbedürftig sind". In Marias Gottesmutterschaft erkennt Mulack die alte Muttergottheit wieder. „Als ‚nur'-christliche Gestalt erinnert sie lediglich an die Geburt des einen christlichen Gottessohnes, während sie psychologisch gesehen viel mehr bedeutet"[24]. Hinter dem Dogma von der Immaculata stehe der Gedanke, daß die Frau nicht vom Mann erlöst zu werden braucht. Und das Bild von der Himmelskönigin helfe mit, die patriarchalische Gottesvorstellung zu überwinden und „letztlich die Auferstehung der religiös mündigen Frau auf breiter Ebene ein(zu)leiten"[25].

Die hier stichwortartig genannten Hinweise mögen als Beleg dafür genügen, daß der Name Marias gegenwärtig wieder häufiger im theologischen Gespräch

---

[18] Ebd.
[19] Ebd. Nr. 98.
[20] Vgl. G. Agostino, Pietà popolare: NDM, 1111-1122.
[21] Vgl. F. Courth, Marienerscheinungen im Glauben der Kirche: M. Seybold (Hg.), Maria im Glauben der Kirche (Extemporalia 3), Eichstätt – Wien 1985, 112-131; H. Lais, Erscheinungen: Marienlexikon II, 395-398; I. Sivric, La face cachée de Medjugorje, tom. I, présenté par L. Bélanger, Saint-Francois-du-Lac, Québec 1988.
[22] Vgl. E. Drewermann, Die Frage nach Maria im religionswissenschaftlichen Horizont: ZM 66 (1982) 99-117; M. Kassel, Maria und die menschliche Psyche: Conc(D) 19 (1983) 653-659; dies., Maria, Urbild des Weiblichen im Christentum: Was geht uns Maria an? Hg. v. E. Moltmann-Wendel u.a., Gütersloh 1988, 142-160; Chr. Mulack, Maria. Die geheime Göttin im Christentum, Stuttgart 1985.
[23] Maria, 91.
[24] Ebd. 146.
[25] Ebd. 238.

fällt. Bemerkenswert ist nicht nur der kritische Zusammenhang, in dem Maria erwähnt wird; es fällt auch der aktive Akzent auf, der ihren Namen prägt. Das gibt der mariologischen Diskussion unserer Tage ihr besonderes Profil. Da fordern die genannten Positionen, vor allem die Befreiungstheologie und der Feminismus, eine „tätigere" Mariengestalt, als bisher vertreten[26]. Und zugleich liegt seitens der Reformationskirchen das Argument auf dem Tisch, das katholische Marienbild beeinträchtige mit seinen aktiven Zügen den Glauben an das alleinige Erlöserhandeln Gottes in Christus; Maria sei der Repräsentant des zu seinem Heil mitwirkenden Menschen[27]. Nicht zuletzt geben diese unterschiedlichen Anfragen der katholischen Marienlehre ihre aktuelle Spannung.

1.2 Eigenes Lehrstück?

1.2.1 Dem Christusbekenntnis eingeordnet

Als eigener dogmatischer Traktat[28] hat *die Mariologie die genuine Aufgabe, die Glaubenslehre über die Mutter Jesu vollständig und in ihrer Einheit mit den übrigen Glaubenswahrheiten methodisch geordnet darzubieten und zu erschließen.* Näherhin sind es vier Grundaussagen (Dogmen), welche die Mariologie zu entfalten hat:
1) *Maria ist die in ihrem Lebensursprung geheiligte* (Dogma der Unbefleckten Empfängnis),
2) *jungfräuliche* (Dogma von Jesu geistgewirktem Lebensanfang),
3) *Mutter des Herrn* (Dogma von der Gottesmutterschaft),
4) *die am Ende ihrer Tage ganz und ungeteilt in die Herrlichkeit Gottes aufgenommen wurde* (Dogma von der Aufnahme in den Himmel).

Dieser Themenstellung gemäß gehen besondere Verbindungslinien von der Mariologie zur Christologie und Erlösungslehre, zur Ekklesiologie, zur Gnadenlehre und zur Eschatologie. Auch die Ökumenik ist hier zu nennen. Mariologi-

---

[26] Vgl. E. Gössmann, Die streitbaren Schwestern, Freiburg – Basel – Wien 1981, 103 f; dies., Mariologische Entwicklungen im Mittelalter: Maria für alle Frauen oder über allen Frauen? Hg. v. E. Gössmann, D. R. Bauer, Freiburg – Basel – Wien 1989, 63-85, bes. 64. 69-71.

[27] Vgl. Y. Congar, Christus – Maria – Kirche, Mainz 1959; ders., Marie et l'êglise chez les Protestants: ders., Chrétiens en dialogue, Paris 1964, 491-518; Congars ökumenisches Anliegen erschließt in der aktuellen Grunddifferenzdiskussion M.-M. Wolff, Gott und Mensch (FTS 38), Frankfurt/M. 1990; vgl. ferner H. Petri, Maria und die Ökumene: HMar, 315-459; G. Voss, Handbuch der Ökumenik III/2. Hg. v. H.J. Urban u. H. Wagner, Paderborn 1987, 245-258; F. Courth, Kontroverspunkte im ökumenischen Gespräch über die Mutter Jesu und Ansätze zu ihrer Überwindung: H. Petri (Hrsg.), Divergenzen in der Mariologie (MSt 7), Regensburg 1989, 9-33; ders., Maria im ökumenischen Dialog: Mar. 52 (1990) 42-62;W. Beinert, Maria in der deutschen protestantischen Theologie der Gegenwart: Cath(M) 45 (1991) 1-35 (Lit.).

[28] A. Müller, Marias Stellung: MySal III/2, 397-406; H.M. Köster, Der geschichtliche Weg von marianischen Einzelaussagen zum geschlossenen Traktat einer systematischen Mariologie: ThGl 68 (1978) 368-384; Th. Koehler, Storia della Mariologia: NDM, 1385-1405 (Lit.); F. Courth, Mariologie: LKDog, 361-363.

sche Themen spielen in der Kontroverstheologie eine große Rolle. Aber im ökumenischen Dialog werden sie nur zögernd aufgegriffen. Innerhalb des Gesamtgeflechts der Theologie erweist sich die Mariologie so als ein Schnittpunkt[29] wichtiger Aussagen über Christus, den Menschen, die Kirche und die für alle erhoffte Vollendung. Zu diesen klassischen Berührungspunkten des Lehrstückes über die Mutter Jesu gehört heute, wie bereits erwähnt, die Befreiungstheologie mit ihrer stärkeren Beachtung der Volksfrömmigkeit und die Feministische Theologie, deren Vertreterinnen sich gerade auch für ihre Schwester aus Nazaret interessieren. Das genuine Aufgabenfeld der Mariologie weitet sich dann auch aus zu Fragen der Verehrung Marias und der von ihrer Gestalt her geformten Spiritualität.

Die Marianischen Dogmen

Bezeichnung	Lehramtliche Festlegung durch	Inhalt
Gottesmutterschaft	Konzil von Ephesus (431)	Maria kann Gottesgebärerin (theotókos) genannt werden wegen der personhaften Einheit Jesu mit dem göttlichen Logos.
Jungfrauschaft als geistgewirkte Empfängnis Jesu	Taufsymbola (ab 3. Jahrhundert)	Die Menschwerdung Jesu Christi aus Maria übersteigt die innerweltliche Gesetzmäßigkeit von Zeugung und Geburt; sie ist einem spezifischen Wirken des Hl. Geistes zu verdanken.
Immerwährende Jungfrauschaft	Taufsymbola (zunächst im Osten) (ab 4. Jahrhundert)	Maria ist ihrem Sohn bleibend vorbehalten; die Geburt des Erlösers ist der Anfang der neuen Schöpfung, die die menschliche Natur heiligt und erhebt.
Erbsündenfreiheit/ Unbefleckte Empfängnis	Pius IX. (1854)	Maria ist von Anbeginn ihrer Existenz zu einer höchst innigen und lebendigen Verbindung mit Christus erwählt und begnadet, d. h. in negativer Formulierung: sie ist vor der Erbsünde bewahrt.
Aufnahme in die Herrlichkeit Gottes/ Leibliche Verherrlichung Marias	PiusXII. (1950)	Nach Vollendung ihres irdischen Lebens wurde Maria *ganz* und *ungeteilt* in die alles Irdische vollendende Herrlichkeit Gottes aufgenommen.

---

[29] Vgl. M. Schmaus, Kath. Dogmatik V, 7.

Daß die Glaubensaussagen über die Mutter Jesu in einem eigenen dogmatischen Traktat erläutert werden, ist Ergebnis einer langen Entwicklung. In der *Heiligen Schrift* wie auch in der Väterzeit ist der Name Marias eng mit dem ihres Sohnes verbunden. So berichten die einzelnen Synoptiker wie auch das Johannesevangelium aus je ihren Perspektiven über Marias Teilnahme an der Inkarnation, dem öffentlichen Wirken Jesu und seinem Sterben sowie den Anfängen der Kirche. Maria ist eingeordnet in die neutestamentliche Christusverkündigung. Von hieraus wird sie in ihrer christologisch-heilsgeschichtlichen, aber auch in ihrer ekklesiologischen Bedeutung dargestellt. Darauf wird im einzelnen zurückzukommen sein.

Wie in der Heiligen Schrift ist auch in der *nachneutestamentlichen Zeit* die Mutter Jesu in die Entfaltung des Christusbekenntnisses einbezogen. Ihr Name findet sich in den *Symbola* mit dem Hinweis auf die geistgewirkte Empfängnis Jesu. *In Predigten, im liturgischen Lobpreis und in Akklamationen* wird deshalb ihrer anerkennend gedacht. Die sich darin äußernde gläubige Besinnung geht zum einen dahin, Marias Christusbezug zu artikulieren. Ihr Name unterstreicht die wahre Menschheit ihres Sohnes; ihre jungfräuliche Empfängnis läßt dessen göttliche Sendung aufscheinen und ist zugleich ein Zeichen für seine Gottessohnschaft. Wenn das *Konzil von Ephesus* (431) Maria Gottesgebärerin nennt (DH 252), geschieht das wegen der personhaften Identität des göttlichen Logos mit ihrem leiblichen Sohn. Marias feste Einordnung in das Christusbekenntnis führte deshalb dazu, daß ihr in Gottesdienst und Predigt zunehmend Bewunderung, Dank und Lobpreis entgegengebracht wurden. Marienlehre ist in diesem Zusammenhang Christologie. Dieses Beziehungsverhältnis findet seit *Justin* († 163/67)[30] und *Irenäus* († um 202)[31] seinen bevorzugten Ausdruck in der der paulinischen *Adam – Christus* – Typologie nachempfundenen *Gegenüberstellung Eva – Maria*[32]. Auch werden zunehmend Bilder verwendet, die dem Alten Testament entstammen: Brennender, aber nicht verglühender Dornbusch (vgl. Ex 3,2), Bundeslade, Tempel, goldener Leuchter, verschlossener Garten, versiegelte Quelle (vgl. Hld 4,12)[33]. Diese und andere Bilder sehen Maria in ihrem unablösbaren Bezug zu Christus.

Aber Maria wird in patristischer Zeit nicht nur von Christus her gesehen. Die Väter, nicht zuletzt *Ambrosius* (ca. 339-397) und *Augustinus* (354-430), suchen sie auch vom neuen Gottesvolk her zu verstehen; und umgekehrt deuten sie die Kirche von Maria, der neuen Eva, her. Es entsprach der Ekklesiologie jener Zeit, die Kirche als ganze jungfräuliche Gemahlin Gottes zu nennen und von ihr zugleich als Mutter vieler Kinder zu reden. Man sah auch jeden Gläubigen diese jungfräulich-mütterliche Grundstimmung widerspiegeln. Jede Seele galt wie ein jungfräulicher Schoß, in den sich der Logos einsenken will, um seine Menschwerdung in die Zeit hinein auszuweiten. So beispielsweise *Hippolyt* († 235) und *Origenes* († 253/4)[34]. Diese Berufung zu sehen und anzunehmen, dazu half der Blick auf

---

[30] Dial. 100, 4-5; BKV² 33, 163 f; tzt D 6, Nr. 26.
[31] Haer. V, 19; BKV² 4, 202 f; tzt D 6, Nr. 28.
[32] Vgl. A. Müller, Ecclesia, 48-76.
[33] Vgl. E. Toniolo: NDM, 1067.
[34] Vgl. A. Müller, Ecclesia, 81 f, 114-117.

Maria; so wird sie mit dieser doppelten Blickrichtung *Typos*, d.h. *Urbild der Kirche* genannt.

Die Patristik artikuliert ihre Maria betreffenden Glaubensaussagen in Homilien, in der Katechese, in geistlichen Texten und Detailabhandlungen[35]. *Die Scholastik* ist insofern eine neue Epoche, als sie über diese Aussageweisen hinaus zur *systematischen Darstellung* greift. Durch die im 12. Jahrhundert aufkommenden Summen wird die theologische Gesamtdarstellung zu einer festen Gewohnheit[36].

Als Beispiel sei hier auf *Petrus Lombardus* (um 1095-1160) verwiesen. Er ordnet in seinen Sentenzen[37] die Aussagen über Maria der Inkarnationslehre zu (III. Buch)[38]. Weil seine Sentenzen zu *dem* theologischen Leitfaden des Hoch- und Spätmittelalters wurden, ist der Lombarde auf diese Weise mittelbar für die Mariologie anregend geworden; stießen doch seine Kommentatoren im Zusammenhang der Fragen um die Menschwerdung stets auf die Rolle Marias.

Die vom Sentenzenmeister vertretene Christozentrik findet sich noch deutlicher ausgeprägt bei *Thomas v. Aquin* (1225/26-1274). Wie in seinem Sentenzenkommentar (III, q.3 u. 4), so entfaltet er auch in der Summa theologica die Aussagen über Maria innerhalb der Christologie (III, q.27-35); und zwar näherhin dort, wo er den Eintritt Jesu in diese Welt aus seiner Mutter bedenkt. Er beginnt mit der Frage nach ihrer Heiligung, ihrer Jungfräulichkeit, ihrer Verlobung und Ehe. Von ihrer Mutterschaft spricht er im Anschluß an die Geburt Christi (III, q.35 a.4-5). Die leibliche Himmelaufnahme Marias gilt dem Aquinaten als überlieferte Meinung, die er teilt, ohne sie näher zu erläutern (III, q.30 a.1). Der Einfluß des Doctor angelicus hat mit dazu beigetragen, daß die Marienlehre für lange Zeit in einer dezidiert christologischen Perspektive entfaltet wurde. Auch *Bonaventura* (um 1217-1274) hat diese Entwicklung maßgeblich mitgeformt[39].

1.2.2 Spezieller Traktat

So sehr *Francisco de Suárez* (1548-1617) dem Aquinaten in seinem Kommentar[40] zu dessen Summa verpflichtet ist, eröffnet er doch mit der Selbständigkeit, Gründlichkeit und dem Umfang seiner Disputationen zur Gestalt Marias eine neue Epoche. *Gabriel Vazquez* (1549-1604) hat ihn den ersten systematischen Mariologen genannt[41]. Über Thomas geht Suárez schon insofern hinaus, als er dessen *neun* mariologisch einschlägige Quaestiones in *dreiundzwanzig* Disputationes entfaltet. Die Vorlage des Aquinaten erweiternd, kommt er auf die heiligenden Wirkungen der Gottesmutterschaft für Maria zu sprechen, auf besondere Beziehun-

---

[35] Vgl. La mariologia nella catechesi dei Padri (età prenicena). A cura di S.Felici (BSRel 88), Roma 1989.
[36] Vgl. A. Grillmeier, Vom Symbol zur Summa: ders., Mit ihm und in ihm, Freiburg – Basel – Wien 1975, 585-636.
[37] SpicBon IV. V.
[38] D. III, c. 1 (7). 2 (8); vgl. auch l. IV, d. XXVIII, c. 3-XXX, c. 2 (179); SpicBon V, 31-34. 434-440.
[39] Vgl. C. Bérubé, Bonaventura: MarL I, 533 f.
[40] Ed. Vivèz, Paris 1856-61; Bd. 19, 1-337: disp. I-XXIII.
[41] Vgl. H.M.Köster, Der geschichtliche Weg, 376; St. De Fiores, Maria, 20-23.

gen Christi zu Maria, auf ihr Wissen sowie auf die ihr gewährten Gnaden. Ferner werden Tod und leibliche Verherrlichung Marias behandelt und der ihr gebührende Kult.

Wie Suárez, so blickt auch sein Ordensbruder *Juan Martínez de Ripalda* (1594-1648)[42] auf die Gnaden, die Maria mit ihrer Mutterschaft geschenkt werden. Dieser Gesichtspunkt ist für ihn derart leitend, daß er die Marienlehre aus der Christologie herausnimmt und dem Gnadentraktat einordnet.

Schließlich sei aus jener Epoche *Dionysius Petavius* (1583-1652)[43] genannt. Für den Vater der Dogmengeschichtsschreibung gehört die Marienlehre, wie seit dem Lombarden üblich, zum Themenfeld der Inkarnation. Über die Theotokos handelt er mit reichen patristischen Bezügen im Zusammenhang der zwei Naturen Christi[44]. Nach der Lehre von dessen Abstieg in das Reich des Todes spricht Petavius breiter als in der Hochscholastik üblich, darin seinen Ordensbrüdern Suárez und Ripalda vergleichbar, von Marias Heiligkeit, von ihrem Freisein von persönlicher Sünde wie von der Erbschuld, von ihrer Jungfräulichkeit, von ihrem Mittlertum und dem der Heiligen, von der ihr und ihnen gebührenden Verehrung, wobei die reformatorische Kritik zurückgewiesen wird[45]. Marias Himmelaufnahme findet keine ausdrückliche Behandlung. Die Unbefleckte Empfängnis gilt ihm nicht als formelles Dogma. So will er keinen, der anders denkt, wie in der Tradition Thomas und Bonaventura verurteilen. Was ihn selbst bewegt, dieser Lehre zuzustimmen, ist der allgemeine Konsens der Gläubigen, in dem sich die Führung des Heiligen Geistes konkretisiere. Ferner stützt er sich auf die Liturgie als „locus theologicus". Dies läßt ihn zu Thomas und Bonaventura die Vermutung äußern, sie würden nunmehr, da das Fest der Immaculata in der Kirche allgemein eingeführt ist, nicht zögern, Marias ursprüngliche Heiligung zu verteidigen[46]. Die damals engagiert diskutierte Frage nach der Erlösungsbedürftigkeit Marias beantwortet Petavius im skotischen Sinne, wonach Bewahrung vor der Erbsünde Erlösung sei. Bemerkenswert ist, daß er ganz im Unterschied zu seiner patristischen Entfaltung des Theotokos-Titels wenig Mühe aufwendet, die Immakulata-Lehre in ihren biblischen Wurzeln und im Denken der Väter zu ermitteln. Diese kommen aber wieder dort zur Sprache, wo Petavius für den Marienkult kluge Besonnenheit und rechtes Maß einfordert[47]; ein Gedanke, den später *John Henry Newman* (1801-1890)[48] zustimmend aufgreifen und ausführlich zitieren wird. Zusammen mit Suárez und Ripalda kann Petavius als klassischer Repräsentant jener Epoche gelten, die nach dem Vorbild des Duns Scotus (ca. 1265-1308) die bisherige inkarnatorische Perspektive ausweiten und die Frage nach der Heiligung Marias systematisch zu beantworten suchen.

---

[42] De ente supernaturali disputationes theologicae, Paris 1870, Bd. 2, 49-96: disp. 49, sect. 1-16.
[43] Dogmata theologica, ed. J.B. Fournials, 8 Bde, Paris ²1865/67; vgl. M. Hofmann, Theologie, Dogma und Dogmenentwicklung im theol. Werk Denis Petau's (RSTh 1), Bern – Frankfurt M. – München 1976.
[44] Incar.V, XIV-XIX; tom. V, 642-680.
[45] Incar. XIV, I-XIV; tom. VII, 25-145.
[46] Incar. XIV, II, 13; tom. VII, 51.
[47] Incar. XIV, VIII, 9-11 tom. VII, 85-87.
[48] Die heilige Maria. Dt. v. H. Riesch, Regensburg 1911, 97 f.

In diese Zeit reicht die Praxis zurück, das Lehrstück über die Mutter Jesu „Mariologie"[49] zu nennen. Soweit ersichtlich, geschieht dies erstmals in der „Summa Mariologiae" des Sizilianers *Placidus Nigido* († ca. 1640)[50].

Spätestens hier wird man die Frage stellen, ob mit dieser gedanklichen und auch methodischen Weichenstellung nicht der Weg geebnet werde zu einer isolierenden Betrachtung Marias. Dies generell für die Scholastik anzunehmen[51], wäre zu weit gespannt. Differenzierter ist es, die angesprochene Isolierungstendenz erst mit der Barockscholastik zu verbinden, nicht aber schon mit der Früh- und Hochscholastik. Wie am Beispiel des Suárez, Ripaldas und Petaus aufgezeigt, dürfte es erst für jene Epoche zutreffen, wenn man kritisch von einer Mariologie der individuellen Privilegien spricht, welche die Mutter Jesu mit einer Fülle von Gaben beschenkt sehe, der Heilsgeschichte enthebe und vom Volk Gottes isoliere[52]. *Hans Urs v. Balthasar* (1905-1988)[53] sprach von einer Periode „einseitig individueller Devotion" Marias.

Diese bis in unsere Zeit hinein währende Engführung zu überwinden und die patristische Perspektive zurückzugewinnen war ein besonderes Anliegen der vorkonziliaren Theologie[54]. Die zentrale Frage jener Epoche war die nach dem *Mittlerdienst* Marias. Durch *Matthias-Joseph Scheeben* (1835-1888) angeregt, suchte man einen Ordnungsgedanken zu finden, der die verschiedenen Aspekte der heilsmittlerischen Rolle Marias zusammenfaßte. Bei diesem Bemühen standen sich zwei Denkwege gegenüber, die nicht selten einander widerstritten. Die sogenannte *christotypische* Mariologie sah die Mutter Jesu mehr auf der Seite ihres Sohnes und seinem Heilswerk, der Kirche, gegenüberstehend. Die sogenannte *ekklesiotypische* Mariologie rückte sie dagegen an die Seite der Menschen, weil Maria am Erlösungswerk als solchem nicht mitgewirkt hat[55]. Die ekklesiologische Perspektive wurde schwerpunktmäßig von deutschsprachigen Theologen vertreten. Entwürfe aus romanischen Ländern und aus Belgien skizzierten Maria verstärkt von ihrer Zuordnung zu Christus her, als dessen vollkommene Gehilfin[56].

---

[49] Palermo 1602, ²1623.
[50] Zu Person und Werk vgl. St. De Fiores, Maria, 23-26.
[51] W. Beinert, Die mariologischen Dogmen: HMar, 236.
[52] Vgl. u.a. L. Scheffczyk, Katholische Glaubenswelt, Aschaffenburg 1977, 274; St. De Fiores, Maria, 34-37.
[53] Der antirömische Affekt, Freiburg 1974, 168.
[54] Vgl. u.a. H. Rahner, Die Marienkunde in der lat. Patristik: Kath. Marienkunde. Hg. v. P. Sträter, Bd. I, ²1952, 137-182; ders., Maria und die Kirche, Innsbruck 1951, ²1961; O. Semmelroth, Urbild der Kirche, Würzburg 1950, ²1954; H. de Lubac, Méditation sur l'Eglise, Paris 1952; dt. Die Kirche – eine Betrachtung. Übertragen und eingeleitet v. H.U Balthasar, Einsiedeln 1968; Y. Congar, Christus – Maria – Kirche, Mainz 1959.
[55] Diese heute weithin rezipierte Unterscheidung geht auf H.M.Köster zurück. Vgl. A.Müller, Marias Stellung: MySal III/2, 503; F. Courth, Der mariologische Beitrag von H.M.Köster: Mar. 48 (1986) 170-178, 172 f.
[56] Vgl. u.a. H.M.Köster, Die Mariologie im 20. Jahrhundert: Bilanz der Theologie im 20. Jahrhundert III. Hg. v. H. Vorgrimler, R. Van der Gucht, Freiburg – Basel – Wien 1970, 126-147.

1.2.3 Neuorientierung durch das Zweite Vatikanische Konzil

Diese beiden Sehweisen haben dadurch ihre Gegensätzlichkeit verloren, daß das Zweite Vatikanische Konzil mit der altkirchlichen Theologie Maria vom Geheimnis Christi *und* der Kirche her sehen lehrt. Der Grundgedanke der konziliaren Marienlehre (LG 52-69)[57] lautet: Als Erlöste, als Geschöpf der Gnade ist Maria Glied der Kirche. Aber als „die Mutter des Sohnes Gottes", als „die bevorzugt geliebte Tochter des Vaters und das Heiligtum des Heiligen Geistes" (LG 53) überragt sie alle Gläubigen. In dieser doppelten Perspektive als begnadete Mutter des Herrn *und* als Glied der Nachkommen Abrahams ist sie Urbild der Kirche. In Maria ist das neue Gottesvolk die wahrhaft glaubende Magd des Herrn (Lk 1,38); in ihr ist Israel Gottes geheiligte, reine Braut (vgl. Lk 1,54 f.), „ohne Flecken und Falten" (Eph 5,26 f.). Auf diese Weise hat das Konzil zum Ausdruck gebracht, daß die Begnadung Marias mehr meint als ein individuelles Privileg. Es geht ihm um folgenden Gedanken: Aller Sünde zum Trotz gibt es die heilige Kirche, in Maria und überall da, wo wie sie dem Wort Gottes geglaubt und wo es in Treue bewahrt wird; dort ist die Kirche jungfräuliche Braut und Leben spendende Mutter (LG 64).

Die vor und auf dem Konzil engagiert diskutierte Frage nach der Mittlerschaft Marias wird gemäß der christologisch-ekklesiologischen Perspektive beantwortet. Betont steht am Anfang das Bekenntnis zu Christus, dem einen Mittler (1 Tim 2,5f.). Marias mittlerischer Dienst liegt auf einer anderen Seinsebene; es ist die der Kreatur gegenüber dem Schöpfer (LG 62). Entsprechend gründet der Beitrag Marias denn auch in der Tat Christi, „stützt sich auf seine Mittlerschaft, hängt von ihr vollständig ab und schöpft aus ihr seine ganze Wirkkraft" (LG 60). Diesen zugeordneten Mittlerdienst sieht das Konzil vollzogen in Marias leiblicher Mutterschaft (LG 61) wie auch in ihrem die Kirche auf dem Weg durch die Zeit begleitenden Dienst als geistliche Mutter der Gläubigen (LG 62). In der Enzyklika „Redemptoris Mater" (1987)[58] vertieft Papst *Johannes Paul II.* nicht zuletzt diesen Gedanken. Marias mittlerischer Dienst ist eine Mittlerschaft in Christus[59].

Es entsprach dem erklärten ökumenischen Grundanliegen des Konzils, daß gerade in diesem Punkt die katholische Lehre eindeutig und differenziert zugleich formuliert wurde. Zugleich folgt das Konzil jener Leitlinie, die es selber der Mariologie gab. Diese müsse alles vermeiden, „was in Wort, Schrift oder Tat die getrennten Brüder oder jemand anders bezüglich der wahren Lehre der Kirche in Irrtum führen könnte". Theologen wie Prediger sollten sich „jeder falschen Übertreibung wie zu großer Geistesenge bei der Betrachtung der einzigartigen Würde der Gottesmutter sorgfältig enthalten" (LG 67). In ähnlicher Weise unterstreicht Papst Paul VI. (1897-1978) in seinem Apostolischen Schreiben „Marialis Cultus" (1974)[60] die ökumenische Ausrichtung allen marianisch-mariologischen Bemühens (Nr. 32). Für den vor uns liegenden Austausch mit den Refor-

---

[57] tzt D 6, Nr. 114.
[58] AAS 79 (1987) 361-433; auszugsweise tzt D 6, Nr. 118.
[59] Vgl. F. Courth, Ökumenische Impulse der Enzyklika Redemptoris Mater: LebZeug 43/1 (1988) 5-15; C. Pozo, María, 352-374.
[60] NKD 45; auszugsweise tzt D 6, Nr. 116.

mationskirchen wird es um eine sachliche wie auch emotionale Annäherung in der Frage um die Mittlerschaft Marias gehen. Ein Konsens ist ein durchaus erreichbares[61], aber noch keineswegs erreichtes Ziel[62].

Wenn nachkonziliare Theologie die Mutter Jesu verstärkt als Urbild der Kirche sieht, bedarf es besonderer gedanklicher Anstrengung, um symbolisches und personales Denken miteinander zu verbinden. Denn es gilt zu verhindern, daß die heilsgeschichtliche Gestalt Marias entpersonalisiert und ins *bloße* Zeichen hinein aufgelöst wird. Dies geschieht etwa dort, wo man „Maria" als zusammenfassenden Namen für verschiedene biblische Gestalten auffaßt, für die alttestamentlichen Retterfrauen ebenso wie für Maria von Magdala und Maria von Bethanien, für die Jungfrau generell wie dann auch für die Mutter Jesu. Erst in diesem breiten Blickwinkel, der zudem durch die Religionsgeschichte und die Psychologie zu bereichern sei, werde eine „Maria" sichtbar, „die eine kraftvolle, prophetische und kritische Gestalt ist, die zur Befreiung aufruft, aber auch menschlich nahe sein kann"[63]. Aus dieser symbolisierenden Betrachtungsweise wird für die Marien*verehrung* die Folgerung gezogen, sie gelte „einem Symbol, in dem sich jene erlöste und befreite Menschlichkeit ausdrückt, die das Christentum durch den Messias Jesus verkündet und an der der Mensch durch seine Hingabe und Verehrung Anteil gewinnen möchte"[64]. Hingabe an ein Symbol? Ist das der Kern der katholischen wie der orthodoxen Marienverehrung? Oder auch der Martin Luthers (1483-1546)?

Zuzustimmen ist, wenn in diesem Zusammenhang gesagt wird: „Maria ist nicht entweder historisch oder biblisch oder symbolisch: sie ist alles zugleich"[65]. Schwierig erweist sich aber eine nähere Differenzierung dieser Aussage. Sie zu leisten ist neben dem ökumenischen Austausch eine der wesentlichen Aufgaben der Mariologie unserer Tage. Wie die systematische Theologie insgesamt hat gerade auch die Marienlehre aufzuzeigen, in welchem Maße ihre typologischen Aussagen eine *personale Grundlage* haben und fordern. Methodisch ergibt sich daraus das

---

[61] Mit gewissem ökumenischen Optimismus äußern sich u.a. H. Ott, Steht Maria zwischen den Konfessionen?: R. Stauffer (Hg.), In necessariis unitas. Mélanges offerts à Jean-Louis Leuba, Paris 1984, 304-319; H. Gorski, Die Niedrigkeit seiner Magd (EHS. T 311), Frankfurt 1987, bes. 193 ff.; F. Courth, Maria im ökumenischen Dialog: Mar. 52 (1990) 42-62; W. Beinert, Maria in der deutschen protestantischen Theologie der Gegenwart: Cath(M) 45 (1991) 1-35. Gesprächsgrundlagen sind: Maria, die Mutter unseres Herrn. Eine evangelische Handreichung. Hg. v. M. Kießig, Lahr 1991; vgl. dazu F. Courth, Lutherisches Marienwort: EphMar (1992) 237-257. Ferner: The One Mediator, the Saints, and Mary. Ed. by G. H. Anderson, J. F. Stofford, J. A. Burgess (Lutherans and Catholics in dialogue 8), Minneapolis 1992.

[62] Eine kritische Position markieren u.a. das luth. Diskussionspapier: Maria – Evangelische Fragen und Gesichtspunkte: US 37 (1982) 184-201; vgl. dazu F. Courth, Maria – Evangelische Fragen und Gesichtspunkte. Eine kath. Würdigung: Mar. 45 (1983) 306-321; G. Voss, Kath. Bemerkungen zu: Maria – Evangelische Fragen und Gesichtspunkte: US 38 (1983) 143-157; Maria nostra sorella, a cura della Federazione delle chiese evangeliche in Italia, Roma ²1989, bes. 89-101; dt. tzt D 6, Nr. 122.

[63] C. J. Halkes, Gott hat nicht nur starke Söhne, Gütersloh ²1980, 116.

[64] So G. Baudler, Maria: Jungfrau und Mutter. Mariensymbole als Impuls zu befreiter Menschlichkeit: ru 11/3 (1981) 105-112, 106; vgl. ferner A. Greeley, Maria. Die weibliche Dimension Gottes, Graz – Wien – Köln 1979; E. Drewermann, Die Frage nach Maria im religionswissenschaftlichen Horizont. Die scheinbare „Grundlosigkeit" der Mariologie: ZM 66 (1982) 99-117.

[65] C.J.M. Halkes, Gott, 115.

Desiderat: die urbildliche Deutung Marias kann angemessen erst vollzogen werden, wenn vom Christusbekenntnis her unvertauschbar ihre heilsgeschichtliche Personalität umschrieben ist. Das aber heißt, die Gottesmutterschaft zum *Ordnungsprinzip* des Traktates zu machen. Daß Maria „Mutter des Herrn" (Lk 1,43) ist, bestimmt das Einmalige und Konkrete ihrer Berufung; es kennzeichnet sie als geschichtliche Person mit ihrer spezifischen Stellung im Heilsgeschehen. In diesem Sinne für den gesamten Bereich der Mariologie typologische und personale Aussagen in ihrer Unterschiedenheit wie in ihrer inneren Zuordnung aufzuzeigen, ist noch eine weithin unerfüllte Aufgabe. Ihre Lösung wird nicht zuletzt für die aktuelle Integration Marias in die Feministische Theologie wesentlich sein.

1.3 Methodische Leitlinien

Als systematisch-theologische Disziplin folgt die Mariologie grundsätzlich keinen anderen Erkenntniskriterien als die Dogmatik insgesamt[66]. Nur stellt sich beim Lehrstück über die Mutter des Herrn in besonderem Maße die Frage nach der Verankerung seiner Inhalte in der Heiligen Schrift sowie der angemessenen sprachlichen Ausdrucksgestalt. So ergeben sich als methodische Desiderate:

1.3.1 Biblischer Ansatz

Die vorkonziliare Mariologie ist wegen ihres deduktiven Vorgehens kritisiert worden. Der ihr gegenüber erhobene Einwand, „Gedankenkonstruktionen" geliefert zu haben[67], ist nicht unberechtigt, wenn man etwa an die Miterlöserdebatte denkt. Für die einzuschlagende Methode gilt es, sich bewußt zu sein, daß der Inhalt des christlichen Bekenntnisses nicht spekulativ ist; es geht ihm auch nicht um die archetypische Struktur der menschlichen Seele. Seine Grundaussage ist geschichtlich. Deshalb muß auch der Ansatz der den Glauben auslegenden Theologie geschichtlich, näherhin biblisch sein. Denn der Kern des Glaubens ist ein im Alten Bund vorbereitetes, aber letztlich doch einmaliges Eingreifen Gottes in den Ablauf der Zeit durch eine einzige Person, Jesus von Nazaret.

Das heißt konkret für die Marienlehre: auch sie beginnt mit der Frage nach dem biblischen Zeugnis. Dieser biblische Ansatz fordert, mittels der historisch-kritischen Methode die mariologisch einschlägigen Texte nach ihrem zeitlichen (form- und traditionsgeschichtlichen) Ursprung, ihrer literarischen Eigenart und ihrer unmittelbaren Aussage zu erschließen. Die auf diese Weise ermittelten Aus-

---

[66] Vgl. H.M. Köster, Grundfragen zur theologischen Erkenntnislehre: ThGl 42 (1952) 248-264; F. Courth, Mariologische Erkenntniskriterien: LKDog, 363 f (Lit.); C.J. González, Mariologia, 11-22; I. de la Potterie, Marie, 11-35.

[67] R. Laurentin, Mutter Jesu – Mutter der Menschen, Limburg 1967, 72.

sagen bilden die Grundkontur des christlichen Marienbildes; sie geben aller späteren Aneignung und Ausdrucksform die tragenden Linien vor.

Der so gewiesene Rückblick auf den unverzichtbaren biblischen Ursprungstext stößt dort nicht auf eine Satzwirklichkeit nach Art eines in sich stehenden Sprich- oder Weisheitswortes; sondern er trifft auf das Geschehen der Menschwerdung Gottes und die darin einbezogenen Personen. Um ihrer vertieft ansichtig zu werden, gilt es, die literarische Perspektive der historisch-kritischen Methode zu übersteigen. Gemeint ist ein weiter gespannter Zugang, welcher vor allem ereignishaft, aber auch ontisch vom lebendigen Handeln Gottes her denkt. Wer ist und was bedeutet dieser Jesus für uns? Hier zudem für unseren Zusammenhang gefragt: *Wer ist* seine Mutter Maria, und *was gilt* sie dem christlichen Glauben? Mit diesen Fragen führt der Systematiker die literar- und traditionskritische Arbeit des Exegeten fort[68].

1.3.2 Geschichtlich orientiert

Von der geschichtlichen Grundlegung der Marienlehre war im vorausgehenden Abschnitt die Rede. Dort ging es um die konstitutive Bindung an die Selbstoffenbarung Gottes mit ihrem Höhepunkt im Christusereignis. Dessen Inhalt bilden geschichtliche Personen und keine Archetypen oder menschlich-religiöse Prinzipien.

Die Mariologie ist aber auch deswegen geschichtsbezogen, weil die Kirche auf ihrem Weg durch die Zeit das Geheimnis der Menschwerdung und seine Zusammenhänge immer neu betend bedenkt und gedanklich entfaltet. Es ist ein Grundakt des neubundlichen Gottesvolkes, sich in jeder seiner geschichtlichen Epochen in der Kraft des Heiligen Geistes auf das Geschehen der Menschwerdung Gottes in Jesus neu zu besinnen. Dabei geht es um mehr als historische Rückschau und gedankliche Einsicht. Gemeint ist das Wirken des sich offenbarenden Gottes in uns, sofern er unsere geschöpfliche Kenntnis seines Wortes ergreift, auf sich hinordnet und bindet. So wird der geschriebene Text der Bibel zum lebendigen Wort des Glaubens. Darin besteht der eigentliche Sinn christlicher Tradition; sie ist, so *W. Kasper*[69], „im Heiligen Geist geschehende memoria Jesu Christi; sie ist das durch den Heiligen Geist in den Herzen der Gläubigen lebendige Wort Gottes".

Die Äußerungsformen, die diese Verlebendigung des Christusbekenntnisses und mit ihm der Marienglaube gefunden hat, bilden den geschichtlichen Erfahrungsraum, in den mariologisches Arbeiten rückgebunden ist. Dazu gilt es, sich eines Wortes von *Paul VI.*[70] zu erinnern: „Wenn also die Kirche die lange Geschichte marianischer Frömmigkeit überblickt, freut sie sich zwar der steten Kon-

---

[68] Vgl. hierzu die Problemskizze von J. Blank, Die systematischen Implikationen der historisch-kritischen Methode: US 44 (1989) 186-192. Vgl. auch die Christologie in diesem Band.
[69] Tradition als theologisches Erkenntnisprinzip: Dogmengeschichte und katholische Theologie. Hg. v. W. Löser u.a., Würzburg 1985, 376-403, 395 f; vgl. auch die ebd. 402 genannten Interpretationskriterien.
[70] Marialis Cultus Nr. 36; NKD 45, 85.

tinuität der Marienverehrung, legt sich dabei aber keineswegs fest auf die Denk- und Ausdrucksweise einer bestimmten Zeit oder die anthropologischen Begriffe, die ihr zugrunde liegen. Die Kirche versteht wohl, daß gewisse Formen, die zu gewissen Zeiten wertvoll sein konnten, für Menschen anderer Zeiten und Kulturen weniger angemessen sind".

Die Verbindlichkeit der verschiedenen tradierten Ausdrucksweisen ergibt sich von zwei Gesichtspunkten her. *Inhaltlich* ist ausschlaggebend, wie sehr sie das Zentrum des Christusbekenntnisses zur Sprache bringen; *formal* ist zu fragen, in welchem Maße sich die Kirche in diesen Erkenntnisprozeß lehramtlich eingebracht hat. In Höchstform geschah dies bei der Rezeption des Glaubens an die geistgewirkte Empfängnis Jesu aus der Jungfrau Maria in die Taufsymbola (3. Jahrhundert); bei der Konzilsentscheidung in Ephesus (431), Maria dürfe wegen der personhaften Einheit Jesu mit dem göttlichen Logos Gottesgebärerin genannt werden; schließlich bei den zwei päpstlichen Kathedralentscheidungen zur ursprünglichen Heiligung (1854) und zur endgültigen Verherrlichung Marias (1950).

Die Geschichte als Erfahrungsraum des Marienglaubens und dessen theologischer Auslegung erhält konkrete Konturen durch jene Gestalten, die diesen Prozeß mitgeformt haben.

Die wichtigsten seien in folgender Tabelle zur Übersicht gebracht:

Jahrh.	Epoche/ Kennzeichnung	Theologen
2	Frühe Patristik	Ignatius v. Antiochien († ca. 110) Justin († ca. 165) Irenäus v. Lyon († 202)
4 4/5	östl. Patristik	Athanasius (292-373) Ephraem der Syrer (ca. 306-373) Epiphanius v. Salamis (ca. 315-403) Gregor v. Nazianz (330-390) Gregor v. Nyssa (ca.335/40-ca.394) Cyrill v. Alexandrien († 444) Proklos v. Konstantinopel († 446)
7 7/8	Spätpatristik	Andreas v. Kreta (ca. 660-740) Johannes v. Damaskus (ca.650 - ca.750)
14	Mystische Theologie/ Palamismus	Nikolaus Kabasilas (ca.1320 - vor 1391)
4 4/5	Lat. Patristik	Ambrosius (ca. 339-397) Augustinus (354-430) Petrus Chrysologus (ca. 380-450)
7	Ausgang der Patristik	Ildefons v. Toledo († 665)
8 9	Karolingische Theologie	Ambrosius Autpertus († 784) Ratramnus v. Corby († nach 868)

Jahrh.	Epoche/ Kennzeichnung	Theologen
11	Frühscholastik	Petrus Damiani (1007-1072)
		Anselm v. Canterbury (1033/34-1109)
12		Hugo v. St. Viktor († 1141)
		Richard v. St. Viktor († 1173)
		Bernhard v. Clairvaux (1090-1153)
		Petrus Lombardus (ca. 1095-1160)
13	Hochscholastik	Bonaventura (ca. 1217-1274)
		Albertus Magnus (vor 1200-1280)
		Thomas v. Aquin (1225/26-1274)
13/14		Duns Scotus (ca. 1265/66-1308)
15	Spätscholastik	Dionysius der Kartäuser (1402/03-1471)
16	Reformation	M. Luther (1483-1546)
		H. Zwingli (1484-1531)
		J. Calvin (1509-1564)
	Kath. Reform	P. Canisius (1521-1597)
16/17		Laurentius v. Brindisi (1559-1619)
	Barockscholastik	F. de Suárez (1548-1617)
		G. Vazquez (1549-1604)
		J. de Ripalda (1594-1648)
		D. Petavius (1583-1652)
	École française	P. de Berulle (1575-1629)
18	Zwischen Barock und Aufklärung	A. v. Liguori (1696-1787)
19	Neuscholastik	G. Perrone (1794-1876)
		C. Passaglia (1812-1887)
		M. J. Scheeben (1835-1888)
	Auf dem Weg zur Geschichtstheologie	J. H. Newman (1801-1890)
19/20	Östl. Sophialehre	S. Bulgakow (1871-1944)
20	Im Umfeld des 2. Vatikanums	R. Guardini (1885-1968)
		H. de Lubac (1896-1991)
		M. Schmaus (1887-1993)
		H. Rahner (1900-1968)
		K. Rahner (1904-1984)
		H. U.v. Balthasar (1905-1988)

Diese Namen markieren nicht nur die Geschichte der Mariologie; die große Mehrheit von ihnen hat die allgemeine theologische Diskussion der Zeit mitgeformt und die weitere Entwicklung beeinflußt. Von ihrem Inhalt wie von ihren Gesprächspartnern her berührt die Marienlehre zentrale Fragen der Dogmen- und Theologiegeschichte; sie ist dies sogar weithin[71].

Wenn vom Geschichtsbezug der Mariologie die Rede ist, darf dies nicht nur rückschauend verstanden werden. Gemeint ist damit auch eine ausdrückliche Beachtung der Gegenwart. Sie ist der Bezugspunkt, auf den hin das Erbe der Vergangenheit auszulegen ist. Von den aktuellen Herausforderungen der Mariologie war einleitend bereits die Rede.

1.3.3 Theo- und Christozentrik

Implizit ist vorausgehend die Weisung des Zweiten Vatikanischen Konzils schon angeklungen, daß die Mariologie theo- und christozentrisch konzipiert sein muß. Sie hat deutlich zu machen, daß sich alle Glaubensaussagen über Maria „immer auf Christus beziehen, den Ursprung aller Wahrheit, Heiligkeit und Frömmigkeit" (LG 67). Das ist auch der Grund dafür, weshalb unserem Entwurf die Gottesmutterschaft als der leitende Grundgedanke vorangestellt wird. Es gibt keine Aussage über Maria, die deutlicher ihren Christus-Bezug artikuliert als der Theotokos-Titel. Er beugt ihrer isolierten Betrachtung vor und fordert eine christozentrisch-trinitarische Perspektive.

1.3.4 Ökumenisch gestimmt

Des weiteren muß die Mariologie nach Meinung des Zweiten Vatikanischen Konzils ökumenisch gestimmt sein (LG 67). Die Lehre über Maria ist so darzulegen, daß sie auch über die Konfessionsgrenzen hinaus authentisch vernehmbar ist. Das gilt für die theologische Erläuterung ebenso wie für spirituelle Impulse zum praktischen Vollzug marianischer Frömmigkeit. Was für das ökumenische Gespräch generell gemeint ist, gilt erst recht für den mariologischen Austausch. Gerade er muß dazu führen, daß der katholische Glaube „tiefer und richtiger" ausgedrückt wird auf eine Weise, „die auch von den getrennten Brüdern wirklich verstanden werden kann" (UR 11).

Konkret sollte eine ökumenisch gestimmte Marienlehre vor allem mit Blick auf die Reformationskirchen folgende zwei Gesichtspunkte beachten:

1. Der theologische und zugleich geistliche Austausch darf nicht nur unterschiedlichen Formulierungen des Glaubens gelten. Er muß auch die diesen vorausliegenden spezifischen Spiritualitäten[72] oder geistlichen Prägungen in den Blick nehmen und zur Sprache bringen. Es sind jene im religiösen Empfinden und wertenden Erleben wurzelnden Gestimmtheiten, die der theologischen Interpretation ebenso prägend vorgegeben sind wie den konfessionellen Frömmigkeits-

---

[71] Vgl. zu einem ersten Überblick H.M. Köster, Die Frau I; G. Söll, Mariologie; ders., Maria in der Geschichte von Theologie und Frömmigkeit: HMar, 93-231.

[72] Vgl. H.Petri, Die Bedeutung marianischer Spiritualität für den ökumenischen Dialog: ders. (Hg.), Christsein und marianische Spiritualität (MSt 6), Regensburg 1984, 77-91.

formen. Ist für evangelisches Denken das „*allein*" die bestimmende Dominante, so für katholische Mentalität die verbindende Formel „*et – et*"[73]. Prägungen dieser Art müssen als solche keinen konfessionsspaltenden Grundgegensatz bilden[74]. Dies zeigt etwa die bewegte Geschichte der scholastischen Methode. Trennend werden diese verschiedenen Erfahrungsweisen des Glaubens erst dort, wo sie statt einer bekräftigenden eine ausschließliche und abgrenzende Geltung beanspruchen[75]. Wirkliche Begegnung wird es nur in dem Maße geben, als diese Prägungen zwar als mögliche Denkhorizonte bestehenbleiben, aber grundsätzlich offen sind für den geistigen Hintergrund des anderen. Diese Offenheit wird dadurch erreicht und vertieft, daß in gemeinsamem religiösen Tun Glaube, Hoffnung und Liebe verbindend vollzogen werden. Auf diese Weise kann gegenseitiges Vertrauen in die christliche Redlichkeit und Authentizität der Gesprächspartner wachsen. Wenn so Vertrauen gewonnen, Mißtrauen und Ängste abgebaut werden, wird auch der ökumenische Austausch über die Mutter Jesu zueinander führen.

2. Eine Annäherung dieser Art schließt konfessionelle Einsprüche nicht aus. Befürchtungen und kritische Anfragen der Gesprächspartner sind ernst zu nehmen. Das aber bedingt, daß Einwände klar formuliert und vor allem ihre Begründungen deutlich werden. Für die Mariologie sind das besonders die grundsätzlichen Fragen um die geschöpfliche Mittlerschaft beim göttlichen Heilswirken. Es sollte für das mariologische Gespräch nicht unerheblich sein, daß in den letzten Jahren die Rechtfertigungsfrage mit zunehmender Annäherung bis hin zur Übereinstimmung diskutiert wurde[76]. Indes steht eine Konkretisierung dieser gnadentheologischen Konvergenz auf das Verständnis von Kirche und die diese darstellende Mariengestalt noch aus. Eine Begegnung in diesem Fragenkreis dürfte aber von dem gemeinsamen Fundament her nicht unmöglich sein[77].

Diese zuversichtliche Einschätzung wird nicht grundsätzlich durch jene Position in Frage gestellt, die nach wie vor einen Fundamentaldissens zwischen reformatorischem und katholischem Heilsverständnis diagnostiziert[78]. Da verwundert auch nicht die kritische Grenzziehung, am überkommenen Gegensatz in der Rechtfertigungsfrage als der Grundlehre der Reformation seien bisher noch „alle

---

[73] Vgl. L. Scheffczyk, Katholische Glaubenswelt, Aschaffenburg 1977, 51-78; G. Voss, Katholische Bemerkungen zu: Maria – Evangelische Fragen und Gesichtspunkte: US 38 (1983) 143-157, bes. 146 f.

[74] Vgl. H. Wagner, Grunddifferenzen in der Lehre?: Handbuch der Ökumenik III/1. Hg. v. H. J. Urban u. H. Wagner, Paderborn 1987, 249-254; W. Beinert, Konfessionelle Grunddifferenz: Cath(M) 34 (1980) 36-61.

[75] Vgl. H. Fries, K. Rahner, Einigung der Kirchen – reale Möglichkeit (QD 100), Freiburg – Basel – Wien 1983, 35 ff.

[76] Vgl. das Konsensdokument zur Rechtfertigung, erarbeitet vom Ökum. Arbeitskreis ev. u. kath. Theologen: Lehrverurteilungen – kirchentrennend? I. Hg. v. K. Lehmann u. W. Pannenberg, Freiburg – Göttingen 1986, 35-75.

[77] Vgl. F. Courth, Kontroverspunkte im ökumenischen Gespräch über die Mutter Jesu und Ansätze zu ihrer Überwindung: Divergenzen in der Mariologie. Hg. v. H. Petri (MSt 7), Regensburg 1989, 9-33; W. Beinert, Maria in der deutschen protestantischen Theologie der Gegenwart: Cath(M) 45 (1991) 1-35.

[78] Vgl. G. Voss, Maria zwischen den Konfessionen: US 36 (1981) 76-88; J. Lell, Maria/Mariologie, aus ev. Sicht: P. Eicher (Hg.), Neues Handbuch theol. Grundbegriffe III, München 1985, 70-74; R. Frieling, Luther, Maria und der Papst: MdKI 38 (1987) 134-137.

Vermittlungsversuche zwischen der in Maria gottmenschlichen Struktur der Kirche (Rahner) und den reformatorischen Kirchen der Sünder ... aufgelaufen"[79]. Sinnvollerweise kann in diesem Zusammenhang mariologischer Austausch nur in einer der soteriologischen Diskussion nachfolgenden Gesprächsrunde geführt werden. Ihn ganz auszusetzen, wäre angesichts des biblischen Erbes und der gemeinsamen Tradition der Christenheit unverantwortlich[80].

1.3.5 Sprachlich sensibel

Es berührt in doppelter Weise die ökumenische Dimension der Mariologie, wenn diese sich mit Nachdruck um ein differenziertes Verständnis der beim Marienlob verwendeten Sprache bemüht. Dieses Thema wurde in besonderem Maße angestoßen durch Luthers Kritik an der überschwänglichen Redeweise des *Salve Regina*[81]. Umgekehrt sieht orthodoxe Frömmigkeit und Theologie im feiernden Hymnus die gemäße Ausdrucksform für das Inkarnationsmysterium; die Vorliebe der lateinisch-scholastischen Tradition für den Begriff erscheint der Orthodoxie zu eng. Sie hält der Offenbarung gegenüber vor aller intellektuellen Aufarbeitung betrachtende Schau und Anbetung geboten. Auslegung des Marienglaubens bietet sie deshalb weniger im lehrhaften Traktat als in liturgischen Texten und Homilien, weniger im Denken über Maria als im ergriffenen Lobpreis Gottes, Christi wie auch ihrer selbst. Der Denkform nach ist für die Orthodoxie Glaubensauslegung vor allem gestalthafte Schau und deren eigentliche Sprachweise die symbolisch-doxologische Rede.

Die betrachtete Person wie auch die erläuternde Sprache sind nicht abgegrenzt gefaßt, sondern integrierend, dem trinitarischen Gottes- und Inkarnationsgeheimnis insgesamt eingeordnet. Es widerstrebt orthodoxer Geistigkeit, die Gestalt Marias mit detaillierten Fragen anzugehen. Und umgekehrt, wo vom Heilshandeln Gottes gesprochen wird, ist immer auch jene Frau im Blick, durch die das ewige Wort Fleisch wurde. Diese meditative Grundstimmung läßt die Orthodoxie mit Vorliebe zum Symbol als theologischer Ausdrucksform greifen. Wie Christus so wird auch Maria gerne in der geheiligten Bilderwelt der Heiligen Schrift zur Sprache gebracht; zunächst mit der des Alten Bundes, dann aber auch mit der des Neuen. So als *neue Eva*, als *Paradies*, als *Arche* und *Bundeslade*, als *Zion*, als *Tempel*, als *Urbild der Kirche*. Besonders die Hymnendichter des Ostens (wie des Westens) verarbeiten eine Vielzahl von Bildern und Symbolen; dabei sind sie sich wohl bewußt, daß sämtliche Allegorien letztlich unzureichend sind, um das Geheimnis der Gottesmutterschaft authentisch auszudrücken. Die emphatisch entfaltete Bilderwelt steht im Dienst der analytisches Begreifen übersteigenden Schau. Gerade mit ihrer Fülle wollen die Bilder tastendes Nachbuchstabieren dessen sein, was als lebendige Wirklichkeit betrachtet und ganzheitlich geschaut

---

[79] J. Lell, Maria, 74.
[80] Vgl. den Entwurf zu einem ev.-luth. Wort über die Mutter des Herrn: Maria – Evangelische Fragen und Gesichtspunkte US 37 (1982) 184-201; ferner die in Anm. 61 genannten Gesprächsgrundlagen.
[81] Vgl. F. Courth, Marianische Gebetsformen: HMar, 391-394.

wurde. Bild und Wort sind nur als irdische Spur und *zugleich* als geheiligtes Abbild des Inkarnationsgeheimnisses recht gefaßt; sie haben ihre Grenze wie auch ihre Kraft im unbegreiflichen und unsagbaren Geheimnis des in Christus und durch ihn in Maria nahe empfundenen Gottes.

Der vorausgehende Blick auf die geistige Gestimmtheit des Ostens bringt für die Mariologie Grundsätzliches zum Ausdruck; sie hat nicht zuletzt sprachtheologische Probleme zu bedenken. Wie die Theologie insgesamt, so muß gerade auch sie sich fragen, wie der ganz andere Gott, der im Raum der Geschichte gegenwärtig wird, theologisch zum Ausdruck gebracht und feiernd artikuliert werden kann. Bei aller Emphase zeigt das Beispiel des Ostens, daß das gläubige Wort über Maria, wie die Gottes-Rede überhaupt, unterscheidend und verbindend zugleich gefaßt sein muß; der Westen spricht hier von der *Analogie.* Wenn dann überdies die Marienlehre, wie jede theologische Begrifflichkeit, zum Gotteslob hin geöffnet ist, bleibt sie davor bewahrt, sich nach einer allzu menschlichen Logik zu verselbständigen und nach spätscholastischer Weise mit Distinktionskünsten zu überfordern. Der doxologische Rahmen macht sowohl das Tastende wie auch die Geborgenheit des mariologischen Bemühens erfahrbar.

1.3.6 Spirituell offen

Schließlich ist die Marienlehre in unmittelbarem Kontakt zur marianischen Frömmigkeit zu entfalten; sie muß spirituell offen und anregend sein. In diesem Zusammenhang sei nochmals an *M.J. Scheeben* erinnert, einen der mariologisch anregendsten Autoren der Moderne. Nach ihm sollen die Ausführungen über die Mutter Jesu helfen, die Kluft zwischen Dogmatik und marianischer Frömmigkeit zu überbrücken. Scheeben glaubt, der Mariologie deshalb größere Beachtung schenken zu müssen, „weil es nicht nur geziemend, sondern, nach zahlreichen Erfahrungen älterer und neuester Zeit, durchaus notwendig ist, daß ein Gegenstand, der so viel und so lebhaft die Andacht der Christen beschäftigt, nicht bloß den Asketen und Predigern überlassen bleibe, als ob er keiner streng wissenschaftlichen Behandlung fähig und bedürftig wäre. Während Asketen und Prediger ohne eine streng wissenschaftliche Führung leicht in allerlei mehr oder minder bedenkliche Fehler fallen, die unter Umständen die Andacht selbst kompromittieren, können sie durch eine wissenschaftliche Behandlung auch für den Zweck einer soliden Erbauung nur gewinnen; denn die echten Quellen und die echten Prinzipien, welche der Theologie zu Gebote stehen, enthalten in reichster Fülle alles das, was für den Zweck einer soliden Erbauung und die Pflege einer innigen Andacht zur heiligen Mutter Gottes wünschenswert ist; und eine im Geiste der Hl. Schrift und der Tradition gehaltene wissenschaftliche Entwicklung fördert nicht nur gediegenere, sondern eben darum sogar viel schönere und erhabenere Ideen zutage, als die Aspirationen des frommen Gefühles sie zu bieten vermögen"[82].

---

[82] Katholische Dogmatik V/1, Freiburg ²1954, XI; auch tzt D 6, Nr. 110.

Dieses Plädoyer für eine theologisch verantwortete Spiritualität konkretisiert sich angesichts solcher Aktiv-Gruppen[83], die gerade heute den verehrend-maßnehmenden Blick auf die Mutter Jesu als Lebensschule und Hilfe für die Nachfolge Christi wachhalten. Als Ausdruck einer aktuellen Laienspiritualität pflegen marianische Frömmigkeit unter anderen: die *Bewegung für eine bessere Welt* des italienischen Jesuiten *Ricardo Lombardi* (1908-1979), die *Fokolarebewegung* (Opera di Maria), die *Cursillos,* die *Gemeinschaft des Neokatechumenates,* die Bewegung *Comunione e Liberazione,* die *Gemeinschaften christlichen Lebens* (GCL; früher: Marianische Kongregationen), die *Legio Mariens* und die *Schönstatt-Bewegung.* Die Bedeutung dieser geistlichen Vereinigungen liegt nicht zuletzt darin, daß sie bewußt und mit religiöser Entschiedenheit das Wort Marias zu leben versuchen „Mir geschehe nach deinem Wort" (Lk 1,38), und dies gerade auch unter den Kreuzen ihres Lebens durchzuhalten bestrebt sind. Ihr Enthusiasmus bedarf der klugen theologischen Begleitung im Sinne Scheebens, um fragwürdigen und verzerrten Konturen vorzubeugen.

Die enge Beziehung von marianischer Frömmigkeit und theologischer Lehre über die Mutter Jesu läßt es geboten erscheinen, der eigentlich dogmatischen Abhandlung ein Wort zur *marianischen Frömmigkeit* vorauszuschicken. Näherhin geht es darum, jene zentralen Gestaltungsprinzipien zu skizzieren, die die Lehrentwicklung geprägt haben.

1.4 Marianische Frömmigkeit als treibende Kraft

1.4.1 Inkarnationsfrömmigkeit

Marianische Frömmigkeit[84] ist die *wertschätzende Antwort der Gläubigen auf Marias heilsgeschichtliche Sendung.* Sie ist gläubige Sympathie mit der, die Gott als Mutter des Erlösers groß gemacht hat (vgl. Lk 1,49). Sie äußert sich in Akten der Bewunderung und Ehrfurcht, des Lobes und Dankes, des Vertrauens und der Anrufung um ihre Fürbitte, aber auch der Nachahmung ihrer Vorbildhaftigkeit. Marienverehrung ist ihrem ersten Ansatz nach Inkarnationsfrömmigkeit.

Erste Zeugnisse für eine wertschätzende Antwort auf die heilsgeschichtliche Person und Sendung Marias finden wir bereits in der Heiligen Schrift. Das Bekenntnis zu Jesus als dem *Herrn* schließt die Frau mit ein, die am Anfang seines Lebens steht. Lk 1,42 f. blickt anerkennend vom Sohn auf die Mutter und nennt sie, was sie durch ihn ist: *Gesegnete unter den Frauen* und „Mutter *meines Herrn".* Auch das Magnificat (Lk 1,46-55) ist eine biblische Frühform des Marienlobes.

---

[83] Vgl. A. Favale, Presenza di Maria nei movimenti ecclesiali contemporanei: Theologie und Leben (FS G. Söll). Hg. v. A. Bodem, A.M. Kothgasser (BSRel 58), Roma 1983, 281-333; S. Epis, Associazioni mariane: NDM, 154-162.

[84] F. Courth, Marianische Gebetsformen: HMar, 363-391; ders., Marienverehrung: LKDog, 359-361; H. Stirnimann, Marjam, 19-36; B. Forte, Maria, 115-119.

Bevor sich in V. 50 der Blick der Beterin auf die gesamte Heilsgeschichte ausweitet, ruht er zunächst auf ihrer eigenen Person und dem *ihr* zuteil gewordenen Heilshandeln Gottes; dieses begründet einen *ihr* von allen Geschlechtern zu zollenden Lobpreis (V. 48). Daß es sich beim Begrüßungswort des Engels (Lk 1,28), bei der Seligpreisung durch Elisabet (Lk 1,42 f.) wie auch beim Magnificat (bes. 1,48 b) um frühe Formen der Marienverehrung handelt, läßt sich formgeschichtlich begründen. Danach ist eine so pointierte Heraushebung der Mutter Jesu nur von einer bereits beginnenden Verehrung in der Urkirche her zureichend zu beantworten[85].

Eine weitere Etappe weist uns an die Wende des 2. zum 3. Jahrhundert, zu *Hippolyt v. Rom* und der von ihm überlieferten *Traditio apostolica*. In ihrem Eucharistischen Hochgebet heißt es u.a.: „ ... Ihn (Christus) hast du vom Himmel gesandt in den Schoß der Jungfrau; er, der im Mutterleib gewohnt, der Mensch ward und sich dir als Sohn erwies, wurde aus dem Heiligen Geist und der Jungfrau geboren"[86]. Als man begann, das Gedächtnis der Heiligen mit festen Formulierungen in das Eucharistische Hochgebet einzufügen, steht Maria stets an erster Stelle. Besonders feierlich ist dies in der *Basilius-Liturgie* (4./5. Jahrhundert) formuliert: Wir gedenken „vor allem der Ganz-Heiligen, Hoch-Herrlichen, Makel-losen, Hochbegnadeten, unserer Herrin, der Gottesgebärerin und immerwährenden Jungfrau Maria; – des heiligen ... Täufers und Martyrers Johannes; des heiligen Stephanus ...; – und des heiligen Markus ..."[87].

Ferner sei hier das um 300 aufgeschriebene (aber wahrscheinlich ältere) Gebet *Unter deinen Schutz und Schirm* genannt[88]. Es stammt, wie der Titel „Gottesgebärerin" erweist, aus Alexandrien. Maria selbst wird in diesem Gebet als lebendige Gestalt angerufen, die menschlichen Bitten erreichbar ist. An die Stelle ihrer mittelbaren Erwähnung tritt die unmittelbare Hinwendung zu ihr als ansprechbarer Person. Das mag an Belegen genügen um aufzuzeigen, daß die oft geäußerte Meinung sicher unhaltbar ist, die Marienverehrung habe erst 431 mit der Definition der „Theotokos" feste Gestalt angenommen[89].

Der Hauptgrund, weshalb sich mit dem 4. Jahrhundert die öffentliche und kirchenamtliche Marienverehrung verstärkt herausbildet, ist die Entfaltung des Christusdogmas und das damit verbundene Erlösungsverständnis. Gott wird Mensch, damit der Mensch vergöttlicht werde. Diese Grundidee durchzieht seit Irenäus v. Lyon[90] die Christologie wie die Soteriologie.

---

[85] Vgl. F. Mußner, Lk 1,48 f; 11,27 f und die Anfänge der Marienverehrung in der Urkirche: Cath(M) 21 (1967) 287-294.
[86] A. Hänggi – I. Pahl, Prex Eucharistica I (SpicFri 12), Fribourg 1968, 81.
[87] A. Hänggi – I. Pahl, Prex, 356/7; Textfassung nach H. Stirnimann, Marjam, 22.
[88] Vgl. O.Stegmüller, Sub tuum praesidium: ZKTh 74 (1952) 76-82; G. Giamberardini, „Sub tuum praesidium" e il titolo „Theotokos" nella tradizione egiziana: Mar. 31 (1969) 324-362; Joh. Auer, Unter deinen Schutz und Schirm. Das älteste Mariengebet der Kirche, Leutesdorf ⁷1987; A.M. Triacca, „Sub tuum praesidium": nella „lex orandi" un' anticipata presenza della „lex credendi". La „teotocologia" precede la „mariologia"?: La mariologia nella catechesi dei Padri (età prenicena), a cura di S. Felici (BSRel 88), Roma 1989, 183-205; R. Iacoangeli, „Sub tuum praesidium". La più antica preghiera mariana: filologia e fede: ebd. 207-240.
[89] Vgl. H. Stirnimann, Marjam, 36.
[90] Haer. III,19,1. Vgl. in diesem Band: Christologie.

Gemäß diesem christologisch-soteriologischen Grundgedanken wirkt sich das Christusdogma auch auf die Verehrung Marias aus. Das Bekenntnis zum Herrn schließt seine Mutter mit ein. Die solchermaßen vollzogene Einordnung Marias in das Christusdogma brachte es mit sich, daß ihr in Gottesdienst und Predigt zunehmend mehr Bewunderung, Dank und Lobpreis entgegengebracht wurde.

Als Beispiel dafür sei *Ephraem der Syrer* (ca. 306-373)[91] genannt. Er gilt als maßgeblicher Zeuge der Marienfrömmigkeit im außergriechischen Raum. Maria ist für den Diakon aus Edessa unablösbar mit dem überkommenen Glauben an den dreifaltigen Gott und die Inkarnation verbunden. Weil der Glaube an die Menschwerdung Gottes ein Hauptthema ist, kommt Ephraem auch immer wieder auf die Mutter des Herrn zu sprechen; sie ist fest in sein Gotteslob einbezogen. Er grüßt sie vor allem als jungfräuliche Mutter des göttlichen Kindes. Vom Augenblick der Empfängnis Christi an hat Maria teil an der Heiligkeit ihres Sohnes. Wie Christus aus ihr das Kleid der menschlichen Natur angenommen hat, so erhält sie von ihm das neue Kleid der Herrlichkeit. In einem Christushymnus singt Ephraem: „Deine Mutter ist sie, sie allein, – und deine Schwester, zusammen mit allen. Sie wurde dir Mutter, – sie wurde dir Schwester. Auch ist sie deine Braut, – zusammen mit (allen) reinen (Jungfrauen). Mit allem – hast du sie geschmückt, (der du) die Schönheit deiner Mutter (bist)"[92].

Die hier nur mit Ephraem beleuchtete Wende vom 4. zum 5. Jahrhundert ist, so der evangelische Dogmengeschichtler *W. Delius*[93], wie im Orient so auch im Abendland ein „Höhepunkt" für die Entwicklung der Lehre und Verkündigung Marias gewesen. Es ist jene christologisch bewegte Zeit, in der auch das Lob Marias, so *Severian v. Gabala* († 408)[94], „tägliche" Gewohnheit wird und, nach *Nilos v. Ancyra* († um 430)[95], „in allen Ländern und in jeder Sprache" erklingt.

1.4.2 Auferstehungsglaube

Das altkirchliche Marienbild erhält nicht nur von der Inkarnation seine Konturen, sondern auch vom Osterbekenntnis. Daß die gläubige Besinnung über die Mutter des Herrn sich zur unmittelbaren Anrufung hin entfaltet, ist durch den christlichen Auferstehungsglauben bedingt. Er trägt wesentlich den urchristlichen Martyrer- und Heiligenkult, der seit der Mitte des 3. Jahrhunderts mit der Verehrung des Apostel- und Martyrergrabes einsetzt. Die letzte Ruhestätte der Heiligen galt als der Ort ihrer besonderen Nähe, von dem aus sie in die Kirche hinein fürbittend weiterwirkten. Diese Sicht war möglich, weil die Verstorbenen und speziell die Blutzeugen als mit Christus weiterlebend geglaubt wurden. Über

---

[91] Vgl. E. Beck, Die Mariologie der echten Schriften Ephräms: OrChr 40 (1956) 22-39; M. Lochbrunner, Ephräm der Syrer: MarL II, 370-373 (Lit.).
[92] Hymnen über die Menschwerdung 11; Des hl. Ephraem des Syrers Hymnen de Nativitate (Epiphania). Übers. v. E. Beck (CSCO 187 = CSCO. S 83), Louvain 1959, 61; tzt D 6, 75 f.
[93] Geschichte, 129.
[94] PG 56, 497 D.
[95] PG 79, 293 A.

die Wirksamkeit in ihrem Erdenleben hinaus kommt ihnen deshalb eine aktuelle Gegenwärtigkeit zu. Beinhaltet doch der christliche Auferstehungsglaube, daß die irdische Christusverbundenheit im Tod nicht zerstört wird. Vielmehr geschieht hier eine Verdichtung der im Leben gewährten Gemeinschaft mit dem Herrn. Wie der auferstandene Christus nicht aufhört weiterzuwirken, so auch jene nicht, die in seiner endgültigen Gemeinschaft leben. Diese Grundüberzeugung „führte ganz logisch und ohne notwendige Anleihen beim heidnischen Halbgötterhimmel dazu, daß mit den Vollendeten wie mit Lebendigen, Gegenwärtigen umgegangen wurde, durch Verehrung und später Anrufung"[96]. Damit war ein Lebensnerv der Heiligenverehrung vorgegeben, die sich dann im Marienkult in seiner spezifischen Form entwickelte. Das älteste Zeugnis der unmittelbaren und zugleich bittenden Hinkehr der Gläubigen zu Maria wurde bereits erwähnt; es ist das Gebet „Unter deinen Schutz ...". In dieser Art kennt die altkirchliche Frömmigkeitsgeschichte zahlreiche Gebete[97].

1.4.3 Sehnsucht des Herzens

Zum Christusbekenntnis und Auferstehungsglauben als bewegenden Motiven des sich entfaltenden Marienbildes kommt als weiteres Element *das menschliche Herz*. Dieses steht hier für die ursprüngliche und innerste Mitte des leib-geistig verfaßten Menschen. Es ist einendes „Organ" und Quelle ganzheitlicher Erkenntnis und lebensgestaltender Weisheit, des Wollens und Handelns, des affektiven Lebens wie auch des Glaubens. Mit dem Herzen als seiner personalen Erkenntnis- und Entscheidungsmitte öffnet oder verschließt sich der Gläubige Gott und dem Nächsten; hier empfindet er Freude und Betroffenheit über Gelingen und Versagen. Wie sehr das Herz gerade ein treibender Motor marianischer Frömmigkeit ist, belegt nicht zuletzt die bildende Kunst. Von ihren hohen Ausdrucksformen bis zur Volkskunst und selbst noch der süßlichen Massenware belegt sie, daß Maria seit alters eine erstaunliche Faszination auf das menschliche Herz ausgeübt hat. Neben Malerei und Plastik sind es nicht zuletzt die marianischen Hymnen, die in immer neuen Bildern und Symbolen Bewunderung und Wertschätzung gegenüber der Mutter des Herrn zum Ausdruck bringen. Daß das menschliche Herz derart Marienglaube und -frömmigkeit formt, sollte man nicht negativ werten. Man muß aber um die damit verbundene Problematik wissen. Die Sehnsucht des menschlichen Herzens kann sich verselbständigen und Grunddaten der Offenbarung übersehen. Magisches Denken und Aberglaube sind dann eine notwendige Folge. Wer wüßte nicht um Auswüchse in den „Niederungen" marianischer Volksfrömmigkeit?

Eine „Verselbständigung" des menschlichen Herzens begegnet gegenwärtig auch im Zusammenhang archetypisch-symbolischer Auslegung im Raum des

---

[96] A. Müller, Glaubensrede über die Mutter Jesu, Mainz 1980, 79.
[97] Vgl. Testi mariani del primo millennio I. A cura di G. Gharib u.a., Roma 1988, 912-961.

Feminismus[98] und der tiefenpsychologischen Methode *E. Drewermanns*[99]. Da überdecken bisweilen psychologische Aussagen biblische Vorgaben und christliche Bekenntnisinhalte vollkommen. So etwa, wenn in das Bild Marias Züge der vorpatriarchalen *Göttin* eingetragen werden und die Frau von Nazaret als Symbol für die *Große Mutter* gilt, wenn ihr Name für die Tiefenschichten der Seele steht und die Anima versinnbildet[100]. Wo wie hier die heilsgeschichtliche Personalität Jesu und Marias zu einer allgemeinen seelischen Gegebenheit entleert wird, ist grundsätzlich die Frage nach der biblischen Offenbarung in ihrer heilsgeschichtlichen Ereignishaftigkeit berührt. Das gilt auch angesichts der Forderung, die Mariologie müsse „die objektive Realität des Psychischen wieder anerkennen lernen und den Aberglauben überwinden, daß nur die äußere, in Raum und Zeit erscheinende Wirklichkeit wahr und objektiv sein könnte"[101]. Da wird aus der Marienlehre als einer heilsgeschichtlich-theologischen Disziplin „das Paradestück für eine ... ‚heidnische' una sancta aller Religionen, der Exemplarfall einer Theologie, die von Gott so spricht, daß im Menschen sich dabei spontan die ewigen Bilder seiner heilenden Träume wieder einstellen und machtvoll ins Bewußtsein drängen"[102].

Hier ist grundsätzlich die Frage nach der Unverwechselbarkeit und der Eigenbedeutung von Person und Geschichte Jesu sowie von all jenen gestellt, die diese Geschichte in ihrer Ereignishaftigkeit mittragen. Ist Jesus für uns identisch mit dem, den die alten Ägypter in der Person des Pharao zu erkennen meinten[103]?

Was immer der Christ über das heilig-entzogene Geheimnis Gottes sagt, ist an Jesu konkreter Gestalt und Geschichte zu messen. Die alles bergende universale Wirklichkeit Gottes hat in ihm geschichtliche, konkret anschaubare Gestalt. Er ist Gottes Gegenwart in Person. Die christliche Rede von Gott artikuliert als eigentlichen spezifischen Inhalt nicht dessen heilige Vielnamigkeit, auch nicht das „Immer-schon-barmherzig-sein" Gottes; es geht ihm unmittelbar auch nicht um die religiösen Urkräfte des Menschen und seiner Seele. Vielmehr bekennt der Glaube ein im Alten Bund vorbereitetes, aber letztlich doch einmaliges Eingreifen Gottes in den Lauf der Geschichte durch eine einzige Person, Jesus von Nazaret. Die mit ihm angebrochene Epoche bezeichnet Paulus mit dem nachdrücklichen „jetzt aber" (Röm 3,21.26) und läßt den Apostel unterscheiden in die Zeit vor und in die nach Christus. In ihm ist Gott gewiß vom Volk Israel erwartet, dann aber doch in ärgerlicher Konkretheit in den Raum der Geschichte eingetreten. „Und das Wort ist Fleisch geworden" (Joh 1,14): Das ist der Kern des christlichen Gottes- und Christusglaubens und entsprechend auch der Marienlehre.

---

[98] Vgl. M. Kassel, Maria und die menschliche Psyche: Conc(D) 19 (1983) 653-659; dies., Maria, Urbild des Weiblichen im Christentum?: Was geht uns Maria an? Hg. v. E. Moltmann-Wendel u.a., Gütersloh 1988, 142-160; Chr. Mulack, Maria. Die geheime Göttin im Christentum, Stuttgart 1985.

[99] Vgl. E. Drewermann, Die Frage nach Maria im religionswissenschaftlichen Horizont: ZM 66 (1982) 99-117; ders., Dein Name ist wie der Geschmack des Lebens, Freiburg – Basel – Wien 1986.

[100] Vgl. M. Kassel, Maria, Urbild, 146-153.

[101] E. Drewermann, Die Frage, 110.

[102] Ebd. 112.

[103] E. Drewermann, Dein Name, 32 ff.

Von diesem Kern aus Kritik an einem sich verselbständigenden Marienbild anzumelden heißt nicht, religionspsychologische Überlegungen *grundsätzlich* zurückzuweisen. Vielmehr ist Einverständnis darüber zu erzielen, wie normativ das christliche Glaubenswort und somit auch das theologische Argument an die Offenbarungszeugnisse und die sie tragenden unumkehrbaren Ereignisse der Heilsgeschichte gebunden sind. Wie weit kommt diesen eine den Tiefen des menschlichen Herzens und seinen Äußerungsformen grundsätzlich vorgegebene, sie kritisierende und formende Funktion zu? Zu undifferenziert stehen da nicht selten mythologische, archetypische, symbolische und religionsgeschichtliche Betrachtungsweisen neben den theologischen. Jene überdecken nicht selten notwendige historisch-kritische sowie formell theologische Fragestellungen und verstellen damit bereits den ersten Zugang zur biblischen Offenbarung.

Ein wirklicher fundamentaltheologischer Austausch über die Zuordnung des menschlichen Herzens und seiner Ursehnsüchte zum biblischen Wort ist erst in anfänglichen Positionsbestimmungen erkennbar[104]. Danach gehört die Seele zur Innenseite des hörenden und antwortenden Menschen, der die Heilsgeschichte in ihrer Eigenart aufnimmt; die Seele ist von der Offenbarung ganz wesentlich *mit* angesprochen und bringt dies in den verschiedenen Formulierungen des Bekenntnisses und der Frömmigkeit zum Ausdruck. Dabei melden sich auch die Bilder der Seele, ihre Ängste und Hoffnungen. Daß sie von der Offenbarungsgeschichte her angesprochen wird, heißt: Sie ist nicht Quelle des Gotteswortes. Denn bei aller archetypischen Prägung wird die Seele immer auch von außen, eben von der Geschichte in ihrer Unumkehrbarkeit her geformt. Als Außenwelt liefert sie das Material für die Bilder und Symbole[105].

Der vorausgehende Blick auf Verselbständigungen des menschlichen Herzens in Marienglaube, -lehre und -frömmigkeit spricht nicht gegen seine grundsätzliche Bedeutung in unserem Zusammenhang. Theologisch ist Wachsamkeit geboten, nicht aber eine herzlose Antwort. Verengungen gibt es im hehren Raum heilsgeschichtlich geordneter Liturgie ebenso wie im Bereich der Volksfrömmigkeit, wo die affektiven Kräfte stärker zum Tragen kommen. Dort heißen die kritischen Stichworte: Veräußerlichung und Ritualismus. Die neuzeitliche Trennung von Liturgie und Volksfrömmigkeit ist zu überwinden. Beides sind einander ergänzende und sich wechselseitig korrigierende Äußerungsweisen des einen gläubigen Herzens. Jede Frömmigkeit, nicht nur die marianische, lebt von der Sehnsucht des Gefühls und den Augen der Seele. Auch die geordnete Liturgie wird nur dann ihrem erhabenen Anspruch gemäß gefeiert, wenn sie vorbereitet und begleitet ist vom frommen Verweilen, in dem die Seele wahrzunehmen und zu verstehen beginnt und auch die Sinne in das Schauen des Herzens einbezogen werden.

---

[104] Vgl. G. Lohfink, R. Pesch, Tiefenpsychologie und keine Exegese (SBS 129), Stuttgart 1987; Tiefenpsychologische Deutung des Glaubens? Hg. v. A. Görres u. W. Kasper (QD 113), Freiburg – Basel – Wien 1988; J. Eckert, Die tiefenpsychologische Schriftauslegung Eugen Drewermanns – ihre Anliegen und Grenzen: TThZ 98 (1989) 1-20 (Lit.); M. Kehl, Aktualisierte Apokalyptik: K. Rahner, J.B. Metz, E. Drewermann: ThPh 64 (1989) 1-22; für einen weiteren theol. Zusammenhang vgl. bes. Chr. Schönborn, Maria – Herz der Theologie – Theologie des Herzens: Weisheit Gottes – Weisheit der Welt I (FS J. Card. Ratzinger). Hg. v. W. Baier u.a., St. Ottilien 1987, 575-589.

[105] M. Kehl, Apokalyptik, 19 f.

Marienverehrung – Entfaltungsprinzipien

Christusglaube	dogmatisch-begründende Prinzipien
Auferstehungsglaube	
Menschliches Herz	formendes und zugleich formungsbedürftiges Gestaltungsprinzip

Vorausgehend war von drei zentralen Triebkräften die Rede, welche die Entfaltung des Marienglaubens im wesentlichen bestimmt haben: vom Christusdogma und vom Auferstehungsglauben als dogmatisch begründenden Prinzipien; sowie vom menschlichen Herzen als formender und zugleich formungsbedürftiger Gestaltungskraft. Die hier skizzierten Linien können in dem Maße Kontur gewinnen, als nun jene Grundaussagen (Dogmen) zur Sprache kommen, welche die Gestalt Marias kennzeichnen: 1. die Gottesmutterschaft; 2. die jungfräuliche Empfängnis; 3. ihre ursprüngliche Heiligung; 4. ihre endgültige Verherrlichung. Eine auf die Gottesmutterschaft zentrierte Marienlehre verhindert eine Verselbständigung des Traktates; er bleibt dem Christusglauben eingebunden und erhält von ihm sein theologisches Gewicht.

2. Gottesmutterschaft als Grundaussage

2.1 Biblisches Bild der Mutter Jesu

2.1.1 Vorbemerkungen

Unser Blick auf die Gottesmutterschaft als Grundaussage des christlichen Marienbildes[106] soll beim neutestamentlichen Zeugnis beginnen[107]. Dort ist wiederholt, ja „relativ häufig"[108] von Maria namentlich die Rede. Im ganzen sind es 19 Texte, davon 13 im lukanischen Doppelwerk (Lk 1,27.30.34.38.39.41.46.56; 2,5.16.19.34; Apg 1,14; Mt 1,16.18.20; 2,11; 13,55; Mk 6,3). Hinzu kommen jene Stellen, an denen ohne Namensangabe die Rede ist von der „Mutter Jesu" (Joh 2,1.3), von „seiner Mutter" (Mt 2,13.14.20.21; 12,46; Mk 3,31; Lk 2,33.48.51; 8,19; Joh 2,5.12; 19,25); zu nennen sind auch die Wendungen „deine Mutter" (Mk 3,32 par), „die Mutter" (Joh 6,42; 19,26), „Mutter meines Herrn" (Lk 1,43). Gal 4,4 heißt es knapp: „Geboren von einer Frau"[109]. Insgesamt umfassen die biblischen Aussagen über Maria etwa 118 Verse. Das ist mehr als wir über einzelne Jünger, Petrus (163) ausgenommen, erfahren; auch mehr, als uns über die wichtigsten Jüngerinnen Jesu berichtet wird, etwa Maria und Martha von Betanien sowie Maria Magdalena[110]. In der Tat ist von keiner anderen Frau im Neuen Testament so oft die Rede wie von der Mutter Jesu.

Maria ist für das Neue Testament 1. die leibliche Mutter Jesu; 2. sie ist dies als Begnadete und als Glaubende; 3. sie weist hin auf ihren Sohn, steht zu ihm und nimmt teil an seinem Leidensschicksal; 4. sie ist Glied der Gemeinde.

Wie lassen sich diese Aussagen im einzelnen erschließen angesichts der Tatsache, daß die Maria betreffenden Aussagen der Heiligen Schrift literarisch recht unterschiedlich beurteilt werden? So heißt es etwa: „Die wenigen unanfechtbaren geschichtlichen Angaben über Jesu Mutter stehen in Mk 3,31 ff. par; 6,3 par; Apg 1,14, die übrigen zT in den Legendenkränzen von Mt 1 f. und Lk 1 f., zT bei

---

[106] Vgl. G. Söll, Gottesmutterschaft: LThK² IV, 1126 f; H. M. Köster, Die Frau II, 6-19; W. Beinert, Maria ist Mutter Gottes: HMar 264-268; J. Galot, Maria, 91-112; S. Meo – D. Sartor, Madre di Dio: NDM, 806-830; J. Auer, Jesus Christus (KKD IV/2), 432-438; F. Courth, Gottesmutterschaft Marias: LKDog, 231-232; C. I. Gonzáles, Mariologia, passim; B. Forte, Maria, 102-119; A. Kniazeff, La Mère de Dieu, 17-92; C. Pozo, Maria, 285-295.
[107] Vgl. H. Räisänen, Die Mutter Jesu im Neuen Testament; Maria im Neuen Testament. Hg. v. R. E. Brown u.a., Stuttgart 1981; O. Knoch, Maria in der Heiligen Schrift: HMar, 15-92; I. de la Potterie, Marie dans le mystère de l'Alliance; H. Langhammer, Maria in der Bibel, Wien 1988; J. Zmijewski, Die Mutter des Messias.
[108] J. Zmijewski, Die Mutter, 13.
[109] G. Schneider, Maria: EWNT II, 951-957.
[110] H. Stirnimann, Marjam, 202.

Joh (2,1-12; 19,25-27)"[111]. H. Küng[112] hält die Kindheitsevangelien bei Mt und Lk für „historisch weithin ungesicherte, unter sich widersprüchliche, stark legendäre und letztlich theologisch motivierte Erzählungen eigener Prägung". In ihnen solle nachträglich Jesu Messianität verkündet und begründet werden. Sehen wir im einzelnen zu.

Die zentralen Texte seien in folgender Synopse zusammengestellt.

Maria im Neuen Testament

	Mk	Mt	Lk	Joh	Apg	Gal
Mutter des Gottessohnes						4,4
Jungfräuliche Mutter		1,16.18-25 2,11.13-15.19-23	1,26-38; 2,1-20			
Besuch bei Elisabet/ Magnificat			1,39-56			
Maria und Simeons Weissagung			2,34-35			
Der zwölfjährige Jesus im Tempel			2,41-52			
Jesu wahre Verwandten	3,31-35	12,46-50	8,19-21			
Die Familie Jesu	6,1-6a	13,54-59				
Seligpreisung der Mutter Jesu			11,27-28			
Die Mutter Jesu in Kana				2,1-12		
Vermächtniswort an die Mutter und den Lieblingsjünger				19,25-27		
Maria in der Urgemeinde					1,14	

---

[111] G. Stählin: RGG³ IV, 747.
[112] Christ sein, München 1974, 441.

2.1.2 Frühe Zeugnisse (Paulus und Markus)

Den wahrscheinlich ältesten biblischen Hinweis (um 57) auf die Mutter Jesu bietet Paulus im Galaterbrief 4,4 f.: *„Als aber die Zeit erfüllt war, sandte Gott seinen Sohn, geboren von einer Frau und dem Gesetz unterstellt, damit er die freikaufe, die unter dem Gesetz stehen, und damit wir die Sohnschaft erlangen"*. Ohne Maria unmittelbar beim Namen zu nennen, unterstreicht der Apostel mit dem Bezug auf die Geburt von einer Frau das volle Menschsein Jesu (vgl. Weish 7,1-6; Mt 11,11; Lk 7,28). Diesen Gedanken konkretisiert Paulus soteriologisch dadurch noch weiter, daß er auf Jesu Herkunft aus Israel hinweist (vgl. Röm 1,3 f.). Gewiß wird hier Maria nur mittelbar erwähnt. Paulus spricht aber ausdrücklich von der Mutterschaft. Von einer Frau wurde der Sohn Gottes in das Volk des Gesetzes geboren.

Markus (nach 70) nennt Jesus „Sohn der Maria" (6,3), ohne je Josef als seinen Vater zu erwähnen. Abwertend wird Jesus von seinen Landsleuten in den Kreis seiner wohl ortsbekannten Familie eingeordnet und ihm so jeder prophetische Anspruch bestritten. Nach Markus ist es aber gerade das konkrete und anstößige Menschsein Jesu, wodurch Gott selbst den Menschen begegnet. Daß Jesus unjüdischerweise nach seiner Mutter „Sohn der Maria" (Mk 6,3) benannt wird statt nach dem Vater, ist als Schimpfwort gedeutet worden oder auch als behutsamer Hinweis auf die Jungfrauengeburt[113].

Die Familie Jesu bietet noch in einem anderen Zusammenhang Anlaß, seine Mutter zu erwähnen. Inmitten seiner Brüder sucht sie, ihn aus seinem Wirken herauszurufen und zu sprechen (Mk 3,31-35). Bei den vorausgehend genannten Angehörigen, die Jesus für von Sinnen halten, wird sie jedoch nicht genannt (Mk 3,21). Das Drängen der Seinen, ihn zu sich zu rufen, beantwortet Jesus damit, daß er den Kreis seiner leiblichen Familie aufbricht und auf all jene ausweitet, die den Willen Gottes tun. Sie sind für ihn Bruder, Schwester, Mutter (Mk 3,34 f.).

Der hier anklingende kritische Akzent ist im Rahmen der markinischen Konzeption vom Unverständnis der Jünger zu interpretieren. Für Maria trifft zu, was für alle Jünger, die Jesus auf seinem Weg begleiten (10,32 ff. u.ö.), bis Ostern gilt: Fortgesetzt sind sie des weisenden Wortes bedürftig. Jesus muß sich ihnen in der Frage nach seiner Person und Sendung immer neu zuwenden (vgl. 4,13; 6,52; 8,32; 9,9 f. 32 u.ö.). Ständig sind sie auf dem Weg der Nachfolge in der Gefahr, den Meister zu verkennen. Diese *theologische* Perspektive im Jünger-Bild des Markus sollte zurückhaltend machen gegenüber einem verbreiteten Vorgehen, das die vermeintlich „wahre" Maria im zweiten Evangelium gegenüber einer theologisch überhöhten Maria bei Lukas, aber auch bei Matthäus und Johannes, ausspielt[114].

Bemerkenswert ist, daß Mt 12,46-50 und Lk 8,12-21 den kritischen Akzent unserer Szene abschwächen und positiv wenden. Beide übergehen den Hinweis ihrer markinischen Vorlage auf das Unverständnis der Verwandten Jesu (Mk 3,21) und beziehen diese ausdrücklich in die neue Gottesfamilie mit ein.

---

[113] J. Gnilka, Das Evangelium nach Markus (EKK II/1), Zürich – Einsiedeln 1978, 231 f; Vgl. auch Maria im Neuen Testament, 228.

[114] Vgl. Maria im Neuen Testament, 221; J. Zmijewski, Die Mutter, 35.

2.1.3 Jungfräuliche Mutter nach Matthäus

Für Matthäus (zw. 80 u. 90) ist Jesus durch Josef, „den Mann Marias" (1,16), der Davids-Familie eingegliedert. Nach außen hin ist Josef der Handelnde. Er gibt Jesus den Namen (1,21.25 b); er nimmt das Kind und dessen Mutter und flieht nach Ägypten (2,13-15). So sehr Josef auch zunächst im Blickfeld steht, Jesus ist nicht sein Sohn. Darauf weist schon der Stammbaum (1,1-17) hin. Alle vorausgehenden Generationen werden vom zeugenden Vater her bestimmt. Dieses Schema wird bei Josef durchbrochen. Von ihm heißt es ohne Erwähnung seiner leiblichen Vaterschaft: er war der Mann Marias, „von der geboren wurde Jesus, der Christus genannt wird" (1,17). Diesen hat Maria, seine Verlobte, durch das Wirken des Heiligen Geistes empfangen (1,18), wie es der Prophet Jesaja (7,14 LXX) verheißen hat (1,23)[115]. Noch könnte Josef seine Verlobte entlassen (1,19). Aber ihm wird von einem Engel bedeutet: „Das Kind, das sie erwartet, ist vom Heiligen Geist" (1,20). Josefs nur gesetzliche Vaterschaft unterstreicht der Evangelist des weiteren mit der Bemerkung: „Er erkannte sie aber nicht, bis sie ihren Sohn gebar" (1,25). Entsprechend redet Matthäus nie von Josef und seinem Kind, wohl aber pointiert von Maria, seiner Mutter (1,18). „*Das Kind und seine Mutter*" (2,11.13.14.20.21) ist eine feste Formulierung geworden; mit ihr werden Jesus und Maria von Josef abgehoben; sie stehen ihm gleichsam gegenüber, Zeichen für die fehlenden Bande des Blutes. Die enge Zusammengehörigkeit Marias mit ihrem Sohn wird auch bei der Huldigung durch die Magier deutlich. Von Josef ist hier nicht die Rede; wohl aber hat Maria mittelbar teil an der Ehrung durch die Sterndeuter. „Sie gingen in das Haus und sahen das Kind und Maria, seine Mutter; da fielen sie nieder und huldigten ihm" (2,11). Anders als Mk 3,31-35 schließt Mt 12,46-50 die Mutter Jesu wie auch seine Brüder ausdrücklich in dessen geistige Familie ein.

Für Matthäus ist Maria „eine notwendige Figur im Plan Gottes"[116]; sie ist die jungfräuliche Mutter, die dem Messias das Leben schenkt. So wird Maria auf eine viel grundsätzlichere Weise aktiv in die Geburt des Messias einbezogen als der nach außen hin handelnde Josef. Sie ist für diesen Dienst Adressat besonderen göttlichen Wirkens. Darin hat sie, wie im Stammbaum erwähnt, Vorläuferinnen in den Heidinnen Rahab und Rut (1,5) sowie den beiden nicht gerade Gerechten Tamar (1,3; vgl. Gen 38) und Batseba, der Frau des Urija (1,6; vgl. 2 Sam 12,24)[117]. Wie diese erwählte Gestalten in der Geschichte Israels waren, so jetzt auch Maria, da sie Mutter des Immanuel (1,23; Jes 7,14 LXX) wird. Darin, daß ihr Kind „Gott mit uns" ist, kann man jenen zentralen Ehrentitel grundgelegt sehen, den ihr die Kirche später offiziell geben wird: *Gottesgebärerin*[118].

---

[115] In der griechischen Fassung der LXX sagt das Prophetenwort, eine unberührte, alleinlebende Jungfrau (parthenos) werde den Messias gebären. Der hebräische Text spricht von einer jungen, heiratsfähigen Frau und meint wahrscheinlich die junge Frau des in seinem Königtum bedrohten Königs Ahab (Jes 7,1-7). Vgl. G. Delling, parthenos: ThWNT V, 830 f, 832-835.
[116] H. Räisänen, Die Mutter Jesu, 75. Seine These von der Passivität Marias ist zu diskutieren. Auf Räisänen beruft sich J. Zmijewski, Die Mutter, 75.
[117] Vgl. G. Kittel: ThWNT III, 1-3.
[118] Vgl. J. Michl: BThW II, 977.

2.1.4 Marienbild des Lukas

Mehr noch als die beiden anderen Synoptiker richtet Lukas (zw. 80 u. 90) sein Augenmerk auf Maria. Josef steht auch für ihn im Hintergrund. Maria und nicht der (gesetzliche) Vater (vgl. Mt 1,21) soll Jesus den vom Engel verheißenen Namen geben (1,31). Lukas nennt Maria „Begnadete" (1,28), weil zur Mutter des Gottes-Sohnes erwählt. Sie ist jungfräuliche „Magd des Herrn" (1,38). Mehr noch: wegen der gottheitlichen Hoheit ihres Sohnes läßt er Elisabet sie hoheitsvoll als „Mutter meines Herrn" grüßen (1,43). Auch dies ist eine Vorform des späteren Ehrentitels *Gottesgebärerin*.

Die Grundhaltung Marias im dritten Evangelium ist der Glaube. Sie ist wie Abraham (Röm 4,1-25) Urbild eines gläubigen Menschen in der Jesus-Nachfolge: Er läßt sich für sein Leben und Entscheiden durch das Wort Gottes ermutigen und beanspruchen. Diese Bereitschaft beginnt mit dem Hinhören auf die göttliche Weisung und verwirklicht sich in deren vertrauensvoller Hinnahme und Zulassung. Zunächst lautet die verwunderte Frage: *„Wie soll das geschehen, da ich keinen Mann erkenne?"* (1,34). Aber Maria geht auf den Heilsplan Gottes ein und entspricht ihm in einer letzten Einsamkeit einzig im Vertrauen darauf, daß bei Gott kein Ding unmöglich ist (1,37). „Mir geschehe, wie du es gesagt hast" (1,38); das heißt: Dein Wort gilt, ich will mich ihm mit allem Vertrauen öffnen und es festhalten, auch wenn alles Äußere dagegen spricht. Diese auf Gott hin geöffnete Haltung Marias ist der Raum für das Wirken des Heiligen Geistes. Er erfüllt sie und sie wird Mutter; so wird ihr Kind heilig und Sohn Gottes genannt werden (1,35).

Diese Haltung Marias findet ihr Echo in den anerkennenden Worten Elisabets: „Selig ist die, die geglaubt hat, daß sich erfüllt, was der Herr ihr sagen ließ" (1,45). Entsprechend ist auch die Seligpreisung Marias durch eine Frau aus dem Volk gestaltet: „Selig die Frau, deren Leib dich getragen und deren Brust dich genährt hat. Er [Jesus] aber erwiderte: ja, freilich *(menoun)* selig sind die, die das Wort Gottes hören und es befolgen" (11,27.28). Positiv formuliert Lukas dann die Szene mit den Verwandten Jesu. Die Frage der markinischen Vorlage: *Wer ist meine Mutter, wer sind meine Brüder,* ist hier weggelassen. Die Antwort lautet nicht abgrenzend, sondern bestätigend. Alle nach dem Vorbild Marias Glaubenden sind in die Familie Jesu einbezogen: *„Meine Mutter und meine Brüder sind die, die das Wort Gottes hören und danach handeln"* (11,21). Die von Lukas schon im Kindheitsevangelium der Mutter Jesu entgegengebrachte Wertschätzung klingt schließlich auch dort an, wo er sie ausdrücklich als Glied der pfingstlichen Gemeinde nennt[119].

Den feierlichen Worten des Engels (1,28) sowie dem anerkennenden Begrüßungswort Elisabets an Maria (1,42-45) folgt in der Begegnung mit Simeon die schmerzliche Verheißung: *„Dir selbst wird ein Schwert durch die Seele dringen"* (2,35). Schon bald wird etwas davon wahr beim Zurückbleiben Jesu im Tempel von Jerusalem (Lk 2,41-52). Darüber waren seine Eltern sehr betroffen; „und seine Mutter sagte zu ihm: Kind, wie konntest du uns das antun? Dein Vater und ich haben dich voll Angst gesucht" (2,48). Glaube als Ja zu Christus schließt Ratlosigkeit mit ein (2,50). Was da hilft, ist allein, dies alles im Herzen aufzuneh-

---

[118] Vgl. A. Weiser, Die Apostelgeschichte Kap. 1-12 (ÖTK 5/1), Gütersloh – Würzburg 1981, 58.

men und nachgehend zu überdenken. Dieser Zug scheint Lukas für sein Marienbild so wichtig zu sein, daß er ihn gleich zweimal äußert, so bei der Anbetung der Hirten (2,19) wie auch nach Jesu Zurückbleiben im Tempel (2,51 b).

Die Einwilligung in Gottes Wort fordert von Maria die volle Nachfolge ihres Sohnes. Sie bleibt bei ihm trotz Kummer und Ratlosigkeit. Maria zeigt damit, daß Glaube mehr ist als hochgemute Zustimmung des Herzens; er hat dann erst seine eigentliche Gestalt, wenn er einfordernd wird und uns in allen nur möglichen Lebenslagen – Unverständnis und Leid ausdrücklich eingeschlossen – an der Seite Christi stehen läßt. Die Weissagung Simeons zeigt, daß der geistliche Mitvollzug der Zurückweisung Jesu wesentlich mit zum Glauben gehört. Je mehr der Gläubige nach dem Vorbild der „Magd des Herrn" (1,38) sein Ja zu Christus lebt, um so mehr wird er erfahren, wie sehr er umdenken muß; denn auch seine Seele wird ein Schwert durchdringen. Nur so findet er vom Glauben nach Menschenart zum Glauben an den Herrn, dem widersprochen wird, durch den manche in Israel zu Fall kommen, der aber zugleich viele aufrichtet (2,34 f.).

Die wiederholte Erwähnung Marias und ihre Darstellung als Urbild des Glaubens ist ein Zeichen besonderer Wertschätzung durch Lukas. Daß seine Sicht auch mit einer ausdrücklichen Ehrung der Mutter des Herrn verbunden ist, zeigt das *Magnificat.* Das in diesem Lied gesungene Gotteslob erhält mit dem Blick auf die demütige Magd seine konkreten Konturen. Gottes Handeln an ihr macht sie für alle Generationen verehrungswürdig. Entsprechend blickt die Beterin im ersten Teil des Magnificat auf sich selber, die Gott so huldvoll angeschaut hat: *„Meine* Seele preist die Größe des Herrn, und *mein* Geist jubelt über Gott, *meinen* Retter. Denn auf die Niedrigkeit seiner Magd hat er geschaut. Siehe von nun an preisen *mich* selig alle Geschlechter. Denn der Mächtige hat Großes an *mir* getan" (1,46-49). Im zweiten Teil (1,50-55) weitet sich der Blick auf all jene aus, die demütigen Herzens sind. Maria ist deren Repräsentantin. Wie an ihr erfüllt sich weithin die im Alten Bund anhebende Zuwendung Gottes zu Armen und Niedrigen. Jene aber, die sich angesehen und mächtig dünken, fallen dahin. Hier klingt bereits die gewandelte Perspektive an, die in den Seligpreisungen und den Wehrufen (6,20-26) thematisiert wird und Jesu Fürsorge für Sünder und Notleidende erläutert: „Selig, ihr Armen, denn euch gehört das Reich Gottes ... Aber weh euch, die ihr reich seid" (6,20b. 25a). Das Magnifikat erscheint damit als eine Ouvertüre der Bergpredigt und Maria als Vorläuferin der dort angesprochenen Jünger (6,20).

2.1.5 Die Mutter Jesu nach Johannes

Bei Johannes besitzt Maria eine ausgeprägt symbolische Funktion. Ohne daß ihr Name genannt wird, begegnet die Mutter Jesu am Anfang und am Ende seines öffentlichen Lebens. In beiden Fällen ist sie Repräsentantin der neuen Gemeinde. Diese Symbolik berechtigt, von einer „Vorzugsrolle" Marias im Denken der johanneischen Schule zu sprechen[120]. Bei der *Hochzeit in Kana* (Joh 2,1-11), steht sie

---

[120] J. Wanke, Maria im vierten Evangelium: ThJb(L) (1983) 117-125, 124.

stellvertretend für jene, die von Jesus Gottes Heilsgabe erwarten und andere darauf aufmerksam machen. Auf ihre Weise unterstützt sie das Zeichen Jesu, indem sie ihn anspricht und auf die besondere Sendung ihres Sohnes verweist. Maria ermutigt die Diener dazu, auf Jesu Wort zu hören und ihm Glauben zu schenken. Die Geste der Mutter beleuchtet, daß Gottes Gabe aus menschlichem Wirken unableitbar ist, daß sie aber den, der auf Jesus hört, überreich erfüllt.

Die zweite Stelle im 4. Evangelium (Joh 19,25-27) zeigt *Maria unter dem Kreuz*. Hier ist sie zusammen mit Johannes Repräsentantin der Jünger beim Tod des Herrn. Beide sind sie Zeichen und Vorbild dafür, auf dem Weg der Nachfolge Jesu nicht vorschnell haltzumachen, nicht diese oder jene vielleicht hoheitsvollere Etappe seines Lebens herauszugreifen oder vor der Torheit des Kreuzes zu kapitulieren. Die Verbundenheit mit Jesus führt über Golgota. Diesen Gedanken hatte bereits Lukas aufgegriffen und in seiner Art artikuliert. Die Szene besagt aber noch mehr. Maria wird auf Johannes, den authentischen Zeugen (19,35) verwiesen (19,26). In dieser Verbundenheit der leiblichen Mutter mit dem ersten Verkünder seines Todes zeigen beide, daß das Erbe des geschichtlichen Jesus im tradierten Wort weiterlebt. Ähnlich wie bei Lukas steht Maria hier vor uns als die Frau, die das Wort Gottes hört und es beim und über den Kreuzestod Jesu hinaus bewahrt. Schließlich ein letzter Aspekt. Jesu Mutter wird die *Mutter des Lieblingsjüngers* (19,27) und damit die Mutter der von ihm repräsentierten Jünger insgesamt; sie wird zur geistigen Mutter aller Glaubenden und damit der ganzen Kirche.

Fassen wir zusammen: Sofern im Neuen Testament von der göttlichen Personalität und Sendung Jesu die Rede ist, wird die altkirchliche Bezeichnung Marias als *Theotokos* (Gottesgebärerin) grundgelegt. In dem Maße, wie das Verständnis Jesu als Sohn Gottes, als Kyrios und „Gott mit uns" (Mt 1,23) zunimmt, wächst auch die würdigende Sicht seiner leiblichen Mutter. So wird sie gegrüßt als Gesegnete unter den Frauen (Lk 1,42) und „Mutter meines Herrn" (Lk 1,43).

Sofern Maria als leibliche Mutter Jesu zuerst und immer *heilsgeschichtliche Person* ist, gilt sie dem Neuen Testament stets auch als Symbolfigur, als Urbild des Glaubens, als Repräsentantin und als Mutter der Jünger, als das neue Israel, als Tochter Zion (Lk 1,28.35.43). Damit ist die patristische Anrede *„Urbild und Typos der Kirche"* grundgelegt. Selbst der Titel *„Mutter der Kirche"* ist nicht ohne biblisches Fundament. Es ist wohl nicht nur die lutherische Sicht, die *U. Wilckens* wie folgt skizziert: *„Als Mutter der Kirche* ... vertritt sie sowohl Israel wie auch die Kirche als Gemeinschaft der Glaubenden; denn mit Israel ist sie verbunden, indem der Engel *ihr* die Erfüllung jener Immanuel-Verheißung zuspricht, die dort bei Jesaja ganz Israel gilt: ‚Der Herr ist mit dir'. Die Kirche aber repräsentiert sie, weil sie die erste ist, die Gottes Zuspruch geglaubt und Christus, ihren Herrn, in sich empfangen und angenommen hat"[121]. Die Spannung von personaler und symbolischer Sicht bleibt weiterhin mit dem Namen Marias verknüpft. Schwer-

---

[121] Einführungsvotum zum ev.-kath. Glaubensgespräch über die Mutter des Herrn auf dem 88. Dt. Katholikentag (4.-8.7.84) in München: Dokumentation. Hg. v. Zentralkomitee der dt. Katholiken, Paderborn 1984, 702-707, 706.

punktmäßig liegen die Akzente so: Der personale Aspekt wird stets dann betont, wenn der Bezug Marias zu Christus im Zentrum steht. Ist dagegen ihre Verbindung mit der Kirche in den Blick genommen, tritt die typologisch-urbildliche Bedeutung in den Vordergrund.

2.2 Altkirchliche Stimmen

Von der Mutter des Herrn spricht die Kirche der Apostolischen Väter und Apologeten unter einem doppelten Gesichtspunkt[122]. Als seine leibliche Mutter ist sie zum einen *Zeichen der vollen Menschheit* Jesu. Zum anderen läßt ihre jungfräuliche Empfängnis seine *göttliche Sendung* aufscheinen. Weil beides von ein und demselben Erlöser gilt, spiegelt sich dessen *Zweieinheit* auch in seiner Mutter. So heißt es etwa bei *Ignatius v. Antiochien*: „Einer ist Arzt, aus Fleisch zugleich und aus Geist, gezeugt und ungezeugt, im Fleische erschienener Gott, im Tode wahrhaftiges Leben, aus Maria sowohl wie aus Gott, zuerst leidensfähig und dann leidensunfähig. Jesus Christus unser Herr"[123]. Maria ist für den Martyrerbischof aus Antiochien die leibliche Mutter jenes einen Arztes, der aus Fleisch ist und aus Geist, d.h., des Gott-Menschen Jesus Christus. Es ist jener Gedanke, der beim Konzil von Ephesus zur kirchenamtlichen Übernahme des Theotokos-Titels führen wird.

Bei *Justin* findet sich in ähnlicher Weise ein zweipoliges Denken bezüglich der Person Jesu und entsprechend auch von seiner Mutter: „Ja, das ist wirklich ein (wunderbares) Zeichen, und das Menschengeschlecht sollte ihm Glauben schenken, daß nämlich von jungfräulichem Schoße der erstgeborene aller Geschöpfe Fleisch annimmt und in der Tat ein Kind wird"[124]. In seiner Geburt aus Maria konkretisiert sich für den Apologeten Jesu doppelte Berufung; er ist Gottes ewiger Sohn, der vor allen Geschöpfen war; er ist zugleich Sohn der Patriarchen, weil Mensch geworden aus der Jungfrau Maria; als Mensch fehlten ihm Schönheit und Ehre; denn er war dem Leiden unterworfen (vgl. Jes 53,2 f.)[125].

Schließlich sei *Irenäus v. Lyon* genannt. Auch er sieht die Mutterschaft Marias in doppelter Weise auf Christus verweisen. Zum einen ist sie die wirkliche Mutter dessen, der unseretwegen Fleisch angenommen hat. „Hat er nämlich vom Menschen die Wesenheit des Fleisches nicht angenommen, dann ist er auch nicht Mensch geworden, noch Menschensohn ... Übrigens ist dann auch überflüssig seine Herabkunft auf Maria. Wozu nämlich wäre er auf sie hinabgestiegen, wenn er nichts von ihr annehmen wollte? Wenn er ferner nichts von Maria angenommen hätte, dann hätte er auch nicht die von der Erde genommenen Speisen aufgenommen, durch die der von der Erde genommene Leib ernährt wird, ... Das sind

---

[122] G. Söll, Mariologie, 30-40; ders., Maria in der Geschichte: HMar, 95-109.
[123] Eph. 7,2; Die Apostolischen Väter. Eingeleitet, herausgegeben, übertragen und erläutert v. J.A. Fischer, München 1956, 148 f; auch tzt D 6, Nr. 20.
[124] Dial. 84,2; BKV² 33, 138.
[125] Dial. 100,2; BKV² 33, 162.

alles Kennzeichen des Fleisches, das von der Erde genommen ist, das er in sich rekapituliert hat, um sein Geschöpf zu retten"[126]. Irenäus sieht in der Erlösung die Wiederherstellung und vollendende Zusammenfassung der Schöpfungsordnung. Die leibliche Mutterschaft Marias ist ihm deshalb ein Zeichen für die irdische Reichweite der Inkarnation. Der Bischof von Lyon betrachtet Marias Mutterschaft aber noch unter einem anderen Gesichtspunkt, den dann später auch das Konzil von Ephesus aufgreifen wird. Aus Mt 1,20-23 (mit dem Bezug auf Jes 7,14 LXX) geht für Irenäus klar hervor, „daß die den Vätern gegebene Verheißung erfüllt war, daß aus einer Jungfrau der Sohn Gottes geboren wurde, und daß dieser Christus der Erlöser ist, den die Propheten verheißen haben. Also ist es nicht so, wie jene sagen, daß bloß Jesus aus Maria geboren sei und der obere Christus herabgestiegen ... So dürfen wir also nicht annehmen, daß Jesus und Christus verschiedene Personen sind, sondern müssen wissen, daß es ein und derselbe ist". Mutter dieses einen und selben Jesus Christus ist Maria.

2.3 Zum Theotokos-Titel

Für das 3. Jahrhundert ist in Ägypten (Alexandrien) bezeugt, daß Maria als Mutter Christi Gottesgebärerin genannt wird[128]. Am bekanntesten aus dieser Zeit ist das schon genannte Gebet „Unter deinen Schutz ..." welches sie so anspricht[129]. Auch von Origenes († 253/54)[130] wird der Titel theotokos überliefert. Die im 3. Jahrhundert anhebende textliche Bezeugung weitet sich im 4. Jahrhundert mehr und mehr aus. So heißt es etwa in einem Glaubensbekenntnis aus den Vorwehen des arianischen Streites: „Wir wissen von der Auferstehung von den Toten, deren Erstling unser Herr Jesus Christus war, der einen Leib angenommen hat, wahrhaftig und nicht nur dem Anschein nach aus der Gottesgebärerin Maria"[131].

---

[126] Haer. III,22,1-2; BKV² 3, 307 f; tzt D 6, Nr. 27.
[127] Haer. III,16,2; BKV² 3, 274.
[128] Vgl. G. Giamberardini, De primaevo Virginis Deiparae festo, in Nativitate Domini occurente, ex documentis liturgiae aegyptiacae, in: Acta Congressus Mariologici – Mariani in Lusitania anno 1967 celebrati, vol. V., Romae 1970, 79-95; ders., Il culto mariano in Egitto I, Jerusalem ²1975, 69-122, 252-265; Th. Klauser, Gottesgebärerin: RAC XI, 1071-1103 (Lit.); M. Starowieyski, Le titre theotókos avant le concile d'Ephèse: StPatr 19 (Leuven 1989) 236-242; B. Studer, La recezione del Concilio di Efeso del 431: SEAug 31 (1990) 427-442; ders., Il Concilio di Efeso (431) nella luce della dottrina mariana di Cirillo di Alessandria: La mariologia nella catechesi dei padri (età postnicena), a cura di S. Felici (BSRel 95), Roma 1991, 49-67.
[129] Vgl. G. Giamberardini, Il culto I, 69-96; A. M. Triacca, ‚Sub tuum praesidium': nella ‚lex orandi' un' anticipata presenza della ‚lex credendi'. La ‚teotocologia' precede la ‚mariologia'?: La mariologia nella catechesi dei Padri (età prenicena), a cura di S. Felici (BSRel 88), Roma 1989, 183-205, bes. 199, Anm.71; R. Iacoangeli, ‚Sub tuum praesidium'. La pió antica preghiera mariana: filologia e fede: ebd. 207-240.
[130] In Luc. fr. 41/3; GCS 49, 244. fr. 804, ebd. 260. Nach Socrates, h.e. 7,22; PG 67, 812, hat Origenes im 1. Buch seines Römerbrief-Kommentars ausführlich die Gründe erörtert, die für den Theotokos-Titel sprechen.
[131] Theodoret von Kyros (393/95 – ca. 466), h.e. I, 4,54; GCS 19, 23/1-3; auch tzt D 6, Nr. 31.

Hierbei handelt es sich um einen Text aus einer älteren Glaubensregel. Bei Athanasius[132] findet sich der Titel *kyriotokos* (Herrengebärerin). Neben der Theotokos-Anrede erscheint aber auch die Hoheitsbezeichnung *Gottes-Mutter (theometer)*, so im Namen einer ca. 285 geweihten Marienkirche in Alexandrien[133]. Andererseits spricht Clemens von Alexandrien († nach 218)[134] davon, daß der Heide Dardanos „die Mysterien der Göttermutter" eingeführt habe. Das legt die Frage nahe, wie weit der Theotokos-Titel bzw. der der Mater Dei heidnischen Ursprungs ist. Dieser Gedanke wird heute mit immer neuen Variationen vorgetragen[135].

Im ägyptischen Raum war zur Zeit der Christianisierung der Titel *„Mutter Gottes"* bekannt. Isis etwa, die „populärste Gottesmutter der frühen Kaiserzeit"[136], war die Mutter des Gottes Horus. Zusammen mit ihr tragen gelegentlich den Gottes*mutter*titel die ägyptischen Göttinnen Neith, Huth, Hathor. Wie weit die Himmelsgöttin Nut, die den Sonnengott Re und die Gestirne täglich verschluckt, um sie neu zu gebären, Götter-*Gebärerin* (-tokos) genannt wird[137], wäre näherin zu prüfen und vor allem quellenmäßig zu belegen. Konsolidieren muß sich ferner die These, Isis werde im Koptischen Gottes-Gebärerin genannt, woher der griechische Titel (als Übersetzung) stamme[138]. Weiterhin klärungsbedürftig ist auch die häufig diskutierte Vermutung, die Darstellung der stillenden Gottesgebärerin sei von der verbreiteten Figur der *Isis lactans* angeregt worden. Im Rahmen der theologischen Diskussion in Ägypten[139] ist das Bild der Maria lactans ein Bekenntnis zur vollen Menschheit und zugleich zur wahren Einheit von Gott und Mensch in Christus. Aus einer Ähnlichkeit der Motive darf nicht unvermittelt eine direkte Abhängigkeit geschlossen werden[140].

Andere Gottheiten des weiteren Mittelmeerraumes heißen „Große Mutter", so u.a. Kybele und Artemis, weil sie die höchsten Gottheiten sind, die lebensspendend und insofern mütterlich wirken, nicht aber weil sie einem göttlichen Sohn das Leben schenkten. Menschliche Mütter, die einen Heros geboren haben, sind Semele, die Mutter des Dionysos, und Alkmene, die Mutter des Herakles. Daß ihnen ein Kult als Gottesmutter entgegengebracht wurde, ist nicht überliefert.

Auf dem geschilderten Hintergrund zeichnet sich folgendes Bild ab:

1. Es besteht Neigung und Brauch, Göttliches mit weiblichen Kategorien auszusagen. Die Christen von Alexandrien fanden es nicht unangemessen, Maria, die Mutter des menschgewordenen Wortes, in vertrauter Sprache zu grüßen. Läßt sich hier nicht von einer ähnlichen Situation sprechen, wie bei der Übernahme der

---

[132] In Luc. fragm.; PG 27, 1393 C. Weitere Belege für das 3. u. 4. Jahrhundert bei G. Giamberardini, De primaevo Deiparae festo, 89-93; ders., Il culto I, 111-122.
[133] Sophronius Hier., SS. Cyri et Ioannis miracula 12; PG 87/III, 3460.
[134] Protr. II,13,3; BKV² II/7, 84.
[135] Vgl. die von Th. Klauser: RAC XI, 1095 f skizzierte Fragestellung.
[136] Th. Klauser: RAC XI, 1098.
[137] So H. Stirnimann, Marjam, 442, Anm. 10.
[138] G. Giamberardini, Il cultu I, 111-122.
[139] Im 4. Jahrhundert ist es die Auseinandersetzung mit Doketen, Marcioniten und Manichäern, im 5. Jahrhundert der Streit mit Nestorius (nach 381 – um 451) um die Idiomenkommunikation.
[140] Th. Klauser: RAC XI, 1099; A. Grillmeier, Jesus der Christus im Glauben der Kirche II/4, Freiburg-Basel-Wien 1990, 286-290.
[141] G. Giamberardini, Il culto I, 119.

Logosvorstellung für den Christusglauben[141]? Th. Klauser[142] spricht davon, „daß in der Christengemeinde in Alexandreia bei aller Kritik an der ‚Konkurrentin' doch eine *gewisse Sympathie* übrig blieb, die eine Übernahme des Gottesmutter-Titels möglich machte". Die hier angesprochene Sympathie meldet sich vor allem in der damaligen Volksfrömmigkeit zu Wort[143]; sie ist aber von den biblischen Wurzeln und der dogmatischen Gestalt des Marienglaubens zu unterscheiden.

2. Diese Neigung zu weiblichen Gottesbildern wird durch genuin christliche Akzente erheblich modifiziert. Als solche können gelten:

— Die sprachliche Fassung des Titels *theotokos*. Es handelt sich zumindest für das Griechische um ein Kunstwort. Die Anrede Gottes-*Mutter* wird nicht rezipiert; ihr gegenüber besteht eine zunehmende Reserve. Dies geschieht in Abgrenzung zu den Mutter-Gottheiten der Region (Magna Mater, Kybele und Artemis, Astarte, Demeter, Isis).

— Im Vergleich zu den genannten Göttinnen des Mythos ist Maria ein Geschöpf, eine *geschichtliche* Person; sie ist weder eine Gottheit, noch göttliche Mutter eines Gottes; sie hat vielmehr, wie das Konzil von Ephesus sagen wird, „*dem Fleische nach* den menschgewordenen Logos Gottes geboren" (NR 160 – DH 252). Sie ist also die Frau, die den ewigen Logos Gottes in die Zeit *hinein* empfangen und entbunden hat. Es geht bei Maria nicht um das „Urbedürfnis nach einer göttlichen Frau, nach einem Bild für einen kosmischen Grund des Lebens", in dem die Gläubigen sich selbst erkennen konnten[144]. Es geht auch nicht um „die Erdenmutter", „das mütterliche Bild des Göttlichen"[145]. Vielmehr ist Maria eine geschichtliche Person mit der unvertretbaren Aufgabe, Mutter des Erlösers zu sein. Zudem unterscheidet sich „die Magd des Herrn" (Lk 1,38) von der libidinös – leidenschaftlichen Isis grundsätzlich. Jegliche Anspielung auf die oft recht drastischen Theogamievorstellungen fehlt. Maria ist, darauf weist schon *Origenes*[146] zur Unterscheidung der religionsgeschichtlichen Vorbilder hin, als geschichtliche Person jungfräuliche Mutter. Im Unterschied dazu seien die Göttergeschichten bunte Possen[147]. Zuvor schon hatte sich *Clemens v. Alexandrien*[148] über die „dreimal unselige Göttin" Isis lustig gemacht. Als im 4. Jahrhundert in Arabien die christliche Sekte der Kollyridianerinnen[149] entstand, grenzte sich die Kirche scharf von ihnen ab. Diese Gruppierung verehrte Maria als Göttin, opferte ihr Brot und aß davon. Epiphanius v. Salamis[150] spricht bei dieser Bewegung deutlich von einer Häresie.

---

[141] G. Giamberardini, Il culto I, 119.
[142] RAC XI, 1099.
[143] M. Starowieyski, Le titre theotókos, 241 f.
[144] C.J.M. Halkes, Gott hat nicht nur starke Söhne, Gütersloh ²1980, 97.
[145] R. Radfort-Ruether, Maria, München 1980, 61 f.
[146] Cels. VI, 74; BKV² 53, 196.
[147] Cels. I, 37; BKV² 52, 51 f.
[148] Protr. IV, 50,3; BKV² II/7,124.
[149] Vgl. F.J. Dölger, Die eigenartige Marienverehrung der Philomarianiten oder Kollyridianer in Arabien: AuC 1 (1929) 107-142; J. Barbel: LThK² VI, 382 f.
[150] Haer. 78,23. 24; 79,1; PG 42, 736 B-737 AB; 740 C-741 A; GCS 37, 473 f.; 475 f.; tzt D 6, Nr. 43-46. Vgl. auch Leontius von Byzanz (+ nach 543), Nest. et Ent. III, 6; PG 86/I, 1364 B.

Die sehr kritische Reaktion der alexandrinischen Väter, besonders Clemens und Origenes, auf den Göttinnenkult zeigt deutlich den Unterschied: Ihrem heilsgeschichtlichen Glauben steht eine Welt unter Mythen gegenüber. Zwischen beiden klafft ein „tiefer Abgrund"[151]. Maria ist keine Göttin im Sinne der religiösen Umwelt. Sie ist geschichtliche Person, nicht mythische Figur. Von dieser *realen Frau* werden Aussagen gemacht wie jungfräuliche Mutter, Magd und Jüngerin des Herrn, Geschöpf der Gnade.

2.4 Im Dienst des Christus-Dogmas

Die Anrede Marias als Theotokos wird in Alexandrien mehr und mehr in die Christologie[152] der dortigen Theologenschule eingeordnet. Dieser war es ein zentrales Anliegen, besonders die subjekthafte Einheit von Gottheit und Menschheit des Erlösers zu betonen. Damit wird ein Thema aufgegriffen und vertieft, das zuvor *Irenäus v. Lyon*[153] so formuliert hatte: „Es war also kein anderer, der sich den Menschen zeigte, und kein anderer, der da sagte: ‚Niemand erkennt den Vater'; *sondern es war ein und derselbe*. Ihm hatte der Vater alles unterworfen, und vor allen empfing er das Zeugnis, daß er wahrer Mensch und wahrer Gott ist ...". Daß der Sohn Gottes (= der Logos) und der Mensch Jesus von Nazaret *ein und derselbe sind,* daß sie *ein Subjekt* bilden, das ist der Grundgedanke der alexandrinischen Christologie. Gegenüber dem Logos-Anthropos-Konzept der Antiochener faßt Athanasius die Einheitssicht seiner Schule so: „(Das Wort) wurde Mensch und ist nicht in einen Menschen gekommen"[154].

Auf diesem Hintergrund mußte den Alexandrinern die Marienanrede „*Christusgebärerin*", wie sie der Antiochener Nestorius[155] bevorzugte, unzureichend er-

---

[151] G. Giamberardini, Il cultu I, 254.
[152] Vgl. in diesem Band: Christologie.
[153] Haer. IV, 6,7; BKV² 4,18.
[154] Ar. III, 30; PG 26, 388 A.
[155] Nestorius hatte den Alexandrinern entgegengehalten: „Sie ... schmähen ganz offen den Gott-Logos, der mit dem Vater wesensgleich ist, *als hätte er aus der jungfräulichen Christusmutter seinen ersten Ursprung genommen* und wäre mit seinem Tempel erbaut und mit dem Fleische begraben worden, und sie sagen, das Fleisch sei nach der Auferstehung nicht Fleisch geblieben, sondern übergegangen in die Natur der Gottheit ... Sie scheuen sich nicht, sie (die jungfräuliche Christusmutter) Gottesmutter zu nennen, während doch die heiligen, über alles Lob erhabenen Väter in Nicäa über die heilige Jungfrau nichts weiter gesagt hatten, als daß unser Herr Jesus Christus Fleisch geworden ist aus dem heiligen Geist und Maria der Jungfrau ... Wenn aber jemand diesen Namen Theotókos gebraucht ... dann erklären wir zwar, diese Bezeichnung passe nicht auf die, die geboren hat – denn eine wirkliche Mutter muß dasselbe Wesen haben wie das von ihr Geborene -, doch kann man diese Bezeichnung dulden in der Erwägung, daß dieses Wort auf die Jungfrau nur angewandt wird, *weil aus ihr der unabtrennbare Tempel des Gott-Logos kommt,* nicht weil sie selbst Mutter des Gott-Logos ist; denn niemand bringt einen hervor, der älter ist als er selbst". 1. Brief an Papst Coelestin; ACO 1,2, Nr. 3,2, pag. 13/11-13; dt. H. Karpp, Textbuch zur altkirchl. Christologie, Neukirchen 1972, 116 f.

scheinen. Dieser Titel brachte ihrer Meinung nach die zu überwindende Trennung in Christus (einer und ein anderer) klar zum Ausdruck.

Nestorius vermutet hinter dem alexandrinischen Theotokos-Titel ein Verständnis, das Maria mit dem *Ursprung* des *ewigen* Wortes und Sohnes in Verbindung bringt. Und das muß er mit Recht ablehnen. Er will die Anrede gelten lassen, wenn sie besagt, daß aus der Jungfrau Jesus, „der unabtrennbare Tempel des Gott-Logos kommt". Dieses durchaus positive Anliegen läßt aber offen, wie weit von dem ewigen Wort und Sohn wegen seiner (personalen) Identität mit dem „Tempel" Jesus von Nazaret auch menschliche Aussagen (bis hin zum Leiden) gemacht werden können und müssen. Zudem ist Nestorius zu fragen, wie weit dem Menschen Jesus göttliche Attribute zukommen können. Zu diesem Themenkreis wird man bei dem Patriarchen von Konstantinopel eine gewisse Unschärfe und mangelnde Deutlichkeit feststellen, auch wenn man seine Absicht als rechtgläubig kennzeichnen muß[156].

Für die Alexandriner erweist sich der Austausch göttlicher und menschlicher Eigentümlichkeiten (communicatio idiomatum) als *die* Bewährung dafür, wie eng die (personale) Einheit des ewigen Sohnes und Wortes mit dem Menschen Jesus gefaßt wird. Das ist der eigentliche Fragepunkt bei der Auseinandersetzung des beginnenden 5. Jahrhunderts um den Theotokos-Titel. Der Begriff „*Person*" stand zu jener Zeit noch nicht zur Verfügung; seine Funktion übernahm im Umfeld des Konzils von Ephesus (431) der Theotokos-Titel. Maria darf Gottesgebärerin genannt werden, weil ihr leiblicher Sohn und der ewige Sohn des Vaters *einer und derselbe* ist.

Mit besonderem Nachdruck betont der Alexandriner Cyrill[157], daß der Logos „wiewohl er vor Ewigkeiten aus dem Vater sein Dasein empfing und gezeugt wurde, dem Fleische nach auch aus dem Weibe geboren worden ist. Nicht als ob seine göttliche Natur in der heiligen Jungfrau ihren Ursprung genommen hätte, und nicht als ob eine zweite Geburt nach der Geburt aus dem Vater ihrer selbst wegen notwendig gewesen wäre. Denn es ist gottlos und unsinnig zugleich, zu sagen, daß der, der vor aller Ewigkeit ist und gleichewig mit dem Vater ist, einer zweiten Geburt bedurft hätte, um zum Dasein zu gelangen. Aber um unsertwillen und um unseres Heiles willen hat das Wort die menschliche Natur der Person nach sich selbst geeint und ist aus dem Weibe hervorgegangen; und darum heißt es, daß er fleischlich geboren worden ist. Denn es ist nicht zuerst ein gewöhnlicher Mensch aus der heiligen Jungfrau geboren worden und auf diesen dann das Wort herabgestiegen, sondern aus dem Mutterschoße selbst ist er geeint hervorgegangen; und deshalb heißt es, daß er sich der fleischlichen Geburt unterzogen hat, weil er die Geburt seines Fleisches zu seiner eigenen Geburt macht ...".

Indem Cyrill den Logos zum Subjekt der Geburt aus Maria machte, zum Subjekt von Leiden und Tod, schien er nach Nestorius die Gottheit in Gefahr zu bringen. Aber für Cyrill lag der Kern des Heiles gerade darin, daß Gott selbst unser Menschendasein angenommen, es geteilt und geheiligt hat. Wie Nestorius das

---

[156] Vgl. A. Grillmeier, Jesus der Christus im Glauben der Kirche I, Freiburg – Basel – Wien 1979, 652-660.
[157] 2. Brief an Nestorius; BKV² II/12, 83 f; auch tzt D 6, Nr. 64.

Göttliche und Menschliche unterschied und das Menschliche nicht vom Sohne Gottes aussagen wollte, bedeutete in den Augen des Cyrill eine Leugnung der Erlösung. Das eine Subjekt des Erlösers herausgestellt zu haben ist das Verdienst des Konzils von Ephesus. Welchen Sinn hätte es, von Menschwerdung zu sprechen, wenn die Übernahme von Leiden und Tod für den menschgewordenen Logos dunkel bliebe?

Die dritte Allgemeine Kirchenversammlung zu Ephesus (431) hat keine eigene Lehrformulierung geschaffen. Angesichts der sich mit den Namen des Cyrill von Alexandrien und des Nestorius von Konstantinopel verbindenden Auseinandersetzung über den Titel „Gottesgebärerin" für Maria war die Synode bestrebt, diesen Streit im Einklang mit dem Bekenntnis von Nizäa zu beenden. Den dort umschriebenen Glauben an den wesensgleichen Gottessohn sieht das Konzil authentisch wiedergegeben sowohl im 2. Brief Cyrills an Nestorius (DH 250 f.)[158] sowie in den seinem 3. Brief angefügten Anathematismen (DH 252-263)[159]. Beide Texte werden von den versammelten Konzilsvätern als legitimer Ausdruck des nizänischen Glaubens gebilligt.

Das Konzil hat im eigentlichen Sinne die Subjekteinheit des Erlösers definiert. Weil er Träger aller christologischen (gottheitlichen wie menschlichen) Aussagen ist, kann als mittelbare Konzilsaussage Maria *Gottesgebärerin* genannt werden. Oder abgrenzend mit Cyrill und dem Ephesinum formuliert: „Wer nicht bekennt, daß der Emmanuel in Wahrheit Gott und die heilige Jungfrau deshalb Gottesgebärerin ist, weil sie das *fleischgewordene, aus Gott entstammte Wort dem Fleische nach geboren hat,* der sei ausgeschlossen" (NR 160 – DH 252).

Rezipiert und verdeutlicht zugleich wurde das Anliegen von Ephesus auf dem *Konzil von Chalkedon* (451). Dort heißt es bezüglich der Gottesmutterschaft: „Folgend also den heiligen Vätern, lehren wir alle einstimmig, daß der Sohn, unser Herr Jesus Christus, *ein und derselbe sei* ... Vor aller Zeit wurde er aus dem Vater gezeugt seiner Gottheit nach, in den letzten Tagen aber wurde *derselbe* für uns und um unseres Heiles Willen aus Maria, der Jungfrau, der Gottesgebärerin, der Menschheit nach geboren ..." (NR 178 – DH 301).

Maria ist nach beiden Konzilien jungfräuliche Mutter des einen Erlösers, der seit Ewigkeit Sohn des himmlischen Vaters ist und durch sie zum Menschenbruder wurde. Darum darf sie als Gottesgebärerin gegrüßt werden. Der gedankliche Hintergrund für diese Definition ist die altkirchliche Unterscheidung zwischen Natur und Subjekt (Person). Christologisch drückt sich dies aus in der Lehre von den zwei Naturen und der personalen Einheit des Erlösers. Diesem Mysterium ist das Bekenntnis zur Gottesmutterschaft Marias aufs engste zugeordnet.

---

[158] tzt D 6, Nr. 64.
[159] NR 160-171; auch tzt D 6, Nr. 65.

2.5 Mutter im vielfachen Sinne

Die anfänglich der Mythenkritik wegen geübte Zurückhaltung gegenüber dem Gottes-*Mutter* Titel wird bis zu den Hymnen des 8. Jhs. beibehalten. Dann jedoch entfaltet sich mehr und mehr die Mutter-Anrede unter den verschiedensten Aspekten und Symbolzusammenhängen. Maria wird angerufen als *unsere Mutter*, als *Mutter der Lebenden, Mutter der Gnade, Mutter der Barmherzigkeit, Mutter der Kirche* etc[160]. In besonderem Maße leitend ist dabei die typologische Gegenüberstellung Eva – Maria. Wie jene am Anfang des Lebens steht, so Maria am Beginn der Kirche; ihr Gehorsam ist das Gegenbild zum Ungehorsam Evas. Der Ausdruck „Mutter der Lebenden" stammt von Epiphanius v. Salamis[161].

Die sich in vielfältige Nuancen entfaltende Mutteranrede hat bei einigen Vertreterinnen der *Feministischen Theologie* Kritik erfahren. Dies deswegen, weil es ihnen um eine „eigenständige" Mariengestalt geht, was nicht erlaube, sie nur von ihrem göttlichen Sohn her zu definieren. „Wer Maria nur als auf Jesus weisend und als Abbild der Kirche sehen will ...der unterschlägt die Frage nach der Person und dem Bild von Maria selbst"[162]. Wer als Antwort auf die Inkarnation verweise, lasse sich von jenen veralteten Strukturen leiten, „in denen das einzige verbriefte Recht, das Frauen zugestanden wird, das Recht auf Mutterschaft ist"[163]. Diese überkommene Sicht werde vom Neuen Testament dadurch korrigiert, daß es gegenüber der Mutter Jesu *Maria von Magdala* als die profiliertere Gestalt zeichnet; sie war eine „höchst ungewöhnliche", „unabhängige Frau"; sie steht für eine Art Frauen, „die spätere Kirchenführer nur zu gerne nicht wahrhaben wollten"[164]. Ähnliches gilt für *Maria von Bethanien*. Leider, so wird gesagt, sind bei der nachbiblischen Ausgestaltung des kirchlichen Marienbildes diese beiden Jüngerinnen Jesu „durch das Symbol der Mutter Maria überschattet worden"[165]. Mit dieser Zurückdrängung der Maria Magdalena habe die Kirche „einen gefährlich eigenständigen Typ Frau durch das traditionelle Frauenbild verdrängt"[166]. Im Unterschied zum nordamerikanisch-westeuropäischen Feminismus erscheint den Vertreterinnen der lateinamerikanischen Befreiungstheologie der Mutter-Titel für Maria weniger belastet; er bringt gerade ihre zentrale Auszeichnung zur Sprache[167].

Die vielfache Gestalt, in der sich die Mutter-Anrede Marias konkretisiert, hat ihr letztes tragendes Fundament in ihrer heilsgeschichtlichen Mutterschaft; diese bestimmt Marias Einzigartigkeit; von hierher erhalten alle anderen Würdebezeichnungen ihren Stellenwert. Der Grund dafür ist das geschichtliche Heils-

---

[160] Vgl. u.a. T.F. Ossana: NDM, 835-842.
[161] Haer. 78,18.
[162] C.J.M. Halkes, Eine „andere" Maria: US 32 (1977) 332.
[163] R. Radford-Ruether, Maria, 90; vgl. auch C.J.M. Halkes, Gott hat nicht nur starke Söhne, 110.
[164] R. Radfort-Ruether, Maria, 45.
[165] Ebd. 90.
[166] Ebd. 45.
[167] Vgl. I. Gebara, M.C. Lucchetti Bingemer, Maria Mutter Gottes und Mutter der Armen, Düsseldorf 1988, 134 f.

verständnis des Christentums. Es ist die personale Indienstnahme bei der Inkarnation, die Maria vor allen Frauen auszeichnet. Einzig ihr wurde es in der Geschichte des Heils anvertraut, dem zeitlichen Kommen Gottes in Christus mit ihrer gläubig angenommenen und leiblich vollzogenen Mutterschaft zu dienen. Es ist des Vaters ewiger Sohn, der aus ihr Mensch wird; sie wird seine leibliche Mutter. Von diesem Dienst her sind alle weiteren Aussagen über Maria (neue Eva, Urbild und Mutter der Kirche) zu bestimmen und gegebenenfalls zu korrigieren.

Tastet man die so skizzierte heilsgeschichtliche Personalität Marias an und optiert[168] für ein weibliches Symbol des Göttlichen, das auch noch so fest in der menschlichen Seele verankert sein mag, rührt man an die Fundamente des Offenbarungsglaubens und Erlösungsverständnisses. So wenn *Drewermann* etwa sagt, daß Gott „sich nicht zunächst in den äußeren Szenarien der historischen ‚Tatsachen', sondern wesentlich in den Urszenen der psychischen ‚Ursachen' ausspricht: in den Träumen, Visionen, Intuitionen und den mächtigen Gefühlen der Angst und des Vertrauens, der Verzweiflung und der Hoffnung". Wie weit ist der Blick des Menschen auf seine Seele glaubensbegründend? Und, wie weit reicht er für ein theologisch gültiges Marienbild? Doch wohl nur zu einer religionspsychologischen *Allgemeinaussage,* der aber jede heilsgeschichtliche und personale Konkretion fehlt. Für unseren Zusammenhang heißt das, die Rede von der Gottesmutterschaft Marias erhält nur in dem Maße ihren christlichen Sinn und Inhalt, als sie heilsgeschichtlich eingebunden ist.

Die christologische Rückbindung ist auch mit *L. Boff* zu diskutieren. Sein Büchlein „Ave Maria"[169] trägt den Untertitel „Das Weibliche und der Heilige Geist". Damit ist das Programm dieser Schrift genannt, Maria als die weibliche Repräsentanz Gottes darzustellen. Weil in Jesus die Selbstmitteilung des göttlichen Logos erfolgte und in Maria die des Heiligen Geistes, „begegnen wir in ihnen einer letzten Instanz der Gnade und des Heiles. Mit Maria und Jesus rühren wir unmittelbar an das Geheimnis Gottes selbst"[170]. Oder noch deutlicher: „Die Neue Eva und der Neue Adam übermitteln uns gemeinsam den Allerheiligsten, das heißt das Geheimnis des Vaters"[171]. Dieser Parallelisierung von Maria und Jesus entspricht dann die anthropologische Schlußfolgerung Boffs: „Aufgrund des Heiligen Geistes, der sich pneumatifiziert, und des einzigen Sohnes, der sich inkarniert, werden das Weibliche und das Männliche zusammen auf je eigene Weise zu Trägern der göttlichen Heiligkeit[172]". In welchem Maße der von Boff entfaltete Gedanke zu einer Divinisierung Marias führt, zeigt etwa der Satz:

---

[168] E. Drewermann, Die Frage nach Maria im religionswissenschaftlichen Horizont: ZM 66 (1982) 99-117, 111; M. Kassel, Maria und die menschliche Psyche: Conc(D) 19 (1983) 653-659; dies., Maria, Urbild des Weiblichen im Christentum?: Was geht uns Maria an? Hg. v. E. Moltmann-Wendel u.a., Gütersloh 1988, 142-160; Chr. Mulack, Maria. Die geheime Göttin im Christentum, Stuttgart 1985.
[169] Düsseldorf 1982.
[170] Ebd. 74.
[171] Ebd. 83.
[172] Ebd.

„Maria wurde zur Personifizierung des Heiligen Geistes"[173]. Der Grundeinwand, der mit Boff zu diskutieren wäre, ist der Hinweis auf die Hypostatische Union. Die göttlich-personhafte Einheit zwischen dem ewigen Logos und Jesus unterscheidet sich von der Begnadung Marias durch den Heiligen Geist. Maria ist keine göttliche Person. Wenn man an diese fundamentale Unterscheidung rührt, läßt sich die Heilsmittlerschaft Christi, das biblische *„unus mediator"* (1 Tim 2,5), nicht mehr halten.

L. Boff entfaltet seine Thesen auch in dem Buch „Das mütterliche Antlitz Gottes"[174]. Darin verteidigt er die Ansicht, „daß Maria nicht nur – wie jeder andere Mensch, wenn auch mit einzigartiger Dichte – die Wirkungen des Eingreifens durch den Heiligen Geist in ihrem Leben erfuhr, sondern daß sie die dritte Person der göttlichen Dreifaltigkeit selbst auf eine besondere Weise aufnahm. Damit behaupten wir, daß der Heilige Geist gegenüber Maria eine eigene und nicht bloß appropriierte (zugeeignete) Tätigkeit hat"[175]. Aufgrund dieser besonderen Einwirkung läßt sich nach Boff „alles, was vom Heiligen Geist gilt, auch von Maria sagen"[176]. Die Überschattung Marias durch den Heiligen Geist ist für den brasilianischen Theologen mehr als eine Begnadung; diese Position will er ausdrücklich überbieten. Durch die Einbeziehung Marias in die Trinität hebt er sie auf die Stufe Gottes. Ist es zuviel gesagt, daß Boff aus Maria eine Göttin gemacht hat? Oder welcher Grund ist anzugeben, daß Maria im Unterschied zu ihrem Sohn nicht die *wesensgleiche* Tochter des ewigen Vaters ist?

Daß die hier notwendig gewordene Grenzlinie auch im Raum des Feminismus wahrgenommen wird, soll E. Gössmann[177] zeigen. Die Anwältin für eine geschichtlich ausgerichtete Frauen-Theologie sucht auch, Maria in dieser Perspektive darzustellen: „Maria als Jungfrau-Mutter und Gottesgebärerin (virgo mater, theotokos), unbefleckt (immaculata) und in den Himmel aufgenommen (assumpta), darf sich uns nicht archetypisch oder mythologisch verflüchtigen, sie muß uns nahe bleiben als glaubende Frau, Vertreterin der Menschheit am Wendepunkt der Heilsgeschichte, als erlöster Mensch und eschatologisches Modell von uns allen. Sie zeigt uns, daß der Zusammenhang von Schuldverflechtung, den wir Erbsünde und ihre Folgen nennen, die auch in unmenschlichen Strukturen liegen, letztlich nicht in unausweichlicher Tragik enden wird. So ist Maria auch eine Gestalt der Hoffnung auf einen letzten Sinn der Menschheitsgeschichte".

Der kirchliche Glaube bekennt Maria nicht allein als Gottesgebärerin, sondern auch als Jungfrau. Welche Zusammenhänge bestehen zwischen diesen scheinbar unvereinbaren Aussagen. Dem gehen wir nun nach.

---

[173] Ebd. 56. Oder sollte die obige Formulierung auf Kosten des Übersetzers gehen? Diese Frage gilt auch für die schwer verständlichen Worte „pneumatifizieren"; oder Maria sei „die Kon-templierte, die Tempel des Heiligen Geistes werden soll"; oder: „du bist kon-templiert, zum Tempel des Heiligen Geistes geworden"; für Boff läßt sich alles in dem einen Wort zusammenfassen: „kontempliert".
[174] Düsseldorf 1985.
[175] Ebd. 111.
[176] Ebd. 116.
[177] Mariologische Entwicklungen im Mittelalter, in: Maria – für alle Frauen oder über allen Frauen. Hg. v. E. Gössmann, D.R. Bauer, Freiburg 1989, 63-85, 85.

Gottesmutterschaft als marianisches Grunddogma		
Erbsündenfreiheit/ Unbefleckte Empfängnis	Jungfräuliche Mutterschaft	Aufnahme Marias in die Herrlichkeit Gottes
=	=	=
wegen ihrer Mutterschaft steht Maria von Anfang ihres Lebens an im Strahlungsfeld Christi	leibhaftiges Zeichen für die Gottessohnschaft Jesu und den heilsgeschichtlichen Neuanfang Gottes	ihre irdische Mutterschaft wird vollendet im endgültigen Sein beim Herrn.

3. Jungfräuliche Mutterschaft

3.1 Fragepunkt

Das Bekenntnis zur jungfräulichen Mutterschaft Marias[178], das vom 2. Jahrhundert an fest in Symbola und Konzilsaussagen rezipiert ist (DH 10), galt bis in die Neuzeit als unter Christen unumstrittenes Glaubensgut. Keiner der Reformatoren des 16. Jahrhunderts hat bezweifelt, daß Maria als Jungfrau den Erlöser geboren habe. Ganz vereinzelte Dispute gab es um den Marien-Titel „Immerjungfrau" *(aei parthenos)*, der zunächst im Osten (3. Jahrhundert) aufkam, dann aber auch im Westen (4. Jahrhundert) übernommen wurde[179]. Die Kontroversen vor allem im lateinischen Raum (etwa durch *Tertullian*[180], um 150-220) konnten ohne Konzilsentscheidung beendet werden; klärend waren dafür Äußerungen und Stellungnahmen maßgebender Theologen, besonders von *Ambrosius, Hieronymus* (um 347-419) und *Augustinus*[181]. Vom 5. Jahrhundert an gehörte das Bekenntnis zur immerwährenden Jungfräulichkeit Marias zur allgemeinen Überlieferung.

Erst seit der Aufklärung geriet dieser ganze Themenbereich mehr und mehr unter Kritik. Exegeten verweisen heute auf die eigentümliche literarische Gattung der Kindheitsevangelien, die ein (nur) bildhaft-symbolisches Verständnis der jungfräulichen Mutterschaft Marias nahelege.

Aus dem Bereich des archetypisch arbeitenden Feminismus kommt die Interpretation, der Satz von der Jungfräulichkeit Marias beinhalte ihre *Unabhängigkeit* gegenüber „einer vom Männlichkeitswahn besessenen Welt, in der Göttlichkeit, Männlichkeit und Allmacht als Synonyme angesehen werden und daher erlösungsbedürftig sind"[182]. Als Jungfrau sei Maria Symbol für einen Menschen, der *eigenständig* seinen Weg geht und kein „abgeleitetes" Leben führt als Mutter von,

---

[178] J. Ratzinger, Tochter Zion, 36-40; Maria im Neuen Testament. Hg. v. R. Brown u.a., Stuttgart 1981; J. Galot, Maria, 113-183; W. Kasper, Brief zum Thema 'Jungfrauengeburt': IKaZ 16 (1987) 531-535; F. Courth: LKDog, 295-298 (Lit.); I. de la Potterie, Marie dans le mystère de l'Alliance; C. I. González, Mariologia, 41-72, 129-149; H. Schöndorf, Jungfrau und Mutter: ZKTh 110 (1988) 385-413; G. L. Müller, Was heißt: Geboren von der Jungfrau Maria? (QD 119), Freiburg – Basel – Wien 1989; H. Stirnimann, Marjam, 210-260; J. Zmijewski, Die Mutter des Messias; B. Forte, Maria, 160-185; A. Kniazeff, La Mère de Dieu, 93-100; C. Pozo, Maria, 250-284; W. Kirchschläger, Die jungfräuliche Mutter des Herrn: Weihbischof Dr. Alois Stöger, Exeget zwischen Bibelkommission und Offenbarungskonstitution. Hg. v. F. Staudinger u. H. Wurz, St. Pölten 1990, 87-101.

[179] A. Müller: LThK² VII, 28.

[180] Adv. Marc. III, 11; IV, 21. Die Jungfräulichkeit Marias in und nach der Geburt Jesu zu lehren hieße für Tertullian, den Gnostikern mit ihrem Doketismus entgegenzukommen.

[181] H. Stirnimann, Marjam, 141.

[182] Chr. Mulack, Maria, Stuttgart 1985, 91.

als Gattin von. Jungfrau, so wird gesagt, meint eine Person, „die sich selbst angehört und aus ihrer eigenen Mitte heraus offen für andere, für Gott ist"[183].

Des weiteren ist das aktuelle Gespräch über die jungfräuliche Mutterschaft Marias dadurch bestimmt, daß weithin das Verständnis dafür geschwunden ist, welchen Sinn und welche Rolle die überlieferte Auffassung für den christlichen Glauben insgesamt hat und haben sollte. Nicht wenige vermuten, daß sie von einer (heute überwundenen) sexualfeindlichen Einstellung her formuliert ist. Hinzu kommt, daß manchem Zeitgenossen Jungfräulichkeit ein überwertiges Ideal zu sein scheint. Andere assoziieren die Vorstellung eines Mangels, weshalb sich Jungfräulichkeit kaum mehr dazu eigne, mit positiven Wertbegriffen verbunden zu werden[184]. Ist es dann nicht konsequent, daß die Theologie die so „mißverständliche Rede" von der Jungfrauengeburt fallenläßt und statt dessen von der ‚Geistgeburt' Jesu redet[185]?

Wir werden uns um den Aufweis bemühen, daß das Bekenntnis zur jungfräulichen Mutterschaft Marias eine zentrale Glaubensaussage ist; dies gilt aber nur, wenn sie *sowohl* symbolisch-bildhaft *als auch* ereignishaft-leiblich verstanden wird. Letztlich geht es um die Frage, ob und inwieweit wir hier die geschichtlich wirksame Macht von Gottes Heilshandeln am Werk sehen dürfen.

3.2 Wege zum biblischen Zeugnis

Weil historisch geworden, ist der biblische Text beider Testamente *zunächst* mittels der *historisch-kritischen* Methode anzugehen. Sie versucht, seinen zeitlichen (form- und traditionsgeschichtlichen) Ursprung, seine literarische Eigenart und seine unmittelbare Aussage zu erheben. Für unseren Zusammenhang vernimmt man etwa zur literarischen Eigenart der Kindheitsevangelien die Auskunft, hier handle es sich um Berufungs- (Lk 1,26-38) oder Geburtsankündigungserzählungen (Mt 1,18-25), um Legenden, um einen midraschähnlichen, interpretierenden Text, eine gleichnishafte Darstellung oder ein christologisches Bekenntnis[187]. Daraus wird dann die Folgerung gezogen, die von Mt und Lk erzählte jungfräuliche Mutterschaft sei nicht im geschichtlichen, leiblichen Sinne zu verstehen; sie sei

---

[183] C.J.M. Halkes, Eine „andere" Maria: US 32 (1977) 332; vgl. auch M. Kassel, Maria – Urbild des Weiblichen im Christentum?: Was geht uns Maria an. Hg. v. E. Moltmann-Wendel u.a., Gütersloh 1988, 142-160, bes. 146-153.

[184] Vgl. H. Stirnimann, Marjam, 218 (Wertverlust von ‚Jungfrau').

[185] J. Moltmann, Gibt es eine ökumenische Mariologie?: Was geht uns Maria an? (s.o. Anm. 183), 14-22, 22.

[186] Vgl. H. Schöndorf, Jungfrau und Mutter, 413.

[187] J. Kremer, Das Erfassen der bildsprachlichen Dimension als Hilfe für das rechte Verständnis der biblischen „Kindheitsevangelien" und ihre Vermittlung als lebendiges Wort Gottes: K. Kertelge (Hg.), Metaphorik und Mythos im Neuen Testament (QD 126), Freiburg – Basel – Wien 1990, 78-109; K. Stock, Die Berufung Marias (Lk 1,26-38): Bib. 61 (1980) 457-491; G.L. Müller, Was heißt, 60.

vielmehr eine bildliche Ausdrucksweise für Jesu göttliche Sendung; sie tue dies überbietend zur verheißenen Geburt des Täufers, aber auch Isaaks, Samuels und Simsons, sämtlich Gottesmänner und Söhne alter, unfruchtbarer Eltern.

Wird man damit aber dem Themenkreis gerecht? Bei der Interpretation der entsprechenden Texte ist zu den Fragen nach ihrer Herkunft, literarischer Eigenart und direkter Intention noch zusätzlich die Frage aufzuwerfen, welches das theologische Zentrum der Bibel sei, worin ihr innerer Zusammenhang und worin die Einheit des neutestamentlichen Kanons bestehe. Dann wird deutlich: Für die Autoren des Neuen Testamentes sind die Epochen des Alten und des Neuen Bundes einander zugeordnet wie Verheißung und Erfüllung.

Als programmatisch kann hier etwa Apg 13,32-41 gelten: „Gott hat die Verheißung, die an die Väter ergangen ist, an uns, ihren Kindern, erfüllt, indem er Jesus auferweckt hat, wie es schon im zweiten Psalm heißt: Mein Sohn bist du, heute habe ich dich gezeugt" (V. 32 f.). Das Verständnis der einzelnen Perikope und das in ihr (eventuell) bezeugte Ereignis sind mitbestimmt von dem verbindenden Gedanken: Gott handelt in Kontinuität zur vorausgehenden Geschichte; zugleich intensiviert er sein bisheriges Wirken in der Person Jesu Christi; in ihm nimmt er zeichenhaft die Vollendung aller Geschichte vorweg[188].

Für unseren Zusammenhang heißt das: Lk 1,36 verweist auf die alte, unfruchtbare Mutter des Täufers Johannes, die durch Gottes Wirken schwanger geworden ist. Aber für Maria geht es nicht nur darum, daß sie wie Elisabet wider alles Erwarten Mutter wird; sondern dies soll ohne jedes Zutun Josefs geschehen. Auf die Frage Marias: „Wie soll das geschehen, da ich keinen Mann erkenne"? antwortet der Engel: „Der Heilige Geist wird über dich kommen, und die Kraft des Höchsten wird dich überschatten. Deshalb wird auch das Kind heilig und Sohn Gottes genannt werden ... Denn für Gott ist nichts unmöglich" (1,34.35.36 b).

Was Mt angeht, so haben wir (unter 2.1.3) bereits auf die Eigentümlichkeit des Stammbaums Jesu aufmerksam gemacht. Während er durchgehend auf dem Prinzip der Zeugung beruht, gilt dieses für die Geburt Jesu nicht mehr: „Jakob war der Vater von Josef, dem Mann Marias; von ihr wurde Jesus geboren, der der Christus genannt wird" (1,16). An die Stelle des Vaters tritt der Name der Mutter. Den Grund erläutert der Engel: „Das Kind, das sie (Maria) erwartet, ist vom Heiligen Geist ... Dies alles ist geschehen, damit sich erfülle, was der Herr durch den Propheten gesagt hat: Seht, die Jungfrau wird ein Kind empfangen, einen Sohn wird sie gebären ... Er erkannte sie aber nicht, bis sie ihren Sohn gebar" (1,20.22.25).

Deutlich hebt sich die Empfängnis Jesu von den vorausgehenden Zeugungserzählungen ab. Wie ist das hier entfaltete Motiv einer *jungfräulichen*, geistgewirkten Mutterschaft zu verstehen? Wird einfach *nur* bekräftigt, daß Jesus der Sohn Gottes (Lk) ist oder der rettende Immanuel? Man muß zugeben, daß historisch-kritische Exegese allein keine unwiderlegliche Auskunft liefern kann. Eine jungfräuliche Empfängnis Jesu vermag so wenig mit Sicherheit erschlossen zu

---

[188] Auf diesem theologischen Fundament basiert die *typologische Schriftauslegung*. Sie schaut auf frühere und spätere Heilsereignisse und versucht, sie als Vorbild und Nachahmung zu verstehen. Neues wird vom Alten her erschlossen, wobei Gemeinsames wie Unterscheidendes zur Sprache kommt. Apg 13,33 beispielsweise sieht die Auferstehung in Analogie zur Salbung und Inthronisierung des Königs.

werden wie die natürliche Vaterschaft. Die genannten Texte lassen unter historisch-kritischem Gesichtspunkt beide Möglichkeiten offen[189].

Als Gegenargument zur jungfräulichen Mutterschaft wird weiter beigebracht, nur die legendenhaft gestalteten Kindheitsevangelien kennten diese; der Rest des Neuen Testamentes (vor allem die älteren Schichten) wisse davon nichts.

Dem ist entgegenzuhalten: Alle Evangelien heben Maria im Vergleich zu Josef in bemerkenswerter Weise heraus. Mk 6,3 nennt Jesus unüblicherweise nicht nach seinem Vater, sondern „Sohn Marias". Josef bleibt zur Herkunftsangabe unerwähnt. Vom leiblichen Vater Jesu ist auch dort nicht die Rede, wo seine Mutter und Brüder kommen, um ihn zu sprechen (Mk 3,31-35; Mt 12,46-50; Lk 8, 19-21). Bemerkenswert ist, daß Jesus in seiner Antwort nach Mk und Mt alle Verwandtschaftsgrade aufführt, nur Vater nicht. Auch sonst hat er nirgendwo Josef seinen Vater genannt: Gott allein ist *sein* Vater. Die Bezeichnung Jesu als „Sohn des Zimmermanns" (Mt 13,55) ist entweder ein Reflex auf die gesetzliche Vaterschaft Josefs oder spiegelt das Unverständnis der Landsleute Jesu wider, die seine wirkliche Herkunft nicht kennen[190]. Als herrschende Volksmeinung und Skepsis ist auch Lk 3,23 zu interpretieren, wonach man ihn für den Sohn Josefs *hielt* (ebenso Joh 1,45; 6,42). Insgesamt spielt Josef in den Evangelien eine auffallend nachgeordnete Rolle; Maria findet dagegen eine bei weitem größere Beachtung. Ein leiblicher Vater Jesu ist nirgendwo *unmittelbar* bezeugt. Handelt es sich hier nicht um ernstzunehmende Indizien für die von Mt und Lk erzählend entfaltete jungfräuliche Mutterschaft? Diese wäre dann nicht nur in den Kindheitsevangelien als „Legende" formuliert. Die genannten Spuren deuten an, daß die jungfräuliche Mutterschaft über die Geburtserzählungen hinaus Maria in spezifischer Weise zugesprochen wird.

Diese Indizien lassen sich noch durch eine weitere Beobachtung bekräftigen. Die jungfräuliche Mutterschaft Marias wird von zwei Evangelien recht unterschiedlicher Herkunft berichtet. Wenn zwei unabhängig voneinander gestaltete Texte das gleiche sagen, darf man auf ältere Traditionen schließen, welche die Evangelisten vorgefunden hatten. Sie konnten sie wohl deswegen aufgreifen, „weil das Faktum der jungfräulichen Lebensentstehung ... schon *Glaubensgut* war". Sonst wäre nicht zu erklären, daß Mt 1,18-25 den Glauben an die Jungfrauengeburt gar schon gegen (juden-christliche?) Einwände zu verteidigen sucht, und auch Lk 1,36 f. mit skeptischen Lesern zu rechnen scheint[191].

Daß die bisher literarhistorisch ermittelten Spuren für ein ereignishaft leibliches Verständnis der jungfräulichen Mutterschaft zur Glaubensgewißheit führen, wird durch eine *typologische* Betrachtung der Empfängnis Christi bekräftigt. So vergleicht man den heilsgeschichtlichen Neuanfang der Inkarnation mit der Schöpfung. Wie die geschaffene Welt ein Zeichen für das übernatürliche Schöpfungsereignis ist, so ist die jungfräuliche Mutterschaft Marias ein Zeichen dafür, daß Jesus als Gottessohn und Erlöser ausschließlich dem Wirken Gottes verdankt ist. Marias jungfräuliche Mutterschaft ist auch vergleichbar mit den Erscheinun-

---

[189] Maria im Neuen Testament, 228 f; vgl. auch J. Kremer, Erfassen, 101 f.
[190] Vgl. J. Zmijewski, Die Mutter, 73.
[191] H. Schürmann, Das Lukasevangelium I (HThK III/1), Freiburg – Basel – Wien 1969, 61.

gen des Auferstandenen und dem leeren Grab, beides als Hinweise auf das transzendente Geschehen der Auferstehung des Gekreuzigten. Bei beiden Analogien (Schöpfung und Auferstehung) geht es nicht nur um bildhafte Veranschaulichungen, sondern darum, daß *innergeschichtliche* Ereignisse zu Spuren und Zeichen des die Geschichte ergreifenden und sie zugleich übersteigenden Wirkens Gottes werden. So ist auch Marias geistgewirkte Empfängnis Jesu zu verstehen[192].

3.3 Glaubenssinn

Die Frage nach dem inneren Sinn der jungfräulichen Mutterschaft beantwortet die Alte Kirche in doppelter Weise: Marias geistgewirkte Empfängnis unterstreicht zum einen Jesu ganz *menschliche Natur;* zum anderen belegt sie seine göttliche Herkunft. Die zweifache Betrachtung findet Eingang in die kirchliche Lehrverkündigung (Symbola, Konzilien) wie auch in die Theologie. Zunächst ein Blick auf letztere.

Für *Ignatius von Antiochien* gehört die Geburt Jesu aus der *Jungfrau* Maria unablösbar zum überkommenen Christusbekenntnis. Die genannte doppelte Aussage verteidigt er gegen doketische Auffassungen[193]. Angesichts dieser Verankerung der jungfräulichen Mutterschaft im Zentrum des Christusbekenntnisses wird es auch verständlich, daß der Apologet *Justin* den Heiden gegenüber abgrenzend hervorhebt, daß die geistgewirkte Empfängnis Marias jeden ehelichen Akt ausschließt; den Juden gegenüber wendet er sich bei der Auslegung von Jes 7,14 gegen die Lesart „Junge Frau" und verteidigt die LXX-Fassung „Jungfrau"[194].

Die bei Ignatius und Justin festgehaltene Glaubensauffassung läßt sich für die weitere Patristik ungebrochen nachweisen[195]. Die Auseinandersetzung der nachapostolischen Kirche mit Doketentum und Gnosis war eine Bewährungsprobe besonderer Art. Indem die Väter gegenüber spiritualisierenden Tendenzen ausdrücklich die *jungfräuliche* Mutterschaft Marias als Heilsereignis festhalten, zeigen sie, daß es sich hierbei eben nicht um ein auswechselbares Symbol handelt. Die leiblich verstandene jungfräuliche Empfängnis war für sie ein unverzichtbares heilsgeschichtliches Merkmal Marias und zugleich ein reales Zeichen für die Gottessohnschaft Jesu.

Dem Zeugnis der altkirchlichen Theologie entspricht die Glaubensverkündigung. Zu Beginn des 3. Jahrhunderts mußte in Rom der Täufling die Frage beantworten: „Glaubst Du an Christus Jesus, den Sohn Gottes, der geboren ist vom Heiligen Geist aus der Jungfrau Maria ...?" (DH 10). Das *Konzil von Konstantinopel* (381) erweitert das nizänische Bekenntnis über den wesensgleichen Sohn durch

---

[192] Vgl. I. de la Potterie, Marie, 153.
[193] Eph. 7,2; 18,2; 19,1; Trall. 9,1-2; vgl. P. Meinhold, Christologie und Jungfrauengeburt bei Ignatius v. Antiochien: ders., Studien zu Ignatius von Antiochien (VIEG 97), Wiesbaden 1979, 48-56.
[194] 1 apol. 33.54.
[195] Vgl. G. Söll, Mariologie, passim.

den Zusatz: „Er hat Fleisch angenommen durch den Heiligen Geist aus Maria, der Jungfrau, und ist Mensch geworden" (NR 250 – DH 150). Diese Erwähnung des göttlichen Geistes und in Zuordnung dazu der leiblichen Mutter konkretisiert das nizänische Bekenntnis zur Menschwerdung des ewigen Logos in doppelter Weise: Daß seine zeitliche Geburt dem Wirken des Heiligen Geistes verdankt ist, gilt als Zeichen für die machtvolle Gegenwart Gottes im Menschgewordenen. Daß Maria als seine jungfräuliche Mutter genannt wird, läßt den Sohn Gottes als wahren Menschen mit einer konkreten Geschichte erkennen. Auf diese Weise unterstreicht das Konzil von Konstantinopel, dessen Symbolum das bedeutendste ökumenische Glaubensbekenntnis ist, daß die vaterlose, geistgewirkte Empfängnis Jesu zum selbstverständlichen Inhalt des christlichen Glaubens gehört. Diese Tradition ist vom Zweiten Vatikanischen Konzil ausdrücklich aufgenommen worden. Unter Bezugnahme auf das Symbol von Konstantinopel bekennt es die Menschwerdung des Sohnes Gottes vom Heiligen Geist und der Jungfrau Maria (LG 52). Der Katholische Erwachsenen-Katechismus aktualisiert dieses Bekenntnis. Er sieht in der jungfräulichen Geburt ein leibhaftiges Zeichen für den heilsgeschichtlichen Neuanfang Gottes sowie für die wahre Gottessohnschaft Jesu[196].

Ist das Zeugnis von Konzilien und Symbola aber eine Instanz gegen den Befund der kritischen Exegese, aus dem nicht mit letzter historischer Sicherheit auf eine tatsächliche jungfräuliche Zeugung Jesu geschlossen zu werden vermag? Die auf diese Frage zu gebende Antwort setzt eine vom Glauben getragene Auffassung von der Kirche als geisterfüllter und geistgeleiteter Gemeinschaft voraus. In einem theologisch wie christologisch so bedeutungsvollen Bekenntnis kann sie nicht in die Irre gehen. Damit erhält der Glauben eine Gewißheit, die jene übersteigt, welche die menschliche Forschung zu geben imstande ist.

Man darf zudem nicht übersehen: Die Glaubenstradition zur geistgewirkten Empfängnis Jesu ist bei weitem eindeutiger als etwa zum biblischen Kanon. Von Anfang an gehört sie zur Glaubensregel. Wer sie bestreitet, stellt, so ist mit W. *Kasper* zu sagen, „das Traditionsprinzip grundsätzlich in Frage"[197].

Eine letzte Überlegung geht vom Zentrum des Inkarnationsglaubens aus. Wie die Evangelisten Mt und Lk will auch die kirchliche Lehre als *Sinn* der geistgewirkten, jungfräulichen Empfängnis Marias festhalten, daß Gott selbst mit der Geburt Jesu Christi einen aus den Gesetzen der Welt und ihrer Geschichte nicht ableitbaren Anfang der neuen Schöpfung gesetzt hat. Zugleich veranschaulicht dieses Ereignis Jesu soteriologische Sendung. In ihm und durch ihn wird ein Neubeginn gesetzt. Es wird sichtbar, daß der Mensch sein Heil nicht selbst wirken, sondern es nur empfangen kann. Zwischen der jungfräulichen Mutterschaft und der Gottessohnschaft besteht darum eine innere Zuordnung. Sie verweist auf den innergöttlichen Ursprung Jesu[198].

Wie steht es dann um die biologische Komponente, die sich fest mit der jungfräulichen Mutterschaft Marias verbindet? Die Antwort wird davon ausgehen, daß das Handeln Gottes, weil es in der Geschichte erfolgt, auch immer zeichenhaft er-

---

[196] Hg. v. der Deutschen Bischofskonferenz, Kevelaer 1985, 176 f.
[197] Jesus der Christus, Mainz 1974, 299, Anm. 69.
[198] Vgl. J. Ratzinger, Tochter Zion, 50, Anm. 50; G. L. Müller, Was heißt, bes. 81-89; I. de la Potterie, Marie, 151-179.

kennbar wird. Auf der Ebene des Heils kann es nur durch die gläubige Erkenntnis erfaßt werden; aber daß die Erkenntnis aufmerksam wird, dazu ist die Ebene des Zeichens unerläßlich. Vom Zeichen kann jedoch auf das reale Heil nur dann geschlossen werden, wenn auch das Zeichen selbst (in seinem Zusammenhang) real ist. So verlangt die Realität der theologischen Aussage, die mit der Erzählung bei Mt und Lk und ihrer kirchlichen Deutung wesentlich verbunden ist, daß auch die biologische Komponente in ihrem Kontext, mithin biologisch, realitätserfüllt ist.

3.4 Immer-Jungfrau

Das Bekenntnis zur jungfräulichen Mutterschaft erhält im 3. Jahrhundert im Osten und im 4. Jahrhundert im Westen eine neue Dimension, indem man Maria feiernd *Immer-Jungfrau* nennt[199]. Man unterscheidet dabei drei Dimensionen oder Phasen:
1. Die jungfräuliche Empfängnis *(virginitas ante partum)*.
2. Die jungfräuliche Geburt Jesu *(virginitas in partu)*.
3. Die nach Jesu Geburt bleibende Enthaltsamkeit *(virginitas post partum)*.

Das 2. Konzil von Konstantinopel (553) spricht von der „heiligen verehrten Gottesgebärerin und immerwährenden Jungfrau Maria" (DH 422; 427). Damit ist zunächst gemeint, daß wie die Empfängnis Jesu, so auch seine Geburt unter dem Wirken des Heiligen Geistes steht. Und wie zuvor in Nazaret ist Maria auch hier die mit Leib und Seele beanspruchte Magd des Herrn (vgl. Lk 2,19.51), ihm ungeteilt zugewandt und ganz vorbehalten. Das ist der Grundsinn von Jungfräulichkeit. Hilfreich ist hierzu eine Unterscheidung Augustins[200], der von der Jungfräulichkeit des Herzens und Glaubens auf die des Leibes schaut. Damit wird deutlich, daß die Rede von der jungfräulichen Geburt des Erlösers eine nur historisch-biologische Betrachtung übersteigt. In typologisierender Zuordnung wird man sagen dürfen, daß im Gegensatz zum schmerzvollen Gebären der Evas-Töchter (Gen 3,16) Marias Niederkunft freudiger Auftakt und leibhaftiges Zeichen beginnender Erlösung ist.

Wie die Alte Kirche bemüht war, die Geburt Jesu aus seiner jungfräulichen Mutter Maria inhaltlich zu formulieren, mögen einige Beispiele verdeutlichen. Voran geben wir Ephraem dem Syrer das Wort. In gegensätzlichen Bildern nennt er Maria *Mutter, Schwester und jungfräuliche Braut Christi*. In seinem Hymnus „Die wunderbare Mutter Jesu"[201] heißt es u.a.:

---

[199] J. Ledit, Marie dans la liturgie de Byzance, 167-179; G. Söll, Mariologie, 44-47, 74-81; P. Plank, Gottesgebärerin und Immerjungfrau: H. Petri (Hg.), Christsein und marianische Spiritualität (MSt 6), Regensburg 1984, 59-76; C.I. González, Mariologia, 134-142; G.L. Müller, Was heißt, 90-121; H. Stirnimann, Marjam, 210-260; A. Kniazeff, La Mère de Dieu, 95-100, 139-142; C. Pozo, Maria, 252-265.

[200] In Ps 147,10; PL 37, 1920; vgl. I. de la Potterie, Marie, 169 f.

[201] Des hl. Ephraem des Syrers Hymnen de Nativitate (Ephiphania). Übers. v. E. Beck (CSCO 187 = CSCO. S 83), Louvain 1959, 61 f; auch tzt D 6, Nr. 41.

„Deine Mutter ist sie, sie allein, – und deine Schwester, zusammen mit allen. Sie wurde dir Mutter, – sie wurde dir Schwester. Auch ist sie deine Braut, – zusammen mit (allen) reinen (Jungfrauen). Mit allem – hast du sie geschmückt, (der du) die Schönheit deiner Mutter (bist).

Eine Verlobte war sie nach der Natur, – bevor du kamst. Sie empfing aber – gegen die Natur, nachdem du kamst, – o Heiliger! Und Jungfrau war sie, – als sie dich gebar auf heilige Weise."

Jungfräuliche Geburt besagt nach Ephraem: dem Erlöser angemessen und seiner würdig. Eine weitere inhaltliche Auskunft gibt er nicht und will sie wohl auch nicht geben. Das ist anders bei *Hieronymus*[202]. Er verweist für die *virginitas in partu* auf den auferstandenen Christus, der das versiegelte Grab verlassen hat und durch verschlossene Türen gehen konnte. Wie solches gegen alle menschliche Vorstellungskraft die Allmacht Gottes vermochte, so konnte sie auch das Wunder der Jungfrauengeburt wirken: „Schreibe es der Macht Gottes zu, daß er von einer Jungfrau geboren wurde, und daß die Jungfrau auch nach der Geburt Jungfrau blieb". Darüber hinaus äußert sich Hieronymus nicht mit weiteren Erklärungen zur virginitas in partu. Sie ist für ihn umgriffen vom biblischen Zeugnis der geistgewirkten Empfängnis Marias und ihres auch fernerhin jungfräulichen Lebens.

Mehr als andere seiner östlichen Zeitgenossen unterstreicht *Gregor v. Nyssa* Marias Jungfräulichkeit in der Geburt Jesu. Diese sieht er im Gegensatz zum schmerzerfüllten Gebären Evas als frohmachenden Anfang der Erlösung: „Da jene, die durch die Sünde den Tod in die Natur einführte, in Trauer und Schmerzen zu gebären verurteilt wurde, ziemte es sich durchaus, daß die Mutter des Lebens in Freude das Tragen begann und in Freude die Geburt beschloß ..."[203].

Dem Nyssener ist im Westen *Ambrosius*[204] vergleichbar. Gegenüber dem Doketismus verteidigt er die wirkliche Geburt Jesu Christi. Aber gemäß dem Leitgedanken „wahrer Gott und wahrer Mensch" versucht er diese, als natürlich wie auch als übernatürlich zu bestimmen: Christus „wuchs natürlicherweise im Schoß (Marias) heran, er wurde geboren, gestillt, in die Krippe gelegt. Aber über die Bedingungen der Natur hinaus hatte sie ihn als Jungfrau empfangen und als Jungfrau geboren. Denn du solltest glauben, daß er Gott war, der unsere Natur erneuerte, und Mensch, natürlicherweise aus einem Menschen geboren"[205].

Das mag an Beispielen dafür genügen, wie sich die Väter des Ostens und Westens bemühen, die Geburt Christi als menschliches Ereignis und zugleich als außerordentlichen Vorgang zu feiern. Ihr Bemühen stößt dort an eine Grenze, wo sie die physiologische Seite dieser Geburt näher bestimmen sollen. Darum grei-

---

[202] In Jo 1,1-14; CChr. SL 78, 521/142-156.
[203] In Cant. XIII; PG 44, 1053 BC; dt. Gregor v. Nyssa, Der versiegelte Quell. In Kürzung übertragen u. eingeleitet von H.U. v.Balthasar, Salzburg – Leipzig 1939, 150-151; auch tzt D 6, Nr. 58. Diesen Gedanken spiegelt auch der Kath. Erwachsenenkatechismus, Kevelaer u.a. 1985, 177, wenn er schreibt: „Nicht der physiologische Vorgang der Geburt war anders; vielmehr war dieses Geschehen vom personalen Mitvollzug her ein Zeichen des Heils und des Geheiltseins des Menschen".
[204] Vgl. J. Huhn, Das Geheimnis der Jungfrau-Mutter Maria nach dem Kirchenvater Ambrosius, Würzburg 1954, 110-126; ders., Ambrosius v. Mailand, Marienlexikon I, 126-129, 127; R. Laurentin, Kurzer Traktat, 62; A. Kniazeff, La Mère de Dieu, 96.
[205] Incarn. 54; CSEL 79, 252.

fen sie, wie später auch die byzantinischen Hymnen, zu alttestamentlichen Vorbildern und Symbolen, um feiernd die gottmenschliche Geburt Jesu aus Maria zur Sprache zu bringen. Als Vergleiche dienen der *brennende* aber nicht verglühende *Dornbusch* (Ex 3,2 f.), der *Durchzug durch das Rote Meer* (Ex 14), der *grünende Stab* Aarons (Num 17,16-26) und das *Vlies* Gideons (Ri 6,36-40)[206].

Besonders nachdrücklich hatte schon das Jakobus-Evangelium (2. Jahrhundert) die Sprachgrenze markiert. Bei dieser apokryphen Schrift handelt es sich „nicht um Obstruses, sondern um fromme, erbauliche, in manchem feinsinnige Erzählung"[207]. Näherhin geht es um jene Szene, wo zwei Hebammen zu Maria kommen, um an ihr wegen des Vorwurfs, ein illegitimes Kind geboren zu haben, eine Jungfräulichkeitsuntersuchung vorzunehmen. Von ihnen zweifelt die eine, Salome, wie Thomas (vgl. Joh 20,24-29). Als sie ihres Amtes walten will, verdorrt plötzlich die Hand. Das führt sie zu dem Bekenntnis: „Ich habe den lebendigen Gott versucht". Durch Berühren Jesu wird die Hand wieder gesund[208]. Eine neue, positive Interpretation dieser Schrift sieht den Sinn der Geschichte in der Mahnung[209]: „Was geschehen ist, ist von Gott her geschehen. *Versuche* nicht den lebendigen Gott! Suche nicht nach einem Beweis für die Jungfräulichkeit der Mutter! Suche vor allem keinen, den eine Hebammenhand erbringen könnte! Suchst du nach einem *solchen* Beweis, dann bist du auf dem Weg des Unglaubens!" Wie Salome verbrennt sich jeder die Hand (und wohl auch den Mund), der zu unserem Thema mit allzu detaillierten Aussagen informieren möchte.

Die Jungfräulichkeit Marias hat aber noch einen weiteren Aspekt; die Mutter Jesu ist Jungfrau auch nach der Geburt ihres Sohnes. Dem scheinen die in der Bibel erwähnten „Brüder und Schwestern" Jesu (Mk 3,31 f.; vgl. Mt 13,55 f.; Lk 8,19; Mk 15,40; vgl. auch Mk 6,3) entgegenzustehen. Seit der frühen Kirche ist man sich dieser Spannung bewußt[210]. Diese löst das apokryphe Jakobus-Evangelium[211] dadurch, daß es von Stiefgeschwistern Jesu spricht, von Kindern Josefs aus erster Ehe. Im Raum der byzantinischen Kirche hat diese Position viele Vertreter gefunden; besonders breit entfaltet sie *Epiphanius Monacus* (9. Jahrhundert)[212]. Der Westen dagegen, angeführt von *Hieronymus*[213], spricht von *Vettern und Cousinen* des Herrn. Tatsächlich bezeichnet die Bibel nahe Verwandte als Brüder und Schwestern (vgl. Gen 13,8; 14,16; 29,15; Lev 10,4; 1 Chr 23,22). Wenn auch jüngst die Diskussion wieder aufbrach[214], so fehlt es doch bisher an historisch eindeutigen

---

[206] A. Kniazeff, La Mère de Dieu, 97.
[207] H. Stirnimann, Marjam, 231.
[208] Neutestamentliche Apokryphen. Hg. v. W. Schneemelcher I, Tübingen ⁵1987, Nr. 19.20, S. 346 f; auch tzt D 6, Nr. 19.
[209] H. Stirnimann, Marjam, 232. Zur Zurückhaltung mahnt auch L. Ott, Grundriß der Kath. Dogmatik, Freiburg – Basel – Wien ¹⁰1981, 247, wenn er bemerkt: „Die nähere Bestimmung, worin die jungfräuliche Unversehrtheit in der Geburt nach der physiologischen Seite besteht, gehört nicht zum Glauben der Kirche".
[210] Vgl. G. Söll, Mariologie, 44-46.
[211] Neutestamentliche Apokryphen. Hg. v. W. Schneemelcher I, Nr. 9, S. 342.
[212] De vita B. Virginis III: PG 120, 197 f.
[213] Adv. Helv., De perpetua virginitate B. Mariae 13; PL 23, 205 f.
[214] Vgl. den Überblick bei A. Weiser, Die Apostelgeschichte Kap. 1-12 (ÖTK I 5/1) Gütersloh 1981, 59 f; R. Pesch, Gegen eine doppelte Wahrheit: K. Lehmann (Hg.), Vor dem Geheimnis Gottes den Menschen verstehen, München – Zürich 1984, 10-36.

Beweisen dafür, daß die „Brüder und Schwestern" Jesu seine leiblichen Geschwister und Kinder Marias waren[215].

Maria auch über die Geburt Jesu hinaus Jungfrau zu nennen will besagen, daß sie zeit ihres Lebens ausschließlich Gott und Jesus vorbehalten war; darin bestand ihre Berufung und Aufgabe. Dies wird mit der hymnischen Formulierung Immer-Jungfrau zum Ausdruck gebracht. Diese ehrende Rede will sagen: Maria hat den Sohn Gottes im Heiligen Geist empfangen; dessen Geburt vollzieht sie als ganz Beanspruchte mit; die Erlösung hebt an; als Mutter gilt ihr weiteres Leben bleibend Gott und ihrem Sohn, dem sie sich geistig wie leiblich verbunden weiß[216].

3.5 Gewandelte Wertvorstellungen

Die Rede von der Jungfrauschaft Marias ist gegenwärtig in verschiedener Hinsicht belastet. Manchem Zeitgenossen scheint es sich dabei um eine überholte Wertvorstellung zu handeln. Die Worte *Jungfrau, jungfräulich* haben viel eingebüßt von ihrem ehedem positiven Gehalt wie Frische, Lauterkeit, leibliche Unverbrauchtheit, Jugendlichkeit, Schönheit, Integrität, Enthaltsamkeit[217]. Sie werden weithin in einem recht eingegrenzten Sinn verstanden. Die Abwertung der Worte *Jungfrau, jungfräulich* und ihr umgangssprachlicher Gebrauch machen es schwer, sie als Träger anthropologischer und religiöser Werte zu wählen. Ganz darauf zu verzichten, ist insofern nicht möglich, als für den biblisch-christlichen Raum *Jungfräulichkeit* ein religiöses Grundsymbol ist[218]. Es fehlt denn auch nicht an Bemühungen, den Sinn der Jungfrauschaft Marias im heutigen Wert- und Verstehenshorizont positiv zur Sprache zu bringen.

Die *Feministische Theologie* hebt dabei den Gedanken der Eigenständigkeit hervor. So habe Marias Jungfräulichkeit als Lebensvorbild (ungeachtet ihrer repressiven Wirkungen) insofern emanzipativ-befreiend gewirkt, als sie der Frau in einem patriarchalischen Umfeld ein autonomes Selbstverständnis ermöglichte, das eben nicht unbedingt durch die Rolle als Mutter oder als Ehefrau bestimmt ist. Tatsächlich besaß im Ordensleben die jungfräuliche Frau echte Möglichkeiten zu selbständigem Wirken und erreichte auch in beachtlichen kulturellen Leistungen Erfüllung und Anerkennung.

---

[215] L. Scheffczyk, Exegese und Dogmatik zur virginitas post partum: MThZ 28 (1977) 291-301; B. Schwank: MarL I, 594 f; H. Stirnimann, Marjam, 234-237; G.L. Müller, Was heißt, 108-121.

[216] Vgl. A. Kniazeff, La Mère de Dieu, 99; aus seiner orthodoxen Sicht gibt hier das inkarnationstheologische Argument den Ausschlag: „Une telle sanctification unique, cette appropriation unique de tout l'être de la Théotokos par le Saint-Esprit supposent une vie, elle aussi unique, dans la consécration à Dieu. Penser autrement, c'est blasphémer contre le mystère de l'Incarnation et de la Maternité divine".

[217] Vgl. L.M. Weber: LThK² V, 1214 f; H. Stirnimann, Marjam, 214-219.

[218] Vgl. auch E. Neumann, Die große Mutter, Olten ²1974, ⁶1983; H. Stirnimann, Marjam, 241-247.

In diesem Zusammenhang wird dann auch (wieder) Marias aktiver Beitrag in der Verkündigungsstunde deutlicher gewertet. Sie wird gewürdigt als „Vertreterin der Menschheit am Wendepunkt der Heilsgeschichte"[219]. Anerkennung findet mithin auch die durch *Duns Scotus*[220] beeinflußte spätscholastische Franziskanertheologie. Anders als die aristotelisch-thomistische Naturphilosophie von der reinen Rezeptivität der Frau bei der Weitergabe des Lebens[221] betont Scotus, daß Maria für den werdenden Leib Jesu Christi ein aktives Prinzip darstelle. In Verbindung mit der Lehre von der Unbefleckten Empfängnis erhält Maria auf diese Weise in der Theologie des Doctor Marianus „doch eine gewisse Eigenständigkeit"[222], unbeschadet der Einsicht, daß alles Geschehen Werk der Gnade Gottes bleibt. Diesen aktiven Akzent in der mariologischen Tradition, eine Zeitlang als theologisch unbillige Ko-operation mit Christus beargwöhnt, greift die Feministische Theologie wieder auf, um von dort her der Frau ein autonomeres Selbstverständnis zu erschließen.

Von ihrem archetypischen Ansatz her sieht Chr. Mulack im Bild der Jungfrau-Mutter einen Hinweis darauf, „daß die Liebe nur da zum Ausdruck kommen kann, wo die leiblichen Kräfte stärker vertreten sind, wo das Weibliche seine Unabhängigkeit behält und sich daher frei entfalten kann, seine Liebe zu verschenken"[223]. Nach M. Kassel[224] verweist die „Göttin" in ihrem Jungfrausein darauf, „daß sie in vorpatriarchaler Zeit nicht durch eine Beziehung zum männlich Göttlichen definiert, sondern als autonomes Weibliches verstanden worden ist". Im Jungfrau-Attribut sieht sie „die Urerfahrung vom allumfassend und daher unabhängigen Weiblichen gewahrt". Auf Maria angewendet, heißt das: Ihre Frage an den Engel (Lk 1,34) tut kund, „daß sie autonom über ihre Beziehung zum männlichen Prinzip entscheidet".

Mit dem Gedanken der Eigenständigkeit und Aktivität versucht auch *H. Stirnimann*[225] die Jungfräulichkeit weiter zu erschließen und heutigem Verstehen nahezubringen: Er nennt Maria eine bejahende und selbständige Frau. In dreifacher Weise durchbricht sie die Konventionen ihrer Zeit: „Sie verläßt die Obhut der Eltern; noch nicht ‚heimgeführt', geht sie *allein* auf Wanderschaft; sie entfernt sich vom Vertrauten und geht ‚ins Gebirge'. Marjam sucht eine andere Frau. Zwei schwangere Frauen begegnen sich: die eine verheiratet und in vorgerücktem Alter; die andere noch sehr jung und kaum vertraut. Zwei Frauen – am Anfang der

---

[219] E. Gössmann, Mariologische Entwicklungen im Mittelalter: E. Gössmann, D.R. Bauer, Maria für alle Frauen oder über allen Frauen, Freiburg 1989, 85.
[220] Vgl. F. Courth, Duns Scotus: MarL II, 261 f.
[221] Das gilt für Thomas ausdrücklich nur im Zusammenhang seiner aristotelischen Naturphilosophie. Im theologischen Kontext kommt er zu einem ähnlichen Ergebnis wie Scotus, so wenn er Maria vor dem göttlichen Bräutigam die zu erlösende Menschheit repräsentieren läßt. Das Symbol der Ehe legt sich dem Aquinaten nahe. Damit gibt Thomas wie der Doctor Marianus der Mutter Jesu eine recht aktive Bedeutung. Vgl. S.th. III, q. 30, a. 1, ad 4; ferner S.th. III, q. 26, a. 1.
[222] E. Gössmann, Mariologische Entwicklungen, 78.
[223] Maria und die Weiblichkeit Gottes: Maria – Eine ökumenische Herausforderung. Mit Beiträgen von W. Beinert u.a., Regensburg 1984, 143-170, 162.
[224] Maria, Urbild des Weiblichen im Christentum?: Was geht uns Maria an? Hg. v. E. Moltmann-Wendel u.a., Gütersloh 1988, 142-160, 146. 148. 150.
[225] Marjam, 248-250, 249 f.

‚Frohbotschaft'". Ein wenig anders akzentuiert der Amerikaner *A. Greeley*[226]. Für ihn ist Maria als Jungfrau ein Bild für die lebenerneuernde Kraft dauerhafter Liebe. In diesem Symbol ermutigt sie uns, in den vielfältigen Resignationen und Entfremdungen des Lebens auszuhalten, Verantwortung zu übernehmen, erneuernde Beziehungen zu knüpfen. „Und wenn wir dabei verletzt werden, dann wird uns jene zarte jungfräuliche Mutter, die uns einen zärtlichen und neu belebenden Gott offenbart, ihren ‚blauen Mantel' umhängen und uns darunter in Schutz nehmen".

Bei den skizzierten Antworten fällt auf, daß sie nicht oder kaum christologisch geformt sind. Das aber ist von jeder marianischen und mariologischen Aussage zu fordern, soll sie nicht ihr theologisches Fundament verlieren. Jungfräulichkeit ist für Maria die singuläre Form ihrer Mutterschaft. In dieser Einheit zeigt die Magd des Herrn, daß sie sich ganz bis in den Bereich des Leibes hinein von Christus und mit ihm von Gott beanspruchen läßt. Das Ja ihres Glaubens ist nicht nur ein Ja des Willens und Herzens, sondern auch des Leibes und so der ganzen Person. Damit bezeugt sie, daß *Christus* ihr Leben ist (vgl. Phil 1,21) und daß sie ganz auf die Sache des Herrn bedacht ist (vgl. 1 Kor 7,32 ff.). Die Grundbestimmung der Jungfräulichkeit Marias und aller, die ihrem Beispiel folgen, kann nur sein: leiblich integriertes Zeugnis zu geben für den das ganze Leben beanspruchenden Glauben an Christus als Bräutigam. Christliche Jungfräulichkeit ist nicht einfachhin als Eigenständigkeit zu definieren; sondern sie ist jene Lebensform, die von der *leibhaftigen* Hingabe an Christus geprägt ist und mit ihm zu einer verstärkten Solidarität mit seinen Brüdern und Schwestern führt. Wer sich so wie Maria Christus überantwortet, wird ähnlich wie sie fruchtbar für viele. In ihrer Christus-Verbundenheit ist die jungfräuliche Mutter Urbild der Kirche.

Immerwährende Jungfrauschaft Marias		
vor der Geburt Jesu	in der Geburt Jesu	nach der Geburt Jesu
=	=	=
Maria empfängt Jesus durch das Wirken des Heiligen Geistes und ohne Zutun eines Mannes.	Wie in Nazaret ist Maria auch hier die mit Leib und Seele beanspruchte Magd des Herrn, ihm ungeteilt zugewandt.	Maria ist bleibend Gott und ihrem Sohn vorbehalten.

---

[226] Maria. Die weibliche Dimension Gottes, Graz 1979, 162.

4. Im Ursprung geheiligt

4.1 Das „neue Dogma"

Vorausgehend haben wir die Jungfräulichkeit Marias als Form ihrer Mutterschaft bestimmt; ihr Dienst ist derart, daß sie keinem Mann, sondern Christus und mit ihm Gott allein gehört. Weitere Ehrentitel nennen sie wegen ihrer Gottesmutterschaft *Allheilige (Panhagia), Allreinste, Unbefleckte (Immaculata), Sündenlose, Begnadete*. Das sind Bezeichnungen, die vor allem im christlichen Osten entstanden sind. Im Westen wurde deren Inhalt meist als Bewahrung vor der Adamsschuld formuliert, wobei sich der Einfluß der augustinischen Erbsündenlehre auswirkt. Im Jahre 1854 hat Pius IX. als Dogma verkündet, daß die Mutter Christi vom ersten Moment ihrer Existenz an (also der Zeugung durch ihre Eltern) ohne den Makel der Erbschuld geblieben ist (DH 2803)[227].

Ebenso wie das 1950 proklamierte Dogma von der leiblichen Verherrlichung Marias stellt dieser Glaubenssatz eine starke Herausforderung für das ökumenische Gespräch dar. Beide Lehren haben nach evangelischer Auffassung keine Grundlage in der Heiligen Schrift; ja, sie widersprechen der Bibel geradezu, weil diese keine Ausnahme von der Universalität des Sündenverhängnisses zuläßt. Beide Dogmen beruhten alleine auf einer außer- und nachbiblischen Tradition. So lautet der Einwand, mit der feierlichen Vorlage als verbindlicher Glaubenswahrheit habe sich das kirchliche Lehramt „über die Schrift gestellt und die Gewissen geknechtet"[228]. Auch die orthodoxe Theologie lehnt das Dogma von der Unbefleckten Empfängnis in seiner lateinisch-westlichen Fassung ab[229]. Sie tut dies aus genau dem gegenteiligen Grund wie die evangelische Kirche. Das Dogma rückt nach orthodoxem Verständnis die Erbsünde zu sehr in den Mittelpunkt; eine Befreiung von ihr würde Marias Verdienst schmälern, weil ihr freier Wille keine Anfechtung zu überwinden gehabt hätte[230]. Hinzu kommt das formale Argument, der römische Papst sei außerstande, ohne Konzil dogmatische Definitionen vorzunehmen.

---

[227] J. Ledit, Maria dans la liturgie de Byzance, 101-137; G. Söll, Mariologie, passim; E. J. Fuchs, Maria, Frauliches Vorbild christlichen Lebens. Die Relevanz des Immaculata-Glaubens für die Moraltheologie (Schönstatt-Studien 4), Vallendar-Schönstatt 1982; M. Schmaus, Der Glaube der Kirche V/5, 207-236; J. Galot, Maria, 185-238; W. Beinert, Die mariologischen Dogmen: HMar, 280-290; Kath. Erwachsenenkatechismus. Hg. v. d. Deutschen Bischofskonferenz, Kevelaer 1985, 178-180; Joh. Auer, Jesus Christus (KKD IV/2), 446-454; F. Courth: LKDog, 123-126; C.I. González, Mariologia, 201-218; B. Forte, Maria, 119-142; A. Kniazeff, La Mère de Dieu, 101-127; C. Pozo, Maria, 296-313.

[228] Neues Glaubensbuch. Hg. v. J. Feiner, L. Vischer, Freiburg – Zürich ⁹1973, 617.

[229] Vgl. S. Bulgakov, Le Buisson ardent, Lausanne 1987, 52-71; A. Kniazeff, La Mère de Dieu, 101-127.

[230] Neues Glaubensbuch, 617.

Im Raum der theologischen Diskussion dürfte *H. Küng*[231] nicht alleine stehen, wenn er den „neuen" Dogmen distanziert gegenübertritt und bemerkt, daß sie in der Hierarchie der Wahrheiten weit unten rangieren. *H. Stirnimann*[232] glaubt kritisch sagen zu können, die Definition der Immaculata habe kaum „zu einer Vertiefung des christlichen Glaubenssinnes und einer Klärung der Bedeutung Marias für die Praxis des Glaubens beigetragen". Ganz anders *K. Rahner*[233]. Für ihn ist klar, „daß die Haltung des Glaubens und der Liebe bei einem wahren Katholiken hinsichtlich dieser Definition (1854) nicht die des ‚Aufsichberuhenlassens ohne Widerspruch' sein kann". Gerade der Glaube an die Immaculata ist nach Rahner in der Gesamtsicht Marias integriert. Und das Verständnis der Mutter Jesu ist für ihn „eine Anzeige dafür, ob das christologische Dogma wirklich ernstgenommen wird ...".

Was also besagt die Glaubenslehre von Marias ursprünglicher Heiligung und damit von ihrer Erbsündenfreiheit?

4.2 Biblische Wurzeln

Zur biblischen Begründung können keine unmittelbaren Schriftzeugnisse angeführt werden. Wie beim Dogma von ihrer Himmelaufnahme lassen sich nur solche Texte nennen, die diese Lehre unentfaltet einschließen.

Das sind zunächst jene Zeugnisse, die alles, was in der Zeit geschieht, im erwählenden Ratschluß Gottes verankert sehen, wie etwa die im Mutterleib anhebende Berufung des Propheten (vgl. Jer 1,5; Jes 49,1). Ähnliches gilt aus neutestamentlicher Sicht für die Kirche. Sie ist vor aller Zeit dazu bestimmt, im Wirkbereich Christi gerecht und heilig zu leben (Eph 1,3-14). Weil das geschichtliche Heilshandeln Gottes seinem ewigen Ratschluß entspricht, ist das neue Leben in und mit Christus nicht *eine* Epoche unter vielen; es ist ausdrückliche Erwählung Gottes. Jede christliche Existenz ist von Gott gewollt und je in ihrer spezifischen Eigenart auch gnadenhaft befähigt. Paulus spricht von „dem Maß des Glaubens", das Gott einem jeden zugeteilt hat (Röm 12,3). Anderwärts formuliert der Apostel: „Er hat uns fähig gemacht, Diener des Neuen Bundes zu sein" (2 Kor 3,6). In seinem Kommentar zu dieser Stelle sagt *Thomas v. Aquin*[234]: Gott gibt dem Diener des Neuen Bundes mit dem Amt auch die Fähigkeit, diesem zu entsprechen.

---

[231] Christ sein, München 1974, 452.
[232] Marjam, 145 f.
[233] Die Unbefleckte Empfängnis: ders., Schriften zur Theologie I, Einsiedeln – Zürich – Köln ⁸1967, 223-237, 223. 225.
[234] In 2 Kor c.3, lect. 2; ed. Marietti, Turin 1929, 434: „Sed non solum fecit nos ministros, sed idoneos. Deus enim cuilibet rei dat ea, per quae possit consequi perfectionem suae naturae. Unde quia Deus constituit ministros novi testamenti, dedit et eis idoneitatem ad hoc officium exercendum, nisi sit impedimentum ex parte recipientium". Vgl. Joh. Auer: KKD IV/2, 448.

Daß das Neue Testament Maria als „befähigtes" Geschöpf Gottes sieht, belegt Lk 1,28: „Sei gegrüßt, du Begnadete, der Herr ist mit dir". Danach ist sie die von Gott Erwählte, weil zur Mutter des Erlösers bestimmt. Nicht nur dieser Dienst, sondern auch die Bereitschaft, ihm zu entsprechen, ist für Maria eine von Gott geschenkte Gnade. Die Jungfrau bedurfte der inneren Zurüstung, um die leibliche Messias-Mutterschaft glaubend annehmen und bestehen zu können. Gott selbst ermöglicht ihr die Erfüllung ihres Auftrages, indem er mit ihr ist. Der Maria entbotene Gruß nennt sie bestätigend die bereits Begnadete[235]. „Gott *ist* Maria *jetzt schon nahe*, er *ist* bei ihr *anwesend* – durch seine Gnade"[236]. Wenn Maria wegen ihres Glaubens seliggepriesen wird (Lk 1,45), ist dieser gleichsam das äußere Zeichen für ihre innere Bereitung als Mutter des Messias. Dies wird im Neuen Testament nicht weiter reflektiert. Es bleibt bei der Grundaussage: Gottes Erwählung schließt stets die entsprechende Bereitung mit ein. Das ist der biblische Keim für das Dogma von der Erbsündenfreiheit Marias.

4.3 Entwicklungsmotive

4.3.1 Im Strahlungsfeld der Inkarnation

Die Haupttriebkräfte für die Entwicklung des Dogmas sind inkarnationstheologische, ekklesiologische und frömmigkeitsgeschichtliche Motive. Unter Bezug auf die Menschwerdung begegnet schon sehr früh der Gedanke, daß die Mutter des Messias als Tempel Gottes geheiligt und von der Sünde gereinigt werden mußte. Ihr war als der menschlichen Mutter des ewigen Sohnes und Wortes eine besondere Heiligkeit angemessen. Dieser Gedanke entspricht dem von den *Alexandrinern* weiter entfalteten irenäischen Grundsatz, daß Erlösung Vergöttlichung bedeutet; Gott wurde Mensch, damit der Mensch vergöttlicht würde[237]. So begegnet bei *Irenäus*[238] die Vorstellung, daß Maria bei der Verkündigung durch den Heiligen Geist gereinigt wurde. Deutlicher noch besingt *Ephraem*[239] diesen Gedanken, wenn er Maria sprechen läßt: „Sohn des Himmlischen, der kam und in mir wohnte, – und ich wurde seine Mutter. Und wie ich ihn gebar – (in) einer andren Geburt, gebar auch er mich – (in) einer zweiten Geburt. Das Kleid seiner Mutter, – das er anzog, sein Körper, ich habe dessen Herrlichkeit angelegt!" Maria hat teil am Glanz und der Herrlichkeit ihres Sohnes. Daß die um Christi willen hymnisch ausgesprochene Würdigung Marias mit einer Reinigung verbunden ist, drückt, wie zuvor schon Irenäus, *Gregor v. Nazianz*[240] aus; für ihn ist die

---

[235] Vgl. I. de la Potterie, Marie, 53.
[236] J. Zmijewski, Die Mutter des Messias, 87; vgl. H. Räisänen, Die Mutter Jesu, 94.
[237] Irenäus von Lyon, haer. III,19,1.
[238] Haer. III,33,11.
[239] Hymnen über die Menschwerdung 16,11; Des hl. Ephraem des Syrers Hymnen de Nativitate. Übers. v. E. Beck (CSCO 187 = CSCO. S. 83), Louvain 1959, 76 f; tzt D 6, Nr. 42.
[240] Or. 38,12; PG 36, 325 B; tzt D 6, Nr. 54.

Inkarnation nicht zuletzt auch eine Heiligung Marias: „Er wird ganz Mensch außer der Sünde (vgl. Hebr 4,15): empfangen von der Jungfrau, deren Seele und Leib wurden zuvor vom Heiligen Geist gereinigt; denn die Geburt mußte geehrt und die Jungfräulichkeit besonders gewürdigt werden". Erwähnt sei auch *Sophronius v. Jerusalem* († 638). Dieser aus Damaskus stammende Patriarch von Jerusalem (seit 634) ist im Raum der Ostkirche einer der bedeutendsten Zeugen für die Entwicklung der Lehre von der Unbefleckten Empfängnis[241]; sein Wort dürfte daher für das aktuelle ökumenische Gespräch mit den Orientalen nicht unerheblich sein[242]. Sophronius läßt den Verkündigungsengel zu Maria sagen: „Vor dir gab es gewiß viele heilige Menschen. Aber niemand wurde so begnadet wie du, niemand mit Seligkeit beschenkt wie du; niemand außer dir ist so geheiligt, keiner so erhoben worden; allein du wurdest voraus gereinigt ..."[243]. „Auf dich, Unbefleckte, wird der Heilige Geist herabkommen und dich mit noch größerer Reinheit beschenken und dir die Kraft geben, die Frucht deines Leibes zu tragen"[244]. Texte dieser Art verdeutlichen, daß in dem Maße das Licht des göttlichen Logos aufleuchtet, auch Maria davon beschienen wird. Die gottheitliche Würde ihres Sohnes gibt auch seiner Mutter eine entsprechend herausgehobene Stellung.

Im Westen kann für dieses Denken vor allem *Augustinus*[245] als Zeuge angeführt werden. Gegen Pelagius, der eine Reihe von alttestamentlichen Gestalten auch Josef, Johannes den Täufer und Elisabet für sündenlos hielt, gilt dem Bischof von Hippo allein Maria als in dieser Weise ausgezeichnet. Er fordert um der Heiligkeit Christi willen die Heiligkeit seiner Mutter. Sie möchte er um der Ehre des Herrn willen dort nicht einbezogen wissen, wo von der Sünde die Rede ist; wurde sie doch gewürdigt, den zu empfangen und zu gebären, der ohne Sünde war. Mit Blick darauf sagt Augustinus: Maria wurde zuerst von Christus geschaffen, bevor er in ihr gebildet wurde. Eine völlige Freiheit Marias von der Erbsünde kennt Augustinus wohl noch nicht; hat er doch das Wesen der Erbsünde mit der ungeordneten Begierlichkeit verknüpft und die geschlechtliche Lust als ihren Übertragungsfaktor angesehen, der allein bei Christus ausgefallen war. Es bedurfte darum der weiteren Klärung im Verständnis der Erbsünde.

Anselm v. Canterbury[246], später von Thomas und seiner Schule darin bekräftigt, sieht den Kern der Hinterlassenschaft Adams in der fehlenden Urstandsgnade; die ungeordnete Begierlichkeit gehöre nicht (wie bei Augustin) zum Wesen, sondern (nur) zur Folge der Erbsünde[247]. Mit dieser gegenüber dem Bischof von Hippo differenzierteren Sicht läßt sich die Heiligung Marias als eine ursprüngliche, wur-

---

[241] M. O'Carrol: Theotokos, 328 f.
[242] Vgl. C. Pozo, Maria, 69 f.
[243] Or. II in Annunt. 25; PG 87/3, 3248 A.
[244] Or. II in Annunt. 43; PG 87/3, 3273 C.
[245] Nat. et grat. 34, 42; PL 44, 267; serm. 25,7; PL 46, 937; serm. 69,3; PL 38,442: „Quam creavit elegit, quam eligeret, creavit". Für Marias Freiheit von der Erbsünde bei Augustinus tritt u.a. ein A. Trapè, S. Agostino: J. Quasten, Patrologia III, Torino 1978, 325-434, 408 (Lit.); kritisch äußern sich u.a. F. Hofmann, C. Mayer, Augustinus: MarL I, 294-298, 296 f.
[246] De concept. virg. et de orig. pecc. 27.
[247] Vgl. H.M. Köster, Urstand, Fall und Erbsünde. In der Scholastik (HDG II/3b), Freiburg – Basel – Wien 1979, bes. 129 f.

zelhafte Begnadung begreifen, als auf Gott hin unbeschwert offenes Herz wie bei den Stammeltern am Schöpfungsmorgen.

Diesem Gedanken steht aber für einige Zeit noch die Meinung entgegen, um der Universalität der Erlösungstat Christi willen, müsse man auch von Schwächen Marias sprechen. Origenes[248] beispielsweise war der Ansicht: „Wenn sie beim Leiden des Herrn nicht an ihm irre geworden ist, dann ist Jesus nicht für ihre Sünden gestorben. Wenn aber alle gesündigt haben, und der Herrlichkeit des Herrn bedürfen, um durch seine Gnade gerechtfertigt und erlöst zu werden, dann ist auch Maria durchaus damals an ihm irre geworden". Wie eine ursprüngliche Heiligung Marias mit ihrer grundsätzlichen Erlösungsbedürftigkeit zu verbinden sei, bildet die große Streitfrage der Scholastik; sie wurde vor allem zwischen den Dominikanern als Gegnern und den Franziskanern als Befürwortern erörtert[249].

Ausgangspunkt der thomistischen Position war die traditionelle Meinung, daß Maria vor ihrer Geburt im Schoß ihrer Mutter *geheiligt* wurde. Zur Begründung verweist Thomas v. Aquin[250] auf folgenden Gedankenschritt. Zum einen nennt er Jeremia (1,5) und den Täufer Johannes (Lk 1,15), denen beide im Hinblick auf ihr Amt im Mutterschoß Heiligung gewährt wurde. Um wie viel mehr gilt das für jene Frau, die den „Eingeborenen vom Vater, voll der Gnade und Wahrheit" (Joh 1,14) geboren hat. So sehr Thomas einer vorgeburtlichen Bereitung Marias zustimmt, vermag er dies nicht mit dem Augenblick ihres Lebensbeginnes zusammenzusehen. Hier muß er einen zeitlichen Unterschied festhalten[251]. Mit dieser Unterscheidung begegnet er auch dem Fest der Empfängnis Marias, das seit dem 7. Jahrhundert in der Ostkirche und seit dem beginnenden 12. Jahrhundert zunächst in England und dann auch in Frankreich (u.a. Lyon)[252] gefeiert wird. Als Inhalt des von ihm akzeptierten Festes will der Aquinate nicht gelten lassen, daß Maria schon seit ihrer Empfängnis heilig war. Weil man jedoch den Zeitpunkt ihrer vorgeburtlichen Reinigung nicht kenne, begeht man am 8. Dezember „eher das Fest ihrer Heiligung als das ihrer Empfängnis"[253].

Eine maßgebliche Weichenstellung, die die Frage nach der Heiligung und der Erlösungsbedürftigkeit Marias neu angeht, brachte der Franziskaner *Johannes Duns Scotus*[254]. Wie für Thomas besteht auch für ihn das Wesen der Erbsünde im Fehlen der dem Menschen eigentlich geschuldeten Urstandsgerechtigkeit; die Konkupiszenz ist nicht wie bei Augustinus im Erbsündenbegriff eingeschlossen[255]. Und das hat Konsequenzen für das Verständnis der erlösten Empfängnis Marias. Ihm liegt die Auffassung von der absoluten Inkarnation zugrunde[256]. Danach hat die Menschwerdung des Logos keine innerweltliche Ursache; nicht einmal die Sünde

---

[248] Comm. in luc. 17; GCS 49, 106/9-16.
[249] Für Detailinformationen vgl. G. Söll, Mariologie, passim.
[250] S.th. III, q. 27, a.1, resp.; tzt D 6, Nr. 94.
[251] S.th. III, q. 27, a.3, resp.; tzt D 6, Nr. 96.
[252] Vgl. hierzu den Brief Bernhards von Clairvaux an die Kanoniker von Lyon, Opera omnia, vol. VII. Hg. v. J. Leclercq, H. Rochais, Roma 1974, ep. 174, 388-392; auszugsweise tzt D 6, Nr. 90.
[253] S.th. III, q. 27, a.2, ad 2.3; tzt D 6, Nr. 95.
[254] Vgl. F. Courth: MarL II, 261 f; La Dottrina mariologica di Giovanni Duns Scoto. Hg. v. R. Zavalloni, E. Mariani, Roma 1987; tzt D 6, Nr. 100.
[255] Vgl. H.M. Köster, Urstand, 136.
[256] Vgl. in diesem Band: Christologie.

kann sie veranlassen. Hieraus ergibt sich ein unlösbarer Zusammenhang zwischen Christus und Maria. Sie ist vom Auftakt der Heilsgeschichte an in den ewigen Ratschluß Gottes zur Menschwerdung seines Sohnes einbezogen. Daraus folgt für Scotus, daß alle übrige Schöpfung, die Engel eingeschlossen, Maria untergeordnet ist. Nach Christus nimmt sie als seine Erwählte im Heilsplan Gottes die zweite Stelle ein. Diese Einordnung in die absolute Inkarnation führt zu der scotischen Auffassung von der vorausgreifenden Erlösung und Heiligung Marias. Die vor ihm in der Tradition Anselms von seinen unmittelbaren Wegbereitern Wilhelm v. Ware (ca. 1255/60) und Robert Grosseteste (ca. 1168-1253)[257] vertretene Lehre von der *sündenlosen Geburt* Marias bedenkt Scotus nach drei Richtungen hin:
1. daß die Mutter Jesu *niemals* in der Erbsünde war;
2. daß sie davon *nur einen Augenblick* betroffen blieb;
3. daß sie davon erst *nach einer Weile* befreit wurde.

Damit will er zum Ausdruck bringen, daß die Erlösung Christi nicht nur in nachgehender Reinigung von der anhaftenden Erbsünde wirksam werden kann; sie vermag auch einer drohenden Mitteilung der Adamschuld gnadenhaft zuvorzukommen. Er, der ersteres bewirkte, vermochte auch letzteres. So erweist sich Christus an Maria in vollkommenster Weise als Erlöser. Die ursprüngliche Heiligung Marias besagt nach Scotus, daß der erlösende Bezug zu Christus für Maria vom Anfang ihrer Existenz an wirksam ist. Die Mutter Jesu ist für den Doctor marianus Glied der erlösungsbedürftigen Menschheit; sie wurde aber um der Ehre ihres Sohnes willen durch sein Erlöserverdienst vor dem zerstörenden Einfluß der Erbsünde bewahrt und in die ursprüngliche Gottesgemeinschaft hinein empfangen. Scotus hat so mit dazu beigetragen, Maria „als heiles Urbild des Weiblichen" zu sehen[258].

Bis die integrierende Sicht des Scotus sich auch der Zustimmung des einen oder anderen Thomisten erfreute, verging eine Zeit lebhafter Diskussion. Zu einer Wende dürften die angesehenen Thomaskommentatoren aus dem Jesuitenorden R. Bellarmin und F. Suarez[259] beigetragen haben. Mit der Zeit zogen aber auch vereinzelt Dominikaner nach[260]. Die genannten Thomasinterpreten betonen nach wie vor die Auffassung von der grundsätzlichen Einordnung Marias in die von Adam herkommende Geschichte der Schuld (debitum); sie verbinden diese Position aber mit dem Gedanken der Maria um Christi willen faktisch gewährten Befreiung. Somit war der Weg zu einem Konsens mit den inzwischen nicht nur franziskanischen Vertretern der Immaculata-Lehre geebnet.

4.3.2 Eva – Maria – Parallele

Eine weitere Triebfeder bei der Entwicklung der Immaculata-Lehre in Patristik und Scholastik ist die typologisierende Gegenüberstellung von Eva und Maria. Sie

---
[257] Vgl. F. Courth: MarL III, 33.
[258] So E. Gössmann, Mariologische Entwicklungen im Mittelalter: E. Gössmann, D.R. Bauer, Maria für alle Frauen oder über allen Frauen?, Freiburg 1989, 78.
[259] Vgl. G. Söll, Mariologie, 201 f.
[260] Vgl. U. Horst, Die Diskussion um die Immaculata Conceptio im Dominikanerorden (VGi 34), Paderborn 1987.

kann soteriologisch durchgeführt werden (der sündigen Stammutter steht die gehorsame und heilige Mutter des Erlösers gegenüber) oder ekklesiologisch (die heilige Maria hebt sich ab von Synagoge und Heidenwelt).

Früheste Zeugen dieser von der paulinischen Adam-Christus-Typologie her entwickelten Gegenüberstellung sind *Justin* und *Irenäus*. Der Apologet schreibt: „Denn Eva, welche eine unverdorbene Jungfrau war, gebar, nachdem sie das Wort der Schlange empfangen hatte, Sünde und Tod. Die Jungfrau Maria dagegen war voll Glaube und Freude, als der Engel Gabriel ihr die frohe Botschaft brachte ..."[261]. Noch deutlicher äußert sich der Martyrer-Bischof von Lyon: „.... es war notwendig und billig, daß bei der Wiederherstellung Adams in Christus das Sterbliche vom Unsterblichen verschlungen ... und mit ihm aufgenommen werde, und die Eva von Maria, auf daß die Jungfrau die Fürsprecherin der Jungfrau werde und den jungfräulichen Ungehorsam entkräfte und aufhebe durch jungfräulichen Gehorsam"[262]. Irenäus ist der erste der Väter, der Maria Repräsentantin der Kirche nennt[263]. Er stellt so die Weichen dafür, daß die zunächst inkarnationstheologisch gefaßte Eva-Maria-Parallele auch ekklesiologisch entfaltet wird. Das geschieht vornehmlich in der mittelalterlichen Theologie[264]. Je weniger die Kirche selbst als heilige und fleckenlose Braut des Herrn (vgl. Eph 5,27) erfahren wurde, desto mehr erscheint Maria in diesem Bild; als Typus und Repräsentantin des Gottesvolkes wird sie zum Zeichen dafür, daß es die heilige Kirche gibt. In der Neuzeit ist es neben *M. J. Scheeben* der englische Kardinal *J. H. Newman*, dem die patristische Parallele Eva – Maria hilft, sowohl die ursprüngliche Begnadung der Mutter Jesu wie auch ihre endgültige Verherrlichung zu verstehen und auszusagen[265].

Wie in Eva, der Mutter aller Lebenden, die bisherige leidvolle Geschichte zusammengefaßt ist, so erscheint Maria als Mutter der in Christus erneuerten Menschheit. Wie die mit Christus anhebende Heilszeit ihr Gegenbild in der Geschichte Adams besitzt, so tritt Maria auf dem dunklen Hintergrund Evas hervor. Sieht man in dieser die ungehorsame, kurzsichtige Sünderin, so erscheint Maria als zustimmende und heilige Mutter der Gläubigen. „Je stärker die Kontrastierung ausfiel, desto leuchtender hob sich das Bild der Jungfrau von Nazareth von ihrer Gegenspielerin und den übrigen Menschen ab"[266].

4.3.3 Kräfte der Frömmigkeit

Schließlich sind es die Kräfte der Frömmigkeit, die die Entfaltung des Dogmas begleitet und gefördert haben. Die griechische wie die lateinische Theologie durchseelt die Überzeugung, daß die lehrhafte Rede kaum genügt, Marias Würde und Bedeutung zur Sprache zu bringen. Erst das feiernde Lob wird ihr gerecht.

---

[261] Dial. 100, 5; BKV² 33, 163 f.; tzt D 6, Nr. 26.
[262] Dem. 33; BKV² 3, 606.
[263] Haer. III,10,2.
[264] Vgl. H. Riedlinger, Die Makellosigkeit der Kirche in den latein. Hoheliedkommentaren des Mittelalters (BGPhMA 38/3), Münster 1958.
[265] tzt D 6, Nr. 109.
[266] G. Söll, Mariologie, 63.

So grüßt sie der berühmteste der griechischen Lobgesänge, der *Hymnos Akathistos* (5.-8. Jahrhundert)[267], als „allen Preises würdige Mutter, die geboren das unter allen Heiligen heiligste Wort". Diese geistige Gestimmtheit begegnet auch bei *Anselm v. Canterbury,* dem Vater der Scholastik. Bei ihm ist das rationale Argument fest eingebettet in die Haltung der Bewunderung, des Dankes und der Bitte. Auch wenn der Sohn Gottes von einer Sünderin hätte geboren werden können, so hält es Anselm doch für angemessen, daß er „von der reinsten Mutter empfangen wurde. Geziemenderweise sollte jene Jungfrau in einer solchen Reinheit erstrahlen, wie sie größer außer in Gott nicht gedacht werden kann"[268]. Diese Denk- und Redeweise von Überbietung und Übersteigerung wird bei *Wilhelm v. Ware* und deutlicher noch bei *Scotus* zum Prinzip. Danach ist in der Marienlehre dann der ehrenvollere Gedanken anzunehmen, wenn ein Zweifelsfall vorliegt oder gute Gründe ihn empfehlen. Von der Mutter Gottes ist jeweils das auszusagen, was für sie größere Ehre bedeutet. Das führte schließlich zu der Schlußfolgerung: Was Maria angeht, ist zuerst zu fragen, ob es Gott angemessen ist, dann ob es sich für sie ziehmt. Ist das der Fall, hat Gott es auch bei ihr verwirklicht. In der lateinischen Fassung lautet das Prinzip: *Deus potuit, decuit, ergo fecit.*

Thomas[269] schließlich anerkennt wie für die menschliche Natur Christi so auch für Maria aufgrund ihrer Gottesmutterschaft „eine gewisse unendliche Würde von dem unendlichen Gut her, das Gott ist".

Diese Beispiele zeugen von einer Atmosphäre, die das rationale Argument weit zum Lobpreis hin geöffnet hält. Der mariologische Gedankengang will eine Form der Ehrung Marias sein. So werden bei aller Nüchternheit und Logik, die ihn auszeichnen sollten, Liebe, Bewunderung und Emphase nicht fehlen. Das gilt vor allem deswegen, weil der mariologische Diskurs letztlich nicht auf einen erhabenen Gedanken zielt, sondern eine Person meint, die Mutter des ewigen Sohnes und Wortes[270].

Wie Frömmigkeit und Theologie ineinandergreifen, zeigt sich in den verschiedenen Formen von Gebeten und Bruderschaften wie auch der Ikonographie. Ein erwähnenswertes Beispiel ist das Werk von *Bartolomé Esteban Murillo* († 1682)[271]. Seine etwa 25 Darstellungen der Unbefleckt Empfangenen spiegeln die Begeisterung seiner spanischen Heimat für dieses Motiv. Das Bild ‚La Purissima' gehört zu den engelhaftesten, überirdischsten Marienbildern überhaupt. Neben Murillo seien auch die Italiener *Guido Reni* († 1642) und *Giovanni Battista Tiepolo* († 1770) genannt.

In das mit Murillo bezeichnete Spanien des 17. Jahrhunderts reicht eine in unserem Zusammenhang interessante Frömmigkeitsform zurück, das s.g. maria-

---

[267] Strophe IV; tzt D 6, Nr. 73.
[268] De concept. virg. et de orig. pecc. 18; ed. F. S. Schmitt, S. Anselmi Opera omnia, 1968, tom. I, vol.2, 159.
[269] S.th. I, q. 25, a.6, ad 4; DThA 2, 300.
[270] Vgl. H.M.Köster, ‚De Maria nunquam satis'. Wer fand -, was bedeutet diese Formel?: Mater Fidei et Fidelium. Collected Essays to Honor Théodore Koehler on His 80th Birthday (MLS 17-23), Dayton 1985-1991, 617-632.
[271] Vgl. St. Beissel, Die Verehrung Marias im 16. u. 17. Jahrhundert, Freiburg/Br. 1910, 264-275; M. Vloberg, Les types iconographiques de la Vierge dans l'art occidental: H. du Manoir (Hg.), Maria II, 483-540, bes. 521-527; G.M.Lechner: HMar, 606.

nische Blutgelübde²⁷². Mit ihm verpflichteten sich vor allem im 17. und 18. Jahrhundert einzelne Ordensleute und Lehrer der Theologie, wie auch Gruppen (Universitäten, Ordensprovinzen) und ganze Nationen (Portugal, Spanien), die Glaubensüberzeugung von der besonderen Erwählung Marias zu verbreiten und zu vertiefen. Weil diese eidliche Verpflichtung ausdrücklich den Einsatz des Blutes einbezieht, trägt sie den Namen Blutgelübde. Diese Frömmigkeitsform wurde vor allem auf der Iberischen Halbinsel gepflegt. Wir finden sie aber auch in den spanischen Kronländern, ferner in Frankreich und in Deutschland. Seine geistlichen Promotoren waren in der Hauptsache Franziskaner und Jesuiten. Das unmittelbare Ziel dieser Übung war, die Dogmatisierung der Unbefleckten Empfängnis zu fördern. Zugleich wurde der Eid aus dem Motiv abgelegt, die Mutter Jesu um ihren Schutz in leiblichen wie in geistigen Nöten zu bitten. An die vielfältigen Frömmigkeitsformen knüpft Pius IX. in seiner Definitionsbulle ausdrücklich an.

4.4 Weg der Lehrverkündigung

Das Lehramt versuchte zunächst, ausgleichend zu wirken²⁷³. So verbot der Franziskaner-Papst *Sixtus IV.* (1471-1484) in der Konstitution „Grave nimis" (1483) mit dem Hinweis darauf, daß das endgültige Urteil der Kirche ausstehe, den Anhängern der Immaculata-Lehre („Immaculisten") wie deren Gegnern („Maculisten"), die je andere Seite als Häretiker zu bezeichnen²⁷⁴.

Das *Konzil von Trient* beruft sich auf „Grave nimis", wenn es im Erbsündendekret ausdrücklich erklärt, es beabsichtige nicht, „in diese Lehrbestimmung, wo von der Erbsünde die Rede ist, die selige, unbefleckte Jungfrau und Gottesgebärerin Maria miteinzuschließen" (NR 358 – DH 1516).

Langsam aber neigt sich die Waage zugunsten der Immaculisten. 1617 verbietet *Paul V.* († 1621) gegen die Lehre von der Unbefleckten Empfängnis öffentlich Stellung zu beziehen; die gegenteilige Meinung verwirft er jedoch nicht. *Gregor XI.* († 1623) verschärft dieses Verbot 1622, gestand aber den Dominikanern zu, intern die Frage weiterhin zu erörtern²⁷⁵. *Alexander VII.* († 1667) erklärt in der Bulle „Sollicitudo" von 1661: „Alt ist die fromme Haltung der Christgläubigen" bezüglich der unbefleckten Empfängnis der Jungfrau Maria (DH 1015). Allerdings bleibt er auf der Linie Sixtus' IV., wenn er die Gegner vor dem Verdacht von Häresie und Todsünde in Schutz nimmt²⁷⁶.

---

²⁷² Vgl. H.M. Köster, Die Frau II, 105-110; J. Stricher, Le voeu du sang en faveur de l'immaculée conception, Roma 1959; F. Courth, Gestalt und Wesen der Marienweihe nach den Zeugnissen des 17. und 18. Jhs.: De cultu mariano saeculis XVIII. Acta Congressus Mariol.-Marian. Intern. in Republica Melitensi 1983 celebrati, vol. II, Romae 1987, 211-229, bes. 222-224.
²⁷³ Vgl. G. Söll, Mariologie, 188-190.
²⁷⁴ DH 1425 f; tzt D 6, Nr. 101.
²⁷⁵ Vgl. G. Söll, Mariologie, 204.
²⁷⁶ Ebd. 204 f.

Mit Blick auf die sich mehr und mehr entfaltende Verehrung greift schließlich auch Papst *Pius IX.* († 1878) ein. 1849 veranlaßt er eine Umfrage bei allen Bischöfen. Von den 603, die antworten, sprechen sich 546 für eine Dogmatisierung aus. Bemerkenswert ist die Zurückhaltung im deutschsprachigen Raum. Die hier von manchen Bischöfen geäußerten Bedenken gründen in der inneren Situation der Kirche in Deutschland, in den kritischen äußeren Bedingungen des kirchlichen Lebens und in theologischen Problemen. Die Einstellung der deutschen Universitätstheologie ist überwiegend ablehend. War sie theologisch zu wenig auf die mariologische Fragestellung vorbereitet und hatte sie den Bezug Maria – Kirche nicht recht erfaßt[277]? Auch römische Theologen verschweigen nicht ihre Zurückhaltung. Als Frömmigkeitsübung könne die Immaculata-Lehre bestätigt werden, nicht aber als glaubensverbindliches Dogma. Immer wieder kommt die Begründung, es fehle das biblische Fundament. Zugleich aber wird die Bereitschaft erklärt, sich zu unterwerfen, falls der Papst entscheiden werde. So wird mehr und mehr die Urteilslast auf seine Schultern gelegt.

Nach Vorarbeiten vor allem der beiden Jesuiten *Giovanni Perrone* (1794-1876) und *Carlo Passaglia* (1812-1887) sowie des Benediktiners Dom *Prosper Guéranger* (1805-1875) erklärt Pius IX. am 08.12.1854 in der Bulle „Ineffabilis Deus": „Die Lehre, daß die allerseligste Jungfrau Maria im ersten Augenblick ihrer Empfängnis durch einzigartiges Gnadengeschenk und Vorrecht des allmächtigen Gottes, im Hinblick auf die Verdienste Christi Jesu, des Erlösers des Menschengeschlechts, von jedem Fehler der Erbsünde rein bewahrt blieb, ist von Gott geoffenbart und deshalb von allen Gläubigen fest und standhaft zu glauben" (NR 479 – DH 2803).

Das *Zweite Vatikanische Konzil,* das diese Lehre voll aufnimmt, formuliert sie zugleich knapper und positiv; es sieht Maria „vom ersten Augenblick ihrer Empfängnis an im Glanz einer einzigartigen Heiligkeit" (LG 56). Wie die adamitische Verbindung so nennt das Konzil auch den christologischen Bezugspunkt des Dogmas und seine ekklesiologische Reichweite: Maria ist „mit allen erlösungsbedürftigen Menschen in der Nachkommenschaft Adams verbunden" (LG 53). Aber sie ist „im Hinblick auf die Verdienste ihres Sohnes auf erhabene Weise erlöst und mit ihm in enger und unauflöslicher Verbindung geeint". Wurde sie doch mit der „höchsten Aufgabe und Würde beschenkt, die Mutter des Sohnes Gottes und daher die bevorzugt geliebte Tochter des Vaters und das Heiligtum des Heiligen Geistes zu sein" (LG 53).

4.5 Erwählt und begnadet

Das Dogma von der ursprünglichen Begnadung der Mutter Jesu hatte zwei Grundaussagen miteinander zu verknüpfen. Zum einen war es der Gedanke, daß Maria in die Gemeinschaft der erlösungsbedürftigen Menschen eingebunden ist.

---
[277] So S. Gruber, Mariologie und kath. Selbstbewußtsein (BNGKT 12), Essen 1970, 26-89.

Dem zuzuordnen war zum anderen die Einsicht, daß Maria seit Ewigkeit die von Gott erwählte und vom Anfang ihrer Existenz an die begnadete Mutter des Erlösers ist.

Unter christologischer Perspektive ist davon auszugehen, daß Gottes Ratschluß zur Inkarnation von Ewigkeit her die Erwählung Marias als menschliche Mutter des Erlösers einschließt. Dabei darf, wie wir sahen, ihre Mutterschaft nicht nur verengt biologisch verstanden werden, sondern als höchstmögliche personale Nähe zu Christus. Wenn Maria in diesem Sinne in den ewigen Ratschluß Gottes zur Inkarnation gehört, heißt dies: Mehr noch als der Mensch des Schöpfungsmorgens mit seiner ungetrübten Gottunmittelbarkeit ist Maria auf Christus, das ewige Wort, hin gewollt und geschaffen. Von ihm her und auf ihn hin ist sie mit ihrer *ganzen Existenz* bezogen. Das ist der Inhalt des Dogmas von der ursprünglichen Heiligung Marias: Sie ist vom Beginn ihres Daseins an in die heilende Erlösung Christi unmittelbar einbegriffen. *K. Rahner*[278] sieht die Grundaussage des Dogmas darin, „daß die Mutter des Sohnes *von vornherein* als Heilsempfängerin in Glaube und Liebe von Gottes absolutem Heilswillen gedacht und gewollt war". Und das ist es, was wir unter *erlöst* und *geheilt* verstehen: Christus vollends zugeordnet zu sein. So kann Rahner[279] dann auch sagen, im Dogma werde nichts anderes zum Ausdruck gebracht, „als daß Maria die radikal Erlöste ist"; sie sei „der höchste und radikalste Fall der Verwirklichung des Heiles, der Heilsfrucht, der Heilsempfängnis ...".

In ekklesiologischer Hinsicht unterstreicht das Dogma den unbedingten Primat der heiligenden Gnade Gottes. Diesen sieht die Kirche in Maria als der neuen Eva verwirklicht; in ihr ist das Gottesvolk die reine, geheiligte Braut des Herrn (vgl. Eph 5,26 f.). Der mit Blick auf Maria bekannte Glaube an den Vorrang der Gnade läßt von der Heiligkeit der Kirche mit stärkerer Gewichtung sprechen als von ihrer Sündhaftigkeit. Deren leidvoller Erfahrung gegenüber verdient der Glaube an die Heilsmacht der Gnade die stärkere Gewißheit. Es gibt einen „undialektischen Vorrang der Gnade vor der Schuld"[280]. Das Dogma von der ursprünglichen Begnadung Marias läßt uns daher besser verstehen, inwiefern sie als Glaubende das Urbild, der Typus der Kirche ist. Glaube und Gnade stehen zueinander in engster Beziehung. Der Glaube setzt die Gnade voraus. Maria kann nur dann fern aller menschlichen Eigenmächtigkeit als neue Eva und Urbild der Kirche gesehen werden, wenn sie die Begnadete ist.

---

[278] Grundkurs des Glaubens, Freiburg – Basel – Wien 1976, 375.
[279] Ebd. 374.
[280] K. Rahner, Das Dogma von der Unbefleckten Empfängnis Mariens und unsere Frömmigkeit: ders., Schriften zur Theologie III, Einsiedeln – Zürich – Köln ⁷1967, 155-167, 167.

4.6 Ökumenische Konvergenzen

4.6.1 Orthodoxie

Das Gespräch mit der Ostkirche sollte vom Gedanken der Begnadung (Lk 1,28) ausgehen und diese als die unmittelbare Aussage des Dogmas in den Mittelpunkt stellen; der dunkle Hintergrund der Erbsünde könnte dann als mittelbare Aussage gelten, eben als jene dunkle Folie, auf der sich positiv die Heiligung Marias abhebt. Es ist die Linie, wie sie das Zweite Vatikanische Konzil formuliert.

In dieser Perspektive ist ein Einvernehmen mit der Orthodoxie durchaus möglich[281]. Da ist seitens der orthodoxen Theologie von Mißverständnis und falscher Interpretation des unglücklich formulierten katholischen Dogmas die Rede. Doch Ausgangspunkt seiner Entwicklung ist die auch vom Osten fest anerkannte Befreiung Marias vor aller Sünde. Von hier aus ergibt sich auch ein Einigungsweg. Er besteht für die Orthodoxie darin, es als ihre Glaubenslehre zu bekennen, daß Maria seit ihrer Empfängnis im Mutterleib von jedem Makel der Erbsünde unberührt blieb. Auf der anderen Seite sollten die Katholiken dem Dogma von der Unbefleckten Empfängnis eine neue sprachliche Ausdrucksform geben. Positive Inhalte einer von der Orthodoxie rezipierbaren Immaculata-Vorstellung sind[282]:

1. Maria ist das geheiligte Werkzeug der Erlösung;
2. sie ist die neue Eva, mit der Christus als neuer Adam die Menschheit erneuert;
3. sie ist das Urbild des erlösten (vergöttlichten) Menschen.

Anders als die westlich-scotische Lehre von der Bewahrung könnte man die Erlösung Marias nach dem Vorbild des Irenäus als vom Heiligen Geist gewirkten Neuanfang, als Wiederherstellung der Schöpfung („récapitulation de la création") verstehen. Auf dem Hintergrund dieses irenischen Vorschlages läßt sich der Frage eines Autors aus der lateinischen Tradition zustimmen, ob nicht bei unserem Thema der Unterschied zwischen Orthodoxen und Katholiken letztlich nur ein Streit um Worte ist[283].

4.6.2 Reformationskirchen

Das aktuelle Gespräch mit den Reformationskirchen[284] über die Immaculata-Lehre berührt die fundamentaltheologische Frage nach deren biblischer und theologischer Verankerung. Kann nur das als solide biblisch begründet betrachtet wer-

---

[281] So der russ.-orth. Theologe A. Stawrowsky, La Sainte Vierge. La doctrine de l'Immaculée Conception des êglises Catholique et Orthodoxe. Étude comparée par un Théologien Orthodox: Mar. 35 (1973) 36-112; C. Pozo, Maria, 66-73.

[282] A. Stawrowsky, La Sainte Vierge, 111.

[283] J. Ledit, Marie dans la liturgie de Byzance, 112, Anm. 70.

[284] W. Tappolet (Hg.), Das Marienlob der Reformatoren, Tübingen 1962; F. Courth, Mariens Unbefleckte Empfängnis im Zeugnis der frühen reformatorischen Theologie: Im Gewande des Heils. Hg. von G. Rovira, Essen 1980, 85-100; H. Gorski, Die Niedrigkeit seiner Magd, Frankfurt/M. 1987, 116-118.

den, was in unmittelbarer Ableitung aus dem Wortlaut einzelner Verse der Schrift zu erheben ist? Kann eine Wirklichkeit nicht auch dann als in der Schrift grundgelegt gelten, wenn zwar ihre *terminologische* Aneignung in der Bibel umrißhaft und tastend bleibt, sie aber dort indirekt bezeugt wird? Von reformatorischer Seite werden zwei Einwände zum Inhalt des Dogmas vorgebracht:
1. Es leugnet praktisch die Universalität der Erlösung,
2. es stellt eine Selbstverherrlichung der römischen Kirche dar[285].

Luthers Lehre in dieser Frage ist in der zurückliegenden theologischen Forschung recht unterschiedlich beschrieben und beurteilt worden. Die Spannweite der Antworten reicht von der Meinung, der Wittenberger Reformator habe eindeutig jene katholische Auffassung vertreten, wie sie 1854 definiert worden ist, bis hin zu der These, Luther rede von der Unbefleckten Empfängnis Christi, nicht aber von der Marias. Die gegenwärtige evangelische wie katholische Literatur scheint sich dagegen auf einem Mittelweg zu treffen, indem sie deutlicher die geschichtliche Entwicklung herausarbeitet, die Luthers Auffassung von der Unbefleckten Empfängnis durchgemacht hat.

Der Augustinermönch Luther nennt in einer Predigt an Mariä Empfängnis 1516 die Mutter Jesu „einen Tropfen aus dem Meer" *(stilla maris)*. Mit diesem Bild möchte er zum Ausdruck bringen, daß sie „als einziger Tropfen aus dem ganzen Meer des gesamten Menschengeschlechtes bewahrt *(praeservata)* worden ist. Sie ist aus dem Meer, weil sie ein Tropfen des Meeres ist, gemäß der ganz gleichen Natur; dennoch ist sie nicht von der Art des Meeres, sondern aus dem Meere ... Wie groß ist daher die Ehre, daß aus einem so großen Meer dieser eine Tropfen bewahrt wird"[286].

Wie Luther die Bewahrung Marias von der Erbsünde versteht, verdeutlicht er in einer Predigt zum Fest Mariä Empfängnis 1527. Der dort ausgeführte Gedanke geht auf eine Unterscheidung aus dem Jahre 1510/11 zurück. Luther hatte damals zum Verständnis der Erbsünde mit der Theologie seiner Zeit die Empfängnis des Fleisches von der Eingießung der Seele abgehoben. Auf Maria angewendet, ergibt dies die Aussage, daß sie in der Empfängnis des Fleisches unter dem Gesetz der Erbschuld stand und sich darin in nichts von allen anderen Menschen unterscheidet. „Aber die andere Empfängnis, nämlich die Eingießung der Seele, glaubt man mildiglich und seliglich, daß es ohne Erbsünde zugegangen sei, so daß im Eingießen der Seele sie auch zugleich mit von der Erbsünde gereinigt und mit Gottes Gaben gezieret worden sei, im ersten Augenblick, da sie zu leben anfing, ohn' alle Sünde. Denn ehe sie lebte, möchte man wohl sagen, daß weder Sünde, noch Sündenlosigkeit gewesen sei, was allein der Seele und einem lebendigen Menschen zusteht". Kürzer: „Maria, wiewohl sie der ersten Empfängnis nach ohne Gnade war, war sie nach der zweiten Empfängnis voller Gnaden"[287]. Ein Jahr später (1528) hat Luther diese Auffassung abgeschwächt, weil die Heilige Schrift nichts über die Unbefleckte Empfängnis Marias sage. Darum lasse sich in dieser

---
[285] Vgl. Maria – Evangelische Fragen und Gesichtspunkte. Eine Einladung zum Gespräch: US 37 (1982) 184-201, 195; Maria nostra sorella. A cura della Federazione delle chiese evangeliche in Italia, Roma ²1989, 124 f; tzt D 6, Nr. 122.
[286] WA 1, 107,5-13; W. Tappolet, Marienlob, 26.
[287] WA 17/2, 288,8-16.20-22; W. Tappolet, Marienlob, 29 f.

Frage auch keine Glaubensverpflichtung aussprechen. Bei aller späteren zurückhaltend-abwartenden Haltung Luthers in dieser Frage findet sich aber wiederholt der Gedanke, daß Maria durch den Heiligen Geist für ihre Mutterschaft bereitet wurde: „In der Empfängnis ist all jenes Fleisch und Blut Marias gereinigt worden, so daß nichts Sündliches übrig geblieben ist"[288].

Bei einer zusammenfassenden Würdigung von Luthers Sicht ist zu beachten, daß die verschiedenen Aussagen über die gnadenhafte Vorbereitung und Heiligung Marias für ihren Dienst als Gottesmutter zusammengehen mit solchen, die Maria Sünderin nennen. Beides ist für den Reformator kein Widerspruch. Die Frau, die Gott zur Mutter des Erlösers erwählt hat, muß ganz rein sein, auf ihr darf kein Schatten der Sünde mehr liegen. „Um aber das tiefe Herabkommen Gottes in die Menschennatur anzudeuten, um die Kluft aufzuzeigen, die zwischen Mensch und Gott besteht und bestehen bleibt – auch im Verhältnis Marias zu Gott – spricht Luther von der Sündigkeit Marias, von ihrem Schuldigwerden und Schuldigbleiben Gott gegenüber"[289]. Der Wandel in Luthers Verständnis von der Unbefleckten Empfängnis wird also neben dem immer deutlicher hervortretenden Schriftprinzip von seiner Gnadenlehre bestimmt. Maria ist um ihrer Gottesmutterschaft willen von aller Sünde gnadenhaft gereinigt worden; sie bleibt aber zugleich das bedürftige, schwache Geschöpf.

Nach *Johannes Calvin* ist Christus allein dem Unheilszusammenhang der Erbsünde enthoben. Diese Sonderstellung gründet nach dem Genfer Reformator nicht darin, daß Christus ohne Zutun des Mannes aus der Jungfrau Maria geboren wurde, sondern „weil der Heilige Geist ihn geheiligt hat, so daß es eine reine und unbefleckte Erzeugung war, wie sie vor dem Falle des Adam gewesen sein würde". Calvin meint hier nur die menschliche Natur Christi, da für seine Gottheit jede Art von Reinigung auszuschließen ist[290]. Maria aber will der Reformator keinerlei Freiheit von der Erbsünde einräumen; es sei denn, so hält er ausdrücklich den Katholiken entgegen, sie könnten die biblische Grundlage für ihre Lehre nennen[291].

Gegenüber der Eindeutigkeit Calvins in dieser Frage ist eine Beurteilung der Sicht *Zwinglis* schwieriger. Eine direkte Aussage, welche die überlieferte Lehre der Immaculata Conceptio bestätigte, läßt sich nicht erheben. Zumindest aber wird man für Zwingli jenes Verständnis behaupten können, wie es der späte Luther vertreten hatte. Danach ist Maria für die Geburt des Erlösers von Sünden gereinigt und geheiligt worden. „Heilig mußte jener sein, der im Begriffe stand, unsere Sünden wegzunehmen, nicht aber alle zu heiligen. Und so hat Gott seine Mutter geheiligt: denn es geziemte sich, daß ein so heiliger Sohn eine so heilige Mutter hatte"[292].

---

[288] WA 39/2, 10-11; W. Tappolet, Marienlob, 32.
[289] H. Düfel, Luthers Stellung zur Marienverehrung, Göttingen 1968, 173. Vgl. auch H. Gorski, Die Niedrigkeit seiner Magd. Darstellung und theol. Analyse der Mariologie M. Luthers als Beitrag zum gegenwärtigen luth./röm.-kath. Gespräch (EHS.T XXIII/311) Frankfurt/M. u. a. 1987, 82 f.
[290] Institutio II,13,4.
[291] W. Tappolet, Marienlob, 167.
[292] W. Tappolet, Marienlob, 251.

Zusammenfassend ist zur Lehre der Reformatoren festzuhalten:

1. Das Verständnis einer gnadenhaften Zurüstung und Heiligung Marias für ihre Gottesmutterschaft ist vorhanden.

2. Der Glaube an die einzigartige Erlösungstat Christi und seine Sündenlosigkeit darf durch die Lehre von der Begnadung Marias nicht angetastet werden.

3. Die Frage nach der biblischen Grundlegung zwingt die Reformatoren zu einer Neubesinnung gegenüber der überlieferten Auffassung.

Überblickt man die nachfolgende theologische Tradition, läßt sich folgende Antwort geben:

1. Wo die Glaubenslehre von Marias Unbefleckter Empfängnis unmittelbar aufgegriffen und diskutiert wird, fällt das Urteil negativ aus. Vor allem zwei Gründe sind für die entschiedene Ablehnung maßgeblich: Das fehlende biblische Fundament und der ausdrückliche Hinweis der gesamten Schrift auf das alle Menschen treffende Verhängnis der Erbsünde; ferner die Überzeugung der Alten Kirche, die in bedeutenden Vertretern der Theologie bis hin zur Hochscholastik greifbar ist.

2. Wo im Zusammenhang der Inkarnation die Frage nach dem Beitrag Marias gestellt wird, kommt auch ihre heiligende Reinigung zur Sprache. Sie wird im Anschluß an eine auf Augustinus zurückgehende Tradition als ein inneres Moment der geistgewirkten Empfängnis verstanden. Alle Überlegungen in diesem Zusammenhang bezeugen ein waches Bewußtsein dafür, daß die Inkarnation auf seiten des durch Empfängnis und Mutterschaft einbezogenen Menschen gnadenhaft ermöglicht werden muß. Die sich hier notwendig anschließende Frage nach dem Inhalt und der Reichweite dieser Ermöglichung oder grundsätzlicher: nach dem Ineinandergreifen von Natur und Gnade, von erbsündlicher Verwundung und reinigender Heiligung wird zunehmend deutlicher vom reformatorischen Gnadenverständnis her beantwortet. Der heute vorgebrachte ekklesiologische Einwand ist in der Reformationszeit nicht erhoben worden. Die Reflexion kreiste vorrangig um die christologischen, soteriologischen und hermeneutischen Probleme.

In unseren Tagen wurde besonders die Auslegung des Immaculata-Dogmas von K. Rahner als ökumenischer Brückenschlag empfunden. Wenn er in Maria den für das christliche Erlösungsverständnis unbedingten Vorrang der Gnade vor der Schuld repräsentiert sieht, findet er aufmerksame evangelische Leser. Denn, so *H. Ott*[293]: „Wer als Theologe unter dem triumphalen Tenor vom Ja der Gnade Gottes bei Karl Barth aufgewachsen ist, fühlt sich beim Hören dieser Sätze von Rahner plötzlich zu Hause. Er wird aus seiner inneren protestantischen Formung heraus nicht darum herumkommen, sich auf das Gespräch über dieses fundamentale theoanthropologische Thema einzulassen, selbst wenn er von seiner eigenen Frömmigkeitstradition her kein liebend verehrendes Verhältnis zur Jungfrau als Person mitbringt. Aber ist dies nicht vielleicht sekundär gegenüber der theologischen Aufgabe und Herausforderung, die sich uns, angeregt durch Sätze wie diejenigen Rahners, gemeinsam stellt? Katholische Theologen haben von Maria als dem Realsymbol gesprochen, dem Realsymbol für das, was uns allen universal zugedacht ist, nämlich die Vollendung und den Sieg der Gnade über die Erbsünde.

---

[293] Steht Maria zwischen den Konfessionen?: In necessariis unitas. Mélanges offerts à Jean-Louis Leuba, édités par R. Stauffer, Paris 1984, 305-319, 318.

Nun haben wir als Protestanten von unserer Tradition her mit diesem Real*symbol* wohl gewisse Schwierigkeiten. Aber das *symbolisierte Thema,* das hier aufklingt, nämlich die Präsenz Gottes und der Sieg der Gnade, ist für uns genau so unausweichlich. Und hier bleibt noch Arbeit zu tun, und zwar gerade für uns als Theologen und Kinder dieser unserer Zeit, als Theologen, als Christen der beiden hier unterschiedlich geprägten Konfessionen. Denn den Theologen obliegt ja die Auslegung der Existenz der Menschen in einer bestimmten Zeit, die Auslegung der Existenz der Menschen als Existenz vor Gott". Wie weit der unbedingte Primat der Gnade vor der Sünde in der Person Marias verwirklicht ist, das hält H. Ott für weiter klärungsbedürftig. Aus dem einst strikten Nein zur Immaculata ist hier eine interessierte Gesprächsbereitschaft geworden, verbunden mit der Neigung, sich tiefer über den *wirksamen* Vorrang der Gnade als gemeinsames Anliegen auszutauschen.

Die von H. Ott angesprochene Frage nach Marias Personalität, auf der ihre Symbolfunktion aufruht, ist von dem biblischen Grundgedanken her zu beantworten, daß Gottes schöpferisches und begnadendes Handeln immer ein Handeln an konkreten Menschen ist: an Abraham, Isaak und Jakob, an Maria und eben auch an jedem einzelnen Gläubigen. Es war in Israel gewachsene Überzeugung, daß Gott den einzelnen in der Gemeinschaft des Gottesvolkes sucht und für dieses in Dienst nimmt. Von den Propheten gilt, daß sie „durch die Anrede Gottes und in der Entscheidung vor Gott zur Persönlichkeit geworden sind" und so in ihrem Amt nicht auswechselbar waren[294]. Für den Neuen Bund gilt ähnliches. „Sowohl beim Heilsgeschehen in Jesus Christus wie beim einzelnen Menschen handeln immer konkrete Subjekte mit einer eigenen unvertretbaren Geschichte"[295]. Und dies darf für Maria nicht gelten? Bei ihrer Begnadung sollte es sich nur um ein an ihren Namen geknüpftes „symbolisiertes Thema" handeln? Das hieße, dem Inkarnationsglauben seine geschichtliche und personale Konkretheit nehmen – ein Gedanke, der bereits im Zusammenhang mit der Gottesmutterschaft Marias Erwähnung fand[296].

Genannt wurde auch bereits der in vielen Varianten vorgebrachte ekklesiologische Einwand, das Immaculata-Dogma habe Rückwirkung auf das Selbstverständnis der Kirche gehabt. „Der sündlosen Maria entspricht die im Ernstfall unfehlbare Kirche"[297]. Dieser Einwand sieht richtig, daß Maria in der katholischen Ekklesiologie fest verankert ist. Dafür läßt sich auf Lukas verweisen. Maria ist in seinem Evangelium die Tochter Zions, die persönliche Verkörperung Israels, insofern dieses Ort der göttlichen Gegenwart ist[298]. Das ist weder Verdienst des Volkes noch Leistung Marias. In beiden Fällen erhebt und heiligt Gottes Gnade allein. Maria ist im neuen Bund „das allervornehmste Beispiel der Gnade Gottes". Dieses Wort stammt von Martin Luther[299]. So kann aus der Immaculata-Lehre kein ekklesiologischer Triumphalismus abgeleitet werden.

---

[294] G.v.Rad, Theologie des Alten Testaments II, München ⁵1968, 86.
[295] D. Wiederkehr, Maria und die „neue Frau": MySal Ergänzungsbd. (1981), 247.
[296] Siehe oben 2.5.
[297] Maria – Evangelische Fragen und Gesichtspunkte: US 37 (1982) 184-201, 195.
[298] R. Laurentin, Kurzer Traktat, 36.
[299] Das Magnifikat, verdeutscht und ausgelegt durch D. Martin Luther. Mit einer Einführung von H. Riedlinger, Freiburg – Basel – Wien 1982, 71.

5. In Gottes Herrlichkeit vollendet

5.1 Kritik und Zustimmung

Es ist die abrundende der vier Grundaussagen (Dogmen) des katholischen Marienbildes, daß die in ihrem Lebensursprung geheiligte, jungfräuliche Mutter des Herrn am Ende ihrer Tage *ganz* und *ungeteilt* in die Herrlichkeit Gottes aufgenommen wurde[300]. Als Papst Pius XII. dies 1950 als fest zur katholischen Lehre gehörend definierte, meldeten sich besonders im evangelischen Raum engagierte Kritiker zu Wort. *P. Brunner*[301] glaubte, die päpstliche Lehrentscheidung zu jenen Ereignissen zählen zu müssen, durch die im ökumenischen Gespräch mit den Katholiken die Tür *endgültig* ins Schloß gefallen sei. Und für *W. v. Loewenich*[302] hat die Dogmatisierung von 1950 „der Una-Sancta Bewegung einen nahezu tödlichen Schlag versetzt". Aus *katholischer Sicht* hat *H. Küng*[303] Schwierigkeiten, dieses Dogma in ein Gesamtkonzept des Christentums einzufügen. Kritisch vermerkt er, Pius XII., „der letzte völlig absolutistisch regierende Papst", habe „gegen alle protestantischen, orthodoxen und innerkatholischen Bedenken" die Proklamation dieses Dogmas vollzogen. „Wovon nun freilich nicht nur die Schrift, sondern auch die Tradition des ersten halben Jahrtausends nichts weiß, und zunächst nur apokryphe Quellen, Legenden, Bilder und Feste zu reden beginnen".

Die evangelischen Einwände lassen sich folgendermaßen zusammenfassen[304]:

1. Dem neuen Dogma fehlt die Grundlage in der Heiligen Schrift. Es ist keine Ergänzung zum biblischen Marienbild, sondern widerspricht ihm.

2. Auch die Tradition der ersten Jahrhunderte schweigt dazu.

3. Der Konvenienz- oder der Dezenzbeweis ist reine Spekulation, die bereits eine übersteigerte, unbiblische Marienverehrung voraussetzt.

---

[300] Vgl. M. Jugie, La mort et l'assomption de la Ste Vierge (StT 114), Città del Vaticano 1944; K. Rahner, Zum Sinn des Assumpta-Dogmas: ders., Schriften zur Theologie I, Einsiedeln – Zürich – Köln 1958, 239-252; J. Ratzinger, Tochter Zion, 72-83; G. Söll, Mariologie (Lit.); M. Schmaus, Der Glaube der Kirche V/5, 262-287; W. Beinert: HMar, 291-294; J. Galot, Maria, 293-335; A. Ziegenaus, Die leibliche Aufnahme Mariens in den Himmel im Spannungsfeld heutiger theol. Strömungen: FKTh 1 (1985) 1-19; F. Courth, Marias endgültige Verherrlichung: TGA 29 (1986) 39-46; C.J. González, Mariologia, 218-232; J. Beumer, A. Ziegenaus, Aufnahme, Leibliche: MarL I, 276-286; P.E. Duggan, The Assumption Dogma. Some Reactions and Ecumenical Implications in the Thought of English-Speaking Theologians, Cleveland OH 1989; L. Scheffczyk, Die ökumenische Problematik bezüglich des Assumpta-Dogmas: Divergenzen in der Mariologie (MSt 7). Hg. v. H. Petri, Regensburg 1989, 57-80; A. Kniazeff, La Mère de Dieu, 143-153; C. Pozo, Maria, 314-324.

[301] Reform – Reformation, Einst – Heute: KuD 13 (1967) 159-183, 182. Vgl. H.M. Köster, De novo Dogmate Mariano, quid Protestantes Germaniae sentiant: Mar. 17 (1955) 30-75.

[302] Der moderne Katholizismus, Witten ⁴1959, 257.

[303] Christ sein, München 1974, 451 f.

[304] Vgl. W. v. Loewenich, Katholizismus, 255-257.

4. Die Herleitung des Dogmas aus dem Glaubenssinn der Kirche ist eine *petitio principii*.

5. Die immer augenfälligere Parallelisierung von Maria mit ihrem Sohn bewirkt faktisch eine Minderung der einzigartigen Bedeutung Christi.

6. In der Verherrlichung Marias verherrlicht die Kirche sich selbst.

7. Die Versuche, dem neuen Dogma durch Interpretation einen weiteren gemeinchristlichen Sinn zu geben, widersprechen der eigentlichen marianischen Intention des Dogmas.

Angesichts dieser Einwände lautet das Fazit: Das Assumpta-Dogma gehört zu jenen deutlichen Gegensätzen, die „es nicht nur rechtfertigen, sondern notwendig machen, die Kirchentrennung aufrecht zu erhalten und zu bekräftigen"[305].

Abgrenzend sind auch die Vorbehalte der orthodoxen Kirchen. So sehr sie die Himmelaufnahme Marias kraftvoll bekennen und inbrünstig feiern, hegen sie doch der päpstlichen Lehrentscheidung von 1950 gegenüber zwei Vorbehalte:

1. Eine Dogmatisierung hat als äußerste Entscheidung gegenüber einer drohenden Häresie zu gelten. Sie ist zudem ein Akt, der nur der Communio der Bischöfe zusteht, nicht aber dem Repräsentanten einer Kirchenprovinz allein. Deshalb kann der Papst als Patriarch des Westens ohne Zustimmung eines Ökumenischen Konzils kein Dogma verkünden.

2. Wegen der inneren Verknüpfung mit dem Dogma von 1854 werde bei der Assumpta-Definition der Tod Marias nicht deutlich genug unterstrichen[306].

In eine ganz andere Richtung geht das Urteil von C.G. Jung (1875-1961)[307], wenn er schreibt: „Ich betrachte ... die Assumptionsdeklaration als das symbolgeschichtlich wichtigste Ereignis seit 400 Jahren, trotz aller Abstriche, und finde die von der protestantischen Kritik vorgebrachten Argumente kläglich, weil sie allesamt die enorme Bedeutung des neuen Dogmas übersehen. Das Symbol in der katholischen Kirche lebt und ist von der Volksseele getragen und durch sie sogar urgiert. Im Protestantismus aber ist es tot". Aus dieser positiven Wertung des Assumpta-Dogmas durch den Psychoanalytiker C. G. Jung darf sich der katholische Theologe jedoch keine unmittelbare Schützenhilfe in einem schwierigen Gefecht erwarten. Die Problematik einer Hilfestellung durch dessen Thesen wird spätestens dann offenbar, wenn man sein inhaltliches Verständnis des Dogmas in den Blick nimmt.

Für Jung ist das Assumpta-Dogma keine Aussage über die heilsgeschichtliche Person der Mutter Jesu. Der Blick in die Vergangenheit, die Konzentration der Aussage auf *einen* Menschen nimmt diesem Dogma (ähnlich wie bei der Jungfrauengeburt) allen geistigen Gehalt. Wörtlich sagt er[308]: „Wenn die Himmelfahrt eine wesentlich konkrete historische Tatsache sein soll, dann ist sie nicht länger

---

[305] Neues Glaubensbuch. Hg. v. J. Feiner u. L. Vischer, Freiburg – Zürich ³1973, 650.
[306] Diesen Mangel findet man auch bei der Enzyklika „Redemptoris Mater" (1987) von Johannes Paul II. Weitere Einwände gelten der vorkonziliaren Diskussion über die Miterlöserschaft sowie dem Titel „Mutter der Kirche". Vgl. A. Kniazeff, La place de Marie dans la piété orthodoxe: EtMar 19 (1962) 123-143, bes. 143; ders., La Mère de Dieu, bes. 147, 214-217.
[307] Briefe II. Hg. v. A. Jaffé, Olten – Freiburg 1972, 211.
[308] Ebd. 203.

eine lebendige geistige Erfahrung. Sie sinkt herab zu einem synchronistischen Effekt in der Vergangenheit, genauso interessant und wundersam wie die Auffahrt des Elias oder das erregende Verschwinden des Henoch. Das bedeutet ein Abweichen vom wahren Problem, d.h. der Assumptio als Symbol; denn der wirklich und einzig wichtige Faktor liegt im lebendigen Archetypus, der seinen Weg ins Bewußtsein bahnt. Solange Sie auf der Historizität insistieren, riskieren Sie nicht nur verständnislose und unbeantwortete Fragen, sondern Sie wenden den Blick aller von der wesentlichen Idee ab und lenken ihn auf die grobe Realität eines nur körperlichen Phänomens. Dann ist es nichts als ein physisches Ereignis, das sich an einem bestimmten Ort und zu einer bestimmten Zeit abgespielt hat, während der Geist ewig und überall ist". Die ideelle Wahrheit des Dogmas besteht nach Jung darin, daß das weiblich-mütterliche Prinzip nun endlich Eingang in die Rede von Gott findet. Damit werde aus der bisherigen Dreiheit nunmehr die Ganzheit, die Quaternität. „Der Typus der *Quaternität* ist eine empirische Tatsache, *keine Lehre* ... Das Unbewußte drückt sich vorzugsweise in Vierheiten aus, ohne Rücksicht auf christliche Tradition. Die Vierheit ist alttestamentlich wie ägyptisch. Vishnu hat vier Gesichter ... Die Quaternität ist keine diskutierbare Doktrin, sondern eine Tatsache, der auch die Dogmatik, ..., unterlegen ist"[309]. Die Himmelsaufnahme Marias ist nach Jung also kein die Mutter Jesu auszeichnendes Ereignis; sie meint vielmehr die Aufnahme des archetypisch Weiblichen, des Fraulich-Mütterlichen in das Göttliche.

Dieser tiefenpsychologischen Sicht steht die theologische Sehweise gegenüber, die das Dogma zunächst für die heilsgeschichtliche Person Marias geltend findet; erst in einem zweiten Schritt sieht sie darin eine gemeinchristliche Aussage.

5.2 Biblischer Ansatz

Der Glaube an die ganze und ungeteilte Vollendung der Mutter Jesu kann sich nicht auf unmittelbare Schriftworte berufen. Es lassen sich aber wie bei der Erbsündenfreiheit Marias Zeugnisse nennen, die diese Aussage *unentfaltet* einschließen. Vor allem ist es die Glaubensüberzeugung, daß Gott „nicht ein Gott der Toten, sondern der Lebenden" ist (Mk 12,27). Ferner sind jene Texte zu nennen, die den inneren Zusammenhang von Erwählung, Begnadung und Verherrlichung aussagen: „Die aber, die er vorausbestimmt hat, hat er auch gerecht gemacht; die er aber gerecht gemacht hat, die hat er auch verherrlicht" (Röm 8,30). Ferner ist an Eph 1,3-6 zu denken: „Er hat uns mit allem Segen seines Geistes gesegnet durch unsere Gemeinschaft mit Christus im Himmel. Denn in ihm hat er uns erwählt vor der Erschaffung der Welt, damit wir heilig und untadelig leben vor Gott; er hat uns aus Liebe im voraus dazu bestimmt, seine Söhne zu werden durch Jesus Christus und nach seinem gnädigen Willen zu ihm zu gelangen, zum

---
[309] Ebd. 218.

Lob seiner herrlichen Gnade ...". Der Bezug zu Christus, dem „Erstling der Entschlafenen" (1 Kor 15,23), gestaltet uns jetzt schon gleich mit seinem Tod, seiner Auferstehung und Himmelfahrt (vgl. Eph 2,5 f.; Kol 3,3). Ihre Vollendung findet die Christusverbundenheit auf Erden dann in der beseligenden Schau Gottes von Angesicht zu Angesicht. In diesem Zusammenhang steht auch Joh 12,26: „Wo ich bin, da soll auch mein Diener sein" (vgl. ferner Joh 17,24).

Dazu, daß dieser generelle Erwählungs- und Auferstehungsglaube in urkirchlicher Zeit auf die Person Marias hin konkretisiert werden konnte, haben jene biblischen Worte beigetragen, die die gläubige Nähe der Mutter Jesu zu ihrem Sohn und seiner Sendung bekunden. So der Gruß Elisabets: „Selig bist du, die du geglaubt hast" (Lk 1,45); dann auch der Vers des Magnificat: „Siehe, von nun an preisen mich selig alle Geschlechter" (Lk 1,48). Das ihr deshalb gezollte Lob wird durch alle Zeiten währen; denn ihr Sohn ist Herr über Jakobs Haus auf immer (Lk 1,33). Unmittelbar und ausdrücklich bringen diese Texte nicht die eschatologische Vollendung der Mutter Jesu zur Sprache. Aber es geschieht insofern mittelbar, als sie die unverbrüchliche Bindung des Gläubigen an Christus gerade auch in der Vollendung aussagen. So ist auch Maria eingeschlossen in die Fürbitte Jesu: „Vater, ich will, daß alle, die du mir gegeben hast, dort bei mir sind, wo ich bin. Sie sollen meine Herrlichkeit sehen, die du mir gegeben hast, weil du mich schon geliebt hast vor der Erschaffung der Welt" (Joh 17,24).

5.3 Geschichtliche Entfaltung

5.3.1 Altertum

Erste Belege dafür, daß die frühe Kirche den Auferstehungsglauben auf Maria hin konkretisiert, finden sich dort, wo man nach dem Vorbild des Märtyrerkultes Maria als in der ewigen Christusgemeinschaft Lebende preist und im Gebet anruft[310]. Wie die Blutzeugen wird die verherrlichte Mutter des Herrn als der Kirche weiterhin nahe geglaubt und gefeiert. Die Zeugnisse dafür reichen ins 3. Jahrhundert zurück. So das bereits erwähnte alexandrinische Gebet „Unter deinen Schutz". Im Westen wendet sich erstmals Augustinus[311] unmittelbar an Maria. Aus dem 4. Jahrhundert fielen verschiedentlich schon die Namen Ephraem der Syrer[312] und Gregor v. Nazianz[313].

Eine bedeutungsvolle Rolle für die weitere Entwicklung spielen die Feste des liturgischen Kalenders. In Jerusalem entsteht im 5. Jahrhundert das Fest der Entschlafung *(dormitio)* und das der Grablegung *(depositio)* an der Marienkirche im

---

[310] Vgl. oben 1.4.2.
[311] Serm. 291,6.
[312] Siehe oben 1.4.1. Vgl. E. Beck, Die Mariologie der echten Schriften Ephräms: OrChr 40 (1956) 22-39.
[313] tzt D 6, Nr. 56.

Kidron-Tal[314]. Das Dormitio-Fest ist ab dem 6. Jahrhundert im ganzen Osten verbreitet; der Westen übernimmt es im 8. Jahrhundert als Feier der „Aufnahme der seligsten Jungfrau Maria" *(Assumptio Beatae Mariae Virginis)*. In den Predigten gedachte man zuerst des Todes der Mutter Gottes; aber mehr und mehr richtet sich die Aufmerksamkeit auf ihre Vollendung und ihr mittlerisches Wirken im Himmel[315].

Epiphanius v. Salamis hätte gerne eine Tradition in dieser Frage aufgegriffen; es gibt aber keine; auch die Bibel schweigt[316]. „Mag sein, daß die heilige Jungfrau gestorben ist und begraben wurde, dann ist ihr Hinscheiden mit Ehre verbunden, ihr Ende mit Reinheit, dann hat sie die Krone der Jungfräulichkeit erreicht; mag sein, sie wurde getötet und begraben, wie die Schrift sagt: Und ihre Seele wird ein Schwert durchdringen (Lk 2,35); dann ist ihr Los die Gemeinschaft der Martyrer und ihr heiliger Leib, durch den er (Gott) Licht in die Welt gebracht, in Seligkeit. Mag sein, daß sie am Leben blieb. Denn Gottes Willen ist nichts unmöglich. Ihr Ende aber kennt niemand"[317]. Diese Fragen des Epiphanius offenbaren eine deutliche Ungewißheit über Marias Lebensende. Sie zeigen aber auch, daß der fromme Sinn ihre Verherrlichung bereits erwog[318].

In dieser Zeit (5.-7. Jahrhundert) begegnet ein literarisches Genus, das legendenhaft Marias Heimgang schildert: Transitus-Mariae-Legenden[319], – Berichte, – Apokryphen. Nicht wenige von ihnen sind Kult- und Ortslegenden und beanspruchen, apostolischen Ursprungs zu sein. Das dürfte denn auch dazu geführt haben, daß sie bisweilen im Gottesdienst verlesen wurden. Das Ps.-Gelasianum (6. Jahrhundert)[320] nennt sie außerkanonisch und apokryph. Und doch haben im Osten wie im Westen Theologen, Prediger und Künstler daraus geschöpft. Ausladend wie die Mysterienspiele und Marienklagen des Mittelalters sind sie volkstümliche, sinnenfällige Darstellung der über irdisches, geschichtliches Geschehen hinaus sich ins Unsagbare entziehenden Vollendung Marias.

5.3.2 Mittelalter

Die weitere Entwicklung geht dahin, der theologischen Reflexion mehr und mehr Raum zu geben und die legendenhafte Ausschmückung des Todes und der Verherrlichung Marias zurückzudrängen. Dieses Ziel wird freilich erst nach einem langwierigen Klärungsprozeß erreicht[321]. Nennen wir einige wichtige frühmittelalterliche Zeugen. *Isidor v. Sevilla* († 636)[322] gesteht, weder die Art von Marias Tod

---

[314] H. Stirnimann, Marjam, 41.
[315] G. Söll, Mariologie, 119.
[316] Haer. 78,11; tzt D 6, Nr. 45.
[317] Haer. 78,24; PG 42, 737.
[318] Vgl. H.M.Köster, Die Frau I, 60.
[319] tzt D 6, Nr. 72. C. Balic (LThK² X, 307 f) spannt den Entstehungszeitraum vom 2. bis 7. Jahrhundert. H. Stirnimann (Marjam, 397) spricht sich für das 2. Jahrhundert aus und nennt judenchristliches Milieu als konkrete Herkunft.
[320] DH 354; PL 59, 162 C.
[321] Vgl. G. Söll, Mariologie, 112-129.
[322] De ortu et obitu Patrum 67; PL 83, 148 f.

zu kennen, noch ob sie überhaupt gestorben sei; einige sagten zwar, im Tal Josaphat werde ihr Grab gezeigt. Auch *Beda Venerabilis* († 735)[323] zeigt sich unter Berufung auf Lukas unwissend. Diese Lücke füllt die Epistola „*Cogitis me*"[324] des Ps.-Hieronymus, die wahrscheinlich *Paschasius Radbertus* († ca. 865) zum Verfasser hat. Dieser wägt die aus der apokryphen Tradition sowie den Transitus-Legenden geschöpften Begründungen ab, hält sie aber nicht für beweiskräftig genug. Ohne Bezug auf jene Überlieferungen versucht er, einer *theologischen* Betrachtung den Weg zu ebnen. Weil eine ausdrückliche Bezeugung der Heiligen Schrift für die leibliche Verherrlichung Marias fehlt, blickt er mit der Theologie seiner Zeit auf ähnliche Ereignisse, von denen die Bibel berichtet[325]. So sehr darauf auch manche Lehrer seiner Zeit hinweisen, überzeugen auch diese Vergleiche Radbert nicht. Mit seinen kritischen Einwänden hat im Westen die Frage nach einer methodisch verantworteten Darstellung des Assumpta-Glaubens vertieften Auftrieb erhalten.

Was der Ps.-Hieronymus-Brief „Cogitis me" als Desiderat artikuliert, führt der ps.-augustinische Traktat „*De assumptione Beatae Mariae Virginis*"[326] mit bemerkenswerter Konzentration durch. Er darf als die erste abendländische Assumptio-Theologie gelten. Zeitlich ist der Text dem beginnenden 11. Jahrhundert zuzuordnen. Weitere Fragen zum Autor sind offene Diskussionspunkte[327]. Aus klarer Kenntnis fehlender unmittelbarer Schriftzeugnisse und ohne jede Bezugnahme auf Apokryphen und Transituslegenden versucht der Autor, theologisch-systematisch vom Christusereignis her die Verherrlichung Marias zu bestimmen. Durch ihre Mutterschaft ist und bleibt sie für immer ihrem Sohn verbunden. Begründend ist auch Joh 12,26 (wie 17,24): „Wo ich bin, dort wird auch mein Diener sein". Ferner sieht der Autor Christus, den Erfüller des Gesetzes, mit der leiblichen Verherrlichung Marias das 4. Gebot vollziehen. Diese und andere Gründe sind schließlich getragen von der im kirchlichen Leben geübten und auch reflektierten Glaubensgewißheit, daß Maria aus der endgültigen Christusgemeinschaft für die Kirche fürbittend wirkt.

Wie der Westen, so bemüht sich auch der Osten um eine zunehmende *theologische* Betrachtung der Vollendung Mariens. Erwähnt seien *Johannes v. Damaskus, Germanus v. Konstantinopel* († 733), *Andreas v. Kreta und Modestus v. Jerusalem* († 630/34). Für sie ist ähnlich wie für die skizzierte Theologie des Westens die *Gottesmutterschaft* der fundamentale Grund, der für Maria die glorreiche Auferste-

---

[323] Retr. in Act. Ap. 8; PL 92, 1014 D. In diesen Zusammenhang gehört die Würzburger Abhandlung „Maria, quae interpretatur", welche die gleiche Zurückhaltung erkennen läßt. Vgl. dazu R. Müller, Zwei Marientexte aus dem angelsächsisch geprägten Würzburg des 8. Jahrhunderts: WDGB 51 (1989) 485-490, 488.490.

[324] Ed. A. Ripberger, CChr. CM 56 C, 109-162; ders., Der Ps.-Hieronymus Brief IX. „Cogitis me". Ein erster marianischer Traktat des Mittelalters von Paschasius Radbertus (SpicFri 9), Freiburg/Schw. 1962; L. Scheffczyk, Das Mariengeheimnis in Frömmigkeit und Lehre der Karolingerzeit (EThSt 5), Leipzig 1952, 436-441; tzt D 6, Nr. 83.

[325] So die bei der Kreuzigung Christi Auferstandenen: Mt 27,52 f, sowie David: Apg 2,29.

[326] PL 40, 1141-1148; tzt D 6, Nr. 85.

[327] Vgl. G. Söll, Mariologie, 161, Anm. 79. Als Verfasser werden genannt: Ambrosius Autpertus, Ratramnus v. Corbie sowie Alkuin (+ 804).

hung und Himmelaufnahme fordert. Die anderen Gründe sind nachgeordnet und erfließen aus ihm³²⁸. Es ist das Verdienst der genannten Väter, die mariologischen Wahrheiten innerlich miteinander verknüpft zu haben. Sie sahen Marias Anteil am irdischen Erlösungswerk Christi in eins mit ihrer heilsvermittelnden Wirksamkeit im Himmel. Damit war für das sich entfaltende Dogma schon zu Beginn seiner Artikulierung „die tiefste theologische Begründung genannt und zugleich seine Fundierung in der Offenbarung"³²⁹.

5.3.3 Scholastik

Für die weitere Entwicklung des Assumpta-Dogmas ist die in der scholastischen Anthropologie verwendete Begrifflichkeit *Leib* und *Seele* konstitutiv. Die beiden Begriffe stehen für den einen und ganzen Menschen, der als leibliches wie als geistiges Wesen existiert. Entsprechend ganzheitlich wird auch das Ziel des irdischen Pilgerweges gefaßt: die Vollendung von Leib und Seele. Keiner dieser beiden Faktoren bleibt vom Heilswirken Gottes ausgeschlossen. In der Frühscholastik vertraten etwa *Hugo v. St. Viktor* und *Robert v. Melun* († 1167) noch die extrem platonische Position, daß allein der Seele das Personsein zukomme. Darin werden sie aufs heftigste von *Gilbert v. Poitiers* († 1154)³³⁰ und seinen Schülern bekämpft; sie vertreten die Ansicht, daß der Mensch in seiner Personhaftigkeit wesentlich durch Leib und Seele konstituiert ist. Im Tod wird nicht die Seele von der Last des Leibes befreit, um in ihrem eigentlichen Sein weiterzuleben. Vielmehr existiert sie zunächst in einem Zustand, der ihrem Wesen widerspricht; sie lebt in wesentlicher Bezogenheit auf ihren numerisch identischen Leib. Von hierher ist die Auferstehung nicht mehr allein als Auferstehung des Leibes zu verstehen, sondern als Auferstehung des Menschen³³¹.

In dieser Weise argumentiert der sonst der platonischen Tradition verpflichtete Bonaventura im Hinblick auf die Verherrlichung der Mutter Jesu: weil die im Tod vom Leib getrennte Seele keine Person ist, wäre Marias Vollendung apersonal und nicht in vollem Maße beseligend, würde man sie nur als Seele fassen³³². Vergleichbar denkt Thomas v. Aquin³³³. Mit *Leib* und *Seele* heißt für hochscholastische Theologen: Maria ist *ganz* und *ungeteilt* bei Christus.

---

³²⁸ M. Jugie, La mort, 250.
³²⁹ G. Söll, Mariologie, 129.
³³⁰ Vgl. F. Courth: LMA IV, 1449-1450.
³³¹ Vgl. R. Heinzmann, Die Unsterblichkeit der Seele und die Auferstehung des Leibes (BGPhMA 30/3), Münster 1965.
³³² De Ass. B.M.V., serm. 2; ed. Quaracchi IX, 690a.
³³³ S.th. I, q. 29, a.1, ad 5. Zum differenzierten Verständnis von „persona" vgl. M. Schulze, Leibhaft und unsterblich. Zur Schau der Seele in der Anthropologie und Theologie des Hl. Thomas v. Aquin (SF NS 76), Freiburg/Schw. 1992, 160-167.

5.4 Verbindliches Glaubensgut

Der Glaube an die endgültige Vollendung der Mutter Jesu hatte sich tief in Herz und Praxis der Gläubigen eingegraben. Im vergangenen Jahrhundert häuften sich die Bittschriften an den Papst, diese Glaubensüberzeugung als Dogma zu verkünden. Auch einzelne Bedenken wurden laut, die auf mangelnde Tradition hinwiesen. Dahingehend äußerte sich etwa *Berthold Altaner* (1885-1964)[334]. Sein Hinweis auf fehlende historisch-positive Gründe stellt die Frage nach Berechtigung und Reichweite einer systematisch-glaubensbestimmten Erschließung des Dogmas. Denn nur auf diesem letzten Wege läßt sich die Himmelaufnahme Marias als Verlebendigung des Christusbekenntnisses und des Auferstehungsglaubens erweisen[335].

Am 1. Mai 1946 bat *Pius XII.* alle Bischöfe der Weltkirche um ihr Votum. Durch das positive Echo ermutigt, vollzog der Papst am 1.11.1950 die Dogmatisierung durch die Bulle „*Munificentissimus Deus*"[336]. Der eigentliche Inhalt der Definition lautet: es gehört zum geoffenbarten Glaubensgut, daß Maria „nach Vollendung ihres irdischen Lebenslaufes mit Leib und Seele zur himmlischen Herrlichkeit aufgenommen worden ist" (NR 487 – DH 3903). Der Definitionsakt soll nach dem erklärten Willen des Papstes der „Verherrlichung des Allmächtigen Gottes" und „der Ehre seines Sohnes" dienen; er soll aber auch zur „Mehrung der Herrlichkeiten der erhabenen Gottesmutter" und zur Freude der ganzen Kirche beitragen. Der latreutisch-doxologische Rahmen ist gerade für das Verständnis dieses Dogmas kennzeichend. Es ging bei seiner Verkündung nicht um einen lehramtlichen Entscheid in einer strittigen Position. Im frommen Glaubenssinn der Kirche war diese Überzeugung fest verankert. Wie bei dem Dogma von der Immaculata Conceptio war auch hier das eigentliche Anliegen, Gottes Ehre zu fördern und Marias Lob zu bekunden. Die zuvor diskutierte Frage nach Marias leiblichem Tod ließ Pius XII. bewußt unentschieden[337].

5.5 Theologische Entfaltung

5.5.1 Form und Inhalt

Im Nachgang zur Definition wurde die Hermeneutik marianischer Aussagen allgemein und die des neuen Dogmas insbesondere diskutiert. So die Frage, ob die Himmelaufnahme Marias als explizit oder implizit geoffenbart zu gelten habe; ob

---

[334] Zur Frage der Definibilität der Assumptio BMV: ThRv 44 (1948) 129-140; 45 (1949) 133-141; 46 (1950) 5-20.
[335] Vgl. L. Scheffczyk: MarL I, 106 f.
[336] Vgl. G. Söll, Mariologie, 215-227.
[337] R. Leiber: LThK² VIII, 543.

sie formell oder bloß virtuell in der Heiligen Schrift enthalten sei[338]. Dabei genügt der scotistischen Tradition eine spekulative Ableitung (conclusio theologica) als Brücke zur biblischen Offenbarung[339].

Ferner wird man sich zunehmend bewußt, daß die Definition wie alle eschatologischen Aussagen analogen Charakter besitzt. Als Vertrauensbekundung sind diese *hoffender und feiernder Vorausblick des Menschen aus seiner irdischen, heilsgeschichtlichen Situation;* sie wollen aber keine Information über klar abgrenzbare und univok auszusagende endgültige Sachverhalte sein. „Was kein Auge gesehen und kein Ohr gehört hat" (1 Kor 2,9), ist von uns in *seinem Eigensein* nicht adäquat zu erfassen. Es ist nur annäherungsweise und mit Bildern *unserer* innergeschichtlichen Heilserfahrung zu erahnen. Diese geben jenes Andere, das wir erhoffen und erwarten, *in seiner Eigenart nicht unmittelbar* wieder.

So vom Analogie-Denken geleitet, gilt für *J. Ratzinger*[340], daß das Assumpta-Dogma „weniger im Inhaltlichen einer Aussage als im Akt der Huldigung, der Verherrlichung seinen Ursprung, seine Triebkraft und auch seine Zielsetzung hat". Der Vergleich mit der Kanonisation („Heiligsprechung") im strengen Sinne des Wortes lege sich nahe. Was die Ostkirche im feierlichen Marienlob ihrer Liturgie vollzieht, geschehe in ähnlicher Weise in dieser Dogmatisierung, „die sozusagen feierlichste Form von Hymnologie sein wollte und auch primär so, als Verehrungsakt verstanden werden muß". Der Grund für diese gesteigerte Form des Lobpreises ist im Inhalt des Dogmas genannt: „Die Verehrung bezieht sich auf die, die lebt; die zu Hause ist; die wirklich jenseits des Todes, am Ziel angekommen ist". Diese sprachanalytische Perspektive erlaubt dann auch die Folgerung, daß das Assumpta-Dogma nicht Feststellung eines zurückliegenden Ereignisses sein will, sondern aktuelle Huldigung jener Frau, die „bei Gott Gnade gefunden hat" (Lk 1,30), „die geglaubt hat" (Lk 1,45), an der sich deshalb das Ziel aller Jüngerschaft vollends erfüllte (Joh 17,24; 12,26). Die genannten Beziehungen zur Orthodoxie verdienen, weiter verfolgt zu werden. Dies dürfte in dem Maße zur Annäherung führen, als der latreutisch-doxologische Charakter des Assumpta-Dogmas noch deutlicher hervortritt.

Dieser hermeneutische Ansatz führt bei der Auslegung des Assumpta-Dogmas zu folgender Konkretisierung: Marias Vollendung ist von ihrem heilsgeschichtlichen Mitsein mit Christus her zu bestimmen. Ihr endgültiges Ziel liegt in der Konsequenz dessen, daß sie Zeit ihres Lebens „aufs engste mit ihrem göttlichen Sohn verbunden" war und sein Los immer geteilt hat (NR 483 – DH 3900). So ist ihr ganzes Leben ganz, eben „mit Leib und Seele", ins endgültige Heil gekommen.

Wie für Maria die so bekannte Identität und Kontinuität von geschichtlicher Jüngerschaft und eschatologischem „beim Herrn sein" (1 Thess 4,16) zu formulieren ist, wie die ganzheitliche Vollendung von Marias irdischem Leben letztlich aussieht, läßt sich angemessen wohl nur in den bekannten paulinischen Anti-

---

[338] Vgl. W. Beinert, Artikel zur Theol. Erkenntnislehre: LKDog, passim.
[339] J. Beumer, A. Ziegenaus: MarL I, 277.
[340] Tochter Zion, 73 f. Vgl. dazu F. Courth, Mariens leibliche Verherrlichung: TThZ 88 (1979) 34-42; A. Häussling, Wie Maria verehren?: A. Bodem, A. M. Kothgasser (Hg.), Theologie und Leben, FS Georg Söll (BSRel 58), Roma 1983, 231-241.

thesen (1 Kor 15,36-38. 39-41. 42-50. 52-57) beantworten: „Was gesät wird, ist verweslich, was auferweckt wird, unverweslich. Was gesät wird, ist armselig, was auferweckt wird, herrlich ..." (1 Kor 15,42 f.). Diese sich einander annähernden und sich zugleich immer wieder korrigierenden Bildreihen dürften für das Bekenntnis zur leiblichen Verklärung Marias die entsprechende Verständnishilfe und Aussageform sein.

5.5.2 Alleinige Auszeichnung Marias?

Wenn vorausgehend die Formel *mit Leib und Seele* mit ‚eschatologisch', mit ‚voll und ganz' wiedergegeben wurde, stellt sich die Frage, wie weit es sich bei der so ausgesagten Vollendung Marias um ein ihr allein geltendes Privileg handelt. Schon Thomas v. Aquin[341] nannte unwidersprochen als „fromme Meinung" (ut pie creditur), daß auch dem Lieblingsjünger Johannes die endgültige Verherrlichung zuteil geworden sei. In die neuere Diskussion schalten sich immer wieder Stimmen ein, die die Frage, ob das Assumpta-Dogma im Sinne einer zunächst nur Maria geschenkten Vollendung zu deuten sei, zurückhaltend bis negativ beantworten. So nennt K. Rahner das im Assumpta-Dogma Gemeinte „eine durchaus gemeinchristliche Selbstverständlichkeit". „Wir bekennen von Maria, was wir als unsere Hoffnung für uns alle bekennen. Diese Assumptio ist nichts als die Vollendung der Heilstat Gottes und seiner Gnade allein, die wir auch für uns erhoffen"[342]. Diese affirmative Deutung des Assumpta-Dogmas hat maßgebliche Vertreter gefunden[343].

Der Versuch, das Assumpta-Dogma im bekräftigenden Sinne und nicht als ausschließliches Privileg Marias auszulegen, hat neuen Antrieb durch die These erhalten, daß schon *im Tod* die Auferstehung der Toten geschieht[344]. Überträgt man diese These auf das Assumpta-Dogma, dann ist mit seiner Verkündung 1950, so G. Greshake[345], „nicht ein besonderes Privileg Marias dogmatisiert, *sondern eine universale soteriologische Aussage neu eingeprägt,* nämlich, daß die Auferstehung Jesu kein isoliertes Ereignis ist, sondern daß er der ‚Ersterstandene' ist, dem die Gemeinde folgt". Im Assumpta-Dogma bekenne die Kirche mit Blick auf ihr Urbild Maria, daß sie selber Anteil haben darf an der Auferstehung des Herrn.

Die an diese universale Auslegung zu richtende Frage lautet, ob damit dem marianischen Anliegen des Papstes und zugleich des kirchlichen Bewußtseins jener Jahre entsprochen wird. Pius XII. ging es bei aller Weite der Blickrichtung zunächst nicht um eine gemeinchristliche Selbstverständlichkeit, sondern unmit-

---

[341] In Symb. ap. exp. 5; ed. Marietti, Opuscula theol. I, Nr. 939, 203.
[342] Grundkurs des Glaubens, Freiburg – Basel – Wien 1976, 375.
[343] Vgl. u.a. M. Schmaus, Der Glaube der Kirche II, München 1970, 745; B. Welte, Maria, die Mutter Jesu, Freiburg ⁴1978, 86-93; W. Beinert, Heute von Maria reden?, Freiburg – Basel – Wien 1973, 85; H. Schütte, Ziel: Kirchengemeinschaft, Paderborn ²1985, 171-189; vgl. auch D. Flanagan, Eschatologie und Aufnahme Marias in den Himmel: Conc(D) 5 (1969) 60-66.
[344] Vgl. J. Finkenzeller, Art. zur Eschatologie: LKDog, passim.
[345] G. Greshake, G. Lohfink, Naherwartung – Auferstehung – Unsterblichkeit (QD 71), Freiburg – Basel – Wien 1975, 119, Anm. 93.

telbar um eine Maria betreffende Aussage. Weil sie aber Urbild der Gläubigen ist, sind in der ihr zugesprochenen Würdigung mittelbar alle Jünger des Herrn eingeschlossen und mitgemeint. So hebt etwa der Papst folgende anthropologischen Konsequenzen des Assumpta-Dogmas hervor: Es lasse sich in einer Zeit, „wo die Irrlehren des Materialismus und die daraus folgende Verderbnis der Sitten das Licht der Tugend zu ersticken und durch die Entfesselung von Kampf und Krieg so viele Menschenleben zu vernichten drohen, erwarten, daß die Wahrheit von der Himmelfahrt Mariens *allen in klarem Lichte zeige, für welch erhabenes Ziel wir nach Leib und Seele* bestimmt sind". Damit verbunden ist die Erwartung des Papstes, der Blick auf die verherrlichte Mutter des Herrn werde „den Glauben auch an unsere Auferstehung stärken und zu tatkräftigem Handeln führen"[346]. Wenn wir derart zwischen unmittelbarer und mittelbarer Aussage unterscheiden, wie ist dann die im Dogma gemeinte urbildliche Auszeichnung Marias zu verstehen?

Die Hermeneutik eschatologischer Aussagen fordert, die aufgeworfene Frage nach der persönlichen Auszeichnung Marias von ihrer heilsgeschichtlichen Personalität her anzugehen. Wenn die neue Existenz inhaltlich vom irdischen Mit-Christus-Sein her zu bestimmen ist, dann bleibt Maria ebenso in der Vollendung durch ihre Gottesmutterschaft geprägt. Das ist ihre Würde gerade auch „beim Herrn" (1 Thess 4,16). Die neue Einheit von Leib und Seele zum unterscheidenden Kennzeichen zu machen, ist deswegen schwierig, weil sie in ihrer Eigenart nicht unmittelbar gefaßt werden kann. Die Frage, ob andere Menschen wie Maria die *volle* personale Vollendung („mit Leib und Seele") bei Gott gefunden haben, oder ob sie noch bis zum jüngsten Tag darauf warten, darf wegen der unvorstellbaren Andersartigkeit zwischen dem jetzigen und dem künftigen Leben offen bleiben.

Zusammenfassend sei die gemeinchristliche Bedeutung des Assumpta-Dogmas so skizziert:

1. Das Heil ist nach christlichem Glauben *konkret;* es gilt dem *personal* verstandenen Menschen.

2. Dieser wird *aus Gnade* vollendet, ungeachtet seiner Grenzen.

3. Heil heißt: Der *ganze Mensch* hat Zukunft; diese ist Gott selber.

4. Heil und Erlösung gelten auch dem Leib; er ist in Einheit mit der Seele in die Verbundenheit mit Gott einbezogen. Was in der jungfräulichen Mutterschaft Marias anhebt und in der Himmelaufnahme vollendet wird, berührt jeden Christen. Wie Maria ist auch er *leibhaftig* vom Leben spendenden Wort Gottes für die Gegenwart und Zukunft seines Lebens angesprochen.

5. Die Verherrlichung Marias schließt den Gedanken ihrer himmlischen Fürbitte mit ein; diese ist nicht nur ein Vollzug der irdischen Kirche; sie ist eine Lebensform des pilgernden wie des vollendeten Gottesvolkes.

---

[346] Munificentissimus Deus Nr. 201; R. Graber, Die marian. Weltrundschreiben der Päpste in den letzten hundert Jahren, Würzburg ²1954, 200.

5.6 Ökumenische Probleme

5.6.1 Perspektiven für eine Annäherung

Wie schon in der Einleitung zu diesem Kapitel aufgezeigt, brachte und bringt das Assumpta-Dogma nicht wenige ökumenische Probleme mit sich[347]. Das gilt vor allem für das Gespräch mit den Reformationskirchen. Zu ihren beiden klassischen Einwänden (mangelnder Schriftbezug und Divinisierung Marias) kommt heute verstärkt die reformatorische Lehre vom *Todesschlaf* (und bisweilen auch die sogenannte Ganz-Tod-Theorie)[348]. Auf Maria angewendet lautet ein Resümee „Biblisches Zeugnis ist es, daß die verstorbenen Heiligen jetzt hoffentlich in Gott ruhen bis zur Auferweckung von den Toten am Jüngsten Tag. Auch von Maria wissen wir nicht mehr zu sagen ... sie lebt und ruht hoffentlich in Gott"[349]. Eine himmlische, eschatologische Mutterschaft Marias kann es aus dieser Perspektive konsequenterweise nicht geben. So gehört bis zur Stunde die unmittelbare Anrufung Marias zu den kontrovers diskutierten Themen. Lutherischerseits war sogar davon die Rede, daß dieser Brauch „unter das Verdikt der Abgötterei falle". Das dagegen ausgesprochene evangelische Nein sei „ein Grenzpfahl, welchen die Reformatoren ein für allemal aufgerichtet haben". Die auf dem 2. Konzil von Nikaia (787) (DH 600-603) artikulierte und von der katholischen wie der orthodoxen Tradition festgehaltene Unterscheidung, daß Maria und die Heiligen *nicht angebetet,* sondern *angerufen* und *verehrt* werden, wurde als für protestantisches Denken „unverständlich" bezeichnet[350].

Das Gespräch über dieses Thema sollte ansetzen bei der Aussage, daß Auferweckung für den Menschen heißt: seine ganze Existenz steht als geheilte in Gemeinschaft mit Gott. Wer stirbt, verliert nicht seine Identität im Hinblick auf Gott wie auf seine Mitmenschen. Der Tod führt vielmehr zu einer Verdichtung der im zeitlichen Leben gewährten Gemeinschaft mit Christus. Wie der Auferstandene nicht aufhört weiterzuwirken, so auch all jene nicht, die in seiner endgültigen Gemeinschaft leben und „herrschen".

---

[347] F. Courth, Maria – ev. Fragen und Gesichtspunkte. Eine kath. Würdigung: Mar. 45 (1983) 306-322; ders., Maria im ökumenischen Gespräch: TThZ 95 (1986) 38-53; ders., La tensione ecumenica della „Redemptoris Mater". Redemptoris Mater. Atti del convegno di studio, Roma, 23.-25.05.1988, Roma 1988, 159-176; ders., Kontroverspunkte im ökumenischen Gespräch über die Mutter Jesu und Ansätze zu ihrer Überwindung: H. Petri (Hg.), Divergenzen in der Mariologie (MSt 7), Regensburg 1989, 9-33; W. Beinert, Maria in der deutschen protestantischen Theologie der Gegenwart: Cath(M) 45 (1991) 1-35; L. Scheffczyk, Die Mittlerschaft Marias: ders., Glaube in der Bewährung. Gesammelte Schriften zur Theologie III, St. Ottilien 1991, 300-320; ders., Die Mariologie als Aufgabe und Impuls der Ökumene: A. Ziegenaus (Hg.), Maria in der Evangelisierung (MSt IX), Regensburg 1993, 151-168.

[348] Vgl. P. Althaus: RGG³ I, 698.

[349] R. Frieling, Luther, Maria und der Papst: MdKI 38 (1987) 134-137, 136 f.

[350] Maria – Evangelische Fragen und Gesichtspunkte: US 37 (1982) 184-201, 197 f. Modifizierter sind die Dokumente: Maria, die Mutter unseres Herrn. Eine evangelische Handreichung. Hg. v. M. Kießig, Lahr 1991; ferner: The One Mediator, the Saints, and Mary. Ed. by H. G. Anderson, J. F. Stafford, J. A. Burgess (Lutherans and Catholics in dialogue 8), Minneapolis 1992.

Die Heilige Schrift (vgl. besonders Apk 1,1-17 u. Hebr 12,22-24) kennt eine Verbundenheit der in Christus Vollendeten mit der irdischen Kirche. Wer durch die Taufe Christus eingegliedert ist, lebt in ihm und mit all denen, die der Heilige Geist zur Einheit des Leibes Christi zusammenführt. Der Getaufte ist nach Hebr 12, 22-24a „zum Berg Zion hingetreten, zur Stadt des lebendigen Gottes, dem himmlischen Jerusalem, zu Tausenden von Engeln, zu einer festlichen Versammlung und zur Gemeinschaft der Erstgeborenen, die im Himmel verzeichnet sind; zu Gott, dem Richter aller, zu den Geistern der schon vollendeten Gerechten, zum Mittler eines neuen Bundes, Jesus".

Es liegt darum in der Dynamik des Glaubens an den Gott der Lebenden (vgl. Mk 12,27), das mittlerische Wirken der Mutter Jesu über ihre zurückliegende geschichtsimmanente Wirksamkeit hinaus auch als himmlische, eschatologische Mutterschaft über die Brüder und Schwestern Jesu zu bekennen. Diese himmlische Mutterschaft Marias verdrängt Christus nicht und macht keinen einzigen Abstrich an seiner einzigen Mittlerschaft. Sie führt auch nicht zu einer unbilligen Divinisierung der Mutter Jesu. Auch als Vollendete bleibt Maria Geschöpf. Ihre eschatologische Mutterschaft ist ein dem Organismus des Leibes Christi eingeordneter Dienst. Er ist kein Wirken aus eigener Seinsvollkommenheit, sondern aus gewährter Teilhabe. Zu deren Verständnis sei darauf verwiesen, daß das Neue Testament die gewandelte Existenz des Getauften unter anderem dadurch bestimmt, daß es diesen mit Christus in eine verähnlichend-gleichgestaltende Beziehung setzt. Durch die Taufe wurden wir „mit ihm begraben" (Röm 6,4). So dem Herrn im Tod gleich geworden, „werden wir mit ihm auch in seiner Auferstehung vereinigt sein" (Röm 6,5). Durch den Glauben sind wir schon jetzt „mit Christus auferweckt" (Kol 3,1; 2,13; Eph 2,6). So tragen nun auch die Christen den theologisch bedeutungsschweren Ehrennamen „Heilige" (Röm 1,7), einst Gott allein vorbehalten (Jes 6,3).

Diese behutsame Parallelisierung findet sich auch in der altkirchlichen Soteriologie. Sie ist bei *Irenäus v. Lyon* und dann besonders bei den *Alexandrinern* von dem Gedanken bestimmt: Gott wird Mensch, damit der Mensch vergöttlicht werde[351]. Diese Perspektive verdunkelt die Einzigartigkeit des Erlösers insofern nicht, als dem Menschen die Vergöttlichung und Heiligung *gnadenhaft* geschenkt ist. Zwischen dem selbstmächtigen Handeln Gottes und der gnadenhaften Ermächtigung des Menschen besteht mithin eine qualitative Differenz. Sie ist stets zu beachten.

Wenn man daher von einer Mittlerschaft Marias sprechen will, dann ist festzuhalten:

1. Die unmittelbare Ursache des Heiles ist Christus allein. Am *solus Christus* der Reformatoren ist in diesem Sinne nicht zu rütteln.

2. Maria (und jeder andere bei Gott verherrlichte Mensch) vermag nur in Zuordnung zu Christus mitzuwirken.

3. Das ist möglich allein deswegen, weil Gott selbst Heil als Gemeinschaft durch menschlich-geschichtliche Vermittlung schenkt.

---

[351] Siehe oben 1.4.1; sowie in diesem Band: Christologie.

4. Menschlicher Mittlerdienst ist also unumkehrbar
– abgeleitet,
– instrumental,
– Gottes Wirken zugeordnet.

Das gilt für alle Brüder und Schwestern Jesu; es gilt auch für seine Mutter. „Keine Kreatur kann ... mit dem menschgewordenen Wort und Erlöser jemals in einer Reihe aufgezählt werden" (LG 62).

Papst *Johannes Paul II.* nennt in seiner Enzyklika „Redemptoris Mater" (1987) Marias Dienst „Mittlerschaft in Christus" (Nr. 38)[352], „Teilhabe an dieser einzigen Quelle der Mittlerschaft Christi selbst" (Nr. 38)[353]; er ist eine „der Mittlerschaft Christi untergeordnete Mittlerschaft" (Nr. 39)[354]. Schließlich lautet eine letzte Formulierung des Papstes: „Die Mitwirkung Marias nimmt in ihrer untergeordneten Art teil am allumfassenden Charakter der Mittlerbotschaft des Erlösers, des einen Mittlers" (Nr. 40)[355].

Diese dienende Zuordnung gilt nicht zuletzt für das Verständnis Marias als himmlischer Fürbitterin. Hier ist ihre Funktion eine helfende, nicht aber eine ursächlich belebende und heiligende. Diese kommt alleine dem Heiligen Geist zu. Ihn ersetzt Maria aus katholischer Sicht nicht. Wie in Nazaret (vgl. Lk 1,35), so ist sie auch als verklärtes Geschöpf seinem beseelenden Wirken gegenüber Empfangende.

Es ist für den interkonfessionellen Austausch nicht unerheblich, wenn evangelischerseits diese unterscheidende Sicht als katholische Position auch wirklich anerkannt wird. Dies geschieht etwa in dem Urteil von H. Ott[356]: „Das Hindernis, daß Maria jemand ist, der dem einzigen Mittler sozusagen Konkurrenz macht ..., scheint heute behoben ...". In dem Maße sich das christologisch-ekklesiologische Marienverständnis des 2. Vatikanums durchsetze, stehe Maria „nicht mehr im alten Sinn zwischen den Konfessionen". Der reformierte Theologe sieht dann auch theologisch tragfähige Verbindungslinien zum katholischen und orthodoxen Brauch der Anrufung Marias.

5.6.2 *Verbindende Positionen*

Ökumenische Annäherung wird dort zur gemeinsamen Position, wo evangelische und katholische Christen darin übereinstimmen, daß eine *lebendige* Verbundenheit zwischen all denen besteht, die unter dem einen Haupt Christus geeint sind und sich dem belebenden Wirken des Heiligen Geistes öffnen. Sofern dies übereinstimmend bekannt werden kann, läßt sich auch Marias eschatologische Mutterschaft als ein dem Leib Christi integrierter Dienst gemeinsam verstehen.

---

[352] Dt. Ausgabe Libreria Editrice Vaticana, Vatikanstadt 1987, 85.
[353] Ebd. 86.
[354] Ebd. 90.
[355] Ebd. 92.
[356] Steht Maria zwischen den Konfessionen?: R. Stauffer (ed.), In necessariis unitas. Mélanges offerts à Jean-Louis Leuba, Paris 1984, 304-319, 309. 308.

So begegnet beispielsweise eine positive Würdigung unseres Themenkreises in von Taizé[357] beeinflußter reformierter Theologie. Der von ihnen entfaltete Gedanke ist die Verbundenheit von irdischer und himmlischer Kirche. Von diesem Einheitsband her erscheint das ehedem strittige Thema „Anrufung Marias und der Heiligen" in neuer Perspektive: In dem Maße der katholische Diskussionspartner Christi einzige Mittlerschaft bekräftigt und der protestantische eine wirkliche Gemeinschaft zwischen der sichtbaren und der unsichtbaren Kirche lehrt, werden ein Dialog und ein wechselseitiges Verständnis möglich[358].

In die nämliche Richtung geht auch der bereits erwähnte Gesprächsbeitrag des Barth-Schülers *H. Ott*[359]. Sofern die Gottunmittelbarkeit gesichert ist, hindert seiner Meinung nach den reformierten Christen „nichts mehr daran, mit einer jenseitigen Dimension der Kirche Christi zu rechnen ... Die Grenze zwischen den lebenden und den verstorbenen Generationen wird unscharf. Die Realität, die wir Mitmenschlichkeit nennen, und die durch die Einheit des Gebots der Gottesliebe mit dem der Nächstenliebe begründet ist, ist für uns eine zentrale Realität. Diese Realität aber wird durch den Tod nicht abgebrochen". Unsere bleibende Verbundenheit mit den in Christus Verstorbenen läßt nach H. Ott ein Gedenken möglich erscheinen, das „an den Dialog grenzt". „Es ist sinnvoll, in Gott, vor Gott, durch Gott sozusagen, sich mit ihnen (sc. den Heiligen) zu unterreden".

Diesen reformierten Stimmen zur theologisch verantworteten Anrufung Marias und der Heiligen tritt lutherischerseits *H. Gorski*[360] zur Seite. Für ihn ist diese Frage ganz wesentlich verbunden mit der nach dem Leben der Toten. „Wenn im Luthertum die Unterscheidung von Gebet und Anrufung unverständlich geworden zu sein scheint, weil uns etwas, das für Luther selbstverständlich war, vielleicht verlorengegangen sein könnte, dann ist das Anlaß zur kritischen Rückfrage an sich selber: nach der Nähe zu den „lieben Heiligen", den lebenden Toten"[361]. Sofern die Unterscheidung zum Gebet gewahrt bleibt, ist die Anrufung Marias „eine evangelische Möglichkeit"[362].

Hinter all den hier vorgetragenen Positionen steht das Bewußtsein, daß die endgültige Christusgemeinschaft eine *lebendige* Verbundenheit ist. Fürbitte der himmlischen Mutter Maria und der in Christus vollendeten Heiligen heißt auf diesem Hintergrund: Der einzelne Beter steht in der Gemeinschaft all derer, die zu Christus gehören und die als pilgernde wie als vollendete mit ihm und für ihn

---

[357] Vgl. P.-Y. Emery, L'unité des croyants au ciel et sur la terre. La communion dans la prière de l'Eglise, Taizé 1962; M. Thurian, Maria, Mainz – Kassel 1965, 220-227; Mutter Teresa u. Frère Roger, Freiburg 1988. Vgl. auch P. Gabus, Point de vue protestant sur les études mariologiques et la piété mariale: Mar. 44 (1982) 475-509.
[358] P. Gabus, Point de vue, 489.
[359] Steht Maria, 314 f, 316.
[360] Die Niedrigkeit seiner Magd. Darstellung und theol. Analyse der Mariologie M. Luthers als Beitrag zum gegenwärtigen luth./röm. kath. Gespräch (EHS.T XXIII/311), Frankfurt/M. u.a. 1987.
[361] Ebd. 259.
[362] Ebd. 276. Wie sehr dies für Gorski eine wichtige eschatologische Frage ist, zeigt sein folgender Appell: „Wenn Protestanten hier das Gespräch verweigern, weil sie „Anrufung" nicht vom „Gebet" unterscheiden wollen, dann müßte die Rückfrage lauten, was denn protestantische Eschatologie im allgemeinen und lutherische Eschatologie im besonderen zu dem Verhältnis der Lebenden zu den Toten zu sagen hat" (ebd. 275). Vgl. weitere Texte zum ökumenischen Gespräch: tzt D 6, Nr. 119-121.

beten. Beseelt vom Auferstehungsglauben ist die verehrende Hinwendung zu den Heiligen ein lebendiger Vollzug der durch Christus im Heiligen Geist geeinten Heilsgemeinschaft; diese wendet sich als das eine Volk Gottes bittend und anbetend an den Vater.

Eines der zentralen Themen für das währende ökumenische Gespräch muß die Frage nach der *wirksamen* Einheit zwischen der pilgernden und der vollendeten Kirche sein. In diesem theologischen Zusammenhang sollte der Einwand, das katholische Mariengebet wende sich an eine Zwischeninstanz, nicht mehr erhoben werden. Es ist ein Konsens dahingehend zu suchen, daß in der Verbundenheit mit dem gekreuzigten und auferstandenen Christus und durch ihn mit dem dreifaltigen Gott eine Heilssolidarität unter allen Gliedern des Leibes Christi besteht, die durch den Tod nicht zerstört wird. Nichts anderes vollzieht der katholische Brauch des Mariengebetes und der Anrufung der Heiligen. Er ist praktizierter Auferstehungsglaube.

6. Marienverehrung

6.1 Theologische Eigenart

Bei den vorausgehend gezeichneten Konturen des katholischen Marienbildes ging es weithin um jene theologischen Abklärungen, wie sie die verschiedensten Epochen der Glaubensgeschichte erbracht haben und wohl auch künftighin erbringen müssen. Aber Mariologie ist nicht nur akademischer Austausch über die in Gottes Herrlichkeit vollendete Mutter Jesu. Zu ihr gehört als bewegende Atmosphäre stets auch ein affektives Berührtsein vom Heilshandeln Gottes an und mit Maria.

Die hier angesprochene Marienverehrung[363] meint *die wertschätzende Antwort der Gläubigen auf die heilsgeschichtliche Sendung der Mutter Jesu*. Sie äußert sich in Akten des Vertrauens und der Ehrfurcht, des Lobes und Dankes, der Anrufung um Fürbitte, aber auch der Nachahmung ihrer Urbildhaftigkeit.

Diese Akte werden seit dem Bildersturm und im Anschluß an das Nicaenum II (787) im Unterschied zur Gott allein gebührenden *Anbetung (latria)* als *Verehrung (dulia)* bestimmt (vgl. DH 600 f.). Die Scholastik spricht wegen Marias Würde als Gottesmutter von ihrer *vorzugsweisen Verehrung (hyperdulia)* und hebt diese von der Verehrung der anderen Heiligen ab[364].

Der theologische Grund für die besondere Verehrung Marias und die betende Hinkehr zu ihr ist zum einen die Gottessohnschaft ihres Kindes und zum anderen der Auferstehungsglaube. Von diesen beiden Bezugspunkten war vorausgehend immer wieder die Rede. Aus ihnen schöpfte die junge Kirche die Gewißheit, daß die Mutter des Herrn, wie dann auch Märtyrer, Bekenner und alle verstorbenen Gläubigen in und mit Christus weiterleben; ihnen wird deshalb über ihre geschichtliche Wirksamkeit auf Erden hinaus eine aktuelle Gegenwärtigkeit aus der Vollendung her zugesprochen. Gerade das Mariengebet lebt aus der Zuversicht, daß die in der endgültigen Gemeinschaft Christi Vollendeten mit ihm weiterwirken. Auf dem Fundament des so aktualisierten Auferstehungsglaubens tritt im 3. Jahrhundert neben die gläubige Meditation über Maria die unmittelbare Anrufung, die sich in Bitte, Lob und Dank an sie richtet.

---

[363] F. Courth, Marianische Gebetsformen: HMar, 363-403 (Lit.); ders., Marienlob in der Eucharistiefeier: Christsein und marianische Spiritualität. Hg. v. H. Petri (MSt 6), Regensburg 1984, 93-103; ders., Marienverehrung: LKDog, 359-361; G.L. Müller, Gemeinschaft und Verehrung der Heiligen, Freiburg – Basel – Wien 1986; J. Esquerda Bifet, Mariologia, 151-169; U. Casale, Benedetta, bes. 85-99; A. Kniazeff, La Mère de Dieu, 157-199; C. Pozo, Maria, 325-348 (Lit.).

[364] Vgl. Thomas v. Aquin, S.th. III, q. 25, a.5; Bonaventura, In III Sent. d. 9, a. 1, q.3; ed. Quaracchi III, 206. Petrus Lombardus spricht davon, daß Maria „dulia dignior" sei: Comm. in Ps 98,5; PL 191, 895.

6.2 Christologisch-liturgische Ausrichtung

6.2.1 Lehramtliche Weisungen

Das Zweite Vatikanische Konzil sieht den Sinn des Marienlobes von Christus her bestimmt. Alle Verehrungsformen wollen bewirken, „daß in der Ehrung der Mutter *der Sohn,* um dessentwillen alles ist (vgl. Kol 1,15-16) und in dem nach dem Wohlgefallen des ewigen Vaters die ganze Fülle wohnt (Kol 1,19), richtig erkannt, geliebt, verherrlicht wird und seine Gebote beobachtet werden" (LG 66)[365]. Theologen und Prediger werden nachdrücklich aufgefordert, sich marianischer Übertreibungen ebenso zu enthalten wie einer zu engen Betrachtung. Zu meiden ist ferner alles, „was in Wort, Schrift oder Tat die getrennten Brüder über den wahren Sinn des Marienlobes irreführen könnte". Positiv sollen sie unter der Führung des Lehramtes „in der Pflege des Studiums der Heiligen Schrift, der heiligen Väter und Kirchenlehrer und der kirchlichen Liturgien, die Aufgaben und Privilegien der seligen Jungfrau recht beleuchten, *die sich immer auf Christus beziehen,* den Ursprung aller Wahrheit, Heiligkeit und Frömmigkeit" (LG 67). Auch die Gläubigen werden ermahnt. Sie sollen sich bei ihrem Marienlob vor Augen halten, „daß die wahre Andacht weder in unfruchtbarem und vorübergehendem Gefühl noch in irgendwelcher Leichtgläubigkeit besteht, sondern aus dem wahren Glauben hervorgeht, durch den wir zur Anerkennung der Erhabenheit der Gottesmutter geführt und zur kindlichen Liebe zu unserer Mutter und zur Nachahmung ihrer Tugenden angetrieben werden" (LG 67).

Dieses christozentrische Verständnis vertieft das Apostolische Schreiben von Papst Paul VI. (* 1897, 1963-1978) *„Marialis Cultus"* (1974)[366]. Darin wird die amtliche Liturgie deutlich als zentraler Ort der Marienverehrung herausgestellt[367]. Die Mutter Jesu erscheint als Vorbild der Kirche für die Gottesverehrung[368]. Entsprechend sollen die außerliturgischen Andachtsformen den trinitarischen, christologischen und ekklesiologischen Charakter der Marienverehrung zum Ausdruck bringen[369]. Damit verbunden ist die Aufforderung, das Marienlob schriftgemäß zu gestalten, der Liturgie anzupassen und bei alledem ökumenisches Gespür zu zeigen[370].

Die bewußt liturgische Ausrichtung des Marienlobes bei Papst Paul VI. erfährt in der Enzyklika *„Redemptoris Mater"* (1987) von Johannes Paul II. eine vertiefende Ergänzung hin zur geistlichen Erfahrung. Der Blick auf die Orthodoxie und über sie zurück auf die altkirchliche Tradition soll helfen, dem liturgisch-amtlichen und dem persönlichen Beten eine größere existentielle Ergriffenheit, staunende Freude, Herzlichkeit und Wärme zu geben.

---

[365] tzt D 6, Nr. 114.
[366] NKD 45; auszugsweise tzt D 6, Nr. 116.
[367] Nr. 1-23.
[368] Nr. 16-23.
[369] Nr. 24-28.
[370] Nr. 29-39.

Beide Lehrschreiben machen ein drängendes pastorales Problem unserer Tage bewußt: Wie weit ist gläubiges Bewußtsein dafür lebendig, wie weit ist es überhaupt dafür erschließbar, daß Liturgie die Hochform christlichen Betens ist und darum auch die Hochform des Marienlobes? In welchem Maße kommt gemeinhin der offizielle Kult mit seiner Objektivität und Nüchternheit der Sehnsucht des menschlichen Herzens entgegen? Spricht nicht vieles, ja alles dafür, die Liturgie und die Volksfrömmigkeit zur wechselseitigen Befruchtung wieder enger miteinander zu verbinden?

Hier sei an jene Mariengebete erinnert, die aus der Liturgie stammen und/oder auf sie hingeordnet sind: Das Magnificat, das Ave Maria, der Rosenkranz und der Angelus. Ihre Betrachtungspunkte sowie tragende Gebetsteile sind der Heiligen Schrift entnommen. Sie erwägen zentrale Erlösungsmysterien und regen den Beter dazu an, sich auf die in der Liturgie gefeierten Geheimnisse vorzubereiten und sie in den Alltag einfließen zu lassen. Erinnert sei ferner an die zahlreichen marianischen Hymnen des Mittelalters, die Vorläufer des späteren Marienliedes. Auch sie schmücken in vielfacher Form Vesper, Komplet und andere Formen des Gottesdienstes[371].

6.2.2 Marienpredigt

Eine Brückenfunktion zwischen Liturgie und Volksfrömmigkeit übt die Predigt aus. In der liturgischen wie in der außerliturgischen Feier ist sie geistliche Schriftauslegung zur Glaubensermutigung im jeweiligen Lebens-Heute. Beide Bezugspunkte sind für die Verkündigung konstitutiv; der Rückblick auf die Heilige Schrift und der Hinblick auf die konkrete Situation. Solchermaßen ausgerichtet, holt die Predigt, so das 2. Vatikanum (DV 2, vgl. 21), „aus dem Wort der Schrift gesunde Nahrung und Kraft". Das gilt auch für die Marienpredigt[372]. Sie hat die biblische Botschaft so aufzubereiten, daß bei der Inkarnation, dem öffentlichen Wirken und der Kreuzigung Christi, aber auch bei seiner Verherrlichung der Einbezug der beteiligten Menschen artikuliert wird. Es sind jene, die glaubend Jesu Weg mitgegangen und dadurch zu unvertauschbaren Gestalten der Heilsgeschichte geworden sind. In ihnen wird die Botschaft von Gottes heilender Gnade konkret. So in Maria der begnadeten Theotokos und der schweigenden Zeugin des Kreuzestodes. Der Blick auf sie kann Verständnis wecken für die je spezifische Aufgabe, die dem Einzelnen in der Geschichte des Heiles hin zur endgültigen Gottesgemeinschaft zugemessen ist. Wie Maria dazu erwählt war, dem göttlichen Erlöser den Weg in unsere Zeit zu öffnen und ihm glaubend zu folgen, so ist jedem Menschen seine spezifische Lebensaufgabe in der Gefährtenschaft Christi geschenkt. Eine zentrale Aussage des Magnificat (Lk 1,46-55) ist: Kein Leben ist zu unbedeutsam, zu glanzlos und elend, um nicht von Gott groß gemacht und vollendet werden zu können. Und dies bekräftigt die unverwechselbare Würde und Unvertretbarkeit eines jeden Gliedes am Leib Christi. Hier wird

---
[371] Vgl. F. Courth, Marianische Gebetsformen: HMar, 363-403.
[372] Vgl. R. Padberg, Überlegungen zur Marienpredigt: Cath(M) 29 (1975) 261-276.

ein Menschenbild ausgesagt, das den Einzelnen nicht isoliert, sondern fest in die Zeit und Ewigkeit umgreifende Solidarität aller Menschen auf ihrem Weg hin zu Gott einbindet. Es ist eine Solidarität, in der das Heil des einen immer auch das Heil aller ist. In diesem Sinne hat marianische Predigt dahingehend zu wirken, daß der verehrende Blick auf Maria nicht zu einer Spezialform christlicher Existenz führt. Sie will vielmehr ermutigen zu einem ausgewogenen Verhältnis von persönlicher Beanspruchung und vorgängigem Eingebundensein in die durch Christus im Heiligen Geist bleibend geeinte eschatologische Gemeinschaft des Gottesvolkes. Dabei hat Verkündigung bisweilen auch den überlieferten heiligen Raum „allzu" persönlicher Frömmigkeit, die sich um die klassischen Tugenden Demut und Innerlichkeit bemühte, auszuweiten und zu apostolisch-subjekthafter Verantwortung am Leib Christi aufzurufen. Diesen theologischen Rahmen gilt es vom Prediger gedanklich zu entfalten und zugleich emotional zu füllen. Dabei sind beide Elemente in unauflösbarer Spannung zu halten: die Einführung in den Glauben ebenso wie die ihm eignende Betroffenheit. Von ihrem angezielten Gleichgewicht hängt alles für die Marienpredigt ab, soll sie nicht zur allgemeinen Vernünftelei oder zur überbordenden Gefühlswallung entarten.

6.3 Ökumenische Praxis

Die zuvor genannten Äußerungen des Zweiten Vatikanischen Konzils und die nachfolgenden Weisungen fordern ökumenische Wachsamkeit und Gespür bei der konkreten Ausgestaltung des Marienlobes. Papst Paul VI. hegt die Hoffnung,"daß die Verehrung der demütigen Magd des Herrn, welcher der Allmächtige Großes getan hat (vgl. Lk 1,49), in Zukunft nicht ein Hindernis sei, sondern, wenn auch nur langsam, ein Weg und ein Treffpunkt, um die Einheit aller die an Christus glauben, wiederherzustellen"[373]. Welche konkreten Schritte lassen sich in gemeinsamer ökumenischer Praxis gehen?

Ein *erster* Schritt wäre, das biblische Marienlob, wie es das Magnificat artikuliert, zu verlebendigen. Ist doch der Sinn dieses Liedes die Seligpreisung der Gnade Gottes, die Maria verehrungswürdig gemacht hat (Lk 1,48).

Wäre als *zweiter* Schritt nicht die gemeinsame altkirchliche Tradition aufzugreifen? Sie besitzt bei allem Zugehen auf Maria eine ausgesprochene Christozentrik und zugleich eine klare trinitarische Ausrichtung. Das gilt gerade auch dort, wo etwa mit der Wende vom 3. zum 4. Jahrhundert neben die Meditation über Maria die unmittelbare Anrufung der vollendeten Mutter des Herrn geübt wird. Gemeinsames Hinhören auf die religiöse Tiefe des altkirchlichen Marienlobes würde unsere verschiedenen spirituellen und emotionalen Prägungen einander annähern und ihnen eine größere heilsgeschichtliche und eschatologische Weite geben.

---

[73] Marialis Cultus, Nr. 33; NKD 45, 79.

Lassen sich *drittens* Unterschiede im Marienverständnis nicht als kritische Herausforderung an die eigene Position bedenken? Davon war in der Einleitung schon einmal die Rede[374]. Solch eine Perspektive, die vorhandene Divergenzen nicht leugnet, sie aber positiv aufgreift, nimmt den unterschiedlichen Seh- und Verehrungsweisen Marias im katholisch-orthodoxen und im reformatorischen Raum den Charakter abgrenzender Gegensätzlichkeit und der unchristlichen Verketzerung. Daß diese im gemeinsamen geistlichen Tun abgebaut werden, ist eine notwendige Voraussetzung des ökumenischen Dialogs.

6.4 Marienlob als Lebensraum

Es wäre eine interessante Aufgabe, die erstaunliche Formenvielfalt darzustellen, in der sich das Mariengebet im Laufe der Frömmigkeitsgeschichte entfaltet hat. Wir müssen uns hier damit begnügen, diese Mannigfaltigkeit zumindest anzudeuten[375]:
 1. täglich vollzogene Gebete (Liturgie, Rosenkranz, Angelus);
 2. wöchentlich verrichtete (Mariensamstag mit seinen Gebetsübungen);
 3. monatlich wiederkehrende Gebete (Andachten von Bruderschaften und Gebetsvereinen);
 4. jährlich wiederkehrende, durch das Kirchenjahr bestimmte Mariengebete (Mai und Oktober als Marienmonate, Patrozinien);
 5. zeitlich nicht festgelegte Gebete (Antiphonen, Wallfahrten, Prozessionen).

Schließlich soll unsere Aufmerksamkeit noch jenen lebensprägenden Impulsen gelten, welche die Verehrung der Mutter des Herrn in das sittlich-asketische Bemühen der Christen hinein ausweiten. Blicken wir zum Beispiel auf das mittelalterliche *Mönchtum*[376]. Sein Marienlob, das sich in Gottesdienst, liturgischem Brauchtum und Meditation äußert, sprengt diesen heiligen Raum und will das ganze Leben der Ordenschristen formen. So empfindet es beispielsweise der Zisterzienser-Abt *Aelred v. Rieval* († 1167) als sein ausdrückliches Anliegen, das gesungene und das gelebte Marienlob miteinander zu verbinden. Er ermutigt seine Mönche, ihre Verehrung der Mutter Jesu dadurch wahr und glaubwürdig zu machen, daß sie in ihre geistliche Schule gehen. „Wenn wir mit der Stimme unser Lob singen, dürfen wir es durch unser Verhalten nicht entleeren. Darum laßt uns nicht heuchlerisch, sondern aufrichtig loben. Falsch lobt, wer das, was er lobt, nicht nachahmen will. Jener lobt wahrhaft die Demut der heiligen Maria, wer sich gemäß seinen Kräften bemüht, demütig zu sein. Jener lobt wahrhaft Marias Reinheit, der alle Unreinheit und Begierlichkeit zurückweist und verachtet. Jener lobt

---
[374] Siehe oben 1.3.4.
[375] Die Übersicht folgt G. Roschini, Mariologia II/3, Romae ³1948, 43-228.
[376] Vgl. H.M. Köster, Die marianische Spiritualität religiöser Gruppierungen: HMar, 440-502; F. Courth, Die Marienverehrung und der Beitrag der Orden: Die Mutter der schönen Liebe. Hg. v. G. Rovira, Würzburg 1982, 154-167.

wahrhaft Marias Liebe, der mit ganzer Kraft und allem Eifer sich bemüht, Gott und den Nächsten vollkommen zu lieben. Darum, meine Brüder, wenn wir Maria vollkommen loben wollen, müssen wir vor allem auf drei Dinge achten: aufrechtes Denken, heiliges Reden und richtiges Handeln. Wer dies nach Kräften beobachtet und danach strebt, es vollkommen zu haben, der ahmt die heilige Maria nach"[377].

Ähnlich äußert sich auch der Zisterzienser-Abt *Adam v. Perseigne* († 1221). Weil Maria der Weg ist, den Gott zu uns ging, ist sie auch der Pfad, auf dem wir zu Gott gelangen; sie ist „ein dauerhafter Weg ohne Hindernisse"[378]. Für den gelehrten und reformfreudigen Abt heißen die Zisterzienser *weiße Mönche* nicht wegen ihres Gewandes, sondern weil sie Diener der jungfräulichen Mutter Maria sind. Vor allem ihre Jungfräulichkeit soll den Zisterziensern Antrieb und Verpflichtung sein, ihrer Reinheit und Lauterkeit nachzustreben und sich so ihr gleichzugestalten. Sie würden sonst nicht nur ihr weißes Gewand, sondern ihr ganzes klösterliches Leben Lügen strafen[379].

Dieses ganzheitliche Verständnis der Marienfrömmigkeit gilt nicht erst für die Reformbewegungen der Zisterzienser und Cluniazenser *(Petrus Venerabilis, Bernhard v. Cluny)*, wenn es auch hier besonders hervortritt. Verwiesen sei auch auf die *Reichenau*, auf *Caesarius von Arles* († 542), auf *Ildefons v. Toledo*. Diese Namen stehen für das lebendige Bewußtsein nicht nur der mittelalterlichen Kirche, daß das Lob Marias stets mit dem maßnehmenden Blick auf ihre Vorbildhaftigkeit verbunden ist und eine entsprechende Lebensantwort des Beters einschließt.

Dieser Grundzug prägt bis in unsere Tage hinein die Marienverehrung der Orden und religiösen Gruppierungen. Maria ist für die Gemeinschaft wie für den Einzelnen Weg zu Christus[380].

Diese marianische Lebensgrundlage gilt es im Auge zu behalten, wenn man die mariologische Entwicklung der lateinischen Kirche verstehen will; diese ist weitgehend von Ordensleuten getragen. Nur wenige namhafte Vertreter des Weltklerus sind beteiligt[381], so der dem Mönchsideal zugetane Bischof *Isidor v. Sevilla* († 636) oder auch Propst *Gerhoh v. Reichersberg* († 1169)[382]. Die geistliche Atmosphäre ihres klösterlichen Lebensraumes hat die Ordenstheologie und damit auch die Mariologie geformt: die Benediktiner *Petrus Damiani* und *Anselm v. Canterbury* sowie dessen Schüler *Eadmer* († 1224), die Dominikaner *Albertus Magnus* und *Thomas v. Aquin*, die Franziskaner *Bonaventura* und *Duns Scotus,* die Jesuiten *Petrus Canisius* und *Franz Suarez,* um nur einige wichtige zu nennen. Für sie sind Studium, Andacht und geistliche Ausrichtung an Maria aufs engste miteinander verknüpft.

Der schwerpunktmäßige Blick auf das geistliche Erbe der Orden zeigt, wie ihr Marienlob in Liturgie und Meditation wurzelt. In dem Maße, in dem diese Vollzüge das menschliche Herz ansprechen, zeigen sich existentielle Ergriffenheit und religiöse Freude. Nur wo in den Akt der Gottes- und Bruderliebe mit der ver-

---

[377] PL 195, 324.
[378] PL 211, 774; vgl. O. Stegmüller, H. Riedlinger: MarL I, 28.
[379] PL 211, 739.
[380] Siehe oben 1.3.6.
[381] Vgl. H.M. Köster, Die Frau I, 131 f.
[382] Vgl. J. Schneider, Die Mariologie Gerhohs v. Reichersberg: FKTh 3 (1987) 203-216.

trauenden Hingabe auch Betroffenheit, Freude und ähnliche Erfahrungen einfließen, läßt sich von einer voll menschlichen Antwort auf die Offenbarung sprechen. Der Glaube an Gott schließt ein tiefes existentielles Berührtsein von der Dramatik der Heilsgeschichte und der sie tragenden Gestalten ausdrücklich ein. Darum ist es durchaus ein theologisches Desiderat, die Verankerung des Marienlobes im affektiven Leben zu kultivieren. Das Sehnen und die Sprache des Herzens sollte man nicht als bloße Sentimentalität abwerten zugunsten einer vermeintlichen Sachlichkeit. Die gegenwärtige Okkultismus-Welle zeigt die Sackgasse, in die uns das Pochen auf die reine Objektivität gebracht hat. So wird auch die Forderung verständlich, in der Tradition der Mystik die Weite der Glaubenserfahrung wieder ernster zu nehmen. Wie jede Frömmigkeit, so lebt auch die marianische von der Sehnsucht der Seele. Das will besagen: Sie hat erst dann ihre authentische Gestalt gefunden, wenn die ursprüngliche und innerste Mitte des leib-geistig verfaßten Menschen angesprochen und lebensgestaltend einbezogen ist[383].

---

[383] Siehe oben 1.4.3.

7. Ausklang

Der gedrängte Blick auf das Bild der Mutter Jesu im Glaubens- und Lebenszeugnis der Kirche sollte einen Eindruck davon vermitteln, wie vielfältig und erhebend die Frau von Nazaret Herz und Geist aller Generationen angesprochen hat. Im Beten, Denken und Leben der Christen war sie präsent als jungfräuliche Mutter Christi und als Mutter der Christen, als im Ursprung ihres Lebens begnadete und in Gott vollendete Frau. Der Auferstehungsglaube hält sie gläubigem Beten gegenwärtig, das sich im Ruf um Fürbitte, in Lob und Dank äußert. Ihre Verehrung will helfen, Gottes Wort in Leib und Seele aufzunehmen und im konkreten Leben gelten zu lassen, nämlich Jesus Christus, den Erlöser der Welt. „Was er euch sagt, das tut" (Joh 2,5).

Literaturverzeichnis

Gesamtdarstellungen

Aldama de, J. A.: Maria en la patristica de los siglos I y II, Madrid 1970.
Auer, J.: Jesus Christus – Heiland der Welt. Maria – Christi Mutter im Heilsplan Gottes (KKD IV/2), Regensburg 1988, 390-486.
Beinert, W.: Heute von Maria reden?, Freiburg – Basel – Wien 1973.
Beinert, W., Petri, H. (Hg.): Handbuch der Marienkunde, Regensburg 1984.
Esquerda Bifet, J.: Mariologia per una chiesa missionaria, Roma 1988.
Cantalamessa, R.: Maria – uno specchio per la chiesa, Milano 1990, ²1991.
Casale, U.: Benedetta fra le donne. Saggio teologico sulla Mariologia e la questione femminile, Torino 1989.
Courth, F.: Art. zur Mariologie: Lexikon der kath. Dogmatik. Hg. v. W. Beinert, Freiburg – Basel – Wien ³1991.
Delius, W.: Geschichte der Marienverehrung, München – Basel 1963.
De Fiores, St.: Maria nella teologia contemporanea, Roma ²1987.
Ders.: Maria Madre di Gesù (CTSis 6), Bologna 1992.
Forte, B.: Maria. Mutter und Schwester des Glaubens, Zürich 1990.
Galot, J.: Maria, la donna nell'opera di salvezza, Roma 1984.
Gambero, L.: Maria nel pensiero dei padri della Chiesa, Torino 1991.
González, C. J.: Mariologia, Casale Monferrato 1988.
Graef, H.: Maria. Eine Geschichte der Lehre und Verehrung, Freiburg – Basel – Wien 1964.
Grillmeier, A.: Jesus Christus im Glauben der Kirche I, Freiburg – Basel – Wien 1979.
Javelet, R.: L'unique méditeur Jésus et Marie, Paris 1985.
Kniazeff, A.: La Mère de Dieu dans l'Eglise orthodoxe, Paris 1990.
Koehler, Th.: Storia della mariologia, 5 Bde, Vercelli 1971-76.
Köster, H. M.: Die Frau, die Christi Mutter war, 2 Bde, Aschaffenburg ²1963/64.
Laurentin, R.: Kurzer Traktat der marianischen Theologie, Regensburg 1959.
Ledit, J.: Marie dans la Liturgie de Byzance (ThH 39), Paris 1976.
Manoir du, H. (Hg.): Maria I-VIII, Paris 1949-71.
Maria. Pastoralschreiben der Schweizer Bischofskonferenz. Hg. vom Sekretariat der Schweizer Bischofskonferenz, Freiburg, Auslieferung durch den Kanisius Verlag Freiburg ²1988.
McHugh, J.: The Mother of Jesus in the New Testament, London 1975.
Müller, A.: Ecclesia – Maria (Par. 5), Freiburg/CH ²1955.
Ders.: Marias Stellung und Mitwirkung im Christusereignis: MySal III/2 (1969) 392-510.
Nicolas, M.-J.: Marie, Mère du Sauveur, Paris 1967.
Peretto, E.: Mariologia patristica: Complementi interdisciplinari di patrologia. A cura di A. Quacquarelli, Roma 1989, 697-756.
Potterie de la, I.: Marie dans le mystère de l'Alliance (JJC 34), Paris 1988.
Pozo, C.: Maria en la obra de la salvacion (BAC 360), Madrid ²1990.
Räisänen, H.: Die Mutter Jesu im Neuen Testament (STAT, Serie B/158), Helsinki 1969, unver. Nachdruck ²1989.
Ratzinger, J.: Die Tochter Zion (Kriterien 44), Einsiedeln 1977.

Schmaus, M.: Kath. Dogmatik V (Mariologie), München 1955, ²1961.
Ders.: Der Glaube der Kirche V/5, St. Ottilien ²1982.
Söll, G.: Mariologie (HDG III/4), Freiburg – Basel – Wien 1978.
Stirnimann, H.: Marjam, Freiburg/CH, 1989.
Sträter, P. (Hg.): Kath. Marienkunde, 3 Bde, Paderborn 1947-1951, ²1952.
Zmijewski, J.: Die Mutter des Messias. Maria in der Christusverkündigung des Neuen Testaments, Kevelaer 1989.

Textsammlungen

Alte Kirche. Ausgewählt, übersetzt und kommentiert v. A.M. Ritter (KTGQ 1), Neukirchen ²1982.
Corpus marianum patristicum, collegit ex novissimis editionibus et digessit S. Alvarez Campos, 8 Bde, Burgos 1970-1985.
Graber, R.: Die marianischen Weltrundschreiben der Päpste in den letzten hundert Jahren, Würzburg 1951, ²1954.
Kleine Marianische Bücherei. Die Mutter Jesu im Lichte der Überlieferung. Hg. v. C. Feckes, R. Graber, H. Köster, 6 Hefte, Paderborn 1954-57.
Mady, J.: Marienlob aus dem Orient. Aus Stundengebet und Eucharistiefeier der Syrischen Kirche von Antiochien, Paderborn ²1982.
Maria. In Dichtung und Deutung. Eine Auswahl. Hg. v. O. Karrer, Zürich 1962.
Marienlob durch die Jahrhunderte. Hg. v. J. Dirnbeck, Wien 1983.
Marienpredigten aus der Väterzeit. Übersetzt v. O. Bardenhewer, München 1934.
Mariologie (tzt D 6). Bearbeitet v. F. Courth, Graz – Wien – Köln 1991.
Sainte Marie. Mère de Dieu – Modèle de l'Eglise. Textes du Magistère catholique et de théologiens, réunis et présentés par R. Ackermann, Paris 1987.
Scheeben, M. J.: Marienlob in den schönsten Gebeten, Hymnen und Liedern aus zwei Jahrtausenden. Neuausgabe besorgt v. E. u. J. Caryl, Olten 1946.
Testi mariani del primo millenio, I-IV. A cura di G. Gharib, E.M. Toniolo, L. Gambero, G. di Nola, Roma 1988 – 1991.
Texte zur Geschichte der Marienverehrung und Marienverkündigung in der Alten Kirche. Ausgewählt durch W. Delius, zweite neubearbeitete und erweiterte Auflage v. H.-U. Rosenbaum (KIT 178), Berlin 1973.
Texte zur Mariologie und Marienverehrung der mittelalterlichen Kirche, unter Mitarbeit v. A. Kolping, ausgewählt durch W. Delius (KIT 184), Berlin 1961.
Enchiridion marianum biblicum patristicum. D. Casagrande cura et studio, Roma 1974.

Lexika

Marienlexikon. Hg. R. Bäumer, L. Scheffczyk, 6 Bde, St. Ottilien 1988-1994.
Nuovo Dizionario di Mariologia. A cura di St. De Fiores, S. Meo, Torino 1985, ²1986.
O'Carrol, M.: Theotokos. A Theological Encyclopedia of the Blessed Virgin Mary, Wilmington ²1986.
Roschini, G.: Dizionario di mariologia, Roma 1961.

Bibliographie

Besutti, G.: Bibliografia mariana, bisher 8 Bde, Roma 1950 ff.

Peter Neuner

Ekklesiologie

Die Lehre von der Kirche

1. Ort und Kontext heutiger Ekklesiologie

1.1 Die Stellung der Ekklesiologie innerhalb der Dogmatik

In den großen theologischen Entwürfen des Altertums und in den Summen des Mittelalters gab es keinen Traktat „De Ecclesia". Natürlich hat man Kirche gelebt, aber sie war kaum Gegenstand der Reflexion. Sowohl in der griechischen wie auch in der lateinischen Patristik findet sich nirgendwo eine „systematisch ausgearbeitete Ekklesiologie"[1], so sehr Einzelaussagen über die Kirche insbesondere bei Cyprian und bei Augustin für die Dogmengeschichte folgenreich wurden. Dies sollte sich auch in der Hochscholastik nicht ändern. Erst in den Kontroversen der beginnenden Neuzeit wurde Kirche zum in sich stehenden theologischen Thema. Die einander ausschließenden Ansprüche, die Kirche Jesu Christi zu sein, machten es notwendig, über Kirche nachzudenken, Kriterien für ihre rechte Gestaltung zu erarbeiten und Kirche zum Gegenstand systematischer Betrachtung zu erheben. Seither wurden unter dem Stichwort „Ekklesiologie" Probleme in eine systematische Ordnung gebracht, von denen vorher viele an unterschiedlichen Orten innerhalb der Theologie dargelegt worden waren. Damit stellte sich die Frage, in welchem Kontext die Ekklesiologie im Ganzen der dogmatischen Theologie anzusiedeln sei. Zunächst bot es sich an, die Lehre von der Kirche im Anschluß an die Pneumatologie zu entfalten. Schon in den altkirchlichen Credo-Texten war das Bekenntnis zur Kirche die Konkretion des Bekenntnisses zum Geist. In diesem Kontext erschien Kirche zunächst als Geistgeschöpf, als *Creatura Spiritus Sancti*. Andererseits führte die Kontroverssituation, die am Ursprung der neuzeitlichen Ekklesiologie steht, dazu, diese von der Frage nach der *wahren Kirche* her zu entfalten. Diese Sichtweise band Kirche eng an die Christologie: Welche Gemeinschaft kann sich zu Recht auf Jesus den Christus zurückführen, ist von ihm gewollt, gestiftet und vermittelt sein Heil? Die Frage nach der *wahren Kirche* wies auf ihren Ursprung und band Kirche damit an die Christologie. Diese Ausgangsfrage führte in der neuzeitlichen Theologie dazu, Kirche oft einseitig von ihrer institutionellen Seite her zu betrachten und Ekklesiologie als Lehre vom kirchlichen Amt auszuführen. Doch diese Engführung ist keineswegs notwendig. Kirche ist vielmehr die Wirklichkeit, in der durch die Kraft des Heiligen Geistes das Werk des auferstandenen Herrn in der Welt und in der Geschichte gegenwärtig und wirkmächtig bleibt. Weil die Sache Jesu mit dem Kreuz nicht ein für allemal vorüber ist, sondern weitergeht, darum ist Kirche möglich und notwendig. Kirche lebt aus der Kraft der Auferstehung Jesu, Ekklesiologie erweist sich als Konsequenz der Christologie. Die Kirche hat Anteil am Heilsplan Gottes, der

---
[1] P.-Th. Camelot, Die Lehre von der Kirche. Väterzeit bis ausschließlich Augustinus (HDG III/3b), Freiburg – Basel – Wien 1970, 51.

im Neuen Testament als *„Mysterion"* bezeichnet wird (Kol 1,27; 2,2). Das Heil Christi bleibt in der Kirche und durch sie in Welt und Geschichte gegenwärtig und wird in Wort und Sakrament weitervermittelt. Die Sakramente als die einzelnen Heilszeichen haben ihren Ort in der Kirche als dem Ur- bzw. Grundsakrament.[2] Damit stellt sich die Lehre von den Sakramenten als Konkretion der Ekklesiologie dar: Wort und Sakrament sind Lebenszeichen von Kirche, sie gehen aus ihr als ihrer Wurzel hervor und realisieren selbst wiederum Kirche.

Darum ist es naheliegend, im systematischen Aufbau der Dogmatik die Ekklesiologie im Anschluß an die Christologie zu formulieren und die Sakramentenlehre aus dieser herzuleiten. Dies ist vor allem dann sinnvoll, wenn die Christologie selbst den Aspekt der Pneumatologie in sich aufgenommen hat, das Werk Jesu, das auf Kirche hinweist, in der Kraft des Heiligen Geistes gesehen und dargelegt wird.

1.2 Die Kirche als Thema und Bedingung aller Theologie

Auguste Comte, der Begründer des Positivismus, sagte vorher, über kurz oder lang werde die gesamte Theologie zur Ekklesiologie werden. Denn der Glaube an metaphysische Wirklichkeiten sei wegen des Mangels an Erfahrbarkeit dem Verschwinden preisgegeben, über Kirche als vorfindliche Wirklichkeit dagegen, über ihre Strukturen, ihre Ämter, ihr Recht, ihre Geschichte, auch über ihre sozialen Wirkungen und die Weitergabe ihrer Botschaft läßt sich auch dann noch sprechen, wenn der Gottesglaube verdunstet und schon das Wort „Gott" als sinnlos, weil bedeutungsleer, abgetan ist, ohne auch nur eine Frage zurückzulassen. Comte hat zumindest darin recht bekommen, daß die Ekklesiologie im neuzeitlichen Denken einen immer breiteren Raum eingenommen hat. Dies gilt insbesondere für die Lehre von den Ämtern, die nicht zuletzt wegen ihrer ökumenischen Relevanz besondere Beachtung fand. Angesichts der Prognose Comtes gilt es festzuhalten, daß Kirche als Thema der Dogmatik nicht in sich steht, daß sie vielmehr in ihrer Funktion verstanden werden muß, das Werk Jesu weiterzuführen und sein Heil zu vermitteln. Kirche ist nicht Selbstzweck. Sie steht im Dienst der *leiturgia,* der *martyria* und der *diakonia* und muß für diese ihre Aufgabe transparent bleiben.

Kirche ist dabei Thema aller theologischen Disziplinen. Für die Kirchengeschichte ist dies ebenso selbstverständlich wie für das Kirchenrecht, in der Praktischen Theologie wird dargelegt, wie die Kirche ihren Verkündigungsauftrag sachgemäß wahrnehmen kann und wie sie selbst durch den Vollzug von Wort, Sakrament und Diakonie lebendig wird. In den exegetischen Fächern erscheint Kirche zunächst als *ein* Thema unter anderen, und keineswegs im Zentrum; andererseits ist aber die Schrift nicht anders zugänglich als über die Kirche, sie ist

---

[2] Siehe unten 3.5.1.

in ihr entstanden und setzt sie immer schon voraus, so daß, wer die Schrift annimmt, die Kirche als deren Möglichkeitsbedingung immer schon impliziert. Theologie ist das Bemühen, gemäß dem Grundsatz „fides quaerens intellectum" im Glauben Erkenntnis zu gewinnen. Es gibt keine Theologie ohne Glauben, dieser ist ihre Voraussetzung und ihr Thema. Und dieser Glaube impliziert Kirche als die Gemeinschaft der Glaubenden. Wer Theologie treibt, tut dies im Rahmen von Kirche, Theologie ist nicht Privatmeinung, sondern kirchlicher Vollzug. Religionswissenschaft und Religionsphilosophie gestaltet jeder auf eigenes Risiko, Theologie dagegen findet im Rahmen von Kirche als der Gemeinschaft der Glaubenden statt. Selbst wenn im Idealfall Religionsphilosophie und Theologie zu identischen Aussagen kommen mögen, bleibt die Differenz: Der Religionsphilosoph spricht aus eigener Verantwortung, der Theologe dagegen will den Glauben der Kirche wissenschaftlich geklärt formulieren.[3] Theologie ist Selbstvollzug von Kirche, auch dann, wenn diese nicht eigens thematisiert wird. Kirche ist die Bedingung der Möglichkeit von Theologie, sie ist im Vollzug von Theologie immer mitgegeben und impliziert.

Kirche als Glaubensvoraussetzung und Glaubensbedingung macht es möglich zu bekennen: Ich glaube. Sie hat die Funktion, den Glauben zu vermitteln, Glaubensmöglichkeit zu erschließen. Dies wurde in der Taufliturgie deutlich in der Antwort auf die Frage: „Was begehrst du von der Kirche?", die lautete: „Den Glauben". So wie Kirche in jedem Glaubensvollzug immer mitgesetzt ist, so ist eine implizite Ekklesiologie in jeder theologischen Erörterung mitgegeben, auch dann, wenn diese nicht als solche thematisiert wird. Mit anderen Worten: Ekklesiologie ist transzendental in jeder Theologie als deren Möglichkeitsbedingung mitgegeben. Unter diesem Aspekt betrachtet, ist die Ekklesiologie der Fundamentaltheologie zugewiesen.

1.3 Fundamentaltheologische und dogmatische Ekklesiologie

Einzelthemen der Ekklesiologie wurden insbesondere seit dem 13. Jahrhundert im Rahmen der Kanonistik behandelt: Im Abendland begann sich die Ekklesiologie in der Auseinandersetzung zwischen Papst und Kaiser sowie in den Kontroversen um den Konziliarismus zu verselbständigen. Dabei war die Themenstellung zunächst sehr begrenzt: Es ging darum, die Vollmacht des Papstes, des Konzils bzw. der weltlichen Fürsten zu begründen. In den Auseinandersetzungen mit den Hussiten sowie im Ringen zwischen Konziliarismus und Antikonziliarismus entstanden der „*Tractatus de Ecclesia*" (1431) des Johannes von Ragusa und die „*Summa de Ecclesia*" (1489) des Johannes von Torquemada. Einen erheblichen Aufschwung erfuhr die ekklesiologische Fragestellung in der Reformationszeit. Angesichts der sich nun widersprechenden Kirchentümer, die jeweils

---

[3] Siehe hierzu M. Seckler, Im Spannungsfeld von Wissenschaft und Kirche, Freiburg – Basel – Wien 1980, 37.

den Anspruch erhoben, allein die Kirche Jesu Christi zu verwirklichen und die rechte Botschaft des Evangeliums und des Glaubens darzustellen, mußte sich jede „Religionspartei" gegenüber den konkurrierenden Ansprüchen verteidigen. In der systematischen Darlegung des Glaubens ist „die Lehre von der Kirche (zuerst) wohl bei den Reformatoren in die Dogmatik eingeführt worden"[4], und zwar durch Melanchthon und Calvin. Dies fand auf altgläubiger Seite insbesondere im Enchiridion des Johannes Gropper (1538) eine Entsprechung[5]. Die Ekklesiologie fand einen entscheidenden Anstoß in der *Apologetik,* und dieser Ursprung ist ihr bis heute noch anzusehen. Diese apologetische Problemstellung ist in die *Fundamentaltheologie* übergegangen und hat in ihr eine neue Gestalt gefunden.

Fundamentaltheologie hatte klassischerweise eine dreifache Aufgabenstellung zu erfüllen: die demonstratio religiosa, die demonstratio christiana und die demonstratio catholica. Letztere hatte darzulegen, daß die Kirche von Christus gestiftet wurde und daß diese Kirche Christi die römisch-katholische Kirche und keine andere ist, daß sie allein dem Menschen gegenüber für die Wahrheit der Offenbarung bürgt und darum mit der Autorität des Wahrheitsanspruchs auftreten kann. Fundamentaltheologische Ekklesiologie hatte also die *Kirchenstiftung* und die *Autorität der Hierarchie* nachzuweisen, die damit für den übernatürlichen Ursprung, die göttliche Geoffenbartheit und die Unverfälschtheit der christlichen Lehre bürgten. Stiftung und Geoffenbartsein erschienen als hinreichend, um die Autorität der Kirche zu begründen und damit ihre Lehre als übernatürlich wahr zu beweisen. Auf dieser Basis konnte dann die Dogmatik weiterarbeiten, die den Wahrheitserweis nicht mehr zu erbringen hatte, er war durch die Fundamentaltheologie bereits geliefert.

Diese Sicht kann der heutigen Theologie nicht mehr genügen. Fundamentaltheologie kann sich nicht mehr allein auf das Autoritätsargument stützen, sondern muß von den Inhalten her darstellen, warum der Glaube glaubwürdig ist. Die Dogmatik kann sich nicht darauf beschränken, durch eine äußere Autorität verbürgte Inhalte zu umschreiben, sondern sie muß mitbedenken, warum die Botschaft wert ist geglaubt zu werden: Weil der Mensch in ihr eine Antwort auf seine Fragen findet.

Damit kann Kirche nicht allein im Vorfeld des Glaubens untersucht werden, nämlich als eine Größe, die den Glauben vermittelt und ihn weitergibt, sondern sie wird selbst als Inhalt des Glaubens erkannt: Sie wird damit Gegenstand der Dogmatik. Selbst wenn sich die Ekklesiologie erst in der Neuzeit zu einem eigenen Traktat entwickelt hat, gab es diese Sicht auch schon in der Alten Kirche. So heißt es im Apostolischen Glaubensbekenntnis: *„Credo in Spiritum Sanctum, sanctam Ecclesiam catholicam, sanctorum communionem"* („Ich glaube an den Heiligen Geist, die heilige katholische Kirche, die Gemeinschaft der Heiligen"). Das Bekenntnis von Nizäa-Konstantinopel formuliert: *„Credo unam sanctam catholicam et apostolicam Ecclesiam"* („Ich glaube die eine, heilige, katholische und apostolische Kirche"). In beiden Credo-Formeln geht es nicht darum, zu bekennen, daß eine Kirche als soziologisch relevante Wirklichkeit existiert, Kirche erscheint vielmehr

---

[4] W. Pannenberg, Systematische Theologie Bd. III, Göttingen 1993, 34.
[5] H. Filser, Ekklesiologie und Sakramentenlehre des Kardinals Johannes Gropper.

als eine Größe des Glaubens, sie geht auf göttliche Initiative und göttlichen Ursprung zurück und hält diesen präsent. Die Formeln sind durchwegs trinitarisch strukturiert, umfassen also das Bekenntnis zum Vater, zum Sohn und zum Heiligen Geist. Das Bekenntnis zur Kirche ist nicht ein vierter Artikel, sondern es steht im Rahmen des Bekenntnisses zum Heiligen Geist, das durch das *"credo Ecclesiam"* seine inhaltliche Ausgestaltung und Konkretion erhält. Der Geist wird zugänglich in der Kirche und durch sie, die Kirche hält den Geist lebendig und führt sein Werk in der Geschichte weiter. Die Kirche gehört konstitutiv in das Bekenntnis zum Geist. Wenn im Credo die Kirche bekannt wird, bezieht sich dies nicht primär auf eine menschliche Vereinigung, eine durch soziale Gesetzmäßigkeiten rechtlich faßbare Größe, sondern es geht um das Werk des Geistes, in dem Christus in der Welt anwesend ist. Die Aussagen über den Geist werden im Credo verbunden mit seinem Werk, und damit insbesondere mit der Kirche.

Dennoch besteht zwischen dem Glauben an den Geist und dem Glauben „an" die Kirche ein Unterschied, die Kirche ist nicht in gleicher Weise Glaubensgegenstand wie der Geist. Dies kommt im Credo zum Ausdruck, das vom Glauben *an* Gott den Vater, *an* Jesus Christus und *an* den Heiligen Geist spricht. Dann heißt es: „Credo ... sanctam Ecclesiam", ich glaube *die Kirche.* Dieser Sprachgebrauch unterscheidet die Formulierung *credere in Deum,* sich Gott anheimgeben, von einem *credere Deum*: glauben um Gottes willen, d. h. Gott glauben, glauben, was er gesagt und geoffenbart hat. Im zweiten Sinn ist es möglich, der Kirche und die Kirche zu glauben, auch wenn man nicht *an* die Kirche glauben kann.[6] Ich glaube „an den Heiligen Geist ... in der Kirche"[7].

Ekklesiologie in dogmatischer Betrachtungsweise handelt von der Kirche als von Gott gestifteter und getragener Wirklichkeit, die im Heiligen Geist existiert, die ins Glaubensbekenntnis gehört, die den Glauben vermittelt und Weg zum Heil ist, gleichzeitig aber dieses Heil anfanghaft auch schon verwirklicht und aus ihm lebt. So gesehen ist Kirche von Gott vorgegebene Wirklichkeit, Gemeinschaft der Heiligen, Leib Christi, nicht einfachhin ein Zusammenschluß von Menschen gleichen Glaubens. Sie gründet im göttlichen Heilsplan, nicht im menschlichen Entschluß. „Nur aus dem Offenbarungsbegriff kommt man zum christlichen Kirchenbegriff"[8] Und dennoch ist Kirche gleichzeitig auch Volk und als solches Gemeinschaft von Menschen, *congregatio fidelium.* Dieser Doppelaspekt – die Herkunft von Gott und die menschliche Struktur – kommt auch in der Etymo-

---

[6] Die sprachliche Differenzierung wurde durch Augustin in einer Predigt zum Johannes-Evangelium umschrieben: „Der Herr sagt ... deutlich: ‚Dies ist das Werk Gottes, daß ihr an den glaubet, den er gesandt hat'. ‚Daß ihr an ihn glaubet', nicht ‚daß ihr ihm glaubet'. Aber wenn ihr an ihn glaubet, glaubet ihr ihm; nicht aber glaubt sofort an ihn, wer ihm glaubt. Denn auch die Dämonen glaubten ihm, und sie glaubten nicht an ihn. Hinwieder können wir auch von seinen Aposteln sagen: wir glauben dem Paulus, aber nicht: wir glauben an Paulus; wir glauben dem Petrus, aber nicht: wir glauben an Petrus" (In Ioh. 29, Nr. 6; BKV 11, 73 f). Thomas schreibt in Berufung auf dieses Augustinzitat: „Falls es heißt: ‚An die heilige, katholische Kirche', so ist dies dahin zu verstehen, daß unser Glaube auf den Heiligen Geist zurückgeht, der die Kirche heiligt, so daß der Sinn ist: ‚Ich glaube an den Heiligen Geist, der die Kirche heiligt'. Aber es ist besser und entspricht einem allgemeinen Brauche, wenn an dieser Stelle nicht ‚an' steht, sondern wenn es einfach heißt: ‚die heilige, katholische Kirche'" (S.th. II 2, q. 1, a. 9 ad 5). Vgl. dazu in diesem Werk: Theologische Erkenntnislehre, Bd. I, Wesen und Erkenntnisprinzipien der Dogmatik.

[7] DH 2.

logie zum Ausdruck. Die germanischen Begriffe *Kirche, church, kerk* (niederld.) leiten sich her von kyriakón bzw. dem volkstümlichen griechischen Wort kyriaké, „Haus Gottes, Herrenhaus". Dieser Wortstamm *Kirche* ist eines der ältesten christlichen Lehnwörter. Er ist wohl von den arianischen Glaubensboten des Theoderich nach Norden gebracht worden. Von der Bedeutung her steht hier im Zentrum die Tat Gottes, seine Berufung, Kirche ist verstanden als göttliche Stiftung, nicht als menschliche Versammlung. In den romanischen Sprachen hat sich dagegen, abgeleitet vom griechischen *ekklesía*, der Begriff *eglíse, iglesia, igreja* durchgesetzt. Er besagt die Versammlung der Bürger einer Stadt, die bestimmte Rechtsakte vornimmt, das Religiöse spielt allenfalls am Rande eine Rolle. Im Zentrum steht hier der Gemeinschaftscharakter: *Ekklesía* besagt das Zusammengerufensein derer, die Verantwortung tragen, die für das Gemeinwohl bestimmen. Dieser Begriff, der seine Heimat im politischen und gesellschaftlichen Bereich hat, diente in der Septuaginta als Übersetzung für die alttestamentliche *Qahal*, die Versammlung des Volkes.[9] Die Etymologie zeigt: Sowohl die Vorgegebenheit von Gott her als auch der Charakter der Versammlung und der Gemeinschaft, die göttliche und die menschliche Wirklichkeit sind im Wort Kirche, Ecclesia, ausgedrückt.

1.4 Kirchenerfahrung heute

Es gibt kaum ein Thema der Dogmatik, das für die Christen zugleich auch in dem Maße Thema ihrer Existenz ist wie die Kirche. In der Gegenwart gehört es für viele zu den eher leidvollen Erfahrungen. Da die Theologie kein abstraktes Glasperlenspiel, sondern auf die Praxis ausgerichtet sein will, soll auf einige derzeitige Kirchenerfahrungen wenigstens kurz eingegangen werden.[10]

Romano Guardini hatte 1922 geschrieben: „Die Kirche erwacht in den Seelen"[11]. Schaut man auf die Statistiken der neunziger Jahre, fühlt man sich eher als Beobachter an einem Krankenbett, voll Sorge, die Patientin möge entschlafen. Wie ist es dahin gekommen?

---

[8] D. Bonhoeffer, Sanctorum communio. Werke Bd. I, München 1986, 84. Bonhoeffer macht dabei sogar den Vorschlag, „eine Dogmatik einmal nicht mit der Gotteslehre, sondern mit der Lehre von der Kirche zu beginnen, um über die innere Logik des dogmatischen Aufbaus Klarheit zu stiften" (a. a. O. S. 85).

[9] Zum neutestamentlichen Verständnis von ekklesía in Neuansatz und Kontinuität zur Qahal siehe K. Kertelge, Die Wirklichkeit der Kirche im Neuen Testament: HFTh Bd. III, 97-121, hier 98 f.

[10] Das gegenseitige Bedingungs- und Interpretationsverhältnis von theologischer Erörterung und historischem und empirischem Befund macht M. Kehl zum methodischen Ausgangspunkt seiner Ekklesiologie: M. Kehl, Die Kirche, Würzburg ²1993, 53-60. Ähnlich geht vor H. Zirker, Ekklesiologie, Düsseldorf 1984.

[11] So die Eingangsthese bei R. Guardini, Vom Sinn der Kirche, Mainz 1922, Neuaufl. Mainz – München 1990, 1; vgl. tzt D5/II.

1.4.1 Der historische Hintergrund

Vor dem Zweiten Vatikanischen Konzil war das Bild von der katholischen Kirche statisch, defensiv, manchmal sogar traditionalistisch geprägt. Es ist kein Zufall, daß die Ekklesiologie in die apologetisch eingestellte Fundamentaltheologie eingeordnet war. Die Kirche verstand sich selbst als feste Burg inmitten einer bösen Welt, welche nichts anderes im Schilde hatte, als sie zu vernichten. Sie begegnete ihr mit ständigem Mißtrauen. Die geistigen Strömungen der Moderne verstand sie als eine Summierung aller möglichen Irrtümer. Im „Syllabus errorum" (1864) wurden diese zusammengestellt und abgeurteilt.[12] Der Antimodernismuskampf zu Beginn des 20. Jahrhunderts verschärfte diese Tendenz. Die Kirche sah sich als Hort des „guten Alten", als Feindin alles dessen, was die Menschen als Errungenschaften ansahen. In ihr schienen alle jene eine Stütze zu haben und geistige Heimat zu finden, die sich mit der modernen Welt und mit ihren sozialen, gesellschaftlichen und politischen Neuorientierungen ebensowenig aussöhnen konnten wie mit den Umwälzungen im individuellen Bereich, denen der Kampf um Freiheit und Personenwürde als gegen die göttliche Ordnung gerichtet erschien.

1.4.2 Das Zweite Vatikanische Konzil als Wendepunkt

Mit dem Pontifikat Johannes' XXIII. änderte sich diese Einstellung schlagartig. Anfang 1959 berief er das Konzil ein. Als er es 1962 eröffnete, gab er ihm als Leitlinie vor: „Wir müssen diesen Unglückspropheten widersprechen, die immer nur Unheil voraussagen ... In der gegenwärtigen Situation werden wir von der göttlichen Vorsehung zu einer allmählichen Neuordnung der menschlichen Beziehungen geführt".[13] Die Bischöfe folgten der Linie des Papstes. Mit einem Male erschien die Kirche den Menschen als welt- und menschenfreundlich. Denn im Wissen um ihren Ursprung wie um ihre Verantwortung für die Gegenwart schaute sie nicht mehr in ängstlicher Abwehr in die Umwelt, sondern suchte in den „Zeichen der Zeit" den Anruf Gottes zu hören. Die Kehre wird deutlich in den Anfangsworten der Pastoralkonstitution, die schon als literarische Gattung Zeugnis dafür ist: „Freude und Hoffnung, Trauer und Angst der Menschen von heute, besonders der Armen und Bedrängten aller Art, sind auch Freude und Hoffnung, Trauer und Angst der Jünger Christi. Und es gibt nichts wahrhaft Menschliches, das nicht in ihren Herzen einen Widerhall fände. Ist doch ihre eigene Gemeinschaft aus Menschen gebildet, die in Christus geeint, vom Heiligen Geist auf ihrer Pilgerschaft zum Reiche des Vaters geleitet werden und eine Heilsbotschaft empfangen haben, die allen auszurichten ist. Darum erfährt diese Gemeinschaft sich mit der Menschheit und ihrer Geschichte engstens verbunden"[14].

Zum ersten Mal in der Geschichte beschäftigte sich auch ein Ökumenisches Konzil ausdrücklich und ausführlich mit der Kirche. Das geschah weichenstellend durch die Dogmatische Konstitution „Lumen gentium". Diese ist nicht nur

---

[12] DH 2901-2980.
[13] Die Konzilseröffnungsrede ist dokumentiert und interpretiert bei L. Kaufmann, N. Klein, Johannes XXIII. Prophetie im Vermächtnis, Freiburg/Br. 1990, 116-150, hier 126.

ein Dokument unter fünfzehn anderen, sondern das Zentrum des ganzen Corpus der konziliaren Verlautbarungen. Sie sind alle in der einen oder anderen Weise auf sie hingeordnet.

1.4.3 Nachkonziliare Entwicklung

Das Thema Kirche wurde auf der Bischofsversammlung kontrovers diskutiert. Ein langer und komplizierter Prozeß nicht ohne Verwindungen, Rückschläge und Kompromisse führte erst zum Ergebnis. Vielen Christen, auch solchen in kirchenleitenden Funktionen, erschien der Umbruch als zu gefährlich, zu weitreichend, zu traditionsfremd. So sind auch die ersten Jahrzehnte der Nachkonzilszeit mit manchen bitteren Kontroversen erfüllt. Die Forderungen der Moderne und der sie radikalisierenden „Postmoderne" konnten auch vor der Kirche nicht Halt machen. Die Säkularisierungsthese, die lange Zeit hindurch das Verhältnis von Kirche und moderner Welt bestimmt hatte, erweist sich dem Problemkreis „Moderne" untergeordnet.[15] In einer Reihe von Ereignissen wurde in ganz neuer Weise die Konfrontation mit dem Thema Kirche heraufbeschworen. Sie müssen wenigstens stichwortartig genannt werden, weil sie den geistigen und den emotionalen Rahmen bilden, innerhalb dessen das Verständnis von Kirche heute weithin erfolgt.

1. Die Diskussion um die Enzyklika „Humanae Vitae" (1968):

Das Verbot der sog. künstlichen Empfängnisverhütung durch Paul VI. rief eine Krise der kirchlichen Autorität hervor, die sich ganz allgemein abträglich für die Glaubwürdigkeit der Kirche und ihrer Amtsträger ausgewirkt hat.

2. Die Diskussion um das kirchliche Amt:

Während auf dem Konzil Bischöfe und Laien erheblich aufgewertet wurden, der Diakonat als eigenständige Weihestufe erneuert und mit Einführung pastoraler Dienste für Laien die Grenze zum Priester in mancher Hinsicht unscharf wurde, erschien dessen Rolle mit einem Mal als ziemlich ungeklärt. Die Zölibatsdiskussion hat die Unsicherheit verstärkt. Die Zahl der Priesteramtskandidaten geht in den meisten Ländern dramatisch zurück. Das hat auf der anderen Seite zu einem größeren Selbstbewußtsein der Laien geführt, die sich in vielfacher Weise für ihre Gemeinde verantwortlich fühlen.

3. Die Diskussion um Bischofsernennungen:

In den Jahren nach dem Konzil kam es im Zusammenhang mit der Besetzung von Bischofsstühlen in verschiedenen Teilen der Kirche zu Mißstimmungen, weil jede Mitwirkung der Ortskirchen ausgeschlossen wurde; gelegentlich wurden auch die rudimentären Mitwirkungsrechte der Domkapitel ausgehöhlt, selbst dort, wo sie durch Konkordate abgesichert sind.

---

[14] GS 1.
[15] Siehe M. Kehl, Die Kirche, 167.

4. Die Kirche und die Kirchen:

Kirche kann man heute nicht mehr denken, ohne mit der Pluralität von Kirchen, dem Faktum der Kirchenspaltung und in zunehmendem Maß mit der Lebenswirklichkeit der anderen Religionen konfrontiert zu werden. Das hat vielerorts und bei vielen Christen zu einem intensiven ökumenischen Engagement und zu einer Vertiefung des eigenen Glaubens geführt, bei manchen aber auch zu einem gewissen Indifferentismus. Für viele Christen ist die „versöhnte Verschiedenheit der Kirchen" längst Realität. Andererseits brechen zwischen den Kirchen immer wieder Reibereien auf. Restriktive Regelungen seitens der Kirchenleitungen (z. B. das vor allem in Deutschland fast zwei Jahrzehnte hindurch urgierte ausnahmslose Verbot ökumenischer Gottesdienste am Sonntag, Verweigerung der Eucharistiegemeinschaft für konfessionsverschiedene Ehen, dienstrechtliche Restriktionen bei Angestellten im Kirchendienst im Fall eines anderskonfessionellen Ehepartners) verschärfen die Spannungen und führen nicht selten zu einem Glaubwürdigkeitsverlust der Kirchen.

5. Kirche als Minderheit:

Die Kirche hat heute ihre bestimmende Position in der Gesellschaft weithin eingebüßt, selbst wenn sie als Institution nach außen hin als kaum erschüttert erscheint. Im Prozeß der Säkularisierung geriet die religiös-kirchliche Weltdeutung in den Hintergrund. An ihre Stelle trat der Aufweis von innerweltlichen Zusammenhängen. Innerhalb der modernen Gesellschaften wird eine Glaubensgemeinschaft bestenfalls noch als eine Interessengruppe unter anderen akzeptiert. Auch in ethischen Fragen und selbst im religiösen Kosmos wird die Stimme der christlichen Kirchen weithin nur noch als eine neben der anderer Wertsysteme, Religionen und Weltanschauungen verstanden.

6. Auswahlchristentum:

Viele Christen erleben und verstehen Kirche nicht mehr als Burg, sondern als Haus ohne Wände: Sie wollen ihr zugehören, sich auch für sie engagieren, sich aber nicht mehr an alle kirchlichen Lehren und Vorschriften binden. Beispielsweise finden kirchliche Verhaltensmuster im diakonischen Bereich und in der Dritten Welt große Zustimmung, die kirchliche Sexualmoral aber stößt häufig auf Ablehnung. An die Stelle einer vorbehaltlosen Zustimmung ist eine subjektive Auswahl getreten. Dabei erscheint dieses Auswahlchristentum nicht mehr als schuldhafter Glaubenszweifel, sondern als die Konsequenz der Mündigkeit des Laien und der Freiheit eines Christenmenschen.

7. Fundamentalismus:

„Fundamentalismus" bezeichnet den Versuch, die Wirklichkeit durch eine Reduktion der Komplexität, die die heutige Welt kennzeichnet, überschaubar zu machen. Wer ihn unternimmt, will sich angesichts des alles erfassenden methodischen Zweifels an das scheinbar Bewährte klammern. Er immunisiert sich gegen die rationale Hinterfragung der modernen Wissenschaften. An die Stelle des

Diskurses tritt die Autorität, an die Stelle der Einsicht der Gehorsam, an die Stelle der Freiheit die Unterwerfung; Fundamentalismus verabscheut jede Pluralität und denkt dualistisch (Entweder – Oder, hie Freund – hie Feind, da Sieg – dort Niederlage). Auch in den Kirchen finden sich einzelne und Gruppen, die von derartigen Ideen überzeugt sind und sie als Ausweg aus der Krise empfehlen oder auch kämpferisch durchsetzen wollen.[16]

8. Stille Emigration:

Während manche fundamentalistischen Strömungen sich eines gewissen offiziellen Wohlwollens erfreuen, werden oppositionelle Regungen auf der „linken" Seite des Spektrums weit weniger großzügig behandelt, obschon – anders als bei jenen – hier weder den Amtsträgern Verrat am Glauben vorgeworfen wird, noch Bestrebungen zur Errichtung einer eigenen kirchlichen Organisation vorhanden sind. Hier besteht keine Gefahr eines Schismas, so daß Distanzierungen von der offiziellen Kirche in diesem Bereich als weniger gravierend empfunden werden. Allerdings hat das zu einer Massenabwanderung aus der Kirche geführt, sei es, daß viele ihre Hoffnungen nicht erfüllt sehen, sei es, daß sie an ihrem Reformwillen verzweifeln.

9. Plurizentrik in der Kirche:

Auf dem Konzil und in dessen Gefolge ist die bis dahin eurozentrische Kirche wirklich zur Weltkirche geworden (Internationalisierung des Episkopates und des Kardinalskollegiums, Wahl eines nichtitalienischen Papstes). In der Begegnung mit den verschiedenen kulturellen und politischen Kontexten entstanden neue Formen der Theologie und der christlichen Spiritualität. In Lateinamerika erlangte die Theologie der Befreiung große Bedeutung. In Asien fordert die Vielzahl der Religionen die Reflexion heraus. Die Neubetonung der Ortskirche auf dem Konzil läßt zwar ein Eingehen auf die damit gegebene Pluralität zu, doch zugleich wird offensichtlich, daß es in der Kirche nicht mehr die universale Antwort geben kann, die in gleicher Weise auf alle Fragen in allen Regionen der Welt paßt. Das Problem für die Kirchenleitung lautet: Wie kann die Einheit in der Pluriformität gewahrt bleiben? Als traditionelle Antwort legt sich ein Zentralismus nahe, der faktisch aus den Ortskirchen wieder Außenstellen der Stadtkirche von Rom machen will. Die Tendenzen dazu wurden in der Zeit nach dem Konzil allenthalben spürbar. Offenkundig ist aber auch geworden, daß sie keine wirkliche Lösung bieten.

---

[16] Hier ist insbesondere an den französischen Erzbischof Lefebvre und seine Priesterbruderschaft zu denken, der in den konziliaren Dokumenten den Sieg der Französischen Revolution über den katholischen Glauben erblickt. Auch das „Engelwerk" gilt als fundamentalistisch, vor allem wegen seiner apokalyptischen Sicht der Welt, die voller Dämonen erscheint. In manchen Publikationen wird auch das „Opus Dei" den fundamentalistischen Gruppierungen zugerechnet, und zwar wegen seiner streng autoritären Organisationsstruktur und seines Feldzugs gegen die Moderne, wegen des Auserwählungsbewußtseins seiner Mitglieder und seiner Abschottung gegen alles, was als liberal oder modern gilt. Vgl. hierzu u. a. W. Beinert (Hg.), ‚Katholischer' Fundamentalismus. Häretische Gruppen in der Kirche?, Regensburg 1991.

2. Das Problem der Kirchenstiftung

Es stellt sich die Frage, ob die Kirche recht hat mit ihrem Anspruch, die Offenbarung Gottes zu verkünden und in dieser Offenbarung zu gründen. Es wäre ja grundsätzlich denkbar, daß jeder einzelne so unmittelbar ist zu Gott, daß Kirche als eine gesellschaftliche Verfaßtheit dadurch überflüssig wäre. Wenn jeder einzelne für sich allein den Zugang zu Gott hat, zu Christus, zum Wort Gottes, dann ist Kirche nicht nötig. Eine strenge Mystik, derzufolge Gotteserfahrung ausschließlich im Inneren geschieht, oder eine radikale Worttheologie, nach der jeder für sich allein das Wort Gottes lesen und darin den göttlichen Anspruch vernehmen könnte, würde Kirche für unnötig erklären. Diese ist nur legitim, wenn sie im Willen Gottes gründet. Wenn sich dagegen erweisen sollte, daß sie im Gegensatz zu dem steht, was Jesus gewollt und gebracht hat, müßte sie um seiner Botschaft willen in Frage gestellt werden. Hat Jesus Kirche gewollt und sie begründet?

In den synoptischen Evangelien findet sich der Begriff Kirche, *ekklesía,* nur an zwei Stellen: „Du bist Petrus der Fels, und auf diesem Felsen werde ich meine Kirche *(ekklesía)* bauen, und die Mächte des Todes werden sie nicht überwältigen" (Mt 16,18). Die Parallelstelle Mt 18,18 ordnet die brüderliche Zurechtweisung. Diese soll zunächst unter vier Augen geschehen, dann vor zwei oder drei Zeugen. „Hört er auch auf sie nicht, dann sage es der ekklesia. Hört er aber auch auf die *ekklesía* nicht, dann sei er für dich wie ein Heide oder ein Zöllner" (Mt 18,17). Hat Jesus tatsächlich eine Kirche gestiftet, wenn der Begriff ekklesia aus seinem Munde kaum überliefert wird, er also nicht oder kaum von ihr sprach? Schwerwiegend ist, daß Jesus nie an eine Sondergemeinschaft gedacht hat, er hat sich keinen elitären Gruppen angeschlossen, die einen heiligen Rest propagierten, er widersprach den Pharisäern und ihrer Monopolisierung der Gerechtigkeit. Jesus hat sich immer an ganz Israel gewandt, eingeschlossen die einfachen Leute, nicht nur an die Auserwählten, den heiligen Rest. Bei Matthäus und Lukas geht das Reich Gottes über Israel hinaus auf alle Völker, das Johannes-Evangelium denkt von vorneherein universal, also im größten Rahmen. Jede Vorstellung von einer Sondergemeinschaft, die aus dem Volk auserwählt ist, scheint damit unvereinbar.

In der Deutung dieses Befundes kommt *Hans Küng* zu der Aussage: „Jesus hat zu seinen Lebzeiten keine Kirche gegründet. Es spricht für die Treue der von der Urkirche offenkundig nicht überspielten Überlieferung, daß die Evangelien keine an die Öffentlichkeit gerichteten Jesusworte kennen, die programmatisch zu einer Gemeinde der Auserwählten aufrufen, die Gründung einer Kirche oder eines Neuen Bundes ankündigen ... So ist denn Jesus nicht das, was man gemeinhin unter einem Religionsstifter oder einem Kirchengründer versteht. Er dachte nicht an die Gründung und Organisation eines zu schaffenden religiösen Großgebildes".[17] Dieser Feststellung hat *Karl Rahner* widersprochen. „Küng hätte sich auf jeden Fall mehr bemühen müssen und auch mit Erfolg können, die Herkünftig-

---

[17] H. Küng, Christ sein, München – Zürich 1974, 275 f; vgl. auch a. a. O. S. 468.

keit der Kirche von Jesus (auch dem vorösterlichen) zu verdeutlichen. Eine solche Herkünftigkeit gibt es, und sie läßt sich nach meiner Überzeugung auch historisch deutlich machen ... Wir katholischen Christen werden auch in Zukunft mit dem alten Glauben sagen: Jesus hat die Kirche gegründet, auch wenn wir heute deutlicher und unbefangen wissen und sagen müssen, daß dieser Satz differenzierter verstanden werden muß und darf, als es in der fundamentaltheologischen Ekklesiologie bis zum Zweiten Vatikanum einschließlich geschehen ist".[18]

2.1 Die Auferstehung Jesu und das Entstehen der Kirche

Die Zeit der Kirche ist die Zeit zwischen der Auferstehung Jesu und seiner Wiederkunft als der Christus. Damit muß die Frage nach der Stiftung der Kirche bei einer Betrachtung der Auferstehung ansetzen, nicht bei einem isolierten historischen Stiftungsakt. Erst von Ostern her ist es sinnvoll, von Kirche zu sprechen, vorher hatte sie weder historisch noch sachlich einen Ort. Außerdem sind uns die Ereignisse des irdischen Lebens Jesu nur aus dem Licht des Osterglaubens zugänglich, so daß jede Betrachtung einzelner historischer Ansätze für eine Kirchenstiftung immer durch das Licht des Osterereignisses betrachtet werden muß.[19] Nur von der Auferstehung her ist es möglich, die Kirche auf Jesus zurückzuführen.

2.1.1 Die Sammlung der Gemeinde

Nach dem Aufweis der Evangelien haben sich die Jünger nach dem Tode Jesu zerstreut, ihre Hoffnung hatte offensichtlich getrogen. Sie hatten Jesus vertraut, und dieser war nun schmählich umgebracht worden. Es gab nichts mehr, was sie weiterhin hätte zusammenhalten können, ihre gemeinsame Hoffnung schien widerlegt. Dazu kam die Furcht, daß sie sein Schicksal würden teilen müssen. Das veranlaßte sie nach dem Aufweis der Evangelien, Jerusalem möglichst schnell zu verlassen. Die Furcht führte sie in die Vereinzelung: Die Gemeinschaft des Jüngerseins war zerbrochen, weil der Meister als deren Mitte ihnen weggenommen war. Durch die Erscheinungen des Auferstandenen und mit ihrem Glauben, daß er lebt, wurden sie wieder versammelt. Die Geschichte von Emmaus ist dafür ein Beispiel: Die Jünger gehen auseinander, sie erfahren ihn als den Lebendigen und Auferstandenen, kehren sofort zurück, versammeln sich mit denen, die die glei-

---

[18] K. Rahner: Diskussion über H. Küngs ‚Christ sein', Mainz 1976, 106 f. Damit wendet sich Rahner auch gegen eine Auffassung von Kirchengründung, wie sie beispielsweise im Antimodernisteneid formuliert wurde, demzufolge „die Kirche, die Hüterin und Lehrerin des geoffenbarten Wortes, durch den wahren und geschichtlichen Christus selbst, als er bei uns lebte, unmittelbar und direkt eingesetzt und daß sie auf Petrus, den Fürsten der apostolischen Hierarchie, und seine Nachfolger in Ewigkeit erbaut" wurde (DH 3540).

[19] Vgl. in diesem Band: Christologie.

chen Erfahrungen gemacht haben wie sie, und werden nun zu Verkündigern des Auferstandenen. Die Ostererfahrung bringt sie erneut zusammen, sie berichten einander, wie er ihnen erschienen ist, und bestärken sich dadurch im Glauben. Durch Ostern werden die Versprengten zur Gemeinschaft zusammengeführt, sie versammeln sich in einer neuen Hoffnung, die nun durch keine Enttäuschung mehr hinfällig werden kann. „Noch in derselben Stunde brachen sie auf und kehrten nach Jerusalem zurück, und sie fanden die Elf und die anderen Jünger versammelt" (Lk 24,33).

Im Lichte des Osterglaubens erscheint das Kreuz nicht mehr als Zeichen einer Niederlage, sondern als Ausdruck göttlicher Weisheit und Kraft, durch die den Menschen das Heil erschlossen wird. In verschiedenen Ansätzen wird im Neuen Testament[20] gedeutet, wie das Kreuz Heil schafft, die Scheidewand zwischen Gott und Mensch einreißt, den sündigen Menschen zum gerechtfertigten macht, Genugtuung leistet für die Sünde Adams und seiner Nachkommen. So wie vor Christus die Menschen durch die Sünde zusammengeschlossen waren zu einer Gemeinschaft des Unheils, werden sie nun verbunden in einer Gemeinschaft des Heils, sie werden zu Aspiranten des ewigen Lebens. Dieser Gedanke wird bei den Kirchenvätern immer wieder aufgegriffen und allegorisch dahingehend ausgelegt, daß aus der Seitenwunde Jesu die Kirche erflossen ist.[21] Das Kreuz rettet, und es versammelt die Geretteten zu einem Volk.

Diese Gemeinschaft wird am sinnfälligsten erlebt in der Feier des Herrenmahles, zu dem sich die Jünger versammeln. Es ist auffällig, daß die neutestamentlichen Berichte über die Erscheinungen des Auferstandenen durchwegs im Rahmen von Mahlfeiern stehen. Auferstehung ist in engstem Zusammenhang mit der gemeinsamen Feier des Gedächtnismahles gesehen. Wenn die Jünger sich versammeln im Andenken an den Gekreuzigten, wenn sie einander das Brot brechen und ihren Glauben bekennen, dann wird ihnen die Erfahrung zugänglich: Er lebt, der Tod hat keine Macht mehr über ihn, er ist in unserer Mitte gegenwärtig. Nicht der einzelne in seiner Unmittelbarkeit zu Gott und in seiner Versenkung ins Gebet erfährt Auferstehung des Herrn, sondern die Gemeinschaft derer, die sich nach seiner Weisung miteinander und füreinander zu seinem Gedächtnis versammeln. Wie sie Gemeinschaft mit Christus finden, so finden sie Gemeinschaft untereinander, so wie sie diese leben, wird ihnen auch die bleibende Gemeinschaft mit dem auferstandenen Herrn zuteil.

Mit Ostern wird die Taufe zum Zeichen des Eintritts in die Jüngerschaft. In den Evangelien werden die Tauftexte (Mt 28,19; Mk 16,16) bereits dem nachösterlichen Christus zugeschrieben. Der historische Jesus sprach von Umkehr und Nachfolge. Er ließ sich taufen, aber er hat nicht selbst getauft. Anderseits gab es von Anfang an keine ungetauften Christen. Der Zusammenhang von Umkehr, Glaube und Taufe ist schon in den ersten Jahrzehnten bezeugt.[22] Taufe geschah da-

---

[20] Zur Soteriologie vgl. in diesem Band: Christologie.
[21] Vgl. hierzu z. B. tzt D5/I, Nr. 52.
[22] Exemplarisch wird dies geschildert in der Reaktion auf die Pfingstpredigt des Petrus, als die Zuhörer nach der Verkündigung des Petrus fragten: „Was sollen wir tun?", und sie die Antwort bekamen: „Kehrt um, und jeder von euch lasse sich auf den Namen Jesu Christi taufen zur Vergebung seiner Sünden" (Apg 2,37 f).

bei in der Symbolhandlung des Untertauchens und Auftauchens: als das österliche Sakrament bezeugt es Jesu Tod und Auferstehung (Röm 6,1-11).[23]

2.1.2 Auferstehung und Sendung

In der Auferstehung Jesu bestätigt Gott das vorösterliche Wirken seines Sohnes. Nun ist offenbar: Gott hat sich in Jesus von Nazaret endgültig mitgeteilt und den Menschen erschlossen. Jesu Botschaft und seine Werke sind von ihm bestätigt, die Reich-Gottes-Botschaft ist in ihm erfüllt. Die Hinweise auf Kirche aus Jesu Wort und Werk sind Gottes Offenbarung. Weil er auferstanden ist, geht seine Sache weiter, ist mit seinem Tod nicht alles vorüber. Sein Wort und sein Werk sind über den historischen Augenblick hinaus Offenbarung und Selbsterschließung Gottes und vermitteln damit eschatologisches Heil. In Jesus hat sich die Mitte und in ihr die Fülle der Zeit ereignet, die die Geschichte als ganze trägt und Heil für alle Zeit eröffnet. Gleichzeitig ist sie Norm und Maßstab für alles, was kommen wird. Auferstehung eröffnet eine Zukunft, die das, was in Jesus geschehen ist, für alle Welt erschließt. Ostern ist damit nicht Abschluß, sondern Neuanfang.

Durch die Auferstehung wird der verkündigende Jesus zum verkündigten Christus. Er, der die Botschaft vom Reich Gottes vortrug, der zu Umkehr und Nachfolge aufgerufen und die Botschaft vom liebenden Vatergott verkündet hatte, wird nun selbst zum Inhalt des Glaubens und der Verkündigung. Die Reich-Gottes-Botschaft erhält das Antlitz Jesu Christi und seinen Namen. Er wird zur Basileia selbst. Dies ist kein Widerspruch zum historischen Jesus, es ist vielmehr die Vollendung dessen, was bereits in seiner Botschaft angelegt war. Er ist der Messias, die an ihn Glaubenden sind damit messianisches Volk.

Mit Ostern wird die Botschaft, die Jesus dem Volk Israel gebracht hatte, universal, nun gilt: „Geht zu allen Völkern, und macht alle Menschen zu meinen Jüngern" (Mt 28,19). Ostern bedeutet die Entgrenzung der Botschaft: sie wird weltweit. Die Glaubensgemeinschaft, die sich bildet, umfaßt Juden und Heiden; alle natürlichen und geschichtlich gewordenen Differenzen werden in ihr irrelevant. Sicher war es ein schmerzlicher Prozeß, den die junge Kirche durchmachen mußte, bis sie die Beschränkung auf Israel und das Gesetz überwinden konnte. Aber es liegt in der Zielrichtung von Ostern, daß nicht mehr exklusiv eine bestimmte Gruppe, eine Religion allein angesprochen sein konnte. Ostern ist die Vorwegnahme dessen, was die Christen als Geschick und Zukunft der Menschheit als ganzer wissen und glauben. Damit muß die Begrenzung auf Israel überwunden werden, denn Auferstehung zielt auf die Menschheit als ganze in allen ihren Gliedern. Jetzt mußte die Gemeinschaft derer, die an Jesus glauben, weltweit werden.

---

[23] Die Taufe verbindet die Glaubenden untereinander und macht sie zu einer Gemeinschaft, in die der einzelne aufgenommen wird. „Denn ihr alle, die ihr auf Christus getauft seid, habt Christus angelegt. Es gibt nicht mehr Juden und Griechen, nicht Sklaven und Freie, nicht Mann und Frau; denn ihr alle seid ‚einer' in Christus Jesus" (Gal 3,27 f). Durch die Einheit mit Christus werden die Getauften auch untereinander eins. Alle Unterschiede, die sonst Menschen trennen, sind hier überwunden oder irrelevant. – Zur Taufe und ihrer ekklesialen Bedeutung siehe näherhin in diesem Werk Bd. III: Sakramentenlehre.

In der Weitergabe und der Vergegenwärtigung des Erlösungswerks Jesu kommt den Aposteln eine zentrale Aufgabe zu. Weil sie von Anfang an bei ihm waren,[24] sind sie Zeugen des historischen Jesus, seiner Worte und Taten; darüber hinaus sind sie Zeugen seiner Auferstehung. Darin besteht ihr Apostolat. Damit sind sie einbezogen in die Sendung Jesu: „Wie mich der Vater gesandt hat, so sende ich euch" (Joh 20,21). Die Apostel bekommen Anteil an der Sendung Jesu, sie stehen in seiner Sendung selbst. Der Verkündiger gehört mit zur Botschaft, im Apostel wird der Auferstandene selbst repräsentiert. In den verschiedenen neutestamentlichen Traditionen verbinden sich Ostern und die Sendung der Apostel. Mit Ostern werden aus Augenzeugen und Beobachtern Boten und Verkündiger. Im Zeugen wird dabei das Zeugnis konkret faßbar, gewinnt es personale Gestalt. Es geht in der Botschaft vom Auferstandenen nicht primär um ein Verhältnis zu Wahrheiten und historischen Aussagen oder zu Sachen, sondern zu Personen. Offenbarung ist primär nicht eine Lehre, sondern Selbstmitteilung Gottes, eine Relation zu einem Du, sie ist interpersonales Geschehen. Glaube ereignet sich zwischen Personen. Er braucht darum interpersonale, gemeinschaftliche Strukturen. Die Botschaft wird verkündet, zunächst nicht geschrieben. So war es in der Alten Kirche zunächst nicht erlaubt, das Credo aufzuschreiben, es konnte nur durch Zeugen und vor Zeugen vorgetragen werden.[25] Das Christentum ist nicht eine Buchreligion im eigentlichen Sinne. Die Beziehung zum Auferstandenen realisiert sich nicht im gelesenen, sondern im verkündigten und gehörten Wort, in der Beziehung zum Zeugen, sie ist ein Geschehen zwischen Personen. Auferstehung impliziert damit Gemeinschaft und Kirche.

2.2 Die Kirche als Werk des Heiligen Geistes

2.2.1 Kirche als Geistgeschöpf

Traditionellerweise bezeichnet man Pfingsten als Geburtstag der Kirche und nimmt damit eine Kirchenstiftung durch den Geist, also in der Kraft des auferstandenen Herrn und nicht ausschließlich durch den historischen Jesus an. Dieser Gedanke hat sich auch in den Glaubensbekenntnissen niedergeschlagen, in denen im Bekenntnis zum Geist das Bekenntnis zur Kirche seinen Platz findet. Im Glauben an den Geist ist der Glaube an die Kirche eingeschlossen, in der sich dieser Geist zeigt, weil sie *Creatura Spiritus Sancti* ist. Im Zweiten Vatikanischen Konzil erscheint dieses Zusammen von Kirche und Geist im Verständnis der Kirche als Sakrament, als Zeichen und Werkzeug des Geistes.[26] Als solches ist sie

---

[24] In diesem Zusammensein mit Jesus von Anfang an wird der Apostolat beschrieben (vgl. Apg 1,21); siehe dazu 2.4.4.
[25] Vgl. hierzu Th. Schneider, Was wir glauben, Düsseldorf 1985, 55.
[26] LG 1; siehe hierzu 3.5.1.

Realsymbol für die sich selbst übersteigende Liebe Gottes. Dies hebt den ungleich größeren Unterschied zwischen Symbol und Symbolisiertem nicht auf. Der Geist wird nicht zum Eigentum der Kirche, sie ist nicht Verwalterin des Geistes. Und dennoch gehören beide zusammen. Eine realsymbolische Gegenwart bedeutet nicht Garantie: Die Kirche kann den Geist nur im Vertrauen auf die Treue der Verheißung Gottes immer neu als Geschenk entgegennehmen und nur in diesem Vertrauen ihrer Berufung gewiß sein. Sie vollzieht ihre innere Sakramentalität, indem sie der Gegenwart des Geistes als reines Geschenk immer neu entgegenwartet. Kirche besitzt nicht den Geist, aber sie weist auf ihn hin, indem sie auf ihn vertraut und sich immer neu von ihm führen läßt.

2.2.2 Theologiegeschichtliche Reminiszenzen

Die Begründung der Kirche durch das Wirken des Geistes hat eine lange theologische Tradition, die sich oft in Spannung zu einer einseitig christozentrisch und institutionell geprägten Ekklesiologie entfaltet hat. Der Geist weht, wo er will, er ist darum nicht in Institutionen und Ämter eingeschlossen. Er ist das dynamische Element, führt zum Aufbruch in neue Dimensionen, zu dem, was noch nie gewesen, wofür es keine Vorbilder gibt, nicht selten auch zu dem, was vom gesatzten Recht nicht gedeckt ist. Modell ist hier die neutestamentliche Gemeinde von Korinth, in der nicht Recht und Ordnung, sondern das freie und je neue Zusammenspiel der Charismen die Gemeinschaft aufbaute. In Berufung auf sie entfalteten sich Geistekklesiologien zumeist in Spannung zu Konzeptionen von Kirche und ihrem Recht, die zu einseitig vom institutionellen und juristischen Denken bestimmt waren. Seit frühchristlicher Zeit haben sich Neuaufbrüche in der Kirche durch Berufung auf den Geist legitimiert und bestehende Ordnungen und Vorschriften kritisiert und in Frage gestellt. Die Erneuerungs- und Reformbewegungen, aber auch häretische Strömungen fühlten sich durch den Geist zum Protest gegen eine erstarrte oder auch verkommene Kirche ermächtigt. Die Geschichte innerkirchlicher Reform und konfessioneller Abspaltungen ist die Geschichte der Berufung auf den Heiligen Geist.

Eindrucksvolles Beispiel hierfür ist die mittelalterliche Bewegung im Anschluß an *Joachim von Fiore,* der in seiner Deutung der Geschichte die kommende Geistkirche verkündete, in der sich der Geistbesitz nicht durch Amtssukzession, auch nicht durch rechte Lehre, sondern durch ein Leben nach dem Vorbild der Apostel, und das heißt im Hochmittelalter durch ein Leben in Armut, erweist. In dieser kommenden *Ecclesia spiritualis* werden alle Menschen direkt vom Geist geführt; die Großen und Mächtigen werden gestürzt, die Armen und Schwachen werden befreit. Alle werden unmittelbar zu Gott sein und darum einander gleich. Wenn der Geist kommt, werden die blutigen Kriege ein Ende haben, es wird ewige Sabbatruhe herrschen und die Bergpredigt wird zur Ordnung der Welt. Größte Bedeutung erlangten Joachims Schriften durch die *Armutsbewegungen.* Die Anhänger des *Petrus Waldes* zogen vor allem durch Südfrankreich und verkündigten den armen Jesus. In ihrer Vollmacht zu predigen beriefen sie sich auf den Geist. Sie waren arm, führten ein Leben nach der Bergpredigt, und darin sahen sie die

Gewähr, vom Geist erfüllt zu sein, und das im Gegensatz zu den Amtsträgern, den Bischöfen und dem Papst, die reich waren und darum mit dem apostolischen Leben gebrochen hatten. Im Gegensatz zu den „Amtlichen" verstanden sie sich als die „Geistlichen" und als solche zur Predigt legitimiert. Kirche ist nach dieser Konzeption nicht wegen der Sukzession ihrer Amtsträger apostolisch, auch nicht wegen ihrer rechten Lehre, sondern durch ein apostolisches Leben nach den Vorschriften der Bergpredigt. Die Berufung auf den Geist wurde zum Gegenpol gegen die Berufung auf das Amt, die Orientierung am Geist zur Kritik an Hierarchie und Recht. Kirche als Geistgeschöpf meinte eine dynamische, lebendige, offene, zukunftsorientierte, eine freie Kirche, die vom *Charisma,* nicht vom Amt, vom *Propheten,* nicht vom Hierarchen, vom *Charismatiker,* nicht vom Amtsträger bestimmt und repräsentiert ist.

Die amtliche Kirche hat sich gegen diese Kritik gewehrt. Sie hat anerkannt, daß die Kirche Geistgeschöpf ist, aber den Geist nicht in den freien Charismen, sondern im Amt gesehen und ihn an den überprüfbaren, amtlichen Strukturen festgemacht. Das Amt wird als Gabe des Geistes, als Charisma, interpretiert. Die Amtsträger stehen zufolge dieser Konzeption in einer Mittlerfunktion zwischen dem einzelnen Gläubigen und Gott, durch sie wird der Geist vermittelt. Darum kann das Lehramt über den Besitz von Geist und Wahrheit entscheiden, es kann feststellen, wo der rechte Geist lebt und wo ein Ungeist sich breitmacht. Der Geist ist demzufolge nicht lebendig in den freien Aufbrüchen, sondern in den Strukturen der Kirche und in ihrem Recht, vor allem in ihren Amtsträgern, den Bischöfen und im Papst. *Diese* sind die Geistlichen, nicht die Propheten. Der paulinische Satz: „Der geistliche Mensch urteilt über alles, über ihn aber vermag niemand zu urteilen" (1 Kor 2,15) wurde als Aussage über den Papst und über ihn allein verstanden, aus ihm wurde gefolgert, daß der Papst in allen Rechtsfragen letzte Instanz sei, daß niemand über ihm stehe und ihn beurteilen oder verurteilen könne. Nicht das freie Charisma, sondern der Geist, der sich in Strukturen festgemacht hat und der das Amt bestimmt, prägt die Kirche.

Die Spannung zwischen einer Konzeption, die vom freien Wirken des Geistes überzeugt ist, und einer Konkretisierung des Geistes in Strukturen begegnet auch in den evangelischen Kirchen. Zunächst verstand sich die *Reformation* in der Tradition der Geistkirche als befreiende, zukunftsorientierte, institutionskritische Bewegung. *Luther* hatte das Stichwort gegeben von der Unmittelbarkeit des Menschen zu Gott, von der Freiheit des Christenmenschen, die durch den Geistbesitz gewährleistet erschien. Damit hatte er Geister geweckt, die er nicht mehr loswerden sollte, und bald stand er in einem Zwei-Fronten-Kampf, einerseits gegen die römische Kirche, die den Geist allzusehr an das Amt band, aber andererseits auch gegen die Rottengeister und Schwärmer, die sich auf einen frei schwebenden, anarchischen Geist beriefen und jede Ordnung in Frage stellten. Gegen sie betonte Luther, daß der Geist keineswegs allein in den freien Aufbrüchen zu finden ist, sondern daß er sich gebunden hat an die Schrift, an das Wort, ja, an die Grammatik.[27] Wer den Geist finden will, kann dies nur in der Schrift, in philologischer Arbeit der Exegese. Die Berufung auf den Geist, auf Erleuchtungen und

---

[27] P. Neuner, F. Schröger, Luthers These von der Klarheit der Schrift: ThGl 74 (1984) 39-58.

Erfahrungen, kann nicht die Bemühung um die Schrift ersetzen, fromme Anmutungen die theologische Arbeit und Anstrengung nicht überflüssig machen.

Die Schrift hat aber ihre Zuspitzung in der Verkündigung, und insofern ist auch in der lutherischen Tradition der Geist sehr wohl eng mit dem Amt der Verkündigung verbunden. Die Aussage von der Klarheit der Schrift bedeutet bei Luther keineswegs, daß der einzelne sich in sein stilles Kämmerlein zurückziehen und allein im individuellen Lesen oder der subjektiven Erfahrung den Geist empfangen könnte. Vielmehr wird die Schrift in der Verkündigung und in der rechten Auslegung klar.

2.2.3 Sichtbare und unsichtbare Kirche

Die Berufung auf den Geist als Prinzip der Kirche erfolgte theologiegeschichtlich zumeist als Reaktion auf verfestigte Kirchenstrukturen und auf eine Rechtsordnung, die sich gegen eine lebendige Entwicklung sperrte. Eine vom Geist bestimmte Kirche erschöpft sich nicht in ihren sichtbaren Dimensionen und Grenzen, sie läßt sich nicht als bestimmte, fest umreißbare Personengruppe umschreiben und voll in rechtlichen Kategorien einfangen, sondern sie stellt immer auch eine unsichtbare Wirklichkeit dar. Der Geist weht, wo er will, er entzieht sich einer Verfügung und Kanalisierung. Eine pneumatozentrisch konzipierte Ekklesiologie hat damit eine innere Tendenz hin auf unsichtbare, rechtlich nicht festschreibbare Kirche und auf eine Relativierung ihrer Rechtsordnung und ihrer Strukturen, eingeschlossen Amt und Hierarchie.

Während beide Vorstellungen dazu tendieren, sich jeweils zu verselbständigen und den anderen Aspekt unterzubewerten, ist systematisch festzuhalten, daß sichtbare und unsichtbare Kirche nicht zwei getrennte Realitäten sind, die sich voneinander absondern ließen, sondern unterschiedliche Aspekte der einen Wirklichkeit Kirche, die aufeinander bezogen sind, ohne aufeinander reduzierbar zu sein. Es gilt, beide Aspekte in den Blick zu nehmen, die einander komplementär erfordern und die sich faktisch durch die jeweiligen Vereinseitigungen immer wieder gegenseitig herausgefordert und bedingt haben. In patristischer Zeit wurde Kirche einerseits gesehen als Arche des Heils, wo das Drinnen und Draußen fest umrissen war, aber auch als die *Ecclesia ab Adam* bzw. *ab Abel,* zu der alle Gerechten aller Zeiten gehören, selbst wenn sich diese Gliedschaft nicht nach außen hin sichtbar machen läßt. Als Cyprian von Karthago das Axiom aufstellte, außerhalb der Kirche sei kein Heil, „extra Ecclesiam nulla salus", hat Augustin betont, daß die unsichtbare Kirche als die Gemeinschaft der Heiligen keineswegs mit der sichtbaren identisch ist, und darum viele, die draußen scheinen, in Wirklichkeit drinnen sind, und viele, die drinnen zu sein scheinen, draußen. Kirche ist nicht nur die soziologisch umreißbare Wirklichkeit ihrer Mitglieder, sondern sie greift über diese hinaus und ist andererseits auch wieder enger als ihre sichtbare Gestalt.

Während im Mittelalter Papst *Bonifaz VIII.* in der Enzyklika „Unam sanctam" (1302) erklärte, daß „es für jedes menschliche Geschöpf unbedingt notwendig zum Heil ist, dem Römischen Bischof unterworfen zu sein"[28] und in der beginnenden Neuzeit *Kardinal Bellarmin* Kirche definierte als einen „so sichtbare(n) und manifeste(n) Zusammenschluß von Menschen wie das Gemeinwesen des römischen Volkes oder das Königreich Frankreich oder die Republik Venedig",[29] verstanden die Reformatoren die Kirche zunächst als Geistgeschöpf *(creatura Spiritus Sancti).* Kirchengliedschaft wird insbesondere durch Calvin nicht an äußeren Kennzeichen festgemacht, sondern sie definiert sich durch Prädestination und Rechtfertigung, die vor den Augen der Welt verborgen bleiben und nicht an bestimmte Ordnungen oder eine vorgegebene Ämterstruktur gebunden werden können. In Reaktion darauf und in Rezeption der Bellarminschen Definition von Kirche wurde im neuzeitlichen Katholizismus einseitig die Sichtbarkeit betont und Kirche durch das rechte Bekenntnis zum Glauben, Gemeinschaft in den Sakramenten und im Gehorsam gegenüber dem Papst umschrieben. Innere Überzeugung, konkrete Lebensführung und persönliches Heil wurden dagegen für die Kirchengliedschaft als unerheblich erachtet. Sünder gehören sehr wohl zur Kirche, nicht aber Ungetaufte, Häretiker, Schismatiker und Exkommunizierte.

In Reaktion auf diese Vereinseitigung bemühte sich das Zweite Vatikanische Konzil wieder um eine ausgewogenere Sicht, in der neben der christologisch-institutionellen Seite der Kirche auch deren pneumatologische Struktur wieder zum Tragen kommt. „Der Geist wohnt in der Kirche und in den Herzen der Gläubigen ... er bereitet und lenkt sie durch die verschiedenen hierarchischen und charismatischen Gaben und schmückt sie mit seinen Früchten".[30] Der Geist ist das Prinzip des Lebens der Kirche und ihrer ständigen Erneuerung. „Damit wir aber in ihm (Christus) unablässig erneuert werden, gab er uns von seinem Geist, der als der eine und gleiche im Haupt und in den Gliedern wohnt und den ganzen Leib so lebendig macht, eint und bewegt, daß die heiligen Väter sein Wirken vergleichen konnten mit der Aufgabe, die das Lebensprinzip – die Seele – im menschlichen Leibe erfüllt"[31]. In dieser christozentrisch-pneumatologischen Sicht erscheint die Kirche als Sakrament, als sichtbare Gestalt unsichtbarer Gnade: „Die Kirche ist ja in Christus gleichsam das Sakrament, d. h. Zeichen und Werkzeug für die innigste Vereinigung mit Gott wie für die Einheit der ganzen Menschheit"[32]. In ihrer Sichtbarkeit ist sie wirksames Zeichen für die unsichtbare Gemeinschaft mit Gott.

Als „Sakrament des Geistes" ist Kirche auch Institution, nicht allein sich jeweils neu formierende Gemeinschaft von Glaubenden. Institution wird in dieser pneumatozentrischen Sicht als Zeichen der integrierenden und befreienden Kraft des Geistes verstanden, sie erscheint im Hegelschen Sinne als „konkrete Freiheit".

---

[28] DH 875; die Belegstelle ist 1 Kor 2,15.
[29] Vgl. tzt D5/II.
[30] LG 4. Vgl. dazu auch LG 8: „Die mit hierarchischen Organen ausgestattete Gesellschaft und der geheimnisvolle Leib Christi, die sichtbare Versammlung und die geistliche Gemeinschaft, die irdische Kirche und die mit himmlischen Gaben beschenkte Kirche sind nicht als zwei verschiedene Größen zu betrachten, sondern bilden eine einzige komplexe Wirklichkeit, die aus menschlichem und göttlichem Element zusammenwächst. Deshalb ist sie in einer nicht unbedeutenden Analogie dem Mysterium des fleischgewordenen Wortes ähnlich".
[31] LG 7.
[32] LG 1.

Damit wird eine verbreitete Entgegensetzung von Geist und Freiheit einerseits und Institution, Struktur und Amt andererseits überwunden. Daraus leiten sich konkrete Forderungen auch an die verfaßte Kirche und ihre befreiende Praxis ab.[33] Jedenfalls kann es nicht zulässig sein, sich allein auf die unsichtbare, die wahre und die heilige Kirche zu berufen und die sichtbare als wenig bedeutsam zu übergehen und sie in der Konsequenz in ihrer jeweiligen Unvollkommenheit zu belassen. Beide Seiten sind bedeutsam. Andererseits sind sie nicht einfachhin so identisch, daß es nicht auch außerhalb der Grenzen der Institution Kirche und Christentum geben könnte. Die Kirche ist sichtbar und unsichtbar zugleich, und beide Seiten sind aufeinander bezogen.

2.2.4 Aspekte einer Geist-Ekklesiologie

2.2.4.1 Der Geist als Kraft neuen Lebens

Der Geist ist Prinzip schöpferischen Lebens, er kam an Pfingsten in der Gestalt von Sturm und Feuer über die Jünger und sammelte sie als Kirche. Im Neuen Testament wird von Jesus bezeugt, daß der Geist die Kraft seines Lebens war, beginnend mit der Menschwerdung, offenbar geworden in der Jordan-Taufe, in seinen Worten und Taten. Im Geist wurde er zu neuem Leben erweckt. Jesus vermittelt seinen Geist denen, die an ihn glauben, durch ihn bleibt er den Seinen gegenwärtig, leitet sie und führt sie in die Wahrheit ein. „Ich werde den Vater bitten, und er wird euch einen anderen Beistand geben, der für immer bei euch bleiben soll. Es ist der Geist der Wahrheit" (Joh 14,16 f). Das ist das Thema der Apostelgeschichte: In der Kraft des Geistes verbreitet sich der Glaube und entstehen die ersten Gemeinden. Der Geist ist ihr Lebensprinzip und ihre Kraft, am Pfingsttag werden dreitausend Menschen „hinzugefügt" (Apg 2,41), es entsteht Kirche. Geistekklesiologien wollen vor allem deren *Dynamik* zum Ausdruck bringen.

2.2.4.2 Amt und Charisma

In der westlichen Theologie wird Kirche zumeist christologisch begründet. Im Zentrum steht der Sendungsauftrag Christi: „Wie mich der Vater gesandt hat, so sende ich euch"(Joh 20,21). Und auf das Amt hin orientiert wird weiter zitiert: „Wer euch hört, der hört mich" (Lk 10,16). Diese Argumentation tendiert auf eine institutionelle, rechtlich greifbare Kirche, insbesondere wenn sie mit dem Leib-Christi-Gedanken verbunden wird und Christus als Haupt und die Träger hoher Ämter als „Oberhäupter" der Kirche versteht. Pneumatozentrische Ekklesiologien tendieren dagegen schwerpunktmäßig zu einer weniger amtlichen und autoritären Kirche. Träger des Geistes sind nicht nur die Amtsträger, sondern insbesondere auch die Propheten, die Charismatiker, auch die unbequemen Kritiker, die durch ihr Leben und Wirken dafür sorgen, daß Neues wird. Sie dienen der Kirche und ihrer Erbauung vielleicht mehr als mancher ihrer Gegner, selbst wenn sie nicht selten aus der Kirche hinausgedrängt oder gemaßregelt wurden. Weil die Kirche

---

[33] M. Kehl, Kirche als Institution: HFTh Bd. III, 176-197.

Geschöpf des Geistes ist, sind jene, die für die Freiheit des Geistes bürgen, nicht weniger wichtig als jene, die um der Organisation, des Gesetzes, des Herkommens willen diese Aufbrüche mit Argwohn betrachten. Beide sind in der Kirche unverzichtbar: die Amtsträger und die Charismatiker. Spannungen zwischen beiden Funktionen sind normal und keineswegs beunruhigend. Einer Kirche, die für die Unverfügbarkeit des Charismas kaum noch Platz zu haben scheint, gilt die Mahnung des Apostels Paulus: „Löscht den Geist nicht aus!" (1 Thess 5,19)

2.2.4.3 Das Sprachenwunder

An Pfingsten verstehen alle die Predigt des Petrus in ihren eigenen Sprachen. Nun hat der Unterschied zwischen den Sprachen, den Nationen, den Ständen, zwischen Besitzenden und Armen, zwischen Mann und Frau, zwischen Lehrenden und Hörenden keine Bedeutung mehr. In der Gemeinde Christi sind alle natürlichen und geschichtlichen Unterschiede irrelevant, denn im Geist ist eine über alle Barrieren hinweg bestehende Gemeinschaft entstanden. Unmittelbar nach dem Pfingstbericht wird die Gemeinde beschrieben als Einheit, in der alle alles gemeinsam hatten (Apg 2,44). Selbst wenn diese Schilderung nicht einfach Zustandsbeschreibung, sondern auch Paränese ist, drückt sie aus, wie der Geist wirkt. Wie er in der Trinitätslehre als das personale Band der Einheit und Liebe zwischen Vater und Sohn verstanden wird,[34] so wirkt er auch nach außen, vereint Menschen über alle Unterschiede und Differenzen hinweg, stiftet Gemeinschaft und baut Kirche. Vom Geist als personifizierter „unio" ausgehend entfaltet sich ein Kirchenbild, das vom Gedanken der communio, der *koinonía* bestimmt ist.[35]

2.2.4.4 Die Mission

Die Apostelgeschichte stellt den Weg der christlichen Botschaft in die griechische und die römische Welt hinein dar, wie er in der Kraft des Geistes gegangen wurde. Pneumatozentrische Ekklesiologie ist missionarisch. „Wir können unmöglich schweigen über das, was wir gesehen und gehört haben" (Apg 4,20). Die Glaubenden haben etwas zu sagen. Sie müssen das weitererzählen, was ihnen selbst zuteil geworden ist. Das ist nicht nur ein psychologischer Drang zur Mitteilung, sondern es ist die Dynamik des Geistgeschehens, die aus ihnen spricht und die sie zum Bekenntnis und zur Mission treibt. Dieser Geist richtet sich auf die Welt als ganze. Er erscheint in der Gestalt des Feuers, das zufolge des Sprichworts niemals sagt: „Es ist genug". Mission gehört zur Kirche. Das hat nichts zu tun mit Imperialismus und Kolonialismus, selbst wenn sich derartige Erscheinungen immer wieder mit der Mission verbunden haben. Weil der Geist Einheit schafft, werden in der Mission die Verschiedenheiten im kulturellen, völkischen, geistigen Leben legitimiert und versöhnt, sie behalten ihr Recht und beeinträchtigen Einheit nicht. Vielfalt und kulturelle Identität sind mit Mission durchaus zu vereinen.

---

[34] Zur Trinitätslehre vgl. in diesem Werk Bd. I: Gotteslehre, Der dreieine Gott.
[35] Vgl. hierzu M. Kehl, Die Kirche, 393.

2.2.4.5 Die Früchte des Geistes

Die Berufung auf den Geist muß sich legitimieren an den Früchten des Geistes, die eine „Unterscheidung der Geister" ermöglichen. Diese erscheint nach 1 Kor 12,10 selbst als Frucht des Geistes, als Charisma. Diese Vorstellung war bestimmt von der Bemühung, den Heiligen Geist und seine Träger und Boten zu erkennen und den Geist vom Ungeist zu unterscheiden. Aus diesen Früchten sollen hier im Anschluß an neutestamentliche Aussagen einige Kriterien abgeleitet werden, die diese Lehre geprägt haben.

1. „Keiner kann sagen: Jesus ist der Herr!, wenn er nicht aus dem Heiligen Geiste redet" (1 Kor 12,3). Der Geist wirkt dort, wo er zum Bekenntnis Jesu führt. Ein Rückzug auf unkontrollierbare Geisteserfahrungen, die sich nicht am historischen Befund festmachen lassen, die sich vom Wort trennen und über die konkrete, historische und institutionelle Vermittlung erhaben dünken, zeigen nicht den Geist Christi. Erfahrung allein kann nicht legitimieren, sie muß gebunden sein an die historische Einmaligkeit und Konkretion. Der Geist ist historisch konkret geworden, er hat sich an die Geschichte Jesu und an die Schrift gebunden.

2. Der Geist führt ein in die Wahrheit: Er „ist der Geist der Wahrheit" (Joh 14,17). Berufung auf den Geist legitimiert nicht die Dispensierung von der rationalen Argumentation. Der Geist ist bereit, Rechenschaft über den Glauben abzulegen. Es ist nicht angängig, sich auf nicht überprüfbare Erlebnisse zurückzuziehen, die anderen nicht vermittelt werden können. Weil es Wahrheit immer nur für alle gibt, darum ist sie aufweisbar. Geist legitimiert nicht Irrationalität.

3. Die Wahrheit, von der das Neue Testament berichtet, muß getan werden. „Wer die Wahrheit tut, kommt zum Licht" (Joh 3,21). Kriterium der Unterscheidung der Geister ist damit rechte Praxis. Orthopraxie erweist den Geistbesitz. Wer nichts tut und nur die Fehler jener kritisiert, die sich um neue Wege mühen, hat nicht den Geist.

4. Paulus nennt unter den Früchten des Geistes Liebe, Freude, Friede, Langmut, Freundlichkeit, Güte, Treue, Sanftmut und Selbstbeherrschung (vgl. Gal 5,22 f). Diese sind alle im sozialen Kontext angesiedelt. Der Geist ist auf Gemeinschaft hingeordnet. Im Korintherbrief (1 Kor 12,1-12) ermahnt Paulus eine von Spannungen erschütterte Gemeinde und stellt klar, daß das Pneuma Christi nicht nur den einzelnen bewegt, sondern daß es Grund und bewegendes Prinzip auch der Gemeinschaft ist. Darum muß jeder mit seinen speziellen Gaben dem Ganzen dienen. Die Gemeinde erscheint als Organismus, in dem die einzelnen Charismen sich gegenseitig stützen, beurteilen und korrigieren. Vielfalt der Gaben ist die Voraussetzung für die Einheit. Aber das einzelne Charisma muß beitragen zur *oikodomé*, zum Aufbau der Gemeinde, es muß den anderen Gliedern der Gemeinde dienen. Eine Gabe erweist sich als vom Heiligen Geist geschenkt, wenn der einzelne von seiner Abhängigkeit von allen anderen weiß und sich bemüht, alles Exklusive und Egoistische abzutun, und sich in den Dienst des Ganzen stellt.

5. „Wo der Geist des Herrn wirkt, da ist Freiheit" (2 Kor 3,17). Rechter Geist wird erkannt am Dienst für die Freiheit. Diese ist für Paulus Inbegriff des Christlichen. Wer sie unterdrückt, wem sie verdächtig ist, hat nicht den Geist Christi. Kirche ist Frucht *des* Geistes, der Freiheit schafft; eines ist ohne das andere un-

denkbar. Freiheit ist nicht ein Gut, das die Kirche gewähren oder verweigern kann, sie ist mit der Kirche wesentlich mitgegeben. Sollte die Kirche Freiheit untergraben wollen, sollte sie bevormunden und abhängig machen, dann hätte sie sich gegen ihr eigenes Wesen vergangen und wäre von dem Geist abgefallen, in dem sie gründet.

2.3 Die Verkündigung Jesu von Gottes Herrschaft und Reich[36]

Die Auferstehung Jesu bestätigt sein irdisches Tun und seine Verkündigung. Der Geist, der zur Kirche zusammenführt, ist der Geist Jesu. Damit wird von der Betrachtung von Auferstehung und Geistsendung zurückgewiesen auf den irdischen Jesus, dessen Wort und Werk auf Kirche tendieren.

Der Ansatz für Kirchengründung beim historischen Jesus ist seine Verkündigung von Gottes Herrschaft, die am Beginn seines öffentlichen Auftretens steht: „Die Zeit ist erfüllt, das Reich Gottes ist nahe. Kehret um und glaubt an das Evangelium!" (Mk 1,15). Die Verkündigung: „Nahegekommen ist die ‚basileia' Gottes" ist die „sachgerechte Zusammenfassung der Verkündigung Jesu"[37]. Jesus hat Menschen um sich gesammelt und in seine Nachfolge gerufen, die in der Begegnung mit ihm das Anbrechen von Gottes Herrschaft und die Zeichen ihrer verwandelnden Kraft erlebten. Aus ihrer Mitte erwuchs nach seinem Tod und seiner Auferstehung die erste christliche Gemeinde. Für sie gilt in einem positiven Sinn das bekannte Wort *Alfred Loisys:* „Jesus hatte das Reich angekündigt, und dafür ist die Kirche gekommen"[38]. Auch wenn die Kirche nicht das Reich Gottes ist und nicht mit ihm identifiziert werden darf, so ist sie doch notwendige und legitime Folge von Jesu Verkündigung und Wirken. „Der Herr Jesus machte den Anfang seiner Kirche, indem er frohe Botschaft verkündigte, die Ankunft nämlich des Reiches Gottes"[39]. Aber Jesus hat das Reich nicht nur angekündigt, sondern in ihm ist es bereits angebrochen, seine Gegenwart bleibt in der Kirche bestimmend. So ist die Botschaft von der Gottesherrschaft Grundlage, aber auch kritischer Maßstab für die Kirche, ihre Gestalt und ihre Praxis.

2.3.1 Alttestamentliche Grundlinien

Im Alten Testament ist Vorgänger des Reich-Gottes-Begriffs das Motiv vom *Königtum Jahwes.* Das älteste Zeugnis ist wohl der Bericht des Propheten Jesaja über seine Berufung: Der Prophet schaut Jahwe auf einem hohen Thron, umgeben von Seraphim, und bricht aus in den Ruf: „Weh mir, ich bin verloren. Denn

---

[36] Vgl. zum folgenden auch in diesem Band: Christologie.
[37] H. Merklein, Jesu Botschaft von der Gottesherrschaft, Stuttgart ³1989, 37.
[38] A. Loisy, Evangelium und Kirche (1902), deutsch: München 1904, 112 f; tzt D5/II.
[39] LG 5.

... meine Augen haben den König, den Herrn der Heere, gesehen" (Jes 6,5). Parallel dazu heißt es in den Psalmen: „Ihr Tore, hebt euch nach oben; hebt euch, ihr uralten Pforten; denn es kommt der König der Herrlichkeit. Wer ist der König der Herrlichkeit? Der Herr der Heerscharen, er ist der König der Herrlichkeit" (Ps 24,9 f).

Mit dem Aufkommen der davidischen Dynastie bekommt die Vorstellung von Jahwes Königtum neue Züge. Nun gilt es, das Verhältnis zwischen dem König Jahwe und dem irdischen König zu bestimmen, denn Israel kann nicht zwei Könige nebeneinander haben. Darum wird der irdische König als *Mandatar* des Königtums Jahwes verstanden. Jahwe legitimiert den jeweiligen König, der seine Macht mithin vom himmlischen König ableitet. Andererseits wird in manchen prophetischen Texten aus der Botschaft von der Königsherrschaft Gottes *eine fundamentale Kritik* an jeglichem irdischen Königtum, denn dieses könnte lediglich Gottes Herrschaft verdecken oder verunstalten. Der Glaube an Gottes Herrschaft nimmt hier grundsätzlich institutionenkritische Züge an. Nach der Königszeit bekommt die Vorstellung von der Herrschaft Gottes eine vorwiegend *endzeitliche Dimension*. In der Apokalyptik tritt der Begriff „Herrschaft Gottes" in den Hintergrund, auch in der Qumranliteratur wird der Terminus kaum verwendet. Anders steht es bei den Zeloten, einer politischen Widerstandsbewegung militanten Charakters etwa um die Zeit Jesu. Ihnen ging es im Kampf um die Herrschaft Gottes nicht nur um weltliche Ziele und politische Befreiung, ihr Eifer erschöpfte sich nicht im Streben nach politischer Selbständigkeit eines unterdrückten Volkes. Vielmehr sollte in allen militärischen und politischen Aktionen die Gottesherrschaft selbst verwirklicht werden, menschliches Engagement sollte die Gottesherrschaft errichten. Faktisch war das Ergebnis allerdings entgegengesetzt: Es führte zur Zerstörung der Hauptstadt Jerusalem und zur Auflösung der gesellschaftlichen und politischen Eigenständigkeit des Judentums.

2.3.2 Die Aufnahme des Begriffs im Neuen Testament

Wenn Jesus das Thema Gottesherrschaft in den Mittelpunkt seiner Verkündigung stellte, ließ er sich auf einen wegen der zelotischen Prägung höchst gefährlichen Begriff ein. Dabei faßte er die Botschaft vom Gottesreich inhaltlich in einer Weise, die sich im Judentum seiner Zeit so nicht fand. Zunächst ist festzuhalten, daß der Begriff „Reich Gottes" (basileia) im Zentrum seiner Botschaft stand. Er strukturierte und umschloß das Ganze seiner Verkündigung, er ist Inbegriff und Zusammenfassung aller Verheißungen und allen angesagten Heils. Wegen seiner nicht abschließbaren Inhaltsfülle bleibt der Begriff offen; er wird im Neuen Testament mit einer Vielzahl von Bildern umschrieben, ohne definiert zu werden.

2.3.2.1 Das Gottesreich als religiöse und universale Größe

Die Botschaft Jesu von der Basileia ist religiös, nicht national, politisch und militärisch; sie hat keine antirömische Tendenz. Feind des Gottesreiches ist nicht das römische Kaiserreich, sondern das Satansreich, die Großmacht des Bösen und der

Sünde. Das von Jesus angesagte Gottesreich überwindet zunächst nicht die irdische Not, sondern die Gottesferne, es führt zur Versöhnung mit Gott und zur Geschwisterlichkeit unter den Menschen. Darum ist dieses Reich nicht national, sondern universal (vgl. Mt 8,11 f; 11,21-24; 12,41; Lk 10,13; 11,31; 13,28 f). Jesus hat sich nie einem heiligen Rest angeschlossen. Er verkündete nicht das Reich der Wenigen, der Reinen oder eine Sondergemeinschaft, sondern er sprach die Gesamtheit Israels an. Alle, die glauben und umkehren, können in dieses Reich eingehen.

2.3.2.2 Das Gottesreich als freie Tat Gottes

Das Gottesreich ist Gottes Tat. Der Mensch kann darum beten (Mt 6,10), es suchen (Lk 12,31), sich darauf vorbereiten und sich bereithalten (Mt 24,44; 25,10.13), es aber nicht aus eigenen Kräften machen, verhindern oder aufhalten. Es kommt aus Gottes Kraft und Gnade (Lk 12,32). Die Plätze werden vom Vater zugewiesen (Mt 20,23), nicht nach menschlichen Wünschen und Rücksichten oder auch Verdiensten eingenommen. Die *Pharisäer* meinten, das Gottesreich durch entschlossene Gesetzestreue herbeizuzwingen; die *Zeloten* wollten es durch die Vertreibung der Römer aufbauen. *Jesus* spricht es den Armen zu, den Zöllnern, den Sündern, denen, die machtlos und verfolgt sind, die nichts zu leisten vermögen.[40] Man kann dieses Reich nur annehmen wie ein Kind (Mt 18,2-4). Die Anwärter darauf sind vor allem jene, die nichts aktiv beitragen können. Die Kleinen, die Unmündigen, die Schwachen, die Bettler, die Ausgestoßenen, also jene, die in der Gesellschaft nichts zu sagen haben, die auch religiös und moralisch nichts vorweisen können, sind die Erstbürger (Lk 18,10-14). Durch diese Umwertung wird die Predigt Jesu sekundär auch politisch relevant. Überkommene Schranken werden niedergerissen, Standesunterschiede überwunden. Darum ist das Gottesreich nicht nur ein schlechthin jenseitiges und der Welt enthobenes Reich, das mit den irdischen Gegebenheiten nichts zu tun hätte. Die Formulierung „Himmelreich" bei Matthäus ist aus der Umschreibung des Gottesnamens zu erklären. Sie besagt nicht, daß die Basileia den innerweltlichen Wirklichkeiten enthoben wäre und sich nur oder erst im Himmel realisieren würde.[41]

2.3.2.3 Das Reich Gottes als endzeitliches und als gegenwärtiges Gut

Ein für die Ekklesiologie entscheidender Aspekt der Botschaft Jesu vom Reich Gottes ist die Frage der zeitlichen Ankunft. Denn wenn Jesus den Anbruch des Reiches Gottes in unmittelbarer Zukunft erwartete, hat Kirche keinen Sinn, und es bleibt für sie kein Platz. Ohne Zwischenzeit zwischen Auferstehung Jesu und dem Eschaton gibt es keine Kirche. Die Rückbindung der Kirche an Jesus hängt damit auch an der Frage eines zeitlichen Rahmens, in dem Kirche eine Aufgabe und Sendung ausfüllen kann.

---

[40] Vgl. hierzu insbesondere die Antithesen der Bergpredigt.
[41] Vgl. hierzu vor allem die Gleichnisrede über das Himmelreich, Mt 13,1-53.

Die sogenannte *konsequente Eschatologie*[42] zum Beginn des zwanzigsten Jahrhunderts zeichnete Jesus und seine Verkündigung als geprägt von der Erwartung der unmittelbar bevorstehenden Ankunft der Basileia und des Zusammenbrechens der Welt und ihrer Ordnung. Zufolge dieser Vorstellung sendet Jesus seine Jünger zur hastigen Mission. Seine Ethik ist eine Interimsethik. Als seine Hoffnungen trügen, will er mit seinem Zug nach Jerusalem das göttliche Eingreifen erzwingen und kommt dabei um. Nach dieser Vorstellung ist Jesus erfüllt von den Visionen des Danielbuchs, wonach die Zeit drängt, die Katastrophe unmittelbar bevorsteht. An eine fortdauernde Kirche kann dieser Jesus nicht gedacht haben. Für sie bliebe keine Zeit.[43]

Im Gegensatz zu dieser These steht die *präsentische Eschatologie,* der zufolge die Gottesherrschaft in Jesus, in seinem Wort, seinen Werken und insbesondere in seiner Auferstehung bereits gegenwärtig ist. Nach *Rudolf Bultmann*[44] sind alle auf Zukunft bezogenen, apokalyptischen Aussagen Jesu, alle Weltgerichtsreden als mythologisch zu verstehen und müssen in der Interpretation von mythischen Zugaben befreit werden. Entmythologisierung im Sinne Bultmanns bedeutet dabei nicht Eliminierung, sondern rechte Form des Verstehens, nämlich als die literarische Darstellung der Dringlichkeit der jetzigen Entscheidung. Es wird im Neuen Testament nicht verkündet, was kommen wird, sondern was jetzt schon ist und wofür man sich heute entscheiden muß. Die Zukunftsaussagen sind der mythologische Rest des Weltbildes, innerhalb dessen Jesus lebte und das er mit seiner Umwelt teilte. Aber nicht dies ist seine Verkündigung, sondern das, was sich nicht aus dem jüdischen Kontext herleiten läßt. Im Hören auf das Wort, im Glauben an seine Botschaft ist das Reich Gottes hier und heute mitten unter den Menschen gegenwärtig. Wer glaubt, ist bereits gerettet, ist aus dem Tod zum Leben hinübergegangen; wer nicht glaubt, ist bereits gerichtet. Die Zukunft ist in dieser Interpretation keine historische, sondern eine existentielle Größe.

Weder eine nur präsentische noch eine nur futurische Interpretation der Eschatologie kann dem neutestamentlichen Befund gerecht werden. Beide Aussagestränge sind aus der Vorstellung und Denkwelt Jesu nicht wegzudenken: seine Eschatologie war bipolar. Das Reich Gottes ist *bereits gegenwärtig,* gegenwärtig in seinem Wort und seinem Tun, seinen Wundern. Es ist aber *auch eine zukünftige Größe,* eine Wirklichkeit, die von Gott her erwartet und erhofft wird und die bald kommen wird. Das Reich Gottes ist nach biblischer Aussage schon angebrochen, insbesondere in der Auferstehung Jesu, aber gleichzeitig ist es auch noch ausständig. Jesus selbst hat wohl mit einer, wie lange auch immer dauernden, Zeitspanne zwischen seinem Tod und dieser Erfüllung gerechnet. Aber die Mitte der Zeit, ihre Achse, die den gesamten Verlauf der Geschichte zusammenschließt und ihr einen Sinn gibt, ist nicht mehr ausständig, sondern sie ist in der Auferstehung Jesu bereits geschichtliche Wirklichkeit geworden. Die Vollendung ist darum

---

[42] J. Weiß, Die Predigt Jesu vom Reiche Gottes, Göttingen 1892; A. Schweitzer, Geschichte der Leben-Jesu-Forschung (1906 unter dem Titel: Von Reimarus zu Wrede), Tübingen ⁶1951, Taschenbuchausgabe München – Hamburg 1966.
[43] In diese Richtung scheinen zu deuten: Mk 9,1; 13,30; Mt 10,23.
[44] Hierzu R. Bultmann, Geschichte und Eschatologie, Tübingen ²1964.

nichts anderes als das, was in der Vergangenheit bereits Ereignis geworden ist: Die Zukunft ist die Zukunft der Auferstehung.[45]

Die Zeit zwischen der Auferstehung und dem Eschaton ist geprägt vom „Schon" und gleichzeitigen „Noch-Nicht". Aber das alles entscheidende Ereignis, die Mitte der Zeit, die Zeitenwende liegt in der Vergangenheit.[46] Die Entscheidung für das Reich Gottes ist bereits gefallen: Es ist schon präsent, und dieses „Schon" ist ungleich gewichtiger als das „Noch-Nicht". Aus diesem Wissen um die Vergangenheit und ihre eschatologische Bedeutung eröffnet sich erneut der Blick in die Zukunft: nun aber nicht mehr in der Ungesichertheit, ob am Ende das Heil oder die Katastrophe stehen wird, sondern in der Zuversicht, daß die in der Vergangenheit durchgeschlagene Macht und Kraft des Reiches Gottes ihre Dynamik für die Welt als ganze entfaltet. Die Zukunft ist die Zukunft dessen, was in der Vergangenheit schon geschehen ist, und was sich für die Wirklichkeit als ganze auszeitigen wird. In dieser Situation des Schon und Noch-Nicht, des bereits erfolgten, aber noch nicht universal wirksamen Heils muß die Botschaft Jesu weitergetragen und verkündigt werden. Sie muß Strukturen annehmen, die ihm entsprechen und die es möglich machen, daß die eschatologische Vergangenheit Gegenwart bleibt und sich auf die kommende Erfüllung ausstreckt. Im Rahmen dieses *Schon* und *Noch-Nicht* steht die Kirche.

2.3.3 Metamorphosen der Gottesreichshoffnung[47]

Die Erwartung des Reiches Gottes erwies sich auch über die Verkündigung des historischen Jesus hinaus als eine der wichtigsten Gestaltungskräfte der Gesellschaft. Dabei konnte diese Hoffnung nicht unverändert bleiben, nachdem sich die ursprüngliche Erwartung des nahe bevorstehenden Anbruchs des Reiches Gottes so nicht erfüllte. In einer fortdauernden Geschichte bedurfte sie einer Neugestaltung. Diese bezog sich nicht nur auf die zeitliche Erstreckung des Zustandes zwischen dem „Schon" und dem „Noch-Nicht", sondern auch auf die Erfahrung, daß die Botschaft Jesu, die sich auf das Ganze gerichtet hatte, nur von einer kleinen Herde angenommen und weitergetragen wurde. Die Botschaft von der Basileia mußte mit der Tatsache der Partikularität ausgesöhnt werden, denn es waren faktisch nur wenige, die sich Jesus anschlossen und an ihn glaubten. Die Gottesreichshoffnung bedurfte grundlegender Metamorphosen. Das Hoffnungspotential, das sich in ihr festgemacht hatte, mußte neue Formen annehmen.

2.3.3.1 Apokalyptische Strömungen

Schon unmittelbar nach dem Tod des historischen Jesus trat eine Umgestaltung seiner Botschaft vom Reich Gottes ein, indem er als der auferstandene Herr zum

---

[45] Vgl. hierzu O. Cullmann, Christus und die Zeit, Zürich ³1962.
[46] Der Kalender illustriert diese Tatsache, daß Jesus der Christus die Zeitenwende darstellt, dadurch daß die Jahre auf ihn hin und von ihm ausgehend gezählt werden.
[47] Zum ganzen Abschnitt vgl. E. Gilson, Die Metamorphosen des Gottesreiches, München u. a. 1959. Daneben war für die Ausarbeitung wichtig: W. Nigg, Das ewige Reich. Geschichte einer Hoffnung, Zürich ²1954.

Mittelpunkt der Verkündigung wird und die Vorstellung vom Gottesreich deutlich in den Hintergrund tritt. Aus dem verkündigenden Jesus wird der verkündigte Christus: sein Tod und seine Auferstehung werden strukturbildend. Von der Christologie aus bestimmt sich nun die Gottesherrschaft, die Botschaft von der Basileia nimmt individuelle Züge des gekreuzigten und auferstandenen Herrn an.

Gegenüber der Verkündigung Jesu mußte dabei der Universalitätsanspruch modifiziert werden. Der Gedanke der Zwischenzeit machte es möglich zu denken, daß die Botschaft zwar für alle gilt, aber noch nicht von allen gehört und angenommen wird. Die an sie glauben, tun es stellvertretend für alle. Die apokalyptische Form blieb zunächst beibehalten. Die überwiegende Zahl der frühchristlichen Schriftsteller ist geprägt von dem Gedanken: „Die letzten Zeiten sind da"[48]. Das Gebet um die Ankunft des Herrn steht neben der Bitte um die Verlängerung der Bußfrist, damit noch mehr Menschen die Möglichkeit finden, sich vor dem alles entscheidenden Tag des Herrn zu bekehren. Auf sein Kommen hin wurde Mission betrieben, denn wer bis dahin nicht glaubt und umkehrt, hat keine Heilschance. Apokalyptik ist also kein passives Warten auf etwas, das aussteht, es ist vielmehr ein höchst dynamisches Tun, eine Hoffnung, die den Menschen in die Aktion aufnimmt und seine Eigenverantwortung freisetzt. Chiliastische Konzeptionen kennen im Anschluß an Offb 20,1-6 ein tausendjähriges Zwischenreich, das der Mensch prägen muß, bevor der endgültige Sieg im großen Gericht stattfindet. Die klassische Antwort auf die ausbleibende Parusie formulierte der zweite Petrusbrief: „Das eine aber, liebe Brüder, dürft ihr nicht übersehen: daß beim Herrn ein Tag wie tausend Jahre und tausend Jahre wie ein Tag sind. Der Herr zögert nicht mit der Erfüllung der Verheißung, wie einige meinen, die von Verzögerung reden; er ist nur geduldig mit euch, weil er nicht will, daß jemand zugrunde geht, sondern daß alle sich bekehren" (2 Petr 3,8 f). Diese Erklärung wurde von vielen frühchristlichen Schriftstellern aufgegriffen: Es sollen noch weitere neue Bürger für das Reich Gottes hinzugewonnen werden. Damit wurde die apokalyptische Stimmung zurückgedrängt; die Christenheit hat sich dadurch eines ihrer wichtigsten dynamischen Elemente entledigt. Die Zukunft wurde weniger zum Problem, die Gegenwart und die Entscheidung im Augenblick erschienen als die zentralen Aufgaben. Mit der Zukunft wurde auch die Hoffnung mehr und mehr an den Rand gedrängt. Der Christ ist nun vor allem der Glaubende, nicht mehr der Hoffende. Wenn auch die Erwartung des Reiches eher in den Hintergrund trat, finden sich doch immer wieder Punkte, an denen diese Hoffnung erneut aufflackerte und neue Dynamik aus sich entließ: die mittelalterlichen Armutsbewegungen im Gefolge eines Joachim von Fiore mit ihrer Erwartung der kommenden Geistkirche ebenso wie die Schwärmer in der Reformationszeit, wo Apokalyptik zur Revolution und zum Umsturz auf gesellschaftlich-politischer Ebene wurde.

2.3.3.2 Die politische Deutung des Gottesreiches

Die Hoffnung auf das bald hereinbrechende Reich hat unmittelbare politische Konsequenzen, insbesondere dort, wo das Reich mit einer konkreten politischen

---

[48] Ignatius von Antiochien, Eph. 11,1. Noch bei Cyprian von Karthago überwiegt die Vorfreude auf den nahen Tag des Herrn die Angst vor diesem schrecklichen Tag.

Ordnung und Macht identifiziert wird. Für *Eusebius von Caesarea* ist der Glaube an den einen Gott an die römische Monarchie geknüpft, das Friedensreich des Konstantin die Realisierung des Reiches Gottes, das seine irdisch-vorläufige Repräsentation in der vom Kaiser auf Erden regierten Christenheit findet. *Karl der Große* versteht sich als neuer David, der „die Zügel königlicher Herrschaft" übernommen hat. Innerhalb seines Reiches hat der Papst die Aufgabe, wie weiland Mose die Arme zum Gebet zu erheben, für die Regierung der Christenheit sorgt der König. Er führt später die Kreuzzüge und setzt die Bischöfe ein. Das Reich Gottes erscheint als politisches Gebilde. In der Reformationszeit begegnet bei *Zwingli* und *Calvin* die Auffassung von einer theokratischen Gesellschaft, deren Rechtsordnung so gestaltet werden muß, daß die Herrschaft Gottes in die Praxis umgesetzt wird.[49] Von diesen Gedanken geprägt, fühlten sich die *Puritaner* in England als Vorläufer des Gottesreiches. Über die Pilgerväter wurde dieser Gedanke in Nordamerika heimisch.[50]

Neben die Identifizierungen des Reiches Gottes mit einem bestimmten Staat treten Vorstellungen, die einen *idealen Staat* als Reich Gottes propagierten, der im Kontrast steht zu den realen Gegebenheiten in Gesellschaft und Politik, etwa *Roger Bacon* und seine *res publica fidelium*, *Campanella* mit seinem *Sonnenstaat* und *Thomas Morus* mit seiner *Utopia*. Das Reich Gottes erscheint hier als Kontrast zur bestehenden Herrschaft oder als Zielvorstellung, es wird als Ordnungsgestalt der Welt begriffen und in primär staatlich-gesellschaftlichen Kategorien umschrieben.

2.3.3.3 Die universalistische Deutung

In der Verkündigung Jesu meint *Reich Gottes* die Wirklichkeit als ganze unter der Herrschaft Gottes. Partikularistische Vorstellungen sind damit nicht vereinbar. Diese universalistische Deutung wurde insbesondere in der Philosophie aufgegriffen. *Kant* versteht unter „Reich Gottes" das Reich der sittlichen Vernunftwesen, eine „allgemeine Republik nach Tugendgesetzen"[51], zu der alle gehören, die nach den universalen Wertvorstellungen leben, und die das in Christus manifeste Ideal der sittlich vollkommenen Menschheit repräsentiert. Jede Exklusivität einer Kirche ist hier ausgeschlossen, im Übergang vom partikulären Kirchenglauben zur universalen Herrschaft des reinen und universalen Religionsglaubens vollzieht sich die Annäherung an das Reich Gottes. Auf dem Weg von der Kirche zum universalen Religionsglauben realisiert sich das Reich Gottes.

Für *Lessing* ist das Reich Gottes das Ziel der Erziehung des Menschengeschlechts. Die biblische Offenbarung stellt hier ein pädagogisches Mittel dar, das durch die Vernunft abgelöst werden muß. Im theologischen Bereich hat *Friedrich*

---

[49] Geschichte und Erfahrungen der Gegenwart beweisen gleichermaßen, daß derartige politische Vorstellungen des Gottesreiches zum Fundamentalismus tendieren und dazu neigen, unveräußerliche Rechte des einzelnen zugunsten einer religiös begründeten gesellschaftlichen Ordnung preiszugeben.

[50] Die „Social-Gospel-Bewegung" blieb ebenso in dieser Tradition wie der „religiöse Sozialismus" in Europa.

[51] Vgl. hierzu E. Gilson, Die Metamorphosen des Gottesreiches, 222 – 240.

Schleiermacher in der Menschwerdung Christi die Naturwerdung des Reiches Gottes gesehen. Diese ist Ausgangspunkt einer Entwicklung, die dann die Menschheit als ganze erfaßt. Die Entwicklung soll hinführen zu einer Lebensgemeinschaft der Menschheit als ganzer mit Christus, die als ganze so lebt, wie Christus lebte. So wie Jesus immer das Ganze im Blick hatte und nie eine Sondergemeinschaft gegründet hat, so wird hier Reich Gottes mit der Menschheit zusammengesehen. Die Idee des Reiches Gottes ist die Geschichte der Menschheit auf Grund dessen, was von Jesus gestiftet wurde. Mit ihm beginnt eine höhere Entwicklung im Gesamtleben der Menschheit.

Dieser Gedanke wurde innertheologisch von *Richard Rothe*[52] zu seiner letzten Konsequenz geführt. Kirche erscheint hier als vorübergehender Notbehelf, als Durchgangsstufe zur vollkommenen religiösen und sittlichen Gemeinschaft und zum christlichen Staat. Die Verwirklichung des Reiches Gottes geschieht in der Aussiedlung des christlichen Lebens aus der Kirche hinein in den Staat, Entkirchlichung ist darum Vollendung des Gottesreiches durch Verchristlichung der Kulturmenschheit. Christus muß von seiner Kirche befreit werden, damit das Reich Gottes wird, das nur in universalen Dimensionen möglich ist und jeder Partikularität widerspricht.

2.3.3.4 Das individualistische Verständnis

Bereits in den ersten christlichen Jahrhunderten findet sich das Verständnis, Reich Gottes sei eine innerliche, ausschließlich personale Größe. In Anlehnung an Lk 17,20 f („Das Reich Gottes ist mitten unter euch") sehen *Clemens von Alexandrien* und *Origenes* Reich Gottes als Ziel individueller Vervollkommnung, als Fülle der Weisheit und Gerechtigkeit, als das himmlische Jerusalem in der Seele. Die biblischen Bilder vom Reich Gottes werden als innerliche Seelenzustände, als Gnadenerfahrungen interpretiert. Die *Mystik* hat diesen Gedanken weitergeführt und ihn auch im Westen heimisch werden lassen. Hier erscheint Reich Gottes auch als ethischer Anspruch an den einzelnen. Die Individualisierung der Reich-Gottes-Botschaft hat einen Höhepunkt gefunden im bürgerlichen Lebensideal der evangelischen Theologie im 19. Jahrhundert. Nach *Albert Ritschl* ist Reich Gottes die durch Jesus Christus gegründete sittliche Gemeinschaft, in der die Menschen, in Liebe miteinander verbunden, durch Berufsarbeit die Welt gestalten und sich in der Tugend weiterbilden. Im Zentrum steht die Berufsethik, die Pflicht, deren Erfüllung Reich Gottes heraufführt. *Adolf von Harnack*[53] versteht in dieser Tradition das Wesen des Christentums als den unendlichen Wert der Menschenseele und die Botschaft vom liebenden Vatergott. Alles andere, insbesondere die Glaubenslehre, das Dogma, der Kult und die institutionell verfaßte Kirche sind dagegen Abfall von der Botschaft Jesu. Weit über den religiösen Bereich hinaus hat diese Hoffnung ihren Niederschlag gefunden: Der einzelne muß ein pflichtbewußtes, rechtes Leben führen, darin geschieht die Annäherung an das Reich Gottes. Während in der Hoffnung auf bessere soziale Strukturen der Anschluß an

---

[52] tzt D5/II.
[53] Klassisch formuliert in Harnacks Vorlesungen über „Das Wesen des Christentums" im Wintersemester 1899/1900 (Leipzig 1900, Taschenbuchausgabe München – Hamburg 1964).

die traditionellen Reich-Gottes-Vorstellungen noch deutlich greifbar ist, hat sich das individualistische Verständnis dieses Ursprungs weithin entledigt.

2.3.3.5 Die kirchliche Deutung des Gottesreiches

Eine weitere Metamorphose erfuhr die Botschaft vom Gottesreich in der Kirche. In der fortdauernden Geschichte wurden schon in neutestamentlicher Zeit Gestaltungsformen und Strukturen gefunden, die es möglich machten, die Verkündigung Jesu gegenwärtig zu halten und die Kraft von Auferstehung und Geistsendung den Menschen zu vermitteln. In der Zwischenzeit, die bereits in der Verkündigung Jesu grundgelegt war, mußte die Verkündigung Jesu lebendig bleiben und ihr Hoffnungspotential den Menschen zugänglich gemacht werden. Die Formen der Zwischenzeit wurden nicht allein als organisatorische Notwendigkeiten verstanden, sondern als Ausgestaltungen, in denen die Botschaft Jesu und seine Verheißung bleibend in der Welt anwesend sein können. Nicht aus enttäuschter Naherwartung, sondern aus der vom Wirken Jesu und seiner durch Auferstehung und Geistsendung eröffneten Präsenz in der fortdauernden Geschichte her wurde Kirche. Diese ist nicht das Reich Gottes, aber sie ist die notwendige Konsequenz der Botschaft Jesu. In dieser Zwischenzeit ist es nur eine Minderheit, die an das Reich Gottes in Christus glaubt und aus dessen Kraft lebt. Gerade der Universalismus der Basileia ist nicht erfüllt. Dennoch steht die Kirche in einer positiven Zuordnung zum Reich Gottes, hält dessen Verkündigung und die in ihm umrissene Hoffnung präsent. Dies war *Loisys* Aussage, mit der er nicht eine Entgegensetzung beider oder gar eine hämische Abwertung der Kirche vertrat, sondern deren Grundlegung in der Reich-Gottes-Botschaft und ihrer bleibenden Bedeutung.[54]

Mit der fortdauernden Geschichte und dem Erstarken der Kirche wird die Zuordnung von Reich Gottes und Kirche immer enger. Bei *Augustin* werden beide Größen identifiziert: „Die Kirche ist das Reich Christi und das Himmelreich"[55], aus der Zukunftserwartung wird in kühnem Griff eine Aussage über die Gegenwart. Allerdings ist die kämpfende Kirche Gestalt der *civitas dei peregrinans,* des noch pilgernden Gottesvolkes. Sie steht im sechsten der sieben Zeitalter, also noch nicht in der Erfüllung, sie ist *civitas dei in der Zwischenzeit*. Darum ist die sichtbare Kirche nicht deckungsgleich mit dem eschatologischen Reich Gottes.

Der Gedanke aber, einmal gefaßt, entfaltete seine weitere Dynamik und führte dann auch zu einer Identifizierung der Kirche als Institution mit dem Reich Gottes.[56] Bis in die Gegenwart nährt die Identifizierung von Kirche und Gottesreich einen kirchlichen Triumphalismus. Dieser kann in weltkirchlicher Gestalt auftreten, wenn die Universalkirche oder Rom mit der Basileia verwechselt werden, er kann aber auch gemeindekirchliche Form annehmen, wenn sich bestimmte Gemeinden, Gruppierungen oder Bewegungen mit dem Reich Gottes identifi-

---

[54] Dennoch wurde Loisy, entgegen seiner Intention, im Sinne einer Entgegensetzung von Reich Gottes und Kirche interpretiert und darum kirchenamtlich verurteilt.
[55] tzt D5/I, Nr. 60. Doch ist bei Augustin die Kirche nicht einfach mit ihrer sichtbaren Gestalt identisch: tzt D5/I, Nr. 58.
[56] Vgl. hierzu Bonifaz VIII. in seiner Bulle „Unam sanctam" (DH 870 – 875).

zieren, biblische Mahnungen, dem Reich Gottes zu dienen, auf ihre Angehörigen anwenden, und wegen ihrer unmittelbaren und kaum begrenzbaren Ansprüche an ihre Mitglieder besonders bedrückend und belastend wirken.

Auch wenn Kirche nicht mit dem Reich Gottes verwechselt werden darf, ist sie legitime und notwendige Konsequenz der Reich-Gottes-Botschaft in der fortdauernden, von Auferstehung und Geistsendung geprägten Geschichte. Weil der Gekreuzigte auferweckt wurde und in der Kraft des Geistes in Welt und Geschichte gegenwärtig bleibt, ist seine Botschaft vom Reich Gottes auch weiterhin relevant. Dieses Gottesreich hat bereits in der Verkündigung Jesu Sozialgestalt, es ist bei ihm eine soziale Größe und läßt sich nicht auf das Verhältnis des einzelnen zu seinem Gott reduzieren. Jesu Taten und Worte, die auf eine Sozialstruktur verweisen, sind darum kirchenstiftend. Sie sind die Ansatzpunkte, aus denen aus der Verkündigung Jesu im Licht von Ostern und Pfingsten Kirche erwuchs.

2.3.3.6 Thesen zum Verhältnis von Reich Gottes und Kirche[57]

1. Die Kirche ist nicht das Reich Gottes

Die Reich-Gottes-Botschaft ist unlösbar mit dem historischen Jesus verbunden, sie ist die Zusammenfassung seiner Heilsverkündigung. Nach Ostern und Pfingsten, wegen der Fortdauer der Geschichte und eines nur partiellen Glaubens an Christus als den *Kyrios,* war eine tiefgreifende Umgestaltung dieser Botschaft unvermeidlich. Dieser Prozeß veränderte das Verständnis vom Reich Gottes in verschiedener Weise; keine dieser Umgestaltungen ist einfachhin das Reich Gottes, das Jesus verkündet hat, auch nicht die Kirche.

2. Die Kirche gründet in der Botschaft vom Reich Gottes

Die Kirche hat ihren Ursprung in der Botschaft vom Reich Gottes, und dieses ist, wenn auch verborgen und gebrochen, in ihr bereits wirksam. In der Kirche und durch sie, in der Verkündigung des Evangeliums, dem Vollzug der Sakramente und der Diakonie, wird Gottes Herrschaft anfanghaft gegenwärtig, weil in Jesu Wort und Tat das Gottesreich nicht nur angesagt, sondern bereits Wirklichkeit geworden ist. In allem, wovon und wofür Kirche lebt, ist sie wirksames Zeichen für Gottes Herrschaft und Reich in der Welt und in der Geschichte, ohne mit diesem identisch zu sein. Weil in der Kirche das Reich Gottes schon anbricht, muß sie sich an der Erfüllung der Forderungen messen lassen, die die Botschaft von der Gottesherrschaft stellt.

3. Die Kirche hat kein Monopol auf das Reich Gottes

Gottes Herrschaft und Reich ist in der Welt als ganzer wirksam, die Gottesreichspredigt richtet sich an die Wirklichkeit und die Menschheit als ganze, nicht allein an die Kirche. Wo Menschen dem Bösen wehren, in Engagement für Freiheit

---

[57] Die Thesen sind formuliert im Anschluß an H. Fries, Fundamentaltheologie, Graz – Wien – Köln ²1985, 363.

und Frieden leben, wo sie selbstlose Taten der Nächstenliebe vollziehen, dort wird Reich Gottes verwirklicht, auch außerhalb ihrer Grenzen. Wo derartiges geschieht, ist der Geist Christi lebendig, ob der Betreffende dies weiß und intendiert oder nicht. Es gibt im Neuen Testament nicht nur die Aussage: „Wer nicht *für* mich ist, der ist *gegen* mich" (Mt 12,30), sondern auch die Formulierungen: „Wer nicht *gegen* euch ist, der ist *für* euch" (Lk 9,50; vgl. Mk 9,40).

4. Die Kirche ist nicht um ihrer selbst willen

Kirche existiert nicht um ihrer selbst, sondern um der Menschheit willen. Sie ist nur rechte Kirche, wenn sie in *Proexistenz* lebt; sie hat der Menschheit zu dienen, nicht sich selbst zu pflegen und zu kultivieren. Ihr Streben verfolgt kein Partikularinteresse, sondern ist für das Ganze da. Das bedeutet, daß kirchliche Formen nicht für sakrosankt erklärt und heiliggesprochen werden dürfen, so als sei jede Änderung ein Frevel. Die Kirche ist nicht „ein Haus voll Glorie", nicht das himmlische Jerusalem der Endzeit. Hier sind manche Formen der Volksfrömmigkeit, manche Kirchenlieder und manchmal auch die Verehrung kirchlicher Würdenträger mißverständlich und irreleitend.

5. Kirche ist die „Ecclesia semper reformanda"

Kirche steht in der Spannung von „Schon" und „Noch-Nicht", sie ist auf dem Weg, sie ist, wie es das Zweite Vatikanische Konzil formulierte, pilgerndes Gottesvolk. Darum muß sie sich erneuern, denn sie ist endlich, menschlich, trotz ihrer Heiligkeit angesiedelt im Kontext von Versagen und Schuld. Sie bedarf der Reform, und nur ihre Feinde können wollen, daß sie so bleibt, wie sie ist. Reform ist Wesenselement von Kirche, nicht allein der reformatorischen Kirchen. „Sie ist zugleich heilig und stets der Reinigung bedürftig, sie geht immerfort den Weg der Buße und Erneuerung"[58].

6. Die Kirche ist nicht das Reich Gottes, das wir bauen

Gottes Reich ist Gabe, die nicht durch menschlichen Aktivismus ersetzt werden kann. Empfangen kommt vor dem Tun, Beschenktwerden vor der Aktion. Doch das Empfangen entläßt Aktivität aus sich. Der Glaube, daß Gottes Gabe sich durchsetzen wird, daß das Reich Gottes nicht vom menschlichen Erfolg abhängig ist, macht den Glaubenden frei, das zu tun, was ihm möglich ist, er kann auch dann etwas vollbringen, wenn er nicht das Ganze und Vollkommene zu schaffen vermag. Das vorgängige Empfangen befreit von einem lähmenden Perfektionismus; es erlaubt, das Mögliche zu tun, ohne wegen der Grenzen zu resignieren.

7. Kirche muß die Reich-Gottes-Botschaft verwirklichen

Wenn die Kirche auch nicht das Reich Gottes ist und dieses nicht bauen kann, so ist sie doch Zeichen der schon anbrechenden Gottesherrschaft. Dabei ist das

---

[58] LG 8. Zu konkreten Formen der Kritik an der Kirche und der Kirchenreform vgl. V. Conzemius, Die Kritik der Kirche: HFTh Bd. III, 30-48.

„Schon" gewichtiger als das „Noch-Nicht", die Kirche entstand aus dem „Schon". Es ist darum keineswegs nur Selbstbespiegelung, wenn die Kirche überprüft, ob ihre Strukturen und Lebensformen mit dem übereinstimmen, was Reich Gottes anzielt, ob sie diesem Ziel dienen oder es verdecken. Es ist kein Triumphalismus, wenn die Kirche versucht, die Botschaft vom Reich Gottes in ihren eigenen Reihen zum Gestaltungsprinzip des Zusammenlebens werden zu lassen.[59] Dies unterwirft das Gottesreich nicht einem hybriden menschlichen Verfügen, sondern es folgt aus dem Glauben, daß in Christus die Gottesherrschaft schon Wirklichkeit geworden ist, und daß dieses „Schon" mehr Gewicht hat als das „Noch-Nicht". Der Forderung „Wir wollen hier auf Erden schon das Himmelreich errichten"[60] ist zu widersprechen, wenn dabei das Reich Gottes in menschliche Realisierungsmöglichkeit übergehen soll, nicht aber im Sinn der Verpflichtung, beizutragen, daß in der Kirche und durch sie die Reich-Gottes-Hoffnung realisiert wird. Dies entspricht der heilsgeschichtlichen Situation der Kirche, in der die Zeitenwende bereits in der Vergangenheit liegt. Wer nichts tut, verstößt gegen den *kairos* und verliert das Recht, diejenigen zu kritisieren, die etwas tun und dann auch Fehler machen.

2.4 „Kirchenstiftende" Akte Jesu

Im öffentlichen Wirken Jesu finden sich Momente mit sozialbildender Kraft. Sie haben dazu geführt, daß in der weitergehenden Geschichte aus der Reich-Gottes-Botschaft Kirche entstehen konnte und mußte. Der Bezug ist dabei vorwiegend retrospektiv: In einer durch Jesu Tod, seine Auferstehung und die Geistsendung grundlegend veränderten Situation wird gefragt, was Jesus der Christus jetzt von denen will, die an ihn glauben. Diese Thematik ist eine andere, als sie zur Zeit des historischen Jesus gegeben war. Dennoch gibt es konkrete Anhaltspunkte beim historischen Jesus, die nun bedeutsam wurden und zur Kirchenbildung führten und diese legitimierten.[61]

2.4.1 Jesus der Messias

Jesus hat sich offensichtlich nicht selbst als Messias bezeichnet. Er wollte vermeiden, daß die politischen Implikationen dieses Titels seine Sendung verdunkeln.

---

[59] In der Zeichenhaftigkeit für das schon angebrochene Reich Gottes erkennt H. J. Pottmeyer das Kriterium für die wahre Kirche. Die notae ecclesiae erweisen sich damit als Wesensmerkmale von Kirche, nicht als Unterscheidungskriterium für Konfessionen (Die Frage nach der wahren Kirche: HFTh Bd. III 212-241).

[60] So H. Heine: Deutschland – ein Wintermärchen, Cap. I.

[61] Zum gesamten Abschnitt siehe auch H. Fries, Fundamentaltheologie, 375 ff.

Dennoch hat er nach der Darstellung der Evangelien den Messias-Titel, als andere ihn damit bezeichneten, nicht zurückgewiesen, selbst wenn er Einschränkungen machte. Nach Ostern wird die Sendung Jesu durch den Messias-Titel umschrieben, der im griechischen Raum zum Bekenntnis wird: „Jesus ist der Christus".[62] Der Messias ist aber keine Privatperson. Zu ihm gehört die messianische Gemeinde, das heilige Volk, das er rettet und befreit. Er wendet sich an ganz Israel, an das Volk als ganzes, die Idee vom „heiligen Rest" griff er nicht auf.[63] Seine Adressaten sind „die verlorenen Schafe des Hauses Israel" (Mt 10,6), es sind die Sünder, nicht die Gerechten (Mk 2,17; Lk 15). Mit dem Bekenntnis „Jesus ist der Christus" oder verkürzt „Jesus Christus" verbindet sich der Gedanke an ein Volk, an messianische Gemeinde. Wenn Jesus als der Christus anerkannt wird, erweisen sich seine Taten als auf ein Volk hingerichtet.

2.4.2 Die Berufung der Jünger

Einen Hinweis auf den sozialen Kontext der Botschaft Jesu geben die Darstellungen der Jüngerberufungen.[64] Der Eintritt in die Jüngergemeinschaft erfolgt nicht durch das spontane Wollen des Eintretenden, sondern als Antwort auf den Ruf Jesu. Er rief die zu sich, die er selbst wollte (Mk 3,13). Damit wird ein Unterschied deutlich zur griechischen Philosophenschule und weithin auch noch zu den Rabbinenschulen zur Zeit Jesu. Dort haben sich jeweils die Schüler ihren Lehrer gesucht und sind so lange bei ihm geblieben, als sie etwas von ihm lernen konnten, um dann selbst Meister zu werden und Jünger um sich zu sammeln. Jesus dagegen ruft nicht in eine Schule, sondern er ruft zur Bindung und zum Anschluß an seine Person, es geht nicht um eine Lehre und um Fertigkeiten, sondern um ihn selbst. Diese Bindung ist ausschließlich, der Entscheid zur Nachfolge endgültig. Der Jünger bleibt Jünger und Lernender, selbst wenn er lehren sollte. Er hat nie „ausstudiert". Nachfolge bedeutet dabei nicht mechanische Nachahmung und Kopie, sondern den Eintritt in die Existenz und in die Lebensbedingung dessen, der zur Nachfolge ruft. Die Jünger als diejenigen, die Jesus nachfolgen, bilden „Kirche in nuce".

2.4.3 Die Bestellung der Zwölf

Aus dem Kreis der Jünger wählt Jesus die Zwölf als die Repräsentanten des Zwölf-Stämme-Volkes Israel und des endzeitlichen Israel. Jesus wußte sich an das Volk Israel gesandt. Er verstand seinen Auftrag darin, dieses zur Umkehr zu rufen. Dabei sollte das Heil über Israel hinausgehen, der Gedanke der Stellvertretung Israels für die (Heiden-)Völker war durchaus geläufig: Die Gruppe der Siebzig

---

[62] „Christus" ist die Übersetzung von „Messias".
[63] Vgl. hierzu insbesondere bei den Propheten z. B. Jes 4,3; 10,20-22; Jer 23,3; 31,7.
[64] In der neutestamentlichen Darstellung entsprechen sich Mk 1,16-20 und Mt 4, 18-22, während Lk 5,1-11 die Berufung in einen Wunderbericht (reicher Fischfang) einkleidet.

oder Zweiundsiebzig (Lk 10,1-20) repräsentiert die Zahl der (nichtjüdischen) Völker der Welt (Gen 10; Ex 1,5; Dtn 32,8). Durch die Zwölf und die Siebzig wird der Anspruch erhoben, „daß das endzeitliche Israel alle Völker der Erde umfassen soll"[65]. Die Bestellung der Zwölf entspricht der Situation der ersten Stunde, als Jesus sich selbst an Israel wandte und noch die Boten von Jesu Auferstehung, einschließlich Paulus, immer zuerst in den Synagogen predigten. In dem Maß aber, in dem die Botschaft von Jesu Leben, Sterben und Auferstehen über Israel hinausgeht und sich an alle Welt wendet, wird die Institution der Zwölf abgelöst durch jene der Apostel.

2.4.4 Die Berufung der Apostel

Nach Ostern treten an die Stelle der Zwölf die Apostel. Grundlegend für ihren Dienst ist, daß sie von Anfang an bei Jesus waren (vgl. Apg 1,21), und darüber hinaus die Zeugenschaft der Auferstehung. Die Apostel sind Augen- und Ohrenzeugen der Erscheinungen des Auferstandenen. Diese Augenzeugenschaft wird zum ersten und wichtigsten Moment im Apostelbegriff. Dazu kommt die Sendung durch den Auferstandenen, in der die Berichte über die Erscheinungen jeweils gipfeln. Dabei kann gegebenenfalls die Sendung die Augenzeugenschaft ersetzen, etwa wenn Paulus sich als Apostel Jesu Christi weiß, ohne den irdischen Jesus gekannt zu haben. In der Rückführung des Apostolats auf Jesus liegt ein Anstoß, der in der fortlaufenden Geschichte zur Kirchenbildung beitrug.

Im Neuen Testament wird der Apostelbegriff in verschiedener Weise verwendet.[66] Bei Johannes sind das Apostelkollegium und die Zwölf unterschiedliche Gruppen, bei Markus und Matthäus kommt der Apostelbegriff kaum vor, er steht also nicht im Zentrum der von ihnen angesprochenen Gemeinden. Lukas bezeichnet die Zwölf als die Apostel, während Paulus den Apostelbegriff wesentlich weiter ausdehnt und auch andere Gemeindemitglieder so bezeichnet, etwa Jakobus, Andronikus, Junia[67] (Röm 16,7). Die Begriffe des Apostels und davon abgeleitet der der Apostolizität, wie sie sich in der Alten Kirche durchgesetzt haben, sind dogmatische Begriffe, die die Mitte von neutestamentlich belegten Sachverhalten aufgreifen und systematisch-theologisch verarbeiten, ohne mit einer speziellen Tradition neutestamentlicher Apostelvorstellung einfachhin identisch zu sein. Mit dem Dienst des Apostels verbinden sich mehrere Aufgaben.

---

[65] S. Wiedenhofer, Das katholische Kirchenverständnis, Graz – Wien – Köln 1992, 79.
[66] Vgl. hierzu E. Schlink, Der kommende Christus und die kirchlichen Traditionen, Göttingen 1961, 160-195.
[67] In der Diskussion ist derzeit vor allem die Bezeichnung der Junia als Apostel (Röm 16,7). Rein grammatikalisch ließe sich vom Text des Römerbriefes her eine Junia oder auch ein Junias denken. Dies hat dazu geführt, daß fast in allen unseren Übersetzungen des Neuen Testaments hier ein Apostel *Junias* erscheint. Die Grammatik läßt dies zu, tatsächlich aber war es wohl doch ein weiblicher Name, also eine *Junia*, und beispielsweise *Johannes Chrysostomus* hat diese Tradition beibehalten. Weil man sich eine weibliche Apostolin schwer vorstellen konnte, wurde daraus fast durchgängig ein Junias gemacht, auch in der Einheitsübersetzung des Neuen Testaments. Der Apostelbegriff ist in dieser Bezeichnung weit zu fassen, er meint nicht einfach das Zwölferkollegium. Vgl. dazu E. Schüßler-Fiorenza, Zu ihrem Gedächtnis ..., München – Mainz 1988, 79 ff.

1. Die Apostel als Verkünder haben den Kreuzestod und die Auferweckung Jesu als die rettende Heilstat Gottes verkündet. Sie stießen dabei in neue Bereiche, Denkwelten, Regionen und Religionen vor und machten die Botschaft universal. Diese Verkündigung war ein schöpferischer Vorgang. Indem der Apostel am Leiden Christi teilhatte, wurde er zur Darstellung des leidenden Christus inmitten der Gemeinde und vor der Welt.[68] Durch den Dienst der Apostel hat Christus selbst richtend und rettend an der Welt gehandelt. In ihrer Botschaft und in ihrem Tun traten sie und in ihnen Christus selbst der Welt und den Gemeinden in Vollmacht gegenüber. Das Zeugnis der Apostel wurde verstanden als Wort Gottes, das die Kraft hatte, zu binden und zu lösen. In ihrem Zeugnis wurde die Botschaft greifbar und das Wirken des Geistes konkret erfahrbar. Der Apostolat ist darum nicht aus der Gemeinde ableitbar, etwa als Delegation zu verstehen, sondern er steht sowohl in der Gemeinde, als dieser gleichzeitig auch gegenüber.

2. Die Apostel als Gründer von Gemeinden: Dadurch daß die Apostel das Evangelium verkündigten, entstanden Glaube, Gemeinschaft von Glaubenden und damit Gemeinden. Die Autorität der Apostel als Gründer und Vorsteher der Gemeinden war dabei unbestritten. Sie gaben konkrete Weisung z. B. für die Ordnung des Gemeindelebens, den Verlauf des Gottesdienstes, den gemeinsamen Dienst der verschiedenen Charismen, für das Zusammen von Juden- und Heidenchristen, für die Ehe, für Kollekten. Sie nahmen Einsetzungen in den Dienst der Gemeindeleitung vor und stärkten die Autorität derer, die in den Gemeinden Verantwortung trugen.

3. Die Apostel als Band der Einheit zwischen den Gemeinden: Die Apostel sind Band der Einheit der Gemeinden untereinander. Die Gemeinschaft der christlichen Gemeinden im erhöhten Christus und im Geist ist durch ihren Dienst greifbare Wirklichkeit geworden. Durch die Bezeugung des ihnen erschienenen Herrn, durch Reisen zu den Gemeinden, durch die Sendung von Boten, durch Briefe, durch wechselseitige Fürbitte, durch die Organisation der Kollekte für Jerusalem wurde dieses einigende Band der Apostel konkret und erfahrbar. Die Apostel verstanden sich nicht nur als einzelne, sondern als Gruppe, als Kollegium. Der einzelne ist dadurch Apostel, daß er zu ihm gehört. Durch die Gemeinschaft des Kollegiums wurde die Einheit der Apostel und der Gemeinden gewährleistet.

Andererseits muß man sich vor einer Idealisierung dieser Einheit, wie sie sich schon in der Apostelgeschichte abzeichnet, hüten.[69] Das Neue Testament berichtet auch von Spannungen und Auseinandersetzungen zwischen den Aposteln.[70] Die Verpflichtung auf Einheit bedeutete nicht, daß Kontroversen unterblieben wären. Ihre Gemeinschaft verwirklichte sich in einem dynamischen Prozeß, nicht

---

[68] Insbesondere Paulus reflektierte auf den Zusammenhang zwischen seinem Leiden und der Herrschaft Christi. Aber auch über Paulus hinaus wird im Leiden der Zeugen ein Bestandteil ihres Zeugnisses erkannt (vgl. 1 Petr 4, 13; Jak 1,2).

[69] Hierzu gehört auch die schon in der Alten Kirche entstandene Legende, die Apostel seien am zehnten Tag nach der Himmelfahrt Jesu zusammengekommen, um unter der Eingebung des Heiligen Geistes das „Apostolische Glaubensbekenntnis" zu formulieren.

[70] Von besonderer Bedeutung ist dabei der „Antiochenische Zwischenfall", wo Paulus dem Petrus „offen entgegengetreten (ist), weil er sich ins Unrecht gesetzt hatte" (Gal 2,11). In dieser Kontroverse ging es um das rechte Verständnis der Rechtfertigung durch Jesus den Christus, nicht allein um disziplinäre Fragen.

durch starres Festhalten an Identitäten. Die gegenseitige Verpflichtung der Apostel ist nicht mit eitel Harmonie zu verwechseln. Die Gemeinschaft entstand dadurch, daß sich alle gerade in ihren Unterschieden und Differenzen als vom Herrn gesandt verstanden und gegenseitig anerkannt haben.

4. Die Apostel als bleibender Grund der Kirche: Die Apostel waren Baumeister und Pflanzer der Kirche aller Zeiten und aller Orte. Auch über die erste Generation hinaus versteht sich die Kirche als apostolisch, sie ist „auf das Fundament der Apostel und Propheten gebaut" (Eph 2,20). Dabei ist das *Amt* der Apostel einmalig, nur sie können als berufene Augenzeugen den Auferstandenen verkünden. Ihr Zeugnis ist Grund der fortdauernden Kirche, es bleibt für die Kirche in ihrer ganzen geschichtlichen Entwicklung grundlegend und verpflichtend. Seit dem Pfingstereignis hielten die Getauften „an der Lehre der Apostel fest und an der Gemeinschaft, am Brechen des Brotes und an den Gebeten" (Apg 2,42). Die Apostel als Personen verschwanden, nicht aber das Apostolische in der Kirche, das apostolische Amt, das die Personen überdauerte und deren Funktion weiterhin präsent hielt. Die Treue zum Bekenntnis der Augen- und Ohrenzeugen, die vollmächtige Sorge um die rechte Gestalt der Gemeinden und um deren Einheit untereinander und durch die Geschichte hindurch bestimmen nicht nur die (Erst-)Apostel, sondern alle, die deren Funktion und Amt übernehmen. Diese grundlegende Aufgabe der Apostel wird von den Ostkirchen, der katholischen Kirche und den Kirchen der Reformation gemeinsam anerkannt. Der Apostolat, der Jüngerschaft und Zwölferkollegium weiterträgt, ist Hinweis darauf, daß aus der Botschaft Jesu Kirche entspringt, in ihr findet er seinen Sinn. Mit dem Apostolat führt sich auch die Kirche auf Jesus zurück.

2.4.5 Die Berufung des Simon Petrus

Die Berufung des Simon Petrus hat traditionellerweise für die Ekklesiologie grundlegende Bedeutung. Die Verheißung Mt 16,18 („auf diesen Felsen werde ich meine *ekklesía* bauen") ist zusammen mit der Parallelstelle Mt 18,18 der einzige Text in den Evangelien, wo das Wort „Kirche" im Munde Jesu erscheint. Außerdem hat diese Stelle im Rahmen der Konzentration der Kirche auf das Papsttum besondere Bedeutung erlangt. So gibt es zum Problem Petrus, Petrusamt und Berufung des Petrus eine immense kontroverse, inzwischen aber auch ökumenische Literatur. Um so bedeutsamer ist es, daß die amerikanische Dialogkommission zwischen Lutherischem Weltbund und Römisch-Katholischem Einheitssekretariat eine gemeinsame Studie zur Gestalt des Petrus veröffentlichen konnte.[71]

2.4.5.1 Die Stellung des Simon Petrus innerhalb der Zwölf

Die Evangelien berichten über die Berufung des Petrus ebenso wie über die der anderen Jünger. Sein Name wird regelmäßig zuerst genannt, manchmal wird er

---

[71] R. E. Brown u. a. (Hg.), Der Petrus der Bibel, Stuttgart 1976.

ausdrücklich als „der Erste" bezeichnet. Der Grund dafür ist nicht eine zeitliche Erstberufung, sondern seine Qualifikation als Erstzeuge der Auferstehung (1 Kor 15,5). Petrus tritt im Kreis der Zwölf verschiedentlich als Wortführer auf: Mt 16,18 (das Messias-Bekenntnis); Joh 6,68 (Petrus antwortet für die Jünger); Mk 9,5 (Verklärung); Mk 10,28 (Frage nach dem Lohn für die Nachfolge). Zufolge der Apostelgeschichte ist Petrus nach Ostern Leiter der Gemeinde in Jerusalem, an Pfingsten hält er die entscheidende Rede. Er ist der erste, der im römischen Hauptmann Cornelius und seinem Haus Heiden in die Kirche aufnimmt, im „Apostelkonzil" (Apg 15,6-29) ist er einer der wichtigen Männer. An ihn hat sich Paulus gewandt, um eine Bestätigung für seine Lehre zu finden (Gal 1,18). Offensichtlich hat Petrus eine gewisse Sonderstellung im Kreis der Jünger und der Apostel eingenommen. Er erscheint als der Typus des Apostels, als der Jünger schlechthin. Er ist auch der einzige Apostel, der in einer gewissen Individualität dargestellt wird. Besondere Bedeutung erlangte diese Stellung im Zusammenhang mit Leiden, Tod, Auferstehung und Geistsendung. Später tritt Petrus allerdings eher in den Hintergrund. Jakobus und vor allem Paulus scheinen nun eine zentrale Aufgabe in den ersten Gemeinden eingenommen zu haben.

2.4.5.2 Der Name

Nach dem Zeugnis der Evangelien hat Jesus dem Simon den Namen Kephas gegeben, und dieser wurde später übersetzt in Petros, Fels. Dieser Name erscheint als Sachaussage, als symbolische Bezeichnung. Es gibt im Neuen Testament eine auffällige Parallele in der Benennung des Jakobus und des Johannes mit dem Beinamen Boanerges, d. h. Donnersöhne (Mk 3,17). Dieser Name hat sich nicht durchgesetzt. Ihm wurde wohl keine besondere Bedeutung zugeschrieben. Anders ist es mit dem Namen Kephas, der den ursprünglichen Namen Simon vollkommen verdrängt, so daß Paulus ihn schon nicht mehr kannte. *Petrus* ist bereits Eigenname. Diesem wurde offensichtlich besondere Bedeutung zuerkannt. Dabei hat der so Genannte den Namen weder wegen seines Charakters bekommen, dieser war keineswegs felsenfest, noch wegen herausragender Leistung und Unerschütterlichkeit oder wegen einer hervorstechenden Liebe zu Jesus; in all dem waren ihm andere voraus. Petrus wird von den Evangelisten nicht zum Idealbild hochstilisiert, seine Fehler werden ausführlich dargestellt. Der Grund für den neuen Namen liegt offensichtlich in seiner Aufgabe und in der Stellung, die er schon in der Zwölfergruppe und später im Apostelkollegium eingenommen hat, und die sich am besten durch eine besondere Beauftragung durch Jesus erklären läßt.

2.4.5.3 Die Interpretation petrinischer Texte

1. Das Wort vom Bauen der Kirche (Mt 16,13-19): Alle drei synoptischen Evangelien überliefern das Bekenntnis des Petrus. Darauf folgt als Sondergut des Matthäus die Verheißung: „Selig bist du, Simon Barjona; denn nicht Fleisch und Blut haben dir das offenbart, sondern mein Vater im Himmel. Ich aber sage dir: Du bist Petrus, und auf diesen Felsen werde ich meine Kirche bauen, und die Mächte der Unterwelt werden sie nicht überwältigen. Ich werde dir die Schlüssel des Himmelreichs geben; was du auf Erden binden wirst, das wird auch im Himmel

gebunden sein, und was du auf Erden lösen wirst, das wird auch im Himmel gelöst sein" (Mt 16,17-19). Der Text bringt drei Bilder: das Bild vom *Grundstein*, vom *Binden und Lösen* und von den *Schlüsseln*. Matthäus hat diese Texterweiterung theologisch komponiert. Er findet im Markusevangelium das Messias-Bekenntnis und verbindet damit ein Wort Jesu vom Bauen einer Gemeinschaft. Weil zum Messias die messianische Gemeinde gehört, schließt sich das Wort vom Bauen einer *ekklesía* lückenlos an das Messias-Bekenntnis an. Der Text trägt auffallend jüdisch-hebraisierende Züge: die Worte Simon Barjona, „Fleisch und Blut" als Ausdruck für den ganzen Menschen sind typisch semitisch. Ebenso entstammen die Termini „Pforten der Unterwelt", „Schlüssel des Himmelreichs", „Binden und Lösen" der jüdischen Bildsprache. Das Wortspiel um Kephas, „Felsen" und „Felsenmann", war ursprünglich aramäisch konzipiert, in der griechischen Übersetzung stimmt es schon nicht mehr so ganz, weil hier die Überleitung von *Petros* auf *petra* stattfindet. Aus alledem folgt: Matthäus 16,17-19 scheint hebräischen Ursprungs, das Wort stammt aus früher jüdisch-christlicher Gemeinde. Selbst wenn man diesen Passus für einen nicht jesuanischen Einschub hält, muß man erklären, wie eine spätere Generation ein solches Auftragswort konzipieren konnte. *Franz Mußner* geht davon aus, daß alle Petrus-Stellen einschließlich Mt 16,18 aus einer Zeit stammen, in der Petrus als historische Person längst tot war, aber offensichtlich – so seine Argumentation – war etwas Petrinisches, und damit ein Amt, das die Person überdauert und von ihr unabhängig ist, bereits in der frühen Jerusalemer Gemeinde lebendig und bedurfte der Erklärung.[72] Diese wird darin gesehen, daß Petrus von Jesus selbst als Felsen für den Bau der *ekklesía* eingesetzt wurde.

Damit stellt sich die Frage nach der Deutung der Felsenfunktion: Ist Petrus *Grundstein* oder *Fundament?* Dies ist für das ökumenische Gespräch bedeutsam, denn wenn Mt 16,18 als Grundsteinlegung verstanden wird, dann gehört zu diesem Bild die Einmaligkeit. Ein Grundstein wird ein für allemal gelegt, *eph'hapax.* So gedeutet, schließt das Bild die Fortdauer in einem Amt aus. Dagegen wird katholischerseits betont, daß ein Fundament eine Dauerfunktion hat. Selbst wenn die Grundsteinlegung einmalig ist, kann Petrus als Person nur zeitlich begrenzt wirken, aber das Fundament muß weiterbestehen, und das ist nur möglich in einem Amt, das eine solche Dauerfunktion möglich macht. Kontrovers ist im Gespräch zwischen den Kirchen derzeit weniger die Rolle des Petrus, als insbesondere die Frage einer möglichen Nachfolgerschaft in einem Amt.

2. Das Wort von den Schlüsseln: Das Wort von den Schlüsseln ist eine Aussage über eine Bevollmächtigung. Schlüsselgewalt haben bedeutet, Zutritt gewähren oder verwehren können. Zufolge Matthäus wirft Jesus den Pharisäern und Schriftgelehrten vor: „Ihr verschließt den Menschen das Himmelreich. Ihr selbst geht nicht hinein; aber ihr laßt auch die nicht hinein, die hineingehen wollen" (Mt 23,13). Dahinter steht die Anklage, daß die Schriftgelehrten durch ihre Auslegung der Gesetze den Menschen den Weg zum Heil versperrten, das Gesetz zu einer unerträglichen und unerfüllbaren Last machten. Übertragung der Schlüssel bedeutet auf diesem Hintergrund die Vollmacht, das Gesetz Gottes recht auszu-

---

[72] F. Mußner, Petrus und Paulus – Pole der Einheit (QD 76), Freiburg – Basel – Wien 1976.

legen, damit den Menschen das Reich Gottes als Ziel erschlossen und der Weg zu ihm eröffnet wird.

3. Das Wort vom Binden und Lösen: Binden und Lösen bedeutet, einen Sachverhalt oder eine Lehre authentisch feststellen, zu etwas verpflichten und von einer Verpflichtung befreien können. Damit sind auch Zugehörigkeit oder Ausschluß aus einer Gemeinde, Rekonziliation oder Exkommunikation verbunden. Höchste Form der Vollmacht des Bindens und Lösens ist die Sündenvergebung. Das Wort vom Binden und Lösen ist bei Matthäus in zweifacher Form überliefert. Parallel zu Mt 16,18 heißt es Mt 18,18: „Was ihr auf Erden binden werdet, das wird auch im Himmel gebunden sein." Was Mt 16 dem Petrus zuspricht, wird Mt 18 der Gemeinde insgesamt übertragen, was ihm gilt, gilt auch der Kirche als ganzer. Die Gemeinde als ganze hat die Funktion des Bindens und Lösens; wenn diese von Petrus als einzelnem ausgeübt wird, spricht er in deren Namen. Petrus kann nur Petrus sein im Rahmen der Kirche, seine Vollmacht ist ihm nicht individuell, sondern als Repräsentant der Gemeinde gegeben.

4. Das Wort von Petrus dem Hirten: Im Nachtragskapitel des Johannes-Evangeliums (Kapitel 21) wird dem Petrus eine Hirtenfunktion übertragen. Das Bild vom Hirten deutet Jesu eigene Sendung: Er ist der gute Hirt, der sein Leben für seine Schafe gibt. Nun wird auch Petrus zum Hirten bestellt. Die dreimalige Frage: „Liebst du mich?" ist gestellt in Erinnerung an die dreimalige Verleugnung, wohl aber auch als Form einer Beauftragung (Joh 21,15-17). Zur Zeit, als das Nachtragskapitel entstand, war so etwas wie ein Petrus-Dienst in der Gemeinde offensichtlich bereits vorhanden. Das knüpft an bei Johannes 20,3 f, wo Petrus und der Lieblingsjünger einen Wettlauf zum Grab machen, der Lieblingsjünger der Schnellere ist, aber dem Petrus den Vortritt läßt. Dieser hat als der Erstzeuge der Auferstehung eine besondere Funktion.

5. Der Auftrag, die Brüder zu stärken: Aufgabe des Petrus ist es, die Brüder zu stärken. Der Szene geht ein Streit der Jünger voraus, wer von ihnen der Größte sei. Im Anschluß daran heißt es: „Simon, Simon, der Satan hat verlangt, daß er euch wie Weizen sieben darf. Ich aber habe für dich gebetet, daß dein Glaube nicht erlischt. Und wenn du dich wieder bekehrt hast, dann stärke deine Brüder" (Lk 22,31 f). Diesen Auftrag kann Petrus nicht kraft seines Glaubens erfüllen, der keineswegs felsenfest war, sondern weil er von Jesus gehalten wird. So erscheint Petrus im lukanischen Werk als Fundament der Gemeinde, als erster Zeuge der Auferstehung, als Prediger des Pfingstereignisses, als Zeuge vor dem Hohen Rat. Er wird zu einer wichtigen Instanz auf dem Apostelkonzil, und er wird (jenseits der neutestamentlichen Berichte) seinen Glauben an den Messias als Blutzeuge besiegeln.

2.4.5.4 Petrus in der Spannung zwischen Glaube und Unglaube

Die Petrus-Stellen des Neuen Testaments stehen durchwegs in einer auffälligen Dialektik. Neben den Worten der Seligpreisung und der Verheißung steht immer ein fundamentaler Tadel. Bei Matthäus folgt auf die Verheißung in 16,18 das: „Weg mit dir, Satan, du bist mir ein ‚skándalon'! Du willst mich zu Fall bringen; denn du hast nicht das im Sinn, was Gott will, sondern was die Menschen wollen" (Mt 16,23). Voraus geht der Tadel: „Du Kleingläubiger, warum hast du gezweifelt?" (Mt 14,31). Bei Lukas folgt auf den Auftrag, die Brüder zu stärken: „Ehe heute der Hahn kräht, wirst du dreimal leugnen, mich zu kennen" (Lk 22,34). Die Beauftragung in Joh 21 weist, wie gesagt, auf die dreimalige Verleugnung zurück.

Petrus ist Grundstein, Fundament, Halt für die Schwestern und Brüder und gleichzeitig Skandalon; er ist Felsen und Stolperstein zugleich. Wo Vollmacht übertragen wird, steht auch die entschiedenste Warnung vor Mißbrauch. Diese Dialektik gilt für den biblischen Petrus und – wie hier im Vorgriff auf die Lehre vom Petrusamt festgehalten werden muß – auch für das Amt, das sich von ihm herleitet: Er ist immer zugleich *petra* und *skándalon*, Gottesfels und Strauchelstein. Dieses Paradox gilt es auszuhalten. Die äußersten Spannungen liegen in geradezu unheimlicher Weise ineinander. Wenn Luther am Papst das Moment des Satanischen anklagt, steht er auf gut biblischem Boden. Es kann nach dem Zeugnis des Neuen Testaments christliche Pflicht sein, dem Petrus ins Angesicht zu widerstehen, so wie Paulus in Antiochien (Gal 2,11). Ein solcher Protest kann geradezu Ausdruck des Respekts und der Achtung vor dem Amt sein. Aber Petrus ist gleichzeitig eben auch Bild des Jüngers, Zeuge des Glaubens, Apostel der Auferstehung. Beides gilt es auch für das Amt festzuhalten, das seinen Dienst in der Kirche fortsetzt und gegenwärtig hält. Wer im Papst nur den Antichrist erkennt, hat ebenso Unrecht wie jener, der ihm bedingungslos zujubelt, Papstverehrung mit Kirchlichkeit identifiziert und jede Kritik als Kirchenfeindschaft ausgibt. Der Papst ist nach katholischer Überzeugung für die Kirche als Fundament unabdingbar, und er ist zugleich derjenige, an dem der Glaube zerbrechen kann.

Wichtige petrinische Texte im Neuen Testament

Paulusbriefe: Petrus ist	1. Zeuge der Auferstehung (1 Kor 15,5) 2. Quelle der Überlieferung (Gal 2,2) 3. Eine der führenden Persönlichkeiten in Jerusalem (Gal 1,18) 4. Träger des Aposteldienstes an den Beschnittenen (Gal 2,8) 5. Wankelmütig in der Frage des Gesetzes (Gal 2,11)
Markus-Evangelium: Petrus	1. Wird zusammen mit Andreas als erster Jünger berufen (1,17 f.) 2. Wird als erster unter den Zwölf genannt und erhält den Beinamen Petrus (3,14-16) 3. Jesus heilt seine Schwiegermutter in Kafarnaum (1,29-31) 4. Bekennt in Caesarea Philippi: „Du bist der Messias" (8,27-29) 5. Gelobt beim Abendmahl, Jesus nicht zu verleugnen (14,29) 6. Verleugnet Jesus im Hof des Hohenpriesters (14,66-72) 7. Bildet mit Johannes und Jakobus den engeren Jüngerkreis (5,37; 9,2-13; 14,32-42) 8. Erscheint als Sprecher der Jünger (10,28-30; 11,12-14.21) 9. Frauen erhalten nach Auferstehung Jesu die Anweisung: „Sagt seinen Jüngern und dem Petrus" (16,7)

Matthäus: Übernimmt weithin Mk Zusätzlich:	1. Petrus wird als „der erste" bezeichnet („protos") (10,2) 2. Geht über das Wasser, versinkt und wird durch Jesus gerettet (14,28-31) 3. Erscheint als Fels, auf den die Kirche gebaut ist. Bei Fragen der Kirche greift Petrus ein (16,16 ff.) 4. Erscheint als Typos des Jüngers 5. Schwäche und Zurückweisung durch Jesus werden nicht beschönigt
Lukas: Übernimmt weithin Mk Zusätzlich:	1. Petrus wird berufen durch wunderbaren Fischfang (5,1-11) 2. Jesus betet für ihn, daß sein Glaube nicht wanke (22,31 f.) 3. Ihm erscheint der Auferstandene (24,34). Dies ist als Überleitung zu Apg: Petrus ist Garant der Kontinuität, 4. Versagen bei der Passion Jesu wird geglättet.
Apostelgeschichte:	1. Petrus wird als erster der Elf genannt (1,13). 2. Ist Wortführer bei Wahl des Matthias (1,15). 3. Tritt auf als Prediger (2,14-36; 3,12-26; 4,8-12; 5,29-39; 10,34-43). 4. Erscheint als Wundertäter; darin ist er Jesus ähnlich (3,1-10; 5,1-11.15; 9,32-35.36-42). 5. Er erfährt wunderbare göttliche Fürsorge (12,6-11). 6. Er hat wichtige Rolle in der Aufnahme von Heiden in die Kirche (10,1-11,18,47 f.). 7. Bedeutsame Stellung beim „Apostelkonzil" in Jerusalem (Apg 15).
Johannesevangelium:	1. Simon bekommt Namen Kephas (1.40-42). 2. Bekennt Jesus als den Heiligen Gottes (6,67-69). 3. Jesus wäscht ihm die Füße (13,6-11). 4. Vorhersage der Verleugnung (13,36-38). 5. Bei der Gefangennahme Jesu schlägt er dem Diener das Ohr ab (18,10 f.). 6. Er verleugnet Jesus dreimal (18,17-27). Im Nachtragskapitel 21: 7. Erscheinung Jesu und wunderbarer Fischfang (1-14) 8. Erhält Auftrag, Schafe Jesu zu weiden (15-17). 9. Jesus spricht vom Schicksal des Petrus (18 f.). 10. Petrus steht in Konkurrenz zum „Lieblingsjünger" (13,23-26; 18,15 f.; 20,2-10; 21,20-22).
Petrinische Briefe:	1. Petrus als Traditionsträger. 2. Petrus als Mit-Ältester (5,1). 3. Petrus als Hirte (5,2-4). 4. Petrus als Zeuge der Leiden Christi (martys) (5,1).

2.4.6 Das Abendmahl Jesu und die Kirche

Abendmahl und Kirche sind unlöslich miteinander verbunden. Es spricht vieles dafür, die Kirchenstiftung im Abendmahl anzusiedeln. Selbst wenn aus dem Auftrag: „Tut dies zu meinem Gedächtnis" (1 Kor 11,24) nicht eine unmittelbare Einsetzung des Priestertums abgeleitet und von hier aus auf eine Stiftung von Kirche geschlossen werden kann, stehen Kirche und Abendmahl in enger gegenseitiger Beziehung.

2.4.6.1 Der Kontext

Mahlfeier ist ein Urphänomen menschlichen Tuns und Verhaltens, eine grundlegende Äußerung gemeinschaftlichen Lebens. Es geht dabei nicht allein um Sättigung. Das Mahl ist anthropologisch-kulturell Ausdruck von Lebensgemeinschaft, ein Mittel, Gemeinschaft zu stiften, zu erhalten und auszudrücken. Diese findet in der Mahlfeier Bestätigung und Vertiefung zugleich. Die Religionsgeschichte zeigt, daß Mahlfeier darüber hinaus auch verbreitete kultische Bedeutung hat. Mahl ist in vielen Religionen Zeichen der Gemeinschaft der Menschen nicht nur untereinander, sondern auch der Gemeinschaft mit der Gottheit. Im Zeichen des Mahles will Gott mit dem Menschen und der Mensch mit Gott in Beziehung treten und Gemeinschaft stiften. Der Mensch kommt mit seinen Gaben, die ihn zu Gott in Beziehung setzen. Darum sind Mahl und Opfer häufig miteinander verbunden. Es werden Tiere oder Gaben des Feldes geopfert, deren Kraft durch den Verzehr kultisch auf den Menschen übergehen soll. Mahlfeier hat über einen allgemein anthropologischen Bezug hinaus eine religiöse und darin gemeinschaftsbildende Funktion.

In der Botschaft Jesu erweisen sich die Mahlfeiern als Zeichen für das schon angebrochene Reich Gottes. Dieses wird unter dem Bild des himmlischen Hochzeitsmahls dargestellt (z. B. Mt 8,11; 22,1-14; Lk 5,33-35). In ihm haben insbesondere die Armen ihren Platz und ihr Anrecht; sie sind die ersten, an die sich die Verheißung Jesu wendet (z. B. Lk 14, 16-24), ihnen gilt die Seligpreisung. Daneben berichtet das Neue Testament über Jesu Mahlfeiern mit Zöllnern und Sündern (z. B. Mt 9,10 f; Lk 7,38; 15,23 f; 19,5). Die Gemeinschaft, die er gerade mit den Ausgestoßenen pflegte, ist keineswegs etwas Beiläufiges und Zufälliges, sondern sie ist für das Verhalten Jesu grundlegend und bestimmend. Damit hat er die übliche Praxis umgestoßen, daß Nicht-Juden und Samariter wegen ihrer Nichteinhaltung des Gesetzes und öffentliche Sünder wegen mangelnder Reputation nicht am jüdischen Mahl teilnehmen durften. Durch die Mahlgemeinschaft mit Zöllnern und Sündern bringt Jesus die Universalität seiner Botschaft, seiner Einladung zum Ausdruck. Alle werden in die Gemeinschaft gerufen, die er im Mahl bezeichnet.

2.4.6.2 Abendmahl und Neuer Bund

Diese Mahlgemeinschaften Jesu finden zufolge der neutestamentlichen Botschaft ihren Höhepunkt in seinem Abschiedsmahl mit den Jüngern. Die Abendmahlsberichte und -texte sind dabei keineswegs einfachhin historische Protokolle eines einmaligen Ereignisses, sondern gleichzeitig auch Zeugnisse der nach Jesu Tod und Auferstehung begangenen Gedächtnisfeier der Gemeinde, die in seinem Abschiedsmahl legitimiert und grundgelegt wird. Was in den jungen Gemeinden lebendig war, gründet in seinem Auftrag, das Mahl zu feiern zu seinem Gedächtnis. Wenn die Abendmahlsberichte Niederschlag einer liturgischen Praxis sind, stellt dies nicht ihre Beziehung zum historischen Jesus in Frage, vielmehr wird unterstrichen, daß die Praxis der jungen Kirche in Kontinuität steht zu dem, was Jesus gewollt und gebracht hat.

Jesus hat nach dem Bericht der Synoptiker sein Abschiedsmahl als Paschamahl gefeiert und es als solches gedeutet. Die kultische Erinnerung des Exodus, der großen Befreiungs- und Rettungstat Jahwes im Alten Testament, wird zum Vorbild für das, was Jesus seinen Jüngern vermittelt und ihnen als Sendung überträgt. Im Abendmahl wird die Befreiung des Menschen vom Tod und von aller Fremdherrschaft symbolisiert und verwirklicht. Jesus stiftet das Mahl als Zeichen eines Neuen Bundes (Mk 14,24; Lk 22,20; 1 Kor 11,25): Wie Gott im Alten Bund sein Volk als *laós* konstituierte, so wird jetzt im Neuen Bund durch Jesus Christus das Volk aus Juden und Heiden gebildet. Abendmahl als Bundesschluß verstanden, versammelt die Glaubenden als liturgische Gemeinde und macht sie zum Volk Gottes.[73] So ist das Abendmahl entscheidender Akt der Kirchengründung. Kirche entstand im Abendmahlssaal. Die Zeit der Kirche ist die Zeit des Herrenmahls, dieses wird gefeiert, bis der Herr wiederkommt. So ist es durchaus nicht abwegig, die Feier des Herrenmahls abkürzend als „in die Kirche gehen" zu bezeichnen. Im Herrenmahl ereignet sich Kirche in hervorragender Weise, diese gründet in der Eucharistie. Kirche und Herrenmahl sind untrennbar miteinander verbunden, eines kann ohne das andere nicht sein und nicht gedacht werden; wo Kirche sich versammelt, wird das Herrenmahl gefeiert, in dieser Feier ereignet sich wiederum Kirche. Die feiernde Gemeinde versteht sich als das im Neuen Bund gestiftete Volk Gottes, als Leib Christi: Er ist in ihrer Mitte gegenwärtig. Die Gemeinschaft mit ihm und die Gemeinschaft untereinander bedingen sich gegenseitig: In der Feier der Memoria wird Kirche. Das schließt jede Spaltung zwischen den Feiernden aus, denn diese würde die Memoria selbst tangieren und die Streitenden als Nicht-Leib Christi, als Nicht-Volk erweisen.[74] Spaltung und Lieblosigkeit führen zum unwürdigen Empfang. Trennung im Herrenmahl ist Widerspruch in sich selbst.

Das Abendmahl deutet und erweist den Kreuzestod als Opfer und Stiftung des Neuen Bundes. Dieser gründet im Opfer des Paschalammes und führt es zu seinem Ende und zur Erfüllung. Jesu Tod erfolgte für die Vielen, am Kreuz hat er alle an sich gezogen und sie zu seinem Volk gemacht, Juden und Heiden. Die Juden sind keineswegs verstoßen und zum Nicht-Volk geworden, denn die Gnadenwahl Gottes ist unverbrüchlich (Röm 9-11). Diese Tatsache, daß aus dem Kreuzestod Jesu Kirche wird, wurde in der Alten Kirche im Bild dargestellt, daß diese der Seitenwunde Jesu entspringt.[75]

Die Teilnahme am Abendmahlsgeschehen erfolgt in der Memoria, durch die erinnernde Feier des Todes Jesu wird die Gemeinschaft der Glaubenden versam-

---

[73] Siehe hierzu in diesem Werk Bd. III: Sakramentenlehre.
[74] Darum die harte Kritik des Paulus an den Zwistigkeiten in Korinth, die bis in die Feier des Herrenmahls eingedrungen waren. Diese Kritik ist eine bleibende Anfrage an die Konfessionskirchen, die Herrenmahl feiern in gegenseitiger Ausschließung.
[75] Vgl. unten 3.3.1.1.

melt. Diese verpflichtet sich dabei auf das Verhalten Jesu, für andere Menschen dazusein, nicht nur kultisch, sondern auch in der sozialen Verantwortung füreinander das Brot zu brechen. Abendmahl muß diese Dimension der Proexistenz mitbeinhalten, es ist also nicht Rückzug in einen privaten kultischen Bereich. Diakonie als Verpflichtung für alle Menschen ist in ihm grundgelegt.

2.5 Die Kirche im göttlichen Heilsplan

2.5.1 Kirche als eschatologische Heilszusage

Selbst wenn der historische Jesus nicht als Kirchenstifter oder gar als Organisator einer kirchlichen Institution erscheint, wenn aus seinem Munde kein explizites Stiftungswort überliefert ist, wenn er sich nicht an einen heiligen Rest und eine Schar Auserwählter, sondern an das Ganze gewandt hat, wenn er das Wort *„ekklesía"* wohl kaum verwendete, so zeigt das neutestamentliche Zeugnis doch, daß sich Kirche zu Recht auf ihn und auf seinen Willen beruft und darin gründet. Aus seiner Botschaft und seinen Taten ergeben sich vielfältige Hinweise auf eine Sozialgestalt, die in der weitergehenden Geschichte Frucht brachten und zur Bildung von Kirche führten. Existenzgrund der Kirche aber ist die Auferstehung Christi, in der sich das eschatologische Heil durchgesetzt hat, das in ihr gegenwärtig bleibt. Denn die Zeitenwende, der endgültige Durchbruch des göttlichen Heilswillens, hat sich schon ereignet. Er ist Ausgangspunkt der Kirche und ihr bleibendes Ziel. Ihre Zukunft ist die Vollendung und das Offenkundigwerden des Reiches Gottes, die Auszeitigung dessen, was in der Auferstehung schon Wirklichkeit ist. Kirche beruht auf dem gegenwärtigen und kommenden Heil, das ihr unwiderruflich und irreversibel zugesagt ist und auf das sie zugeht. Dennoch geht sie im Glauben und in Zuversicht dieser Vollendung erst entgegen; sie ist nicht das Reich Gottes, sondern sie hat dieses anzusagen und es vorweg zu realisieren, ohne sich mit ihm identifizieren zu dürfen und sich als in seinem exklusiven Besitz zu wähnen. Was Kirche ist, ist sie nicht aus ihrer eigenen Fähigkeit und aus dem Organisationstalent ihrer Leiter, sondern aus dem Herrn, der sich ihr unverbrüchlich zugesagt und sie in seinen Dienst genommen hat. „Die geschichtliche Bleibendheit Christi durch die Gemeinde derer, die an ihn glauben und ihn explizit im Bekenntnis als diesen Heilsmittler erfassen, ist das, was wir Kirche nennen".[76]

So steht die Kirche im Rahmen des göttlichen Heilsplanes, der im Neuen Testament als „Mysterium" bezeichnet wird. Dieser umschließt die Geschichte als ganze, die im Ursprung der Welt beginnt, in der Erwählung des Volkes Gottes im Alten Bund auf die Mitte der Zeit hinzielt: die Verkündigung und das Werk Jesu, seine Auferstehung und die Sendung seines Geistes. In ihm bleibt sein Werk

---
[76] K. Rahner, Grundkurs des Glaubens, Freiburg – Basel – Wien 1976, 313.

gegenwärtig und wird zum Volk Gottes im Neuen Bund, das auf die ewige Vollendung zugeht. Kirche umfaßt den Anbeginn der Geschichte und der Schöpfung. Zu ihr gehören die Heiligen des Alten Bundes, angefangen mit Abel, dem ersten Gerechten. Sie hat ihren historisch faßbaren Ursprung in der Sammlung des Volkes Israel. Und sie verweist über jede Verwirklichung in der Geschichte hinaus auf das umfassende Heil aller. Erst wenn sie als universale Kirche (ecclesia universalis) identisch ist mit der versöhnten Menschheit, ist sie zu ihrer eigenen Identität gelangt.

2.5.2 Die Aufgaben der Kirche

Aus diesem Wesen der Kirche und ihrer Funktion in der Heilsgeschichte leitet sich ihre konkrete Aufgabenstellung ab. *Martyria, Leiturgia* und *Diakonia*, Verkündigung und Zeugnis, Gottesdienst und Sakramente und der Dienst der Liebe[77] sind bereits in der Apostelgeschichte angedeutet, wo von der frühesten Jerusalemer Gemeinde gesagt wird: „Sie hielten an der Lehre der Apostel fest und an der Gemeinschaft, am Brechen des Brotes und an den Gebeten" (Apg 2,42). Diese Aufgaben werden von der Kirche als ganzer und allen ihren Gliedern erfüllt, nicht allein von einigen Amtsträgern und Spezialisten. Diese haben durch die Wahrnehmung ihrer besonderen Verantwortung dazu beizutragen, daß die Kirche insgesamt ihre Sendung erfüllen kann.

2.5.2.1 Zeugnis und Verkündigung

Kirche gründet in der Botschaft Jesu vom Reich Gottes, und sie hat die Aufgabe, diese zu bezeugen, sie getreu weiterzugeben und immer neu zu verkündigen bis an die Grenzen der Erde und bis ans Ende der Zeiten. Diese Verkündigung ist nicht ein mechanisches Weitersagen, sondern ein aktiver Prozeß, in dem die Botschaft Jesu und die Heilssehnsucht der Menschen je neu aufeinander bezogen werden und eine konkrete Synthese eingehen. Ihre Verkündigung erfolgt jeweils in der Zeit und in der Kultur und ist darum, um dem Ursprung treu bleiben zu können, den Gesetzen der Geschichtlichkeit unterworfen.

Um die Ursprungstreue dieser Verkündigung zu gewährleisten, entstand die Heilige Schrift. Diese ist das Buch der Kirche, das Zeugnis gibt von ihrer Botschaft im Ursprung. Als solches ist sie norma normans, Norm und Kriterium für jede Gestalt der Botschaft. An ihr hat sich jede spätere Verkündigung zu orientieren, weil der Ursprung der Kirche im Unterschied zu ihrer weiteren Geschichte in einem besonderen und direkten Verhältnis zu Gott steht und darum das bleibende Kriterium ist, das jede spätere Verkündigung bestimmt.[78] In der Verkündigung der Kirche wird nicht nur von einer fremden, zukünftigen Wirklichkeit gesprochen, sondern in ihr offenbart Gott „sich selbst und die ewigen Ratschlüs-

---

[77] Zu anderen Gliederungen, insbesondere zum dreifachen Amt nach den drei Ämtern Christi (Prophetenamt, Priesteramt, Hirtenamt) siehe S. Wiedenhofer, Das katholische Kirchenverständnis, 232. Vgl. auch H. Zirker, Ekklesiologie, Düsseldorf 1984.

[78] Zum hier angesprochenen Problem der Schriftinspiration vgl. in diesem Werk Bd. I: Wesen und Erkenntnisprinzipien der Dogmatik.

se seines Willens"[79]. Verkündigung spricht nicht nur vom ausständigen Heil, sondern vermittelt dieses als gegenwärtiges.

Aus dem Zeugnis der Kirche erwächst Glaube und damit selbst Gemeinschaft der Glaubenden, also Kirche. Diese verbreitet also nicht nur ihre Botschaft, sondern in der Verkündigung wird Kirche lebendig.

2.5.2.2 Sakrament und Gottesdienst

Kirche hat den Auftrag, nicht nur das kommende Heil anzusagen und es zu verkünden, sondern das schon gegenwärtige zu feiern, es den Glaubenden zu erschließen und Gott dafür zu danken. Dies geschieht im Gottesdienst (Leiturgia), in dem die feiernde Gemeinde und in ihr die Kirche als ganze in der Memoria mit den Heilsereignissen gleichzeitig werden, Zugang zu ihnen bekommen und stellvertretend für die Menschheit und die Welt Gott den Dank abstatten.

Besonders dicht ist diese gottesdienstliche Feier im Vollzug der Sakramente, die die unverbrüchliche Zusage haben, daß sie dem, der sie im Glauben und im Vertrauen auf den Herrn empfängt, das Heil vermitteln, das sie bezeichnen. Die Sakramente sind dabei gottesdienstliche Feiern *der Gemeinde,* nicht nur eine Heilszusage an den einzelnen. Dies sollte in der Gestaltung der Sakramentenfeier deutlicher werden, als es zumeist der Fall ist. Mit Ausnahme der Eucharistiefeier, die heute in aller Regel als gemeindlicher Gottesdienst gestaltet wird, erscheinen die Sakramente häufig noch als individuelle Gnadenvermittlung, bei der die Kirche einen Heilsdienst leistet, aber letztlich doch rein instrumental bleibt und in dieses Geschehen selbst nicht einzugehen scheint. Im Gegensatz dazu ist festzuhalten, daß die Kirche selbst in der Feier der Sakramente ihre Existenz und ihre Gestalt gewinnt. Sie wird als Wurzelsakrament verstanden, aus dem die einzelnen sakramentalen Zeichen entspringen. Indem Christus Kirche gewollt hat, wollte er auch die Zeichen, in denen sie in entscheidender Weise ihr Leben gestaltet und gewinnt. Diese Vorstellung entlastet die Sakramentenlehre davon, jeweils ein Einsetzungswort oder einen Stiftungsvorgang des historischen Jesus aufweisen zu müssen. In der Stiftung der Kirche sind die sakramentalen Zeichen als die Ereignisse, in denen sich Kirche verdichtet und die Glaubenden in die Gemeinschaft der Anwärter auf das Heil aufnimmt oder weiterführt, mitgestiftet.[80] Dies ist die ursprüngliche Bedeutung des Wortes von der Kirche als Grund- und Wurzelsakrament.

In der sakramentalen gottesdienstlichen Feier gewinnt Kirche ihr Leben: Wo Kirche ist, dort werden die Sakramente gefeiert, wo Sakramente gefeiert werden, entsteht Kirche. Dies wird insbesondere in der Feier des Herrenmahls sichtbar, das mit Kirche untrennbar verbunden ist. Dies gilt nicht nur für die Kirchenstiftung im Abendmahlssaal, sondern auch für die weitere Geschichte. In der Kirche wird die Eucharistie gefeiert, bis der Herr wiederkommt, in der Gemeinschaft des Herrenmahls wird die Einheit der Kirche ausgedrückt und bewirkt.

---

[79] DH 3004.
[80] Vgl. dazu näher in diesem Werk Bd. III: Sakramentenlehre.

2.5.2.3 Der Dienst der Nächstenliebe

Kirche gründet in der Botschaft vom Reich Gottes und hat dieses anfanghaft schon in dieser Zeit zu verwirklichen. Das *Schon* an ihrem Ursprung hat mehr Gewicht als das *Noch-Nicht*. Dieses Gottesreich wird inhaltlich nicht zuletzt in den Wundertaten deutlich, die von Jesus berichtet werden: Es umschließt die Überwindung von Krankheit und Not, von Schuld und Tod, von der Verfallenheit an eine lebenszerstörerische Umgebung. In der frühesten christlichen Gemeinde wurde diese Realisierung des Gottesreiches erkennbar im Zusammenleben der Glaubenden, in der christlichen Geschwisterlichkeit. Diese war das nach außen hin sichtbare Erkennungszeichen der Christen (Apg 2,47). Die Entfaltung einer Geschwisterlichkeit zwischen den Christen, die alle natürlichen und geschichtlich gewordenen Grenzen überwindet bzw. sie irrelevant macht, ist eine Aufgabe der Kirche, die sich aus ihrem Ursprung herleitet.

Weil Kirche nicht das Reich Gottes ist, sondern Zeichen für das Heil, das der Wirklichkeit als ganzer angesagt ist, geht der Auftrag der Diakonie über die christliche Gemeinde hinaus. Er gilt jedem, der in Not ist und sich gerade darin als der Nächste erweist (Lk 10,29-37). In dieser diakonischen Hilfe erfüllt Kirche ihr innerstes Wesen. Dort, wo sie auch auf die politische Gestaltung oder auf die Willensbildung im Rahmen der Gesellschaftsordnung Einfluß hat, bekommt diese diakonische Verpflichtung auch eine politische Dimension. Sie kann sich nicht allein in der Linderung von Not erschöpfen, sondern muß auch deren Entstehen vermeiden und die Ursachen bekämpfen, die im Bereich der gesellschaftlichen Ordnung liegen. Politische Abstinenz, gepaart mit sozialer Fürsorge, kann sehr wohl bestehende Zustände stabilisieren und damit im eminenten Sinne politisch relevant werden. Durch eine gesellschaftliche Einflußnahme verläßt die Kirche nicht die ihr zugewiesene Aufgabe von Wort und Sakrament und Linderung von Not, sondern sie erfüllt die ihr eigene Verpflichtung, auf das Reich Gottes hinzuweisen und an seiner Realisierung mitzuwirken, und dieses hat zufolge der Botschaft Jesu nun einmal Sozialgestalt.[81]

Mit dieser letztgenannten Dimension ist eine Einzelgemeinde in der Regel überfordert. Auch die *diakonia* im Sinne der Sozialfürsorge wird heute weithin von Spezialisten durch übergemeindliche Organisationen und Träger vollzogen. Es sollte aber darauf hingewirkt werden, daß sie auch in der Gemeinde am Ort, in der Kirche erscheint und sichtbar, als Wesenselement von Kirche vollzogen und nicht ausschließlich an Institutionen delegiert wird.

2.5.3 Die Heilsnotwendigkeit der Kirche

Aus der Stellung der Kirche im göttlichen Heilsplan leitete sich in der Dogmengeschichte die Aussage ab, daß das Heil des einzelnen an die Gliedschaft in ihr gebunden ist: Nur wer in ihr lebt, kann gerettet werden, so wie im Alten Testament nur jene dem Verderben entgingen, die in der Arche waren. So erscheint

---

[81] Darin findet die „Theologie der Befreiung" ihre Grundlegung, die die christliche Botschaft angesichts von Not, Ausbeutung und Unterdrückung formuliert.

jetzt die Kirche als die Arche des Heils. Wer ihr also nicht angehört und durch sie das Heil empfängt, ist dem Verderben preisgegeben. In aller Schärfe wurde das Axiom „*Extra Ecclesiam nulla salus*" (Heil gibt es nicht außerhalb der Kirche)[82] von Origenes und von Cyprian von Karthago formuliert. Dieser erklärte durch diesen Grundsatz die nicht in der katholischen Kirche gespendete Taufe für ungültig und das außerhalb ihrer Grenzen erlittene Martyrium für wertlos, weil es dort eben kein Heil gebe und darum weder Taufe noch Martyrium Gnade und Heil vermitteln könnten. Cyprians Schlußfolgerung, nämlich die Ungültigkeit der Ketzertaufe, wurde von der römischen Kirche verworfen und konnte sich nicht durchsetzen, die Begründung aber, das „*extra Ecclesiam nulla salus*" wurde übernommen und zur offiziellen Lehre.[83]

Eine neue Dimension nahm diese Vorstellung in jener Rezeption Augustins an, bei der Kirche zunehmend als institutionelle Größe festgeschrieben wurde. Nun heißt es, etwa bei *Fulgentius von Ruspe,* einem Schüler Augustins anfangs des 6. Jahrhunderts: „Aufs gewisseste halte fest und zweifle in keiner Weise: nicht nur alle Heiden, sondern auch alle Juden, alle Häretiker und Schismatiker, die außerhalb der gegenwärtigen katholischen Kirche sterben, werden ins ewige Feuer gehen, ‚welches dem Teufel und seinen Engeln bereitet ist'"[84]. In der Bulle „*Unam sanctam*" lehrte Papst *Bonifaz VIII.:* „Wir erklären, sagen und definieren nun aber, daß es für jedes menschliche Geschöpf unbedingt notwendig zum Heil ist, dem Römischen Bischof unterworfen zu sein"[85]. Diese Position wurde bis ins 20. Jahrhundert hinein immer wieder auch kirchenoffiziell vorgetragen. Das Unionskonzil von Florenz (1442) verlangte von den Jakobiten gar offiziell und verbindlich die Zustimmung zur These des Fulgentius von Ruspe.[86]

Andererseits entstand insbesondere angesichts der Entdeckung neuer Kontinente und Kulturen mit nicht-christlichen Völkern erneut das Bewußtsein, daß diese Menschen nicht alle unterschiedslos verworfen sein können. Die Problemstellung war ähnlich jener in der frühen Kirche, wo sich das Christentum ebenfalls in der Minderheitensituation befand und das Wissen um die allumfassende göttliche Liebe mit der geschichtlichen Einmaligkeit des Jesus von Nazaret und seiner Botschaft in Einklang bringen mußte. Es wurden vor allem in der theologischen Begründung der Mission eine Reihe von Konzeptionen entwickelt, die eine Lösung anstrebten. Die Lehre von der Höllenfahrt Jesu eröffnete die Möglichkeit, die Erlösung derer zu denken, die vor Christus lebten und die er aus der Verwerfung befreite. Die Konzeptionen von der *Bluttaufe,* vom *votum Ecclesiae,* von

---

[82] W. Kern, Außerhalb der Kirche kein Heil?, Freiburg – Basel – Wien 1979.
[83] Zur rechten Interpretation dieser Vorstellung ist dabei jedoch zu beachten, daß gerade in dieser frühen Zeit Kirche nicht einfachhin mit kirchlicher Institution gleichgesetzt war, daß weithin die Vorstellung herrschte, Kirche existierte schon seit Abel und sie umfaßt die Gerechten aller Zeiten. Nach Augustin, der die Vorstellung Cyprians übernahm, gehören viele zur wahren Kirche, die draußen zu sein scheinen, für ihn ist Kirche die mit Gott versöhnte Welt. In diesem Kontext besagt die Formel, daß alle, die im Heil stehen, also alle Gerechten zu allen Zeiten, und auch die heiligen Heiden, die es nach patristischer Überzeugung sehr wohl gibt, zur Kirche gehören und daß außerhalb der Gemeinschaft aller Heiligen kein Heil sei.
[84] Fulgentius, fid. 38,79. Vgl. tzt D5/I, Nr. 68.
[85] DH 875.
[86] DH 1351.

der *fides implicita,* von den *Elementen von Kirche* deuteten in unterschiedlicher Weise eine Hinordnung von Heiden bzw. von Nichtkatholiken auf die katholische Kirche und damit ihre Möglichkeit, das Heil zu erlangen.

In kirchenamtlichen Verlautbarungen wurde formuliert, daß denen, die in unüberwindbarer Unkenntnis hinsichtlich der wahren Religion verhaftet sind, ihr Irrtum nicht als Schuld angerechnet wird[87]. In der Zurückweisung des Quietismus wurde der Satz verurteilt: „Außerhalb der Kirche wird keine Gnade gewährt"[88]. Im Jahr 1953 wurde der amerikanische Jesuit *L. Feeney* wegen seines rigorosen Heilsexklusivismus, demzufolge allein Katholiken und Katechumenen das Heil erlangen könnten, exkommuniziert[89]. Das Zweite Vatikanische Konzil, das über die christlichen Kirchen und kirchlichen Gemeinschaften und über die nichtchristlichen Religionen äußerst positive Aussagen macht und selbst den Atheismus differenziert beurteilt und ihn keineswegs pauschal verwirft, siedelt die Aussage von der Heilsnotwendigkeit der Kirche gleichsam in deren Innenraum an: „Darum könnten jene Menschen nicht gerettet werden, die um die katholische Kirche und ihre von Gott durch Christus gestiftete Heilsnotwendigkeit wissen, in sie aber nicht eintreten oder in ihr nicht ausharren wollten"[90]. Hier wird dieser Satz nicht mehr auf Heilsmöglichkeiten von Menschen außerhalb der Kirche bezogen, sondern als Aussage über die Kirche selbst, ihr Wesen und ihren Auftrag verstanden.

Angesichts derartiger differierender und keineswegs lückenlos harmonisierbarer offizieller Aussagen wurden in der Theologie verschiedene Lösungsansätze entwickelt, die es möglich machen, die biblisch bezeugte Lehre vom allgemeinen Heilswillen Gottes (1 Tim 2,4-6) mit der Stellung Christi im Heilsgeschehen und der Lehre von der Heilsnotwendigkeit der Kirche zusammenzudenken. Diese im einzelnen unterschiedlichen Versuche konvergieren in einer positiven Interpretation des Axioms: „Innerhalb der Kirche Heil". Es wird nicht verstanden als Antwort auf die Frage: „Wer kann gerettet werden?", sondern auf die Frage: „Wer ist beauftragt, den Heilsdienst auszuüben?"[91].

Dabei stellt sich weiterhin die Frage, wie das „Außerhalb" überhaupt verstanden werden kann. Seit Augustins Aussage, daß Kirche die erlöste Welt ist, kann die Zugehörigkeit zur Kirche sehr wohl gestuft oder in konzentrischen Kreisen gedacht werden. Der Mensch, auf den die biblische Botschaft trifft und der eingeladen wird, sich der Kirche anzuschließen, steht dieser nicht fremd oder gar feindlich gegenüber, sondern ist als Hörer des Wortes schon positiv auf sie hingeordnet und damit anonym bereits Christ, auch bevor er sich explizit bekehrt. In manchen missionstheologischen Entwürfen werden die Religionen als ordentliche Heilswege verstanden, während das Christentum als der außerordentliche Heilsweg bewußt macht und explizit glaubt, was Heil bedeutet und wie es den Menschen zuteil wird.[92]

---

[87] Ansprache „Singulari quadam" (9. 12. 1845), zitiert bei W. Kern, a.a.O., 50.
[88] DH 2429.
[89] DH 3867.
[90] LG 14.
[91] So W. Kern, a.a.O. 61 im Anschluß an Y. Congar.
[92] So H. R. Schlette, Die Religionen als Thema der Theologie (QD 22), Freiburg – Basel – Wien 1963.

In einer verantwortbaren Interpretation des Axioms sind mehrere Aspekte festzuhalten: *Theo-logisch* betrachtet, richtet sich der göttliche Heilsratschluß an die Welt als ganze: Gott will, daß *alle* Menschen gerettet werden. Die Ökonomie des Heils umfaßt die Geschichte als ganze und damit alle Zeiten, Völker, Kulturen und Religionen. Innerhalb dieses Heilsplans steht auch die christliche Kirche; sie hat eine stellvertretende Funktion: in ihr soll jetzt schon wirklich sein und durch sie soll vermittelt werden, was der Menschheit als ganzer gilt.

Christologisch ist festzuhalten, daß das Heil durch Jesus den Christus erschlossen wird, die Heilszukunft der Menschheit hat sich in der Auferstehung Jesu schon vorwegverwirklicht und ist in ihr geschichtlich Ereignis geworden. Christus ist nicht nur einer der Propheten, die das kommende Heil ansagen, sondern in ihm ist es Wirklichkeit geworden. Die Exklusivität des Heils bezieht sich also auf sein Erlösungswerk.

Soteriologisch gilt, daß Heil nicht durch menschliche Leistung gemacht, sondern dem Menschen zuteil wird als Geschenk, unverdient und nicht berechenbar. Heil ist nicht abhängig vom menschlichen Tun, sondern von der zuvorkommenden Gnade Gottes. Doch daraus folgt: Aus der Gabe wird die Aufgabe. Das Axiom hat also eine *paränetische* Spitze. Es bringt den Ernst der Glaubensentscheidung zum Ausdruck, vor der jeder steht, dem das Evangelium verkündet wird. Diese läßt nicht Raum für spielerische Unentschiedenheit und die Offenheit aller Optionen, sondern sie verlangt Konkretheit und Engagement.

Ekklesiologisch endlich besagt das Axiom, daß Kirche das Heil zu verkünden und es stellvertretend für Menschheit und Welt, soweit möglich, auch jetzt schon zu verwirklichen hat. Kirche hat einen Heilsauftrag, sie muß ihm gerecht werden. Ihre Gestalt muß so beschaffen sein, daß das Heil sichtbar wird, das sie aller Welt verkündet.

3. Realisierungsformen von Kirche

3.1 Neutestamentliche Ekklesiologien

Für das neutestamentliche *„ekklesía"* verwendet das Deutsche zwei Begriffe, nämlich Gemeinde (früher: Gemeine) und Kirche. Zwischen beiden wird zumeist nicht eindeutig geschieden. Insgesamt hat es sich eingebürgert, den Begriff *Gemeinde* für kleinere Einheiten, z. B. für die Kirche am Ort, die örtliche Gottesdienstgemeinschaft, die Basisgemeinde zu verwenden. *Kirche* bezeichnet dagegen zumeist die übergreifende Größe auf regionaler oder universaler Ebene.

3.1.1 Die synoptischen Evangelien

Die synoptischen Evangelien zeigen Kirche in ersten Ansätzen. Sie blicken aus der Zeit nach Ostern auf den vorösterlichen Jesus zurück, und damit auf eine Zeit, bevor es eine manifeste Kirche gab. Diese ist noch nicht ihr direktes Thema. Andererseits sind die Evangelien in der Situation der entstehenden Kirche geschrieben. Sie stellen die werdende Gemeinde in das Licht und unter die Kritik der Verkündigung Jesu. Die ekklesiologischen Aussagen sind zumeist indirekt.

3.1.1.1 Das Markus-Evangelium

Die Thematik Kirche erscheint im Markus-Evangelium vor allem in der Charakterisierung der Jünger Jesu. Kirche ist die Gemeinschaft derer, die ihm nachfolgen. Was nach Ostern für alle gilt, ist in den Jüngern grundgelegt und wird an ihnen sichtbar. Die Jünger werden, mit ganz wenigen Ausnahmen in den Berufungsgeschichten und mit Ausnahme des Simon Petrus, nicht in ihrer historischen Individualität, sondern in typischen Verhaltensweisen geschildert. Im Blickpunkt steht also nicht das Geschick des einzelnen Jüngers, sondern die allgemeine Frage: *Was macht den Jünger zum Jünger?* An den Antworten kann die entstehende Kirche etwas über sich selbst ablesen: „Sie folgen Jesus nach, sie wenden sich fragend an ihn, sie erhalten besondere Belehrungen und Aufklärungen, sie machen gelegentlich Fortschritte im Glauben, vor allem werden sie als jene geschildert, die die Botschaft Jesu, vor allem seine Person und seinen Weg nur schwer begreifen, die unverständig und verstockt sein können, die vor dem Kreuz zurückschrecken und in der Passion versagen, die es allesamt notwendig haben, in die echte Nachfolge Jesu eingewiesen zu werden, und die am Ende ... nach ihrem Versagen in der Passion von neuem in Gnaden angenommen werden. Diese idealtypische Zeichnung der Jünger verfolgt den Zweck, dem gläubigen und glaubenswilligen Leser gleichsam einen Spiegel in die Hand zu geben. Er soll in den Jüngern sich selbst erkennen, in ihrem Versagen sein Versagen, in ihren Möglichkeiten seine Möglichkeiten"[93]. Was zu Lebzeiten Jesu die Jünger waren, ist jetzt die Kirche.

Verschiedentlich wird berichtet, daß Jesus die Jünger in einem *Haus* um sich schart, nachdem er zunächst in der Öffentlichkeit mit ihnen zusammen aufgetreten war. Das Haus könnte dabei auf das rabbinische Lehrhaus zurückverweisen. Jesus ist der neue Lehrer, der die Seinen in die Schule nimmt. Diese Versammlung im Haus wurde auch als Verweis auf das Bestehen christlicher Hausgemeinden verstanden. Offensichtlich gab es in Rom, das wohl den Hintergrund des Markus-Evangeliums bildet, in der ältesten Zeit schon derartige Hausgemeinden.[94] Dabei wird die Gemeinschaft der Glaubenden als Gegenbild zum patriarchalisch geleiteten antiken Haus dargestellt. „Frauen, Kinder, Diener und Sklaven sind die ... Paradigmen der wahren Nachfolge"[95].

Innerhalb des Jüngerkreises gibt es nach dem Markus-Evangelium *die Institution der Zwölf*. Dieser Kreis wird feierlich konstituiert. Sie werden ausgesandt und haben immer dort eine wichtige Stelle, wo Bedeutsames geschieht. Als Apostel werden sie nicht bezeichnet. Ihre Aufgabe ist definiert als „Mit Jesus sein" (3,14). In dieser Funktion bekommen sie die Befähigung und die Vollmacht, das Gleiche zu tun, was auch Jesus tut: zu verkünden, die Umkehr zu predigen, Dämonen auszutreiben, Kranke zu heilen (6,7-13). Sie stellen die Kontinuität her zwischen dem historischen Jesus und der Kirche. Nach der Erhöhung Jesu setzen sie sein Werk und die Verkündigung seiner Botschaft fort. Dieser Gedanke wird dann bei Lukas weitergeführt. Aus der Berufung und Bevollmächtigung der Zwölf läßt sich bereits das Grundmuster des kirchlichen Amts ablesen: Es geht um die Ausbildung, die Pflege und die Weitergabe der christlichen Tradition im Anschluß an die Jesus-Überlieferung. Die Jünger haben die Aufgabe, Jesu Verkündigung und Werk in Treue weiterzuführen. Im Rahmen der Zwölf spielt Simon Petrus als der exemplarische Jünger dabei eine hervorgehobene Rolle. In ihm verdichtet sich der Auftrag, Garant der Kontinuität zu sein.

Die ekklesialen Elemente im Markus-Evangelium weisen bereits über die Grenzen einer Ortsgemeinde hinaus, sie sind auf Kirche als universelle Größe ausgerichtet.

3.1.1.2 Das Matthäus-Evangelium

Die Gemeinde des Matthäus hat allen Partikularismus überwunden, die Hinwendung zu den Völkern ist vollzogen, die Ablösung von Israel bereits erfolgt. In keinem anderen Evangelium kommt die Auseinandersetzung mit der Synagoge so leidenschaftlich zum Ausdruck wie hier. Die Gemeinden haben sich intensiv um Israel bemüht, jetzt werden dem Judentum schwere Vorwürfe gemacht (13,13 ff; 27,25). Demnach hat Israel seine Rolle als Volk Gottes verspielt. Diese Funktion ist nun auf die Kirche als das Volk Gottes aus den Völkern übergegangen: „Das Reich Gottes wird euch weggenommen und einem Volk gegeben werden,

---

[93] J. Gnilka, Was heißt „Kirche" nach den synoptischen Evangelien?: H. Althaus, Kirche. Ursprung und Gegenwart, Freiburg – Basel – Wien 1984, 11-38, hier 24 f.
[94] H.-J. Klauck, Hausgemeinde und Hauskirche im frühen Christentum, Stuttgart 1981.
[95] S. Wiedenhofer, Das katholische Kirchenverständnis, 101.

das die erwarteten Früchte bringt" (21,43). Der heilsgeschichtliche Epochenwechsel hat stattgefunden. Die Kirche ist also das wahre Israel. Als Erbe Israels ist aber auch die Kirche zutiefst gefährdet. Die Gemeinden des Matthäus haben das Böse in ihren eigenen Reihen erfahren: Die Gleichnisse vom Hochzeitsmahl (22,10-14) und vom Unkraut im Weizen (13,24-30) versuchen, den Einbruch der Sünde in die junge Kirche zu verstehen.

Die innere Ordnung der Gemeinde ist bestimmt durch eine universale Geschwisterlichkeit. Neben der Bergpredigt ist das 18. Kapitel Lehrstück darüber, wie Kirche sein soll. Es beginnt mit der Frage: „Wer ist der Größte?", und in die Mitte wird ein Kind gestellt; es folgt die Warnung vor der Verführung der Kleinen, das Gleichnis vom verlorenen Schaf, die Ordnung der gemeindlichen Zurechtweisung. Durch den gemeinsamen Vater sind alle Christen Schwestern und Brüder, die als solche leben sollen. „Ihr aber sollt euch nicht Rabbi nennen lassen; denn nur einer ist euer Meister, ihr alle aber seid Brüder" (23,8). „Der Größte von euch soll euer Diener sein. Denn wer sich selbst erhöht, wird erniedrigt, und wer sich selbst erniedrigt, wird erhöht werden" (23,11 f). Offensichtlich gibt es schon Ämter, Matthäus lehnt sie nicht ab, aber er warnt vor Titeln und Über- und Unterordnung. Dem ganzen Matthäus-Evangelium liegt eine anti-hierarchische Spitze zugrunde, die in Reformbewegungen immer wieder Frucht trug und trägt.

Im Matthäus-Evangelium begegnet zweimal der Begriff *ekklesía*. Es sind das die einzigen Stellen innerhalb der synoptischen Überlieferung. Matthäus 18,18 regelt die geschwisterliche Zurechtweisung: Erst in letzter Instanz soll ein Fall vor die *ekklesía* gebracht werden. Als Ortsgemeinde hat sie die Vollmacht der Sündenvergebung. Die Verheißung Mt 16,18 beweist die herausragende Stellung des Petrus in dieser Gemeinde. Aber seine Aufgabe ist umfangen von der allgemeinen Mahnung zur Geschwisterlichkeit. Dienst des Felsenmannes und Schlüsselträgers kann es nur sein, ebenso wie die anderen Jünger an das Gebot Jesu zur Demut zu erinnern. Während *ekklesía* in Mt 18,18 als die örtliche Gemeinde erscheint, richtet sich Mt 16,18 bereits auf die Universalkirche. Beide, Ortskirche und Universalkirche, sind *ekklesía* im genuinen Sinn des Wortes.

Als besondere Ämter oder Dienste erwähnt das Matthäus-Evangelium Propheten, Weise und Schriftgelehrte (23,34). Die Weisen und Schriftgelehrten sind als Lehrer oder Katechisten zu denken, wie es sie schon in der synagogalen Gemeinde gab. Gegenüber den christlichen Propheten ist das Matthäus-Evangelium dagegen eher distanziert (7,22 f).

3.1.1.3 Das Doppelwerk des Lukas

Lukas sieht die Kirche in ihrem geschichtlichen Zusammenhang mit Israel. Er beschreibt die fortwährende Bedeutung des Gottesvolkes Israel positiver als Matthäus. Die Kirche konstituiert sich in Jerusalem, die Predigt der christlichen Missionare wendet sich immer zuerst an die Juden. Paulus geht bei seiner Verkündigung zunächst in die Synagoge: „Euch mußte das Wort Gottes zuerst verkündet werden. Da ihr es aber zurückstoßt ... wenden wir uns jetzt an die Heiden" (Apg 13,46). Das Gottesvolk aus den Heiden geht aus dem Gottesvolk der Juden hervor, löst es aber nicht ab. Vom Kreuz herab hat Jesus den Juden das Wort der Versöhnung zugesprochen: „Vater, vergib ihnen, denn sie wissen nicht, was sie tun" (Lk 23,34). Jesus will „nach Lukas keine neue Glaubensgemeinschaft gründen, sondern Israel sammeln", Kirche erscheint als „das durch den Messias angesichts der anbrechenden Basileia gesammelte Israel"[96].

Bei Lukas bekommt die Kirche deutlichere Konturen, weil die Ekklesiologie des Evangeliums durch die Apostelgeschichte fortgeführt wird, die das Entstehen der ersten Gemeinden darstellt. Besondere Bedeutung haben hier die Apostel, an deren Verkündigung die christliche Tradition gebunden wird. Das Zwölferkollegium, das mit dem historischen Jesus zusammenlebte, bekommt nach Ostern die neue Bestimmung als die *„zwölf Apostel"*. Diese waren die ganze Zeit dabei, „als Jesus, der Herr, bei uns ein und aus ging, angefangen von der Taufe durch Johannes" (Apg 1,21 f). Paulus wird nicht als Apostel bezeichnet. Im Prolog zum Evangelium schreibt der Verfasser, er halte sich „an die Überlieferung derer, die von Anfang an Augenzeugen und Diener des Wortes waren" (Lk 1,2). Die christliche Überlieferung wird als apostolisch qualifiziert, die Kirche baut auf der Botschaft der Apostel auf. Diese sind die Brücke der Kontinuität zu Jesus, Prinzip der Tradition und Bürgen der rechten Lehre angesichts aufkommender Irrlehren (Apg 2,42; 20,29).

In den lukanischen Gemeinden zeigen sich deutlichere Amtsstrukturen als bei Markus und Matthäus. Jeder, der die Taufe empfängt, empfängt auch den Geist. Inmitten der gemeinsamen Geistbegabungen aber finden sich schon bestimmte konkrete Aufgaben und Funktionen, die von Presbytern und Episkopen wahrgenommen werden. Die Presbyterialverfassung hat ihr Vorbild in der jüdischen Gemeinde, die Bezeichnung Episkopos geht vermutlich auf die heidenchristlich-paulinischen Gemeinden zurück. Die Begriffe Presbyter und Episkopos bezeichnen dabei das gleiche Amt: Apg 20,17 nennt Älteste, 20,28 betitelt die gleiche Personengruppe als Episkopen. Nach Apg 14,23 bestellen Paulus und Barnabas in den kleinasiatischen Gemeinden Presbyter, die durch Handauflegung, Gebet und Fasten dem Herrn empfohlen werden. Das Sieben-Männer-Gremium wurde durch Handauflegung durch die zwölf Apostel konstituiert (Apg 6,1-7). Die Männer, die diese Aufgabe übernehmen, sind der Tradition der Apostel verpflichtet. Ihre Funktion ist nicht allein die Versorgung der Bedürftigen: Philippus wird Apg 21,8 als Evangelist bezeichnet, bei Stephanus ist die Verkündigungstätigkeit Apg 7 dargelegt.

Das Lukas-Evangelium betont die Aufnahme von Armen, Entrechteten, Verachteten und von Frauen in die Jüngerschaft Jesu (8,1-3). Den christlichen Gemeinden ist die bleibende Aufgabe übertragen, für soziale Gerechtigkeit einzustehen, Not und Armut und Unterdrückung abzubauen. In idealer Weise sieht Lukas dies in Jerusalem verwirklicht, dem Ursprungsort der Kirche: „Die Gemeinde der Gläubigen war ein Herz und eine Seele. Keiner nannte etwas von dem, was er hatte, sein Eigentum, sondern sie hatten alles gemeinsam ... Es gab auch keinen unter ihnen, der Not litt. Denn alle, die Grundstücke oder Häuser besaßen,

---

[96] G. Lohfink, Jesus und die Kirche: HFTh Bd. III, 49-96, hier 64. Lohfink unterstreicht insgesamt die Einbettung der entstehenden Kirche in das Volk Israel: „Das gläubige Israel wird zur Kirche, das ungläubige zum Judentum" (S. 63).

verkauften ihren Besitz, brachten den Erlös und legten ihn den Aposteln zu Füßen. Jedem wurde davon so viel zugeteilt, wie er nötig hatte" (Apg 4,32-35). Die Glaubwürdigkeit des Evangeliums ist wesentlich von der sozialen Praxis der Gemeinde im Geiste Jesu abhängig.

3.1.2 Das Johannes-Evangelium

Im Johannes-Evangelium fehlt der Begriff *ekklesía*. Kirche als solche kommt auch nie ausdrücklich zur Sprache. Dennoch ist sie als Gemeinschaft mit Jesus immer mit im Blick. Dieses Mit-Jesus-Sein durchzieht das ganze Evangelium. Kirche wird dabei greifbar in der Schar der Glaubenden, d. h. derer, die sich im Glauben an Jesus angeschlossen haben (1,12). Sie stehen als Kinder Gottes im Gegensatz zu denen, die Jesus zwar auch gesehen haben, ihm aber nicht nachfolgen. Durch den Glauben als Bleiben in Jesus, als Erkennen und als Frucht-Bringen wird Kirche als Gemeinschaft der Glaubenden konstituiert. Doch daneben gibt es auch noch andere, die glauben, ohne sich ihm als Jünger anzuschließen (4,39); die Jüngerschar ist also offen.

Jesus wirkt nie ohne die Jünger. Sie vertreten die Jüngerschaft zu allen Zeiten. Im irdischen Jesus wird zeichenhaft angedeutet, was im auferstandenen und erhöhten voll offenbar wird. Das gilt auch für die Jüngerschaft: Sie geht über den irdischen Jesus hinaus in die nachösterliche Gemeinde, deren Glieder zurückreichen bis zum irdischen Jesus. Geschichtliche Personen und Vorgänge enthüllen sich immer erst im Horizont der späteren Geschichte. Jüngerschaft und Kirche gehen ineinander über, sie sind durch den Geist füreinander durchsichtig. Die Kirche kann in der Jüngerschaft des irdischen Jesus abgelesen werden.

Paradigma der wahren Jünger, die glauben und dennoch auch voll Unverstand sind, sind *„die Zwölf"*. Sie sind die Jünger schlechthin und damit Repräsentanten der Kirche. Diese ist die Gemeinschaft der Berufenen, derer, die bei Jesus bleiben. Erst am Ende weiß man, wer in Treue ausharrt, wer bleibt und damit zur Kirche gehört. Kirche ist eine unsichtbare Gemeinschaft.

Die Menschen, die Jesus erwählt hat, sind seine Freunde, nicht mehr Knechte. Er spricht sie an als seine Kinder, sie sind die Brüder, oder auch schlechthin die Seinen (13,1). Diese so umrissene Jüngerschaft lebt von ihm: Er macht sie zu Jüngern. Die Bilder vom Weinstock und den Reben (15,1-8) und vom Hirten und der Herde (10,11-16) zeigen, daß sie nicht nur auf ihn verwiesen, sondern ontisch von ihm abhängig sind. Sie leben von ihm, in seiner Liebe sind sie mit ihm und untereinander verbunden. Diese Liebe konstituiert Kirche.

Als der Erhöhte wird Jesus alle an sich ziehen (12,32). Die Jüngerschaft wird zu einer universalen Schar aus allen Völkern. Die innere Einheit der in Gott und Jesus geeinten und einigen Kirche dient der Einheit nach außen, d. h. der Mission. Die Kirche ist eins, damit sich alle als in diese Gemeinschaft aufgenommen verstehen können. Ihre innere und äußere Einheit ist Sinn und Ziel des Werkes Jesu, für dieses Ziel ist er gestorben (11,52). Als Guter Hirte sorgt er dafür, daß es „nur eine Herde und einen Hirten geben" wird (10,16). Jesus betet für die Seinen: „Alle sollen eins sein: Wie du, Vater, in mir bist und ich in dir bin, sollen auch sie in uns sein" (17,21). Universale Einheit ist Kennzeichen der Jüngerschaft, sie ist Zeichen der Erwählung, ihres Charakters als wahre Gottesgemeinde. Diese universale Jüngerschaft hat ihren letzten Zweck darin, daß die Welt zum Glauben komme. „So sollen sie vollendet sein in der Einheit, damit die Welt erkennt, daß du mich gesandt hast und die Meinen ebenso geliebt hast wie mich" (17,23). Die Welt braucht die Einheit der Kirche, damit sie zum Glauben an die Offenbarung und zur Erkenntnis der Liebe Gottes findet. Durch Zwiespalt wird die Kirche unglaubwürdig, vermag sie die Liebe Gottes nicht zum Ausdruck zu bringen. Liebe ist das Grundprinzip von Kirche. Darum sind die Spaltungen, mit denen sich Johannes auseinandersetzen muß, so verhängnisvoll: Sie treffen Kirche in ihrem Wesensgrund.

Neben der Liebe als Grundprinzip der johanneischen Gemeinde spielen Strukturen und Ämter eine nur untergeordnete Rolle. Dennoch gibt es einige Hinweise, die auf amtliche Strukturen schließen lassen. Diese sind angedeutet in der Gestalt des Petrus, der in Konkurrenz steht zu dem „Jünger, den Jesus liebte". Dieser ist der Inbegriff des Jüngers, während Petrus Autorität hat und anfanghaft schon ein Amt ausübt. Die johanneische Gemeinde sieht Kirche primär als spirituelle und charismatische Gemeinschaft.

3.1.3 Die paulinischen Schriften

3.1.3.1 Das Wesen der Kirche

3.1.3.1.1 Die Kirche als Volk Gottes

Die Bezeichnung „Volk Gottes" für Kirche begegnet bei Paulus Röm 9,25 f und 2 Kor 6,16, in alttestamentlichen Zitaten. Die Kirche als *ekklesía* steht *in Kontinuität* mit dem Volk Gottes, das Israel ist. Sie beginnt dort, wo das alttestamentliche Volk Gottes als das wahre Israel, der heilige Rest, seinen Anfang hat. Dessen Fortsetzung ist nun die Kirche aus Juden und Heiden. „Volk" umfaßt alle, die zu Christus gehören, nicht nur die unterdrückte und ausgebeutete Unterschicht, sondern die Gemeinschaft aller Glaubenden. Kirche ist die Erfüllung des alttestamentlichen Volkes Gottes, das Volk Gottes der Endzeit. Das Volk des Alten Bundes, mit dem Gott einen neuen Bund schließen wollte, hat sich in der *ekklesía* verwirklicht, in ihr hat Gott den Neuen Bund geschlossen und schließt ihn immer wieder neu im Herrenmahl (1 Kor 11,25). Dieses *eschatologische Volk* Gottes kann es nur einmal geben. Zwar existieren vielerorts einzelne Gemeinden, aber diese sind jeweils Darstellung des einen Volkes. Paulus bezeichnet mit *ekklesía* zuerst die Einzelgemeinde (Röm 16,1.16.23; 1 Kor 4,17; 6,4 u. ö.) oder die Hausgemeinde (Röm 16,5; 1 Kor 16,19; Kol 4,15). So kann er von den *ekklesíai* im Plural sprechen (Röm 16,4; 1 Kor 11,16; 1 Kor 14,33; 1 Kor 16,1). Aber auch die Gesamtkirche heißt *ekklesía* (1 Kor 10,32. 11,22. 12,28. 15,9; Phil 3,6).

Das Verhältnis von Ortskirche und Universalkirche zeigt sich etwa in der Adresse der Korintherbriefe: „Die Kirche Gottes, die in Korinth ist" (1 Kor 1,2; 2 Kor 1,1). Die Kirche Gottes tritt in der jeweiligen Ortskirche oder Hausgemeinde in Erscheinung. Das Volk Gottes ist in ihnen jeweils präsent. In ihnen ereignet sich Kirche. Dabei bilden alle Kirchen, nicht nur die eines Missionsgebietes, dem Wesen nach eine Einheit. Es gibt eben nicht mehrere Völker Gottes. Die Einzelgemeinde ist jeweils Repräsentantin des Volkes Gottes in der Welt; darum kann sie nur glaubwürdig sein, wenn sie selbst die Einheit wahrt, zu der der Apostel aufruft und mahnt.

Ekklesía ist die Kirche am Ort als *Festversammlung*. Paulus sieht die Adressaten seiner Briefe als das Volk, das sich zum Gottesdienst gerufen weiß und das im Gottesdienst vereint ist. Die Kirche ist heilig, weil sie sich als gottesdienstliche Versammlung konstituiert. Das Wort *ekklesía* bezeichnet im profanen Griechisch die Versammlung der Vollbürger in der antiken Polis. Diese ist nicht ein privater Verein, sondern eine öffentliche Größe. Dieses Verständnis greift Paulus auf. Er sieht die in der *ekklesía* versammelten Gläubigen als „eine Kolonie von Himmelsbürgern"[97]. Sie haben ihre eigentliche Heimat bereits im kommenden Äon, in der himmlischen Wirklichkeit, selbst wenn sie noch in unserer Zeit leben. Kirche ist gleichsam ein Vortrupp, ein Brückenkopf für dieses kommende Reich.

3.1.3.1.2 Kirche als Leib Christi

Das Volk Gottes ist Christus zu eigen. Für dieses Verhältnis der Kirche zu Christus hat Paulus einen eigenen Begriff gefunden: Kirche ist für ihn „der Leib Christi". Dies ist der wichtigste und zentrale paulinische Kirchenbegriff. „Denn wie wir an dem einen Leib viele Glieder haben, aber nicht alle Glieder denselben Dienst leisten, so sind wir, die vielen, *ein* Leib in Christus, als einzelne aber sind wir Glieder, die zueinander gehören. Wir haben unterschiedliche Gaben, je nach der uns verliehenen Gnade. Hat einer die Gabe prophetischer Rede, dann rede er in Übereinstimmung mit dem Glauben; hat einer die Gabe des Dienens, dann diene er. Wer zum Lehren berufen ist, der lehre; wer zum Trösten und Ermahnen berufen ist, der tröste und ermahne. Wer gibt, gebe ohne Hintergedanken; wer Vorsteher ist, setze sich eifrig ein; wer Barmherzigkeit übt, der tue es freudig" (Röm 12,4-8).

Die Herkunft dieser Vorstellung läßt sich zurückverfolgen bis in die altägyptische Märchenwelt. Am bekanntesten ist die Fassung geworden, die bei Livius[98] erzählt ist, um einen Konflikt zwischen dem einfachen Volk in Rom und dem Patriziat beizulegen: Am Bild vom Magen, der den gesamten Körper schädigt, wenn er bestreikt wird, wird verdeutlicht, daß auch für die niederen sozialen Volksschichten die Oberschicht im Volks- und Staatsganzen unentbehrlich ist. Dieses Bild wird in der stoischen Popularphilosophie immer wieder verwendet. Paulus greift wahrscheinlich darauf zurück; dabei liegt ihm vor allem an folgenden Aspekten:

1. Der Gedanke vom Leib Christi soll die *Mahnung zur Einheit* der Gemeinde untermauern (z. B. 1 Kor 12,14-20). In diesem Zusammenhang hat Paulus die stoische Vorstellung übernommen und sie im paränetischen Sinn eingesetzt. Über alle Differenzen hinweg und bei aller Differenzierung in Funktion und Aufgabe gehören alle Glaubenden zusammen. Die Unterschiede werden nicht bestritten, auch nicht getadelt, aber sie sind von einer größeren Einheit umfangen.

---

[97] H. Schlier: MySal IV/1, 156.
[98] T. Livius, Römische Geschichte (Ab urbe condita), Buch II, 32,8-12.

2. Der Gedanke steht in *sakramentalem Kontext*. Der Leib Christi wird Wirklichkeit insbesondere in der Feier der Eucharistie. „*Ein* Brot ist es. Darum sind wir viele *ein* Leib; denn wir alle haben teil an dem einen Brot" (1 Kor 10,17; vgl. 1 Kor 1,13; 12,13). Diese Aussage geht über die stoische Paränese hinaus. Dadurch, daß sie Herrenmahl feiert, wird nach Paulus die Kirche zum Leib Christi. Das ist Seinsaussage, nicht nur Imperativ.

3. Der Begriff Leib ist bei Paulus *auf die Ortsgemeinde bezogen*. Sie erscheint als der Leib Christi, als Gemeinschaft der Glaubenden, die sich zur Feier des Herrenmahles versammeln.[99]

Die Kirche ist nicht nur ein *Leib,* sondern der Leib *Christi,* in ihr ist Christus selbst gegenwärtig. Wenn Christus nach seiner Auferstehung in seinem Geist in der Welt anwesend bleibt, muß er auch einen Leib haben. Diesen Leib bildet die Kirche als die Art und Weise, wie die Existenz Christi in unserer Welt fortdauert. Die Glaubenden bauen den Leib der Kirche auf. Gleichzeitig ist die Kirche aber immer auch schon „vor" ihren Gliedern: Der Leib macht die ihm eingefügten Gläubigen erst zu Gliedern. Der Leib und die Glieder stehen in einem gegenseitigen Bedingungsverhältnis. Die Glaubenden in diesem Leib leben nicht nur miteinander und nebeneinander, sondern füreinander. Sie erfüllen ihr Gliedsein im Leib Christi darin, daß sie einander lieben. Die Kirche ist nach Paulus immer beides zugleich: der durch Christus und in Christus aus vielen Gläubigen geeinte *Leib* und der Leib *Christi*. Sie ist vor dem einzelnen, mehr als die Summe der einzelnen, aber sie ist in den einzelnen Gliedern, als ein soziales Gefüge.

3.1.3.1.3 Die Kirche als Tempel des Heiligen Geistes

Kirche ist bei Paulus Tempel Gottes, Tempel des Heiligen Geistes. Diese Aussage wird vornehmlich in den Korintherbriefen angesprochen, war doch die Gemeinde in Korinth in besonderer Weise charismatisch-geisterfüllt. „Wißt ihr nicht, daß ihr Gottes Tempel seid und der Geist Gottes in euch wohnt? Wer den Tempel Gottes verdirbt, den wird Gott verderben. Denn Gottes Tempel ist heilig, und der seid ihr" (1 Kor 3,16 f).

1. Damit erscheint die Kirche als eschatologische Größe; in ihr sind die Verheißungen des Alten Testaments erfüllt. Die Hoffnung auf die eschatologische Wiederherstellung des Tempels hat eine reiche apokalyptische Tradition. Sie ist in der Kirche in Erfüllung gegangen. Nachdem der Tempel zerstört ist, bzw. nachdem er sich dem Glauben an Jesus den Christus nicht geöffnet hat, erweist sich nun die Kirche als Ort der Anwesenheit Gottes unter den Menschen. In ihr ist der messianische Tempel entstanden.

2. Als Tempel Gottes ist die Kirche der Ort, wo Gott unter den Menschen wohnt. „Wir sind doch der Tempel des lebendigen Gottes; denn Gott hat gesprochen: Ich will unter ihnen wohnen und mit ihnen gehen. Ich werde ihr Gott sein, und sie werden mein Volk sein" (2 Kor 6,16). Kirche ist das Anwesen Gottes, der Ort seiner Gegenwart, an dem er sich rufen und finden läßt.

---

[99] Die Weiterführung, daß auch die universale Kirche als Leib Christi dargestellt wird, kommt erst in den Deuteropaulinen, besonders im Epheserbrief, zum Tragen.

3. Tempel Gottes ist die Kirche durch seinen Heiligen Geist. „Ihm verdankt sich die Kirche, durch ihn erbaut sie sich, er ist der Spender ihrer Gaben und das Lebensprinzip ihrer Dienste und Glieder"[100]. In der Kirche schenkt der Geist die Dienste, die sie zu einem heiligen Leben vor Gott braucht (1 Kor 2,10 ff; 12,4 ff; 2 Kor 3), in ihr erfahren sich die Glaubenden als vom Geist Erfüllte, als Verwandelte. In ihrer Gemeinschaft haben sie Anteil an den Geistesgaben, den Charismen. Wenn ein Fremder und Ungläubiger in ihre Versammlung kommt, „wird er sich niederwerfen, Gott anbeten und ausrufen: Wahrhaftig, Gott ist bei euch!" (1 Kor 14,25).

4. Als vom Geist erfülltes Anwesen Gottes ist die Kirche heilig. Ihre Heiligkeit ist die Heiligkeit Gottes selbst. Darum verträgt sich der Tempel Gottes nicht mit Götzenbildern (2 Kor 6,16), darum müssen Bosheit und Unreinheit aus seiner Mitte ausgeschieden werden (1 Kor 5,7f. 13; 6,9; 2 Kor 6,16 u. ö.). Als Glieder der Kirche werden die Gläubigen selbst „ein Tempel des Heiligen Geistes, der in euch wohnt und den ihr von Gott habt" (1 Kor 6,19).

3.1.3.2 Die Gestalt der Kirche

3.1.3.2.1 Die Kirche als Koinonia (Gemeinschaft)

Der Gemeinschaftsaspekt der Kirche wird bei Paulus auch ausgedrückt durch den Begriff *Koinonia* (lat. communio). Dieser besagt im Neuen Testament zunächst die Gemeinschaft mit Gott und mit Christus. Gott ruft durch Christus die Menschen in Gemeinschaft mit sich, er stiftet im Heiligen Geist die Koinonia. Koinonia bedeutet also zunächst die Gemeinschaft mit Gott, verwirklicht durch das Wort und durch das Sakrament. Koinonia bezeichnet dann aber auch Gemeinschaft zwischen dem Apostel und seiner Gemeinde, zwischen den Ortsgemeinden und innerhalb einer jeden von ihnen. Sie entsteht nicht aus dem menschlichen Bedürfnis nach Geborgenheit, sondern als göttliche Gabe und Geschenk. In ihr und aus ihr wird Kirche zur Gemeinschaft am Evangelium und am Tisch des Herrn.[101]

In der Diskussion nach dem Zweiten Vatikanischen Konzil hat der Koinonia- bzw. der Communio-Begriff erhebliche Bedeutung als Gegenpol zu einer Hierarchologie erlangt. Er soll dartun, daß Kirche als Gemeinschaft existiert, nicht in Unterordnung. Bedeutung hat dieser Ansatz auch im ökumenischen Denken, weil Gemeinschaft nicht Einheitlichkeit bedeutet, und darum Einheit in Vielfalt begründet und Eigenständigkeit und gegenseitige Verwiesenheit zugleich zum Ausdruck bringt.[102]

---

[100] H. Schlier, Ekklesiologie des Neuen Testaments: MySal IV/1, 162.
[101] Siehe hierzu insbesondere J. Hainz, KOINONIA. ‚Kirche' als Gemeinschaft bei Paulus, Regensburg 1982.
[102] Die Vollversammlung des Ökumenischen Rats der Kirchen 1991 in Canberra hat unter dem Titel „Die Einheit der Kirche als Koinonia – Gabe und Berufung" ein Einheitsmodell entwickelt, das die Einheit der Kirchen als Koinonia im Heiligen Geist versteht: Im Zeichen des Heiligen Geistes. Bericht aus Canberra 1991, Frankfurt 1991, 173-176. Die Weltkonferenz der Kommission für Glauben und Kirchenverfassung 1993 in Santiago de Compostela hat in ihrer Sektion I diesen Gedanken aufgegriffen und weitergeführt: G. Gaßmann, D. Heller (Hg.), Santiago de Compostela 1993 (Beiheft zur ÖR 67), Frankfurt 1994, 217 ff.

3.1.3.2.2 Die Erbauung der Kirche

Der Aufbau der Kirche als Leib Christi erfolgt in erster Linie durch das Evangelium. Durch den apostolischen Zeugen wird das Wort Gottes selbst lebendig. Es hat sich in das Menschenwort der Apostel hineinbegeben (1 Thess 2,13). Weil das Evangelium in der Kraft des Geistes ergeht, redet der Zeuge nicht nur über das, was er verkündet, sondern er läßt das, was er bezeugt, selbst zu Wort kommen und gegenwärtig werden. Im Zeugen wird das Zeugnis greifbar. Dieses Wort ist das Heil, das den Leib Christi aufbaut, es spricht nicht nur von ihm.

Zusammen mit dem Wort Gottes bauen bestimmte sakramentale Handlungen und Zeichen die Gemeinde auf. Die Verkündigung gelangt zu ihrem Ziel in der Taufe. Die Getauften sind in Christus als Glieder seines Leibes, sie sind in das Heilsgeschehen des Todes und der Auferweckung Jesu einbezogen (Röm 6,3 ff). Ihnen wird das Siegel Christi eingeprägt, sie werden damit ihm übereignet. Im Herrenmahl wird der Zusammenhang von Leib Christi am Kreuz und Leib Christi in der Kirche anschaulich. Indem im Herrenmahl der Kreuzestod proklamiert und Christus in seinem Kreuzesleib präsent wird, baut er den Leib der Kirche auf. In der Eucharistie ereignet sich Kirche, wird Kirche lebendig.

Wort, Taufe und Herrenmahl bedürfen nach Paulus bestimmter Dienste und Funktionen. Deutlich und greifbar ist bei Paulus nur das Amt des Apostels selbst, die anderen Ämter sind kaum entfaltet. Er selbst tritt seinen Gemeinden mit uneingeschränkter Autorität gegenüber (Röm 15,15-21). Er kennzeichnet sein Amt als Dienst an der Versöhnung der Menschen mit Gott und der Menschen untereinander. Die tiefste Begründung des apostolischen Amtes lautet: „Alles kommt von Gott, der uns durch Christus mit sich versöhnt und uns den Dienst der Versöhnung aufgetragen hat. Ja, Gott war es, der in Christus die Welt mit sich versöhnt hat, indem er den Menschen ihre Verfehlungen nicht anrechnete und uns das Wort von der Versöhnung anvertraute. Wir sind also Gesandte an Christi Statt, und Gott ist es, der durch uns mahnt. Wir bitten an Christi Statt: Laßt euch mit Gott versöhnen!" (2 Kor 5,18-20).

Neben den Apostel treten dessen Mitarbeiter, denen er bescheinigt, daß sie das Werk des Herrn verrichten wie er selbst. Einige von ihnen empfiehlt er den Gemeinden in besonderer Weise. Daneben weiß er auch andere am Werk Gottes beteiligt, die nicht von ihm gesandt sind; deren Rechte will er keineswegs beschneiden. In den Gemeinden gibt es Leute, die sich in die Reihe der Mitarbeiter im Dienst an den Gläubigen einordnen, andere erfüllen ihr Werk im Auftrag der Gemeinde, oder sie treten im Dienst der Gemeinde auf, ohne daß deutlich wird, wie sie zu diesem Auftrag gekommen sind. An der Frage der Amtseinführung war Paulus offensichtlich noch nicht interessiert. Wer etwas in der Gemeinde und für sie zu tun vermag, soll dies auch tun und tun können. Nicht der amtliche Auftrag, sondern die faktische Befähigung steht im Zentrum.

Die Kirche wird nach Paulus auferbaut durch das Wort, die Verkündigung und durch die Sakramente, sowie durch charismatische und amtliche Dienste. Dabei haben Wort und Sakrament ihre Bedeutung und ihren Sinn in sich, die Dienste bestehen dagegen um des Wortes und des Sakramentes willen, sie sind also nicht Selbstzweck.

3.1.3.2.3 Die Glieder der Kirche

Neben den Trägern eines Amtes stehen bei Paulus *die Charismatiker.* Die Kirche ist durchweht von dem Geist, der seine Gaben allen Kirchengliedern mitteilt. Die Charismen werden als selbstverständliche Wirklichkeit vorausgesetzt. Paulus mahnt: „Löscht den Geist nicht aus" (1 Thess 5,19). Die Charismen sind keine vorübergehende Erscheinung; vielmehr leisten sie einen ebenso notwendigen Dienst wie das Amt, verschiedentlich ist das Amt selbst Charisma (1 Kor 12,28 ff). Beide sind von Gott gegeben, um dem Ganzen zu dienen. Die Glieder des Leibes Christi sollen beitragen zur Auferbauung der Gemeinde.[103]

Nach Paulus sind alle Christen Charismatiker, denn alle sind vom Geist erfüllt. Aber jeder hat bestimmte Gaben, und jeder soll seine besondere Gnadengabe in das Ganze der Gemeinde einbringen. Der Geist Gottes, der den Leib Christi beseelt, führt die verschiedenen Fähigkeiten zusammen, um sie zu einem Ganzen aufzubauen. Charisma ist nicht außergewöhnlich oder gar anarchisch. Wo Charismen wirken, bauen sie den einen Leib auf und tragen bei zur *oikodomé* (Aufbau) der Gemeinde. Darin erweisen sie sich als *Geistes*gaben. Ein Charisma ist keine persönliche Auszeichnung, sondern eine Verpflichtung für das Ganze. „Das Charisma unterscheidet nicht innerhalb der Gemeinde zwischen solchen, die es haben, und solchen, die es nicht haben, sondern es unterscheidet die Gemeinde von der Welt"[104].

Durch die Eingliederung in die Kirche werden die Glaubenden in Christus aufgenommen, in die Heilsgeschichte Christi miteinbezogen und bekommen durch ihn Anteil an seinem Sterben und seinem Auferstehen. Christus ist in ihnen lebendig: „Ich bin mit Christus gekreuzigt worden; nicht mehr ich lebe, sondern Christus lebt in mir" (Gal 2,19 f). Darum werden die Glieder der Kirche zu *Heiligen,* sie sind befreit von Ungerechtigkeit und Selbstgerechtigkeit. Sie müssen sich nun nicht mehr selbst rechtfertigen, denn Christus hat ihre Sünde überwunden. Und damit sind sie dem Tod enthoben, den die Sünde mit sich bringt.

Kirche ist für Paulus einerseits vorgegebene Größe, göttliche Stiftung, Geschöpf des Geistes und darum heilig, andererseits existiert sie in ihren sündigen Gliedern, die sie als Volk Gottes auferbauen und die sie als Kirche der Sünder qualifizieren.

---

[103] Der Begriff Charisma wird derzeit weithin im Sinne des Soziologen *Max Weber* verstanden. Er sieht den Charismatiker als Führergestalt, dessen Autorität einzig auf persönlicher Überzeugungskraft aufruht, auf der Faszination, die er ausstrahlt. Es geht Weber um die Frage, wie sich eine Person in ihrer Führerqualität ausweist. Im Unterschied zur legalen und zur traditionellen Herrschaft ist nach seiner Überzeugung Charisma „eine (ganz einerlei ob wirkliche oder angebliche oder vermeintliche) außeralltägliche Qualität eines Menschen", charismatische Autorität „eine (sei es mehr äußerliche oder mehr innerliche) Herrschaft über Menschen, welcher sich die Betreffenden kraft des Glaubens an diese Qualität dieser bestimmten Person fügen" (M. Weber, Gesammelte Aufsätze zur Religionssoziologie Bd. 1, Tübingen ⁴1947, 268 f). Zu diesem Verständnis von Charisma ist zu sagen: Was immer Charisma bei Paulus besagen mag, Herrschaft über Menschen gehört nicht dazu, denn es gibt für Paulus nur einen einzigen Herrn, Jesus Christus. Jede andere Herrschaft, sei sie amtlich oder charismatisch, ist ihm im Bereich des Christentums unvorstellbar (Vgl. H.-J. Klauck, Die Autorität des Charismas: E. Klinger, R. Zerfaß (Hg.), Die Kirche der Laien, Würzburg 1987, 25-37, hier 27).

[104] H.-J. Klauck a.a.O. 30.

3.1.4 Die Kirche in den Pastoralbriefen

Die Pastoralbriefe, also die Briefe an Titus und Timotheus, stammen nicht von Paulus selbst, sondern reflektieren die nachpaulinische Situation in der zweiten oder der dritten Generation. Die eschatologische Spannung hat nachgelassen, die Kirche ist nicht mehr in der Aufbruchssituation.[105] Eine gewisse Ruhe, Gewöhnung und Alltäglichkeit haben sich breitgemacht. Im Zentrum steht nicht mehr das Problem der Entscheidung der ersten Stunde, sondern die Treue im Alltag, im Kleinen, im Selbstverständlichen. An die Stelle der großen Worte des Aufbruchs tritt nun die Frage, wie sich im Alltag, im Beruf, in der Normalität des Lebens christliche Existenz gestalten läßt. Nicht mehr die einmalige Entscheidung, sondern die Gewöhnung ist das Hauptproblem. Das ethische Ideal der Bergpredigt findet nur noch eine gebrochene Widerspiegelung. Das Ideal, das hier verkündet wird, hat man als „christliche Bürgerlichkeit", als christliche Wohlanständigkeit bezeichnet. Die sittlichen Erfordernisse und die Konsequenzen des Glaubens für die Lebensführung, die hier für den Christen und selbst für den Amtsträger aufgestellt werden, unterscheiden sich kaum von dem, was man auch sonst von einem anständigen Menschen erwartet.

Die Kirche hat auf dieser Stufe der Entwicklung eine andere Gestalt angenommen als bei Paulus. Sie erscheint als eine in sich gesicherte, vorgegebene Größe. Sie wird vor allem dargestellt unter dem Begriff des Hauses. Der einzelne kann hineingehen, ohne daß dadurch der Bau als solcher tangiert würde. Kirche ist weithin unbeeinflußt vom Verhalten ihrer Glieder. Sie hat sich eingerichtet. Sie erscheint als „Säule und das Fundament der Wahrheit" (1 Tim 3,15). Aber sie muß sich gegen aufkommende Irrlehren schützen. Sie muß die rechte Lehre weitergeben, muß dem treu bleiben, was ihr selbst zugekommen ist, was sie empfangen hat. Das Evangelium erscheint jetzt als *Lehre*. Damit bekommt der Apostel eine neue und zentrale Funktion. Das apostolische Zeugnis wird zum Fundament der Wahrheit. Dem Apostel ist „das Evangelium von der Herrlichkeit des seligen Gottes" anvertraut worden (1 Tim 1,11). Die apostolische Überlieferung wird zum Muster aller gesunden Lehren und Worte, zum „anvertrauten Gut" (2 Tim 1,12 f). Das Evangelium des Apostels ist die verbindliche Lehre, die nun weitergegeben werden muß.

Der Apostel ist der Herold (kéryx), der Lehrer (didáskalos). Er verkündet und lehrt, er sagt weiter, was ihm selbst übergeben ist. Gegenüber den Irrlehren gilt es, seine ursprüngliche Botschaft festzuhalten. Nicht mehr die freie Verkündigung ist das Gebot der Stunde, sondern das Hüten, Schützen und Bewahren des Glaubens. Die Glaubenslehre wird zu einer Hinterlassenschaft, einem Erbe, zu einem *depositum fidei,* einer *parathéke.* Gottesdienst, die kirchliche Ordnung, kirchliches Leben und Denken unterliegen der apostolischen Anweisung. Die Aufgabe des *Apostelschülers* besteht nicht darin, etwas Neues zu erfinden, sondern die gesunde Lehre weiterzugeben, die er selbst empfangen hat. Sein Amt muß die Weitergabe der Lehre gewährleisten und die Treue zur Überlieferung garantieren. Er wird eingesetzt durch die Handauflegung des Apostels und des Presbyteriums. Dabei

---

[105] Vgl. die Einleitung von N. Brox: Die Pastoralbriefe (RNT 7,2), Regensburg ⁴1969, 9–77.

ist er völlig zurückverwiesen auf das apostolische Amt. Die Lehre, die er vorträgt, ist nicht seine Erfindung, sondern das, was ihm übergeben worden ist (1 Tim 6,2; 2 Tim 2,14). Die Amtsträger sollen nun die apostolische Überlieferung bewahren und auf sie achten: „Halte dich an die gesunde Lehre, die du von mir gehört hast; nimm sie dir zum Vorbild, und bleibe beim Glauben und bei der Liebe, die uns in Christus Jesus geschenkt ist. Bewahre das dir anvertraute kostbare Gut durch die Kraft des Heiligen Geistes, der in uns wohnt" (2 Tim 1,13 f). Es werden ihnen die Grundsätze mitgeteilt, nach denen sie die Gemeinde leiten sollen, und selbst der Lebenswandel des kirchlichen Amtsträgers ist an den der Apostel gebunden: Er hat auf dessen Vorbild und Anweisung zu achten. Seine Amtsführung geschieht als Aktualisierung dessen, was der Apostel vorgelebt hat. Gegenüber den Amtsträgern und ihrer Verantwortung tritt die Gemeinde in den Pastoralbriefen in den Hintergrund. Die Charismen, die bei Paulus eine zentrale Rolle spielen, werden nicht mehr erwähnt.

Diese Gestalt von Kirche, in der eine gewisse Gewöhnung an den Alltag eingesetzt hat, in der die Auseinandersetzung mit Irrlehren im Zentrum steht und die Amtsstrukturen in den Vordergrund treten, hat im weiteren Verlauf der kirchengeschichtlichen Entwicklung mehr und mehr an Bedeutung erlangt.

Dominierende Kirchenbilder in den neutestamentlichen Büchern

Synoptische Evangelien	Kirche ist sichtbar in der universalen Jüngerschaft
Markus	Kirche ist vorbedeutet in der Nachfolge Jesu
Matthäus	Kirche ist als Erbe Israels das wahre Volk Gottes
Lukas	Kirche ist das auf der Basis der zwölf Apostel gesammelte Israel
Johannes	Kirche sind die in der Liebe zu Jesus geeinten Jünger
Paulus	Kirche ist Koinonia als – Volk Gottes – Leib Christi – Tempel des Heiligen Geistes
Pastoralbriefe	Die Kirche bleibt als Haus Gottes in der Treue zur Lehre der Apostel

3.2 Strukturen der Kirche in neutestamentlicher Zeit

3.2.1 Die These von der Geistkirche des Anfangs

Die Erkenntnis der unterschiedlichen Gestaltungsformen von Kirche steht in Spannung zu Tendenzen, diese Vielfalt zu reduzieren und einen einheitlichen, normativen Typus als Ausgangspunkt zu postulieren. Eine derartige Reduktion der Komplexität des biblischen Befundes kann dazu dienen, spätere Gestaltungsformen von Kirche in ihren Ursprung zurückzudatieren und damit zu legitimieren, aber auch, alle Institutionen kritisch zu hinterfragen und als Ausgangspunkt allein eine Geistkirche des Ursprungs zu erkennen, von der Institution, Struktur und Recht als Abfall verstanden werden. Als Modell für diese Geistkirche des Anfangs dient insbesondere die paulinische Gemeinde von Korinth. Durch sie wird oft eine rein charismatische Kirchenordnung legitimiert. Dabei wird das Maß der Institutionalisierung von Kirche zum „Index der Unmenschlichkeit, durch den des Menschen Entfremdung angegeben wird"[106]. *Rudolf Sohm*[107] und *Emil Brunner*[108] setzen eine rein charismatische Liebeskirche des Anfangs in schroffen Gegensatz zur späteren Rechtskirche. In der Ekklesia des Neuen Testaments herrschten nach ihrer Vorstellung allgemeine Liebe und Brüderlichkeit. Die agápe schloß alle Strukturen als dem Wesen Christi und seiner Ekklesia widersprechend aus. Demnach war der Anfang ausschließlich von der personalen Beziehung eines jeden Gläubigen zu Christus und der Glaubenden untereinander bestimmt. Hier gab es kein Amt, keine Lehrautorität, keine Über- und Unterordnung. Alle waren gleich, sie hatten alles gemeinsam, und in der Spontaneität des Geistes sprach jeweils derjenige, dem der Geist zu reden eingab. Aus der neutestamentlichen Ekklesia der ersten Stunde wurde nach dieser These die Kirche. Man wollte angesichts aufkommender Probleme den Ursprung retten, und hat ihn gerade dadurch durch etwas ihm Wesensfremdes ersetzt. Die Kirche hat demzufolge eine 1800jährige Abfallgeschichte hinter sich, ja sie selbst ist der Abfall von der Ekklesia und vom Geist. Die Ekklesia des Ursprungs ist höchstens noch lebendig in manchen Sekten, nicht dagegen in den Großkirchen, die in der Auslöschung des Geistes gründen.

Nach dieser These ist schon im Neuen Testament der Ansatz dazu gelegt, daß aus der Ekklesia des Anfangs Kirche und aus ihr später Großkirche werden konnte. Manche Entwicklung schon im Neuen Testament verrät eine Tendenz hin auf den „Frühkatholizismus"[109], der über die Patristik und die Verbindung mit dem Staat und der Gesellschaft zur Reichskirche des Mittelalters führen sollte. Aber

---

[106] G. Hasenhüttl, Kritische Dogmatik, Graz – Wien – Köln 1979, 169; vgl. auch: ders., Charisma – Ordnungsprinzip der Kirche, Freiburg – Basel – Wien 1969.
[107] tzt D5/II.
[108] tzt D5/II.
[109] Während der Begriff „Frühkatholizismus" beispielsweise bei A. Ehrhard, Urkirche und Frühkatholizismus (1935) einfachhin die Alte Kirche bezeichnet, hat er bei Harnack, Käsemann und insbesondere bei S. Schulz (Die Mitte der Schrift. Der Frühkatholizismus im Neuen Testament als Herausforderung an den Protestantismus, Stuttgart – Berlin 1976) eine pointiert kontroverstheologische Bedeutung. (Vgl. K. Kertelge: HFTh Bd. III, 119 f).

nicht nur der römische Katholizismus, alle Kirchen haben nach dieser Vorstellung mit der Ekklesia gebrochen. Die römische Kirche ist mit ihrem Rechtsdenken allerdings am weitesten gegangen, in ihr ist der Abfall am tiefsten. Die Bedeutung von Dogma, Recht und Amt in der Kirche sind der Maßstab dafür, wie sehr der Geist verdrängt wurde und nun Institution in ihrer Ungeistigkeit und Geistfeindlichkeit herrscht. Durch diese These angefragt gilt es, die neutestamentlichen Gemeinden auf die Bedeutung von Amt und Struktur hin zu befragen.

3.2.2 Die Gemeinde zu Jerusalem

In der Gemeinde zu *Jerusalem* sind die Apostel Leiter und Sprecher. Sie führen die Gemeinde mit der Autorität, die sie aus der Berufung und der Sendung durch Christus und den Empfang des Geistes, also aus ihrem Apostolat, herleiten. Sie wirken Wunder wie Jesus selbst, sie entscheiden mit Autorität die in der Gemeinde auftauchenden konkreten Fragen. In ihrer Vollmacht befinden sie über die Einsetzung einer Gruppe von Sieben, der sogenannten „Diakone", zum Dienst in der Verkündigung und an den Armen. Diese werden von der Gemeinde gewählt und von den Aposteln durch Gebet und Handauflegung in ihren Dienst eingewiesen. Dieser Ritus zur Übertragung von Vollmacht wurde aus dem Judentum übernommen. Wahl durch die Gemeinde und Handauflegung durch die Apostel gehören dabei zusammen.

Als dritte Gruppe sind in Jerusalem die Presbyter (Älteste) genannt. Zusammen mit den Aposteln treffen sie die wichtigsten Entscheidungen. Sie wählen zusammen mit der ganzen Gemeinde Judas und Silas aus, um sie mit Paulus und Barnabas auf Missionsreise zu senden (Apg 15,22), sie versammeln sich zum sog. Apostelkonzil, um die Frage der Zulassung der Heiden und ihre Verpflichtung auf das jüdische Gesetz zu überprüfen (Apg 15,6 ff). Die Presbyteroi sind aus der Synagogenordnung übernommen, wo ein Kollegium der jüdischen Gemeinde vorsteht und in der Synagoge eine leitende Funktion beim Gottesdienst und bei der Auslegung der Thora einnimmt. Die erste Gemeinde der Christen in Jerusalem übernahm diese synagogale Ordnung und setzte sie zunächst fort. Dieses Institut der Presbyter gehört auch über Jerusalem hinaus schon früh zur Grundgestalt christlicher Gemeinden. Zufolge der Apostelgeschichte hat Paulus in den Gemeinden, die er gründete, Älteste eingesetzt zur Führung und Wahrnehmung der anfallenden Aufgaben (Apg 14,23). Das Wort vom Ältesten taucht auf im Jakobus-Brief (Jak 5,14). Im ersten Petrus-Brief bezeichnet sich der Verfasser selbst als „Mitältester" (1 Petr 5,1) und als Zeuge der Leiden Christi. Er ermahnt die Ältesten: „Sorgt als Hirten für die euch anvertraute Herde Gottes, nicht aus Zwang, sondern freiwillig, wie Gott es will; auch nicht aus Gewinnsucht, sondern aus Neigung; seid nicht Beherrscher eurer Gemeinden, sondern Vorbilder für die Herde!" (1 Petr 5,2 f)

In Jerusalem und in den Gemeinden, die diesem Typus folgten, gab es also schon in der ersten Generation *Apostel*, den *Siebenerkreis*, *Presbyteroi*. Wie diese Ämter konkret gestaltet waren, ist nicht auszumachen, genauere Regelungen gab es noch nicht. Deutlicher wird das Matthäus-Evangelium, wo die Kirche als Bruderschaft erscheint, in der alle als Brüder und Schwestern einander in gegenseitiger Unterordnung begegnen sollen. Der Größte ist jener, der wie ein Kind ist. Dies ist die Anweisung für konkrete Amtsführung, ehrsüchtige Titel haben hier keinen Platz. Aber offensichtlich setzt diese Mahnung bereits Ämter voraus.

3.2.3 Die paulinischen Gemeinden

Die paulinischen Gemeinden, insbesondere die Gemeinde von Korinth, gelten als Musterbeispiel für eine charismatische Gemeinde, und darüber hinaus als Typus heidenchristlicher Gemeinden im Unterschied zu den judenchristlichen Gründungen. In ihr scheint die Anarchie des frei wirkenden Geistes zu herrschen, die weder Amt noch Ordnung kennt. Amt und Struktur tauchen erst auf, wenn es um die Kontinuität geht. Die Zeit der paulinischen Gemeinden in Thessaloniki, Philippi und Korinth ist die Epoche der ersten Generation. Hier interessiert nicht das Problem der Dauer, sondern der Neuaufbruch. Paulus ist schon von Natur aus nicht ein Mann rechtlicher Ordnung, sondern ein Mann des Geistes, der ungewöhnlichen charismatischen Begabung, er ist Zeuge eines Pneumas, Missionar. Außerdem rechnete er zunächst mit der baldigen Parusie, so daß keine Notwendigkeit bestand, für die Gemeinden, die er gründete, rechtliche und dauerhafte Ordnungen einzurichten.

Dennoch würde man Paulus mit der These, er wisse gar nichts von Organisation und Amt, nicht gerecht. Zunächst beansprucht er als Apostel selbst ganz fraglos Autorität. Er tut dies als Vater, der diese Gemeinde durch das Evangelium gezeugt hat (1 Kor 4,15). Er weiß sich aufgerufen, Entscheidungen zu treffen und Ratschläge zu erteilen. Ohne seine Autorität ist Gemeinde nicht denkbar. Das Apostolat ist Amt und Vollmacht schlechthin. Daneben hat er Gemeindevorsteher benannt. Schon im ersten Thessalonicher-Brief spricht er von denen, die die Gläubigen im Namen des Herrn leiten und sie zum Rechten anhalten (1 Thess 5,12 f). Offensichtlich ist es schon in Thessaloniki nicht ganz ohne Amt gegangen, nachdem Paulus selbst nur sehr kurz dort hatte bleiben können. In der Grußformel des Philipper-Briefes spricht Paulus zuerst die Gemeinde an. Der Brief ist, wie alle Paulusbriefe, an die Gemeinde als ganze geschrieben: Sie ist Trägerin des christlichen Lebens. In ihr gibt es aber schon bestimmte Verantwortliche, die als Episkopoi und Diakonoi eigens genannt werden (Phil 1,1).

Als Musterbeispiel einer charismatischen Gemeinde gilt Korinth. Im ersten Korinther-Brief wird von verschiedenen Geistesgaben berichtet, die die Gemeinde aufbauen und die in scheinbar chaotischer Spontaneität so wirken, wie es der Geist jeweils eingab. Hier scheint keine Organisation und Institutionalisierung, sondern ausschließlich freie, keiner Regel und keinem Amt unterworfene Geschwisterlichkeit geherrscht und den Aufbau der Gemeinde bewirkt zu haben. Doch dabei ist festzuhalten, daß Paulus unter den Charismen auch die kybérnesis, die Steuermannskunst (1 Kor 12,28), nennt, die offensichtlich der Gemeindeleitung, d. h. der Organisation der Charismen zueinander diente. Allerdings hat diese kybérnesis keine herausgehobene Stellung. Sie ist nicht mit den Ämtern in der Jerusalemer Gemeinde identisch. In der Schlußmahnung des Korinther-Briefes wird den Angehörigen des Stephanas eine Aufsichtsfunktion zugesprochen (1 Kor 16,15 f). Zumindest manche Aufgaben, die hier erscheinen, waren offensichtlich in festem Besitz einer Person und Ursache zu dauernder Betätigung der entsprechenden Gabe. Eine auf Dauer von einer bestimmten Person aufgrund eines Auftrags ausgeübte Funktion ist aber ein Amt. Die kybérnesis, die Steuermannskunst, ist direkt vom Geist verliehen. Bestimmte Leute waren fähig, Gegensätze auszugleichen, zu integrieren, Gemeinsamkeit zu fördern, die Gemeinde anzuregen und neue Ideen in Bewegung zu setzen. Ihr Amt war ein Charisma, es wurde nicht aus Vollmacht verliehen, sondern unmittelbar durch den Geist. In diesem Kontext kann man von einem „Amtscharisma" sprechen. Auch die frühesten paulinischen Gemeinden und selbst Korinth waren also nicht völlig ohne Amt. Auch dort hat Paulus keineswegs alles einfachhin dem freien und spontanen Walten des Geistes überlassen. Nur weil er selbst als Apostel mit Autorität verhältnismäßig lange in Korinth weilte, konnte so etwas wie eine weithin amtsfreie Kirche entstehen. Die Charismen sollten dadurch nicht unterdrückt oder gar ausgelöscht werden. Das Amt kann sie nicht ersetzen, sondern muß sie anregen und zusammenordnen, damit sie die Gemeinde aufbauen. Aber „Gott ist nicht ein Gott der Unordnung, sondern ein Gott des Friedens" (1 Kor 14,33).

Damit ist auch die Gemeinde von Korinth nicht eine völlig strukturlose, autoritätsfreie, rein charismatische Gemeinschaft. Es finden sich auch hier Grundstrukturen von Amt, selbst wenn die Einweisung in dieses Amt wohl durch den freien Erweis des Geistes erfolgte. Sicher hatten die heidenchristlichen Gemeinden andere Amtsformen, als sie in der Jerusalemer Tradition entstanden sind. Die früheste Kirche hat diese verschiedenen Praktiken offensichtlich nicht als sich gegenseitig ausschließend erachtet.

3.2.4 Die Ausgestaltung des Ursprungs

Eine der entscheidenden Taten und Leistungen der ersten Christen war es, daß das Ausbleiben der Wiederkunft Christi zwar zu manchen Problemen, nicht aber zu einer Grundlagenkrise geführt hat. Die ersten Gemeinden erwarteten zunächst die unmittelbar bevorstehende Parusie Christi. Dennoch ist es gelungen, einen Übergang in die spätere Tradition und die weitere Geschichte zu finden. An entscheidender Stelle steht dabei der Ausbau von Strukturen der Kirche, die den Ursprung nicht überdeckt haben, sondern die vermochten, ihn in eine weitergehende Geschichte hineinzuführen.

3.2.4.1 Das Problem der Pseudepigraphie

Als die erste Generation mit den Aposteln als den Erstzeugen und den Propheten verschwunden war, stellte sich notgedrungen die Frage, wie es weitergehen solle, wie das festgehalten werden könnte, was diese verkündet hatten. Angesichts der unabweisbaren Veränderungen wurden die Bewahrung und die Treue zum Ursprung zum Problem. Wie kann in einer grundlegend veränderten Situation die Botschaft in ihrer Identität festgehalten werden? An dieser Stelle entstand die Pseudonymie bzw. die Pseudepigraphie.

Zu einer Zeit, in der die einzelnen Gemeinden ihre Traditionsträger und Gründer als Gewährsleute des rechten Glaubens verloren hatten, konnten die nun Verantwortlichen ihre Aussagen am besten dadurch legitimieren, daß sie mit Nachdruck versicherten, nichts anderes zu tun, als das Werk der Apostel und Propheten fortzusetzen. Wenn sie den Gemeinden Briefe schrieben, dann fertigten sie diese aus auf den Namen des Apostels, der der große Traditionsträger der jeweiligen Gemeinde war. Der Epheser-Brief und die Pastoralbriefe sind so geschrieben, als stammten sie vom Apostel Paulus persönlich. Aber die Analyse ihrer Theologie zeigt, daß sie eine nachpaulinische Besinnung auf die Frage darstellen, was Paulus in dieser konkreten Situation der Gemeinde zu sagen gehabt hätte. Es wird die Person des Paulus in ihrer Autorität festgehalten, und das über seinen Tod hinaus. Es wird gleichsam ein *Amt des Paulus* installiert, denn ein Amt überdauert die Person, ist von ihr letztlich unabhängig und geht weiter, wenn die Person verschwunden ist. Pseudepigraphie zeigt die Absicht: Diese Briefe wollen die apostolische Tradition fortsetzen, sie bauen auf dem Fundament auf, das Paulus gelegt hatte. Die Verfasser dieser Schriften schlüpfen gleichsam in die Person des Paulus hinein.

In dieser Pseudepigraphie steckt im Grunde eine ganze Theologie des Amtes. Die zweite und die folgenden Generationen wollen nichts anderes, als auf dem Fundament weiterbauen, das die Apostel gelegt haben, und sie berufen sich auf die Traditionsträger der ersten Generation. Der neue Gemeindeleiter tritt völlig zurück, er nennt nicht einmal seinen Namen. Er will nur das weitergeben, was Paulus gebracht hat, in einer veränderten Situation das sagen, was Paulus nun gesagt hätte.

Im Epheser-Brief zeigt sich bereits eine Hervorhebung der amtlichen gegenüber den nicht-amtlichen Strukturen in der Gemeinde. Im Zentrum des Amtes stehen Verkündigung, Leitung, Gemeindeaufbau. Die Apostel und die Propheten der ersten Generation sind das Fundament der Kirche (Eph 2,20), auf ihnen ist die Kirche errichtet. An ihre Stelle sind inzwischen die Evangelisten, Hirten und Lehrer getreten (4,11). Sie sind an das apostolische Erbe gebunden, so wie es die Gründer der Gemeinden ihnen vorgelegt haben. Die Frage, wie man Gemeindeleiter wird, also ins Amt kommt, spielt noch keine Rolle. Relevant ist die Frage der Apostolizität als der Treue zum Ursprung, nicht dagegen das Problem der Einsetzung, der Ordination.

Im Laufe der frühchristlichen Entwicklung haben sich die judenchristlichen und die heidenchristlichen Strukturen einander angenähert und sind ineinander aufgegangen. In der Apostelgeschichte beschreibt Lukas bereits, daß Paulus Älteste eingesetzt hat. Apg 20,17 f ist für die paulinischen Gemeinden eine Verfassung vorausgesetzt, die jener der Gemeinde von Jerusalem zumindest sehr ähnlich war. Anstelle der *Presbyteroi* stehen verschiedentlich die *Episkopoi* und *Diakonoi*. Alle diese Ämter erscheinen im Plural, sie sind offensichtlich kollegial und nicht monarchisch strukturiert. Dabei sind die Episkopoi und die Presbyteroi nicht eindeutig voneinander zu unterscheiden. Vielmehr hatte ein Kollegium von Ältesten die Führungsaufgabe in der Kirche. Ihr Dienst wird beschrieben als Weiden der Herde, als Sorge für die Bewahrung, als Schutz für die Glaubenden. Diese Ämter, die unterschiedliche Ausgangspunkte und Herkünfte haben, gehen ineinander über.

Die gesamte christliche Gemeinde zeigt hier noch ein lebendiges Anteilnehmen an den Strukturen der Kirche, an der Ausgestaltung der Botschaft und an der Leitung der Gemeinde. Diese wußte sich als ganze für alle Aufgaben mitverantwortlich. Das ist nicht nur in Korinth so, sondern auch in Jerusalem. Bei der Bestellung des Matthias als Nachfolger des Judas und bei der Bestimmung des Sieben-Männer-Kollegiums findet jeweils eine Wahl statt durch die gesamte Gemeinde. Die Handauflegung durch die Apostel setzt die Zustimmung der Gemeinde voraus. Bei der Aussendung des Paulus und des Barnabas zur Missionsreise war es die Gemeinde von Antiochia als ganze, die diese für ihren Dienst auserwählte und ihnen die Beauftragung erteilte: Die ganze Gemeinde fastete, betete und legte Barnabas und Paulus die Hände auf (Apg 13,3).

In neutestamentlicher Zeit sind die Ämter noch fließend. Es gibt Episkopoi, Presbyteroi, Diakonoi. Alle Ämter treten im Plural auf. Alle haben die Aufgabe, auf dem Fundament der Apostel und Propheten weiterzubauen und die Einheit der Gemeinde zu gewährleisten. Eine hierarchische Über- und Unterordnung ist bestenfalls in Ansätzen auszumachen. Die spätere Entwicklung zu mehr hierarchisch geprägten Strukturen war zweifellos legitim. Das wird in der theologischen Diskussion nicht mehr bezweifelt, die Auseinandersetzung geht vielmehr um die Frage, ob diese Weiterentwicklung die *einzig mögliche* und *einzig legitime* Form gewesen ist. Ist die Tatsache, daß sich die Ämter so entwickelt haben, wie es in der Alten Kirche geschah, so zu verstehen, daß jede andere Entwicklung als illegitim abgelehnt werden muß, oder wären auch andere Ausgestaltungen denkbar gewesen, in denen sich der Ursprung in ebenfalls legitimer Weise hätte weiterentwickeln können? Ist die Normativität des Faktischen so zu werten, daß jede anders laufende Ausformulierung als unstatthaft, weil gegen die Norm verstoßend, entlarvt wäre, oder haben die vielfältigen Ansätze des Anfangs auch späterhin ihr Recht? Dies ist keineswegs eine nur theoretische Frage: Hier entscheidet sich, ob Kirchen und kirchliche Gemeinschaften, die andere Amtsstrukturen entwickelt oder beibehalten haben, als rechte christliche Kirchen verstanden werden können, oder ob sie angesichts der normativen Entwicklung als defizitär abqualifiziert werden müssen.

Der biblische Befund schließt jedenfalls unterschiedliche Ausgestaltungen der Ämter nicht aus.

3.2.4.2 Das Zeugnis der Pastoralbriefe

Timotheus und Titus werden als Schüler, ja als Kinder des Paulus durch den Glauben vorgestellt. Sie wurden durch Handauflegung in eine besondere Verantwortung gestellt (2 Tim 1,6) und zu ihrer Erfüllung mit einer speziellen Gnade Gottes ausgestattet. Sie haben besondere Aufgaben und Funktionen als Vertreter des Apostels zu erfüllen. Sie nehmen apostolische Aufgaben wahr, mit Ausnahme der Augenzeugenschaft, die eine Sache des Anfangs, der ersten Generation ist, und die darum nicht übertragen werden kann. Daneben sind sie Vorsteher und Leiter einer Gruppe von Gemeinden und üben damit eine überregionale Funktion aus (Tit 1,5). Sie erscheinen als Vorsteher eines kirchlichen Bezirks, nicht einer Einzelgemeinde. Daneben waren sie wohl Appellationsinstanz bei Streitigkeiten, die in den einzelnen Gemeinden nicht geschlichtet werden konnten. Beide geben im Auftrag des Apostels konkrete Anweisungen für die einzelnen Stände in der Gemeinde: für Männer, Frauen, Kinder, für Sklaven, in der Situation einer aufkommenden Verfolgung, gegen die nun entstehenden Irrlehren. Hinter dem, was sie sagen, steht die Autorität des Apostels, die im Wort seiner Schüler zum Tragen kommt. Die wichtigste Aufgabe, die sie wahrzunehmen haben, ist die Verkündigung der rechten Lehre. Sie sind dazu eingesetzt, diese getreu zu bewahren und sie weiterzugeben.

Die Amtsstrukturen der Jerusalemer und der heidenchristlichen Gemeinde sind hier völlig verschmolzen. Aus der ursprünglichen Differenz zwischen Presbyteroi einerseits und Episkopoi – Diakonoi andererseits wird die *Ämterdreiheit Episkopoi – Presbyteroi – Diakonoi*. Dabei wird der Begriff Episkopos nun auch im Singular genannt, Presbyteroi und Diakonoi stehen dagegen immer im Plural. Es kann an dieser Stelle offenbleiben, ob sich bereits eine Struktur durchgesetzt hat, wo unter einem Episkopos mehrere Presbyteroi und Diakonoi wirkten, oder ob Titus und Timotheus lediglich als Typen für den Amtsträger schlechthin erscheinen, so daß der monarchische Episkopat auf dieser Stufe noch nicht vorausgesetzt werden kann. Angesichts der Tatsache, daß sich der Monepiskopat erst um das Jahr 150 durchsetzte, spricht vieles für die zweite Interpretation.

Die Einsetzung ins Amt geschieht durch Handauflegung und Gebet, also in Vollmacht, nicht allein charismatisch durch Bewährung und Fähigkeit. Dabei liegt das Interesse nicht bei einer Kette von Handauflegungen, also bei einer apostolischen Sukzession im Amt, sondern allein bei der Identität der Lehre. Der Amtsträger ist um der Lehre willen da, er steht unter dem Wort und wird durch Handauflegung dazu berufen, die rechte Lehre weiterzugeben. Die Amtseinführung ist die konkrete Form, in der die Beauftragung mit diesem apostolischen Amt erfolgt. Die Kette apostolischer Beauftragungen aber scheint noch nicht im Blick zu sein.

Über die konkreten Aufgabenstellungen der einzelnen Amtsträger ist wenig auszumachen, auch das Verhältnis der Ämter untereinander ist noch weithin offen. Die Anweisungen für die einzelnen Stände, die die Pastoralbriefe nennen, sind fast austauschbar. Für den Episkopos, die Presbyteroi und Diakonoi gelten weitgehend die gleichen Anforderungen, und diese gehen kaum über das hinaus, was auch sonst von einem normalen Christenmenschen verlangt wird, ja, was auch ein Nichtchrist durchaus leben kann. Es ist ein Katalog des christlich-menschlich Normalen, des Alltäglichen. Gefordert wird eine ethische Qualifikation, die eine gewisse Führungsqualität und öffentliche Reputation erkennen läßt. Außerordentliche Begabungen werden weder im menschlichen noch im christlichen Bereich vorausgesetzt, vielmehr wird das Humane zu einer Ausdrucksform des Christlichen. Negativ formuliert bedeutet das: Wer als Mensch nicht im Leben steht, wer sich nur auf außergewöhnliche Befähigungen beziehen will, ist keineswegs ein guter Amtsträger.

Die Strukturen der Kirche entwickeln sich im Neuen Testament von einem verhältnismäßig wenig differenzierten Anfang hin auf deutlicher umrissene Ämter. Die unterschiedlichen Gemeindeverfassungen gehen aufeinander zu, beeinflussen und bereichern sich gegenseitig. Dabei ist zur Zeit der Pastoralbriefe die Ämterstruktur noch nicht abgeschlossen. Es gibt aber ein Gefälle, einen Trend hin auf

Amt, und er setzt sich über das Neue Testament hinaus in die Zeit der frühen Kirche fort. Dabei ist es unberechtigt, diese Entwicklung hin auf Amt und Struktur als Abfallbewegung zu verstehen, wie es in der Diskussion um den Frühkatholizismus geschah. Es waren konkrete Herausforderungen an die Christenheit, die Amtlichkeit und Strukturen notwendig machten und aus sich entließen. Amt und Struktur stehen damit in logischer und systematischer Konsequenz der biblischen Botschaft. Wenn die Kirche diesen Weg nicht gegangen wäre, dann wäre wohl vom Enthusiasmus und der Begeisterung des Anfangs nicht viel übriggeblieben. Insofern ist es legitim, diese Ämter und Strukturen als gottgewollt zu bezeichnen und auf Christus zurückzuführen, denn in ihnen und durch sie ist etwas von dem lebendig geblieben, was den Ursprung der Kirche bestimmt. Dabei darf aber nicht übersehen werden, daß es im Neuen Testament auch andere Entwicklungslinien gibt, die nicht in Amtlichkeit und Strukturen einmünden. Das Johannes-Evangelium, das zu den späteren Schichten des Neuen Testaments gehört, kennt dieses Gefälle auf Amt hin nicht; hier sind derartige Strukturen eher vermieden. Es ist also auch nicht richtig zu behaupten, das Neue Testament als ganzes zeige ein solches Gefälle hin auf Amt. Es gibt diese Entwicklungstendenz, sie ist aber keineswegs die einzige, die die neutestamentliche Botschaft bestimmt.

Strukturen und Ämter in der Kirche

Jerusalem	
– Urgemeinde	„Die Zwölf"
– aramäisch sprechend	Apostel, Älteste (= Presbyter)
– griechisch sprechend	„Die Sieben"
Paulus	
heidenchristliche Gemeinden	Apostel, vielfältige Charismen, unterschiedlich benannte Ämter, darunter Aufseher (Episkopen) und Diakone
Deuteropaulinen, Pastoralbriefe	Aufseher (Episkopen), Älteste (Presbyter), Diakone, Lehrer, Propheten (u.a.)
Nachbiblisch, z. B. Ignatius von Antiochien	(Mon-) Episkopos, Presbyter, Diakone

3.3 Das Kirchenbild der Alten Kirche

Die Alte Kirche wird häufig als die klassische Epoche verstanden. In ihr fielen die großen Entscheidungen, hinter die die Kirche in ihrer Geschichte nicht mehr zurück kann. Die einflußreichen theologischen Darstellungen der Ekklesiologie im 19. Jahrhundert *(Ignaz von Döllinger, Johann Adam Möhler)* haben die Kirche der apostolischen Väter, der Märtyrer und Bekenner, der Konzilien der ungeteilten Christenheit als die für die Kirche insgesamt vorbildliche Epoche dargestellt. Selbst wenn eine klassizistische Idealisierung dieser Epoche vermieden werden muß,[110] eignet dennoch der Alten Kirche und ihren Grundentscheidungen dauernde „Normativität und Exemplarität"[111]. Die Gegenvorstellung, nämlich die These vom Frühkatholizismus als Abfall vom biblischen Ideal und der frühkirchlichen Entwicklung als Verrat an der paulinischen Botschaft, ist auch in der evangelischen Theologie einer weitaus positiveren Sicht der Alten Kirche gewichen. Dazu führte nicht zuletzt die Erkenntnis, daß sich die großen Religionsgespräche der Reformationszeit durchwegs mit der Frage beschäftigten, auf welcher Seite die Alte Kirche unverfälscht und getreu bewahrt ist, welche der „Religionsparteien" die Lehre und Praxis der Urkirche repräsentiert. Schon der Begriff der Re-formation enthält den Anspruch, einen Zustand zurückzugewinnen, der als ursprünglich, heil und normativ erachtet wird.

In diesen Jahrhunderten gab es keine explizite Ekklesiologie; dennoch wurde hier Kirche gelebt, und es wurden auch viele Einzelthemen theoretisch erörtert, die sich später im Rahmen der Ekklesiologie niedergeschlagen haben. Sie läßt sich zusammenfassen in dem Begriff: *Kirche als Mysterium.*

3.3.1 Die Kirche als Mysterium

In den ersten christlichen Jahrhunderten wird Kirche in erster Linie als Mysterium, als Geheimnis des Glaubens verstanden. Kirche war vorwiegend Gegenstand der Meditation, weniger der Reflexion. Die Kirchenväter lebten unter dem Eindruck immer wiederkehrender Verfolgungen, äußere Organisationsformen konnten den Bestand der Kirche nicht gewährleisten. Um so mehr sah man sie als Geschöpf Gottes, begründet in seinem Heilsplan, nicht im menschlichen Tun. Dieser Heilsplan Gottes wird biblisch als *Mysterion* bezeichnet.[112] Dieser Begriff umfaßt die Erschaffung der Welt und die Erwählung und Führung des Volkes Israel; Mysterium im eigentlichen und zentralen Sinn ist Jesus der Christus, sein Kreuz und seine Auferstehung, das Wort und die Zeichen, in denen er den Seinen gegenwärtig bleibt bis zur Vollendung im Reich Gottes. In diesem Rahmen wird auch die Kirche als Mysterium bezeichnet, weil sie in Kreuz und Auferstehung gründet, auf das Reich Gottes verweist und es anfanghaft schon realisiert. Als göttliche Stiftung ist auch die Kirche Mysterium. Mit dieser Vorstellung werden biblische Aspekte insbesondere der Deuteropaulinen aufgegriffen: Kirche als der Leib, der Christus zum Haupt hat, als Geistgeschöpf, als Tempel Gottes. Weniger die aktuelle Gemeinschaft der Glaubenden steht im Zentrum der Betrachtung, als vielmehr die von Gott gestiftete, durch sein Wort und Sakrament eröffnete Wirklichkeit. Dabei nimmt in der frühen Kirche die Eucharistie eine zentrale Stellung ein: als Leib Christi gründet Kirche im eucharistischen Leib. Die

---

[110] Siehe P. Stockmeier, Die Alte Kirche – Leitbild der Erneuerung: ThQ 146 (1966) 385-408.
[111] H. Fries, Wandel des Kirchenbildes und dogmengeschichtliche Entfaltung: MySal IV/1 223-285, hier 225.
[112] Vgl. in diesem Werk Bd. III: Sakramentenlehre.

Zeit der Kirche ist Zeit des Herrenmahles, im Herrenmahl findet die Kirche ihre dichteste Verwirklichung, sie gründet in der Feier der Eucharistie und macht als Leib Christi die Gegenwart Christi wiederum erst möglich. Kirche kann damit ohne Eucharistie nicht sein, wo Eucharistie ist, dort wird Kirche lebendig und greifbar. Der Gedanke, daß Kirche als Mysterium im Abendmahlssaal entstanden ist, prägt diese frühchristliche Sicht von der Kirche. Daneben sind es vielfach personale Bilder, die Kirche im Gegenüber zu Christus darstellen: Sie ist die von ihm geliebte Braut, die jungfräuliche Mutter, die zweite Eva, die aus seiner Seite entsprungen ist und die er liebt. Diese Sicht ist vor allem geeignet, die Identifikation des einzelnen mit der Kirche zu ermöglichen, um selbst die Kirche zu lieben – trotz ihrer Mängel. Diese Konzeption ermöglicht eine „emotional verwurzelte Beziehung zur Kirche"[113]. Andererseits steht sie in der Gefahr, die konkrete Realität Kirche spirituell zu übergehen und als zweitrangig abzuwerten.

3.3.1.1 Die Weiterführung biblischer Aussagen

Kirche wurde in der Väterzeit in einer Vielfalt biblischer Bilder und Aussagen beschrieben, die als Ausdruck von Reichtum und Lebendigkeit nebeneinander stehenbleiben.

1. Die Kirche wird bei den Kirchenvätern als *koinonía* (Gemeinschaft) verstanden. Als solche ist sie geprägt von der Gemeinschaft mit Gott, mit dem Geist, mit Christus, gestiftet durch das Wort Gottes und die Sakramente. Sie ist Ikone des dreifaltigen Gottes, als Einheit in Vielfalt Abbild der Gemeinschaft der göttlichen Personen. Während *koinonía* zunächst die Beziehung Gottes zum Menschen bedeutet, wird im abgeleiteten Verständnis auch die Gemeinschaft der Glaubenden als *koinonia* bezeichnet, weil sie die göttliche Trinität abbildet und darstellt. Die durch Gottes Gaben begründete Einheit zwischen den Christen machte alle politischen, sozial-kulturellen und ethnischen Unterschiede sowie alle Differenzen in der Stellung von Frauen und Männern irrelevant. Kirche war Bruderschaft, bestimmt durch die gemeinsame Berufung durch den himmlischen Vater. Sie erschien weniger als institutionelle, genossenschaftliche Größe, vom Willen ihrer Mitglieder abhängig, sondern vielmehr als Wirklichkeit des Glaubens. Sie gründet in der Zuneigung Gottes zum Menschen, nicht im menschlichen Vermögen, ihren Ämtern und Strukturen. Kirche ist Gemeinschaft der Heiligen: d. h. Gemeinschaft mit Gott in seinen heiligen Gaben, besonders der Eucharistie, Gemeinschaft aber auch mit all denen, die im Glauben lebten, über alle Grenzen von Raum und Zeit hinweg.

2. Kirche wurde gesehen als *Volk Gottes*. Zufolge der Didaché (9,4) ist sie die Gemeinschaft, die von Gott aus allen Gegenden der Welt gesammelt wird. Sie ist die Erfüllung dessen, was dem Volk Israel als Verheißung und Auszeichnung mitgegeben war. Kirche ist das Volk Gottes, das in der Berufung lebt, die im Alten Bund dem Volk Israel zuteil geworden war. Als Volk Gottes war Kirche schon in Israel verwirklicht, sie ist *Ecclesia ab Adam* bzw. *ab Abel:*[114] sie lebte in allen Ge-

---

[113] M. Kehl, Die Kirche, 28.
[114] Mit diesem Begriff soll ausgesagt werden, daß die Kirche mit der Menschheit koexistent ist. Die Väter bevorzugen den Ausdruck „ab Abel", weil Abel als der erste Gerechte gilt, während Adam als der Sünder erscheint.

rechten auch schon vor Christus. Verschiedentlich wird Kirche sogar als präexistent vor der Schöpfung gesehen, als das Ziel, auf das hin diese ins Sein gerufen wurde. Die frühchristliche Kunst zeigt Kirche als Greisin, als Ersterschaffene vor aller Schöpfung, um derentwillen die Welt ist. Kirche reicht weit über das hinaus, was an ihr sichtbar und institutionell faßbar ist.

3. Kirche ist *Leib Christi*. Leib ist dabei sowohl die Einzelgemeinde (wie im Römer-Brief und im ersten Korinther-Brief) als auch die Gesamtkirche (wie vor allem im Epheser- und Kolosserbrief). Vor allem der Epheser-Brief bereitete in der frühen Kirche den Weg zum Gedanken des Inneseins der Kirche in Christus, daß sie also durch Wort, Sakrament, Geistesgaben, durch die göttliche Liebe, vor allem aber durch die Eucharistie lebt. Die Kirche als Leib Christi wird durch den eucharistischen Leib genährt, sie lebt aus dem Herrenmahl und findet in ihm ihre dichteste Verwirklichung. Kirche entspringt nach einem verbreiteten Bild aus der Seitenwunde Christi[115], sie gründet im Kreuzesopfer Christi, das im Herrenmahl seiner Gemeinde gegenwärtig bleibt.

4. Die Kirche versteht sich in frühchristlicher Zeit als *Haus* oder *Tempel Gottes*. Sie ist das Gegenbild zum alttestamentlichen Tempel. In ihr gewährt Gott seine besondere Nähe und findet der Glaubende den Zugang zu ihm. Die sich im Gottesdienst versammelnde, in der Erinnerung an Jesus Christus konstituierende Gemeinde nimmt die Stelle des Tempels ein. Der Gekreuzigte und Auferstandene ist in der Gemeinde der Glaubenden dem Menschen zugänglich. Wo Menschen sich um Christus und in seinem Namen versammeln, ist Haus und Tempel Gottes. Deshalb werden die im Laufe der Zeit entstehenden Kultgebäude bis zum fünften Jahrhundert nicht Haus Gottes genannt, denn das ist einzig die Gemeinde, die die Nähe Gottes vermittelt. Als Haus Gottes ist sie Wohnstätte des Geistes und durch den Geist geheiligt.

5. Biblisch begründet ist das Bild von der Kirche als *Braut Christi*. Es greift das alttestamentliche Motiv von der Ehe zwischen Jahwe und seinem Volk auf, drückt die gegenseitige Liebe und gleichzeitig das personale Gegenübersein und die Souveränität Christi gegenüber seiner Kirche aus. Gleichzeitig eröffnet es die Möglichkeit, die Kirche zu lieben, sich mit ihr zu identifizieren. Daneben hat es imperativische, paränetische Kraft. Es zeigt die Aufgabe und die Verpflichtung der Kirche, Gemeinschaft der Glaubenden, Hoffenden, Dienenden, Suchenden und Liebenden zu sein. Das Bild von der Kirche als Braut Christi drückt aber auch die Nichtidentität von Christus und der Kirche aus. Christus ist nicht nur das Haupt des Leibes, er steht der Kirche auch gegenüber. Dadurch wird es möglich, die Kirche auch zu verstehen als Kirche der Sünder.[116] Sie erscheint nicht nur als die heilige Kirche, als die Gemeinschaft der Heiligen, sondern auch als die ungetreue Braut. Beides: liebende Hingabe, aber auch Untreue und Ehebruch kennzeichnen die Kirche und ihr Verhältnis zu Christus.

6. Auch die Vorstellung der Kirche als *Mutter* kann auf biblische Motive zurückgreifen. Sie führt die Menschen durch Wort, Sakrament und Glaube, durch Taufe, Eucharistie und Buße zum Heil, wie eine Mutter ihre Kinder. Als frucht-

---
[115] Als Beispiel siehe tzt D5/I, Nr. 52.
[116] Siehe hierzu unten 3.3.3.2.

bare Mutter ist sie gesegnet durch zahlreiche Nachkommenschaft. Am bekanntesten ist die Aussage von Cyprian von Karthago, daß niemand Gott zum Vater haben kann, der die Kirche nicht zur Mutter hat.[117] Dieses Bild wird seit Ambrosius dadurch weiter ausgestaltet, daß Maria in die ekklesiologische Typologie aufgenommen wird. Wie nach dem Bericht des Johannes-Evangeliums (19,34) Blut und Wasser als Symbole für Eucharistie und Taufe aus der Seite Jesu flossen, geht nun die Kirche in der Gestalt der neuen Eva, nämlich Maria, aus der Seite Christi hervor.[118]

3.3.1.2 Symbolische Ausgestaltungen

Neben den biblischen Aussagen prägen Symbole und Allegorien aus der hellenistischen Philosophie, Mythologie und Religion das Bild der Kirche; sie blieben prägend für die Kirche bis in die Gegenwart.[119] Weit verbreitet war die Vorstellung von der Kirche als „*Mysterium lunae*" (Geheimnis des Mondes). Darin wird ihr Verhältnis zu Christus veranschaulicht: Die Kirche lebt und leuchtet nicht aus eigenem Licht, sondern durch Christus, der ihre Sonne und damit ihr Licht ist. Sie ist die Lichtempfangende, deren Leuchten das Weitergeben eines Empfangenen ist. Sie macht nicht das Licht, sie produziert nicht ihre Botschaft und ihr Heil, sondern sie gibt weiter, was ihr selbst zuteil geworden ist. Wie der Mond in der Nacht, so leuchtet die Kirche in der Finsternis der Unwissenheit, der Schuld, der Verlorenheit. Ihr Schein vermittelt ein mattes und gebrochenes Licht. Während Christus als die Sonne in immer gleichbleibendem Glanze erstrahlt, durchläuft das Licht der Kirche verschiedene, wechselnde Phasen: bald wachsend, bald abnehmend, und zwar sowohl hinsichtlich ihrer räumlichen Ausdehnung wie ihrer inneren Glut. Kirche als Licht kann fast bis zum Erlöschen abnehmen, aber gerade dann beginnt ein neuer Aufgang. Mit diesem Bild wurden Fruchtbarkeitsvorstellungen der Antike umgewandelt und in Dienst genommen, um das Verhältnis von Christus und der Kirche neu zum Ausdruck zu bringen.

Beliebt ist in der Zeit der Kirchenväter das Bild vom *Schiff* auf dem Meer der Welt. Es begegnet in verschiedenen Variationen: im Bild vom Schiff der Kirche, das aus dem Kreuzesholz gezimmert ist, dessen Mastbaum die Figur des Kreuzes bildet und dessen Steuermann Christus ist. Die Kirche als das Schiff ist die neue Arche Noah, sie gewährt inmitten der Sintflut der Zeit und der Welt Geborgenheit, Rettung und Heil. Sie ist heilsnotwendig, durch sie wird den Menschen das Heil zuteil. In der Arche aber sind reine und unreine Tiere – die Kirche ist Kirche der Sünder und der Heiligen zugleich. Seenot ist ihre bleibende Erfahrung, die glückliche Fahrt und das Ziel sind Verheißung, nicht Besitz. Das Schiff ist das des sündigen Petrus, der unter dem Steuermann Christus als Lotse fungiert.

In diesen und anderen Bildern, Typologien und Allegorien, z. B. Kirche als *Paradies*, als *Taube*, als *Rock ohne Naht*, als *Herde*, *Weinberg*, *Acker* oder *Netz* wird mit poetischer und spekulativer Kraft ein Reichtum entfaltet, der die Kirche in ihrer Vielgestaltigkeit und Lebendigkeit zum Ausdruck bringen soll. Dieser Symbo-

---
[117] Unit. eccl. 23: tzt D5/I, Nr. 45.
[118] Vgl. in diesem Band: Mariologie.
[119] Vgl. hierzu H. Rahner, Symbole der Kirche. Ekklesiologie der Väter, Salzburg 1964.

lismus lebt von der Voraussetzung, daß die irdische Kirche Abbild des himmlischen Urbildes ist. Das gilt nicht nur für die Kirche als ganze, sondern auch für ihre Strukturen, Ordnungen und Ämter, die ebenfalls als Abbilder einer himmlischen Ordnung und unsichtbarer, überirdischer Realitäten erscheinen. Die himmlische Wirklichkeit bildet sich in der kirchlichen Wirklichkeit ab, die Kirche ist der Zugang, der den Weg zu ihr erschließt. Darum wird sie in ihrer institutionellen Ordnung analog dazu gestaltet, wie man sich die himmlischen Heerscharen dachte. Die kirchlichen Ämter, die Bischöfe, Erzbischöfe, Patriarchen, Metropoliten sind parallel zu dem, wie man sich den Himmel mit seinen verschiedenen Chören der Engel, Erzengel, Seraphim, Cherubim und was es hier alles an Überlieferungen gibt, vorstellte. Pseudo-Dionysius Areopagita hat ein Bild der Kirche entworfen, das bis ins einzelne in der Kirche das widerspiegelt, was vom Himmel und seinen Ordnungen geglaubt war. Damit bekommen die Strukturen und Ämter der Kirche symbolhafte Bedeutung.[120] Die Entwicklung der Ämter fand in dieser frühchristlichen Epoche einen relativen Abschluß in ihrem normativen Gehalt.

3.3.2 Strukturen der Kirche in nachbiblischen Zeugnissen

Schon in den Zeiten des Neuen Testaments hatte sich die Kirche mit der Problematik entstehender Ämter auseinanderzusetzen. Das blieb auch in der Folge so. Auf der einen Seite ist klar: Ämter müssen sein, und zwar aufgrund der Sendung und des Glaubens der Kirche (vgl. Röm 10,14 f). Diese kann ihre Struktur nicht beliebig entwerfen, sondern muß ihrem Ursprung auch hierin treu bleiben. Andererseits müssen die Ämter so gestaltet sein, daß sie ihrem Auftrag gerecht zu werden vermögen und der *martyría,* der *leiturgía* und der *diakonía* dienen.

Ämter müssen auch um der Gemeinschaft willen sein. Sie schützen den einzelnen vor Willkür. Eine rechte Ordnung hat, biblisch gesprochen, die Aufgabe, der Witwe und dem Waisen zu ihrem Recht zu verhelfen. Sie muß den Schwachen schützen, der sich aus eigener Kraft nicht durchsetzen könnte. Strukturen entlasten den Alltag der Gemeinschaft, die auf bewährte Verhaltensmuster zurückgreifen kann. Sie verhindern Chaos und wahren die Kontinuität mit dem Ursprung.

Aber auch die andere Seite darf nicht verschwiegen werden: Strukturen und Ämter können zum Selbstzweck werden. Dann mindern sie Freiheit, Spontaneität und Gemeinschaftlichkeit und werden Grund von Entfremdung. Nur als Dienst an der Gemeinschaft haben die Ämter ihre Funktion und ihr Recht.[121]

---

[120] Siehe tzt D5/I, Nr. 40.
[121] Dies wird sofort klar, wenn man an die Reformation des 16. Jahrhunderts denkt. Viele Christen vermochten in den Strukturen, der Lebenspraxis und der Verkündigung der Amtsträger von damals das Wesen der Kirche und ihren Auftrag nicht mehr zu erkennen. Als die Reformversuche scheiterten, kam es zur Kirchenspaltung.

3.3.2.1 Der erste Clemens-Brief

Der sog. erste Clemens-Brief an die Gemeinde in Korinth entstand um das Jahr 96. Einige jüngere Mitglieder hatten sich gegen die Presbyter erhoben und sie aus ihrer Stellung verdrängt. Die römische Kirche erhielt davon Kenntnis und richtete daraufhin ein Schreiben nach Korinth, in dem sie darauf bestand, daß diejenigen, die rechtmäßig ins Amt gekommen sind, nicht aus ihrer Verpflichtung und ihrer Vollmacht entlassen werden können.[122] Sie suchte zu vermitteln, ohne daß sie von Korinth darum gebeten worden wäre. Allerdings stellt dieser Brief keine ausdrückliche und autoritative Intervention dar, die rechtlich hätte binden und verpflichten können und wollen. Die Gemeinde von Rom hatte Gewicht und Bedeutung: Sie hatte in ihren Mauern die Apostelgräber, und das verlieh mehr Autorität als die Stellung als Reichshauptstadt. Daneben sind die engen politischen und kulturellen Beziehungen der beiden Millionenstädte Rom und Korinth sicher mit von entscheidender Bedeutung.

Die Vorsteher, um deren Amt es in diesem Brief geht, werden *Episkopoi* und *Diakonoi*, an anderen Stellen zusammenfassend *Presbyteroi* genannt.[123] Sie dürfen von der Gemeinde nicht abgesetzt werden, weil sie ihre Vollmacht nicht von der Gemeinde haben. Vielmehr wurde ihnen ihr Amt von den Aposteln übertragen, die es ihrerseits durch Jesus Christus als Gesandte Gottes erhalten haben. Es leitet sich also in gerader Linie von Christus und über ihn von Gott ab. Aus dieser Beauftragung stammt seine Autorität, darum sind die Amtsträger dem Zugriff der Gemeinde enthoben. Die Apostel wußten, daß in den Gemeinden Probleme entstehen würden, darum haben sie Episkopoi eingesetzt. Wenn ein Episkopos stirbt, muß ein anderer seinen Dienst übernehmen. Dabei sollen die Episkopoi und Diakonoi mit Zustimmung der Gemeinde eingesetzt werden. Wenn dies geschehen ist, dann sind sie nachträglich von der Gemeinde nicht mehr abzusetzen. Wer sein Amt untadelig verwaltet und den Auftrag wahrnimmt, der ihm übergeben wurde, ist unabhängig vom fortbestehenden Willen der Gemeinde.

In dieser Ermahnung ist vorausgesetzt, daß Episkopoi, Diakonoi und Presbyteroi zur normalen und selbstverständlichen Gemeindestruktur sowohl in Korinth als auch in Rom gehören. Es zeigt sich, daß sich auch in der anfangs weitgehend charismatischen Gemeinde von Korinth bald die Ämter herausgebildet haben. Schon gegen Ende des 1. Jahrhunderts ist die Struktur der in den anderen Gemeinden zumindest sehr ähnlich.

Die Amtsbegriffe Episkopoi und Diakonoi werden ebenso wie der korrespondierende Begriff Presbyteroi stets im Plural verwendet. Das bedeutet: Sowohl in Korinth als auch in Rom scheint noch ein Kollegium von Episkopoi der Gemeinde vorgestanden zu haben. Der monarchische Episkopat hatte sich augenscheinlich noch nicht durchgesetzt. Das ist insbesondere von Bedeutung für die Gemeinde von Rom und das Petrus-Amt. Offensichtlich gab es um die Wende vom 1. zum 2. Jahrhundert in Rom noch keinen einzelnen (monarchischen)

---

[122] Daß der Verfasser dieses Briefes Clemens sei, sagt erst Dionysius von Korinth fast hundert Jahre nach der Abfassung des Briefes.
[123] Text griechisch und deutsch: Die Apostolischen Väter. Hg. v. J. A. Fischer, Darmstadt ⁹1986, 24-107, Nr. 42,5; 44,5; 57,1. Vgl. tzt D5/I, Nr. 23.

Bischof, sondern ein Kollegium, das gemeinsam die Episkopé wahrnahm. Clemens als Autor war wohl *ein,* nicht aber *der* römische Episkopos.

3.3.2.2 Die Briefe des Ignatius von Antiochien

Ignatius, Bischof von Antiochien, wurde nach herkömmlicher Interpretation um das Jahr 110 von Syrien nach Rom geschleppt, um dort in der Arena von wilden Tieren zerrissen zu werden. Auf seiner Reise nach Rom schrieb er sieben Briefe[124], die ein bewegendes Zeugnis für die Bereitschaft zum Martyrium, aber auch für die Verfassung der Gemeinden kurz nach der Jahrhundertwende sind. Allerdings sind die Entstehungszeit dieser Briefe und ihre Echtheit umstritten; es wird mit guten Gründen die Meinung vertreten, sie stammten erst aus der Zeit nach 150. Jedenfalls ist in den Briefen vorausgesetzt, daß an die Stelle der alten kollegialen Verfassung der Monepiskopat getreten ist, d. h. der Bischof wirkt als einzelner mit mehreren Presbytern und Diakonen zusammen und leitet so die Gemeinde. Dieser Monepiskopat erscheint in den Ignatiusbriefen als selbstverständliche Einrichtung. Je nach ihrer Datierung wird gefolgert, der monarchische Episkopat habe sich um die Jahrhundertwende aus dem syrischen Bereich kommend durchgesetzt und auch im Westen Schritt für Schritt Fuß gefaßt, oder diese Entwicklung habe sich erst nach 150 vollzogen.

Wichtiger als die Datierung ist die theologische Deutung des bischöflichen Amtes in diesen Briefen. Sie stellen eine geradezu hymnische Lobpreisung des Monepiskopats dar. Das Zusammenwirken von Episkopos, Presbytern und Diakonen wird in vielen Bildern dargestellt, etwa dem einer Zither, auf der alle gemeinsam eine Melodie spielen.[125] Die Einheit der Gemeinde kommt durch die Einheit der Amtsträger zum Ausdruck. Im Zentrum aller dieser Überlegungen steht eine ausgeprägte Theologie des bischöflichen Amtes. Der Bischof hat zwei Funktionen: In ihm wird Christus sichtbar und die Einheit der Gemeinde personal greifbar. Das Urbild der Einheit ist der eine Christus in der Einheit des Vaters mit dem Sohn. Diese ontologische Einheit in Gott muß auch die Gemeinde bestimmen, sie wird in dem einen Bischof anschaulich und greifbar. Darum muß er *einer* sein, seine Gemeinde als einzelne Person leiten und regieren. Der Bischof repräsentiert Christus in der Gemeinde und ihr gegenüber, er steht ihr ebenso gegenüber wie Christus. Er ist in seinem Amt von der Gemeinde nicht abhängig. Er ist nicht durch Delegation oder Wahl allein in dieses Amt gekommen. Vielmehr gilt: Wie der Bischof selbst von Christus getragen wird, so trägt der Bischof wiederum die Gemeinde in die Gemeinschaft mit Christus hinein: „Wo der Bischof erscheint, dort soll die Gemeinde sein"[126]. Einheit der Kirche besagt hier fast ausschließlich die Einheit mit dem Bischof. Die „Ecclesia catholica", wie die Kirche erstmals genannt wird,[127] ist die durch den Bischof und um ihn versammelte,

---

[124] Die Briefe sind gerichtet an die Gemeinden von Ephesus, Magnesia, Tralles, Smyrna, Philadelphia und nach Rom, dazu kommt ein Brief an Polykarp von Smyrna. Text griechisch und deutsch: Die Apostolischen Väter. Hg. v. J. A. Fischer, Darmstadt ⁹1986, 142-225.

[125] Eph. 4,1.

[126] Smyrn. 8,2; tzt D5/I, Nr. 26.

[127] Smyrn. 8,2; tzt D5/I, Nr. 26.

das Herrenmahl feiernde Gemeinde. In dieser Kirche am Ort ist die universale Kirche gegenwärtig und lebendig.

Aus dieser fast mystischen Verankerung der Kirche und ihrer Einheit im Bischof folgt dessen Autorität. Sie besagt: Die Gemeinde darf nichts ohne den Bischof tun.[128] Dieser allein bzw. ein von ihm beauftragter Presbyter ist dafür zuständig, den Gottesdienst zu leiten, die Eucharistie zu feiern, die Sakramente zu spenden. Kirche erscheint hier als „im Bischof geeintes Volk". Der Bischof ist zugleich Quelle, Garant und Instrument der Einheit des Volkes Gottes. Im ignatianischen Bischof vereinen sich geistliche, pneumatische und rechtliche Momente in einer einzigartigen Weise, darum wirken hier die Vollmachten des Bischofs noch nicht absolutistisch, sondern sind getragen von einer großen Verantwortung und einer unbegrenzten Hingabe an seine Gemeinde. Das Leben und das Martyrium des Ignatius sind die Verifikation dessen, was vom bischöflichen Amt geschrieben wird. Natürlich kann eine solche geradezu mystische Einheit des Bischofs mit Christus und mit der Gemeinde die Gefahr mit sich bringen, daß auch berechtigte Einwände, Fragen und kritische Anmerkungen zurückgewiesen und als Verstoß gegen die Kirche und die Einheit der Gemeinde gewertet werden.

In Zurückweisung gnostischer Konzeptionen wird in den Ignatiusbriefen dargestellt, daß der Geist sich verleiblicht, daß er sichtbar wird, daß er gleichsam Fleisch und Blut annimmt, und zwar in der Kirche, die im Bischof konkret sichtbar und greifbar wird. Es ist die gleiche *Leidenschaft,* die die Gnosis verwirft und die reale, im Bischof konkret anschauliche Kirche bejaht.[129] Hier wird geistiges Leben engstens an das Amt, an die Sichtbarkeit, an die Leiblichkeit gebunden. Beide Dimensionen – Verwerfung der Gnosis und Betonung der Sichtbarkeit der Kirche und ihrer Einheit – sind engstens miteinander verflochten, sie stellen *eine* große Bewegung dar. In den Ignatiusbriefen wird geradezu dichterisch besungen, was das Zentrum des christlichen Glaubens ausmacht: die Einmaligkeit einer historischen Gestalt, des Jesus von Nazaret. Dieser wird in der Geschichte reprä-

---

[128] Philad. 7,2; tzt D5/I, Nr. 26.
[129] Siehe die Interpretation durch H. v. Campenhausen, Griechische Kirchenväter, Stuttgart u. a. ⁵1977, 24-31. Die Gnosis erklärte den Inhalt des christlichen Glaubens geistig, spirituell, alles Irdische, Historische, Institutionelle erschien lediglich als Zeichen für ein Höheres. Und dieses Höhere erfahren die Pneumatiker nach gnostischer Vorstellung unmittelbar in ihrem Inneren. Als den Erleuchteten ist ihnen eine höhere Erkenntnis (Gnosis) zuteil geworden, die einen unmittelbaren Zugang zu Gott erschließt. Darum sind sie des Körperlichen, Sichtbaren, Sakramentalen und Institutionellen enthoben. Das Irdische wird von der Gnosis als Verfälschung und Verendlichung des eigentlich und zentral Christlichen angesehen. Wer den Geist erfahren hat, ist frei von der Begrenztheit irdischer Wirklichkeit und institutioneller Vermittlung. Der Gnostiker muß sich demzufolge von aller historischen und geschichtlichen Konkretion lösen und Gott im Geist allein anbeten. Die Gnosis brachte mit dieser Vorstellung eine fundamentale Spaltung in die christliche Gemeinde: Sie unterschied die wahrhaft Erleuchteten, die letztlich über den Glauben und die institutionelle Kirche erhaben sind, von jenen, die noch nicht zur wahren Erkenntnis gekommen sind, die noch glauben müssen, und die auf die Kirche und ihre Vermittlung durch körperliche Wirklichkeiten angewiesen sind. Um der Einheit der christlichen Gemeinde willen mußte die Gnosis bekämpft werden. Sie stand in der Gefahr, letztendlich alles historisch Einmalige und damit auch die Gestalt des Jesus von Nazaret zu verflüchtigen. Im Gegensatz zur Gnosis vertrat die Großkirche die Lehre von der Sichtbarkeit, der Leiblichkeit, der historischen Einmaligkeit und der institutionellen Vermitteltheit des Geistes.

sentiert und sichtbar gemacht in wiederum konkreten, historischen Gestalten, in den Bischöfen. Das Christentum ist eine konkrete historische Realität, nicht eine überzeitliche Lehre. Die Botschaft ist immer nur im Boten anwesend, das Zeugnis läßt sich vom Zeugen nicht trennen: Der Zeuge schlechthin aber ist nach den Ignatiusbriefen der Bischof.

Diese Konzeption hat die weitere Entwicklung der Kirche und des Amtes, vor allem des bischöflichen Amtes, fundamental bestimmt. Welche Bedeutung diese Ideen gewonnen haben, zeigt sich nicht zuletzt in Johann Adam Möhlers Werk „Die Einheit in der Kirche"[130]. Möhler hat im Anschluß an Ignatius die Einheit der Kirche als Einheit mit dem Bischof verstanden. Die Bewegung geht von innen nach außen: Kirche ist die Verleiblichung des Geistes, die Konkretisierung dessen, was der Geist gebracht hat. Der Geist wirkt dabei in vielgestaltiger Form. Mannigfaltigkeit und Gegensätzlichkeit der Charismen sind Ausdruck des geistigen Lebens, das die Kirche bestimmt. Jeder Gläubige hat seine individuellen Gaben und muß sie bewahren. Die Einheit aber wird von denen verletzt, die in ihrem Egoismus nur sich selbst im Auge haben. Das Organisationsprinzip, das die Vielgestaltigkeit zur Einheit und Gemeinschaft sammelt, sieht Möhler im Anschluß an Ignatius im Bischof, dem Kollegium der Bischöfe und dem Bischof von Rom als hierarchischer Spitze. In dieser Sicht erhielt das bischöfliche Amt eine gewaltige theologische Aufwertung. Der Bischof ist demzufolge die anschaulich gewordene Vereinigung der Gläubigen an einem Ort, er ist die persongewordene Liebe der Gläubigen zueinander, die Manifestation und der lebendige Zentralpunkt der nach Einigung strebenden Christengesinnung. Der Bischof ist die zum Bewußtsein ihrer selbst gekommene Liebe der Christen, er ist das Mittel, diese festzuhalten und sie zu verwirklichen. Natürlich hat Möhler mit dieser Beschreibung nicht einfachhin eine Charakterisierung der Bischöfe seiner Zeit geben wollen, sondern über das Amt als solches theologisch reflektiert. Damit wurde diesem höchste Autorität zugesprochen. Die Aussage: „Wo der Bischof ist, da ist auch die Kirche", oder: „Kirche ist ein im Bischof geeintes Volk" ist nicht eine Zustandsbeschreibung, sondern vor allem eine Forderung. Hier stellt sich allerdings die Frage, ob ein solches Modell von Amt überhaupt noch konkret gelebt werden kann. Selbst wenn dieses Wirken in die Kraft des Geistes zurückgebunden ist und nicht einfachhin nur menschliche Aufgabe bedeutet, wird dennoch jede konkrete Amtsführung an diesem theologischen Anspruch gemessen und ihm notwendigerweise nicht entsprechen können. Wenn das Amt von seinem Gehalt her so aufgeladen ist, erscheint es als nicht mehr lebbar.

Der Brief an die Christengemeinde in Rom ist auch im Rahmen der Diskussion um den päpstlichen Primat von Bedeutung. Ignatius spricht einerseits der Gemeinde von Rom einen gewissen, im einzelnen schwer deutbaren Vorrang zu.[131] Andererseits wird im Brief an die Römer kein monarchisch regierender Bischof angesprochen. Angesichts der Bedeutung, die das bischöfliche Amt für Ignatius hat, läßt sich das schwerlich als Zufall oder bloße Auslassung verstehen, sondern

---

[130] J. A. Möhler, Die Einheit in der Kirche oder das Prinzip des Katholizismus. Hg. v. J. R. Geiselmann, Köln-Olten 1956, 167-193; vgl. tzt D5/II.
[131] Rom., praescr.; vgl. tzt D5/I, Nr. 26.

zeigt, daß damals in Rom der Übergang vom kollegialen zum monarchischen Episkopat noch nicht stattgefunden hatte. Alle Gemeinden in Kleinasien, die Ignatius angeschrieben hat, kennen den einzelnen Bischof, und Ignatius spricht ihn jeweils direkt an; die Kirche Roms dagegen nicht.

3.3.2.3 Das Problem von Tradition und Sukzession

Aus der bisherigen Darstellung ist deutlich geworden, daß für die Alte Kirche angesichts der offensichtlichen Veränderungen, die mit dem Eintritt der christlichen Botschaft in den Raum des Hellenismus verbunden waren, die Frage der Ursprungstreue außerordentlich wichtig war. In der Theologischen Erkenntnislehre wurde unter dem Kennwort *Tradition* gezeigt, daß es sich dabei um eine Angelegenheit handelt, die für die Kirche immer bedeutsam bleibt.[132] Es geht dabei um die Treue zu ihrem Wesen selbst, die schon im Neuen Testament an die Verkündigung der Apostel gebunden und in der Folgezeit mit dem Begriff der *Apostolizität* umschrieben wird.[133]

In der Alten Kirche entstand, wiederum in Auseinandersetzung mit der Gnosis, das Problem, die apostolische Tradition aufzuweisen und sie von abweichenden Überlieferungen zu unterscheiden. Die Gnostiker berufen sich auf angebliche geheime Überlieferungen der Apostel, die ihre eigenen Vorstellungen bestätigten. Aber wie sollte man das überprüfen? *Tertullian* und vor allem *Irenäus von Lyon* entwickelten die Konzeption der *apostolischen Sukzession,* um diese Frage zu beantworten. Wie die Pastoralbriefe im Neuen Testament bezeugen, bestellten die Apostel durch Gebet und Handauflegung Nachfolger, damit sie die rechte Lehre unverfälscht tradieren sollten. Diese Apostelschüler haben ihrerseits durch Handauflegung und Gebet Amtsträger eingesetzt, ebenfalls mit dem Auftrag, die rechte Lehre zu verkünden. Daraus folgerte Irenäus: Wo eine ununterbrochene Kette von Amtsnachfolgern vom heutigen Bischof zurück bis zu den Aposteln nachgewiesen werden kann, dort ist die Gewähr gegeben, daß hier und heute die apostolische Tradition lebendig geblieben ist. Der rechte Glaube ist also anhand der Bischofslisten jederzeit überprüfbar. Die Kirche bleibt in der Lehre der Apostel durch die Nachfolger der Apostel, die lückenlose Amtsnachfolge ist der Erweis ungebrochener apostolischer Überlieferung. *J. Ratzinger* hat diese sachlich-personale Form des Glaubens mit der Formel beschrieben: „Nachfolge ist die Gestalt der Überlieferung. Die Überlieferung ist der Gehalt der Nachfolge"[134].

Schon die Alte Kirche mußte freilich bald erkennen, daß die Sukzessionskette allein noch keine Garantie für den wahren Glauben bildet. In den christologischen Auseinandersetzungen standen bald Bischöfe gegeneinander: Obwohl allesamt legitime Apostelnachfolger, bestritten sie einander die Rechtgläubigkeit, d. h. die Apostolizität der Lehre. Welche zusätzlichen Kriterien lassen rechte apostolische Tradition und Irrlehre voneinander unterscheiden? Drei Lösungsmöglichkeiten bietet die Alte Kirche an:

---

[132] Vgl. dazu in diesem Werk Band I: Wesen und Erkenntnisprinzipien der Dogmatik.
[133] Vgl. unten 3.3.3.4.
[134] J. Ratzinger, Primat, Episkopat und successio apostolica: ders., K. Rahner, Episkopat und Primat (QD 11), Freiburg – Basel – Wien ³1963, 49. Zur Interpretation vgl. auch H. Fries, Fundamentaltheologie, Graz – Wien – Köln ²1985, 442.

1. Kanontreue: Rechte Kirche ist dort und nur dort, wo die Botschaft des Neuen Testaments unverfälscht verkündet wird.

2. Romtreue: Am Ursprung der römischen Gemeinde stehen gleich zwei Apostel, Petrus und Paulus.[135] Wer also mit dem Glauben der Kirche von Rom übereinstimmt, bietet alle Gewähr, im wahren Glauben zu stehen.[136]

3. Konzilientreue: Wenn die Bischöfe den wahren Glauben repräsentieren, kann dieser dort am deutlichsten festgestellt werden, wo alle Bischöfe als Zeugen des Glaubens ihrer Kirchen und zur Erörterung des Glaubens der Gesamtkirche zusammenkommen, also auf Synoden und Konzilien.[137]

3.3.3 Die Notae Ecclesiae

Seit dem Konzil von Konstantinopel (381) bekennt die Christenheit in ihrem Glaubensbekenntnis: „Wir glauben (die) eine, heilige, katholische und apostolische Kirche".

3.3.3.1 Die Einheit der Kirche

1. Einheit als vorgegebene Wirklichkeit

Das Credo bekennt die Kirche nicht deswegen als eine, weil die Gläubigen die Einheit so treu bewahrt hätten, sondern weil sie von Gott als eine gestiftet und in ihrer Einheit gewollt ist. Einheit ist nicht ein bloß protokollarisches Attribut der Kirche, sondern sie gehört zu ihrem Wesen. Die Kirche ist dadurch eins, daß sie in Einheit mit Gott steht. Einheit ist also zunächst nicht eine empirisch erhebbare Wirklichkeit, sondern eine theologische Qualität. Sie besagt die Übereinstimmung der Kirche mit der Stiftung Jesu Christi, so wie er sie gewollt hat. Wenn sie diese Einheit preisgeben würde, würde sie aufhören, Kirche zu sein. Das Wort von der Einheit der Kirche richtet sich mithin zunächst nicht auf ein ausständiges Ziel, sondern auf ihren Ursprung, die Treue zur göttlichen Stiftung. So stellen vor allem das Johannes-Evangelium, aber auch die paulinischen Briefe die Einheit als Wesensmerkmal von Kirche dar.[138] Einheit ist der Beweis dafür, daß die Kirche mit dem göttlichen Willen übereinstimmt. Damit wird die Einheit der Christen untereinander zusätzlich dringlich. Wenn diese nicht gewahrt ist, wird ihre Einheit mit dem Ursprung und damit ihre Wahrheit verdeckt.

Kirche ist einig, weil sie aus dem Wort Gottes lebt, sein Wort hört und es empfängt, weil sie die heiligen Zeichen vollzieht, die Gläubigen tauft und das Herrenmahl feiert. Insbesondere im Herrenmahl wird die Einheit der Kirche dargestellt und verwirklicht. Die Kirche existiert aus dem Herrenmahl, in der Feier der

---

[135] Nach manchen Traditionen sogar drei, nämlich neben Petrus und Paulus auch Johannes.
[136] Dies ist der Ansatz bei Irenäus von Lyon, der die Nachfolge in Rom exemplarisch für die Apostolizität benennt (siehe unten 4.6.2).
[137] Die Alte Kirche bevorzugte diese Lösung. Im Westen verband sich damit die Idee der Romtreue: Die Bischöfe handeln erst dann wirklich kollegial, wenn sie mit dem Bischof von Rom verbunden sind.
[138] Siehe hierzu oben 3.1.2; 3.1.3.

Eucharistie wird ihre Einheit jeweils neu aktualisiert. Damit wäre es nicht legitim, die Einheit der Kirche von der Feier des Herrenmahls grundsätzlich zu trennen. Beides, Herrenmahlfeier und Kircheneinheit, gehören untrennbar zusammen.

2. Einheit als Gemeinschaft

Die Kirchenväter sahen die Einheit der Kirche in der Einheit des dreifaltigen Gottes grundgelegt.[139] Will man verstehen, was damit gemeint ist, muß man auf die Trinitätstheologie zurückgreifen.[140] Die Einheit Gottes ist so gegeben, daß die einzelnen Personen relational je auf die anderen bezogen sind. Einheit ist unter dieser Perspektive also nicht monolithische Einheitlichkeit, sondern Einheit in Gemeinschaft. Größtmögliche Einheit realisiert sich in Gott in größtmöglicher Verschiedenheit, ja Gegensätzlichkeit. Wenn nun die Einheit der Kirche in der Einheit Gottes wurzelt und Kirche Abbild des dreifaltigen Gottes ist, ergibt sich: Ähnlich wie der *eine* Gott in der Bezogenheit der drei Personen west und lebt, so lebt und west die *eine* Kirche als Gemeinschaft der Ortskirchen und leben diese im Zusammenspiel der vielen Charismen ihrer Glieder. Daraus folgt:

1. Die Gemeinschaftlichkeit der Kirchenglieder ist ein Wesenselement der Kirche. Glaube ist nur in der Gemeinde möglich. *Ein* Christ ist *kein* Christ.

2. Zum wesentlichen Vollzug von Kirche gehört der Dialog. Die Charismen, die Glaubenserfahrungen, die Einsichten aus christlichem Leben können der Kirche als ganzer nur dienlich werden, wenn sie einander vermittelt werden. In der Alten Kirche suchte das Institut der Synoden und Konzilien dem gerecht zu werden: Streitfragen wurden nicht durch die einsame Entscheidung von Kaiser oder Papst gelöst, sondern durch den Konsens aller, die den Glauben ihrer Kirchen bezeugten. Das Zweite Vatikanische Konzil hat aus ähnlichen Erwägungen die Kollegialität der Bischöfe (zu denen maßgeblich der römische Bischof gehört) neu ins Gedächtnis gerufen.

3. Die Übereinstimmung der Glaubenden (consensus fidelium) ist ein wesentliches Moment im Leben der Kirche[141], sie darf bei der Wahrheitsfindung und der Willensbildung nicht außer acht gelassen werden.

4. Eine statisch-zentralistische Form des Kirchenregiments fördert nicht die Einheit der Kirche, die das Credo bekennt. Diese ist von gemeinschaftlich-kollegialer Struktur, nicht monarchisch bestimmt.

3. Der ökumenische Auftrag der Kirche

Die Einheit der Kirche ist Glaubensaussage. Sie ist von Gott vorgegeben. Das schließt nicht aus, daß aus der Gabe eine Aufgabe wird. Die von Gott gestiftete Einheit nimmt die Gläubigen in die Pflicht, sie historisch und institutionell kon-

---

[139] Vgl. die Zusammenfassung patristischer Aussagen, die in LG 4 die Kirche als Ikone des dreifaltigen Gottes darstellen: Kirche ist „das von der Einheit des Vaters und des Sohnes und des Heiligen Geistes her geeinte Volk" (nach Cyprian von Karthago). Siehe ferner UR 2: „Höchstes Vorbild und Urbild dieses Geheimnisses (der Kirche) ist die Einheit des einen Gottes, des Vaters und des Sohnes im Heiligen Geist in der Dreiheit der Personen".

[140] Vgl. in diesem Werk Bd. I: Gotteslehre, Der dreieinige Gott.

[141] Vgl. in diesem Werk Bd. I: Wesen und Erkenntnisprinzipien der Dogmatik.

kret werden zu lassen. Damit sind die Kirchen aufgerufen, die Spaltung der Christenheit zu überwinden. Ökumene ist ihr Auftrag. Wer sich gegen die Einheit verfehlt oder wem die Einheit der Kirche gleichgültig ist, verstößt gegen das Gebot des Herrn. Visser't Hooft, der wohl bedeutendste Pionier des ökumenischen Gedankens im 20. Jahrhundert, hat diese Idee so vorgetragen: „Es gibt nur ein Motiv, das der (ökumenischen) Bewegung wirkliche Kraft und Unabhängigkeit verleihen kann, nämlich daß die Gemeinschaft zum Wesen der Kirche selbst gehört und daß Spaltung in jeder Form Gottes Plan für sein Volk verdunkelt ... Die Kirche braucht Gemeinschaft, nicht weil das nützlich, wünschenswert oder angenehm ist, sondern weil die Gemeinschaft zum Wesen ihres Lebens gehört".[142]

In Mißachtung des Gebotes des Herrn sind die Kirchen uneins. Sie sprechen sich gegenseitig die rechte Form des Christlichen ab, schließen sich gegenseitig aus („exkommunizieren" sich). Zwar sind sie heute im Umgang miteinander zumeist freundlich, Begriffe wie „Häretiker" und „Schismatiker" sind weithin verschwunden. Aber wenn der Kern der Kirchentrennung berührt wird, sind nach wie vor die alten Verurteilungen in Kraft.[143]

Nachdem sich zwischen den Kirchen erhebliche Annäherungen vollzogen haben, ist es üblich geworden, die Kirchentrennung primär geschichtlich zu begründen: Was in Jahrhunderten der Gespaltenheit und der gegenseitigen Verwerfung erwachsen ist, lasse sich nicht mit einem Federstrich beseitigen. Es trennt eine jahrhundertelange Entwicklung, in deren Verlauf sich die Kirchen einander entfremdet haben. Nur mit einem langen Atem und in Geduld könne aufgearbeitet werden, was sich im Laufe der Geschichte angesammelt hat.

Eine derartige Argumentation ist nur schlüssig, wenn die Kirchentrennung verharmlost und durch freundliche Worte scheinbar erträglich gemacht wird. Man darf sich an einen Zustand nicht gewöhnen, der der Stiftung Jesu und dem Wesen der Kirche entgegengesetzt ist: an die Spaltung ebensowenig wie an eine Häresie oder an den Bruch mit dem apostolischen Ursprung. Einheit gehört so wesentlich zur Kirche und ihrem Auftrag wie Rechtgläubigkeit und Apostolizität. Auch eine jahrhundertelange Geschichte vermag nicht zu legitimieren, daß Kirchen sich gegenseitig ausschließen, sich im Grunde also ex-kommunizieren. Das weiß die Theologie: Eine ungerechte Exkommunikation schädigt nicht den Betroffenen, sondern den, der sie verhängt und an ihr festhält. Wenn nicht unabweisbare Gründe des Glaubens oder der Lebensführung dazu zwingen, jemandem oder einer bestimmten Personengruppe die kirchliche Gemeinschaft abzusprechen, ist eine Trennung nicht zu rechtfertigen. Dabei gilt: „Nicht die Einheit bedarf der Rechtfertigung, sondern die Trennung", und dies „in jedem einzelnen Fall"[144]. Einheit der Kirche ist eine Forderung an alle, die in der Kirche und mit ihr leben.

Die ökumenische Bewegung der Gegenwart ist aus dem Missionsgedanken entstanden. Die Weltmissionskonferenz in Edinburgh (1910) war bestimmt von dem Bewußtsein, daß missionierende Kirchen, die sich gegenseitig die rechte Form des

---

[142] W. A. Visser't Hooft, Ökumenischer Aufbruch, Hauptschriften Bd. 2, Stuttgart – Berlin 1967, 211.
[143] Vgl. oben (1.4.3.4.)
[144] J. Ratzinger, Theologische Prinzipienlehre, München 1982, 213 f.

Christlichen absprechen, kein überzeugendes Bild zu vermitteln vermögen. Die Kirchentrennung beeinträchtigt die Glaubwürdigkeit der christlichen Botschaft zutiefst. Dies gilt nicht allein für die Missionsländer, sondern ebenso in Europa und in Nordamerika. Dies ist ein zweites Motiv für die ökumenische Verpflichtung. Die konfessionelle Spaltung ist zu einem guten Teil dafür mitverantwortlich, daß Christentum und Kirche an Bedeutung und an Glaubwürdigkeit verlieren. Die Entfremdung vieler Menschen von den Kirchen im Verlauf der neuzeitlichen Geschichte, die weitgehende Entchristlichung des öffentlichen und vielfach auch des privaten Lebens muß als Folge der Unglaubwürdigkeit der einander ausschließenden Konfessionskirchen begriffen werden, die gegenseitig den Anspruch erheben, die einzige Kirche Christi zu sein. Die Kirchenspaltungen des 16. Jahrhunderts und die Religionskriege des 16. und 17. Jahrhunderts haben es den Menschen in den konfessionell gemischten Territorien auferlegt, daß sie ihr Zusammenleben auf einer Basis aufbauen mußten, die von konfessionellen Gegensätzen unberührt geblieben ist. Das Christliche konnte nicht mehr gemeinsam formuliert werden und schied damit als Basis der Gesellschaft aus.[145] Eine Einheit im gesellschaftlichen Bereich ließ sich nur unter Ausklammerung der konfessionellen Gegensätze und damit unter Absehung vom Christlichen überhaupt finden. Religion hatte ihre Integrationskraft verloren. „Um des Friedens willen mußte man die Religion zur Privatsache erklären und als neue Basis des Zusammenlebens die alle Menschen verbindende Vernunft bzw. die vernünftig erkannte Naturordnung anerkennen, von der man der Meinung war, daß sie gelte ‚etsi Deus non daretur' (H. Grotius)", auch wenn es Gott nicht gäbe.[146] Die Gesellschaft klammerte christliches Gedankengut aus, um nicht ständig in neue Streitigkeiten und Kontroversen verwickelt zu werden. Kirchenspaltung und Säkularisierung hängen also ursächlich zusammen. Natürlich kann Ökumenismus die Säkularisierung des neuzeitlichen Denkens nicht aufheben oder gar rückgängig machen. Aber die Kirchen brauchen die Einheit, um nicht weiterhin an Glaubwürdigkeit zu verlieren und um in den entscheidenden Fragen unserer Zeit – das sind vor allem die ethischen Fragen – Gehör zu finden. Dabei ist ein Pluralismus im Christentum keineswegs schädlich – ganz im Gegenteil. Gerade eine Einheit, die sich als Gemeinschaft (koinonia) verwirklicht, könnte überzeugen. Sie vermöchte zu zeigen, wie innerhalb einer Gemeinschaft Spannungen ausgehalten und mit ihnen gelebt werden kann, ohne daß sie die Einheit und das gemeinsame Ziel in Frage stellen.

Einheit der Kirche dient damit auch der Einheit der Gesellschaft und letztendlich der Menschheit. Die Predigt Jesu vom Reich Gottes intendierte das Heil der ganzen Welt und die Einigung der Menschheit als ganzer. Die Kirche ist gerufen, in ihrem Einssein das zeichenhaft vorwegzunehmen, was der ganzen Welt gilt, und dadurch Zeugnis abzulegen für die Botschaft von Gottes Herrschaft und Reich. Das Zweite Vatikanische Konzil bezeichnet die Kirche als „Zeichen und Werkzeug für die innigste Verbindung mit Gott wie für die Einheit der ganzen Menschheit" (LG 1). Die 4. Vollversammlung des Ökumenischen Rates der Kir-

---

[145] Vgl. W. Pannenberg, Ethik und Ekklesiologie, Göttingen 1977, 201.
[146] W. Kasper, Der Gott Jesu Christi, Mainz 1982, 21.

chen in Uppsala hat 1968 diesen Gedanken aufgegriffen und festgestellt, daß die Kirche aufgrund ihrer Katholizität berufen ist, der künftigen Einheit der Menschheit Sauerteig zu sein.[147] Damit die Kirche ihren Beitrag zu diesem Ziel zu leisten und den ihr eigenen Auftrag zu erfüllen vermag, muß sie selbst die Einheit verwirklichen, die sie noch entbehrt.

Ein drittes Motiv für den Ökumenismus ist die Überwindung von Einseitigkeiten. Durch die Spaltungen haben sich die Kirchen jeweils in Abgrenzung von den Konkurrenzkirchen entwickelt und wurden damit zwangsläufig einseitig. In jeder der christlichen Traditionen wurde ein bestimmtes Element in besonderer Weise hervorgehoben und als das Eigene betrachtet. Was in der anderen Konfession besonders betont wurde, sah man als das spezifisch Andere, das man nicht wollte. Nicht selten hat man im evangelischen Raum alles für gut und echt protestantisch gehalten, was nur anti-katholisch war. Katholischerseits gab es parallele Entwicklungen. Das Konzil von Trient, das Antwort gab auf die Anfragen der Reformation, war von deren Fragen bestimmt. Worin es keine Differenzen gab – und das war weitaus der überwiegende Teil der überkommenen Lehrstücke – wurde nicht thematisiert, weil kein Grund bestand, es konziliar festzuschreiben. Trient hat daher, durch bestimmte Problemstellungen herausgefordert, in manchen Fragen eine perspektivische und einseitige Antwort gegeben.[148] In der Rezeption des Konzils sah man jedoch die umfassende katholische Aussage, die Basis, auf der nun Katechismen formuliert wurden, die die ganze Lehre ausdrücken sollten. So wurde, um einige Beispiele zu nennen, in der nachtridentinischen Theologie der „Kirche des Wortes" die „Kirche des Sakraments" entgegengesetzt, die Kirche des Amtes der des allgemeinen Priestertums, die Kirche der Autorität jener der Freiheit eines Christenmenschen. Die Differenzen wurden nicht selten zum Konfessionsspezifikum erhoben: zum „protestantischen Prinzip" oder zum „katholischen Grundentscheid".

Jede der Kirchen fand somit ihre Identität im Protest gegen die anderen oder gegen das Bild, das man sich von ihnen machte. Die Mauer, die trennte, diente zur eigenen Standortbestimmung, sie wurde zum Koordinatensystem, innerhalb dessen der eigene Ort umrissen wurde. Um diese Einseitigkeit zu überwinden und die Fülle des christlichen Zeugnisses wiederzugewinnen, bedürfen die Kirchen der jeweils anderen Tradition. Sie müssen sich gegenseitig das sagen und sagen lassen, was sie je vernachlässigt haben. Ökumenismus ist notwendig, damit die konfessionellen Einseitigkeiten überwunden werden und die Kirchen sich gegenseitig das vermitteln, was sie nicht angemessen festhalten konnten. Damit ist gesagt, daß Ökumenismus nicht in der Konversion einer Kirche zur anderen bestehen kann. Ziel der Einigung ist nicht die universale Einheitskirche, in der alle Unterschiede nivelliert sind oder die gar von einem Zentrum aus regiert würde, sondern eine Gemeinschaft von Kirchen und Traditionen, die sich gegenseitig anerkennen und bereichern.

---

[147] Bericht aus Uppsala 1968, Genf 1968, 10.
[148] Die Reformdekrete des Tridentinums, die insgesamt wesentlich ausgewogener sind als die Lehrdekrete, haben zwar die katholische Reform bestimmt, auf die dogmatische Theologie dagegen kaum Einfluß genommen.

489

Geschichte der ökumenischen Bewegung bis zur Gründung des ÖRK I

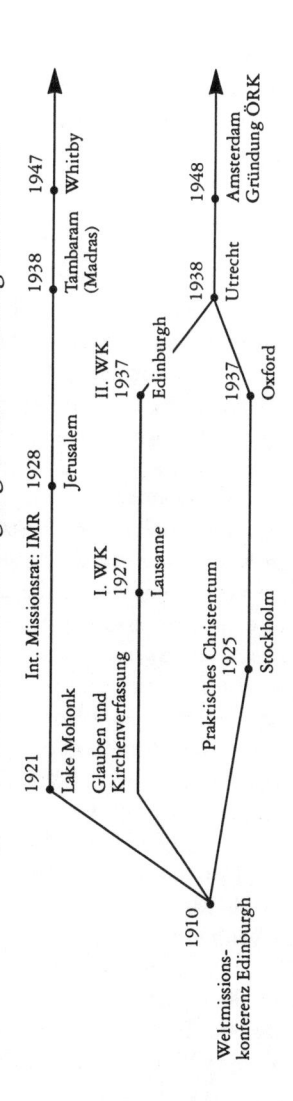

```
                           1921    Int. Missionsrat: IMR  1928           1938      1947
                            •————————————————————————————•—————————————•————————•→
                         Lake Mohonk                   Jerusalem    Tambaram   Whitby
                                                                    (Madras)

                                         I. WK                      II. WK
                                         1927                       1937
                                      Lausanne                    Edinburgh
                                                                          1938        1948
                                                                           •————————•→
                                                                        Utrecht   Amsterdam
                                                                                  Gründung ÖRK
                                 Glauben und
                                 Kirchenverfassung
                                                          1937
                                                         Oxford
                       Praktisches Christentum
                               1925
                            Stockholm
           1910
            •
      Weltmissions-
      konferenz Edinburgh
```

Geschichte der ökumenischen Bewegung seit Gründung des ÖRK 1948 II

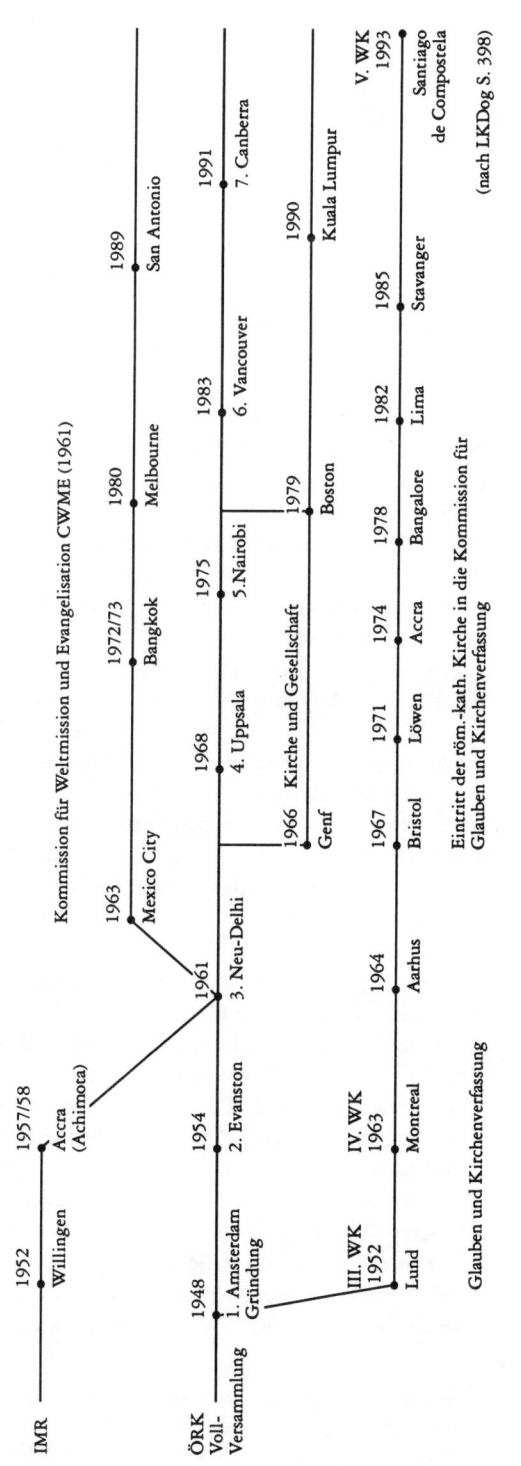

```
                                 Kommission für Weltmission und Evangelisation CWME (1961)

              1952     1957/58         1963             1972/73    1980      1989       1991
IMR            •————————•                •————————————————•————————•—————————•——————————•
            Willingen  Accra         Mexico City       Bangkok  Melbourne  San Antonio  7. Canberra
                    (Achimota)
                                                                                    1990
                                                                                 Kuala Lumpur
                                                                                                V. WK
                                                                                                1993
                                                                                          Santiago
                                                                                        de Compostela

         1948         1954          1961      1968      1975      1983        1991
ÖRK-      •————————————•—————————————•—————————•————————•—————————•————————————•
Voll-  1. Amsterdam  2. Evanston  3. Neu-Delhi 4. Uppsala 5. Nairobi 6. Vancouver 7. Canberra
Versammlung Gründung
                                         1966   Kirche und Gesellschaft
                                          •————————————————•
                                         Genf                1979
                                                            Boston

         III. WK      IV. WK
         1952         1963        1964      1967     1971    1974     1978     1982    1985
           •————————————•———————————•————————•————————•———————•————————•————————•————————•
         Lund        Montreal    Aarhus    Bristol   Löwen   Accra   Bangalore  Lima  Stavanger

                                     Eintritt der röm.-kath. Kirche in die Kommission für
                                              Glauben und Kirchenverfassung

Glauben und Kirchenverfassung
```

(nach LKDog S. 398)

3.3.3.2 Die Heiligkeit der Kirche

Das Bekenntnis zur *heiligen Kirche* oder der *Gemeinschaft der Heiligen* (Apostolicum) ist höchst anspruchsvoll und mutig. Hier wird ein Maßstab aufgestellt, dem die Kirche nie ganz zu entsprechen vermochte, versteht man Heiligkeit als sittliche Qualität.

1. Die Kirche zwischen Heiligkeit und Sünde

Die Sünde in der Kirche ist so augenfällig, daß darüber keine Worte verloren zu werden brauchen. Der Sündenkatalog ist lang und jedem geläufig, und wer sich nur ein wenig in der Geschichte auskennt, kann Beispiele nennen, bei denen es schon schwerfällt, sie zu verstehen, ganz zu schweigen davon, sie zu entschuldigen. Dabei reicht das Problem der Sünde über die ethische Betrachtung hinaus und in die dogmatische Fragestellung hinein: Mit der Berufung auf das Kriterium der Heiligkeit ist die konkrete Kirche auch von Glaubenden immer wieder abgelehnt worden: Sie sei nicht die *communio sanctorum* des Glaubensbekenntnisses, denn sie sei sündig und erfülle damit die aufgestellten Kriterien nicht. Schon Tertullian nahm an der Sünde so sehr Anstoß, daß er gegen Ende seines Lebens die Legitimität der Großkirche bestritt und sich den *Montanisten* anschloß, bei denen nur die Reinen Heimatrecht haben sollten. Auch später sammelten sich immer wieder Leute in ähnlichen Gruppen: im 3. Jahrhundert sind es die *Novatianer*, zur Zeit Augustins die *Donatisten*. Auch im *frühen Mönchtum* gab es entsprechende Tendenzen. Das Mittelalter sieht die *Katharer*, die *Fraticelli* und *Spiritualen* (Joachim von Fiore); die frühe Neuzeit erlebt den Kampf der *Hussiten* gegen die laxe Moral in der Kirche der Zeit. Heute nehmen viele Menschen insbesondere an dem Anstoß, was ihnen als doppelte Moral erscheint: daß die Kirche schier unerfüllbare ethische Forderungen aufstellt, ihre Amtsträger sich aber keineswegs an ihnen zu orientieren scheinen. Eine Kirche, die mit dem Anspruch der Heiligkeit auftritt, muß es sich gefallen lassen, an ihm gemessen zu werden.

Die Kirche hat stets mit dem Problem der Sünde in ihren Reihen gerungen. Angesichts der biblischen Aussage, Christus wollte die Kirche „herrlich vor sich erscheinen lassen, ohne Flecken, Falten oder andere Fehler; heilig soll sie sein und makellos" (Eph 5,27), konnte die Frage „Woher kommt dann das Unkraut?" (Mt 13,27) nie verstummen. Die Väter rangen mit diesem Problem und blieben vor dem Paradox stehen, daß die Glaubensgemeinschaft als *casta meretrix* (keusche Hure) bezeichnet wird.[149] Im hohen Mittelalter klagte Wilhelm von Auvergne gar: „Wer wäre nicht außer sich vor Grauen, wenn er die Kirche sieht ... (in einer solchen) Verwilderung und Ungeheuerlichkeit, daß jeder, der es sieht, vor Schrecken erstarrt? Wer sollte solch furchtbare Entstellung nicht eher Babylon nennen und wähnen als die Kirche Christi, wer sie nicht vielmehr eine Wüste heißen als die Stadt Gottes? ... Braut ist das nicht mehr, sondern ein Untier von furchtbarer Ungestalt und Wildheit".[150] Das Zweite Vatikanische Konzil hat für unsere Zeit be-

---

[149] Vgl. H. U. v. Balthasar, Casta Meretrix: ders., Sponsa Verbi. Skizzen zur Theologie II, Einsiedeln 1961, 203-305.

[150] Zitiert nach J. Ratzinger, Das neue Volk Gottes, Düsseldorf 1969, 260.

kannt, daß die Kirche „Sünder in ihrem eigenen Schoße" hat; das belastet auch sie selbst: Sie (die Kirche, nicht nur die Sünder) ist „zugleich heilig und stets der Reinigung bedürftig, sie geht immerfort den Weg der Buße und Erneuerung"[151].

Das zweite Kirchenattribut des Großen Credo ist also weder Ausdruck frühkirchlicher Naivität noch überheblicher Selbstgerechtigkeit der Väter. Man kann sich auch nicht dadurch aus der Affäre stehlen, daß man die Kirche sozusagen viviseziert und eine unsichtbare Kirche der Heiligen der sichtbaren Sünderkirche gegenüberstellt und jene zur „eigentlichen" Kirche erklärt. Die Sünde ist mitten in der Kirche, so wie sie real existiert. Darum hat diese sich auch in ihren dogmatischen Erklärungen dagegen gewehrt, eine Kirche der Reinen und Gerechten (heute vielleicht: eine Kerngemeinde der Entschiedenen) anzustreben. Immer wieder haben die Kirchenväter die Forderung zurückgewiesen, Todsünder aus der Kirche auszuschließen.[152] In der Auseinandersetzung der Reformationszeit wurde betont, daß im Gegensatz zur Vorstellung von der Kirche als einer Gemeinschaft der Prädestinierten, die das Heil erlangen, die Sünder sehr wohl zur Kirche gehören.

Wenn es dogmatische Aussage ist, daß Sünder zur Kirche gehören, und trotzdem der Anspruch der *sancta Ecclesia* aufrechterhalten bleibt, dann deswegen, weil der Grund ihrer Heiligkeit nicht die ethische Leistung ihrer Glieder, sondern die Gnade Gottes ist.

2. Kirche als Sakramentengemeinschaft

Einen Zugang zum Verständnis der Heiligkeit der Kirche bietet die Grammatik. Communio *sanctorum* kann bedeuten die Gemeinschaft der *sancti,* heiliger Menschen, oder auch der *sancta,* heiliger Dinge. Ursprünglich scheint sich das Bekenntnis im Credo auf die Gemeinschaft der heiligen Elemente bezogen zu haben: Das griechische *koinonía ton hagíon* bezeichnet die Teilhabe an den eucharistischen Elementen. Die Kirche ist also communio sanctorum, weil sie Anteil hat an der Eucharistie, weil sie das Herrenmahl feiert. Was das Credo formuliert, ist also keine Anmaßung einer moralischen Qualität der Kirchenglieder, sondern das Bekenntnis zur sakramentalen Ekklesiologie.

Die Kirche ist heilige Kirche, weil ihre Glieder aufgenommen werden durch das Sakrament der Taufe. Zur Kirche gehört man nicht durch Beitritt wie in einen Verein, sondern durch die Taufe, also nicht durch menschliche Leistung, sondern durch göttliches Erbarmen. Gott kommt dem Menschen mit seiner Gnade zuvor, er bietet sie an, ohne daß der Mensch dazu etwas beizutragen vermöchte. Es gibt zwei Grundinterpretationen von Taufe. Auf der einen Seite wird sie verstanden als die Verdeutlichung des Glaubens in einem Zeichen. Wer glaubt, wird dies nach außen hin dokumentieren, d. h. er läßt sich taufen. Taufe wird hier verstanden als Entscheidung für den Glauben, als der abschließende menschliche Akt im Prozeß des Zum-Glauben-Kommens. Die Kirche erscheint dann als die Gemeinschaft der entschieden Glaubenden. In dieser Konzeption wird insbesondere der Entscheidungscharakter der Taufe betont bis hin zur Forderung, man solle

---
[151] LG 8.
[152] Z. B. tzt D5/I, Nr. 35, 55, 58.

Kleinkinder nicht taufen, sondern jedem die Möglichkeit geben, sich selbst zu entscheiden. Dieses Tauf- (und Kirchen-)verständnis entspricht insbesondere der reformierten Tradition. Katholischerseits und lutherischerseits wird die Taufe als Sakrament zunächst von Gott her gesehen. Sie ist das Zeichen, in dem Gott handelt und auf den Menschen zukommt, der nichts zu leisten vermag, ihn in seine Gemeinschaft aufnimmt und ihm neues Leben schenkt. Hier steht im Zentrum nicht der Entscheidungscharakter, sondern die göttliche Zuvorkommenheit. In diesem Rahmen ist auch die Kindertaufe legitim: Sie macht am deutlichsten sichtbar, daß Gott uns annimmt, obwohl wir Sünder sind, obwohl wir von uns aus nichts zu leisten vermögen und keine Vorbedingungen für die Taufe erfüllen können.[153] Es gibt ein ganz anderes Bild von der Kirche, ob sie gesehen wird als die Gemeinschaft der entschieden Glaubenden, oder derer, denen sich Gott zugeneigt hat, obwohl sie selbst nichts zu leisten vermögen.

Nach altkirchlichem, katholischem, orthodoxem und lutherischem Verständnis ist die Heiligkeit der Kirche zunächst begründet im zuvorkommenden Wirken Gottes, nicht in der moralischen Integrität oder in der Glaubensentscheidung ihrer Glieder. Dies legitimiert eine Volkskirche, die auf persönliche Entschiedenheit abzielt, aber nicht von ihr allein ausgeht. Heiligkeit der Kirche kommt nicht vom Menschen, sondern von Gott und seinem Geist, vom Sakrament und vom Wort.

3. Die diachrone Heiligkeit

Communio sanctorum bezieht sich zunächst auf die in der Feier der Eucharistie gründende Kirche. Diese aber realisiert eine Gemeinschaft mit den Glaubenden aller Zeiten, die bereits vollendet sind, also mit den Heiligen im eschatologisch-ethischen Sinn: mit den Märtyrern und Bekennern, den Kirchenlehrern, den Ordensstiftern und den Jungfrauen und mit allen Heiligen ohne Kalendertag und anerkannte Wunder. Jede Feier der Eucharistie geschieht in der Gemeinschaft der ganzen Kirche. Die Heiligen gehören zu uns und wir zu ihnen, sie und wir sind Glieder jeder Eucharistiegemeinschaft. Darum nennt das Eucharistische Hochgebet die Heiligen, mit denen jede Eucharistie feiernde Gemeinde in Gemeinschaft steht. Dies ist ein zweiter Bedeutungsgehalt von „Gemeinschaft der Heiligen": sie bezeichnet die im Herrenmahl vollzogene Einheit mit den Heiligen aller Zeiten. Nicht die moralische Verfaßtheit der aktualen Versammlung oder gar die kirchliche Organisation macht Kirche auch heute zur „communio sanctorum", sondern in erster Linie diese transzendente Gemeinschaft über die Grenzen von Raum und Zeit hinweg.[154]

Die Heiligen sind dabei Vorbilder im Glauben. An ihnen wird exemplarisch deutlich, wie die Gnade Gottes wirkt, was sein Heilstun für den Menschen bedeutet. An ihnen wird konkret sichtbar, was mit denen geschieht, die sich dem

---

[153] Selbstverständlich zielt Taufe auf die persönliche Entscheidung und die Realisierung des Glaubens. Würde sie ohne diesen zu erwartenden Glauben gespendet, stünde sie in Gefahr eines magischen Mißverständnisses. Näheres dazu in diesem Werk Bd. III: Sakramentenlehre.

[154] Vgl. zum ganzen Abschnitt G. L. Müller, Gemeinschaft und Verehrung der Heiligen, Freiburg – Basel – Wien 1986. Hier ist insbesondere auch die ökumenische Problematik aufgearbeitet.

Wirken Christi nicht verschließen, an ihnen wird anschaulich, was jedem Glaubenden zugesagt ist.[155] An den Heiligen wird sichtbar, was Erlösung bedeutet.

Die Heiligen sind darüber hinaus auch Fürsprecher. Wenn im Leib Christi ein Glied leidet, leiden alle anderen mit (1 Kor 12,26). In der communio sanctorum bedeutet die Bitte um Fürsprache nicht einen himmlischen Instanzenweg, als ob man sich an Gott nicht direkt wenden dürfte und Zwischenzuständigkeiten nötig wären. Vielmehr können die Heiligen für ihre Schwestern und Brüder im Glauben bitten, und diese können sie um ihre Fürbitte angehen, so wie Familienangehörige auch.[156]

4. Kirche als Kontrastgemeinschaft

Die Gabe der Heiligkeit, die die Kirche empfängt, ist zugleich Aufgabe für alle Glieder. Sie ist ein Ideal, dem diese nachstreben müssen. In einer Volkskirche ist das nicht einfach.[157] Wenn sie für alle da sein will, besteht die Gefahr, daß sie gewissermaßen zum kleinsten gemeinsamen Nenner der allgemeinen Wohlanständigkeit wird.

Dem steht das Wort Jesu gegenüber, das insbesondere das Matthäusevangelium bestimmt: „Bei euch aber soll es nicht so sein"[158]. Das Maß aller Heiligkeit ist Gott, der allein heilig ist (Jes 6,3). Alle andere Heiligkeit ist von ihm bestimmt: Heilig ist, was ihm zugehört, was er zu eigen nimmt. Wenn die Kirche heilig ist, hat sie auch immer Anteil am Anderssein Gottes. Konkret kann das bedeuten, daß sie quer zur Zeit steht, daß sie fremd in dieser Welt bleibt, daß sie ans Gängige sich nicht anpaßt.

Heiligkeit heißt also: Die Glaubenden stehen notwendigerweise auch im Kontrast zur Gesellschaft; als Salz der Erde müssen sie manchmal Sand im Getriebe der Zeit sein.[159] Die heilige Kirche ist in diesem Sinn Signal der Hoffnung: Die

---

[155] Der evangelische Landesbischof Johannes Hanselmann hat diesen Gedanken bei der Predigt anläßlich seiner Amtseinführung als Landesbischof in Bayern in einem Bild verdeutlicht. Ein Kind wird gefragt, was es sich unter Heiligen vorstellt, und es kann damit nichts anderes verbinden als Glasfenster in einer Kirche, die Heiligengestalten darstellen. Und es gibt die Antwort: „Ein Heiliger ist ein Mensch, durch den das Licht scheint". Heilige sind Menschen, durch die die Welt heller, schöner erleuchtet und freundlicher wird. Veröffentlicht in: Diener am Wort – Bischof der Kirche (FS J. Hanselmann), München 1987, 27.

[156] Vgl. dazu auch in diesem Band: Mariologie. Dort wird auch auf die ökumenische Relevanz dieser Problematik eingegangen.

[157] Eine Volkskirche lebt nicht aus der persönlichen Heiligkeit ihrer Glieder, so wie Kleingruppen, Ordensgemeinschaften und auch Sekten dies vielleicht vermögen. Eine Volkskirche ist notwendigerweise mit ihren Anforderungen an den einzelnen und an seine Lebensgestaltung höchst bescheiden. Es wird mehr oder weniger jeder getauft, als Kirchenglied geführt und beerdigt, der dies für sich oder seine Angehörigen wünscht, ohne daß man besondere ethische Anforderungen an sein Kirchesein stellen würde. Darum ist in einer Volkskirche auch eine partielle Identifikation des einzelnen mit der offiziellen Lehre tolerabel. Damit eröffnet sich in der Volkskirche ein breites Feld von individueller Freiheit. Die Idee der Entscheidungskirche, die von der Heiligkeit ihrer Glieder lebt, ist keineswegs die allein legitime Konzeption von Kirche.

[158] Vgl. dazu das Kirchenbild bei Matthäus, oben 3.1.1.2.

[159] Die vorrangige Option der Kirche in Südamerika für die Armen bedeutet, daß Kirche sich dagegen sträubt, von den Mächtigen in Dienst genommen zu werden, bestehendes Unrecht karitativ zu lindern und damit letztendlich die Strukturen zu stabilisieren. Kirche als Kontrastgemeinschaft beinhaltet sehr wohl auch Parteilichkeit.

Welt braucht „die Sprengkraft gelebter Hoffnung"; die Christen schulden ihr, „das Defizit an anschaulich gelebter Hoffnung auszugleichen"[160].

Heiligkeit ist, wo sie konkret wird, gefährlich; sie zu leben, verlangt Risikobereitschaft auch innerhalb der Kirche und in Gesellschaften, die sich auf die christliche Botschaft berufen. Es ist kein Zufall, daß in der Geschichte der Kirche der Heiligenkult mit der Verehrung der Blutzeugen begonnen hat.

3.3.3.3 Die Katholizität der Kirche

1. Die Geschichte des Begriffs

„Katholisch" (griech. katholikós) bedeutet im profanen Griechisch *umfassend, allgemein, vollkommen* im Sinne von *Gesamtheit einer Sache, der nichts abgeht*. Der Gegensatz lautet: *partikulär*.

Der Begriff findet sich weder in der Bibel noch im Bekenntnis von Nizäa, fand aber Aufnahme ins Credo von Konstantinopel (381). Erstmals in einem theologischen Sinn verwendete ihn *Ignatius von Antiochien*: „Wo der Bischof erscheint, dort soll die Gemeinde sein, wie da, wo Christus Jesus ist, die *katholische Kirche* (katholiké ekklesía) ist".[161]

Diese Stelle hat vielfache Interpretationen erfahren. Auf dem Hintergrund der oben geschilderten Bischofstheologie des Ignatius[162] soll wohl gesagt werden: Über den Bischof steht die Ortskirche in Verbindung mit der universalen Kirche, die von Christus geleitet wird. Er ist der Garant ihrer sakramentalen Fülle und Vollkommenheit. Sie ist also *katholisch,* weil sie in der vollen Lehre und der vollen Gnade ihres Herrn lebt.

Aus dieser Grundbedeutung haben sich im Lauf der Zeiten verschiedene Konkretisierungen abgeleitet, die in unterschiedlicher Blickrichtung Katholizität als Wesensmerkmal von Kirche umschreiben.

1. Bis in die Mitte des 3. Jahrhunderts bezeichnet das dritte Kirchenattribut positiv die *Fülle und Vollkommenheit* der Orts- und der Universalkirche.

2. Seit dem 3. Jahrhundert bedeutet es *Rechtgläubigkeit* und *Einzigkeit*. Die Kirche Christi wird damit von allen häretischen Gruppierungen abgesetzt, denn sie allein besitzt die Fülle der Offenbarungslehre.

3. Im Kampf gegen die Irrlehrer wird seit dem 4. Jahrhundert (vor allem durch Augustin im Kampf gegen die Donatisten) die *weltweite Ausdehnung* der wahren Kirche mit „katholisch" verbunden: Die Häretiker sitzen jeweils nur in einem kleinen Bereich, die umfassende Kirche aber ist umfassend auch im geographischen Sinn.

4. Damit verknüpft sich die kosmische Bedeutung: Weil Gott das Heil aller Menschen will, richtet sich seine Gnade auf die *ganze Fülle der Schöpfung.*

5. In den dogmatischen Auseinandersetzungen des 5. Jahrhunderts betont Vinzenz von Lérins die Katholizität der *Überlieferung.*[163] Die Kirche hat stets und über-

---

[160] Würzburger Synode, Unsere Hoffnung II,2: Offizielle Gesamtausgabe, Freiburg – Basel – Wien 1976, 101.
[161] Smyrn. 8,2; vgl. tzt D5/I, Nr. 26.
[162] Vgl. 3.3.2.2.
[163] Vgl. in diesem Werk Bd. I: Wesen und Erkenntnisprinzipien der Dogmatik.

all die Fülle der Tradition bewahrt. Zur räumlichen Ausdehnung kommt die Ungebrochenheit durch die Geschichte.

6. Daraus entwickelt sich die Katholizität der *Zeit:* Die wahre Kirche gibt es schon immer (Ecclesia ab Abel) und wird es immer geben. „Katholisch" hat damit eschatologische Bedeutung.

7. Eine neue Dimension bekommt der Begriff in der Reformationszeit: Er wird nun apologetisch verstanden: Katholisch ist demzufolge die *wahre Kirche,* d. h. die des Papstes, die weltweit existiert, während die Neuerer nur partikulär verbreitete Sekten sind. Aus dem Wesensmerkmal wird nun ein Erkennungszeichen *(nota)* der (wahren) Kirche, im Gegensatz zu den reformatorischen Gemeinschaften.

8. Damit ist der Schritt zur Konfessionalisierung nur noch klein: „Katholisch" wird exklusive Selbstbezeichnung der Kirche, die die Einheit mit dem römischen Bischof wahrt. Diese *Romanitas* wird nochmals im amtlichen Namen hervorgehoben: *Ecclesia romano-catholica.* Verständlicherweise vermieden die anderen Kirchen nun diese Bezeichnung: „Katholisch" wurde z. B. in den Glaubensbekenntnissen übersetzt mit *allgemein* oder *christlich.* Der Sinngehalt von „katholisch" wird vornehmlich im eschatologischen Moment der Kirche gesehen. Katholizität ist ein Wort der Verheißung, nicht Besitz einer Konfession.

9. Im 20. Jahrhundert haben sowohl die katholische wie die lutherische Theologie wieder den qualitativen Charakter des Attributes ins Licht gerückt und darin eine Wesensaussage von Kirche wiederentdeckt. Dennoch konnte das konfessionalistische Verständnis insbesondere auf der Gemeindeebene noch nicht ganz überwunden werden.[164]

2. Katholizität und Ökumenizität

Beide Begriffe sind verwandt; manchmal werden sie sogar gleichsinnig verwendet, vor allem in der evangelischen Theologie.

Oikuméne (ergänze *gé*) bedeutet ursprünglich die *bewohnte (Erde),* den Lebensraum der Menschen[165]. Das Wort hat also ebenfalls eine universale Bedeutung. Im Gegensatz zu *katholisch* kommt es in der Hl. Schrift oft vor; im Neuen Testament ist Hauptzeuge Lukas. Bei den Vätern wird es zu einer Bezeichnung der Universalkirche: Weil *katholisch,* ist die Kirche *ökumenisch,* auf dem ganzen Erdkreis zu finden und mit universalem Auftrag betraut.

Eine neue Bedeutung gewinnt die Bezeichnung nach der konstantinischen Wende. Der Kaiser, Herr der Oikuméne, kann nun Kirchenversammlungen einberufen, die verantwortlich für die (jetzt mit dem Imperium identifizierte) Chri-

---

[164] Vgl. Bericht der Vollversammlung des Ökumenischen Rates der Kirchen Uppsala (1968), Sektion I: Der Heilige Geist und die Katholizität der Kirche: Bericht aus Uppsala, Genf 1968, 8-16; Katholizität und Apostolizität. Theologische Studien einer gemeinsamen Arbeitsgruppe zwischen der Römisch-Katholischen Kirche und dem Ökumenischen Rat der Kirchen. Hg. v. R. Groscurth, Göttingen 1971 (Beiheft zu KuD 2). Bei der ökumenischen Übersetzung des Meßordinariums konnten allerdings die evangelischen Vorbehalte gegenüber dem Begriff noch nicht ausgeräumt werden, so daß im Glaubensbekenntnis hier eine Doppelfassung „katholisch" bzw. „christlich/allgemein" geblieben ist.

[165] W. A. Visser't Hooft, Ökumenischer Aufbruch, Hauptschriften Bd. 2, Stuttgart – Berlin 1967, 11-28.

stenheit beraten und deren Entscheidungen weltweit verpflichtend werden. Sie heißen *ökumenische Konzilien* und sind als solche verbindlich.

Aus der doppelten Bedeutung (Universalität und Verbindlichkeit) leiten sich seit der Kirchenspaltung zwischen Ost und West zwei verschiedene Inhaltlichkeiten her, die sich auch miteinander verbanden. In den orthodoxen Kirchen steht das universale Moment im Vordergrund: Sie nennen daher nur jene Kirchenversammlungen ökumenisch, auf denen Bischöfe (grundsätzlich) aus der ganzen Christenheit für das ganze christliche Volk Entscheidungen treffen und aus der Universalität die Verbindlichkeit ableiten. Entsprechend sind sie der Ansicht, daß es seit der Spaltung in Ost und West kein ökumenisches Konzil mehr geben konnte. Die römisch-katholische Kirche betont dagegen das Moment der Verbindlichkeit. Ökumenisch sind entsprechend alle Konzilien, die als oberste Entscheidungs- und Beschlußgremien für die ganze Kirche fungierten. Zu ihnen zählen auch rein westliche mittelalterliche Generalsynoden, so daß es demzufolge bis heute 21 Ökumenische Kirchenversammlungen gibt.

Im 19. Jahrhundert wächst die Sehnsucht nach der Einheit. Um das konfessionell belastete Wort *katholisch* zu vermeiden, sprechen die Promotoren des neuen Willens zur Einheit von *ökumenisch,* wenn sie die (subjektive) Haltung kennzeichnen, die die Kirchentrennungen überwinden will. *Ökumenismus* werden nun alle Bestrebungen genannt, die die Einheit der Kirche über alle Schranken, vor allem die konfessionellen, fördern: zwischenkirchliche Kontakte, theologische Einigungsbemühungen, interkonfessionelle Formen der praktischen Diakonie.

In der evangelischen Theologie und Kirche stand das Moment der Universalität im Vordergrund. „Ökumenisch" wurde zum Gegenbegriff von „landeskirchlich, regional" und bezeichnete damit die universale Verpflichtung der Kirche. Diese wird ökumenisch durch die Verkündigung der Botschaft in allen Kontinenten. Weil man besonders auf dem Feld der Mission erleben mußte, daß die Spaltung der Christenheit deren Botschaft unglaubwürdig macht, konkretisierte sich der Begriff „Ökumene" insbesondere seit der Weltmissionskonferenz in Edinburgh (1910) auf die Bemühung um die Einigung der Christenheit.[166]

Katholizität und *Ökumenizität* sind also Wirklichkeiten, die sich berühren, aber dennoch nicht einfachhin miteinander identisch sind. Aus dem Blickwinkel der Kirchenspaltung verschränken sich beide. Die Kirche ist nur dann im Vollsinn katholisch, wenn sie die Trennungen überwindet. Entzieht sie sich dieser ihr aufgetragenen Verpflichtung, berührt das ihre Katholizität, mithin ihr Wesen selbst. Das Zweite Vatikanische Konzil erklärt: „Die Spaltungen der Christen sind für die Kirche ein Hindernis, daß sie die ihr eigene Fülle der Katholizität in jenen Söhnen wirksam werden läßt, die ihr zwar durch die Taufe zugehören, aber von ihrer völligen Gemeinschaft getrennt sind. Ja, es wird dadurch auch für die Kirche selbst schwieriger, die Fülle der Katholizität unter jedem Aspekt in der Wirklichkeit des Lebens auszuprägen".[167]

---

[166] Vgl. oben 3.3.3.1.
[167] UR 4,10. – Als Johannes XXIII. das Konzil als ökumenisches Konzil ankündigte, führte die Doppelbedeutung von „ökumenisch" dazu, daß die Meinung entstand, er wolle ein Unionskonzil aller Kirchen einberufen.

3. Aspekte der Katholizität

1. Die Katholizität der Kirche ist wie ihre Einheit und Heiligkeit in ihrer göttlichen Stiftung begründet. Die Kirche hat in der Kraft des Heiligen Geistes der ganzen Menschheit das ganze Heil Gottes zu verkünden und zu vermitteln. Dieser Auftrag sprengt jede Partikularität – die des Raumes, die der Zeit, die der menschlichen Begrenztheit (Rassen, soziale Klassen, Geschlechter). Die Fülle des Heils gilt der Menschheit als ganzer und aller irdischen Wirklichkeit.

2. Aus der Katholizität der Kirche ergibt sich ihr Auftrag zur Mission. Um der ganzen Welt das ganze Heil zu bringen, muß sie das Evangelium allen Völkern verkünden, „bis an die Grenzen der Erde" (Apg 1,8; vgl. Mt 28,19). „In der gegenwärtigen Weltlage, aus der für die Menschheit eine neue Situation entsteht, ist die Kirche, die da ist Salz der Erde und Licht der Welt, mit verstärkter Dringlichkeit gerufen, dem Heil und der Erneuerung aller Kreatur zu dienen, damit alles in Christus zusammengefaßt werde und in ihm die Menschen eine einzige Familie und ein einziges Gottesvolk bilden".[168] Im Gegensatz zu einer verbreiteten Vorstellung, derzufolge Mission zu unterlassen sei, weil sie dazu geführt habe, kulturelle Werte zu zerstören und Menschen und ganze Völker durch Kolonialisierungen zu vernichten, hat das Zweite Vatikanische Konzil die Mission nachhaltig unterstrichen.

3. Die Kirche muß sich in der heutigen Situation den jungen Völkern und ihren Kulturen öffnen. Katholizität legitimiert nicht kolonialistische Praktiken der Mission. Es darf der Kirche einzig darum gehen, das Evangelium von Freiheit und Befreiung zu verkünden und Christus als den Sinn der Geschichte zu deuten. Die jungen Kirchen haben in den letzten Jahrzehnten selbstbewußte Anstrengungen unternommen, um eine ihnen je gemäße Liturgie, Theologie und kirchliche Verfassungswirklichkeit auszubilden. Diese Bemühungen sind legitim, es gilt sie zu fördern.[169]

4. Die rechte Zuordnung von Einheit und Katholizität kann nur in Dialogbereitschaft und Dialogverwirklichung aller Kirchen untereinander erfolgen. Dabei ist festzuhalten:

---

[168] AG 1.

[169] Es braucht nicht bestritten zu werden, daß Mission nicht selten für Kolonialisierung instrumentalisiert wurde und vielleicht auch wegen eines falschen Absolutheitsanspruchs zu Unterdrückung und Vernichtung von Menschen und Kulturen geführt oder zumindest dazu beigetragen hat. Jede Aussage über die Mission muß insofern auch ein Schuldbekenntnis einschließen. Dennoch darf die Kirche nicht darauf verzichten, die christliche Botschaft allen Menschen anzubieten, weil sie ein Heil verkündet, das allen Menschen gilt: die Botschaft von Jesus dem Christus und dem Heil, das er den Menschen erschlossen hat, aber auch die Botschaft vom Menschen als Person und seinem unverwechselbaren und unverzichtbaren Wert und von der Freiheit eines Christenmenschen. Gerade in der Situation, wo viele überkommene Religionen angesichts eines raschen und tiefgreifenden Wandels in Wirtschaft, Sozialordnung und Kultur eine tiefgreifende Krise durchlaufen oder gar zusammenbrechen, ist die Kirche verpflichtet, den Menschen ihre befreiende Botschaft vorzutragen. Nach dem Ende des Kolonialismus besteht auch kaum noch die Gefahr, daß durch Mission Kulturen und menschliche Werte zerstört werden. Die christliche Botschaft findet gerade dort Gehör und wird dort angenommen, wo diese zerfallen und ein Sinnvakuum zurücklassen. In dieser Situation sind die Kirchen herausgefordert, ihre Botschaft vom christlichen Heil und vom Wert und der Würde des Menschen als Person zu verkünden. Ihre Botschaft kann nicht elitär oder exklusiv bleiben, sie ist so universal wie das Heil, das sie verkündet.

1. Die Ecclesia catholica ist Kirche, nicht ein Bund oder Zusammenschluß selbständiger Kirchen.
2. Katholische Kirche ist universale Kirche, die in und aus den Orts- und Teilkirchen besteht. (Zum Begriff „Teilkirche" siehe Anm. 244, S. 522.)
3. Katholizität wird realisiert in der Gemeinschaft dieser Orts- und Teilkirchen: „Katholisch sein heißt ... in Querverbindungen stehen".[170]
4. Dies schließt auch die Gemeinschaft mit der Kirche von Rom sowie der Kirche von Rom mit allen Orts- und Teilkirchen wesentlich mit ein.
5. Aufgrund ihrer Katholizität erscheint Kirche als ein Netz, das alle mit allen in Gottesdienst, Gebet, Fürbitte, Hilfe und Beratung, aber auch in Ermahnung und Kritik verbindet.

3.3.3.4 Die Apostolizität der Kirche

1. Apostolizität als Ursprungstreue

Auch der Begriff „*Apostolizität*" findet sich im Neuen Testament nicht, wohl aber erscheinen die Apostel als lebendiges Fundament der Kirche und ihrer Botschaft. Insofern ist Apostolizität als Ursprungstreue der Kirche schon im Neuen Testament festgehalten.[171] Zufolge Tertullian zeugten die Apostel „zuerst in Judäa für den Glauben an Jesus Christus und stifteten Gemeinden; danach gingen sie über den Erdkreis aus und verkündeten dieselbe Glaubenslehre auch den Heiden. Und so gründeten sie in jeder Stadt Gemeinden, von welchen die späteren Gemeinden nachher einen Ableger des Glaubens und die Samenkörner der Lehre entliehen und noch jeden Tag entleihen, um Gemeinden zu werden. Eben dadurch dürfen auch sie selbst wie apostolische angesehen werden, weil sie die Abkömmlinge apostolischer Gemeinden sind ... So gibt es denn der Kirchen viele und zahlreiche, und doch sind sie nur eine, jene apostolische, ursprüngliche, aus der sie alle stammen"[172]. Apostolizität bedeutet also die Übereinstimmung der Kirche mit ihrem Ursprung: Die Kirche als ganze ist apostolisch, weil sie verkündet, was ihr überliefert wurde, weil sie lebt, wie die Apostel gelebt haben.

Apostolizität gewährleistet damit auch das *Extra nos* von Verkündigung und Glaube. Denn Kirche gründet in der Verkündigung der Apostel, nicht in der Erfindung religiöser Genies oder in der Erleuchtung Auserwählter. In den frühchristlichen Kontroversen mit der Gnosis um den rechten Glauben wurde die wahre Lehre an die Nachfolge im apostolischen Amt gebunden. Apostolizität bekam nun eine amtliche Zuspitzung. Bei Irenäus, aber auch bei Tertullian, Cyprian (gegen Novatian) und besonders seit dem 4. und 5. Jahrhundert findet sich die Argumentation, daß dort, wo sich eine bischöfliche Amtsnachfolge bis

---

[170] J. Ratzinger, Das neue Volk Gottes, 215.
[171] Insbesondere in der Auseinandersetzung mit der Gnosis erwies sich der Apostelbegriff als fruchtbar bei der Frage, wie die Kirche in einer stürmischen Entwicklung und bei offensichtlicher Veränderung ihrem Ursprung treu bleiben könne. In einer weitergehenden Geschichte und in der Anpassung der Botschaft an einen grundlegend veränderten Kontext verstand sich die Kirche als Weiterführung des Werks der Apostel. Was sie als Augen- und Ohrenzeugen überliefert haben, bleibt auch für die Kirche späterer Zeit Fundament, das jeweils neu aktualisiert werden muß. Apostolisch ist damit die Kirche als ganze, nicht allein ihr Amt.
[172] Tertullian, praescr. 20; BKV 24, 325.

auf eine Gemeindegründung und Amtseinsetzung durch einen Apostel zurückverfolgen läßt, die Gewähr für Apostolizität der Botschaft gegeben ist. Diese wurde eng an die Amtssukzession im Bischofsamt gebunden.[173]

Das Kriterium der Apostolizität wurde in das Glaubensbekenntnis von Konstantinopel (381) aufgenommen, nicht dagegen ins Apostolicum. Darum hat in der westlichen Kirche, die sich in der Folgezeit vor allem auf das Apostolicum stützte, der Gedanke der Apostolizität weniger Bedeutung erlangt als die anderen notae. Dies gilt auch für die Reformatoren. Die reformatorischen Bekenntnisschriften heben nicht eigens darauf ab. Erst in den nachreformatorischen Kontroversen wurde die Apostolizität zu einem zentralen Aspekt der Apologetik und damit der Ekklesiologie. Anhand dieses Kriteriums wurde nun darüber geurteilt, wo rechte Kirche sei und wer mit dem Ursprung gebrochen habe. Der Begriff der Apostolizität wurde zum Hauptkriterium für die Rechtgläubigkeit. Vor allem in der Apologetik des 19. Jahrhunderts drängen die Apologeten immer auf dieses eine Argument zurück: Die Kirche ist einig, sie ist heilig, sie ist katholisch, wenn sie apostolisch ist. Hat sie dagegen die Apostolizität preisgegeben, dann sind auch die anderen Wesensmerkmale hinfällig.

2. Die ökumenische Relevanz

Die Frage der Apostolizität spielt im derzeitigen ökumenischen Gespräch eine wichtige Rolle. Von ihr aus eröffnet sich die Amtsproblematik, die für die ökumenische Thematik weichenstellend wurde. In der Apostolizität werden drei Aspekte unterschieden. Je nachdem wie sie gewichtet werden, kann einer christlichen Gemeinschaft das Kirchesein zu- oder abgesprochen werden.

1. Apostolizität als Sukzession im Amt der Apostel (formale Apostolizität)

Die Betonung der ununterbrochenen Nachfolge im Bischofsamt ist ein Grundmerkmal katholischen Denkens und daher auch Grundkriterium der römisch-katholischen Kirche für die ekklesiologische Bewertung anderer Gemeinschaften. Als „Schwesterkirchen" gelten demzufolge jene, die das Bischofsamt in der lückenlosen Kette der Handauflegungen bewahrt haben: die orthodoxen Kirchen einschließlich der nicht-chalzedonensischen Kirchen[174], die Anglikanische Gemeinschaft[175], die Altkatholische Kirche. Da die Sukzessionsfolge im bischöflichen Amt in den reformatorischen Kirchen im 16. Jahrhundert unterbrochen wurde, sind diese nicht in gleicher Weise in Gemeinschaft mit der katholischen Kirche.[176]

---

[173] Vgl. hierzu 3.3.2.3.
[174] Diese nicht-orthodoxen Ostkirchen sind in der Folge des Konzils von Chalkedon 451 entstanden, weil sie die Formulierung des Konzils nicht akzeptierten. Die neuere ökumenische Diskussion überprüft die Frage, ob die Zurückweisung der chalkedonischen Kompromißformel tatsächlich notwendigerweise eine Differenz im christologischen Bekenntnis bedeutet.
[175] Die anglikanischen Kirchen haben das bischöfliche Amt bewahrt. Trotz der Entscheidung Papst Leos XIII. „Apostolicae curae" von 1896, die anglikanischen Weihen seien „absolut null und nichtig" (DH 3319), werden die anglikanischen Kirchen heute weithin auch von Rom als episkopal anerkannt.
[176] Siehe hierzu die Aussage des II. Vatikanischen Konzils vom „defectus" des Weihesakraments: UR 22.

Wenn Apostolizität der Kirche ausschließlich in der ununterbrochenen Amtsnachfolge gesehen, durch diese garantiert und mit ihr identifiziert wird, dann haben die Amtsträger der reformatorischen Kirchen weder Konsekrations- noch Absolutionsvollmacht. Dann sind in diesen Kirchen entscheidende ekklesiale Funktionen nicht mehr erfüllt; die reformatorischen Kirchen können dann nicht mehr als Kirchen im vollen Sinn des Wortes anerkannt werden. Eine Heilung dieses Mangels wäre zufolge dieser Vorstellung nur möglich, wenn die Amtsträger dieser Kirchen gültig ordiniert und damit in die apostolische Sukzession einbezogen würden.

2. Apostolizität als Treue zur Lehre der Apostel (materiale Apostolizität)

Die Berufung auf die Lehre der Heiligen Schrift als Ausweis der Ursprungstreue ist ein Merkmal reformatorischen Denkens und deswegen in diesen Kirchen Prüfstein für das Kirchesein. Die Kirchen der Reformation verstehen sich deswegen als apostolisch, weil sie die Lehre der Apostel unverfälscht bewahrt haben. Das „Sola-scriptura-Prinzip" gewährleistet die Ursprungstreue. Ein Amt in der Kirche ist dann rechtmäßig, wenn sein Träger die unverfälschte Botschaft der Apostel verkündet; die Form der Amtsübertragung ist dagegen von untergeordnetem Rang. Im 16. Jahrhundert wurde der römisch-katholischen Kirche vorgeworfen, sie habe menschliche Traditionen und Inventionen an die Stelle des allein in der Schrift zu findenden Evangeliums gesetzt, die apostolische Botschaft aber preisgegeben und damit ihre Legitimität verloren.

3. Apostolizität als Treue zum Leben der Apostel (vita apostolica)

Unter Berufung auf die Armutsforderung der Evangelien und auf die Darstellung gemeindlichen Lebens in der Urkirche nach der Apostelgeschichte wurde von verschiedenen mittelalterlichen Reformbewegungen ein Leben in Armut als Kriterium der Apostolizität einer Kirche angesehen (Waldenser, Franziskanerspiritualen, Pataria, Katharer). Sie bestritten die Legitimität der Großkirche, da Papst und Bischöfe ein Leben gegen die apostolischen Ideale führten. Dabei ging es, wohlgemerkt, nicht um die Forderung moralischer Hochformen, sondern um die Frage, wo die wahre Kirche zu finden sei. Obwohl sich dieses Kriterium der Apostolizität nirgendwo in den Großkirchen durchsetzen konnte, wird die Forderung rechten Lebens als Ausweis rechter Kirche in der Gegenwart wieder neu gestellt, und zwar quer durch die Konfessionskirchen hindurch als Maßstab jenseits der herkömmlichen Unterscheidungslehren.

Die ökumenische Problematik liegt darin, daß alle drei Aspekte bedeutsam für die Kirchlichkeit einer Kirche sind, daß aber die einzelnen Konfessionen jeweils *einen* Gesichtspunkt, in aller Regel materiale oder formale Apostolizität, exklusiv gesetzt haben und die anderen als irrelevant betrachten. Amt, Lehre und Leben lassen sich aber nicht trennen. Insbesondere ist festzuhalten, daß das Amt als Dienst an Wort und Sakrament verstanden werden muß, die Amtssukzession darum nicht in sich steht und für sich allein die Apostolizität garantiert, sondern daß sie (ein wesentliches) Zeichen für die Ursprungstreue der Verkündigung einer

Kirche darstellt.[177] Ursprungstreue der Botschaft und Extra nos des Heils stehen in allen Kirchen im Zentrum der Lehre von der Apostolizität; ihnen haben alle Zeichen und Konkretionen der Apostolizität zu dienen. Die Theologische Erkenntnislehre hat nachgewiesen, daß Bezeugungsinstanzen des Glaubens der Apostel, wie er sich in Schrift und Tradition findet, in der je zeitgenössischen Kirche das Amt, die wissenschaftliche Theologie (der die Analyse der evangelischen Botschaft zukommt) und der Glaubenssinn der Gläubigen gleichermaßen, wenn auch nicht in gleicher Weise sind[178]. Eine bloß automatische Sicht der Amtssukzession wäre Magie und Formalismus; eine integrale materiale Treue zum Wort der Bibel kann die im Neuen Testament grundgelegten Strukturen des Amtes und die Weisungen zum christlichen Leben nicht außer acht lassen, will sie sich nicht selbst widersprechen. Auch die isolierte Berufung auf bestimmte Lebensformen genügt für sich allein nicht, da damit die Gefahr eines Subjektivismus droht, der jede objektive Vermittlung des Heils durch die Kirche unmöglich machen würde, wie sie durch die Kriterien von Sukzession und Lehrtreue gegeben wird.

3.3.4 Identität im Wandel

Es ist offensichtlich, daß sich schon die Alte Kirche zur Zeit der ersten Konzilien deutlich von dem unterscheidet, was von den Gemeinden im Neuen Testament berichtet wird, ganz zu schweigen vom Jüngerkreis, den Jesus um sich gesammelt hatte. Die Differenzen betreffen nicht nur Größe und Struktur, sondern auch den Inhalt des Bekenntnisses und seine theoretische Ausformulierung. Insbesondere der Überschritt in die hellenistische Welt mit ihrer philosophischen Prägung und ihrer Weltoffenheit hat die Christenheit zutiefst bestimmt und ihr eine veränderte Sozialgestalt verliehen. Die oft verwendete Vorstellung, die Form habe sich in diesem Prozeß geändert, der Inhalt sei dagegen identisch geblieben, wird dieser Umgestaltung nicht gerecht und verharmlost den Umbruch. Der Inhalt ist nie ohne eine bestimmte Form zu haben, und die Form zu verändern bedeutet, auch den Inhalt neu auszudrücken. Beim Übergang der christlichen Botschaft aus der jüdischen in die hellenistische Welt mußte die Botschaft selbst *als ganze* neu formuliert werden. Die Sozialgestalt, die das Christentum damit annahm, war in den neutestamentlichen Aussagen nicht vorgebildet, sie war auch nicht *in nuce* oder *implizit* bereits vorgegeben, so daß sie nur noch hätte verdeutlicht und explizit gemacht werden müssen, oder daß sie sich ausschließlich aus inneren Kräften heraus hätte *organisch* entfalten können. Der Übersetzungsprozeß war ein schöpferischer Vorgang, der die christliche Idee in einer neuen und grundlegend veränderten Welt neu aussagte. Aber es war nach wie vor die christliche Idee, die Botschaft des Jesus von Nazaret und der Glaube an ihn als den Auferstandenen, die diese veränderte Form annahm und die Kirche in ihrer historischen Konkretion als die ihr jeweils entsprechende Sozialgestalt aus sich entließ.

---
[177] Vgl. dazu 4.2.1.
[178] Vgl. in diesem Werk Bd. I: Wesen und Erkenntnisprinzipien der Dogmatik.

Dieser Prozeß, in dem der biblisch bezeugte, normative Ursprung und der jeweilige gesellschaftliche und kulturelle Kontext aufeinandertrafen und immer neu zu einer mehr oder weniger geglückten und harmonischen Synthese zusammenwuchsen, wird in der Geschichte der christlichen Kirche(n) anschaulich. Sie zeigt eine Fülle von Realisierungsformen und Sozialgestalten der christlichen Botschaft. Erst die Zusammenschau dieser historischen Konkretionen läßt Kirche erkennen und verstehen. Dabei sind manche Strukturen vom Ursprung und von den zentralen Entscheidungen der frühen Christenheit her vorgegeben; sie finden sich darum in den verschiedenen Zeiten und Kulturen immer wieder, weil sie normativ sind. Anderes ist nur innerhalb eines bestimmten Kontextes zu verstehen und wurde mit dessen Verschwinden wieder aufgegeben. Manche Entwicklung wurde als einseitig oder gar als irrig und dem Ursprung fremd und diesen entstellend erkannt, und der Ruf nach Reform führte dazu, sie zu überwinden. Denn jede Entfaltung blieb unter dem Kriterium des *Ursprungs;* sie wollte, soweit sie legitim war, diesen in die jeweilige Zeit und Kultur hinein übersetzen, nicht ihn ersetzen und durch ein ihm Fremdes ablösen.

Die christliche Botschaft erwies sich als eine überaus mächtige und gerade darum anpassungsfähige und in den unterschiedlichsten Kontexten aussagbare und organisierbare Idee. Sie fand ihre Gestalt in Großkirche und Volkskirche, und als diese hatte sie die Fähigkeit zu sehr weitreichenden Neubesinnungen und tiefgreifenden Umgestaltungen. Sie blieb immer die mit sich selbst identische Kirche und nahm doch immer wieder neue Formen an. Die Kirche ist im Verlauf ihrer Geschichte durch Brüche und Krisen hindurch immer das gewesen und geworden, was sie sein mußte, um das Evangelium auszusagen. Sicher hatte jede Übersetzung in eine neue kulturelle und soziale Gesamtordnung ihren Preis, sie ging nicht ohne „Reibungsverluste" vonstatten. Aber die Tatsache, daß diese Übersetzungsarbeit geleistet wurde, war die Bedingung dafür, daß die christliche Botschaft lebendig bleiben und geschichtsmächtig werden konnte, und daß sie heute in den jungen Kirchen wiederum neu ausgesagt werden kann. Es wäre widersprüchlich, heute die Inkulturation zu fordern, frühere Bemühungen um eine solche aber grundsätzlich als Abfall vom Ursprung und seiner biblischen Bezeugung zu verurteilen, ebenso wie es widersprüchlich wäre, frühere Inkulturationen, wie sie etwa in den ersten Konzilien erfolgten, für normativ zu erachten, aber heutige Versuche wegen der Risiken, die ein solcher Übersetzungsprozeß immer birgt, grundsätzlich als illegitim zu verwerfen.

Damit ist gesagt, daß in diesem Zusammenhang keine historisch umfassende Darstellung der Entwicklung der christlichen Kirche(n) angestrebt werden kann. Vielmehr sollen Typen kirchlicher Realisierung umrissen werden, die die Spannbreite dessen deutlich machen, wie Kirche realisiert wurde und Gestalt fand. Wenn hier einige wenige Schwerpunkte ekklesialer Verwirklichung herausgehoben werden, dann zu dem Zweck, die Vielfalt kirchlicher Realisierungen zu verdeutlichen. Sie lassen in ihrer Zusammenschau erkennen, was Kirche ist, sein konnte und sein kann. Sie eröffnen damit gleichzeitig einen Raum, Kirche auch heute neu und in Korrespondenz zu den unterschiedlichen kulturellen Kontexten Gestalt finden zu lassen. Die Vielgestalt historischer Verwirklichungsformen bietet reiches Anschauungsmaterial; in Auseinandersetzung mit ihm können die heute nötigen Entscheidungen nicht in stumpfer Imitation, sondern in schöpferischer Freiheit getroffen werden. Denn was wirklich ist, ist auch möglich. Wer mit seiner Vergangenheit in rechter Weise umzugehen versteht, der hat auch Zukunft, denn Geschichte macht frei.

3.4 Schwerpunkte der geschichtlichen Entwicklung

3.4.1 Kirche als Imperium[179]

Im Gefolge der konstantinischen Wende wurde die Kirche von Verfolgung und Illegitimität frei. Aus der kleinen Herde der wenigen Glaubenden wurde schnell eine Großkirche, die sich als christliches Reich verstand und nach dem Bild des römischen Imperiums gestaltete. Die bisherige Distanz zur Welt und zur politischen Ordnung wurde aufgehoben. Volk Gottes deckte sich mehr und mehr mit dem Römischen Reich und wurde zu einer sozial und rechtlich umschreibbaren Größe. Wer ihr nicht angehörte, wurde bald zum politischen Feind, der unter dem Kreuz als dem Siegeszeichen bekämpft wurde. Politische und militärische Erfolge des Römischen Reiches wurden geradezu als Siege des Reiches Gottes gefeiert. Eusebius von Caesarea (ca. 260/65 – 339) kann das Imperium mit dem Reich Gottes und der Kirche identifizieren und Kaiser Konstantin panegyrisch als neuen Moses feiern. Der Untergang des Römischen Reiches wurde in diesem Denkrahmen für viele Christen zu einer Glaubensprobe, weil er auch den Untergang des Reiches Gottes und der Kirche befürchten ließ, ein innerchristlicher Krisenvorgang, auf den Augustins *De civitate Dei* eine Antwort zu geben versuchte.

Nach dem Tod des Kaisers *Theodosius* wurde das Reich in ein Ostreich und ein Westreich geteilt. Damit fiel, ausgelöst durch politische und militärische Krisen, dem Römischen Bischof eine politische Verantwortung zu, die der jetzt in Byzanz regierende Kaiser im Westen nicht mehr wahrnehmen konnte. Die Kirche wurde als Erbin des Imperium Romanum verstanden, und die Päpste übernahmen Aufgaben, die ihnen aus der *imitatio imperii* zuwuchsen. Dem Bischof von Konstantinopel wurde durch das Konzil von 381 ein Ehrenvorrang unmittelbar nach Rom zugesprochen. Dem hat sich eine Synode in Rom 382 ebenso widersetzt[180] wie dem Titel „ökumenischer Patriarch", den der Bischof von Konstantinopel seit dem 6. Jh. führte, und der den Anspruch einer universalkirchlichen Sonderstellung zum Ausdruck brachte. Damit war der Konflikt mit dem Römischen Bischof unausweichlich, er gipfelte, verstärkt durch die Verbindung der Westkirche mit dem Frankenreich und durch eine fortschreitende kulturelle Entfremdung und die politische Überlegenheit des Westens, in der gegenseitigen Exkommunikation von 1054.

---

[179] Siehe hierzu H. Fries, Wandel des Kirchenbildes und dogmengeschichtliche Entfaltung: MySal IV/1, 223-285.
[180] Siehe hierzu tzt D5/I, Nr. 13.

Sowohl im Osten als auch im Westen verstanden sich die Kaiser als Schützer der Kirche. Weltliche und geistliche Herrschaft sollten gemeinsam die Christenheit leiten, wobei die weltlichen Fürsten nicht selten in Wahrheit die Herren der Kirche waren. Kaiser *Justinian* errichtete eine ausgesprochene Theokratie, im Westen verstanden sich die Kaiser seit *Karl d. Gr.* als Führer der Christenheit und als Stellvertreter Christi. Als solche sahen sie im Papst „nur den ersten aller Bischöfe ..., den betenden Moses, um dessentwillen Gott der streitenden und ordnenden Hand des Reichsherrn zum Erfolg verhilft"[181]. Seit den Ottonen waren die Bischöfe Reichsfürsten. Sie wurden vom König ernannt. Kaiser haben Päpste abgesetzt und eingesetzt, doch auch auf niedrigerer Ebene und im kirchlichen Alltag hatten die Fürsten durch das Eigenkirchenwesen weitreichenden Einfluß auf die Kirche – zumeist keineswegs zu deren Schaden.

Eine Gegenbewegung erfolgte in der Reformbewegung der Cluniazenser und durch die Gregorianische Reform, die unter dem Titel „*libertas Ecclesiae*" (Freiheit der Kirche) die Oberhoheit des geistlichen über den weltlichen Bereich, insbesondere des Papstes über den Kaiser, auf die Fahnen geschrieben hatten. Nach dem *Dictatus Papae Papst Gregors VII.*[182] verstand sich der Papst als universaler, uneingeschränkter Herr des *populus Christianus,* dem Kaiser überlegen und allein berechtigt, Bischöfe einzusetzen. Die *Zwei-Schwerter-Theorie,* die seit Papst *Gelasius I.* die Gewaltenteilung ausgedrückt hatte, wird nun so interpretiert, daß dem Papst beide Schwerter eignen, wobei er das weltliche an die Fürsten übergibt, die demzufolge ihr Amt aufgrund seiner Delegation ausüben und darum auch jederzeit von ihm abgesetzt werden können.

Die Kirche erschien innerhalb dieses Konzepts als Imperium, mit der Hierarchie identisch, als Papststaat, in dem alle Vollmacht vom Pontifex Maximus ausging und durch ihn kontrolliert wurde. Das Römische in Liturgie, Recht und Disziplin wurde zum Spezifikum der Kirche und zur Form ihrer Katholizität. Die Ekklesiologie wurde im Rahmen der Kanonistik abgehandelt, die insbesondere die volle und unbegrenzte Macht des Papstes zu propagieren hatte. Als Papst *Bonifaz VIII.* erklärte, es sei für das Heil eines jeden Menschen unverzichtbar, dem römischen Papst untertan zu sein, schrieb einer seiner Kanonisten kurz und bündig: „Papa qui potest dici Ecclesia"[183].

Die Spannungen zwischen den konkurrierenden Ansprüchen von Kaiser und Papst auf Vorherrschaft und Regierung der Christenheit bestimmten die Geschichte der mittelalterlichen Kirche. In der Praxis, aber auch in den meisten theoretischen Entwürfen wurden beide Vorstellungen immer wieder miteinander in einem Kompromiß verbunden. Allerdings wurde es zunehmend zum Problem, die Einheit des Leibes Christi zu betonen und gleichzeitig die Existenz zweier (Ober-) Häupter zu lehren. Beide Richtungen tendierten jeweils darauf hin, Kaiser oder Papst als das alleinige Haupt festzuhalten und von seiner Stellung die Einheit der Christen herzuleiten.

Eine Gegenbewegung, die sowohl den kaiserlichen als auch den päpstlichen Überlegenheitsanspruch in Frage stellte, waren im hohen Mittelalter die Orden,

---
[181] J. Bernhart, Der Vatikan als Weltmacht, München – Leipzig ⁴1949, 80.
[182] Vgl. tzt D5/I, Nr. 72.
[183] So Aegidius Romanus, De ecclesiastica potestate II,13.

insbesondere die Bettelorden im Gefolge der Armutsbewegung. Sie entstanden aus dem Laientum. Die Mönche waren nicht durch heilige Weihe, sondern durch ein Leben in Übereinstimmung mit den Forderungen der Bergpredigt (vita apostolica) bestimmt. Leitmotiv war das Bild einer armen und dienenden Kirche, die ihren Ursprung im Kreuz hat, die *Ecclesia spiritualis,* die im Geist existiert und damit der Welt und ihren Wünschen und Bestrebungen fremd gegenübersteht. Damit waren die Orden schon durch ihre Existenz und ihre radikale Bereitschaft zur Nachfolge Jesu, mehr noch durch die von ihnen entfaltete Theologie, eine Kritik an einer Kirche, die die biblische Mahnung „Bei euch soll es nicht so sein" allzusehr vergessen hatte, und die in ihrem Kampf um Macht und Vorherrschaft kaum noch einen Kontrast zur Gesellschaft und ihren Werten bildete.

Die Kirche war in der Spätantike und im Mittelalter von sehr unterschiedlichen und vielfältigen Motiven bestimmt und von differierenden Zielvorstellungen geprägt, sie war reicher, als eine simplifizierende Sicht des „finsteren" Mittelalters dies wahrzunehmen vermag.[184]

3.4.2 Die Kirche in Konfessionen

Während in der mittelalterlichen Kirche des Westens trotz vielfältiger Spannungen und Konflikte die Einheit der Christenheit gewahrt werden konnte, ist die neuzeitliche Kirche von deren Spaltung bestimmt. Kirche begegnet jetzt nur noch in der Gestalt einander widersprechender „Religionsparteien" und sich gegenseitig exkommunizierender Konfessionen. Mit der neuzeitlichen Konzentration auf das Subjekt, seine Freiheit und seine Vernunft stellte sich die Frage nach der Kirche in neuer Weise. Der einzelne Glaubende war nicht mehr fraglos in die Gemeinschaft der Glaubenden integriert, und die konkrete Kirche zeigte sich am Ausgang des Mittelalters oftmals in abstoßender Gestalt. Die Forderung nach einer „Reform an Haupt und Gliedern" war allgegenwärtig: Die Christenheit sollte nach dem Vorbild der Urkirche, ihrer Märtyrer und Bekenner reformiert werden. Die Reformation hatte als ihren Ausgangspunkt die Frage: „Wie finde ich einen gnädigen Gott?", also das Ringen um die Rechtfertigung. Der einzelne stand vor seinem Gott, und die konkrete Kirche konnte ihm dabei kaum Halt und Hilfe bieten. Sie schien im Geschehen der Rechtfertigung keine Rolle mehr zu spielen. Das hatte Konsequenzen auch für die Ekklesiologie, insbesondere in der Frage der Binde- und Lösegewalt des Papstes, des Lehramts, des Verhältnisses von Papst und Konzil, von Schrift und kirchlicher Überlieferung. Von Bedeutung wurde die Betonung des allgemeinen Priestertums, die Identifizierung von Bischofsamt und Pfarramt, die Infragestellung des Opfercharakters der Messe durch die Reformatoren.

---

[184] In der Vielgestaltigkeit und Unübersichtlichkeit, die aber dennoch ein Ganzes und Eines darzustellen und auch Schattenseiten zu integrieren vermochte, wird die Kirche symbolisiert durch die gotische Kathedrale, die sich gerade in ihrer Vielgestalt und spannungsvollen Einheit zu einem Ganzen und Umfassenden organisierte, selbst wenn der Plan, nach dem sie gebaut wurde, immer wieder einmal geändert, angepaßt und modernisiert werden mußte und konnte.

Für Luther ist die Kirche zunächst unbefragte Wirklichkeit des Glaubens. „Es weiß gottlob ein Kind von sieben Jahren, was die Kirche sei, nämlich die heiligen Gläubigen und ‚die Schäflein, die ihres Hirten Stimme hören' (Joh 10,3)"[185]. Das Wort „Kirche" liebte Luther nicht, er sprach lieber von der einen christlichen Gemeine oder Sammlung, von der einen heiligen Christenheit. Diese wird nicht aufgebaut durch menschliches Wollen und Planen, durch amtliche Strukturen und Organisationsformen, sondern allein durch das Wort Gottes, wenn es im Glauben angenommen wird. Darum ist die wahre Kirche verborgen, die Heiligen sind unbekannt. Dennoch ist sie nicht einfach unsichtbar, sondern wird sichtbar durch Wort und Sakrament. Sie ist zufolge der *Confessio Augustana* „die Versammlung aller Gläubigen (lat.: sanctorum), bei welchen das Evangelium rein gepredigt und die heiligen Sakramente gemäß des Evangeliums gereicht werden"[186]. Kirche ist nicht allein unter dem Papst oder auf sonst eine konfessionelle Struktur begrenzt, „sondern in aller Welt, daß also die Christenheit leiblich zerstreut ist, aber geistlich in einem Evangelium versammelt ist"[187].

Mit dieser Hinwendung zu einem mehr spiritualistischen Kirchenbegriff verloren die kirchlichen Strukturen und Ämter an Bedeutung, ohne daß sie darum der Beliebigkeit oder der bloßen Zweckmäßigkeit anheimgegeben oder gar für irrelevant erklärt worden wären. Zwar wird Kirche allein durch rechte Wortverkündigung und eine der Einsetzung entsprechende Sakramentenverwaltung, und diese sind für die Einigkeit der christlichen Kirche genug.[188] Andererseits steht das Amt so sehr im Dienst von Wort und Sakrament, daß es um ihretwillen unverzichtbar und somit indirekt für Kirche konstitutiv ist. Es waren wohl nicht die Reformatoren, sondern der Individualismus des 19. Jahrhunderts, der das „satis est" im Sinne einer Beliebigkeit und Verzichtbarkeit des Amtes interpretierte.

In der *reformierten Tradition* ist Subjekt der Kirche nicht eine kirchliche Institution, sondern der dreifaltige Gott, der in Jesus Christus seine Kirche „sammelt, schützt und erhält"[189]. Kirche hat ihren Ursprung schon im Alten Bund; sie existiert als pilgerndes Gottesvolk durch seine Gnade in der Geschichte und bereitet die Menschen auf das kommende Reich Gottes vor. Zur Kirche im eigentlichen Sinn gehört nach *Calvin* nur, wer endgültig Bürger dieses Reiches Gottes sein wird. Allein Gott, der über das ewige Heil des Menschen vorherbestimmt, weiß darum, wer Glied der Kirche ist und wer nicht. Die Kirche ist nach dieser Vorstellung eine unsichtbare Gemeinschaft, sie wird nicht durch menschliche Anstrengung. Ihre Grenzen fallen nicht mit institutionell umschreibbaren Organisationen zusammen. Dennoch sind ihre Strukturen nicht belanglos. Weil die Kirche der Herrschaft Gottes in der Welt zu dienen hat, gehört zu ihrem Wesen neben Wort und Sakrament auch die Kirchenzucht, in der insbesondere in der Einzelgemeinde, aber auch auf regionaler und universaler Ebene ein Verhalten nach den Regeln der biblischen Botschaft gefördert werden soll. Diesem Zweck dienen die *vier Ämter* der reformierten Kirche, nämlich das Amt des *Pastors*, des *Lehrers*,

---

[185] So in den Schmalkaldischen Artikeln: BSLK 459.
[186] CA VII: BSLK 61.
[187] So Luthers Bekenntnis von 1528 als Grundlage der Schwabacher Artikel, WA 26, 506.
[188] CA VII: „satis est".
[189] Heidelberger Katechismus, Frage Nr. 54.

des *Ältesten* und des *Diakons*. Sie konnten sich in der reformierten Tradition durchsetzen, selbst wenn die Kirchenzucht in aller Regel nicht mehr in der Strenge durchgeführt wird wie in Genf unter Calvin. Während diese Ämterstruktur nicht auf die altkirchliche Ordnung zurückgreift, sondern vor allem die Effektivität in der Erfüllung der Aufgaben im Blick hat, orientiert sich das Institut von regionalen und nationalen Synoden an frühchristlichen Vorbildern und will diese neu beleben und fruchtbar machen.

Aus der reformierten Ekklesiologie entwickelten sich in der Folgezeit neben der presbyterial-synodalen Kirchenverfassung auch die kongregationalistische und die freikirchliche Struktur, die durch die Unabhängigkeit der Einzelgemeinde gekennzeichnet sind und vor allem in Nordamerika zur Basis für eine starke Zersplitterung der Christenheit und Anlaß zur Sektenbildung wurden.

Aufgrund von aktuellen Konflikten, nicht aus veränderten theologischen Grundkonzeptionen, entstand in England eine Kirche, die die hierarchische Kirchenverfassung mit dem Bischofsamt beibehielt, sich aber gegen die römischen Ansprüche verwahrte und ihre regionale Unabhängigkeit anstrebte. Erst in einer späteren Stufe wurden inhaltlich Elemente insbesondere der schweizerischen Reformation bestimmend. In dieser Kirche, die sich vor allem im 18. und 19. Jahrhundert zu einer weltweiten Gemeinschaft entwickelte, stehen altkirchlich-katholische und protestantisch-evangelikale Elemente in Spannung zueinander. Der Begriff der *comprehensiveness* ist Leitwort dafür.

Die katholische Antwort auf diese Formen der Reformation und Ansatz für die auch von den „Altgläubigen" als unverzichtbar erkannte Reform an Haupt und Gliedern war das *Konzil von Trient,* das allerdings viel zu spät kam und die Kirchenspaltung nicht mehr aufzuhalten vermochte. Insbesondere die Reformdekrete haben die konkrete Gestalt der Kirche verändert und Mißbräuche abgestellt, die zu einem guten Teil Anlaß für die Reformation geworden waren. In seinen dogmatischen Aussagen gelang es dem Konzil jedoch nicht, eine umfassende Ekklesiologie zu formulieren und auf dieser Ebene eine überzeugende Antwort auf die Reformation zu geben. Die theologischen Voraussetzungen im Bereich der Lehre von der Kirche waren noch weithin ungeklärt und entzogen sich darum einer konziliaren Definition. So hat sich Trient in seinen ekklesiologisch-dogmatischen Aussagen darauf beschränkt, angesichts der Anfragen der Reformation einige Aspekte des kirchlichen Amts festzuschreiben, nämlich die Lehre von Ordination und Priestertum, den Unterschied von Priester und Laie, die Vollmacht des Priesters zu Wortverkündigung und Sakramentenspendung, die Existenz einer Hierarchie im dreigegliederten Amt. Ekklesiologisch relevant war darüber hinaus die Lehre von den Heiligen. Was nicht kontrovers war, wurde in Trient bewußt nicht angesprochen, nicht weil man es abgelehnt hätte, sondern ganz im Gegenteil, weil keine Ursache dafür bestand, es konziliar festzuschreiben.

In der Rezeption des Konzils wurde diese Perspektivität weithin vergessen. Aus den Konzilsaussagen wurde die nun als umfassend erachtete katholische Lehre erhoben. Auch auf evangelischer Seite erschien bei den Reformatoren insbesondere das von Interesse, was sie von der katholischen Tradition unterschied. Was sie mit dieser gemeinsam hatten, wurde nicht selten als der noch nicht überwundene Rest angesehen, den es nun ebenfalls auszumerzen galte. Geprägt von dieser Kontrovershaltung, war die Ekklesiologie vorwiegend von apologetischen Bedürfnissen geprägt und an den Unterscheidungslehren interessiert. „Was nur ein polemisches Kapitel über Kontroverspunkte war", fungierte nun als Traktat *„De Ecclesia"*[190].

In diesem Rahmen wurde katholischerseits Kirche fast ausschließlich als sichtbare, institutionell fest umrissene Größe verstanden. Die altkirchliche Idee von der Kirche als Mysterium, als vom Geist getragene Wirklichkeit, trat mehr und mehr zurück und wich einer weitgehenden Identifizierung der Kirche mit der Hierarchie, insbesondere mit dem Papst. So wurde im Tridentinischen Glaubensbekenntnis die Romanitas unter die Notae Ecclesiae aufgenommen: „Ich anerkenne die heilige katholische und apostolische Römische Kirche als Mutter und Lehrerin aller Kirchen; und ich gelobe und schwöre dem Römischen Bischof, dem Nachfolger des seligen Apostelfürsten Petrus und Stellvertreter Jesu Christi, wahren Gehorsam"[191]. Bellarmin formulierte die klassisch gewordene Definition: „Jene eine und wahre (Kirche) ist ein Zusammenschluß (coetus) von Menschen, der durch das Bekenntnis desselben christlichen Glaubens und durch die Gemeinschaft derselben Sakramente, unter der Leitung der legitimen Hirten, vor allem des einen Stellvertreters Christi auf Erden, des römischen Papstes, verbunden ist."[192]

3.4.3 Kirche als societas

In der Aufklärung wurde Kirche vor allem als moralische Anstalt verstanden und als solche gewürdigt. Diese anstaltliche Betrachtung der Kirche fand auch eine Rezeption im innerkatholischen Raum. Dabei wurde die biblische und frühchristliche Idee von der Kirche als *corpus Christi* soziologisch interpretiert. Seit dem 4. Jahrhundert hatte der Begriff mystischer Leib (corpus mysticum) die Eucharistie bezeichnet, durch deren Feier die Gläubigen zum corpus verum, zur Kirche als wahrem Leib Christi verwandelt werden. Seit dem 12. Jahrhundert wird dieses Verständnis umgekehrt: die Eucharistie erscheint als der wahre Leib, die Kirche als der mystische Leib Christi. Seither wird Leib Christi nicht mehr sakramental, Kirche nicht mehr von der Eucharistie her verstanden. Im neuzeitlichen Verständnis wird der Leib-Begriff nur noch metaphorisch gedeutet, Kirche im Sinn von Körperschaft und Gesellschaft *(societas)* gesehen.

1. Die Kirche ist eine *vollkommene Gesellschaft (societas perfecta)*

Eine *vollkommene Gesellschaft* besitzt alle Mittel, die zur Erreichung ihres Zweckes nötig sind (Legislative, Judikative, Exekutive). Darum ist sie unabhängig von allen anderen Gesellschaften, also nicht Teil von ihnen. Die Kirche besitzt dank ihrer göttlichen Stiftung alles, was eine vollständige Gesellschaft braucht. Darum ist sie in sich vollkommen, d. h. sie bedarf keiner Einwirkungen von außen und weist alle Einflußnahmen in ihren Bereich zurück. Die Kirche tritt damit neben den Staat, der die einzige andere Form der vollkommenen Gesellschaft darstellt.

---
[190] Y. Congar, Kirche: HthG I, 808.
[191] DH 1868.
[192] tzt D5/II.

Ihm gegenüber betont sie ihre Freiheit und Unabhängigkeit, die durch den Papst gewährleistet werden. Als in sich stehende Körperschaft kann sich Kirche auf ihr Binnenleben konzentrieren, eine eigene katholische Kultur und Sprache pflegen. Auf die Begegnung mit fremden Gesellschaften und ihren Kulturen erscheint sie als nicht angewiesen.

2. Die Kirche ist eine *Gesellschaft von Ungleichen (societas inaequalis)*

Da die vollkommenste Gesellschaftsform, wie für absolutistische Strömungen gerade in der Aufklärungszeit selbstverständlich, die Monarchie ist, muß Gott der Kirche diese Form gegeben haben: Sie ist also eine hierarchisch, d. h. streng von oben nach unten strukturierte Gesellschaft. Subjekt kirchlichen Handelns ist allein der Klerus, die Laienschaft erscheint als Objekt klerikaler Fürsorge und Betreuung. Der Klerus bekommt noch einmal eine absolute Spitze im römischen Papst, dem folgerichtig auf dem Ersten Vatikanischen Konzil der universale Jurisdiktionsprimat und die Prärogative der Unfehlbarkeit zugesprochen wird.

Auf dieser theoretischen Grundlage glaubte die katholische Kirche des 19. Jahrhunderts den Stürmen und Anfechtungen der Zeit widerstehen zu können. Sie ging in die Defensive, pflegte eine katholische Eigenkultur und verstand sich als Bollwerk gegen die Moderne, als Festung, in der die gottgewollte Ordnung verteidigt wird. Man braucht nur die vielen Verurteilungen des „Syllabus" von 1864[193] oder der Antimodernismusdokumente aus dem Anfang des 20. Jahrhunderts[194] zu lesen, um sofort zu sehen: Aus dieser Haltung wurden nahezu alle zeitgenössischen Errungenschaften und die ihnen zugrundeliegenden Ideen verurteilt – die Demokratie ebenso wie die Aussöhnung mit der Welt, die Religionsfreiheit nicht weniger als die Freiheit der Presse. Auch der Codex Iuris Canonici von 1917, das erste einheitliche Rechtsbuch der Kirche überhaupt, ist ein Abbild dieser juridisch-hierarchisch konzipierten Ekklesiologie.

Dahinter steht freilich eine geradezu deistische Theologie. Kirche als Körperschaft ist allein von ihren amtlichen Organen her verstanden, die göttliche Fürsorge für die Kirche erschöpft sich in der Stiftung ihrer Ämter. *J. A. Möhler* hat diese Sicht mit dem bekannten Satz verspottet: „Gott schuf die Hierarchie, und für die Kirche ist bis zum Weltende mehr als genug gesorgt"[195]. Gottes Wirken steht am Anfang der Kirche, darüber hinaus erscheint er als nicht mehr nötig. „Der weitere Gang, der Verlauf der Geschichte erfolgt nach autonomen, immanenten Gesetzen, Strukturen, Funktionen innerhalb der Kirche, für deren reibungslosen Ablauf die Hierarchie legitimiert und zuständig ist"[196]. Die Frage nach der Kirche, insbesondere der Aufweis der rechten Kirche, erschöpfte sich in der Darlegung der Stiftung der Ämter, vor allem des Papsttums und des Bischofsamtes. Durch sie sind die notae Ecclesiae, ihre Einheit, Heiligkeit, Katholizität und Apostolizität garantiert, deren die nicht-römisch/katholischen christlichen Gemeinschaften entbehren.

---

[193] DH 2901-2980.
[194] Dekret „Lamentabili" (DH 3401-3466), Enzyklika „Pascendi" (DH 3475-3500), beide 1907.
[195] tzt D5/II.
[196] H. Fries, in: MySal IV/1 264.

3.4.4 Der Neuaufbruch im 20. Jahrhundert

Der Widerspruch gegen diese Sicht der Kirche, die sich kirchenamtlich weitgehend durchsetzen konnte, regte sich noch im 19. Jahrhundert. Er ging vor allem von der *Tübinger Katholischen Schule* aus. Geprägt vom Geist der Romantik, sah sie in der altkirchlichen Vorstellung von der Kirche als Mysterium ein Gegengewicht gegen den herrschenden Institutionalismus. Der schon erwähnte *J. A. Möhler* deutete in der Frühschrift *„Die Einheit in der Kirche"*[197] diese konsequent als Werk und Schöpfung des Hl. Geistes. Er ist Lebensprinzip der Kirche und wirkt in ihren Strukturen und Ämtern, vor allem im Episkopat. Sein Spätwerk *„Symbolik"*[198] ist eher christozentrisch-inkarnatorisch angelegt: Kirche erscheint jetzt als „andauernde Fleischwerdung des Sohnes"; sie ist also sichtbar in der Geschichte am Werk. Das Buch ist eine Auseinandersetzung mit dem Protestantismus: Im inkarnatorischen Prinzip sieht Möhler denn auch die eigentliche Unterscheidungslehre zu ihm.

Kirche wird hier von einem Gegenstand der Apologetik zum Traktat der Dogmatik. Frucht dieser Neuorientierung war der ekklesiologische Aufbruch nach dem Ersten Weltkrieg. *R. Guardini* fand 1922 das Wort vom „Erwachen der Kirche in den Seelen"[199] und erblickte darin ein neues Pfingsten. Ihm korrespondierte auf evangelischer Seite *O. Dibelius'* Charakterisierung des neuen Säkulums als „Jahrhundert der Kirche"[200]. „Wir sind die Kirche", lautete das Selbstverständnis von Laien, die sich in der Jugend- und Akademikerbewegung, in der liturgischen Bewegung und der „Katholischen Aktion" sammelten. Kirche als Inhalt des geistlichen Lebens – dieser Aspekt wurde von *K. Adam*[201] und in dichterischer Konzentration in *G. von Le Forts* „Hymnen an die Kirche"[202] entwickelt. Der bedeutendste Ekklesiologe in der ersten Jahrhunderthälfte und darüber hinaus wurde der französische Dominikaner *Y. Congar*: Er rief im Rückgriff auf die Theologie der Kirchenväter den Gedanken der Kirche als Gemeinschaft wieder ins Gedächtnis.[203] In Deutschland verstand *O. Semmelroth* „Kirche als Ursakrament"[204], um, ähnlich wie Congar, das gnadenhafte Moment des kirchlichen Wirkens zu unterstreichen.

Auch das kirchliche Amt orientierte sich an dieser Neubesinnung. 1943 veröffentlichte Papst *Pius XII.* die Enzyklika „Mystici Corporis"[205], die erste aus-

---

[197] Die Einheit in der Kirche oder das Prinzip des Katholizismus. Dargestellt im Geiste der Kirchenväter der drei ersten Jahrhunderte (zuerst 1825). Hg. v. J. R. Geiselmann, Köln-Olten 1956.

[198] Symbolik oder Darstellung der dogmatischen Gegensätze der Katholiken und Protestanten nach ihren öffentlichen Bekenntnisschriften (zuerst 1832), in 2 Bdn. Hg. v. J. R. Geiselmann, Köln-Olten 1958-1960.

[199] R. Guardini, Vom Sinn der Kirche. Fünf Vorträge (zuerst 1922), Mainz ⁴1955, 19; tzt D5/II.

[200] O. Dibelius, Das Jahrhundert der Kirche, Berlin 1927; vgl. tzt D5/II.

[201] K. Adam, Das Wesen des Katholizismus (zuerst 1924), Düsseldorf ¹³1957; tzt D5/II.

[202] G. v. Le Fort, Hymnen an die Kirche, München ³1948.

[203] Y. Congar, Die Wesenseigenschaften der Kirche: MySal IV/1, 357-502, 535-594; ders., Heilige Kirche, Stuttgart 1966. Congar verfaßte auch die grundlegenden dogmengeschichtlichen Beiträge zur Ekklesiologie in HDG III/3 c,d.

[204] O. Semmelroth, Die Kirche als Ursakrament, Frankfurt 1953; ders., Die Kirche als Sakrament des Heils: MySal IV/1, 309-356.

[205] DH 3800-3822.

führliche offizielle Lehrdarstellung der Kirche. So sehr der Papst den institutionellen Aspekt hervorhob, übersah er nicht die Dimension des Geheimnisses: Christus als das Haupt des Leibes, der in der Kraft des Heiligen Geistes diesen beseelt und belebt.

Damit waren die Weichen gestellt, die zur Ekklesiologie des Zweiten Vatikanischen Konzils leiteten.

Der Aufbau des Kirchenschemas vom I. Vatikanum
bis zur Dogmatischen Konstitution „Lumen Gentium"

I. Vatikanisches Konzil (1869/70) Erster Entwurf einer Konstitution über die Kirche Christi (nicht verabschiedet)	II. Vatikanisches Konzil Erster Entwurf für eine dogmatische Konstitution über die Kirche (1962)
1. Die Kirche ist Christi geheimnisvoller Leib. 2. Die christliche Religion kann nur in und durch die von Christus gegründete Kirche ausgeübt werden. 4. Die Kirche ist eine sichtbare Gesellschaft. 5. Die sichtbare Einheit der Kirche. 8. Die Unvergänglichkeit der Kirche. 10. Die kirchliche Vollmacht.	1. Das Wesen der streitenden Kirche. 2. Die Glieder der Kirche und die Heilsnotwendigkeit der Kirche. 3. Der Episkopat als höchste Stufe des Weihesakramentes und das Priestertum. 5. Die Stände der evangelichen Vollkommenheit. 6. Die Laien. 7. Das Lehramt der Kirche. 8. Autorität und Gehorsam in der Kirche. 11. Der Ökumenismus. Anhang: Jungfrau Maria, Mutter Gottes und Mutter der Menschen.
II. Vatikanisches Konzil Zweiter Entwurf für eine dogmatische Konstitution über die Kirche (1963)	II. Vatikanisches Konzil (1962/65) Dogmatische Konstitution über die Kirche „Lumen Gentium" (1965)
1. Das Geheimnis der Kirche. 2. Die hierarchische Verfassung der Kirche und im besonderen der Episkopat. 3. Das Volk Gottes und insbesondere die Laien. 4. Die Berufung zur Heiligkeit in der Kirche.	1. Das Mysterium der Kirche. 2. Das Volk Gottes. 3. Die hierarchische Verfassung der Kirche, insbesondere das Bischofsamt. 4. Die Laien. 5. Die allgemeine Berufung zur Heiligkeit in der Kirche. 6. Die Ordensleute. 7. Der endzeitliche Charakter der pilgernden Kirche und ihre Einheit mit der himmlischen Kirche. 8. Die selige jungfräuliche Gottesmutter Maria im Geheimnis Christi und der Kirche.

3.5 Kirche im Zweiten Vatikanischen Konzil

Das Thema Kirche gehört seit den Reformkonzilien des Mittelalters zu den Traktanden der Kirchenversammlungen, wurde aber niemals umfassend und systematisch abgehandelt. Das geschah erstmals auf dem Zweiten Vatikanischen Konzil (1962-1965): Es ist das *Konzil der Kirche über die Kirche* geworden. Die Leitlinie hatte Johannes XXIII. vorgegeben, als er den Schwerpunkt auf das pastorale Moment legte: Die Kirche sollte aus der Defensivhaltung des 19. Jahrhunderts und der pessimistischen Einstellung gegenüber der Neuzeit herausfinden, die „Zeichen der Zeit" erkennen und ihnen Rechnung tragen.

Die vorbereitenden Kommissionen hatten zunächst einen Entwurf erstellt, der sich an dem „Schema de Ecclesia" orientierte, das dem Ersten Vatikanischen Konzil vorgelegen, von ihm aber – abgesehen von den Kapiteln über den Papst – nicht verabschiedet worden war:[206] Bekanntlich mußte die Kirchenversammlung 1870 aus politischen Gründen vertagt werden. Dieser Entwurf atmete ganz den Geist der Hierarchologie von damals.

Er hatte aber keine Chancen. Auf dem Konzil setzte sich eine Konzeption durch, die erst einmal „Die Kirche als Mysterium", dann „Die Kirche als Volk Gottes" – so die Titel der ersten beiden Kapitel des Endtextes – und erst danach die einzelnen Stände der Kirche, beginnend mit der Hierarchie, betrachtet. Am Anfang steht damit, was alle in der Kirche gemeinsam haben, von diesem aus wird dann die Lehre von den Ämtern, insbesondere vom Bischofsamt, entfaltet. Damit ist eine Ekklesiologie überwunden, die glaubte, Kirche von der Hierarchie her verstehen und kirchliche Existenz der Gläubigen ausschließlich im Gehorsam festschreiben zu können.

3.5.1 Die Kirche als Mysterium

3.5.1.1 Der Hintergrund

Das erste Kapitel der Kirchenkonstitution ist überschrieben mit „Das Mysterium der Kirche". Das Konzil dokumentiert damit, daß es auf die Tradition der ersten christlichen Jahrhunderte und deren Lehre von der Sakramentalität der Kirche zurückgreift und sie fruchtbar macht. Diese Formulierung begegnet erstmals bei Cyprian von Karthago, der die Kirche als „sacramentum unitatis"[207] bezeichnet. Auch andere Kirchenväter, allen voran Augustin, sprechen vom Sakrament oder dem Mysterium der Kirche im Rahmen ihrer Heilsökonomie.[208] In den Credofor-

---

[206] Dieser Entwurf des Ersten Vatikanischen Konzils ist veröffentlicht in J. Neuner, H. Roos, Der Glaube der Kirche, Nr. 387-394. Dennoch ist der Text kein kirchenamtliches Dokument.
[207] Unit. eccl. 4; BKV 34, 137.
[208] Einen Überblick gibt W. Beinert, Die Sakramentalität der Kirche im theologischen Gespräch: ThBer IX, Zürich – Einsiedeln – Köln 1980. Ausführlich erörtert wird das Problem von H. Döring, Grundriß der Ekklesiologie, Darmstadt 1986, 100-166; J. Meyer zu Schlochtern, Sakrament Kirche, Freiburg – Basel – Wien 1992.

meln wird die Kirche als die Ausgestaltung des Geistes verstanden: Sie ist Realsymbol für das Wirken des Geistes in der Welt. Diese Konzeption wurde in einer Zeit entwickelt, in der der Sakramentenbegriff im engeren Verständnis noch nicht ausgefaltet war. Mit dessen Ausbildung um die Mitte des 12. Jahrhunderts und mit der Konzentration auf die einzelnen sakramentalen Zeichen trat diese Vorstellung in den Hintergrund. Erst im 19. Jahrhundert wurde im Rahmen der romantischen Theologie der Gedanke von der Kirche als Mysterium wieder aufgegriffen, wobei sie vornehmlich als die Fortsetzung der Inkarnation, als „Christus prolongatus" und als Leib Christi erschien, der seine irdische Existenz fortsetzt. Damit wurde die Gefahr einer Überbetonung der Kirche fast unausweichlich. Eine Unterscheidung von Kirche und Christus war kaum noch möglich: Kirchenkritik erschien als Christuskritik.

Im 20. Jahrhundert findet sich die Vorstellung von der Kirche als Sakrament erstmals bei *George Tyrrell*,[209] der damit die Differenz zwischen der wahren Kirche und der Institution, insbesondere der Hierarchie, zum Ausdruck bringen wollte, und nicht zuletzt deswegen als Modernist exkommuniziert wurde. Erst um die Mitte des Jahrhunderts hat man im Rahmen der Rückbesinnung auf die Patristik die Kirche wieder als Ursakrament, als Ganzsakrament, verschiedentlich sogar als „Übersakrament" bezeichnet. Der Begriff „Ursakrament" wurde vor allem durch *O. Semmelroth* und *K. Rahner* in die Theologie eingeführt. Um eine begriffliche Konfusion mit den sakramentalen Zeichen zu vermeiden und eine Verwechslung mit Christus als dem Ursakrament unmöglich zu machen, sprach Semmelroth später von der Kirche als „Wurzelsakrament"[210], Rahner bezeichnete Kirche vor allem als „Grundsakrament"[211]. Insofern war dieses Thema vor dem Konzil gerade in der deutschen Theologie gut vorbereitet. War es in diesen Entwürfen zunächst und vor allem um die Problematik der Einsetzung der Sakramente durch den historischen Jesus gegangen, die nun auf die als „Wurzelsakrament" bezeichnete Kirche zurückgeführt wurden,[212] hat das Konzil diesen Kontext überschritten.

3.5.1.2 Die Konzilsaussagen

Die Bezeichnung der Kirche als Sakrament erfolgte in fast definitorischer Weise schon im ersten Satz der Kirchenkonstitution: „Christus ist das Licht der Völker. Darum ist es der dringende Wunsch dieser im Heiligen Geist versammelten Synode, alle Menschen durch seine Herrlichkeit, die auf dem Antlitz der Kirche widerscheint, zu erleuchten, indem sie das Evangelium allen Geschöpfen verkündet. Die Kirche ist ja in Christus gleichsam das Sakrament, das heißt Zeichen und Werkzeug für die innigste Vereinigung mit Gott wie für die Einheit der ganzen

---

[209] G. Tyrrell, Christianity at the Crossroads, London 1907; deutsch: Das Christentum am Scheideweg, München – Basel 1959, 182; ders., Brief an einen Professor der Anthropologie, nach: O. Schroeder, Aufbruch und Mißverständnis, Graz – Wien – Köln 1969, 130.

[210] O. Semmelroth, Die Kirche als Ursakrament, Frankfurt 1953; ders., Die Kirche als Sakrament des Heiles: MySal IV/1, 309-356.

[211] K. Rahner, Kirche und Sakramente (QD 10), Freiburg – Basel – Wien 1960; ders., E. Jüngel, Was ist ein Sakrament?, Freiburg – Basel – Wien 1971.

[212] Vgl. hierzu in diesem Werk Bd. III: Sakramentenlehre.

Menschheit (signum et instrumentum intimae cum Deo unionis)"[213]. Diese Aussage ist von hier aus in verschiedene weitere Dokumente des Zweiten Vatikanischen Konzils aufgenommen worden.[214] *Walter Kasper* schreibt: „Die Definition der Kirche als Sakrament ... darf als eine der wichtigsten Konzilsaussagen über die Kirche gelten".[215]

Die Konzilsväter taten sich mit dieser Terminologie nicht ganz leicht. Sie sprachen vorsichtig und zurückhaltend, daß die Kirche „gleichsam" (veluti) als Sakrament verstanden werden solle. Es gehört zu den Grundaussagen der Sakramentenlehre, daß die Sakramente bewirken, was sie bezeichnen. Sie verweisen nicht nur auf eine fremde Gnade, sondern sind gleichzeitig auch deren Ursache[216]. Sie können „Realsymbole" genannt werden. In Anwendung auf die Kirche heißt das: Eine sichtbare Gruppe von Menschen zeigt an und bewirkt die Einheit mit Gott und die Einheit der Menschheit. Das äußere Zeichen, das sichtbare Element dieser Verbindung ist die soziologisch erfaßbare sichtbare Kirche, die Kirche als societas, als Gemeinschaft, die auch die Hierarchie einschließt. Diese hat ihren Zweck nicht in sich, sondern erscheint als Zeichen und Werkzeug für die Vermittlung des Heils, das Gott den Menschen bereitet hat.

Ein zweiter grundlegender Text verdeutlicht diesen Gedanken mittels des Analogiebegriffs. Die Kirche ist „in einer nicht unbedeutenden Analogie dem Mysterium des fleischgewordenen Wortes ähnlich"[217]. Wie nämlich (in der Person des Christus) die angenommene Natur dem göttlichen Wort als lebendiges, ihm unlöslich geeintes Heilsorgan dient, so dient auf eine ganz ähnliche Weise das gesellschaftliche Gefüge der Kirche dem Geist Christi, der es belebt, zum Wachstum seines Leibes". So ist die Kirche „eine einzige komplexe Wirklichkeit, die aus menschlichem und göttlichem Element zusammenwächst"[218]. Die Kirche wird also nicht als die Fortsetzung der Inkarnation verstanden, sondern als ein Mysterium eigener Struktur, das zu dieser in einem analogen Verhältnis steht und in besonderer Weise teilhat an der heilsökonomischen Funktion des Geistes Gottes und Christi. Der Mensch Jesus ist dem göttlichen Logos geeint, seine menschliche Natur ist Wirklichkeit des Heils. Analog dazu (nicht ebenso) sind in der Kirche der Heilige Geist und das soziale Gefüge *eine einzige* komplexe Wirklichkeit. Das alte Thema von sichtbarer und unsichtbarer Kirche, von sichtbarer, äußerer Gestalt und unsichtbarem Heil wird hier mittels der Vorstellung der Inkarnation überbrückt, ohne die Konzeption des *Christus prolongatus* aufzunehmen. Diese christologische Fundierung von Kirche wird schon in den Eingangsworten der Konstitution deutlich: *Lumen Gentium,* Licht der Völker ist nicht die Kirche, sondern

---

[213] LG 1.
[214] Liturgiekonstitution (SC) 5; 26; Missionsdekret (AG) 1; 5; Pastoralkonstitution (GS) 42; 45; Kirchenkonstitution (LG) 1; 9; 48; 59.
[215] W. Kasper, Die Kirche als Sakrament des Geistes: ders., G. Sauter, Kirche – Ort des Geistes, Freiburg – Basel – Wien 1976, 41.
[216] „Zeichen und Werkzeug" (LG 1); Näheres vgl. in diesem Werk Bd. III: Sakramentenlehre.
[217] Analogie ist jedenfalls seit dem 4. Laterankonzil (1215) ein klassischer theologischer Begriff. Er besagt Ähnlichkeit bei größerer Unähnlichkeit, einen Vergleich, bei dem der Unterschied größer ist als das Gemeinsame.
[218] LG 8.

Christus; die Kirche steht nicht in sich, sondern sie soll die Menschen erleuchten „durch seine Herrlichkeit, die auf dem Antlitz der Kirche widerscheint"[219].

Ein dritter Text der Kirchenkonstitution deutet den Gedanken der Sakramentalität im Rahmen der Pneumatologie: „Auferstanden von den Toten hat er (Christus) seinen lebendigmachenden Geist den Jüngern mitgeteilt und durch ihn seinen Leib, die Kirche, zum allumfassenden Heilssakrament gemacht"[220]. Die Kirche ist Realsymbol, Heilszeichen für alle durch den Heiligen Geist, der in ihr lebt, nicht aus eigener Kraft. Der Geist Gottes wird als Lebensprinzip der Kirche verstanden. Mit dieser Grundlegung in der Pneumatologie sind ekklesiologische Entwürfe legitimiert, die die Gottunmittelbarkeit und damit Gleichheit eines jeden Kirchenglieds stärker betonen als den Gedanken der Unterwerfung unter das Haupt und die hierarchische Autorität, die es vertritt.

3.5.1.3 Inhaltliche Aspekte

1. Differenz zwischen Christus und der Kirche

Die Aussage von der Kirche als Sakrament wehrt einer unkritischen Identifizierung von Christus und Kirche. Diese ist nicht Christus, sondern „nur" Sakrament, Zeichen und Werkzeug. Es besteht eine Analogie, keine Identität zum Verhältnis der zwei Naturen. Dies eröffnet die Möglichkeit, das Phänomen Kirche realistisch und doch im Glauben zu umschreiben. Nicht die Kirche ist das Licht der Völker, sondern das ist Christus allein. Die Eingangsworte der Kirchenkonstitution weisen auf ihn hin; von ihm her, nicht in sich, muß Kirche gesehen werden: Es ist sein Licht, das auf ihrem Antlitz widerscheint. Die dunklen Seiten der Kirche können damit unvoreingenommen zur Kenntnis genommen und auch kritisiert, Heiligkeit und Sündigkeit zugleich ausgesagt werden. Die Grenzen der verfaßten Kirchlichkeit sind nicht auch die Grenzen der Wirksamkeit der Gnade. Kirche ist „nur" Sakrament des wirkenden Geistes Gottes, auf den sie verweist, über den sie aber nicht verfügt. Sie ist Wegweiser, der aber oft verwaschen und fast unleserlich erscheint und darum sogar als irreführend erfahren werden kann. Dennoch ist sie in aller Vorläufigkeit wirksames Zeichen für die schon anwesende Liebe Gottes.[221] Denn bei aller Kritik gilt eben auch: Die Jüngergemeinschaft *ist* ein geschichtlich wirksames Zeichen des Heils. Gott hat sich ihr eschatologisch zugesagt, darauf kann sie vertrauen. Wo die Kirche in ihren wesentlichen Vollzügen (Verkündigung des Evangeliums, gottesdienstliche Versammlung, tätige Bruderliebe) lebt, geschieht nicht nur Menschenwerk, vielmehr ist der erhöhte Herr in seinem Geist tatsächlich mitten in seiner Gemeinde und werden menschlich-geschichtliche Handlungen *(„ex opere operato"*[222]) in aller Gebrochenheit und Armseligkeit zum Zeichen göttlicher Nähe. Die Zusage des Heils ist eschatologisch

---

[219] LG 1.
[220] LG 48.
[221] Vgl. hierzu Th. Schneider, Die dogmatische Begründung der Ekklesiologie nach dem Zweiten Vatikanischen Konzil: H. Althaus (Hg.), Kirche. Ursprung und Gegenwart, Freiburg – Basel – Wien 1984, 79-118.
[222] Zum Begriff vgl. in diesem Werk Bd. III: Sakramentenlehre.

unverbrüchlich. Kirche ist „das Zeichen, die geschichtliche Erscheinung der siegreich sich durchsetzenden Selbstmitteilung Gottes"[223].

Die Aussage von der Kirche als Sakrament eröffnet eine Sicht, die Kirche nicht einfachhin mit Institution und Hierarchie identifiziert. Insofern ist hier ein Aspekt der reformatorischen Ekklesiologie und ihrer Betonung der verborgenen Kirche aufgegriffen. Das hat dazu geführt, daß diese Konzeption im Konzil als protestantisierend kritisiert wurde. Wenn das Verhältnis von sichtbarer Gestalt und geistlicher Wirklichkeit nur analog ist zu den zwei Naturen in Christus, könnte dann die äußere sichtbare Gestalt, also Amt und Hierarchie, gegebenenfalls nicht überflüssig sein? Wenn das Außen nur Zeichen und Werkzeug ist, kann dann der Zugang zum Gehalt nicht ohne dieses gefunden werden? Und schließlich war diese Konzeption ja als modernistisch verurteilt worden. In der Aussage von der Kirche als Sakrament sahen konservative Kreise im Konzil eine Relativierung der Kirche oder jedenfalls ihrer sichtbaren Gestalt.

2. Die anthropologische Bestimmung der Kirche

Sakrament als leiblich-geschichtliches Zeichen gründet in der menschlichen Wirklichkeit. Der Mensch ist in seiner leib-seelischen Verfaßtheit bereits lebendiges Realsymbol. Von dieser Tatsache ist jede menschliche Kommunikation geprägt: In der Wahrnehmung (Sehen und Hören) wie auch in der Kundgabe (Zeigen und Sprechen) wird ein Ineinander von Außen und Innen, von sichtbarer und nicht offen zutage liegender Wirklichkeit erfahren. Das Außen verkörpert und verbirgt zugleich das Innere und Wesentliche. Dabei spielt die Sprache eine entscheidende Rolle: In ihr geschieht menschliche Begegnung, vollziehen sich Miteinander und Gemeinschaft.

Die menschliche Grundverfaßtheit im Leib wird auch zum Ort von Transzendenzerfahrung, zur Einbruchstelle des Göttlichen. An die wichtigen Knotenpunkte der menschlichen Existenz schließen sich religiöse Deutungen, die das Menschsein interpretieren, indem sie eine Gottesbeziehung ins Spiel bringen oder als im Spiel befindlich aufweisen. Das Sakrament Kirche erwächst aus der Grundverfaßtheit des Menschen, der nur im Austausch mit anderen Menschen existieren kann. Sie „verbietet jeden Spiritualismus. Er wäre ebenso Verrat an Jesus Christus, seiner Inkarnation, seinem Kreuz und seiner Auferstehung wie Verrat am Menschen"[224]. Der Kontakt zu Gott ergreift den ganzen Menschen in seiner leibseelischen Verfaßtheit, insbesondere als Sozialwesen. Daraus folgt: Die menschliche Gemeinschaft muß „stimmen", damit der Kontakt zu Gott rechte Gestalt findet. Verkrüppelte oder gar unmenschliche Gestaltungsformen in der Kirche sind nicht ein Zeichen für übernatürliche Wirksamkeit der Gnade, sondern dafür, daß auch die Beziehung zu Gott gestört ist. Menschliche Sozialformen müssen in Ordnung sein, damit der Mensch Gottes teilhaft werden kann. Nicht zufällig hat sich die Sozialgestalt der Kirche im Laufe der Geschichte weithin den Formen an-

---

[223] K. Rahner, Grundkurs des Glaubens, Freiburg – Basel – Wien 1976, 398.
[224] P. Hünermann, Anthropologische Dimensionen der Kirche: HFTh Bd. III, 153-165, hier 156.

gepaßt, die jeweils als die für die menschliche Gemeinschaft besten angesehen wurden. So hat sich das Konzil bemüht, heutige Gesellschaftsformen in ihrer Relevanz auch für die Kirche zu zeigen und sie fruchtbar zu machen.

3. Kirche im geschichtlichen Vollzug

Sakramente sind nie nur Sache, sondern immer auch Handlung und Vollzug: Zum Element kommt das deutende Wort. Diese Handlung ist konstitutiv für jedes Sakrament. Für die als Sakrament verstandene Kirche bedeutet dies, daß sie nie nur einfachhin etwas Vorhandenes, eine fixe Größe sein kann. Es geht in ihr um das Ankommen Gottes in der menschlichen Geschichte. Sie ist eingebunden in die noch offene Geschichte der Erlösung. Die Hoffnung auf das, was *noch nicht* ist, ist nicht weniger intensiv als die Freude über das in ihr *schon* angebrochene und durch sie vermittelte Heil. Kirche gehört zur „Gestalt dieser Welt, die vergeht, und zählt selbst so zu der Schöpfung, die bis jetzt noch seufzt und in Wehen liegt und die Offenbarung der Kinder Gottes erwartet"[225].

4. Ursakrament, Grundsakrament, Einzelsakramente

In der nachkonziliaren Theologie wurde die Terminologie präzisiert. *Ursakrament* ist nach biblischem Verständnis Christus allein. Er ist das Mysterium schlechthin, der Heilsplan Gottes für die Menschen, die Mitte der Heilsökonomie. An ihm als dem Ursakrament hat die Kirche Anteil, weil sie aus seinem Heilswirken entspringt, sein Leib und Frucht seines Geistes ist und seine unwiderrufliche Heilszusage in der Geschichte und unter den Menschen präsent macht. Weil sie die als Sakramente bezeichneten Heilszeichen vermittelt, ist sie *Grund- oder Wurzelsakrament*. Die *Einzelsakramente* sind Grundvollzüge der sakramental verfaßten Kirche. Wo die individuelle Heilssituation der einzelnen Christen mit diesem sakramentalen Wesen der Kirche in bestimmten Handlungen verknüpft wird, dort wird Kirche konkret, sichtbar und greifbar. Die Einzelsakramente sind die Art und Weise, wie das Grundsakrament Kirche sein Leben vollzieht und dem einzelnen das Heil vermittelt. Kirche gestaltet sich in den Sakramenten, sie kann ohne sie nicht sein. Dies gilt besonders für die Hauptsakramente Taufe und Eucharistie. Wo die Sakramente vollzogen werden, ist Kirche lebendig.

5. Die ökumenische Relevanz

Das Verständnis der Kirche als Sakrament war auch vom ökumenisch bedeutsamen Impuls getragen, sichtbare und unsichtbare Kirche zu unterscheiden, ohne sie zu trennen. Von der orthodoxen Theologie wurde dieser Anstoß verschiedentlich als hilfreich aufgegriffen.[226] Im evangelischen Bereich stößt diese Vorstellung dagegen auf fast einhellige Ablehnung: Sie integriere die Rechtfertigung in den kirchlichen Rahmen, zerstöre das „solus Christus" und die Unmittelbarkeit des

---

[225] LG 48. Vgl. auch Th. Schneider, a.a.O. 93.
[226] Interpretation und weiterführende Literatur bei M. M. Garijo-Guembe, Gemeinschaft der Heiligen, Düsseldorf 1988, 101 f.

Menschen zu Gott. Angesichts dieser Einwendungen und der Sorge, durch die Lehre von der Sakramentalität der Kirche werde diese – sicher gegen die Intention des Konzils – in einen Bereich erhoben, in dem es nur noch die schweigende und lobpreisende Verehrung geben kann und Kirche und ihr Amt dem rationalen Diskurs und jeder (auch jeder loyalen) Kritik entzogen wird, bedarf diese These einer sorgfältigen Differenzierung. Die Inhalte, die sich damit verbinden, sind für das Glaubensverständnis unverzichtbar und für die Theologie systematisch fruchtbar. Gleichzeitig aber ist vor einer mißbräuchlichen, die Kirche ungebührlich überhöhenden und die Ökumene belastenden Verwendung dieses Konzepts zu warnen.[227] Nach dem Urteil von E. Jüngel ist die Aussage von der Kirche als Sakrament dann theologisch im Lot, wenn diese Kirche jederzeit in der Lage ist, zu bitten: Vergib uns unsere Schuld![228]

3.5.2 Die Kirche als Volk Gottes

Der Begriff *Volk Gottes* ist eine der zentralen Vorstellungen der konziliaren Ekklesiologie. Vielleicht hat sie im ganzen gesehen die größte Wirkungsgeschichte entfaltet. Verkürzt gesagt: Sie hat die Idee von der Kirche als *Leib Christi* abgelöst, die im Anschluß an die Enzyklika „Mystici Corporis" die katholische Ekklesiologie bestimmt hatte, und die noch in den vorbereitenden Entwürfen für das Konzil im Zentrum stand. Während die Vorstellung vom Leib Christi in der Kirchenkonstitution lediglich noch in einem Artikel angesprochen wird (Nr. 7), und dies zusammen mit anderen biblischen Bildern von der Kirche, handelt das ganze zweite Kapitel dieser Konstitution über die Kirche als Volk Gottes. Daß sich diese Konzeption durchsetzen konnte, zeigt besonders deutlich den Neuansatz des Konzils. In der vorkonziliaren Ekklesiologie war in einer Kritik an einseitigen Vorstellungen von Kirche als societas perfecta und im Rückgriff auf die Patristik die Kirche wieder als geistliche Wirklichkeit entdeckt worden. Im Zentrum stand dabei die Aussage von der Kirche als Leib Christi. Gegen diese Neubesinnung war schon vor dem Konzil eingewandt worden, sie sei wenig geeignet, der Tatsache der Sünde in der Kirche gerecht zu werden und die geschichtliche

---

[227] So schreibt O. H. Pesch: „Rundheraus gesagt: Ich halte diese Redeweise (obwohl richtig!) für gefährlich, weil gerade die Art, wie sie durchschnittlich interpretiert wird – in der Absicht, für einen großen Gedanken zu werben! – schier unüberwindliche Hindernisse und Ressentiments beim evangelischen Gesprächspartner aufbaut" (O. H. Pesch, Das katholische Sakramentsverständnis im Urteil gegenwärtiger evangelischer Theologie: E. Jüngel u. a. (Hg.), Verifikationen (FS G. Ebeling), Tübingen 1982, 339).

[228] E. Jüngel, Die Kirche als Sakrament?: ZThK 80 (1983) 432-457; vgl. O. H. Pesch, Das Zweite Vatikanische Konzil, Würzburg ²1994, 204. W. Pannenberg gibt der Kritik recht, soweit sie sich dagegen wendet, daß Christus und die Kirche zu einem Subjekt zu verschmelzen drohen; auch darf der Kirche keine eigene, selbständige Sakramentalität zugeschrieben werden. Anderseits kann er dem Wort von der Sakramentalität der Kirche insofern zustimmen, als es die „Zusammengehörigkeit von Christus und seiner Kirche im Begriff des Heilsmysteriums" aussagt (W. Pannenberg, Systematische Theologie III, Göttingen 1993, 55).

Entwicklung der Kirche und ihrer Lehre auszusagen.[229] Insbesondere stehe sie in der Gefahr, die Unterschiede zwischen den verschiedenen Ständen in der Kirche überzubetonen und die fundamentale Gleichheit aller Christen zu verdecken. Gerade diese Aspekte wurden dem Konzil wichtig; sie ließen sich am besten durch das Konzept der Kirche als Volk Gottes aussagen. Dieses war ebenfalls biblisch begründet, und es hatte insbesondere in der Theologie Augustins eine zentrale Rolle gespielt.

3.5.2.1 Die Kirche in der Geschichte

Kirche als Leib Christi wurde von der Tendenz her als unveränderlich erachtet: Was heute ist, muß zumindest in nuce immer schon gewesen sein und immer so bleiben. Die Tatsache, daß Christus gestern und heute und in Ewigkeit derselbe ist, bestimmte auch das Bild von der Kirche. Unveränderlichkeit und Überzeitlichkeit waren ihre grundlegenden Merkmale, denn Veränderung würde Verbesserung oder Verschlechterung bedeuten, und beides erschien mit ihr unvereinbar. Während sich die Protestanten der Reform verschrieben hatten, galt die katholische Kirche als überzeitlich, als Fels in der Brandung des Werdens und Vergehens.

Das Zweite Vatikanische Konzil war ein Reformkonzil. Aggiornamento wurde sein Leitbegriff auch für die Ekklesiologie. Dafür eignete sich der biblische Begriff *Volk Gottes* vorzüglich. Kirche zeigte sich als pilgerndes Gottesvolk. Sie „schreitet zwischen den Verfolgungen der Welt und den Tröstungen Gottes auf ihrem Pilgerweg dahin"[230]. Als Volk Gottes steht die Kirche Christus gleichzeitig auch gegenüber. Weil ein Volk seinem Herrscher untreu werden kann, ist auch die Kirche immerdar von der Sünde und vom Abfall von Christus bedroht.[231] Sie ist Gemeinschaft der Heiligen und der Sünder, sie bittet ihren Herrn, aber auch die jeweils anderen Konfessionen, die Religionen und die Menschheit um Vergebung ihrer Schuld. Sie ist unablässig der Reform bedürftig und für sie offen: „Die Kirche wird auf dem Wege ihrer Pilgerschaft von Christus zu dieser dauernden Reform gerufen, deren sie allzeit bedarf"[232]. Diese Konzeption hat der Ekklesiologie die Augen geöffnet für die Geschichte, ihre Verkündigung, ihre gottesdienstliche Feier und ihre Stellung zur Welt von heute. Ihr Vorbild ist das Volk Israel, das von Gott durch die Wüste geführt wird, das keine bleibende Stätte hat, dessen Heiligtum ein Zelt ist und dessen Gott mit ihm zieht. Kirche ist nicht am Ziel; was jetzt ist, steht unter der Verheißung, aber auch unter dem Gericht der einmal von Gott geschenkten Vollendung: Kirche ist *Ecclesia semper reformanda*.

---

[229] Insbesondere K. Adam, Das Wesen des Katholizismus (Düsseldorf 1924, [13]1957) prägte, ausgehend vom Gedanken des Leibes Christi, die katholische Welt in Deutschland und vermittelte das Bewußtsein: Wir alle sind Kirche. In Kritik dazu entfaltete M. D. Koster, Ekklesiologie im Werden, Paderborn 1940, Kirche vom Begriff des Volkes Gottes her. Er erachtete „Volk Gottes" als echte Analogie zur Kirche, „Leib Christi" dagegen lediglich als bloße Bildrede und Metapher. (Vgl. hierzu O. H. Pesch, Das Zweite Vatikanische Konzil, 173-178).

[230] LG 8 in einem Zitat aus Augustins De civitate Dei.

[231] Vgl. dazu oben 3.3.3.2.

[232] UR 6.

3.5.2.2 Volk Israel und Kirche

Als Volk Gottes gründet die Kirche im Volk Gottes des Alten Bundes. So beginnt das 2. Kapitel der Kirchenkonstitution über „Das Volk Gottes" mit der Aussage: „Gott hat es aber gefallen, die Menschen nicht einzeln, unabhängig von aller wechselseitigen Verbindung, zu heiligen und zu retten, sondern sie zu einem Volke zu machen, das ihn in Wahrheit anerkennen und ihm in Heiligkeit dienen soll. So hat er sich das Volk Israel zum Eigenvolk erwählt und hat mit ihm einen Bund geschlossen und es Stufe für Stufe unterwiesen. Dies tat er, indem er sich und seinen Heilsratschluß in dessen Geschichte offenbarte und sich dieses Volk heiligte"[233]. Kirche gründet in diesem Volk, die Heiden werden durch ihren Glauben in diesen Stamm eingepfropft (Röm 11,17 f). Der Neue Bund, den Christus gestiftet hat, gründet im Alten Bund und vollendet diesen. In diesem Zusammenhang bezeichnet das Konzil Kirche auch als *Neues Volk Gottes*. Das entspricht nicht ganz der biblischen Aussage, die nur *ein* Volk kennt, das aus Juden und Heiden besteht, und die beiden Bundesschlüsse umfaßt.

Von dieser Überzeugung bestimmt, weist das Konzil jeden Antisemitismus zurück, denn „die Kirche glaubt, daß Christus, unser Friede, Juden und Heiden durch das Kreuz versöhnt und beide in sich vereinigt hat"[234]. Dies geschah insbesondere in der Erklärung „Nostra aetate" über das Verhältnis der Kirche zu den nicht-christlichen Religionen. Allerdings bleibt zu fragen, ob angesichts der Sonderstellung des Judentums die Aussage über das Verhältnis der Kirche zu Israel nicht ihren genuinen Ort im Ökumenismusdekret gehabt hätte.[235] Volk Gottes umfaßt Israel und die Kirche, Israel ist keineswegs aus der Verheißung entlassen.

3.5.2.3 Die Gleichheit aller Glieder der Kirche

Die Vorstellung von der Kirche als Leib Christi diente im 19. und noch im 20. Jahrhundert insbesondere dazu, die Ungleichheit der Glieder zu untermauern. Die Differenz zwischen Amtsträgern und Laien war Kernaussage dieser Ekklesiologie. Das Konzil betonte im Gegensatz dazu die fundamentale Gleichheit aller Christen mittels des Begriffs „Volk Gottes". Denn nach biblischem Sprachgebrauch unterscheidet der Begriff „Volk" nicht Amtsträger von Laien, sondern die Glaubenden von den Nicht-Glaubenden. Darum bezeichnet „Volk Gottes" im Konzil nicht die Laien als jene, die kein Amt haben, sondern alle Kirchenglieder, die Amtsträger eingeschlossen. Hinsichtlich der Gliedschaft im Volk sind alle Getauften gleich.

Um diese fundamentale Gleichheit auszudrücken, hat das Konzil, bevor es über die einzelnen Stände in der Kirche und über die Ämter handelt, das Kapitel über die Kirche als Volk Gottes vorgeschoben. In ihm wird darüber gehandelt, was allen Gliedern der Kirche gleich ist und von allen gilt: vom gemeinsamen Priestertum aller (Art. 10) und vom sensus fidelium, dem untrüglichen Glaubenssinn

---

[233] LG 9.
[234] NA 4.
[235] Zum Verhältnis Israel – Kirche vgl. die Beiträge von F. L. Hoßfeld, W. Bienert und D. Ritschl: P. Neuner, D. Ritschl (Hg.), Kirchen in Gemeinschaft – Gemeinschaft der Kirche. Studie des DÖSTA zu Fragen der Ekklesiologie, Frankfurt 1993, 148-162.

aller Glaubenden (Art. 12). Alle Differenzierungen in der Kirche, insbesondere ihre Ämter, von denen im Kapitel 3 gesprochen wird, sind innerhalb dieser Gemeinsamkeit des Volkes Gottes zu sehen. Das 4. Kapitel der Kirchenkonstitution, das über den Laien handelt, stellt daher gleich eingangs programmatisch fest, daß sich „alles, was über das Volk Gottes gesagt wurde, in gleicher Weise an Laien, Ordensleute und Kleriker" richtet[236]. Darum waltet „eine wahre Gleichheit in der allen Gläubigen gemeinsamen Würde und Tätigkeit zum Aufbau des Leibes Christi"[237].

3.5.3 Die Kirche als Koinonía (Communio)

3.5.3.1 Grundlegung

Das Verständnis der Kirche als Gemeinschaft ist eine entscheidende Idee des Konzils, auch wenn dieses keine vollständige Systematik entfaltet und den Begriff nicht in einem eigenen Kapitel abgehandelt hat. Kirche als *Gemeinschaft* von Glaubenden kann nicht mehr als monolithischer Block begriffen werden. Sie ist lebendig-organische Vielfalt in Einheit, wobei diese erst durch jene ermöglicht wird.

Dabei ist festzuhalten, daß *koinonía* in der Hl. Schrift zunächst nicht das Verhältnis der Menschen zueinander, sondern zu Gott umreißt. Kirche ist also eine theozentrische Gemeinschaft oder, wie es eingangs der Kirchenkonstitution eher inkarnationstheologisch heißt: „Christus ist das Licht der Völker"[238]. Kirche darf daher nicht allein von der Soziologie, sie muß zunächst von der Gotteslehre her interpretiert werden. Doch gerade dies hat erhebliche Konsequenzen auch für die Formen kirchlichen Zusammenlebens.

Es wurde bereits darauf hingewiesen,[239] daß das Spezifikum des Christentums kein starrer Monotheismus, sondern eine trinitarische Gottesauffassung ist. Das bedeutet: Gott als der Dreieine ist wesentlich Vielheit, Beziehung, Dialog – also Gemeinschaft. An diesem Gottesverständnis hat sich Kirche als Bild des dreieinigen Gottes zu orientieren. Sie ist „das von der Einheit des Vaters und des Sohnes und des Heiligen Geistes her geeinte Volk"[240], sie ist „gleichsam die Ikone der trinitarischen Gemeinschaft von Vater, Sohn und Heiligem Geist"[241]. Erst durch die Gemeinschaft mit Gott und mit Gottes Kindern gewinnen ihre Glieder Selbstand.

Das hat erhebliche Konsequenzen für das kirchliche Leben. Die Kirche muß, wie es das Zweite Vatikanische Konzil darlegte, eine Gemeinschaft des Dialogs und eine Einheit in Gemeinschaft sein. Das gilt auch für das Verhältnis zu den an-

---

[236] LG 30.
[237] LG 32. Auch das Kirchenrecht spricht über „eine wahre Gleichheit" aller Glieder der Kirche (Can. 208).
[238] LG 1.
[239] Siehe 3.3.3.1
[240] LG 4 in einem Zitat aus Cyprian; vgl. auch UR 2.
[241] W. Kasper, Kirche als communio: ders., Theologie und Kirche, Mainz 1987, 272–289, hier 276.

deren Konfessionsgemeinschaften. Zentralismus und Autoritarismus haben dann kein legitimes Daseinsrecht in der Kirche.

Auf einige Details muß eigens hingewiesen werden.

3.5.3.2 Ortskirche und Weltkirche

1. Die Tatsache des Konzils

Nach dem Ersten Vatikanischen Konzil meinten viele Theologen und Kirchenleiter, da der Papst allein alle Vollmacht der Kirche habe und alle Fragen lösen könne, habe ein Konzil nun keine Funktion mehr. Es würde hinfort genügen, die Weisungen Roms in bereitwilligem Gehorsam anzunehmen und zu exekutieren. Die Ankündigung und die Durchführung des Zweiten Vatikanischen Konzils haben alle derartigen Ansichten wirkungsvoll widerlegt. Wie in der Alten Kirche haben die Bischöfe die kommuniale Gestalt der Kirche realisiert: Als Zeugen des Glaubens ihrer Kirchen haben sie gemeinsam um die gemeinsame Wahrheit gerungen. So wurde das Konzil bereits als Faktum zu einem Zeichen der Communio-Struktur der Kirche.

2. Kirche als Ortskirche

Die Communio-Struktur der Kirche wird in der Theologie der Ortskirche ausdrücklich hervorgehoben. Erschien nach dem Ersten Vatikanischen Konzil Kirche insbesondere als Weltinstitution mit dem Papst als Weltbischof an der Spitze, den Diözesen als Verwaltungseinheiten der römischen Stadtkirche, so erklärt „Lumen gentium": „Diese Kirche Christi ist wahrhaft in allen rechtmäßigen Ortsgemeinschaften der Gläubigen anwesend, die in der Verbundenheit mit ihren Hirten im Neuen Testament auch selbst Kirchen heißen. Sie sind nämlich je an ihrem Ort ... das von Gott gerufene neue Volk. In ihnen werden durch die Verkündigung der Frohbotschaft Christi die Gläubigen versammelt, in ihnen wird das Mysterium des Herrenmahls begangen ... In diesen Gemeinden, auch wenn sie oft klein und arm sind oder in der Diaspora leben, ist Christus gegenwärtig, durch dessen Kraft die eine, heilige, katholische und apostolische Kirche geeint wird"[242]. Von diesen Ortskirchen gilt: „In ihnen und aus ihnen besteht die eine und einzige katholische Kirche"[243]. Alles, was Kirche zur Kirche macht: die Feier von Wort und Sakrament, die Diakonie, das bischöfliche Amt und die Verbindung mit den anderen Ortskirchen, ist in der Kirche am Ort gegenwärtig. Sie ist wahre Kirche, diese realisiert sich in den Ortskirchen, es gibt „*keine* Universalkirche vor und außerhalb der Teilkirchen"[244].

---

[242] LG 26.
[243] LG 23.
[244] O. H. Pesch, Das Zweite Vatikanische Konzil, 254. Um dem Mißverständnis zu entgehen, die Ortskirche sei nur Teil der eigentlichen Kirche, nicht aber selbst wirklich Kirche, wird hier – außer in Zitaten – der Begriff „Teilkirche" möglichst vermieden. Es dürfte sich empfehlen, den Begriff „Ortskirche" elastischer zu verwenden, so daß er auch regionale Verwirklichungen von Kirche (etwa in einem Land) mit umschließt. Als „Teilkirchen" können sinnvollerweise Riten oder Konfessionen mit universaler Verbreitung bezeichnet werden. Vgl. M. Kehl, Die Kirche, 45.

Es gehört zum Kirchesein der Ortskirche, daß sie sich nicht von den anderen Kirchen isoliert, sondern mit ihnen in Verbindung steht. In dieser Offenheit füreinander und im Netz der Querverbindungen realisiert sich in der Ortskirche auch die Kirche als universale Gemeinschaft. Kirche ist also immer beides: Orts- und Universalkirche, beide bedingen und verwirklichen sich gegenseitig dergestalt, daß es weder ein sachliches noch ein zeitliches Vorher und Nachher der einen gegenüber der anderen gibt.[245] In den Ortskirchen erfolgt die jeweilige Inkulturation des Christentums. Unterschiede zwischen den Ortskirchen und Differenzen zur Kirche von Rom sind durchaus legitim.

Was versteht das Konzil unter *Ortskirche?* Zunächst ist die *Diözese,* also die von einem Bischof geleitete Kirche gemeint. Weil Wortverkündigung und Sakramentenspendung aber zumeist in der Pfarrei erfolgen, kann auch diese Ortskirche heißen, denn sie stellt „auf eine gewisse Weise die über den ganzen Erdkreis hin verbreitete sichtbare Kirche dar"[246]. Auch die christliche Ehe wird vom Konzil „Hauskirche"[247] genannt.

In der nachkonziliaren Diskussion wurden auch diözesane und pfarrliche Zusammenschlüsse mitunter als Orts- (oder Teil-)kirchen verstanden: Pfarrverbände, Bischofskonferenzen, Patriarchate und dergleichen. Darüber hinaus bezeichnen sich oft auch Basisgemeinden und Spontangruppen als Ortskirche. Es ist in der Diskussion, ob der damit erhobene Anspruch – vielleicht in einem weiteren Verständnis – sachlich berechtigt ist.[248]

3. Episkopat und Primat

Mit der Betonung der Ortskirche stieg die Bedeutung des bischöflichen Amtes. Der Bischof ist der ursprüngliche Zeuge des Glaubens seiner Ekklesia. Sein Amt ist „göttlichen Rechtes" und nicht von dem des Papstes ableitbar, er ist als Bischof nicht Delegierter des Papstes und darum „nicht als Stellvertreter der Bischöfe von Rom zu verstehen".[249] Als Zusammenschluß aller Zeugen ist das Kollegium der Bischöfe die höchste Instanz in der Kirche – sei es versammelt auf einem Konzil oder in der Wahrnehmung der Hirtenaufgabe in den Diözesen verstreut. Dabei hat „Lumen gentium" nachhaltig betont, daß der Bischof von Rom integral und unersetzbar zum Kollegium als dessen Haupt und Repräsentant zählt. Er erscheint im Konzil als das Zentrum der Communio, steht also nicht außerhalb ihrer oder über ihr, sondern stets in ihr.[250]

---

[245] Die Konsequenz aus dieser Tatsache zieht D. Wiederkehr in der Feststellung: „Die Gleichsetzung von Rom, von päpstlicher Lehre und Weisung mit der ‚Weltkirche' erweist sich als ungedeckte Behauptung". (Von der Theorie der bischöflichen Kollegialität zur Praxis der Ortskirche: Les études théologiques de Chambésy, Bd. I, Genf 1981, 249-266, hier 259).
[246] SC 42.
[247] LG 11.
[248] Siehe hierzu 3.5.4.1.
[249] LG 27.
[250] LG 22. Diese Einbindung des Papstes in das Bischofskollegium wird auch durch die (zweifelsohne mißverständlichen) Formulierungen der sog. Nota praevia explicativa nicht aufgehoben.

3.5.3.3 Lehramt und Theologie

Die Arbeit des Konzils wurde wesentlich gefördert durch den Dialog zwischen den Bischöfen und ihren theologischen Beratern: Er war praktizierte Communio. In der Folgezeit kam es zu manchen Spannungen. Wenn aber die Kirche ihrem innersten Wesen nach dialogische Gemeinschaft ist, dann ist das Verhältnis von Theologie und Lehramt nicht anders zu denken als ebenfalls dialogisch. Das Verständnis von Kirche als Gemeinschaft erlaubt es, von einer Vielfalt von Funktionen und Ämtern in der Kirche auszugehen, Theologie und kirchliches Lehramt voneinander zu unterscheiden und sie gleichzeitig aufeinander zu beziehen. Welche Konsequenzen das mit sich bringt, wurde in der Theologischen Erkenntnislehre verhandelt.[251]

3.5.3.4 Priester und Laien

Das vertikale Kirchenmodell schied zwischen der lehrenden Kirche der Kleriker und der hörenden Kirche der Laien. Eine solche Unterscheidung wird hinfällig, wenn die Kirche als Communio verstanden wird. Die Laien haben zufolge des Konzils ebenso wie die Kleriker eigene Aufgaben und eigenständige Verantwortung für das Wohl der ganzen Kirche.[252]

3.5.3.5 Ökumenische Relevanz des Communio-Modells

Man kann anhand dieser Konzeption die Konfessionskirchen als Teilkirchen eigener Art begreifen, die zwar gegenwärtig noch getrennt sind, die aber – so das ökumenische Ziel – in einer communio ecclesiarum zusammenfinden können. Einheit der Kirchen bedeutet in dieser Konzeption weder die „Rückkehr nach Rom", noch eine Superkirche aus allen Konfessionen, sondern die gegenseitige Anerkennung. Die bleibende Verschiedenheit erschiene dann nicht mehr als trennend: Kirchen werden *eine Kirche,* indem sie *Kirchen* bleiben.

Das Konzil hat den Weg für diese Vorstellung freigemacht durch einen Passus, der lautet: Die einzige Kirche Christi „ist *verwirklicht (subsistit)* in der katholischen Kirche, die vom Nachfolger Petri und von den Bischöfen in Gemeinschaft mit ihm geleitet wird"[253]. Im Entwurf stand an der Stelle von *subsistit* ein einfaches *est (ist)*. Damit ist eine simple und exklusive Identifizierung der römisch-katholischen Kirche mit der Kirche Christi überwunden. Im ersten Absatz des zitierten Textes in LG 8 wird auf die Ähnlichkeit zwischen Christus und Kirche abgehoben. In der Christologie besagt der Terminus subsistere, der göttliche Logos existiere in der göttlichen und in der (angenommenen) menschlichen Natur.[254] Die Analogie zur Kirche kann darin gesehen werden, daß das gesellschaftliche Gefüge der Kirche dem Geist Christi so dienlich ist wie die menschliche Natur dem Logos, also als Heilsorgan. Dann ist die Sachaussage des *subsistit*: Die *Kirche Jesu Christi,* d. h. das messianische Volk Gottes, das Grundsakrament des Heiles, die

---

[251] Vgl. in diesem Werk Bd. I: Wesen und Erkenntnisprinzipien der Dogmatik.
[252] Vgl. unten 4.1.
[253] LG 8.
[254] Vgl. in diesem Band: Christologie.

Gemeinschaft der Menschen mit dem dreifaltigen Gott, kommt in der römisch-katholischen Kirche *zur konkreten Erscheinung in einer geschichtlich begrenzten Gestalt.* Damit hat diese eine Selbstrelativierung vorgenommen, die einschließt, daß auch in anderen Kirchengestalten die Kirche Christi eine konkret-begrenzte Verwirklichung erfährt.

3.5.3.6 Gemeinschaft mit den Armen

In den Jahren nach Abschluß des Konzils und im Zug der Inkulturation der christlichen Botschaft ist mit Macht das Bewußtsein durchgebrochen, daß Kirche heute nicht mehr eurozentrisch sein kann. Vielmehr stehen die traditionell führenden Ortskirchen in Gemeinschaft mit Kirchen, die oftmals in bedrückender materieller Armut leben. Gemeinschaft mit ihnen erfordert unabweisbar das Teilen. Partizipation und Einander-das-Brot-Brechen sind nicht nur moralische Forderungen, sondern Realisierung einer universalen Kirche. Dieses Teilen tritt an die Stelle einer Mission, in der die europäischen Kirchen als die gebenden und damit die herrschenden, die zu missionierenden Völker als die empfangenden erschienen. Kirche als communio lebt im gegenseitigen Austausch, wobei gerade die materiell ärmeren Kirchen nicht selten die geistig und geistlich anregenden sind.

In vielen Ortskirchen wurde, ausgehend von Lateinamerika, die „Option für die Armen" verkündet, aus der die entscheidenden Anregungen für die Theologie der Befreiung entsprangen. Koinonia besagt hier, daß die Armen nicht mehr Objekte einer seelsorglichen und sozialen Betreuung sind, die Reichen und Mächtigen sich paternalistisch um sie kümmern, sondern daß sie selbst Subjekte ihres Kircheseins werden. In ihnen findet Kirche ihre legitime Gestalt. „Die Armen sind gleichsam das initiierende ‚Sakrament' des allumfassenden Heilswillens Gottes"[255].

3.5.3.7 Die Gemeinschaft zwischen Frauen und Männern

Seine Bewährungsprobe hat das Verständnis von Kirche als communio noch zu leisten in der Förderung der Gemeinschaft von Frauen und Männern. Einerseits kann nicht bezweifelt werden, daß die in der biblischen Botschaft verkündete Gleichheit aller eine unterschiedliche Behandlung aufgrund des Geschlechts ausschließt und alle Glaubenden in einer universalen Geschwisterlichkeit verbindet. Andererseits erfahren sich Frauen in der Kirche nach wie vor als benachteiligt, nicht selten sogar als diskriminiert. Die Klerikerkirche ist eine Männerkirche, bestimmt von einer androzentrischen Denkform und Sprache, in der Frauen oft nicht vorkommen oder (unter den Brüdern) lediglich „mitgemeint" sind. Insofern ist das Problem umfassender als die Frage der Zulassung von Frauen zum kirchlichen Amt. Die Distanzierung gerade jüngerer Frauen, die sich von dieser Kirche nicht mehr angesprochen fühlen, hat bedrohliche Ausmaße angenommen. Ein kommuniales Kirchenverständnis und eine ihm entsprechende Praxis könnte diesem Phänomen begegnen.

---

[255] M. Kehl, Die Kirche, 244.

3.5.4 Die Kirche und ihre Glieder

Kirche als Volk Gottes und als communio verwirklicht sich in ihren Gliedern, die ihren Glauben in Gemeinschaft realisieren. Die konkrete Sozialgestalt von Kirche hat dabei im Laufe der Geschichte erheblich differiert und überdies in den verschiedenen christlichen Konfessionen unterschiedliche Ausprägungen gefunden. Das Konzil hat als die wichtigsten Formen von Kirche die Ortskirche im Sinne der bischöflich verfaßten Diözese und die Universalkirche verstanden. Darum wurden das Amt des Bischofs und des Papstes besonders hervorgehoben. Das Prinzip des Zweiten Vatikanums, demzufolge Kirche als Gemeinschaft von Kirchen zu sehen ist, muß aber auch auf andere Formen angewandt werden, in denen Menschen in Christi Namen versammelt sind. Derartige Sozialformen, die mit anderen Ständen und Funktionen in der Kirche korrespondieren, und die unter veränderten sozialen und gesellschaftlichen Bedingungen realisiert wurden, kamen erst in der nachkonziliaren Diskussion deutlicher in den Blick.

3.5.4.1 Verwirklichungsformen von Kirche

In der frühesten Christenheit hat das christliche Bekenntnis in erster Linie in Hausgemeinden Gestalt gefunden. Die Taufe wurde nach neutestamentlichem Zeugnis Hausgemeinschaften gespendet, die als ganze zum Glauben gekommen waren, wie die „Oikos"-Formeln belegen.[256] Familie war damit Raum der Verwirklichung und der Erfahrung von Kirche. Geschwisterlichkeit und Gemeinschaft der Glaubenden wurden hier auch von der Lebenssituation her erfahrbar. Allerdings hatte diese Form von Kirche nicht lange Bestand. Mit der größer werdenden Zahl von Gläubigen und wegen des Öffentlichkeits- und Universalitätsanspruchs der Botschaft wurden umgreifendere Sozialformen entwickelt: „Die Ortsgemeinden, insbesondere die um den Bischof gescharten Ortsgemeinden, werden von nun an zur wichtigsten Grundgestalt von Kirche. Zwischen 360 und 370 n. Chr. verbietet dann die Synode von Laodicea endgültig die häusliche Eucharistiefeier"[257]. Im Rückgriff auf den Ursprung bezeichnet das Konzil jedoch an einigen Stellen die Familie als „Hauskirche"[258], ein Gedanke, der in der Folgezeit auch kirchenamtlich aufgegriffen und weitergeführt wurde, insbesondere im Schreiben „Familiaris consortio" Papst Johannes Pauls II. von 1981. Die christliche Familie wird hier als in das Geheimnis der Kirche eingefügt verstanden, sie wird in ihrer Fruchtbarkeit als „Symbol und Zeugin" für die übernatürliche Fruchtbarkeit und „Mutterschaft der Kirche, an der sie aktiv teilnimmt", bezeichnet.[259] In der Familie werden die Grundfunktionen von Kirche vollzogen, vor allem in ihr findet die christliche Sozialisation statt. Wo die Eingliederung in die Kirche nicht in der Familie erfahren und die religiösen Lebensvollzüge in ihr nicht

---

[256] 1 Kor 1,16; Apg 11,14; 16,15.31 ff; 18,8; Joh 4,53. An diesen Oikos-Formeln wird auch die Frage erörtert, ob schon in den ersten christlichen Generationen die Kindertaufe praktiziert wurde. Vgl. hierzu in diesem Werk Bd. III: Sakramentenlehre.
[257] S. Wiedenhofer, Das katholische Kirchenverständnis, 301.
[258] LG 11, vgl. AA 11.
[259] Familiaris consortio (1981) Nr. 49.

gelernt werden, können andere Formen von Kirche diese Funktion kaum übernehmen.

Insbesondere in den jungen Kirchen realisierte sich Kirche im nachkonziliaren Aufbruch in erster Linie in Basisgemeinden, in denen das Volk selbst zum Subjekt der Evangelisierung wird. Diese haben sehr unterschiedliche Gestalt. Teils erwuchsen sie aus amtlicher Anregung, etwa als Substruktur übergroßer Pfarreien, andere entstanden aus gemeinsamen Erfahrungen im Glauben, im Lesen der Schrift, im gemeinsamen Kampf um das tägliche Überleben. Vielfach haben Basisgemeinden dazu beigetragen, daß Arme und Unterdrückte ihre Lebenssituation reflektieren konnten, daß sie ihre Lebensbedingungen als menschenunwürdig und als dem Willen Gottes zuwiderlaufend erkannten und damit fähig wurden, sie zu ändern oder zumindest gegen sie zu protestieren. Insbesondere in Lateinamerika erweisen sich diese Gemeinden als wichtiges Instrumentarium zur Bewußtmachung und zur Befreiung. In Afrika und in Asien dienen sie in erster Linie der Inkulturation der christlichen Botschaft und damit der Mission. In Europa und Nordamerika sollen in solchen Gemeinden personale Strukturen in die kirchliche Realität eingebracht und besondere geistliche Bewegungen von ihnen getragen werden. Darum stehen diese Gemeinden amtlichen und territorialen Strukturen nicht selten kritisch gegenüber.

In diesem Rahmen können auch die Orden als konkret erfahrbare Gestalt von Kirche verstanden werden. Allerdings haben Ordensgemeinschaften eine rechtliche Struktur, die ihnen höhere Stabilität und Sicherheit verleiht und die sie mit den bischöflich verfaßten Ortskirchen vergleichbar macht.

Die Normalform, wie Kirche sich entfaltet und wie sie erlebt wird, ist die Pfarrgemeinde. Diese ist territorial umschrieben, sie wird von einem Pfarrer geleitet. Das Territorialprinzip macht sichtbar, daß sich Kirche nicht allein unter den entschieden Glaubenden verwirklicht, daß sie nicht nur eine kleine Gruppe Auserwählter oder einen Verband darstellt, der aufgrund persönlicher Zuneigung und Freundschaft und Vertrauen zusammenfindet. Als Volkskirche umfaßt sie alle bzw. wendet sie sich an alle, die an einem Ort wohnen. An diesem Ort werden die Grundfunktionen von Kirche, Leiturgia, Martyria und Diakonia, vollzogen. Der Pfarrer vertritt den Bischof, durch sein Amt ist die konkrete Pfarrei in die Gemeinschaft der Pfarreien und Ortskirchen einbezogen. In der Pfarrei ereignet sich damit Kirche.

Kirche verwirklicht sich auch auf überdiözesaner Ebene, insbesondere in einzelnen Ländern und kulturellen Regionen. Damit ist das Problem der Bischofskonferenzen angesprochen. Diese wurden im Dekret über die Hirtenaufgabe der Bischöfe des Zweiten Vatikanischen Konzils offiziell anerkannt und zu rechtskräftig beschlußfähigen Gremien erhoben.[260] In diesen Bischofskonferenzen kommt die kollegiale Verantwortung der Bischöfe in besonderer Weise zum Ausdruck, die Communiostruktur der Kirche wird in ihnen exemplarisch greifbar. Darum haben sie mehr Gewicht bekommen als andere synodale Einrichtungen, die durch das Konzil angestoßen wurden, wie z. B. der Priesterrat und die Bischofssynode, die lediglich beratende Funktion haben. Einrichtungen wie Parti-

---

[260] CD 38.

kularkonzilien und Diözesansynoden erwiesen sich in der Geschichte der Kirche immer wieder als Wege, wie Ortskirchen ihren Glauben und ihr christliches Leben neu orientierten. Häufig trafen sie Beschlüsse, die (erst) später auch universalkirchlich rezipiert wurden. Weil die Gesamtkirche in und aus „Teilkirchen" besteht,[261] sind Zwischeninstanzen zwischen den Einzelbistümern und der Kirche von Rom unerläßlich, damit die regionalen Sonderheiten und kulturellen Konkretionen der Ortskirchen das ihnen zustehende Gewicht gewinnen können. Welche Bedeutung nationale und insbesondere regionale Bischofskonferenzen erlangen können, zeigt die Geschichte des CELAM[262], dessen Konferenzen in Medellín (1968) und Puebla (1979) mit ihrer Option für die Armen wesentliche Impulse für die Theologie der Befreiung vermittelten.

3.5.4.2 Die Frage der Kirchengliedschaft

Die Diskussion um die Kirchengliedschaft wurde vor dem Konzil im Anschluß an die Enzyklika „Mystici Corporis" (1943) insbesondere zwischen Kanonisten und Dogmatikern geführt. Eine erste Position, repräsentiert durch K. Mörsdorf, unterschied zwischen „konstitutiver" und „tätiger" Gliedschaft. Erstere wird verliehen durch die Taufe, durch die man zur Person in der Kirche Christi, d. h. in der römisch-katholischen Kirche wird.[263] Die tätige Gliedschaft kommt dagegen allein jenen zu, die in Bekenntnis, Sakramentengemeinschaft und Gehorsam ihre Pflichten in der Kirche erfüllen und nicht durch Schisma, Häresie oder eine kirchliche Strafe sich selbst getrennt haben oder ausgeschlossen wurden. Diese Bestimmung greift auf die Definition Bellarmins zurück; Kirchengliedschaft ist in dieser Konzeption eindeutig, rechtlich faßbar und umschreibbar. Es ist für jeden einzelnen klar festzustellen, ob er Glied der Kirche ist oder nicht.

Die Gegenthese geht von einer gestuften Kirchengliedschaft aus. Demnach gibt es nicht nur das klare Drinnen und Draußen, sondern sehr unterschiedliche Weisen, wie Menschen zur Kirche stehen und ihr angehören. Der Sünder, der nicht im Stande der Gnade lebt, ist ihr weniger verbunden als der Gerechtfertigte, der Glaubende mehr als der Abgefallene, der praktizierende Christ mehr als der Fernstehende. Volle Kirchengliedschaft kommt nach dieser These dem Getauften zu, der aufgrund der rechtfertigenden Gnade Gottes in der römisch-katholischen Kirche lebt. Nach dieser von Karl Rahner vertretenen Konzeption kann es Kirchenglieder geben, die gerechtfertigt sind, obwohl sie von der kirchlichen Obrigkeit exkommuniziert wurden und darum der Kirche nicht anzugehören scheinen, andererseits können Menschen nach außen hin alle Rechte in der Kirche genießen, die sich innerlich in Lebensführung und Überzeugung von ihr und ihrer Botschaft getrennt haben. Und selbst jene, die keinen Kontakt zur Kirche und ihrem Glauben haben, die aber durch ihr Menschsein und damit aufgrund der Schöpfungsordnung auf die Wahrheit und auf eine rechte Lebensführung hin ausgerichtet sind, und denen durch die Gnade Christi das eschatolo-

---

[261] LG 23.
[262] Lateinamerikanische Bischofskonferenz.
[263] So Can 87 im CIC von 1917.

gische Heil zuteil wird, bezeichnet Rahner als „anonyme Christen".[264] Erst wenn die Kirche identisch sein wird mit der ganzen versöhnten Menschheit, findet sie als „ecclesia universalis" ihre volle eigene Identität.[265] Kirchengliedschaft ist nach diesem Verständnis nicht eindeutig und allein nach rechtlichen Kriterien festschreibbar, weil sich das Leben der Gnade einer solchen Feststellung entzieht.[266]

Das Konzil hat die zweite Konzeption favorisiert. Es hat zwar nicht von Kirchengliedschaft gesprochen (weil es nicht direkt in die theologische Kontroverse eingreifen wollte), aber von kirchlichen Elementen, die sich auch außerhalb der sichtbaren römisch-katholischen Kirche finden.[267] Kirche erscheint nicht mehr als geschlossene, sondern weithin als offene Wirklichkeit, nicht mehr als Burg und Festung, wie in der societas-perfecta-Konzeption. Als Volk und als Sakrament der Einheit ist sie offen für alles Gute und Wahre, auch wenn es sich außerhalb ihrer Grenzen findet. Selbst diejenigen, „die das Evangelium noch nicht empfangen haben, sind auf das Gottesvolk auf verschiedene Weise hingeordnet". Dies gilt zunächst und in erster Linie für das Volk Israel, darüber hinaus aber auch für alle, „die ohne Schuld noch nicht zur ausdrücklichen Anerkennung Gottes gekommen sind"[268]. Sie sollen durch diese Zuordnung zur Kirche als Volk Gottes nicht vereinnahmt werden, sondern es wird ihnen eine Möglichkeit zugesprochen, (durch Christus) das ewige Heil zu erlangen.

3.5.4.3 „Kirchen und kirchliche Gemeinschaften"

Konkret angewandt wurde diese Sicht einer gestuften Kirchengliedschaft vor allem in der Wertung der getrennten christlichen Konfessionen. Damit konnte sich diese Konzeption bewähren. Denn ökumenische Fruchtbarkeit war eines der Hauptkriterien in der Diskussion aller Einzelthemen, nachdem Papst Johannes XXIII. das „Sekretariat zur Förderung der Einheit der Christen" geschaffen und ihm die Kompetenz übertragen hatte, alle Dokumente auf ihre ökumenische Relevanz hin zu prüfen. Zunächst stellte sich das Konzil dem Problem der Kirchengliedschaft nicht-katholischer Christen mittels der Vorstellung von den „Elementen der Kirche": Während die Kirche Jesu Christi in der vom Papst und den mit ihm in communio stehenden Bischöfen regierten Gemeinschaft „subsistiert"[269], gibt es außerhalb ihrer Grenzen kirchliche Elemente, die auf die Vereinigung mit der wahren Kirche hindrängen. Mit hohen Worten preist das Konzil jene, die „der Ehre des Christennamens teilhaft sind"[270]. Damit ist also die exklusive Identifizierung der Kirche Jesu Christi mit der römisch-katholischen Kirche

---

[264] Mit dieser Bezeichnung sollen keineswegs Nicht-Christen vereinnahmt werden. Vielmehr geht es darum, ihnen in christlichem Verständnis eine Zuordnung zum Heil in Christus und zur Geschichte dieses Heiles zuzuschreiben.
[265] Vgl. dazu M. Kehl, Die Kirche, 91. Ob sich allerdings das Modell der „konzentrischen Kreise" eignet, diese gestufte Kirchengliedschaft zu verdeutlichen und damit doch wieder eindeutige Zugehörigkeiten zur Kirche festzuschreiben, scheint fraglich (S. 415 ff).
[266] Siehe hierzu die Zusammenfassung beider Positionen in LThK² VI, 221-225; vgl. O. H. Pesch, Das Zweite Vatikanische Konzil, 225-227.
[267] LG 16.
[268] LG 16.
[269] LG 8.
[270] LG 15.

aufgebrochen.²⁷¹ Vor allem das Ökumenismusdekret hat diesen Rahmen erweitert, indem es nicht nur von kirchlichen Elementen, sondern von „Kirchen und kirchlichen Gemeinschaften" spricht. Dabei hat das Konzil bewußt offengelassen, wer mit den jeweiligen Bezeichnungen gemeint ist. Die orthodoxen Kirchen des Ostens wurden traditionellerweise immer als Kirchen tituliert. Nun spricht das Konzil auch von „getrennten Kirchen und kirchlichen Gemeinschaften im Abendland"²⁷². Weil manche von ihnen sich selbst nicht als Kirche verstehen, hat das Konzil eine offene Formulierung verwendet und nicht festgeschrieben, wie sie im einzelnen zu bezeichnen sind, welche also Kirche und welche „nur" kirchliche Gemeinschaft ist.²⁷³

Bei aller ökumenischen Offenheit hat sich das Konzil nicht der Vorstellung angeschlossen, wonach die Einheit der Kirche (mit Christus) verlorengegangen sei, alle Kirchen diese Einheit erst wieder suchen müßten. Nach Überzeugung des Konzils ist die Einheit nicht verloren, sondern zerbrochen: es haben sich Glieder von der existierenden (einen) Kirche abgespalten.²⁷⁴ Die Gemeinschaft mit dieser Kirche ist für die volle Einheit aller Kirchen und kirchlichen Gemeinschaften anzustreben, damit sie die Fülle kirchlicher Existenz zurückgewinnen. Dennoch vermeidet das Konzil, von der Rückkehr der getrennten Gemeinschaften zur römischen Kirche zu sprechen. Wenn in nachkonziliaren Äußerungen formuliert wird, daß diese Kirchen und kirchlichen Gemeinschaften der ekklesialen Fülle (noch) entbehren (was regelmäßig als anti-ökumenische Anmaßung kritisiert wird), ist mitzubedenken, daß es auch von der katholischen Kirche heißt, die Kirchenspaltung erschwere es ihr, „die Fülle der Katholizität ... in der Wirklichkeit des Lebens auszuprägen"²⁷⁵.

Die nachkonziliare ökumenische Diskussion hat die Frage einer gestuften Kirchengliedschaft auch in der Erörterung fruchtbar gemacht, welches Maß an Einheitlichkeit für die Einigung der Christenheit vorausgesetzt werden muß. Nach herkömmlicher Auffassung darf nur dann von Häresie gesprochen werden, wenn eine dogmatisch verpflichtende Aussage der Kirche „böswillig und hartnäckig" geleugnet wird. Wo dies nicht geschieht, liegt keine Häresie und damit keine

---

²⁷¹ Diese Elementen-Ekklesiologie wurde ursprünglich im Ökumenischen Rat der Kirchen entwickelt, um das Verhältnis der in ihm vertretenen Kirchen zu deuten. Diese erkennen sich gegenseitig keineswegs notwendigerweise als „Kirchen" im Vollsinn des Wortes an. Zufolge der Toronto-Erklärung des Zentralausschusses von 1950 gilt vielmehr: „Die Mitgliedskirchen des Ökumenischen Rates erkennen in anderen Kirchen Elemente der wahren Kirche an ... Sie hoffen, daß diese Elemente der Wahrheit zu einer Anerkennung der vollen Wahrheit und zur Einheit ... führen wird". (Zitiert nach L. Vischer (Hg.), Die Einheit der Kirche, München 1965, 258.)
²⁷² UR, Überschrift zu 19-23.
²⁷³ Vgl. P. Neuner, „Kirchen und kirchliche Gemeinschaften": MThZ 36 (1985) 98-109. Die verschiedentlich vorgetragene Interpretation, das Konzil habe als „Kirchen" nur jene Gemeinschaften verstanden, die ein gültiges, bischöfliches Amt haben, alle anderen seien darum nicht Kirchen, sondern lediglich „kirchliche Gemeinschaften", erweist sich damit als eine das Konzil einschränkende Deutung, die sich keineswegs zu Recht auf das Vatikanum beruft. (Vgl. M. M. Garijo-Guembe, Gemeinschaft der Heiligen, 122).
²⁷⁴ Vgl. hierzu die Interpretation bei O. H. Pesch, a. a. O. S. 217. Ausführlich wird das ökumenische Problem im Rahmen der Lehre von der Kirche dargestellt bei H. Döring, Grundriß der Ekklesiologie, Darmstadt 1986, 185-223.
²⁷⁵ UR 4.

Trennung von der Wahrheit vor. Zu einer Einigung der Kirchen wäre es darum nicht nötig, daß alle Seiten materiell vollständig in allen Glaubensartikeln übereinstimmen. Vielmehr gilt nach der These von Heinrich Fries und Karl Rahner der Grundsatz: „In keiner Teilkirche darf dezidiert und bekenntnismäßig ein Satz verworfen werden, der in einer anderen Teilkirche ein verpflichtendes Dogma ist"[276]. Die Einigung der Kirchen ist nach dieser Auffassung schon dann möglich, wenn keine Seite eine mit dogmatischer Verpflichtung vorgetragene Lehre einer anderen Kirche mit ebensolcher dogmatischer Verpflichtung verwirft. Keineswegs nötig ist dagegen, daß derartige (Sonder-)Lehren von allen übernommen und in die Praxis des kirchlichen Lebens übersetzt werden. Eine derartige Haltung kann die gegenseitige Ausschließung von Kirchen und die Trennung in Konfessionen nicht legitimieren.

3.5.5 Die beiden Ekklesiologien des Konzils

Es kann keinem Zweifel unterliegen, daß die überwältigende Mehrheit der Bischöfe des Zweiten Vatikanischen Konzils das Communio-Modell bevorzugt hat. Um aber auch den Anliegen der Minderheit Rechnung zu tragen und ihr die Zustimmung zu ermöglichen, wurden auch Formulierungen in die dogmatische Konstitution über die Kirche aufgenommen, die dem vorkonziliaren Kirchenbild entstammen und dieses stützen. Insbesondere wurden die Aussagen des Ersten Vatikanischen Konzils über die Prärogativen des Papstes nicht nur bestätigt, sondern sogar noch überboten. Vor allem die, wie es hieß, von einer „höheren Autorität"[277] der Kirchenkonstitution beigefügte (ihr aber nicht integrierte) sog. „Nota praevia explicativa" geht über das Konzil von 1870 hinaus, wenn sie sagt: „Der Papst als höchster Hirte der Kirche kann seine Vollmacht jederzeit *nach Gutdünken (ad placitum)* ausüben, wie es von seinem Amt her gefordert wird"[278].

Der Kompromiß[279], den das Konzil eingegangen ist, um einen möglichst breiten Konsens zu ermöglichen, hatte in der Folgezeit problematische Konsequenzen. Er ermöglicht es, daß sich die Anhänger des kommunialen wie die des vertikalen Modells mit Fug auf Passagen der Kirchenkonstitution stützen können: Die zwei Ekklesiologien des Konzils sind nicht aufeinander reduzierbar und wohl auch nicht miteinander harmonisierbar. Die Kontroversen der Nachkonzilszeit waren damit bereits vorprogrammiert.

---

[276] H. Fries, K. Rahner, Einigung der Kirchen – reale Möglichkeit, Freiburg – Basel – Wien ²1985, 17, 35.

[277] Nach dem (gut begründeten) Urteil von O. H. Pesch vertrat Papst Paul VI. eindeutig das Kirchenbild der Konzilsmehrheit. Einige autoritative Eingriffe und einige Formulierungen, die auf ihn zurückgehen, sollten dazu dienen, auch die Verteidiger des alten Kirchenbildes mit dieser Ekklesiologie zu versöhnen (O. H. Pesch, Das Zweite Vatikanische Konzil, 144).

[278] Nr. 4. J. Ratzinger hat diesen Text als lediglich juridische Aussage darüber interpretiert, daß der Papst keiner Appellationsinstanz unterworfen sei; er hält die Formel aber trotzdem für „unglücklich", weil sie „dem Papst geradezu eine absolutistische Machtfülle zuzuschieben scheint": LThK² E I, 356 f.

[279] Max Seckler spricht hier von einem Kompromiß des „kontradiktorischen Pluralismus": Im Spannungsfeld von Wissenschaft und Kirche, Freiburg – Basel – Wien 1980, 99-109.

4. Ämter und Stände in der Kirche

Während die Aussagen, die bisher gemacht wurden, für die Kirche als ganze bzw. für alle ihre Glieder galten, soll nun dargestellt werden, welche Aufgaben, Funktionen und Vollmachten einzelne zu erfüllen haben. Diese Aufgaben sind nicht als persönliche Vorrechte zu verstehen. Sie sind um des Ganzen der Kirche und der Erfüllung ihres Auftrags willen da.

4.1 Der „Laie" in der Kirche

4.1.1 Eine biblische Besinnung

Der Begriff „Laie" hat eine komplizierte Begriffsgeschichte durchlaufen. Laie kommt vom griechischen Wort *laikós*, zu deutsch: zum Volk gehörig. Es leitet sich her von *laós*, das Volk. Der Laie im theologischen Sinn ist der Angehörige des „*laós tou Theou*", also wer zum Volk Gottes gehört, an Christus glaubt und von ihm berufen ist. Insofern sind alle Glaubenden, selbstverständlich auch die Amtsträger, Laien. Der Begriff „laós" unterscheidet nicht die einfachen Gläubigen von den Amtsträgern, sondern die Glaubenden von den Nichtglaubenden, das Volk vom Nichtvolk. Es gibt nach neutestamentlichem Sprachgebrauch ebenso wie im Alten Testament nicht mehrere Völker, sondern nur ein Volk, nur einen laós. Dieser steht neben den éthne, den „Nationen". Israel war im Alten Testament das Volk schlechthin als Stiftung Jahwes. Im Neuen Testament wird der Begriff „laós" übertragen auf alle, die an Christus glauben (Apg 15,14), er bezeichnet die Gesamtheit der Christen. „Laós" und seine Eindeutschung „Laie" ist der höchste Ehrentitel, der einem Christen gegeben werden kann. Es entspricht darum nicht biblischem Denken, mit dem Begriff „Laien" einen Stand innerhalb der Kirche in Absetzung von anderen Ständen zu bezeichnen.

Nun leitet sich der Begriff „Laie" nicht unmittelbar von *laós* ab, sondern vom Adjektiv *laikós*: „zum Volk gehörig". Es bezeichnet im außerbiblischen Griechisch Dinge, später auch Personen, die nicht Gott zugehören, die keine Beziehung zum Gottesdienst und zum Kult haben, die Volksmenge im Gegensatz zu den Regierenden, die Landbevölkerung im Gegensatz zur politisch und religiös führenden Schicht in der Stadt. Diese Konnotationen tauchen im Neuen Testament nicht auf. Im Gegenteil: Alle Begriffe, die in der späteren Zeit der Unterscheidung zwischen den „Laien" und den Amtsträgern dienen, gelten im Neuen Testament durchwegs noch für alle Christen. Der griechische Begriff *kléros* bezeichnet das Los, den Anteil, der einem zufällt, und als solcher erscheint in 1 Petrus 5,3 die christliche Gemeinde. Ähnlich ist es mit dem Wort Priester als Übersetzung des griechischen Begriffs *hiereús,* das nirgendwo im Neuen Testament die Amtsträger im Unterschied zu den einfachen Gläubigen meint. Auch der Begriff „Geistliche" bezeichnet nach neutestamentlichem Verständnis nicht eine Gruppe im Volk Gottes, sondern jene, die durch die Taufe seinen Geist empfangen haben (1 Kor 2,12 f). Das Neue Testament ist in seinen verschiedenen Schriften ängstlich bemüht, derartige Standesunterschiede, wie sie aus den orientalischen Religionen durchaus bekannt waren, zu überwinden. Die einzig bedeutsame Differenz besteht zwischen dem Volk Gottes und dem Nichtvolk, den Glaubenden und den Nichtglaubenden.

Im Volk Gottes sind alle Brüder und Schwestern, weil sie im Glauben Geschwister werden. Die Geschwisterlichkeit (die Bruderliebe, *philadelphía*) schafft innerhalb der christlichen Gemeinde ein Höchstmaß an Gemeinschaft. Trennende natürliche und geschichtliche Grenzen werden vor dem Hintergrund dieser fundamentalen Gemeinsamkeit irrelevant.

4.1.2 Die geschichtliche Entwicklung des „Laien"-Standes

Die Idee der Geschwisterlichkeit hat sich auf Dauer nicht durchgehalten. Schon vom 3. Jahrhundert an tritt das Wort ‚Bruder' als Benennung der Christen untereinander zurück. Bereits bei Cyprian von Karthago bezieht sich in der Einzelanrede ‚Bruder' nie mehr auf den Christen überhaupt, sondern nur noch auf die Bischöfe und die Kleriker. „Das ist nicht mehr die alte Bruderschaft der Gläubigen, was sich hier zeigt."[280] Durch die Etablierung des kirchlichen Amtes und die Sonderstellung, die die Amtsträger sehr bald eingenommen haben, vor allem aber durch die Übernahme der römischen Rechtsordnung in die kirchlichen Strukturen, haben sich aus dem Bereich der Christen die Amtsträger als eigener Stand herausgebildet. Sie konstituieren bald einen eigenen *Ordo* neben bzw. über dem Volk, eine eigene Gruppe, die die Nichtamtsträger ausschloß und sie zum *laós,* nun im Sinn von „Laien", von Nichtamtsträgern machte.

Auf dem Weg über die Kindertaufe wurde das Christentum zur Volksreligion. Damit verlief die erfahrbare Trennungslinie nicht mehr zwischen den Christen und den Heiden, sondern zwischen den führenden Kreisen und den einfachen Gläubigen. Der Laie wird zum Nichtamtsträger, zum Nichtkleriker: Das wird geradezu zu seiner Definition. Mit der Herausbildung des kirchlichen Amtes wurde die Funktion der Kirchenleitung und der Bewahrung der rechten Lehre mit dem Amt verbunden. Die Amtsträger bürgen für die rechte Kirche, die übrigen Glieder der Gemeinde werden damit auf die Funktion des Hörens und Gehorchens festgelegt.

Doch zunächst führte diese Betonung der Sonderstellung und der Bedeutung des Amtes noch keineswegs zu einer generellen Abwertung der Laien, sie waren vielmehr für die Kirche als ganze mitverantwortlich. Die rechte Lehre war kei-

---

[280] J. Ratzinger, Die christliche Brüderlichkeit, München 1960, 58.

neswegs ein ausschließliches Privileg der Bischöfe. *John Henry Newman* hat in einem wichtigen Aufsatz[281] dargelegt, daß während des 4. Jahrhunderts das Dogma von der Gottessohnschaft Jesu letztlich nicht durch die Bischöfe, durch die Konzilien oder gar durch den Papst vor der Verfälschung bewahrt wurde, sondern durch den sensus fidelium, den Glaubenssinn der Gläubigen.[282] Außerdem waren die Laien an der Berufung und der Wahl der Amtsträger beteiligt. Der erste Clemens-Brief spricht davon, daß Amtsträger mit der Zustimmung der ganzen Gemeinde eingesetzt werden.[283] In der wenig jüngeren Didaché lautete die Anweisung: „Wählt euch Bischöfe und Diakonen, würdig des Herrn"[284]. Aus dem 3. Jahrhundert gibt es klare Zeugnisse für ein Stimmrecht aller Gemeindemitglieder, beispielsweise bei der Wahl des römischen Bischofs. Papst Coelestin I. erklärte: „Man zwinge dem Volk nicht jemanden, der ihm nicht genehm ist, zum Bischof auf"[285]. Und Papst Leo I. schrieb im Jahr 458/459 vor: „Man ordiniere niemanden zum Bischof gegen den Willen der Christen und ohne ihre ausdrückliche Bitte", denn: „Wer allen vorstehen soll, soll von allen gewählt werden"[286]. Um das Jahr 400 war das Recht der Gemeinde, die Amtsträger zu wählen, ein Proprium der Christen, das sie gegenüber dem nun diktatorisch regierten römischen Staatswesen auszeichnete.[287] Wo es um entscheidende Weichenstellungen in der Verkündigung und der Struktur der Kirche ging, mußten sie mitentscheiden. Es war undenkbar, daß ein einzelner, sei es der Bischof, sei es der Patriarch oder der Metropolit, alle Vollmacht auf sich vereinigt hätte. Allerdings konnte der Amtsträger auch nicht einfachhin überstimmt werden. Vielmehr mußten alle im Konsens zusammenfinden, damit Entscheidungen möglich wurden. Kirche war als Koinonia, als Gemeinschaft, nicht als Monarchia geprägt. Von Cyprian von Karthago wird häufig nur der Ausspruch zitiert: „Nihil sine episcopo", nichts ohne den Bischof. Derselbe Cyprian erklärte seinem Presbyterium gegenüber nicht weniger deutlich: „Nihil sine consilio vestro", nichts ohne euren Rat. Und ebenso klar sagt er zu seiner Gemeinde: „Nihil sine consensu plebis", nichts ohne die Zustimmung des Volkes.[288]

Als Ergebnis der weiteren historischen Entwicklung, die natürlich auch Gegenbewegungen in sich schloß, wurden den Laien Schritt für Schritt Rechte und Funktionen in der Kirche entzogen. Im hohen Mittelalter hat Papst *Bonifaz VIII.* in dem Schreiben „Clericis laicos" feierlich erklärt, daß, wie in alten Zeiten, so

---

[281] J. H. Newman, On Consulting the Faithful in Matter of Doctrine (1859), deutsch: Über das Zeugnis der Laien in Fragen der Glaubenslehre: Ausgewählte Werke Bd. IV, Mainz 1959, 253-292.
[282] Vgl. in diesem Werk Bd. I: Wesen und Erkenntnisprinzipien der Dogmatik.
[283] tzt D5/I, Nr. 23.
[284] Did. 15,1; BKV 35, 15.
[285] Ep. 4,5; PL 50,434.
[286] Ad Anast.; PL 54,634.
[287] Vgl. hierzu G. Kretschmar, Ordination: FZPhTh 22 (1975) 35-69.
[288] Die Bemühung um den „magnus consensus" und um Einmütigkeit (nicht Einstimmigkeit!), die sich insbesondere in der Ordnung der frühchristlichen Konzilien festmachen läßt, darf nicht mit dem Mehrheitsentscheid verwechselt werden. Das hier angestrebte Zusammenwirken aller hat J. Ratzinger als „das klassische Modell kirchlicher ‚Demokratie'" bezeichnet (J. Ratzinger, H. Maier, Demokratie in der Kirche, Limburg 1970, 44).

auch jetzt die Laien den Klerikern bitter feind seien.[289] Selbst wenn konkrete politische Auseinandersetzungen zwischen dem Papst und dem französischen König derartige Formulierungen bestimmt haben, war damit auch theoretisch eine Entgegensetzung von Klerus und Laien festgeschrieben. Nicht zuletzt durch die zölibatäre Lebensform waren die Kleriker eindeutig von den Laien getrennt. Sie lebten im „Stand der Vollkommenheit", die Laien dagegen im „Stand der Unvollkommenheit". Der eigentliche Christ ist der Kleriker und der Mönch. Es ist letztlich nur ein Zugeständnis an die menschliche Schwäche, wenn nicht alle diese Lebensform übernehmen können. Wer sich mit weltlichen Dingen beschäftigt, läßt sich demzufolge von dem ablenken, was im Grunde allein notwendig ist. Der Laie ist nur insoweit Christ, als er mit dem Kleriker übereinstimmt. Was ihn von diesem unterscheidet, begrenzt und verdunkelt auch sein Christsein. Nach der Zeit der frühchristlichen Märtyrer entstammen fast alle Heiligen als Vorbilder des Glaubens dem Klerikerstand: Es sind Ordensgründer, Mönche, Bischöfe oder Päpste. Der Laie scheint, wenn nicht prinzipiell, so doch faktisch keinen Zugang zur Heiligkeit zu haben.

Erst seit der Aufklärung und der in ihrem Gefolge stattfindenden Säkularisierung hat man sich wieder neu auf die Rolle des Laien besonnen. Nachdem die Amtsträger nicht mehr in der Lage waren, der Gesellschaft in allen ihren Bereichen die christliche Botschaft zu vermitteln, hoffte man, daß nun Laien den „Weltdienst" übernehmen würden. In der sog. „Katholischen Aktion" sollten sie befähigt und ermächtigt werden, die christliche Verkündigung überall dort zu verwirklichen, wohin den Priestern der Zugang versperrt war. Doch dieses „Laienapostolat" sollte ausschließlich in Unterordnung unter die Hierarchie vollzogen werden können. Es gibt, so die amtliche Konzeption, nur ein Apostolat der Kirche, das Christus dem Papst und den Bischöfen anvertraut hat. Diese üben es überall dort aus, wo es ihnen möglich ist, darüber hinaus delegieren sie die ihnen verliehene Vollmacht an die Laien. Das Laienapostolat ist damit also „die Teilnahme der Laien am hierarchischen Apostolat", die Katholische Aktion „ein Werkzeug in der Hand der Hierarchie, sie soll gleichsam die Verlängerung ihres Armes sein, sie ist darum ihrer Natur gemäß der Leitung der kirchlichen Obrigkeit unterstellt". Der Laie war zufolge Papst Pius' XII. geschätzt als „verlängerter Arm der Bischöfe"[290]. Er hatte seine kirchliche Vollmacht allein aus Delegation durch die Hierarchie, der alle Gewalt ursprünglich eignet, und die sie jederzeit wieder an sich ziehen kann.

4.1.3 Das Zweite Vatikanische Konzil

Das Zweite Vatikanische Konzil handelt über den Laien vor allem im 4. Kapitel der Kirchenkonstitution und in einem eigenen Dekret über das Laienapostolat (AA). Lumen gentium stellt einleitend fest, daß sich alles, was im Konzil über das Volk Gottes gesagt ist, „in gleicher Weise an Laien, Ordensleute und Kleriker"

---
[289] tzt D5/I, Nr. 78.
[290] Nach F. Klostermann, Das christliche Apostolat, Innsbruck – Wien – München 1962, 607.

richtet.[291] Noch vor jeder Differenzierung in einzelne Stände werden also alle Glieder der Kirche gemeinsam gesehen. Die Laien werden umschrieben als „die Christgläubigen, die, durch die Taufe Christus einverleibt, zum Volk Gottes gemacht und des priesterlichen, prophetischen und königlichen Amtes Christi auf ihre Weise teilhaftig, zu ihrem Teil die Sendung des ganzen christlichen Volkes in der Kirche und in der Welt ausüben"[292]. Das Konzil wollte damit die negative Umschreibung überwinden und den Laien positiv darstellen, ihn also nicht allein als Nicht-Kleriker abqualifizieren.

Wie ein roter Faden zieht sich durch die Kirchenkonstitution die Auffassung von der Unmittelbarkeit und Unableitbarkeit der Sendung der Laien. „Der Apostolat der Laien ist Teilnahme an der Heilssendung der Kirche selbst. Zu diesem Apostolat werden alle vom Herrn selbst durch Taufe und Firmung bestellt".[293] Im Dekret „*Apostolicam actuositatem*" über das Laienapostolat wird näherhin präzisiert, daß die Laien teilhaben am „priesterlichen, prophetischen und königlichen Amt Christi". „Pflicht und Recht zum Apostolat haben die Laien kraft ihrer Vereinigung mit Christus dem Haupt. Denn durch die Taufe dem mystischen Leib Christi eingegliedert und durch die Firmung mit der Kraft des Heiligen Geistes gestärkt, werden sie vom Herrn selbst mit dem Apostolat betraut. Sie werden zu einer königlichen Priesterschaft und zu einem heiligen Volk geweiht".[294]

Leider ist es dem Konzil noch nicht gelungen, diese grundlegenden Aussagen über den Laien auch in die Praxis überzuführen und konkrete Handlungsanweisungen zu geben.[295] So behandelte eine eigene Bischofssynode im Oktober 1987 das Thema: „Berufung und Sendung der Laien in Kirche und Welt, 20 Jahre nach dem Zweiten Vatikanischen Konzil". Auf seine Ergebnisse stützte sich das päpstliche Mahnschreiben „Christifideles laici" vom 30.12.1988.[296] Diese Texte waren der konziliaren Neubesinnung verpflichtet, den Laien positiv zu umschreiben; sie stellen in breitem Umfang dar, was ihn auszeichnet, welche Aufgaben er in Kirche und Welt hat. Aber das Ganze war getragen von der Warnung vor einer „Klerikalisierung der Laien und einer Laisierung des Klerus". Damit wurden aber Laien und Klerus doch wieder in gegenseitiger Ausschließlichkeit festgeschrieben. Die grundlegend negative Sicht des Laien blieb bestehen. Dem Laien wurden alle Probleme der modernen Welt zugeordnet, der kirchliche Bereich blieb

---

[291] LG 30.
[292] LG 31. Die hier vorgenommene Zuschreibung des dreifachen Amtes Christi an die Laien geht zurück auf das immer noch klassische Werk Y. Congar, Der Laie, Paris 1952, deutsch Stuttgart ³1964.
[293] LG 33. – Kein Wort mehr davon, daß der Apostolat der Laien als Delegation durch die Hierarchie verstanden werden müsse, kein Wort mehr vom „verlängerten Arm der Bischöfe". Vielmehr wird der Apostolat der Laien hergeleitet vom Auftrag der Kirche, von der Berufung aller in Taufe und Firmung, vom Wort Jesu selbst.
[294] AA 3.
[295] Es ist nicht mehr möglich, die gesamte kirchliche Wirklichkeit auf den Klerus allein zurückzuführen, das Delegationsmodell versagte. Damit stand die Verhältnisbestimmung von Priestern und Laien zur Diskussion. Die Einführung der Berufe des Pastoralreferenten/-referentin und des Diakons schien die Grenze zwischen Klerus und Laien, zwischen Amtsträgern und Nicht-Amtsträgern weiterhin zu verwischen.
[296] Text in Auswahl DH 4850-4858.

dagegen weithin den Priestern vorbehalten. Allerdings scheiterten manche Bestrebungen, den Laien ganz auf den „Weltdienst" festzulegen und ihn von dorther zu definieren, an den zahlreichen Aussagen des Konzils, die ihm Rechte und Vollmachten auch in der Kirche zusprechen. Es erwies sich als unmöglich, den prophetischen, priesterlichen und königlichen Dienst des Laien, von dem das Konzil spricht, auf den Weltdienst zu reduzieren. Damit blieb die Frage nach einer zutreffenden Definition des Laien letztlich ungelöst.

4.1.4 Vom Laien zum Gottesvolk

Angesichts der Schwierigkeit, den Begriff „Laie" zu definieren, stellt sich die Frage, ob man ihn nicht besser aus dem kirchlichen Sprachschatz tilgen sollte.[297] Dieser Vorschlag wird aus exegetischer Sicht ebenso vorgetragen wie von kanonistischer und dogmatischer Seite. Einen Hinweis in dieser Richtung gibt die Tatsache, daß es in den Gesellschaftsordnungen nirgendwo eine Sammelbezeichnung für jene gibt, die kein besonderes Amt haben und keine hoheitlichen Funktionen ausüben. Begriffe wie „Bürger" oder „Volk" bezeichnen immer alle Angehörigen eines Staates, niemals nur die Nicht-Amtsträger, die Nicht-Beamten. Amtsträger haben für das Volk besondere Aufgaben und Verantwortungen wahrzunehmen, sie können eine Gruppe bilden, aber es gibt keinen Zusammenschluß der Nicht-Amtsträger, nicht einmal eine gemeinsame Bezeichnung für sie. „Für den kirchlichen Begriff ‚Laie' gibt es im staatlichen Bereich kein Analogon. Gäbe es ein solches, dann könnte es nur die Bedeutung von ‚Nicht-Beamter' haben"[298]. Der Begriff „Laie" erscheint damit als technischer Hilfsbegriff, der sich einer positiven Definition entzieht. Diese Beobachtung trifft sich mit dem biblischen Befund. Im Neuen Testament werden die in der jungen Kirche entstehenden Ämter eigens benannt, wenn auch die Bezeichnungen noch fließend sind und die Begriffe und Funktionen noch ineinander übergehen. Jedoch gibt es nirgendwo eine gemeinsame Bezeichnung für die Nicht-Amtsträger. Daher legt es sich nahe, „auf den Hilfsbegriff ‚Laie' zu verzichten und sich stärker an den neutestamentlichen Gemeindeordnungen zu orientieren. Sie kamen ohne den Hilfsbegriff ‚Laie' aus, nahmen die Basis ernst und benannten nur die Dienstämter eigens"[299].

Das soll nicht bedeuten, daß die Ekklesiologie wieder auf den Klerus und seine Betrachtung beschränkt werden und zur Hierarchologie alten Stils zurückkehren dürfte. Vielmehr gilt es, den Begriff *laós* wieder als Bezeichnung für das Volk Gottes, für die Kirche als ganze ernstzunehmen. Daraus folgt: Wenn wir eine rechte Theologie, besser noch eine rechte Praxis des Volkes Gottes hätten, bräuchten wir keine Theologie des Laien. Wenn die Wirklichkeit des Volkes Gottes in den kirchlichen Organisationsformen realisiert wäre, müßte man sich nicht den

---

[297] Vgl. hierzu P. Neuner, Der Laie und das Gottesvolk, Frankfurt 1988, 212-222.
[298] M. Kaiser: J. Listl, H. Müller, H. Schmitz (Hg.), Handbuch des katholischen Kirchenrechts, Regensburg 1983, 185.
[299] A. Weiser, zit. nach P. Neuner a. a. O. 217.

Kopf zerbrechen über seinen ekklesialen Status. Die Besinnung auf den Laien sollte übergehen in eine Besinnung auf das Volk Gottes, seine Gestalt und seine Strukturen. Denn in der Praxis ist die Idee von der Kirche als Volk Gottes noch nicht strukturbildend geworden. Organisationsformen, in denen das Volk Gottes seinen Glauben formulieren und seinen Willen finden und artikulieren könnte, gibt es erst anfanghaft. Alle wichtigen Entscheidungen werden nicht vom Volk Gottes, sondern von wenigen Amtsträgern für das Volk gefällt. Die Vollmacht dazu ist weithin dem Klerus vorbehalten. Er ist frei, ob und wie er „Laien" in den Prozeß der Beratung einbezieht. Es ist nicht gelungen, deutlich zu machen, daß das Amt um des Volkes Gottes willen da ist und in dieser Dienstfunktion betrachtet werden muß, und nicht das Volk Gottes vom Amt und seinen Repräsentanten her verstanden werden darf.

Die Aussagen über das Volk Gottes beziehen sich natürlich auch auf die Ämter, die für die Kirche unverzichtbar sind, die aber nicht über dem Volk, sondern inmitten des Volkes stehen. Doch dem Amt sind im Laufe der Kirchengeschichte vielfältige Vollmachten und Kompetenzen zugewachsen, die sich keineswegs notwendig und vom Wesen und der Stiftung der Kirche her mit ihm verbinden. Damit wurde die Idee des Volkes Gottes und der gleichen Würde aller verdunkelt. Dagegen ist festzuhalten: Die besondere Verantwortung definiert sich vom Volk her. Begriffe, die Ämter ausdrücken, sind Relationsbegriffe. Der Amtsträger ist um des Volkes willen da, nicht das Volk für den Amtsträger. Das Volk hat seine Sendung nicht aus Delegation der Hierarchie, aber der Amtsträger ist auch nicht von der sog. Basis delegiert. Koinonia als Gemeinschaft eigenverantwortlicher Aufgabenträger schließt die Rückführung aller Vollmacht auf ein Prinzip oder auf einen einzelnen aus, sondern postuliert von Anfang an eine Gemeinschaft, die in der trinitarischen Struktur von Kirche grundgelegt ist.

Eine grundsätzliche Trennung von Amtskirche und Volkskirche, Kirche von oben und Kirche von unten, Basiskirche und Hierarchie ist mit dem Verständnis von Kirche als Koinonia nicht zu vereinbaren. Das Amt gehört zum Volk, die Hierarchie zur Basis. Volk ohne Amt wäre nicht mehr Volk Gottes, Hierarchie ohne Volk nicht die Kirche. Das Wort von der „Volkskirche" oder den „Basisgemeinden" sieht oft das einfache Volk in Spannung zur „Amtskirche". Hier bezeichnet der Begriff „Volk" die einfachen Leute oder auch die unterdrückte und ausgebeutete Menge. Dieses soziologische Verständnis widerspricht dem neutestamentlichen *laós,* der alle Glaubenden umschließt. Weil zur „Volkskirche" auch die Amtsträger gehören, sind einseitig basiskirchliche Strukturen ebenso in Frage zu stellen wie der Anspruch der Amtsträger, alle Entscheidungen für das Volk zu treffen, über das Volk und nicht mit ihm zu sprechen.

4.1.5 Kirche und Demokratie

Der Kirche als Volk Gottes und als Communio müssen auch die Strukturen entsprechen, in denen Willensbildung und Wahrheitsfindung stattfinden. Damit sind ausgeschlossen:

1. Monarchische Herrschaftsformen: Sie widersprechen der Theologie der Communio[300].

2. Demokratie in einem soziologisch-politischen Sinn, der Wahrheit dem Mehrheitsentscheid unterwirft. In der Kirche geht die Macht nicht so vom Volk aus, daß jeder Wille der Mehrheit normativ wäre. Kirche existiert kraft göttlichen Stiftungswillens und ist ihm bleibend unterworfen.

Innerhalb dieser Grenzen aber verlangt Kirche von ihrer Wesensbestimmung her, daß demokratische Elemente und Spielregeln sehr wohl Daseinsrecht bekommen. Die Grundvoraussetzungen und Grundwerte der Demokratie haben einen echt christlichen Ursprung. Die Ideen von Freiheit, Gleichheit und Geschwisterlichkeit stehen in kausalem Zusammenhang mit dem Evangelium.

Das Zweite Vatikanische Konzil hat die Grundlagen demokratischen Denkens und demokratischer Ordnung mit allem Nachdruck betont. Zu seinen Grundaussagen gehört das Wort von der Würde der menschlichen Person und der Unverbrüchlichkeit der Menschenrechte. Durch sie begründet es die Religionsfreiheit. *„Gaudium et spes"* weist auf „die grundlegende Gleichheit aller Menschen" hin.[301] Die Gleichheit aller Menschen gründet in der Geschwisterlichkeit aller, die Gott zu ihrem Vater haben.[302]

Diese christlich begründeten Fundamente moderner Demokratie gelten auch innerhalb der Kirche. Hier führten sie zu einer Reihe von Institutionen und Strukturen, die Formen einer spezifisch kirchlichen Demokratie[303] darstellten. Institutionen, die Mitwirkung und Mitentscheidung aller gewährleisteten, galten in der Alten Kirche als Unterscheidungsmerkmale des Christlichen gegenüber einem Staat, der in diktatorische Herrschaftsformen verfallen war. Vor allem Synoden und Konzilien dienten als Instrument gemeinsamer und von der Kirchengemeinschaft getragener Wahrheitsfindung. Dabei war zwar nicht die numerische Mehrheit, wohl aber der Konsens der überwiegenden Zahl der Teilnehmer (moralische Einstimmigkeit) entscheidend. Die Mitbestimmung der Gemeinden bei der Bestellung der Bischöfe in der Alten Kirche und die sachliche und theoretische Bedeutung des Glaubenssinnes der Gläubigen zeigen in die nämliche Richtung.

Es liegt im eigensten Interesse der Kirche, derartige Formen einer spezifisch kirchlichen Demokratie als einer echten Mitbestimmung neu aufzugreifen und sie unter den Bedingungen der Neuzeit in ihrem alltäglichen Leben wirksam werden zu lassen. Wenigstens theoretisch gilt in der Moderne Demokratie ganz allgemein als hoher, in sich stehender Wert, ja als Zusammenfassung von Menschenrechten und Personenwürde schlechthin. Gerade in den Staaten, deren Kultur und Ordnung aus dem christlichen Verständnis der Person und ihrer Würde hervorge-

---

[300] Oben (3.1.3.2.1; 3.5.3) wurde diese Erkenntnis in der Trinitätstheologie verankert. Nicht zufällig neigten die Kaiser in der Zeit der Alten Kirche häufig dem Arianismus zu, weil dieser wegen des ihm innewohnenden Monarchianismus autokratische Machtausübung begünstigte.

[301] GS 29.

[302] Eine Frucht dieser Aussagen ist die Formulierung des Codex Iuris Canonici: „Unter allen Gläubigen besteht, und zwar aufgrund ihrer Wiedergeburt in Christus, eine wahre Gleichheit in ihrer Würde und Tätigkeit, kraft aller alle je nach ihrer eigenen Stellung und Aufgabe am Aufbau des Leibes Christi mitwirken" (CIC can. 208).

[303] Vgl. oben 4.1.2.

gangen sind, vermögen die Menschen beim besten Willen nicht einzusehen, weshalb ausgerechnet im Volk Gottes nicht jene Formen demokratischen Verhaltens und Mitwirkens realisiert werden, die ohne jede Beeinträchtigung der vorgegebenen Verfassung der Kirche und ihrer Botschaft möglich sind. Verweigert die Kirchenleitung eine solche Demokratisierung, beschwört sie geradezu unvermeidlich eine Krise ihrer Glaubwürdigkeit herauf.

4.2 Das Bischofsamt

4.2.1 Die theologische Fundierung

Das Bischofsamt ist das zentrale Amt in der Kirche. Es hat der Einheit der Kirche mit ihrem Ursprung, also der Apostolizität zu dienen. Es macht greifbar und anschaulich, daß der Glaube der Kirche der Glaube der Apostel ist. Die Bischöfe können zwar nicht Nachfolger der Apostel im Sinne der Augen- und Ohrenzeugenschaft sein, diese ist einmalig und grundlegend für alle Zeit. Aber es ist ihre Aufgabe, gegenwärtig zu halten, was im Ursprung grundgelegt worden ist. Dabei ist das bischöfliche Amt nicht identisch mit der Apostolizität der Kirche, es ist auch keine sicher wirkende Garantie der Rechtgläubigkeit, es ist aber ein wesentliches Zeichen für die Treue der Kirche zur Überlieferung. Es ist *ein* Zeichen, nicht das einzige, es ist ein *Zeichen,* nicht die Sache selbst, aber es ist dennoch ein *wesentliches* Zeichen. Die ununterbrochene Nachfolge im bischöflichen Amt ist ein Zeichen dafür, daß die Kirche das tradiert, was ihr selbst überkommen ist. Bischöfe haben die Aufgabe, die Einheit der Kirche über die Zeiten hinweg (diachrone Einheit) zu wahren, zu befördern und zu gewährleisten. Ihre Aufgabe ist weniger das Aufzeigen neuer Perspektiven, als die Wahrung der Tradition.

Als Bürgen der Tradition sind die Bischöfe die Spender der Ordination: Sie haben neue Amtsträger in das Amt einzuweisen, in Treue zur Überlieferung die Botschaft weiterzugeben. Aus gleichem Grund haben sie nach katholischem Verständnis ein Lehramt inne. Sie sind dafür verantwortlich, daß in der Kirche nur das gelehrt wird, was von den Aposteln kommt. Sie sind die erstberufenen Zeugen der Botschaft. Als solche haben sie die Lehre der Kirche vorzutragen, nicht ihre Privatmeinungen und Spezialinteressen. Wenn eine Lehre mit der Botschaft der Apostel unvereinbar ist, im Gegensatz zu ihr steht und sie durch ein Anderes ersetzt, ist es ihre Aufgabe, dieses als der Lehre der Kirche widerstreitend zu kennzeichnen und auszugrenzen. Dies kann nur in sorgfältiger Prüfung aller Argumente und Respektierung auch der wissenschaftlichen Ergebnisse geleistet werden. Bischöfe und Theologen müssen daher im Dialog bleiben, damit die Botschaft tatsächlich ursprungsgetreu und relevant zugleich verkündet wird.

Daneben haben Bischöfe die synchrone Einheit der Kirche zu gewährleisten. Als Repräsentanten ihrer jeweiligen Kirche haben sie die Ortskirchen miteinander in Gemeinschaft zu halten, die Einheit zu gewährleisten und die Einigung innerhalb ihrer Kirchen zu befördern. Einheit der Kirche wird nach altkirchlicher Vorstellung durch die Gemeinschaft ihrer Bischöfe. Wenn sie als Zeugen des Glaubens ihrer Kirchen in Synoden oder im Konzil eine Glaubensaussage formulieren, stellt diese den Glauben der Kirche in der jeweiligen Zeit dar. So haben die Bischöfe eine universale oder weltkirchliche Funktion. Sie erfüllen ihre Aufgabe, wie das Zweite Vatikanische Konzil sagt, als Kollegium, das für die Kirche als ganze spricht, so wie am Anfang die Zwölf bzw. die Apostel ein Kollegium gebildet haben. Dem Bischof eignet seine Aufgabe und seine Vollmacht als Mitglied dieses Kollegiums. Als solcher repräsentiert er die Gesamtkirche und befördert die Gemeinschaft der Einzelkirchen.

Das Bischofsamt ist der Schnittpunkt der vertikalen geschichtlichen Linie der apostolischen Nachfolge und der horizontalen Linie der Verbundenheit der Kirchen untereinander. Das bedeutet, daß nach altkirchlicher Praxis rechte Eucharistiefeier nur mit dem Einverständnis des Bischofs möglich ist. Er entscheidet über die Zulassung zur Eucharistie. Die Ordination zum Bischof vermittelt zugleich sakramentale und jurisdiktionelle Amtsvollmacht; er wird dazu geweiht, durch Wort und Sakrament seine Diözese zu verwalten und die kirchliche Ordnung zu gewährleisten. Weihevollmacht und Hirtenvollmacht sind ursprünglich ungetrennt. Die Rechtsvollmacht, die der Bischof ausübt, ist sakramental begründet, sie ist nicht nur eine äußerlich übertragene Gewalt, sondern geistliche Verpflichtung. Der Bischof als der erstgeborene Vorsteher der Eucharistiefeier und als der Zeuge des Evangeliums in seiner Gemeinde steht im Dienst an der Einheit der Kirche. So hat er die Anweisungen zu treffen, die für die Einheit der Kirche notwendig sind. Die Besinnung auf die verschiedenen Aufgaben des Bischofs führte in der Theologie der Romantik zu Beginn des 19. Jahrhunderts zu einer erheblichen Aufwertung dieses Amtes. *J. A. Möhler* griff vor allem die ignatianische Konzeption aus dem 2. Jahrhundert auf und stellte den Bischof als die personegewordene Liebe Gottes zu den Menschen, die anschaulich gewordene Einheit der Gemeinde dar.[304] Hier drohte aber auch die Gefahr einer theologischen Überhöhung, der der konkrete Amtsträger kaum noch zu entsprechen vermag.

4.2.2 Historische Entwicklungen

Von den Episkopoi der neutestamentlichen Gemeindeordnungen bis zu den Bischöfen des hohen Mittelalters, die Reichsfürsten waren, war ein weiter Weg, von dem hier nur einige Etappen genannt werden können. In Übernahme neuplatonischer Vorstellungen führte Pseudo-Dionysius den Begriff „Hierarchie" in die Darstellung des kirchlichen Amtes ein. Er stellte die Ämter in mehrfacher Dreigliederung parallel zu dem Bild dar, wie man sich die himmlischen Heerscharen in platonischer Abstufung dachte. Der hierarchische Aufbau der kirchlichen Ämter erfolgte analog zur himmlischen Hierarchie.[305] Damit war das kirchliche Amt in der Gefahr, nicht mehr nach dem Modell des Dienstes, sondern als

---
[304] tzt D5/II; vgl. oben 3.3.2.2.
[305] Vgl. tzt D5/I, Nr. 40.

Herrschaft konzipiert und in einer Über- und Unterordnung verstanden zu werden, die sich mit der biblischen Warnung „Bei euch soll es nicht so sein" nur schwerlich vertrug. Mit dem Eintritt des Christentums in das Römische Reich übernahmen die Leiter der Kirchen, vor allem die der wichtigen Bischofssitze, auch gesellschaftliche Funktionen. Sie wurden Mitglieder eines besonderen Ordo und damit zu staatlichen Würdenträgern. Zur kirchlichen Funktion, die an die Weihe gebunden war, trat eine staatliche und gesellschaftliche Verantwortung. Dies verstärkte sich in der mittelalterlichen Reichskirche. Die Bischöfe der Reichskirche hatten nun eine zweifache Vollmacht: die Weihegewalt und die Jurisdiktion. Die geistliche Vollmacht wird, so die Deutung, durch die Ordination verliehen, die Jurisdiktion durch die Übertragung der Amtsgewalt, die – je nach Standpunkt – als vom Papst oder vom Kaiser übertragen betrachtet wurde.[306]

In dieser Konzeption erschien die Bischofsweihe nicht als Sakrament. Ordination wurde als Bevollmächtigung zur Feier der Eucharistie verstanden, und diese wurde in der Priesterweihe vollzogen. Die Bischofsweihe wurde als Übertragung von Vollmachten gedeutet, die sich auf die Leitung der Kirche beziehen. Sie erschien als Herrscherweihe, nicht als Sakrament. Die Priesterweihe war theologisch die volle Vermittlung des ungeteilten kirchlichen Amtes, wobei allerdings einige Vollmachten, insbesondere die der Firmung und der Priesterweihe, normalerweise noch gebunden waren, in der Bischofsweihe aber freigegeben wurden. Das wurde als Rechtsakt, nicht als Sakrament verstanden. Diese Sicht des Bischofs war bis zum Zweiten Vatikanischen Konzil verbreitet, wenn nicht gar vorherrschend, jedenfalls war sie theologisch und kirchenamtlich als legitim anerkannt. Im Anschluß an das Erste Vatikanische Konzil wurde alle kirchliche Vollmacht ursprünglich im Papsttum begründet gesehen, so daß das Bischofsamt, das weithin als Delegation päpstlicher Vollmacht verstanden wurde, deutlich an theologischer Bedeutung verlor.

4.2.3 Das Bischofsamt im Zweiten Vatikanischen Konzil

Im Zweiten Vatikanischen Konzil hat das Bischofsamt etwas von seiner frühchristlichen Bedeutung zurückgewonnen.

4.2.3.1 Die Sakramentalität des Bischofsamtes

Die Bischofsweihe wird im Zweiten Vatikanischen Konzil definitiv als Sakrament festgeschrieben. „Die heilige Synode lehrt, daß durch die Bischofsweihe die Fülle des Weihesakramentes übertragen wird"[307]. Sie ist die Quelle sowohl der jurisdiktionellen als auch der sakramentalen Vollmacht des Bischofs. Dieser hat seine

---

[306] Dabei konnten beide Funktionen auseinandertreten, gegebenenfalls auch verschiedenen Personen verliehen werden. Dann stand neben oder unter dem Bischof als dem Träger der Jurisdiktion der Weihbischof, der die geistlichen Vollzüge vorzunehmen hatte, aber keine Jurisdiktion besaß. Die Auseinandersetzung im Investiturstreit ging nicht um das geistlich-bischöfliche Amt, sondern um das Recht zur Investitur, also zur Übertragung der Jurisdiktionsvollmacht.
[307] LG 21.

Vollmacht nicht nur im sakramentalen, sondern auch im jurisdiktionellen Bereich aus der Ordination. Diese verleiht die eine *sacra potestas*. Durch die Bischofsweihe stehen die Bischöfe in der Nachfolge der Apostel. Die bischöfliche Vollmacht ist als ganze sakramentalen Ursprungs und muß darum als geistliche Vollmacht ausgeübt werden. Sie ist fehlgedeutet oder mißbraucht, wenn sie als weltlicher Machtanspruch verstanden würde.

Zur Beschreibung der Aufgaben des Bischofs hat das Konzil die „Drei-Ämter-Lehre" herangezogen: Er hat das Amt der Verkündigung, der Heiligung und der Leitung oder das prophetische, das priesterliche und das königliche Amt. Diese drei Ämter werden ausgeübt im Dienst an Wort und Sakrament, also aus göttlicher Vollmacht. „Unter den hauptsächlichsten Ämtern der Bischöfe hat die Verkündigung des Evangeliums einen hervorragenden Platz. Denn die Bischöfe sind Glaubensboten, die Christus neue Jünger zuführen; sie sind authentische, das heißt mit der Autorität Christi ausgerüstete Lehrer"[308]. Zum Wort tritt das Sakrament: „Der Bischof ist, mit der Fülle des Weihesakramentes ausgezeichnet, ‚Verwalter der Gnade des höchsten Priestertums', vorzüglich in der Eucharistie, die er selbst darbringt oder darbringen läßt, und aus der die Kirche immerfort lebt und wächst ... Jede rechtmäßige Eucharistiefeier steht unter der Leitung des Bischofs, dem die Pflicht übertragen ist, den christlichen Gottesdienst der göttlichen Majestät darzubringen und zu betreuen"[309].

Wort und Sakrament sind die Art und Weise, wie der Bischof die Kirche regiert. Er ist der Hirte und Lehrer seiner Kirche. Kirchenleitung ist damit nicht organisatorische Machtausübung, sondern geschieht in der Verkündigung und in der Sammlung des Volkes in der Feier der Eucharistie. Der Bischof hat die Kirche zu einen, sie in der Wahrheit zu leiten und sie durch die Feier des Sakramentes zu einer Gemeinschaft zu gestalten und in die Gemeinschaft mit den anderen Ortskirchen zu integrieren. Er ist Repräsentant seiner Gemeinde nach innen und nach außen. Kirche erscheint als das um den Bischof versammelte Volk, das das Wort Gottes hört und mit ihm Eucharistie feiert. Administrative Tätigkeiten und Verwaltungsaufgaben müssen von diesem Auftrag her verstanden werden, selbst wenn sie konkret zu dominieren scheinen.

4.2.3.2 Das Bischofsamt als Amt göttlichen Rechts

Das Amt des Bischofs wird durch Ordination übertragen, es ist darum de iure divino (göttlichen Rechts). „Die Bischöfe leiten die ihnen zugewiesenen Teilkirchen als Stellvertreter und Gesandte Christi ... Diese Gewalt, die sie im Namen Christi persönlich ausüben, kommt ihnen als eigene, ordentliche und unmittelbare Gewalt zu ... Kraft dieser Gewalt haben die Bischöfe das heilige Recht und vor dem Herrn die Pflicht, Gesetze für ihre Untergebenen zu erlassen, Urteile zu fällen und alles, was zur Ordnung des Gottesdienstes und des Apostolats gehört, zu regeln"[310]. In Ergänzung der Aussagen des Ersten Vatikanischen Konzils wird auch den Bischöfen eine ordentliche und unmittelbare Gewalt zugeschrieben. Diese ha-

---
[308] LG 25.
[309] LG 26.
[310] LG 27.

ben sie, wie hier zweimal betont wird, von Christus selbst, also nicht vom Papst. Sie sind Bischöfe, nicht päpstliche Delegaten und bloße kirchliche Würdenträger. „Ihnen ist das Hirtenamt, das heißt die beständige tägliche Sorge für ihre Schafe, in vollem Umfang anvertraut. Sie sind nicht als Stellvertreter der Bischöfe von Rom zu verstehen, denn sie haben eine ihnen eigene Gewalt inne und heißen in voller Wahrheit Vorsteher des Volkes, das sie leiten. Folglich wird ihre Gewalt von der obersten und allgemeinen Gewalt nicht ausgeschaltet, sondern im Gegenteil bestätigt, gestärkt und in Schutz genommen"[311].

Der Bischof handelt „in persona Christi". Der Papst kann nicht den Episkopat innerlich aushöhlen, denn dieser ist ebenso göttlichen Rechts und göttliche Stiftung wie sein eigenes Amt. Hinsichtlich des Rechts der Ernennung von Bischöfen sind die Geschichte der Kirche und die Theologie wesentlich offener als das derzeit geltende Kirchenrecht. Daß die Bischöfe vom Papst frei eingesetzt werden, wurde im Grunde erst durch den Kodex von 1917/18 durchgesetzt. Aber noch das Zweite Vatikanische Konzil, das der theologischen Vielfalt gerecht werden wollte, spricht erheblich vorsichtiger und kennt eine Bischofsernennung „durch rechtmäßige, von der höchsten und universalen Kirchengewalt nicht widerrufene Gewohnheiten, durch von der nämlichen Autorität erlassene oder anerkannte Gesetze oder unmittelbar durch den Nachfolger Petri selbst. Falls er Einspruch erhebt oder die apostolische Gemeinschaft verweigert, können die Bischöfe nicht zur Amtsausübung zugelassen werden"[312].

4.2.3.3 Die Kollegialität der Bischöfe

Der Bischof kann sein Amt legitimerweise nur in Gemeinschaft mit den anderen Bischöfen ausüben, weil er durch die Ordination in das Kollegium der Bischöfe aufgenommen wird[313]. Der Bischof hat sein Amt immer als Mitglied des Bischofskollegiums, *in* ihm ist er Nachfolger der Apostel. Die Bischöfe haben eine gemeinsame Verantwortung für die Kirche als ganze, sie sind nach altkirchlichem Zeugnis für die universale Kirche verantwortlich. „Wie nach der Verfügung des Herrn der heilige Petrus und die übrigen Apostel ein einziges apostolisches Kollegium bilden, so sind in entsprechender Weise der Bischof von Rom, der Nachfolger Petri, und die Bischöfe, die Nachfolger der Apostel, untereinander verbunden ... Darauf deutet schon der früh eingeführte Brauch hin, mehrere Bischöfe zur Teilnahme an der Erhebung eines Neuerwählten zum hohenpriesterlichen Dienstamt beizuziehen. Glied der Körperschaft der Bischöfe wird man durch die sakramentale Weihe und die hierarchische Gemeinschaft mit Haupt und Gliedern des Kollegiums"[314]. „Die kollegiale Einheit tritt auch in den wechselseitigen Beziehungen der einzelnen Bischöfe zu den Teilkirchen wie zur Gesamtkirche in Erscheinung ... Die Einzelbischöfe sind sichtbares Prinzip und Fundament der Einheit in ihren Teilkirchen, die nach dem Bild der Gesamtkirche gestaltet sind. In

---

[311] LG 27.
[312] LG 24. Zur Frage der Bischofswahl siehe 4.1.2.
[313] Diese Kollegialität der Bischöfe gehörte zu den am meisten diskutierten und umstrittenen Themen des Konzils.
[314] LG 22.

ihnen und aus ihnen besteht die eine und einzige katholische Kirche. Daher stellen die Einzelbischöfe je ihre Kirche, alle zusammen aber in Einheit mit dem Papst die ganze Kirche im Band des Friedens, der Liebe und der Einheit dar"[315].

Die Bischöfe sind für die Kirche als ganze mitverantwortlich, das Bischofskollegium, dem der Papst konstitutiv angehört, repräsentiert die Universalkirche. Ausgeübt wird diese universale Verantwortung der Bischöfe in den Synoden und vor allem im Konzil. Die Gemeinschaft der Bischöfe hat die Gabe der Unfehlbarkeit. „Die einzelnen Bischöfe besitzen zwar nicht den Vorzug der Unfehlbarkeit; wenn sie aber, in der Welt räumlich getrennt, jedoch in Wahrung des Gemeinschaftsbandes untereinander und mit dem Nachfolger Petri, authentisch in Glaubens- und Sittensachen lehren und eine bestimmte Lehre übereinstimmend als endgültig verpflichtend vortragen, so verkündigen sie auf unfehlbare Weise die Lehre Christi. Dies ist noch offenkundiger der Fall, wenn sie auf einem Ökumenischen Konzil vereint für die ganze Kirche Lehrer und Richter des Glaubens und der Sitten sind. Dann ist ihren Definitionen mit Glaubensgehorsam anzuhangen"[316].

Nach dem Zweiten Vatikanischen Konzil hat der Papst seine Autorität nicht außerhalb oder über, sondern im Bischofskollegium und im Konzil. Er ist integrierender Bestandteil des Kollegiums, dergestalt, daß es ohne ihn oder gegen ihn gar nicht das Bischofskollegium wäre. „Die Ordnung der Bischöfe aber, die dem Kollegium der Apostel im Lehr- und Hirtenamt nachfolgt, ja, in welcher die Körperschaft der Apostel immerfort weiter besteht, ist gemeinsam mit ihrem Haupt, dem Bischof von Rom, und niemals ohne dieses Haupt, gleichfalls Träger der höchsten und vollen Gewalt über die ganze Kirche"[317]. Der Papst erscheint hier nicht mehr als alleiniger Herrscher der Kirche, von dem alle Vollmacht ausgehen würde. Innerhalb der Gemeinschaft der Bischöfe und damit der Ortskirchen bildet die „sedes Romana" nach konziliarer Lehre einen Fixpunkt, an dem sich die Ortskirchen und ihre Communio zu orientieren haben. Aber Rom hat diese Funktion als eine Kirche innerhalb der Communio der Kirchen.

4.2.4 Die ökumenische Relevanz

Die Einstellung der Reformatoren zum bischöflichen Amt ist vor dem Hintergrund der spätmittelalterlichen Theologie und Praxis zu würdigen. Luther wollte das bischöfliche Amt ursprünglich beibehalten. Seine Reform wollte die altkirchliche Ordnung wiederherstellen, und das schloß auch die Rückbesinnung auf das bischöfliche Amt ein. Dieses sah er durch die immer stärker hervortretende päpstliche Vollmacht in Frage gestellt. Als er dem Kirchenbann verfiel, hat Luther nicht, wie manchmal behauptet, ein kirchenfreies Christentum oder eine amtsfreie Kirche propagiert: Er hat das Amt durchaus für notwendig erachtet, da die Verkündigung des Wortes und die Spendung der Sakramente Amtsträger und Ordination erfordern.

---
[315] LG 23.
[316] LG 25. Vgl. auch in diesem Werk Bd. I: Wesen und Erkenntnisprinzipien der Dogmatik.
[317] LG 22.

Nun schlossen sich in den ersten Jahren aber keine Bischöfe der Reformation an, die die apostolische Sukzession in herkömmlicher Weise hätten weitergeben können. In dieser Notsituation berief sich Luther auf die Alte Kirche, in der der Unterschied zwischen Presbyter und Episkopos, zwischen Ältestem und Bischof noch fließend war. Von besonderer Bedeutung war dabei der Bericht des Hieronymus, dem zufolge in Alexandrien im 3. Jahrhundert die Presbyter ihren Episkopos nicht nur gewählt, sondern ihn auch durch Handauflegung ordiniert haben, also zwischen den Ämtern des Bischofs und des Presbyters nicht unterschieden wurde. In Berufung darauf lehrte Luther die Ungeteiltheit des kirchlichen Amtes. In der Ordination wird das eine und ungeteilte kirchliche Amt übertragen, also die Vollmacht zu Wortverkündigung und Sakramentenspendung erteilt. Was den Bischof vom Pfarrer unterscheidet, ist eine jurisdiktionelle Amtsvollmacht, eine Verwaltungsaufgabe, die von der Weihe unabhängig ist. Nach Luther ist das Bischofsamt im Pfarramt verwirklicht, theologisch gesehen und vom geistlichen Auftrag her ist der Pfarrer Bischof und der Bischof nichts anderes als Pfarrer. Was den Bischof darüber hinaus auszeichnet, kommt ihm nicht aus theologischer, sondern aus verwaltungstechnischer Notwendigkeit zu. Das Amt ist eines, es ist ungeteilt; es wird in der Ordination verliehen, und mit ihm verbindet sich die Vollmacht zu ordinieren.[318] Luther war überzeugt, daß das, was in der Alten Kirche theologisch legitim war, in der Notsituation, in der er mit seinen Anhängern stand, nicht prinzipiell unmöglich sein konnte. Die ununterbrochene Kette bischöflicher Handauflegungen war nach der Entdeckung der Identität von Presbyter und Episkopos in der Alten Kirche nicht mehr zu halten. Einige Praktiken der mittelalterlichen Kirche, wo beispielsweise Äbte, die nicht Bischöfe waren, ihre Mönche zu Priestern weihten,[319] gaben der reformatorischen Kritik zusätzlich Nahrung. In der Konsequenz haben in den Kirchen der Reformation auch Nicht-Bischöfe, also Pastoren ordiniert.

In Skandinavien und in England haben sich legitim ordinierte Bischöfe der Reformation angeschlossen, so daß in diesen Kirchen die (bischöfliche) Sukzessionskette fortbesteht. Verschiedentlich hoffte man, daß auf dem Weg über sie und über die vielfältigen Unionen in den Missionskirchen die Kirchen der Reformation die bischöfliche Amtssukzession zurückgewinnen könnten. Außerdem haben historische Schwierigkeiten mit der ununterbrochenen bischöflichen Sukzessionskette katholischerseits Anlaß gegeben zu größerer Zurückhaltung und die globale Aussage, die Kirchen der Reformation hätten mit der apostolischen Tradition gebrochen, als fraglich erscheinen lassen.

Die ökumenische Diskussion hat hier zwei Argumente entwickelt.

1. In den evangelischen Kirchen sei zumindest eine presbyteriale Sukzession gegeben, weil auch dort zweifellos gültig Ordinierte weiterhin ordiniert haben. Nachdem durch die Geschichte hindurch die episkopale Sukzession weniger fest behauptbar ist, als traditionellerweise postuliert, könnte man sich gegebenenfalls mit der presbyterialen Sukzession in den evangelischen Kirchen zufriedengeben und sie als Gestalt und Zeichen der Tradition anerkennen.

---

[318] Siehe hierzu die Aussage über die Bischofsweihe in den Schmalkaldischen Artikeln: BSLK 457 f.
[319] Wichtigstes Beispiel ist die Bulle „Sacrae religionis" Papst Bonifaz' IX. von 1400 (DH 1145), die allerdings wenige Jahre später widerrufen wurde.

2. Die evangelische Theologie geht dagegen davon aus, daß im Pfarramt das eine, ungeteilte, also das bischöfliche Amt verwirklicht ist. Der Pfarrer ist Bischof, ihm ist alle Vollmacht des Amts übertragen, auch die zur Ordination. Die Vorstellung, daß in der Priesterweihe das Amt als ganzes verliehen wird und die Bischofsweihe nur einen Rechtsakt darstellt, wurde auch katholischerseits bis zum Zweiten Vatikanischen Konzil unbeanstandet gelehrt. Es stellt sich die Frage, ob diese Konzeption der evangelischen Kirche heute als Abweichung von der rechten Lehre angelastet werden darf.[320]

Auf die Verhältnisbestimmung von bischöflichem Amt und Pfarramt, von Bischof und Priester, spitzt sich die ökumenische Diskussion um das kirchliche Amt zu. Die Frage nach dem bischöflichen Amt und seinem Spezifikum ist zum zentralen ökumenischen Problem geworden.

4.3 Der Priester

Das Zweite Vatikanische Konzil hat die Stellung der Bischöfe wesentlich aufgewertet und bekräftigt. Die Bischöfe sind die eigentlichen „Nutznießer" des Konzils. Ihr Amt wurde klar definiert und umschrieben. Wesentlich weniger gut weggekommen sind die Priester. Ihr Berufsbild wurde zwischen dem der Bischöfe und den Laien eher unklar und zerrieben. So hat die Priesterkrise, die sich im Anschluß an das Zweite Vatikanische Konzil zeigte, im Konzil selbst eine ihrer Wurzeln.

4.3.1 Zur Terminologie

Der Begriff „Priester" dient zumeist als Übersetzung des griechischen Begriffs *hiereús*. Nach der Botschaft des Neuen Testaments bezeichnet er an den meisten Stellen den alttestamentlichen Hohenpriester, dessen Priestertum durch Jesus überboten und zu Ende gebracht ist. Davon kann sich der neutestamentliche Priester nicht herleiten. In positiver Sicht wird der Begriff „Priester" im Hebräer-Brief verwendet, doch hier erscheint Christus als der einzige Priester, nach und neben dem es kein neues Priestertum mehr geben kann. Im Ersten Petrusbrief wird die ganze christliche Gemeinde als „königliche Priesterschaft" bezeichnet, in der Apokalypse werden alle Christen „Könige und Priester" genannt (1 Petr 2,9; Offb 1,6; 5,10). Nirgendwo im Neuen Testament werden die Amtsträger im Unterschied zu den einfachen Gläubigen als Priester tituliert. Wohl gibt es den *presbýteros*, den Ältesten, dessen Funktion aus der jüdischen Synagogenordnung übernommen ist, wo er in die Verkündigung einbezogen war. Seine Funktion ist aber nicht als „priesterlich" im Sinne des *hiereús*, des *sacerdos* zu verstehen.

---

[320] Siehe hierzu P. Neuner, Kleines Handbuch der Ökumene, Düsseldorf ²1987, 149-153.

In den außerchristlichen Religionen ist der Begriff Priester (sacerdos) bestimmt durch eine Mittlerstellung zwischen einer religiösen Gemeinschaft und den transzendenten Mächten. Der Priester vollzieht den öffentlichen Kult, er bringt den Göttern die Opfer dar, um sie zu versöhnen, er hütet das heilige Wissen und spendet den Menschen den Segen. Der Priester handelt dabei in Unterwerfung unter höhere Mächte und als Stellvertreter der Gemeinde. Wegen dieses Verständnisses, das auch die Religionen im Umkreis des Neuen Testaments und der entstehenden Christenheit prägt, war der Terminus „Priester" für kirchliche Amtsträger nicht sehr geeignet, die Gefahr einer Überlagerung durch nichtchristliche Motive war groß. Dennoch kann das kirchliche Amt, recht verstanden, als priesterlich charakterisiert werden. „Wenn Amtsträger in der katholischen Tradition als Priester bezeichnet werden, dann in dem Sinn, daß sie im Heiligen Geist Anteil erhalten an dem einen Priestertum Jesu Christi und es vergegenwärtigen"[321]. Das einmalige, nicht wiederholbare Priestertum Christi muß in der Kirche gegenwärtig bleiben. Nach Christus gibt es keinen Priester mehr, er hat das Opfer dargebracht, und er ist der Mittler zwischen Gott und den Menschen. In der Geschichte aber vergegenwärtigt die Kirche sein priesterliches Wirken. Das Amt in ihr ist somit kein neues Priestertum, sondern die reale Gegenwärtigsetzung dessen, was Christus ein für allemal getan hat. Die Kirche ist als ganze priesterlich, daran hat auch und in qualifizierter Weise das Amt derer teil, die in ihr eine besondere Verpflichtung haben. Sie haben kein neues Priestertum, das sich von einem Opfer herleiten ließe; sondern ihr Priestertum besteht darin, daß sie vergegenwärtigen und sichtbar machen, was Christus ein für allemal getan hat.

4.3.2 Theologische Deutung in ökumenischer Verantwortung

In der theologischen Deutung des priesterlichen Amts gilt es, den ökumenischen Aspekt mitzubedenken. In der Amtsfrage spitzen sich die Probleme zwischen den Kirchen besonders zu, so daß gerade in der Kontroverse die Besonderheit des katholischen Amtsverständnisses deutlich wird.[322] Das Zweite Vatikanische Konzil hat im Ökumenismusdekret die Möglichkeiten einer Eucharistiegemeinschaft mit den reformatorischen Kirchen wesentlich enger umrissen als mit den Kirchen der Orthodoxie, und dies „propter sacramenti ordinis defectum" („wegen des Fehlens des Weihesakraments")[323]. Es stellt sich die Frage, was in den Kirchen der Reformation fehlt und was für katholisches Amtsverständnis unverzichtbar ist. Die Differenz zur evangelischen Konzeption soll dazu helfen, die katholische Position zu klären und gleichzeitig die ökumenische Verständigung zu befördern.

---

[321] Gemeinsame römisch-katholische/evangelisch-lutherische Kommission, Das geistliche Amt in der Kirche, Paderborn – Frankfurt 1981, Nr. 21.
[322] Von dieser Überzeugung ist auch bestimmt die Darstellung bei H. Döring, Grundriß der Ekklesiologie, Darmstadt 1986, 285-292. Vgl. hierzu in diesem Werk Bd. III: Sakramentenlehre.
[323] UR 22.

4.3.2.1 Die Priesterweihe als Sakrament

Nach katholischer Lehre wird der Ordo als Sakrament verstanden, im Gegensatz zur evangelischen Kirche, die zwar auch die Ordination kennt, diese aber in aller Regel nicht als Sakrament deutet. Trotz dieser Differenz, die zum Teil in einem engeren bzw. weiteren Sakramentenbegriff gründet und sich damit als terminologisch erweist, lassen sich Gemeinsamkeiten im Verständnis ausmachen.[324]

Die Inhalte, die sich mit der katholischen Lehre von der Sakramentalität der Ordination verbinden, können gegebenenfalls auch ohne die Verwendung dieses Begriffs festgehalten werden, so daß eine Differenz in der Zählung der Sakramente nicht notwendigerweise als Sachdifferenz verstanden werden muß.

1. Sakramentalität des Ordo drückt aus, daß das Amt von Christus stammt, daß es sich nicht aus der Gemeinde ableitet und durch Delegation verliehen wird. Die Sakramentalität bezeichnet eine Aufgabe, die im Volk Gottes wahrgenommen werden muß, damit dieses das Volk Gottes ist. Das Amt steht im Volk, tritt ihm gleichzeitig aber auch in Vollmacht gegenüber. Der Ordo ist etwas anderes als die Übertragung einer Jurisdiktion, die Investitur in eine Pfarrstelle. Letztere könnte durch Dekret erfolgen, Ordination nicht. Der Amtsträger handelt in seinem Tun *in persona Christi*. Nun gilt das sicher auch für andere Christen, z. B. treten auch Eltern ihren Kindern in persona Christi gegenüber. Aber der Priester tut das öffentlich in seiner Gemeinde. Sakramentalität bedeutet damit: Der Amtsträger handelt an Christi Statt, nicht aus Delegation. Das Amt ist vom Willen Gottes her bestimmt und insofern jeder rechtlichen Regelung vorgegeben.[325]

2. Ein Sakrament kann man sich nicht selbst spenden, man kann es nur empfangen. Sakramentalität bedeutet, daß das Empfangen vor dem Machen kommt. Amt in der Kirche läßt sich nicht konstruieren, sondern nur tradieren. Zentrale christliche Gestalt ist nicht das religiöse Genie, sondern der Zeuge, der Apostel. Diese Verpflichtung auf das, was von außen zukommt (extra nos), und über das sich nicht verfügen läßt, wird durch die Sakramentalität ausgedrückt.

3. Sakramentalität der Ordination bedeutet, daß dem Amtsträger die göttliche Verheißung auf Dauer zugesagt ist. Kirchliches Amt ist kein Job, den man kurzfristig übernimmt, um sich dann einen anderen zu suchen, sondern grundsätzlich Lebensprojekt.

4. Sakramente bewirken, was sie bezeichnen. Durch die Ordination wird ein Amt verliehen, das darum nicht nur von einem fremden Heil spricht, sondern reales Heil vermittelt. Es geht nicht nur um Reden über ausständige Dinge, sondern durch dieses Amt wird Heil real gegenwärtig. Darum wird das Amt ausgeübt in Wort und Sakrament, den Weisen, wie Gott sich uns zusagt.

---

[324] So hat Melanchthon gefordert, man solle über die Zahl der Sakramente nicht streiten, „weil die Väter selbes nicht gleich gezählt haben und sind auch diese sieben Ceremonien nicht alle gleich nötig" (ApolCA XIII: BSLK S. 294). Auch das Konzil von Trient hat betont, daß es zwei Hauptsakramente gibt, die für das Heil von besonderer Bedeutung sind, nämlich Taufe und Herrenmahl.

[325] Die rechtlichen Ausgestaltungen des Amtes müssen so getroffen werden, daß tatsächlich Amtsträger die ihnen zukommenden Aufgaben in der Kirche erfüllen. Die Zölibatsfrage ist daran zu prüfen, ob sie das Amt in der Kirche und die Erfüllung seiner unverzichtbaren Aufgabe fördert oder es gegebenenfalls behindert.

5. Im Zentrum des Amtes steht die Einigung der Gemeinde durch Wort und Sakrament, nicht die Verwaltung und die Bürokratie.

Diese inhaltliche Umschreibung der Sakramentalität der Ordination ist ertragreicher als die Frage einer historisch isolierten Einsetzung des Amts. Weil sich diese Einzelaspekte auf Christus zurückführen, ist das Amt tatsächlich von Christus gestiftet. In dieser Perspektive scheint eine Übereinstimmung mit den Kirchen der Reformation nicht ausgeschlossen. Differenzen in den Aussagen zur Sakramentalität würden sich dann als unterschiedliche Sprachregelungen erweisen.

4.3.2.2 Der unverlierbare sakramentale Charakter

Neben Taufe und Firmung verleiht auch die Priesterweihe einen unverlierbaren, sakramentalen Charakter.[326] Die Lehre vom „character indelebilis" wurde verschiedentlich als eine seinsmäßige Umwandlung des Ordinierten verstanden, der eine höhere Christlichkeit empfängt, die auf dieser Ebene noch dazu unverlierbar sei. Nicht selten wurde daraus ein Überlegenheitsanspruch des Priesters gegenüber dem Laien abgeleitet, der den Klerus seinsmäßig den Gläubigen überlegen machte. Gegen solche Vorstellungen haben die Reformatoren ihren Protest erhoben. Die ökumenische Besinnung hat diese Kontroverse überholt und als den von den Kirchen gemeinsam vorgetragenen Kern dieser Lehre erwiesen: Wer das Amt verläßt und wieder zurückkommt, oder wer ein anderes (Pfarr-) Amt übernimmt, muß nicht neu ordiniert werden, denn Ordination gilt ein für allemal. Die lehramtlichen Texte über den unverlierbaren Charakter zielen nicht auf Überlegenheit, sondern auf Nicht-Wiederholbarkeit. Nur dieses Verständnis erlaubt es, den sakramentalen Charakter in gleicher Weise von Taufe, Firmung und Ordination auszusagen. Neuordination ist ebensowenig statthaft wie eine neue Taufe.[327]

4.3.2.3 Das Verhältnis von gemeinsamem und besonderem Priestertum

In der späten Schrift, die unter dem Namen des Apostels Petrus in den Kanon des Neuen Testaments aufgenommen wurde, steht als Mahnung an alle getauften Christen: „Laßt euch als lebendige Steine zu einem geistigen Haus aufbauen, zu einer *heiligen Priesterschaft,* um durch Jesus Christus geistige Opfer darzubringen, die Gott gefallen". Unter Berufung auf den Propheten Jesaja werden die Christen als *„eine königliche Priesterschaft"* bezeichnet (1 Petr 2,5.9). Zufolge dieser Aussage haben also alle Christen priesterlichen Charakter.

Im Gegensatz zur evangelischen Theologie, die nur ein gemeinsames Priestertum aller Getauften kennt, hält katholisches Denken darüber hinaus am besonderen, durch die Ordination verliehenen Priestertum fest.[328] An dieser Stelle wird verschiedentlich die Differenz zwischen den Kirchen festgemacht. So lehrte das

---

[326] Dekret für die Armenier des Konzils von Florenz (DH 1313) und Konzil von Trient (DH 1609).

[327] Das „Schreiben der Deutschen Bischöfe über das priesterliche Amt" (1969) sagte dazu: „Wir haben heute die Pflicht, bisweilen unkontrollierte Vorstellungen (z. B. die einer fixen, immobilen Qualität, manchmal verbunden mit einem Überlegenheitsanspruch des Klerus gegenüber den Laien) auf ihren Grund hin zu befragen und die traditionellen Anschauungen von dem in ihnen Gemeinten zu unterscheiden" (S. 54 f).

[328] Die Grundlagen dafür sind bereits besprochen worden, siehe in diesem Werk Bd. III: Sakramentenlehre.

Zweite Vatikanische Konzil: „Das gemeinsame Priestertum der Gläubigen und das Priestertum des Dienstes, das heißt das hierarchische Priestertum, unterscheiden sich zwar dem Wesen und nicht bloß dem Grade nach. Dennoch sind sie einander zugeordnet: das eine wie das andere nämlich nimmt je auf besondere Weise am Priestertum Christi teil".[329]

Mit diesen Worten wird kein Vorrang des geistlichen Standes gegenüber den „Laien" festgeschrieben. Dies ist gegenüber mancher Interpretation und mancher Befürchtung gerade auch aus dem ökumenischen Bereich besonders zu betonen. Denn stünde der Ordinierte höher als der einfache Gläubige, wäre das gerade jener Gradunterschied, den das Konzil ausdrücklich ausschließt. Mit dem in diesem Kontext sicher mißverständlichen Begriff „Wesen" *(essentia)* soll vielmehr ein Unterschied in der Funktion festgehalten werden. Die Kirchenkonstitution nämlich fährt fort: „Der Amtspriester *(sacerdos ministerialis:* eigentlich „Dienstpriester") nämlich bildet kraft seiner heiligen Gewalt, die er innehat, das priesterliche Volk heran und leitet es; er vollzieht in der Person Christi das eucharistische Opfer und bringt es im Namen des ganzen Volkes Gottes dar". Daraus ergibt sich: Das Wesen des Amtspriestertums besteht in der Verkündigung und Sakramentenspendung.

Der Text geht dann weiter: „Die Gläubigen hingegen wirken kraft ihres königlichen Priestertums an der eucharistischen Darbringung mit und üben ihr Priestertum aus im Empfang der Sakramente, im Gebet, in der Danksagung, im Zeugnis eines heiligen Lebens, durch Selbstverleugnung und tätige Liebe". Wenige Zeilen vorher heißt es: „Durch die Wiedergeburt und die Salbung mit dem Heiligen Geist werden die Getauften zu einem geistigen Bau und einem heiligen Priestertum geweiht". Das gilt für alle Getauften und Gefirmten, einschließlich jener, denen das Weihepriestertum übertragen ist: Es ist eine Umschreibung der Teilhabe aller Gläubigen am Priestertum Christi. Das Zweite Vatikanische Konzil hat mit diesen Aussagen eine biblisch begründete, gesamtchristliche Lehre neu ins Bewußtsein gerufen, die bei den Katholiken im Zug der Gegenreformation in den Hintergrund getreten war bzw. die sie weithin den Kirchen der Reformation überlassen hatten.

Um diesen Prozeß zu verstehen, muß man nochmals an die Aussageabsicht und die Wirkungsgeschichte des Konzils von Trient erinnern. Dieses wollte nur die Streitpunkte mit den Reformatoren klären, nicht aber eine vollständige Dogmatik oder auch nur Ekklesiologie verfassen. Nun bestanden keine Differenzen hinsichtlich der Lehre vom gemeinsamen Priestertum, wohl aber hinsichtlich des besonderen, dessen Existenz Luther nach Ansicht des Konzils bestritten hatte. In der „Lehre und den Kanones über das Sakrament der Weihe"[330] wird mithin die katholische Lehre über das *besondere Priestertum* bekräftigt. In der Rezeption des Tridentinums wurde diese Intention und damit die Perspektivität des Konzils vergessen und seine Aussagen als vollständige katholische Theologie gewertet. Weil im Tridentinum nichts über das gemeinsame Priestertum steht, wurde dieses nun als unkatholisch und als protestantisch mißverstanden. Wetzer und Welte's Kir-

---
[329] LG 10.
[330] DH 1763-1778.

chenlexikon von 1891 hat beim Stichwort „Laie" nur den Verweis „siehe Clerus", und es behauptet in diesem Artikel: „Es ist ein Zeichen großer Geschmacklosigkeit und exegetischer Verirrung", aus 1 Petr 2,5.9 ein Laienpriestertum herleiten zu wollen[331]. Noch in dem inzwischen klassischen Buch „Der Laie" von *Y. Congar* wird das allgemeine Priestertum vom besonderen abgeleitet: Die Laien haben als Mitfeiernde teil am Meßopfer des Priesters und können daher in einem weiteren Sinne ebenfalls „Priester" genannt werden.[332]

Das Zweite Vatikanische Konzil hat diese durch die nachtridentinische Theologie entstandene Engführung aufgehoben. Als priesterliche Funktionen des Gottesvolkes werden genannt: Gebet, Gotteslob, das Leben der Christen als Gott wohlgefällige Opfergabe, das Zeugnis für Christus und die Rechenschaft über die Hoffnung.[333] Damit ist in biblischer Sichtweise die Rückführung des Priesterbegriffs auf ein Opfer überwunden. Mit diesen Aussagen hat das Konzil auch einen wichtigen Beitrag zum ökumenischen Dialog geleistet. Im Dokument „Das geistliche Amt in der Kirche" konnten so lutherische und katholische Theologen gemeinsam formulieren: „In der Lehre vom gemeinsamen Priestertum aller Getauften und vom Dienstcharakter der Ämter in der Kirche und für die Kirche besteht heute für Lutheraner und Katholiken ein *gemeinsamer Ausgangspunkt*"[334]. In diesem Prozeß ökumenischer Annäherung haben evangelische Theologen neu hervorgehoben, daß es ein besonderes Amt gibt; nach Luther ist es sogar ein Kennzeichen der wahren Kirche.[335] Es ist „nicht bloße Delegation ‚von unten', sondern Stiftung (institutio) Jesu Christi"[336]. Der Amtsträger steht also sowohl *in* der Gemeinde als auch ihr *gegenüber*. Das aber ist auch katholische Lehre. Damit liegt die Differenz heute im Grunde darin, daß der Amtsträger in der evangelischen Terminologie nicht als „Priester" bezeichnet wird. Allerdings wird er zu seinem Amt ordiniert, und die Dienstfunktionen, die er zu erfüllen hat, entsprechen jenen, die zufolge des Konzils das Wesen des besonderen Priestertums ausmachen. Hinsichtlich des Priestertums sind zufolge dieser Konzeption alle Gläubigen einander gleich, nicht aber hinsichtlich des Amtes. Aus dem gemeinsamen Priestertum folgt auch nach evangelischer Lehre nicht die Identität aller in der Aufgabenstellung.

4.3.2.4 Die Aufgaben des Priesters

Die traditionelle Beschreibung charakterisierte den katholischen Priester als einen Mann, der die Vollmacht der eucharistischen Konsekration und der sakramentalen Absolution besitzt. In allen anderen Aufgaben ist er gegebenenfalls durch Laien ersetzbar. Die protestantische Theologie sah die eigentliche Aufgabe des Amtsträgers in der Wortverkündigung, praktisch: in der Predigt.

---

[331] Bd. III Sp. 546.
[332] Y. Congar, Der Laie, Stuttgart ³1964.
[333] LG 10.
[334] Gemeinsame römisch-katholische/evangelisch-lutherische Kommission, Das geistliche Amt in der Kirche, Paderborn – Frankfurt 1981, Nr. 15.
[335] M. Luther, Von den Konziliis und Kirchen, WA 50,632 f; tzt D5/II.
[336] Gemeinsame römisch-katholische/evangelisch-lutherische Kommission, Das geistliche Amt in der Kirche, Paderborn – Frankfurt 1981, Nr. 20.

Auch dieser Gegensatz ist auf die Verengung der gegenreformatorischen Theologie bei der Rezeption des Tridentinums zurückzuführen, von der eben die Rede war. Die dogmatischen Texte betonen die Unterschiede gegenüber den Reformatoren, sie grenzen sich ihnen gegenüber ab. Im Gegensatz zu den dogmatischen Aussagen betonen die Reformdekrete dieses Konzils nachdrücklich die Wortverkündigung. In ihnen wird die Predigt als wesentliche Aufgabe des katholischen Priesters eingeschärft.[337]

Das Zweite Vatikanische Konzil hat auch in diesem Punkt die Einseitigkeiten der Theologie seit dem 16. Jahrhundert überwunden. Im Dekret über Dienst und Leben der Priester „Presbyterorum Ordinis" heißt es: „Das Volk Gottes wird *an erster Stelle* geeint durch das Wort des lebendigen Gottes, das man mit Recht vom Priester verlangt. Da niemand ohne Glaube gerettet werden kann, ist die *erste Aufgabe* der Priester als Mitarbeiter der Bischöfe, allen die frohe Botschaft Gottes *zu verkünden,* um so ... das Gottesvolk zu begründen und zu mehren"[338]. Natürlich hält das Konzil auch an der sakramentalen Vollmacht und Aufgabenstellung, in der die Verkündigung ihre dichteste Verwirklichung findet, fest.

Das Konzil hat ferner Wert darauf gelegt, das priesterliche Amt als Dienst *(ministerium)* zu kennzeichnen.[339] Dieser besteht neben Wortverkündigung und Sakramentenspendung auch im Zeugnis des christlichen Lebens. Es gehört zur Aufgabe der Priester, daß sie sich „vor allem der Armen und Geringen annehmen"[340], also neben der Liturgie (leiturgía) und dem Zeugnis der Predigt (martyría) den diakonischen Grundvollzug der Kirche (diakonía) vollziehen.[341]

Das Leben des Priesters wird darüber hinaus auch noch durch andere Faktoren geprägt, die sich auch auf den praktischen Vollzug seiner Aufgaben auswirken, und die auch ökumenisch bedeutsam sind. Besonders konsequenzenreich ist die Verpflichtung zur Ehelosigkeit (Zölibat), die für den Priester des lateinischen Teils der römisch-katholischen Kirche gilt. Sie ist biblisch fundiert in den sogenannten „Evangelischen Räten", gehört aber dogmatisch gesehen nicht zu den Charakteristika des Amtes. In der Tat kennen die mit Rom unierten Ostkirchen die Zölibatspflicht nicht in gleicher Weise; in den letzten Jahrzehnten sind auch verschiedentlich Amtsträger, die aus der evangelischen Kirche konvertiert sind, von ihr befreit worden.

Ein weiterer folgenreicher Faktor ist die Reservierung des Priesteramtes ausschließlich für Männer. Seit die gesellschaftliche Stellung der Frau neu definiert wird, stellt sich auch die Frage, ob die Ordination von Frauen möglich oder sogar nötig sei. Während fast alle anderen christlichen Kirchen dies bejahen und Frauen zum Amt, zu Priesterinnen und Bischöfinnen ordinieren, hat das katholische

---

[337] Allerdings wurden diese Texte in der neuzeitlichen Dogmatik wenig beachtet.
[338] PO 4.
[339] Das zweite Kapitel des Dekrets über Dienst und Leben der Priester (PO 4-6) trägt die Überschrift „Der priesterliche Dienst". Das Verständnis des Amtes als Dienst (ministerium) ist im katholischen Denken inzwischen so selbstverständlich, daß die Herkunft dieses Konzepts aus der reformatorischen Tradition kaum noch bewußt ist. Dabei ist jedoch zu beachten, daß die Benennung als (demütiger) Dienst allein noch keineswegs unberechtigte Herrschaftsansprüche ausschließt.
[340] PO 6.
[341] Siehe oben 2.5.2.

Lehramt bisher ein strenges Nein gesprochen. Es stützt sich dabei hauptsächlich auf zwei Argumente:

1. Jesus Christus hat, obwohl frauenfreundlich, keine Frauen zu Aposteln berufen, nicht einmal seine eigene Mutter.

2. Der Priester hat Jesus Christus als Herrn und Gegenüber zur Gemeinde zu repräsentieren und muß daher ebenso wie er Mann sein.

Die theologische Diskussion hat inzwischen gezeigt, daß beide Gründe dogmatisch nicht zwingend sind. Zum *ersten:* Abgesehen davon, daß man exegetisch zwischen den Zwölf und den Aposteln unterscheiden muß,[342] kann das negative Faktum (Christus hat etwas *nicht* getan) auch durchaus anders interpretiert werden: Die Zwölf repräsentieren zunächst das neue Israel als das Zwölf-Stämme-Volk, das auf die *zwölf Söhne* Jakobs zurückgeht. Diese Symbolik wäre damals durch die Aufnahme von Frauen unverständlich geblieben. Überdies ist zu bedenken, daß die Urgemeinde die Christusbotschaft *bezeugen* sollte (Apg 1,8); zeugnisfähig aber waren in der damaligen Rechtsordnung ausschließlich Männer. Auf der anderen Seite gibt es viele Hinweise, daß in den ersten Gemeinden Frauen eine bedeutende Rolle auch in der Gemeindeleitung hatten (vgl. Röm 16).

Das *zweite* Argument ist auf der Symbolebene angesiedelt, es kann nicht einfachhin in die Rechtsordnung übertragen werden. Stichhaltig wäre es nur, wenn der Mann höheren Wertes und größerer Würde wäre als die Frau. Gerade diese Voraussetzung aber ist das Fundament des Patriarchalismus, der heute in Frage gestellt wird und der gerade auch von der Botschaft Jesu her zurückgewiesen werden muß. Im Neuen Testament wird nirgendwo die Männlichkeit Jesu betont; hervorgehoben wird stets nur sein *Menschsein.* Dieses aber bezieht sich gleichermaßen auf Frauen wie auf Männer.

Vom Glauben her gibt es also keine unumstößlichen Gründe gegen die Ordination von Frauen. Daraus leitet sich nicht notwendig ein Recht auf oder eine Pflicht zur Frauenordination ab. Niemand, weder Mann noch Frau, hat ein Recht auf die Weihe. Die Entscheidung, wer sie empfangen soll, kann nur pastoral begründet werden. Ein Grund gegen die Weihe von Frauen könnte es etwa sein, daß sie momentan das innerkirchliche und das ökumenische Klima (Ostkirchen!) wesentlich belasten würde.

4.3.3 Das Verhältnis von Priester und Bischof

Vom Neuen Testament her ist es nicht möglich, Episkopat, Presbyterat und Diakonat eindeutig zu unterscheiden, vor allem die Termini *Episkopos* und *Presbyteros* werden auch in nach-neutestamentlicher Zeit noch unterschiedslos verwendet. Um das Jahr 150 setzte sich von Osten her durch, daß ein Bischof mit einem Kollegium von Presbytern und Diakonen zusammenwirkte. Das eigentliche Amt wurde das des Bischofs. Damit stellt sich die Frage, wie sich die Ämter des Presbyters und des Diakons theologisch zu ihm verhalten. Erstmals wurde sie in der mittelalterlichen Theologie aufgeworfen. Es gab zwei Antworten:

---

[342] Siehe oben 2.4.4.

1. Die Unterscheidung zwischen Bischof und Priester ist rein kirchenrechtlicher Natur. In der Weihegewalt sind beide gleich, beim Priester sind lediglich einige Vollmachten „gebunden" (Firmung, Weihespendung). Der Bischof hat darüber hinaus besondere jurisdiktionelle Gewalt. Durch das Sakrament der Priesterweihe wird das eine kirchliche Amt verliehen, die Bischofsweihe ist kein weiteres Sakrament, sondern ein Rechtsakt. Diese Lehrmeinung konnte sich auf Hieronymus und den sog. Ambrosiaster berufen; sie fand über Isidor von Sevilla und Gratian Eingang in die mittelalterliche Theologie.

2. Aufgrund göttlichen Willens gibt es Priester ersten Ranges, nämlich die Bischöfe, die auf die Apostel zurückgehen, und Priester zweiten Ranges, die sich von den 72 Jüngern herleiten. Vor allem die Kanonisten hingen dieser Theorie an. Sie konnte aber so lange nicht überzeugen, als das Wesen des Priestertums in der Konsekrationsgewalt gesehen wurde: Diese war aber schon in der Priesterweihe gegeben; den Bischöfen ist sie nicht in anderer Weise verliehen.

Das Konzil von Trient ließ die Verhältnisbestimmung offen. Es begnügte sich damit zu sagen, daß es, „durch göttliche Anordnung eingesetzt" *(divina ordinatione institutam)*, ein dreifach gestuftes hierarchisches Amt, bestehend aus Bischöfen, Priestern und Diakonen, gibt.[343] Erst das Zweite Vatikanische Konzil lehrt eindeutig die Sakramentalität der Bischofsweihe und erklärt den Bischof zum eigentlichen Träger des Ordo.[344] Wie aber Priester- und Bischofsweihe sich zueinander verhalten, wurde nach wie vor offengelassen. „Die Priester haben zwar nicht die höchste Stufe der priesterlichen Weihe und hängen in der Ausübung ihrer Gewalt von den Bischöfen ab; dennoch sind sie mit ihnen in der priesterlichen Würde verbunden"[345].

Offen blieb im Konzil auch der Ursprung des dreigegliederten Amtes. Es wird lediglich festgestellt, daß es *„seit alters"* Bischöfe, Priester und Diakone gebe;[346] selbst wenn sich das Konzil in dieser Aussage auf Trient beruft, ist die Abschwächung gegenüber dessen Formulierung unübersehbar.

Damit waren die Funktionen nicht eindeutig bestimmten Ämtern zuschreibbar. Im Blick auf die Praxis der Ostkirchen wurde grundsätzlich auch dem Priester die Vollmacht zur Firmspendung zuerkannt. Das Konzil hat es sogar abgelehnt, dogmatisch festzuschreiben, daß nur Bischöfe Spender der Bischofsweihe sein können.[347] Daß das Konzil die Verhältnisbestimmung von Bischofsweihe und Priesterweihe offenließ, ist ökumenisch höchst bedeutsam, weil diese Offenheit auch für das Gespräch zwischen den christlichen Kirchen gelten muß. Die Auffassung vom einen und ungeteilten Amt, wie sie in den Kirchen der Reformation vorgetragen wird, kann die Nicht-Anerkennung dieses Amtes jedenfalls nicht legitimieren.

---

[343] DH 1776: Bewußt wurde der Ausdruck „göttlichen Rechts" (iure divino) vermieden – keine der genannten Deutungen sollte verurteilt werden.
[344] LG 21; 26.
[345] LG 28. Nach PO 2 nimmt das priesterliche Amt teil am Amt der Apostel.
[346] LG 28.
[347] Ursprünglich sollte es LG 21 heißen: „Es können nur Bischöfe durch das Sakrament der Weihe Neugewählte in das Bischofskollegium aufnehmen". Der endgültige Text formuliert: „Sache der Bischöfe ist es, durch das Weihesakrament neue Erwählte in die Körperschaft der Bischöfe aufzunehmen".

4.4 Das Amt des Diakons

Das Zweite Vatikanische Konzil hat den Diakonat als dritten Rang innerhalb des Ordo festgeschrieben und ihn als eigene Weihestufe und nicht nur als Durchgangsstation zum Priestertum neu betont. Im Neuen Testament ist mehrfach von *diákonoi* die Rede. In Apg 6,1-6 wird davon berichtet, daß ein Siebenerkreis eingesetzt wird für den „Dienst an den Tischen", von dem die Apostel befreit werden sollen. Die Apostel beteten über sie und legten ihnen die Hände auf. Allerdings haben die „sieben Männer" insbesondere die Aufgabe der Verkündigung. Phil 1,1 werden in der Briefanrede neben den Bischöfen auch die Diakone als Repräsentanten der Gemeinde angesprochen, 1 Tim 3,8-13 nennt die Bedingungen, die an ihre Lebensführung zu stellen sind.

Mit der Aufgliederung des Amts und der Durchsetzung des monarchischen Episkopats wurden die Diakone als eigener Stand etabliert; in der *Traditio apostolica* des Hippolyt von Rom wird das Formular einer Diakonen-Ordination überliefert. In der Alten Kirche wurden auch Frauen mit dem Diakoninnen-Amt betraut.[348] Seit dem Mittelalter wurde der Diakonat lediglich noch als Durchgangsstufe zum Priestertum verstanden und blieb damit ausschließlich Männern vorbehalten. Er galt nicht mehr als in sich stehender sakramentaler Weihegrad.

Im Zuge der Wiederentdeckung des dreigegliederten sakramentalen Amts, die vom Zweiten Vatikanischen Konzil rezipiert wurde, erscheint der Diakonat als eigenständige sakramentale Stufe innerhalb des Ordo. Er wird vom Bischof unter Gebet und Handauflegung gespendet. Er ist nicht mit der Verpflichtung zum Zölibat verbunden. Die Öffnung auch für Frauen wird theologisch diskutiert, ist aber nach dem geltenden Kirchenrecht ausgeschlossen.[349]

Der Diakon ist beauftragt zu Verkündigung, Sakramentenspendung (mit Einschränkungen) und insbesondere zur Fürsorge an den Alten, Armen, Kranken und Notleidenden. Vor allem vom letztgenannten Aufgabenfeld her stellt sich die Frage, ob es nicht angemessen wäre, dieses Sakrament einem wesentlich breiteren Personenkreis zu spenden.[350]

Weil jedes Amt als Dienst und nicht als Herrschaft verstanden werden muß und sich von diesem Dienstauftrag her versteht und definiert, ist es insbesondere beim Amt des Diakons schwierig, es von anderen Ämtern abzugrenzen. Es ist bisher weder in der Theorie noch in der Praxis gelungen, den Diakonat befriedigend zu umschreiben. Diese Schwierigkeit wird dadurch verstärkt, daß der Diakon in

---

[348] Auf diese Tradition sowie auf die neueren theologischen Erkenntnisse und auf die Erfahrungen der Gegenwart beruft sich die Gemeinsame Synode der Bistümer in der Bundesrepublik Deutschland in der Forderung, „angesichts der gegenwärtigen pastoralen Situation womöglich Frauen zur Diakonatsweihe zuzulassen" (Beschlüsse der Vollversammlung, Freiburg – Basel – Wien 1976, 634, vgl. auch 616 f.). Zum historischen Befund vgl. auch P. Philippi, Diakonie: TRE 8, 626 f.
[349] CIC 1024.
[350] Es entspricht der Kirche, die Diakonie als einen ihrer Grundvollzüge versteht, daß diese Funktion auch sakramental getragen und gestützt wird, weil sie der Kirche von Christus als ihrem Herrn vorgegeben und nicht von ihr selbst entdeckt oder erfunden wurde. Jene, die sich in besonderer Weise dieser Aufgabe widmen, sollen sie aus sakramentaler Beauftragung vollziehen.

aller Regel einen weltlichen Beruf ausübt und in Ehe und Familie lebt. Insofern bildet er eine Brücke zwischen Klerus und Laien, in diesem Amt wird die Einbindung des Amtes in das Volk Gottes und die Verwiesenheit auf dieses in besonderer Weise greifbar.

4.5 Der Pastoralreferent / die Pastoralreferentin

4.5.1 Ein neues „Amt" und seine Deutung

Der Beruf des Pastoralreferenten[351] entstand aus den Kontroversen anfangs der siebziger Jahre, als eine größere Zahl von Theologiestudenten nicht bereit war, die Priesterweihe zu empfangen bzw. die Zölibatsverpflichtung zu übernehmen. Es stellte sich die Frage, wie sie angesichts der dramatisch gesunkenen Zahl von Priesterweihen eine Aufgabe in der Kirche wahrnehmen konnten. Später wurde dieser Beruf auch für Frauen zugänglich. Die Legitimation fand er in der Aussage des Zweiten Vatikanischen Konzils, daß Laien über das Apostolat hinaus, das alle Christgläubigen haben, „zu unmittelbarer Mitarbeit mit dem Apostolat der Hierarchie berufen werden (können) ... Außerdem haben sie die Befähigung dazu, von der Hierarchie zu gewissen kirchlichen Ämtern herangezogen zu werden, die geistlichen Zielen dienen"[352].

In ihrer Arbeit haben die Pastoralreferenten weitestgehend Aufgaben übernommen, die bis dahin von Kaplänen wahrgenommen worden waren. Damit erschienen sie nicht selten als „Priesterersatz", der alles tut, was bisher der Kaplan getan hat, mit Ausnahme der Meßfeier und der Verwaltung des Bußsakramentes. Um diesem Eindruck entgegenzuwirken, mühte man sich auf offizieller Seite, das je besondere und eigene Profil der verschiedenen pastoralen Berufe des Priesters, des Diakons und des Pastoralassistenten herauszuarbeiten. Vor allem ging es um die Profilierung des Priesterbildes, das man in Gefahr sah, von anderen Berufsbildern überlappt zu werden und damit an Attraktivität zu verlieren. An die Übernahme des priesterlichen Amtes werden gewichtige Forderungen für die persönliche Lebensführung geknüpft, insbesondere die Verpflichtung zum Zölibat. Würde man nicht auf dem Weg über das Amt des Pastoralreferenten die Aufgaben des Priesters ohne die damit verbundenen Verpflichtungen übernehmen? Wenn ein weithin identischer Beruf auch „billiger" zu haben ist, wird sich dann

---

[351] Die Terminologie ist nicht ganz einheitlich, es wird von Pastoralassistenten/-assistentinnen oder Pastoralreferenten/-referentinnen gesprochen. Gemeint sind jene Frauen und Männer, die eine theologische Ausbildung durchlaufen haben und im kirchlichen Bereich Aufgaben wahrnehmen, die traditionellerweise fast ausschließlich von Priestern ausgeübt wurden. Zur sprachlichen Vereinfachung wird hier der Begriff „Pastoralreferent" verwendet, wobei Frauen und Männer in gleicher Weise gemeint sind.
[352] LG 33.

eine genügende Zahl von Kandidaten finden, die den „Preis" für das Priesteramt zu zahlen bereit sind?

Daß auch Nicht-Priester in vielfältiger Weise in die kirchliche Arbeit eingebunden werden und sich auch hauptamtlich an der Seelsorge beteiligen können, war unbestritten, ebenso wie ihre Mitwirkung an der Verkündigung, weil alle Gläubigen, also die Gemeinde als ganze, für die Weitergabe der christlichen Botschaft Verantwortung tragen. Kontrovers war dagegen „die amtliche Beauftragung von Laien zur Predigt" innerhalb der Eucharistiefeier. Dieser Thematik stellte sich die Würzburger Synode, und zwar in den Beschlüssen „Die Beteiligung der Laien an der Verkündigung" und „Die pastoralen Dienste in der Gemeinde"[353]. Sie erklärte, daß „geeignete Männer und Frauen mit der Verkündigung im Gottesdienst beauftragt werden" können. Dabei wurde eine besondere Zuordnung von ordiniertem Amt und Wortverkündigung und die Tatsache, daß der Pfarrer „die Sorge und die Verantwortung für die gesamte öffentliche Verkündigung in der Gemeinde" trägt, nicht in Frage gestellt. Darum sei „eine sichtbare, personale Einheit von Prediger und Vorsteher der Eucharistiefeier angemessen, aber nicht unbedingt notwendig". Die Beauftragung zur Predigt geschieht „in einer besonderen Zuordnung zum kirchlichen Amt, ohne daß der übernommene Verkündigungsdienst ein neues Amt oder der Laie ein Amtsträger würde. Ein solcher Verkündigungsdienst ist Teilhabe am Auftrag des kirchlichen Amtes". Der Pastoralreferent ist demzufolge Laie, hat aber gleichzeitig auch Anteil am Apostolat des Amtes.[354]

Während sich die Synode bemühte, den Laientheologen einen Platz in der Kirche zuzuweisen, der ihrer tatsächlichen Aufgabenstellung entsprach, steckten die Grundsätze „Zur Ordnung der pastoralen Dienste" der Deutschen Bischofskonferenz[355] den Rahmen wesentlich enger. Sie waren vor allem darauf bedacht, die Grenzziehung zwischen Pastoralreferenten und Priestern zu betonen. Das Berufsbild des Pastoralreferenten wurde aus dem durch Taufe und Firmung verliehenen Status des Laien hergeleitet. „Der pastorale Beruf der Laien setzt unmittelbar bei ihrem Weltdienst an". Zwar wird eingeräumt, daß es „auch eine dem Laien eigene Verantwortung für Gemeinde und Kirche gibt", daß sie „auch an einzelnen Aufgaben des kirchlichen Amtes beteiligt werden" können, andererseits aber wird betont, daß damit nicht im theologischen Sinn ein „Amt ohne Weihe" übertragen werde.[356] Darum sei der Beruf des Pastoralreferenten kein „Amt" im theologischen Sinne des Wortes. Auf keinen Fall dürfe der Eindruck entstehen, Pastoralassistenten ersetzten den Priester und übernähmen seine Aufgaben, ausgenom-

---

[353] Gemeinsame Synode der Bistümer in der Bundesrepublik Deutschland. Beschlüsse der Vollversammlung, Freiburg – Basel – Wien 1976, 169-178, 597-636.

[354] A. a. O. 174 f. Die ekklesiale Stellung der Pastoralreferenten wird im Beschluß über die Ämter und Dienste umschrieben: „Von der jedem Christen unmittelbar durch Taufe und Firmung gegebenen Sendung sind die pastoralen Dienste im engeren Sinn zu unterscheiden. In ihnen nehmen Laien, von den Bischöfen ausdrücklich beauftragt, in bestimmten Sachbereichen am amtlichen Auftrag der Kirche teil" (S. 610).

[355] 1977.

[356] Nach den Grundsätzen des Zweiten Vatikanischen Konzils ist, wie hier vor allem bei den Bischöfen dargestellt, jede Jurisdiktion und damit jedes Amt an Ordination gebunden.

men nur die Sakramentenspendung. Darum sollten sie in der Regel in Pfarrverbänden bestimmte Aufgaben übernehmen. Ihre Arbeit solle auch für die kirchliche Öffentlichkeit als „Unterstützung des Dienstes kirchlicher Amtsträger" deutlich werden. Sie „dürfen jedoch nicht damit beauftragt werden, die gesamte Gemeindepastoral oder Aufgaben im Gesamtbereich der Grunddienste eigenverantwortlich wahrzunehmen, einzig jene Funktionen ausgenommen, für die eine Weihe erforderlich ist". Die von diesem Beschluß der Deutschen Bischofskonferenz angestrebte Abgrenzung sollte um der Priester, aber auch um der Pastoralreferenten willen geschehen. Sie sollten als Laien ernst genommen und nicht vom priesterlichen Dienst her verstanden und als „Ersatzkapläne" mißverstanden werden.

4.5.2 Die theologische Diskussion

Die Diskussion um den Pastoralreferenten entzündete sich an der Frage, ob ihre Ausbildung in die Priesterausbildung integriert und mit ihr zusammen oder möglichst eigenständig erfolgen solle. Sie wurde von zwei gegenläufigen Tendenzen bestimmt: Einerseits sollte der Pastoralreferent nicht als Ersatzkaplan aufgefaßt werden. Es galt also, seine eigenständige theologische Funktion möglichst klar zu orten. Andererseits mußte er angesichts des Priestermangels in breitem Umfang Aufgaben der Gemeindeleitung übernehmen, wuchs damit in die Funktion des Gemeindeleiters hinein und wurde in der Öffentlichkeit weithin als solcher empfunden. Pastoralreferenten wurden von ihrer Tätigkeit her immer weniger von Priestern unterscheidbar.

In dieser Diskussion betonte *G. Greshake*[357] die Profilierung und Sonderstellung des Priesters. *H. J. Pottmeyer*[358] unterstrich die Eigenständigkeit des Pastoralreferenten als Laien, nicht um ihn abzuwerten, sondern um nicht Hoffnungen zu erwecken, die zu Enttäuschungen führen würden. *Karl Rahner* dagegen plädierte dafür, jeden, der im kirchlichen Dienst hauptamtlich tätig ist, also von Berufs wegen ein kirchliches Amt bekleidet, als Kleriker zu verstehen; denn Amt müsse keineswegs immer das priesterliche Amt sein. Wenn der Pastoralreferent faktisch weithin das Amt der Gemeindeleitung wahrnimmt und von der Kirche dazu bestellt wird, muß man dieses dann nicht – vielleicht in einem weiteren Sinn – als sakramental bezeichnen? Schließlich verleiht die Kirche als Grundsakrament dieses Amt, es dient der Vermittlung von Heil und der Erbauung der Gemeinden.[359] *Peter Hünermann* ging davon aus, daß die Aufgliederung des Ordo in verschiedene Stufen erst im Laufe der Kirchengeschichte erfolgte und dabei jeweils durch

---

[357] G. Greshake, Der theologische Ort des Pastoralreferenten und sein Dienst: LS 29 (1978) 18-27; ders., Priester sein. Zur Theologie und Spiritualität des priesterlichen Amtes, Freiburg – Basel – Wien 1982.
[358] H. J. Pottmeyer, Thesen zur theologischen Konzeption der pastoralen Dienste und ihrer Zuordnung: ThGl 55 (1976) 313-337.
[359] K. Rahner, Pastorale Dienste und Gemeindeleitung: StZ 195 (1977) 733-743: „Warum soll die Verleihung eines Amts dauernder Art nicht als sakramental betrachtet werden oder grundsätzlich (mindest wenn die Kirche will) als sakramental betrachtet werden können?" (S. 738).

praktische Notwendigkeiten und konkrete Anfragen in den Gemeinden mitbestimmt worden war. Die konkrete Gestaltung des Ordo liegt offensichtlich in der Vollmacht der Kirche. Warum solle man nicht sagen, der deutsche Episkopat habe „durch die Schaffung des Instituts des Pastoralassistenten ... den Ordo neu aufgeteilt"?[360]

Bei allen Differenzen wurde deutlich, daß der Beruf des Pastoralreferenten nicht vom Weltdienst der Laien her verstanden werden kann. Das Konzil hebt die Dienste, die er verrichtet, ausdrücklich vom übrigen Laienapostolat ab und beschreibt ihren geistlichen Charakter. „Wenn eine Funktion, die bisher, aus welchen Gründen auch immer, dem Priester vorbehalten war, selbstverständlich als geistlicher Dienst im Vollzug des kirchlichen Amtes verstanden wurde, dann kann doch die gleiche Funktion, die nun wegen des Priestermangels von einem Laien verrichtet wird, nur mit großem Vorbehalt als Weltdienst bezeichnet werden".[361]

Kirchenamtlich durchgesetzt hat sich die Tendenz, Priester und Pastoralassistenten möglichst deutlich zu unterscheiden. Darum wurde der Begriff „Amt" für den Pastoralreferenten vermieden und von einem „Dienst" gesprochen, um den Eindruck zu verhindern, er habe teil am Amt und sei darum nicht eindeutig Laie. Der Codex Iuris Canonici von 1983 untersagt ihm die Predigt innerhalb der Eucharistiefeier.[362] Die Praxis, die sich in den meisten deutschen Diözesen seit mehr als fünfzehn Jahren durchgesetzt hatte, wurde damit widerrufen.

4.6 Das Papsttum

Der Papst ist Papst, weil er Bischof von Rom ist. Das zeigt: Sein Amt ist unlösbar mit dem bischöflichen Amt verbunden. Er besitzt keine höhere Weihe als die Bischöfe. Gleichwohl ist er das Oberhaupt der Kirche und der Inhaber des Primats.

Die historische Ausbildung des Primatsbewußtseins soll an dieser Stelle nicht behandelt werden.[363] Referiert und analysiert werden die kirchenamtlichen Aussagen über das Papsttum, und dies im Anschluß an die Dogmatische Konstitution „Pastor aeternus", die das Erste Vatikanische Konzil am 18. Juli 1870 feierlich verabschiedet hat.[364]

---

[360] P. Hünermann, Ordo in neuer Ordnung? Dogmatische Überlegungen zur Frage der Ämter und Dienste in der Kirche heute: F. Klostermann (Hg.), Der Priestermangel und seine Konsequenzen, Düsseldorf 1977, 58-94, hier 91.
[361] J. Finkenzeller, Kirchliche Ämter und Dienste: ThG 21 (1978) 129-139, hier 138.
[362] Can 767 § 1.
[363] Unter der völlig unübersehbaren Literatur sei hier verwiesen auf K. Schatz, Der päpstliche Primat. Seine Geschichte von den Ursprüngen bis zur Gegenwart, Würzburg 1990.
[364] DH 3050-3075 = NR 436-454. Zitiert wird hier nach der Übersetzung aus NR.

4.6.1 „Die Einsetzung des apostolischen Vorranges des hl. Petrus"

Das Konzil beruft sich auf folgende biblischen Texte:[365]
1. „Du sollst Kephas (Fels) heißen" (Joh 1,42).
2. „Selig bist du, Simon Barjona; denn nicht Fleisch und Blut haben dir das offenbart, sondern mein Vater im Himmel. Ich aber sage dir: Du bist Petrus, und auf diesen Felsen werde ich meine Kirche bauen, und die Mächte der Unterwelt werden sie nicht überwältigen. Ich werde dir die Schlüssel des Himmelreichs geben; was du auf Erden binden wirst, das wird auch im Himmel gebunden sein, und was du auf Erden lösen wirst, das wird auch im Himmel gelöst sein" (Mt 16,17-19).
3. „Weide meine Lämmer, weide meine Schafe" (Joh 21,15-17).

Das Konzil folgert: Nach diesen Zeugnissen „hat Christus der Herr den Vorrang der Rechtsbefugnis *(primatum iurisdictionis)* über die gesamte Kirche unmittelbar und direkt dem seligen Apostel Petrus verheißen und verliehen"[366]. Ausgeschlossen wird mit diesem Satz:

(1) Der Primat leitet sich aus dem Apostelkollegium oder aus der Gesamtkirche her.

(2) Der Primat ist nur ein Ehrenvorrang *(honoris primatus)*[367], wie ihn die orthodoxen Kirchen des Ostens anerkennen.

Exegetisch hat sich heute die Überzeugung durchgesetzt, daß Petrus innerhalb des Apostelkollegiums und in der Meinung der Urkirche eine besondere Stellung eingenommen hat. Er war zumindestens eine Art Sprecher. Problematisch ist die „direkte" Bestellung des Petrus „zum sichtbaren Haupt der ganzen streitenden Kirche"[368]. Sie korrespondiert mit der Frage der Stiftung der Kirche durch den historischen Jesus.[369] Wenn heute allgemein angenommen wird, daß Kirche ihren Ursprung insbesondere in Auferstehung und Geistsendung des Erhöhten hat und die sog. kirchenstiftenden Akte des historischen Jesus nur im Lichte von Ostern und Pfingsten, also eher indirekt, auf Kirche hinweisen, kann die Primateinsetzung nicht „direkter" gedacht werden als die Kirchengründung. Historisches Denken verbietet die Frage, ob Jesus Petrus als ersten Papst (im Sinn des Amtsverständnisses, wie es sich im 4./5., 11. und im 19. Jahrhundert durchgesetzt hat) einsetzte. Vielmehr gilt es zu überprüfen, ob eine „strukturelle Kontinuität" zwischen dem biblischen Petrusdienst und dem Papstamt in legitimer Konsequenz aufgezeigt werden kann. Gerade der Dienst an der Einheit, der communio der Kirchen, könnte eine solche Brücke darstellen.[370]

---

[365] DH 3053 f.
[366] DH 3053.
[367] DH 3055.
[368] A.a.O.
[369] Siehe oben 2.4.
[370] M. Kehl, Die Kirche, 337.

4.6.2 „Die beständige Fortdauer des Vorrangs des hl. Petrus in den römischen Päpsten"

Das Erste Vatikanische Konzil lehrt: „Jeder, der als Nachfolger Petri diesen (= den römischen) Bischofssitz innehat, besitzt ... nach Christi Einsetzung selber den Vorrang Petri über die ganze Kirche". Der Apostel Petrus hat also in den Bischöfen von Rom „aufgrund göttlichen Rechts ... seine beständigen Nachfolger im Vorrang über die gesamte Kirche"[371]. Begründet wird die Lehre unter Hinweis auf das Konzil von Ephesus (431) sowie auf Texte von Irenäus von Lyon (um 200) und Leo dem Großen (um 450); diese Belege sollen aber offenbar keine historischen Beweise sein.

Während heute eine weitgehende Übereinstimmung hinsichtlich der Sonderstellung Petri besteht, wird – besonders im ökumenischen Gespräch – diskutiert, ob ihm diese persönlich und einmalig zukam, oder ob daraus ein Amt, d. h. eine beständige Funktion in der Kirche und für die Kirche, abgeleitet werden dürfe. Hatte die Kirche tatsächlich von Anfang an die Überzeugung, daß Petrus Nachfolger haben kann und muß, und daß dies die Bischöfe von Rom sind?

Die Debatte entzündete sich insbesondere anhand folgender altkirchlicher Zeugnisse:

1. Der Erste Clemensbrief

In diesem Dokument wendet sich die Gemeinde von Rom, nicht ihr Vorsteher, anläßlich von Schwierigkeiten, die dort entstanden waren, an die Gemeinde von Korinth. Der Name des angeblichen Verfassers „Clemens" taucht erst ein Jahrhundert nach der Entstehung dieses Briefs auf. Er war möglicherweise eine bedeutende Persönlichkeit in der Gemeinde, schwerlich aber ein Monepiskopos. Aus dem Brief folgt kaum etwas für den Primat Roms: Es war in der frühen Kirche nicht außergewöhnlich, daß eine Gemeinde einer anderen (auch weitab liegenden) Gemeinde ein Mahnschreiben zusandte.

2. Ignatius von Antiochien

Von besonderem Interesse ist das Schreiben an die Gemeinde von Rom. In der Anrede wird gesagt, daß sie „den Vorsitz führt im Raum des Gebietes der Römer" und „den Vorsitz in der Liebe führt (prokatheméne tes agápes)"[372]. Rom hat nach diesem Zeugnis aber allenfalls einen partikularen Vorrang (Italien), dem beispielsweise in Syrien die besondere Bedeutung Antiochiens entspricht. „Agápe", „Liebe" bzw. „Liebesbund" ist nicht identisch zu setzen mit Kirche, das Wort ist keine juridisch verstandene Größe, sondern meint wohl den Vorbildcharakter der römischen Gemeinde im Liebeswerk der Kirchen. Besonders bedeutsam ist, daß sich im Brief an die Römer ebenso wie in anderen Ignatiusbriefen in Rom kein individueller Bischof ausmachen läßt. Angesichts der hervorragenden Bedeutung, die der Verfasser ansonsten dem monarchischen Episkopat beimißt,[373] zeigt dies,

---

[371] DH 3058.
[372] Rom., praescr.: J. A. Fischer (Hg.), Die apostolischen Väter, Darmstadt ⁹1986, 183.
[373] Vgl. oben 3.3.2.2.

daß in Rom der monarchische Episkopat sich offensichtlich noch nicht durchgesetzt hatte.

3. Irenäus von Lyon

Gegenüber den gnostischen Irrlehrern beruft sich Irenäus auf die apostolische Tradition in den von den Aposteln gegründeten und mit diesen durch Sukzession der Bischöfe in Kontinuität stehenden Kirchen. „Weil es aber zu weitläufig wäre, in einem Werke wie dem vorliegenden die apostolische Nachfolge aller Kirchen aufzuzählen, so werden wir nur die apostolische Tradition und Glaubenspredigt der größten und ältesten und allbekannten Kirche, die von den beiden ruhmreichen Aposteln Petrus und Paulus zu Rom gegründet und gebaut ist, darlegen, wie sie durch die Nachfolge ihrer Bischöfe bis auf unsere Tage gekommen ist ... Mit einer solchen Kirche nämlich muß wegen ihres besonderen Vorranges *(propter potentiorem principalitatem)* jede Kirche übereinstimmen, d. h. die Gläubigen von allerwärts"[374]. Die Übersetzung ist problematisch: Der griechische Urtext ging verloren, die lateinische Übersetzung ist grammatikalisch nicht klar. Immerhin kann man den Argumentationsgang nachzeichnen: Mit *einer* apostolischen Kirche muß man übereinstimmen, um die Garantie des richtigen Glaubens zu haben. Rom wird als Beispiel dafür genannt, nicht als Exklusivinstanz. Diese Kirche ist deswegen besonders apostolisch, weil sie gleich auf zwei Apostel zurückgeht (Petrus und Paulus). Die römische Approbation bekommt damit eine besondere Bedeutung für den Erweis von Rechtgläubigkeit.[375]

4. Die Petrus-Verehrung in Rom

Seit dem 2. Jahrhundert gibt es literarische und archäologische Dokumente, die einen Aufenthalt des Petrus in der Reichshauptstadt nahelegen. Als sich Proklus, Leiter einer montanistischen Gemeinde, zur Rechtfertigung seiner Theorien auf die Gräber des Apostels Philippus und seiner Töchter in Kleinasien berief, antwortete der römische Presbyter Gaius: „Ich aber kann die Tropaia (Grabmäler, Denkmäler) der Apostel (Petrus und Paulus) zeigen"[376]. Als im 3. Jahrhundert zu Ehren des hl. Petrus am Vatikanischen Hügel in Rom eine Basilika errichtet werden sollte, wählte man eine topographisch außerordentlich ungünstige Stelle (Berghang) aus, obwohl ein paar Meter weiter östlich ebener Baugrund verfügbar war. Zudem mußte man einen Friedhof zerstören, was das römische Recht eigentlich verbot. Diese Umstände weisen darauf hin, daß damals das Wissen lebendig war: An dieser Stelle liegt Petrus begraben. Nach Ansicht der Alten Kirche waren Apostolizität und Rechtgläubigkeit einer Gemeinde legitimiert, wenn sie das Grab eines Apostels hüten konnte. Da Rom zusätzlich der Todes- und Begräbnisort des hl. Paulus war, konnte es eine besondere Stellung in der Kirche

---

[374] Irenäus von Lyon, haer. III,3,2. Deutsch: tzt D5/I, Nr. 31.
[375] Gerade deswegen haben sich in der Alten Kirche auch umstrittene Gruppen oft an sie gewandt, um die eigenen Ansichten legitimieren zu lassen.
[376] Zitiert nach P. Stockmeier, Das Petrusamt in der frühen Kirche: Petrusamt und Papsttum, Stuttgart 1970, 61-79, hier 68.

beanspruchen. Der Grund für sie war jedenfalls zunächst nicht die politische Bedeutung der Stadt als Kapitale des Imperiums, sondern sie war religiös motiviert.

5. Die Primatsstelle Mt 16,18

Während Mt 16,18 später zur eigentlichen Belegstelle für den Primat wurde, spielt der Passus in der frühen Kirche noch keine Rolle. Er wird zitiert, aber in anderen Argumentationsgängen. Tertullian beispielsweise erwidert den Gnostikern, die allein Paulus die volle Kenntnis der Offenbarung zutrauten: „Ist dem Petrus etwas verborgen geblieben, jenem, der Fels zum Aufbau der Kirche genannt wurde, der die Schlüssel des Himmelreiches erhielt und die Gewalt, im Himmel und auf Erden zu binden und zu lösen?"[377] Es geht also weder um Amt noch um Nachfolge, sondern um die rechte Einsicht in den Inhalt der Offenbarung. Im amtlichen Sinn interpretierte den Text erstmals Cyprian von Karthago, dem zufolge die Verheißung den Bischöfen als den Repräsentanten der Kirchen gilt. Im Sinne des Konzils von 1870 scheint sich erstmals der römische Bischof Stephan I. (254-257) anläßlich des Ketzertaufstreits auf diesen Text berufen zu haben; wenigstens geht das aus der Zurückweisung dieses Anspruchs durch Bischof Firmilian von Caesarea in Kappadokien hervor.[378] Aber das blieb vorerst ein Einzelfall. Als Johannes Chrysostomus die Stelle auslegt, deutet er die Felsenfunktion auf den Glauben des Petrus.

Eindeutig im primatialen Sinn berief sich Papst Damasus (366-384) auf Mt 16,16 ff. Anlaß war der Beschluß des Konzils von Konstantinopel (381), dem Bischof dieser Stadt als des „neuen Rom" einen Ehrenvorrang nach dem römischen Bischof zuzuerkennen und Konstantinopel den alten apostolischen Sitzen Jerusalem, Antiochien und Alexandrien vorzuordnen. Auf einer römischen Synode lehnte der Papst diese Sonderstellung ab; sie sei nur politisch begründet, während Rom dank des Felsenwortes aufgrund göttlicher Anordnung einen universalen Vorrang besitze, der mithin auch den Osten betrifft. Das ist ein rechtliches Primatsverständnis, aber es konnte sich zunächst nicht einmal in Italien allgemeiner Anerkennung erfreuen.

Der erste römische Bischof, der den Primat voll beanspruchte, war Leo d. Gr. (440-461). Er rekurriert auf das Felsenwort, um die Sonderstellung des hl. Petrus wie seiner Nachfolger zu begründen: „Jene Festigkeit, die er von dem ‚Felsen Christus' empfing, indem er selbst zum ‚Felsen' wurde, pflanzte sich auch auf seine Erben fort"[379]. Nun findet diese Deutung allgemeine Anerkennung. Als der Dogmatische Brief des Papstes auf dem Konzil von Chalkedon 451 verlesen wurde, riefen die Synodalen spontan: *„Durch Leo hat Petrus gesprochen"* – wobei allerdings offenbleiben muß, ob die Akklamation dem Amt oder der Weisheit des Briefes galt. Jedenfalls nehmen seit der Mitte des 5. Jahrhunderts die Inhaber des Bischofsstuhles in Rom einen juristisch formulierten Primat für sich in Anspruch, der in der Sonderstellung des Apostels Petrus gründet.

---

[377] Tertullian, praescr. 22; BKV 24, 328.
[378] Siehe P. Stockmeier, a. a. O. 72.
[379] Serm. 96; tzt D5/I, Nr. 64.

4.6.3 „Inhalt und Wesen des Vorrangs des römischen Bischofs"

Das Konzil von 1870 lehrt: „Die römische Kirche besitzt nach der Anordnung des Herrn den Vorrang der ordentlichen Gewalt über alle anderen Kirchen. Diese Gewalt der Rechtsbefugnis des römischen Bischofs, die wirklich bischöflichen Charakter hat, ist unmittelbar. Ihr gegenüber sind Hirten und Gläubige jeglichen Ritus und Rangs, einzeln sowohl wie in ihrer Gesamtheit, zur Pflicht hierarchischer Unterordnung und wahren Gehorsams gehalten, nicht allein in Sachen des Glaubens und der Sitten, sondern auch der Ordnung und Regierung der über den ganzen Erdkreis verbreiteten Kirche"[380]. Im zugehörigen Kanon wird diese päpstliche Gewalt charakterisiert als „ordentlich und unmittelbar (ordinariam et immediatam)"[381].

Damit wird gesagt:

1. Der Papst besitzt alle Gewalt über die Kirche.

2. Diese ist bischöflich, d. h. der Papst kann jederzeit alle bischöflichen Rechte in allen Ortskirchen an sich ziehen.

3. Sie ist ordentlich: Er besitzt sie also kraft Amtes und nicht nur in Sonderfällen (Amtsunfähigkeit oder Amtsbehinderung des Ortsbischofs).

4. Diese Gewalt ist unmittelbar, sie beruht also nicht auf Delegation.

5. Sie erstreckt sich direkt auf jede Ortskirche und jeden einzelnen Gläubigen (also auch auf die Bischöfe).

6. Sie ist nicht nur lehrmäßiger, sondern auch disziplinärer Art.

Diese Definition scheint den Papst zum omnipotenten Weltbischof zu machen. Sie hat darum in der Folgezeit lebhafte Kritik innerhalb wie außerhalb der Kirche geweckt. *I. v. Döllinger,* Münchener Theologieprofessor, sah darin den Episkopat abgeschafft, der doch göttlichen Rechtes sei, mithin habe sich die Kirche ihrer Apostolizität begeben. Jetzt seien die Bischöfe nur noch päpstliche Delegierte und kirchliche Würdenträger, nicht mehr Bischöfe im Sinn der Alten Kirche.[382] *O. v. Bismarck,* Kanzler des Deutschen Reiches, las aus den Konzilsbeschlüssen heraus, mit ihnen würden die Bischöfe zu päpstlichen Vollzugsbeamten. Als Beamte des Papstes und damit eines fremden Souveräns[383], der durch die Unfehlbarkeitserklärung zum absoluten Monarchen geworden ist, sind sie dessen Untertanen und können der Verfassung der Länder nicht treu sein, in denen sie wirken.[384]

Eine rechte Interpretation der Texte des Ersten Vatikanums muß den päpstlichen Primat vor dem historischen Hintergrund des Konzils lesen. Nur so lassen sich Übertreibungen in Behauptung und Kritik vermeiden. Schon im 14. Jahrhundert hatten Kanonisten die beherrschende Stellung des Papstes überaus stark hervorgehoben. Dagegen entwickelte sich die Bewegung des *Konziliarismus,* der in seiner radikalen Form die Oberhoheit des Episkopats und des Konzils über den Papst lehrte (Episkopalismus). Diese Tendenz konnte sich auf dem Konzil von

---

[380] DH 3060.
[381] DH 3064.
[382] Siehe P. Neuner, Döllinger als Theologe der Ökumene, Paderborn u. a. 1979, 72-77.
[383] Der Papst erhob nach wie vor Anspruch auf den 1870 faktisch untergegangenen Kirchenstaat.
[384] Während des Kulturkampfes erließ Bismarck die sog. „Circular-Depesche", in dieser Vorwurf enthalten ist. Sie wurde 1872 verfaßt, aber erst 1874 veröffentlicht.

Konstanz durchsetzen. 1415 legte das konziliare Dekret „Haec sancta" die Oberhoheit der Kirchenversammlung über den Papst fest.[385] Zwei Jahre später verpflichtete das Dekret „Frequens" den Papst, alle zehn Jahre ein Konzil einzuberufen.[386] In der Form des Gallikanismus lebte der Konziliarismus im Frankreich des 17./18. Jahrhunderts wieder auf. Er forderte 1682 in der „Declaratio Cleri Gallicani", die von der Mehrzahl der französischen Bischöfe und Theologen getragen war:

1. In Frankreich dürfen päpstliche Anordnungen erst durch das *Placet,* die königliche oder bischöfliche Approbation, rechtsgültig werden.

2. Staatliche Stellen können gegen Mißbrauch der päpstlichen Gewalt angerufen werden *(Appel comme d'abus).*

3. Die Aussagen von Konstanz über die Oberhoheit des Konzils bleiben gültig.

4. Päpstliche Erlasse sind erst dann unabänderbar und verbindlich, wenn die Zustimmung der Kirche *(consensus Ecclesiae)* vorliegt.

Die Päpste konnten diese Forderungen nie wirkungsvoll verurteilen, weil allen Dekreten das Placet von Staat und gallikanischer Kirche verweigert wurde. Das Erste Vatikanische Konzil nun wollte mit dem Gallikanismus ein für allemal Schluß machen. Seine Texte sind daher auf dem Hintergrund der Thesen jener Bewegung zu lesen und als Antwort auf sie zu verstehen. So werden das Placet und der Appel comme d'abus[387] ausdrücklich verworfen.

Damit hat die Kirchenversammlung den Gallikanismus und den Episkopalismus vernichtet, sie wollte aber keineswegs auch das Bischofsamt abschaffen. Ausdrücklich hat das Konzil festgestellt: Der päpstliche Jurisdiktionsprimat „tut der ordentlichen und unmittelbaren Gewalt der bischöflichen Rechtsbefugnis (ordinariae ac immediatae illi episcopalis iurisdictionis potestati), in der die Bischöfe, die, eingesetzt vom Heiligen Geist, an die Stelle der Apostel getreten sind und als wahre Hirten die ihnen anvertrauten Herden weiden und leiten, jeder die seine, gar keinen Eintrag"[388]. Mit Absicht sind die gleichen Begriffe „ordentlich" und „unmittelbar" gesetzt, mit denen auch die päpstliche Vollmacht umschrieben wurde. Es wird allerdings nicht gesagt, wie sich diese beiden gleichen Gewalten zueinander verhalten.

Die deutschen Bischöfe wehrten sich gegen den Vorwurf Bismarcks, sie könnten nicht mehr verfassungstreu sein, weil ihnen nur noch eine vom Papst delegierte Vollmacht zukomme. In einer gemeinsamen Erklärung von 1875 stellten sie fest: „Nach dieser Lehre der katholischen Kirche ist der Papst Bischof von Rom, nicht Bischof irgendeiner anderen Stadt oder Diözese, nicht Bischof von Köln oder Breslau u.s.w. ... Kraft derselben göttlichen Einsetzung, worauf das Papsttum beruht, besteht auch der Episkopat; auch er hat seine Rechte und Pflichten vermöge der von Gott selbst getroffenen Anordnung, welche zu ändern der Papst weder das Recht noch die Macht hat ... Was insbesondere die Behauptung

---

[385] tzt D5/I, Nr. 19.
[386] tzt D5/I, Nr. 20.
[387] DH 3062; DH 3063.
[388] DH 3061.

betrifft [die Bischöfe seien durch die vatikanischen Beschlüsse päpstliche Beamte ohne eigene Verantwortlichkeit geworden], ... so können wir dieselbe nur mit aller Entschiedenheit zurückweisen; es ist wahrlich nicht die katholische Kirche, in welcher der unsittliche und despotische Grundsatz, der Befehl des Obern entbinde unbedingt von der eigenen Verantwortlichkeit, Aufnahme gefunden hat"[389]. Noch im nämlichen Jahr bestätigte Papst Pius IX. diese Interpretation als authentische Wiedergabe der Intention des Konzils.[390]

Die Jurisdiktionshoheit des Papstes kann also mitnichten die Ausschaltung der bischöflichen Vollmacht und Verantwortung bedeuten. Dies würde der Stiftung der Kirche und der ihr vorgegebenen Struktur zuwiderlaufen. Vielmehr soll der Primat der Einheit und der gegenseitigen Verpflichtung der Ortskirchen effizient dienen. Deren Eigenständigkeit darf nicht ausgeschaltet, sie soll vielmehr so gestaltet werden, daß durch sie gleichzeitig auch die Einheit aller Kirchen befördert wird. Das Papsttum ist Dienst an der universalen Einheit der Kirche. Absolutismus und Zentralismus dagegen widersprechen dem kommunialen Charakter der Kirche Jesu Christi.

4.6.4 „Das unfehlbare Lehramt des römischen Papstes"

4.6.4.1 Hintergrund

Die Definition der Unfehlbarkeit des Papstes auf dem Ersten Vatikanischen Konzil gehört zu den heftigst umstrittenen und stets von Mißverständnissen bedrohten dogmatischen Texten. Schon auf der Kirchenversammlung selber schieden sich an ihm die Geister. Zugleich aber ist der Definitionstext das Ergebnis einer ausgedehnten Debatte und einer sorgfältigen Redaktion. Mehr noch als andere Dogmen ist er in den geschichtlichen Kontext der Entstehungszeit einzubetten und als Antwort auf konkrete Problemstellungen zu verstehen.

Die Kirche des frühen 19. Jahrhunderts wurde in zunehmendem Maße mit Zeitströmungen konfrontiert, die ihr Wesen zu bedrohen schienen: Da waren die Forderungen der Französischen Revolution nach Freiheit, Gleichheit und Brüderlichkeit aller Menschen; da galt statt der Monarchie als höchstes Ideal die Demokratie; da stellte der Fortschrittsoptimismus der Naturwissenschaften das alte biblische Weltbild in Frage. Dabei kam es auf der einen Seite zu einer überaus fruchtbaren Begegnung der Kirche mit diesen neuen Tendenzen. Andererseits waren viele Katholiken überzeugt, den Fluten der Neuerung und des Unheils allein durch die Bekräftigung der alten Ordnung und vor allem der überkommenen Autorität wehren zu können. Darum seien alle modernen Regungen in der Kirche zu unterdrücken. Der Syllabus von 1864 war eine erste Antwort, die Forderung nach Dogmatisierung der päpstlichen Unfehlbarkeit sollte die zweite sein. Die Bestärkung der Autorität allein könne den Zerfall der rechten Ordnung verhindern, und eine höhere als eine unfehlbare Autorität war schlicht nicht denkbar. Kardinal Manning in England und der Regensburger Bischof I. v. Senestrey verschworen

---
[389] DH 3113-3115.
[390] DH 3117.

sich am Grab des hl. Petrus in Rom, für eine möglichst uneingeschränkte Infallibilität des Papstes zu kämpfen. Sie erwarteten sich davon eine neue Blüte der Kirche, ja sogar eine Massenkonversion der Protestanten und damit das Ende der Kirchenspaltung. Die Zeichen standen gar nicht schlecht: Je mehr die politische Macht des Papstes verfiel – die Lage des Kirchenstaates wurde prekärer und prekärer –, um so mehr wuchs seine Verehrung beim katholischen Volk; sie nahm bisweilen geradezu kultische Formen an.

4.6.4.2 Der Definitionstext

Die Geschichte der Definition kann an dieser Stelle nicht nachgezeichnet werden. Sie erfüllte jedenfalls nicht die Träume jener, die (von Deutschland aus gesehen) „ultra montes" (gemeint sind die Alpen, daher Ultramontane) die Rettung von allen Übeln des Jahrhunderts erwarteten und sich eine nicht spezifizierte und an konkrete Bedingungen geknüpfte Unfehlbarkeitserklärung erhofften.

Nach einem langen Vorspann[391] definierte das Konzil: „Wenn der römische Bischof in höchster Lehrgewalt *(ex cathedra)* spricht, das heißt, wenn er seines Amts als Hirt und Lehrer aller Christen waltend in höchster, apostolischer Amtsgewalt endgültig entscheidet, eine Lehre über Glauben oder Sitten sei von der ganzen Kirche festzuhalten, so besitzt er aufgrund des göttlichen Beistandes, der ihm im heiligen Petrus verheißen ist, jene Unfehlbarkeit, mit der der göttliche Erlöser seine Kirche bei endgültigen Entscheidungen in Glaubens- und Sittenlehren ausgerüstet haben wollte. Diese endgültigen Entscheidungen des römischen Bischofs sind daher aus sich und nicht aufgrund der Zustimmung der Kirche *(ex sese, non autem ex consensu ecclesiae)* unabänderlich *(irreformabiles)*"[392].

4.6.4.3 Analyse

Folgende Sachverhalte wurden also definiert:
  1. Gegenstand der Unfehlbarkeit sind allein „Lehren über Glauben und Sitten" (doctrina de fide vel moribus). Weisungen über die Disziplin und das Kirchenregiment fallen also ebensowenig darunter wie politische Ansichten des Papstes.[393]
  2. Das Subjekt der Unfehlbarkeit ist zunächst die Kirche als ganze und durch sie der römische Bischof.

Der Papst besitzt jene Unfehlbarkeit, mit der Christus seine *Kirche* ausgerüstet wissen wollte. Dogmatisch verbindliche Entscheidungen kann die Kirche nur durch das Kollegium der Bischöfe als der Zeugen des Glaubens treffen. Der Papst kann jedoch unter gewissen Bedingungen auch von sich aus den Glauben der Kirche verbindlich formulieren, ohne daß das Bischofskollegium physisch (im Konzil) zusammentreten müßte. Ausdrücklich wird in dem der Definition vorausgehenden Text darauf hingewiesen, daß die Päpste immer „durch Berufung Allgemeiner Kirchenversammlungen oder Erforschung der Ansicht der über den Erdkreis zerstreuten Kirche, durch Teilsynoden oder durch andere Mittel, wie sie die göttliche Vorsehung darbot, das als feste Lehre bestimmt (haben), was sie mit

---
[391] DH 3065-3073.
[392] DH 3074.
[393] Selbstverständlich besagt Unfehlbarkeit nicht eine moralische Qualität des Papstes.

Gottes Hilfe als mit den heiligen Schriften und den apostolischen Überlieferungen übereinstimmend erkannten"[394]. Hierin ist jene Interaktion des Lehramtes mit den anderen Bezeugungsinstanzen angesprochen, von der die Theologische Erkenntnislehre handelt.[395] Der Papst verfügt zur Lehrfeststellung weder über eine besondere Inspiration noch wird ihm eine neue Offenbarung zuteil.

Die Unfehlbarkeit gliedert also den Papst nicht aus der Kirche aus, sondern bindet ihn aufs engste in sie ein: Er ist nur deswegen unfehlbar, weil die Kirche als ganze unfehlbar ist; er ist nur dann unfehlbar, wenn er den Glauben der Kirche als ganzer zum Ausdruck bringt.

Dieser Feststellung widerspricht nicht die (erst in letzter Minute dem Text hinzugefügte) Formulierung, die Lehraussagen seien „ex sese, non autem ex consensu Ecclesiae" unabänderlich. Dies wendet sich allein gegen die gallikanische These, zur Verbindlichkeit päpstlicher Aussagen sei die ratifizierende Zustimmung der Bischöfe im Nachhinein nötig. Abgelehnt wird also die nachträgliche Zustimmung (consensus succedens); erforderlich ist dagegen durchaus die vorausgehende Zustimmung (consensus antecedens), d. h. die Übereinstimmung einer Papstdefinition mit dem Glauben der Kirche.

Diese Interpretation wird dadurch gestützt, daß man in der Kirche, auch in streng papalistischen Kreisen, seit dem Mittelalter unbestritten bis heute lehrte, daß der Papst Häretiker oder Schismatiker werden könne. Das wäre der Fall, wenn er letztverbindlich etwas gegen den Glauben der Kirche lehren sollte. Er wäre damit automatisch der Exkommunikation verfallen und damit seines Amtes verlustig.[396]

3. Die Bedingung der Unfehlbarkeit ist die Ausübung des päpstlichen Amtes *ex cathedra*, d. h. daß der Papst als Lehrer der Universalkirche spricht. Der Bischof von Rom kann somit niemals irreformable Aussagen machen, wenn er etwa als Oberhirte der Diözese Rom oder als Patriarch des Abendlandes spricht. Nicht festgelegt ist die Art und Weise der unfehlbaren Lehräußerung.[397] Es gilt jedoch: „Als unfehlbar definiert ist eine Lehre nur anzusehen, wenn dies offensichtlich feststeht"[398].

4. Der Umfang der Unfehlbarkeit ist negativ zu bestimmen als Irrtumslosigkeit *(inerrantia)*. Eine päpstliche Definition ist also nicht direkt falsch. Sie muß aber keineswegs die Wahrheit vollständig, auf die bestmögliche Weise, mit der

---

[394] DH 3069.
[395] Vgl. in diesem Werk Bd. I: Wesen und Erkenntnisprinzipien der Dogmatik.
[396] Die Tatsache, daß die kirchliche Rechtsordnung keine Instanz kennt, die dies verbindlich erklären könnte, spricht nicht gegen die Richtigkeit dieser These. Wenn sich ein Papst durch Häresie aus der Kirche ausschließen würde, wäre eine Situation eingetreten analog zum Tod eines Papstes. Die Kirche ist dann keineswegs handlungsunfähig.
[397] Insbesondere ist zu betonen, daß Enzykliken nicht unfehlbar sind, es sei denn, dieser Anspruch würde eigens aufgestellt.
[398] CIC, can. 749 § 3. Im ökumenischen Gespräch wird die Frage erörtert, wie der Begriff „Lehrer *aller Christen*" heute zu verstehen ist. Es widerspräche, von den Äußerungen des Zweiten Vatikanums aus verstanden (z. B. UR 3), sicher nicht dem Wortlaut der Definition, wenn damit nicht nur die katholischen Christen, sondern alle Getauften umgriffen würden. Der Papst müßte dann den Glauben der Christenheit als ganzer ausdrücken. Jedenfalls ist festzuhalten: Aufgabe des Papstes ist es, für alle Christen dazusein. Das Papsttum als Amt universeller Einheit gewinnt damit eine eminent ökumenische Dimension.

optimalen Argumentation, in plausibelster Verständlichkeit, in abschließender Perfektion aussagen. Sie steht wie alle anderen Lehraussagen auch unter dem Gesetz der Geschichtlichkeit und verlangt gegebenenfalls in veränderter Situation auch eine Neuformulierung.[399]

4.6.4.4 Gesamtbewertung

Der Inhalt der Unfehlbarkeitsdefinition liegt damit in der Aussage, daß eine Glaubens- und Sittenlehre, die der Papst als bevollmächtigter Repräsentant der Gesamtkirche unter besonderen Bedingungen formuliert, wenigstens im Kern wahr ist. Der Grund dafür ist die göttliche Verheißung, daß die Kirche als ganze nicht völlig in die Irre gehen wird. Das Erste Vatikanische Konzil hat also weder dem Maximalismus von Manning und Senestrey entsprochen, noch bewahrheitete sich Döllingers Pessimismus, der Papst könne nun lehren, was immer er wolle, katholisch sei nun nicht mehr, was immer, überall und von allen geglaubt wurde, also die apostolische Tradition, sondern was der Papst zu glauben befiehlt. Es ist auch zu keiner Flut „neuer" Dogmen gekommen, wie die Kritiker des Konzils erwarteten. Seit 1870 hat nur Papst Pius XII. bei der Definition der leiblichen Aufnahme Mariens in die Herrlichkeit Gottes von der Prärogative des Konzils Gebrauch gemacht; er tat dies erst nach Konsultation der Bischöfe und der theologischen Fakultäten.[400] Darüber hinaus ist bis jetzt kein einziger Satz aus päpstlichem Mund unter Inanspruchnahme der Unfehlbarkeit geäußert worden. Das Instrument der Unfehlbarkeit ist also sehr restriktiv gehandhabt worden und anders wohl auch nicht zu handhaben. Diese Wirkungsgeschichte hat Maßstäbe für das rechte Verständnis der Unfehlbarkeitsdefinition gesetzt. Angesichts der immer komplizierteren Lage des Glaubens im Rahmen der vielfältigen Kulturen und der Komplexität der theologischen Forschung wird eine Letzt-Festlegung des Lehramtes immer problematischer werden.

4.6.4.5 Die Unfehlbarkeit auf dem Zweiten Vatikanischen Konzil

Das Zweite Vatikanische Konzil hat auch in der Frage der Unfehlbarkeit das Erste Vatikanische Konzil aufgegriffen und ergänzt. Es hat peinlich vermieden, Primat und Unfehlbarkeit des Papstes in Frage zu stellen, es finden sich sogar Aussagen, die inhaltlich das Erste Vatikanische Konzil zu überbieten scheinen. Dessen Texte wurden fast wörtlich wiederholt, einschließlich des höchst mißverständlichen und nur historisch richtig erklärbaren „ex sese, et non ex consensu Ecclesiae"[401]. Doch Unfehlbarkeit wird nun ausdrücklich auch den *Bischöfen* zugesprochen: „Die einzelnen Bischöfe besitzen zwar nicht den Vorzug der Unfehlbarkeit; wenn sie aber, in der Welt räumlich getrennt, jedoch in Wahrung des Gemeinschaftsbandes untereinander und mit dem Nachfolger Petri, authentisch in Glaubens- und Sittensachen lehren und eine bestimmte Lehre übereinstimmend als endgültig verpflichtend vortragen, so verkündigen sie auf unfehlbare Weise

---

[399] Vgl. in diesem Werk Bd. I: Wesen und Erkenntnisprinzipien der Dogmatik.
[400] Vgl. in diesem Band: Mariologie.
[401] LG 25.

die Lehre Christi. Dies ist noch offenkundiger der Fall, wenn sie auf einem ökumenischen Konzil vereint für die ganze Kirche Lehrer und Richter des Glaubens und der Sitten sind". Zum Verständnis von Unfehlbarkeit wird klargestellt: „Eine neue öffentliche Offenbarung als Teil der göttlichen Glaubenshinterlage empfangen sie jedoch nicht"[402].

Die Unfehlbarkeit wird ferner der *Kirche als ganzer* zugesprochen. „Die Gesamtheit der Gläubigen ... kann im Glauben nicht irren. Und diese ihre besondere Eigenschaft macht sie durch den übernatürlichen Glaubenssinn des ganzen Volkes dann kund, wenn sie, ‚von den Bischöfen bis zu den letzten gläubigen Laien', ihre allgemeine Übereinstimmung in Sachen des Glaubens und der Sitten äußert ... Durch ihn dringt es mit rechtem Urteil immer tiefer in den Glauben ein und wendet ihn im Leben voller an"[403].

4.6.5 Papsttum und Ökumene

4.6.5.1 Die Kritik der Reformatoren am Papsttum

Die Kritik der Reformatoren am Papsttum gipfelt in der Anschuldigung, der Papst sei der Antichrist. Doch diese Aussage ist bei Luther an die Voraussetzung gebunden: Wenn er das Evangelium nicht zuläßt, wenn er den Menschen die Tür zum Himmelreich nicht aufschließt, wenn er nicht will, daß jemand selig werde.[404] Selbst als Luthers Papstkritik immer maßloser wurde, äußerte er auch, er wäre bereit, dem Papst die Füße zu küssen und ihn auf Händen zu tragen, wenn er nur das Evangelium, d. h. die Lehre von der Glaubensgerechtigkeit zulassen würde. Melanchthon wollte dem Papst gar „um des Friedens und der gemeinsamen Einigkeit willen ... seine Superiorität über die Bischöfe, die er iure humano hat" anerkennen.[405] Im späteren Protestantismus fielen derartige Differenzierungen völlig weg, nun schien es mehr und mehr, daß „Luthers eigentliche Lebensaufgabe, die Reformation, in erster Linie eine Los-von-Rom-Bewegung gewesen" sei.[406] Die Dogmen des Ersten Vatikanischen Konzils schienen alle Hoffnungen auf die Ökumene zu beenden. Die Orthodoxen Kirchen sahen in diesem Konzil ebenso wie die Altkatholiken den Bruch mit der Struktur der Alten Kirche und mit dem bischöflichen Amt, Karl Barth sprach vom „Vatikanischen Frevel". Man war überzeugt, wenn die Reformation noch nicht erfolgt wäre, müßte sie jetzt nachgeholt werden. Das Nein zum Papst erschien als ein Grundpfeiler aller nicht-römischen Kirchen.

Ein gewisser Impuls, über das Amt des Papstes neu nachzudenken, stellte sich mit dem Problem der Einheit der Christenheit über landeskirchliche Grenzen hinweg ein. Wie können Kirchen ihre Einheit bewahren, wenn sie einander fremden Kulturen angehören, in verschiedenen Sprachen reden und ihre Theologie in Kontexten formulieren, die miteinander kaum vergleichbar sind? Weder die konfes-

---
[402] LG 25.
[403] LG 12.
[404] WA Br 2, S. 48 f.
[405] So in die lutherischen Bekenntnisschriften aufgenommen: BSLK 464.
[406] WA 54, 354.

sionellen Weltbünde noch der Ökumenische Rat der Kirchen vermögen eine Struktur der Einheit zu gewährleisten. Der Evangelische Erwachsenenkatechismus von 1975 konzediert, daß „die nichtrömischen Kirchen bisher kein überzeugendes Modell vorgelebt (haben), wie die Einheit der Kirche sichtbare Gestalt gewinnen könnte". Daraus ergibt sich als Konsequenz: „Die Stellung der anderen Kirchengemeinschaften zum Papsttum wird weitgehend davon abhängen, ob es Rom gelingt, das Papsttum als einen Dienst an der Einheit und als Zeichen der Einheit überzeugend darzustellen"[407].

Diese Überlegung berührt sich mit der katholischen Interpretation des Primats als Dienst an der Einheit der Ortskirchen, den keine andere Institution in der gleichen Weise zu leisten vermag und um dessentwillen er für die Kirche als notwendig erachtet wird.

So wurde die Frage nach dem Papst auch in offiziellen ökumenischen Kommissionen behandelt, am intensivsten im Dialog mit der anglikanischen Gemeinschaft, der unter dem Leitbegriff *koinonía*, Gemeinschaft, stand. Damit war der Rahmen gesteckt: Papsttum und Einheit der Kirche werden nicht im Sinn eines Zentralismus oder einer Überorganisation gedacht, sondern im Kontext einer Gemeinschaft von Kirchen, die ihre Selbständigkeit behalten, sich aber gegenseitig anerkennen und in Gemeinschaft und Dialog miteinander leben. Diesem Ziel könnte ein Amt universalkirchlicher Einheit dienen. „Der Primat erfüllt seinen Sinn, wenn er den Kirchen hilft, aufeinander zu hören, in der Liebe und Einheit zu wachsen und gemeinsam nach der Fülle christlichen Lebens und Zeugnisses zu streben; er wird die christliche Freiheit und Spontaneität achten und fördern, er wird keine Uniformität anstreben, wo sich Vielfalt legitim entfaltet, noch die Organisationsformen auf Kosten der Ortskirche zentralisieren"[408].

4.6.5.2 Einige Thesen zum Thema: Ein ökumenisches Papsttum

1. Die evangelische Kirche ist in der Gestaltung ihrer Ämter weitgehend frei. Vorgegeben ist allein die Existenz eines besonderen Amtes der bevollmächtigten Wortverkündigung und der Sakramentenverwaltung. Wie dieses Amt am Ort und überörtlich gestaltet wird, regelt sich danach, wie sich das Wort Gottes am wirkungsvollsten verkünden läßt. Damit wäre gegebenenfalls auch ein Amt universaler Einheit möglich.

2. In der Situation einer kleiner werdenden Welt, einer Infragestellung des Christlichen und der Hinordnung der Einheit der Kirche auf die Einheit der Menschheit erscheint ein Amt universaler Einheit nicht nur als möglich, sondern sogar als dringend wünschenswert. Durch die Bindung an ein universalkirchliches Amt können die Kirchen besonders in Konfliktfällen leichter ihre Unabhängigkeit von staatlicher Einflußnahme wahren. Die gregorianische Reform, die die Weichen für das Papsttum im zweiten Jahrtausend stellte, stand unter dem Stichwort „libertas Ecclesiae". Das Papsttum kann der Freiheit der Kirche dienen. Ein solches universalkirchliches Amt als Garant der Freiheit läßt sich kaum neu kon-

---

[407] Evangelischer Erwachsenenkatechismus, Gütersloh ⁵1989, 907.
[408] Veröffentlicht in: H. Meyer, H. J. Urban, L. Vischer (Hg.), Dokumente wachsender Übereinstimmung Bd. I, Paderborn – Frankfurt 1983, 168.

struieren. Es empfiehlt sich, auf das Papsttum als das Amt zurückzugreifen, das diesen universalen Auftrag bereits wahrnimmt.

3. Eine ökumenische Anerkennung des päpstlichen Primats setzt eine Erneuerung dieses Amtes voraus. Als vordringlich erscheint die Entflechtung der verschiedenen Ämter, die der Bischof von Rom in sich vereinigt, vor allem von Papsttum und Patriarchat des lateinischen Westens, und damit verbunden die Abgabe von Macht. Einigung kann nicht durch Depotenzierung aller nichtpäpstlichen Funktionen erreicht werden. Wenn das Papsttum absolutistisch regieren wollte, würde es nicht der Einigung, sondern der Spaltung dienen und damit seine Aufgabe nicht erfüllen, sondern ihr entgegenwirken.

4. In der exegetischen und historischen Arbeit geht der ökumenische Konsens nicht über die Aussage hinaus, daß die biblische Botschaft in ihrer weiteren Entwicklung ein Petrus-Amt in der Kirche nicht ausschließt. Eine Begründung des Primats, wie sie das Erste Vatikanische Konzil vorlegte, wird von den anderen Kirchen nicht mitvollzogen. Während in der katholischen Theologie das Papsttum oft als Petrus-Dienst charakterisiert wird und dieser als kritisches Vorbild gegenüber späteren Modellen fungiert, erhebt sich in der evangelischen Theologie gegenüber dem Papsttum als Dienst an der Einheit weniger Bedenken als gegenüber einer biblischen Begründung dieses Amtes.

5. Damit scheint die Diskussion wie in der Reformationszeit bei der Frage angelangt, ob der Primat von Jesus eingesetzt ist und damit als ius divinum für die Kirche verbindlich ist, oder ob er als nützlich und damit iure humano wünschenswert erscheint. Hier ist zu beachten, daß Melanchthons Kritik am „iure divino" letztlich gegen den Anspruch Papst Bonifaz' VIII. und seiner Bulle „Unam sanctam" gerichtet war. Er bestritt, daß der Papst „aus göttlichem Rechte habe beide Schwerter, das ist, daß er vermöge, Könige einzusetzen und abzusetzen"[409]. Dieser Anspruch wird zurückgewiesen. Demgegenüber hat das „iure humano" der Reformatoren keinen abwertenden Sinn, so als sei das Papstamt unnötig, nebensächlich, menschliche Erfindung oder gar Teufelswerk. Wenn es der Einheit der Kirche dient, dann ist es „wahrlich keine Sache der bloßen Zweckmäßigkeit oder Wünschbarkeit"[410], dann ist es notwendig. Diese Aussage scheint dem „ius divinum" nahezukommen, das in der katholischen Theologie keineswegs einfachhin die Stiftung durch den historischen Jesus meint.

6. Das Papsttum hat nach den Aussagen des Ersten Vatikanischen Konzils eine Funktion für alle Christen: Der Papst ist für die Christenheit als ganze da. Zweck seines Amtes ist es, die Einigung der Ortskirchen und Teilkirchen in der Koinonia der universalen Kirche zu befördern und jeweils neu zu ermöglichen. Wenn sich das Papsttum dieser Aufgabenstellung neu bewußt wird, kann es im ökumenischen Bereich eine Bedeutung erlangen, die noch gar nicht abzuschätzen wäre. Es ist zu hoffen, daß sich Päpste im konkreten Vollzug faktisch als Sprecher aller Christen erweisen und als solche betrachtet werden, selbst wenn sie rechtlich noch nicht als solche anerkannt sind. Die Praxis wird hier der Rechtsordnung vorangehen müssen.

---

[409] S. 471.

[410] H. Meyer, Das Papsttum in lutherischer Sicht: H. Stirnimann, L. Vischer (Hg.), Papsttum und Petrusdienst, Frankfurt 1975, 73-90, hier 89.

Literaturverzeichnis

Neben den einschlägigen Werken zur Dogmatik und Dogmengeschichte und den in den Anmerkungen genannten Quellen sei hier verwiesen auf:

Adam, Karl: Das Wesen des Katholizismus, Düsseldorf (1924), ¹³1957.
Alberigo, Guiseppe, Congar, Yves, Pottmeyer, Hermann Josef (Hg.): Kirche im Wandel. Eine kritische Bilanz nach dem Zweiten Vatikanum, Düsseldorf 1982.
Althaus, Heinz (Hg.): Kirche – Ursprung und Gegenwart, Freiburg – Basel – Wien 1984.
Avis, Paul: Anglicanism and the Christian Church. Theological Resources in Historical Perspective, Edinburgh 1989.
Balthasar, Hans Urs v.: Pneuma und Institution. Skizzen zur Theologie IV, Einsiedeln 1974.
Balthasar, Hans Urs v.: Sponsa Verbi. Einsiedeln 1961.
Bantle, Franz Xaver: Unfehlbarkeit der Kirche in Aufklärung und Romantik. Eine dogmengeschichtliche Untersuchung für die Zeit der Wende vom 18. zum 19. Jahrhundert, Freiburg – Basel – Wien 1976.
Barauna, Guilherme (Hg.): De Ecclesia. Beiträge zur Konstitution „Über die Kirche" des Zweiten Vatikanischen Konzils, 2 Bde, Freiburg – Frankfurt 1966.
Bäumer, Remigius (Hg.): Die Entwicklung des Konziliarismus (WdF 279), Darmstadt 1976.
Beinert, Wolfgang: Die Sakramentalität der Kirche im theologischen Gespräch: ThBer 9, Kirche und Sakrament, Zürich – Einsiedeln – Köln 1980, 13-66.
Beinert, Wolfgang: Um das dritte Kirchenattribut, 2 Bde, (Koin 5), Essen 1964.
Berger, Klaus, u.a.: Kirche: TRE 18 (1989) 198-344.
Boff, Leonardo: Die Kirche als Sakrament im Horizont der Welterfahrung, Paderborn 1972.
Boff, Leonardo: Die Neuentdeckung der Kirche. Basisgemeinden in Lateinamerika, Mainz 1980.
Boff, Leonardo: Kirche: Charisma und Macht. Studien zu einer streitbaren Ekklesiologie, Düsseldorf ⁵1985.
Bonhoeffer, Dietrich: Sanctorum Communio. Werke Bd. I. Hg. v. E. Bethge u.a., München 1986.
Bouyer, Louis: Die Kirche, 2 Bde, Einsiedeln 1977.
Camelot, Pierre-Thomas: Die Lehre von der Kirche. Väterzeit bis ausschließlich Augustinus (HDG III/3b), Freiburg – Basel – Wien 1970.
Campenhausen, Hans v.: Kirchliches Amt und geistliche Vollmacht in den ersten drei Jahrhunderten, Tübingen ²1963.
Casel, Odo: Mysterium der Ekklesia. Von der Gemeinschaft aller Erlösten in Christus Jesus, Mainz 1961.
Congar, Yves: Der Laie. Entwurf einer Theologie des Laientums, Stuttgart ³1964.
Congar, Yves: Die Lehre von der Kirche. Vom Abendländischen Schisma bis zur Gegenwart (HDG III/3d), Freiburg – Basel – Wien 1971.
Congar, Yves: Die Lehre von der Kirche. Von Augustinus bis zum Abendländischen Schisma (HDG III/3c), Freiburg – Basel – Wien 1971.

Congar, Yves: Die Wesenseigenschaften der Kirche: MySal IV/1. Hg. v. J. Feiner, M. Löhrer, Einsiedeln – Zürich – Köln 1972, 357-502.
Congar, Yves: Un peuple messianique. Salut et liberation, Paris 1975.
Dahl, Nils Alstrup: Das Volk Gottes. Eine Untersuchung zum Kirchenbewußtsein des Urchristentums, Darmstadt (1941) ²1963.
Danielou, Jean, Vorgrimler, Herbert (Hg.): Sentire Ecclesiam. Das Bewußtsein von der Kirche als gestaltende Kraft der Frömmigkeit (FS Hugo Rahner), Freiburg – Basel – Wien 1961.
Dias, Patrick V.: Kirche. In der Schrift und im 2. Jahrhundert (HDG III/3a), Freiburg – Basel – Wien 1974.
Dokumente wachsender Übereinstimmung. Sämtliche Berichte und Konsenstexte interkonfessioneller Gespräche auf Weltebene. Hg. v. H. Meyer u.a., 2 Bde, Paderborn – Frankfurt a.M. ²1991/1992.
Döllinger, Ignaz: Beiträge zur Sektengeschichte des Mittelalters, 2 Bde, München 1890. Darmstadt ²1968.
Döring, Heinrich: Grundriß der Ekklesiologie (Grundrisse 6), Darmstadt 1986.
Dulles, Avery: Models of the Church, Dublin ²1989.
Dulles, Avery: The Catholicity of the Church, Oxford 1987.
Evans, G. R., Wright, Robert J. (Ed.): The Anglican Tradition. A Handbook of Sources, London, Minneapolis 1991.
Fries, Heinrich: Fundamentaltheologie, Graz – Wien – Köln ²1985.
Fries, Heinrich: Glauben und Kirche auf dem Prüfstand, München – Freiburg 1970.
Fries, Heinrich: Wandel des Kichenbildes und dogmengeschichtliche Entfaltung: MySal IV/1. Hg. v. J. Feiner, M. Löhrer. Einsiedeln – Zürich – Köln 1972, 223-285.
Füglister, Notker: Strukturen der alttestamentlichen Ekklesiologie: MySal IV/1. Hg. v. J. Feiner, M. Löhrer, Einsiedeln – Zürich – Köln 1972, 23-98.
Ganoczy, Alexandre: Ecclesia ministrans. Dienende Kirche und kirchlicher Dienst bei Calvin (ÖF.E 3), Freiburg – Basel – Wien 1968.
Garijo-Guembe, Miguel Maria: Gemeinschaft der Heiligen. Grund, Wesen und Struktur der Kirche, Düsseldorf 1988.
Gassmann, Benno: Ecclesia reformata. Die Kirche in den reformatorischen Bekenntnisschriften (ÖF.E 4), Freiburg, – Basel – Wien 1968.
Gilson, Etienne: Die Metamorphosen des Gottesreiches, München u.a. 1959.
Grundmann, Herbert: Religiöse Bewegungen im Mittelalter, Darmstadt ⁴1977.
Guardini, Romano: Vom Sinn der Kirche. Fünf Vorträge. Mainz (1922) ⁴1955.
Hainz, Josef: Ekklesia. Strukturen paulinischer Gemeinde-Theologie und Gemeinde-Ordnung, Regensburg 1972.
Hainz, Josef: Kirche im Werden. Studien zum Thema Amt und Gemeinde im Neuen Testament, Paderborn 1976.
Hainz, Josef: KOINONIA. „Kirche" als Gemeinschaft bei Paulus (BU 16), Regensburg 1982.
Handbuch der Ökumenik. Hg. v. H. J. Urban, H. Wagner, 3 Bde in 4 Teilbänden Paderborn 1985-1987.
Häring, Hermann, Nolte, Josef (Hg.): Diskussion um Hans Küng „Die Kirche" (KÖS 5), Freiburg – Basel – Wien 1971.
Häring, Hermann: Kirche und Kerygma. Das Kirchenbild der Bultmannschule (ÖF.E 6), Freiburg – Basel – Wien 1972.
Heinz, Gerhard: Das Problem der Kirchenentstehung in der deutschen protestantischen Theologie des 20. Jahrhunderts (TTS 4), Mainz 1974.
Honecker, Martin: Kirche als Gestalt und Ereignis. Die sichtbare Gestalt der Kirche als dogmatisches Problem, München 1963.

Horst, Ulrich: Papst – Konzil – Unfehlbarkeit (WSAMA.T 10), Mainz 1978.
Horst, Ulrich: Unfehlbarkeit und Geschichte (WSAMA.T 12), Mainz 1982.
Huber, Wolfgang: Kirche, München 1988.
Jüngel, Eberhard: Die Kirche als Sakrament?: ZThK 80 (1983) 432-457.
Käsemann, Ernst: Begründet der neutestamentliche Kanon die Einheit der Kirche?: Exegetische Versuche und Besinnungen, Bd.1, Göttingen 1960, 214-223.
Kasper, Walter, Sauter, Gerhard: Kirche – Ort des Geistes, Freiburg – Basel – Wien 1976.
Kasper, Walter: Theologie und Kirche, Mainz 1987.
Katholische Theologen Deutschlands im 19. Jahrhundert. Hg. v. H. Fries, G. Schwaiger, 3 Bde., München 1975.
Kaufmann, Franz-Xaver: Kirche begreifen. Analysen und Thesen zur Verfassung des Christentums, Freiburg – Basel – Wien 1979.
Kehl, Medard: Die Kirche, Würzburg ²1993.
Kehl, Medard: Kirche als Institution (FTS 22), Frankfurt a. M. 1976.
Kern, Walter, Pottmeyer, Hermann J., Seckler, Max (Hg.): Handbuch der Fundamentaltheologie 3. Traktat Kirche, Freiburg – Basel – Wien 1986.
Kertelge, Karl (Hg.): Das kirchliche Amt im Neuen Testament, Darmstadt 1977.
Kinder, Ernst: Der evangelische Glaube und die Kirche, Berlin 1958.
Kirchen- und Theologiegeschichte in Quellen. Hg. v. H. A. Oberman, A. M. Ritter, H.-W. Krumwiede, 4 Bde in 5 Teilbänden, Neukirchen-Vluyn ⁵1991.
Klassiker der Theologie. Hg. v. H. Fries, G. Kretschmar, 2 Bde, München 1981.
Klassiker des Protestantismus. Hg. v. C. M. Schröder, 7 Bde, Wuppertal 1988.
Klauck, Hans-Josef: Hausgemeinde und Hauskirche im frühen Christentum (SBS 103), Stuttgart 1981.
Klausnitzer, Wolfgang: Das Papstamt im Disput zwischen Lutheranern und Katholiken (IThS 20), Innsbruck – Wien 1987.
Klinger, Elmar, Zerfaß, Rolf (Hg.): Die Kirche der Laien, Würzburg 1987.
Klinger, Elmar: Ekklesiologie der Neuzeit, Würzburg 1978.
Knoch, Wendelin: Die Frühscholastik und ihre Ekklesiologie, Paderborn 1992.
König, Franz (Hg.): Zentralismus statt Kollegialität? Kirche im Spannungsfeld (SKAB 134), Düsseldorf 1990.
Kühn, Ulrich: Kirche (HSTh 10), Gütersloh 1980.
Küng, Hans: Die Kirche, Freiburg – Basel – Wien ⁴1973.
Le Guillou, Marie-Joseph: Sendung und Einheit der Kirche. Das Erfordernis einer Theologie der communio, Mainz 1964.
Leuba, Jean Louis: Institution und Ereignis, Göttingen – Zürich 1957.
Lohfink, Gerhard: Wie hat Jesus Gemeinde gewollt?, Freiburg – Basel – Wien 1982.
Lubac, Henri de: Betrachtung über die Kirche, Graz – Wien – Köln 1954.
Lubac, Henri de: Die Kirche. Übertragen und eingel. von H. U. v. Balthasar, Einsiedeln 1968.
Lubac, Henri de: Glauben aus der Liebe. Einsiedeln 1970.
Lubac, Henri de: Katholizismus als Gemeinschaft, Einsiedeln – Köln 1943.
Merklein, Helmut: Jesu Botschaft von der Gottesherrschaft, Stuttgart ³1989.
Metz, Johann Baptist: Glaube in Geschichte und Gesellschaft, Mainz 1977.
Meyer zu Schlochtern, Josef: Sakrament Kirche, Freiburg – Basel – Wien 1992.
Mirbt, Carl, Aland, Kurt: Quellen zur Geschichte des Papsttums und des römischen Katholizismus, 2 Bde, 6. völlig neu bearb. Aufl. von K. Aland, Tübingen 1967/1972.
Möhler, Johann Adam: Die Einheit in der Kirche oder das Prinzip des Katholizismus. Dargestellt im Geiste der Kirchenväter der drei ersten Jahrhunderte. Hg., eingel. u. komm. v. J. R. Geiselmann, Köln – Olten 1956.

Möhler, Johann Adam: Symbolik oder Darstellung der dogmatischen Gegensätze der Katholiken und Protestanten nach ihren öffentlichen Bekenntnisschriften. In 2 Bänden hrsg., eingel. u. komm. v. J. R. Geiselmann, Köln – Olten 1958-1960.
Moltmann, Jürgen: Kirche in der Kraft des Geistes, München 1975.
Müller, Gerhard Ludwig: Gemeinschaft und Verehrung der Heiligen, Freiburg – Basel – Wien 1986.
Mußner, Franz: Dieses Geschlecht wird nicht vergehen. Judentum und Kirche, Freiburg – Basel – Wien 1991.
Neuner, Peter, Ritschl, Dietrich (Hg.): Kirchen in Gemeinschaft – Gemeinschaft der Kirche. Studie des DÖSTA zu Fragen der Ekklesiologie (Beiheft zur ÖR Nr. 66), Frankfurt a.M. 1993.
Neuner, Peter: Der Laie und das Gottesvolk, Frankfurt a. M. 1988.
Neuner, Peter: Kleines Handbuch der Ökumene, Düsseldorf ²1987.
Nigg, Walter: Das ewige Reich. Geschichte einer Hoffnung, Zürich ²1954.
Pannenberg, Wolfhart: Ethik und Ekklesiologie, Göttingen 1977.
Pannenberg, Wolfhart: Thesen zur Theologie der Kirche, München 1970.
Pesch, Otto Hermann, Peters, Albrecht: Einführung in die Lehre von Gnade und Rechtfertigung, Darmstadt ²1989.
Pesch, Otto Hermann: Das Zweite Vatikanische Konzil (1962-1965). Vorgeschichte-Verlauf-Ergebnisse-Nachgeschichte, Würzburg ²1994.
Pottmeyer, Hermann J. (Hg.): Kirche im Kontext der modernen Gesellschaft. Zur Strukturfrage der römisch-katholischen Kirche, München – Zürich 1989 (Schriftenreihe der Katholischen Akademie der Erzdiözese Freiburg).
Pottmeyer, Hermann J., Alberigo, Giuseppe, Jossua, Jean-Pierre (Hg.): Die Rezeption des Zweiten Vatikanischen Konzils, Düsseldorf 1986.
Pottmeyer, Hermann Josef: Unfehlbarkeit und Souveränität (TTS 5), Mainz 1975.
Rahner, Hugo: Symbole der Kirche. Ekklesiologie der Väter, Salzburg 1964.
Rahner, Karl, Ratzinger, Joseph: Episkopat und Primat (QD 11), Freiburg – Basel – Wien ²1963.
Rahner, Karl: Das Dynamische in der Kirche, Freiburg – Basel – Wien 1958.
Rahner, Karl: Grundkurs des Glaubens, Freiburg – Basel – Wien ¹¹1976.
Rahner, Karl: Kirche und Sakramente (QD 10) Freiburg – Basel – Wien 1960.
Rahner, Karl: Strukturwandel der Kirche als Aufgabe und Chance, Freiburg – Basel – Wien 1972.
Ratzinger, Joseph: Das neue Volk Gottes, Düsseldorf 1969.
Ratzinger, Joseph: Kirche, Ökumene und Politik. Neue Versuche zur Ekklesiologie, Einsiedeln 1987.
Ratzinger, Joseph: Theologische Prinzipienlehre. Bausteine zur Fundamentaltheologie, München 1982.
Rendtorff, Trutz: Kirche und Theologie. Die systematische Tradition des Kirchenbegriffs in der neueren Theologie, Gütersloh 1966.
Riedlinger, Helmut: Die Makellosigkeit der Kirche in den lateinischen Hoheliedkommentaren des Mittelalters (BGPhMA 38/3), Münster 1958.
Rohrbasser, Anton (Hg.): Heilslehre der Kirche. Dokumente von Pius IX. bis Pius XII., Freiburg 1953.
Rouse, Ruth, Neill, Stephen Charles: Geschichte der ökumenischen Bewegung, 1517-1948. Erster und Zweiter Teil, Göttingen ²1963-1973. Weitergeführt: Harold E. Fey (Hg.): Geschichte der ökumenischen Bewegung, 1948-1968, Göttingen 1974.
Schatz, Klaus: Der päpstliche Primat. Seine Geschichte von den Ursprüngen bis zur Gegenwart, Würzburg 1990.

Schenke, Ludger: Die Urgemeinde. Geschichte und theologische Entwicklung, Stuttgart 1990.
Schillebeeckx, Edward: Christliche Identität und kirchliches Amt. Düsseldorf: 1985.
Schillebeeckx, Edward: Das kirchliche Amt, Düsseldorf 1981.
Schlier, Heinrich: Ekklesiologie des Neuen Testaments: MySal IV/1 (1972) 101-214.
Schnackenburg, Rudolf: Die Kirche im Neuen Testament, Freiburg – Basel – Wien 1961.
Schnackenburg, Rudolf: Gottes Herrschaft und Reich, Freiburg – Basel – Wien 1959.
Schnell, Ursula: Das Verhältnis von Amt und Gemeinde im neueren Katholizismus (TBT 29), Berlin – New York 1977.
Schreiner, Josef (Hg.): Unterwegs zur Kirche. Alttestamentliche Konzeptionen (QD 110), Freiburg – Basel – Wien 1987.
Schütte, Heinz: Amt, Ordination und Sukzession, Düsseldorf: 1974.
Schütte, Heinz: Kirche im ökumenischen Verständnis, Paderborn 1991.
Schütte, Heinz: Ziel: Kirchengemeinschaft. Zur ökumenischen Orientierung, Paderborn ⁴1986.
Schwaiger, Georg: Päpstlicher Primat und Autorität der Allgemeinen Konzilien im Spiegel der Geschichte, München – Paderborn – Wien 1977.
Schweizer, Eduard: Gemeinde und Gemeindeordnungen im Neuen Testament, Zürich ²1962.
Seckler, Max: Im Spannungsfeld von Wissenschaft und Kirche, Freiburg – Basel – Wien 1980.
Semmelroth, Otto: Die Kirche als Sakrament des Heils: MySal IV/1 (1972) 309-356.
Semmelroth, Otto: Die Kirche als Ursakrament, Frankfurt 1953.
Stockmeier, Peter: Die Alte Kirche – Leitbild der Erneuerung: ThQ 146 (1966) 385-408.
Valeske, Ulrich: Votum Ecclesiae. I. Teil: Das Ringen um die Kirche in der neueren römisch-katholischen Theologie. Dargestellt auf dem Hintergrund der evangelischen und ökumenischen Parallel-Entwicklung. II. Teil: Interkonfessionelle ekklesiologische Bibliographie, München 1962.
Venetz, Hermann-Josef: So fing es mit der Kirche an. Ein Blick in das Neue Testament, Zürich ⁴1990.
Vischer, Georg H.: Apostolischer Dienst. Fünfzig Jahre Diskussion über das kirchliche Amt in Glauben und Kirchenverfassung, Frankfurt a. M. 1982.
Wiedenhofer, Siegfried: Das katholische Kirchenverständnis. Ein Lehrbuch der Ekklesiologie, Graz – Wien – Köln 1992.
Winklhofer, Alois: Über die Kirche, Frankfurt 1963.
Zirker, Hans: Ekklesiologie, Düsseldorf 1984.

Personenregister

Das Namensregister erstellte Irmgard Thanner. Das Sachregister erarbeiteten F. Courth (Mariologie), P. Neuner (Ekklesiologie) und B. Stubenrauch (Christologie, Gesamtredaktion).

Adam v. Perseigne 394
Adam, K. 510,519
Aegidius Romanus 504
Aelred v. Rieval 393
Aetius v. Antiochien 185
Agatho 216
Agostino, G. 303
Akazius v. Cäsarea 185
Albertus Magnus 315,394
Alexander d. Gr. 62,64f
Alexander v. Abonuteichos 65
Alexander VII. 365
Alfons v. Liguori 315
Alkuin 217
Altaner, B. 380
Althaus, H. 454,515
Althaus, P. 384
Amalrich v. Bena 219
Ambrosius Autpertus 314
Ambrosius, 306,314,345,352
Anastasius 210
Anderson, G. H. 311
Andreas v. Kreta 314,378
Anselm v. Canterbury 114 271-273,315,360, 364,394
Anthimus v. Trapezunt 209
Antiochus IV. 65
Antipas 86
Apollinaris 187f,192,198f
Apollonius v. Tyana 65,95
Aristoteles 60,63,72
Arius 179,181f,187,199
Asklepios 64
Athanasius 166,176,182,184-186,188,194f,269,314,336,338,
Auer, J. 321,327,357f
Augustinus 136,190,218,243,270,306,314, 345,350f,360,371,376,401,418,431,450, 503,519
Augustus 86f.
Auvergne, W. v. 490
Averroes 63

Bacht, H. 47
Bacon, R. 429
Baier, W. 325
Balic, C. 377

Balthasar, H. U. v. 137,241f,309,315,352, 490
Barbel, J. 337
Barth, K. 240f,274,371
Basilides 172,187
Basilius v. Cäsarea 175,185,321
Baudler, G. 311
Bauer, D. R. 343,355
Beck, E. 322,351,359,376
Beda Venerabilis 378
Beinert, W. 39,301,304,309,311,317,327, 355,357,373,382,384,410,512,520
Beissel, St. 364
Bellarmin, R. 362,419,508
Benedikt II. 217
Bernhard v. Clairvaux 315,361
Bernhard v. Cluny 394
Bernhart, J. 504
Berruyer, J. 237
Bérubé, C. 307
Berulle, P. de 315
Beumer, J. 373,381
Bifet, J. E. 389
Billot, L. 235
Bismarck, O. v. 565
Blank, J. 313
Blumenberg, H. 253
Blumhardt, J. 274
Bodem, A. 381
Boff, C. 274
Boff, L. 342f
Bolingbroke, Lord 37
Bonaventura, 168,221,307f,315,389,394
Bonhoeffer, D. 250,406
Bonifaz VII. 431,450,504
Bonifaz VIII. 418,534,573
Bonifaz IX. 546
Braun, H. 239
Brown, R. E. 327,345,438
Brox, N. 464
Brunner, E. 466
Brunner, P. 373
Buddha 62
Bulgakow, S. 315,357
Bultmann, R. 35,45f,49,117,239f, 426
Buri, F. 239

Cäsar 64
Caesarius v. Arles 394
Caius 563
Cajetan, 236
Calvin, J. 232f,315,370,404,419,429,506f
Camelot, P.-Th. 200f,401
Campanella, Th. 429
Campenhausen, H. v. 481
Canisius, P. 315
Casale, U. 301,389
Cerinth 170
Cherbury, H. v. 37
Clemens v. Alexandrien 137,171,176,269, 336-338,430
Coelestin I. 190,199,338,534
Colli, G. 253
Collins, A. 37
Comte, A. 402
Congar, Y. 304,309,451,508,510,536,552
Conzemius, V. 433
Courth, F. 301,303f,309-312,317f,320,327, 345,355,357,361f,365,368,373,379,381, 384,389,391,393
Cox, H. 301
Cudworth, R. 37
Cullmann, O. 427
Cyprian v. Karthago 401,418,450,498,533, 564
Cyrill v. Alexandrien 188,190,194,197-202, 206,223,314,339f
Cyrill v. Jerusalem 136

Damasus 188,564
David v. Dinant 219
De Fiores, St. 307
Delius, W. 322
Descartes, R. 37
Dibelius, O. 510
Diepen, H. 237
Dilthey, W. 253
Dinkler, E. 117
Diodor v. Tarsus 190f,193
Dionysius der Karthäuser 315
Dionysius Pseudo-Aeropagita 218,541,478,541
Dionysius v. Alexandrien 175f
Dionysius v. Korinth 479
Dionysius v. Rom 175
Dioskur 202
Dölger, F. J. 337
Döllinger, I. v. 473,565,570
Döring, H. 512,530,548
Drewermann, E. 115,303,311,324f,342
Düfel, H. 370
Duggan, P. E. 373
Duns Scotus, 221,225-228,235f,240,308, 315,355,361,362,364,394

Eadmer, 394
Ebeling, G. 239,518
Echn-Aton 72
Eckert, J. 325,
Ehrhard, A. 466
Eicher, P. 317
Eliade, M. 62
Elipandus v. Toledo 217
Emery, P.-Y. 387
Ephraem der Syrer 314,322,351,359,376
Epiphanius Monacus, 353
Epiphanius v. Salamis 161,314,337,341,377
Eudoxus 185
Eunomius v. Kyzikos 185
Eusebius v. Caesarea 180,184,429,503
Eusebius v. Nikomedien 180,184
Eusthatius v. Antiochien 184,188
Eutyches 201

Favale, A. 320
Feeney, L. 451
Feiner, J. 357,374
Felix v. Urgel 217
Feuerbach, L. 42,253
Fichte, J. G. 39
Filser, H. 404
Finkenzeller, J. 560
Firmilian v. Caesarea 564
Fischer, J. A. 334,479f,562
Flanagan, D. 382
Flashar, H. 63,64
Flavian v. Konstantinopel 199,202,258
Forte, B. 345,357
Frank, F. A. R. 233
Freud, S. 38,115,253,272
Frieling, R. 317,384
Fries, H. 317,432,434,474,483,503,509,531
Fuchs, E. J. 357
Fulgentius v. Ruspe 136,450

Gabus, P. 387
Galot, J. 327,345,357,373
Galtier, P. 237
Garijo-Guembe, M. M. 517,530
Gaßmann, G. 461
Gebara, I. 302,341
Geiselmann, J. R. 482,510
Gelasius I. 504
Gerhoh v. Reichersberg 394
Germanus v. Konstantinopel 378
Geß, W. 233
Giamberardini, G. 321,335-338
Gilbert v. Poitiers (Porreta) 219,379
Gilson, E. 427,429
Gnilka, J. 87f,329,454
Görres, A. 325,

Gössmann, E. 304,343,355,362
Goldstein, H. 302
González, C. I. 302,312,327,345,351,357,373
Gorski, H. 311,368,370,387
Graber, R. 383
Gratian, 555
Greeley, A. 311,356
Gregor v. Nazianz 185,314,359,376
Gregor v. Nyssa 185,218,314,352
Gregor VII. 504
Gregor XI. 365
Greshake, G. 382,559
Grillmeier, A. 47,241,307,336,339
Gropper, J. 404
Groscurth, R. 495
Grotius, H. 38,487
Gruber, S. 366
Guardini, R. 315,406,510
Guéranger, P. 366
Günther, A. 236
Gutiérrez, G. 276

Hadrian I. 217
Hainz, J. 461
Halkes, C. J. 311,337,341,345
Hänggi, A. 321
Hanselmann, J. 493
Hardouin, J. 237
Harnack, A. v. 35,168,238,269,430,466
Hasenhüttl, G. 466
Häussling, A. 381
Hegel G. W. F. 41f, 49f,207,219,259,260
Heine, H. 434
Heinzmann, R. 379
Heller, D. 461
Hengel, M. 86,146,153f,241
Herakles 64
Heraklius 213
Herodes 86f
Hesiod 66
Hick, J. 238
Hieronymus 136,185,345,352f,546,555
Hilarius v. Poitiers 190
Hippolyt v. Rom 306,321,556
Hofmann, F. 360
Hofmann, J. C. K. v. 233
Hofmann, M. 308
Homer 66
Honorius III. 219
Horst, U. 362
Hoßfeld, F. L. 520
Hugo v. St.Viktor 219,315,379
Huhn, J. 352
Hume, D. 38
Hünermann, P. 516,559f
Hypatius v. Ephesus 210f

Iacoangeli, R. 321
Ibas v. Edessa 192,202,212
Ignatius v. Antiochien 136,172,174,314,334,
 349,428,480,494,562
Ignatius v. Loyola 249
Ildefons v. Toledo 314,394
Irenäus v. Lyon 31,136,155,165,173f,194,
 269,306,314,321,334f,338,359,363,368,
 385,483,498,562f
Isidor v. Sevilla 377,394,555

Joachim v. Fiore 141,416,428
Johannes II. 211
Johannes IV. 213
Johannes XXIII. 407,496,512,529
Johannes Capreolus 235
Johannes Chrysostomus 190f,436,564,
Johannes Grammaticus 210
Johannes Paul II. 310,374,386,390,526
Johannes Scotus Eriugena 218f
Johannes v. Antiochien 201
Johannes v. Damaskus 212,223,314,378
Johannes v. Ragusa 403
Johannes v. Torquemada 403
Jüngel, E. 513,518
Jugie, M. 373,379
Julian v. Halikarnassos 171,210
Julian v. Toledo 217
Jung, C. G. 374f
Justin 164,177f,306,314,334,349,363
Justinian 212,504

Kähler, M. 44f,49
Kaiser, M. 537
Kant, I. 40f,50f,62,253,429
Karl d. Gr. 429,504
Karl d. Kahle 218
Karpokrates 170
Karpp, H. 338
Käsemann, E. 46,49,239,466
Kasper, W. 48f,313,325,345,350,487,514,521
Kassel, M. 303,324,346,355
Kaufmann, L. 407
Kehl, M. 325,406,408,420f,475,522,525,
 529,561
Kelly, J. N. D. 160
Kelsos 173
Kern, W. 450f
Kertelge, K. 121,346,406,466
Kessler, H. 117
Kießig, M. 311,384
Kirchschläger, W. 345
Kittel, G. 330
Klauck, H.-J. 454,463
Klauser, Th. 335-337
Klein, N. 407

Klinger, E. 463
Klostermann, F. 535,560
Kniazeff, A. 327,345,351-354,357,373f,389
Knoch, O. 327
Koehler, Th. 304
Köster, H. M. 304,307,309,312,316,327, 360f,364,365,373,377,394
Konstantin I. 182, 184
Konstans II. 213
Konstantius II. 165
Koster, M. D. 519
Kothgasser, A. M. 381
Kottje, R. 117
Kremer, J. 346,348
Kretschmar, G. 534
Küng, H. 241,328,358,373,411f
Kutter, H. 274
Kyros v. Phasis 213
Lais, H. 303
Laktantius 176
Landshut, S. 255
Langhammer, H. 327
Lao-Tse 62
Laurentin, R. 312,352,372
Laurentius v. Brindisi 315
Le Fort, G. v. 510
Lechner, G. M. 364
Leclercq, J. 361
Ledit, J. 351,357,368
Lefebvre, M. 410
Lehmann, K. 317,353
Leiber, R. 380
Lell, J. 317f,
Leo II. 213
Leo VIII. 499
Leo d. Gr. 136f,190,199,202,258,534,562,564
Leontius v. Byzanz 211,337
Leontius v. Jerusalem 211,213
Lessing, G. E. 39,42,429
Liberius 184
Lietzmann, H. 198
Listl, J. 537
Livius, T. 459
Lochbrunner, M. 322
Locke, J. 36,236
Loewenich, W. v. 373
Lohfink, G. 325,382,456
Loisy, A. 103,423,431
Lombardi, R. 320
Löser, W. 313
Löwith, K. 254
Lubac, H. de 309,315
Lucchetti-Bingemer, M. C. 302,341
Lukian v. Antiochien 180,190
Luther, M. 230-232,311,315,318,369f,372, 417f,442,506,545f,551f,571

Maier, H. 534
Manning, H. E. 567,570
Manoir, H. du 364
Mariani, E. 361
Marcian 202
Maris 212
Markell v. Ankyra 185,187
Markion 172
Martin I. 190,214
Marx, K. 253,255,260
Marxen, W. 117,128
Maximus Confessor 214f,218
Mayer, C. 360
Meinhold, P. 349
Meissner, B. 16
Melanchthon 230f,404,549,571,573
Melito 174
Merklein, H. 423
Metz, J. B. 274,325,
Meyer, H. 572f
Meyer, J. 512
Michl, J. 330
Milton, J. 38
Mithras 66
Modestus v. Jerusalem 378
Moeller, B. 117
Möhler, J. A. 473,482,509f,541
Mörsdorf, K. 528
Mohammed 170
Moltmann, J. 240,274,346
Moltmann-Wendel, E. 324,342,346,355
Montinari, M. 253
More, H. 37
Morus, Th. 429
Müller, A. 304,306,309,323
Müller, G. L. 156,345f,350f,354,389,492
Müller, H. 537
Müller, R. 378
Mulack, Chr. 303,324,342,345,355
Murillo, B. E., 364
Mußner, F. 149,321,440

Nestorius 190,195-200,202,206,338-340
Neumann, E. 354
Neuner, J. 512
Neuner, P. 404,417,520,530,537,547, 565
Newman, J. H. 308,315,363,534
Newton, I. 37-39
Nietzsche, F. 127,249,253
Nigg, W. 427
Nikolaus Kabasilas 314
Nikolaus v. Kues 219,229f
Nilos v. Ancyra 322
Noet v. Smyrna 175
Novatian 498

O'Carrol, M. 360
Ohlig, K.-H. 39
Origenes, 111,137,171,173f,176,178f,188, 269,306,335,337f,361,430,450
Ossius v. Cordoba 184
Ott, H. 311,371,372,386
Ott, L. 353

Padberg, R. 391
Pahl, I. 321
Pannenberg, W. 240,317,404,487,518
Parente, P. 237
Paschasius Radbertus 378
Passaglia, C. 315,366
Paul IV. 161
Paul V. 365
Paul VI. 161,310,313,390,392,408,531
Paul v. Samosata 171,180,187,196
Pelagius 360
Peregrinus Proteus 65
Perrone, G. 315,366
Pesch, O. H. 518f,522,530f
Pesch, R. 106,138,325,353
Petau/Petavius, D. 308f,315
Petri, H. 304,316f,351,373,384,389
Petrus Abaelard 219,221
Petrus Canisius 394
Petrus Chrysologus 314
Petrus Damiani 315,394
Petrus Fullo 209
Petrus Lombardus, 219f,307,315,389
Petrus Mongus 209
Petrus Venerabilis 394
Philippi, P. 556
Philo v. Alexandrien 60,177
Philoxenos v. Hierapolis 209
Photinus v. Sirmium 173,185,187
Pilatus 86,88
Pius IX. 357,365f,567
Pius XII. 373,380,382,510,535,570
Placidus Nigido 309
Plank, P. 351
Platon 60,62f,72
Plinius d. J. 87
Plotin 180
Polykarp v. Smyrna 194
Pomponazzi, P. 63
Ponce, J. 237
Porphyrius 180
Potterie, I. de la 312,345,349,351,359
Pottmeyer, H. J. 434,559
Pozo, C. 345,351,357,360,368,389
Praxeas 175
Proklos v. Konstantinopel 314
Proklus (Montanist) 563
Proklus v. Zyzikus 197,202

Pulcheria 202
Pyrrhos I. 213f

Rad, G. v. 372
Radford-Ruether, R. 302,337,341
Rahner, H. 309,315,477
Rahner, K. 47-49,237,239f.,315,317,325, 358,367,371,382,411f,446,483,486,513, 516,528,531,559
Räisänen, H. 327, 330,359
Ratramnus v. Corby 314
Ratzinger, J. 325,345,350,373,381,483,490, 498,531,533f
Reimarus, H. S. 42
Rekkared 217
Reni, G. 364
Richard v. St.Viktor 226,240,315
Riedl, R. 59
Riedlinger, H. 363,394
Ripalda, J. M. de, 308f, 315
Ripberger, A. 378
Ritschl, A. 45,238,253,430,520
Robert Grosseteste 362
Robert v. Melun 379
Rochais, H. 361
Roos, H. 512
Roschini, G. 393
Rothe, R. 430
Rousseau, J. 253
Rovira, G. 368,393

Sabas v. Konstantinopel 210
Sabellius v. Samosata 175,187
Sartorius, E. W. Ch. 233
Sauter, G. 514
Schatz, K. 560
Scheeben, M-J. 309, 315,319,363
Scheffczyk, L. 149,309,317,354,373,378,380,384
Schillebeeckx, E. 48f,237,241
Schleiermacher, D. F. E. 41,49f,236,429f
Schlette, H. R. 451
Schlier, H. 459,461
Schlink, E. 436
Schmaus, M. 305,315,357,373,382
Schmitt, F. S. 364
Schmitz, H. 537
Schneemelcher, W. 353
Schneider, G. 327
Schneider, J. 394
Schneider, Th. 415,515,517
Scholtissek, K. 121
Schönborn, Chr. 325
Schöndorf, H. 345f
Schoonenberg, P. 48f,237,241
Schroeder, O. 513

Schröger, F. 417
Schürmann, H. 121,348
Schüßler-Fiorenza, E. 436
Schütte, H. 382
Schulz, S. 466
Schulze, M. 379
Schweitzer, A. 43,49,426
Seckler, M. 403,531
Seiler, L. 237
Semler, J. S. 38
Semmelroth, O. 309,510,513
Senestrey, I. v. 567,570
Sergius I. v. Konstantinopel 213
Severian v. Gabala 322
Severus v. Antiochien 209f
Seybold, M. 303
Siddharta 62
Sivric, I. 303
Sixtus IV. 365
Smith, J. 37
Socrates (Historiograph) 335
Söll, G. 316,320,327,334,349,351,353,357, 361f,365,377-380
Sölle, D. 301
Sohm, R. 466
Sophronius 214,360
Sozzini, F. 38
Spinoza, B. de 38
Starowieyski, M. 335,337
Stattler, B. 237
Staudinger, F. 345
Stauffer, R. 311,371,386f
Stawrowsky, A. 368
Stegmüller, O. 321,394
Stirnimann, H. 320f,327,336,345,351,353, 355,358,377,573
Stock, K. 346
Stockmeier, P. 474,563
Stöger, A. 345
Sträter, P. 309
Strauß, B. S. 42f
Stricher, J. 365
Strolz, W. 61
Studer, B. 335
Stupperich, R. 231
Suárez, F. de, 235f,240,307f,309,315,362, 394
Sueton 87

Tacitus 87
Taille, M. de la 235
Tappolet, W. 368
Teilhard de Chardin, P. 239
Ternus, J. 237
Tertullian 111,134,136,174f,270,345,483, 498,564

Themistius v. Alexandrien 210
Theoderich, 406
Theodor Askidas 209
Theodor v. Mopsuestia 188,190,192f,195, 201f,212
Theodor v. Pharan 213
Theodor v. Tarsus 188,201
Theodoret v. Kyros 190,192,201f,212,335
Theodosius I. 503
Theodosius II. 199
Theodosius v. Alexandrien 209
Theodot von Byzanz 171
Thomas v. Aquin 137,168,178,221-225, 227f,271,274,307f,315,358,361,364, 379,382,389,394
Thomasius, G. 233
Thurian, M. 387
Tiberius 86,88
Tiepolo, G. B. 364
Tillich, P. 274
Timotheus Aelurus 209
Timotheus I. v. Konstantinopel 209
Timotheus v. Berytus 188
Tindal, M, 37
Tiphanus, C. 235
Toland, J. 37
Toniolo, E. 306
Trapè, A. 360
Triacca, A. M. 321
Troeltsch, E. 35
Tyrrell, G. 513

Urban, H. J. 304,317,572
Urbina, I. O. de 186,188,195

Valens (Kaiser) 184f
Valentinus (Gnostiker) 172,187
Van der Gucht, R. 309
Vazquez, G. 307,315
Vergil 65
Vischer, L. 357,374,530,572f
Visser't Hooft, W. A. 486,495
Vitalis 188
Vivès, L. 237
Vloberg, M. 364
Vögtle, A. 117,138
Vorgrimler, H. 309
Voss, G. 304,311,317

Wadding, J. 2237
Wagner, H. 304,317
Waldes, P. 416
Wanke, J. 332
Ware, W. v. 362,364
Weber, L. M. 354
Weber, M. 463

Weiser, A. 331,353,537
Weiß, J. 45,426
Welte, B. 239,382
Wetzer, 551
Whitehead, A. N. 207
Wiedenhofer, S. 436,447,454,526
Wiederkehr, D. 372,523
Wilckens, U. 333
Wiles, M. 238
Wilhelm v. Ockham 228
Wölfel, K. 39
Wolff, M.-M. 304
Wrede, W. 106,117

Wulfila 185
Wuketits, F. 59
Wurz, H. 345

Xiberta, B. 237

Zavalloni, R. 361
Zenon, Kaiser 210
Zerfaß, R. 463
Ziegenaus, A. 373,381,384
Zirker, H. 406,447
Zmijewski, J. 327f.,345,348,359
Zwingli, H. 232,315,370,429

Sachregister

Abba-Relation Jesu 16,18f,22,55f,85,93,101, 111f,120,145,147-150,161f,193,238
Abendmahl 98,109,122,245,443-446
Adam-Christus-Typologie 12,74,133,143,159,306,363
Adoptianismus 32,104,170f,217f,221
Aggiornamento 519
Agnoeten 210
Aktualpräsenz Jesu 27,44,132,138,141f,230,243
Alexandrien, Synode v. 186,188
Alexandrinische Schule s. Christologie/Einigungschristologie
Ämter Christi 233,536
Amt 408,416f,420f,454,456,462,465f,468f, 470,472f,478f,499,506f,509,520, 531-573,538,548,549f,558,572
Amtssukzession 165,416f,483,499-501,546f
Analogie 225,419,514f
Anglikanismus 499,507
Anhomöer 185
Anthropozentrik/Anthropologische Wende 12,26,33f,73f,254
Antimodernismus 407,509,513,516
Antiochenische Schule s. Christologie/Trennungschristologie
Antisemitismus 520
Aphthartodoketismus 210
Apokalyptik 78,82,91,142f,427f
Apologetik 36,403,407,495,499,508
Apostel/Apostolat 104,415,436-439,456, 462,464f,467,468,470,472,498,500, 535f,540,557,563
Apollinarismus 32f,137,165,179,187f,189f, 191f,194f,201
Archetypen/Archetypische Sehnsüchte 303,313,375
Archetypisch-symbolische Glaubensauslegung 303f,323-325,343
Arianismus 32f,165,179-182,184-187,189
Arme/Armutsbewegungen 416f,425,428, 444,456,500,525,527,553
Aseität 167
Auferstehung/Auferweckung 16,18,23,30,75f,101,109f,126-134, 240
Auferstehungsglaube/Auferstehungszeugenschaft 129,322f,326,376,388f,396,436,439
Auferstehungsleib Jesu 131-134
Autobasileia 110f

Barockscholastik 33,309,315
Basisgemeinden 527,538
Befreiungsbewegungen 302,302f
Befreiungstheologie 274-278,302f,341,410, 525,527f
Bekenntnisformeln 29,86,89f,109,124,126, 136,164
Biblischer Kanon 164,350
Binitarismus 176f
Bischof 456,470,472,480-483,494f,499, 522f,534,540-547,554f,565f,570
Bischofskonferenzen 523,527
Bischofsweihe 542f,555
Buddhismus 62,238
Bund 10,22,69f,72f,76,103f,114f.,122,139, 148,246,263-267,444f,458,520

Chalkedon, Konzil v. 17,47,185,189,191, 199,202-209,213,340
Charismen 416f,420-422,462f,466,468f,485
Chiliasmus 428
Christologie
– Aszendenz-Chr. 33-49
– Bewußtseins-Chr. 234-238
– Chr. als Anthropologie 3-6,12,16,26,28,59-64,131-133,223f,240f
– Chr. u. Pneumatologie 28,157-159 passim
– Deszendenz-Chr. 30-33,48
– Einigungschristologie 188f,194f,197,204, 207,225
– Kerygma-Chr. 44f,49
– Logos-Chr. 77,154,177-179
– Narrative Chr. 19,86,104
– Pneuma-Chr. 146,159f,169f
– Transzendentale Chr. 49-52,57
– Trennungschristologie 188-194,197,200, 204,207
– Weisheits-Chr. 151,154
– Zwei-Stufen-Chr. 175
Christophanie 123,128f,141
Christotokos 196
Christozentrik 28,307,316,392
Christusbekenntnis 304-307,313f,323-325
Christusdogma 321,326
Communio s. Koinonia
Credo 401,404f,484

Delegation 480,523,542,549,552,565
Demokratie 509,538-540,567
Diakone 467,470,472,556f
Diakonie 449

Dialog 485,497,521,524
Dogmatische Konstitution „Lumen gentium"
  407f,419,487,511,514f,521,535f
Doketismus 32f,46,133,165,171-173,202,
  336,345,349,352
Dormitio 376f
Dreikapitelstreit 192,212
Dyophysitismus/Dyotheletismus 209f,212,
  215

Ebenbild Gottes (Jesus) 12,20,116,151f
Ebionitismus 32f,170f
École française 315
Emanatismus 176,180
Empfängnis/Geburt Jesu 27,155-158,160f,
  222f,230,314,329,349f
Engelwerk 410
Enhypostasie 210f,212f,217,219,236,241
Entäußerung Jesu 20,111f,137,156,241f
Entmythologisierung 45f
Ephesus, Konzil v. 17,161,189,191,199f,306,
  314,334f,337,339f
Episkope s. Bischof
Erbsünde 39,75,79f,113,253,257,308,357f,
  360,362,365,368-372
Erhöhung Jesu 25,45,90,121f,124,134f,223
Essener s. Qumran
Eucharistie s. Abendmahl u. Herrenmahl
Eva-Maria-Parallele 306,362f
Exorzismen Jesu 94,96,106
Extra calvinisticum 233

Feministische Theologie/Feminismus
  301-305,324,341-343,345,354f
Florenz, Konzil v. 450
Frauen 436,456,525,553f,556f
Frauenordination 553f,556f
Freiheit und Erlösung 92,252-254,273f
Frühkatholizismus 466f,473f
Fundamentaldissens 317
Fundamentalismus 409f

Gallikanismus 566,569
Geburt Jesu s. Empfängnis Jesu
Gefühlstheologie 41
Gehorsam Jesu 30,50f,108,116f,121f,214,
  266,268,273
Geistsendung/Geistempfang 45,138-141,
  147,267
Gemeinde 437f,441,453,458,465,471,479,
  506,534,549
– Auferbauung der Gemeinde 412-414
Gericht 92,98,101,110,126,142f
Geschichtlichkeit Jesu 18-22,26,46f,49,87-89
Glaubensbekenntnis s. Credo
Glaubensrechenschaft 422

Glaubenssinn der Gläubigen 520f,534,539
Gleichnisse Jesu 100f,107
Gleichwesentlichkeit 165,176,178,181,183f,
  201,349f
Gnosis 32f,35,143,171-173,176,180,194,
  202,345,349,481,483,498
Gottesherrschaft s. Reich Gottes
Gottesknecht 24,79f,82,104,112f,169
Gottessohn s. Sohn Gottes
Große Mutter s. Muttergottheiten

Habitus-Theorie 32f,221
Hades s. Scheol
Handauflegung 456,465,467,471f
Heilsbedeutsamkeit des Kreuzes 109,
  111-117,121f,245
Heilsfrage des Menschen 59-64
Heilsmittlergestalten 64-67,78,82,150f
Heilsmittlerschaft Christi 9-12,67f,244-247,
  281f passim
Hellenismus/Hellenisierung 20f,35,65,72,
  77f,146,155,168,172f,177,241,270
Herrenmahl 413,444-446,448,460,462,474-
  476,484f,491f,492
Hierarchie 404,478,507f,509,512,541,
  555
Hinduismus 61,238
Himmelfahrt Jesu s. Erhöhung Jesu
Himmelfahrt Marias s. Maria/Aufnahme in
  den Himmel
Hirte/Hirtenamt 77,93,441,543f
Höllenabstieg Jesu 136f
Homo-assumptus-Theorie 32,219f,224,226,
  237
Homöer 185
Homousios s. Gleichwesentlichkeit
Homoiousianer 185
Homologese s. Bekenntnisformeln
Homuntionisten s. Photinianer
Humanismus, christlicher 208f
Hypostase 30,55,152,167f,197f,203f,214,
  224 passim
Hypostatische Union 30-32,167f,204-
  209,219-221,225-227,229f,235f passim

Idealismus 41f
Idiomenkommunikation 206-
  208,231f,237,258
Inkarnation 31,154-161,219,227f,231,272,
  306,308,318f,322,335,341f,348,359-
  362,371,513f, passim
Inkarnationsfrömmigkeit 320,350
Inkulturation 497,502,523,525,527
Islam 72
Israel/Juden 8,68-70,103,454-
  456,458,475,519f,532,554

Jakobus-Evangelium 353
Jesus der Geschichte/Christus des Glaubens 26,29f,34f,36,42f,49f
Jung-Nizäner (Kappadozier) 185
Jüngerschaft 103f,251,412-415,435,453f, 457
Karolingische Theologie 216,314
Kirche
– Abbild Gottes 485,521
– Alte Kirche (Kirchenbild) 473-503,518, 545f,563f,571
– Apostolizität der K. 470,498-503,540,563
– Auferstehung und K. 412-415,446
– Autorität (in) der K. 404,437,440f,462, 467,468,479,481,552
– Braut Christi 476
– Dienstfunktion der K. 402,433,447,514, 538,553
– Einheit der K. 421,437f,457,459f,461, 475,480,484-489,496,521f,524, 529-531,540f,561,567,571f
– Elemente der K. 529
– Freiheit in der K. 420,422f,478,572f
– Geistkirche 466
– Geschwisterlichkeit der K. 449,455,525-527,533,539
– Glaubensgegenstand K. 404
– Gleichheit in der K. 509,520f,525,538
– Haus Gottes 464,476
– Hauskirche 454,458,526f
– Heiliger Geist u. K. 401,405,415-423,513,515
– Heiligkeit der K. 433,461,490-494
– Heilsnotwendigkeit der K. 418f,449-452
– Institutionalität der K. 401,419-421,466
– Katholizität der K. 480f,488,494-498, 530
– Kirchenerfahrung 406
– Kirchengliedschaft 451,528f
– Kirchenkritik 409f,513,515
– Kirchenreform 416f
– Kirchenspaltung 486,496
– Kirchenstiftung 404,411-452
– "Kirchliche Gemeinschaften" 529-531
– Konfessionskirchen 401,409,488,495,505, 508,551
– Leib Christi 15,142,225,445,459f,462,474, 476,508
– Mutterschaft der K. 476f
– Mysterium der K. 402,405,446f,474-478, 511-518
– Ortskirche 410,421,455,460,476,494,498, 522f,526,540f,544f,565-567,572
– Recht in der K. 141,467,509
– Reform der K. 420,433,455,490,501f,505, 507,519,573

– Sakramentalität der K. 276,415f,419,432, 448,491f,512-518
– Sichtbarkeit der K. 418-420,481,506,514
– Sünderkirche 476,490f,515,519
– Symbole für die K. 477f
– Tempel des Geistes 142,460f
– Universalität der K. Universalität
– Universalkirche 498,522f,544f,572
– Unsichtbare K. 418-420,457,491,506,514
– Verkündigung der K. 447,553,558
– Volk Gottes 103f,142,276,445,458f,475, 506,518-521,532,536-538,571
– Volkskirche 492f,502,527,538
– Votum Ecclesiae 450
– Wahlmöglichkeit 467,471,479,534,539
Klerus 509,532f,535f,550,559
Koinonia/communio 30,58,162,251,269, 412-415,421f,444,456f,461,463,469, 475,485,493,516f,521-525,534,543,545, 572f
Kollegialität 470f,479,485,527,541,544,568
Königtum Jahwes 77,424
Konsens 485,531,534,539,566,569-571
Konstantinopel 1.Konzil v. 17,187,189,349f, 503
Konstantinopel 2.Konzil v. 189,192,199,207, 209,211-213,351
Konstantinopel 3.Konzil v. 168,189 193,216
Kontroverstheologie 137,305
Konzil/Synode 484,496,522f,528,539,541, 545,565,568,571
Konziliarismus 403
Kyrios-Titel Jesu 77,112,117,123

Laien 505,507,520,524,532-538,551f, 557-560,558f
Lateransynode (i. J. 649) 207,216
Leben-Jesu-Forschung 43f,49,87,94,234f, 238
Leeres Grab 124,130f
Lehramt 36,49,267f,524,540,567-571
Leidensankündigungen Jesu 107f
Liebesgebot 102
Logos-Anthropos-Schema 177,188,192,197
Logos-Sarx-Schema 177,179,187f,192
Loskauftheorie 137,264,271
Lutherische Kenotiker 233f
Lutherische Orthodoxie 31,36,39f,49,253

Mahlgemeinschaften Jesu 105,444f
Maria
– Aufnahme in den Himmel 304f,308,314, 345-356,373-388
– Begnadung M.s 310
– Erlösungsbedürftigkeit M.s 308
– Fürbitte M.s 386

– Gottesmutterschaft 303-305,307,310,316, 318,327-344
– Heiligkeit M.s 308
– Jungfräulichkeit M.s 155-158,160,303, 305f,330,344,351-354,394
– Liturgischer Lobpreis M.s 306,318,321, 323,325,364,376f,381,390f,394f
– Magd des Herrn 332,337,351,356
– Marienfrömmigkeit 301f,316,319f, 320-325
– Mariengebete 386-388f,392f
– Marienpredigten 306,391f
– Marienverehrung 302,311,314,320-322, 389-395
– Mittlerschaft M.s 309-311,385f
– Mutter der Kirche 333f,341f
– Mutter Jesu 327-334
– Unbefleckte Empfängnis 303-305,308, 314,344,357-372
– Urbild des Glaubens 332f
– Urbild/Repräsentantin der Kirche 306f, 309-311,333,356,363,367,372,382
Manichäismus 62
Menschensohn 79,105,110,142f
Menschheit Jesu 12,19f,26,87-89,109,206, 273,306
Messias 8,16,80f,89,104,106-108,434f,440 passim
Messiasgeheimnis 106f
Mission 421,428,450,486f,496f,525
Modalismus, 174-177,185
Monarchianismus 171,174f
Mönchtum 505,527
Monenergismus 189,209,212f
Monepiskopat 472f,480,556,562f
Monophysitismus 32f,165f,179,189,194,198, 201f,209-213
Monotheismus 71-75,169f,180,182
Monotheletismus 165,189f,212-216
Montanismus 141
Moralphilosophie 40
Mose-Christus-Typologie 81f,102,105,144, 162
Muttergottheiten 303,324,336f
Mysterien des Lebens Jesu 222f
Mysterienreligionen 62,65,336,337
Mystik/Mystische Theologie 314,430
Mythos 20f,23,27,35,43,60,64f,74f,77,137, 146

Nachfolge Jesu 92,246-248,435,453f,457
Naherwartung 42,143,426,431,468f
Nestorianismus 32f,166,188f,205,215,232, 338f
Neuchalkedonismus 209-213,219
Neuplatonismus 178,180f,217f,229

Neuscholastik 31,315
Nihilianismus 221
Nikaia, 1.Konzil v. 17,165,180,182-184,197
Nikaia, 2.Konzil v. 384,389
Nominalismus 229,252

Ökumene 316-319,357,368-372,373-375, 384-388,392f,409,440,461,471,485-489, 495f,499,517f,524f,529-531,545-547, 548-555,562,571-573
Ökumenischer Rat der Kirchen 487-489,530,
Offenbarung 6-9,24f,46,82f
Oikonomia s. Theologia
Opfertod Jesu s. Sühnetod Jesu
Option für die Armen 93,279
Orthodoxe Kirche 318f,368,381,496
Orthopraxie 49,280f,422
Osterereignis/Ostererscheinungen 15,18f,23, 25f,85,90f,112,123-130
Ostererfahrung/Osterbekenntnis 15f,18f, 24f

Paideia-Gedanke 268f
Palamismus 314
Pantheismus 254
Papst/Papsttum 403,417,442,482-484,498, 503f,509,522f,531,545,560-573
Paraklet 139
Parusie s. Wiederkunft Christi
Pastoralreferent/in 557-560
Patripassianismus 175,207,211
Pelagianismus 243,267
Petrinische Funktionen 411,438-443,454, 561
Petrusverehrung 563f
Pfarrgemeinde 527
Photinianer 187
Pietismus 39f,49
Präexistenz Jesu 26,85,86,150-154,158f, 197,238
Präsentische Eschatologie 45,98,426
Presbyter s. Priestertum/Amtspriestertum
Priestertum
– Amtspriestertum 456,467,470,472,507, 533,547-555,554,557
– Gemeinsames Pr. der Glaubenden 142, 520f,536,550f
– Pr. Christi 81,134,246
Priesterweihe 549f,555
Primat s. Papst/Papsttum
Proexistenz Jesu 51,70f,92f,109f,112,120, 161-163,244f
Prozeßphilosophie-/theologie 207,240
Pseudepigraphie 469f
Pseudo-Athanasianum s. Symbolum „Quicumque"

Qumran 82f,91

Rationalismus 37-41,182
Räubersynode 202
Rechtfertigung 99,168,231,246,257,492,505
Reformation/Reformatoren 168,230-234, 252,403f,429,474,505-508,545,571f,573
Reformationskirchen 304,310f,315,316, 368-372
Reich Gottes/Gottesherrschaft 16f,75f,82f, 91-94,97-102,423-434 passim
Religionskritik 255

Sabellianismus 175,185
Sakramente 141,402,448,462,516f,542f
Säkularisierung 408,487
Satisfaktionstheorie 114f,268,270-273
Scheol 62,66,135-138
Schisma 503
Schon-Noch nicht-Schema 426,434,449
Schöpfungsmittlerschaft Christi 27,152
Schwärmertum 140f,417,428
Seele Jesu 137,178-181,191,195,197,223f
Seitenwunde Jesu 413,445,475-477
Selbstbewußtsein Jesu 30,32,121f,168,234f, 236-239
Seliger Tausch 231,269
Semiarianer 165,185
Siebenerkreis 456,556
Societas perfecta 508f,529
Sohn Davids (Jesus) 80f,145,148,169
Sohn Gottes 19f,81,104,108,144-154 306 passim
Sophialehre (östliche) 315
Soteriopraxis
– Jesu 278-280
– der Kirche 280f
Sozianismus 38,49,161
Spiritualismus 71,91,349
Stellvertretung 110,113f,117,243,245f,258, 265,267,270-273,452
Subordinatianismus 170,178,182
Subsistenztheorie 220
Sühnetod Jesu 85,112-116,231,243,245f
Sünde 74f,108,113f,249,254f,265f,272,278
Sündelosigkeit Jesu 192,215,245,315
Sündenvergebung 70,74,99,105,139,152, 227,245f,252,255,264
Syllabus 407,509,567
Syllukianisten 180
Symbolum „Quicumque" 217
Synode s. Konzil

Taoismus 62
Taufe
– Ketzertaufe 450

– T. als Sakrament 139,246,413f,462,491
– T. Jesu 86,88,104,170f,191
Theandrismus 208
Theodizee 256-259
Theologia/oikonomia 16,29,31,82,167,182
Theopaschismus s. Patripassianismus
Theotokos 193f,196,200,205,306,308, 314,316,321,330f,333-340
Thora 77,82f,97,102,106,144
Todesverständnis Jesu 117-122
Tomus Leonis 199,202,209f,214,258
Transitus-Mariä-Legenden 377
Transzendentalphilosophie 35f,51f,56
Trient, Konzil v. 162,267,365,488,507,551,553,555
Trinität 110f,138f,141,152f,162,167,187, 197f,206,211,226,241f,251,258,322, 485,521
Tübinger Schule 510

Überlieferung 464f,470,472,483f,494f,540, 549,570
Unfehlbarkeit 141,545,565,567-571
Unitarismus 38,153,181f,187
Universalität
– des Gottesreiches 75f,91,93,99,424f, 427-430
– der Kirche 447,454f,458f,476,497,522f
Unterscheidung der Geister 422
Urkerygma 19,56

Vatikanisches Konzil I 509,511,522,531, 560-562,565-570
Vatikanisches Konzil II 12 260f,276, 310-312,315f,350,366,368,390f,392, 407-410,419,485,487,496,511-531, 535-537,542-545,547,551f,555,570
Vergöttlichung des Menschen 31,178,214
Vernunftreligion 38f
Volksfrömmigkeit 301-303,323,325,337

Wiederkunft Christi 16,27f,31,45,85,142f, 223,230,246f,428
Wunder Jesu 31f,95-97,106,133,223
Würzburger Synode 494,556,558

Zentralismus 410,485
Zeugung des Sohnes (ewige) 183
Zölibat 553,557
Zwei-Schwerter-Theorie 504
Zwischenzeit 134,136,140,143,426,428,431
Zwölferkreis 103,105,435,437-439,454,456f